“博学而笃志，切问而近思。”
（《论语》）

博晓古今，可立一家之说；
学贯中西，或成经国之才。

复旦博学 · 复旦博学 · 复旦博学 · 复旦博学 · 复旦博学 · 复旦博学

主编简介

陈兴良，男，汉族，1957年3月生，浙江义乌人。1981年毕业于北京大学法律系，获法学学士学位，同年考入中国人民大学法律系，1984年获法学硕士学位，1987年获法学博士学位。1984～1997年在中国人民大学法学院任教，先后任助教、讲师、副教授、教授，1994年被评为博士生导师。现任北京大学法学院教授、博士生导师、长江学者特聘教授。兼任北京大学法学院学术委员会主任、北京大学法治与社会发展研究院刑事法治研究中心主任、北京大学社会科学学部学术委员会副主任、教育部社会科学委员会委员、国家社科基金学科评审组专家等职。1997年入选国家教委首批跨世纪优秀人才培养计划，并获国务院政府特殊津贴，1999年当选全国杰出中青年法学家，2000年获教育部第二届“高校青年教师奖”，2004年经人事部等八部委批准，入选为新世纪百千万人才工程国家级人选，2004年入选教育部文科首批“长江学者”特聘教授，2007年获美国犯罪社会学会国际学术奖，2010年获日本刑法学会名誉会员称号。主要科研成果包括：撰写《刑法哲学》《刑法的人性基础》《刑法的价值构造》《本体刑法学》等个人专著10余部，主编或参编刑法学著作30余部，在《中国社会科学》《法学研究》《中国法学》等刊物发表论文300余篇，有十余项科研成果获国家、省部级科研成果奖。

副主编简介

周光权，男，汉族，1968年1月生，重庆市人。1992年毕业于四川大学法律系，1999年毕业于中国人民大学法学院，获法学博士学位，现为清华大学法学院教授、博士生导师，兼任第十一届、第十二届全国人大法律委员会、最高人民检察院案例指导工作委员会委员、教育部（特邀）国家督学、国家社科基金学科评审组专家等职，曾先后挂职担任北京市人民检察院第一分院副检察长（2007年11月至2010年7月）、最高人民检察院公诉厅副厅长（2013年5月至2014年5月）。2001年4月至2002年3月，日本名城大学法学部访问学者。2002年获第七届北京市哲学社会科学优秀成果二等奖，2003年获第三届“胡绳青年学术奖”，2004年获清华大学“学术新人奖”，2005年获第一届中国青年法律学术奖（法鼎奖）银奖，2010年获北京市“十大杰出青年法学家”称号，2014年获第三届钱端升法学成果奖三等奖，2014年获北京市哲学社会科学一等奖。主要研究领域为中国刑法学、刑法思想史等。主要科研成果：《刑法客观主义与方法论》《刑法学的向度》《法治视野中的刑法客观主义》《刑法客观主义的中国展开》《注意义务研究》等个人专著11部；参编刑法学著作30余部，在《中国社会科学》《中国法学》《法学研究》等刊物上发表论文近200篇。

普通高等教育"十一五"国家级规划教材

博学·法学系列

刑法学

（第三版）

陈兴良　主　编　周光权　副主编

復旦大學出版社

内容提要

本书对犯罪论、刑罚论和罪刑各论进行全面分析，除吸收晚近刑法学最新理论成果外，在形式上也有所突破和创新。本书在犯罪论体系问题上首次直接采用欧陆刑法学的构成要件该当性、违法性和有责性的阶层理论，分则条文的阐释也依循这一逻辑展开。在排列各论罪名顺序时，突破了一般教科书按分则条文顺序排列的传统，根据现代国家对个人权利优先保护的法治原则，按照犯罪认定的复杂程度和发案率高低来排列。

全书分为上下两篇。上篇“刑法总论”部分主要阐述了犯罪概念、犯罪成立条件、犯罪的特殊形态(共犯、未完成罪、罪数形态)、刑罚的概念及其目的、刑罚种类、量刑、行刑等问题。考虑到我国刑法学教育的实际状况，在理论探讨已趋成熟的某些问题上着墨较多并有所加深。下篇“刑法各论”部分则按照对个人法益的犯罪(侵犯人身权利罪、侵犯财产罪)、对社会法益的犯罪(危害公共安全罪、破坏市场经济秩序罪、妨害社会管理秩序罪)、对国家法益的犯罪(侵犯国家存立的犯罪、侵犯国家作用的犯罪)的次序，对刑法分则所规定的所有罪名作了细致分析，对罪与非罪、此罪彼罪的认定难题尽可能提出切实可行的解决方案。全书体系完整、论述周详、层次清晰、新见迭出，既站在学科最前沿，又积极回应实务关切，是一部自成体系、特色鲜明的新型刑法学教材，其适合政法院校本科生使用，也可以作为刑法学研究生的参考读物，还能够为政法机关工作人员、律师处理案件提供重要的智力支持。

撰稿人 （以撰写章节先后为序）

周光权　清华大学法学院教授、博士生导师，撰写第 1 章、第 2 章、第 16 章；

林　维　中国青年政治学院法学院教授，撰写第 3 章、第 15 章(部分)、第 17 章；

蔡道通　南京师范大学法学院教授、博士生导师，撰写第 4 章、第 18 章；

马卫军　宁夏大学法学院讲师，撰写第 5 章、第 11 章(部分)、第 15 章(部分)、第 19 章(部分)；

莫开勤　中国人民公安大学法律系教授，撰写第 6 章、第 9 章、第 14 章；

陈兴良　北京大学法学院教授、博士生导师，撰写第 7 章、第 8 章、第 20 章；

张绍彦　中国社会科学院法学研究所研究员，撰写第 10 章、第 11 章(部分)、第 12 章、第 13 章；

周长军　山东大学法学院教授、博士生导师，撰写第 19 章(部分)、第 21 章。

第三版序

《刑法学》一书2003年由复旦大学出版社出版，2008年推出第二版。七年来，我国先后通过了三个刑法修正案；最高人民法院、最高人民检察院也颁布了大量司法解释。这使得本书的修订日益迫切。

本次修订，依然坚持了“构成要件该当性—违法性—有责性”的体系。对于其中的理由，我需要略作阐述。

体系，是一个根据各种原则组织起来的知识整体。犯罪论体系是将成立犯罪的各种要素予以组织化、有序化的排列，并对犯罪成立与否进行合理化、功能性判断的知识系统[①]。实际上体系也好，犯罪的构造也好，都是工具，都是我们认识问题、分析问题的一个手段。不可否认，我国通说的四要件犯罪论体系，简洁明了，易于掌握，在司法实务中也发挥了一定的积极影响。但是，毋庸讳言，它没有处理好事实与价值、主观与客观、形式与实质、一般与特殊、控诉与辩护之间的关系，且存在一定程度的逻辑混乱。表面看来，最近三十多年来，中国刑法学呈现出一派繁荣景象，但通说在犯罪论体系上缺乏创造性研究，这和四要件的制约有关。我始终认为，作为人文学科的刑法学理论始终处于发展过程中。刑法学要获得长足发展，必须有学派论争、学派对抗，绝不是在将某一家理论、某一派理论先行奉为“金科玉律”之后进行一些小修小补。在犯罪论体系的建构上，保持必要的学术宽容是有利无害的。

犯罪阶层体系的形成源于罪刑法定的要求。大陆法系的阶层式犯罪论体系，是德国刑法学对世界刑法学的巨大智识贡献。正如学者所言，犯罪阶层体系可以算是刑法学发展史上的钻石，它是刑法学发展到一定程度的结晶，透过犯罪阶层体系，刑法学的发展才能展现璀璨夺目的光彩。它是刑法学上的认知体系，认知体系的建立必然在体系要素——也就是个别的概念——澄清到一定程度的时候，方才会发生，而认知体系建立之后，会使得概念体系的建立更加迅速，更加丰富。在犯罪阶层体系的原产地——德国，从19世纪中叶以降，直至20世纪末，整个刑法学发展的景况，正可以印证上述的说法：德国刑法学在20世纪初期提出第一个犯罪阶层体系，并在20世纪，在不断地修正、重组犯罪阶层体系构造之中，将刑法学基础理论的发展推向巅峰，创造刑法学非常璀璨的一页[②]。对此，我们不能视而不见。

作为实践性学科的刑法学，犯罪论体系应当具有逻辑性与实用性。“刑法信条学并不满足于把各种理论原理简单地合并在一起，并且一个一个地对它们加以讨论，而是努力要把在犯罪行为的理论中产生的全部知识，有条理地放在一个‘有组织的整体’之中，通过这种方法，使人们能够清楚地认识各个信条(dogmen)之间的内在联系。”[③]“一般犯罪原理的体系，就是试图把可受刑事惩罚的举止行为的条件，在一个逻辑顺序中，作出适用于所有犯罪的说明。”[④]“犯罪论体系应该是

① 周光权：《犯罪论体系的改造》，中国法制出版社2009年版，第1页。
② 许玉秀：《当代刑法思潮》，中国民主法制出版社2005年版，第54页。
③ [德]克劳斯·罗克辛：《德国刑法学总论》(第1卷)，王世洲译，法律出版社2005年版，第118页。
④ [德]克劳斯·罗克辛：《德国犯罪原理的发展与现代趋势》，王世洲译，载《法学家》2007年第1期，第151页。

把握犯罪概念的无矛盾的逻辑,并且在判断具体犯罪的成立与否上是最合理的东西。”[①]犯罪论体系是判断是否成立犯罪的重要思维方法。“一个基本属于常识的判断是:犯罪论体系越简陋,刑法理论就越粗放;反过来,犯罪论体系越精巧,刑法理论研究才可能越深入。”[②]犯罪论的目的在于:通过明确犯罪的成立要件,控制裁判官和从事搜查、追诉活动的警官、检察官的判断,以保证刑法得以正确适用。而对于控制裁判官的思考过程,进而将刑法的适用限定于适当正确的范围之内,“构成要件该当性、违法性、有责性这种犯罪论体系是一种行之有效的做法”。[③]

不可否认,刑法学的发展,与逻辑严谨的刑法学体系建构和极其精巧的刑法解释技巧密不可分。在解决体系性问题的同时,更为复杂的是如何回应转型时期中国社会的需求,做到刑法理论与司法实务的照应,以解决具体的问题。要建构有说服力的刑法学,阶层式的思考功不可没。

本书第三版主要在以下方面进行了修订:(1) 对总论中某些特别重要的问题,结合立法的修订进一步展开了论述。(2) 对刑法各论中重要罪名的分析,提高了权重,对一些非重点罪名,则仅做简单说明。(3) 对《刑法修正案(七)》《刑法修正案(八)》《刑法修正案(九)》新增和修改的罪名,逐一进行了解析,对某些重要的新罪名,还进行了详细讲解,便于学生了解我国刑法立法的最新发展动态。(4) 结合 2008 年之后至 2015 年 5 月之间“两高”先后颁布的司法解释,对相关内容进行了调整和修改。

本书第三版的修订,在陈兴良教授指导下,由我和宁夏大学法学院的马卫军博士共同完成,其中涉及晚近三个刑法修正案的部分,全部由马卫军撰写(主要涉及第 11 章、第 15 章、第 19 章的部分内容);其他撰稿人也对所写章节的修订工作提出了初步意见。对于本书中可能出现的错讹,应由我承担责任。

周光权

2015 年 11 月 5 日于清华大学

① [日] 大塚仁:《刑法概说(总论)》(第 4 版),有斐阁 2008 年版,第 113 页。

② 周光权:《犯罪论体系的改造》,中国法制出版社 2009 年版,第 239 页。

③ [日] 西田典之:《刑法总论》(第 2 版),弘文堂 2010 年版,第 62 页。

第二版序

大约在五六年以前，我和陈兴良教授接受复旦大学出版社的盛情邀请，主编了博学·法学系列教科书《刑法学》。本书第一版出版于2003年，此后多次重印；将本书作为教材的学界同仁也对本书给予了很多肯定性评价；2006年本书又被教育部列入"十一五"国家级规划教材，这让我们感到非常欣慰。

五年时间，白驹过隙！在这段时间里，我国刑法立法、司法工作在法治的轨道上得到了良性发展，2005年2月28日全国人大常委会通过了《刑法修正案(五)》，2006年6月29日又通过了《刑法修正案(六)》；最高人民法院近年来颁布了与大量刑法适用有关的司法解释；刑法理论的发展，为刑法适用解释的精巧化提供了指南，也使犯罪论体系的合理化建构成为可能，这些情况的出现，都使得修订本教科书的迫切性得以凸显出来。形势比人强，所说的大概也就是这个意思！

需要说明的是，本教科书第一版在犯罪论体系问题上，采用的是构成要件该当性—违法性—有责性的体系，在第二版中，我们仍然坚持了这一分析进路。作为副主编，我知道，在本教科书出版之后，学界对于在中国采用这样的体系是否适合有过议论。但是，既然本书是1949年以来第一部直接采用大陆法系三阶层的犯罪论体系的刑法学教科书，是改造我国现有犯罪构成四要件理论的有益尝试，在第一步已经迈出之后，学术上对外开放的立场就没有理由放弃。

在我国，目前处于通说地位的犯罪构成理论虽然曾经发挥过一定的作用，但由于它没有处理好事实与价值、主观与客观、形式与实质、一般与特殊、控诉与辩护之间的关系，且存在一定程度的逻辑混乱，因而需要加以改造。至于改造的具体方案，显然是见仁见智的问题。我始终认为，在刑法学领域，并不存在固定不变的、唯一正确的真理性认识，理论始终处于发展过程中。刑法学的发展必须在学派论争、对抗中形成；发展绝不是在将某一家理论、某一派理论先行奉为"金科玉律"之后再对其仅仅作小修小补。在犯罪论体系的建构这个问题上，保持必要的学术宽容，对于理论的发展是十分重要的。刑法学者必须要有足够宽广的胸怀，要有接受多种理论体系在中国刑法学中并存的思想准备。从这个意义上讲，所有对犯罪论体系进行改造的努力，都是值得加以肯定的。

事实上，改造现存的犯罪构成四要件理论，建构新的中国刑法学犯罪论体系，是一个不可阻挡的潮流。作为本书主编的陈兴良教授就身体力行地推进对犯罪构成体系的探索。在《本体刑法学》(商务印书馆2001年版)一书中，他提出了罪体—罪责两分的犯罪论体系；在《规范刑法学》(中国政法大学出版社2003年版)一书中则进一步完善了这一体系，根据我国刑法中的犯罪存在数量因素的特点，在犯罪论体系中增补了罪量要件，从而形成了罪体—罪责—罪量三位一体的犯罪论体系。张明楷教授在犯罪构成体系问题上也一直保持探索的浓厚兴趣。在早期的《犯罪论原理》(武汉大学出版社1991年版)一书中，他将传统的犯罪构成四要件理论体系改为三要件的体系，认为犯罪客体不是独立的犯罪构成要件，坚持犯罪主体是犯罪构成的独立要件①。此后，在

① 参见张明楷：《犯罪论原理》，武汉大学出版社1991年版，第134页以下。

法律出版社出版的《刑法学》第一版(1997 年)和第二版(2003 年)中均坚持了上述立场。在 2007 年出版的《刑法学》第三版中,将犯罪构成的共同要件确定为两个:一是客观构成要件;二是主观构成要件,前者是违法构成要件,后者是责任构成要件,从而实现了犯罪论体系研究的重要转向①。在将来,张明楷教授进一步调整其犯罪论体系,使之与德日的三阶层理论更为接近,也并不是没有可能。在我新近出版的《刑法总论》中,在犯罪论体系问题上,并未使用构成要件符合性、违法性、有责性的表述,而是把犯罪成立要件分为犯罪客观要件、犯罪主观要件、犯罪阻却事由三个阶层。根据这样的三阶层体系,对行为的定性,首先是通过犯罪客观要件展示行为客观上符合构成要件且违法的侧面;然后由犯罪主观要件展示责任的侧面;最后,再例外地考虑是否存在足以排除犯罪的特殊情况。我认为,采用犯罪客观要件、犯罪主观要件、犯罪阻却事由这样的三阶层论的合理性主要在于:(1) 司法活动中认定犯罪的过程是从客观判断到主观判断,从一般判断到特殊判断,从事实判断到价值判断,从原则判断到例外判断。不使用构成要件符合性、违法性、有责性这样的术语,直接使用犯罪客观要件、犯罪主观要件这样的概念,对于按照思维规律判断行为性质没有妨碍,同时更容易抓住问题的实质,指引司法行动。(2) 按照构成要件符合性、违法性、有责性的理论体系建构犯罪论,可以使刑法学达到相当精巧的程度,可以充分满足"体系的思考"的需要,但是对于"问题的思考"的帮助反而有限。过分满足技术性要求的冲动可能遮蔽司法中发现真相的机会。也正是认识到这一点,平野龙一教授才主张对于犯罪论体系,可以按照犯罪成立的一般理论(行为、结果、因果关系、不作为、故意、过失)、犯罪成立的阻却事由(违法性阻却事由、责任阻却事由)两个层次建立②。可以说,他的主张和我所持的三阶层论具有异曲同工之妙。(3) 采用这样的三阶层论的一个现实的考虑是:虽然犯罪客体、犯罪客观方面、犯罪主体、犯罪主观方面的四要件理论存在很多问题,但它在我国有一定影响,要求人们接受构成要件符合性、违法性、有责性体系可能存在较大的思维转型,接受四要件说的人和赞成德日传统的三阶层理论的人之间交流起来会存在困难。所以,采取比构成要件符合性、违法性、有责性体系更为简洁、更易于被人们所接受的理论,就是我需要考虑的③。

当然,我国刑法理论在进行上述探索甚至学术探险之外,直接按照德日刑法学的通说,采用构成要件符合性、违法性、有责性的逻辑顺序建构犯罪论体系,也是一种思考问题的路径,至少可以提供一个批评的素材或者靶子,为未来中国刑法学的发展储备必要的知识。所以,我认为,在本教科书的第二版中,保持原来的犯罪论体系不变,有其独特价值。

本书第二版,主要在以下方面进行了修订:(1) 对总论中某些特别重要的问题,进一步展开论述。例如,对于罪刑法定原则的内容,第二版增加了很多文字,力争把问题讲得更为透彻。(2) 对刑法各论中重要罪名的分析,增加了一些内容,例如,对抢劫罪、受贿罪等,都结合最新的司法解释进行了研讨,这对于提高学生解决问题的能力,一定有所裨益,也能够有效地指导司法实务。这次修订,在侵犯财产罪方面的改动最大,这与实践中犯罪的发案率高低成正比例关系,便于学生掌握最为重要的罪名,也便于教师在教学中加以发挥。(3) 对《刑法修正案(五)》《刑法修正案(六)》新增和修改的罪名,逐一进行了解析,对某些重要的新罪名,还进行了详细讲解,便于学生了解我国刑法立法的最新发展动态。(4) 结合 2003 年之后至 2008 年 5 月之间"两高"先后颁布的司法解释,对相关内容进行了调整和修改。

本书第二版的具体修订工作,由我承担。不过,修订工作一直是在主编陈兴良教授的指导下

① 参见张明楷:《刑法学》(第 3 版),法律出版社 2007 年版,第 108 页以下。

② 参见[日]平野龙一:《刑法总论Ⅰ》,有斐阁 1972 年版,第 102 页。

③ 参见周光权:《刑法学》,中国人民大学出版社 2007 年版,第 103 页以下。

进行的,我多次和他就修改的基本思路、学术争议问题的把握等问题进行沟通,在修改过程中也多次向他讨教;其他撰稿人也对所写章节的修订工作提出了初步意见。受陈兴良教授委托,第二版序由我撰写。

对于本序言中的不当之处,以及本书第二版中可能出现的错讹,都应由我承担全部责任,敬请方家雅正!

周光权

2008 年 11 月 16 日于清华大学

第一版序

目前，我国刑法学教科书已经为数不少，再增加一本似乎也仅仅只有充实书架的功效。因此，在受复旦大学出版社的盛情邀请主编这本刑法教科书之初，心里总有几分忐忑不安，唯恐这是徒劳无功之事。在编写本书过程中，我们反复研究了中外各种类型的刑法教科书的特色，总想在体例与内容上有所创新。经本书正、副主编反复商讨，并在本书诸位作者的共同配合下，最终形成本书的写作体例，使得本教科书至少在形式上有所突破，别具一格。至于这种刑法教科书编写方式上的尝试是否成功，尚需在教学过程中加以检验。下面，就本书涉及的三个重大问题略作交代。

第一，犯罪论体系问题。

犯罪论体系，也就是我国刑法理论中的犯罪构成，它是整个犯罪论的核心。目前，我国刑法教科书通行的是来自苏联的、以闭合式四大要件（犯罪客体、犯罪客观方面、犯罪主体、犯罪主观方面）为内容的犯罪构成体系。这种犯罪构成体系自有其简便易懂的优点，但是也存在着内在逻辑上的某些缺陷，受到刑法理论界越来越多的批评和质疑。随着大陆法系递进式犯罪成立理论体系和英美法系双层次的犯罪构成体系引入我国，在犯罪构成理论上的研究日益深入。尤其是大陆法系递进式的犯罪成立理论体系，反映了定罪的逻辑过程，也使得被告人获得了较多的辩解机会，具有理论上的优越性。在这种情况下，我们在刑法学教科书中首次直接采用了大陆法系的递进式犯罪成立理论。

应该说，我国刑法关于犯罪成立条件的规定，与大陆法系国家刑法的规定之间并无多大差别，而在犯罪构成理论体系上却存在天壤之别，由此可见，犯罪论体系完全是一个理论建构的问题。因此，在现行刑法的框架下，直接采用大陆法系的犯罪成立理论体系，不存在法律制度上的障碍。我们还应该注意到，在 20 世纪三四十年代国民党统治时期的中国，刑法学关于犯罪成立的理论，完全是以大陆法系的递进式结构为模型建立的，刑法学教授和初学刑法学的人对于接受这样的理论，都并不存在思维上的障碍。所以，由于中国法律总体上可以被归到大陆法系的范畴，或者说我们与大陆法系的理念和制度具有某种亲缘性，以大陆法系的犯罪论体系为基础，建构中国刑法学中的犯罪成立理论，并非没有可能。当然，将大陆法系的犯罪论体系引入刑法学教科书，不是简单地照搬德、日刑法理论，还有一个融合、考虑中国实际的问题。出于这方面的考虑，我们在本书的编写当中作了一些努力，尽可能地保持内容上的前后协同和逻辑上的相互统一。

当然，刑法学教科书可以有多种写法，犯罪构成体系也可以进行多种尝试性的建构，而不能将某一种模式视为金科玉律。即使是在递进式犯罪成立理论占主流地位的德、日等大陆法系国家，刑法教科书中对犯罪论体系的写法也不尽相同，例如有学者按照行为论、构成要件该当性、违法性、有责性的次序处理犯罪论问题，有学者则按照不法、责任的两重结构讨论犯罪成立条件，多种模式并行不悖。刑法学教科书在犯罪论体系上的多元化探索，既有助于刑法学教学改革的推进，也对促进刑法学理论的繁荣和发展、刑事司法的民主和公正，具有积极意义。

第二，刑法各论的体系问题。

刑法各论是对刑法分则的研究，因此，我国目前的刑法学教科书都是以刑法分则体系建构刑法各论体系的。这种以法为本的体系建构,本身并不存在问题。但是,从教学的角度看,却存在不大便利之处。刑法分则涉及10章400多个罪名,这些罪名在知识上的重要性并不能等量齐观。而如果根据刑法分则的章节体例安排教学时间,往往出现跳跃式讲授的情形,即刑法各论的中间几章必须忽略不计,只讲重要章节的罪名。我们认为,刑法分则中的10章罪名,最重要的是侵犯公民人身权利、民主权利罪和侵犯财产罪两章,它们都属于侵犯个人法益的犯罪,与每一个人的生存状态、生存条件都直接相关,也是实践中发案率最高的犯罪,司法实务中处理的案件,90%左右的犯罪都是盗窃、抢劫、诈骗、抢夺、故意杀人、故意伤害、强奸等,它们全部集中在侵犯人身、侵犯财产罪两章。所以,将这些罪名讲清楚,才是刑法各论教学的根本。

基于这种考虑,本书在刑法各论部分将刑法分则的章节顺序作了适度调整,按照下列次序编排:对个人法益的犯罪(包括侵犯人身权利民主权利罪、侵犯财产罪)、对社会法益的犯罪(包括危害公共安全罪、破坏社会主义市场经济秩序罪、妨害社会管理秩序罪)、对国家法益的犯罪(包括贪污贿赂罪、渎职罪等侵犯国家作用的犯罪,以及危害国家安全罪、危害国防利益罪和军人违反职责罪等侵犯国家存立的犯罪)。这种刑法各论体系从表面上看,与严格按照分则章节排列的传统体例不同,但是,其自身逻辑上的内在一致性是不可否认的,也符合现代国家对个人权利优先保护的法制原则。

第三,理论深度问题。

本书作为一本刑法学教科书,主要是供本科生学习之用。因此,把握适当的理论深度是十分重要的。但是,要掌握一个很好的分寸,也是比较困难的。过于浅显,就难以显示刑法理论博大精深的魅力,不能唤起学生对刑法理论的学习兴趣;过于艰深,则无法被学生所接受,徒增理解上的困难,使学生在高深的刑法理论殿堂门口望而却步。

从我国目前的刑法学教科书来看,我们认为通病还是在于内容过于浅显,完全是法条注释式的,带有较为明显的注释刑法学痕迹,有的教科书甚至难以使自己与市面上流行的普法读物区别开来,这实在是一件令人遗憾的事情。反观近年来翻译出版的大陆法系刑法学教科书,无论是日本刑法学者野村稔的《刑法总论》(全理其、何力译,法律出版社2001年版)、意大利刑法学者杜里奥·帕多瓦尼的《意大利刑法学原理》(陈忠林译,法律出版社1998年版),还是德国李斯特的《德国刑法教科书》(徐久生译,中国法制出版社2000年版),在理论深度上都大大超过我国的刑法教科书。更不用说德国汉斯·海因里希·耶塞克、托马斯·魏根特的《德国刑法教科书(总论)》(徐久生译,中国法制出版社2001年版),该书仅总论部分就洋洋90万言,其理论之艰深远远超过我们的想象,也远远超过我国本科生所能够理解和接受的程度,甚至将其作为研究生教材也仍然存在比较艰涩的问题。即使是俄罗斯库兹涅佐娃、佳日科娃主编的《俄罗斯刑法教程(总论)》(黄道秀译,中国法制出版社2002年版)也达72万字,虽然对其内容我们总有似曾相识之感,但它也还是有一定的篇幅和理论深度的。对比之下,我国刑法学教科书一般在70万~80万字左右,囊括总论与各论的内容,其中各论的内容占据大半篇幅,总论不仅篇幅不多,而且内容浅显。应当说,教科书是某一学科理论发达程度的标志,中外刑法学教科书的上述差距,也正好较为客观地反映了中外刑法学理论存在的差距,在这一点上,我们没有必要讳莫如深。作为一名刑法学人,在推进我国刑法学理论发展的同时,还应当大力推进刑法学教科书的编写,充实内容,完善体例,使刑法学教科书真正能够敏捷地反映刑法理论研究的前沿性成果,而不至于成为陈腐材料的代名词。本书由于篇幅所限,考虑到我国刑法学本科教育的实际状况,虽然在刑法总论的理论上有所加深,不是完全地注释法条,但还是存在很多值得商榷之处。在刑法各论部分,则尽可能地以法条为归依,吸收司法解释的内容,使之于法有据,言之成理。

刑法学教科书是对刑法基本原理的体系性叙述,是在一定逻辑框架、编写规范的约束下对刑

法知识的妥善安排，在内容上与刑法专著有所不同，也有别于刑法注释。当然，在教科书写作上适度创新，也是有可能的，在我国就有一种专著型刑法学教科书的说法。因此，刑法学教科书的多层次性、探索性是十分重要的。本书只是多种刑法学教科书中可供选择的一种，虽然在体例与内容上有所调整，试图推陈出新，但仍存在不尽如人意之处。以后，我们还将在刑法学教科书的编写方面继续努力，以期引起一场刑法学教科书编写的革命。

本教材由主编、副主编确定编写大纲，并对全书进行统稿。本书立法与司法解释的资料截至2002年12月底，特此说明。

陈兴良

2003年5月8日

目　　录

上编　刑法总论

下编　刑法各论

上　编

刑 法 总 论

第一章 刑法的基础

本章要点

本章主要介绍刑法及刑法学的基础知识，涉及刑法的概念、刑法理论史、刑法基本原则以及刑法的适用范围等内容。刑法以犯罪和刑罚为规范对象；刑法惩罚的是行为，所以，刑事法律制度必须根据客观主义的思路建立；刑法的基本原则包括罪刑法定原则、刑法面前人人平等原则和罪刑相适应原则；运用刑法惩罚犯罪时，必须考虑刑法在时间、空间上的适用效力。

第一节 刑法概述

一、刑法的概念

在现代，不管是哪一法系，无论其对刑法的看法有多少差别，但有一点是共同的，即都将刑法作为国家的基本法律之一，作为规定犯罪与刑罚的法律看待。由此，我们可以将刑法界定为：以国家名义规定什么行为是犯罪和应给犯罪人以何种刑罚处罚的法律。

刑法有广义和狭义之分。广义的刑法，是指以国家名义颁布的、规定犯罪与刑罚的一切法律规范的总称，包括刑法典、单行刑法以及附属刑法。其中，所谓单行刑法，是指为补充、修改刑法典而由最高立法机关颁行的、在形式上独立于刑法典而在内容上又是专门规定犯罪与刑罚的一切规范性文件。所谓附属刑法，是指拥有刑事立法权的国家立法机关，在制定经济、行政等非刑事法律时，附带制定的、体现国家对一定范围内的特定社会关系加以特别调整的、关于犯罪与刑罚的行为规范的总称。由于附属刑法是为了达到行政取缔的目的而借用刑罚这种手段确立的，所以又被称为行政刑法。在附属刑法中，刑罚规范不是主体部分，而具有附属性。至于狭义的刑法，则是指国家立法机关制定的、将规定犯罪与刑罚的一般原则和各种具体犯罪与刑罚的法律规范加以条理化和系统化的刑法典。

从法律性格上看，刑法是讨论刑事法律关系本身（犯罪成立条件和实质的处罚标准）的实体法，而不是规定犯罪追究程式的程序法；是涉及公共权力（刑罚权）运用的公法，而不是调整平等主体的人身、财产关系的私法；是从属于宪法的子法、强行法。最后，如果将法律分为立法法、司法法和行政法，那么，刑法还是规范刑事审判活动的司法法。

以犯罪和刑罚为研究对象的学问，被称为刑法学。对刑法学的领域，可以作不同区分：考察刑法历史的理论体系，是刑法史学；对外国刑法进行比较研究的学科，是比较刑法学；利用哲学眼光对处罚的正当性、根据进行反思的学问，是刑法哲学。本教科书所研究的刑法学，属于刑法解释学。刑法解释学以对刑法总则、刑法分则的规定进行认识为目的，分为总论和各论两部分。刑法总论对刑法规范作一般性分析，明确犯罪成立的基本条件、犯罪的特殊形态以及刑罚的类型、适用方法；在刑法各论中，则对犯罪的个别成立条件以及法定刑适用进行分析。

二、刑法的演变

在人类社会早期,对危害他人生命、身体、财产以及侵犯共同生活秩序的行为,采用私力救济的方式处理,惩罚表现为“以眼还眼、以牙还牙”的复仇,正式的刑罚规范并不存在。

在国家出现以后,出于维持政权的需要,刑法出现并被广泛运用。在众多法律部门中,刑法的历史最为悠久,发挥的作用也最为显著。诸法合体、刑民不分,用刑罚方法处理民事纠纷,是世界各国法律发展过程中都经历过的阶段。

近代以来,经济交往频繁,财产关系复杂,个人权利关系兴起,民、商事法律的地位逐步提高,刑法、民法各自调整的领域也被进一步划定。人们一般认同这样的观念:在一定的国家,存在由国家权力所支配的政治领域,也应当存在个人可以在其中自由决定并自由行动的市民社会。社会二元化,要求刑法只能在政治国家范围内发挥作用,不能进入市民社会领域。凡是公民、法人根据自己的意思可以处理的纠纷,刑法不能强行介入,所以,刑法和民事法律必须各守其界。这使得人们对刑法的认识进一步明确。

18 世纪以前的刑法,只有具体犯罪及其刑罚的规定,刑法缺乏体系性,表现为大量的散在性的个别法。此后,逐步总结出总则性规定。大陆法系国家第一部刑法典即 1810 年法国刑法典首开了总则与分则相分立的刑法典立法模式,这一做法后来被其他国家所效仿。

上述分析表明,在漫长的历史进程中,刑法的独立性始终得到保持。这种独立性充分表现在:① 刑法调整犯罪与刑罚之间的关系,有特殊的规制对象;② 刑法对不法行为的判断、评价有不同于其他部门法的独立标准;③ 刑法通过对犯罪的惩治而在社会中发挥独立的作用,刑法具有最后手段性,在其他法律手段明显不足时出面处理社会冲突,所以,其独立存在价值是不可否定的。

不过,由于刑法具有其他法律所不能比拟的严厉性、强行性,一旦使用,就会涉及对个人生命、财产、资格的剥夺和对行动自由的限制,所以,刑法的运用应当受到适度限制。利用刑法处理社会关系,应当限于“不得已”的场合。有的启蒙思想家试图限制刑法的适用范围,强调刑法从属于民法,在适用民法无效时,才适用刑法,以补充民法的不足。虽然其否定刑法独立性的观点是我们今天所不能赞同的,但是,他们对刑法过度适用所隐伏的危险的担忧,则是我们必须要关注的。

我国在 1979 年制定了刑法典。刑法制定的根据是宪法的精神和司法实践经验。1979 年《刑法》的特点是罪名较少、刑罚较为轻缓。1981 年以后,随着社会转型的加快,犯罪现象日趋猖獗,为适应惩罚犯罪的需要,截止到 1997 年 3 月,我国先后又通过了二十余个单行刑法,并在一百余部行政法规中规定有罪刑条款。这些刑法规范的颁布,对于稳定社会秩序、惩罚犯罪,是极其必要的。但是,单行刑法、附属刑法规范过多,过于分散,难免有相互矛盾之处,既使得司法适用上难度很大,也可能使法制的统一性受到影响。所以,我国在 1997 年对旧刑法进行了修订。刑法修订的基本思路是:制定有特色、统一和完备的刑法典;保持刑法的连续性和稳定性,可改可不改的,尽量不改;尽量使新刑法明确与具体。

修订后的《刑法》共有 452 条,在犯罪与刑罚的立法规定上都有重大改动。但是,最为引人注目的变化主要表现在:一方面,适应依法治国、建设社会主义法治国家的需要,规定了罪刑法定、罪刑相适应、刑法面前人人平等的刑法基本原则,并在罪—刑关系设置的多个方面体现了保障人权的思想;另一方面,在刑法分则中,大量增设新罪名,严密法网。刑法分则共分 10 章,对四百余个罪名作了规定,为准确认定犯罪提供了标准。

自 1997 年修订刑法之后,迄今为止,全国人大常委会又先后制定了九个刑法修正案,包括:

① 1999 年 12 月 25 日的《刑法修正案》；② 2001 年 8 月 31 日的《刑法修正案》(二)；③ 2001 年 12 月 29 日的《刑法修正案》(三)；④ 2002 年 12 月 28 日的《刑法修正案》(四)；⑤ 2005 年 2 月 28 日的《刑法修正案》(五)；⑥ 2006 年 6 月 29 日的《刑法修正案》(六)；⑦ 2009 年 2 月 28 日的《刑法修正案》(七)；⑧ 2011 年 2 月 25 日的《刑法修正案》(八)；⑨ 2015 年 8 月 29 日的《刑法修正案》(九)。全国人大常委会还制定了一个单行刑法，即 1998 年 12 月 29 日《关于惩治骗购外汇、逃汇和非法买卖外汇犯罪的决定》。

三、刑法的性质

刑法作为重要的部门法，具有以下法律性质：

（一）特定性

刑法只规制罪—刑关系，其涉及的内容与对象都较为特殊。刑法规范并不像其他法律规范一样仅仅保护社会伦理的、道德的、宗教的秩序，而对个人参与社会生活、从事社会活动所必不可少的生活利益都予以保护，即通过对违反规范的行为以国家的名义作出规范的、明确的否定性评价，以达到维护法益的目的。

（二）广泛性

刑法的目的是保护法益。需要用刑法加以保护的法益十分广泛，从总体上包括个人法益、国家法益、社会法益三大类，每一类法益之下，又可以分为数十种具体罪名，它们都与具体的法益有关。可以说，其他法律保护的法益，刑法都保护。

（三）严厉性

在犯罪发生时，惩罚这种行为的措施是刑罚，这是强制力最强的手段。刑法与民法、行政法等其他法律部门的区别表现在：对犯罪这类违法行为，根据法律所可能承担的法律后果不同；而不在于它所调整的社会关系的不同。民法调整平等主体之间的利益关系，行政法对于为实现公共福利所采取的国家行动进行规范，表面上看，它们与刑法在调整对象上不同，但是，在民事关系、行政关系被严重侵犯时，刑法的出面有时就是难免的。从这个意义上看，刑罚具有保障性，即保障其他法律的实施，如刑法通过规定妨害公务罪，来保障公务执行的可能性和效率；通过规定走私罪，来保障海关法的施行等。

（四）补充性

需要法律加以保护的社会利益是多种多样的，其保护手段也是多方面的。刑法并没有保护所有应当保护的社会利益的功能与效力，即刑法不是万能的，刑罚手段具有局限性。对侵害法益的行为，并不都需要刑法介入，例如违约行为侵犯他人的财产权，在民法保护已经足够时，刑法必须保持克制和谦抑。由刑罚的严厉性所决定，刑法是国家法律手段中破坏性最强的一种，其可能间接甚至直接地对刑法本身应当保护的利益产生危害。所以，只有在国家、社会或者个人以其他手段无法有效地保护该利益，而只能通过刑罚才能有效保护的情况下，刑罚作为“最后手段”才能被使用。刑罚的发动，必须限于社会秩序迫切需要维持的场合，而且刑罚权的运用必须限定在最小的活动范围内；在反社会的行为发生之后，要给予刑罚处罚，必须要考虑用刑法保护法益是否是唯一合理的手段，以此来保持刑法的宽容性，以有效防止刑罚权的滥用。

四、刑法的任务

我国《刑法》第 2 条规定：中华人民共和国刑法的任务，是用刑罚同一切犯罪行为作斗争，以保卫国家安全，保卫人民民主专政和社会主义制度，保护国有财产和劳动群众集体所有的财产，保护公民私人所有的财产，保护公民的人身权利、民主权利和其他权利，维护社会秩序、经济秩

序,保障社会主义建设事业的顺利进行。根据这一规定,我国刑法的任务是打击犯罪与保护人民的统一。

打击犯罪与保护人民是手段与目的的关系。打击犯罪是指采用刑罚即刑事制裁的方法,同一切危害国家安全的和其他的刑事犯罪行为作斗争。打击犯罪的目的是为了保护人民,根据我国刑法的规定,保护人民主要是指保护国家的根本政治制度和公民的合法权益。具体地说,表现在以下几个方面:① 保卫人民民主专政的政权和社会主义制度。严厉打击直接危害我国人民民主专政的政权和社会主义制度的危害国家安全的犯罪行为,这是我国刑法的首要任务。② 保护公共财产和公民私人所有的合法财产。国有财产和劳动群众集体所有的财产,是社会主义的物质基础,是我国进行现代化建设的物质保证。它们直接关系到我国政权和制度的巩固以及社会生活的正常和繁荣,因而保护公共财产是我国刑法的重要任务。公民私人所有的合法财产,是公民生产、工作、生活必不可少的物质条件。保护公民私人所有的财产,贯彻了宪法的相关原则。③ 保护公民的人身权利、民主权利和其他权利。保护人民的合法权益是我们社会主义国家的根本任务,也是我国刑法任务的重要内容之一。④ 维护社会秩序和经济秩序。良好的社会秩序和经济秩序,是社会主义建设事业顺利进行的保障,同人民的切身利益密切相关,因此,维护社会秩序和经济秩序是刑法的一项重要任务。

五、刑法的机能

刑法的机能与任务不同:任务是刑法实际承担的职责;机能是刑法现实以及可能发挥的作用。在人类社会存续期间,要完全消灭犯罪基本上是不可能的,所以,在违反社会秩序,破坏合法权益的行为发生,破坏共同生活秩序的行为人出现之后,必须要使用刑法手段对之加以抑止。作为社会统制的有效手段,刑法具有以下现实的机能:规制机能、保护机能和保障机能。

(一) 规制机能

刑法的规制机能,是指对于一定的犯罪,在刑法中预告施加一定的惩罚措施,以此来明确国家对该犯罪的规范性评价。这里的规范性评价意味着刑法既是行为规范,也是裁判规范。

刑法作为行为规范的机能是:刑法将一定的行为确定为犯罪,并指出其应当受到法的无价值判断(评价机能),这样通过刑法的命令,就可以使普通人形成不实施类似行为的意思决定(意思决定机能),从而避免犯罪。

刑法作为裁判规范的机能是:在司法活动中,没有犯罪行为,没有刑法规定,就不能确定刑罚处罚,定罪和量刑都必须以刑法的明确规范为指导。所以,对司法官员而言,刑法是对其法外科刑权力的禁止。

(二) 法益保护机能

刑法要在社会中发挥作用,就必须保护人们公认的、对于社会存续有意义的法律上的利益,由此来保卫社会,保持现存的生活秩序,这就是刑法的保护机能。

何种利益应该由刑法加以保护,需要在综合考虑一定社会与该利益的关系后才能得出结论。所以,利益的价值性、保护必要性都不是固定不变的。不过,就今天的世界范围内来看,国家的存续和发展(国家法益)、社会生活的静谧与和谐(社会法益)、个人的生命、健康、自由、财产(个人法益),是各国刑法都必须要给予保护的。唯其如此,才能在整体上维持社会秩序。要实现刑法的社会秩序维持机能,刑罚就必须将特殊预防和一般预防结合起来考虑。刑法的保护机能表明,由于犯罪的本质是侵犯刑法所保护的法益,刑法的最终目的就应当定位于保护法益。

(三) 权利保障机能

刑罚是一柄“双刃剑”,用之不当,会两败俱伤。换言之,刑法这种国家权力如果使用不当,既可能无法达到惩罚犯罪的功效;也可能会侵害无辜公民个人的生命、身体、自由和财产权利。所以,为了使公民个人的人权免受国家权力的无端侵害,必须要利用法律对个人进行保障。刑法的人权保障机能能够得到实现,主要是因为我们利用刑罚法规确定了这样一条原则:任何个人,如果没有犯罪行为,就不会受到刑罚的任意打击。由此,一方面,可以实现对普通人权利的保障,使刑法成为"善良人的大宪章";另一方面,由于刑法对每一种犯罪的构成要件、法定刑幅度都作了明确规定,这就使得对已然犯罪者的处罚也有了便于司法人员把握的标准,超越法律规定对个人进行处罚就是不被允许的。在这个意义上,刑法又是"犯罪人的大宪章"。

对此,西原春夫教授正确地指出:对司法有关者来说,刑法作为一种制裁的规范是妥当的,这就意味着当一定的条件具备时,才可命令实施科刑,同时当其条件不具备时,就禁止科刑。从这一点看,可以说刑法是无用的,是一种为不处罚人而设立的规范①。

必须看到,刑法的保护机能和保障机能之间存在冲突之处:重视人权保障机能,就会尽量限制处罚范围,维护法益的保护机能的发挥就会削弱;强调对社会秩序的维持,就会限制个人权利的范围,权力保障机能就会退缩。经验事实证明:在刑法的社会保护机能和个人权利保障机能的矛盾关系得到合理处理的时期,刑法适用的效果就比较理想。所以,如何进一步协调、理顺、处理好保护机能、保障机能之间的关系,是任何国家刑法都必须认真面对的问题。

第二节　刑法的基本原则

刑法的基本原则是刑法的灵魂与核心,是刑法内在精神的集中体现。现行刑法对刑法基本的原则作了明文规定,它对我国刑法的适用具有深远影响。

一、罪刑法定原则

按照费尔巴哈的经典表述,罪刑法定的基本含义是没有法律就没有刑罚,没有法律就没有犯罪(nulla poena sine lege, nellum crimen sine lege)。换言之,如果没有成文法律规定某种行为是犯罪,并且应当受到相对确定的处罚,那么,对任何人的此种行为都不能以犯罪论处。

(一) 发展历程

罪刑法定主义起源于英国,展开于美国,最终形成于法国。

罪刑法定原则的雏形在1215年《英国大宪章》中就已经显现出来。该法第39条指出:"对于任何自由人,不依同一身份的适当的裁判或国家的法律,不得逮捕、监禁、剥夺领地、剥夺法的保护或放逐出境,不得采取任何方法使之破产,不得施加暴力,不得使其入狱。"在孟德斯鸠提出"三权分立"理论后,该原则得到进一步发展,如贝卡利亚就提出,法官在任何情况下都不得解释法律,必须不折不扣地执行法律。

此后,罪刑法定的思想传播到了美国,1774年费城的《权利宣言》对此作了明确。在后来的美国宪法中,对禁止适用事后法、正当程序等的规定,就是对罪刑法定原则的继续坚持。在欧洲,罪刑法定原则被法国1789年《人权宣言》所采用,1810年《法国刑法典》第4条明确规定了这一原则。法国的这一作法,很快影响了欧洲大陆的刑法立法,规定罪刑法定原则成为各国刑法的通例。在1948年《世界人权宣言》中,也明确规定了此原则。

从罪刑法定的历史渊源中,不难看出:罪刑法定原则与近代以来西方所一直重点强调的权

① [日]西原春夫:《刑法的根基与哲学》,顾肖荣等译,法律出版社2004年版,第45页。

利保障、司法权力有限观念一脉相承,也和这些国家追求形式法治(法律普遍性、法律明确性)的步调相一致。在中国法制史学界,有人提出,我国自韩非子时起就开始实行罪刑法定主义,这种将罪刑法定简单等同于法律成文化的观点,经不起推敲,并不足信。

我国1979年《刑法》没有明确规定罪刑法定原则,相反却规定了有罪类推制度。1997年修订后的刑法从完善我国刑事法治、保障人权的需要出发,明文规定了罪刑法定原则,并废止类推,成为刑法典修订和我国刑法发展的一个重要标志。修订后的《刑法》第3条规定:"法律明文规定为犯罪行为的,依照法律定罪处刑;法律没有明文规定为犯罪行为的,不得定罪处刑。"这一原则的价值内涵和内在要求,在修订后的刑法中得到了较为全面、系统的体现。尤其是修订刑法新增的罪名,较好地反映了罪刑法定原则中规范详备、明确的要求,增强了罪刑规范在刑事司法实务中的可操作性。

刑法中明确规定罪刑法定主义,有助于现代法治观念在中国的形成: ① 罪刑法定的题中之义是法律成文化,满足了法的实定性要求,可以实现法的安定性; ② 罪刑法定使得罪刑关系普遍化,法律不因人、因事而异,使一般公正有实现的可能性; ③ 罪刑法定使法律具有明确性,由于国家预先将行为规定为犯罪行为,并附有惩罚规范,同时禁止事后立法,就能够使公民建立行为的可预测机制; ④ 罪刑法定使法律具有稳定性,法律成文化后不轻易变更,以此来约束司法行为,防止司法擅断。

(二) 基本内容

罪刑法定原则就是为了保障法治立场得到贯彻而在刑法上所做的制度设计。从形式上看,罪刑法定原则的基本要求是: ① 法定化,即犯罪和刑罚必须事先由法律作出明文规定,不允许法官自由擅断。② 实定化,即对于什么是犯罪和犯罪所产生的具体法律后果,都必须作出实体性的规定。③ 明确化,即刑法条文必须文字清晰,意思确切,不得含糊其辞或模棱两可。

必须看到,仅仅从形式上认识罪刑法定原则是不够的。不能简单地认为:只要有法律的规定,对任何行为都可以科以刑罚。适用刑法时,必须考虑是否必须动用刑罚进行处罚(处罚的必要性和合理性),而且,对于该种犯罪所定的刑罚是否与其他犯罪相平衡。所以,对罪刑法定原则的意义和内容,应当从实体的正当程序的角度加以讨论。从实质意义上看,罪刑法定主义的基本内容如下。

1. 溯及既往的禁止(事前的罪刑法定)

犯罪及其惩罚必须在行为前预先规定,刑法不得对在其公布、施行前的行为进行追溯适用,因此,所有的刑法立法者都是在为未来设定规则。在有的国家,溯及既往的禁止是宪法原则。溯及既往之所以被禁止,是因为个人需要法律的指引,需要根据事先公布的法律确定行为的方向。对个人而言,能够左右其行为的,应当是行为当时的法律。司法机关不能把过去认为妥当的行为,按照后来制定的法律认定为违法。溯及既往的刑法,可能使个人无所适从,同时危及法律的安定性。

当然,禁止溯及既往也有例外的情况:在法律有变更,新的刑罚比犯罪行为时的法律规定处罚要轻的情况下,从考虑被告人利益的角度出发允许新法溯及既往(从旧兼从轻)。与此相关,在行为时法和裁判时法之间,还存在"中间法",且三个法律规范所确定的惩罚标准并不相同时,从有利于被告人的角度,也并不是一味适用行为时法,而应当适用处罚最轻的法律。如果一律适用行为时的旧法,案件可能久拖不决,但与此同时,社会观念、法律规定都已经发生变化,刑法对先前的犯罪变得非常宽容,再按照行为时法处理显得不合时宜。

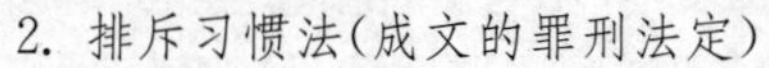
2. 排斥习惯法(成文的罪刑法定)

在现代社会,虽然个人权利越来越广泛,但是它在强大的国家司法机器面前仍然弱不禁风,所以,应当对刑罚权进行控制,司法机关惩罚犯罪的范围以成文刑法的存在为边界,以此实现对个体权利的倾斜保护。那么,在承认刑法规则有限性的前提下强调权利理念,实行罪刑法定就是明智选择。这就要求:在形式的意义上,犯罪与刑罚必须以文字形式记载下来,有其确定性。刑法的法源应当是立法机关通过特定程序制定的成文法,刑事司法应该以成文法为准,而不能适用习惯法。

习惯法是指在某种事实反复出现的场合,多数人一般对此抱有法的确信的情况。例如,杀死奸夫行为、父母为教育子女实施暴力打骂行为的,在很多地方得到习惯法承认。但是,由于习惯法的内容、生效时间不是特别确定,行为者可能不知道习惯法的存在、内容;此外,以习惯法为据,裁判案件,可能难以防止法官的恣意,所以,对习惯法在刑法中的地位应予以排斥,法官不能直接以习惯法作为法源裁判案件。杀死奸夫的,可以构成故意杀人罪;父母打骂子女致伤的,可以视情况构成故意伤害罪或者虐待罪。但是,在极其特殊的情况下,解释刑罚法规时可以援用习惯法,例如,对过失犯中注意义务的有无,可以根据习惯法来判断。

成文法主义表明,立法者确定的罪刑规范,自然应当成为司法人员遵守的规范。但是,这并不是说,只要有法律规定,就可以将行为作为犯罪处理,并且可以科处刑罚。由于犯罪必须是行为,所以仅仅有恶的动机并不构成刑罚处罚的理由;对犯罪的处罚必须具有合理性和必要性。对具体案件的处理,必须确保在案件事实符合刑法分则的具体规定时,才能确定被告人有罪。例如,到餐馆吃饭后,发现账单金额超过万元时,为免除债务而翻窗逃跑的行为,并不符合成文刑法关于诈骗罪的规定,不能成立犯罪。

由于成文法具有稳定性特征,所以,一旦法律制定以后,不应当频繁修改。如果法律变化过于频繁,公民对自己行为的预测可能性仍然可能丧失,有违成文法主义的精神。

3. 禁止类推解释(严格的罪刑法定)

因为"所有的规则实际上都是相互冲突的期待与利益的一种混合的产物"[①],所以,对刑法的适用就离不开解释。进一步看,刑法的适用事关对公民的生杀予夺,所以,在适用刑法过程中,对刑法进行解释就必须慎之又慎,《法国刑法典》第111—114条规定"刑法应严格解释之"的道理也就在于此。

类推解释,是指对于法律没有明文规定的行为,适用有类似规定的其他条文予以处罚。例如,将与现役军人的配偶长期通奸的行为解释为同居,从而认定行为人构成破坏军婚罪,就有类推解释的嫌疑。由于类推解释在实体上违反成文法主义和禁止溯及既往原则,在程序上违反正当程序的要求,实际上是对事先在法律上没有预告要处罚的行为进行处罚,动摇了罪刑法定原则的晓谕功能,司法权不当地侵入立法的领地,属于司法恣意地对国民的行动自由进行压制,所以不被允许。学者指出,类推思维可能会出错,这不仅因为它是一种形式主义,而且还因为其根据是对相关的相同点与不同点的一种判断,但是判断的理由并不充分[②]。

在大陆法系国家,禁止类推解释,但允许扩张解释。因为扩张解释以后,解释结论仍然在法律语言可能包括的意思范围内,一般国民在认识到该用语时,能够客观地进行预测。例如,假设有关医疗行政法规规定,药剂师按医生开具的处方签配药的,即使出现医疗事故,药剂师也没有刑事责任。如果某药剂师按照具有杀人故意的医生的电话吩咐发药,病人死亡的,完全可以将药剂师按照医生电话指示发药解释为按处方配药,从而宣判药剂师无罪。

类推解释与扩张解释的区别有时很难认定。但是,它们的区别仍然是不可否认的:对"条文

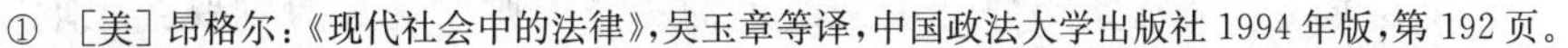

① [美]昂格尔:《现代社会中的法律》,吴玉章等译,中国政法大学出版社1994年版,第192页。

② [美]孙斯坦:《法律推理与政治冲突》,金朝武等译,法律出版社2004年版,第87页。

上的词义"作扩张解释以后,使其与日常用语的含义相当,国民从该用语中能够预测行为的妥当与否的,是扩张解释。例如,将动物解释为财物,并将故意打开他人家中的狗笼,把他人豢养的价值极高的观赏狗放走的行为解释为故意毁坏财物行为,就是扩张解释。如果解释突破日常用语的含义,解释结论在一般民众看来是极其意外和难以接受的,则该解释是类推解释。

类推解释原则上被禁止,但当类推解释有利于被告人时,可以适用,例如根据期待可能性并不存在的事实,肯定被告人没有责任,从而不构成犯罪的解释,也是一种类推解释,但是其解释结论是可以接受的。

4. 刑罚法规的适当(确定的罪刑法定)

刑罚法规的适当包括以下内容:

(1) 刑法明确性

仅仅由法律明文规定犯罪与刑罚还不够。在作这种规定时,还应当保证其达到国民能够预测国家刑罚权的发动可能性的明确程度,即能让一般人看明白,实现其昭谕功能。当然,在规定各个犯罪的构成要件时,刑法不可能非常详细和具体,不可能达到"事无巨细"的程度,因为刑法规范过于明确,也会影响刑法的张力。至于刑法是否明确,应当根据具有通常判断能力的一般人的理解,以及在具体场合该行为人的判断可能性、预测可能性予以判断。

我国刑法立法基本满足了明确性的要求:首先,把流氓、投机倒把等"口袋罪"分解为内容具体、范围明确的若干种犯罪。其次,对绝大多数犯罪采取一条文一罪名的立法方式,尽量使用叙明罪状,明确、具体地描述犯罪构成的特征。再次,重点严密了多发性犯罪的犯罪构成,设计了与犯罪形式的多样性相对应的多种犯罪构成,实现多样性犯罪的罪刑系列化;同时,适当选用了堵截构成要件,形成法网严密的格局。例如,对于盗窃罪,1997年修订的刑法在保留1979年规定的"数额较大"的构成要件的同时,增设了"多次盗窃"的构成要件,从而弥补了以前对盗窃罪单纯以赃论罪之弊。最后,对与犯罪构成有关的重要概念(如公共财产、重伤、首要分子、商业秘密、淫秽物品等)作明确的立法解释。

(2) 禁止处罚不当罚的行为

有的行为严重违反道德要求,但是,并没有必要用刑罚方法进行处理的,不能规定为犯罪,这是刑法的补充性、谦抑性、最后手段性所决定的。

(3) 禁止不确定刑

刑罚越不确定,刑法可能就越严厉,越容易被滥用。所以,刑法对于刑种和刑度必须有明确规定。刑种、期限绝对不确定的刑罚(例如只规定"犯……罪的,判处刑罚"或者"犯……罪的,判处有期徒刑"),不能防止司法恣意,违反罪刑法定的要求。

二、刑法面前人人平等原则

(一) 含义

刑法面前人人平等原则的基本含义就是:就犯罪人而言,任何人犯罪,都应当受到法律的追究;任何人不得享有超越法律规定的特权;对于一切犯罪行为,不论犯罪人的社会地位、家庭出身、职业状况、政治面貌、才能业绩如何,都一律平等地适用刑法,在定罪量刑时不应有所区别,一视同仁,依法惩处。就被害人而言,任何人受到犯罪侵害,都应当依法追究犯罪、保护被害人的权益;被害人同样的权益,应当受到刑法同样的保护;不得因为被害人身份地位、财产状况等情况的不同而对犯罪和犯罪人予以不同的刑法适用。

法律面前人人平等是我国宪法确立的社会主义法治的一般原则。这一原则要真正取得效果,有必要在各个部门法律中贯彻执行。鉴于我国司法实践中适用刑法不平等的现象在现阶段还比较严重,《刑法》第 4 条明确规定,对任何人犯罪,在适用法律上一律平等。不允许任何人有超越法律的特权。

（二）适用

刑法面前人人平等原则具体体现在定罪、量刑和行刑三个方面。

1. 定罪上的平等

犯罪是侵犯法益的行为,刑法的目的是保护法益。任何人只要其行为对法益有侵害,就应该被作为犯罪进行追究,无论其身份、地位如何,都应当一律平等对待,适用相同的定罪标准。如果对一些罪犯因为其地位特殊、功劳大而使其逍遥法外、不予定罪,就不能有效地保护一部分合法权益;反之,对没有犯罪的普通公民进行任意追究,也会使这些人的合法权益受到侵害。所以,有罪不究或者罪及无辜,都是违反刑法面前人人平等原则的错误作法。

2. 量刑上的平等

刑罚规范是行为规范,更是裁判规范,具有普遍性特征。刑法的普遍性意味着刑法所设想的适用对象不是特定的个人及有关事件,而是一般的人和事。刑罚规范的普遍性特征使得平等地对罪犯量刑成为可能。量刑上的平等,并不等于对同样罪名必须判处同样的刑罚。虽然触犯相同罪名,但犯罪情节不同,犯罪的时间、地点有差别,行为的社会危害性就不相同,对不同罪犯的宣告刑就可能有所不同,这是正常现象,并不违反刑法面前人人平等原则。但是,单纯因为某些人地位高、权势大、经济实力强,就对其给予从宽发落,则是严重违反刑法面前人人平等原则的。

3. 行刑上的平等

在执行刑罚过程中,对于所有的受刑人都应当平等对待,罪刑相同、主观恶性相同的人,刑罚处理应当相同。减刑、假释的条件必须统一、均衡地予以把握。虽然犯罪的客观危害相同,但是,对教育改造效果好,悔罪表现明显的人给予减刑、假释,并不违反刑法面前人人平等原则。但是,对悔罪态度不好的人,不能因为其有权势、有经济实力就给予减刑、假释,否则,就是承认某些人享有超越法律的特权。

三、罪刑均衡原则

罪刑均衡原则的基本含义是：犯多大的罪,就应当承担多大的刑事责任,法院亦应判处其相应轻重的刑罚,做到重罪重罚,轻罪轻罚,罚当其罪,罪刑相称。罪轻罪重,应当考虑行为人的犯罪行为本身和其他各种影响刑事责任大小的因素,使刑罚既与犯罪的客观危害相对应,也与行为人的个人情况相对应。

罪刑均衡原则来源于古老的报复观念。此后,刑事古典学派进一步强调,刑罚必须和犯罪的客观危害相当,以此来维持罪刑均衡关系。这就要求在运用刑罚时,要贯彻等质报应的思想。刑事实证学派则提出了人身危险性概念,以此来充实罪刑均衡原则的内容。实证学派指出,刑罚必须根据个人的人身危险性或者再犯可能性来确定。今天的罪刑均衡原则,实际上全面吸纳了刑事古典学派和刑事实证学派的思想,即刑罚既要与犯罪行为相适应,也要与罪犯的主观恶性、再犯可能性相适应。我国《刑法》第 5 条规定,刑罚的轻重,应当与犯罪分子所犯罪行和承担的刑事责任相适应。这一规定就是顺应了罪刑均衡原则发展的趋势。

（一）罪刑均衡原则的立法体现

我国刑法建立了科学、严密的刑罚体系,对各种犯罪的处罚原则规定,对刑罚裁量、刑罚执行制度(减刑、假释)以及对各种犯罪法定刑的设置,都既考虑了犯罪的社会客观危害性,也考虑了行为人的主观恶性和人身危险性。这就使得司法机关可以根据犯罪的性质、罪行的轻重、犯罪人主观恶性的程度,依法判处适当的刑罚。

(二) 罪刑均衡原则的司法适用

在刑事司法中,法官对犯罪分子裁量刑罚,不仅要看犯罪行为及其所造成的危害结果,而且也要看整个犯罪事实包括罪行和罪犯各方面因素综合体现的社会危害性程度,实现刑罚个别化。为此,必须做到:① 将量刑与定罪置于同等重要的地位,纠正司法实践中重定罪、轻量刑的做法。有的司法人员错误地认为,只要定性准确,多判几年或者少判几年都无关紧要。但是,量刑不准,仍然涉及对罪犯重要权利的不当剥夺,也是违反法律公正性要求的。② 纠正重刑主义的错误倾向。有罪必罚,并不意味着有罪就必须判重刑,更不是对犯罪一律都按法定最高刑处刑。重刑主义思想危害很大,对罪刑均衡原则的冲击最大,所以,要贯彻罪刑均衡原则,必须强化量刑适当的观念,防止轻罪重判,减少重刑尤其是死刑的适用几率。③ 追求司法的均衡和统一,防止不同法院对同样犯罪量刑悬殊的现象出现。类似案件类似处理,这是刑事司法中必须遵循的工作方针。但是,在当前的审判实践中,存在着对犯罪的客观危害相同、犯罪人的人身危险性相同的案件,不同地区的法院在量刑上轻重悬殊的现象,这在今后应当尽量加以避免。

第三节　刑法的适用范围

刑法的适用范围,即刑法的效力范围,是指刑法在什么地方、对什么人和在什么时间内具有效力。刑法的适用范围,分为刑法的空间效力与刑法的时间效力。

一、刑法的空间效力

刑法的空间效力,是指刑法对地和人的效力,也就是解决一个国家的刑事管辖权的范围问题。刑事管辖权是国家主权的组成部分。一个独立自主的国家,无不在刑法中对刑法的空间效力,即刑事管辖权的范围问题作出规定。

(一) 刑法空间效力的原则

对于刑法的空间效力,各国刑法有不同规定,但大致实行四个原则。

(1) 属地原则。根据领土主权,对于在本国领域内发生的犯罪,不问犯罪人的国籍,一律适用本国刑法,即以犯罪地为准。

(2) 属人原则。对于本国国民,无论在何地犯罪,一律适用本国刑法,即以犯罪人的国籍为准。

(3) 保护主义。对于侵害本国国家以及国民利益的犯罪,不论犯罪人是谁,也不论犯罪发生在何地,一律适用本国刑法,这是以特定的犯罪为准。

(4) 普遍原则。对于某些严重侵害人类共同生活利益、生存状态的犯罪,无论犯罪人是谁,也无论犯罪发生在何处,更不考虑是否侵犯本国国家或公民的利益,一律适用本国刑法,这也是以特定犯罪为准。

(二) 我国刑法的规定

在空间效力问题上,我国刑法以属地原则为基准,兼采属人原则、保护原则和普遍原则。

1. 刑法的属地管辖

《刑法》第 6 条第 1 款规定,凡在中华人民共和国领域内犯罪的,除法律有特别规定的以外,都适用本法。它包括以下两项主要内容:

第一,“中华人民共和国领域内”的含义。所谓中华人民共和国领域内,是指我国国境以内的全部空间区域,具体包括:① 领陆,即国境线以内的陆地及其地下层,这是国家领土的最基本和最重要部分。② 领水，即国家领陆以内与陆地邻接的一定宽度的水域，包括内水、领海及其地下层。内水包括内河、内湖、内海以及同外国之间界水的一部分，通常以河流中心线或主航道中心线为界。领海即与海岸或内水相邻接的水域，包括海床和底土。根据我国政府 1958 年 9 月 4 日发表的声明，我国的领海宽度为 12 海里。③ 领空，即领陆、领水的上空。

同时，根据国际条约和惯例，以下两部分属于我国领土的延伸，适用我国刑法：① 我国的船舶、飞机或其他航空器。我国《刑法》第 6 条第 2 款规定，凡在中华人民共和国船舶或者航空器内犯罪的，也适用本法。② 我国驻外使领馆。根据我国承认的《维也纳外交关系公约》的规定，各国驻外大使馆、领事馆不受驻在国的司法管辖而受本国的司法管辖。这些场所亦视同为我国领域，在该场所内发生的任何犯罪都适用我国刑法。

除此之外，针对犯罪行为与犯罪结果在时间或地点方面存在不一致等情况，我国刑法又进一步明确了属地管辖的具体标准。

我国《刑法》第 6 条第 3 款规定，犯罪的行为或者结果有一项发生在中华人民共和国领域内的，就认为是在中华人民共和国领域内犯罪。根据这一规定，可以适用我国刑法的情形具体包括：① 犯罪行为与犯罪结果均发生在我国境内，是在我国领域内犯罪。这是较常见的情况。② 犯罪行为在我国领域内实施，但犯罪结果发生于国外，例如在我国境内邮寄装有炸药的包裹，在境外发生爆炸；在我国放火，危害结果发生在国外的，都属于在我国领域内犯罪。③ 犯罪行为实施于国外，但犯罪结果发生于我国境内，例如在我国境外开枪，打死境内居民的，中国刑法可以管辖；此外，从 A 国运送毒物到中国，服用毒物者死在 B 国的，犯罪的中间影响地在中国，我国刑法亦可以管辖。

这里需要明确的问题是：对于预备犯，如果其预备行为在中国，其实行行为在外国的，属于在中国领域内犯罪。对于未遂犯，如果其实行行为在外国，但是其预定的犯罪结果发生地在中国的，也属于在中国领域内犯罪。对于共同正犯，部分共同者的行为在中国实行，部分共同者的行为在外国实行的，对所有正犯，都应当适用中国刑法。对教唆犯和帮助犯，如果正犯的实行行为在中国，即使教唆行为或者帮助行为在国外的，教唆犯、帮助犯也属于在中国领域内犯罪；但是，教唆犯、帮助犯在国内，而实行犯在国外的，只有教唆犯、帮助犯属于国内犯，实行者属于国外犯。

第二，“法律有特别规定”的含义。我国《刑法》第 6 条在确立属地管辖基本原则的同时，提出了法律特别规定的例外情况。这些“特别规定”主要是指：

(1)《刑法》第 11 条规定，享有外交特权、豁免权的外国人的刑事责任，通过外交途径解决。所谓外交特权和豁免权，是指根据国际公约，在国家间互惠的基础上为保证驻在本国的外交代表机构及其工作人员正常执行职务而给予的一种特别权利和待遇。享有外交豁免权的有关人员承担着尊重我国法律、法规的义务，不得侵犯我国国家主权、违反我国法律。一旦发生违法犯罪现象，我们当然不能听之任之，而应通过外交途径加以解决，诸如要求派遣国召回，宣布其为不受欢迎的人，限期离境等。

(2)《刑法》第 90 条规定，民族自治地方不能全部适用本法规定的，可以由自治区或者省的人民代表大会根据当地民族的政治、经济、文化的特点和本法规定的基本原则，制定变通或者补充的规定，报请全国人民代表大会常务委员会批准施行。这是为了照顾少数民族习惯和文化传统，切实保证民族自治权的行使，巩固多民族国家的团结、稳定与发展。

(3) 我国香港特别行政区和澳门特别行政区基本法作出的例外规定。由于政治、历史的原因，我国刑法的效力无法及于港、澳地区，这属于对刑法属地管辖权的一种事实限制。

2. 刑法的属人管辖

《刑法》第 7 条第 1 款规定，中华人民共和国公民在中华人民共和国领域外犯本法规定之罪的,适用本法,但是按本法规定的最高刑为3年以下有期徒刑的,可以不予追究。第7条第2款规定,中华人民共和国国家工作人员和军人在中华人民共和国领域外犯本法规定之罪的,适用本法。

根据上述规定,我国公民在我国领域外犯罪的,无论按照当地法律是否认为是犯罪,亦无论罪行是轻是重,以及是何种罪行,也不论其所犯罪行侵犯的是哪一国或公民的利益,原则上都应适用我国刑法处理。只是按照我国刑法的规定,该中国公民所犯之罪的法定最高刑为3年以下有期徒刑的,可以不予追究。所谓"可以不予追究",不是绝对地不追究,而是保留追究的可能性。

此外,我国的国家工作人员或者军人在域外犯罪,不论其所犯之罪按照我国刑法的规定,其法定最高刑是否为3年以下有期徒刑,我国司法机关都要追究其刑事责任。这主要是考虑国家工作人员和军人有对国家特别效忠的义务,对其在域外犯罪的管辖也应从严要求。

《刑法》第10条规定,凡在中华人民共和国领域外犯罪,依照本法应当负刑事责任的,虽然经过外国审判,仍然可以依照本法追究,但是在外国已经受过刑法处罚的,可以免除或者减轻处罚。这条规定,包括我国公民在域外犯罪的情况在内。该规定表明,我国作为一个独立自主的主权国家,其法律具有独立性,外国的审理和判决对我国没有约束力。但是从实际情况及国际合作角度出发,为了使被告人免受过重的双重处罚,又规定对在外国已经受过刑罚处罚的犯罪人,可以免除或者减轻处罚。这样既维护了我国的国家主权,又从人道主义出发对被告人的具体情况作了实事求是的考虑,充分体现了原则性与灵活性的统一。

3. 刑法的保护管辖

《刑法》第8条规定,外国人在中华人民共和国领域外对中华人民共和国国家或者公民犯罪,而按本法规定的最低刑为3年以上有期徒刑的,可以适用本法,但是按照犯罪地的法律不受处罚的除外。

根据这条规定,外国人在我国领域外对我国国家或者公民犯罪,我国刑法有权管辖,但是这种管辖权是有一定限制的:一是这种犯罪按照我国刑法规定的最低刑必须是3年以上有期徒刑;二是按照犯罪地的法律也应受刑罚处罚。当然,要实际行使这方面的管辖权存在着一定的困难,因为犯罪人是外国人,犯罪地点又是在国外,如果该犯罪人不能引渡,或者没有在我国领域内被抓获,我们就无法对其进行刑事追究。但是,如果刑法对此不加以规定,就等于放弃自己的管辖权,犯罪的外国人就可以肆无忌惮地对我国国家或者公民的利益进行侵害。因此,作出这样的规定,是为了在法律上表明我们的立场,这对于保护我国国家利益,保护我国驻外工作人员、考察访问人员、留学生、侨民的利益是完全必要的。此外,刑法第10条对于在国外对我国国家或者公民犯罪的外国人也是适用的。

4. 刑法的普遍管辖

《刑法》第9条规定,对于中华人民共和国缔结或者参加的国际条约所规定的罪行,中华人民共和国在所承担条约义务的范围内行使刑事管辖权的,适用本法。根据这一规定,凡是我国缔结或者参加的国际条约中规定的罪行,不论罪犯是中国人还是外国人,也不论其罪行是发生在我国领域内还是领域外,在我国所承担条约义务的范围内,我国应当行使刑事管辖权,依照我国刑法的有关规定对罪犯予以惩处。

可以适用普遍原则加以处理的犯罪的范围,必须受到限制,应当是劫持航空器、跨国的贩卖毒品、跨国的拐卖人口、海盗、种族灭绝、洗钱、恐怖活动等。

二、刑法的时间效力

刑法的时间效力,是指刑法的生效时间、失效时间以及对刑法生效前所发生的行为是否具有溯及力的问题。

（一）刑法的生效时间

刑法的生效时间与其他法律的生效时间相似，主要有两种方式：一是从公布之日起生效。二是公布之后经过一段时间再施行。由于法律颁布之后，需要留有充足的时间让公民了解，也让司法人员熟悉，做好刑罚规范适用的准备，所以，刑法公布一段时间后再施行的做法是比较妥当的，这也是世界上多数国家关于刑法生效时间的通行作法。

（二）刑法的失效时间

法律的失效时间，即法律终止效力的时间，通常要由立法机关作出决定。从世界范围看，法律失效的方式有很多种，诸如新法公布实施后旧法自然失效；立法机关明确宣布废止某一法律；某一法律在制定时即规定了有效期限等。

我国刑法的失效基本上包括两种方式：一是由立法机关明确宣布某些法律失效。二是自然失效，即新法施行后代替了同类内容的旧法，或者由于原来特殊的立法条件已经消失，旧法自行废止。

这里值得研究的是限时法的效力问题。限时法是指根据某种刑法规范的规定，某种行为在一定时期构成犯罪。具体的侵害行为发生在该法律有效期间，但是追诉时该法律已经失效的情形。对于限时法失效后才发现的行为，是否可以追究，存在两种针锋相对的观点：肯定说认为，在限时法的情况下，为了防止对在该法失效前的行为无法予以处罚的情况出现，即使该法已经失效，对在此之前发生的行为也应当"遵循先例"予以处罚。虽然限时法对此没有明确规定，但也可以承认其溯及力，在该法律失效以后也可以对该行为加以处罚。否定说主张，既然法律已经失效，说明国家对某种行为的态度有所变化，再进行追究没有必要。所以，在限时法失效以后，如果该法本身没有规定在失效以后对行为也可以进行追究的规定，其追诉效力就应该被否定。应当说，否定说更为妥当。限时法的问题，在当前的中国还没有出现，今后如果出现类似问题，原则上应当在否定说的立场上进行处理。

（三）刑法的溯及力

刑法的溯及力，即刑法生效以后，对于其生效以前未经审判或者效力尚未确定的行为是否适用的问题。如果适用，就是有溯及力；如果不适用，就是没有溯及力。

在刑法溯及力问题上，世界各国的立场大致有：① 从旧原则。不管新旧法轻重，只要行为跨越新旧法的，一律适用旧法；② 从新原则。不管新旧法轻重，一律适用新法；③ 从新兼从轻原则。原则上适用新法，但是运用旧法处理犯罪，明显对被告人有利的，可以适用旧法；④ 从旧兼从轻原则。原则上适用旧法，但是运用新法处理犯罪，明显对被告人有利的，可以适用新法。

按照罪刑法定主义的要求，刑罚法规不能溯及既往，所以，从旧原则的合理性是不言而喻的。有的国家在宪法中对此就有明确规定，其目的在于维护法的安定性，使行为人有可能对自己行为的可罚性进行预测，以此来保障公民的行动自由。但是，在新法处罚较轻时，作有利于被告人的考虑，使新法有溯及既往的效力，也与罪刑法定主义的精神是暗合的。所以，我国刑法实行从旧兼从轻原则，与罪刑法定主义中的溯及既往的禁止并不冲突。

我国《刑法》第 12 条第 1 款规定，中华人民共和国成立以后本法施行以前的行为，如果当时的法律不认为是犯罪的，适用当时的法律；如果当时的法律认为是犯罪的，依照本法总则第四章第八节的规定应当追诉的，按照当时的法律追究刑事责任，但是如果本法不认为是犯罪或者处刑较轻的，适用本法。第 12 条第 2 款规定，本法施行以前，依照当时的法律已经作出的生效判决，继续有效。根据这些规定，对于 1949 年 10 月 1 日中华人民共和国成立至 1997 年 10 月 1 日新刑法施行前这段时间内发生的行为，应当根据从旧兼从轻原则的精神，按以下不同情况分别处理：

第一,当时的法律不认为是犯罪,而修订后的刑法认为是犯罪的,适用当时的法律,即修订后的刑法没有溯及力。对于这种情况,不能以修订后的刑法规定为犯罪为由,而追究行为人的刑事责任。

第二,当时的法律认为是犯罪,但修订后的刑法不认为是犯罪的,只要这种行为未经审判或者判决尚未确定,就应当适用修订后的刑法,即修订后的刑法具有溯及力。

第三,当时的法律和修订后的刑法都认为是犯罪,并且按照修订后的刑法总则第四章第八节的规定应当追诉的,原则上按当时的法律追究刑事责任,即修订后的刑法不具有溯及力。这就是从旧兼从轻原则所指的从旧。但是,如果当时的法律处刑比修订后的刑法重,则应适用修订后的刑法,修订后的刑法具有溯及力,这便是从轻原则的体现。

在这里,有以下问题需要进一步明确：① 在犯罪后,遇到刑罚减轻等有利于被告人的法律变更的,应当对被告人适用变更后的刑罚规范。这里的犯罪后,是指实行行为终了之后。因此,实行过程中法律有变更的场合,也应以实行行为终了时为准。这对于继续犯、状态犯等完全适用;对于结果犯,也不是以结果发生时,而是以行为终了时为基准;对于教唆犯、帮助犯,应当以教唆、帮助行为实行终了为准。对于数罪并罚以及处断的一罪(吸收犯、牵连犯、连续犯),则应当根据每个罪的实行行为的终了时刻来进行判断。② 司法解释导致对犯罪人的处罚变轻的,可适用司法解释。但是,司法解释如果加重对被告人的处罚的,根据罪刑法定主义的要求,原则上应排斥司法解释的适用。

第四,依据当时的法律已经作出的生效判决,继续有效。只要犯罪已经被判决,即使按修订后的刑法的规定,其行为不构成犯罪或处刑较当时的法律要轻,也不能适用修订后的刑法,这主要是考虑到维护人民法院生效判决的严肃性和稳定性的需要。

本 章 小 结

刑法是关于犯罪和刑罚的法律。国家制定刑法不是单纯为了惩罚犯罪,还要用刑法保障个人尤其是被告人的权利。刑法的立法、司法实践和刑法理论的发展历史都表明：刑法必须认真对待行为、行为人这两个基本范畴,将行为作为评价重点,并综合平衡法益保护机能和权利保障机能之间的关系。现代国家为实现法治目标,对刑法基本原则尤其是罪刑法定原则都极其重视。

参考阅读书目

1. 陈兴良：《刑法的启蒙》,法律出版社 1998 年版。
2. 陈兴良：《刑法的价值构造》,中国人民大学出版社 1998 年版。
3. 张明楷：《刑法的基本立场》,中国法制出版社 2002 年版。
4. 张明楷：《刑法的基础观念》,中国检察出版社 1995 年版。
5. 周光权：《法治视野中的刑法客观主义》,清华大学出版社 2002 年版。
6. 周光权：《刑法总论》,中国人民大学出版社 2011 年版。
7. [日] 中山研一：《刑法的基本思想》,姜伟等译,国际文化出版公司 1998 年版。
8. [意] 贝卡里亚：《论犯罪与刑罚》,黄风译,中国大百科全书出版社 1993 年版。

【思考题】

1. 刑法的保护机能和保障机能的各自含义是什么？二者是否存在冲突？
2. 刑事实证学派如何看待行为概念？
3. 罪刑法定原则的基本内容是什么？
4. 如何理解刑法学旧派观点的合理性？
5. 如何理解类推解释和扩张解释的差别？

第二章　犯罪论体系

本章要点

本章主要讨论犯罪概念和成立条件问题。犯罪是形式上违反规范并实质上侵害法益的行为。对犯罪的评价，必须借助于一定标准进行，该标准就是犯罪成立理论。大陆法系、英美法系、中国各有自己的犯罪成立理论，这就是犯罪论体系。犯罪论体系，不是一个单纯的理论问题，它还是司法实务的指导形象。现代法治国家，基于权利保障的考虑，都无不在建构合理的犯罪论体系方面费尽心思。本章在对三种主要的犯罪论体系进行比较的基础上，对建立合理的犯罪成立理论表明了观点。

第一节　犯罪的观念

一、犯罪的概念

对于犯罪的概念，可以从犯罪学、社会学、伦理学的角度加以揭示，因此对何谓犯罪的界定结论，不胜枚举。在刑法学领域，对犯罪概念加以分析，就是对各种具体犯罪内在、外在特征的高度概括。

从世界各国刑法典规定看，对犯罪的定义有实质定义和形式定义之分。犯罪的形式概念把犯罪视为违反刑事法律的行为，仅从犯罪的法律特征上给犯罪下定义。例如，法国刑法典曾经规定，犯罪就是“法律所规定的重罪、轻罪、违警罪”；多数大陆法系国家将犯罪视为该当构成要件、违法且有责的行为，这都是对犯罪概念作形式的、限定的解释。

犯罪的形式概念的优点是通过对刑事法的解释来防止恣意的人权侵害现象，较好地维护了形式意义上的罪刑法定原则，而不会仅仅因为行为现实地存在较高的社会损害性、处罚必要性，就从实质的角度出发，对行为给予刑罚处罚。所以，犯罪具有刑事违法性的观念被有的西方国家刑法所强调。

犯罪的实质概念是从犯罪的本质特征上给犯罪下定义。对此有多种观点：① 一种观点认为，犯罪的实质是对权利的侵害。② 另一种观点认为，犯罪的实质是对法益的侵害。③ 还有一种观点认为，犯罪的本质不是侵害法益，而是对义务的违反。④ 最后一种折中的立场主张，犯罪的本质首先是法益侵害，但仅仅认识到这一点还不够，犯罪还有义务违反的特征。

今天的通说，把犯罪的实质认定为对法益具有侵害性或者威胁性的行为。这里的法益，是指重要的生活利益，包括个人的生命、身体、财产以及其他有助于个体人格发展的个人利益，以及支持这些利益的国家的、社会的利益。按照实质的犯罪概念的观点，犯罪首先违反了社会基本生活规范，偏离社会正常轨道，具有实质的法益侵害或者使法益陷入危险的性质，所以才在形式上违反规范，从而受到司法机关的否定性评价。

一般来说，犯罪的实质概念更为合理。犯罪的实质概念的意义在于：它为刑法划出了一条

法治国家的根本性界限——行为不是因为单纯地违反了刑法规范，而在于它侵害了刑法所要保护的实质内容，所以才受到刑罚处罚。这里的刑法所保护的实质内容，就是刑法理论上所说的法益，即法律所保护的共同生活利益。

但是，由于法益等概念本身存在含混之处，其意蕴并非不言自明，所以，实质的犯罪概念也隐含着一些危险：可能为了刑事政策上的需要，超越成文法的限制，曲解社会危害性、法益侵害等概念，将形式上并不违法但实质上有侵害性的行为，评价为犯罪行为，而对个人实施打击，在司法上可能导致忽视人权的现象出现，注重了法律价值的一个侧面，而忽略另一个侧面。

所以，要在刑法学上对犯罪概念进行界定，就必须考虑：① 犯罪的形式概念、实质概念的统一。只有这样，才能克服两种界定方法各自所具有的弊端，扬长避短。② 对于犯罪的形式概念、实质概念应当分阶段考虑。在立法阶段，主要考虑行为的社会危害性、法益侵害性。刑法典中对罪名的设计、罪与非罪或者此罪与彼罪的区分，主要取决于立法者对行为社会危害性、法益侵害可能性的估量，所以，对犯罪及其惩罚的规定与行为可能具有的社会危害性有关，也与立法者的选择有关。在司法阶段则应考虑行为的刑事违法性，尤其是定罪量刑时，强调公民在法律面前人人平等，所以，有罪必罚、无罪不罚、同样行为应当依照刑法的规定给予同样处理，司法官员只能依照刑法的规定行事，而不能在刑法规范之外另立标准。在行刑阶段考虑个人的人身危险性，实现行刑方法的多元化。

我国刑法从形式与实质的统一上，对犯罪概念作出了科学的界定。《刑法》第 13 条规定："一切危害国家主权、领土完整和安全，分裂国家，颠覆人民民主专政的政权和推翻社会主义制度，破坏社会秩序和经济秩序，侵犯国有财产或者劳动群众集体所有的财产，侵犯公民私人所有的财产，侵犯公民的人身权利、民主权利和其他权利，以及其他危害社会的行为，依照法律应当受刑罚处罚的，都是犯罪，但是情节显著轻微危害不大的，不认为是犯罪。"这一犯罪概念是对各种犯罪现象的理论概括，它不仅揭示了犯罪的法律特征(刑事违法性)，而且阐明了犯罪的实质内容(社会危害性)，从而为区分罪与非罪的界限提供了原则标准，是一个完整而科学的犯罪概念。这里的"情节显著轻微危害不大的，不认为是犯罪"的规定，属于"但书"规定。"不认为是犯罪"是指情节显著轻微危害不大的，本身就不是犯罪。对于这一但书规定，不能理解为：情节显著轻微危害不大的，是犯罪，只是不作为犯罪处理。

二、犯罪的分类

对于犯罪，按照不同的标准，可以作不同的分类。

1. 自然犯、法定犯

从刑法与社会伦理的关系上，可以将犯罪分为自然犯和法定犯。

自然犯，是指行为本身即使刑罚规范没有规定，也会受到社会伦理的非难的情形(刑事犯)。法定犯，是指刑罚规范的内容与社会伦理规范之间有时存在不一致之处，对于行为的犯罪性质，只有根据刑罚法规的规定才能加以确定并进行非难的情形(行政犯)。

一般来说，自然犯的行为本身是一种"自体恶"，法定犯是一种"禁止恶"，所以，二者之间有大致明确的界限。但是，随着社会状况的变化和公众价值观的变化，会出现自然犯的非犯罪化现象，例如，赌博罪、贩卖或传播淫秽物品罪等没有被害人的传统自然犯，随着社会风俗的变化，其适用范围可能缩限；或者出现法定犯的自然犯化现象，例如操纵证券交易价格的行为，只有刑法有规定，其法益侵害性才能被认识，但是，随着证券业的发展，操纵证券交易价格的行为会逐步具有自然犯的性质。

2. 亲告罪和非亲告罪

从告诉权由谁享有的角度,可以将犯罪分为亲告罪和非亲告罪。

亲告罪,是指对于犯罪是否进行追究,取决于个人的意思,在追诉之时必须经过有告诉权者告诉的犯罪。非亲告罪,是指侦查、起诉、审判程序由国家司法机关直接推动,起诉权利由检察机关享有,是否提起公诉不取决于个人意思的犯罪。

在我国刑法中,绝大多数犯罪是非亲告罪,只有侮辱、诽谤、暴力干涉婚姻自由、虐待、侵占等罪是亲告罪,在这些犯罪的危害轻微的场合,考虑被害人的追诉要求是合理的。

3. 国事罪、普通刑事罪

从犯罪的法益侵害性的角度,可以把犯罪分为国事罪和普通刑事罪。

国事罪,是指直接侵害国家统治秩序的犯罪,即我国刑法分则第一章规定的危害国家安全罪。这类犯罪所危害的法益具有特别重要性、唯一性,所以,对于统治阶级来讲,是最为重要的犯罪,必须予以严惩。普通刑事罪,是指危害国家安全罪以外的侵犯个人、社会利益的犯罪。这类犯罪的具体类型广泛,轻重程度不同,对其处罚的方法也就存在差别。

4. 即成犯、状态犯和继续犯

从犯罪终了与法益侵害的关系出发,可以将犯罪分为即成犯、状态犯和继续犯。

即成犯,是指在法益侵害后果发生的同时,犯罪行为完成或者终了的情形。故意杀人罪是即成犯的典型。状态犯,是指在法益侵害发生的同时,犯罪行为终了,但是,此后法益侵害的状态仍然继续的情形。盗窃罪是状态犯的适例,因为在行为人控制财物时,盗窃行为既遂,法益侵害发生的同时,行为实施完毕。但在此之后,赃物在相当长的时间内被犯罪人所控制,所以,法益侵害状态继续,但是对这种违法状态,在状态犯的构成要件里进行包括的评价,占有、销售赃物的,并不构成赃物犯罪;故意毁坏赃物的,也不成立故意毁坏财物罪(不可罚的事后行为)。继续犯,是指在法益侵害继续进行期间,犯罪行为也继续进行的情形。非法拘禁罪是继续犯的典型。由于不法状态和犯罪行为同时存在,所以,在继续犯的场合,后来参与者可以成立共犯;行为跨越新、旧法的,当然地适用新法;追诉时效也从犯罪行为终了之时开始计算。

第二节　犯罪论体系的历史

一、构成要件的观念

犯罪论体系是指犯罪成立要件的整体。而犯罪成立条件是由主观的与客观的一系列要件所组成的,这种要件按照一定的逻辑建构形成犯罪构成的体系。

犯罪论体系主要讨论犯罪的“构成”问题[①],这与构成要件的观念直接相关。

“构成要件”的起源最早可以追溯到13世纪。当时的历史文献中出现过Constare de Delicto(犯罪的确证)的概念,它是中世纪意大利纠问式诉讼程序中使用的一个概念。在这种纠问式诉讼程序中,法院首先必须调查是否有犯罪存在(一般审问,或称一般纠问)。在得到存在犯罪的确证后,才能对特定的嫌疑人进行审问(特别审问,或称特别纠问)。后来从Constare de Delicto一词又引申出Corpus Delicti,即“犯罪事实”。这是1581年意大利刑法学家法利斯首先采用的,用以指称已被证明的犯罪事实。这个概念后来传到德国,适用于整个普通法时代,其意义是用于证

① 在德、日刑法学中,只使用“构成要件”一词,而没有“犯罪构成”或“犯罪构成要件”的说法。我国刑法使用“犯罪构成”概念。大陆法系的“犯罪成立条件”与我国的“犯罪构成要件”含义大致相当。

明客观犯罪事实的存在。如果没有 Corpus Delicti,就不能进行特别审问。因此,作为诉讼法上的概念,Corpus Delicti 所表示的是与特定行为人没有联系的外部的客观实在,如果不能根据严格的证据法则对这种客观的犯罪事实的存在进行确证,就不能继续进行特别审问(包括拷问在内)。Corpus Delicti 这一概念所包含的基本意义,为此后犯罪构成理论的产生奠定了基础。

此后,德国刑法学家克莱因(Klein)首先把 Corpus Delicti 译成德语 Tatbestand,即犯罪构成,但当时仍然只有诉讼法的意义。直到 19 世纪初,德国著名刑法学家费尔巴哈(Feuerbach)才明确地把犯罪构成引入刑法,使之成为一个实体法概念。费尔巴哈从罪刑法定主义出发,要求在确认任何行为为犯罪并对之科以任何刑罚时,都必须根据法律的规定来确定。但在整个 19 世纪,构成要件理论还没有形成一个系统、完整的理论体系。

二、现代犯罪论体系的起源

现代大陆法系构成要件理论是 20 世纪初期开始建立的,这应当归功于贝林格(Beling)、麦耶尔(Mayer)、迈兹格(Mezger)等人的贡献。

贝林格指出:任何行为之成立犯罪应以构成要件该当性为其第一属性,此外并须具备违法性及有责性。贝林格主张的这种构成要件概念,具有下列特征:① 构成要件乃刑法所预定的犯罪行为的客观轮廓,与主观要素无关,在价值上是中性、无色的。② 构成要件与违法性亦无直接关系,构成要件该当性的行为与违法行为之间的关系,恰如一部分相交的两个圆周。③ 构成要件该当性与有责性之概念相异,例如,有杀人行为的,其行为虽符合杀人罪之构成要件该当性,然其是否有责尚不能因此确定。如果是精神病人杀人,仍属无责。

麦耶尔对贝林格的构成要件概念作了修正,主要体现在阐述了构成要件与违法性的关系。麦耶尔认为,在构成要件中存在"规范性"因素,例如盗窃罪中"他人之物"的"他人性",伪证罪中证言的"不真实性"等,均与价值中立的构成要件要素有别,属于评价因素。在这种情况下,麦耶尔把构成要件要素分为两种:一是通常的构成要件要素(即纯客观的要素),二是含有评价因素的不纯正构成要件要素。他进一步指出:构成要件是犯罪的指导形象,是违法类型。

迈兹格在 1926 年首次将"不法"引入构成要件概念。迈兹格不同意贝林格关于构成要件系中性、无色之说,认为构成要件是可罚的违法行为而由刑法加以类型性的记述,凡行为与构成要件相符合的,除因例外的情形,有阻碍违法原因者外,即系具有违法性。因为刑事立法对于构成要件该当之行为规定刑罚效果,就是为了明确宣示该行为之违法。因此,构成要件的作用在于:① 表明一定的法律禁止对象,从而建立客观生活秩序。② 表明评价规范,作为法律准绳。迈兹格将客观的构成要件与违法性相结合,形成客观的违法性论,行为、违法、责任三者构成其犯罪论的核心。

通过以上刑法学家的努力,大陆法系的构成要件从诉讼法引入实体刑法,从客观结构发展到主观结构,形成一种综合的构成要件论,成为犯罪论体系的理论框架。由此可见,构成要件理论从客观到主观、从程序到实体、从形式到实质的过程是一个渐进的过程。

苏联刑法学家在批判地借鉴大陆法系刑法理论中的构成要件论的基础上,创立了独具特色的犯罪构成理论。在苏联犯罪构成理论形成过程中,著名刑法学家特拉伊宁起了重要作用。

特拉伊宁揭示了刑事古典学派犯罪论体系的客观结构和刑事实证学派犯罪论体系的主观结构之间的对立性,并进一步指出:苏维埃刑法理论,从马克思、列宁主义关于犯罪的阶级性这一根本原理出发,主张把犯罪构成要件的客观因素和主观因素辩证地统一起来。而近代资产阶级的犯罪成立理论,却总是纠缠在构成要件的两种结构——客观结构与主观结构——当中究竟何者应占据优势地位的问题上,这就是两者的不同点。由此可见,在苏维埃刑法体系中,刑事责任不是与主观要素和客观要素处于对立和分裂的地位,而是以其所具有的客观性质作为一切标志的,也就是说,必须根据犯罪主体与犯罪的所有情况,辩证地研究犯罪行为。这种主客观相结合的犯罪构成就成为刑事责任的唯一根据。特拉伊宁于1946年出版了《犯罪构成的一般学说》一书,这是苏联关于犯罪构成理论的第一部专著,它全面地、系统地论述了犯罪构成的概念、意义和犯罪构成理论的内容体系结构,研究了与犯罪构成有关的各种问题。

这种犯罪构成理论的特点是:赋予犯罪构成以社会政治的实质内容,在社会危害的基础上建构犯罪构成,使犯罪构成成为反映社会危害性的构成;将大陆法系刑法理论中作为犯罪成立条件之一的构成要件论改造成苏联刑法中犯罪成立条件之整体的犯罪构成论,形成了完整的犯罪构成理论。

第三节　犯罪论体系的比较

一、大陆法系:递进式犯罪论体系

由于各国的刑法文化传统和法律规定上的差别,因而决定了犯罪论体系上的不同。大陆法系犯罪论体系、英美法系的犯罪论体系和苏联的犯罪构成体系,是三大具有代表性的犯罪成立理论体系。

以德、日为代表的犯罪论体系,由构成要件该当性、违法性和有责性构成,由于这三个要件之间具有递进式的逻辑结构,因而我们称为递进式的犯罪构成体系。

(一) 构成要件该当性

构成要件该当性,是指行为具有与刑法分则所规定的具体特征相符合的性质。

行为是否符合构成要件该当性,必须考虑以下因素是否存在:① 实行行为。该当构成要件的行为称为实行行为,它又可以分为作为与不作为,由此构成作为犯与不作为犯。作为犯是指以积极的行为举止实施刑法所禁止的行为的犯罪。不作为犯则可分为两种:一是纯正的不作为犯,即刑法规定只能以不作为方式才能构成的犯罪。二是不纯正的不作为,即以不作为的方式实现了刑法分则中以作为为基本模式所设定的犯罪。② 行为客体。即受到犯罪所直接侵害的人或者物。③ 因果关系,指实行行为与危害结果之间是否存在刑法上的重要因果联系,从而确定对行为是否可以进行客观上的归责。④ 构成要件故意,指在认识符合构成要件的外在客观事实之后并企图实现的意思。一般认为,构成要件的故意不包括违法性意识,因而与作为责任要素的故意在内容上存在差别。⑤ 构成要件过失,指应当认识而实际上没有认识到行为会产生的后果,或者已经认识到轻信能够避免结果的发生,即由于违反注意义务引起结果的发生。

(二) 违法性

违法性,是指行为对刑法所保护的合法权益的实质侵害性。

行为具备构成要件该当性还不属于犯罪。是否构成犯罪,还须考察该行为是否具有实质的违法性。对违法性的本质,历来有法益侵害说和规范违反说的争论。

构成要件是违法行为的类型,具有违法性的推定功能,即如果行为符合构成要件,一般就可以推定该行为属于违法。但如果行为具有刑法上所规定或者法秩序所认可的违法性阻却事由,则该行为不属于犯罪。这种违法性阻却事由包括正当防卫,紧急避险等法定的违法性阻却事由(紧急行为),以及自救行为、义务冲突、被害人承诺、执行职务、正当业务等超法规的违法性阻却事由。

(三) 有责性

有责性,即责任,是指能够对行为人的犯罪行为进行谴责。

某一行为构成犯罪，除行为该当构成要件并属于违法之外，行为人亦必须负有责任。在责任论中，包括以下要素：① 责任能力，即成为谴责可能性前提的资格。凡是具有认识能力和控制能力的人，就认为具有责任能力。② 故意责任，作为责任要素的故意是指在认识构成要件事实的基础上，具有违法性意识以及产生这种意识的可能性。③ 过失责任，作为责任要素的过失是指违反主观注意义务而具有谴责可能性。④ 期待可能性，是指在行为当时的具体情况下，期待行为人做出合法行为的可能性。尽管对于期待可能性在责任中的地位存在不同见解，但期待可能性作为责任要素有其存在必要性，是大陆法系刑法理论的共识。

二、英美法系：双层次犯罪论体系

以英、美为代表的犯罪构成体系，具有双层次性的特点。英美刑法的犯罪构成分为实体意义上的犯罪要件和诉讼意义上的犯罪要件。实体意义上的犯罪要件是指犯罪行为和犯罪意图，这种意义包含在犯罪定义之中。犯罪定义之外的责任要件是诉讼意义上的犯罪要件，通过合法抗辩事由体现出来。犯罪行为和犯罪心态，是犯罪本体要件。要成立犯罪，除应具有犯罪本体要件外，还必须排除合法辩护的可能，即具备责任充足条件。在理论结构上，犯罪本体要件(行为和心态)为第一层次，责任充足条件为第二层次。由于这种犯罪论体系具有双层次的逻辑结构，因而我们称其为双层次的犯罪构成体系。

(一) 第一层次：犯罪行为和心态

犯罪行为(actus reus)是英美法系犯罪构成的客观要件。犯罪行为有广义与狭义之分：广义上的犯罪行为，指犯罪心理以外的一切犯罪要件，也就是犯罪构成的客观要件，包括犯罪行为、犯罪结果和犯罪情节等。狭义上的犯罪行为指有意识的行为，它由行为(act)和意识(voluntariness)构成。犯罪行为是法律予以禁止并力求防止的有害行为，它是构成犯罪的首要因素。

犯罪意图(mens rea)，又称为犯罪心态(guilty mind)，是英美法系犯罪构成的主观要件。“没有犯罪意图的行为，不能构成犯罪”(Actusnon facit reum, nisi mens sit rea)是英美刑法的一条原则，它充分体现了犯罪意图在构成犯罪中的重要意义。在美国刑法中，犯罪意图分为以下四种：① 蓄意(mention)，指行为人行动时，其自觉目的就是引起法律规定为犯罪的结果发生，或者自觉目的就是实施法律规定为犯罪的行为。② 明知(knowingly)，指行为人行动时明知道他的行为就是法律规定为犯罪的行为或者明知道存在着法律规定为犯罪的情节。③ 轻率(reaklessly)，指行为人轻率地对待法律规定为犯罪的结果或情节，当行动时其已经认识到并有意漠视可能发生此种结果或者存在此种情节的实质性的无可辩解的危险。④ 疏忽(negligence)，指行为人疏忽地对待法律规定为犯罪的结果或情节，当行为时其没有察觉到可能发生此种结果或者存在此种情节的实质性的无可辩解的危险。从犯罪意图的内容来看，主要是行为人对于其犯罪行为的一种心理状态，它是构成犯罪的基本因素。

(二) 抗辩事由

合法抗辩(Legal Defense)，又称为免责理由，它具有诉讼法的特点。合法抗辩事由是在长期司法的实践中，对于刑事诉讼中的辩护理由加以理性总结而形成的，并从诉讼原则上升为实体上的总则性规范，其内容包括：正当防卫、紧急避难、未成年、错误、精神病、醉态、胁迫、警察圈套、安乐死等。

三、苏联、中国：闭合式犯罪构成论

中国刑法学的通说一般不使用犯罪论体系一词，而使用“犯罪构成”概念。犯罪成立条件意义上的犯罪构成,来自苏联刑法理论。苏联刑法学家特拉伊宁根据主观与客观相统一的观点,将犯罪构成整合为犯罪的主观要件与客观要件的统一,是刑事责任的唯一根据。

以苏联及我国为代表的犯罪构成体系,由犯罪客体、犯罪客观方面、犯罪主体、犯罪主观方面构成。上述四个构成要件之间是一种共存关系,即一有俱有,一无俱无,只有四个要件全都具备了,才说得上是齐备犯罪构成的要件。由于这种构成要件之间具有封闭式、自我完结式逻辑结构,因而我们称之为"闭合式"的犯罪构成体系。

(一) 犯罪客体

犯罪客体是指刑法所保护而为犯罪所侵害的社会主义社会关系。

刑法总则条文在规定犯罪的概念时概括列举了刑法所保护的社会关系的各个方面,分则条文则规定了各个具体犯罪所侵犯的社会关系的某一方面。由于犯罪的社会危害性集中表现在犯罪对社会关系造成或可能造成的侵害上,因此,犯罪客体是任何犯罪成立都不可缺少的要件,只不过不同的犯罪所侵犯的具体客体有所不同而已。由于犯罪对社会关系的侵犯通常通过对一定的物或人即犯罪对象的侵犯体现出来,因此犯罪对象也是许多犯罪成立的必备要件。当然,犯罪分子的行为作用于犯罪对象只是一种表面现象,其背后体现的仍是具体的社会关系。

(二) 犯罪客观方面

犯罪客观方面是指犯罪活动的客观外在表现,包括危害行为、危害结果以及危害行为与危害结果之间的因果关系。因此,犯罪客观方面是表明犯罪活动在客观上的外在表现的要件。

说明犯罪客观方面的事实特征是多种多样的,概括起来,首先包括危害行为。只有通过危害行为,社会关系才会受到侵犯。犯罪本身就是具有严重社会危害性的行为,犯罪构成的其他要件其实都是说明行为的社会危害性及其严重程度的事实特征,因此,危害行为是犯罪构成的核心要件。其次,犯罪客观方面包括危害结果。危害结果即危害行为对社会造成或可能造成的危害。如果行为不可能给社会造成危害的,不属于犯罪行为。危害行为和危害结果是任何犯罪成立必须具备的犯罪客观方面要件,除危害行为和危害结果外,有些行为必须在特定的时间、地点实施或采取特定的方法、手段实施才能构成犯罪。因此特定的时间、地点、方法成为某些犯罪构成客观方面的要件。这些特殊要件对某些犯罪的成立具有决定性的意义。

(三) 犯罪主体

犯罪主体是指达到法定刑事责任年龄、具有刑事责任能力、实施危害行为的自然人与单位,因此,犯罪主体是表明行为必须由什么人实施才能构成犯罪的要件。

犯罪主体主要是指达到刑事责任年龄,具备刑事责任能力,实施了危害行为的自然人。除自然人外,单位也可以构成一些犯罪的主体。根据刑法规定,未达到法定刑事责任年龄或不能辨认、不能控制自己行为的自然人不具备犯罪主体资格,达到相对负刑事责任年龄的自然人只能成为刑法所列举的某些特别严重犯罪的主体。达到刑事责任年龄、具备刑事责任能力的自然人称为一般主体。此外,有些犯罪还需要行为人具有特定的身份或职务才能构成,这类犯罪的主体称为特殊主体。

(四) 犯罪主观方面

犯罪主观方面是指行为人对于危害社会的结果所持的主观心理状态。因此,犯罪主观方面是表明在实施危害行为时行为人主观心理状态的要件。

犯罪主观方面首先包括罪过,即犯罪的故意或过失。根据刑法规定,主观上既无故意又无过失,即使行为在客观上造成了损害结果,行为人对此也不负刑事责任。因此,罪过是一切犯罪成立所必备的主观方面要件。此外,刑法规定某些犯罪必须具备一定的目的才能构成,因此犯罪目的是部分犯罪主观方面不可缺少的内容。

四、三大法系犯罪论体系的比较

以上三种犯罪论体系各具特色，其区别较为明显。德、日犯罪论体系的主要特征是：将行为整体的不同意义划分为不同的犯罪成立要件；对行为从不同的侧面多次进行评价；体系内部具有层次性和相对独立性；对违法和责任可以进行超法规的评价。由此不难发现，德、日犯罪论体系的出发点是概念，归宿点是追求理论体系的完善，其中的哲学思辨色彩浓厚。虽然其理论完善的最终目标难以达到，但对相关问题却可以深入讨论。

英、美犯罪成立理论的体系性特征是：以积极要件与消极要件的结合方式构建犯罪构成理论体系；理论体系直接反映刑法总则体系；构成要件的法定化与超法规合法辩护事由共存。由此可见，英美刑法理论的出发点是司法经验，含有真理性的一面；其归宿点是简便、实用。从总体上看，英美犯罪成立理论的缺点是很难从理论上进一步深化、发展。

中国犯罪构成理论的基本特征是：将行为的不同构成部分划分为各个构成要件；体系内部各要件相互依存；犯罪构成理论体系体现了一种综合评价的特征，犯罪认定就如同一个“堆积木”的过程，把四大要件拼凑在一起即大功告成；犯罪构成法定化，不允许进行超法规的评价。

从犯罪论体系的内容进行分析，尽管三大法系在体系结构上各不相同，但其构成要件上又有相通之处。至少以下要件是任何法系的理论中都不可缺少的：① 行为要件。“无行为则无犯罪”是各国刑法的通例。这一要件在递进式的犯罪构成体系中，被放在构成要件该当性中加以讨论；在闭合式的犯罪构成体系中则是犯罪客观方面的首要内容；在双层次的犯罪构成体系中，是犯罪的本体要件。② 罪过要件。这一要件在递进式的犯罪构成体系中，置于有责性中研究，属于责任条件；在闭合式的犯罪构成体系中，则是犯罪主观方面的基本内容；在双层次的犯罪构成体系中，是犯罪本体要件。

在中国的犯罪构成理论中，上述两个要件的存在是无可辩驳的。但是，理论上将犯罪客体、犯罪主体作为犯罪构成要件，同时在犯罪构成中不讨论违法性问题，就存在很多不妥当之处。所以，全面反思中国现有的犯罪构成理论是极其有必要的。

1. 将犯罪客体纳入犯罪论体系会引起混乱

在我国刑法理论中，在引入苏联的犯罪构成体系的同时也引入了犯罪客体的概念，犯罪客体是刑法所保护而为犯罪所侵害的社会关系的表述长期以来占据统治地位。

在大陆法系递进式的犯罪构成体系和英美法系双层次的犯罪构成体系中，都没有犯罪客体这一要件。即使有客体概念存在，一般也是将客体分为行为客体与保护客体。这里的行为客体就是我国刑法理论中的犯罪对象，而保护客体是指法益，行为客体是构成要件，保护客体不是构成要件，两者具有本质上的区别。多数构成要件都有行为客体，诸如杀人罪的“人”，盗窃罪的“他人财物”等等。行为客体与各类刑罚法规中的保护客体（即法益）是有区别的，行为客体是行为所指向的有形的人或物；而保护客体（法益）则是法律依据构成要件进行保护的利益或价值，例如妨害执行公务罪中的行为客体是公务员，保护客体（法益）却是公务本身。这样，行为客体与法益就未必是一致的，法益虽未被直接规定为构成要件要素，但在解释构成要件上，它却具有极为重要的作用。

在我国刑法学界，尽管通说将犯罪客体作为犯罪构成要件，但我国已经有越来越多的学者对犯罪客体是否应属于犯罪构成的要件提出质疑。在此，有以下问题研究：① 作为犯罪构成的要件，应当是犯罪的实体性存在。而犯罪客体不属于犯罪的实体内容本身，而是在犯罪之外的某种社会构成要素。无论是把这种社会要素视为犯罪所侵害的社会关系（利益）还是视为刑法所保护的价值，都不能将其纳入犯罪要件的体系之中，虽然其与犯罪存在一定关联。② 犯罪客体的功能在于揭示犯罪的本质特征，这一功能不是犯罪构成要件所要承担的，而是犯罪概念的功能。在功能上，犯罪客体与犯罪对象具有重合性。由此可见，犯罪客体的存在是不必要的，它不是犯罪构成要件。

将犯罪客体作为构成要件，还隐含着一个重大的不足：价值判断过于前置。在通说的刑法理论中，客体作为犯罪成立的首要条件，所谓客体是刑法所保护而为犯罪所侵害的社会关系，这就是实质性的价值判断。此判断一旦完成，行为就被定性，被告人的行为属于有社会关系侵害性的行为，其无法为自己进行辩护，这是一种过分强调国家权力的作用发挥的做法，它可能会导致以下危险：① 一旦发生使人心冲动的案件，感情上便产生处罚的强烈要求；② 一旦行为人主观恶劣，便不充分调查行为在客观上造成了何种后果就进行处罚；③ 一旦危害结果重大，就不问行为人的主观状态就进行处罚①。所以，价值判断过于前置，不利于保障人权和实现法治。

2. 犯罪主体与犯罪构成要件的关系纠缠不清

任何犯罪都离不开一定的主体，犯罪是人实施的，这是一个不可推翻的事实。但是否把犯罪主体作为犯罪构成的要件，却是一个值得研究的问题。

在大陆法系犯罪构成理论中，并没有我们通常所说的犯罪主体这样一个犯罪构成要件。犯罪主体的内容被分解为两部分，在构成要件该当性中，论述行为的主体，将其与行为客体相对应。由于构成要件该当性只是犯罪成立的第一个要件，因而无论什么人，只要实施了构成要件该当的行为，就具备了行为主体这一要件。在有责性中，论述责任能力。责任能力是责任的前提，如果没有责任能力，就不存在罪过问题。在责任能力中，以否定要件的形式论述无责任能力的情形。从否定要件这一点看，大陆法系犯罪构成中的责任能力要件与英美法系犯罪构成中作为合法抗辩内容的未成年、精神病等要件具有性质上的同一性。

在苏联的犯罪构成中，有学者认为，责任能力不应放在犯罪构成的范围内解决，而应当置于犯罪构成的范围之外，然而，通说仍然把犯罪主体作为犯罪构成要件。我国刑法理论也将犯罪主体列入犯罪构成，通说的排列顺序是犯罪客体—犯罪客观方面—犯罪主体—犯罪主观方面。

但是，根据我国通行的犯罪构成理论，将犯罪主体作为犯罪构成要件，会引起逻辑上的矛盾：到底是犯罪主体作为犯罪构成的一个要件先于犯罪行为而独立存在，还是符合犯罪构成的犯罪行为先于犯罪主体被评价？如果是犯罪主体作为犯罪构成的一个要件先于犯罪行为而独立存在，那么，每一个达到法定刑事责任年龄、具备刑事责任能力的人都是犯罪主体。如果是符合犯罪构成的犯罪行为先于犯罪主体被评价，则不具备刑事责任能力的人也有可能实施犯罪行为。这是一个两难的推理，将犯罪主体是犯罪构成要件的观点推到一个尴尬境地。

要解决这一问题，比较合理的方案就是同大陆法系一样，把主体与责任能力相剥离，取消犯罪主体这一犯罪构成的要件。这里的主体是行为主体，属于构成要件该当性的内容，是行为得以实施的前提。而责任能力是与罪过相联系的，属于责任的范畴。责任是主观的，这里的主观，包括主观上的责任能力与在这种责任能力支配下的主观心理态度。因此，责任能力与罪过是紧密相连的，是后者的前提，只有将责任能力与罪过相贯通，才能对行为人进行主观归责。

3. 违法性应当属于犯罪构成要件

在大陆法系刑法理论中，通常将违法性作为犯罪成立要件，起着沟通构成要件该当性与有责性要件的作用。在违法性中，主要研究违法阻却事由，例如正当防卫、紧急避险等。与此相似，在英美法系刑法理论中，虽然没有违法性这一实体要件，但正当防卫、紧急避险也是合法辩护事由，在犯罪论体系内加以论述。

① 参见[日] 平野龙一：《刑法总论Ⅰ》，有斐阁1972年版，第87页。

在苏联及我国的刑法理论中，违法性不是作为犯罪构成要件，而是作为犯罪的特征而确立的。至于违法阻却事由，也不是放在犯罪构成的范围内，而是作为排除社会危害性的行为加以确立的。在犯罪构成学说的范围内，不可能对正当防卫和紧急避险这两个问题作详细的研究，而在犯罪构成之外讨论排除犯罪的事由，这样的理论，始终存在不妥当之处。

因此，比较而言，无论是双层次的犯罪论体系，还是递进式犯罪论体系，都比闭合式犯罪构成理论更为合理。

不过，要在中国刑法学中借用英美的犯罪成立理论，存在思维上的障碍。在犯罪构成中介入诉讼要件，这是英美刑法中所特有的。由于合法抗辩事由的存在，这种双层次的犯罪构成体系在认定犯罪的活动中，引入了被告人及其辩护人的积极性，个人对抗的形成使犯罪认定更注重个别正义的实现。英美法系的这种犯罪构成体系的形成，与其实行判例法有极大关系，合法辩护事由主要来自判例的总结与概括。对于这种双层次的犯罪构成体系，成文法国家是难以效仿的。所以，本教科书按照大陆法系的递进式犯罪论体系讨论犯罪成立问题。

第四节　本书的犯罪论体系

一、采用递进式犯罪论体系的理由

三大法系犯罪成立条件理论中的构成要素大致相同，但犯罪论的结构不同。由于结构影响功能，所以，不同法系的犯罪论的功能发挥并不相同。中国犯罪构成四要件理论的结构影响犯罪评价功能的发挥，尤其是影响辩护功能的发挥。

在中国现有的犯罪构成四要件理论存在缺陷的情况下，恰当借鉴大陆法系的犯罪论体系，并对其适度加以改造，来建构中国刑法学的犯罪论体系，是一种务实的态度。理由在于：合理的犯罪论体系，必须表明刑法判断的重点、必须揭示犯罪认定过程、必须展示犯罪发生过程。但是，在中国的犯罪构成理论中，这三方面的工作都做得很不充分。

第一，在犯罪论体系中，必须确立犯罪评价的重点。犯罪的本质是侵害法益，刑法的使命是保护法益，所以，犯罪评价过程的核心任务是处理行为—法益之间的关系。对行为的评价是事实判断，是犯罪评价中最为重要的基础性要素；对法益侵害有无的判断，是价值评价，只有确定行为事实存在，才能进一步判断法益侵害的有无。所以，在犯罪论体系中，评价的重点是双重的：行为与法益；同时两者必须有先后顺序。

对行为的判断，是将作为主观和客观的统一体的行为全体作为判断的对象；对价值的判断，包括对行为实质违法性的判断和对行为人个人责任的判断，它们都是规范的无价值判断。违法性判断与具体的行为者分离，根据社会一般的基准进行评价；责任判断是对特定行为者的行为进行规范的无价值评价。在中国目前流行的犯罪论体系中，对犯罪本质的把握是我们理论研究的优点。但是，另一方面，评价的重点并不突出，更缺乏评价的层次性。刑法评价犯罪的重点应是行为与法益的关系，但在平面式结构中看不出哪一个要件是重点。

所以，犯罪论从现在的平面型、闭合式结构转化为层层推进的构造，是目前需要考虑的问题。换言之，要确定犯罪是否成立，至关重要的是要遵循从客观到主观、从事实到评价、从形式到实质的顺序进行判断。那么，传统的四要件说本身是否需要改革就值得考虑，许多学者所提出的二要件说、三要件说、五要件说究竟有多少意义，就更值得怀疑。因为犯罪构成的平面、闭合式结构不改变，讨论增加一个要件还是减少一个要件的问题，都是不得要领的。

第二，犯罪成立理论必须反映犯罪过程。犯罪的动态过程是犯罪意思形成—压制反对动

机一基于犯罪意图一预备一着手实施一犯罪得逞一侵犯法益。对犯罪的这一动态过程,犯罪论体系必须加以反映。犯罪不是一个点,而是一个过程,在评价行为时:必须“反向地”考虑行为一违法性一个人动机形成过程、责任承担可能。这一思维过程表面上看是与犯罪形成过程相反的,但是它却完全是以犯罪过程为基础的,即“由果推因”。

第三,犯罪成立理论必须充分展示犯罪认定过程,协调定罪过程与定罪结论之间的关系。

犯罪认定过程是:犯罪事实发生后,控方搜集证据,证明犯罪,对犯罪构成事实予以组合;与此同时,辩方提出自己无罪(如正当防卫、紧急避险等)的主张,对控、辩双方的意见裁判者都必须听取。因此,犯罪成立的基本事实原则上成为证明对象,而阻却事由作为例外情形予以考虑。换言之,犯罪论体系应根据“原则一例外”的关系进行建构。而承认一般之外的个别、普遍之外的特殊的犯罪构成体系必然是能动司法的结果,其本质在于寻求实质合理性和个别合理化,而避免形式合理的僵化。

犯罪构成理论必须反映定罪过程,在这方面,英美法系理论有可取之处,例如,美国刑法犯罪构成的第一个层次确立行为规范,体现国家意志,表现公诉机关的权力;第二个层次涉及价值评价,它以合法辩护的形式来充实刑事责任条件,完成独特的犯罪构成模式,反映犯罪构成是动态的定罪过程,而不仅仅是“犯罪规格”。两个层次相结合,充分展示了控辩对抗的激烈性和法官极力保持控辩平衡的倾向。大陆法系国家刑法理论的合理性更是不可否认:认定犯罪的过程是三段论推理,所以要首先确定大前提,由一般到特殊,从原则到例外。中国刑法理论对犯罪的判断无此层次性,事实判断和法律评价同时地、笼统地一次性完成,形式判断和实质判断的关系没有理顺。

事实证明,如果一次司法判断过程承担了过多的使命,裁判结论出现偏差的可能性自然就会增大,被告人辩解的机会就必然减少,司法的恣意自然增强。具体地讲,中国刑法中,事实判断和价值评价同时进行,或者以事实判断取代价值评价的做法,会带来很多弊端:① 把违法性等同于犯罪性。将行为违反刑法等同于犯罪,由于刑法规定的阻却事由总是有限的,不可能完备无遗,则对于法律没有明文规定但实质上不具有违法性的行为(如被害人承诺的侵害、自救行为等),如何在理论上得到合理解释,不无疑惑;② 一方面,违法性评价的内容蕴含于构成要件的评价中或与构成要件的评价同时进行,另一方面,阻却违法事由的理论又被置于犯罪构成要件理论之外论述,不免在体系上存在不协调性。

所以,中国刑法学在处理犯罪成立理论与定罪过程的关系问题上存在明显不足,犯罪构成只能反映定罪结论(犯罪规格),突出刑法的社会保卫观念,由此在保障人权方面存在制度性不足。众所周知,对犯罪的认定,必须在实体上结合犯罪构成理论,反映控辩对抗的过程。刑事诉讼永远是控辩力量展示的过程,控诉和辩护活动各自有其归宿:控诉证明基本事实,确认评价犯罪的一般标准、“原则”的有效性;而辩护则意在证明阻却违法性、阻却责任的事实的存在,强调“例外”的情形对于涉讼公民的意义。这是我们在改造犯罪论体系中必须注意的一个重要问题。

二、本书采用的犯罪成立理论

我们认为,在犯罪的认定上必须采取排除法,构成要件的该当性、违法性和有责性之间,应环环相扣,层层递进,各要件之间的逻辑关系必须明确。根据这种递进式结构,在将某一行为认定为犯罪时,须进行三次评价:构成要件该当性是事实评价,为犯罪提供行为事实的基础。违法性是法律评价,排除正当防卫等违法阻却事由。有责性是主观评价,为追究刑事责任提供主观根据。以上三个要件,形成一个过滤机制,各构成要件之间具有递进关系,形成独特的定罪模式。

构成要件该当性、违法性、有责性三者之间的关系是:构成要件该当性具有推定功能,只要

行为符合构成要件，原则上可推定构成犯罪；存在违法性，原则上可推定行为人有责任。构成要件该当性、违法性考虑一般情况，其评价标准对所有人平等适用；违法阻却、责任是考虑特殊、例外情况，当存在例外情况时，递进式推理即中断。

（一）构成要件该当性

构成要件是犯罪类型，是观念性、抽象性的存在。

一般说来，构成要件该当性是一个中性的、无价值偏向的判断，是规制普通公众行为的一种方式，也是约束司法官员自由裁量权力的基本条件。

构成要件该当性评价就是把危害行为、危害后果以及其他事实与具体的刑法规定进行比对。对行为具有正当性还是违法性的价值评价，以及行为人本身的无价值评价必须后置——在将行为与构成要件进行比对后，才能进行。

构成要件是立法上提供的一个判定犯罪的基本框架，如果行为特征与这个框架相符合，具有该当性，原则上就有犯罪存在。但是，在有违法性阻却事由时，行为人的行为具有适法性，属于正当行为，此时，不应当认为有犯罪存在；在个人因特殊原因难以实现归责时，行为也不是犯罪。所以，犯罪有可能同时与构成要件的该当性、违法性和责任有关。

在构成要件部分，还有以下问题值得讨论：

1. 构成要件是否包括主观性要素

在犯罪构成中，需要考虑主观的构成要件要素。构成要件在很早的时候被认为是单纯客观的，但是今天的通说已经抛弃了这种观点，转而认为构成要件也存在着故意以及其他相关的主观要件。例如，构成要件的未遂是以故意为前提的，一个扣动扳机发射子弹，但是没有击中任何目标的行为，如果离开了故意，就无法判断这是一个故意杀人未遂、故意伤害未遂还是故意毁坏财物罪的未遂。此时的故意，完全与责任无关，因为在不能确定符合哪一犯罪的构成要件的情况下，还根本不存在是否应当承担责任的问题。再如，没有非法占有目的，就没有诈骗罪，也难以确定盗窃罪和故意毁坏财物罪的界限。

2. 构成要件是否包括规范性要素

记述性要素与规范性要素是有所不同的。记述性要素包括在确定其存否时只需要认识判断而无需特别的价值判断的要素。例如杀人，就是一种记述性要素，杀害是一种剥夺生命的行为，而人是一种生命性存在，对于这种记述性要素的理解，无须经过价值判断。规范性要素是指伴随着规范评价的构成要件。这种规范评价，一般情况下是社会评价，例如非法持有枪支，这里的“非法”就需要通过枪支管理法判断这种持有枪支行为是否具有非法性。同时，在某些情况下，规范评价还包括文化评价，例如猥亵妇女行为，这里的猥亵在不同文化背景的社会里，理解可能存在差异。此外，淫秽物品的淫秽性，也是一种文化评价因素。

构成要件在贝林格看来只包含纯记述性要素，而麦耶尔在构成要件中承认规范性要素。今天的通说认为，构成要件当然首先是对客观事实的记述，因而刑法分则中的构成要件一般都是记述性或者描述性的，通过对这种客观事实的认识就可以认定犯罪。但在某些情况下，离开规范评价就无从对行为性质加以判断，为此就需要通过规范性要素确定这种构成要件。

（二）违法性

行为符合构成要件，原则上就可以推定其违法。违法性是指从法律规范的角度而言没有价值，它是在构成要件符合性的基础上，从法律规范的整体价值观上进行评价、判断，将法律精神所能容忍和许可的行为排除出去，即存在违法阻却事由（正当防卫、紧急避险、执行职务、义务冲突、被害人承诺等），而否定行为的违法性。其他与整体法规范对立、冲突的行为具备违法性，有构成犯罪的可能。

对违法性的判断,是一种实质的价值判断,对违法性的有无必须以行为是否违反规范为基础进行评价。但是,违法性又并不是指行为形式上违反规范,而有其实体内容,对此,有行为无价值论和结果无价值论的争论。结果无价值论(法益侵害说)认为,违法性的实体内容是行为对于法所保护的共同生活利益的实质侵害和威胁。根据这种观点,违法性的判断基准是:行为对于法益是否有侵害或者有威胁。行为无价值论(规范违反说)主张,刑法的机能是维持社会基本的伦理秩序;犯罪的本质就是对这样的伦理规范的违反,违法性的本质就是行为人对于在法秩序的基底上所确立的社会伦理规范的违反。

(三) 责任

责任,是指对实施符合构成要件的违法行为的行为人进行的非难。

行为符合构成要件并具有违法性,原则上就可以肯定犯罪的成立。但是,在行为人不能归责时,犯罪仍然不成立,所以,责任是犯罪成立的最后一个条件。在责任论中,主要讨论责任能力、责任的故意和过失、期待可能性等问题。

责任主义,即"没有责任就没有刑罚",是近代刑法学的重要原则。按照这一原则,责任是个人责任,也是主观责任,这就把团体责任、结果责任排除在外。所以,责任主义是近代个人主义、自由主义思想的产物。

第五节　犯罪构成的分类

在现实中犯罪现象是多种多样、表现各异的。与之相适应,法律对其规定的犯罪构成也各不相同。根据各种犯罪构成的不同性质、特点,从不同角度、依据不同标准,大致可以把犯罪构成作以下几种不同分类。

一、基本的犯罪构成与修正的犯罪构成

基本的犯罪构成,是指刑法条文就某一犯罪的基本形态所规定的犯罪构成。

修正的犯罪构成,是指以基本的犯罪构成为前提,适应犯罪行为的不同形态,对基本的犯罪构成加以修改变更的犯罪构成。

由于刑法分则条文都是以单个人犯既遂罪为模式,而规定某一具体犯罪的犯罪构成的,因此,单独犯的既遂状态的犯罪构成即属于基本的犯罪构成。

以此为前提,预备犯、未遂犯、中止犯等未完成形态的犯罪构成以及共同犯罪的犯罪构成属于修正的犯罪构成。由于犯罪的未完成形态以及共同犯罪的内容都在刑法总则部分规定,因此修正的犯罪构成要以刑法分则规定的基本的犯罪构成为基础,结合刑法总则的有关规定加以认定。

二、普通的犯罪构成与派生的犯罪构成

普通的犯罪构成,又称独立的犯罪构成,是指刑法条文对具有通常社会危害性程度的行为所规定的犯罪构成。

派生的犯罪构成,是指以普通的犯罪构成为基础,因为具有较轻或较重社会危害性程度而从普通的犯罪构成中衍生出来的犯罪构成,它包括加重的犯罪构成和减轻的犯罪构成两种情况。加重构成又可分为以下形态:结果加重、情节加重、数额加重、身份加重、对象加重、时间加重等。减轻构成一般是情节减轻。

普通的犯罪构成与派生的犯罪构成是相对而言的，有的具体犯罪，既有普通的犯罪构成，又有加重的犯罪构成或减轻的犯罪构成；有的具体犯罪，则只有普通的犯罪构成而没有派生的犯罪构成。

三、封闭的犯罪构成与开放的犯罪构成

封闭的犯罪构成，是指某一犯罪的构成特征在刑法条文中都作了确切规定的犯罪构成。在认定这种封闭的犯罪构成的时候，司法官员只需依照刑法条文之规定，而无须另外加以补充。

开放的犯罪构成，是指某一犯罪构成特征在刑法条文中只作了抽象的或者概括性规定的犯罪构成。在认定这种开放的犯罪构成的时候，司法人员须对抽象的或者概括的规定加以补充。例如，过失犯、不真正不作为犯的构成要件，就是开放的构成要件。又如，刑法分则中关于"情节严重"等抽象性规定和关于"其他方法"等概括性规定，由此形成的犯罪构成就属于开放的犯罪构成。此外，有的刑法条文指明某种行为的"不法"性，不法的认定须参照相关法律，这也属于开放的犯罪构成。总之，开放的犯罪构成不具有犯罪构成的完结性，其构成要件处于一种待补充状态，因而给司法裁量留下了充分的余地。由于开放的犯罪构成具有对于司法人员的授权性，为防止司法权的滥用，对这种开放构成要件的设置应当采取慎重的态度。

四、简单的犯罪构成与复杂的犯罪构成

简单的犯罪构成，即单纯的犯罪构成，是指刑法条文规定的犯罪构成要件均属于单一的犯罪构成。具体来说，是指出于一种罪过实施一个行为的犯罪构成。

复杂的犯罪构成，是指刑法条文规定的犯罪构成诸要件具有选择或者复合的性质。它包括：① 选择的犯罪构成，即法律规定有供选择的要件的犯罪构成，包括手段可供选择，对象可供选择，主体可供选择，目的可供选择，时间可供选择，地点可供选择等。② 复合的犯罪构成，如行为复合(例如强奸罪中的胁迫与强行奸淫；抢劫罪中的暴力与强行取得财物)等。

本章小结

犯罪从形式上看，是违反刑法规范的行为；从实质上，是具有法益侵害性的行为。要将某一行为最终评价为犯罪，就必须借助于一定标准，这就是犯罪论体系需要解决的问题。当今世界，犯罪论体系主要有三种模式：大陆法系的递进式犯罪论体系、英美法系的双层次犯罪论体系和苏联的闭合式犯罪构成理论。仔细比较这三种理论，就会发现大陆法系和英美法系具有殊途同归的特点。而苏联的犯罪构成论由于将犯罪评价一次完成，没有考虑原则与例外的关系，并且将犯罪主体、犯罪客体等要件不当地置于犯罪构成理论中，从而使理论体系出现不合理之处。所以，合理借鉴大陆法系的犯罪论体系来解决定罪问题，原则上是妥当的。

参考阅读书目

1. 陈兴良：《刑法哲学》(修订 2 版)，中国政法大学出版社 2000 年版。
2. 陈兴良：《本体刑法学》，商务印书馆 2001 年版。
3. 张明楷：《刑法的基本立场》，中国法制出版社 2002 年版。
4. 张明楷：《犯罪论原理》，武汉大学出版社 1991 年版。
5. 肖中华：《犯罪构成及其关系论》，中国人民大学出版社 2000 年版。

6. 何秉松:《犯罪构成系统论》,中国法制出版社 1995 年版。

【思考题】

1. 如何理解大陆法系犯罪成立理论中的违法性概念?
2. 构成要件中是否包括主观的、规范的要素?
3. 什么是修正的构成要件?

第三章 该当性

本章要点

本章主要研究构成要件该当性的问题，这是犯罪成立体系中的第一个条件，包括行为、结果以及与上述两者相关的行为主体、行为客体、因果关系、行为的相关要素等。构成要件符合性的满足，基本奠定了刑事归责的客观基础。

第一节 该当性概述

一、构成要件该当性的概念

构成要件该当性，是指行为与构成要件之间的符合性和一致性，本书简称该当性。应当指出，这里使用的构成要件一词，是指狭义的构成要件，与我国刑法学通说目前所使用的犯罪构成要件有所不同。我国刑法理论中的犯罪构成要件是指犯罪成立条件，而本书所使用的构成要件，仅仅是犯罪成立条件之一。

立法者从大量存在的反社会、反规范行为中，抽象出违法并且有责的行为作为刑法中的犯罪类型加以规定，并规定相应的处罚。这种刑法中的犯罪类型就是构成要件。任何行为成立犯罪其前提是必须符合某一构成要件类型，这也是罪刑法定的当然要求，也是整个刑法规范评价的基础，所以说构成要件的观念基础实际上就是罪刑法定原则。而正是基于构成要件观念，司法人员才能将犯罪行为区别于其他社会现象，并进而能够进行具体的责任判断。因此，构成要件该当性是违法性、有责性判断的基础，称为犯罪成立的第一要素。

一般认为，构成要件就是指刑罚法规规定的犯罪类型，即立法者就各种犯罪行为的构成事实经过类型化、抽象化、条文化，而规定于刑法分则性规范中。构成要件的任务就在于具体描述刑法所禁止的典型不法内容，以确定其是否归责可罚。所谓构成要件符合性或者构成要件该当性，就是指行为人的行为必须与法定的构成要件的不法描述完全一致。具有构成要件该当性的行为在刑法领域进行犯罪判断时即可称之为构成要件该当行为。构成要件该当性是成立犯罪的条件之一，但也是第一要件。

构成要件在其基本意义上，实际上也是犯罪类型。刑法对于犯罪类型的区分和判断正是基于特定构成要件的不同内容，或者反过来，正是由于分则对于构成要件的不同类型化规定，我们才能据此进行犯罪类型的具体判断，最终在司法中才能进行具体罪名的认定。构成要件的具体内容是在分则中加以规定的，当然是以分则的规范条文为基础和认定前提。因此，在整体上构成要件与分则条文是相互吻合、统一的，行为是否具有构成要件该当性也必须绝对地以分则条文为参照和标准。当然不可避免地存在着解释的余地，但是即使是解释也不得不以分则规范为基础，因此所谓构成要件内容当然在字面上可能会扩张或限缩，因而在表达上未必与分则规范完全一致，但是无论如何两者在其根本上是一致的。另外，需要注意的是，构成要件该当性中的具体构成要件内容是犯罪现象的抽象化规定,是共同要素的一般性表述。而构成事实则是符合这种类型的具体、现实的事实。因而构成要件并非具体的构成事实,恰恰是立法和司法者将具体的构成事实摆脱了在法上无意义的具体细节之后,而归纳出来的观念性的概念。贝林格一开始就注意到了构成要件和构成事实的区别,在意指构成要件时他使用了概念的构成要件,而在意指构成事实时则使用了具体的构成要件,同样德国学者麦耶尔也区别抽象的构成要件、法律的构成要件和具体的构成要件、事实的构成要件,前者是构成要件该当性中的构成要件,而后者就是指构成事实。

二、构成要件理论的发展

(一) 客观的构成要件要素

古典犯罪论体系中的构成要件是客观的,不包含任何价值因素在内。构成要件理论的创始者贝林格就认为构成要件同法的价值判断脱离,是纯粹形式的、记述的、价值中立的行为类型。这种意义的构成要件使犯罪类型的外部轮廓明确化,因而古典犯罪论体系中的构成要件不包含主观的、规范的要素,主观的要素在古典犯罪论中属于责任的范畴;同样,构成要件所不能包含的违法的规范评价属于违法性阶段的范畴。简单地说,构成要件是纯粹的、客观的、被评价的对象。

(二) 主观的构成要件要素

但是,古典犯罪论的观点不久就由于新古典犯罪论关于主观构成要件的发现而受到质疑。新古典犯罪论认为,由于法秩序除了禁止规范以外,还包括容许命题(即正当化事由),因此构成要件的实现仅仅在违反规范的意义上还不是违法的,只有在没有介入容许命题的场合才能被确定为违法。而在正当化事由的论证过程中,构成要件该当性或者符合性的成立在有些情况下是离不开主观和内心要素的,例如正当防卫中的防卫意识、紧急避险中的避险意识等。更为普遍的是,构成要件应当包括行为特征的所有相关要素,因而主观要素根本无法排除在外,例如盗窃罪中不法占有的意图等。威尔兹尔即提出作为刑法中的行为是人的有预定目的的,并根据预定目的选择手段加以实现的举动,而并非纯粹的因果历程,因而故意和过失也属于构成要件的主观要素。还有一些学者也认为,构成要件既是刑法上类型化的行为,其违法性并不仅因其侵害法益,而且与违背法律秩序的意思密切相关,这种违背法律的意识包括犯罪目的、故意、倾向等因素。

(三) 规范的构成要件要素

迈兹格进一步认为,规范性要素和主观性要素都是构成要件要素,所谓主观性要素就是指通常被构成要件类型化了的称为主观违法性要素的东西,例如目的犯中的目的、倾向犯中行为人的主观倾向、表现犯中引导表现的行为人的内心状态等主观性要素。

同时,麦耶尔所提出的规范构成要件要素对于古典犯罪论中立无色的构成要件要素形成了决定性的挑战。构成要件一般是描述性并可以为人的感官所把握的,而无须人的价值判断,但是麦耶尔认为在构成要件中存在着规范性要素,例如盗窃罪中他人之物的他人性,伪证罪中证言的虚假性,同行为已经没有什么关系,而是同行为的性质即违法评价有关了,是否属于他人所有并非人的感官所能确认的,而是必须由人的判断才能予以认定。因此,麦耶尔将构成要件要素分为两种:一是通常的构成要件要素,即纯客观的要素;二是含有评价因素的不纯正构成要件要素。麦耶尔认为规范构成要件是真正的违法性因素,但同时由于它是故意的对象,因而也是构成要件要素。

在构成要件理论的发展过程中,虽然不同的学者有不同的主张,但是应当指出的是,现在将规范性构成要素和主观性构成要素理解为构成要件要素,是没有什么太多异议的。

三、构成要件的机能

构成要件的机能，即构成要件的作用和意义。构成要件的机能包括两方面：一方面是指其具有的社会性机能，即以罪刑法定主义为基础的维持社会秩序的技能和保障自由的机能；另一方面是指其具有的刑法理论性机能，即构成要件是整体犯罪论结构的中心脊柱机能，在刑法解释论中具有极为重要的、不可替代的意义。具体如下：

第一，构成要件具有自由保障机能，表现为两方面的意义：一方面，由于构成要件将犯罪行为进行了定型化，犯罪类型得到了明确确定，何种行为具备构成要件符合性因而构成犯罪并应受处罚，何种行为不具备构成要件符合性因而不应构成犯罪，具备了法定的明确界限。在罪刑法定范畴内，不具备构成要件符合性的任何行为都不应成为发动刑罚的理由，因此构成要件符合性成为公民自由的保障。另一方面，在具备构成要件符合性的前提下发动刑罚，也只在构成要件的范围内适用刑罚，因此构成要件保障犯罪人避免受到不恰当的处罚。显然，刑法的自由保障机能正是通过构成要件符合性的限制得到了切实的发挥。因此这一机能又被称为罪刑法定主义机能。

第二，构成要件具有秩序维持的机能。立法者通过刑法规定各种犯罪类型，同时表达了对上述行为的否定和谴责，给公民提供了行为的规范标准，警示公民不得实施相关行为，从而能够规范公民的日常行为保持在一个社会所能容忍的最大限度或者最低标准之内，起到抑制犯罪的作用，维持作为社会所能继续存在和发展的基本秩序要求。

第三，构成要件具有犯罪个别化机能。根据构成事实的明显或者细微不同，刑法将犯罪区分为不同类型，从而能够使司法中对于区别不同的行为而做出相应定性成为可能，此即犯罪个别化机能。总之，不同犯罪之间的区别只能在构成要件中寻找，超越构成要件符合性谈论犯罪的区别是不可能的事情。正是依据构成要件的规定，人们才得以区分此罪和彼罪、重罪和轻罪等。

第四，构成要件具有违法性的推断机能。虽然行为符合构成要件并不意味着该行为一定就是违法的，但是一般而言，如果没有违法阻却事由的存在，构成要件符合性的行为能够在整体上被推断属于违法，因而可能承担刑事责任而不得不接受刑罚处罚。否则，构成要件的秩序维持机能就无法得到正常发挥。另一方面，这一机能还表现为，由于构成要件符合性是犯罪成立的前提条件，是违法性判断的基础，因此如果行为并不符合构成要件，那么在刑法上就没有必要接着再去讨论违法性甚至有责性的问题。这一点说明构成要件具有联结其他犯罪成立要件的功能，即所谓的构成要件的征表功能。

第五，构成要件具有故意规制机能。刑法整体上是以处罚故意犯罪为主，因此对于大多数的行为没有故意就不构成犯罪。从主客观相统一的角度，对于故意犯罪而言，要求行为人对于该当于构成要件的客观事实具有认识及其容忍的意思，因此构成要件决定着故意成立所必要的事实范围，从而具有明确、限制故意内容的机能。也正是因此在认识错误场合，解决问题的关键也就在于决定这一认识错误是否超越了构成要件。

在刑法的很多问题上，例如罪数的问题、共同犯罪等问题，均需要构成要件理论的支持，同时，在刑事诉讼中，构成要件也是进行实际审判的重要指导观念。这些同样也属于构成要件的重要意义所在。

四、构成要件的种类

对于(狭义的)构成要件可以从不同角度分类，在解释论上对于立法、司法具有特别重要意义的主要有以下几种。

（一）基本的构成要件和修正的构成要件

基本的构成要件是指以行为人单独实施犯罪既遂的形式所规定的构成要件，这种构成要件的内容不需要作其他补充，因而是形式齐备的构成要件，这种构成要件是由刑法分则加以规定的，因此也称为分则的构成要件。修正的构成要件是指以基本构成要件的存在为前提，适应犯罪的不同形态，对基本的构成要件加以修改变更而成的构成要件。后者通常包括：基于行为的发展阶段而修正的关于犯罪预备、犯罪中止、犯罪未遂的未完成犯罪形态的构成要件；基于复数的行为参与者而对基本构成要件进行修正的关于共犯形态的构成要件。修正的构成要件通常必须结合刑法总则的具体规定，因此也称为总则的构成要件。当然，构成要件内容的最终确定仍不得不应用刑法分则的规定。所谓的修正构成要件在形式上似乎是独立的构成要件，但必须以某种特定的单独犯既遂形式的构成要件为基础。

（二）普通的构成要件和派生的构成要件

普通的构成要件又称为独立的构成要件，是指刑法规范对具有通常社会危害性程度的行为所规定的构成要件；派生的构成要件是指以普通的构成要件为基础，由于具有较轻或者较重的社会危害性而衍生出来的构成要件。后者一般可以分为加重的构成要件和减轻的构成要件。前者是因为行为人的动机、行为的时间或者地点、行为方式、行为结果、被害人或者行为人的身份等种种特别要素，而加重其法定刑，包括结果加重、情节加重、数额加重、身份加重等情形。例如《刑法》第234条第2款的故意伤害致人死亡就属于故意伤害罪的结果加重构成要件；第236条第2款的奸淫幼女就属于强奸罪的被害对象加重构成要件；第245条第2款规定的司法工作人员滥用职权实施非法搜查行为就属于非法搜查罪的主体加重。后者是指因为行为时的诸多情节而减轻规定其法定刑的构成要件。例如《刑法》第232条规定的情节较轻的故意杀人行为就属于减轻构成要件。派生的构成要件实际就是刑法规范基于不同情节所反映出来的不同法益危害性，而对法定刑作出一定的调整。

（三）简单的构成要件和复杂的构成要件

简单的构成要件也称为单纯的构成要件，是指刑法规范的基本构成要件要素均属于单一的构成要件，即出于一个主观实施一个行为并侵害一个法益的构成要件；复杂的构成要件是指刑法规定的基本构成诸要件具有选择或者复合的性质。后者包括：① 选择的构成要件，即法律规定有供选择的要件的构成要件，包括行为的选择、对象的选择、目的的选择、地点的选择、主体的选择等。例如《刑法》第240条规定的拐卖妇女、儿童罪中其对象既可以是妇女，也可以是儿童；《刑法》第140条规定的生产、销售伪劣产品罪的行为既可以是生产伪劣产品，也可以是销售伪劣产品等等；走私淫秽物品罪的目的可以是牟利也可以是传播。这一类的构成要件大多数在罪名中就可以体现出其选择性，构成选择性罪名；但是也有的仅仅是在构成要件中加以规定，而并不在罪名中得到体现，例如危险物品肇事罪的对象既可以是爆炸性物品，也可以是毒害性物品等。② 复合的构成要件，包括行为复合、罪过复合、法益复合等。如《刑法》第236条规定的强奸罪其构成要件行为包括手段行为和取财行为，这一类的犯罪也称为复行为犯；又如《刑法》第163条规定的抢劫罪所侵害的法益包括公民人身权利和财产法益，因此也称为复杂法益犯罪；同时如第397条规定的玩忽职守罪既可以由故意构成，也可以由过失构成，因而也称为复合罪过犯罪。由于侵害法益、客观行为、主观罪过的复合性，因而在犯罪的既未遂、共同犯罪等问题上，都产生了一些相对于简单构成要件的犯罪而言更为复杂的情形。③ 结合的构成要件。当然，在一些加重的构成要件场合，更经常地发生一些复杂的构成要件规定，产生某一犯罪的构成要件包含了其他独立成为犯罪的构成要件内容，因而导致问题较之前一种类的复杂的构成要件更为微妙。例如关于绑架罪中杀害被绑架人的规定，实际上是绑架罪的加重构成要件包含了故意杀人罪的构成要件内容，又例如按照有关的司法解释，抢劫致人死亡包括了在抢劫过程中故意杀人的情形，也实际上将故意杀人的构成要件内容包含于抢劫罪的构成要件之中。这样的情形导致了一些罪数、共同犯罪等问题，因而更为微妙。

（四）封闭的构成要件和开放的构成要件

这一分类首先是由威尔兹尔所提出。所谓封闭的构成要件也称为完结的构成要件、关闭构成要件，是指刑罚法规在构成要件的规定上，已经对犯罪的所有要素进行了详尽描述因而不再需要法官的补充。开放的构成要件也称为敞开的构成要件、需要补充的构成要件，是指刑罚法规对犯罪要素的记述并不完整，有关部分的要素需要法官在适用时进行补充。例如过失犯中的注意义务或者不真正不作为犯中的作为义务，均需要法官根据现实社会生活的常识和一般规范进行具体判断而加以确定。应当指出，在刑法中无论什么样的概念都存在着被解释的余地和可能，因此所谓的封闭性和开放性都是在相对的意义讨论的，即使在众所周知认为已经叙述完整的构成要件中，也会存在被精确解释细化的必要。在刑法中，存在着大量的需要补充的构成要件规定，例如情节严重、情节特别严重等抽象性规定，法官根据现实条件和有关法规进行解释补充的活动是不可避免的。

有的学者认为，开放的构成要件要素需要由法官进行补充，会破坏罪刑法定原则中的刑罚法规的明确性原则，从而使司法权侵夺立法权威。但是多数学者仍然认为，刑法规定固然需要明确，有关构成要件的规定自然也应当力求全面、明确，但是期望所有构成要件具有完美的自足性，成为封闭的构成要件无需或者尽可能少地补充、解释，这种要求显然超出了刑法的能力，这种极端要求不仅需要理想中的能够对社会进行完全描述和规范的毫无遗漏的巨量条文，而且实际上也不可能。一旦法律出现漏洞或者无法与现实社会吻合，就必须不断地进行刑法的修订，这样不但导致法律的烦琐不堪，而且也破坏了刑法应有的相对稳定。所以，设置一定的抽象规定而由法官根据现实生活进行补充、校正，反而可能获得具体的妥当性。但是也应当看到，开放的构成要件使其内容处于一种待补充状态，因而给司法的自由裁量留下了充分余地，可能发生司法权的滥用。因此必须注意两者之间的动态平衡。

（五）积极的构成要件和消极的构成要件

通常而言，刑法总是积极地表明成立犯罪所需要符合的要件，因此构成要件原则上应当是积极的构成要件。但是例外地也存在着消极的构成要件，起着否定犯罪成立的作用，称为消极的构成要件。例如《刑法》第 243 条第 3 款规定，不是有意诬告，而是错告，或者检举失实的，不适用前两款的规定。又如《刑法》第 306 条第 2 款规定，辩护人、诉讼代理人提供、出示、引用的证人证言或者其他证据失实，不是有意伪造的，不属于伪造证据。需要指出的是，《刑法》第 13 条但书规定“但是情节显著轻微危害不大的，不认为是犯罪”，实际上也属于总则中规定的消极构成要件。即上述但书规定限制法官形式主义地以刑法分则的构成要件内容硬性地认定具体行为是否具备构成要件符合性，因而能够在实质的层面上理解和适用构成要件内容，达到排除轻微行为于犯罪之外的目的和作用。对此深入地探讨，就必然涉及构成要件与犯罪概念的关系，也涉及罪状规定中定性规定与定量规定的争论，同样也涉及这一但书规定同构成要件符合性、违法性的关联。

消极的构成要件和积极的构成要件都是对构成要件的规定，只不过是从不同的角度讨论行为的构成要件符合性问题，其最终的作用在实质上并无不同。

五、主观的构成要件要素问题

构成要件要素是指组成构成要件具体内容的要素。各种具体犯罪的构成要件要素是刑法各论所要研究的问题。在总论中，我们需要明确的是，作为构成要件一般要素的具体要素包括：实行行为、行为主体、行为对象、危害后果、因果关系、行为的状况与条件、构成要件的故意和过失。行为人的行为的上述方面与法律规范对某个具体犯罪所描述的全部特征完全吻合时,即具备构成要件该当性。

总体而言,构成要件要素可以分为主观构成要件要素与客观构成要件要素两种。

主观的构成要件要素,是指反映行为人主观内容的构成要件要素。主要是指作为构成要件要素的故意、过失和不法意图等。在构成要件理论发展中,起初一直认为所谓构成要件要素只是指客观的构成要件要素,但是后来发现在区分行为类型时,仅仅依靠客观的要素而忽视作为主观要素的行为人内心事实,很难进行正确的甄别。无论是在立法还是在司法中,都有必要在最初阶段就结合主观要素将犯罪类型进行划分、认定,从而对某些不符合构成要件规定的行为排除在司法程序之外,没有必要继续讨论其违法性或者有责性。例如对于目的犯而言,盗窃罪必须具有非法占有目的,因此不具备非法占有目的仅仅出于临时借用的意图,就不应认定构成盗窃罪;同样,不以营利为目的的侵犯著作权行为,不构成侵犯著作权罪,因而自始就不应纳入违法性考察的视野。显然,主观的要素在构成要件该当性阶段就已经存在着同客观构成要件要素同样的类型化和甄别意义,因而不仅仅是有责性所要研究的问题。

主观的构成要件要素又可以分为一般的主观要素和特别的主观要素。一般的主观要素是指作为构成要件的故意和过失,特别的主观要素在大陆法系中包括目的犯中目的、倾向犯中的主观倾向、表现犯中引导表现的行为人的内心状态。

构成要件的故意,是指对该当构成要件的事实有认识,并且有实现犯罪的意思。所以,故意是认识要素和意思要素的统一。主观的认识和客观的事实不一致时,即存在构成要件的错误(事实认识错误)。构成要件的过失,是指违反行为客观的注意义务的情形。构成要件的故意和过失,重视行为的“事实构造”这一侧面的含义。这与重视“意思形成”侧面的责任判断的故意、过失不同。作为责任要素的故意,主要与个人的违法性认识可能性有关,也涉及违法性认识错误(法律错误)问题;作为责任要素的过失,则主要讨论行为人对主观的注意义务的违反(注意能力)问题。由于故意、过失更多地与个人责任有关,所以,本书将构成要件故意、构成要件过失和责任的故意、责任的过失一并放在有责性中讨论。

客观的构成要件要素,是指描述行为外在形象的构成要素,包括行为人、实行行为、危害后果、行为对象、因果关系、行为的状况与条件等。本章重点讨论客观的构成要件要素中的实行行为、危害后果、行为对象、因果关系等问题。

第二节 行为理论

一、行为的意义

犯罪首先是行为,无行为则无犯罪,这是刑法中一个基本的原则,说明行为的观念处于犯罪概念的核心。犯罪论中所有的观点和理论都围绕着行为而展开,都是对行为的评价,从而在理论上更为准确、清晰地把握作为犯罪这种行为的共性、个性及其具体特征,而使刑法理论构成一个完整的体系。从实质意义上,犯罪是侵害、威胁法益的行为,而从犯罪成立的形式意义上讲,犯罪是具备构成要件符合性、违法性、有责性的行为。所以无论从什么角度,即使从行为人刑法角度,也不得不强调行为是行为人人格征表的反映。构成要件符合性的考察对象和考察出发点也只能是行为。总之,行为概念是刑法中最为基本也是最为重要的概念。

犯罪首先是一种行为这样的命题,直接决定了:一方面,要求刑罚权发动前必须能够确证行

为的存在，如果没有行为，就没有犯罪，就不能给予刑罚处罚。现代刑法认为，思想本身不能成为刑法的对象，不能成为刑罚权的干涉目标。一种思想，无论在伦理道德上必须受到多大的非难、谴责甚至惩罚，但是在刑法上只有当这一思想表现为符合构成要素的行为时，才有可能接受刑罚处罚。另一方面，这一命题要求作为刑罚处罚对象的主要是行为。虽然在刑法中同样存在着将行为人的属性作为处罚或者加重处罚的对象，但是行为人成为处罚的对象也建立在其行为已经构成犯罪的前提上。因此仍然不得不承认行为在刑事责任认定中的决定性的基础作用。

从理论上，一般认为，行为概念具有以下三种基本机能：① 行为作为基本要素的机能，即行为应当而且也可以毫无例外地包含刑法上重要的、所有的人格性外在表现，或者说刑法所规定的、评价的都是行为这一共同的对象。行为概念应该能够包含刑法中的作为，也应该包含不作为甚至持有状态；既可以包含故意行为，也可以包含过失行为等等。即行为是对刑法的所有现象而言的最高统一体。② 行为作为结合要素的机能，即在犯罪成立要件中，具有将违法、有责、可罚的判断结合起来并证明某一人格性外在表现是否成立犯罪的机能，这是一种体系意义上的机能。通过这一机能，我们会发现在犯罪成立判断过程中的每一个阶段，行为都始终贯穿其中，并且因为其不同的附加条件而得到越来越清晰的反映。③ 作为界限要素的机能，即刑法中的行为概念能够将在刑法意义上不具有重要性质的举动，例如梦游的动作、反射性举动、动物的损害等等，区别于刑法中的行为，自始就排除在刑法的考察范围之外，而将刑法的考察仅仅限制在具有意义的范围之内。

二、行为理论

（一）前古典犯罪中的行为概念

近代刑法中的行为概念是19世纪法律科学逐步发展的产物。在费尔巴哈的刑法理论中，行为仍然没有成为刑法独立研究的对象，而黑格尔由于在《法哲学原理》一书中下属有关叙述被称为“刑法中行为概念之父”，他指出意志的权利在于在人的举动中，只有那些可以认定为他的行为，即根据它的目的在明知其前提并故意为之者，才能要求他对此承担责任，行为只能归责于意志的过错。但是黑格尔仍然局限讨论故意的行为，并且仍然是在归责的意义上使用行为概念。黑格尔学派的刑法学家们将过失纳入了刑法中行为的范畴，此后黑格尔的学生贝尔纳尔开始主张应当将行为与可罚性区分开来，因此他被称为近代刑法中行为论的奠基人。

（二）因果行为论

因果行为论是由李斯特、贝林格所创立，这一自然主义的结论是古典犯罪理论的产物。从19世纪以来，德国刑法学家受逐渐发展起来的自然科学和机械论的影响，把行为理解为一种因果事实，作为生理的、物理的过程来把握，认为行为是可以由意志控制的、导致外部世界某种变化的人的举动。这是19世纪占据刑法学主流的思想。

因果行为论通常分为身体动作说和有意行为说。前者把行为理解为纯肉体的外部动作，包括身体的动和静，但是这一动静是否由意识所支配，具有什么样的社会意义，则不是行为所要解决的问题。行为只能包括完全客观的、事实的要素，因而不能纳入主观的因素。但是如此一来，单纯的反射动作、梦游的行为等都可能被作为刑法中的行为加以评价、考察。后者强调行为的有意性，即行为人是在意识支配下表现外在的因果现象，是意识的客观化或者说是意识表动下的身体动静。总之，有意行为说认为行为包括两方面：有意性和有体性。但是有意性中所谓的意识是价值中立或中性无色的，意识的内容不是行为概念所要解决的问题而是责任的问题，因为如果将意识内容纳入行为概念当中，过失行为就可能因为不具备所谓的犯罪的有意性，而不构成行为。但是如此却使行为概念中的意识成了毫无内容的空洞概念。通常的因果行为论主要是指有

意行为说。

身体动作说将单纯的神经和肌肉反应都认定属于行为,从而缺乏刑法评价的实质意义,得出了荒唐的结论。而有意行为论虽然区分了思想和行为,但强调行为以一定的意志活动为前提,注重行为所引起的外在变动即结果,基于结果无价值立场,因而将结果视为行为的构成部分,混淆了行为与结果的正确区分。同时,因果行为说虽然认为身体动和静都是行为,但是由于因果行为论者往往都是从自然生活的、物理的角度理解行为,因而很多学者虽然将身体的静止作为不作为,但是却无法肯定其行为性,因而将不作为与行为并列而不是包括在行为之中,从而使行为概念失去了作为基本要素的机能。

(三) 社会行为论

社会行为论是由德国刑法学家斯密特提出的,认为行为指对社会现实发生作用的社会现象感兴趣,行为是人对社会外界发生影响的意志举止。德国刑法学家曼霍费尔也指出,刑法是一种社会控制手段,因而具有社会意义的人的身体动静才是刑法中的行为。社会行为论从社会规范角度理解行为的重要性,强调行为的规范违反性和法益侵害性,强调行为的社会重要性,因而从价值论的角度自然地将作为和不作为、故意和过失均纳入了行为范围之内。因为无论是作为或者不作为,都可以从价值而不是从自然的角度探讨其行为性。也正是由于这一特点,社会行为论能够在行为认定阶段就很好地将许多不需要刑法评价的举动排除在行为概念之外,而只集中关注于重要的具有社会评价必要的举动和现象中。如果某一举动对社会并无意义,也并非社会规范所能够调整的举动,就没有必要认为属于刑法中的行为。在这一角度而言,社会行为论是一种规范行为论。

但是社会行为论的社会评价在犯罪成立体系中如何定位,却成为问题。社会评价与法律评价往往具有相关性甚至同一性,虽然原则上社会评价先于法律评价,但是有时法律的评价又决定着社会评价。构成要件符合性存在和违法性的一般推定机能,但是在犯罪成立体系中过早地判断某一举动的法益侵害性,是否产生违法性判断提前过早甚至使违法性判断丧失独立地位的可能?另外,行为的社会性成为行为属性,那么行为与构成要件符合性如何区分,也成为问题。

(四) 目的行为论

目的行为论主张由德国刑法学家威尔哲尔提出,威尔哲尔认为行为是人对目的的实现。其出发点即目的行为概念,是在批判因果行为论的过程中产生的。目的行为论认为因果行为论将行为理解为单纯的外部因果事实,将意识的内容从意识中抽出去,因而无法正确把握行为的存在与构造。人的行为是实现一定目的的一种活动,是一种目的事物现象,并非单纯的因果现象。目的行为论的理论根据在于,它认为人类基于因果认识在一定范围内可以预见其活动的可能后果并可以设立目的的方向,进而决定实施某一举动,并且使自己的活动有计划地为实现这一目的而努力。人类并非因果地生活着,而是可以利用、影响、改变因果的发展而实现自己的目的,正是在这一意义上,目的行为论摆脱了自然主义的行为理解,在理论上也使人类摆脱了机械的反应,而把重点放在了人和社会的控制层次上来。

目的行为论反映了人在多种可能性之下自由能动的自我控制性和选择性,说明人可以在多种可能性基础上选择一种自己所欲达到的目的,进而选择自己的行为及其方向,从而实现既定目的。因而也为行为人的归责奠定了客观基础。目的行为论强调了意识尤其是目的性在行为中的重要意义,指出人的行为不仅是因果进程,同时更是目的的指引、推动、实现过程。正是因为人的目的性行为中的选择可能,因而可以用刑法的强制手段禁止或者命令人的目的活动。目的行为论正是在这一层次上强调了行为中的主体性,同时,目的行为论也促使刑法学者将对违法的理解不再局限于适合构成要件的结果的出现,即结果无价值,而首先强调行为人的行为无价值,即其

主观上违背规范要求的主观恶性，因而在这一层次上又强调了违法的人格因素。

但是目的行为论过分强调了行为的目的性，能够很好地说明故意行为的构造，但是无法圆满地解释过失行为的目的性构造。过失行为主要表现为在实现目的过程中的不注意，而不注意恰恰缺乏其目的性，发生的结果也并不在其现实目的行为的因果联系中。虽然威尔哲尔提出故意行为具有现实的目的性，而过失行为具有潜在的目的性，但是行为人的目的性是指向现实目标的，因而所谓的潜在的目的性是无法理解的。后来威尔哲尔又提出故意的目的性是指向构成要件结果的，而过失行为的目的性是指向构成要件以外的结果或者说是在刑法中并不重要和不予考虑的结果的，但是在刑法中具有意义的结果必须是同构成要件有关的结果，将构成要件外的作为刑法中并不重要的结果作为过失的举动构成行为的决定性依据，同样也是难以理解的。例如因为急于回家而闯红灯因而肇事致人死亡，尽管致人死亡并非行为人的目的，同样不作为的目的性也备受质疑。这是因为，对于不作为，无论行为人多么希望结果发生，但是他既没有控制因果关系的发展也没有目的实现的努力，因而坚持目的行为论的很多刑法学家都认为不作为是某种行为的不作为，因而其自身并非行为，也不存在因果的、现实的行为性，因而仍然将不作为与行为并列而不是被包括在行为当中。

（五）人格行为论

人格行为论是由日本刑法学家团藤重光和德国刑法学家考夫曼所提倡，这一观点认为行为是人格的外在表现，是人格的客观化或者说是主体的实现，也正是因此行为成为可以归属于个人作为其思想活动中心的一切外部表现。行为人在人格与环境的相互作用中，依据行为人的主体的人格态度而形成，并将主体的人格现实化；同时人的行为也只有在同其主体的人格态度相结合并且的确能够被认为是其主体人格的现实化时，才能被认为是属于行为人的行为。作为表现了行为人的人格态度，当然是行为；而不作为同样表现了行为人的人格态度，因此也是行为；过失行为表现出主体轻视规范的人格态度，忘却犯也是与主体的人格态度相联系的不作为，因此都属于行为。但是单纯的反射动作、梦游等举动，无法说明行为人的人格态度，因而不属于行为。考夫曼也认为，从存在论的角度和人的角度来讨论行为，要把行为理解为作为人的东西的客观化，同时指出，作为和不作为都是行为，区别仅仅在于，作为是利用了自己身体的因果性生成，而不作为是利用了存在与其自身以外的其他因果性生成，但是在亲自利用因果性过程这一点上，并没有什么不同，因此因果性经过的支配可能性是人的行为的本质要素。人格行为论不仅关注人的行为，而且关注行为人的内在人格，是外在的行为真正具备了主体的归属，成为人的行为，实际上就是在行为中灌输了行为人的因素，使行为概念已经不纯粹是一个客观概念。但是实事求是地说，人格概念并不是一个极其准确的概念，其外延也并非界限清楚，因此用于解释主观恶性较深的犯罪人的行为，例如惯犯、累犯等行为，似乎更为得心应手。

如上所述，可以发现，对于故意行为和作为行为，由于即使在人们的日常生活的自然理解上都不会发生理解的困难，因而在行为理论上，饶有兴趣的争论重点之一就只能发生在不作为和过失行为中，尤其是过失的不作为，即忘却犯，例如铁路的扳道员因为疏忽大意而忘了在一定时间内降下拦路的挡杆，结果造成火车与汽车相撞的事故。宾丁曾经评价这样的情形时，说忘却犯是犯罪世界中最不足道的小东西获得了最大的荣誉，并认为忘却犯是非行为的犯罪。所有的行为理论都必须首先解决行为概念所能包括的内容。

三、行为概念

行为概念在刑法中的地位无法动摇，无行为则无犯罪，这是现代刑法欲维持其民主、文明性，限制刑罚权恣意行使所必须坚持的原则。行为的基础性作用、构成要件符合性的要求实际上都是罪刑法定原则在不同层次上的必然反映。因而必须对行为有一个较为明确合理的理解。

（一）行为的主体性

行为是人的行为，只有人的行为，最终才能被作为归责的依据。行为的主体性包含以下两方面内容。

一方面，行为的自愿性，即行为的发生是行为人意志自由的结果，是行为人在具有选择性可能下所自由决定的结果，因此不具备主观意思的行为自始就应该排除在行为范畴之外。所谓不具备主观意思的行为包括：① 反射动作，指无意识参与作用的动作。② 机械动作，指受他人物理的强制，在完全无法抗拒的情况下的动作。③ 本能动作，指因疾病发作、触电或神经注射而产生的抽搐、痉挛、梦游等。但是以下行为由于仍然是在行为人意思支配下实施的，因此仍然属于刑法中的行为，例如：自动化行为，即在一定的思维定式支配下反复实施而成为习惯的行为；冲动行为，即在激情状态下实施的，超出行为人理智控制的行为；精神胁迫行为，即在他人心理强制但未被他人实行肉体控制情况下实施的行为；忘却行为，即被期待有所行为时，由于丧失行为意识而造成某种危害后果的情况，即前述的忘却犯；原因自由行为，即在本人的心神丧失状态下实施犯罪的情形。正是由于其自愿性，才能被认为是出于行为人的主动而实施，才能在道义上追究其责任。

行为概念在刑法中以不同的含义被使用，例如《刑法》第16条中的规定中同样使用了行为一词，但该行为并非自愿的有意行为，而是不自愿的不可抗力和意外事件，但这并不是作为构成要件符合性中所需要讨论的行为。

另一方面，行为的人格性，即行为是人的行为，是行为人自己的行为。责任是主体的责任，因而行为也必须是主体的行为。因此不能仅仅从作为事实存在的人的活生生的行为出发，也同时要注意到行为与行为人人格的关联。行为人在相对自由意志下，属于被决定同时又是自我决定的人，行为的人格性要求行为人的行为反映了、表现了其人格，即行为人对规范的态度，对其能够控制、决定的行为的态度。行为人未能遵守社会对其应有行为的期待，对行为规范或者采取了积极的违反或者采取了消极的忽视态度，即使是忘却犯，也是忘却了社会期待其应遵守的规范因而成为刑法关注的行为。这种对有效秩序的背离决定了行为可以归责实施了这一行为的人。在构成要件符合性中所讨论的定型化行为，也正是考虑到了行为所反映的不同的行为人格态度，而进行了适当的区分，例如将致他人死亡的行为区分为故意杀人和过失致人死亡。

（二）行为的举止性

行为必须表现为人的身体举动或者静止，或者说包含积极活动和消极活动，因此未能表现为行为的思想，就不能进入刑法的考察范围，而应当排除在行为之外。当然，在此思想同言论仍有一定区别。单纯言论本身仅仅是思想的外在流露，例如写在私人日记里，因而不是构成要件符合性中的行为，但是言论发表则是一种身体活动，可能成为构成要件符合性的行为，例如煽动群众暴力抗拒国家法律、行政法规实施。

（三）行为的实行性

作为构成要件符合性所讨论的行为必须具有实行行为的性质，是刑法分则具体犯罪构成要件中所定型化的行为。在刑法一般意义上所称的行为，均指实行行为。相对于实行行为，还存在非实行行为，即由刑法总则条文加以规定的、对实行行为起支配或者补充作用的构成要件行为。例如教唆行为、帮助行为、组织行为或者预备行为。但是上述行为是由刑法总则加以规定的，而这并不是本章构成要件符合性中所要研究的问题，而且非实行行为也必然要同实行行为发生联系才有可能在刑法中产生相对独立的意义。

（四）行为的危害性

行为不仅仅是一个单纯的自然状态事实，同时也是一种社会现象。一个实质的行为概念必然是与当时的社会相联系的概念。刑法对有关的行为加以注意并希望将其纳入行为概念范畴，也正是因为社会希望刑法能够也应该对这些行为作出一个社会的规范评价，因此行为概念是自然现象描述和社会规范评价的统一体。行为的危害性一方面表现在前述人格的危险性上，行为人偏离了社会对其应有行为的期待，其行为说明了对规范有效性的主观违背的客观化。另一方面，行为的危害性还表现在行为必然要同一定的法益侵害相联系，如果不可能有害于社会因而没有丝毫的社会重要性，立法者不可能也不应该予以关注。

第三节 实行行为

一、实行行为的概念

从形式上讲，符合各种构成要件的构成事实的具体行为，即为实行行为。刑法中所规定的构成要件性行为都是抽象性行为，但现实所发生的符合上述构成要件规定的都是具体的行为，例如所谓的故意杀人罪的构成要件行为是杀人，但是实际生活中杀人总是表现为毒杀、枪杀等方式，后者只有符合“杀人”的抽象规定的，才可能成为故意杀人罪的实行行为。实行行为概念在刑法中具有重要意义，例如在《刑法》第 23 条中就规定，已经着手实行犯罪，由于犯罪分子意志以外的原因而未得逞的，是犯罪未遂。显然，是否具有实行行为成为区分犯罪未遂和犯罪预备的重要标志。

理解实行行为，应当从主、客观两方面进行综合理解：客观上，实行行为在形式上是符合构成要件的一定的身体举动或者静止，主要包括表现为积极动作的作为、表现为消极动作的不作为、表现为状态的持有。无论是故意还是过失行为，都表现为实行方式。从实质上，实行行为还需要具有实行行为性，所谓实行行为性就是指行为具有导致法益侵害的抽象危险。当然，危险性要求在不同构成要件中可能具有不同意义，例如举动犯可能并不要求发生现实的危险，只要实施了某个举动即构成犯罪。但是毫无疑问，任何行为成立刑法中的实行行为必须具有实质意义上的危险性，否则刑法也自始不可能将其作为刑法中的行为来对待。因此有些行为形式上似乎符合构成要件的规定，主观上也可能具有故意，但是由于并不具备任何意义上的现实法益侵害危险性，因此即使偶然地引起了结果的发生，也不能认定属于实行行为。主观上，表现为构成要件性的故意和过失，对某些构成要件行为而言，同时需要特别的主观目的等要素。

实行行为应当严格地按照刑法分则规范中构成要件的具体设定来加以认定，所谓的实行行为也只是针对具体构成要件而言，在某一构成要件中属于实行行为的行为在其他犯罪的构成要件中可能属于非实行行为，因而不能笼统地加以认定。通常实行行为同非实行行为之间存在着明确区分，例如教唆行为、帮助行为等只能属于非实行行为，因而并非本章以及具体分则个罪所要研究的内容。但是特定情况下，刑法为了对某些危害特别严重的行为进行提前的或者个别的处理，而将一些非实行行为提升为实行行为，我们称之为行为实行性的升格。通常表现为两方面：其一，将通常认为属于预备行为的非实行行为提升为实行行为，例如策划行为通常认为属于实行行为之前的预备行为，但是《刑法》第 104 条规定策划武装叛乱的行为属于武装叛乱罪的实行行为；其二，将通常认为属于共犯行为的非实行行为例如帮助行为、教唆行为、组织行为等提升为实行行为。例如《刑法》第 110 条将为敌人指示轰击目标的行为规定为间谍罪的实行行为，又如《刑法》第 103 条将组织分裂国家、破坏国家统一的行为规定为分裂国家罪的实行行为。

二、实行行为的类型

实行行为按照一定标准,可以分为不同种类,主要包括:

(一) 直接实行行为、间接实行行为

所谓直接实行行为是指行为人直接亲自实施刑法分则所规定的某一具体构成要件行为,其行为人称为直接实行犯或者直接正犯。当然,所谓亲自实行,并非绝对不利用工具,除了利用自身的身体动作外,也可以利用自然力、物理甚至动物的力量,均构成直接实行,但所利用的工具必须是纯粹的无人类生命力的工具。所谓间接实行,是指利用与其不构成共同犯罪关系的他人为工具实施构成要件行为。直接实行是刑法所预设的构成要件形态。

(二) 单独实行行为、共同实行行为、同时实行行为

单独实行行为是指行为人一人单独实施的实行行为,刑法分则中的具体构成要件绝大多数都是以单独实行行为为其形式所规定的。共同实行行为是指两人以上的行为人共同实施刑法分则所规定的构成要件的实行行为。通常共同实行行为属于共同犯罪中所要研究的问题,但是在分则构成要件中,也有个别构成要件的实行行为需要数人实施,这通常发生在聚众犯的场合,例如《刑法》第 292 条的聚众斗殴罪等,在构成要件上就已经明确要求数人的共同参与,因此也成为构成要件符合性所需要关注的问题。同时实行行为是指两人以上无意思联络的人同时或者近乎同时,对于同一对象实行同一犯罪的情况。此种情形在犯罪形态上属于同时犯,在其个别的本质上仍然属于单独实行行为的范畴。

三、实行行为的方式

实行行为的方式可以分为作为、不作为、持有三种形式。这是构成要件行为的最基本分类。

(一) 作为

作为是指行为人以积极的身体活动实施刑法所禁止的行为。从表现形式上看,作为是积极的身体活动,这种身体活动对外界发生影响,并进而可能产生一定的后果,即具有有形性;从违反法律规范上看,作为直接违反了禁止性的罪刑规范,即要求人们承担不做出一定行为的义务。当然作为实行行为的作为并不完全等同于身体的动作,它可能包括一系列的举动或者身体动作,而并不是个别的动作或环节,而是若干活动的有机结合。如前所述,作为可以通过自己身体的动作实施,也可以通过包括动物、自然力、机械等其他纯粹的工具实施。大多数构成要件均可以由作为构成。

(二) 不作为

不作为是相对于作为而言的,指行为人负有实施某种积极行为的特定法律义务,并且能够履行而不履行的行为。从表现形式上看,不作为主要是消极的身体动作;从违反法律规范的性质上看,不作为不仅违反禁止性规范,同时更是直接地违反了某种特定的命令规范。例如《刑法》第 429 条规定,在战场上明知友邻部队处境危急请求救援,能救援而不救援,致使友邻部队遭受重大损失的,构成拒不救援友邻部队罪。这一行为不仅违反了该条规定所潜含的禁止性规范,同时也违反了军事法规中的命令性规范。当然消极的动作或者身体的静止是不作为,并不等于反过来不作为就一定以身体的静止表现出来。个别情况下,不作为的行为人可能并非处于身体的静止状态,而是处于积极活动状态,甚至为了不履行自身的作为义务可能会积极地逃避或者采取积极措施,但是从其违反的规范角度,仍然属于不作为而非作为。

不作为是行为的特殊方式,由于其不同于作为的复杂性,因而在刑法中备受争议。

1. 不作为的行为性

不作为是否属于实行行为的形式之一,在刑法理论中存在着肯定和否定的观点。肯定说认

为不作为具有实行性，其理由是不作为是一种有目的、有意识和具有社会价值的行为，在不作为的背后存在着被期待的行为，不作为并非无所作为，而是有意不为应为的行为。而否定说认为不作为不是行为，因为不作为既没有因果性，也没有目的性，缺乏行为要素。正是由于不作为的行为性或者实行性问题具有相当的理论意义，因而这一问题也成为检验各种行为理论的试金石。

但是如果不是纯粹自然地看待刑法中的行为概念，而是将其作为一种价值的概念，因而进行综合的解释，不作为的行为性问题就迎刃而解了。在不作为的行为性问题中，特别需要强调社会的规范评价和行为人的人格态度。作为刑法保护对象的利益和权利本质上都是一种因为人与人之间交往而形成、存在和发展的社会关系，任何人权利的保障都依赖于他人义务的履行，因此权利和义务几乎总是对应性而非对立性的存在的。不履行自己应当履行的义务，同作为一样，都侵害了他人的权利。正是在这一价值判断上，不作为同作为之间存在着一致性、等价性。另外，从不作为的行为人的人格态度上看，不履行义务的外在举止反映出行为人所具有的或者对规范疏于注意，或者对规范呼吁积极对抗等态度，同样说明了行为人的主观意志支配性，具有行为的举止性和主体性。

2. 不作为的分类

理论上将不作为犯分为两种类型：一种是刑法明文规定只能由不作为构成的犯罪，成为真正不作为犯或者纯正不作为犯，例如遗弃罪、拒不救援友邻部队罪；一种是行为人以不作为的形式实施通常以作为实施的犯罪，例如以不作为形式实施故意杀人的行为。许多犯罪既可以由作为构成，也可以由不作为构成。对于前者，并未有什么疑义，但是对于后者，一直存在是否违反罪刑法定原则的争论。由于不作为犯违反的是命令性规范，而作为犯违反的是禁止规范，因此存在着如下对不纯正不作为的误解，即认为不纯正不作为是以违背命令规范的不作为方式实施了法律规定应当以违反禁止规范实施的作为为构成要件行为的犯罪。但是禁止规范和命令规范都是行为规范，而同时作为裁判规范的刑法条文，其最终的着眼点在于行为可能造成的危害结果，因此它必须对危害结果的发生进行一定的判断，并进而形成在不同条件下的行为规范，因此应当将刑法的裁判规范理解未在其背后存在着针对不同情形而发生和设定的禁止规范、命令规范，不能认为刑法规范的设定是以作为犯的禁止规范为构成要件内容。例如对于故意杀人罪而言，刑法所看重的是行为人不能不法地导致他人生命的非正常结束，因此所谓的不得杀人既包括禁止行为人以作为形式导致他人死亡的情形，也包括命令行为人必须在履行救援等义务时必须履行该义务而不致导致他人死亡的情形。当行为人以不作为的形式实施了可能产生危害结果的行为时，它所对应的是刑法背后的命令规范。因此处罚不真正不作为犯，并不违背罪刑法定原则。

3. 不作为的构造

不作为成为刑法意义上的行为并从而符合不作为犯罪的构成要件，必须符合以下条件：

(1) 行为人负有实施特定积极行为的义务。

首先，这一义务要求是法律性质的义务而非单纯道义上的义务。后者同样具有危害性并且能够引发一定的社会问题，甚至产生一定的责任或者舆论、道义的谴责，但是所谓的道德义务、公序良俗所产生的义务，将明显扩大不作为的范围，而且这种准确范围非常难以确定的义务，将抹杀作为义务的限定功能，因而无论该道义上的义务如何重大，现行情况下都决不能成为构造刑法意义上的不作为的前提，更不能产生刑事责任。

其次，不作为与作为的本质区别并不在于行为人身体的动静上。因为，虽然作为均表现为身体的动，但是身体的动却未必就一定归结为作为。有时行为人虽然处于运动状态之中，但是仍然认定构成不作为。显然更为重要的是，区分作为还是不作为的本质标准是两者违反规范的内容，一般认为，作为违反的是禁止性规范，其规范内容是禁止行为人实施特定的行为，而不作为违反

的则是命令规范,其规范内容是要求行为人实施特定的行为。正是由于行为人负有特定作为义务,才使得不履行这一义务的不作为获得了刑法的消极评价,在这意义上,作为义务成为不作为行为中违法性评价的内容和标准。但是更为首要的是,如果不存在作为义务,某个人的单纯消极行为不可能被认为属于刑法中的行为,否则这个世界上需要刑法加以评价的行为就无处不在了。显然,不作为正是因为存在着相对的应当作为的义务而存在和构成的,因而作为义务成为一个单纯消极的举动构成刑法中的行为的前提,因此作为义务首先并且也更应当属于构成要件符合性而非违法性所要讨论的问题。

由于某一举动构成刑法中的不作为形式的行为以行为人负有特定的积极作为义务为前提,因而必须明确不作为的危害行为中作为义务的来源。一般来说,如下情形可以认为存在着不作为的作为义务:

第一,法律明文规定的作为义务。这是不作为的作为义务的主要来源,是指由其他法律规定并由刑法加以认可的义务,此处的法律应作广义理解,包括法律、法规、规章制度等。例如《婚姻法》第 15 条规定,父母对子女有抚养教育的义务,子女对父母有赡养扶助的义务。因此,如果父母对子女未尽到抚养教育的义务,就有可能构成遗弃罪。在纯正不作为中,作为义务都是由法律明文加以规定的。

但是,法律明文规定的义务必须是具体的义务,由于宪法中所规定的义务往往是原则性、纲领性的内容,属于一般性的抽象义务,仍有待于具体法规的确认和细化,因此其一般不适合直接作为不作为犯罪的义务前提。

第二,职业或者业务要求的特定义务。这是指一定主体由于担任某项职业或者从事某种业务而依法要求履行的一定作为义务,例如医务工作人员有救死扶伤的义务,消防队员有扑灭火灾的义务。作为义务有的规定在法律法规中,有的也可以规定在相关规章制度中。当然在此必须注意的是,只有在行为人具有职业或者业务身份的特定阶段时,才具有相关作为义务,例如,医务人员在下班后就不负有救护病人的义务,因此其不予救护的行为可能只产生道德谴责的问题,而非构成要件符合的问题。

第三,法律行为产生的作为义务。这是指在法律上能够设定权利义务的行为所引起的义务。法律行为主要包括合同行为和自愿行为。合同行为具体设定了双方的权利和义务,因而据此可以产生作为义务,如果因不履行义务而给刑法所保护的法益造成严重危害的,可能构成不作为犯罪。例如保姆在劳务合同有效期间,必须按照合同照顾孩子,如果因为不负责任等情况,致使孩子发生事故受到伤害的,该受雇的保姆就可能被追究刑事责任。但是刑法中的合同与民法中的合同在原则一致的情况下,存在着一定区别。例如超过合同期限的行为可能仍然会认为存在着刑法中的作为义务,例如在主人出差在外时,保姆照顾孩子的雇用合同已经超过雇用期限,如果保姆将孩子留置他处而自行生活导致孩子死亡的,虽然合同的有效期限已经超过,但是,孩子应当仍然处于上述行为人的实际控制下,而其交付也应当有更为合理的方式,因此,应当认为其仍然具有作为义务而可能构成犯罪。

自愿行为是指行为人出于自己的真实意思表示而自愿承担义务的情形。例如行为人自愿将一孩子带出后,自行游玩,导致孩子落水死亡的,仍然可能被追究刑事责任。虽然行为人在自愿承担作为义务之前,义务并不存在或者只存在道德义务,但是一旦自愿承担义务后,其放弃义务的行为就构成不作为。

第四,先行行为所引起的作为义务。即行为人因自己的行为导致发生一定危害结果的危险,而产生的采取积极行动防止危害结果现实发生的义务。例如汽车司机在压伤人后,有及时救助伤员的义务等。最早认为先行行为是作为义务发生事由的是德国学者斯就贝尔,在 1884 年德国的判例首次确认了先行行为与法律、契约同样是作为义务的来源。通常而言,先行行为能否成为不作为的义务来源,关键不在于其本身为合法行为还是违法行为,而在于其所产生的结果是否超出了合理范围而增加了行为之外的危险,因而要求行为人对其加以防止。如果其所发生的结果并未超出行为性质所能包含的结果而产生不合理的危险,该先行行为当然不能成为不作为的义务来源,但是如果行为虽然合法,但其所产生的结果属于行为人必须加以防止的危险结果,该先行行为就可能成为不作为的义务来源。例如医生将病人胸腔打开后,当然负有对其进行继续抢救的义务,否则就可能构成不作为的犯罪。另外,先行行为不仅包括违法行为,也应该包括犯罪行为。有的学者指出,先行行为原则上不应包括犯罪行为,行为人实施犯罪行为后,有义务承担刑事责任,但没有义务防止危害结果发生,如果行为人自动防止危害结果发生,则是减免刑罚的理由,如果行为人没有防止更为严重的结果发生,则负结果加重犯的责任。但是这样就无法解释在交通肇事已经独立构成犯罪场合,仍然有可能因为在逃逸过程中对其中生存的被害人加以隐藏而构成故意杀人罪这样的案件。因为单纯隐藏行为本身无法被认为属于故意杀人罪的构成要件行为,只有将其同先行的交通肇事行为所产生的抢救义务相联系,作为一个典型的不作为犯时,才能被认为具有故意杀人罪的构成要件符合性。当然这里所指的犯罪行为也能够作为先行行为从而可能发生不作为犯罪的问题,只针对可能发生的超出其基本犯罪构成要件的加重结果而言的。另外,这一先行行为所引起的针对加重结果的另外一个不作为犯罪与结果加重犯之间的界限,需要通过对该先行行为所引起的不作为进行等价性评价而得到解决。

同样,先行行为的行为人是否负有作为义务,也并不在于其实施先行行为时对于所造成的危险究竟是有意的还是过失甚至可能连过失都没有,先行行为的主观状态是法律对行为的评价,而先行行为是否产生作为义务则是法律对危险结果的客观评价,因而其关键在于该行为是否的确产生了危险状态,当然其是否应当负刑事责任则是有责性需要考虑的问题。

第五,紧密生活共同体所引起的义务。这是指虽然不属于法律明文规定的范围,但是基于一定事实形成了社会上通常认为的对危险应当予以共同承担、相互照顾的关系,因而在对方发生危险时,应当具有排除危险的义务。例如登山或其他探险活动的共同体所属成员具有相互照顾的义务,虽然未必以夫妻名义同居但确实形成共同生活关系的同居的男女具有相互照顾的义务,雇主对保姆生病时具有临时加以合理照看的义务等等。如果不承认这些义务,显然无法处理实践当中出现的,诸如雇主遗弃生病的保姆致后者死亡,登山者对处于危险中的队员不进行抢救而加以遗弃致后者死亡或者同居情人之间在对方重病时加以遗弃的案件。之所以独立为一种义务来源:一方面,这一义务来源不同于法律规定义务和道德义务来源,因其义务并非由法律加以规定或者可以通过法律引申得出,所以无法纳入法律规定义务范围内;同样,道德义务来源往往是一种空泛的抽象关系,所谓的义务人同被害人之间并不具有特定的、具体个别的社会交往关系,因而并不存在现实的、具体的生活或者危险共同体关系;另一方面,本义务来源也不同于先行行为,后者义务产生的原因在于先行实施的行为所造成的危险状态,但是紧密生活共同体所引起的义务原因在于其共同的生活、危险承担关系。当然,这一问题还值得进一步研究。

(2) 行为人能够履行特定义务。

法律规范只是在客观上行为人具有遵守规范、履行作为义务能力的情况下,才去谴责行为人属于履行义务的行为,法律不强求也不应该期待行为人在不具有履行义务能力情况下不现实地履行义务。行为人是否具有履行能力,必须从其主观能力和客观条件上加以综合考察。在义务冲突情况下,行为人只能履行其中某一项义务的,就只能认为对另一项义务存在着履行不能的情形。同样,履行义务过程中可能存在着紧急避险的场合,如果符合其条件的,也不应认为行为人具有履行能力。

(3) 行为人没有履行特定作为义务,造成或者可能造成危害结果。

不作为的核心是未履行应履行的作为义务,至于在此期间是否在实施其他积极的身体动作,不影响不作为的成立。不作为的危害性也正是在于作为的缺失可能造成危害结果。但是在该犯罪构成要件并不要求结果发生时,在不作为犯罪中,危害结果并未发生并不妨碍不作为犯罪的构成。但是在危害结果发生时,还需要不作为同危害结果之间具有因果关系,才能将结果归责于行为人。

(4) 行为人未履行特定作为义务同作为具有构成要件上的等价性。

由于纯正不作为犯的构成要件由刑法加以明确规定,因而其构成要件符合性的判断是一件较为轻松的事情,认定构成要件规定的不作为成立即可以承认其符合性,而无须判断其同作为犯之间是否具有等价性。但是不纯正不作为犯所对应的犯罪在实践中更多地是由作为形式实施,因此存在着是否所有的不作为都能够跟作为一样构成同样的犯罪的争论。例如在自己失火情况下自现场逃离而不予扑救的行为是否构成放火罪?同样,是否所有从交通肇事现场逃逸的行为均应按照故意杀人罪认定?

首先需要指出的是,并非所有不作为的行为都可能构成同作为一样的不作为犯罪。例如按照现行司法解释,并非所有交通肇事后逃逸致人死亡的行为均按照故意杀人罪论处。只有在行为人在交通肇事后为逃避法律追究,将被害人带离事故现场后隐藏或者遗弃,致使被害人无法得到救助而死亡才依照故意杀人罪定罪处罚。即只有其采取进一步的积极行为而在主观上具有利用其先行肇事行为所导致的危险,并且客观上对被害人的生命实行了具有相对意义上的结果支配的排他性,才可以构成故意杀人罪等犯罪。另外,有的特殊情形下,对于被害人即使没有加以隐藏而仅仅加以遗弃,但是考虑到具体环境、当时的地点、气候、时间等因素,被害人无法得到救助的,例如在冬日深夜的偏僻公路上将一人撞成重伤后,立刻逃逸,致使该被害人失血过多并因寒冷而死亡,同样可以构成故意杀人罪。因此虽然我们认为犯罪行为可以成为先行行为产生作为义务,但仍然应当考虑其后实施的不作为是否具有同引起该加重结果的作为的等价性,否则仍然只能认定构成该犯罪的结果加重犯或者情节加重犯。例如在故意伤害场合,对被害人进行打击后,虽然行为人负有抢救义务,但其径直离开现场因而致被害人死亡的,这一离开现场的不作为并不具有故意杀人的等价性,因而只能按照故意伤害致人死亡论处。但是如果在离开现场时,将被害人隐藏在非常隐秘的地方,导致无人能发现被害人因而致其死亡的,其行为应当构成不作为的故意杀人罪。一方面,在这样的案例中,如果不考虑故意伤害行为所导致的先行行为所产生的抢救义务,就无法考察后一行为故意杀人罪的构成要件符合性;但是考虑这一义务,也仍然需要考虑其等价性问题,只有存在等价性的不作为义务的不履行,才能被认定构成不纯正的不作为犯。当然,这一问题所产生的结果加重犯中对加重结果的主观心态如何认定,需要进一步的加以研究。

等价性的判断,在客观上表现为,行为人的确对保护法益的危害进行了原因设定,即因为行为人的不作为可能导致危害结果的发生危险,这包括原因的最初设定,也包括仅仅因为不履行作为义务而对非其本人原因设定的危险加以自觉利用而形成的原因设定关系。同时,行为人对于法益保护进行了现实性的具体支配控制,并进而形成了排他的结果支配,即行为人在着手进行对结果的排他性支配后,其他人按照社会一般观念便无法干预,从而使行为人对某种社会关系的保护处于一定的排他保证地位。在主观上,表现为行为人自觉地对不作为的因果关系加以利用,当然包括间接故意和直接故意。

(三) 持有

在英美法中,持有往往同作为、不作为相并列,而被称为事态犯罪。由于持有型犯罪具有易于认定、易于证明的特点,因而在我国刑法中规定了大量的持有型犯罪,例如非法持有、私藏枪支、弹药罪,非法持有毒品罪、非法携带枪支、弹药、管制刀具、危险物品危及公共安全罪、非法持有国家绝密、机密文件、资料、物品罪、巨额财产来源不明罪等。

关于持有的行为属性,存在着如下观点:其一认为持有属于作为,认为对于持有型犯罪,法律所责难的重点是取得物品行为的非法,而取得之后的状态属于犯罪的自然延续。其二认为持有属于不作为,认为法律规定禁止对某些物品的持有状态,因而产生行为人必须将上述物品上缴有关部门的作为义务。但是我们认为,持有应当是一种独立的行为状态。持有不同于作为,原因在于,对于作为而言,法律所关注的是其物品获得的方式,但是对于持有非法物品而言,往往是在无法获知获得方式时所作的一种不得已的措施,例如巨额财产来源不明罪,如果能够确认其财产非法获得的方式,则应当按照贪污、挪用公款、盗窃等罪论处;另外,持有关注的是状态,而作为关注的是行动。同样,持有也不同于不作为,首先,持有非法物品所产生的上缴义务是一种一般性的义务,行为人对于结果并不具有类适于不作为犯罪中的对于结果所具有的保证身份关系,而不作为犯罪中的义务必须是具体现实的义务。其次,刑法之所以将其以不作为规定为构成要件行为,是因为这一不作为往往会产生危险,但是对非法物品的持有并不取决于危险的存在。再次,法律对于持有行为所关注的重点在于直接对其行为是否合法进行考察,并不考察其是否具有一般的上缴义务,上缴义务是在持有行为非法性基础之上的问题;而法律关注于不作为的主要是其作为的义务,作为义务成为其行为构成要件该当性、违法性的基础,显然,在两种行为中,违法性和作为义务的逻辑顺序完全不同。最后,持有属于继续犯,一旦成立,即符合构成要件该当性,并且其持有之后所谓的不作为状态无论延续多少期间,都成立既遂。但是不作为尤其是不纯正不作为,在其不作为开始之时就符合构成要件规定,但是作为不纯正不作为犯,如果危险结果现实发生之前,无法成立既遂,在其不作为状态期间内可能发生中止、未遂等状态。显然,即使认为同样存在所谓的不作为,这一不作为的意义也是完全不同的。

四、实行行为的相关客观要素

实行行为作为一种客观外在活动,必然需要有具体的人去实施,同时必然会占有一定的空间、时间,不可能出现一个发生在虚空中并且不占有一定时间过程的行为。同时,行为也一般要侵害对应的事物,从而造成法益侵害。当然并非所有犯罪的构成要件均特别强调包括时间、地点等状况、对象,因而不属于构成要件该当性所要研究的要素问题。只有部分犯罪要求在特定的时间、地点等状况下,针对特定对象实施,从而使这些行为的上述相关客观要素成为构成要件要素。当然,行为的方法或者手段本身属于行为实行的具体方式问题,例如暴力行为、胁迫行为等,因此并不属于实行行为的相关客观要素,其本身就是构成要件该当性中实行行为的具体化问题。如果将这一要素从该实行行为中抽离,实行行为就成为一个空洞的没有实际内容的概念,行为本身就不存在了。

除了在构成要件该当性中需要讨论的以外,由于上述因素对法益侵害程度的认定具有重要意义,因而经常在情节加重犯中,成为加重的情节。例如《刑法》第 237 条规定在公共场所当众实施暴力强制侮辱妇女行为的,属于情节加重。

(一) 行为主体

所谓行为主体是指实施行为的人,即行为人。行为的主体性要求刑法中的行为必须是人的行为而非其他现象。但是并非所有人的行为均能符合犯罪的构成要件要素规定。通常而言,犯罪只能由自然人所构成,但是在规定了单位犯罪的情况下,单位的行为也可以该当构成要件的规定因而能够构成犯罪,这是本书中专章予以讨论的问题。另外,对于行为人责任能力等方面的一些问题,属于有责性要件所要讨论的问题。因此,属于构成要件符合性中需要加以注意的行为主

体问题实际上就是指行为人的特殊身份问题。

1. 特殊身份的概念

所谓特殊身份是指行为人在身份上的特殊资格,以及其他与一定的犯罪行为有关的,行为人在社会关系上的特殊地位或者状态。在刑法中,对于构成要件不要求行为人具备某种特定身份资格的,这种行为人被称为一般主体,但是在构成要件的设置上,特别要求以某种特殊身份为要件时,我们则称其为特殊主体。相对应的是,后一类型的构成要件一般被称为身份犯的构成要件,即需要具备某种特定身份资格才具备构成要件的该当性。

从广义上讲,身份犯可以被分为真正(纯正)身份犯或不真正(不纯正)身份犯。前者是指只有以特殊身份作为主体要件才能符合构成要件的规定的情形,如果行为人不具备某种身份,就不符合构成要件的规定,例如伪证罪中只能由证人、记录人、鉴定人、翻译人构成,其他人实施的隐匿罪证等行为,即不符合伪证罪的构成要件,因而不构成伪证罪。而后者是指无论是否具备某种特定身份,都符合构成要件的规定,即身份不影响其定罪。但是某种特定的身份可能成为刑罚加重或者减轻的根据。例如诬告陷害者可以为一般主体所实施,也可以由国家机关工作人员所实施,而国家机关工作人员犯诬告陷害罪,应当从重处罚。真正身份犯才是构成要件符合性所要重点关注的问题。

特殊身份必须是行为人开始实施犯罪行为时就已经具有的特殊资格或者已经形成的特殊地位或者状态。因此在实施犯罪后才确定的资格和特殊地位,不属于构成要件要素的身份问题。同时,既然是作为构成要件该当性中的要素,就必然与特定的构成要件相联系,脱离具体构成要件讨论某个身份问题,是无法得出明确的结论的,因为某一资格在这一构成要件中可能成为身份而对构成要件符合性发挥作用,但是在另一构成要件中,同样的资格可能对构成要件符合性没有任何意义。

特殊身份之所以对构成要件符合性发生作用,主要包括两方面的原因:首先,有的行为只有具有特定身份的人才能去实施,其他人不可能实施,身份意味着能力,例如强奸罪中只有男性才能够成为强奸罪的直接实行者,即只有男性才有可能实施强奸的直接实行。这一类的身份犯罪可以称之为能力犯。其次,身份意味着职责,意味着具有某一特定资格的人较之普通人能够有并且也应该有较高的遵守义务的职责。如果行为人未能够恰当地履行自己遵守义务的职责,就可能符合构成要件。这种被称为义务犯。义务犯形式的身份犯又包括两种情形:其一是指抽象的义务犯,主要是指抽象的法律义务,对于这种构成要件而言,一般人也可能去实施同样行为,但是只有特定身份的人实施才可能具有需要刑法予以关注的危害,例如一般公民侵犯少数民族风俗习惯,其法益侵害程度较低,因而不具有构成要件符合性,但是如果由国家机关工作人员实施,其影响更为恶劣。其二是具体的义务犯,主要是指具体的职责义务,即这一义务是由具体职责所同时带来的义务,在此一般公民可能不会也不能去实施同样行为,但是对于担任一定职责的人而言,职责给他带来了一定的具体义务,要求他进行一定的作为或者不作为,如果不实施这一职责义务,就可能符合构成要件。例如受贿罪的国家工作人员,正是国家工作人员的职位使其必须遵守职务的廉洁性,而不能进行权钱交易。这是一种具体的职务义务而非抽象的义务。

需要注意的是,行为人的身份要求仅仅针对该构成要件的实行行为人而言,对于教唆犯或者帮助犯,无身份者可以通过对有身份者的教唆或者帮助而符合只有有身份者才能构成的身份犯罪的构成要件。例如普通公民的妻子可以教唆或者帮助作为国家机关工作人员的丈夫,而符合受贿罪的构成要件。

2. 特殊身份的类型

在刑法中规定的具体构成要件中,大致可以将特殊身份区分为以下几类:以特定公职为内容的特殊身份,例如刑讯逼供罪中的司法工作人员;以特定职业为内容的特殊身份,例如铁路运营安全事故罪中的铁路职工;以特定法律义务为内容的特殊身份,例如偷税罪中的纳税人、扣缴义务人;以特定法律地位为内容的特殊身份,例如伪证罪中的证人;以持有特定物品为内容的特殊身份,例如丢失枪支不报罪中的依法配备公务用枪的人员;以不具有特定资格为内容的特殊身份,例如非法行医罪中未取得医生执业资格的人;以参与某种活动为内容的身份,例如串通投标罪中的投标人或者招标人;以患有特定疾病为内容的身份,例如传播性病罪中的严重性病患者;以居住地和特定组织成员为内容的特殊身份,例如入境发展黑社会成员罪中的境外黑社会组织的人员等。

（二）行为客体

行为客体即行为对象,是指行为所指向、作用的表现合法权益的具体的人或物。任何行为都必然侵害法益,一般犯罪也都会直接作用于某一事物,因而使行为客体成为行为与法益侵害之间的逻辑中介。在此行为对象成为界定行为的构成要素,但是有些行为并不需要依据对象来界定,仅仅依据行为自身即可以得到确认,因此未必所有的行为都直接作用于某一个具体有形的人或物,也并非所有犯罪行为的构成要件该当性都需要研究行为对象问题。根据这一原则,我们也可以将行为区分为及物行为和不及物行为。

行为对象依据其性质,可以分为人和物两种。一方面,作为行为客体的人是指行为所指向的一切人。在特定犯罪中,刑法规定的可能是一般的人,没有身份的限制,例如故意杀人罪中的人;但是有些犯罪中,作为对象的人同样存在着身份的限制,例如强奸罪的对象只能是妇女和幼女;窝藏、包庇罪的对象只能是犯罪的人等。对于作为构成要件要素的人的界定,在司法中必须予以高度的关注。另一方面,作为行为客体的物是行为所指向的一切物,例如侵犯财产罪中的财产。同样,物也具有不特定物和特定物之分,前者如盗窃罪中的物即为非特定物,后者如私藏枪支、弹药罪中,对爆炸物的私藏就不构成该罪。

行为对象在构成要件该当性中的意义在于其能够界定行为,从而为认定某行为是否具备构成要件该当性以及该当何种犯罪提供依据。对于将特定犯罪对象作为构成要件要素的及物行为而言,只有具备该对象才能构成该犯罪或者该犯罪的既遂。因为只有该对象的存在才说明了对法益的侵害达到了刑法所必须关注的程度。另外,对象的不同,可能使行为符合不同的构成要件,因为行为对象性质不同,其法益侵害性就不同,即可能符合不同的构成要件。例如盗窃一般财物的行为,侵害了财产法益因而构成盗窃罪,而对枪支的盗窃行为侵害了公共安全因而构成盗窃枪支罪,而盗窃国家机关公文的行为则妨害了社会管理秩序因而构成盗窃国家机关公文罪。虽同为财物,但构成要件作了特别规定的要素规定,因而区分为不同的构成要件。

（三）行为状况

所谓行为状况主要是指行为实施的时间、地点、环境及其他条件。大多数犯罪并不要求特定状况,但是有些具体犯罪要求行为必须在特定时间、特定地点内实施,以说明上述因素影响了行为对法益侵害的程度而引起刑法关注。有些条文明确规定了这一点,例如《刑法》第229条侮辱国旗、国徽罪要求其行为必须在公共场合实施,第305条伪证罪要求必须在刑事诉讼中实施伪证行为,军人违反职责罪中有相当部分犯罪均须在战时实施等。有些条文并未明确规定,但是在解释论上隐含着这样的要求,例如《刑法》第277条妨害公务罪要求妨害行为是在国家机关工作人员执行公务期间实施。

五、特殊实行行为:间接正犯

在行为理论中,还需要讨论几种特殊实行行为,例如原因自由行为、间接实行行为等。上述行为的实行性问题一直存在争议,但是由于原因自由行为更多的是要解决责任与行为同在的问题,因此将其放在有责性中加以研究,在此主要讨论间接实行的问题。

实行行为可以分为直接实行和间接实行。所谓间接实行是指本身不直接实施完全满足构成要件的行为,而是通过因具有一定情节而与之不构成特定行为的共同犯罪关系的人,实施符合构成要件行为的行为方式。例如利用未满刑事责任年龄的人实施抢劫行为等情形。刑法理论上把间接实行行为人称为间接正犯,这是客观主义的共同犯罪理论为弥补其共犯从属性说的不足而创设的概念。间接实行作为实行行为的特殊性就在于其实行的间接性,而非构成要件一般预设或者社会通常观念所想象的那样采取直接实行的方式。人们通常所理解的构成要件行为必须是行为人亲自实行,但利用无责任能力者的行为既不属于共同犯罪范畴,也不符合直接实行那样能够直观地满足构成要件该当性的要求,因而为了避免处罚上的间隙而提出了这一概念。也正是如此,才使得人们对间接实行的行为性问题产生争论。间接实行(正犯)在立法例上最早始于德国 1913 年《刑法草案》第 33 条,有的国家例如德国现行法则作了明确规定。

关于间接实行的实行性或者间接正犯的正犯性,大致有如下观点:工具说认为间接实行是利用他人犯罪,被利用者无非是间接正犯的工具或者道具而已,被利用者是法上的不自由者,在法的性质上同直接实行使用机械或者器具的情形相同,因而认为间接实行只不过是利用了有灵魂的工具。因果关系中断论认为利用无责任能力者、有共犯关系者以及可以预见他人介入等情况,不存在因果关系的中断,因而仍然成立实行行为。原因条件区别说认为对于结果发生具有一定关系的先行行为为原因,具有原因力,利用者的行为对于结果赋予原因,被利用者的行为不过是条件而已,因而利用者的行为构成实行行为。主观说认为间接实行是以自己犯罪的意思而利用他人犯罪,所以虽然利用者没有直接实施犯罪,亦应视同实行。国民道德观念说认为根据国民道德观念,将此种行为视为实行符合一般人的率直认识。构成要件说认为实行符合构成要件定型性的行为均为实行,间接实行只不过是实行方式不同而已,甚至也有人将间接实行理解为修正的构成要件。行为支配说认为利用他人犯罪,利用者将他人行为连接在自己目的之上,利用者对于实现构成要件具有完全的行为支配,而直接实行的人反而没有行为支配。

对于间接实行的实行定型性,必须从利用者和被利用者两个方面展开,并且结合主观和客观相统一的原则而进行论述。在间接实行情形,利用者与被利用者之间完全不具备共同犯罪意义上的主观联络、沟通,这种非共犯性决定了其主观上所具备的只能是单独犯罪的故意。而对于结果的引起与被引起角度,间接实行同直接实行完全相同,具有等价性。在构成要件该当性中,尤为重要的是,间接实行因果关系的特殊性决定了其实行性。利用者将被利用者的行为作为自己行为的一部分加以支配,并将其作为自己的行为而且包容于自身的行为当中。被利用者的行为作为利用者的行为的一部分时,失去了自身的独立存在意义,从而形成了间接实行行为中独特的不同于直接实行和共同犯罪的因果关系,即包容的直接因果关系,或者称之为双重的直接事实因果关系。即被利用者的行为同危害后果之间具有直接的因果关系,但是当其作为利用者的行为的内容时,被利用者的行为称为利用者的利用行为的自然延伸和发展,失去独立意义,因而利用者的行为在刑法中同样被看成同危害结果之间具有直接的因果关系。在利用者的利用行为过程中,危害结果发生的具体的因果的可能性和现实的危险性,已经高度地具体化、现实化了。因而,间接实行同样具有构成要件的实行行为性质,同直接实行具有相同的刑法意义。

一般认为,间接实行行为包括以下形式:

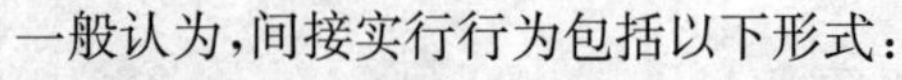

1. 利用未达到刑事责任年龄的人实施犯罪

即利用未达到刑事责任年龄的人,无论其是否具有实际的辨认能力,均构成间接实行,而非教唆行为。

2. 利用精神病人实施犯罪

在此所谓的精神病人是指丧失辨认能力和控制能力的无责任能力人。如果唆使限制刑事责任能力的精神病人或者虽为间歇性的精神病人但是行为当时处于精神正常期间的精神病人,由于后者仍应承担刑事责任,因而不应构成间接实行,而仍然构成共同犯罪。

3. 利用他人无罪过行为实施犯罪

所谓无罪过行为主要是指不可抗力和意外事件,即行为在客观上造成了一定的法益侵害,但是主观上并没有故意或者过失,因而不负刑事责任的情形;也包括被利用者的行为并非属于刑法中的构成要件行为,例如梦游、反射动作等,对之加以利用的仍然构成间接实行。但是对其中不可抗力行为中的强制行为,应当明确的是,只有物理或者肉体的强制才可能构成间接实行,而对于精神的强制,由于被强制者的意思仅仅是受到了一定的抑制,而没有完全地丧失,被强制者之所以违心地屈从胁迫而实行构成要件行为,也是经过权衡利弊之后所作出的决定,表明其具有一定的意思自由,因而不构成间接实行,而应当构成胁从犯。

通过他人无罪过行为实施犯罪,在特别情形下,还可以利用他人的不作为实施犯罪。这种利用他人不作为的行为可能通过对被利用者的肉体强制,包括将被利用者伤害而使其无法作为,甚至也可以通过杀害他人实施犯罪。例如甲意图使火车颠覆,而将扳道工杀死,导致在规定时刻无人扳道而致使火车相撞,行为人的行为同时符合破坏交通工具罪,但不能认为甲直接实施了破坏交通工具的行为,他仅仅是利用扳道工的死亡而使火车相撞。

4. 通过他人的合法行为实施犯罪

所谓的合法行为是指排除犯罪性的违法阻却事由,主要是指正当防卫和紧急避险。对于正当防卫人或者紧急避险者而言,虽为合法,但是对于利用者而言,所发生的结果实际是其意图实现的危害结果,因而存在着法益侵害。但是需要明确的是,在此种情况下,其中合法行为的起因例如正当防卫中的不法行为必须是利用者所导致、引起或者挑起的,例如甲意图加害于乙,而明知丙脾气暴躁,动辄伤人,仍教唆乙攻击丙,导致丙防卫乙而致乙伤害。如果行为人出于善意鼓励他人的正当防卫、紧急避险行为,或者虽为恶意但是正当防卫等的起因危险并非其造成的,其所谓的唆使行为并未增加任何过多的危险,不能仅仅因为造成损害后果或者其主观上具有恶意,而认定其符合某罪的构成要件。

5. 通过他人的过失行为实施犯罪

例如医生故意将与正常注射液有颜色、气味差异的液体交给护士,护士因疏忽大意而给病人注射致其死亡的案件。被利用者行为可能构成过失犯罪,也可能因该过失行为刑法未加规定而不构成犯罪,但是利用者均可能对该结果承担刑事责任。

6. 利用他人自害行为实施犯罪

自害行为是指被害人自己损害本人权益的行为,主要包括自杀、自伤或者自己损毁本人财物等情形。行为人强迫、威逼被害人自杀、自伤,教唆、帮助无责任能力人自杀、自伤的或者诱骗他人自杀、自伤或者自己毁损本人财物的,行为人实际上并没有实施任何直接导致死亡、伤害、财产毁损的行为,无论如何,脱离被害人的自害行为,仅仅是教唆、欺骗、威逼行为本身不能被认为属于故意杀人罪、故意伤害罪、故意毁坏财物罪的构成要件定型化行为,正是通过被害人本身所实施的自害行为,利用者达到了自己的主观意图,因而应当认定构成间接实行行为。

7. 利用有故意的工具实施犯罪

所谓有故意的工具是指被利用者具有刑事责任能力并且故意实施某一犯罪行为,但缺乏目的犯中的必要目的(无目的有故意的工具),或者缺乏身份犯中的特定身份(无身份有故意的工具),因而同利用者之间不成立共同犯罪关系的行为人。对于无目的有故意的工具的利用而言,被利用者不知道利用者的真实意图,不具备构成要件所要求的主观目的要素,而利用者却在被利用者的行为背后始终附随着隐藏者的目的,而使被利用者在不自觉中完成了其目的行为,构成间接实行。对于无身份有故意的工具而言,例如营利犯中,如制作淫秽物品牟利罪,行为人可以隐瞒其营利目的而让他人生产淫秽物品,直接制作者因欠缺主观要素而不符合该罪的构成要件,但是行为人本人却具有牟利目的,因而构成制作淫秽物品的间接实行。同样,对于在分则各罪中,在其构成要件中要求对特定对象具有明知的场合,例如盗窃枪支罪需要对被盗物品属于枪支的明知,虽然并非属于主观的目的要素,但是行为人故意隐瞒所盗窃物品为枪支的事实而唆使他人将其作为一般物品盗窃,被利用者欠缺该特定的明知而仅构成其他犯罪例如盗窃罪时,利用者构成盗窃罪的共同犯罪和盗窃枪支罪的间接实行的想象竞合。

通过无身份有故意的工具的间接实行,是指有身份者通过无身份者实施犯罪,而被利用的无身份者可能构成另外不需要身份的犯罪,也可能不构成任何犯罪。例如邮电工作人员唆使非邮电工作人员隐匿、毁弃邮件,前者构成侵犯通信自由罪的教唆和私自隐匿、毁弃邮件罪的间接实行的想象竞合。此种情形的间接实行只能发生在作为义务而存在的身份犯中,在作为能力的表现的身份犯中,有身份者不可能通过无身份实施犯罪,因为后者欠缺身份导致其实施犯罪的能力缺乏,例如男性不可能通过一个女性实施强奸女性的犯罪。

第四节 危害结果

一、危害结果的概念

危害结果,是指行为对刑法所保护的行为客体所造成的侵害事实和侵害危险。行为作用于一定客体,从而可能导致一定的结果,法益的侵害也往往是从行为现实已经发生的结果或者可能发生的结果上寻求自己的表现,因而结果对于构成要件该当性具有重要意义。

在刑法理论上,对于行为与结果之间的关系即结果是否独立存在于行为概念之中,历来存在着肯定和否定的观点。肯定说认为结果并没有独立的地位,刑法中的行为概念已经包含了引致发生具有刑法重要性的结果的含义;否定说认为结果是独立的要件,并不包含在行为概念之中。毫无疑问,结果与行为之间存在着密不可分的关系,但是刑法中的行为以基于意思支配的身体举止为必要基础,是否发生危害结果,并非行为所能够包容的内容,况且在具体各罪的构成要件中,对于行为和结果的构成要求完全不同。因此行为与结果是相互独立的两个概念和要件。在刑法中,有的犯罪构成要件仅仅要求行为人实施了一定的举动,即成立犯罪,我们称其为举动犯;而有的犯罪构成要件要求行为人实施完毕一定的行为过程才成立犯罪,我们称其为行为犯;有的犯罪要求行为实施完毕,并且产生了具体的现实危险,才成立犯罪,我们称其为具体危险犯;有的犯罪构成要件要求产生实际损害结果,才成立犯罪,我们称其为实害犯。同时,对于犯罪既遂的要求也存在着不同。显然,在构成要件该当性问题上,结果与行为可以脱离而存在。

并非所有的犯罪的构成要件该当性需要考虑结果问题。实际上,只有过失犯罪、间接故意犯罪以及个别的直接故意犯罪才需要在构成要件该当性中考虑结果问题。其原因在于:首先,法益侵害程度通常需要从结果中得到体现,但是刑法并非仅仅处罚法益的实际损害后果,同时对于可能造成法益的表现物或人的实际损害的行为也要进行相对应程度的处罚,法益的侵害也可以通过行为得到说明。其次,虽然该当犯罪,但是对于犯罪的停止形态,刑法仍然需要进行关注并给予对应程度的处罚,刑法对于停止形态的规定说明,没有造成实际结果,同样可以符合构成要

件进而构成犯罪。

作为构成要件该当性中的结果，具有如下特征：

（一）因果性

作为构成要件该当性中的结果必须是符合构成要件该当性的行为所引起的，两者之间应当具有因果的关联，不属于该当构成要件行为所引起的结果，不是刑法中的危害结果，不能归属于某一构成要件行为。一般来讲，危害行为的性质决定了危害结果的性质，但是在特别情况下，这一结论也会发生困扰，例如在偶然防卫的情况下，行为人所实施的危害行为表面上产生了防卫的效果，后者在形式上似乎并不具有危害性，但其本质上仍然属于危害结果。当然，行为并不总是与结果相统一，在行为预备和实行的过程中，由于各种各样的原因可能并未实际发生结果。

（二）侵害性

结果表明刑法所保护的利益表征的客体遭受了侵害的事实，如果某一客观外在的现象无法说明法益侵害事实，也就无法被认为属于构成要件该当性中所要讨论的结果。在此我们强调结果对行为客体造成的具体损害，而并非对法益尤其是某一社会关系所造成的抽象侵害。因此，行为对客体所造成的结果分为两种：一种是该行为已经对客体造成了实际损害，即实害结果；一种是该行为已经对客体造成了可能产生实际损害的具体危险，即危险结果。

（三）现实性

结果必须是行为已经现实造成的侵害事实，如果没有造成现实的损害或者产生损害的现实危险，不能认为产生了构成要件的结果。可能的实害或者危险只是人们根据因果法则和实践经验判断认为行为成功可能出现的结果，因而不是客观存在的而是推测的产物，即使推测有一定依据，但是毕竟并未现实存在，因而不属于结果。

（四）多样性

结果表现多种多样，这一特性是由行为多样性、法益多样性和客体多样性所造成的。但不论表现形式如何，只要已经出现的现实是由危害行为所造成，并且能够说明对法益的侵害性的，该事实就是构成要件该当性中所要研究的结果。

（五）特定性

危害结果的表现形式多样，但是对于构成要件该当性而言，其所造成的结果应当具有特定性，即这一结果必须是刑法规范所明确加以规定的结果形式。例如在故意杀人罪中，固然在未遂的情况下，杀人行为可能造成被害人伤害的结果，对于被害人的法益当然也存在着侵害，但是这一结果由于并非属于构成要件的要件，因而并非构成要件该当性中所要讨论的问题。对于故意杀人罪而言，其结果只能是被害人的死亡。

二、实害与危险

实害与危险是结果的两种基本表现形式。

所谓实害是指行为对客体已经造成了损伤、毁坏、减少、灭失等实际损害事实。例如故意杀人罪中已经将人杀死等情形。

所谓危险是指行为引起客体足以发生一定实际损害的现实危险状态。“危险”概念是一个危险的概念，必须指出的是，在此所谓的危险是指具体的危险，而非抽象的危险。由于抽象的危险仅仅属于行为的属性，作为构成要件的行为本来就应当具备法益侵害的危险性，否则也不可能成为刑法关注的对象。但是在所谓抽象的危险犯中，行为一旦成立，这种抽象的危险即可被推定成立，因此在实践中同行为犯的构成要件该当性混淆不清，很难成为一个独立概念。但是具体的危险已经脱离了行为的属性，成为结果属性，其重要的标志在于行为的成立，并不能一般性地推定

具体危险的成立,必须相对独立地考察具体危险的现实化问题,行为成立与否的考察与危险是否成立的考察是相对分离地进行的,因此危险已经不再是行为的属性而成为行为所无法包容的事物,即属于结果的范畴。例如危害公共安全罪中大量的危险犯,诸如放火行为、投毒行为未必都能够该当于危害公共安全罪,必须具体地、综合地验证危险是否确实成立。由于危险结果并未发生实际损害,其法益的侵害性远远低于实害结果,而且这一危险状态的确定还需要借助一定的分析判断,因而与实害结果相比,在认定上具有相对较低的确定性,因而尤其需要实践中司法人员的慎重认定。也正是因为这一原因,一般只有在十分严重且具有高度危险的犯罪中,才将其作为构成要件结果。

三、结果的种类

除实害和危险之外,结果还可以在不同的角度进行多种分类,虽然有的分类并非构成要件该当性所要研究的问题,但是同结果直接有关,一并论述如下。

(一) 构成要件结果和非构成要件结果

这是以结果是否属于构成要件要素为标准所作的分类。构成要件结果是指成立该当某一具体犯罪构成要件所必须具备的结果,即这一结果是具体犯罪构成要件符合性的内容,如果行为未产生这一结果,就不构成犯罪。因此这一结果又称为定罪结果。例如过失犯中,均要求实际损害的出现,或者有少量过失犯罪要求危险的出现即可构成犯罪,但是如果没有这些结果,过失犯罪就不可能成立。例如过失致人死亡罪同故意杀人罪完全不同,前者必须出现死亡结果才成立犯罪。同样,根据间接故意的基本特征,同样需要结果的发生才成立犯罪。在极少数的直接故意犯罪中,也需要结果的发生才成立犯罪。如上所述,作为构成要件该当性中所要讨论的主要就是这一结果。

所谓非构成要件结果是指不是成立犯罪所必需的、构成要件以外的结果。这种危害结果是否发生以及轻重如何,并不影响犯罪成立,但是可能对法益侵害程度产生影响,从而影响法定刑是否升格以及在同一法定刑幅度内的量刑轻重。因此这一结果又称为量刑结果。例如结果加重犯中的加重结果。

(二) 物质性结果和非物质性结果

这是根据结果的现象形态所作的分类,物质性结果是指现象形态表现为物质性变化的结果,它往往是有形的,可以具体测定和客观认识的,例如致人死亡、造成重大损失等。

非物质性结果是指现象形态表现为非物质性变化的结果,它往往是无形的,不能或者很难具体认定和测量。例如对他人人格的贬损、名誉的毁损等。但是不能将非物质性结果混同于行为的危险属性,前者是行为所造成的外在于行为的相对独立的具体侵害事实,而非行为属性。

(三) 直接结果和间接结果

这是根据结果与行为的联系形式所作的分类,直接结果是指行为直接造成的侵害事实,它与行为之间具有直接因果关系,两者之间没有独立的另一现象作为联系的中介。例如甲开枪打乙致后者死亡,乙的死亡就是甲的杀人行为的直接结果。

间接结果是指行为间接造成的侵害事实,在危害行为与结果之间,存在着独立的另一现象作为联系的中介。独立的现象可能是被害人本人的行为,也可能是第三者的行为或者其他现象。

四、结果在刑法中的地位与作用

结果在刑法中具有重要意义,依据现行刑法的规定,结果的地位与作用表现为:

(一) 作为构成要件该当性内容的构成结果

如上所述,在某些犯罪中,结果是构成要件该当性的内容,如果行为没有造成法定的结果,就不成立犯罪。过失犯罪和间接故意犯罪即属于此类犯罪。这是构成要件该当性意义上的结果的根本意义。但是并非所有故意犯罪都需要结果的实际发生，大多数直接故意犯罪的成立都不以发生结果为要件，其构成要件该当性因而也不需要结果内容。例如故意杀人罪，即使没有发生被害人死亡的结果，同样成立故意杀人罪，只不过属于犯罪的停止形态。但是这一形态的不同并不影响犯罪的成立与罪名的确定。

（二）结果成为区分不同犯罪构成要件的内容

在特定犯罪中，结果既然成为构成要件该当性的内容，因此在另一意义上，结果就可能成为区分不同构成要件的标准，尤其是在转化犯的情形。在本质上这仍然属于构成要件该当性的问题。例如《刑法》第 292 条规定，聚众斗殴行为构成聚众斗殴罪，但聚众斗殴致人重伤、死亡的，按照故意伤害罪、故意杀人罪论处。特定结果的出现成为衡量构成要件性质是否发生变化，从而决定其行为符合不同的构成要件。类似的规定还有第 238 条、第 247 条、第 248 条、第 333 条等规定。当然，既然是构成要件该当性的问题，上述结果应当由刑法规范加以明确化的规定。

（三）结果成为区分犯罪形态的标准

在直接故意犯罪中，犯罪的既遂通常以特定结果的发生为前提，而没有发生特定结果的可能构成犯罪的预备、中止或者未遂。例如故意杀人罪中，死亡结果的出现是认定故意杀人罪既遂的特定结果标准。显然，在此结果成为验证法益侵害的程度而成为区分不同犯罪形态的标准。

（四）结果成为影响量刑的要素之一

在一切犯罪中，结果都必然要通过酌定或者法定的形式不同程度地影响到量刑，其原因根本在于结果是衡量法益侵害的主要标准，而刑罚的程度必然要同行为人的责任以及法益侵害的客观程度相适应。这一影响主要通过以下三种方式：① 结果可以作为酌定的量刑情节，在刑法解释没有明文将结果规定为法定刑升格条件或者法定刑量刑情节的情形下，结果的具体情形就属于酌定情节。例如在医疗事故罪中，虽然没有人数的限制，但显然就诊人死亡的数量作为结果的量，成为考虑其量刑的一个重要情节。同时，在规定情节严重、情节特别严重这样的情节犯构成要件中，结果通常也被包含在情节之中并且作为一个非常重要的情节，在量刑中隐性地发挥作用。② 由刑法规范明确规定作为法定的量刑情节，例如《刑法》第 23 条规定，对于未遂犯，可以比照既遂犯从轻或者减轻处罚。未遂的特征就在于没有发生特定的结果，因此在直接故意犯罪中，法益侵害程度较低，因而成为从宽处罚的事实依据。③ 结果成为法定刑幅度选择的根据和事由。例如对于故意伤害罪而言，《刑法》第 234 条根据对被害人造成伤害程度的不同以及是否出现了死亡结果，将法定刑分为三个幅度。这样的情形尤其明显地表现在结果加重犯之中，即实施了一个基本的构成要件行为，但是发生了一个超过基本构成要件该当结果的加重结果，因而刑法规范明确地将其法定刑升格的情形。

（五）结果成为影响诉讼程序的因素之一

在某些情况下，结果的情况还影响刑事诉讼程序，例如故意伤害罪，造成轻伤的，可以由被害人自诉，人民法院直接受理，但是造成重伤的，只能由公安机关侦查，检察机关提起公诉。又如《刑法》第 260 条规定虐待罪情节恶劣的，被害人告诉的才处理，但是致使被害人重伤、死亡的，由检察机关提起公诉。

（六）结果成为区分行为人是否符合刑事责任年龄从而是否具备有责性条件的依据

通常而言，有责性的认定应当更主要地从行为人的责任状态出发进行考察。但即使事实上行为人存在着同样的认识能力和辨认能力，刑法规范也不得不依据并且限定法益侵害的程度从而限定处罚的必要性和范围，从而决定事实上的这种能力能否成为法律上的能力。因此结果的程度也成为区分行为是否符合刑事责任年龄而具备有责性条件的依据。例如《刑法》第 17 条第 2

款规定,已满14周岁不满16周岁的人犯故意伤害致人重伤或者死亡的,应当承担刑事责任。如果发生轻伤,对于年满16周岁的行为人而言,这一结果属于构成要件该当的结果,但是对于相对刑事责任年龄段的行为人,是否造成重伤的结果成为其是否具有刑法意义上的刑事责任能力的标准。

五、结果与犯罪的终了

结果不仅与犯罪的成立有紧密关系,而且同犯罪的终了也具有一定关系。根据构成要件结果的发生与犯罪终了的关系,可以将犯罪分为即成犯、继续犯和状态犯。即成犯是指随着一定的法益侵害或者危险的发生,行为即告完成而且犯罪终了的形态。故意杀人罪、放火罪等都是如此。一旦死亡结果发生,杀人行为即告结束,故意杀人罪即告终了。而继续犯则是在法益侵害的继续期间,犯罪行为也被认为在继续的犯罪,例如非法拘禁罪。在非法拘禁期间,非法拘禁行为一直继续,而被害人被非法剥夺自由的法益侵害也一直处于继续状态之中。在此期间,可以对犯罪人实行正当防卫等。状态犯是指随着一定的法益侵害的发生,犯罪便终了,但是法益侵害的事实状态仍在持续期间,这种持续不是犯罪行为的持续。盗窃罪就是这样的情形,盗窃行为虽然完成,但是物品被非法占有的结果仍然处于持续期间。状态犯完成后,在法益侵害状态下实施的行为,如果能够被包含或吸收在原有构成要件之中,就不再构成另外的犯罪。例如盗窃他人物品后加以窝藏的,只认定构成盗窃罪而不再独立认定构成窝藏赃物罪。但是该状态如果不能被吸收的,则在其符合其他构成要件规定基础上,与原先实施的犯罪行为数罪并罚。例如由于认识错误而将枪支作为一般物品盗窃后,进行非法持有的行为,构成盗窃罪和非法持有枪支罪,数罪并罚。但是如果并没有认识错误,明知是枪支而进行盗窃并予以非法持有的,非法持有状态不再独立定罪。

第五节　因 果 关 系

一、因果关系的概念和地位

因果关系是指原因与结果之间决定和被决定、引起和被引起的关系。刑法中的因果关系就是构成要件该当行为同发生的构成要件结果之间的决定与被决定的关系。要将所发生的结果归责于行为人,就必须要求行为人的实行行为与结果之间具有原因和结果的关系,否则这种归属就违背了刑事责任的要求。如果行为人同最终发生的结果之间不具备因果关系,行为人就只能负未遂的责任,或者在要求结果才能成立的情况下,甚至也不具备构成要件该当性而不构成犯罪。在结果加重犯的场合,行为人也仅能对基本犯罪结果承担责任。

刑法中因果关系的地位,是指它在构成要件中的地位和作用,即它是否是独立于行为与结果之外的构成要件要素。对此有三种观点:肯定说认为因果关系是犯罪构成要件的必要要素,而且不仅在结果犯中,即使在行为犯中,因果关系的存在与否对于量刑产生影响,因而成为所有犯罪都必须具备的要件。否定说认为在任何构成要件中,因果关系都不是构成要件要素。选择说认为在某些犯罪中,结果属于构成要件要素,因而因果关系在这些犯罪中也属于构成要件要素。

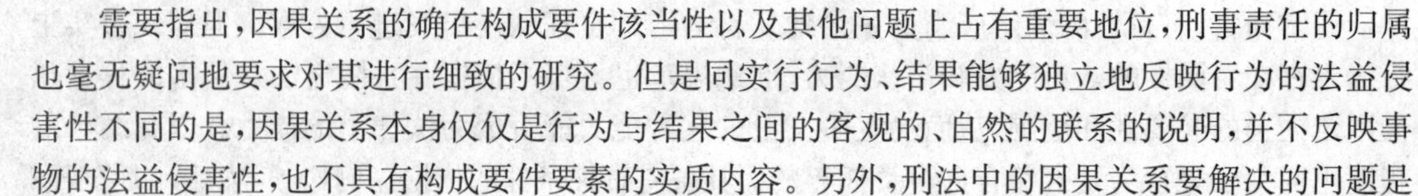

需要指出,因果关系的确在构成要件该当性以及其他问题上占有重要地位,刑事责任的归属也毫无疑问地要求对其进行细致的研究。但是同实行行为、结果能够独立地反映行为的法益侵害性不同的是,因果关系本身仅仅是行为与结果之间的客观的、自然的联系的说明,并不反映事物的法益侵害性,也不具有构成要件要素的实质内容。另外,刑法中的因果关系要解决的问题是已经发生的危害结果是由谁的行为引起的，应当归属于谁。因果关系仅仅是在行为与结果之间起一种桥梁作用，它是为认定实行行为和结果服务的。尤其对于结果而言，一个外在的法益侵害现象之所以被认为属于构成要件该当性中的结果，并且要被归责于该行为及其行为人，内在的原因就在于这一外在现象同行为之间具有因果关系，否则这一现象不可能成为构成要件该当性中的结果。在司法活动过程中，通常的逻辑是发现存在着实行行为，也现实地存在着某个结果，必须运用因果关系理论解决这一结果是否是由于该行为所引起，但是一旦被认定具有因果关系，该结果就成为作为具体犯罪的构成要素的该当结果，否则这一结果不会纳入刑法的关注视野。此后，因果关系问题实际上已经完成了它的使命，不再具有独立的价值，抛头露面的也不再是因果关系而仅仅就是实行行为和结果。也就是说，确定行为人的刑事责任的客观基础在于由因果关系相联结的实行行为和结果，而不是因果关系本身，因果关系的内容实际已经被包括在结果的概念当中。在结果犯中，表面上行为人因为行为与某个结果之间不具有因果关系而不被归责，不承担刑事责任，但实际上是因为其行为没有产生一个可以归属的结果，不承担刑事责任的基础是因为没有构成要件该当的结果。显然在这样的逻辑之下，因果关系固然重要，但并不属于构成要件该当性中与实行行为、结果相并列的独立的构成要件要素。

当然，因果关系并非仅仅在结果犯中具有意义，应当讲，凡是结果在刑法中可能产生作用从而可能影响定罪和量刑的场合，包括结果犯、结果加重犯等等，均须考察因果关系的存在。这是某个特定结果之所以被归属于行为人的基础，无论是关于归属的存在还是归属的程度问题。

二、我国关于刑法中因果关系的争论

因果关系理论中存有太多的歧义纷争，但是在我国，主要的争论集中于：

（一）必然因果关系和偶然因果关系

必然因果关系说认为，只有当危害行为中包含着危害结果产生的根据，并合乎规律地产生了结果时，实行行为与结果之间才是必然的因果关系，而且也只有这一因果关系，才是刑法上的因果关系。偶然因果关系说则认为，当行为本身并不包含产生危害结果的根据，但是在发展过程中，偶然地介入了其他因素，并由于这一介入因素合乎规律地引起结果发生时，危害行为与结果之间就是偶然的因果关系，介入因素与结果之间是必然因果关系。无论是必然因果关系还是偶然因果关系，都属于刑法中的因果关系。

自然，实行行为同结果之间具有必然的因果关系当然属于刑法中的因果关系，但是必然因果关系说所提出的所谓行为之中存在着结果产生的根据，这一结论的判定是极其困难的，司法活动过程中很难在行为之中先在地寻找事物发展的根据并据此认定结果发生的必然性。另外，必然因果关系说不当地限制了因果关系的范围，因而必然不正确地限定刑事责任的范围。在相对的意义上，偶然因果关系说弥补了必然因果关系说的缺陷。实际上，偶然联系和必然联系都是事物普遍联系的侧面。必然性产生于事物内部的主要原因，在事物发展过程中居于支配地位，决定着事物发展的前途和方向，偶然性则产生于事物次要的、外部的原因，因而在事物发展过程中居于从属地位，对事物的发展的必然过程起着促进或者延缓的作用，使事物发展的趋势带有一定的特定和偏差。显然事物的发展并不完全是由必然性所支配，偶然性和必然性在事物发展过程中同时统一地决定着其发展的趋势。但是偶然因果关系还是必然因果关系讨论本身并没有为因果关系的认定提供一个更为明确的、更富可操作性的标准。偶然因果关系实际在一定程度上承认了下文所述的条件说，但是，关键的问题仍然存在着并且继续困扰着人们，即什么样的事物相互联系属于刑法所应关注的偶然的因果关系？是否所有存在相互条件联系的事物关系都可能被认定为偶然因果关系？是否所有的偶然因果关系都必须被归责，因而可能被追究刑事责任？如何并且根据什么在偶然因果关系范围内确定哪一个原因是最终负责的原因？因此，围绕偶然因果关系还是必然因果关系，或者在偶然因果关系、必然因果关系基础之上，再对其进行更为明确地细分，这样的讨论无助于最终因果关系问题的解决，而只是一种以更为哲学化的语言进行一种极为抽象的工作，而忽视了因果关系问题最终是用来解决司法活动中的归责问题，因而是个富有实践性的问题。

(二) 直接因果关系和间接因果关系

直接因果关系是指实行行为没有介入中间环节而直接产生结果，而间接因果关系是指实行行为通过介入的中间环节而间接产生结果。直接因果关系属于刑法中的因果关系毫无疑问，但是间接的因果关系同样属于刑法中的因果关系。其原因在于：事物的发展过程中，并不必然都是由一个原因而直接地、完全地产生最终的结果，因而在因果关系进程当中，可能会介入其他现象，而综合地统一地使结果发生，这是日常生活中的经常现象。因果链条本来就是通过一连串的现象相互联结、互为中介而组成，因此在不同环节上的间接相连就是间接的因果关系。从刑法规定上看，对于间接因果关系进行处罚的立法例也并非鲜见。例如《刑法》第 134 条规定，工厂、矿山、林场、建筑企业或者其他企业、事业单位的职工强令工人违章冒险作业，因而发生重大伤亡事故的，构成重大责任事故罪。强令违章冒险作业通过工人的违章冒险作业而同重大伤亡事故形成间接因果关系。当然，间接因果关系的存在是一个客观事实，问题在于，什么样的间接关系还能够被认为仍然属于刑法中的因果关系，因而成为归责的结果的基础。

三、刑法因果关系的认定

因果关系的认定不仅仅是客观事实问题，由于刑法规范还必须在法律上对客观因果关系进行价值的判断，因此它同时又是一个不折不扣的法律问题。显然，对于因果关系的考察仅仅从事实的一面加以论述是不够的，还应当从价值的层面上对因果关系进行进一步的研究，明确因果关系是因果事实与价值评价的统一，作为客观事实的因果关系只有经过法律的价值判断，才能转化为刑法中的因果关系。因此首先需要研究两个事物之间如何能够被认定具有因果事实，因而具备了事实的因果关系；事实的因果关系是法律的因果关系的基础，只有具备事实的因果关系，才可能将结果客观地归责于其本人的行为，正是在因果事实的基础上，刑法规范才能进行价值的判断，认定哪一行为同结果之间具有法律上的因果关系，并进而最终认定将结果归责于哪一个行为。

(一) 因果事实：事实上的因果关系

什么样的关系事实能够成为事实上的因果关系，其最根本的依据就是条件说。条件说又称条件等价值说，认为在行为与结果之间，如果存在着“如无前者，即无后者”的关系，则存在刑法的因果关系。这种观点实际认为只要两者存在逻辑上的条件关系，即为原因关系。条件说认为给结果以影响的所有条件都具有同等价值。但是这种广义上的因果观念可能是刑事责任的基础过宽，形成无止境的关联，最终得出荒唐的结论，例如同样可以认为杀人犯的母亲也是被害人死亡的原因，因为如果没有杀人犯的出生，也不会出现被害人死亡的结果。虽然条件说采取了一系列理由和做法对这一弊端加以弥补，例如虽然原因的范围过于广泛，但是通过责任的限定、实行行为的限制，甚至采取因果关系中断论，提出在行为与结果之间介入第三者的故意行为、过失行为或者自然性事实时，原先的因果关系中断。但是无论如何，这是根基上的问题，无法最终得到克服。

但是条件说奠定了法律上的因果关系的事实基础，因此成为所有因果关系理论都无法回避的起点。此后的因果关系理论实际上都是在条件说所提出的诸多条件范围基础之上，依据特定

的标准进行价值判断，进而认定其中的一个或者部分条件属于原因，从而认定与结果成立刑法中的因果关系，确立刑事责任的客观基础。因此条件关系的判断是至关重要的，它决定着法律因果关系的判断对象的正确性问题。当然一般而言，条件关系是容易判断的，但是也有一些如下问题需要说明：

1. 因果关系的断绝

条件关系自身被切断，即为因果关系的断绝。即先行条件对某一结果尚未起作用时，与此无关的后条件导致了该结果的发生，在这种场合，先行条件就不是结果的原因。例如甲将乙打成重伤，正在医院抢救，一般情况此种情况的病情很有可能在几小时后死亡，但是恰巧发生地震，房屋倒塌，将乙砸死。在此情况下，通常认为甲的行为并非乙的死亡的原因，因为即使没有甲的伤害行为，乙仍然会死。

2. 假定的因果关系

这是指虽然某个行为正在导致结果的发生，但是即使没有该行为，由于其他情况也会产生同样的结果。对此仍然可以细分为两种情况：其一是行为人即使实施了合乎规范的行为，结果仍然发生，在此是否遵守规范同结果的发生没有影响，因此不能认为行为人违反规范的行为对结果具有原因力。其二，行为人实施了危害行为，导致结果发生，但是如果他不实施该危害行为，也有其他人实施能够产生这一结果的行为，导致结果仍会发生。例如死刑执行人丙在执行死刑的瞬间，被害人的父亲乙突然将犯人甲杀死。虽然也有观点认为即使没有乙的行为，犯人甲仍会被丙处死，因而乙的行为同甲死亡结果之间没有条件关系。但是，我们所说的因果关系是现实的因果关系，不能因为假定的因果流程而否定现实的因果关系，因此仍然不得不认为行为人的行为同结果具有条件关系，即如果没有乙的行为，至少犯人甲的生命不会在那个时候结束。

3. 择一的竞合

这是指两个以上的行为分别都能导致结果的发生，但在没有意思联络的情况下，竞合在一起发生了结果。例如甲乙在没有意思联络的情况下，分别在丙的杯子里投入致死量的毒药，并在同一时间产生作用致丙死亡。在此，如果没有甲的行为，丙仍然会被乙毒死，反之亦然。因此也有人认为甲乙的行为同死亡结果都没有条件关系。但这显然不现实，因为在这种存在多个条件的情形中，如果除去一个条件结果仍会发生，但是除去所有条件之后，结果将不发生，因而所有行为同结果之间都具有条件关系。甲乙均构成故意杀人既遂。

4. 重叠的因果关系

两个以上相互独立的行为，单独不能导致结果的发生，但在没有意思联络的情况下，合并后在一起导致了结果的发生。例如甲乙没有意思联络而分别向丙的杯子各投放50%的毒药，致丙死亡，一般承认甲乙的行为同死亡结果之间都存在条件关系。

除上述条件问题以外，现在还产生了疫学的因果关系理论，这是由于在食品卫生、环境污染等公害犯罪中，往往难以精确地认定因果关系，因而导致实践困难。为此，认为根据疫学理论，符合以下四个条件，即可认定具有高度的概然性而判断其具有因果关系：该因素是在发病的一定期间之前起作用的因素；该因素的作用程度与患病率之间存在正相消长的关系；该因素的分布消长与疫学观察记载的流行特征并不矛盾；该因素作为原因起作用，与生物学并不矛盾。

（二）客观归责：法律上的因果关系

在批判条件说的基础上，产生了原因说、相当因果关系说。原因说主张从条件中以某种规则为标准挑选其中应当作为原因的条件，只有这一原因与结果之间具有因果关系。原因说区别各个条件的不同作用和地位，因而又称为个别化说。由于判断标准的不同，原因说由主要可以分为以下六种：① 必要条件说。认为在引起结果发生的各种条件中，只有为结果发生所必

要的、不可缺少的条件,才是刑法中的原因。② 最近原因说。认为引起结果发生的原因中,从时间上看,最终对结果起作用的为原因。③ 最有力条件说。认为对结果发生最有效力的条件行为为刑法中的原因。④ 优势条件说。认为决定结果发生方向的条件为原因。⑤ 动力原因说。认为对结果的发生给予动力的条件就是原因。⑥ 异常原因说。认为在生活中违反常规所实施的行为就是原因。

相当因果关系说则主张根据社会一般人生活上的经验,在通常情况下,某种行为产生某种结果被认为是相当的场合,就认为该行为与该结果具有因果关系。"相当性"说明该行为产生该结果是一般而非异常的。相当因果关系说主张以行为时的一般人的认识为标准来判断其相当性的存在与否。但是其中也存在着主观说、客观说、折中说的区别。客观说主张应当由法官以社会一般人对行为及行为后所发生的结果能否预见为标准;主观说认为应当以行为人在行为当时所认识或者所能认识的事实为标准;折中说主张以行为时一般人所预见或可能预见的事实以及虽然一般人不能预见但行为人所认识和所能认识的特别事实为基础,判断相当性的有无。

应当指出的是,原因说提供的标准仍然主要是就其条件的事实性质本身而言,但已经包含了一定的价值评价;而相当因果关系说则主要围绕着社会观念而展开,因此两者所提出的标准存在细微差别,但是两者的共同之处在于,都是提供了一种标准来检验条件的重要性、价值性,因此都属于要解决条件的重要性从而决定哪个条件能够被归咎的问题。因此,只有条件说才是唯一的事实因果关系理论,原因在于:首先,无论原因说还是相当因果关系说本身均必须在条件说基础之上进行有关的讨论,条件说是它们的立论基础和起点。其次,原因说和相当因果关系说本身都不解决行为与结果之间的关系性质。两者共同的地方在于为了限定条件说的运用范围,都认为在众多条件中只有某个特定行为才是有价值的事物,才需要刑法予以关注,从而具有法律意义,才能将该特定行为作为原因而将结果归咎于该行为。表面上,原因说似乎想在事实上将原因从诸多条件中区分出来,但是和相当因果关系说完全一样,两者都不否认条件说,而仅仅是在条件说基础之上,提出一个判断标准,遴选、决定一个具有法律意义的、能够被归咎的条件作为原因。两种观点都是希望提供一种价值判断的标准来限定条件的归咎范围,所以都带有一定的价值性和主观性。

但是无论是原因说还是相当因果关系说,其所提供的标准和价值判断依据,都是比较含糊的,不容易在司法中得到实际的运用。在此基础之上,客观归责论产生,根据这一理论,可以归责于一个行为的结果,只能是这一行为给保护对象造成了法律禁止的危险,并使这一危险现实实现在作为构成要件的结果之中。客观归责的理论基础是禁止的危险,即在条件说的基础之上,当某一行为导致了一个具体结果发生的禁止的危险而非允许的危险,或者制造的禁止的危险增加了行为对象已经面临的危险程度或者通过制造另外一个危险来代替原来存在的危险,并最终使上述禁止的危险具体地实现产生了结果,则该结果可以归咎于该行为。虽然同样都是提供一定的判断标准,也尽管可能会存在不明确的地方,但是客观归责理论显然较之原因说、相当因果关系说,更为有利,也更有可操作性。

第六节　主观的构成要件要素

一、主观的构成要件要素的概念

一直以来,构成要件一直被理解为是单纯的客观事物,因此在构成要件符合性中,一般也只研究实行行为、结果等客观要件,而将故意过失等主观要素作为责任的要素加以对待,而在有责性中进行细致探讨。

现在通常认为，故意、过失当然主要属于责任要素，但是在认定某一行为是否符合构成要件时，也不得不考虑到故意和过失的内容，例如同时非法终结他人生命，如果排除故意和过失的区别，在构成要件的角度就很难将过失致人死亡罪和故意杀人罪明确地加以区分，甚至也不能将直接故意和间接故意杀人相区别，反而使构成要件失去了定型化的作用。另外，刑法理论中的很多问题同故意、过失的构成要件定型是紧密相连的。有时行为的违法性取决于行为人的主观态度，例如对于侵犯财产罪中的具体犯罪而言，是否具有非法占有的故意在最初就应该成为甄别构成要件实行行为和不属于构成要件的一般行为的标准，如果没有非法占有目的，刑法就没有予以过多的关注，也没有必要将其作为违法行为处理。无论是司法还是理论的逻辑，都不可能在构成要件符合性阶段甚至在违法行为阶段持续地关注并考察某一个并非出于非法占有故意而仅是客观上不当转移、处分财产的行为，只是在有责性阶段才将其排除，同样也没有必要将行为人不知对象为犯罪人而将其留宿接待的行为作为窝藏罪中符合构成要件的行为，其行为也并不违法；同样，对于共犯的成立，也必须建立在故意的基础上；对于构成要件的未遂而言，也是以故意为前提的，如果脱离故意，我们无法判断一个扣动扳机射出子弹而没有击中目标的行为是杀人的未遂还是伤害的未遂，甚至根本不具有构成要件。

显然，在很多情况下，故意和过失同构成要件的描述本身相关，缺乏这些要素，我们就无法把握犯罪构成这一事实本身。因而故意、过失以及其他的主观要素同时也是构成要件符合性所必须关注的问题，而使这些主观的要素成为构成要件要素。在此意义上的故意和过失，被称为构成要件的故意和过失。重要的问题在于分清哪些主观要素属于构成要件，哪些主观要素属于责任要件，其关键在于：该主观要素是否与构成要件的具体行为类型具有联系，或者说这一主观要素是否有助于具体行为的定性、界分。作为构成要件的主观要素可以确定行为构成的特定类型并直接指向侵害法益，而作为责任要件的主观要素不具有这一特点，而只是表明行为主体的人格态度等内容。因此并不是所有的主观要素都是构成要件要素。当然，故意和过失本来就是责任的要素，而且作为构成要件要素的故意过失，与作为责任要件的故意过失，并不是两种不同的故意和过失，所以一般来讲，即使肯定故意和过失是主观构成要件要素，也将其具体内容放在有责性中加以详细论述，我们也采用这一通常做法。

二、主观的构成要件要素的分类

主观的构成要件要素一般分为一般的主观构成要件要素和特别的主观构成要件要素。前者主要是指作为构成要件的故意、过失而言。后者在大陆法系中通常分为：意图犯或者成为目的犯、倾向犯、表现犯或者表示犯。

在我国刑法中，特别的主观构成要件要素主要是指构成要件该当性中的行为目的。所谓行为目的是指行为主体主观上通过行为所希望达到的结果。行为的目的在刑法中包括两种情况：第一种是在直接故意中，作为行为人意志内容的指向，即行为人对自己行为直接造成危害结果的希望。例如在故意杀人中对死亡结果的希望，这种目的经常同构成要件该当结果相联系。但是这是故意内容所能包括的东西，因此没有必要作为特别的主观构成要件要素加以独立的论述。第二种目的是指在故意行为中，行为人通过实现行为的直接后果之后，所进一步追求的某种非法利益或者结果。特别的主观构成要件要素就是指第二种目的。通常而言，刑法分则规范所规定的构成要件将这一主观构成要件要素明文规定，例如第152条规定走私淫秽物品罪必须具备牟利或者传播的目的，第192条集资诈骗罪必须具备非法占有的目的等；也有的虽然刑法分则规范并没有明文规定，但是在解释论上通常认为应当具备某种目的的，例如抢劫罪、盗窃罪等构成要件中并没有非法占有目的的规定,但是这一目的同样属于必备的要素。刑法特别规定或者解释论中要求具备特别的目的性的主观构成要件要素的犯罪,刑法理论中称为目的犯。一般而言,客观要素同主观要素之间存在着对应关系,但是特别的主观构成要件要素例如目的要素通常超越了构成要件客观要素的范围,所以也称为超越的内心倾向。

既然作为构成要件要素,因此目的成为区分某一行为构成要件该当性的标准,如果行为人主观上不具备刑法分则所要求的某一犯罪构成要件该当性所要求的目的要素,则不构成犯罪,或者只能构成其他犯罪。例如赌博行为必须以营利为目的,否则不构成犯罪。同样,目的也成为区分不同构成要件该当性的根据,例如同是收买妇女的行为,如果出于出卖的目的,就符合拐卖妇女罪的构成要件;但是如果仅仅出于强娶为妻等目的,则构成收买被拐卖妇女罪。脱离其内心的目的,这两个犯罪就无法进行正确的区分。

当然,目的这一特别的主观构成要件要素之所以成为超越的内心倾向,其原因在于客观上并不要求行为人已经实现了这一目的,目的是否存在与成立无关,但目的是否实现,却与犯罪既遂可能没有必然的关联。显然,目的的客观存在与目的的客观实现是完全不同的问题。

本 章 小 结

在本章中,尤其需要注意构成要件的不同含义以及不同的分类、行为的不同形式,注意区分作为、不作为、持有的不同构造,了解结果在刑法中的不同含义,注意到因果关系的复杂性,同时对于构成要件该当性中,同样存在着同有责性的故意和过失之间既相联系又相区别的主观的构成要件要素。

参考阅读书目

1. 熊选国:《刑法中行为论》,人民法院出版社 1992 年版。
2. 黎宏:《不作为犯研究》,武汉大学出版社 1997 年版。
3. [日] 日高义博:《不作为犯的理论》,中国人民公安大学出版社 1992 年版。
4. 李洁:《犯罪结果论》,吉林大学出版社 1994 年版。
5. 林维:《间接正犯研究》,中国政法大学出版社 1998 年版。
6. 张绍谦:《刑法因果关系研究》,中国检察出版社 1998 年版。

【思考题】

1. 不作为的特定义务来源如何确定?
2. 先行行为的范围究竟应当如何确定?
3. 如何理解身份在刑法中的意义?
4. 如何理解事实的因果关系和法律的因果关系之间的关系?
5. 如何理解不真正不作为犯同罪刑法定原则之间的关系?

第四章 违法性

本章要点

在确定行为符合构成要件之后，为准确评价行为的性质，有必要进一步考虑行为是否具有违法性。一般来说，行为符合构成要件，就可以推定其具有违法性。但如果存在特殊事由，则可以阻却违法性。这一特殊事由就是违法阻却事由。违法阻却事由是行为正当化所依据的事实。对违法阻却事由的存在根据，理论上有法益权衡说、目的说与社会相当性说的对立。根据法律对违法阻却事由有无明确的规定，可以把该事由分为两种基本的类型：法定的阻却违法事由（紧急行为）与超法规的正当化事由（其他阻却违法事由）。本章所讨论的违法阻却事由包括：正当防卫和紧急避险。

第一节 违法性概述

一、违法性的概念和意义

犯罪行为不仅应当是形式上符合构成要件的行为，而且应当是实质上为法律所不允许的行为，即必须是违法的行为。所谓违法性，就是指行为违反法律，即行为为法律所不允许。违法性是犯罪成立的第二个条件。

为了保护人类的社会生活的基本秩序，法律规定了有拘束力的行为规范，即法律规范，对于刑法来说，就是规定了禁止（特定义务的不作为）或命令（特定义务的作为）规范。由于这一规范是以禁止或命令的形式出现的，行为符合构成要件，也就意味着违反了法律规范所规定的作为或不作为义务。因此，符合构成要件的行为，通常具有违法性。但是，有的行为可能符合构成要件，却不具有违法性，它不仅为社会的基本价值所允许、提倡或为法律所允许，而且也为社会共同生活所必需。这种在形式上符合构成要件的行为，就其刑法上的犯罪判断而论，因其不具有违法性而不构成犯罪。在符合构成要件的行为被推定为有违法性的行为的情形下，如果存在推翻推定即存在不具有违法性的事由时，就能阻却违法性。这一事由就是违法性阻却事由或正当化事由。比如，有些行为（正当防卫、紧急避险等行为）虽然符合构成要件，却不具有违法性，从而不构成犯罪。

二、违法性的本质

对违法性的本质问题，在学说上有形式的违法性与实质的违法性、客观的违法性与主观的违法性之分，它们都源于结果无价值论与行为无价值论的对立。

形式的违法性，是将违法性从违反国家规范的层面上来理解，违法性就是违反法规范，即违反法律上禁止或命令的行为。刑法规范总是禁止人们为特定行为或要求人们为一定行为。只要行为符合构成要件，就具有形式的违法性。而实质的违法性，是针对形式的违法性的内在紧张性而论的,因为在实质的违法性论看来,形式的违法性并没有说明违法性的实质。实质的违法性将违法性从法律秩序内部所蕴含的基本理念的实质根据层面来把握,也就是说,它用违反法定规范以外的实质标准与根据来诠释违法性。实质的违法性论大多认为,违法性是指对法益的侵害与威胁,是对国家法秩序的违反。一般认为,形式的违法性与行为符合构成要件的意义相同,而实质的违法性则是指不仅行为本身符合构成要件,而且不具有违法性阻却事由。换言之,不存在违法性阻却事由的行为应当具有实质的违法性。不过实质的违法性更多体现的应当是立法者在制定构成要件时的指导思想与衡量标准。

客观的违法性论与主观的违法性论。就违法性的本质而言,还存在着客观的违法性论与主观的违法性论的区别。客观的违法性论认为,法律不仅是禁止或命令之规范,同时它还是一种客观的评价规范。作为一种客观的评价规范,法律应当适用于一般人,也就是,法律规范的内容应当客观地制定,不应当考虑行为人的主观认识与能力,同时,违法的判断,也应当不管行为人的主观能力,只依据它有无违反客观性的法律来加以判断。只要客观上违反了法律,就具有违法性。所以,某一行为如果同客观的法律规范发生矛盾,就可以认定其具有违法性,而不必考虑其有无责任能力。与此相关联,即便是无责任能力的行为人甚至自然力、动物,只要其行为或侵害与法律规范相违背,也就具有违法性,对此就可以进行正当防卫。主观的违法性论认为,法律规范以对人发出的禁止或命令为其内容,其有效性必须有能够接受并理解这种禁止或命令规范的人的存在为前提。违反规范的人应当是能够理解规范内容与意义的人,换言之,只有能够理解法律规范并具有作出意思决定的人的行为,才有无违法性的问题。不能理解并作出意思决定的人的行为,谈不上违法性问题。由于犯罪论的体系是建立在符合构成要件、违法性与有责性上的,所以,违法性与有责性应当分开,从这个意义上说,违法性应当是客观的。

结果无价值论与行为无价值论的对立。结果无价值论认为,刑法的目的在于保护法益,因此,违法性是指有实际的法益侵害或有侵害法益的危险性。也就是说,具有法益侵害或危险的"恶"的结果的产生是违法性的根据。行为无价值论认为,违反法律规范的行为,在本质上是因为这种行为违反了法律规范的社会伦理性,因此才给予违法性的否定性评价。相应地,恶的行为即行为的种类或方法、恶的内心即行为人的意图与目的等客观与主观的诸要素所构成的行为整体具有反社会伦理道德性,是构成违法性的主要依据。结果无价值论与行为无价值论的对立,基本上是基于对刑法的机能与任务的分歧而产生的。结果无价值论认为,刑法是以保护法益为目的,因此不应当将刑法作为维持社会伦理道德秩序的手段,相应地,该理论一般不承认主观的违法要素。而行为无价值论则认为,刑法除了保护法益外,更应当将维护社会伦理的任务作为刑法的任务,该理论则承认主观的违法要素。原则上,结果无价值论的主张更为合理。

三、违法阻却的根据

行为符合构成要件,一般可以推定其具有违法性,行为有可能成立犯罪。但如果存在特定的事由足以阻却这种违法性推定,那么,犯罪仍然不可能成立,该事由就是违法性阻却事由。

违法性阻却事由,又称阻却违法事由,是指排除符合构成要件的行为的违法性的事由。也就是说,符合构成要件的行为与法律规范相冲突、对立,即违背了禁止或命令规范而具有违法性,但由于某种特殊事由的存在从反面排除了该行为的违法性,这种排除违法性的各种特定要件,因其足以阻却符合构成要件的行为的违法性,故称之为违法性阻却事由或阻却违法事由。正是由于这一特定事由的存在,而使符合构成要件的行为得以合法化,所以违法性阻却事由又称为正当化事由。

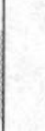

对阻却违法的根据,理论上有众多学说,主要有法益权衡说、目的说与社会相当性说三种

理论。

法益权衡说认为正当防卫、紧急避险等违法阻却事由的存在都是法益冲突的结果。在法益相互冲突的情形下必须进行利益比较从而保全重要利益而牺牲次要利益。违法阻却事由之所以正当就是因为这些行为总是优先保护重要利益，在法益矛盾与冲突时进行法益最大化选择。但法益权衡说在解决正当防卫时遇到一些困难，因为许多正当防卫行为并非都可以进行法益比较。

目的说从行为人采取的相关行为的目的出发，认为为达到国家所承认的共同生活的目的而采取的适当手段就成为违法阻却事由的根据。但目的说本身也有需要进一步说明的地方，因为它强调达到被国家承认的共同生活的目的，除了有国家主义立场的嫌疑外，究竟什么是达到正确目的的适当手段并不明确。

社会相当性说则基于相对的、动态的立场对违法阻却事由进行阐释，认为法律并非将所有法益侵害都认为是违法而加以禁止，而是将超出社会相当性限度的法益侵害行为作为违法并加以禁止，也就是说如果行为符合历史所形成的社会伦理秩序，其行为就具有社会相当性。社会相当性从以下几方面加以判断：目的的正当性、手段的正当性与法益的均衡性。目的的正当性就是只要行为人行为的目的符合社会生活的一般伦理秩序就是正当，手段的正当性就是指实现正当目的的手段也必须符合一般的社会生活的伦理秩序，法益的均衡性就是判断行为的正当性与否必须考察应当保护的法益与损害的法益两者的大小。

第二节 正当防卫

一、正当防卫概述

正当防卫是最重要的正当化事由，具有悠久的历史。在罗马法时代，个人保护自己生命与健康这种个人最高法益的权利就得到了承认，比如对暴力允许以暴力进行正当防卫。在中世纪晚期的意大利和德国民间法律文献中，在城市法和法律书籍中，就有关于正当防卫的完备而详尽的论述。18世纪末的自然法理论将个人的自卫权与通过社会契约转移给国家的刑罚权联系在一起，奠定了正当防卫权的一般理论基础。

（一）正当防卫的根据

正当防卫成为阻却违法事由的理由与根据是什么，在刑法理论上有如下几种不同学说：

1. 自卫本能说或自然权利说

对不法攻击者的反击行为，是基于人类的自卫本能的自然反应。基于社会契约说的原理，认为个人基于自我保护与自我保存的本能具有固有的自己防卫权，只是基于社会契约将此保护权委托给国家，在国家不能给予保护的紧急状态下，个人就能行使防卫权。所以，它是一种与生俱来的自卫权，其成立无需其他外在的根据，而是人的一种原始的自然权利。

2. 法律权利说或目的说

正当防卫的本质是对不法侵害给予排除，以保障正当的利益，并维持国家所确认的法律秩序，因而正当防卫又具有社会权利的意义。也就是说，被侵害人的自卫行为同时还是在维护公共法秩序。正当防卫是一种法律赋予的权利，是对不法的否定与法秩序的确证，也是对不法侵害的一种法秩序的警告。既然不法是对法的否定，所以应当被否定。既然国家必须确证法秩序即否定不法，那么在国家不能确证与维持法秩序的紧急情形下，就应当由个人来行使这一权利。

3. 紧急行为说

个人在遭受不法侵害的时候没有拱手让其侵害而承受痛苦的义务，尤其当在急迫之际不可能求得公权力的救助之时,准许公民在一定限度内予以排除危害的行为,符合保护正当利益为目的的法律的使命。因此,法律不可能也不应该将对不法侵害进行防卫的反击行为视为违法行为。从实质意义上说,法律权利说与紧急行为说两者在内容上是基本一致的。不过,无论是自然权利说、法律权利说还是紧急行为说,正当防卫都体现或贯彻一个基本的命题,就是,正义不必屈从于非正义。所以,正当防卫反映的是一种"正对不正"的关系。

(二) 正当防卫的限制

正当防卫的性质决定了防卫权有其限度。在防卫权的限度上有无限防卫权与有限防卫权主张的分野。无限防卫权的主张从个人权利神圣不可侵犯的基本理念出发,认为个人权利的行使除了受同样保障社会的其他成员享有这一权利的限制之外,个人权利应当是无限的,不受干涉的,因此正当防卫的强度应当是没有限制的。而有限防卫权的主张则认为,应当以社会本位的法代替个人本位的法,因而在正当防卫上主张以社会本位代替个人本位来理解正当防卫的正当性及其限制,进而认为正当防卫应当是受到一定限制的权利。无限防卫权的思想与主张有片面强调个人权利的嫌疑,而且赋予公民以无限防卫权容易导致防卫权的滥用,同时使其难以同私刑加以区分。可以说,赋予公民以无限防卫权,一方面会产生防卫权同国家刑罚权相冲突的结果。因为防卫权从其实质上说是一种私刑权,或者说,它是国家将自己垄断的刑罚权让渡给个人。另一方面,也容易导致国家推卸保护公民人身、财产与其他权利的责任的结果。因为保护公民的基本权利是国家的法定义务,这也是所有纳税人之所以纳税以及国家机器得以存在与延续的正当化前提与依据。国家的这一责任不应当通过赋予公民的无限防卫权而将其基本的责任转嫁给公民个人。

防卫权的限度除了强度上的限制外,还体现在法益的可预防性的限制上。正当防卫的自我保护的性质规定了正当防卫的法益的可防卫性的范围。也就是说并非对所有受法律保护的法益进行的侵害都可以进行正当防卫,就正当防卫的个人权利的属性而言,正当防卫只应当适用于保护个人法益的情形,那种为了保护公共秩序或法秩序本身而行使正当防卫的立场是难以获得正当性依据的。此处的个人法益,既包括纯粹的属于个人法益的情形,也包括内在包含个人法益的情形。个人的法益,既包括生命、健康、自由、财产,也包括名誉、荣誉甚至隐私等等。所以,个人的法益不仅包括刑法所保护的法益,也包括各种法律所承认与保护的法益,而且这种法益也不以自己的法益为限,也包括他人的法益。他人的法益除了自然人的法益外,也包括法人或单位的法益。所有对这些法益加以侵害的行为都可以进行正当防卫,相应地对于纯粹的国家法益、社会法益、公共利益的侵害除非危及个人利益,否则不得进行正当防卫。这不是说公民个人进行这种防卫没有道德上的正当性,而是说,公民个人没有这样的权利,因为对这类侵害行为的防卫权只属于国家及其相应机关而不属于公民个人。例如,任何公民个人都不能为了保护国境安全而开枪射杀、伤害或私自逮捕非法入境者。所以,国家、社会与公共利益本质上不具有正当防卫中的可防卫性,是应当在公民个人的防卫权的行使范围之外的,或者说应当是公民个人防卫权不应或不能涉及的领域。这种防卫权本质上是属于国家的垄断性的权力,是国家专门机关的专门活动与职权。倘若可以由公民个人来行使,不但无助于国家、社会与公共利益,反而会引发社会秩序的混乱。

当然,如果对国家、社会与公共法益的侵害同时危及公民个人(自己或他人)的法益时,公民可以进行正当防卫;如果这种侵害针对的是通过公民纳税方式形成的公共财产即国家、社会或集体管理或使用中的个人法益,可以进行正当防卫。比如,对于抢劫、盗窃国家、集体财产的行为,可以进行正当防卫。因为这种国家、集体的财产是公民纳税形成的。

二、正当防卫的构成条件

根据《刑法》第20条的规定,正当防卫是指为了国家、公共利益、本人或者他人的人身、财产和其他权利免受正在进行的不法侵害，而对不法侵害人所采取的必要而适度的制止其不法侵害的防卫行为。正当防卫的构成条件包括以下几个方面。

（一）不法行为的侵害性

不法，是指侵害行为为法律所不允许。所谓侵害，系指对于自己或他人的权利加以侵袭与损害。尽管在日常用语中，侵害通常是指故意或积极的作为情形，但在刑事法律中，侵害是指对法益造成实害或者危险，而不管这种行为是故意行为还是过失行为，也不论是作为还是不作为。比如，刑满后不予释放的行为就是一种不作为方式的侵害。即便是过失行为、不作为行为都可能构成一种侵害。对于他人的故意侵害可以实施防卫行为，对于他人的过失侵害行为也可以实施正当防卫。同样，对于作为方式的侵害行为可以进行防卫，对不作为方式的侵害行为也可实施正当防卫行为。但正当防卫中的不法侵害是否包括不作为行为，关键看这种不作为行为是否形成了紧迫的危害，如果这种不作为的行为已经形成紧迫的危害，那么就可以进行正当防卫。否则，就不应当进行正当防卫。

不过，对于不作为的侵害行为进行正当防卫的方式相对特殊，一般是正当防卫人用强力迫使侵害人履行其应当履行的义务，从而避免危害结果的发生。例如锅炉工故意不给锅炉加水，锅炉因此已经到了要爆炸的程度，此时的不作为侵害行为显然对公共安全等法益造成紧迫的危害，当然可以进行正当防卫。再比如，对于无故进入自己住宅要求其退出而不退出的人，可以以强力方式将其驱逐出住宅之外，不退出的行为就是一种不作为的侵害行为。

就正当防卫中的不法侵害是否包括过失行为问题，在学术界有两种基本的观点。一种观点认为对过失侵害行为不能实行正当防卫。另外一种意见则认为，对于那些从行为外观上表现为暴力或武力的过失侵害行为可以实行正当防卫，而对其他过失侵害行为则不能实行正当防卫。我们认为后一种观点是可取的，理由是：只要有紧迫的对法益的实害或危险，并且这种实害或危险表现为暴力形式，那么防卫人没有必要也没有可能在紧急情形下去判断侵害人主观上的罪过形式到底是故意还是过失，因此可以进行正当防卫。

不法侵害行为是指人所实施的对国家、公共利益和个人合法权益的侵害行为。相应地，针对法人的行为、动物的行为不能进行正当防卫，但它可能成为紧急避险的理由。在利用法人或单位作为工具进行违法犯罪的情形下，可以对侵害进行正当防卫。如果动物的侵害是动物所有人的故意或过失行为所致，即是动物的主人或管理者以此加以利用作为其违法犯罪的工具时，这种侵害自可认为是动物的主人或管理人的侵害，被攻击者为保护自己权利而损伤该动物的，自然可以成立正当防卫。另外，正当防卫是"正对不正"的关系，对于一切合法行为不允许进行正当防卫，比如对依据法律执行的逮捕行为（即使最后经过调查认定为错捕）、对依法执行公务或命令的行为、对公民依法扭送在逃人犯的行为、对正当防卫、紧急避险，以及父母对子女基于亲权而行使的惩戒行为等，都不能进行正当防卫。

需要注意的是，正当防卫中所指的不法，并非只指犯罪行为，也包括其他违法行为，所以这种违法与作为犯罪成立要件之一的违法不是一回事。这种违法是依据统一的国家法律来进行认定的，并不限于刑事违法，并且这种违法是一种客观的违法，就是不管侵害人主观上是否具有违法故意或者责任，也不论侵害人主观上是否意识到了其违法内容。依这种观点，即便对于未达到刑事责任年龄的未成年人或无刑事责任能力的精神病人，或陷入认识错误的人或者主观上既无故意又无过失的行为人即意外事件中的行为人，只要有不法侵害的现实侵害，就可主张正当防卫。就意外事件中的不法侵害即客观违法而言，其认定完全是立足于结果无价值即结果为恶的基础上。比如，司机完全依据操作规程进行了必要的观察后倒车，但有一个人突然出现在车后，对此意外事件，他人仍然可以对此进行正当防卫。

(二) 侵害的现实性

侵害的现实性就是要求侵害应当是现在的侵害,即既非过去、也非未来而是直接面临的或已经开始的侵害。包括侵害行为已经着手、正在进行、尚未完毕三种情形。如果对于过去的侵害加以报复,或者唯恐将来受侵害而进行防卫,都不属于正当防卫。

一般而论,侵害的现实性开始于侵害着手之时,即不法侵害已经临近或迫在眉睫。一旦某种侵害已经着手进行,侵害的现实性就已经存在。就是说,侵害的现实性开始于即将发生的侵害已经对法律保护的法益发生直接损害与威胁之时。

侵害的终止性判断,在学界有如下几种主张: ① 侵害终了说。认为侵害行为进行中,才是现在,行为终了即为过去。② 离开现场说。认为不法侵害人离开现场即为终了。③ 侵害(事实)继续说。即便侵害行为已经结束,但只要侵害的事实仍然在继续中,就是属于侵害的现实性的情形。

我们认为,上述观点都不同程度地存在缺陷,不法侵害的终止,应当以不法侵害的危险是否排除为其客观标志。所谓危险是指不法侵害对法益造成的现实危险性,并通过对不法侵害人造成一定的人身或财产的损害可以予以排除。只要法益面临直接的侵害、或法益正在被侵害、或法益继续被侵害并且没有被排除都属于侵害的现实性,侵害都没有终止。所以,侵害的现实性结束于不法侵害的完毕,一般是指侵害行为实施完毕、危害结果已经出现并且不可能及时挽回损失的情形。

在不法侵害是财产犯罪的场合,侵害行为已经结束,但被害人当场使用强力挽回损失的行为,应当成立正当防卫。但具有下列情形之一的,不法侵害的现实性已经不再存在: ① 不法侵害已经被防卫人所制止。② 不法侵害由于侵害人意志以外的原因不能继续进行下去。③ 不法侵害由于侵害人自身的原因而丧失继续侵害的能力。④ 不法侵害人已经自动中止不法侵害。

侵害的现实性,对于侵害行为在一定时间内处于继续状态的继续犯或称持续犯而言,只要侵害行为所导致的不法状态还在持续中,就可以认定侵害现实性的存在。比如非法拘禁他人、非法侵入他人住宅,只要使他人的人身自由受到剥夺或限制以及他人住宅安宁权受到侵害的不法状态仍然在持续,就可以认定侵害的现实性。对于侵害行为实施之后对合法权益的不法侵害状态处于继续状态的状态犯而言,尽管不法结果已经发生,但如果仍然具有挽回的余地,那么可以认为侵害仍具有现实性。比如,盗窃犯盗窃他人财物后,刚离开现场就被失主发现,被害人在当场或附近使用强力夺回被盗财物的行为,属于正当防卫。[①] 因为盗窃犯持有赃物在现场或逃走中,就是现实地占有赃物,不法状态在持续,侵害就在继续,或者说侵害的现实性仍然存在,被害人用强力夺回财产属于正当防卫。

侵害的现实性意味着不法侵害应当是实际存在的、真实发生的。否则就没有不法侵害,自然也就谈不上侵害的现实性,也就没有正当防卫可言。因此,在不法侵害并不存在的情形下,误以为有侵害而采取的防卫,就不能构成正当防卫,而是一种假想防卫。比如有人举手欲呼叫朋友,旁边的人以为是要殴打他,为防卫而出手将该人打成重伤。对于假想防卫造成的损害,应当按照事实认识错误的原则进行处理。一般而言,防卫人在主观上缺乏不法侵害他人的认识,所以主观上没有故意,应当不成立故意犯罪。倘若防卫人虽然没有预见他人的行为不是不法行为,但是应当预见时,在法律有处罚过失犯的情形下,则应当成立过失犯罪。倘若行为人不应当预见也不能预见不法侵害的存在时,则属于意外事件。

侵害的现实性表明,正当防卫是有时间条件的。在侵害还不具有现实性的情形下,就不能进行正当防卫。所以不法侵害尚未开始时进行的所谓防卫(事前防卫)、不法侵害已经结束时进行

① 被害人当场或在附近用强力夺回自己被盗财物的行为属于正当防卫。当然,也有观点认为,由于盗窃行为已经结束,侵害已经过去,所以被害人的行为是一种自救行为而非正当防卫。

的所谓防卫(事后防卫),都不具有侵害的现实性要求。事前防卫,就是不法侵害尚未开始就进行的防卫,比如侵害人正在作准备时或他人只有单纯的侵害意图就加以防卫造成他人的损害,就是事前防卫,由于并没有不法侵害的现实发生,防卫行为不是正当防卫。事后防卫是指不法侵害已经结束的情形下所进行的防卫。实践中,抓到小偷后,被害人或他人的暴打行为就是事后防卫。事后防卫可分为故意的事后防卫(又称报复侵害)与因对事实认识错误而导致的事后防卫两种类型。故意的事后防卫是指不法侵害已经终止,侵害已属过去以后的报复侵害。因对事实认识错误而导致的事后防卫是指不法侵害已经终止,但由于防卫人对事实发生了错误的认识以为不法侵害仍在进行而实施的防卫。无论是事后防卫还是事前防卫,都表明其防卫没有侵害的现实性的前提,所以不能属于正当防卫。对此造成的损害,属于故意的,按故意犯罪论处;主观上有过失的,按过失犯罪处理;如果属于意外事件的,则不负刑事责任。

值得注意的是,设立防卫装置防卫将来可能发生的侵害的,能否构成正当防卫?比如为了防盗而在家庭的围墙上架设裸露电网并通电,或者瓜农为了防盗而将靠近路边的西瓜注射上剧毒农药等。这种防卫如果单纯从时间上说应当同事前防卫相似,但它不同于事前防卫的是,事前防卫毕竟是防卫人主动积极地针对他所认为的侵害人进行的作为方式的防卫,而设立防卫装置防卫则是一种被动的方式(安装时是一种主动方式),它是利用一定工具与手段进行的一种预防侵害的防卫行为。该防卫装置不会主动发生作用,只有在侵害成为现实时才发挥功用,或者说,该装置发挥作用时,不法侵害正在进行。从此意义上说,它又同正当防卫具有一致性。我们认为,能否成立正当防卫的关键在于,其方法是否相当(主要是工具同防卫目的与结果之间是否相当),方法相当的就构成正当防卫,方法不相当的则不能构成。比如用电网或毒药来预防盗窃又可能涉及公共安全,则是一种不相当的方法。利用方法不相当的防卫装置防卫将来可能发生的侵害的行为,导致盗窃罪犯死亡、重伤的,都不能成立正当防卫。对此造成的损害应当结合具体情形与相关犯罪构成定罪处刑。如果是方法相当的情形,比如为了防盗而用碎玻璃扎在围墙上,结果将翻越围墙入室盗窃的侵害人扎成重伤则成立正当防卫。

(三) 必须具有防卫意识

防卫意识,又称防卫意思或防卫意图,是指防卫人意识到不法侵害正在进行,主观上为保护国家、公共利益、本人或者他人的人身和其他权利而决意制止正在进行的不法侵害的一种心理状态与意识,由此而进行的防卫方可成立正当防卫。否则,行为人如果根本不知道有正在进行的不法侵害的存在,而且主观上也非出于防卫的意思,即使客观上存在有正在进行的不法侵害,该行为人的缺乏防卫意识的行为也不能构成正当防卫。因此,防卫意识或防卫意图包括两方面的内容:对正在进行的不法侵害的意识,即必须具有正当防卫的认识因素;对于制止正在进行的不法侵害的决意,就是正当防卫的意志因素。所以防卫意识是防卫的认识因素与意志因素的统一。在这两方面因素中,关键之点在于认识因素,即必须对正在进行的不法侵害和防卫此侵害有认识。只有具有这一认识因素,才能在主观上产生制止不法侵害的决意。

有关正当防卫构成要件中是否应当包含防卫意图或防卫意识,在刑法理论上有必要说与不要说的对立。必要说基于行为乃是主观与客观的统一体的认识认为:如果没有防卫意识其行为就不能是防卫行为,所以防卫意识构成了行为成为正当化事由必备的主观要素,况且一般有关正当防卫的法律规定多有“为了使……免受正在发生的危险”或“为了保护……”或“为了排除……”的限定,这就从法律上肯定或规定了正当防卫中防卫意识的必要性。不要说则认为:违法性的实质在于法益的侵害,就是说只要有法益侵害的客观要件,就可决定有无违法性。同样的道理,正当防卫的成立,防卫者并不需具有防卫意思,只要从客观上观察,对侵害行为有防卫行为即可。申言之,只要防卫行为在客观上具有防卫效果就足够了,防卫意图不是正当防卫构成的必备要件。只要客观上具有防卫效果,哪怕行为人主观上没有防卫意图,也应当成立正当防卫。我们认为,正当防卫之所以正当,不仅表现在客观上具有防卫效果,更为重要的是行为人的行为所产生的效果是在防卫人主观上的防卫意识的支配下取得的。因此,防卫的正当性要从客观与主观两方面进行评判。理解这一点我们就同样理解前述假想防卫为什么不能成立正当防卫的原因:主观上具有防卫的意识,但客观上没有现实的不法侵害。

防卫意识对正当防卫能否成立意义重大。如果主观上不存在防卫意识,就不得视为正当防卫。下列情形就是如此:

1. 偶然防卫

它是指行为人故意实施某种犯罪时,该犯罪行为客观上制止了他人正在进行的另一不法侵害的情形。如甲正欲用枪射杀乙,而乙在完全不知情的情形下开枪将甲射中身亡,客观上制止了甲射杀乙的犯罪行为。再如甲男正在家里用木棒殴打保姆乙女,丙男出于伤害甲男的意图破门而入,在不知甲男的行为是故意伤害乙女的情况下将甲男打成重伤,从而客观上制止了甲男的伤害他人的犯罪行为。在上述两个例子中,后一个行为人的行为针对的也是正在进行的不法侵害,并且是针对不法侵害人本人进行的,客观上也制止了正在进行的不法侵害,但是其行为由于是出于犯罪的故意而实施的,尽管客观上具有防卫效果,但由于主观上欠缺正当防卫所需要的防卫意识,因而不能认定为正当防卫,而应当认定为故意犯罪。

2. 防卫挑拨

它是指行为人为了加害对方而故意挑逗他人为一定的不法侵害或攻击,然后在正当防卫的借口下以防卫行为加害他人的情形。防卫挑拨之所以不能成立正当防卫,关键在于:防卫挑拨中的防卫行为尽管表面上具有防卫的形式,但其实质是进行真正的不法侵害,其行为并非出于防卫意识的防卫行为,因此,不能成立正当防卫。所以,如果说挑拨人所针对的是一种不法侵害的话,那么这种不法侵害也是在挑拨人的故意挑拨下引发的,在此情形下的防卫其实是挑拨人故意犯罪内容的一个有机造成部分,防卫人主观上只有犯罪意图而无防卫意识。而且从防卫挑拨的相对人来说,如果以违法的行为引起对方的侵害行为时,则该侵害行为本身就是正当防卫,不能对这种正当防卫再进行正当防卫。不过,应当承认,如果挑拨行为人挑拨的目的仅仅是轻微的侵害或预期只会引起对方的轻微反应,或想加害于对方但非置对方于死地,可对方在被挑拨后的侵害大大超越挑拨人的预期,防卫挑拨人的生命受到严重威胁,在此情形下,不能断然否定防卫挑拨人具有的一定程度的正当防卫权。

3. 相互斗殴

相互斗殴是指双方参与人各自出于向对方实施不法侵害的故意而进行的相互侵害对方的情形。在相互斗殴的场合,由于双方都有加害对方的侵害的故意,并且客观上实施了侵害对方的行为,所以双方都欠缺防卫意识,当然不能视为正当防卫。即便有一方被证明是先行攻击的一方,后攻击的一方也没有防卫意识而往往出于相互报复或制服对方的心理,因此,在相互斗殴中,谁先动手在刑法的评价上并没有什么意义。不过,在相互斗殴中,有两点应当注意:如果一方先行明示并停止了斗殴,另外一方仍然进行攻击时,如果这种侵害形成紧迫性的不法侵害,那么先行停止的一方应当可以进行适度的正当防卫,即先行停止的一方可以存在防卫意识并可进行适度的防卫;如果在强度一般化的斗殴中,一方的攻击强度明显超越另外一方的预期且呈急剧加重情形时,另外一方就可能存在防卫意识,可以进行适度的正当防卫并构成正当化事由。

(四) 防卫客体必须是不法侵害人本人的人身或财产

正当防卫是通过对不法侵害人造成一定损害的方法,使本人或他人的合法权益免受正在进行的不法侵害。这一属性决定了正当防卫的行为对象必须是针对不法侵害人本人进行,即通过对不法侵害人的人身或者财产造成一定损害的方式来实现自己的防卫目的。所以,防卫行为必须针对不法侵害人本人实行,这是正当防卫的客体条件。对于不法侵害人以外的任何人,即便是不法侵害人的近亲属,也不能作为防卫行为所指向的对象。因为正当防卫的目的是为了制止正在进行的不法侵害,而这一目的能否达到,关键在于能否及时有效地通过造成不法侵害人本人的损害迫使其不能再继续进行不法侵害,而对其他任何人的侵害都不能达到这一目的,因而防卫客体主要是不法侵害人的人身。

防卫之所以主要针对不法侵害人的人身,是因为不法侵害总是人的直接或间接的行为,即它是通过人的直接或间接的作为或不作为的方式来实现其不法侵害意图。为了制止这种不法侵害,法律允许防卫人采取包括某些强制性甚至暴力性的手段,比如伤害身体甚至剥夺生命的方式,使不法侵害人丧失继续侵害的能力从而达到使国家、公共利益、本人或他人的人身、财产或其他权利免受正在进行的不法侵害的目的。在个别情形下,物也可以成为防卫客体。此时的防卫从形式上看是对物的防卫,但本质上仍然是对人的防卫。因为作为防卫客体的物对于不法侵害人来说,仍然具有一定的从属性,总是不法侵害人所利用的工具或手段。此时,物就可以成为防卫客体。如果与不法侵害无关的物的侵害,比如无主动物、或野生动物、或有主动物但其侵害与主人意志无关,行为人可以进行紧急避险行为而对动物进行反击,但不能视为正当防卫。在动物的侵害是源于人的唆使与支配的情形时,该动物就成为防卫客体。但从本质上,这种防卫仍然是对侵害人本人的防卫,动物仅仅是侵害人的一种侵害工具与手段而已。

针对不法侵害人以外的第三人(比如防卫在场的并未参与侵害的侵害人的妻子、未成年子女等)或物(在受到侵害人殴打时放火烧毁侵害人的房屋)的行为不能视为正当防卫。对于防卫第三人的行为,如果是出于故意侵害的,则按故意犯罪处理;如果符合紧急避险条件的,则以紧急避险论;如果是出于对事实认识错误的,并且主观上有过失的,应按过失犯罪论处;如果主观上没有过失则应以意外事件论处。

（五）防卫必须适当

防卫必须适当就是要求防卫行为应当在必要限度内进行,明显超过一定限度并造成重大损害的就是不适当的,属于防卫过当。

什么才是必要限度,我国刑法理论上有基本适应说与客观需要说之争。前者认为,正当防卫的必要限度是正当防卫与不法侵害基本相适应,即看正当防卫的强度与不法侵害的强度是否基本相适应。客观需要说认为,正当防卫的目的是为了制止不法侵害,因此正当防卫的必要限度是正当防卫的客观需要。就是说,只要防卫行为在足以有效地制止不法侵害的限度内,就是符合正当防卫的必要限度要求的。基本适应说强调防卫行为在性质、手段、强度与后果等方面与不法侵害行为在性质、手段、强度和可能的后果之间的基本相适应。这一学说立足于公民正当防卫权利的正确行使与防止滥用权利的立场来给定正当防卫的必要限度,但却忽视了正当防卫的根本目的在于制止正在进行的不法侵害这一正当防卫的根本立足点。客观需要说立足于防卫目的来界定防卫行为的必要限度,把握了问题的关键与实质,但它本身并不能说明为什么不同的侵害其防卫的必要限度是不同的。我们认为,正当防卫的必要限度应当是指制止不法侵害所必需的限度,即以需要为前提,以足以为限度。因此,客观需要说的合理性更大,但在认定必要限度时,又不能不将正当防卫与不法侵害相比较,来审查两者之间的相当性。所以,基本适应说也有一定的参考价值。因此,考察正当防卫的必要限度应当以客观需要说为基础,以基本适应说为补充,进行综合的多方面的分析。

所以,只要防卫的方式与程度是有效制止不法侵害所必需的,就是正当防卫所允许的,就没有超过防卫所要求的必要限度。同时,防卫行为是否适当与适度,还应就侵害或攻击行为的方式、轻重、缓急与危险性、保全法益与侵害法益等因素,并考虑侵害时防卫人可运用的防卫措施等客观情况作出判断。这种判断应当以客观的和事前的情形加以判断,就是将制止不法侵害作为基本前提,作为一个同样处于防卫者所面临处境的第三人是否会采取同样强度的防卫行为所进行的判断。例如,抢劫犯甲手持手枪到银行抢劫并用该枪顶住银行职员乙的脑袋命令职员乙打开保险柜,职员乙趁甲不备拿起刚刚用于锻炼的哑铃砸向甲头部,将甲砸死,后查此枪为仿真假枪。用真枪抢劫,具有高度的危险性,无论是对于人的生命与健康,还是对于财产的安全都是如此。本案中,无论从侵害人的侵害强度、手段与工具,还是侵害的紧迫性乃至不法侵害的法益,乙的防卫行为都符合防卫的适当性与适度性要求,而且一般人在此情形下都会采取类似于乙的防卫行为,即便发生了严重的结果,也仅仅是防卫的必要性问题,仍然属于正当防卫的范畴,因此乙的行为为正当防卫。

按照防卫适当性的要求,明显超过必要限度的防卫就是严重失当的防卫,或者说,严重失当的防卫就是一种超过必要限度的防卫。严重失当的评判,可以就防卫行为本身同不法侵害的强度、不法侵害的缓急与不法侵害的法益等方面的比较来进行考察与衡量。不法侵害的强度,一般指行为的性质与危险性程度、行为对客体所造成的侵害结果的轻重、侵害的手段、工具等因素的统一。不法侵害的强度越大,防卫的强度就可越大。不法侵害的缓急是指不法侵害的紧迫性程度。不法侵害越紧迫,防卫过当的标准就应当越宽松。不法侵害的法益就是正当防卫所保护的法益。为防卫重大法益而对不法侵害人造成重大损害,可以认定为没有超过必要限度,为保护轻微的法益而侵害重大的法益,即便非此不可,也应当认定超过必要限度。就不法侵害强度而言,故意超过侵害强度的防卫强度不是制止不法侵害所必需的,就应当是超过了必要限度。比如侵害人只有徒手一人,但防卫人却是手持木棒的多人并将侵害人打成重伤。就不法侵害的法益而言,如果防卫所要保护的法益与防卫所要牺牲的法益严重失当,则也构成严重失当的防卫,属于超过明显的必要限度。比如对于未带凶器的单个小偷,对于夜间无故侵入他人住宅的侵害人,用枪杀的方法进行防卫,显然是手段与法益均严重失当的防卫,即明显超过必要限度,造成了重大损害。

防卫的适当性与适度性要求意味着法律不承认手段严重不均衡与结果严重不均衡的防卫为正当防卫。这类防卫必然会导致防卫明显超过必要限度造成重大损害。如果防卫人的强度、手段与工具与侵害人的强度、手段与工具严重失衡,或者对价值较小的法益或轻微的侵害行为以造成侵害人巨大损害为代价而进行防卫,都是不符合适当性与适度性要求的,是明显超过必要限度的。按照法律的规定,防卫行为只要没有明显超过必要限度造成重大损害的,就属于正当防卫。防卫行为中的重大损害,是指防卫行为造成不法侵害人的重伤、死亡或者财产的重大损失。没有造成重大损害,是指防卫行为尽管对不法侵害人造成了一定的损害但没有达到重大损害的程度。在认定正当防卫的限度时,必须既要考虑防卫行为是否明显超过了必要限度,还要考虑防卫行为是否造成了重大损害的情形。只要防卫行为没有明显超过必要限度造成重大损害的防卫就是正当防卫。

三、无过当防卫

无过当防卫是防卫过当的一种例外,我国刑法规定了这一制度。《刑法》第 20 条第 3 款规定,对正在进行行凶、杀人、抢劫、强奸、绑架以及其他严重危及人身安全的暴力犯罪,采取防卫行为,造成不法侵害人伤亡的,不属于防卫过当,不负刑事责任。

对于杀人、抢劫、强奸、绑架等严重危及人身安全的暴力犯罪可以行使无过当之防卫,这一点易于理解,但关键的难点是如何理解行凶的含义。

这里的行凶,是指对他人施以致命或严重危及他人生命、健康权益的暴力。其表现形式多为单个或众多不法侵害人针对个人的致命暴力击打。然而这种致命暴力行为又非简单的杀人、抢劫、强奸、绑架行为，因为作为与杀人、抢劫、强奸、绑架并列的法律规定，行凶理所当然地被排除在简单的杀人越货等行为之外，但行凶也不可能专指伤人。所以有条件的无过当防卫中的行凶，从犯意上说是指没有明确的明示式的杀害他人的确定犯意，具有的是一种或杀死、或致命伤害他人的不确定故意内容。从行为上说又没有显而易见的杀人行为，但是这种行凶行为必须具有暴力性特征，即行凶必须是暴力性的。相反，杀人或伤害却并不一定表现为暴力性特征。在此，我们就可以看出，行凶与杀人的主要区别在于杀或伤他人的故意内容是否确定与明确、或杀或伤的行为是否明显以及暴力性程度。为此，考察不法侵害是否构成刑法上的行凶，应当结合不法侵害人自身因素与行为本身的因素作综合的考虑。比如行为人的人格因素、侵害人人数、施暴强度、工具、手段、部位与环境等。主要是暴力的程度是否强烈，施暴的工具与手段乃至部位是否是致命性的，施暴环境是否有利防卫人的防卫等。由侵害人行凶而构成的无过当防卫还要求行凶必须严重危及人身安全，严重危及人身安全应当是指一种或然性的概念，即很可能严重损及防卫人的人身安全，而并非指已经危及其人身安全。换言之，只要行凶的行为具有转化为实际损害的现实可能性、紧迫性，就构成严重危及人身安全的条件。在侵害人行凶的情形下，危及他人的人身安全的范围应当是指生命安全与健康安全。

应当注意的是，对于刑法规定的其他严重危及人身安全的暴力犯罪的范围，法律没有给予明确的说明，相关的有权法律解释也没有给予明确的列举。我们认为，明确这一范围应当遵循两个基本的原则：既要保障公民的防卫权的行使又要防止防卫权的滥用；严格依据法律规定的含义解释法律。这类犯罪必须是：暴力犯罪；危及的是人身安全；危及人身安全的程度必须是达到严重危及的地步。对不具备这一特征的侵害行为进行防卫造成不法侵害人伤亡的，就不能适用这一条款的规定。

四、防卫过当及其刑事责任

《刑法》第 20 条第 2 款规定，正当防卫明显超过必要限度造成重大损害的，应当负刑事责任，但是应当减轻或者免除处罚。这是刑法关于防卫过当的规定。防卫过当是指防卫行为超过了限度，主要表现为手段的明显不均衡与结果的明显不均衡。

防卫过当在客观上表现为防卫行为明显超过必要限度造成了重大的损害。这一特征反映了正当防卫与防卫过当的联系与区别。就两者的联系而言，防卫过当是一种超越正当防卫界限的行为，它源于正当防卫权。正当防卫权不同于一般权利的关键之点在于，这一权利的行使是要在一定条件下才能进行的。在存在有正在进行的不法侵害的情形下，公民有为了保护国家、公共利益、本人或他人的人身、财产和其他权利免受侵害而进行正当防卫的权利。所以，正当防卫的行为源于正当防卫权，正如一切的权利行使都需要一定的条件与界限一样，正当防卫权的行使也有其条件与界限，这个条件与界限就是正当防卫的构成要件。在符合这个条件与界限内，正当防卫权的行使才具有正当性，正当防卫的行为才具有正当化的基础与前提，才成为正当化事由。所以没有正当防卫权及行使这一权利的基本前提，就没有正当防卫的构成与认定，也没有防卫过当的构成与认定。一旦不具有正当防卫权，就没有超过防卫程度的问题，当然也就没有防卫过当的问题。正当防卫与防卫过当的联系在于：两者都存在符合行使正当防卫权的条件并都行使了这一权利，防卫过当起因于正当防卫。从理论上说，正当防卫的行为，明显超越了必要限度造成重大损害，其超过的部分构成防卫过当，防卫人因此承担相应的刑事责任。就两者的区别而言，正当防卫是在法定的防卫限度内的防卫行为，而防卫过当的行为是明显超过了防卫限度的行为并造成了重大损害。

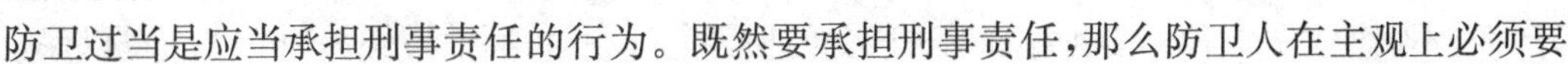

防卫过当是应当承担刑事责任的行为。既然要承担刑事责任，那么防卫人在主观上必须要

具有相应的罪过。在防卫过当的情形下,关于防卫人的主观罪过形式,学界有如下观点:① 故意说。认为防卫本身都是一种故意行为,既防卫人故意造成损害的,所以防卫过当是故意犯罪。② 过失说。认为防卫过当都是过失犯罪,因为一切防卫人都是出于正当防卫的目的与意图,是为了保护本人或他人的合法权利免受正在进行的不法侵害,所以并无危害社会的故意内容。③ 故意与过失并存说。认为防卫过当中的防卫人的主观罪过形式到底是故意还是过失,要结合具体的案件而定,既可能是故意也可能是过失。④ 过失与间接故意说。认为在防卫过当的情形下,防卫人对过当的结果在主观上可以是过于自信的过失、疏忽大意的过失与间接故意。就是说,除了不可能是直接故意以外,其他的罪过形式都有可能。

我们认为,在防卫过当的场合,防卫人的行为仍然属于防卫的范畴。从形式上说,防卫过当乃是正当防卫的行为超越了明显的必要限度时其超过的部分,所以防卫人主观上是出于正当防卫的意图而对正在进行的不法侵害进行了防卫,仅仅是防卫明显超过了必要限度造成重大损害。所以,防卫行为是故意实施的,但它是基于防卫目的的正当性上,防卫人并没有危害社会的犯罪目的。防卫过当本身的正当防卫的目的决定了其不可能构成直接故意犯罪。但是这并不排除在少数情形下,防卫人对自己的防卫行为可能明显超过必要限度造成重大损害的可能结果的一种放任心理与态度,所以防卫过当在一定情况下可能构成间接故意犯罪。一般情形下,防卫人对防卫过当的明显超过必要限度造成重大损害的结果是一种疏忽大意的过失或过于自信的过失态度,如果构成犯罪则构成过失犯罪。

正当防卫明显超过必要限度造成重大损害的,要承担刑事责任。就防卫过当构成犯罪的定罪问题,应当针对防卫过当的不同结果与防卫人的不同罪过形式,依据《刑法》第 20 条第 2 款与刑法分则的相关条款进行定罪:如果防卫人的行为明显超过必要限度并对侵害人的防卫会导致的死亡结果持间接故意态度的,应当构成故意杀人罪;如果防卫人对自己明显超过必要限度的防卫行为可能造成侵害人不必要的重伤结果持放任态度,但结果侵害人因为重伤而死亡的,防卫人的行为构成故意伤害(致死)罪;如果防卫过当中防卫人的防卫行为导致侵害人死亡的,但防卫人对死亡结果的心理态度是过失形式的,则构成过失致人死亡罪;在同样的前提下,如果防卫人对重伤结果的发生持间接故意的态度的,构成故意伤害罪,如果是由于过失引起的,则构成过失致人死亡罪。就防卫过当的量刑,《刑法》第 20 条第 2 款规定,对于防卫过当的行为"应当减轻或者免除处罚"。之所以这样规定,是因为防卫过当的行为所造成的损害要承担刑事责任的部分,从理论上说就只能是超过正当防卫部分的那部分责任。所以在对防卫过当的行为人裁量刑罚时,应当依据侵害人的侵害强度、行为性质、手段与工具以及紧迫性程度,再考虑防卫行为所保护的法益性质、手段与工具、防卫过当的具体结果、程度以及重大损害的性质与程度乃至防卫行为时的具体情状进行综合考虑,在此基础上依法应当减轻或免除处罚。比如,防卫人的行为构成防卫过当,成立故意杀人罪的,应依据《刑法》第 232 条与《刑法》第 20 条第 2 款的规定,应当在法律规定的量刑幅度内减轻处罚,如果情节轻微,不需要判处刑罚的,应当免除刑罚。

第三节 紧急避险

一、紧急避险概述

紧急避险,又称为紧急避难,是正当化事由之一。如果说,正当防卫在性质上属于"正与不正"的关系,那么,紧急避险的行为则属于"正对正"的关系。所谓"正对正"关系,就是说,当合法利益处于一种不牺牲另外一种合法利益就无法避免的损害危险中时,牺牲另外一种合法利益以保全前一种合法利益的情形。前后两种利益都是合法利益，是牺牲一种利益来保全另一种利益的情况。

紧急避险阻却违法的理由是什么，或者说其根据是什么，在大陆法系国家的刑法理论中有如下两种基本的学说：① 法益权衡说。认为由于法益遭受紧急危难与危险，从保全法益的观点来看，在紧急情形下，非牺牲他人法益就不能保全另一种法益，所以与正当防卫相同，可以成为阻却违法的事由。即便避险过当，也可以成为减轻或免责的理由。也就是说，在两种法益之间，牺牲一种法益而保全另外一种法益符合法秩序的要求。② 社会互助说。该说认为紧急避险成为正当化事由的原因在于社会成员彼此间的连带义务，认为生活在社会中的每个成员，均有义务牺牲自己少许利益来拯救陷于危难之中的其他成员。因此，为了保全自己或他人的利益而不得已所采取的侵害第三者法益的紧急避险行为，基于人类社会不可欠缺的互助要求，法秩序将容许这种侵害行为，而被侵害的人也必须容忍此等紧急避险行为。

二、紧急避险的构成条件

根据我国《刑法》第 21 条的规定，紧急避险是指为了使国家、公共利益、本人或者他人的人身、财产和其他权利免受正在发生的危险，不得已而给第三者的另一较小或同等的合法权益造成侵害的行为。紧急避险的构成条件有以下几个方面。

（一）避险起因：紧急危险

所谓危险，是指自己或他人的生命、健康、自由、财产等法益受到侵害或有侵害的危险状态。但与正当防卫不同的是，避险的法益或避险所要侵害的法益可以是国家、社会或集体的法益。

危险的来源，包括：自然现象带来的危险（如地震、水灾、风灾、火山爆发、海啸等）；人为形成的危险（如杀人、伤害、车祸、爆炸、放射性物质的外溢、遭受胁迫等等）；动物的侵害（牛马践踏、猛兽追袭等）。但同时，这种危险必须是现实的，这种现实是指危险是一种按照具体状况有发生危险的可能性。只要具有发生灾难的可能性，不论其程度之高低，都属于紧急避险所指的危险。至于危险程度本身的高低，是作为判断紧急避险行为是否过当的尺度问题。

不过，有两点需要注意：如果该危险属于人为形成或人为导致的并已经形成正在发生的危险，那么对于制造危险的人，应当可以直接进行正当防卫，此其一。其二，对于他人的合法行为，无危险可言，所以不能主张紧急避险以保护其利益。比如警察依法逮捕犯罪嫌疑人，则犯罪嫌疑人就无刑法上的危险可言，当然也就不能主张紧急避险。

所谓紧急，是指危险正在发生而又没有结束的状态。危险正在发生是指危险已经出现并对一定的法益形成现实的迫在眉睫的威胁与危险。危险尚未结束是指危险继续威胁着一定的法益甚至会对相关法益造成更大的损害的情形。无论哪种情形，此时如果行为人不立即采取避险措施，就可能丧失救助法益的机会而无法阻止损害的发生或造成更大的损害后果的出现。所以紧急避险中的危险的现实性与正当防卫中侵害的现实性是不同的。在紧急避险的情形下，如果危险并不会马上发生，但倘若避险迟误就会导致不能避免或引发更大的危险，那么紧急避险的危险现实性仍然是成立的。危险是否紧急，其判断的标准在于危险是否有可能发展为实际损害。

（二）避险意图：使法益免受正在发生的危险

避险的意图在于使国家、公共利益、本人或者他人的人身、财产和其他权利免受正在发生的危险。所以，紧急避险所保护的法益范围同正当防卫一样，并不以自己的法益为限。避险行为人必须意识到这种危险的存在，即意识到法益正在面临着正在发生的危险，同时行为人决意避险并且目的在于保护法益免受危险。这两方面的要求就成为行为人的行为能否成立紧急避险的重要主观条件。依据这一标准，下列两种情形不能成立紧急避险：一是行为人故意引起危险，然后假借紧急避险的名义达到损害他人的目的，自然不能成立紧急避险。二是客观上存在着威胁合法权益的危险，但行为人并不知晓危险的存在但却故意造成第三者损害的情形,也不属于紧急避险。

(三) 避险客体:第三者

紧急避险是采取损害一种法益的方法保全另一种法益,并且它所损害的是第三者的法益。由此不难看出,紧急避险与正当防卫的客体是不同的,正当防卫所针对的只能是不法侵害人本人,而避险客体(在危险来自人的违法行为时)则是第三者。对实施危害行为本人的侵害,可以成立正当防卫,但不是紧急避险。正当防卫客体在对象物上一般是人,只有个别情况下才是财物。即以对人防卫为主,对物防卫为辅。而在紧急避险中,避险客体在对象物上通常是财物,对于诸如生命、健康等人身权益的法益能否成为避险客体,我国刑法理论上通常持否定的观点。

(四) 避险必要性:不得已

所谓不得已,是指紧急避险行为在客观上必须是在别无选择条件下为达到避险目的的必要手段。紧急避险是通过损害一个法益而保全另外一种法益,所以这种行为必须是在不得已的情况下,即避险成为唯一的手段与方法时才能允许,才能构成正当化事由。就是说,倘若还有其他可行的方法足以避免此一危险时,就不是不得已的避险行为,就不能成立紧急避险。

所谓适当,就是紧急避险行为没有超过必要限度,造成不应有的损失。《刑法》第 21 条第 2 款规定,紧急避险超过必要限度造成不应有的损害的,应当负刑事责任。如何衡量紧急避险是否超过必要限度,应当以法益比较原则为标准同时考虑行为人的期待可能性。

具体而言,适当的含义是:① 在一般情况下,凡是紧急避险行为所造成的损害小于所避免的损害的,而且这种损害为避险所必需同时又足以达到避险目的的,就是一种适当行为,就是没有超过必要限度造成不必要损失的行为。因此不能仅仅依据所损害的法益小于所保护的法益就得出紧急避险行为就一定合法的结论。紧急避险的必要限度,应当是以“必需”为前提,以“足以”为限度。即在保全一种法益的条件下,对另外一种法益的侵害控制在最小的限度内。因而,避险人应当选择可以有效制止结果发生的必要的方式中损害最小的一种手段或方式,其中包括在可以选择损害对象的情形下选择法益价值最小的损害对象。如果所引起的损害中有一部分不是避险所必需的,超出了“足以”与“足够”的要求,其中超出部分就是属于超过了必要限度造成不应有的损害的情形,就是不适当的。② 适当的含义还包括避险行为应当符合社会公认或社会基本认同的一般价值观念。就法益大小的比较而言,一般来说,人身权利大于财产权利。在人身权中,生命权大于健康权,健康权又大于自由权以及其他权利。在财产权中,以财产价值的大小作为衡量的标准。但是,同时应当注意的是,仅仅依据避险所要保护的法益明显优越于所损害的法益本身,就得出紧急避险正当性的结论也不是一定妥当的,紧急避险的适当性要求避险行为应当符合社会公认或社会基本认同的一般价值观念。比如为了避免轻微的身体伤害而毁损他人的特别高额的财产,就既不符合法益比较原则,也与一般的社会价值观念相违背。③ 保全的法益与侵害的法益相同的情形下是否符合紧急避险的适当性要求,是否属于超过必要限度?在涉及财产法益的情形下,应当认定为是适当的,在涉及人身权的情形下应当考察是否存在期待可能性。如果两种涉及财产的法益等值,并且在紧急状态下保全前一种法益的唯一方法是损害后一种法益,那么,从社会的整体法益来说,这种紧急避险的行为对社会不能说一定有益但起码应当是无害的,应当不构成刑事犯罪,侵害人可能应当承担相应的民事责任。至于在紧急状态下牺牲他人生命来保全自己或其他人的生命,是否符合避险的适当性,在中外刑法理论与实践中都有很大分歧。肯定论者认为,既然生命是等价的,则在万不得已情形下应当允许牺牲一个人的生命,否则会导致更多人的生命权丧失,从社会法益总量的角度看,并不会对社会有害,因此,此时可以成立紧急避险。反对论者认为,人的生命在任何情形下都不能作为达到他人目的的手段,理所当然地也不能成为维持他人生命的手段,因此牺牲他人的生命来保全自己或其他人的生命,已经超越了避险的适当性要求，不能成立紧急避险，理应承担刑事责任。我们认为，这种情况不能成立阻却违法的紧急避险，但是，可以成立免责的紧急避险。因为对行为的评价，除了法益等值的情况必须考虑之外，关键看在此紧急状态下，能否期望行为人作出一定的适法行为，即从期待可能性上看，只要不能期待行为人实施其他行为的，应当成立免责的紧急避险。但这属于责任论中超法规的责任阻却事由问题，与违法性无关。

（五）避险主体：没有职务上或业务上的特别义务

《刑法》第 21 条第 3 款规定，刑法关于避免本人危险的规定，不适用于职务上、业务上负有特定责任的人。

处于特定法律关系中的人分别享有特定的权利，同时往往必须履行特定的义务。有时，特定的职务或业务往往与一定的危险交织在一起。或者说，这种职务或业务义务本身就包含着危险，并且这种危险与生命、健康威胁联系在一起。在职务上或业务上，或者基于其他特定关系，负有承担特定危险的特别义务的人，比如军人、警察、武警官兵、消防队员、医生、船长、民航机组成员等，对于他人的人身、财产和其他权利正在遭受的紧急危险，可以进行紧急避险行为。但是对于执行职务或业务过程中关涉自己的人身、财产或其他权益的紧急危险，因为其负有职务或业务上特定的义务而必须加以承受或承担，就不能主张紧急避险。

三、避险过当及其刑事责任

避险过当，是指避险超过必要限度造成不应有的损害的行为。

避险过当必须具备以下条件：① 必须具备成立紧急避险的必备前提条件（即紧急避险的构成要件），否则就不能成立紧急避险，当然就没有避险过当的问题，而是正常的违法或犯罪问题。② 必须是避险超过了必要限度造成不应有的损害，也就是说，造成的损害大于所避免的损害。行为是否过当，在考虑保全的法益与牺牲的法益的前提下，不应当仅仅考虑抽象的法益价值，还应当顾及其他与法律评价有关的各种情状。③ 行为人在主观上对过当的避险行为有罪过，就是说避险行为人对避险行为及其过当结果主观上有罪过，其罪过形式一般为疏忽大意的过失，在某些情形下也可能表现为过于自信的过失或间接故意。如果避险行为人并不知道自己所损害的法益大于所保全的法益并且根据当时的具体情形也不可能知道，那么对于避险行为人来说，过当的结果就是属于意外事件的情况，避险行为人不应当承担刑事责任。

避险过当并不是一个罪名，对避险过当的行为确立罪名时，应当依据具体情况即避险行为人的侵害对象与主观罪过进行考虑。但避险过当刑事责任的承担有其特定的要求，按照《刑法》第 21 条第 2 款的规定，避险过当应当承担刑事责任，但是应当减轻或者免除处罚。即应当在确立的罪名与相应的刑罚下减轻或者免除处罚。至于何种情形下减轻及减轻到何种地步，何种情形下免除，应当综合考虑避险行为人的所保全的法益的价值与大小、所牺牲法益的价值与大小、过当的程度、罪过形式等诸多因素加以确立。

第四节　其他阻却违法事由

一、执行职务

（一）执行职务的概念

执行职务系指从事公务的人员，依据法律或职务上的要求与权限所实施的属于公务人员职务上的行为，因为它依据法律或职务权限而实施，因而属于正当化事由。当然这种正当化不仅需

要执行职务的行为具有形式的合法性,而且要求行为本身具有合法的实质,才能构成正当化事由。至于职务行为属于权利行为还是义务行为,在学界有所争议。一般认为,就职务行为系代表国家而行使,没有一定的职务就不能也无权为相关的行为的角度来看,执行职务应当属于权利行为。但就职务行为又系国家赋予从事公务的人必须为一定的行为的角度来看,职务行为又具有义务的性质。

(二) 执行职务行为的分类

执行职务的行为可以分为依法律的行为与依上级命令的职务行为。

依法律的行为。国家的法律任何人均有遵守的义务,如果行为人依据法律规定的事项行事,那么行为人的行为就属于正当化事由,就不应该构成犯罪。况且依据法律而为的行为,行为人主观上既没有故意,又没有过失,因而也不可能成立犯罪。比如,警察依法逮捕犯罪嫌疑人自然不能构成非法拘禁罪,法警依法执行死刑当然不能以杀人罪论处。

依法律的行为,如果要构成正当化事由,必须具备如下要件:① 行为人必须有行使权利的法律上的明确规定,即行为人必须有从事公务的身份与资格。这种规定无论是实体法还是程序法,不论是法律还是法规,只要对一定的行为的实施予以明确的法律规定或允许,都属于法律有明确规定的情形。② 行为人必须有行使权利或履行义务的意思。也就是行为人在主观上,必须认识到其实施的行为是基于法律而为的权利行为或义务行为,并且有行使权利或履行义务的意思。③ 行为人必须遵守法律规定并不得滥用权力。即行为人依据法律的行为必须符合"合法性"的要件,才能构成正当化事由。如果行为人的行为超越法律规定或法律赋予的权限或违反法定程序或明显超越合理必要的程度,则不得被认为是依据法律的行为。因此,行为人应当以适当的手段与方式,行使其权力或履行其义务,不得滥用其权力,滥用权力的行为不能属于正当化事由的情形。

依法律的行为可以作如下分类:① 从事公务人员的职权或职务行为。比如在刑事诉讼过程中,从事公务的人员所采取的对犯罪嫌疑人或被告人的强制措施。② 中央与地方各级权力机关的人大代表在相应的权力机关会议时就有关会议事项的言论与表决的行为。③ 诉讼过程中的行为。比如在诉讼中,诉讼当事人所为的行为,虽然有损他人名誉,但其行为属于行使法律上权利或履行法律上的义务,是依据法律的行为的一种,不构成犯罪。④ 政策上认定的正当化事由。即基于国家政策或法律、法规的理由而构成正当化事由,比如国家或地方政府及其有关机构经过法定程序批准而决定发行各种彩票,就可以排除《刑法》第 303 条赌博罪的适用,即不触犯赌博罪。

依上级命令的职务行为。上级机关与公务人员命令下属的公务员从事一定的职务行为,下级公务员有服从的义务,即便下级公务员的由此从事的行为具有侵害法益的情形,仍然可以构成正当化事由。但并非所有依据上级命令的职务行为都可以构成正当化事由。

依据上级命令的职务行为,其构成正当化事由必须具备如下要件:① 发布命令的必须是上级从事公务的人。公务人员据以执行职务的命令必须为上级从事公务的人员依法发布才能属于依据上级命令的职务行为。② 执行命令的行为人必须具有从事公务的身份。只有具备从事公务的身份才有具有依据上级命令的职务行为的可能,换言之,没有从事公务的身份,就不可能由此适用正当化事由。③ 命令必须是下级从事公务的人员职务范围内的行为。倘若超出职务范围的事务,则不能作为职务上的行为而构成正当化事由。④ 上级的命令必须具备法定的形式与程序。否则欠缺形式合理性与程序正当性的命令,下级从事公务的人员即便据以执行,也不是依上级命令的职务行为,不能构成正当化事由。⑤ 下级从事公务的人员必须不明知命令为违法。这种命令的违法是指命令内容的实质违法,如果下级从事公务的人员明知上级从事公务的人员所发布的命令系违法的仍然据此执行,那么不但不可能使这种职务行为构成正当化事由,而且可能使自

己与上级从事公务的人员成为相关犯罪的犯罪主体或构成共同犯罪。⑥ 下级从事公务的人员执行职务的行为不能逾越命令的范围。下级从事公务的人员执行命令的职务行为必须在命令的范围之内，才能成为正当化事由。如果下级从事公务的人员的行为已经逾越了命令的范围则不能构成正当化事由。

二、被害人承诺

（一）被害人承诺概述

基于被害人的承诺而为的损害承诺人法益的行为，原则上应当成为正当化事由。在罗马法中就有“得承诺不为罪”的原则。在我国的刑法中，基于被害人承诺的行为是否构成正当化事由，刑法没有明确的规定。不过，在不涉及国家、公众与他人利益的情形下，直接侵害个人法益的犯罪中存在被害人承诺的情形能否构成正当化事由，仍然具有探讨的必要。

刑法上的承诺是指被害人承诺行为人可以对其法益予以侵害所表示的允许。从法益说的角度来说，这种承诺不失为对法益侵害的承诺。假使承诺的并非是针对法益的侵害而言，那么，这种承诺就并非刑法上的承诺。比如，行为人对参与共同犯罪的承诺，因为行为针对的是共同犯罪的被害人的法益，而非承诺者自己的法益，所以这种承诺不属于正当化事由中的承诺。

得到承诺的行为不违法，是一句古老的法律格言。就是说，如果行为人的某种侵害行为与结果是得到被害人同意的，即是被害人所意欲的行为与结果，那么，行为人的行为就不产生刑法上的侵害问题，行为本身就不违法。之所以如此，是因为对于被害人自己可以自由处分的法益，在被害人自己不处分而承诺他人进行处分的情形下，进行处分的行为人即获得承诺的行为人的处分行为不构成犯罪才是正当的。所以，承诺是对行为人而为的承诺，承诺本身是行为人获得承诺而为的行为。从行为的结果来看，行为人不构成犯罪的理由在于这种行为与承诺者自己所为或所欲为的行为没有区别。在承诺人本人对其自身的法益可以自由处分的情况下所进行的处分行为不构成犯罪，那么在行为人获得承诺人真实承诺的情形下而为之侵害行为当然不构成犯罪。当然，这种情况下的正当化事由常常有一定的限制。

从刑法整体来看，被害人的承诺从承诺与犯罪的关系而论有以下几种情形：

第一，被害人的承诺是构成要素的犯罪。亦即，只有得到被害人的承诺，才能构成这一犯罪，被害人的同意是犯罪构成要件的一个要素。倘若没有得到承诺而从事这一行为，往往构成更为严重的犯罪。被害人的承诺是刑罚轻处事由。这主要反映在侵害人格法益的犯罪上，一般在侵害财产法益的犯罪方面则不能构成。比如国外刑法中的被害人承诺的同意杀人罪、同意堕胎罪等，就是以被害人的承诺为前提。各国立法之所以大多作这一规定，是因为立法者基于社会共同生活的考虑，着眼于生命与健康的价值与意义，亦为了维护正常健全的社会生活规定即便行为人获得被害人放弃或处分其生命或健康的承诺，行为人仍然不得根据其承诺而予以侵害，否则仍应当构成因承诺而成立的相关犯罪，因为生命权与健康权是最重要的法益。

但有一点应当注意：对于侵害生命或健康等法益的犯罪，被害人的承诺尽管不能否定犯罪的成立，然而承诺本身对其犯罪成立的罪名仍然有影响。如果行为人未获得被害人之承诺，那么则成立较重之罪名，如果行为人的行为得到被害人之承诺，则成立较轻的罪名。此时，被害人的承诺尽管不能成为行为人的行为不构成犯罪的理由，但行为人的行为则可因为被害人之承诺而构成较轻的罪名。

第二，在构成要件上不问被害人有无承诺的犯罪，即被害人无判断能力，也不允许反证，即便有承诺也无效的犯罪。从实质意义上说，这种承诺，因为被害人没有承诺的能力，所以其只具有承诺的形式而并无承诺的实质，不能称之为真正的被害人承诺。典型的是强奸罪中的奸淫幼女行为,即便得到幼女承诺,法律也认定这种承诺是无效的。对于承诺对象,如果承诺人具有完全的处分权,即拥有法律上独立的意志与行为能力,则所为的承诺自然有效,而幼女恰恰不具有这种处分权,幼女的承诺并不能改变奸淫幼女行为而构成的强奸罪。

第三,以违反被害人的意思为构成要件的犯罪,即被害人的承诺是行为人的行为不构成犯罪的前提,如果没有被害人的承诺就是违背被害人的主观意愿,就构成犯罪。反之,如果得到了被害人的承诺,则不符合构成要件。这类行为之所以构成犯罪根本之点在于违背被害人的意思与意愿,比如强奸罪、非法进入他人住宅罪、盗窃罪等。如果行为人的行为得到被害人的承诺,则在承诺的前提下从事的相关行为就不构成犯罪。被害人承诺作为正当化事由,指的就是这一种情形。

（二）被害人承诺的构成条件

1. 承诺人有承诺的意思表示且行为人了解承诺的内容

承诺如果可以成为正当化事由,则不仅要有承诺人与依承诺而实施行为的人的存在,而且其所表示之承诺意思必须含有承诺的内容。被害人承诺构成正当化事由是以被害人有承诺的意思表示为前提的。如果没有被害人的承诺的意思表示或者误认为有被害人承诺的存在,那么行为人的针对被害人所实施的侵害行为就不可能是基于被害人承诺而进行的行为。但只有承诺的意思表示还不够。承诺人除了意识到自己在处分属于自己的法益外,还必须认可他人可以进行这一法益的处分,并且还将这种认可通过明确的意思表示表达出来。这种承诺无论是主动还是被动,是明示还是默示,对于承诺的效力都没有根本的影响。两者的区别在于主动的、明示的承诺意思表示并未受外界的影响,它是承诺人以明确的语言、举动等方式向承诺相对方表示出来。而被动的、默示的意思表示受了外部因素的影响。尽管如此,被动的、默示的承诺意思表示仍然是出自自己的真实的意思表示。因为尽管它不是一种明示方式,但其所给出的信息足以使承诺相对方知道被害人有承诺的意思。承诺的意思表示一般而论,应当是对获得承诺而实施行为的行为人为之。亦即一般应当对特定人为相关的承诺,但这不意味着不可对不特定人为相关的承诺。无论承诺是针对特定人的还是不特定人的,承诺的意思表示必须到达承诺的相对方并获得相对方的明确的认知。

2. 承诺必须明确

依承诺而为的行为,虽然为承诺人处分其法益的结果,但这一依承诺而为的行为又是对承诺人法益的侵害,所以承诺的明确性十分重要。被害人所表示的承诺不可模棱两可,因而不完全确定的承诺,由于其违反了承诺的确定性要求,应当认定其所作的承诺无效。即对于不明确的、不真实的承诺就不应承认其效力。承诺的明确性不仅关涉承诺的意愿,也与承诺事项本身的性质、内容、范围与结果有关。也就是说,对所作承诺的事项进行的承诺必须有明白的表示,在此基础上,获得承诺的人方可依据承诺而为相关的行为。但必须以相关的承诺范围为限,不可有所逾越,否则逾越的部分不能构成正当化事由的理由。

由于承诺的本质是承诺人承诺行为人对其法益的侵害,因此,承诺又可以撤回。换言之,在承诺人已经表示了承诺的意思,但在获得承诺的行为人还没有依其承诺而实施行为之前,或者行为还没有实施完毕之前,承诺人可以撤回其承诺。如果行为人违背了承诺人已经改变的意愿,继续实施该行为,则这种行为就不能具有正当性,或者说这一行为不能阻却行为的违法性。比如卖淫女同意卖淫并收取了嫖客的嫖资后又变卦,表示拒绝卖淫,那么嫖客就不能以暴力胁迫或其他方法强行与之性交,否则,构成强奸罪。从这个意义上说,承诺的表示时间有其规定性。即刑法上有效的承诺必须在行为开始前为之,最迟到行为时并且应当持续到法益侵害时。预先的承诺如果没有被撤回或者没有特别的情形变更就是有效的,反之如果承诺人变更了承诺,则原来的承

诺当然无效。因为从法律上说，当事人最后的意思最能代表当事人的真实意愿。事后的承诺，在刑法上是无效的。比如承诺他人为其处分财物(损坏或毁损)应当于承诺相对方处分财物之前承诺。倘若是在他人为其处分财物之后始予以承诺，那么这种承诺并不发生溯及既往的效力。事后之承诺属于追认的范围，民法多有规定并予承认，但不为刑法承认。否则，被害人的意志可以任意左右国家的追诉权而使国家的追诉权永远处于不能确定状态。不过，这种事后的承诺应当对刑罚的裁量有意义。

3. 承诺必须真实

承诺必须出于承诺人的真意，倘若并非出于承诺人的真实意思，而是出于虚伪或被胁迫或其他原因所为的承诺，而承诺的相对方亦知道或明知这一状况，则这种并非出于承诺人真实意愿的承诺，不发生效力。所以，无任何真实意愿的戏言性的承诺不是有效的承诺，因为它没有任何真实的意愿；被强制或被胁迫的承诺也是无效的承诺，因为任何承诺均必须出自承诺人的真实的自由的意志，违背自由意志的承诺当然是无效的；基于错误的承诺即对承诺事项的意义、内容、范围与结果等产生错误时而为的承诺也是无效的，因为这种承诺从本质上说同样有违承诺人的本意，并非其真实意愿的表达，而是基于对承诺事项的意义、范围与结果的错误认知而作出的。对行为人的承诺是否出于真实意愿的判断，可以依据社会的一般认识与个案中的实际情形进行综合判断。如果承诺是真实的，则这种承诺就是有效的，反之就是无效的。

4. 承诺人须有承诺能力

承诺人的承诺能力与承诺人的年龄与意志能力相关。承诺能力是指在法的现实世界中作为法律主体进行承诺活动所必须具备的资格或地位，这种资格或地位是由法律加以确认或直接赋予的。被害人基于年龄与精神因素而有能力认知其舍弃权益的意义与结果，同时对此有判断能力。亦即，承诺人必须具有一定的辨认控制能力，对承诺的事项的内容、范围、结果乃至最终意义有相应的理解能力与意思能力。所以在法律上，不能理解承诺事项的意义、价值与结果的年幼的人与精神病人所进行的承诺是无效的。年幼的人与精神病人都被认为是没有辨认能力与控制能力的，也就是说，他们不可能有真正的意思能力。

5. 承诺人有权处分法益，并且在事先或行为时作出承诺

权利人可以放弃属于自己的个人权利。对国家与社会法益，个人无权处分。比如，对于财产犯罪而言，被害人的承诺只要是基于自己所拥有的法益并且意思表达是真实明确的，那么承诺的相对方的所为的行为就可以构成正当化事由。反之，如果承诺人无权就自己承诺的事项进行处分，那么承诺的相对方的行为就可能没有正当化的基础。比如，承诺人将不是自己的财产让承诺的相对方进行处分并且承诺人明知这一情形，那么这种基于承诺而为行为就不能构成正当化事由。基于承诺的行为要想成为正当化事由，还必须要求行为人在事先或行为时得到承诺人的承诺，事后的承诺或追认，不成立被害人承诺。

个人可以放弃属于自己的财产、自由等法益，但是对于生命与健康的侵害的承诺却有相应的限制。因为生命与健康等法益，虽然专属于个人，但同时也涉及公共利益。迄今为止，没有人承认自杀是一种权利。尽管在我国，自杀或自残一般情形下没有规定为犯罪或不可能作为犯罪来对待，但这并不意味着对生命与健康的侵害的承诺是不受限制的。相反，帮助自杀、得到他人承诺的帮助自残都可能被认为是犯罪行为。因为生命与健康法益一旦被侵害，则非但个体生命从社会中消失或由于侵害而导致身体的残疾，而且增加社会与家庭的负担与不幸，所以刑法虽然不禁止法益主体的自我处分，但禁止他人为承诺人处分这种法益。在所有的法益中，生命与健康最为重要，它也是所有其他法益的前提与基础。所以各国刑法大都将生命与健康作为重大法益来对待。获得被害人承诺而侵害其法益的，在刑法上明文规定为犯罪或在司法实践中作为犯罪来

处理的情形,最为明显的就是帮助他人自杀或帮助他人重伤害的行为仍然构成相关的犯罪。

同样,被害人承诺的事项不能涉及公共安全、公序良俗与他人权益。在刑法以及刑法理论上,放火烧毁自己的财物而使公共安全受到损害的,只要行为人主观上有罪过,行为人的行为当然构成危害公共安全罪。同理,自己不放火烧毁自己的所有物而承诺他人烧毁但危及公共安全或他人权益,则获得承诺而放火的人同样可能构成危害公共安全方面的犯罪或其他罪名。对于涉及公序良俗的承诺与行为也应当不能构成正当化事由。比如,即便男女都同意的性行为也不能在公共场所发生。不过,在我国,由于新刑法取消了流氓罪又没有规定公然猥亵罪,对此行为如何处理还值得探讨。

三、推定的被害人承诺

(一)推定的被害人承诺概述

推定的被害人承诺亦可成为行为人的行为正当化的事由,即在推定的被害人承诺的情形下行为人的行为可以阻却违法性。

推定的被害人的承诺是指事实上没有被害人的承诺,但如果被害人知道了事情的实际情况必然会作出相关的承诺,即推定被害人会作出承诺。此时推定被害人的意思所实施的行为,就是基于推定的承诺的行为,这种承诺就是推定的被害人承诺。也就是说,为了被害人利益而实施的行为虽然没有获得被害人的现实承诺,但却被推定为被害人是必然会承诺的,因而基于这种推定的承诺而进行的行为就不具有违法性(即具有阻却违法性的特征),从而构成正当化事由。

只是并非纯粹为被害人利益而实施的行为,如何可以认定它为推定承诺,并不是容易的事。因为对于纯粹的为了被害人的利益而实施的行为可以适用推定承诺容易理解,但如果行为人的行为一部分是为了被害人利益,另外绝大部分是为了行为人自己的利益而实施的行为是否可以适用推定承诺则需要考虑。比如,甲乙为邻居,乙的房屋发生火灾且乙不在场,为了避免火灾烧毁乙的房屋及其他财产,尤其是避免火灾危及甲自己家的房屋与家庭工厂,甲拆除了乙房屋的一部分的行为是否就是基于推定的承诺的行为就值得思考。

(二)推定的被害人承诺的特征

虽然没有获得现实的被害人事先的承诺,但为了被害人的利益而实施的行为由于是有利于被害人的,所以可以认为倘若被害人知道事情的具体情形必定会承诺这一行为的实施。换言之,即便没有事先获得被害人承诺,在此情形下仍可以视为推定被害人必定承诺,从而阻却其违法性。因此,推定的被害人承诺的关键之点在于无承诺人现实承诺的情形下推定被害人一旦知道真情必定会承诺为了被害人的利益的行为的实施。从这一点可以看出,推定的被害人承诺与紧急避险的区别,前者是为了被害人的此利益而牺牲被害人的彼利益,而后者是牺牲第三者的利益。同样,从这一点我们还可以得出被害人的承诺与推定的被害人承诺的区别:依现实的被害人承诺而实施的行为未必有利于承诺人,反而是有害于承诺人,或者说是对承诺人法益的侵害。但是推定的被害人承诺中依推定的承诺而实施的行为必须有利于承诺人才能使推定的承诺成立,否则无法阻却行为的违法性。

构成推定的被害人承诺,必须具备以下特征:① 为了被害人利益,是推定承诺的首要特征。如果是为了行为人或者第三人的利益,不能成立推定的被害人承诺。② 推定的被害人承诺情形下的事项必须具有紧迫性。虽然是为了被害人利益而进行的行为也应当事先获得被害人的承诺,只有在没有得到承诺但事项又非常急迫此时此刻非为不可的情况下才可以在未获得承诺又是为了被害人利益的情形下适用推定的被害人承诺,从而使此行为阻却其违法性。假如行为当时并没有明显的事项的紧迫性,那么必须事先获得被害人的承诺方可实施相关行为,而不能适用

推定的被害人承诺。③ 推定的被害人承诺情形下所为的行为应当具有必要性。如果虽然有紧急性但无必要性的情形下，就不应当采取有利于被害人的行为，也不能适用推定的被害人承诺。换句话说，就是在此情形下采取相关的行为是必要的，非采取不可的并且是适度的合适的。缺乏必要性就不能适用推定的被害人承诺。④ 行为人的行为必须符合有效性要求。既然推定承诺是为了被害人利益而为的行为，那么，行为的有效性就成为成立推定的被害人承诺的重要之点。如果所进行的行为系无效行为，则不但不应为之，而且也不能成立推定的被害人承诺。当然判断行为的有效性的标准并不能单纯以结果论，只要行为人在行为时，依据当时的具体情形与合理的普通人的经验知识认为有效而可以为之的，就可认为是有效的。即便最终的结果证明是完全无效的，仍然可以主张此为推定的被害人承诺的情形。

（三）推定的被害人承诺的构成条件

推定的被害人承诺必须符合下列基本要件才能构成正当化事由：被害人自身没有现实的承诺；推定被害人知道实情后将会承诺，这种推定不以被害人的实际意思为标准，而是以客观的如果处于同一情状中的第三人是否会同意为标准；行为的目的必须是为了被害人利益；行为所指向的法益必须是被害人有权处分的法益；基于推定的承诺而为的行为所涉及的法益（牺牲与保全的部分）不能明显失衡。

不过应当注意，适用推定的被害人承诺的情形，往往也可以同时有其他的阻却违法性事由的适用。在存在其他的阻却违法性事由适用的情形下，应当优先考虑其他情形的适用而将推定的被害人承诺的适用作为辅助手段。这就是说，推定的被害人承诺具有辅助性的特征，只有在没有其他阻却违法事由（正当化事由）可以适用时，方可适用推定的被害人承诺。比如，推定的被害人承诺同为了他人利益而实施的紧急避险可能发生竞合，在此情形下，如果依据紧急避险的适用就可以获得正当化事由，那么就没有必要适用推定的被害人承诺。因为从法律的规定来说，紧急避险为法定的正当化事由（阻却违法性事由），所以相对于推定的被害人承诺而言理所当然地具有优先适用的属性，推定的被害人承诺毕竟是超法律的理论的正当化事由。

四、义务冲突

（一）义务冲突概述

义务冲突，是指行为人在存在多个法律上的义务并且这些义务不能同时相容与兼顾而使行为人无法同时全部履行时，允许行为人只履行其中一部分而对未履行的部分获得正当化不予处罚的情形。

义务的冲突包括以下几种情形：一种作为义务与另外一种不作为义务发生冲突，比如医生对艾滋病患者病情的保密义务（不作为义务）与为了防止传染而警告他人义务（作为义务）的冲突；两个作为义务只能履行其中一个的情形；数个不作为义务之间的冲突。

（二）义务冲突的实质

义务冲突其实是指存在相互冲突的义务并且义务的履行顺序不明确，需要行为人对多种义务加以衡量何者应当优先履行的情形。在此情况下，行为人如因为履行较高或同等义务，而不得不违反其他义务，有关此义务的不履行，基于义务冲突原则，可以成为正当化事由。就是说在存在多重义务但行为人只能履行其中一个义务的情形下，如果存在价值层次较高的义务，行为人应当优先履行该义务。比如乘客与行李同时落水，船长就不能以牺牲乘客的生命为代价来抢救行李，也就是说，抢救乘客的生命是第一位的义务。

有关作为义务与不作为义务的冲突，德国学者常举的例子是：家庭专职医生确诊丈夫感染艾滋病，但丈夫没有打算将此事坦白地告诉不知情和无防备的妻子。一方面，医生基于与妻子的

治疗关系,有义务保护妻子的生命与健康,因而有义务告诉妻子,否则,成立杀人罪或伤害罪;另一方面,从职业上的信赖保护看,医生有义务保护丈夫的私生活秘密,否则成立侵害他人秘密罪。这两种义务,医生只能选择其中之一履行。刑法理论一般认为,当作为义务与不作为义务冲突时,不作为义务应当优先。就是说,行为人由于履行不作为义务而违反作为义务时,应当承认其合法性。但如果行为人履行了作为义务时,这种履行也应当承认其正当性。比如,履行特定职务或从事特定业务的人应当保守职务上或业务上的秘密,但如果需要他在诉讼中就其所知晓的秘密进行作证时,就应当有据实作证与陈述的义务。如果这种作证系依法必须进行的,那么即使行为人职务上或业务上的秘密有所泄漏,也不能作为违法对待。

当两个等价的作为义务发生冲突时,无论行为人履行哪一个义务,其行为均获得正当化。比如,海滨浴场的救生员眼看两个在游泳的游客行将溺水身亡,而不可能同时将两人救起,因而只救了其中的一位,遂导致另外一位游客因为无人救助而溺死,那么救生员的行为不负责任。同样,在等价的不作为义务中,无论行为人如何选择,其行为的正当性都应当被承认。

综上所述,所谓义务冲突就是在法律上要求行为人应当履行全部义务,但是因为行为人能力的限制而使行为人只能履行其中的一部分义务的情形。它之所以成为正当化事由,是由于这一结果非行为人不为也,或不想为也,而是客观上不能为也。所以义务冲突中义务的不履行是一种不作为。不过,义务冲突如果要成为正当化事由,还必须要判定在众多的义务之中各种义务本身的重要程度与所要履行的先后。倘若行为人所履行的是重要性程度不高的义务而没有履行更为重要的义务,并且行为人本可以履行更为重要的义务,那么行为人的行为则是违法行为。但是如果不能期望行为人履行更为重要的义务时,可以根据期待可能性理论判断行为人不承担刑事责任。

另外,需要注意的是,义务冲突中的义务可否为法律义务与道德义务的冲突?一般来说,两个都是法律上的义务又是彼此不相容的义务情形时,应当履行其中的重要法律义务而放弃非重要法律义务。如果两个义务中,一为法律义务,一为道德义务,一般应当履行法律义务而不能放弃法律义务。但是当两种义务即道德义务与法律义务所关涉的法益悬殊的情形下,即道德义务所涉的法益远远重于法律义务所及法益的情况下,选择道德义务优先也可以构成正当化事由。

五、自救行为

(一) 自救行为概述

自救行为,又称自助行为或自力救济,它是民法上以自力(非公力)保全或满足自己权利的行为在刑法上的延伸。在大陆法系中,多属于依法令而行为的一种。就是当权利人的权利遭到侵害而无法及时得到公权力的救助时,行为人依靠自己而自力恢复原状或进行适当的保护行为以强迫加害人或义务人履行义务的行为。其合理性的理论依据是,尽管法治国家原则上要求应当通过国家机关来恢复并救济对法益的侵害,但事实上国家不可能做到,所以在国家公权力难以进行适当而及时的救济时,应当允许被害人自己实施适当的恢复法益的行为。

(二) 自救行为的构成条件

自救行为必须具备下列基本要件才能构成正当化事由:侵害人的行为已经构成对法益的违法侵害,这种侵害从时间上说,可以是刚刚过去,也可以是经过了一段时间。倘若是正在进行的不法侵害,则可以由正当防卫或紧急避险而获得正当化;国家公权力的救济与恢复难以达到;必须有为了恢复自己法益的自救意识与意图;自救行为在手段使用上与法益侵害上不能明显失衡。

依此构成要件，在当场，被害人夺回被加害人抢劫、抢夺或盗窃的财物，按其性质，也可以属于法律所许可的自助行为。这种情况在大多数国家的私法中多有规定，在刑法上也属于阻却违法的行为。

从这个意义上说，自助行为与正当防卫有一定联系。但两者有明显的区别：① 正当防卫所针对的必须是正在进行的不法侵害，即侵害必须没有结束、起码侵害人仍然在现场的情形。而自助行为则多属于侵害已属过去或者侵害人已不在现场的情形。比如，对于抢劫或盗窃行为而被害人当场以强制力取回财物者，假如加害人的行为已经实行完毕但尚在现场，此时，被害人为取回财物而对加害人施以必要的强制行为，是否属于正当防卫，理论上尚存争议。关键之点在于，此时是否属于正在进行的不法侵害。如果依据行为完成说，那么侵害已经结束，就不能认定是正在进行的不法侵害，被害人的强制行为也就难以成立正当防卫。但是依据自助行为理论，这种行为，如果不超过必要限度，应当被认定属于自力救济的自助行为，从而构成正当化事由。② 对于不作为方式的加害人的行为，可否进行正当防卫理论上争议较大，一般认为不应当进行正当防卫，因为它不具备正当防卫所必需的侵害的紧迫性。尽管从原因力上看，不作为也有其原因力，它之所以能发生侵害与作为方式没有区别。但此时可适用自救行为而使之具有正当化，比如，对于无正当理由滞留他人住宅在主人要求离去而不离去的，以适当的强制力拘束其自由（如将其捆起来抬出去）使他不得不退去，不能认为此拘束行为属于正当防卫而具有正当性，当属于被害人的自救行为而成为正当化事由。③ 正当防卫并不限于制止侵害自己的不法侵害行为，对于侵害国家、公共利益或他人的人身、财产和其他权利的行为均可正当防卫。但自救行为仅仅以保护自己的权利为限且以可以强制执行的请求权作为范围，所以为了保护国家、公共利益与他人的权利的行为均不能作为自救行为看待，不能强制执行的请求权不能作为自助行为。④ 正当防卫的行为只要符合正当防卫的条件，则不必立即请求国家有权机关对加害人进行适当的处置。但在自助行为中，一般地，如果自助行为涉及限制公民的人身与扣押财产问题，那么为自助行为者，应当立即将其所限制之人或所扣押的财产扭送或交送相关国家机关，请求其进行适当的处置。否则，其自助行为则可能构成非法拘禁罪或其他犯罪。

本 章 小 结

违法性，从形式上说，就是行为违反了法律的禁止或命令规范，它是认定行为构成犯罪的基本条件，当行为符合构成要件时，一般推定该行为具有违法性。但如果存在足以排除违法性的特定条件，即存在推翻违法性推定而使行为不具有违法性的事由时，该事由就是违法性阻却事由。

正当防卫在性质上属于“正对不正”，紧急避险则属于“正对正”的关系，即当合法利益处于一种不牺牲其他合法利益就无法避免损害的危险时，牺牲另外一种合法利益以保全自己的情形。

参考阅读书目

1. 陈兴良：《正当防卫论》，中国人民大学出版社 1987 年版。
2. 王政勋：《正当行为论》，法律出版社 2000 年版。
3. 刘明祥：《紧急避险论》，中国政法大学出版社 1998 年版。

【思考题】

1. 违法阻却事由的概念、根据是什么?
2. 正当防卫的构成要件是什么?
3. 如何看待刑法中的无限防卫权?
4. 被害人承诺可以成为违法性阻却事由的条件有哪些?

第五章　有责性

本章要点

责任是个人因其该当构成要件的违法行为所应当受到的谴责。因此,有责性,即责任,是构成要件该当性、违法性之后,需要进一步讨论的犯罪成立要件。只有在确定个人有谴责可能性之后,才能最终确定行为构成犯罪,这是责任主义的基本要求。所以,本章主要讨论对个人归责的条件、可能性等问题,其基本内容包括责任的理论、本质和意义,责任能力、罪过(故意、过失),期待可能性等。

第一节　有责性概述

一、有责性的概念

有责性,即责任,是指个人因其实施的危害社会、符合罪状的行为所应受到的谴责或非难,它包括作为犯罪成立要素的个人主观心理状态以及相关要素。

在行为符合罪状,具有违法性并侵害法益的场合,可能有很多与犯罪事实有关的人面临刑罚处罚的危险。此时,为了防止处罚范围过大,限制刑罚的适用,就有必要明确:不能对行为者进行非难的,就不成立犯罪,不能进行刑罚处罚。这样,责任就成了危害性、违法性之后的第三个犯罪成立要件。责任的判断,就是在确定符合罪状且具有违法性的行为存在之后,进一步判断:对实施这一行为的人科处刑罚是否妥当?

在这里,有两点是比较重要的:一是在进行违法性判断之后,必须进行责任有无的判断。违法论主要解决这样一个问题:一个行为,具备哪些条件就与法秩序发生了冲突。在违法性判断过程中,个人的特点是不需要考虑的,法秩序对所有人的要求都是相同的。但是,刑法评价如果仅停留在违法性阶段,就会出现处罚无法落实到个人身上的可能,所以,评价必须进入责任领域,即考虑:具备哪些条件才能对一个具体的、有血有肉的个人就其行为进行谴责。二是与危害性、违法性集中讨论惩罚可能性(处罚的前提、处罚的根据、违法性的本质)不同,责任论主要讨论处罚的限定问题。对个人的归责,不是任意的。在责任论领域,必须要分析行为人在怎样的情况下形成了违法的行为意志,因此,责任是意志形成过程中应予否定评价并由此具有可谴责性的一切因素。

1. 责任的本质

责任的本质是什么,历来有道义责任论和社会责任论的争论。

道义责任论,是刑事古典学派关于责任根据的理论。它以道义非难作为责任的根据。道义非难是在承认个人意志自由的前提下,基于伦理的立场,对于行为人主观心理的可谴责性的评价,即行为人在具有责任能力的情况下,本来可以选择正确的、适法的行为,可是其竟然在故意或者过失的支配下实施了犯罪行为,因而具有可谴责性。

社会责任论,是刑事实证学派关于责任根据的理论。它基于社会防卫论的观点,主张罪犯并无意志自由,犯罪的出现是由环境、社会以及个人的素质所决定的,所以对个人惩罚的正当根据不能从罪犯身上寻找,而必须考虑社会的需要。犯罪人因其危险性格而处于应予社会防卫、处置的地位。归责成为一种社会处置措施。

社会责任论存在的问题是:没有确实的、科学的依据可以否定人的自由意志;同时,为实现犯罪预防目的、防卫社会而确定个人有责,使得责任的刑罚限定机能丧失。所以,刑事古典学派承认意志自由,从而为责任论提供哲学根据,是基本正确的。这样,在讨论责任的时候,意志自由的概念就是必须承认的。否定意志自由,无异于推翻责任概念。因为责任是建立在意志自由基础之上的,没有意志自由,也就无所谓责任。在现实生活中,人的现实行为乃至犯罪行为,有根据本人自由选择的一面,同时也有在很大程度上受其素质和环境要素制约的一面。在此意义上,现在的道义责任论一般以相对的自由意思论作为前提。正是这种相对的意志自由,为责任提供了根据。

2. 责任判断的对象

责任判断的基础是什么?对此,有行为责任论和性格责任论的争论。其中,行为责任论对应于责任本质的道义责任论;性格责任论对应于责任本质的社会责任论。此外,还有对行为责任论进行修正的人格责任论。

(1) 行为责任论

行为责任论认为,既然应当惩罚的不是行为人而是行为(客观主义),那么值得非难的就应当是个别的行为以及促进行为实现的意思。

(2) 性格责任论

性格责任论主张,必须惩罚的是具有危险性格的行为者(主观主义),所以,责任非难的对象是具有危险性格的个人。

由于刑罚并不惩罚思想、情感、性格、人格本身,而只惩罚表现于外的行为,责任理论也必须与这样的行为理论相呼应。所以,性格责任论在今天很少有人赞成,而行为责任论基本上成为主流学说。

(3) 人格责任论

人格责任论认为,仅仅将个别的行为作为责任非难的对象,可能过于绝对。例如,同样是盗窃,初犯和惯犯就某一次窃取行为而言,取得的财物数额虽然相同,但是,显而易见,前者的责任轻而后者的责任重。所以,责任判断的基础和对象,还应当包括隐藏在行为背后的人格,这就是人格责任论的观点。

人格责任论可以看作修正的行为责任论,它认为责任第一次应该是行为责任,必须以行为人人格的主体性现实化之后的行为为基础来论说。但是,在行为的背后,存在着受素质和环境制约的、同时也是统管行为人的主体性努力而形成的人格,可以因其人格形成中的人格态度对行为人进行非难。在这个意义上,第二次是应该考虑人格形成的责任。这里的人格形成责任,不是看重人格本身,而是看重行为背后的人格态度,所以,其与性格责任论有很大的不同。

3. 责任判断的构造

从结构上看,责任是一种心理事实,同时也是一种规范的价值评价。这就是心理责任论与规范责任论的问题。

心理责任论把责任理解为行为人的心理关系。根据这种心理关系的不同,把责任形式分为故意或过失。由此可见,心理责任论关注的是心理事实,将责任视为故意与过失的上位概念。

规范责任论认为,责任的本质是从规范的角度,对心理事实加以非难的可能性。对于应该实施合法行为但未予实施的,可以施加责任非难。然而,在具体情况下,无法期待行为人实施合法行为的场合,即使行为人有故意、过失,仍然不需要承担责任。从规范责任论的观点来看,有无期待可能性就是决定责任界限的要素,所以又称其为责任的规范要素,与作为心理要素的故意和过失相对立。根据规范责任论的观点,责任就是作为心理要素的故意、过失、作为规范要素的期待可能性的结合。由此可见,规范责任论在心理事实的基础上引入了规范评价因素,注重规范评价在责任中的决定意义,并将期待可能性作为理论的中心范畴看待。

二、有责性的意义

英美法系对犯罪的惩罚一直遵循"行为无罪,除非内心邪恶"这句法谚的要求①。行为人邪恶内心的存在,一般要求控方证明。但是,在例外的情况下,英美国家强调通过制度设计减轻控方对于行为人罪责的证明责任,这就是严格责任问题。根据严格责任,行为人在行为时没有犯罪故意,或者已经履行注意义务,但仍然对特定犯罪承担刑事责任,控方无须证明被告人的犯罪意图或者过错。例如,在销售不合格产品、非法持有毒品、赌博器械、违反禁酒令等情况下,被告人承担严格责任。但是,学者指出,严格刑事责任在我们的法律中从未赢得过赞许。每当规定这样一种责任的法律获得通过的时候,总会有抗议发生,而政府的托词永远不外乎是某种假定的迫切需要。不过,这种法律在现代立法中继续出现并且可能还有扩张趋势的原因并不神秘:它们极大地方便了检察官。检察官们可能会向我们保证:这种法律的明显不义可以通过"有选择地执行"(selective enforcement)来消除②。

大陆法系国家一直坚持无责任即无刑罚的原则。换言之,对个人要给予刑罚处罚,必须考虑其主观上有无罪过。在存在责任的场合才能科处刑罚,刑罚的量必须和责任的量相匹配,这就是近代以来被反复强调的责任主义。所以,责任主义以限制国家刑罚权、确保国民的自由为宗旨。

在责任主义之下,责任就是主观责任、个人责任。一方面,责任是主观的责任。因为人的行为是按照人的理性所具有的相对自由意思而实施的,也就是说,人是按照自由意思而决定行为的善恶,只有带有主观性的行为才具有责任。所以,责任与个人的主观恶性有关,而非结果的责任,我们不能仅仅因为有损害后果发生,不管行为人有无故意、过失就确定惩罚。通说认为,责任主义是在否定客观责任或者结果责任的基础上形成的,责任主义具有防止客观归罪的人权保障机能。另一方面,责任是个人责任。责任只与实施违法行为的个人有关联,与非犯罪的他人、家族、团体无关。所以,个人责任强调自负其责,反对株连,反对自己的责任由其他人承担,排除团体责任。但是,共同犯罪中主犯要对其他人的犯罪行为负责,属于刑法特别规定的处罚扩张事由,与个人责任并无冲突。在单位犯罪中,直接负责的主管人员和直接责任人员的意思和行为,就是单位的意思。处罚单位故意犯罪,是因为其和单位中的自然人具有大致相同的意思或者目标,单位具有行为责任;处罚单位过失犯罪,是因为单位和其自然人的意思虽然不相同,自然人的行为可能具有有意性,但单位对于自然人的行为具有管理、监督责任。所以,无论是处罚单位的故意行为还是过失行为,都和个人责任的要求相一致③。处罚单位犯罪中的自然人,更是符合个人责任

① 英美国家对某些犯罪实行严格责任,即根据某些事实推定行为人有故意、过失。严格责任并不是行为人真的没有过错,而是其过错非常明显,司法官员结合一定的事实就可以比较容易地"推定"行为人有罪过。所以,严格责任实质上是行为人"肯定"有罪过,只不过在罪过不需要控方证明而已。所以,实行严格责任,和英美国家一直遵循的"行为无罪,除非内心邪恶"要求没有根本的冲突。

② [美] 富勒:《法律的道德性》,郑戈译,商务印书馆 2005 年版,第 92 页。

③ 反对的观点是:责任的本质是对个人的违法意思加以谴责。法人是抽象的存在,没有肉体,没有作出意思的能力,不能成为责任主体。规定法人犯罪,违反责任主义中个人责任的要求。

的要求[1]。

第二节　责 任 能 力

一、责任能力概说

责任能力,是指对自己实施的该当构成要件、违法的行为承担责任的能力。

在刑法上,要对符合构成要件且违法的行为的实施者进行非难,就必须证实:在行为实施的当时,行为人能够理解法律的命令和禁止的内容,并且具有按照这种理解进行行动的能力,这就是责任能力的问题。责任能力由此成为责任要素之一。

道义责任论与社会责任论对于责任能力的本质在理解上是完全不同的。道义责任论认为,责任能力的本质在于意思决定能力,或者说是一种犯罪能力,因为行为人的道义责任是以行为人具有辨别是非、根据该辨别行动的自由意思为前提的。

社会责任论认为,责任能力的本质是刑罚适应,或者说是一种刑罚能力。理由在于:责任是社会责任,在有特定能力者的行为和无能力者的行为之间,就社会危害性而言,没有实质上的差异,只是对他们的社会防卫方法不同,对精神障碍者及年少者以非刑罚方法处置。所以,责任能力,就是能够通过判处刑罚,以实现刑罚目的的能力。

目前的通说认为,不能仅仅从处罚可能性的侧面考虑责任能力问题。所以,社会责任论的观点存在重大缺陷,而应当将责任能力看作犯罪能力。换言之,个人是否具有刑罚能力,在确定犯罪成立与否时并无考虑之必要,责任能力的本质就是犯罪能力,即行为者实施有责之行为的能力。

责任能力的核心内容是辨认能力与控制能力,即辨认自己行为的意义、性质、作用、后果并加以控制的能力。如果有辨认能力与控制能力,则有责任能力;如果无辨认能力与控制能力,则无责任能力。

辨认能力,是指对于事物性质的判别能力,即行为人是否存在认识能力。控制能力,是指对于自己行为的支配能力,即行为人是否存在意志能力。关于辨认能力与控制能力的关系,辨认能力是前提,只有正确地对事物性质,尤其是事物的法律性质作出判断,才能有效地控制自己的行为,使之合乎法律规定。对于刑事责任能力的成立来说,辨认能力与控制能力缺一不可。这两种能力可能因精神障碍而丧失,同时也会因达到一定年龄而获得,因此,未成年人的责任能力涉及的是年龄与责任能力的关系问题,精神病涉及的是特殊疾病是否影响个人的认识、控制能力的问题。下面重点对这两个问题进行讨论。

二、责任年龄

责任年龄,是指法律所规定的行为人对自己的犯罪行为负刑事责任所必须达到的年龄。

不满 14 周岁的少年儿童,身心发育尚未成熟,还未具备必要的辨别是非善恶的能力,虽然也

---

[1] 即便认为处罚单位犯罪和责任主义不相冲突,在刑法上是否有必要规定单位犯罪,从刑事政策的角度仍然是可以质疑的。从表面上看是单位实施的犯罪,实质上仍然是自然人操纵的,是少数自然人意思和行为的产物;从表面上看是为单位谋取利益的犯罪,实际上参与犯罪的自然人得利最多;从表面上看是判处单位缴纳罚金,但是,在犯罪的单位是国家机关时,最终受损的可能是国家和纳税人,在犯罪的单位是公司、企业时,最终受损的是无辜的股东。如果进而考虑到司法机关对大量单位犯罪不予追究,只由行政执法机关进行处罚的现实,以及部分自然人利用刑法对多数单位犯罪中的直接责任人员处罚较轻的规定,将大量自然人犯罪尽量往单位犯罪方面辩护的事实,取消单位犯罪的规定,就并不是没有道理的。

有可能做出某种危害社会的事情，但主要是年幼无知的表现，应当加强教育，不宜追究刑事责任。已满14周岁不满16周岁的少年，已有一定的认识能力，但他们毕竟年龄还小，因此，对他们负刑事责任的范围严格控制，是必要的和适当的。已满16周岁的人，体力和智力已有相当的发展，具有一定的社会知识和分辨是非善恶的能力，因此，应当要求他们对自己一切犯罪行为负刑事责任。

基于此，我国《刑法》第17条把责任年龄划分为3个阶段：① 已满16周岁的人犯罪，应当负刑事责任。这是刑法关于完全负刑事责任年龄阶段的规定。② 已满14周岁不满16周岁的人，犯故意杀人、故意伤害致人重伤或者死亡、强奸、抢劫、贩卖毒品、放火、爆炸、投毒罪的，应当负刑事责任，为相对负刑事责任年龄阶段。这里的“犯故意杀人、故意伤害致人重伤或者死亡、强奸、抢劫、贩卖毒品、放火、爆炸、投毒罪”，不是仅指触犯这几种罪名，而是指实施这几种行为，例如，已满14周岁不满16周岁的人，绑架他人，并杀害被绑架人的；或者拐卖妇女、儿童过程中，故意杀害被害人的，都应当直接以故意杀人罪论处。又如，已满14周岁不满16周岁的人，在盗窃现场为抗拒抓捕，而对被害人使用暴力的；携带凶器抢夺的；或者在聚众“打砸抢”过程中故意毁坏财物的，都应当以抢劫罪追究刑事责任。已满14周岁不满16周岁的人能够成立的诸种犯罪，都是故意犯罪，不包括过失犯罪。此外，还需要注意，按照罪刑法定主义的要求，已满14周岁不满16周岁的人实施刑法明确列举的八种行为以外的其他行为的，即使社会危害性很大，也不能追究其刑事责任，例如已满14周岁不满16周岁的人决水的，其社会危害性不低于放火、爆炸和投放危险物质罪；制造或者运输毒品的，其社会危害性不低于贩卖毒品罪，但是都不能作为犯罪处理。③ 不满14周岁的人，不管实施何种危害社会的行为，都不负刑事责任。这是完全不负刑事责任年龄阶段。

我国《刑法》第17条不仅对未成年人应负刑事责任的范围作了严格的规定，尽量缩小惩罚面，而且还考虑到未成年犯的特点，对其适用从轻或者减轻处罚。所以，《刑法》明确规定，已满14周岁不满18周岁的人犯罪，应当从轻或者减轻处罚。这是考虑到未成年人的体力、智力发育还未完全成熟，控制自己和辨别是非的能力还不够强，比成年人更易受环境的影响；同时未成年人本身各方面发展尚未定型，可塑性较大，比成年人更易接受改造。因此，对他们的判刑要较成年人为轻，法律规定要从轻、减轻处罚，这从教育、改造的角度讲是合适的。

此外，《刑法》第17条第4款规定，对不满16周岁不予刑事处罚的，也并不是一概不管，而是责令他的家长或者监护人加以管教；必要时，也可以由政府收容教养。例如，家中无人管教；或者虽有人管教但确实管教不见效的；或者群众反映强烈，坚决要求政府收容教养的，由政府收容教养。收容教养是一种必要的社会保护措施，对保护未成年人和维护社会安全都是有利的。

刑法第17条之一（根据刑法修正案（八）第一条增设）规定，已满75周岁的人故意犯罪的，可以从轻或者减轻处罚；过失犯罪的，应当从轻或者减轻处罚。

关于刑事责任年龄，有以下问题值得讨论：① 年龄的计算。刑法所规定的年龄，是指实足年龄，不是指虚岁。实足年龄以日计算，并且按照公历的年、月、日计算，例如，已满14周岁，是指过了14周岁生日，从第二天起，才是已满14周岁。② 行为跨年龄段的处理。对于不满14周岁实施危害行为，一直延续到成年时期的，只能追究其达到年龄阶段以后的行为的责任。行为人已满16周岁后实施了危害社会的行为，在已满14周岁不满16周岁时也实施过同样的行为，如果行为属于《刑法》第17条第2款所规定的八种犯罪，应一并追究，否则，只能追究已满16周岁以后实施的行为。③ 年龄计算的基准。在行为实施和结果发生有较长的时间间隔的场合，需要讨论按照行为时，还是按照结果发生时计算年龄的问题。例如，行为人实施伤害行为时差一天满14周岁，发生死亡结果时已满14周岁的，是否可以根据《刑法》第17条第2款追究其刑事责任？比较合理的见解是：对年龄应以行为发生时为基准进行判断。理由在于：犯罪是表现于外的行为，责任能力是辨认、控制自己行为的能力，所以，辨认、控制能力必须是行为当时的能力。当然，如果行为人实施一定身体动作以后，具有防止结果发生的义务，就应根据不作为犯罪的发生时间计算年龄。例如，不满14周岁的行为人在他人的酒中投入毒药，并将毒酒隐藏于酒柜中，他人饮用时，行为人已满14周岁的，可以认为行为人对自己14周岁以前的行为所可能引起的危险有排除的义务，行为人已满14周岁，但仍然不履行危险源排除义务，因而导致他人死亡的，应当成立故意杀人罪。但是，这样处理是否合理，还值得进一步研究。

三、精神状况

责任能力是辨认能力与控制能力，它与个人的精神状况直接相关。

从心理学角度讲，某人缺乏辨认和控制自己行为的能力，是指对自己的行为缺乏意识和意志。一切精神正常的人，对于自己实施的如杀人、伤害等行为都有辨认和控制的能力。但对精神病人来讲则不然，其缺乏这种能力。有的人患有轻度精神病，但并未丧失辨认和控制自己行为的能力，就应当负刑事责任。间歇性精神病人，在其精神正常的情况下实施犯罪行为，应当负刑事责任。对于有些犯罪后精神错乱的，可中止案件的审理，待精神正常后再行审理，这并不排除其负刑事责任的可能性。作案当时的精神状况到底如何，应通过司法精神病学专家或有关医疗部门的医生加以鉴定。

要根据行为人的精神状况，判断责任能力的有无，就必须借助于生物学标准和心理学标准。生物学标准，是指以患者是否具有精神障碍作为判定行为人责任能力的标准。心理学标准，是指以是否具有辨别是非、控制自己行为的能力作为判定行为人是否具有责任能力的标准。

上述两种标准，在责任能力判断上结果不完全相同。一般来说，生物学标准判断较为宽泛，只要行为人患有精神疾患，即判定为无责任能力者。而精神疾患本身是十分复杂的，难以成为责任能力判断的唯一标准，尤其是责任能力的核心内容是行为人的辨认能力和控制能力。因此，责任能力的判断也应该统一到对于行为人的辨认能力和控制能力的判断上来。

当今世界各国，大多兼采生物学标准和心理学标准，称为混合标准。混合标准的内容为：行为人不仅必须患有刑法所规定的精神障碍，而且其所患精神疾病必须引起法定的心理状态或心理结果，方可被判定为无刑事责任能力或限制刑事责任能力。

根据这种混合标准，首先判明行为人是否存在某种法定的精神障碍，然后进一步判明行为人是否由于这种精神障碍导致其丧失辨认能力和控制能力。前者由精神病医学专家鉴定，以得出行为人是否有精神病以及精神病程度轻重的结论。后者由司法人员判断，但其不能否认精神病医学专家对有无精神病所作出的结论，只能在精神病医学专家的鉴定基础上进一步判断行为人是否具有辨认与控制自己行为的能力，如果精神病医学专家的鉴定结论是行为人没有精神病，司法人员就必须肯定行为人具有辨认控制能力；如果精神病医学专家的鉴定结论是行为人患有精神病，司法人员就必须在此基础上进一步判断行为人是否具有辨认控制能力。在具体的判断中，必须注意：① 如果在认定中能够确认行为人行为时无责任能力，行为人对该当构成要件的违法行为就没有责任，从而不成立犯罪。② 如果行为人在行为时具有责任能力，但是，在行为过程中丧失行为能力(例如在持刀追杀他人过程中发病乱扎而致人死亡)，案发后又恢复辨认能力的，原则上仍应成立犯罪既遂，因为因果关系并未因其暂时丧失能力而受影响。

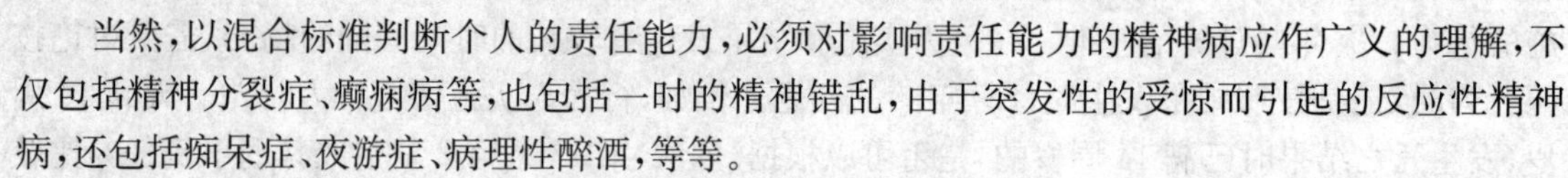

当然，以混合标准判断个人的责任能力，必须对影响责任能力的精神病应作广义的理解，不仅包括精神分裂症、癫痫病等，也包括一时的精神错乱，由于突发性的受惊而引起的反应性精神病，还包括痴呆症、夜游症、病理性醉酒，等等。

我国《刑法》第 18 条第 1 款规定，精神病人在不能辨认或者不能控制自己行为的时候造成危害结果，经法定程序鉴定确认的，不负刑事责任，但是应当责令他的家属或者监护人严加看管和医疗；在必要的时候，由政府强制医疗。这是对绝对无刑事责任能力的规定。第 2 款规定，间歇性的精神病人在精神正常的时候犯罪，应当负刑事责任。这是对绝对有刑事责任能力的规定。

除了完全无刑事责任的能力与完全有刑事责任能力以外，还存在一种介于两者之间的中间状态，这就是限制刑事责任能力（减轻刑事责任能力）。《刑法》第 18 条第 3 款规定，尚未完全丧失辨认或者控制自己行为能力的精神病人犯罪的，应当负刑事责任，但是可以从轻或者减轻处罚。这里的尚未完全丧失辨认或者控制自己行为能力的精神病人，就是指限制刑事责任能力的精神病人，他们由于精神障碍而使得辨别是非的能力、控制自己行为的能力都显著降低，因此有减轻刑罚的必要。

《刑法》第 19 条规定，又聋又哑的人或者盲人犯罪的，应当负刑事责任。又聋又哑的人或者盲人，不是无责任能力的人，他们犯了罪，理应负刑事责任，但是，因为其生理上有缺陷，在智力、体力等方面与身体健全者存在差异；同时，也是出于人道主义的考虑，所以不宜处罚过重。这种生理缺陷既包括先天的，也包括后天的。在具体处理时，要综合考虑其接受教育的程度和智力发展水平等情况。

四、原因自由行为

原因自由行为，是指在预见到自己可能犯罪的情况下，行为人故意或者过失使自己陷入责任能力丧失或者降低的状态，并在该状态下引起犯罪结果的情形。换言之，行为人在实施犯罪的前一行为（原因行为）时是头脑清醒的，但其故意使自己陷入过度疲劳、醉酒、吸毒等辨认、控制能力降低或者精神错乱的状态，并在此状态下着手实施后一带有侵害性的行动。如果排除疲劳、醉酒、吸毒等原因，在正常情况下，行为人不敢、不能实施后面的危害行为的，就是与原因自由行为有关联的问题。

原因自由行为与责任能力存在紧密关系。在着手实行时，行为人没有责任能力，但使之陷于这种无责任能力状况的原因行为是自由的，即在完全责任能力状态下之所为。

在原因自由行为场合，行为人是否有责任，是否需要对行为人陷入责任能力缺乏或者降低之后实施的行为加以原谅，存在争议。问题的焦点在于：责任能力是辨认、控制能力，但在无辨认、控制能力状况下实施的行为，是否还有责任，是否可以成立犯罪？

为了防止行为人规避法律，通说对原因自由行为的归责持肯定态度：主体虽然在行为时处于无能力状态，但是，其使自己陷入无能力状态的原因行为是主体在有能力的情况下实施的，出于实施犯罪的目的而自由地作出的选择。所以，在原因自由行为中，行为人虽然在实施客观构成要件行为时，无意思决定自由或无完全自由，但其原有的精神状态，即在招致无责任能力的原因设定阶段，与正常人没有差异；这与因疾病而导致精神错乱的情况更不可同日而语，应认定具有责任能力。但是，这是否与“责任与行为同在”的原则有冲突，仍然是一个值得研究的问题，因为“责任与行为同在”要求在着手实施实行行为时，行为人具有意思自由。

为解决这一矛盾，理论上主要有以下学说：① 构成要件说。传统的构成要件说主张，在实施原因行为时，行为人具有辨认控制能力，是自由的，有责任能力，所以，应该受到相应责任非难。原因自由行为评价的重点是原因设定行为（先前行为），而非后一行为，原因行为就是犯罪行为。原因设定行为是有决定性的意义行为，具有实行行为性，是构成要件所要求的实行行为。后续的行为是按照行为人在意志自由时的计划，自然而然地实施的。近年来，与构成要件一致的客观归

责理论认为,行为人预见到自己可能犯罪,而故意或者过失使自己陷入责任欠缺的状态,是"制造法益风险"的行为;行为人对自己在责任能力丧失或者降低的情况下无法控制自己后续的行为有所认识,并通过后续的行为"实现法益风险",因此,应当进行归责,而无须减轻或者免除处罚。② 间接正犯类似说。这种学说认为,原因自由行为的行为人是利用自己陷于无责任能力的状态来实现犯罪,实际上是以自己的无责任行为为道具以实现犯罪,因而应以间接正犯论处。如果承认间接正犯是以利用行为的着手为实行行为的着手,那么,原因设定行为就是实行行为的着手,这样就维持了责任与实行行为同在的原则。小野清一郎就认为,原因自由行为是"自我介入而成为间接正犯,并不介入第三者"[①]。③ 例外说。该说强调,一般而言,在行为当时,行为人应当存在责任能力,但是,在例外的情况下,欠缺责任能力,也能够实现归责。原因自由行为就是没有责任也能够归责的例外情形。④ 责任原则修正说。这种观点认为,行为与责任同在的原则需要坚持。问题的关键在于如何理解这一原则。实际上,只要在作出意思决定时存在辨认、控制能力,责任就是和意思决定行为同时存在的,即使在进行行为决定之际已丧失责任能力,也应当认为行为人具有责任能力,这是对责任与行为同在原则的修正。笔者赞成责任原则修正说,同时,也需要考虑构成要件说的合理性。

基于原因自由行为,行为人可能成立故意犯罪,也可能成立过失犯罪。至于原因自由行为是成立故意犯罪,还是过失犯罪,应当根据行为人对使自己陷入责任丧失或者降低状态的行为(原因设定行为)是故意还是过失来决定,原因设定行为是故意的,就应当承担故意责任;原因设定行为是过失的,就应当承担过失责任。

我国刑法承认原因自由行为的法理。《刑法》第 18 条第 4 款规定,醉酒的人犯罪,应当负刑事责任。立法的出发点是:醉酒的人通常是在某种程度上减弱辨认和控制自己行为的能力,但并非完全丧失这种能力。行为人以酗酒壮胆作案,即便犯罪时辨认、控制能力降低,也必须受到惩处。这里的醉酒,一般是指生理性醉酒,仅在特殊情况下包括病理性醉酒。病理性醉酒属于精神障碍的特殊表现,多见于通常并不饮酒或对酒精无耐受性,或并存感染、过度疲劳、脑外伤、癫痫症者,在偶然一次饮酒后发生。病理性醉酒的人行为紊乱、记忆缺失、出现意识障碍,并伴有幻觉、错觉、妄想等精神症状,且其行为通常具有攻击性质。对没有犯罪意图的病理性醉酒者实施危害行为的,应当适用刑法关于精神病人责任能力的规定进行处理,而不适用《刑法》第 18 条第 4 款的规定。当然,如果行为人已经预见自己醉酒后会陷入丧失辨认、控制能力的病理性醉酒的境地,而故意饮酒,最后造成犯罪结果的,则应当根据原因自由行为理论确定责任。

在实务中,对某些犯罪的惩罚,也考虑了原因自由行为的理论。例如,根据有关司法解释,一般交通肇事行为,重伤 3 人以上,负事故全部或者主要责任的,才构成《刑法》第 133 条所规定的交通肇事罪。但是,在酒后、吸食毒品后驾驶机动车辆,交通肇事致 1 人以上重伤,负事故全部或者主要责任的,就构成交通肇事罪[②]。其实,在酒后、吸食毒品后驾驶机动车辆的,行为人的辨认、控制能力可能完全丧失或者至少有所降低,似乎应当减轻或者免除处罚才对。但司法解释考虑到是行为人使自己陷入责任减弱的境地,其在实施原因行为(饮酒、吸毒)时是自由的,酒后、吸食毒品后驾驶机动车辆,制造了法益风险,一旦肇事,实现了法益风险,"害人害己",因此,应当比一般交通肇事给予更重的处罚。司法解释没有明确使用"原因自由行为"概念,但其精神实质和原因自由行为的法理相符,具有合理性。

① [日]小野清一郎:《犯罪构成要件理论》,王泰译,中国人民公安大学出版社 2004 年版,第 99 页。
② 最高人民法院《关于审理交通肇事刑事案件具体应用法律若干问题的解释》(2000 年 11 月 10 日)。

第三节　故意与过失

一、犯罪故意

犯罪的故意、过失，是指行为人对其所实施的危害社会的行为及其危害结果所持的心理态度。

我国刑法学通说将故意、过失统称为罪过，它是责任要素之一。罪过的内容是犯罪人的心理态度，它需要司法机关用客观、外在的事实、证据加以证明。在定罪时，只能依据已证实的罪过进行司法活动；在罪过难以证实的情况下，不能确定被告人犯了特定的罪。

关于如何判断犯罪故意，存在着以下理论：① 认识主义，认为故意的构成以行为人对于客观上的犯罪事实具有认识为必要，即强调“知”的因素在故意构造中的重要性。所以，其可能将有认识过失作为故意看待，存在扩大故意范围的危险性。② 希望主义，认为故意的成立不仅要认识构成要件的事实，而且须希望危害结果发生。然而，希望主义对于意志因素的理解过于狭窄，将意志等同于希望，从而缩小了故意的范围。③ 容认说，这是对希望主义的一种修正，即在承认认识因素是故意的心理基础的前提下，认为故意的构成并不一定以希望结果发生为条件，只要行为人放任、容认、漠视危害结果发生，亦同样可以构成故意。容认主义在对意志因素的理解上，持一种更为宽泛的态度，不仅希望可以成为意志因素，容认亦可以成为意志因素，从而扩大了故意的范围。在中国刑法理论及司法实践中，容认说都是通说。根据《刑法》第 14 条第 1 款的规定，犯罪故意是指明知自己的行为会发生危害社会的结果，并且希望或者放任这种结果发生的一种心理态度。④ 盖然性说，认为行为人对结果的发生是否具有容认、放任、同意的情绪，必须结合行为人对结果的认识来判断，即行为人认识到危害结果发生的高度可能性(盖然性)时，仍然实施该行为的，就足以表明行为人容认或者放任结果的发生，成立犯罪故意；行为人只对结果的发生具有较低程度的认识时，则没有容认和放任的心态，只成立过失。盖然性说试图通过对认识因素的判断来解决意志因素，有其合理之处。但是，行为人究竟是已经认识到了结果发生的高度盖然性还是只认识到可能性，有时难以判断。

(一) 犯罪故意的认识因素和意志因素

在上述四种学说中，都涉及人的心理事实，即“知”与“意”的关系。知，即认识因素，是人的心理基础。意，即意志因素，是人的心理活动中具有支配力的因素。意志带有强烈的主观能动性，使主观意识转化为外部动作，从而对人的行为起调节(发动和制止)作用。就认识和意志两者的关系而言，两者是密不可分的，由此形成人的同意的心理过程。认识虽然是意志的前提，但认识活动本身也不能离开意志，是在意志的主导下实现的。因此，在认识和意志的对立统一的矛盾关系中，意志占主导地位，认识属辅助地位。

1. 认识因素

犯罪故意的认识因素是指行为人明知自己的行为会发生危害社会的结果的心理态度。换言之，行为人认识到了自己的行为及结果是具有社会危害性的。具备这种认识因素，是犯罪故意与一般心理活动中的故意的根本区别之所在。

犯罪故意的认识因素是对犯罪构成客观事实特征的认识，具体包括认识以下几方面的内容：① 行为的性质。对于行为性质的认识，是指对于行为的自然性质或者社会性质的认识，对于行为的法律性质的认识属于违法性认识而非事实性认识。② 行为的对象。对于行为对象的认识，是指对行为对象的自然或者社会属性的认识。例如杀人，须认识到被杀的是人。在犯罪对象作为构成要件之一的犯罪中,成立该种犯罪故意,还必须具备对该种对象的认识。如构成盗窃枪支、弹药罪,行为人必须知道其盗窃的是枪支、弹药。如果行为人以为是一般财物而盗窃的,事后才知是枪支、弹药的,其只有一般盗窃罪的故意而没有盗窃枪支、弹药罪的故意。当然,其行为也就不构成盗窃枪支、弹药罪。此外,对一些特殊犯罪,如毒品犯罪、奸淫幼女或者嫖宿幼女的犯罪、赃物犯罪、涉及淫秽物品的犯罪等,都要求行为人对行为对象的特殊性有认识,没有这种认识的,不构成犯罪故意。③ 危害结果。对危害结果的认识是犯罪故意认识因素中最根本的内容。只有行为人对其行为会发生危害社会的结果有所认识,其对行为性质等其他客观事实情况的明知也才具有了刑法意义。而行为人对危害结果有所认识,也必然体现出其对行为性质等情况是清楚的。在一些行为性质相似,造成同样后果的案件中,行为对结果的认识与否,直接决定了行为构成何种性质的犯罪,如故意伤害致死与故意杀人。当然对危害结果的认识并不排斥对行为性质等情况的认识,对后者的认识也是检验对前者认识与否的重要标志。④ 行为与结果之间的因果关系。对于因果关系的认识,是指行为人意识到某种结果是本人行为引起的,或者行为人是采取某种手段以达到预期的结果。在这种情况下,行为人都对行为与结果之间的因果关系具有事实上的认识。对因果关系的认识,不要求行为人对因果发展过程有准确、详尽的认识,而只要有大致的认识即可。⑤ 其他法定事实。例如时间、地点等,如果作为构成要件的特殊要素存在,亦应属于认识内容。此外,某种行为的前提条件,亦在认识限度之内。除上述情况以外,法律还规定某些特定事项作为认识对象,无此认识则无故意。例如,在刑法明文规定"明知"的场合,就是如此。

事实性认识存在一个认识程度问题。在故意犯罪中,认识程度是指认识结果必然发生与认识结果可能发生。应当指出,这里的必然发生与可能发生都是指行为人在当时情况下的一种主观判断,因而属于主观认识内容,而非客观事实。所谓认识结果必然发生,是指行为人当时认为,基于事物发展的趋势,结果发生是在预见之中的。所谓可能发生,是指行为人当时认为,基于事物发展的趋势,结果有可能发生,也有可能不发生。认识结果必然发生与认识结果可能发生,对于区分直接故意与间接故意具有一定意义。一般认为,直接故意的认识因素,既包括认识到结果必然发生,又包括认识结果可能发生。而间接故意,都以认识结果可能发生为前提,认识到结果必然发生而又放任其发生的,属于直接故意而非间接故意。

故意的成立,除要求行为人具有事实认识外,是否还要求行为人具有违法性认识,这在心理责任论与规范责任论之间长期存在争论。心理责任论认为只要具有对犯罪事实(构成要件中的客观事实)的认识,就可以追究故意责任。所以,故意被视为一种纯心理事实,而无需考虑规范评价。这与罗马法格言"不知法律不免责"是相符合的。在审判上,这无疑是便利的立场。

但是,强行要求公民知法,不知法为有害,甚至将不知法本身视为一种法的敌对性,这种观点与刑法的人权保障精神是相悖的;从对行为人进行责任非难来看,是极其权威主义的做法,并不妥当。为软化违法性认识不要论的立场,出现了各种修正的理论,主要有以下两种观点:① 限制故意论。认为故意至少需要具备违法性意识的可能性,如无违法性意识的可能性,则无谴责的可能,更无责任可言。显然,这种观点并未完全否认违法性认识,因而不同于违法性认识不要论,但它又以违法性认识的可能性相要求。违法性意识的可能性意味着:虽无违法性意识,但稍加注意就会有可能认识的情形。就违法性来说,意味着过失,所以这种说法是在故意概念中混进了过失要素,抹杀故意与过失的区别。是否妥当,还值得考虑。② 行政犯、自然犯区别论。主张对自然犯在故意上不需要违法性认识,因为自然犯的行为具有当然的反社会性,只要认识到这种行为的性质并决意实施,就可以成立反社会意识。而行政犯的行为是因为法律的特别禁止才视为反社会性行为,因而要求有对于违法性的认识。但也不能否认,在自然犯中存在不具有违法性认识的情形。

规范责任论主张违法性认识必要说，将违法性认识视为故意成立的必要条件。如果欠缺这种违法性认识，故意即被阻却。应该说，这种观点是正确的，因为违法性认识反映出法敌对意识的存在，具备违法性认识才成立故意，体现了故意这种责任形式的实质。

我国刑法理论的通说是不要求行为人具有违法性认识，就可以成立犯罪故意，即根据我国的实际情况，一般来说，认识到行为会发生危害社会的结果因而具有社会危害性，自然也会知道这种行为是法律所禁止的，所以没有必要把违法性认识作为犯罪故意的内容，以防止行为人借此逃避制裁。但如果行为人确实因不知道其行为违法因而不可能知道其行为会发生危害社会的结果，则不应认为其有犯罪故意。不过，社会危害性概念较为含混，有时行为人对自己的行为是否具有社会危害性都可能难以认识，如果也要求其承担刑事责任，是否会出现法律强人所难的局面，还值得研究。

2. 意志因素

犯罪故意除具备认识因素外，还应当具备意志因素。

意志对人的行动起支配作用，并且决定着结果的发生。犯罪故意的意志因素是行为人在明知自己的行为会发生危害社会的结果的基础上，仍决意实施这种行为的主观心理态度。因此，意志因素可以分为以下两种形态：① 希望。希望是指行为人追求某一目的的实现。在刑法理论上，由希望这一意志因素构成的故意，被称为直接故意。直接故意是与一定的目的相关联的，只有在目的行为中，才存在希望这种心理性意志。在希望的情况下，由于行为人是有意识地通过自己的行为实现某一目的，因此，行为与结果之间的关系是手段与目的之间的关系，意志通过行为对结果起支配作用。② 放任。放任是行为人对可能发生的结果持一种纵容的、听之任之的态度。即行为人为了追求一定目的而实施一定行为时，明知该行为可能发生某种危害结果；行为人既不是希望危害结果发生，也不是希望危害结果不发生，但仍然实施该行为，也不采取措施防止危害结果的发生，而是听任危害结果的发生；结果发生与否，都不违背行为人意志。在刑法理论上，由放任这一因素构成的故意，被称为间接故意。

放任与希望之间的区别是明显的：希望是对结果积极追求的心理态度，放任则是对这种结果有意地纵容其发生。两相比较，在意志程度上存在区别：希望的犯意明显而坚决，放任的犯意模糊而随意。

对于希望是一种意志，在理论上是没有疑问的，也符合心理学原理。而对于放任的意志性，应当从行为与结果之间的主观联系上加以说明。在放任的情况下，行为人对于结果发生是认识到其可能性。对于这种可能的结果，如果持希望的态度，就是直接故意。对于这种可能的结果，如果既不希望其发生，亦非否定其发生，这就是间接故意。因此，作为可能的故意，间接故意不仅认识上是可能的，即认识结果可能发生；而且在心理态度上也是两可的。这种两可的态度，表明行为人具有接受危害结果发生的危险的心理准备，这就是间接故意的意志性。

（二）犯罪故意的分类

根据《刑法》第 14 条第 1 款的规定，犯罪故意可分为直接故意和间接故意两种类型。

1. 直接故意

直接故意，是指行为人明知自己的行为会发生危害社会的结果，并且希望这种结果发生的心理态度。

根据认识因素的不同内容，直接故意又可以区分为两种情况，一种是行为人明知自己的行为必然发生危害社会的结果，并且希望这种结果发生的心理态度；另一种是行为人明知自己的行为可能发生危害社会的结果，并且希望这种结果发生的心理态度。

在实践中,绝大多数犯罪都是出于故意而实施的。而在故意犯罪中,主要的又是直接故意犯罪。直接故意犯罪由于行为人对危害结果发生持希望态度,因此在犯罪实行过程中,行为人的犯罪目的都是明确的,而且多具有较强的意志力,对所遇到的困难或阻力多会想方设法排除,以实现犯罪目的。因此,直接故意具有较大的主观恶性。

2. 间接故意

间接故意,是指行为人明知自己的行为可能发生危害社会的结果,并且有意放任,以致发生这种结果的心理态度。

与直接故意不同,间接故意的认识因素只是指行为人认识到自己的行为可能发生危害社会的结果,而不包括认识到自己的行为必然发生危害社会的结果。因为放任是以行为人认识到危害结果具有可能发生也可能不发生这种或然性为前提的,如果行为人已认识到自己的行为必然发生危害结果而又实施的,则根本不存在放任的可能,其主观意志实质上只能属于希望结果的发生的直接故意。间接故意的意志因素,是指行为人对危害结果的发生,不希望、不积极追求,而是抱着听之任之的态度,即不管发生与否,都不违背其本意。正因为如此,危害结果的实际发生是认定间接故意的必要条件。如果没有发生危害结果,就不能认定行为人具有放任危害结果发生的心理态度。

间接故意在实践中一般通过以下三种情况表现出来:一是行为人为追求某一犯罪目的而放任了另一危害结果的发生。如甲为放火烧乙的房屋而放任了房中的人死亡;二是行为人为追求某一非犯罪目的而放任某一危害结果发生。如甲为打一野兔而置可能误中正在附近采摘果实的乙于不顾,并开枪击中乙致其死亡;三是突发性犯罪中,行为人不计后果,放任某种严重危害结果的发生。如甲因违法犯罪被警察当场抓获,为挣脱逃跑,掏出匕首向警察刺去,致其心脏被刺破,重伤而死。以上三种情况中,行为人对被害人死亡结果的发生,都持间接故意的心理态度。

二、犯罪过失

刑法以处罚故意犯为原则,以处罚过失犯为例外。

根据《刑法》第15条第1款的规定,犯罪过失是指行为人应当预见自己的行为可能发生危害社会的结果,因为疏忽大意而没有预见,或者已经预见而轻信能够避免,以致发生这种结果的心理态度。

犯罪过失是我国刑法规定的另一种罪过形式。相对于犯罪故意,犯罪过失的主观恶性要小得多。与明知故犯的犯罪故意相比,犯罪过失这一主观心理态度表现出以下两个特点:一是实际认识与认识能力相分离,即行为人有能力、有条件认识到自己的行为在当时的条件下可能发生危害社会的结果,但行为人事实上没有认识到;或者虽然已经认识到,但错误地认为可以避免这种危害结果发生。二是主观愿望与实际结果相分离,即行为人主观上并不希望危害社会的结果发生,但由于其错误认识,而导致了偏离其主观愿望的危害结果的发生。

(一) 过失论的历史

随着人类社会的发展,交通事故、医疗事故、工矿企业的责任事故、环境污染事故、火灾等层出不穷,刑法理论如何处理类似事件,涉及过失犯理论的发展问题。

1. 旧过失论

旧过失论是传统的过失论。旧过失论重视结果预见义务,认为如果行为人保持其意思紧张,就能够预见结果是否会发生,并采取措施防止结果的发生。但是,由于不注意,而未能预见结果的发生。

在这种过失理论中,结果预见义务是过失犯的本质。因此,在有危害结果发生的情况下,反过去看行为和结果之间是否存在相当因果关系，考察行为人是否有结果预见的注意义务。如果能够得出肯定结论，就成立过失犯罪。

2. 新过失论

旧过失论实质上以结果是否出现论定犯罪过失是否存在，容易扩大处罚范围，甚至接近于结果责任。为克服旧过失论的这一不足，新过失论重视结果避免义务，认为过失犯的注意义务，不是保持一种"意思紧张"，而是回避结果的发生。行为人即使有所预见，但为避免结果采取了相应措施，履行了结果避免义务，或者遵守了社会生活上必要的注意要求，在法益侵害结果发生时，也不成立过失。

新过失论与允许的危险的法理、危险的分配的法理、信赖原则都密切相关，因为在这些场合，行为人对结果的发生都有预见可能性，但是在其具有社会生活上必要的注意时，过失责任即被排除。

3. 新新过失论

旧过失论与新过失论都将结果避免的可能性理解为具体的预见可能性，但是，在公害犯罪日益频繁的时期，对过失的成立作这种要求并不利于保护法益。所以新新过失论认为，预见可能性并不需要具体的预见，对结果的发生仅有模糊的危惧感、不安感，就属于有预见可能性。

新新过失论主张，只要行为人在实施某种行为时有一种不安的感觉，但又没有采取措施避免结果发生的，就是过失，这实际上扩大了过失的处罚范围。所以，新新过失论容易受到的批评是其脱离行为基准讨论罪过问题，甚至放弃了对罪过的要求，可能与责任主义的精神相抵触。

将新新过失论适用到司法实践中，会带来很多问题：如何判断行为人是否产生危惧感，极其困难。有的人胆量大，实施某种行为时，不会产生危惧感，因而难以成立过失；而胆量小的人在实施类似行为时可能产生危惧感，所以成立过失，这会导致处罚上的不公平。所以，今天的通说认为，过失中的预见，都要求具体的预见，而不是抽象的、模糊的危惧感觉。

（二）犯罪过失的核心问题：注意义务

犯罪过失是行为人虽不希望危害社会的结果发生，但未履行其应当履行的注意避免危害结果发生的义务。犯罪过失的本质不在于造成危害社会的结果，而在于行为人违反了注意义务。如果某种危害社会结果的发生不是因行为人未履行注意义务而引起，或者行为人虽然履行了注意义务危害结果仍然发生的，不能认为其具有犯罪过失而追究刑事责任。换言之，疏忽大意过失、过于自信过失，从认识因素上看，都是不意误犯，但是它们都是以行为人有注意义务为前提的。所以，注意义务是过失犯罪中的核心问题。

注意义务，是指行为人作为时应当注意是否侵害某种法益，不作为时应当注意有无违反某种特定的法律义务的责任[①]。如果行为人在行为时并无义务预见可能发生危害结果，即使他当时能够预见，也不能认为他应当预见。

在刑法理论上，一般认为注意义务可以分为结果预见义务和结果回避义务。结果预见义务是指对于危害社会的结果所具有的认识、判断、预见的义务。结果回避义务则是指在预见可能发生危害结果以后，行为人所具有的回避、防止这种危害结果发生的义务。在疏忽大意过失的情况下，行为人首先没有履行结果预见义务，自然就不可能履行结果回避义务；而在过于自信过失的情况下，行为人已经履行了结果预见义务，但是违反了结果回避义务。

注意义务的来源较为广泛，即包括法律、法规的规定，职务、业务或社会共同生活规则的要

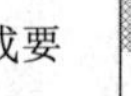

① 大陆法系刑法理论把注意义务分为客观的注意义务与主观的注意义务。违反客观的注意义务是过失犯的构成要素和违法性要素；违反主观的注意义务成为责难过失犯的根据。前者违反评价规范；后者违反意思决定规范。

求,甚至包括某些道德规范对个人的要求。

注意义务范围的确定,还应当与刑法所规定的过失犯罪存在的范围相一致。刑法中的过失犯罪,一般可以分为普通过失与业务过失。普通过失是指行为人在日常社会生活中发生的过失,而业务过失是指业务人员从事具有发生一定侵害法益结果危险的业务时,疏忽业务上的必要注意而发生的过失。显然,业务过失是违反法律规范(包括法律、法令、法规、制度等)所明示的注意义务,而普通过失则不然。因为普通过失一般发生在日常生活中,例如戏谑中失手将他人摔倒在石头上,引起他人死亡。在此,不存在违反法律规定的注意义务的问题,行为人所违反的是社会生活中的一般注意义务。由此可见,将社会生活中一般注意义务纳入过失之注意义务,并不会不恰当地扩大过失范围;恰恰相反,如果将社会生活中一般注意义务排斥在过失注意义务之外,就会不恰当地缩小过失范围。

注意义务之履行是以存在注意能力为前提的,个人仅有注意义务,没有注意能力的,仍然不具有责任。所以,注意能力是与注意义务直接相关的问题。注意能力是指对于应当注意事项主观上注意的可能性。

在注意能力的问题上,主要存在一个认定标准问题。对此,在刑法理论上存在以下学说:① 主观说,亦称个人标准说,以行为人本人的注意能力为确定违反注意义务的过失标准。根据本人的注意能力对一定的构成事实能够认识,应当认识而竟未认识,产生了违法后果。依此确定违反注意义务,称主观标准。② 客观说,以社会一般人或平均人的注意能力为标准,确定某具体人的违反注意义务的过失责任。具体人就是一定的行为者个人,一般人或平均人的标准是社会上一般认为的具有社会相当性的客观标准。③ 折中说,认为把具有相应情况的某些个人的注意能力加以抽象化,作为一种类型标准,而这一类型标准是根据社会相当性形成的。根据这样的某些类型标准再以广泛意义的社会相当性来加以抽象而形成一种一般的普通的类型标准。以这个标准确定出来的注意能力,推论出违反注意义务的过失责任。客观说的主要理由是法律的一般性,即法律是一般规范,它是针对社会一般人的,以此论证客观标准说的合理性。而主观说的主要理由是责任的承担者是具体的人,应以个人的注意能力为标准,否则就有客观归罪之嫌。

应该说,主观说的合理性是不言而喻的。由于责任是一种个人责任,责任过失应根据行为人自身的情况来确定。主观标准以行为人本身实际具有的知识、能力为依据确定其是否有预见能力,符合责任主义的要求。我国刑法理论一般主张采用主观标准,但客观标准可以作为进行判断时的参考。

(三) 过失的种类

1. 疏忽大意的过失

疏忽大意过失,是指行为人应当预见自己的行为可能会发生危害社会的结果,由于疏忽大意而没有预见,以致发生这种结果的心理态度。

疏忽大意过失作为一种无认识的过失,其特征是在具有预见可能性的情况下没有履行预见义务。

疏忽大意过失具有以下两个特征:

(1) 行为人应当预见自己的行为可能发生危害社会的结果

判断行为人是否具有疏忽大意过失,不是先判断行为人是否疏忽大意,而是先确定行为人是否应当预见自己的行为可能发生危害社会的结果。如果行为人应当预见而没有预见,就说明其具有疏忽大意过失。在应当预见的情况下,行为人并没有疏忽大意,但又确实没有预见的情形,是不存在的。因此,认定疏忽大意的关键,是确定行为人是否应当预见,即结果预见义务是否存在。

所谓应当预见，是指行为人在行为时有义务并且有能力预见以避免危害结果的发生。正是由于行为人对其义务的漠不关心，以致造成危害社会的结果，才使得其构成犯罪过失并因此承担刑事责任。如果行为人并不存在预见危害结果发生的义务，或在当时的情况下不可能预见危害结果的发生，不管造成什么样的危害结果，都不能认为其具有过失而追究刑事责任。

应当预见的内容是法定的危害结果。由于过失犯罪以发生危害结果为构成要件，构成要件是由刑法规定的，所以，过失犯罪中应当预见的危害结果，只能是刑法分则对过失犯罪所规定的具体的犯罪结果。例如，过失致人重伤时，行为人所预见的是自己的行为可能导致他人重伤这一法定的具体结果。不过，结果是否具体，是相对的。在危害公共安全或者妨害社会管理秩序的过失犯罪中，行为人应当预见的结果可能不一定很具体，但必须是刑法分则所要求的结果。

(2) 行为人没有预见其行为可能发生危害社会的结果

疏忽大意的过失是无认识过失，这种无认识的表现就是行为人在行为当时没有想到其行为可以发生危害社会的结果。没有预见可能发生危害结果，或者是行为人只意识到行为可能产生其他结果而不会产生危害社会的结果，或者是行为人认识到行为本身，但未预见行为可能导致实际结果，或者是行为人对行为本身和行为可能导致的结果都没有认识。没有预见的原因并非行为人不能预见，而是在应当预见的情况下由于疏忽大意才没有预见；如果行为人保持其意思紧张，谨慎从事，就会预见进而避免危害结果的发生。对危害结果的未认识状态，是构成疏忽大意过失的前提。

2. 过于自信的过失

过于自信的过失，是指行为人已经预见到自己的行为可能发生危害社会的结果，但轻信能够避免，以致发生这种结果的心理态度。

过于自信的过失具有以下两个特征：

(1) 行为人已经预见到自己的行为可能发生危害社会的结果

过于自信的过失属于有认识过失，行为人对可能发生危害结果有所预见，是构成这种过失的认识因素。但是，这种认识因素在程度上是比较模糊、不确定的。也就是说，行为人更倾向于认为危害结果不会发生，或者说危害结果虽有可能发生的危险，但这种可能性也不会转化为现实性。

(2) 行为人轻信能够避免危害结果的发生

轻信能够避免，是指在预见到结果可能发生的同时，又凭借一定的主客观条件，相信自己能够避免结果的发生，但所凭借的条件并不可靠。轻信能够避免主要表现为两种情况：一是过高估计了避免危害结果发生的自身条件、主观能力；二是过高估计了现实存在的客观有利条件对结果发生的抑止作用。因此，在主观意志上，过于自信过失的行为人不仅不希望危害结果的发生，而且危害结果的发生是违背其主观意愿的。

最后，需要讨论过于自信的过失与间接故意的关系。

在对危害结果的可能发生有所预见以及都不希望危害结果的发生方面，过于自信过失与间接故意有相似之处。但两者仍有本质上的区别：间接故意所反映的是对合法权益的积极蔑视态度，过于自信的过失所反映的是对合法权益的消极不保护态度。

这种本质上的差别，又通过各自的认识因素和意志因素表现出来：① 在认识因素上，间接故意的行为人对其行为可以发生危害社会的结果一般都具有比较清楚、现实的认识，其认识到结果发生的可能性极大；而过于自信过失的行为人对危害结果发生的现实性则往往认识不足，也正因为如此，行为人才轻信能够避免危害结果的发生。② 在意志因素方面，危害结果的发生并不违背间接故意行为人的意愿，行为人是为了实现其他意图而实施行为，主观上根本不考虑是否可以避

免危害结果的发生,客观上也没有采取措施避免危害结果的出现;而过于自信过失的行为人希望危害结果不发生,对危害结果的发生持排斥、反对的态度,结果的发生违背其本意,而且行为人产生的可能避免危害结果发生的轻信态度确实具有一定的客观依据,事实上也采取了避免结果发生的相应措施。因此,过于自信的过失的主观恶性要远远小于间接故意。

(四) 过失犯的认定:信赖原则与允许的危险

在可以适用信赖原则和允许的危险的理论时,否定犯罪过失的存在。

信赖原则是指在社会生活中的某些场合,应该对他人的行为给予信任,相信他人的行为能够对自己的安全和正常活动予以保障。信赖原则是随着汽车作为高速交通工具在社会中的普遍使用而发展起来的关于过失免责的理论。从事交通运输的人在根据交通规则而行动的时候,只要不存在特别的情况,就可以信赖其他从事交通运输的人也会根据交通规则而行动,如果因为其他从事交通运输的人采取无视交通规则的行动而发生了事故时,就不应对此追究规则遵守者的责任。

信赖原则是一种免责理论,在不能适用信赖原则的场合,需要考虑危险的分配问题。在过失行为人与被害人都存在预见和避免危险结果发生的可能性时,就都存在违反注意义务的问题。在确认双方都违反注意义务之后,就产生了如何分担过失责任的问题。例如,驾驶汽车的人撞倒行人,使行人负伤,就这一事故论及有关人员的过失时,要考虑驾驶者和行人各自负有怎样的注意义务,是谁违反的注意义务更多。为了保证交通安全,应当要求驾驶者和行人各自履行相应的注意义务,要求于驾驶者的义务多,要求于行人的义务就少;相反,要求于行人的义务多,要求于驾驶者的义务就少。其间的危险即注意义务的具体负担应在何种程度上划分,就是所谓危险的分配。它实质上涉及在具体社会中应当如何决定驾驶者和行人各自的"社会生活上必要的注意"的问题。例如,母女俩在汽车专用道上弯腰系鞋带,一卡车撞死女儿,将母亲卷入汽车底盘,司机意识到汽车底盘下可能有人,为逃离现场而驾车飞奔,将被害人拖行500米,致其死亡。一审法院判司机交通肇事罪和(间接)故意杀人罪,数罪并罚后决定执行死刑;二审改判死缓,原因是被害人也有过错,被害人应当承担被分配的相应危险。二审的结论就是合理的,考虑了危险的分配的法理。在刑法理论上,通常认为信赖原则是一个注意义务之有无的问题,而危险的分配则是一个注意义务之大小的问题,它们都是处理过失犯罪时必须加以考虑的。

行为人如果由于轻率而引起法益侵害结果的发生,应当负刑事责任。但是,如果仅考虑侵害法益的结果,而不考虑从事某种危险业务而可能出现的风险,就会阻碍社会进步。为此,在刑法理论上形成了允许的危险原则。例如,现在大量存在着诸如铁路、汽车、航空器、船舶等各类交通工具以及土木建筑事业、矿山、工厂、电力、煤气供应设施等可以引起灾害,带有侵害各种法益的危险性,而又为社会生活不可或缺的事业。如果因其带有危险性而予以禁止,社会生活将陷于瘫痪状态。所以,尽管这些事业带有侵害法益的危险性,在危险与社会效益的相对关系上,还具有社会相当性,应在某种限度上容许其存在,基于社会相当性的考虑而免除行为人的过失责任。

三、无罪过事件

《刑法》第16条规定,行为在客观上虽然造成了损害结果,但是不是出于故意或者过失,而是由于不能抗拒或者不能预见的原因所引起的,不是犯罪。这里规定的即是无罪过事件,它包括不可抗力和意外事件两种情形。

任何罪过都是认识因素与意志因素的统一。意外事件与不可抗力,或者缺乏认识因素,或者是缺乏意志因素,从而不具备构成罪过的条件。因此,不管客观上造成了多么严重的损害结果,但是行为人对此没有罪过(故意、过失)的,仍然不能追究其刑事责任。刑法关于无罪过事件的规定表明：责任主义（而不是结果责任）在我国得到了贯彻。

英美法系推行严格责任制度，对某些特殊的犯罪，例如产品责任事故致人死亡，即使行为人不具有故意、过失，也可能被定罪。严格责任是经验主义哲学的产物，也是刑事政策上的考虑，在一定程度上回应了社会生活复杂化的要求，但其实质仍然是一种结果责任。在我国刑法中，没有类似于严格责任的规定，例如，对所有的责任事故都要求行为人有过失，所以，严格责任制度在我国没有立足之地。

（一）不可抗力

不可抗力，是指行为人在客观上虽然造成了损害结果，但不是出于故意或者过失，而是由于不能抗拒的原因所引起的情形。

不能抗拒，是指行为人虽然认识到自己的行为会发生损害结果，但由于主客观条件的限制，行为人不可能排除或者防止结果的发生。

（二）意外事件

意外事件，是指行为在客观上虽然造成了损害结果，但是不是出于故意或者过失，而是由于不能预见的原因所引起的情形。

不能预见，是指根据当时各方面的情况，行为人不可能预见、不应当预见自己的行为会发生损害后果。由此可见，意外事件和疏忽大意过失的区别是比较明显的，后者是有义务预见而且能够预见，只是没有保持必要的精神紧张，才没有预见；而前者是完全不能预见。

四、犯罪动机与犯罪目的

动机，是推动人们进行某种活动的内心起因，犯罪动机即是指激起和推动犯罪人实施犯罪行为的内心起因。犯罪动机是产生直接故意的源泉，它不仅确定犯罪目的，而且促使危害结果的实现。由于犯罪动机的性质、强弱直接反映行为人主观恶性程度大小，因而是决定社会危害性程度的重要因素之一，对量刑具有重要意义。

目的，是人们追求一定结果的一种主观愿望。犯罪目的则是指犯罪人希望通过实施犯罪行为达到某种危害结果的心理态度。犯罪目的是直接故意的重要内容，它不仅表明行为人对行为可能发生的危害结果已有认识，而且反映了行为人对之积极追求的主观愿望。因此，犯罪目的对直接故意的形成具有重要的意义，在某些特定犯罪中，犯罪目的是构成要件之一（例如走私淫秽物品罪必须"以牟利或者传播为目的"），对犯罪的成立与否发生影响；在某些犯罪中，犯罪目的是区分此罪与彼罪的标准之一（例如，以出卖为目的收买被拐卖的妇女、儿童的，构成拐卖妇女、儿童罪，不具有这种目的的，只构成收买被拐卖的妇女、儿童罪）。

犯罪动机与犯罪目的是仅存在于直接故意犯罪中，还是存在于一切故意犯罪中，在理论上存在一定分歧。由于犯罪动机是推动实施犯罪行为的内心起因，犯罪目的是行为人希望通过实施犯罪行为追求某种危害结果发生的心理态度，因此在实施行为时，行为人对行为的非法性质是已有认识的。而间接故意犯罪行为的性质在危害结果发生前并不确定，危害结果的发生也不是行为人追求的结果，因此间接故意犯罪不存在犯罪动机与犯罪目的。当然，间接故意犯罪可能存在其他动机与目的，但不能把它作为犯罪动机与犯罪目的看待，两者是有区别的。过失犯罪都是不意误犯，所以没有犯罪动机和目的存在。

犯罪动机与犯罪目的虽然都是通过行为人的危害行为表现出来的主观心理活动，但两者存在以下区别：① 从顺序上看，犯罪动机产生在前，犯罪目的产生在后。② 从内容、性质、作用上看，犯罪动机表明行为人的犯罪起因，比较抽象，对犯罪行为起推动作用；犯罪目的表明行为人所追求的危害结果，比较具体，对犯罪行为起指引方向的作用。③ 同一性质的犯罪，犯罪目的相同，

犯罪动机则可以各种各样;不同性质的犯罪,犯罪目的各不相同,犯罪动机可能相同。④ 犯罪目的既可以影响量刑,还可以影响定罪;犯罪动机主要影响量刑。因此,对犯罪动机与犯罪目的应当注意区分。

五、认识错误

刑法上的认识错误,是指行为人在行为时对自己的行为在法律上的意义或者构成事实上的不正确认识。

错误在日常生活中是常见的,凡主观认识与客观情况相悖者,即可以认为是错误。因此,错误是人的主观认识的一种状态。在刑法上,过失本身就是以错误为前提的。在无认识的疏忽过失中,无认识是指没有正确认识,也就是对事实发生了错误的认识。在有认识的轻率过失中,有认识只是有认识到违法结果发生的抽象可能性,仍然是没有正确认识,否则不会作出轻率的判断。因此,刑法上的认识错误并非指过失中的认识状态,而是指故意中的认识错误,错误论是反面的故意论,是对故意论加以延长或展开的理论,刑法上的认识错误对于认定犯罪故意具有重要意义。

认识错误的内容存在一个演变的过程。最初,刑法上的错误分为事实的错误与法律的错误,并被解释为法律的错误不阻却故意,事实的错误阻却故意,这种思想最初是在民法的领域先提出的,后被刑法所接受。此后,又分为构成要件错误、违法性的错误和禁止的错误,这种分法与大陆法系的构成要件体系具有密切关系。此外,还有期待可能性的错误等。我国通常是把刑法上的认识错误分为法律上的认识错误和事实上的认识错误。本书从法律上的认识错误和事实上的认识错误两个方面论述刑法上的认识错误。

(一) 法律上的认识错误

法律上的认识错误是指对自己行为在法律上的意义的不正确认识。

1. 误非罪为犯罪

行为人由于不知法律或者误解法律,把自己实施的不是犯罪的行为误认为是犯罪,即所谓假想犯罪。在一般情况下,行为是否犯罪取决于法律规定,而不以行为人自认为是犯罪为转移,因此,假想犯罪的,仍然不成立犯罪。例如误以为与军人配偶通奸是破坏军婚罪,但是因为不符合破坏军婚罪中“明知是现役军人的配偶而与之同居或者结婚”的构成要件,而不成立犯罪。

2. 误犯罪为非罪

行为人由于不知法律或者误解法律,把自己实施的犯罪行为误认为不是犯罪。例如,与13岁的幼女发生性关系,以为幼女同意,自己就不构成犯罪,但是实际成立强奸罪。这个意义上的法律错误,就是违法性的认识错误。违法性认识错误是否阻止故意,与故意是否要求具有违法性认识存在直接关联。在否认故意要件中的违法性认识的情况下,违法性认识错误当然不阻却故意。在主张故意要件中的违法性认识的情况下,违法性认识错误可能阻却故意。当然,一般而言,无论是按照通说的立场,还是违法性认识可能性说的立场,误将犯罪作为非罪的,行为人往往都有社会危险性认识,也有违法性认识的可能性,所以认识错误原则上不阻却故意。

在完全缺乏违法性认识可能性,进而阻却故意的情况下,行为人可能存在过失。在法律明文规定处罚过失犯的情况下,基于违法性认识错误的行为,具有刑事可罚性。

3. 处罚认识错误

行为人由于对法律不知或者误解法律,对自己实施的犯罪行为应处刑罚的轻重的认识错误,就是处罚认识错误。例如,以为入户抢劫1元钱,只能判轻刑,但是实际应当判重刑的。刑罚认识错误,包括误轻为重和误重为轻两种情形。由于刑罚认识错误是以行为人具有违法性认识为前提的，因而不阻却故意，同样也不影响处刑。

（二）事实上的认识错误

事实上的认识错误，是指行为人主观上的认识与构成要件事实的不相符合。

事实错误可以分为：同一构成要件内的错误（具体的事实错误）和不同构成要件之间的认识错误（抽象的事实错误）

1. 具体的构成要件错误

具体的事实错误包括对象认识错误、方法错误和因果关系错误。

如何解决具体的构成要件错误，有具体符合说和法定符合说的争议。

具体符合说认为，行为人所认识或者预见的构成事实与实际发生的事实完全一致时，才构成故意；行为人所认识或者预见的构成事实与实际发生的事实不符，就属于有事实认识错误，从而阻却故意。

具体符合说要求主观认识与客观事实完全一致才具有故意，并不妥当。例如，行为人欲打电话敲诈勒索甲，但是错拨电话到乙家恐吓乙，并要求其交钱，所知与所为不完全相同，按照具体符合说是认识错误，行为人构成敲诈勒索罪的未遂（对甲）和过失的敲诈勒索罪（对乙），但是现行刑法没有过失的敲诈勒索罪，所以，对行为人只能以敲诈勒索罪未遂处理。又如，欲杀 A 而对之开了一枪，结果杀死了 A、B，则成立故意杀人既遂（对 A）和过失致人死亡（对 B）；如果根本未击中 A，而击中 B，则成立故意杀人未遂（对 A）与过失致人死亡（对 B）。

法定符合说主张，行为人的行为导致了结果，如果行为人认识的结果与发生的事实在同一构成要件之内，就可以认定行为人对所有的犯罪事实都有故意。如有杀 A 的意思，导致 A 死亡，附带产生 B 死亡的结果，这两个结果都符合杀人罪的构成要件，因为不管击中 A 与否，只要击中了 B，就符合故意杀人罪的故意，行为人属于“想杀人，并且杀了人”。按照这种学说，行为人的主观认识与现实发生的事实之间，虽然在侵害对象、手段上不一致，但只要在构成要件上相符合，在法律上就有相同的价值，就可以认为有故意。

法定符合说将故意的认识内容限定在构成要件之内，具有一定的合理性。凡同属一个构成要件的，例如盗窃，即使误认金项链为手表，认识错误也不影响犯罪故意，应以盗窃论处。凡不同属一个构成要件的，例如欲盗窃财物而窃得枪支，属于认识错误，不能认为具有盗窃枪支的故意。因此，法定符合说是处理事实认识错误时相对较为合理的理论，应以此来判断事实错误是否阻却故意。

对于具体的事实错误的各种具体情况，如何按照法定符合说进行处理，需要仔细加以讨论。

（1）对象错误

对象错误是指对行为客体的认识错误。例如，欲盗窃毒品而盗得淫秽物品的，即属对象错误，这种对象错误由于发生在同一构成要件内，不阻却故意。例如，误以乙为甲而杀害，虽然杀错了人，但人的生命价值相同，行为人具有杀“人”的故意，并且最终导致他人死亡，至于死亡的人是甲还是乙，都与故意杀人罪的构成要件无关，所以，按法定符合说，应认定为故意杀人罪既遂。

（2）方法错误

方法错误，又称为打击偏差，指行为人意欲侵害某一客体，由于方法使用上的失误导致对另一客体的侵害。例如，甲对准张三开枪，由于枪法不准，误将李四打死。在这种情况下，并非将李四误认为是张三而将其杀死，因而有别于对象错误，而是由于打击偏差，造成了与本欲侵害客体不相符的另一客体的侵害结果。又如，A 以砸毁 B 室内财物的意思对准 B 家的玻璃窗扔石块，但是石头击中 C 家的玻璃窗，毁坏了 C 的财物的，也是方法错误。

在有方法错误,出现打击偏差的情况下,按照法定符合说,应成立犯罪既遂,所以,前例中的甲构成故意杀人罪既遂①;A成立故意毁坏财物罪的既遂。此外,如果甲试图杀害乙,子弹穿过乙的身体,击中丙,丙死亡,乙也死亡的,按法定符合说,也成立故意杀人罪既遂②。如果甲试图杀乙,对准乙开了一枪,乙重伤;子弹又飞到丙的身上,丙死亡的,按法定符合说,对乙故意杀人罪未遂,对丙故意杀人罪既遂。③

(3) 因果关系错误

因果关系错误是指行为人对自己的行为与结果之间因果发展进程的认识与实际的因果进程不相符合。

结果犯的成立,需要在实行行为和犯罪性结果之间存在因果关系。如果因果关系的相当性欠缺,具有社会生活上一般无法看到的异常性时,就不具有因果关系,只成立犯罪未遂。

故意作为责任的要素,其成立要求行为人认识因果关系。但是,这种认识只是大致的认识,而不是具体的认识。按照法定符合说,只要实际的因果经过,从整体上看处于相当因果关系的范围内,对因果关系的认识错误就不具有重要性,不阻却故意。

因果关系错误的典型情况是行为人误认为自己的行为已经发生了预期的侵害结果,为达到另一目的,又实施了另一行为,事实上行为人所预期的结果是后一行为所造成。在此情况下,虽然客观上存在事先行为与事后行为之分,但两个行为是密切相联系的,事后行为是事前行为的延续;主观上行为人具有概括故意,因而视为一个故意行为较妥。例如,为杀人而先实施伤害行为,被害人重伤昏迷,行为人以为被害人已经死亡,抛弃被害人到海边,被害人醒后吸入沙砾死亡的,犯罪人成立故意杀人既遂。又如,甲、乙打斗,乙重伤,甲误以为乙已经死亡,将其扔下桥,乙的头部撞上桥墩而死亡,甲也应负杀人既遂的责任。在这种情况下,没有必要评价为故意杀人未遂和过失致人死亡两个罪,而应直接以一个故意杀人罪论处。

2. 抽象的事实错误

抽象的事实错误是不同构成要件之间的错误,即行为人试图犯甲罪,但事实上触犯了乙罪,例如想杀害他人的狗,却错误地杀了狗的饲养者,即属此类。

抽象的事实错误包括对象认识错误、方法错误。

处理抽象的事实错误的理论有法定符合说和抽象符合说的对立。

抽象符合说认为,行为人所认识或者预见的构成事实与实际发生的构成事实存在抽象的一致时,不论存在具体差别和罪质轻重,均以行为人所认识或者预见的事实以故意论处,不存在认识错误。

抽象符合说的理论根据主要来源于主观主义的犯罪表征说。以主观主义刑法理论作为立论根据的抽象符合说认为,犯罪是行为人危险性格的表征,如果行为人出于某种犯罪意思实施了某种犯罪行为,无论结果发生与否,也不管现实发生的结果与行为人所预见的是否一致,均表现出行为人的反社会性,都足以认定其成立故意犯罪。但是,超越构成要件的框架来认定故意犯的成立,以追求处罚的合理性,实际上有违反罪刑法定主义的嫌疑。

法定符合说认为,在存在不同的构成要件间的错误时,原则上阻却构成要件性故意。但是,当构成要件是同质性的重合时,一般认为,在其重合的限度内,可以承认关于轻的犯罪的构成要件性故意。

① 按具体符合说,甲成立故意杀人未遂和过失致人死亡罪。
② 按具体符合说,对乙构成杀人既遂,丙过失致人死亡。
③ 按具体符合说,对乙杀人未遂,对丙过失死亡。

对于抽象的事实错误的各种具体情况，如何按照法定符合说进行处理，需要仔细加以讨论。

(1) 对象错误

对象错误是指对行为客体的认识错误，而该对象体现不同法益。例如，为盗窃普通财物而错误盗窃枪支，只对其认识的普通盗窃罪承担责任；又如以为是他人的遗忘物而加以取得，但是该财物实际上是他人占有之物的，也只成立侵占罪而不成立盗窃罪。即抽象的对象认识错误中，行为人只对轻罪负责，理由在于：行为人主观上是盗窃普通财物或侵占遗忘物，客观上虽然盗窃了普通财物及枪支或者是事实上有人占有的财物，但是，按主客观相统一的原则，只能对其能够认识的犯罪负责。

(2) 方法错误

在方法错误的场合，如果发生的是构成要件以外的结果，就阻却故意；对构成要件内的事实则不阻却故意，对此，必须区别情况加以考虑。例如，试图杀害仇人的狗，却因为枪法不准而击中仇人的，按法定符合说，应成立过失致人死亡罪①。又如，想杀害仇人，却击中仇人身旁的狗，按法定符合说，应成立故意杀人罪未遂②。

第四节　期 待 可 能 性

一、概念

期待可能性，是指从行为时的具体情况看，可以期待行为人不为违法行为，而实施适法行为的情形。法律不强人所难，只有当一个人具有期待可能性时，才有可能对行为人作出谴责。如果不具有这种期待可能性，那么也就不存在谴责可能性。在这个定义上说，期待可能性是一种归责要素。

期待可能性是就一个人的意志而言的，意志是人选择自己行为的能力，这种选择只有在具有期待可能性的情况下，才能体现行为人的违法意志。有无期待可能性是有无阻却责任的事由，不是由法律明确规定的，所以被称为“超法规的阻却责任事由”，其是否存在需由法官具体判断。期待可能性理论是规范责任论的核心，是责任论从心理责任论向规范责任论转向的必然产物。

期待可能性理论来自德国法院 1897 年对“癖马案”所作的判决：行为人多年以来受雇驾驶双匹马车，其中一匹马具有以其尾绕住缰绳并用力压低马车的癖性。行为人多次要求换一匹马，但是，雇主没有答应他的要求。某日该马劣性发作，车夫采取了所有紧急措施，但马仍然撞伤他人的，法院判决行为人无罪。因为很难期待被告人坚决违抗雇主的命令，不惜失去职业而履行避免其已预见的伤害行为的结果发生的义务。“癖马案”的时代背景是：18 世纪末 19 世纪初的德国，经济较为落后，劳苦大众生活艰难，尤其是失业率高。在这种情况下，“癖马案”中期待被告坚决违抗雇主的命令，不惜失去职业而履行避免其已预见的伤害行为的结果发生的义务，确实是强人所难。所以，法院根据被告人所处的社会关系、经济状况否定了期待可能性的存在，从而否定了在损害结果的发生上行为人的应受谴责性。

期待可能性理论经过不断发展和完善，为有的国家刑法实务所承认。后来，这一理论被试探性地运用于司法实践中。运用期待可能性理论的好处在于：考虑行为人本身的情况，不强人所

① 按抽象符合说，构成故意财物毁坏罪和过失致人死亡罪。

② 按抽象符合说，成立故意毁坏财物罪和故意杀人罪未遂。

难,能达到事实上的合理,不给其附加多余的义务,刑法对脆弱的人性给予适度同情。但是,期待可能性理论也存在明显不足:期待可能性是超法规的事由,由法官具体解释,容易导致被告人以其他事由阻却责任,从而冲击成文法的权威和社会秩序。因为"期待可能性毕竟是一种理论,在对法规范作出柔性解决的同时如果滥用也可能损害法规范本身的确定性,这是必须加以警惕的"[①]。

需要指出:期待可能性理论近年来在我国刑法学界似乎成为一个讨论重点,在许多人看来,期待可能性是解决很多问题的良方。比如,对于某农民工讨薪过程中因与欠薪者以外的第三人有其他纠纷而故意杀害数人的情况,也有人认为可以用期待可能性为被告人进行辩护,但这种将期待可能性泛化的做法是否正常还值得质疑。无论如何,期待可能性毕竟是现行刑法上没有明确规定的所谓"超法规的"责任阻却事由,是在利用成文刑法处理案件可能会导致不太容易被公众接受的场合,适度考虑人情世故,即对成文刑法进行变通。但是,既然有成文刑法关于行为构成犯罪的规定,过于夸大期待可能性理论的意义,或者在实际处理案件时过度适用期待可能性,都可能使刑法的效力大打折扣,使法治的精神受到冲击。在一些高度法治化的大陆法系国家,虽然理论上和实务上都承认缺少期待可能性属于超法规的责任阻却事由,但是,在具体判决中,对采用期待可能性理论持谨慎、消极态度。有的案件,一审以缺少期待可能性作出无罪判决,二审则可能以不符合构成要件,或者不具有违法性为理由维持一审的无罪结论,尽量避免从正面讨论期待可能性的有无问题[②]。

所以,要维护法治的精神,就应当对期待可能性理论谨慎适用。对极其个别的轻微犯罪、过失犯罪,确实不能期待被告人实施适法行为的,可以用期待可能性进行辩解。但是,对于绝大多数犯罪,尤其是情节严重、可能涉及被害人重大的人身和财产法益的犯罪,应当排斥期待可能性的适用可能。在刑法学理论体系改造过程中,期待可能性的价值就绝对不能被夸大。

二、判断标准

应当根据什么标准判断期待可能性,是在刑法理论上存在争论的问题。对此,主要存在以下学说:① 行为人标准说,即在行为时,该行为人能否作出其行为之外的适法行为的可能性,这是把行为人本身的情况作为判断期待可能性的标准。② 平均人标准说,即根据社会通常人的情况,将能否作出与行为人同样的行为,作为判断期待可能性的标准。③ 国家标准说,即从国家法秩序的立场出发,期待行为人作出合法行为,以此作为判断期待可能性的标准。

就以上三种判断标准而言,各自都有不足。相对而言,行为人标准说更为妥当。因为一方面,期待可能性的宗旨是对在强有力的国家法规范面前喘息不已的个人给予救济;另一方面,责任是对该当构成要件且违法的行为的实施者进行人格非难。所以,应当站在行为人的立场上,设身处地地考虑其作出意志选择的可能性,从而使归责更合乎情理。从这个角度看,有必要以行为人标准说判断期待可能性的有无。对此,西田典之教授指出:作为期待可能性的标准,一般人标准说属于通说,但既然问题在于具体的谴责可能性,还是应该采取行为人标准说[③]。

三、体系性位置

对于期待可能性在责任论中的体系性地位问题,理论上见解不一。

① 陈兴良、周光权:《刑法学的现代展开》,中国人民大学出版社2006年版,第297页。

② [日]平野龙一:《刑法概说》,东京大学出版会1977年版,第99页。

③ [日]西田典之:《日本刑法总论》,刘明祥、王昭武译,中国人民大学出版社2007年版,第240页。

1. 第三责任要素说

把期待可能性理解为与责任能力、故意及过失并列的第三责任要素。期待可能性虽然是指向行为人的主观的，是对行为人主观选择的期待。但是，与故意或过失不同，它不是行为人的主观的、心理的内容本身，而是从法规范的角度对处于具体状况下的行为人的主观选择的评价。期待可能性判断必须考虑行为当时的实际情况、有无特殊事由存在等。可以说，故意、过失是主观性归责要素，而期待可能性是客观性归责要素，期待可能性是独立于故意、过失之外的归责要素之一。问题在于：如果三者并列，则期待可能性就成为犯罪事实的一部分。就要求司法机关证明，就会加重检察官的责任，由其专门证明有无期待可能性。这在司法实务上不太现实。

2. 构成要素说

把期待可能性理解为故意与过失的构成要素。其面临最大的批评是：故意、过失是对基本事实的认识，期待可能性则不涉及基本的行为事实之有无；期待可能性并不具有区分故意、过失的功能。

3. 责任阻却说

期待可能性既不是与责任能力、故意及过失并列的第三责任要素，也不是故意过失的构成要素，而应当将不存在期待可能性的情形，理解为一种责任阻却事由。

在上述三说中，第三责任要素说与构成要素说直接对立。第三责任要素说将期待可能性看作是独立于故意与过失的责任要素，具有故意与过失，不存在期待可能性仍然不能归责。而构成要素说则将期待可能性视为故意与过失的构成要素，不存在期待可能性则不成立故意与过失。责任阻却说在适用上有充分的妥当之处，但是只对期待可能性作消极的理解，而不是对责任要素作积极的研究，所以存在不合理的地方。

在此问题上，通说的立场是第三责任要素说，这是比较合理的观点。在实际处理案件时，需要注意：只要存在以行为人的内心性要素为基础的故意、过失，一般就可以说行为人有责任，没有期待可能性的事态只是例外的情况。期待可能性是与行为人的内心态度明显不同的所谓客观的责任要素，把它解释为与故意、过失不同的责任要素，在理论上更为简明易懂。所以，在个案中，需要在确认个人有故意、过失之后，再考虑是否有必要利用期待可能性理论为被告人辩解，以求得实质上的合理性。有无期待可能性，只需要在确定行为人有故意、过失，但是，以犯罪处理又明显不合理的案件中加以证明。在刑事诉讼中，首先提出行为人缺乏期待可能性且需加以证明的责任应在辩护方，检察官只在提出反驳意见时才需要提出相应的证据。

在一般情况下，具有责任能力的人，基于故意、过失实施某一行为，通常就存在期待可能性。所以，行为人有无期待可能性，在绝大多数案件中，都不需要特别予以考虑。但在某些特殊情况下，期待可能性的判断仍然是必要的。例如，有配偶而与他人结婚，构成刑法上的重婚罪。但因自然灾害而流落外地，为生活所迫与他人重婚的情形下，行为人明知本人有配偶，具有事实性认识；明知重婚违法，具有违法性认识；在这种情况下仍然与他人结婚，具有心理性意志。但由于是为生活所迫而与他人重婚，缺乏期待可能性，因而没有责任。对此，不能以重婚罪论处。又如，最高法院关于盗窃罪的历次司法解释都指出，亲属间相互盗窃的，一般不作为犯罪处理；实在有追究必要的，也应与社会上的盗窃相区别，也考虑了期待可能性问题。再如亲属间对他人犯罪的包庇，也是欠缺期待可能性。此外，对防卫过当、避险过当减轻处罚，也是考虑行为人期待可能性较低；大量、恶意购买假币而使用，犯罪人的责任重，量刑相对重；而误收假币后，为减少自己的损失而使用，因为期待可能性较低，所以，处罚相对较轻。当然，期待可能性的范围不能太广，否则可能导致司法无序；在判断有无期待可能性时，需综合多种因素考虑,谨慎从事。

本章小结

责任是对个人所作的非难。承认责任概念,贯彻责任主义,与保障个人权利直接相关。责任的基本要素有:① 责任能力。责任能力是犯罪能力,而不是刑罚承受能力。责任能力同时与年龄、精神状况有关。原因上的自由行为具有可谴责性。② 罪过。包括作为责任的故意、过失。故意是行为人存在实现犯罪的意思,而过失是不意误犯。行为人对于事实和法律的认识错误有可能阻却故意。③ 期待可能性。不能期待某人实施适法行为时,就不能实现归责,即在特殊场合,超法规地考虑规范的责任要素。

参考阅读书目

1. 冯军:《刑事责任论》,法律出版社 1996 年版。
2. 李文健:《罪责概念之研究:非难的实质基础》,台湾三民股份有限公司 1998 年版。
3. [德] 雅科布斯:《行为责任刑法——机能性描述》,冯军译,中国政法大学出版社 1997 年版。
4. 赵秉志:《犯罪主体论》,中国人民大学出版社 1989 年版。
5. 黄京平:《限制刑事责任能力研究》,中国政法大学出版社 1998 年版。
6. 姜伟:《犯罪故意与犯罪过失》,群众出版社 1992 年版。
7. 周光权:《注意义务研究》,中国政法大学出版社 1998 年版。
8. 刘明祥:《刑法中错误论》,中国检察出版社 1996 年版。

【思考题】

1. 道义责任论和行为责任论之间有何关联?
2. 成立故意是否需要行为人有违法性认识?
3. 什么是原因上的自由行为?
4. 间接故意和过于自信过失的区别何在?
5. 什么是具体的事实错误?处理具体的事实错误的原理是什么?
6. 如何理解和运用期待可能性理论?

第六章　未完成罪

本章要点

本章主要介绍未完成罪的概念，未完成罪与犯罪阶段、犯罪过程的区别，未完成罪存在的范围，犯罪预备、犯罪未遂、犯罪中止的概念、特征、处罚，以及这三种故意犯罪停止形态相互之间的区别。

第一节　未完成罪概说

一、未完成罪的概念

未完成罪是指故意犯罪在其发展过程中的不同阶段，由于主客观原因停顿下来，而没有到达终点的犯罪形态。

未完成罪是与完成罪相对而言的犯罪形态。所谓完成罪，一般称为犯罪既遂，是刑法分则规定的犯罪形态。对于完成罪，理论上大体存在三种不同的理解。犯罪目的说认为，完成罪是指行为人故意实施犯罪行为并达到了预期犯罪目的的犯罪形态；犯罪结果说认为，完成罪是指行为人故意实施犯罪行为并造成了法定危害结果的犯罪形态；构成要件说认为，完成罪是指行为人故意实施的犯罪行为已完全具备刑法分则条文规定的犯罪构成要件的犯罪形态。在我国刑法理论中，构成要件说是通说。

与完成罪规定在刑法分则中不同，未完成罪是基于刑法总则的规定而出现的犯罪形态，刑法总则的规定是未完成罪定罪量刑的根据。与完成罪的犯罪构成相比，未完成罪的犯罪构成是经刑法总则补充而修正的犯罪构成。由于完成罪是可以直接按照刑法分则条文定罪量刑的犯罪一般形态，而未完成罪是刑法总则加以特别规定的特殊犯罪形态，因此在刑法总论中只对未完成罪予以专门研究。

未完成罪是与犯罪过程、犯罪阶段既相联系又有所区别的不同概念。所谓犯罪过程，是指故意犯罪发生、发展和完成所要经过的程序、阶段的总和与整体，它是故意犯罪运动、变化的连续性在时间和空间上的表现。犯罪阶段，是指对故意犯罪发展过程依主客观内容不同而划分的段落，不同的犯罪阶段在犯罪发展过程中前后衔接、顺序递进。以犯罪着手与否为标准，一般可将犯罪阶段分为犯罪预备与犯罪实行两个阶段。未完成罪存在于一定的犯罪过程中，并与一定的犯罪阶段相联系。但是，未完成罪是发生在特定阶段上的行为状态，是一种犯罪的结局，它属于相对静止范畴的概念。而犯罪过程是对犯罪的实施过程从整体上进行描述，其体现的是犯罪实施在时间上的连续性；犯罪阶段是从犯罪过程的链条中有选择地截取出来的若干段落，其体现的是行为发展的不同顺序。它们属于相继运动发展的概念。

二、未完成罪的范围

作为特殊的犯罪形态，未完成罪并非在任何犯罪中都存在，而是受到犯罪构成主客观要件的限制,有其特定的范围。

从犯罪构成主观要件看,直接故意犯罪存在未完成罪是毫无疑问的,问题是过失犯罪和间接故意犯罪是否有未完成罪成立的余地?

对于过失犯罪,我国刑法理论几乎一致认为不存在未完成罪。这是因为在客观上,过失行为只有发生危害社会的结果才能构成犯罪,如果危害结果未发生,根本不成立过失犯罪;在主观上,过失犯罪行为人缺乏犯罪意图,其对危害结果的发生,不仅在认识因素上缺乏预见或轻信可以避免,而且在意志因素上持排斥、反对态度。因此,行为人不存在实施犯罪的预备行为或着手犯罪实行的问题。危害结果未发生,不仅行为的犯罪性难以证明,而且也不能认为违背了行为人的意志或放弃了犯罪意图。所以过失犯罪只有成立与否的问题,过失犯罪成立,就意味着过失犯罪完成,两者合二而为一,成为过失犯罪的唯一犯罪形态。

对于间接故意犯罪是否存在未完成罪,涉及的主要问题是间接故意犯罪是否存在犯罪未遂,而争论的焦点则在于间接故意犯罪是否具有犯罪目的进而决定是否成立犯罪未遂。肯定论者认为,行为人实施危害行为所放任的结果,就是间接故意的犯罪目的。如果该目的未能实现,就会成立间接故意犯罪的未遂。否定论者则认为,间接故意犯罪无犯罪目的,因为犯罪目的是希望通过犯罪行为达到的危害结果,而间接故意仅仅是放任而非希望危害结果的发生。由于间接故意对危害结果发生与否都持无所谓的态度,所以危害结果没有发生不能认为犯罪未得逞。我们认为,犯罪目的是与希望危害结果发生的意志相联系的。在放任危害结果发生的情况下,结果发生与否都是行为人所容忍的,因此,未发生危害结果,谈不上犯罪目的未实现因而违背其意志构成犯罪未遂的问题。而且危害结果未发生,其行为也很难说具有犯罪性。所以,间接故意犯罪也只有成立与否的问题,而不存在预备、未遂和中止形态,从这个意义上讲,前述的否定说是妥当的。

第二节 犯罪预备

一、犯罪预备的概念

犯罪预备,是指已经实施犯罪的预备行为,由于行为人意志以外的原因而未能着手实行的犯罪形态。

二、犯罪预备的特征

作为发生在犯罪预备阶段的犯罪形态,犯罪预备具有以下四个特征:

(一) 行为人已经开始实施犯罪的预备行为

行为人已经开始实施犯罪的预备行为,是构成犯罪预备的客观基础。所谓开始实施犯罪的预备行为,是指行为人已经开始实施为犯罪的实行和完成创造便利条件的行为。如为走私而购买船只,为投毒而改变药物的特殊配方,为盗窃而排除犯罪的各种客观障碍,等等。需要注意的是,为犯罪的实行和完成创造便利条件的行为如果同时又是刑法分则规定的实行行为,则该行为同时触犯不同的罪名,这属于理论上的想象竞合犯,例如,为杀人而非法制造枪支;为抢劫而非法侵入住宅的,即属此类。对这种情况,原则上应从一重罪处断。

(二) 行为人主观上是为了实行犯罪

行为人实施创造便利条件的行为,其目的必须是为了实行犯罪。正是在这种意图的支配下实施的预备行为,才使那些必须经过犯罪预备才能着手实行的犯罪具备了现实条件,使另一些并不需要经过犯罪预备即可实行的犯罪的实现更具有可能性。强调行为人的这一犯罪目的性极为重要。因为多数制造条件的行为本身并不能反映出其违法性质，只有结合行为人的主观故意的内容，才能判断其行为是犯罪预备行为。

为了实行犯罪，一般是为了自己实行犯罪。如果是为了他人实行犯罪，他人尚没有实行犯罪的，可以构成共同预备(他人预备罪)；他人实行了犯罪行为的，则按共同犯罪的帮助犯处理。为了实行犯罪，要求行为人对所要实施的犯罪性质，如行为对象、时间、地点、行为手段和要达到的犯罪结果等，都有明确的认识与考虑。如为了实施杀人犯罪，行为人对要杀何人、如何杀人、在何时何地杀人等，都要有一定的考虑。为了犯罪，既可以是为了实行一罪，也可以是为了实行数罪，为实行数罪而实施的犯罪预备行为，如果是分别独立的，应成立数个犯罪预备；如果只表现为一个行为的，应按照要实行的数罪中最重的犯罪认定犯罪预备。

(三) 行为人未能着手实行犯罪

行为人未能着手实行犯罪，是指行为人虽然已经实施了为实行犯罪创造条件的行为，但未能着手犯罪的实行行为。它表明行为人的犯罪活动在具体犯罪实行行为着手前停顿下来。这里的犯罪实行行为，是指刑法分则规定的某种具体犯罪构成客观方面的行为。根据这一特征，可以将犯罪预备成立的时间限于犯罪实行阶段前的犯罪预备阶段，并将犯罪预备和犯罪未遂区别开来。

(四) 未能着手实行犯罪是由于行为人意志以外的原因

行为人在着手犯罪实行行为之前停顿下来是由于其意志以外的原因，这是构成犯罪预备的实质要件，也是区分犯罪预备与发生在预备阶段的犯罪中止的关键所在。它表明，行为人之所以未能完成犯罪，是其不能而非不想，犯罪停止下来是违背其意志的。如果行为人系出于自愿而停止犯罪，则不成立犯罪预备而是构成犯罪中止。

这里所说的意志以外的原因，是指足以阻止其完成犯罪的意志，迫使其不得不停止下来、不再继续实行犯罪的各种主客观因素。这些因素主要包括：① 作案条件不成熟。如时间、地点暂时不适合实行犯罪；被害人闻讯逃避或防范措施严密难以下手。② 自身能力限制。如犯罪技能不够未能实行犯罪，身体疾病影响暂时无力犯罪。③ 外部因素的介入无法实行犯罪。如司法机关或群众及时行动将其抓获而未来得及实行犯罪。

三、犯罪预备的类型

我国《刑法》第22条规定，为了犯罪，准备工具、制造条件的，是犯罪预备。根据这一规定，犯罪预备表现为以下两种类型：

(一) 准备工具

准备犯罪工具是一种最常见的为实行犯罪创造便利条件的犯罪预备行为，甚至是某些犯罪必不可缺少的步骤。因此，我国刑法对准备犯罪工具行为作出专门规定，以强调其在犯罪预备行为中的重要性。

所谓准备犯罪工具，是指为实行犯罪而制造、购买、寻找或使用犯罪工具的行为。制造犯罪工具，既可以是行为人亲自制造，也可以是委托他人代为制造。委托制造的情况下，如果制造人知情的，构成共同犯罪预备；购买犯罪工具，是指用金钱或物品交换等方式，有偿取得犯罪工具。如果出卖犯罪工具者有共谋的，以共同犯罪论处；寻找犯罪工具，包括利用合法、非法等各种手段获取犯罪工具。如果以盗窃等非法手段获取犯罪工具触犯其他罪名的，按想象竞合犯从一重处断；使用犯罪工具，是指利用犯罪工具的功能为犯罪实行创造条件但尚未着手犯罪实行行为的情况，如驾驶交通工具接近犯罪地点。

这里的犯罪工具，是指为实行犯罪而利用的各种物品。如杀人用的刀枪、毒药，盗窃用的万能钥匙、翻墙入室溜门撬锁的工具，制造假币用的机器、纸张，诈骗用的假公章、证件、印章等。从法律属性上说,犯罪工具可以分为两种:一种违禁物品;一种是非违禁物品。对于前者,法律禁止其流通及公民擅自持有,拥有这些物品的行为本身即属违法性质;对于后者,法律并不禁止其流通,人们既可以将之用于违法犯罪行为,也可以将之用于合法行为。只有在被用于违法犯罪时,这些物品才属于犯罪工具。从对犯罪实行和完成所起的作用上,犯罪物品大致可以包括以下几种情况:① 用于排除被害人反抗的物品,包括可以直接杀伤被害人的物品;② 用于排除犯罪障碍接近犯罪对象的物品,如爆炸用的炸药,翻墙用的梯子、绳索;③ 用于分离、获取犯罪对象的物品,如开保险柜的器械,分割物品用的锯锉;④ 用于到达、逃离犯罪现场或帮助犯罪完成的物品,如交通工具;⑤ 用于掩护犯罪实行或毁灭罪证的物品,如作案需要的化妆用品、毁尸灭迹用的化学物品。

(二) 制造条件

犯罪条件是指有助于犯罪实现的一切因素,包括行为人实施犯罪需要具备的主体条件,以及便于犯罪的客观条件。犯罪条件包括以下三方面的内容:① 有助于犯罪着手实行的条件,如犯罪工具、犯罪技术、犯罪对象情况;② 有助于犯罪完成的条件,如销赃渠道;③ 有助于逃避法律制裁的条件,如犯罪后逃跑用的物品、证件、资金等。

犯罪预备行为的实质就是为实施犯罪创造便利条件,以帮助犯罪顺利完成。由于刑法特别强调准备犯罪工具行为而将其专门规定,所以这里所说的制造犯罪条件,是指除准备犯罪工具以外的其他为实施犯罪创造便利条件的行为。

其他为实施犯罪创造便利条件的行为在实践中表现形式多种多样,概括起来主要有以下一些类型:

1. 犯罪前调查

为了便于犯罪,行为人常常进行必要的事前调查。犯罪前调查的内容主要有二:一是调查犯罪场所;二是调查被害人。所谓调查犯罪场所,是指了解查看将要实施犯罪的场所及其周围的情况,以便顺利实施犯罪或犯罪后能迅速逃离现场。如盗窃金融机构犯罪分子事先查看金融机构的位置、周围环境、保卫情况、保险柜位置、进入和离开路线等;调查被害人,是指了解打听被害人的行踪、活动规律、生活习惯、防卫能力等。

2. 制定犯罪计划

所谓制定犯罪计划,是指草拟、商定犯罪的具体实施方案。制定犯罪计划可以发生在单个人犯罪案件中,但更多的是发生在有预谋的共同犯罪案件中。犯罪计划的制订方式既可以是口头商量,也可以是形成书面文件;计划内容可以涉及犯罪时间、地点、方法、步骤、分工等多方面情况。制定犯罪计划必须通过一定的行为表现出来,如果仅仅是行为人的内心想法,则属于心理活动,不属于犯罪预备行为。

3. 勾结共同犯罪人

所谓勾结共同犯罪人,是指勾引、纠集其他人共同进行犯罪,包括与其共同实行犯罪,也包括在其犯罪后提供帮助。勾结方式可以是口头也可以是书面,可以是威逼也可以是利诱。至于他人是否同意参与犯罪,并不影响行为人犯罪预备行为的成立。当然如果他人同意参与的,还存在构成共同犯罪的问题。

4. 前往犯罪地点

任何犯罪都是在特定地点的犯罪,因此,行为人前往犯罪地点是实施犯罪的必要条件。如果行为人在前往犯罪地点的途中因意志以外的原因被迫停止犯罪的,其行为构成犯罪预备。

5. 排除犯罪障碍

所谓排除犯罪障碍,是指在着手实行犯罪前排除可能遇到的或已经遇到的不利于犯罪的因素。如为了盗窃而拆除报警防盗装置,为了杀人而引开保卫人员等。

6. 追踪、守候被害人

追踪被害人,是指尾随跟踪被害人,寻机作案或到达预定地点再进行加害;守候被害人,是指在一定的地点埋伏或等候,等被害人出现后进行加害。这类行为通常发生在需要直接接触被害人才能实施的犯罪中,如为实施强奸犯罪,在偏僻地带等候下夜班女工;埋伏在运钞车必经之地准备抢劫,等等。

7. 其他犯罪预备行为

如练习犯罪技能、筹集犯罪资金、诱骗被害人前往犯罪地点等。只要超出犯意表示而又未进入着手实行阶段的为犯罪创造便利条件的行为,都属于犯罪预备行为。

四、犯罪预备的认定

在认定犯罪预备的时候,主要应当将其与犯意表示加以区分。犯意表示是指行为人通过口头、文字或其他方式将自己的犯罪意思表露于外并为他人所知悉的行为。犯意表示具有以下特征:① 犯意表示是行为人犯罪思想的反映。如果行为人内心并无犯罪意念,就无所谓犯意表示。② 犯意表示是可以被他人所知悉的主观见之于客观的活动。犯意表示既可以通过口头,也可以通过书面,还可以通过某种身体动作等形式表现。如果主观上存在犯罪的意念,但并未表现于外部,而是隐藏在内心或头脑深处,任何人均无从知晓,其仅仅是一种违法犯罪意识,而谈不上是犯意表示。所以犯意表示不能说是一种思想,而应该说是一种反映犯罪思想的外部行为。③ 犯意表示只是犯罪意图的单纯流露。如果行为人不仅仅是单纯地表露犯罪意图,而是还带有一定的目的,如寻找共同犯罪人,教唆或诱骗他人犯罪,或寻求他人帮助,等等,以便于犯罪意图的某种程度的实现,则已超出了犯意表示的范围,应成立犯罪预备。如仅仅在日记里写要杀死某人,甚至在口头上说要杀某人,均属于犯意表示。但如果向他人寻求犯罪方法以图杀死某人,则属于对其杀人犯罪意图的实现有影响的行为,已构成犯罪预备。

犯罪预备和犯意表示都发生在行为人尚未着手实行犯罪之前,两者都属于反映行为人犯罪意图的有意识的行为。两者的区别主要在于:① 犯罪预备是通过各种具体活动为实行犯罪创造条件,表现为一种主观影响客观世界的积极行为;而犯意表示只是以语言、文字等形式单纯流露其犯罪意图,表达行为人的心理状态的消极行为。② 犯罪预备的作用旨在促成或实现犯罪,其对早日着手实行犯罪和确保犯罪完成具有重要意义。在很多犯罪中,没有犯罪预备就不会有犯罪的着手实行:而犯意表示不会对犯罪的着手实行起促成作用,甚至对犯罪的预备也不会起促成作用。③ 犯罪预备表明行为人已将犯罪目的与犯罪行为有机地结合起来,已开始实施有助于犯罪实现的准备活动;而犯意表示仍停留在表示犯罪思想的阶段,行为人尚未通过实际的犯罪行为,将犯罪意图付诸实现。④ 犯罪预备本身即具有法益侵害的危险;而犯意表示因对犯罪的实行尚无任何影响作用,所以并无法益侵害的危险。即使有危险,也只是一种潜在的、纯粹精神上的危险。

五、犯罪预备的处罚

对于犯罪预备的处罚原则,主要有三种刑事立法例:① 同等原则。即对预备犯处以与既遂犯相同之刑。这种立法例完全忽视了犯罪预备与犯罪既遂的区别,因此为现代各国刑事立法所不取。② 必减原则。即对预备犯比照既遂犯从轻、减轻或免除处罚。③ 得减原则。即对预备犯可以比照既遂犯从轻、减轻或免除处罚。

我国《刑法》第 22 条第 2 款规定,对于预备犯,可以比照既遂犯从轻、减轻处罚或者免除处

罚。由此可见,我国刑法对犯罪预备采取的是得减原则。适用这一原则,应当注意以下几点:

(1) 处罚预备犯的参照标准是既遂犯。以既遂犯为参照标准,首先要求以既遂犯的法定刑作为对预备犯适用刑罚的基础,其次根据案件情况设想如果犯罪既遂会判处何种刑罚,然后考虑是否以及如何比照予以从宽处罚。

(2) 对预备犯一般应当比照既遂犯从轻、减轻或者免除处罚。这是因为,在大多数情况下,犯罪预备比犯罪既遂的可罚程度要小,对此区别对待从宽处罚是合理的。

(3) 对少数犯罪的预备犯也可以不从轻、减轻或者免除处罚。由于我国刑法对预备犯没有规定必须从宽处罚,所以对于一些情节严重、情节恶劣的预备犯,如准备进行大规模杀人的,以极其危险方法准备劫机的,预备行为已接近犯罪实行、可能立即造成严重危害后果的,等等,也可以不从宽处罚。

第三节　犯 罪 未 遂

一、犯罪未遂的概念

犯罪未遂,是指已经着手实行犯罪,由于犯罪分子意志以外的原因而未得逞的犯罪形态。

在大陆法系刑法理论中,未遂有广义与狭义之分。广义的未遂包括障碍未遂与中止未遂,狭义的未遂仅指障碍未遂。在广义未遂犯的名目下,一般还对不能犯以及相当于犯罪预备的预备罪进行论述。我国刑法中的犯罪未遂属于狭义上的未遂。对于犯罪未遂的可罚性,各国刑法理论并无分歧,但因存在客观主义与主观主义之争,所以反映在立法上和司法实践中对犯罪未遂处罚范围的规定和做法并不一致。如对于不能犯,有的国家承认其具有可罚性,如德国;有的则否认其具有可罚性,如日本。

二、犯罪未遂的特征

(一) 已经着手实行犯罪

已经着手实行犯罪,是犯罪未遂成立的前提条件,也是犯罪未遂与犯罪预备相区别的主要标志,它表明行为人的犯罪活动已经进入犯罪实行阶段。所谓已经着手实行犯罪,是指行为人已经开始实施刑法分则规定的某种具体犯罪构成客观方面的行为。如抢劫犯罪分子举刀胁迫以排除被害人的反抗,杀人犯罪分子举枪向被害人射击,等等。

认定着手实行犯罪,应当坚持主客观相统一的原则。从客观方面看,犯罪的着手属于犯罪实行行为的起点,它已经超越了为犯罪的实行创造有利条件的预备阶段,从而对刑法所保护的法益造成了现实的危险。从主观方面看,行为人的犯罪目的已逐渐明确,并在这一目的的支配下,把犯罪向能够直接完成乃至导致危害结果发生的阶段推进。

对犯罪实行着手的认定,刑法理论存在以下三种学说:① 主观说。主观说着眼于行为人的主观犯意来确定犯罪的着手。其中极端主观说主张,行为人根据其犯罪意思或计划认为自己的行为是犯罪实行开始的,即可认为是着手实行犯罪;变通主观说主张,只有从行为本身能够识别行为人的犯罪意图时,才能认定为犯罪着手。② 客观说。客观说主张从客观行为出发确定犯罪的着手。其中形式客观说认为,只有行为人实行法定的构成要件行为时,才能认定为着手;实质客观说认为,开始实行与构成要件行为具有必要关联性的行为,或者开始实施对刑法所保护的法益有直接危险的行为,即可视为犯罪的着手。③ 折中说。折中说认为,行为人实施了具有社会危险性的行为,并明确表露出犯罪意图时,才能认定为犯罪的着手。

对犯罪实行着手的认定，具体应该注意从以下几个方面进行把握：

1. 以法律对具体犯罪规定的罪状为依据

对罪状进行规定是罪刑法定原则的要求，也是认定犯罪实行行为的客观依据。针对不同的犯罪，我国刑法分别规定了不同的罪状，要求不同的实行行为才能构成。因此，认定犯罪实行的着手要因罪而异。如同样是入室进入犯罪现场的行为，对于盗窃罪而言可以成立犯罪实行的着手，而对于故意杀人罪来说，则不能认为已着手实行犯罪。

2. 分析不同犯罪实行行为的特点

犯罪实行的着手仅仅是实行行为的开始，而非完成了实行行为的全过程。因此，只要实施了属于实行行为内容的举动，即可成立犯罪实行的着手。我国刑法分则规定的犯罪实行行为大致可以分为四类：单一实行行为、复合实行行为、择一实行行为、并列实行行为。对于单一实行行为，需要实施属于这类单一实行行为的举动，才能认定为犯罪实行的着手；对于复合实行行为，不管是手段行为还是目的行为都具有实行行为的性质，因此，只要开始实施手段行为，就可以认定为犯罪实行的着手；对于择一实行行为，只要实施了法律所列举的任何一种行为，均可成立犯罪实行的着手；对于并列实行行为，犯罪的成立要求两个行为同时具备。因此，只有两个行为均已开始实施时，才能认定犯罪实行的着手。如果只实施了其中一个行为，尚不能认为成立犯罪实行的着手。如仅仅冒充国家机关工作人员的，不能就认为已着手实行招摇撞骗罪，只有行为人同时开始进行诈骗活动的，才能认定成立招摇撞骗罪的实行着手。

3. 考察具体行为的现实危险性

尽管从法律的规定看，犯罪实行的着手相对是比较明确的，但在司法实践中与犯罪预备行为的界限仍然容易相混淆。因此，认定犯罪实行的着手还必须结合具体案件的不同特点进行考虑。由于实行行为必须是具有法益侵害的现实危险性的行为，因此，只有行为人实施的行为从性质上看具有直接引起危害结果发生可能性的，才能成立犯罪实行的着手。如果根据案件具体情况，某种行为根本就不可能直接引起法定危害后果的，对这种行为就不能认定为犯罪实行的着手。如在实践中经常发生的犯罪对象尚未出现的守候行为，由于行为人连直接接触被害人都不可能，当然谈不上对被害人存在现实危险性，所以不成立犯罪实行的着手。即使是尾随行为，虽然其已接近甚至接触犯罪对象，但尾随行为本身仍不能使犯罪对象直接受到侵害，所以仍然不属于犯罪实行的着手。

（二）犯罪未得逞

犯罪未得逞是犯罪未遂区别于犯罪既遂的根本特征。对于何为犯罪未得逞，我国刑法理论存在以下三种不同的观点：

(1) 犯罪目的说。犯罪目的说以行为人预期的犯罪目的是否实现作为区分犯罪未遂与犯罪既遂的标准。这种观点认为，行为人没有实现其主观上预期的犯罪目的的，即为犯罪未遂；如果实现犯罪目的的，则为犯罪既遂。

(2) 犯罪结果说。犯罪结果说主张以犯罪结果发生与否区分犯罪未遂与犯罪既遂。这种观点认为，行为人的行为没有导致法定犯罪结果发生的为犯罪未遂；导致法定犯罪结果发生的，为犯罪既遂。

(3) 构成要件说。构成要件说主张以犯罪构成要件齐备与否作为区分犯罪未遂与犯罪既遂的标准。这种观点认为，行为人的行为没有具备犯罪构成的全部要件的，为犯罪未遂；已经具备犯罪构成的全部要件的，为犯罪既遂。

应该说，未得逞的字面含义的确带有一定的主观色彩。但是，将其理解为行为人预期的犯罪目的未实现，不仅意味着犯罪未遂与既遂的区分将完全取决于行为人的自我认识，使犯罪未遂的

认定标准缺乏任何确定性,而且也与不少犯罪并不需要到达某种犯罪目的即可视为犯罪完成的刑法规定直接相违背。而将犯罪未遂的标准理解为法定犯罪结果未发生,则诸如举动犯、行为犯、危险犯等许多不需要法定犯罪结果的发生即可成立的犯罪都将不存在成立犯罪既遂的可能,这显然并非立法本意。正是由于犯罪目的说与犯罪结果说存在一定的片面性,所以我国刑法理论通说主张构成要件说。构成要件说具有主客观相统一的特点,它避免了上述两种学说以偏概全的弊端,而且符合我国刑法的规定以及司法实践情况,因此比较可取。

(三) 犯罪未得逞是由于犯罪分子意志以外的原因

由于犯罪分子意志以外的原因使犯罪未得逞,是构成犯罪未遂的实质要件,也是区别于犯罪中止的主要标志。所谓意志以外的原因,是指违背犯罪分子犯罪本意的原因。一般来说,犯罪分子的意志无非两种情况:一种是完成犯罪的意志;另一种是不完成犯罪即放弃犯罪的意志。因此,这里所说的意志以外的原因,当然是指对犯罪分子完成犯罪的意志具有抑制作用的原因。对于那些基于犯罪分子本意而放弃犯罪的情形,则应排除在外。此外,对犯罪分子意志以外的原因的认定不仅要从质上进行分析,还要从量上进行考察。即使存在一些不利于犯罪的因素,但如果在犯罪分子看来,这种不利因素并不足以阻碍其犯罪意志的完成,他是出于本意而放弃犯罪的,这种轻微不利因素仍不属于意志以外的因素。

犯罪分子意志以外的原因可以区分为三种类型:

1. 与犯罪人无关的客观原因

与犯罪人无关的客观原因范围比较广,它可以包括被害人的反抗、逃避,司法机关的介入或其他第三者的制止,自然力的影响,难以克服的物质障碍等。

2. 犯罪人自身的客观原因

这类原因主要包括犯罪人的能力、力量、身体状况、技能、经验等。如杀人犯罪分子虽然举枪但却不懂如何开枪,犯罪分子因精神紧张而当场休克等。

3. 犯罪人的主观认识错误

这类原因主要包括对犯罪对象的认识错误、对犯罪工具的认识错误,对因果关系的认识错误以及对犯罪时周围的客观环境的认识错误。如犯罪人误认为被害人已被杀死而离去,盗窃犯罪分子误认为下班铃声是警报声而仓皇逃离现场等。

对犯罪分子意志以外的原因的认定,主要不在于这种原因本身的性质,也不在于这种原因的作用力大小,而在于犯罪分子是否受此影响被迫停止犯罪。所以,只要犯罪分子的犯罪意志没有打消,但因下列情形未完成犯罪的,一般就可以认定其犯罪未得逞是由于意志以外的因素所致:① 在犯罪实行过程中遇到不可抗力,犯罪人虽想完成犯罪但已无能为力,因而停止犯罪的;② 犯罪实行过程中遇到一定障碍,迫使犯罪分子不敢继续进行而不情愿地放弃犯罪的;③ 犯罪实行过程中犯罪分子误认为存在犯罪障碍阻碍犯罪完成而不情愿地停止犯罪的;④ 犯罪实行过程中因上当受骗而使犯罪未完成的;⑤ 犯罪实行过程中,犯罪人误认为犯罪已完成而实际上犯罪并未完成的。

三、犯罪未遂的类型

根据不同的标准,犯罪未遂可以划分为以下不同类型:

(一) 实行终了的未遂与未实行终了的未遂

这是以犯罪实行行为是否终了为标准对犯罪未遂所作的分类。所谓实行终了的未遂,是指犯罪分子已经实施完毕他认为完成犯罪所必要的全部行为,但由于其意志以外的原因而致犯罪未得逞。如犯罪分子将被害人砍昏在地,以为已经死亡而离开,实际上被害人并未死亡。导致实行终了的未遂的原因主要是两类：一类是由于犯罪分子的主观认识错误引起的。这类错误主要是对因果关系认识的错误；另一类是因为隔时犯的特点所致。因为在隔时犯的场合，实行行为实施完毕后，相隔一定时间才会发生危害结果。在此期间如果因为介入因素导致结果发生的可能性被中断，也会使犯罪未得逞。

所谓未实行终了的未遂，是指犯罪分子尚未实施完毕他认为完成犯罪所必要的全部行为而致犯罪未得逞的。如抢劫过程中因遭到被害人的强烈反抗而未能得手，盗窃过程中因被发现抓获而不能继续。导致未实行终了的未遂的原因在以下三类情况中都存在：一类是外界客观原因所致。如遭遇到被害人的反抗，第三人前来制止；另一类是犯罪分子自身的客观原因。如犯罪人突发疾病而无力继续完成犯罪；还有一类是犯罪分子的主观原因。如误认为客观条件不利而停止犯罪。

（二）能犯未遂与不能犯未遂

这是以犯罪行为能否达到既遂状态为标准对犯罪未遂所作的分类。所谓能犯未遂，是指犯罪分子实施的犯罪实行行为实际上有可能完成犯罪，但由于犯罪分子意志以外的原因而未得逞。能犯未遂是犯罪未遂的主要表现形式，它既可以是实行终了的未遂，也可以是未实行终了的未遂。对能犯未遂的认定，关键在于对犯罪完成的可能性的认识。对此，需要根据犯罪分子在犯罪过程中所采用的方法、使用的工具、指向的犯罪对象等因素，判断犯罪行为是否切实有效，危害结果是否有可能发生。如果根据案件的情况某种行为根本不具有导致危害结果发生的可能性的，就不能构成能犯未遂。

所谓不能犯未遂，是指犯罪分子因为认识错误，其实施的行为根本不可能完成犯罪，因而未得逞。不能犯未遂通常分为对象不能犯与工具(手段)不能犯。前者是指犯罪分子对犯罪对象的属性或犯罪对象存在与否产生错误的认识，以至于未能完成犯罪，例如，误以草人为仇人而加以杀害的；后者是指犯罪分子由于对作案工具的实际效能或者对作案方法的适当性产生错误认识，以至于未能完成犯罪，例如，误以玩具枪为真枪，并使用其杀人的。需要注意的是，不能犯不同于迷信犯。所谓迷信犯，是指行为人由于极端愚昧无知，因而采取没有任何客观依据、在任何情况下都不可能产生实际危害结果的手段，意图实现自己所追求的危害结果的情形。不能犯与迷信犯的区别主要是：前者对行为性质和功能的认识是符合人类认识的客观规律的；后者则是违反常识、超乎自然的。前者是因为行为人对客观事实情况的认识错误而致使犯罪未得逞；后者则是任何情况下都不可能完成犯罪、实现犯罪意图。

关于不能犯的地位和可罚性，各国刑法的规定不尽相同。如德国的不能犯属于未遂犯的一种，但处罚轻于能犯未遂；日本的未遂犯不包括不能犯，并且不能犯不具有可罚性。法国判例正逐渐倾向于将不能犯视为未遂犯并进行惩罚，意大利的不能犯则只对适用保安处分具有意义。我国通说认为不能犯同时具备主观罪过与客观行为两个犯罪构成要件，因此应当承担刑事责任。但也有学者从客观主义立场出发，认为不能犯与迷信犯一样不具有可罚性。

四、犯罪未遂的处罚

对于犯罪未遂的处罚原则，各国刑法中存在三种立法例：① 同等原则，即对未遂犯处以与既遂犯相同之刑，如法国即采取这种立法方式。② 必减原则，即对未遂犯比照既遂犯从轻、减轻处罚，这种立法例以德国为代表。③ 得减原则，即对未遂犯可以比照既遂犯从轻、减轻处罚，我国即采取这种立法例。

我国《刑法》第 23 条第 2 款规定，对于未遂犯，可以比照既遂犯从轻或者减轻处罚。适用这一规定，应当注意以下几点：

(1) 未遂犯的参照标准是既遂犯。以既遂犯为参照标准,首先要求以既遂犯的法定刑作为对未遂犯适用刑罚的基础,其次根据案件情况设想如果犯罪既遂会判处何种刑罚,然后考虑是否以及如何比照予以从宽处罚。

(2) 对未遂犯多数应当比照既遂犯适当从轻或者减轻处罚。这是因为,法律规定可以从轻或者减轻处罚表明了一种倾向态度,而且由于犯罪未遂没有达到犯罪完成的程度,在客观危害上一般要小于犯罪既遂。

(3) 对未遂犯也可以不从轻或者减轻处罚。因为有的性质特别恶劣、手段特别残忍、所造成的后果特别严重的犯罪,其危害程度与犯罪既遂相比已相差无几,对此处以与既遂犯相同之刑是符合罪刑相适应原则的。

对于未遂犯是否给予从宽处罚,如果予以从宽处罚,究竟是从轻处罚还是减轻处罚,需要根据案件具体情况,综合考虑犯罪的性质、犯罪行为已造成的危害结果的大小、犯罪的手段、犯罪的动机、犯罪未遂的具体类型等因素。不区分情况,对未遂犯一律给予从宽处罚或一概不予以从宽处罚都是不妥当的。

第四节 犯 罪 中 止

一、犯罪中止的概念

犯罪中止,是指在故意犯罪过程中,犯罪分子自动放弃犯罪或者自动有效地防止犯罪结果发生的犯罪形态。

犯罪中止是基于刑事政策思想而设立的一种刑法制度,目的在于为犯罪分子放弃犯罪架设一座回归的金桥。对于犯罪中止,有的国家刑法将其作为犯罪未遂的一种形式,称为中止未遂,如德国、意大利。与此不同,我国刑法将之规定为与犯罪未遂相并列的一种犯罪形态。

二、犯罪中止的特征

(一) 犯罪中止的及时性

犯罪中止发生在犯罪过程中,这是犯罪中止的时间性条件。对于犯罪过程阶段的划分,我国刑法理论上理解各异。但犯罪过程的时间始于犯罪预备行为的实施,终于犯罪既遂则是比较一致的看法。因此,在犯罪预备前的犯意产生、犯意表示阶段,以及犯罪既遂之后,不存在犯罪中止的问题。不仅如此,如果在犯罪发展过程中,由于犯罪分子意志以外的原因犯罪已停止下来而成立了其他未完成犯罪形态,如犯罪预备或犯罪未遂,则也不可能再成立犯罪中止。因为犯罪中止是与犯罪预备、犯罪未遂相并列未完成犯罪形态,它们互相独立,不能转化,这是未完成罪的停止性特点所必然决定的。

对于引起法定危险状态后又采取积极行动避免危害结果发生的行为是否属于犯罪中止,在理论上是一个容易引起争议的问题。否定论者认为这是犯罪既遂以后的行动,不属于犯罪中止,悔罪的行动只对量刑有影响。肯定说则认为应当以犯罪中止论。当然它不是危险犯的中止,而是实害犯的中止。实害犯是相对于危险犯的一种理论概念,从犯罪构成角度看它属于一种加重构成,因此可将其归于结果加重犯的范畴。结果加重犯是可以存在未完成罪的,所以上述否定论的观点并不妥当。明确了这种情形的犯罪中止性质,就不难理解对这种情况应该适用实害犯的法定刑,然后考虑犯罪中止的情节予以减轻或免除处罚。

自动放弃重复侵害行为是否符合犯罪中止的时间性是另一个值得注意的理论问题。对此,

我国刑法理论过去曾认为这种情况已构成实行终了的犯罪未遂，所以不能成立犯罪中止。现在一般认为，犯罪分子一开始有反复实施侵害行为的意思，在实行犯罪的当时，明确认识到完成犯罪所必需的全部行为没有实行完毕，客观上又存在进一步实行犯罪的条件，如果放弃重复侵害的，应视为符合犯罪中止的时间性条件，成立犯罪中止而非犯罪未遂。

（二）犯罪中止的自动性

犯罪分子基于本人的意愿而放弃犯罪或者自动有效地防止犯罪结果的发生，这是犯罪中止的主观条件，也是区分犯罪中止与犯罪预备和犯罪未遂的主要标志。对于如何理解犯罪中止的自动性，刑法理论上存在三种主张：非物质障碍说认为，自动性意味着行为人是在客观上没有任何物质障碍的情况下放弃犯罪；衷心悔悟说认为，自动性必须是行为人出于真诚悔悟而放弃犯罪；任意中止说认为，自动性是行为人在心理上非因外部障碍的情况而放弃犯罪。我们主张任意中止说，只要犯罪分子自认为能够完成犯罪的情况下，基于本人意愿放弃犯罪的，都应视为犯罪中止。因此，犯罪中止的自动性具有以下两方面的含义：

1. 犯罪分子自认为能够完成犯罪

这是成立犯罪中止的自动性的前提条件。这里的自认为，指的是犯罪分子在主观上对客观情况的预见和判断，并不意味着实际存在的客观事实与犯罪分子的主观认识完全一致。只要行为人确信有条件完成犯罪，即使在他人看来不可能完成犯罪，或者当时当地的客观条件已决定其不可能将犯罪完成，也不影响其自动性的成立。如犯罪分子潜入财会室欲开保险柜时，因怕罪行败露，又停止下来，逃离财会室。其实，保险柜中并无任何资金。对此，不能否认犯罪分子放弃犯罪的自动性；反之，在一般人看来，犯罪完全有可能继续进行直至完成，或者客观上具有完成犯罪的可能性，但犯罪分子误认为无法完成犯罪而停止犯罪的，则不成立停止犯罪的自动性。如犯罪分子潜入仓库正欲行窃时，窗户被风吹开，突然发出很大的声响。犯罪分子以为保管员来了，遂仓皇逃走。这种情况当然不属于自动放弃犯罪。

2. 犯罪分子基于本人意愿而放弃犯罪

这是成立犯罪中止的自动性的实质条件。基于本人意愿而放弃犯罪，是指犯罪分子在自认为可以继续犯罪也可以放弃犯罪的情况下，出于自愿而非被迫，放弃了继续犯罪、完成犯罪的意图。至于其动机，可以是因为真诚悔悟，也可以是对被害人产生同情和怜悯，还可以是害怕罪行暴露受到惩罚，等等。在实践中，虽然存在外界不利因素的影响，但这些因素并不能直接迫使犯罪分子放弃犯罪意图，若犯罪分子停止犯罪的，仍应认定为犯罪中止。基于本人意愿而放弃犯罪，这是犯罪中止与犯罪未遂的根本区别之所在，换言之，犯罪中止是能达目的而不欲，而犯罪未遂是欲达目的而不能。

（三）犯罪中止的有效性

犯罪分子停止继续实施犯罪或者有效地防止法定犯罪结果的发生，这是犯罪中止的客观条件，也是犯罪中止与犯罪既遂的主要区别之所在。

我国刑法理论一般认为，当犯罪分子的犯罪行为还处于犯罪预备或实行阶段，只要自动彻底地停止犯罪，既可以成立犯罪中止；而在行为已经实施终了，法定犯罪结果尚未发生的场合，犯罪分子必须自动有效地防止了法定犯罪结果的发生，才能成立犯罪中止。但实际情况并非完全如此。因为在诸如自动放弃重复侵害行为的场合，犯罪分子自认为实现其犯罪意图所必要的全部行为并未实行完毕，如果其行为已给被害人造成了一定的损害，或马上将发生损害的，则犯罪分子同样要采取有效措施防止法定犯罪结果发生的，才能成立犯罪中止。因此，准确的表述应该是，对于行为犯、处于预备阶段的犯罪以及虽已进入实行阶段但尚无直接导致犯罪结果发生可能的犯罪而言，只要主动停止犯罪即可符合犯罪中止的有效性特征。而对于正在实行犯罪，或者犯罪已经实行终了,法定犯罪结果虽然尚未发生,但有发生的可能的,则行为人必须采取积极措施有效防止法定犯罪结果发生的,才能成立犯罪中止。这里所指的法定犯罪结果,是刑法分则规定的犯罪构成要件结果,这种结果是一种事实上的物理性结果,而非规范意义上的抽象结果。当然,犯罪分子虽然采取了防止法定犯罪结果发生的积极措施,但实际上未能阻止法定犯罪结果发生的,或者法定犯罪结果未发生是由于与犯罪分子所采取的措施无关的其他原因所导致的,则仍然不能认定为犯罪中止。当然,犯罪分子为防止犯罪结果发生所作的种种努力,在处罚时可适当考虑。

三、犯罪中止的类型

根据不同的标准,可以将犯罪中止划分为以下不同类型:

1. 预备中止与实行中止

这是以发生的时间为标准对犯罪中止所作的分类。所谓预备中止,是指发生在犯罪预备阶段的中止。这种犯罪中止与犯罪预备在客观方面表现是相同的,即都表现为准备犯罪工具或实施其他为犯罪实行和完成创造便利条件的行为。这种行为既可能尚未实施终了,也可能已实施终了,并即将进入着手实行阶段。预备阶段的中止与犯罪预备的区别在于,预备中止停止犯罪是自愿的;而犯罪预备停止犯罪则是被迫的。

所谓实行终止,是指发生在犯罪实行阶段的中止。实行终止还可以分为实行未终了的中止和实行终了的中止。前者犯罪实行行为尚未实施完毕,后者实行行为已实施完毕,但犯罪结果尚未发生。实行中止与犯罪未遂均发生在犯罪实行阶段,两者的区别在于实行中止中未完成犯罪是犯罪分子自愿选择的结果,因而并不违背犯罪分子的意愿;而犯罪未遂中未完成犯罪则是与犯罪分子完成犯罪的意志相违背的。

2. 消极中止与积极中止

这是以对中止行为的不同要求为标准对犯罪中止所作的分类。所谓消极中止,是指犯罪分子只需要自动停止犯罪行为的继续实施便可成立的犯罪中止。这类犯罪中止一般发生在行为犯、犯罪预备阶段以及大多数实行行为尚未终了因而缺乏直接导致法定犯罪结果发生的危险性的场合。而积极中止则是指犯罪分子除自动停止实施犯罪行为外,还须采取积极措施有效防止法定犯罪结果发生才能成立的犯罪中止。这类犯罪中止一般发生在实行行为终了以及虽尚未实行终了,但行为已包含发生法定犯罪结果的现实危险性的场合。

四、犯罪中止的处罚

世界各国刑法中凡规定处罚犯罪中止的,均实行从宽处罚原则。其中有的采取必减免制,如日本、意大利等国;有的采取得减免制,如瑞士、波兰等国。之所以如此,是因为从主观上看,犯罪分子系主动放弃犯罪或有效防止犯罪结果发生,与不自动放弃犯罪者相比其主观恶性显然要小;从客观上看,犯罪结果未发生,与犯罪既遂相比对社会的客观危害也要小。因此,根据罪刑相适应原则的要求,对其应予以从宽处罚。

我国《刑法》第 24 条第 2 款规定,对于中止犯,没有造成损害的,应当免除处罚;造成损害的,应当减轻处罚。因此,我国刑法是以是否造成一定的损害结果作为犯罪中止可罚与否的标准的。应当注意的是,这里的损害结果,不是指刑法分则规定的犯罪构成要件结果,而是法定构成要件结果以外的其他危害结果。如故意杀人罪的法定结果是致人死亡,如果杀人犯罪分子将被害人砍伤后自动中止杀人行为,并且被害人最后也没有死亡的,其行为属于造成损害的犯罪中止,应对其减轻处罚。如果未造成任何损害的,其行为属于未造成损害的犯罪中止,应对其免除处罚。

如果实行行为导致被害人死亡的，不管其是否采取了中止、抢救措施，均不能成立犯罪中止。

本章小结

未完成罪是与完成罪相对而言的犯罪形态。完成罪即犯罪既遂，未完成罪包括犯罪预备、犯罪未遂、犯罪中止。犯罪预备，是指已经实施犯罪的预备行为，由于行为人意志以外的原因而未能着手实行犯罪的犯罪形态。犯罪未遂，是指已经着手实行犯罪，由于犯罪分子意志以外的原因而未得逞的犯罪形态。犯罪中止，是指在犯罪过程中，犯罪分子自动放弃犯罪或者自动有效地防止犯罪结果发生的犯罪形态。不同类型的未完成罪，其特征各不相同。未完成罪只存在于直接故意犯罪过程中，过失犯罪和间接故意犯罪中不存在未完成罪。

参考阅读书目

1. 赵秉志：《犯罪未遂的理论与实践》，中国人民大学出版社 1987 年版。
2. 徐逸仁：《故意犯罪阶段形态论》，复旦大学出版社 1992 年版。
3. 张明楷：《未遂犯论》，法律出版社 1997 年版。

【思考题】

1. 如何理解未完成罪与犯罪过程、犯罪阶段的关系？
2. 未完成罪存在于哪些类型的犯罪之中？为什么？
3. 如何区别犯罪预备与犯意表示？
4. 犯罪未遂有哪些特征？
5. 犯罪中止有哪些特征？

第七章　共同犯罪

本章要点

共犯论在国外刑法理论中被喻为“令人绝望的一章”，其重要性和复杂性都是不言而喻的。本章主要论述了共同犯罪的定罪与处罚问题。本章以正犯与共犯的区分为基本线索，着重论述了共犯的成立条件，并根据我国刑法关于共同犯罪人的分类，论述了共同犯罪人的刑事责任。

第一节　共同犯罪概述

一、共同犯罪的概念

共同犯罪是二人以上基于共同故意而实施的犯罪行为，是犯罪的特殊形态之一。共同犯罪具有不同于单独犯罪的特征。我国《刑法》第25条第1款规定，共同犯罪是指二人以上共同故意犯罪。这是一个统一的共同犯罪概念，是从苏联刑法理论中引入的一个概念，在这一共同犯罪的概念中，并没有区分正犯与共犯，广义上的共犯包括共同正犯、教唆犯与帮助犯，狭义上的共犯指教唆犯与帮助犯。尽管我国刑法没有区分正犯与共犯，但正犯与共犯的分析框架仍然可以融于我国刑法的共同犯罪理论中。

共同犯罪区别于单独犯罪的根本特征在于犯罪的共同性。如何理解犯罪的共同性，直接涉及共同犯罪概念的确定。

关于犯罪的共同性，在刑法理论上存在犯罪共同说与行为共同说之争。犯罪共同说认为，犯罪的本质是侵害法益，共同犯罪是二人以上共同对同一法益实施犯罪的侵害，因此共同犯罪的共同性是犯罪的共同性。共同犯罪关系是二人以上共犯一罪的关系。是否构成共同犯罪，应以客观的犯罪事实为考察基础。在客观上预先确定构成要件上的特定犯罪，由行为人单独完成该犯罪事实的，是单独正犯；由数人协力完成该犯罪事实的，是共同犯罪。行为共同说认为，二人以上通过共同行为以实现各自企图的犯罪人，就是共同犯罪。共同犯罪的行为不能与法律规定的构成要件混为一谈，二人以上的行为人是否构成共同犯罪，应以自然行为本身是否共同而论。行为共同说从主观主义的立场出发，认为犯罪是行为人恶性的表现，所以不仅数人共犯一罪为共同犯罪，凡二人以上有共同行为而实施其犯罪的，皆系共同犯罪。行为共同说认为，共同犯罪关系是共同表现恶性的关系，而不是数人共犯一罪的关系。所以，共同犯罪不仅限于一个犯罪事实，凡在共同行为人之共同目的范围内的均可成立。因此，在不同的构成要件上，亦可成立共同犯罪。

上述犯罪共同说与行为共同说之争，关系到犯罪与行为的界定。基于“无行为则无犯罪”的命题，行为与犯罪是不存在对立关系的。然而，犯罪共同说之所谓犯罪，是规范意义上的犯罪，指充足犯罪构成要件的行为；而行为共同说之所谓行为，是事实意义上的行为，一种“裸”的行为。在这个意义上说，犯罪共同说与行为共同说之间的区分是十分明显的：犯罪共同说从犯罪的共同性出发，以数人行为构成犯罪作为共同犯罪成立的前提。而且，这里的犯罪还必须是同一构成

的犯罪，在不同构成之间无所谓共同犯罪。而行为共同说从行为的共同性出发，以具有数人的共同行为作为共同犯罪成立的基础。至于数人行为是否构成犯罪以及是否构成同一犯罪，在所不问。因此，行为共同说确定的共同犯罪范围大于犯罪共同说。

我们认为，共同犯罪之共同性，是法律规定的构成要件之共同而非事实上行为之共同。在这个意义上，犯罪共同说具有其合理性。既然共同犯罪是数人共犯一罪的关系，那么，数人对一罪承担刑事责任是否违反刑法中个人责任原则？古代和中世纪的刑法，曾经实行团体责任和连带责任，其典型形态是株连，株连的特点也是数人对一罪承担刑事责任。这种株连的数人对一罪承担刑事责任与共同犯罪中数人对一罪承担刑事责任是否存在区别以及其区别何在呢？对此，应当认为，在共同犯罪的情况下，犯罪虽然只有一个，但数人的行为都与犯罪构成要件事实有关系，由此构成共同犯罪承担刑事责任的基础。我们认为，上述说法虽然力图使共同犯罪的刑事责任根据建立在个人责任原则之上，从而将它与株连的数人对一罪承担责任加以区分，但论证并不充分。在我们看来，关键在于要把共同犯罪之犯罪与单独犯罪之犯罪加以区分。单独犯罪是一人所犯之罪，根据个人责任原则，罪责自负，不得株连未参与实施犯罪之人；而共同犯罪是数人共犯之罪，这里的犯罪虽然也是单一之罪，但参与者却是数人，共同犯罪是以共同犯罪行为与共同犯罪故意为基础的，由此而与因一人犯罪而追究未实施犯罪之人的刑事责任的株连相区分。因此，共同犯罪之共同责任与现代刑法所要求的个人责任原则并不矛盾。

二、正犯的概念

正犯，在我国刑法理论中称为实行犯，指实行刑法分则规定的构成要件行为的犯罪人。一般而言，刑法分则是以单独犯罪为标本的，因而，单独犯罪均为正犯，称单独正犯。共同犯罪是以实行行为为中心而展开的，正确地理解正犯概念，是共同犯罪理论的基础。

在刑法理论上，关于正犯概念，存在扩张正犯论与限制正犯论之争。扩张正犯论认为，正犯之范围不应局限于实行构成要件之行为人。凡对实现犯罪构成要件之结果，赋予任何因果条件之关系者，皆为正犯，不分其为亲自实施，或利用教唆、帮助他人实行。因这种学说强调共犯之独立性，扩张了正犯的概念，故谓之扩张正犯论。依此说，刑法各本条所规定的构成条件，并非仅限于正犯有其适用，即教唆及帮助者亦皆有适用。教唆及帮助行为，均应依正犯之规定加以处罚。因此，如果没有刑法总则有关共犯的规定，所有对构成要件结果之实现具有条件关系之行为人，将皆按正犯处罚。故设此共犯规定，将正犯刑罚加以缩小适用，以限制或缩小教唆犯与帮助犯之处罚。本质上一切共犯，仍不失为正犯，又称为刑罚缩小事由。

限制正犯论认为，行为人自行实施犯罪行为而实现构成要件者为正犯。非亲自实现构成要件者，则非正犯。此说将正犯之观念，限制于自己亲自实施犯罪构成要件之人，故谓之限制正犯论。依此说，刑法各本条，仅就正犯之即遂行为设其处罚之规定，并未包括未遂及教唆、帮助等行为。因此，这些行为是非实行行为，没有法律特别规定，不得加以处罚。刑法总则上之教唆犯、帮助犯等共犯规定，乃欲使正犯之刑罚扩张于正犯以外之人。所以，共犯规定是刑罚扩张事由，或曰刑罚扩张原因。

上述扩张正犯论与限制正犯论之争，涉及正犯与共犯的区分以及刑法中共同犯罪制度的立法根据问题。关于正犯与共犯的区分，并不是自古皆然的。例如，中国古代刑法中共犯罪的概念，指的是共同正犯，并未包括作为共犯的教唆犯与帮助犯。在这个意义上，可以说中国古代刑法采用的是统一的正犯原则。在这种正犯与共犯不予区分的共同犯罪制度中，势必将更为广泛的犯罪相关行为纳入正犯概念之中；同时，也会使刑法分则的罪状规定显得繁复。

正犯与共犯的区分始于中世纪的意大利刑法理论。在复兴罗马法的口号下，意大利法学家

对罗马法进行注释,并将注释成果引入刑法研究。从犯罪构成要件的解释着手开始区分正犯与共犯的概念。由此可见,正犯与共犯的区分是建立在犯罪构成要件之上的。当然,在中世纪意大利刑法理论中,犯罪构成要件理论尚未成熟,因此正犯的区分并不明确。19世纪以降,随着犯罪构成理论的发展,正犯与共犯的关系随之得到进一步研究。在犯罪构成要件理论形成以后,行为是否符合犯罪构成要件就成为认定犯罪的唯一标准。

正犯之符合犯罪构成要件,是毫无疑问的。那么,共犯如何具有犯罪构成要件的该当性呢?对于这个问题的初步解决,就形成了扩张的正犯概念,即将教唆犯与帮助犯等共犯包括在正犯概念之内,以便使其具有犯罪构成要件的该当性。然而,将共犯包括在正犯概念之中,抹杀了正犯与共犯的区分,不符合生活逻辑。因为,作为正犯行为的杀人与作为共犯行为的教唆杀人与帮助杀人显然是存在着区别的。

基于支配行为的可能性的观念,将正犯与共犯加以区分,由此形成限制正犯论。显然,这种正犯与共犯相区分的观点是有其事实根据的。不仅如此,正犯与共犯的区分还具有政策性理由。因为扩张正犯论强调刑法的积极机能——社会保护,潜藏着刑罚权扩张,即扩大共同犯罪范围的危险;而限制正犯论则注重刑法的限制机能——人权保障。因此,依法治国的思想要求限制的正犯概念。

如上所述,限制正犯论将正犯与共犯相区分,这是具有事实根据与政策理由的。那么,如何解决共犯构成犯罪的法理根据呢?对于这个问题,我们认为,应当坚持修正的构成要件说,将共犯视为是构成要件的修正形式,共犯的各种问题全部应当从这一构成要件形式的角度去思考和解决。从犯罪构成要件出发,一方面确认共犯之所以认定为犯罪是因为它合乎犯罪构成要件,从而维持了犯罪构成要件理论的逻辑上的贯通性;另一方面将共犯的构成条件与正犯的构成要件加以区分,前者是特殊的、修正的构成,而后者是典型的、一般的构成。刑法关于共犯的规定,就成为共犯承担刑事责任的法律根据。由此可见,建立在正犯与共犯相区分基础之上的限制正犯论所确定的正犯概念具有充分的法理根据。

根据限制正犯论,正犯与共犯是有区别的,两者不可混为同一概念。那么,正犯与共犯如何区分呢?关于这个问题,在刑法理论上存在各种观点的纷争。大而言之,可以分为客观说、主观说与折中说。

客观说又有形式的客观说与实质的客观说之分。形式的客观说以构成要件概念为中心,认为实施构成要件行为的人是正犯,其余均为共犯。形式的客观说之所谓客观,是指构成要件的行为;而其所谓形式,则是指从构成要件的法律规定。因此,形式的客观说是以法律规定的构成要件的形式特征作为正犯与共犯区分标准的,从而严格地限制了正犯的范围。形式的客观说坚持了严格的罪刑法定主义,有其合理性。惜乎过于注重客观形式上的判断,未能顾及性质上的区分。为弥补形式的客观说之不足,遂有实质的客观说之提出。实质的客观说根据因果关系原因力程度之不同,区别原因与条件,认为对结果予以原因者,应成立正犯;仅予以条件者,则成立共犯。原因与条件的区分是一个事实问题,而正犯与共犯的区分是一个法律问题,实质的客观说有将两者混淆之嫌。更为重要的是,在共同犯罪中,无论是正犯的行为还是共犯的行为,对于犯罪结果的发生来说,都是给予原因者。只是这种原因力在程度上有所差别,而难以区分原因与条件。

主观说以因果关系理论中的条件说为基础,认为一切条件皆为发生结果的等价原因,所以,从因果关系的观点,无法对正犯与共犯予以客观的区别,两者的区别不能不求诸行为人的主观。因此主观说主张应以为自己的意思作为区分正犯与共犯的标准:凡是以为自己犯罪的意思而参与犯罪的,就应当认为是正犯,否则就是共犯。在对于为自己犯罪的意思的理解上,又有意图说与利益说之分。意图说主张以行为人的意思方向及强度为准区分正犯与共犯。利益说以行为人对犯罪的利害关系区分正犯与共犯。主观说之为自己犯罪的意思,无论是以意图还是以利益作为认定标准,都缺乏规范根据,难以正确地区分正犯与共犯。

折中说是为避免客观说与主观说之偏执,兼顾双方之所长而提出。折中说又分目的行为支配说与综合说。目的行为支配说认为,实现犯罪结果的行为是所谓目的行为,凡是能够支配目的行为的,是正犯,否则就是共犯。这里的支配又分为行为支配、意志支配与功能支配。正犯具有行为支配性,包括客观上的行为与主观上的犯意均处于支配地位。教唆犯虽有意志支配而无功能支配;帮助犯既无意志支配又无功能支配,均为共犯。综合说认为只要行为人出于自己犯罪意思并且实施了构成要件的行为,就是正犯,否则就是共犯。上述折中说,目的行为支配说是主观说与实质客观说的折中,因而不可避免地带有实质客观说的弊端,即不是从法律性质而是从事实性质上区分正犯与共犯。综合说是主观论与形式客观说的折中,在将两说统一的时候,也就同时结合了两者的缺点。

我们认为,区分正犯与共犯只能以主观与客观相统一的犯罪构成要件为标准。主观上具有实行构成要件行为的故意,客观上具有该当构成要件的行为,就应当认为是正犯,否则就是共犯。当然,对于该当构成要件的行为如何理解,在我国刑法理论上有狭义论与广义论之分。狭义论认为,所谓构成要件的行为,仅指发生犯罪结果的原因行为;而广义论认为,所谓构成要件的行为,除发生犯罪结果的原因行为以外,还包括具有帮助性质而为完成犯罪所必不可少的发生在犯罪现场的其他行为。我们认为,狭义说对于构成要件行为的理解过于狭窄。例如故意杀人,甲按住被害人的手脚使其不能反抗,乙持刀将被害人杀死。乙的行为是杀人的实行行为,对此没有疑义。甲的行为对于被害人的死亡不具有直接的原因力,按照狭义说势必排除在实行行为之外,视为现场帮助行为。如此理解实行行为,就否定了实行行为内部的行为分担。广义说对构成要件行为的理解过于广泛。事实上,并非在犯罪现场具有帮助性质的行为都是实行行为。在身份犯的情况下,没有特定身份的人不可能成为正犯。因此,即使在犯罪现场实施具有帮助性质的行为,只要行为人没有特定身份,同样不能成为本罪的正犯,而只能是共犯,即事中帮助犯。因此,在以犯罪构成要件说作为标准区分正犯与共犯的时候,应当根据法律对某一犯罪的构成要件之规定,结合犯罪的事实特征,以便得出正确的结论。

三、共犯的概念

共犯,是相对于正犯而言的,指未参与实行刑法分则规定的构成要件行为的共同犯罪人。一般是指教唆犯、帮助犯,苏联及我国刑法还有组织犯。在某个意义上说,共犯概念是法律的产物。

共犯与正犯的关系是理解共犯的关键。关于这个问题,在刑法理论上存在共犯的从属性和独立性之争。共犯从属性与共犯独立性之争主要解决的是共犯的犯罪性问题,即共犯的犯罪性来自正犯还是来自本身。

共犯从属性说认为,共犯对于正犯具有从属性,共犯的成立及可罚性,以存在一定的实行行为为必要前提。因此,只有在正犯已构成犯罪并具有可罚性的情况下,共犯才从属于正犯而成立并具有可罚性。关于共犯在何种程度上从属于正犯,存在从属性程度说,通常采德国刑法学家麦耶关于从属性程度的公式。据此,从属性程度可以分为以下四种:一是最小限度从属形式,认为共犯的成立,只要正犯具备构成要件的该当性就够了,即使缺乏违法性及有责性,也无碍于共犯的成立。二是限制从属形式,认为正犯具备构成要件的该当性和违法性,共犯才能成立,即使正犯缺乏有责性也不受影响。三是极端从属形式,认为正犯必须具备构成要件的该当性、违法性与有责性,共犯始能成立。四是最极端从属形式,认为正犯除具备构成要件该当性、违法性与有责性外,并以正犯本身的特性为条件,正犯的刑罚加重或者减轻事由之效力亦及于共犯。共犯从属性说以正犯的行为为中心,使共犯依附于正犯而成立,这就严格地限制了共犯的构成条件,在一定程度上正确地揭示了正犯与共犯的关系。但共犯从属性说是建立在客观主义之上的,无视行为人的主观犯意,割裂主观与客观的联系,简单地以行为的分工作为区分正犯与共犯的标准。从属性程度的提出,在一定程度上弥补了共犯从属性说的不足,可以认为是对共犯从属性说的一种变相修正。在前述四种从属性程度中,最极端从属形式偏重于正犯的可罚性,而将共犯本身应斟酌的情况一概抹杀,未免过当。而大多数国家都采极端从属形式或者限制从属形式。由此可见,从属性程度大有步步缩小的趋势。尽管如此,由共犯从属性说的客观主义立场所决定,其理论的内在矛盾是难以克服的,因而终究不能正确地揭示正犯与共犯的关系。

共犯独立性说认为,犯罪乃行为人恶习性的表现,共犯的教唆行为或帮助行为,系行为人表现其固有的反社会的危险性,并对结果具有原因力,即为独立实现自己的犯罪,并非从属于正犯的犯罪,应依据本人的行为而受处罚。换言之,其教唆行为或帮助行为,系行为人表现其固有的反社会的危险性,并对结果具有原因力,即为独立实现自己的犯罪,并非从属于正犯的犯罪,应依据本人的行为而受处罚。换言之,其教唆和帮助不过是利用他人的行为,以实现自己的决意的方法而已,无异于实行行为。因此,在二人以上参与共同犯罪的场合,不应认为存在从属于他人犯罪的情形。教唆与帮助行为本身应认为独立构成犯罪,均可独立予以处罚。共犯独立性说将共犯的可罚性建立在本人行为的基础之上,尤其是对教唆犯的主观恶性予以充分的关注,在一定程度上克服了共犯从属性说的缺陷。但共犯独立性说是建立在主观主义基础之上的,它断然否定共犯对正犯的从属性,因而无助于正确地揭示正犯与共犯的关系。至于共犯独立性说,将共犯视同正犯,使之直接适用刑法分别条文,这就导致共犯的取消。

共犯的从属性与独立性之争的焦点问题在于:共犯与正犯在实体上是否具有同一性?一般地说,我们还是要承认共犯与正犯的区别。例如杀人与教唆杀人或者帮助杀人,在观念上是有区别的。共犯从属性说的立论基础就是这种区别,对此是应予肯定的。而共犯独立性说否定正犯与共犯之间的这种区别,将正犯与共犯在实体性质上相等同,其偏颇之处显而易见。

我们认为,共犯对于正犯来说上具有一定的从属性,即共犯的犯罪性来自正犯。这种从属,是法律性质上的从属。尽管应当承认共犯的一定程度的从属性,但不能由此否定共犯的相对独立性,这种独立性表明,共犯行为的犯罪性虽然来自正犯,但其评价根据仍然是共犯行为本身,换言之,共犯行为是刑法的独立评价对象。教唆行为、帮助行为经由刑法总则规定,是教唆犯与帮助犯的构成要件的行为,只不过它必须与一定的正犯行为相结合才能构成完整的共犯形态。在法律特别规定的情况下,没有正犯行为,只能构成共犯的未完成形态,例如教唆未遂等。上述共犯的从属性与独立性相统一的观点,确认了共犯的二重性,更能完整地阐明正犯与共犯的关系。

第二节　共同犯罪的定罪

一、共同犯罪行为

共同犯罪是客观上的共同犯罪行为与主观上的共同犯罪故意的统一。共同犯罪行为是共同犯罪定罪的客观根据,共同犯罪故意是共同犯罪定罪的主观根据。

共同犯罪行为,是指二人以上在共同犯罪故意的支配下,共同实施的具有内在联系的犯罪行为。共同犯罪行为是共同犯罪构成的客观要件,是共同犯罪人承担刑事责任的客观基础。

共同犯罪行为不是单独犯罪行为的简单相加,而是二人以上的犯罪行为在共同犯罪故意基础上的有机结合。只有充分地认识了二人以上的犯罪行为之间的客观联结，才能科学地揭示共同犯罪行为的内部结构。

什么是共同犯罪行为的客观联结？我们认为，所谓共同犯罪行为的客观联结并不是泛泛地指一切共同犯罪行为之间的联系，而是指某些特定的共同犯罪行为之间的联系。共同犯罪行为可以分为正犯行为和共犯行为。正犯行为是一种实行行为，这种正犯行为是由刑法分则明文规定的，其犯罪性是显而易见的。共犯行为是一种非实行行为，这种共犯行为只有与一定的正犯行为有机地结合起来，才能表明其犯罪性，成为共同犯罪行为。那么，这些行为与实行行为是如何结合的呢？这就是我们所要研究的问题。所以，共同犯罪行为客观联结是指共犯行为与正犯行为之间的联系方式。具体地说，是指组织行为与正犯行为，教唆行为与正犯行为以及帮助行为与正犯行为的客观联结。

根据上述共同犯罪行为的客观联结的界说，我们认为共犯行为与正犯行为之间具有以下三种关系：

第一，组织行为与正犯行为之间具有制约关系。

组织行为是指组织犯的组织、策划、指挥行为，而组织行为与正犯行为之间的制约关系，就是指组织犯通过对犯罪集团的组织、策划、指挥，对犯罪集团的成员起着支配和控制作用。组织行为与正犯行为的这种制约关系，揭示了组织犯在共同犯罪中所起的主要作用以及组织行为与犯罪结果之间的关系。组织犯虽然可能没有直接实行犯罪，但是，正犯的实行行为是在其组织、策划、指挥下实施的，实行犯罪的方法、工具和侵害对象都受组织犯的制约。因此，组织犯应对在其制约下的正犯行为所造成的一切犯罪结果承担刑事责任。

第二，教唆行为与正犯行为之间具有诱发关系。

所谓诱发关系，是指产生与被产生的关系。教唆行为是唆使他人实行犯罪的行为，以制造犯意为其特征，没有教唆犯的唆使，被教唆的人就不会产生犯意因而实施某种犯罪行为。被教唆的人的正犯行为是教唆行为的结果，教唆行为对正犯行为具有起始作用。因此，教唆行为与正犯行为之间存在诱发关系。教唆行为与正犯行为之间的这种诱发关系，揭示了教唆行为的社会危害性在于通过实行行为以达到其犯罪目的，其教唆行为与被教唆的人所造成的犯罪结果之间具有因果关系。

第三，帮助行为与正犯行为之间具有协同关系。

帮助行为是在实行犯决意实施犯罪行为以后，从精神上或者物质上帮助正犯的行为。因此，帮助行为和正犯行为的关系不同于组织行为，不具有对正犯行为的制约性。因为正犯实施的犯罪是在本人的意志支配下实施的，不受帮助犯的调配和指挥。帮助行为和正犯行为的关系也不同于教唆行为，对正犯行为没有原因力。因为正犯的犯意是自己萌发的，并不是在帮助犯的作用下产生的。帮助行为对于实行行为来说，只是具有一种协同作用。帮助犯通过本人的帮助行为，使实行行为易于完成。这就表明帮助犯在共同犯罪中不起主要作用，而只起辅助作用。

以上共犯行为与正犯行为之间的三种关系，对于我们理解共同犯罪行为十分重要。它清楚地告诉我们，组织行为、教唆行为与帮助行为这些不是刑法分则所规定的犯罪构成要件的行为，为什么具有社会危害性并且具有犯罪性，这也正是这些共犯行为能够依法修正成为构成要件的行为并且应受刑罚惩罚的客观基础。

在对共同犯罪行为的一般特征及其正犯行为与共犯行为之间的关系的正确揭示的基础上，我们有必要对各种共同犯罪行为进行具体论述：

（一）正犯行为

正犯行为是刑法分则规定的具体犯罪构成要件的行为。正犯行为在共同犯罪中起着决定性的作用,共犯的犯罪意图都是通过实行行为来实现的。因此,正犯行为不仅决定了共同犯罪的社会危害性程度,而且也在一定程度上决定了共犯的刑事责任。所以,我们完全可以说,没有正犯行为就没有共同犯罪行为。由于正犯行为在刑法分则条文中都有明确规定,在此我们不加赘述。

（二）组织行为

组织行为是指组织犯在犯罪集团中的组织、策划、指挥行为。一般说,组织行为具有不同于正犯行为的特点,它不是由刑法分则加以规定的,而是由刑法总则规定的。如果某种组织行为,已由刑法分则作了规定,那就不仅是组织犯的组织行为,而其本身就是正犯行为。刑法分则中规定的组织行为,具有以下两种情形:

1. 犯罪的组织行为规定为正犯行为

在刑法分则中,某些犯罪的组织行为被作为正犯行为加以规定,不再按照共同犯罪处理,而是成为一个独立的罪名。在刑法分则中,这种犯罪的组织行为规定为正犯行为而成为一个独立的罪名又有两种情形:一是犯罪集团的组织行为规定为一个独立罪名。例如,《刑法》第294条规定的组织、领导和积极参加黑社会性质的组织罪中,包含组织行为。这种组织行为本来是黑社会性质的组织所实施的犯罪的共犯行为,但刑法直接把这种组织行为规定为犯罪,并规定“犯前两款罪又有其他犯罪行为的,依照数罪并罚的规定处罚”。二是一般犯罪的组织行为规定为一个独立罪名。例如,《刑法》第318条规定的组织他人偷越国(边)境罪中包含组织行为。该组织行为本来是偷越国(边)境罪的共犯行为,但刑法直接把这种组织行为规定为一种与偷越国(边)境罪相对应的犯罪。

2. 非犯罪的组织行为规定为正犯行为

在刑法分则中,某些被组织的行为不是犯罪,但由于这种组织行为具有较大的社会危害性,因而规定为犯罪。例如,《刑法》第358条规定的组织卖淫罪中,包含组织行为,这是一种以组织为特征的犯罪实行行为,被组织的行为不是犯罪,因而区别于犯罪的组织行为。

除了上述情形以外,在聚众犯罪中也存在组织行为。根据我国《刑法》第97条的规定,在聚众犯罪中存在着首要分子,这些首要分子在聚众犯罪中起组织、策划、指挥作用。但由于我国刑法分则对聚众犯罪都有明文规定,因此,聚众犯罪中首要分子的组织、策划、指挥行为也不是非实行行为的组织行为,而是属于正犯行为,由此可见,只有在集团犯罪中起组织、指挥、策划的行为,才是组织行为。组织行为在集团犯罪活动中,处于十分重要的地位。正是首要分子的组织行为,使犯罪集团中各成员的行为协调一致,从而使犯罪目的更加容易得逞。因此,组织行为是共同犯罪行为中社会危害性最大的行为之一。

（三）教唆行为

教唆行为是指引起他人实行犯罪意图的行为,是教唆犯承担刑事责任的客观基础。在司法实践中,教唆方法主要有以下这些:① 劝说方法,即利用言语对他人进行开导、说服,使之接受教唆的犯罪意图。② 请求方法,即说明理由,要求他人接受其犯罪意图 ③ 挑拨方法,即通过搬弄是非的方法挑逗起他人的犯罪意图。④ 刺激方法,即采取激将的方法使他人产生犯罪意图。尤其是有些人性情急躁,犯罪分子往往利用其性格上的弱点,采取激将法,使这些人走上犯罪道路,十分奏效。⑤ 利诱方法,即通过利益引诱的手段,使他人产生犯罪意图。⑥ 怂恿方法,即鼓励、煽动他人去实行犯罪。必须指出,怂恿和纵容是根本不同的,纵容是对他人的犯罪行为不加制止而任其发展,它对犯罪所持的是一种消极态度。如果对制止犯罪具有特定义务,行为人能制止而不加制止,纵容其发展,那么就构成不作为犯罪。更为重要的是,在纵容的情况下,他人犯罪意图是自发地产生的,而不是行为人唆使的结果。因此,即使纵容者构成犯罪,他与被纵容者之间也不存在共同犯罪关系。而在怂恿的情况下,行为人是以积极的行为去鼓动他人犯罪,这是一种作为,

他与被教唆之间存在共同犯罪关系。⑦ 嘱托方法,即嘱咐、托付他人去实行犯罪,这种情况一般发生在尊亲属与卑亲属之间。⑧ 胁迫方法,即使用暴力或者其他手段进行威逼,迫使他人接受犯罪意图。当然,如果胁迫超过一定的限度,胁迫者就不是教唆犯,而成为间接实行犯了。胁迫方法是一种使他人的意志受到一定程度的压抑和束缚的情况下不得不接受犯罪意图的教唆行为。在这种情况下,被胁迫者虽不愿意(不愿意的程度以胁迫程度为转移)实施犯罪,但慑于胁迫者的淫威,或者为了苟全本人的生命、健康和财物,消极地实行了犯罪。由于在这种情况下,被胁迫者没有完全丧失意志自由,应负刑事责任。所以,胁迫者和被胁迫者形成共同犯罪关系,胁迫者是教唆犯,其所采取的教唆方法是胁迫。⑨ 诱骗方法,即利用他人对实际情况的不了解,通过花言巧语的欺骗和诱惑,致使他人误信谎言,受了蒙蔽而参加犯罪活动。⑩ 授意方法,即将犯罪意图传授给他人,并为他人实行犯罪出谋划策,这种情况往往发生在共谋犯罪之中。

应该指出,在这些教唆方法之间往往有着密切的联系,没有截然可分的界限。例如,挑拨方法和刺激方法,都是采取挑逗的形式,两者只存在程度上的差别。况且,教唆犯在实施教唆行为的时候,往往是为了使他人接受犯罪意图而不择手段、想方设法,同时并用各种教唆方法,一种方法不能奏效就采用其他方法。我们之所以对十种教唆方法分而论之,是为了使我们对教唆行为有一个更为明确、直观的认识,决不意味着在一个教唆犯罪的案件中只能采取其中一种教唆方法。

教唆行为具有不同于正犯行为的特点,它不是由刑法分则加以规定的,而是由刑法总则规定的。如果某种教唆行为,已由刑法分则作了规定,那就不仅是教唆犯的教唆行为,而其本身就是正犯行为。刑法分则中规定的教唆行为,具有以下两种情形:

1. 犯罪的教唆行为规定为正犯行为

在刑法分则中,某些犯罪的教唆行为被作为实行行为加以规定,不再按照共同犯罪处理,而是成为一个独立的罪名,例如,《刑法》第 373 条规定的煽动军人逃离部队罪,军人逃离部队是我国刑法规定的一种犯罪行为,煽动军人逃离部队,就是教唆军人逃离部队。但刑法不是把这种教唆行为当作军人逃离部队罪的共犯处理,而是规定为一个独立的罪名。

2. 非犯罪的教唆行为规定为正犯行为

在刑法分则中,某些教唆的行为不是犯罪,但由于这种教唆行为具有较大的社会危害性,因而规定为犯罪。例如,《刑法》第 353 条规定的教唆他人吸毒罪。在我国刑法中,吸食、注射毒品行为本身未规定为犯罪,但其教唆行为则作为犯罪加以规定。

(四) 帮助行为

帮助行为是指在共同犯罪中起辅助作用的犯罪行为。所谓辅助,一般是相对于正犯行为而言的,是为正犯顺利地实行犯罪创造条件的行为。在司法实践中,帮助行为的表现方式也是各种各样的,但在刑法理论上可以将其归纳为以下几种形式:

第一,从帮助行为的性质来分,可以分为狭义的帮助行为与隐匿行为。狭义帮助行为是指利用提供犯罪工具、指示犯罪目标或清除犯罪障碍等方法帮助他人实行犯罪。这些帮助行为是在犯罪完成以前实施的,是对实行犯罪的帮助,因此称为狭义帮助行为。例如,甲要去杀乙,但得知乙家有一条狗很厉害,生人不能接近。甲就去找丙,让丙帮助把乙家的狗毒死,因丙与乙家的狗比较熟悉。丙就答应了甲的要求,去把乙家的狗毒死,使甲顺利地将乙杀死。在本案中,丙的行为是为甲实施杀人行为排除障碍。隐匿行为是指事先通谋、事后隐匿罪犯、罪证或者湮灭罪证的行为。这些行为主要表现在事后为实行犯隐匿罪证等。这时犯罪结果已经发生,不能说是对实行犯罪的帮助。因此,从严格意义上来说,不属于帮助行为。但因为行为人事先与正犯通谋,答应犯罪以后为其提供各种条件逃避法律制裁,这就对正犯起到了坚定犯罪决意的作用。所以,从广义上来说,事先通谋的隐匿行为属于帮助行为。

第二,从帮助行为的方式来分,可以分为物质性的帮助行为与精神性的帮助行为。物质性的帮助行为是指物质上与体力上的帮助,这种帮助是有形的,因此又可以称为有形的帮助,由此构成的共同犯罪,在刑法理论上称为有形共犯。物质性的帮助在司法实践中常见的是提供犯罪工具,例如,甲乙都与丙有仇,甲意图杀丙,但苦于找不到合适的凶器,想到乙也恨丙,就找乙帮忙,乙就拿出自己私藏的一把匕首供甲使用,甲利用乙提供的这把匕首将丙杀死。在本案中,乙对甲的犯罪进行了物质性的帮助。精神性的帮助行为是指精神上与心理上的帮助,这种帮助是无形的,因此又可以称为无形的帮助,由此构成的共同犯罪,在刑法理论上称为无形共犯。精神性的帮助在司法实践中常见的是为实行犯出主意、想办法、撑腰打气、站脚助威等。例如,甲乙共谋杀丙,在甲提出杀人的主张以后,乙十分赞同,并为甲杀丙提建议,甲依计而行,终于将丙杀死,在本案中,杀人是甲提出的,人也是甲杀的,甲是实行罪,应负主要责任。但甲提出杀人之初,还只是一个简单的主意,是乙提供的精神帮助,一方面坚定了甲杀人的决意,他方面使杀人的主意具体化、明确化,乙的精神帮助是完成犯罪的必不可少的条件之一。因此,我们对精神性的帮助行为应予以高度重视。

第三,从帮助行为的时间来分,可以分为事前帮助行为、事中帮助行为与事后帮助行为。事前帮助行为主要是指事前为实行犯实施犯罪创造便利条件的行为。例如,甲为乙盗窃丙家去察看犯罪地点、指点犯罪活动路线等,就属于事前帮助行为,由此构成的共同犯罪,在刑法理论上称为事前共犯。事中帮助行为主要是指在实施犯罪活动的过程中进行帮助,这种情况只存在于少数犯罪中。在大多数情况下,如果亲临犯罪现场进行帮助,就属于实行犯。但在某些情况下则存在事中帮助。例如,甲把一少女骗到家中欲行强奸,其妻子见后不但不加制止,反而按住少女的身体,使甲的强奸得以顺利进行。在本案中,乙就实施了事中帮助行为,由此构成的共同犯罪,在刑法理论上称为事中共犯,事后帮助行为主要是事后的隐匿行为,但它以事前通谋为前提,否则就不构成帮助犯。例如,甲在乙盗窃前答应为其销赃,乙盗窃后将赃物交由甲出售,然后共同挥霍。在本案中,甲实施了事后帮助行为,由此构成的共同犯罪,在刑法理论上称为事后共犯。

帮助行为具有不同于实行行为的特点,它不是由刑法分则加以规定的,而是由刑法总则规定的。如果某种帮助行为,已由刑法分则作了规定,那就不仅是帮助犯的帮助行为,而其本身就是实行行为。刑法分则中规定的帮助行为,具有以下两种情形:

1. 犯罪的帮助行为规定为正犯行为

在刑法分则中,某些犯罪的帮助行为被作为正犯行为加以规定,不再按照共同犯罪处理,而是成为一个独立的罪名。例如,刑法第358条第3款规定的协助组织卖淫罪,这里的协助行为是组织他人卖淫罪的帮助行为,本来应以组织他人卖淫罪共犯论处,但刑法分则将其规定一个独立的犯罪。

2. 非犯罪的帮助行为规定为实行行为

在刑法分则中,某些被帮助的行为不是犯罪,但由于这种帮助行为具有较大的社会危害性,因而规定为犯罪。例如,《刑法》第307条第2款规定的帮助毁灭、伪造证据罪,这里的帮助当事人毁灭、伪造证据是指与当事人共谋,或者当事人指使为当事人毁灭证据、伪造证据提供帮助的行为,如为贪污犯罪的嫌疑人伪造单据或销毁单据等。在此,当事人本身毁灭、伪造证据是一种不可罚之事后行为,但帮助当事人毁灭、伪造证据的,则作为一种犯罪行为加以规定。

二、共同犯罪故意

共同犯罪故意是二人以上在对于共同犯罪行为具有同一认识的基础上,对其所会造成的危害社会的结果的希望或者放任的心理状态，共同犯罪故意是共同犯罪构成的主观要件，是共同犯罪人承担刑事责任的主观基础。

共同犯罪故意的犯罪故意的一种特殊形态，具备犯罪故意的共性，例如故意的认识因素与意志因素。但共同犯罪故意又具有不同于单独犯罪故意的特点，揭示共同犯罪故意的基本特征对于认定共同犯罪具有重要意义。

共同犯罪故意的认识因素是指共同犯罪人对本人行为的社会危害性的认识以及对自己和他人共同实施犯罪的认识，这就是共同犯罪故意的双重认识。显然，共同犯罪故意的认识因素不同于单独犯罪故意的认识因素。在单独犯罪的情况下，犯罪故意的认识因素是单纯的对本人行为的社会危害性的认识，即明知自己的行为会发生危害社会的结果。而在共同犯罪的情况下，犯罪故意的认识因素是双重的。即对本人行为的认识与对他人行为认识的有机统一。

共同犯罪故意的意志因素是指共同犯罪人在认识本人的行为和他人的行为的基础上，对于本人行为和他人行为会造成的危害社会的结果的希望或者放任的心理态度。这就是共同故意的双重意志。显然，共同犯罪故意的意志因素不同于单纯犯罪故意的意志因素。在单独犯罪的情况下，犯罪故意的意志因素是单纯的对本人行为会造成的危害社会的结果的希望或者放任的心理态度。而在共同犯罪的情况下，犯罪故意的意志因素是双重的，即对本人行为会造成的危害社会结果的希望或者放任的心理态度，与对他人行为会造成的危害社会结果的希望或者放任的心理态度的有机统一。例如，教唆犯的意志因素，一方面是对本人的教唆行为会造成他人实施犯罪的希望或者放任的心理态度，他方面是对被教唆的人的行为会造成危害社会的结果的希望或者放任的心理态度。在这里，教唆犯所具有的就是双重的意志。

在对共同犯罪故意的一般特征及其正犯故意与共犯故意之间的关系的正确揭示的基础上，我们有必要对各种共同犯罪故意进行具体论述：

（一）正犯故意

正犯故意是指共同犯罪中的正犯明知自己是在和他人共同进行犯罪活动，明知自己的行为和他人的行为会造成危害社会的结果，希望或者放任这种结果发生的主观心理状态。共同犯罪中的正犯故意，和单独犯罪的故意犯罪是有所不同的，在单独犯罪的情况下，行为人在客观上所实施的是刑法分则所规定的构成要件的行为。因此，其主观上所具有的也是一种实行故意。但由于单独犯罪是独自一人实行犯罪行为，主观上不存在与其他犯罪人的心理联系，故意的内容是单一的。而在共同犯罪的情况下，正犯故意的内容除对自己的行为会造成危害社会的结果持希望或者放任的态度外，还包括与其他共同犯罪人的主观联系。又如，甲乙丙三人共同杀丁，三个人互相配合，协调动作，将丁杀死，这是共同实行犯。在这种情况下，甲乙丙三人主观上都具有实行故意，并且每个人都知道自己不是一个人单独实行犯罪，而是和他人共同实行犯罪。正因为行为人主观上具有这种犯罪联系，才使各实行犯的行为联结成为一个整体，在法律责任上发生合一的共犯关系。

（二）组织故意

组织故意是指明知自己的行为是组织、策划、指挥犯罪集团进行共同犯罪活动，并且明知组织行为会造成危害社会的结果而希望或者放任这种结果发生的心理状态。

（三）教唆故意

教唆故意是指唆使他人犯罪的故意。教唆的故意，具有双重的心理状态：在认识因素中，教唆犯不仅认识到自己的教唆行为会使被教唆人产生犯罪的意图并去实施犯罪行为，而且认识到被教唆的人的犯罪行为将会造成危害社会的结果。在意志因素中，教唆犯不仅希望或者放任其教唆行为引起被教唆的人的犯罪意图和犯罪行为，而且希望或者放任被教唆人的犯罪行为发生

某种危害社会的结果。教唆故意是教唆犯的主观恶性的直接体现,也是教唆犯罪承担刑事责任的主观基础。

(四) 帮助故意

帮助故意是指明知自己是在帮助他人实行犯罪,希望或者放任其帮助行为为他人实行犯罪创造便利条件,并希望或者放任实行行为造成一定的危害社会的结果。由此可见,帮助犯具有双重的心理状态。在认识因素中具有双重的认识:一方面,必须认识到实行犯所实行的是犯罪行为和这种犯罪行为将要造成一定的危害结果。他方面,必须认识到自己所实行的是帮助他人实施犯罪的行为。即以自己的帮助行为,为实行犯实施和完成犯罪创造便利条件。在意志因素中具有双重的意志:一方面,希望或者放任自己的行为能为他人实行犯罪提供便利。他方面,希望或者放任通过自己的帮助,实行犯能够造成一定的危害结果。帮助故意是帮助犯的主观恶性的直接体现,也是帮助犯承担刑事责任的主观基础,在帮助故意中,明知他人将要实施犯罪是认识因素的重要内容。只有明知他人将要实施的犯罪行为,才能意识到自己所要实施的是帮助他人犯罪的行为。如果在行为人不明真相的情况下,无意中帮助了他人的犯罪行为,就不能认为具有帮助故意。例如,甲为杀乙向丙借一把刀,而丙并不知道甲将此刀用于杀乙,丙就不能构成帮助犯。反之,如果丙明知甲借刀是要去杀乙,那么,丙就具有帮助故意,应以共同犯罪论处。所以,这里的关键问题在于丙是否知道甲借刀是为了去杀乙,构成帮助犯。虽然行为人明知他人将要实施的是犯罪行为,但明知不是确知,对于他人具体要犯的是什么罪以及犯罪的时间、地点等内容并不要求确切了解。也就是说,帮助犯明知他人准备犯罪,但不具体了解准备犯什么罪,而积极予以帮助,也应构成帮助犯。

第三节　共同犯罪的处罚

一、共同犯罪人的分类

共同犯罪人的分类是指依照一定的标准,对共同犯罪人进行适当的分类,以便确定各个共同犯罪人的刑事责任。根据我国刑法的规定,共同犯罪是指两个人以上共同故意犯罪。而各个共同犯罪人在共同犯罪中的地位、作用和分工是有所不同的。为了规定各个共同犯罪人的刑事责任,必须依据一定的标准,对共同犯罪人进行科学的分类。在此基础上确定共同犯罪人的处罚原则。因此,共同犯罪人的分类是共同犯罪处罚的前提。

关于共同犯罪人的分类,古今中外存在不同的立法例。对这些立法例的比较研究,可以为理解我国刑法中的共同犯罪人的分类提供历史背景与理论基础。

(一) 分工分类法

以犯罪分子在共同犯罪中的分工为标准对共同犯罪人分类的立法例。世界上大多数国家对共同犯罪人的分类,都是分工分类法。这种分类法始于1810年法国刑法典。该法把共同犯罪人分为正犯与从犯二类。从犯又包括教唆犯与帮助犯,并对从犯处以与正犯相同之刑。这种分类虽然过于简单化,而且对正犯与从犯采取所谓责任平等主义,使这种共同犯罪人的分类的意义大为逊色。但它毕竟开启了以共同犯罪的分工作为共同犯罪人分类标准的先河,具有一定的历史意义。1871年德国刑法典在继承法国刑法典关于共同犯罪人分类的立法例的基础上,又有所发展和完善。1871年德国刑法典仍然坚持以犯罪分子在共同犯罪中的分工作为共同犯罪人的分类标准。并把共同犯罪人分为以下三类:一是正犯,二是教唆犯,三是从犯,这就是所谓三分法。1871年德国刑法典不仅在共同犯罪人的分类上实行三分法,较之法国刑法典的二分法有所进

步;而且对共同犯罪人实行区别对待,对从犯的处罚采得减主义,较之法国刑法典的平等主义有所前进。由于1871年德国刑法典具有如上的优点,其共同犯罪人的三分法至今为大多数国家刑法所沿用。社会主义国家刑法关于共同犯罪人的分类,基本上是以德国刑法典为蓝本的,例如1919年《苏俄刑法指导原则》将共同犯罪人分为三类:一是实行犯,二是教唆犯,三是帮助犯。1926年苏俄刑法典仍对共同犯罪人实行三分法。但1958年《苏联和各加盟共和国刑事立法纲要》增加了组织犯,这就形成了共同犯罪人分类的四分法,即实行犯、组织犯、教唆犯和帮助犯。1960年苏俄刑法典和其他各加盟共和国刑法典,都接受了这种分类。现行俄罗斯联邦刑法典第33条第1款规定,俄罗斯刑法中的共同犯罪人除实行犯外,还有组织犯、教唆犯和帮助犯。

(二) 作用分类法

以犯罪分子在共同犯罪中的作用为标准对共同犯罪人分类的立法例。中国古代刑法向来把共同犯罪人分为首犯与从犯两类。这种以犯罪分子在共同犯罪中的作用为标准对共同犯罪人的分类法发轫于《唐律》。《唐律》确立了首犯与从犯的二分法以后,明、清各代的律例相沿不改。

分工分类法,是从直观的共同犯罪人的分工作为分类标准的。就此而言,分工分类法似乎是一种形式分类法,然而,这种分类法却涉及一个实质问题——这就是共同犯罪的定罪问题。刑法分则规定的是犯罪的实行行为,实施这种行为的人是正犯,对正犯可以直接按刑法分则处罚。而教唆行为与帮助行为刑法分则没有规定,由刑法总则加以规定,使犯罪构成得以补充而具备。分工分类法重点是解决共犯的定罪问题,但在同时也解决了共犯的量刑问题。例如,1871年德国刑法典规定教唆犯之刑依被教唆的人之刑而决定。1908年日本刑法规定教唆犯按照关于正犯的规定处断。这就是说,教唆犯之刑参照正犯决定,而正犯之刑在刑法分则都有明文规定。这样教唆犯的量刑问题也就解决了。又如,1871年德国刑法典规定从犯采得减主义。这样就解决了从犯的量刑问题。一般说来,分工分类法对从犯的定罪量刑问题的解决是比较圆满的,但对正犯的量刑问题解决则不够圆满。因为在共同实行的情况下,正犯在共同犯罪中的作用是有所不同的。教唆犯在共同犯罪中的作用也存在这种差别,而刑法总则关于共同犯罪的规定却未能加以区别,这是一大缺陷。当然,1960年苏俄刑法典规定:法院在处刑时,应当考虑每一个共犯参加犯罪的程度和性质。这些规定都有助于解决共同犯罪的量刑问题。当然,由于分工分类法的特点所决定,它不可能十分圆满地解决共同犯罪的量刑问题。

作用分类法,虽然圆满地解决了共同正犯的量刑问题,但它是在把教唆犯与帮助犯排斥于共同犯罪的范畴之外的基础上确立的,这就使它带有不可避免的狭隘性。正因为如此,作用分类法在当代世界上通行的共同犯罪的概念即共同犯罪人不仅指正犯而且包括共犯的基础上,不可能单独地成为共同犯罪人的分类法。例如,将主犯定义为在共同犯罪中起主要作用的犯罪分子,将从犯定义为在共同犯罪中起次要作用的犯罪分子。这里的主犯与从犯只能是存在于共同正犯中的主犯与从犯。因为这里的犯罪是以刑法分则的规定为前提的,而刑法分则只有对正犯的规定。因而,作用分类的局限性是显而易见的。

以上我们对分工分类法与作用分类法的优劣分别作了考察。在此基础上,对两种分类法作一比较可以看出:分工分类法虽然对共同犯罪的量刑问题的解决不够圆满,但这种缺陷可以通过其他方法,例如规定处罚共同犯罪的一般原则等得到一定程度的弥补,因此不失为一种较为科学的共同犯罪人分类法。如果不是这样认识,就难以理解世界上绝大多数国家采分工分类法的原因之所在。作用分类法较为理想地解决了共同犯罪的量刑问题,但这只限于共同正犯的量刑,这就使这种分类法具有明显的局限性。

我国刑法对共同犯罪人的分类,是以惩办与宽大相结合的政策为根据的。这一政策的核心思想是对犯罪分子要区别对待。在这一政策的指导下,我国刑法对共同犯罪人的分类,就不能不把重点放在区别共同犯罪人的社会危害性大小上。这样,刑法确立以作用分类为主、以分工分类为辅的共同犯罪人的分类法也就理所当然。因此,我国刑法对共同犯罪人的分类法虽然在一定程度上受历史传统的影响,但主要还是受惩办与宽大相结合的政策的制约。

二、主犯

(一) 主犯的概念

我国《刑法》第 26 条第 1 款规定：组织、领导犯罪集团进行犯罪活动的或者在共同犯罪中起主要作用的,是主犯。这就是我国刑法关于主犯的法定概念。根据这一规定,我国刑法中的主犯包括以下三种人：

1. 集团犯罪中的主犯

集团犯罪中的主犯是指在集团犯罪中起组织、策划、指挥作用的犯罪分子,也就是组织犯。组织犯的犯罪活动包括建立犯罪集团、领导犯罪集团、制定犯罪活动计划、组织实施犯罪计划、策划于幕后、指挥于现场等。这些活动说明组织犯在共同犯罪中起主要作用,因而定主犯。

2. 其他共同犯罪中的主犯

在共同犯罪中,除犯罪集团的主犯以外,其他在共同犯罪中起主要作用的犯罪分子也是主犯。所谓其他在共同犯罪中起主要作用的犯罪分子包括聚众犯罪中的主犯和起主要作用的正犯。聚众犯罪中的主犯是指在聚众犯罪中起组织、策划、指挥作用的犯罪分子。这些犯罪人在聚众犯罪中起主要作用,因而是主犯。起主要作用的正犯既可能存在于集团犯罪中,也可能存在于聚众犯罪中,但大都存在于一般共同犯罪之中。在犯罪集团和聚众犯罪中,这些人虽然不是首要分子,但却是犯罪的积极参加者,或者是主要实施者,在共同犯罪中起主要作用。

由于我国《刑法》分别在第 26 条与第 97 条两个条文中规定了主犯与首要分子,而两者的联系又极为密切。因此,如何理解主犯与首要分子的关系就成为一个重要问题。我们认为,聚众犯罪可以分为两种：第一种是属于共同犯罪的聚众犯罪,第二种是不属于共同犯罪的聚众犯罪。需要说明的是,第二种观点仅从字面上理解聚众是不对的。而且,即使从字面上来说,聚众的含义也不止一种,而是两种。第一种含义是聚集三人以上进行共同犯罪,例如聚众劫狱,在这种情况下,根据刑法的规定,参与者都构成犯罪,这种聚众犯罪中的首要分子当然是主犯。第二种含义是聚集三人以上进行犯罪,例如聚众扰乱社会秩序,在这种情况下,根据刑法的规定,参与者并非都构成犯罪,只有首要分子才构成犯罪。刑法对以上两种聚众及其首要分子的规定是有所不同的：规定第一种聚众犯罪的首要分子的意义在于对构成犯罪的人进行区别对待,惩办首恶,划分重罪与轻罪的界限,规定第二种聚众犯罪的首要分子的意义则在于缩小打击面,将绝大部分被裹胁而参与聚众的人排除在刑法惩办的范围以外。只对聚众者予以论罪,以便划分罪与非罪的界限。显然,上述两种聚众的含义是有本质区别的,不可一视同仁。忽视这一点,就不可能真正掌握主犯与首要分子的关系。

(二) 主犯的认定

如前所述,我国刑法中的主犯可以分为三种人,下面我们分别就这三种主犯的认定进行一些探讨。

1. 集团犯罪中的主犯的认定

认定集团犯罪中的主犯的前提是正确的认定犯罪集团。在此基础上,可以认定：凡是在集团犯罪中起组织、策划、指挥作用的犯罪分子,就是集团犯罪中的主犯。首先,在集团犯罪中,凡是犯罪集团的组织者,且在集团犯罪中起主要作用的,可以认定为集团的首要分子。其次,在集团犯罪中,其犯罪活动大多是事前进行阴谋策划的。犯罪的策划对于集团犯罪具有制约与支配意义。因此，犯罪活动的策划者，可以认定为集团犯罪的主犯。最后，集团犯罪活动，是有组织的犯罪，它不像一般的结伙犯罪那样自发地进行，而在主犯的指挥下实施的。因此，凡是在集团犯罪中起指挥作用，无论是幕后坐镇指挥还是亲临现场指挥，都可以认定为主犯，在司法实践中认定集团犯罪的主犯的时候必须注意，犯罪集团中的主犯是与犯罪集团的犯罪活动紧密联系在一起的。因此，认定集团犯罪的主犯必须以犯罪集团的犯罪活动为基础，而不能以形式上的某种组织以及在这种组织中的头衔为根据。

2. 其他共同犯罪中的主犯的认定

共同犯罪中的主犯，除上述集团犯罪中的主犯以外，还包括聚众犯罪中的主犯和起主要作用的正犯。聚众犯罪中的主犯应当根据在聚众犯罪中是否起组织、策划、指挥作用加以认定。起主要作用的正犯，在司法实践中，可以根据以下情况加以认定：第一，在二人以上共同实行犯罪的场合，在认定主犯的时候，要看犯意是由谁发起的。一般来说，犯意的发起者并且参与犯罪实行的，往往是共同犯罪中的主犯。第二，在参加共同犯罪的人中，每个人参与的主动程度并不是完全相同的，这往往表现在纠集与被纠集的关系上，而犯罪的纠集者一般都是共同犯罪中的主犯。第三，在多人参与的共同犯罪中，各共同犯罪人的行为往往是互相配合的，这就需要有人协调共同犯罪的行为，这种在共同犯罪中充当指挥者的角色，是共同犯罪中的主犯。第四，在有些共同犯罪中，共同犯罪人可能具有一定的职务。在这种情况下，职务的大小往往与刑事责任的大小具有某种联系。当然，也不能把职务的大小与刑事责任的轻重完全画等号，还是要看在共同犯罪中的作用。第五，在集团犯罪中，除首要分子以外，还往往存在其他主犯，即重要的实行者。这种虽然不像首要分子那样在集团犯罪中起组织、策划、指挥作用，但却是集团犯罪的积极参与者，或者是犯罪结果的主要指使者，因此也是共同犯罪的主犯。

（三）主犯的处罚

《刑法》第 26 条第 3 款规定：对组织、领导犯罪集团的首要分子，按照集团所犯的全部罪行处罚。第 4 款规定：对于第 3 款规定以外的主犯，应当按照其所参与的或者组织、指挥的全部犯罪处罚。这就是我国对于主犯按照参与或者组织、指挥的全部犯罪处罚的原则。

三、从犯

（一）从犯的概念

我国《刑法》第 27 条规定：在共同犯罪中起次要或者辅助作用的，是从犯。这就是我国刑法关于从犯的法定概念。根据我国刑法的这一规定，从犯可以分为以下两种情况：

1. 在共同犯罪中起次要作用的犯罪分子，这就是指起次要作用的正犯

所谓起次要作用的正犯是相对于起主要作用的正犯而言的，是指虽然直接参加了实施犯罪构成客观要件的行为，但衡量其所起的作用仍属于次要的犯罪分子。在共同犯罪中起次要作用，通常是指直接参加了实施犯罪行为，但在整个犯罪活动中起次要作用。比如，在犯罪集团中，听命于首要分子，参与了某些犯罪活动；或者在一般共同犯罪中，参与实施了一部分犯罪活动。一般地说，起次要作用的正犯具体罪行较轻、情节不严重，没有直接造成严重后果。

2. 在共同犯罪中起辅助作用的犯罪分子，这就是指帮助犯

所谓帮助犯是相对于正犯而言的。是指没有直接参加犯罪的实行，但为正犯的犯罪创造便利条件的犯罪分子。在共同犯罪中起辅助作用，一般是指为实施共同犯罪提供方便，创造有利条件、排除障碍等，例如，提供犯罪工具，窥探被害人行踪，指点犯罪地点和路线，提出犯罪时间和方法的建议，事前应允帮助窝藏其他共同犯罪人以及窝赃、销赃等。

我们认为，次要作用与辅助作用虽然是从不同的角度对共同犯罪中的作用的分类，但两者有

着内在的联系,也就是说,在共同犯罪中起辅助作用也就意味着在共同犯罪中起次要作用,反之则不然。由此可以得出结论,帮助犯都属于从犯。

(二) 从犯的认定

在司法实践中,除个别共同犯罪案件,各共同犯罪人在共同犯罪中的作用大致相同,应当都认为是主犯外,在大多数共同犯罪案件中,都存在主犯与从犯之别。在认定主犯的基础上,自然可以把不能归入主犯的共同犯罪人划为从犯。但这并不意味着从犯的认定不重要。实际上,主犯与从犯是相对而言的。在某些共同犯罪案件中,主犯的特征不是十分突出,从犯的特征却十分明确。在这种情况下,认定从犯,也有助于主犯的认定。因此,认定从犯对于区分共同犯罪人同样具有十分重大的意义。

1. 起次要作用的从犯的认定

在共同犯罪中起次要作用的从犯,是指起次要作用的正犯。因此,只有在参加了犯罪实行的情况下,才有起次要作用的从犯可言。在认定起次要作用的从犯的时候,要从以下几个方面考虑:首先要看在共同犯罪活动中的地位。从犯在共同犯罪活动中处于从属的地位,尤其是在集团犯罪与聚众犯罪中,从犯听命于首要分子,一般不参与犯罪活动的策划,而只是接受任务,从事某一方面的犯罪活动。其次,要看实际参加犯罪的程度,从犯在共同犯罪中不起主要作用。再次,要看具体罪行的大小,具体罪行的大小是考察共同犯罪人在共同犯罪中的作用的一个重要因素。因为共同犯罪虽然是一个整体,但各共同犯罪人具体罪行又具有相对独立性,由此可以考察共同犯罪人在共同犯罪中的作用大小。具体罪行的大小可以从主观和客观两方面加以分析:从主观上来说,对共同犯罪故意的形成起主要作用的,罪行较大,是主犯。对主犯的犯罪意图表示赞成、附和、服从,对共同犯罪的故意的形成起次要作用的,罪行较小,是从犯。从客观上来说,参与实施的犯罪行为对于共同犯罪的完成具有关键性作用,罪行较大,是主犯。否则就是罪行较小,是从犯。最后,要看对犯罪结果所起的作用。在共同犯罪中,大多数情况下都是具有物质性的犯罪结果的,虽然各共同犯罪人的行为与这种犯罪结果的发生都存在因果关系。但原因力的大小却是不同的。那些对犯罪结果所起的作用较小的人,是共同犯罪中的从犯。在认定起次要作用的从犯的时候,应当把以上四个方面综合起来考察,尤其是应当把主观与客观结合起来。因为在共同犯罪中的作用,既包括在共同犯罪故意形成中的作用,又包括在犯罪实施中的作用,那种仅仅从具体实施犯罪的客观方面分析,忽视主观方面的倾向是片面的。

2. 起辅助作用的从犯的认定

在共同犯罪中起辅助作用的从犯,是指帮助犯。在认定辅助作用的从犯的时候,要注意以下几个问题:首先,要把起辅助作用的帮助犯与实行犯加以区别。区别的关键是在看犯罪分子是否实施了刑法分则规定的犯罪构成客观方面的行为。这在一般情况下不难区分,但在某些特殊情况下,可能发生问题。例如,刑法分则把某一特定之罪的帮助行为规定为一个独立的犯罪,在这种情况下,实施该帮助行为的人不再是某一特定之罪的帮助犯,而应构成独立的犯罪。例如,在我国《刑法》中,介绍贿赂罪是指在行贿人和受贿人之间进行沟通、撮合,使行贿和受贿得以实现的行为。因此,从实质上说,介绍贿赂是一种帮助行为,它对于促成行贿和受贿起着重要作用。但鉴于介绍贿赂行为在行贿与受贿中的特殊地位,我国《刑法》第 392 条将介绍贿赂行为规定为独立的犯罪,不再以帮助犯论处。其次,要把起辅助作用的帮助犯与教唆犯加以区别。如前所述,帮助行为有物质帮助与精神帮助之分。物质帮助行为与教唆行为比较容易区分,而精神帮助行为与教唆行为则有时容易混淆。例如,甲已有犯罪意念,但并没有形成实施某一特定之罪的决意。在这种情况下,乙以言辞促使其形成犯罪决意。乙的行为是帮助行为还是教唆行为?我们认为是教唆行为,而不能视为帮助行为。当然,如果甲已有犯特定之罪的决意,但是后来又动摇了,对是否实施这一犯罪犹豫不决。在这种情况下,乙以言辞鼓励其实行犯罪,那么,乙的行为就是精神帮助而不是教唆。如果甲有犯此罪的决意,但乙以言辞促成其犯彼罪,乙的行为是教唆还是帮助?例如,甲想去抢东西,把自己的想法告诉乙,乙说抢太冒险,还不如去偷。甲听从了乙方的劝说,实施了盗窃行为。我们认为,在这种情况下,应该认为乙是盗窃罪的教唆犯,因为盗窃的犯意是在其唆使下产生的,这不属于精神帮助的范畴。

(三)从犯的处罚

我国《刑法》第27条第2款规定:对于从犯,应当从轻、减轻处罚或者免除处罚。刑法之所以如此规定,是因为从犯与主犯相比,无论是主观恶性还是客观危害,都要轻一些。因此,我国刑法规定的从犯的处罚原则是有科学根据的。

四、胁从犯

(一)胁从犯的概念

根据我国《刑法》第28条的规定,被胁迫参加犯罪的人是胁从犯。胁从犯是共同犯罪人的种类之一,因此,胁从犯只存在于共同犯罪之中,它具有共同犯罪人的共性。但胁从犯又是我国刑法中共同犯罪人的独特种类。因此,它具有不同于其他共同犯罪人的个性。在确立胁从犯的概念的时候,我们首先要揭示胁从犯的这种个性,以便把它和其他共同犯罪人正确地加以区别,那么,胁从犯具有哪些特征呢?

1. 胁从犯是被胁迫参加犯罪的

这是胁从犯不同于其他共同犯罪人的特征之一,也是构成胁从犯必须具备的前提。在共同犯罪人中,主犯与从犯,虽然在共同犯罪中的作用有所不同,但从主观上来说,都是自觉自愿地参加犯罪的,犯意虽然是由其中的某一个人发起的,但通过互相之间的通谋,犯意互相交流,从而取得了犯罪故意的一致性。至于教唆犯,他本人虽然不参与犯罪的实行,但他是犯意的发起者。因此,这些共同犯罪人在共同犯罪中都居于主动的地位,而胁从犯则有所不同,从主观上说,胁从犯不仅本来没有犯罪意图,而且在受到胁迫的时候,他也不完全愿意犯罪,或者说,他去实施犯罪在一定程度上是违反本人意愿的,仅仅为了避免对本人的不利,胁从犯的犯罪故意是别人强加于他的,是共同犯罪中主要成员的故意的延伸或派生物。因此,胁从犯在共同犯罪中居于被动的地位,其参加犯罪具有一定的不得已性。

2. 胁从犯不仅是被胁迫参加犯罪的,而且在共同犯罪中所起的作用较小

也就是说,胁从犯在共同犯罪的活动中,处于从属的地位,其所起的作用在一般情况下,比从犯还要小,在个别情况下,也可能等于从犯。必须指出,我们说胁从犯所起的作用比较小,这是从他的行为的社会危害性程度上来说的。至于从分工上来看,胁从犯的共同犯罪行为既可能是实行行为,也可能是帮助行为。

犯罪分子虽然是被胁迫参加犯罪,但是在共同犯罪中却起主要作用的,例如,甲持枪威胁乙,要乙将一座铁路大桥炸毁,乙为保住自己的性命,不顾大桥上一辆列车正在行驶,将大桥炸毁,造成火车颠覆的,对乙能否以胁从犯论处呢?我们认为,虽然被胁迫参加犯罪,但是在共同犯罪中起主要作用的,不能以胁从犯论处。因为,我国刑法对共同犯罪的人的分类是以犯罪分子在共同犯罪中的作用为主要标准的,主犯、从犯、胁从犯,其在共同犯罪中的作用呈现出一种递减的趋势。胁从犯之所以应当减轻或者免除处罚,不仅仅在于他是被胁迫参加犯罪的,更重要的是他在共同犯罪中的作用比较小。唯有如此,才能把他纳入作用分类。如果胁从犯在共同犯罪中的作用不是较小,而是较大,甚至等同于主犯,对这样的人仍予以减轻或者免除处罚,显然有悖于我国刑法关于共同犯罪人的分类的立法精神。

那么,胁从犯之所谓被胁迫应当如何理解呢?我们认为,这里的胁迫是指由于各种原因而在精神上受到一定程度的威逼或者强制。在这种情况下,行为人没有完全丧失意志自由,因此仍应对其犯罪行为承担刑事责任。例如,某甲要抢劫枪支弹药库,用刀逼问看守某乙,某乙在逼迫下说出了枪支弹药存放地点,并用钥匙打开枪支弹药库,使某甲的犯罪行为得以完成。在本案中,某乙就是被胁迫参加犯罪的胁从犯。这种胁从犯是受共同犯罪中的主犯的威逼、恐吓而被迫参加犯罪活动的,主观上并非完全出于自愿。但在别人的胁迫下,他们又参加了犯罪活动,并且其行为与犯罪结果之间存在因果关系,这就使他们的行为与主犯发生了一定的联系,成为共同犯罪的参与者之一。上述情况决定了被胁迫参加犯罪的人作为共同犯罪人的独特地位,这也正是我国刑法将胁从犯单列一类的原因。

(二) 胁从犯的认定

在司法实践中,如何正确认定胁从犯是一个十分重要的问题。如果在这个问题上发生了错误,要么将其他共同犯罪人认定为胁从犯,从而放纵了犯罪分子;要么将无罪的人认定为胁从犯,因而导致刑及无辜。为此,有必要对胁从犯的认定问题加以认真研究。在认定胁从犯的时候,要把它和由于不能抗拒的原因所引起的不可抗力加以区别。根据我国《刑法》第16条的规定,行为在客观上虽然造成了损害结果,但是不是出于故意或者过失,而是由于不能抗拒的原因所引起的,不认为是犯罪。如果行为人在身体上安全受强制,丧失了意志自由,那么,尽管由此而造成了客观损害,但因主观上没有罪过,行为人不应承担刑事责任。例如,犯罪分子将铁路上的扳道员捆绑起来,火车到时,扳道员因身体受到强制不能正常地履行本人的职责。以致发生了车毁人亡的重大事故,该扳道员是无罪的,不能认定为胁从犯。在这种情况下,车毁人亡的事故的发生,对于扳道员来说属于不可抗力,因此不负刑事责任。

(三) 胁从犯的处罚

我国《刑法》第28条规定,对胁从犯应当按照他的犯罪情节,减轻或者免除处罚。那么,如何对胁从犯进行处罚呢?我们认为,被胁迫的程度与其意志自由的程度是成反比例的,当然,也与其行为的社会危害程度成反比例。被胁迫程度轻,说明他参加犯罪的自觉自愿程度大一些;相反地,其行为的社会危害性程度也要严重一些。反之,被胁迫的程度重,说明他参加犯罪的自觉自愿程度小一些;相应地,其行为的社会危害性程度也要小一些。那么,被胁迫的程度又是由什么决定的呢?我们认为是由胁迫的手段决定的。胁迫手段,可以分为三类:第一类是重度胁迫,指以杀害相威胁,这里的杀害对象既可以是被胁迫者本人,也可以是被胁迫者亲属。在这种情况下,被胁迫者如果不参与犯罪,就会当场被杀死,有时胁迫者甚至先杀死一个人,以此来胁迫其他人参与犯罪。这种胁迫程度比较严重,如果被胁迫者专心地屈从于胁迫者的淫威而实施了犯罪,可宽恕性大,一般可以免除处罚。在英美刑法中,以死亡为威胁,构成胁迫,则胁迫是重要辩护理由。在我国刑法中,因被杀害的胁迫而参加犯罪虽然不能阻却刑事责任,但在通常的情况下予以免除处罚是合适的。第二类是中度胁迫,指以伤害相威胁,包括以重伤与轻伤相威胁,在这种情况下,应结合其在共同犯罪中的作用,以确定对其是减轻处罚还是免除处罚。第三类是轻度胁迫,指以损害财产或揭发隐私等相威胁,在这种情况下,被胁迫人参加了犯罪,在共同犯罪中作用较小,仍然可以构成胁从犯,但一般来说,不宜免除处罚,而应该减轻处罚。

五、教唆犯

(一) 教唆犯的概念

根据我国《刑法》第29条的规定,教唆他人犯罪的,是教唆犯。教唆犯是我国刑法关于共同犯罪人分类中较为特殊的一种类型。我国刑法对共同犯罪人的分类基本上是以犯罪分子在共同犯罪中的作用为标准的。但教唆犯却是以犯罪分子在共同犯罪中的分工为标准对共同犯罪人进行分类的结果。这主要是因为教唆犯的定罪量刑,具有一些不同于其他共同犯罪人的特点。

教唆犯罪是一种特殊的犯罪形式。在共同犯罪中,教唆犯处于一种十分独特的犯罪地位。对于教唆犯的特征的认识,有助于揭示教唆犯的社会危害性。那么,教唆犯有哪些特征呢?我们认为,教唆犯具有下列两个基本特征:

1. 教唆犯是犯意的制造者

犯意的产生,在大多数情况下,都是犯罪分子的反社会意识的量的积累导致质变的结果,有其直接的内在必然性。但在少数情况下,一个人尽管可能存在犯罪的思想基础——反社会意识,但反社会意识的量还没有积累到发生质变,外化为犯罪行为的程度,也就是说,犯罪的思想基础还没有直接转化为犯罪的动因,但在他人的教唆下,却走上了犯罪的道路。因此,教唆就成为一个人的反社会性意识迅速膨胀的催化剂。教唆犯就是这种以对他人灌输犯罪意图、制造犯意为己任的共同犯罪人。教唆犯之于社会,犹如病菌的携带者,向他人,尤其是那些意志薄弱者传播犯罪毒素,使社会受到犯罪的感染。因此,在某种意义上可以说,教唆犯是犯罪之病源。明确教唆犯的这一特征,使我们更加深刻地认识到教唆犯在共同犯罪中的恶劣作用及其所处的独特地位。

2. 教唆犯通过他人实现其犯罪意图

教唆犯制造犯罪意图激发起他人的犯罪决意,其目的是为了假他人之手实现本人的犯罪意图。因此,教唆犯本人并不亲自实行刑法分则所规定的具体犯罪行为,而只是唆使他人去实行,这就决定了教唆犯在共同犯罪中扮演的是幕后策划者的角色。

教唆犯的上述两个特征是同时并存的,这两个特征的互相结合,才能揭示教唆犯在共同犯罪中的独特地位,并把教唆犯与其他共同犯罪人加以区别。教唆犯是犯意的制造者这一特征,使教唆犯与帮助犯得以区别。帮助犯虽然也不直接参加犯罪的实行,在共同犯罪中只是起辅助作用,但帮助犯却不是犯意的制造者,他是在实行犯已经产生了犯意的基础上,予以物质的或者精神的支持,即使是精神支持,也只限于为实行犯撑腰打气,巩固与坚定其已经产生的犯意,加速其犯意外化为犯罪行为而已。这与将犯意灌输给没有犯罪意图的人,从而使他人产生犯意进而实行犯罪的教唆犯显然是有所不同的。教唆犯本人不直接实行犯罪这一特征,则使教唆犯与实行犯,尤其是共同实行犯中的造意犯加以区别。共同实行犯中的造意犯是指首先倡议继而与他人共同实行犯罪的人。这种人也是犯意的制造者,其他实行犯就是在他的唆使下产生犯罪意图的,从这个意义上来说,他与教唆犯是有相同之处的,但他在制造他人犯意以后还与他人共同实行犯罪,这是他与教唆犯的相异之处。总之,教唆犯的上述两个特征是教唆犯的质的规定性之所在。据此可以把教唆犯和其他共同犯罪人加以区别。

(二) 教唆犯的认定

在司法实践中认定教唆犯的时候,关键是要把教唆犯与传授犯罪方法罪加以区别。根据《刑法》第295条的规定,传授犯罪方法罪是指故意地用言辞、文字、动作或者其他方法向他人传授犯罪的技术、步骤、方法的行为。传授犯罪方法罪是一种严重的犯罪行为。它不仅制造犯罪意图,而且将犯罪方法传授给他人。他人在掌握了犯罪方法以后,更加坚定了犯罪决意,使犯罪容易完成,并以更狡猾、更凶残的手段逃避刑事追究,因而具有严重的社会危害性。在以前,这种传授犯罪方法的行为只是作为共同犯罪中的教唆行为或者帮助行为予以处罚。现在,我国刑法规定了传授犯罪方法罪,并对其分别情节轻重,规定了法定刑。这就使这种原来依附于其他犯罪的实行行为而存在的教唆行为或者帮助行为,变成独立的犯罪实行行为。从而使人们更加清楚地认识这种犯罪的社会危害性,并在法律上更加有效地与之作斗争。传授犯罪方法罪,有一部分是从教唆犯中独立出去的。因此,两者具有许多相似之处,并且在实际的犯罪过程中两者还会发生交叉。所以,在规定传授犯罪方法罪以后,如何区别教唆犯与传授犯罪方法罪,就成为一个重要问题。我们认为,在我国刑法没有规定传授犯罪方法罪以前,一部分传授犯罪方法行为属于教唆行为。但既然立法上已经将传授犯罪方法行为规定为独立的犯罪,那么,传授犯罪方法行为就成为独立于教唆行为的犯罪实行行为,两者之间存在竞合的关系。例如,以传授犯罪方法行为教唆他人犯罪,或者教唆他人犯罪以后又传授犯罪方法等等。因此,在这种情况下,要解决教唆犯与传授犯罪方法罪的竞合问题。

在以传授犯罪方法的方式教唆他人犯罪的情况下,其犯罪性质应如何确定?在以传授犯罪方法的方式教唆他人犯罪的情况下,虽然也只有一个行为,但并非由于法条的错综规定而引起的竞合,而是由于一个行为触犯了两个法条的罪名。因此属于想象竞合犯。根据想象竞合犯的处理原则,在竞合的两个罪名中,应以重罪名论处。因此,对于教唆犯与传授犯罪方法罪的想象竞合,应以传授犯罪方法罪论处为妥。

在教唆他人犯罪后又传授犯罪方法的情况下,其犯罪性质应如何确定。我们认为,在这种情况下,应以吸收犯论处。在谁吸收谁的问题上,不能一概而论,而应按高度行为吸收低度行为的原则。凡是传授犯罪方法行为重于教唆行为的,就应以传授犯罪方法罪论处;凡是教唆行为重于传授犯罪方法行为的,就应以教唆犯论处。

(三) 教唆犯的处罚

根据我国《刑法》第29条第1款的规定:教唆他人犯罪的,应按照他在共同犯罪中所起的作用处罚,这是我国刑法中的教唆犯的量刑的一般原则。

那么,什么是教唆犯在共同犯罪中的作用呢?我们认为,对于这个问题的理解应以我国刑法中的量刑的一般原则为根据。在分析教唆犯在共同犯罪中的作用,对教唆犯决定刑罚的时候,应当从教唆犯的事实、性质、情节和对于社会的危害程度入手。

教唆犯在共同犯罪中的作用是与其他共同犯罪人相比较而言的,在通常情况下,是与被教唆的人即实行犯的作用相对而言的。因此,我们不能脱离其他共同犯罪人,而对教唆犯的作用进行孤立的考察,在某些情况下,教唆犯与被教唆的人在共同犯罪中的作用不相上下的,可以都以主犯论处,处以大致相同的刑罚。

我国《刑法》第29条第1款还规定:教唆不满18周岁的人犯罪的,应当从重处罚。这是刑法对教唆犯的从重处罚的规定,因此,在对教唆犯量刑时应予以足够的重视。

那么,如何理解对教唆不满18周岁的人犯罪的从重处罚呢?我们认为,在对教唆犯处罚的时候,首先要根据教唆犯在共同犯罪中的作用,区分为主犯或从犯。在此基础上,再看被教唆的人是否满18周岁。如果被教唆的人是不满18周岁的,且教唆犯在共同犯罪中起主要作用,这就发生了两个从重处罚的竞合问题。如果被教唆的人不满18周岁,但教唆在共同犯罪中仅起次要作用,就应先考虑对教唆犯是从轻还是减轻,在此基础上考虑其从重情况,予以适应的处罚。

本 章 小 结

共同犯罪是故意犯罪的一种特殊形态。以正犯与共犯的关系为线索,可以深刻地认识共同犯罪这种刑法制度的内在结构。在共同犯罪定罪的时候,应当注意把握共同犯罪行为与共同犯罪故意,并以正犯、组织犯、教唆犯与帮助犯为线索具体地解决各种共同犯罪人的定罪问题。我国刑法对共同犯罪人的分类以作用分类法为主、分工分类法为辅,旨在解决共同犯罪的量刑问题。把握我国刑法对共同犯罪人的分类，分别对主犯、从犯、胁从犯和教唆犯的认定与处罚进行研究。

参考阅读书目

1. 吴振兴：《论教唆犯》，吉林人民出版社 1986 年版。
2. 李光灿、马克昌、罗平：《论共同犯罪》，中国政法大学出版社 1987 年版。
3. 陈兴良：《共同犯罪论》，中国社会科学出版社 1992 年版。

【思考题】

1. 正犯与共犯是何关系？
2. 共同犯罪人的分类方法有哪些？
3. 教唆犯的构成条件及处罚原则是什么？
4. 帮助犯的构成条件及处罚原则是什么？

第八章　单 位 犯 罪

本 章 要 点

单位犯罪，在刑法理论上一般称为法人犯罪，是一种为单位利益或者以单位名义而实施的特殊犯罪形态，具有不同于个人犯罪的特征。我国刑法对单位犯罪的定罪与处罚原则作了规定，从而为司法机关惩治单位犯罪提供了法律根据。本章结合我国刑法规定论述了单位犯罪的概念和构成条件以及处罚原则。

第一节　单位犯罪概述

一、单位犯罪的概念

单位犯罪是指公司、企业、事业单位、机关、团体为单位谋取非法利益或者以单位名义，经单位集体研究决定或者由负责人员决定，故意或者过失实施的犯罪。

单位犯罪是个人犯罪的对称。个人犯罪，是指以自然人为主体的犯罪。而单位犯罪，是指以单位为主体的犯罪。我国1979年《刑法》没有涉及单位犯罪问题，因为当时在现实生活中还不存在单位犯罪这种社会现象，在以往的计划经济体制下，单位尤其是企业、事业单位没有完全的权利能力和行为能力，缺乏应有的独立性，只不过是行政权的附庸。正是由于这种单位与国家在职能与利益上的绝对同一性，因而单位只是贯彻国家意志的工具，不存在单位犯罪的可能性。

随着经济体制改革的推进，实行市场经济，国家开始简政放权，赋予企业、事业单位更大的自主权，并使其成为自负盈亏的经济实体，直接面对市场，企业、事业单位，甚至国家机关以及有关团体摆脱了以往完全吃大锅饭的状况，实行财政包干。除基本经费由国家下拨以外，往往还需要自筹资金。尤其是本单位工作人员福利待遇的改善，在很大程度上依赖单位的创收。在这种情况下，有些企业、事业单位、机关、团体为追求自身的特殊利益而进行违法犯罪活动。因此，法人犯罪的现象之所以存在，究其实质即在于现阶段社会生活中局部利益之间的冲突，正日益超出原有的个人利益与社会利益直接冲突的模式，而更多地代之以特定团体与社会整体的利益矛盾。在这个意义上说，单位犯罪的大量出现是我国社会利益调整的必然产物。例如，进入20世纪80年代以后，走私犯罪活动法人化，形成了我国走私活动最突出的特点。所谓走私犯罪活动法人化，是指全民所有制、集体所有制（包括设在境外的中资机构等）的单位走私犯罪活动日益严重。在这种情况下，1987年颁布的《海关法》首次将单位规定为走私罪的主体。《海关法》第47条第4款规定：企业事业单位、国家机关、社会团体犯走私罪的，由司法机关对其主管人员和直接责任人员依法追究刑事责任；对该单位判处罚金等，判处没收走私货物、物品、走私运输工具和违法所得。这一规定虽然很快就被1988年《关于惩治走私罪的补充规定》所取代，但由于它开启了我国单位犯罪立法之先河，因而具有重要意义。此后，随着单位犯罪的蔓延，我国刑事立法中规定的单位犯罪的罪名也急剧增加。根据我国学者的保守统计，在刑法修改之前，单行刑法规定的单位

犯罪的罪名已达到49个之多，几乎占到全部罪名的1/5。因此，在刑法修改中，增加关于单位犯罪的总则规定已是势所必然。我国1997年《刑法》第30条规定："公司、企业、事业单位、机关、团体实施的危害社会的行为，法律规定为单位犯罪的，应当负刑事责任。"这一规定虽然不是单位犯罪的概念，但它确立了单位犯罪的定罪原则。由此，在相当短的时间内，我国刑法完成了从个人一元主体到个人与法人二元主体的刑法嬗变，使我国刑法成为个人与法人刑事责任一体化的刑法。

我国刑法确立了单位犯罪定罪的法定原则，即只有法律规定为单位犯罪的才负刑事责任。我国刑法分则中，对于哪些犯罪可以由单位构成都作了明文规定，对此可以依法予以认定。这里存在一个值得研究的问题，某些犯罪刑法并未规定为单位犯罪，但在现实生活中却存在着因为谋取非法利益，经单位决策机构集体研究或由负责人员决定实施这些犯罪的现象，例如单位实施贷款诈骗罪、盗窃罪等。在这种情况下，由于刑法未规定单位可以构成这些犯罪，当然不能追究单位的刑事责任，但是否可以追究单位中直接负责的主管人员和其他直接责任人员的刑事责任呢？对此，我国刑法理论上存在否定说与肯定说之争。否定说认为，单位中直接负责的主管人员和其他直接责任人员的刑事责任是以单位构成犯罪为前提的。既然单位不构成犯罪，上述人员也不能追究刑事责任。肯定说则认为，在刑法没有规定单位构成犯罪的情况下，对单位不能追究刑事责任，但这并不妨害对单位中直接负责的主管人员和其他直接责任人员以个人犯罪追究刑事责任。

对于上述两种观点，我们主张否定说，这里主要涉及单位与单位中的直接负责的主管人员与其他直接责任人员之间的关系。我们认为，单位犯罪的主体只能是单位，单位中的直接负责的主管人员和其他直接责任人员对于单位的刑事责任具有某种依附性。在单位不构成犯罪的情况下，对单位中直接负责的主管人员和其他直接责任人员以个人犯罪论处，缺乏法理根据。对此，2001年1月21日《全国法院审理金融犯罪案件工作座谈会纪要》作出规定，根据《刑法》第30条和第193条的规定，单位不构成贷款诈骗罪。对于单位实施的贷款诈骗行为，不能以贷款诈骗罪定罪处罚，也不能以贷款诈骗罪追究直接负责的主管人员和其他直接责任人员的刑事责任。但是，在司法实践中，对于单位十分明显地以非法占有为目的，利用签订、履行借款合同诈骗银行或者其他金融机构贷款，符合《刑法》第224条规定的合同诈骗罪构成要件的，应当以合同诈骗罪定罪处罚。这一规定对于解决上述问题具有一定的参照价值。当然，2002年7月8日最高人民检察院《关于单位有关人员组织实施盗窃行为如何适用法律问题的批复》，明确规定，单位有关人员为谋取单位利益组织实施盗窃行为，情节严重的，应当依照《刑法》第264条的规定以盗窃罪追究直接责任人员的刑事责任。这一规定与最高人民法院的规定之间存在一定矛盾。从法理上来说，我们赞同最高人民法院的规定。对此，通过立法机关作出规定是一种较为妥当的办法。

二、单位犯罪的性质

法人不能成为犯罪主体，本来是刑法学中的定论。"社团不能犯罪"乃是古罗马法所奉行的一个原则。罗马法对于法人的本质采拟制说，将法人比拟为自然人，从而获得了自然人的某些法律上的能力。在罗马法中，法人有权利能力而无行为能力。法人的权利能力是指在完成其目的事业的范围内具有享受权利，负担义务的能力。由于法人无行为能力，因而必然得出结论：法人不能犯罪。这种法人拟制说，体现出罗马法中自然人本位的观念，实际上并没有从法律上真正承认法人的独立地位。当然，我们也应当客观地看到，法人拟制说毕竟赋予法人以权利能力，从而为法人参与社会经济活动提供了法律根据，这也为此后的法人的发展奠定了基础。在相当长的时间里，法人拟制说成为一种禁锢，为法人犯罪化设置了理论上的障碍。

随着近代资本主义的发展,个人主义社会向法人社会演变。在法人社会,法人团体取代个人日益成为社会的基础。在这种情况下,团体主义的法律思想开始流行,法人作为个人之间的联合体,成为联结个人与国家的中介。在经济生活甚至社会生活中,国家面临的不再仅仅是以个体为单位的自然人,而是大量的法人。随着法人社会的到来,法人拟制说所确认的法人性质不能适应社会需要,因而法人拟制说衰落,法人实在说崛起。依据法人实在说,法人与个人一样,属于现实的社会实体,法人机构及其代表人以法人名义实施的行为应视同法人的直接行为。这样,法人不仅具有权利能力,而且具有行为能力,由此直接引导出法人可以成为犯罪主体的结论。法人实在说为追究法人的刑事责任提供了理论根据,因而被刑法理论广泛认同,其中日本学者板仓宏的企业组织体责任说,进一步将法人与法人成员加以区分,确定了追究法人组织刑事责任的根据。板仓宏认为,法人是超越于各个法人成员而实际存在于社会的企业组织体。它不仅具有通过法人机关形成的组织体意思,而且组织体任何成员的行为,只要有业务相关性,只要是作为组织体活动的一环来进行的,都应当是企业组织体的行为即法人行为。因此,不应当把它们视为分散的个人行为,更不应把它们与组织体的行为加以割裂,而应当把它们整体性地作为法人统一体的行为来把握。这样才能清楚地看到法人的责任。法人自身是承受刑事责任非难的主体,是刑法上可罚的违法行为的主体,只有如此确立法人的犯罪能力和法人犯罪的主体性,才有实际意义[①]。随着理论的发展,法人犯罪逐渐立法化。在英美法系国家通过判例和对制定法的解释,确认了法人犯罪的处罚原则。在大陆法系国家则开始在附属刑法中设置了法人犯罪的处罚规定。1994 年生效的《法国刑法典》在总则中明确规定了法人犯罪,使之成为世界上第一部以个人与法人作为双重刑事责任主体的刑法典。

在刑法中确立法人犯罪的情况下,对于法人犯罪的性质仍然是刑法理论上值得研究的问题。关于这个问题,在刑法理论上存在以下各种学说:① 同一理论,认为法人刑事责任的基础,是一定自然人的行为,实际上就是法人的行为。法人刑事责任的范围,限制在那些法人代表人范围内,包括法人的董事会和高级职员。这些人的行为就是法人的行为,这些人为法人而实施犯罪,法人的刑事责任的法律后果也就理所当然地要落到法人头上。因此,同一理论强调,只有那些法人代表人的行为才能为法人带来刑事责任。② 归罪理论,这一理论的实质是替代责任,其渊源是 17 世纪产生的"仆人过错,主人负责"这一民事侵权行为的原则。归罪原则引入刑法领域,最初只是在严格责任犯罪的场合才准许把行为归属于法人,后来才允许将雇员的特定犯意归属于法人。③ 许可和容认理论,认为法人对犯罪行为的反应是法人承担刑事责任的基础。这种反应分为认可与容许两种方式:认可,通常是指对代理人的行为的事后同意。容许,则是指明知雇员的活动性质类型并默许其继续进行,但并未明确同意。这种理论认为,法人最高管理机构对雇员的犯罪行为作出这种许可或者容许表示,就应当对这一犯罪行为承担刑事责任。④ 证实理论,认为被视为体现某一机构的人格的某些职务较高人员的意志和行为,就是法人的意志和行为。因此,法人的刑事责任不是替代责任,即不是代替承担由它的成员行为所引起的责任,而是把法人视为直接违反了法定义务,亲自实施了犯罪,某人实施的特定行为是视为法人的行为,还是应视为法人成员的个人行为,这要在法庭审理中根据证据加以认定。上述这些学说都对法人犯罪的性质及其刑事责任根据作了论证。

我们认为,在论及法人犯罪性质的时候,首先应当明确法人犯罪与个人犯罪的区分。个人犯罪由于犯罪主体是自然人,而自然人具有刑事责任能力,因而应对本人所实施的犯罪行为承担刑事责任。但法人不同于个人,法人是一个组织体,它通过法人组织中的自然人实施某种行为。这

① 参见何秉松主编:《法人犯罪与刑事责任》,中国法制出版社 2000 年版,第 94—95 页。

种行为虽然是由自然人实施的,之所以能够视为法人行为,主要是因为它符合法人意志,因而这种行为的法律后果也应当由法人承担。我们认为,法人犯罪具有双重机制:表层是法人代表人的犯罪行为,当这一犯罪行为是由法人作出的决策或者获得法人认可时,就触及了深层的法人的犯罪行为。正是在这个意义上,法人代表人的行为具有双层属性:既作为个人犯罪的行为,又作为法人犯罪的行为。

三、单位犯罪的类型

我国刑法分则对单位犯罪作了具体规定,根据我国刑法的规定,单位犯罪可以分为以下两种类型:

(一) 纯正的单位犯罪

纯正的单位犯罪是指只能由单位构成而不能由个人构成的犯罪。例如,我国《刑法》第 327 条规定,违反文物保护法规定,国有博物馆、图书馆等单位将国家保护的文物藏品出售或者私自送给非国有单位或者个人的,对单位判处罚金,并对其直接负责的主管人员和其他直接责任人员,处 3 年以下有期徒刑或者拘役。这是关于非法出售、私赠文物藏品罪的规定,这一犯罪只能由特定的单位构成而不能由个人构成。除此以外,还有单位受贿罪与单位行贿罪,这些犯罪从罪名上就可以看出是纯正的单位犯罪。受贿罪与行贿罪无论个人还是单位都可以构成,但我国刑法考虑到单位受贿与单位行贿的特殊性,设置为独立的罪名,从而成为纯正的单位犯罪。在纯正的单位犯罪中,由于立法者为其设置了独立的犯罪构成因而更加便利司法机关认定。

(二) 不纯正的单位犯罪

不纯正的单位犯罪是指既可以由单位构成又可以由个人构成的犯罪。绝大多数单位犯罪都是不纯正的单位犯罪。在不纯正的单位犯罪中,由于单位与个人共用一个犯罪构成,因而在司法认定中应当保持谨慎。

第二节　单位犯罪的定罪

单位犯罪之区别于个人犯罪,不仅仅是一个主体的问题,而且在整个犯罪构成上,都具有不同于个人犯罪的特征,因而单位犯罪是一种特殊的犯罪形态。对单位犯罪的定罪,主要应当从以下三个方面加以认定:

一、主体特征

(一) 主体的种类

单位犯罪的主体是公司、企业、事业单位、机关、团体。单位这个概念比法人更为广泛,除法人以外还包括非法人团体。虽然单位一词在以往我国社会生活中曾经被广泛使用,甚至是一个使用率极高的词语,但严格地说它不是一个法律用语。也就是说,单位一词并无确切的法律含义。根据《刑法》第 30 条之规定,单位犯罪这一概念中的单位,是指公司、企业、事业单位、机关、团体,这也就是单位犯罪的主体。

1. 公司

公司是指依法定程序设立,以营利为目的的法人组织,它包括股份有限公司和有限责任公司。有限责任公司是指全体股东以各自的出资额为限对公司债务负清偿责任的公司。股份有限公司是指由一定人数的股东发起设立的,全部资本划分为股份,股东以所购的股份承担财产责任的公司。

2. 企业

企业是指依法成立并具备一定的组织形式,以营利为目的独立从事商品生产经营活动和商业服务的经济组织。企业具有以下特征:① 从企业存在的社会性质来看,企业是独立从事商品生产经营活动和商业服务的经济组织。② 从企业生存和发展的目的来看,企业是营利性的经济组织。所谓营利性是指主体通过自己的活动追求超额利润,它是企业最重要的特征之一。③ 从企业存在的法律条件来看,企业必须依法成立且要具备一定的法律形式,这是企业的法律特征。

3. 事业单位

事业单位是指依照法律或者行政命令成立、从事各种社会公益活动的组织。事业单位可以分两种:① 国有事业单位,这种事业单位依靠国家预算从事活动,领导人有权独立处理经费,能够直接参加与自己业务和权益有关的民事活动,并享有民事权利和承担经济责任。因此,在理论上,这种国家事业单位称为国有事业法人。② 集体事业单位,这种事业单位可以分为两种:一是由劳动群众集体筹资、独立经营、自负盈亏的事业单位。二是由集体企业预算出资,能够独立处理经费,不自负盈亏的事业单位。在理论上,这种集体事业单位又称为集体事业法人。由此可见,事业单位属于法人的范畴。

4. 机关

机关作为单位犯罪的主体有广义和狭义之分。广义地理解,这里的机关包括国家行政机关、立法机关、司法机关、军队、政党等有关机关。狭义地理解,这里的机关主要是指行政机关,一般是地方国家行政机关。

5. 团体

团体,又称为社会团体,是指各种群众团体组织,例如人民团体(工会、共青团、妇联等)、社会公益团体、学术研究团体、文化艺术团体、宗教团体等。这些团体的共同特点是:① 在符合我国宪法精神的原则下,为达到一定的目的,由公民或法人自愿结合而成;② 由参加成员出资或由国家资助的办法设立财产和活动基金,这些基金属于社会团体自己所有(除依法规定的特别基金外),并以此担负其债务责任;③ 各成员参加本组织事务的管理工作;④ 均须制定章程,并经国家主管部门审核批准予以登记后才能进行活动。社会团体因为拥有自己的独立的财产,并且在完成自己任务的过程中,能够享有财产方面的权利能力,所以它们都是法人。

(二) 主体的认定

刑法虽然对单位犯罪的主体作了明确规定,但在司法实践中如何认定单位犯罪的主体仍然存在一些值得研究的问题。

1. 私营公司、企业能否成单位犯罪的主体

关于私营公司、企业能否成为单位犯罪的主体,在 1997 年刑法修订时,我国刑法学界存在两种对立的观点:一是否定说,认为在我国,个体企业、外商独资企业等,其所有制性质是一样的,都是私人所有。无论何种形式的私营企业,都不可能被视为我国单位犯罪的主体。一旦这些企业有犯罪行为,应追究企业所有者的刑事责任。主要理由在于:① 无论是个体所有制企业还是外商独资企业,企业成立的宗旨和一切企业行为的最终目的,都是为企业所有者营利。因此,企业如果实施了犯罪行为,其目的,也必然是为企业所有者牟利。这与“必须是为单位牟利”这一单位犯罪的特征是不相符合的。这同对国家、集体企业当中的个人,以单位的名义犯罪,个人捞取好处的应按自然人犯罪处理的道理是一样的。总之,私营企业代表的是个人利益,这是使其不能成为单位犯罪主体的关键原因。② 私营企业的一切行为与活动都由个人决定与支配,这与其说是企业行为,还不如说是个人行为。因此,对私有制企业的违法犯罪行为,应视为是个人通过企业实施的,仍然符合自然人犯罪的特征。③ 从我国目前的立法现状看,就同等严重程度的犯罪而

言，对单位的处罚要比对自然人的处罚轻得多。因此，假如我们对个体或其他私营企业的犯罪按单位犯罪处理，很可能就会造成这样一种结果，即：如果某个人以个人名义实施了某种犯罪，那么将要受到刑法规定的某种处罚；但是如果他以自己企业的名义实施了同样的犯罪，他所受到的处罚则要轻得多。这显然是与罪刑均衡原则不相符合的。二是肯定说，认为所有制形式不能作为单位犯罪主体的标准。个体企业、外资独资企业等私营企业，在我国刑法面前，与其他所有制形式的企业相比较，具有平等主体的资格，因而不存在不能成为单位犯罪主体的问题。主要理由在于：① 目前我国关于单位犯罪的刑事法律规定在涉及单位犯罪主体时，除个别犯罪要求特殊主体以外，所有概念都是“企业事业单位、机关、社会团体”。在这里，对于企业单位，并没有特别限定为全民所有制企业或集体所有制企业。而且到目前为止，法律还没一处明确规定过私营企业不能作为我国单位犯罪的主体。因此，法律未排除私营企业成为单位犯罪主体的可能性。单位犯罪主体不包括私营企业的观点，缺乏法律依据。② 用所有制形式作为认定犯罪主体的标准，不符合法律面前人人平等的基本原则。私营企业与全民所有制企业以及集体所有制企业在民事法律关系当中都是平等的主体，它们不因财产的多少和财产所有权的性质而在民事责任能力上有任何差异，这是我国民事法律所明确规定的。与民事法律同理，私营企业与其他所有制形式的企业在刑事法律面前也应当是平等的，它们一旦被刑法所调整的时候，不应因为所有权的性质问题而获得某些特权或受到某种歧视。③ 随着私营企业的发展，出现了由多人合股，有相当的资金规模，有自己的组织机构的比较现代化的私营企业。在这种情况下，有些私营企业已经超出了个人犯罪的范畴而成为名副其实的实体组织的犯罪。对于这种犯罪，只能按单位犯罪处理才更为客观、科学与实际。④ 在新的形势下，继续将企业作全民所有制、劳动群众集体所有制和私人所有制这种简单分类已不甚科学。因此，不能再用所有制标准作为认定单位犯罪的标准。⑤ 认为私营企业不能作为我国单位犯罪的主体，会给司法实践带来诸多不便，而且不利于打击犯罪。

不可否认，私营企业在我国有一个发展过程。1987 年刑事立法刚开始确认单位犯罪时，私营企业还比较少，私营企业犯罪的情况也比较少。因此，《海关法》规定单位可以成为走私罪的主体，但由于对直接责任人员和直接负责的主管人员处刑远低于对自然人犯罪的处刑，因此，当时法律将单位限定为全民所有制、集体所有制的企业，而不包括私营企业。并且，1988 年全国人大常委会《关于惩治走私罪的补充规定》还明确规定，企业事业单位、机关、团体走私，违法所得归私人所有的，或者以企业事业单位、机关、团体的名义进行走私，共同分取违法所得的，依照本规定对个人犯走私罪的规定处罚。此后，随着对单位犯罪中的直接责任人员和直接负责的主管人员处以与自然人犯罪相同之刑，再将私营企业排除在单位犯罪主体之外就没有意义了。因此，从单位犯罪立法演变的过程来看，私营企业逐渐纳入了单位犯罪主体的范围。1999 年 6 月 18 日最高人民法院通过了《关于审理单位犯罪案件具体应用法律有关问题的解释》，明确指出，《刑法》第 30 条规定的公司、企业、事业单位，既包括国有、集体所有的公司、企业、事业单位，也包括依法设立的合资经营、合作经营企业和具有法人资格的独资、私营等公司、企业、事业单位。根据这一规定，私营公司、企业、事业单位只要是具有法人资格的，都可以成为单位犯罪的主体。当然，最高人民法院司法解释还规定，个人为进行违法犯罪活动而设立的公司、企业、事业单位实施犯罪的，或者公司、企业、事业单位设立后，以实施犯罪为主要活动的，不以单位犯罪论处。这是一个排除性规定，由于这些公司、企业为实施犯罪而设立或者以实施犯罪为主要活动，因而对其不再以单位犯罪论处。

2. 国家机关能否成为单位犯罪的主体

在单位犯罪中，国家机关能否成为单位犯罪的主体，也是一个存在较大争议的问题。在刑法修订中，关于国家机关能否成为单位犯罪的主体，存在两种观点：肯定说认为，单位犯罪的主体应当包括国家机关。理由在于：无论从哪种意义上说，单位都包括机关，而且从目前已经审结的单位犯罪案件来看，国家机关参与犯罪的所在都有。第二种意见认为，机关不能成为单位犯罪的主体，因为国家机关代表国家对社会进行管理，经费由国家财政拨款。如果将其作为犯罪主体，无论采取何种刑罚措施，都必将影响其正常职能的发挥，影响其对社会的正常管理。

我们认为，国家机关作为单位犯罪的主体，确实是我国特有的现象。这主要是因为在以往计划经济体制下，政企不分，国家机关直接介入经济活动的情况较为普遍。在这种情况下，将国家机关作为单位犯罪的主体加以处罚，当然是有意义的。但是，随着经济体制改革的深入发展，政企逐渐分开，国家对经济活动实行宏观调控，不再直接介入经济活动。在这种情况下，国家机关实施的单位犯罪将会随之而减少，乃至于最后消亡。当然，这只是一种发展趋势。至于目前，以国家机关为主体的单位犯罪依然存在，因此在刑法中将国家机关规定为单位犯罪的主体仍是必要的。至于国家主要是靠行政经费的拨款维持其运转的，因而将国家机关纳入单位犯罪的主体，对其判处罚金，按照某些学者的说法，是将国家的钱从这个口袋掏到另一个口袋，是国家的自我惩罚。这个问题确实在一定程度上存在。因而在刑法修改中立法机关曾经考虑虽然将国家机关规定为单位犯罪的主体，但又规定对国家机关构成的单位犯罪实行单罚制，即只处罚国家机关中的直接负责的主管人员和直接责任人员而不处罚国家机关。依此，可以免除国家自我惩罚之虞。但考虑到这种规定体现了对国家机关的格外照顾，有悖于法律面前人人平等的原则。尤其是考虑到我国刑法对单位犯罪的罚金刑一般没有规定具体数额，可以根据单位的具体情况适用。因此，立法机关对国家机关构成单位犯罪以及判处罚金的问题，都作出了肯定性的规定。而且，我们注意到在刑法中规定某些单位犯罪的主体只能是公司、企业、事业单位，而将机关排除在外，这种规定有利于单位犯罪主体的更为准确的认定，也说明并非任何单位犯罪都可以由机关构成。

3. 单位的附属机构能否成为单位犯罪的主体

单位犯罪的单位，在一般情况下都是一个独立的实体。例如一个国家机关或者一个企业，因其实施了犯罪行为而构成单位犯罪。那么，单位的附属机构能否成为单位犯罪的主体呢？这里所谓单位的附属机构包括单位的分支机构和内设机构。我们认为，企业法人的分支机构是独立的单位，其成为单位犯罪的主体没有疑问。但单位的内设机构能否成为单位犯罪的主体，尚可研究。在一般情况下，单位的内设机构不是独立地进行活动，而是以单位名义进行活动，因而其行为应当视为所在单位的行为。但在当前的社会生活中，单位的内设机构也有独立对外活动的，在这种情况下，如果不将其视为单位犯罪的主体，无论是将其作为所在单位的犯罪还是个人犯罪，都有不妥之处。因此，我们主张单位的内设机构可以成为单位犯罪的主体。对此，2001年1月21日《全国法院审理金融犯罪案件工作座谈会纪要》明确规定："以单位的分支机构或者内设机构、部门的名义实施犯罪，违法所得主要归分支机构或者内设机构、部门所有的，应认定为单位犯罪。"根据这一规定，在以单位的分支机构、内设机构、部门的名义实施犯罪，但违法所得归个人所有的，则应以个人犯罪论处。

二、主观特征

关于单位犯罪的主观罪过形式，在刑法总则中没有明文规定，因此对此在刑法理论上存在争议。单位犯罪可以由故意构成，这是没有疑问的。关键在于单位犯罪是否可由过失构成，对此存在否定说。从刑法分则关于单位犯罪的具体规定来看，虽然大多数是故意的单位犯罪，但也不可否认存在少数过失的单位犯罪。

(一) 故意的单位犯罪

故意的单位犯罪是指主观罪过由故意构成的单位犯罪。单位犯罪的故意具有不同于个人犯罪故意的特征，主要表现为在单位犯罪中，这种犯罪意志是单位的整体意志。正是这种单位的犯罪意志，为故意的单位犯罪承担刑事责任提供了主观根据。

故意的单位犯罪大多数是经济犯罪，因而往往具有为本单位谋取非法利益的动机。对于这些犯罪来说，是否为本单位谋取非法利益，是单位犯罪的罪与非罪区分的标志。如果单位虽然实施了某一违法行为，但并未为本单位谋取非法利益，就不构成单位犯罪。同时，为本单位谋取非法利益还是单位犯罪与个人犯罪相区分的标志。如果单位内部人员假借单位名义实施犯罪为个人牟取私利，那就不是单位犯罪而只能是单位内部人员的个人犯罪。还有个别故意的单位犯罪，虽然不具有为单位谋取非法利益的动机，但往往也是以单位名义实施。例如《刑法》第 396 条第 1 款私分国有资产罪，刑法规定为是单位犯罪，这种犯罪不仅没有为单位谋取利益，而恰恰是损害单位利益。但这种犯罪之所以是单位犯罪，就是它是以单位名义实施的，因而刑法将其规定为单位犯罪。

（二）过失的单位犯罪

过失的单位犯罪是指主观罪过由过失构成的单位犯罪。过失行为一般来说具有个人性，个人行为往往是职务行为。在一般情况下，我国刑法规定的过失的单位犯罪都只处罚单位中的直接责任人员，而未处罚单位。例如《刑法》第 137 条规定的工程重大安全事故罪，该罪的主体是建设单位、设计单位、施工单位、工程监理单位，但刑法并未规定处罚上述单位，而只是处罚单位的直接责任人员。当然，我国刑法中规定的过失的单位犯罪，也有实行双罚制的。例如《刑法》第 231 条规定了出具证明文件重大失实罪，本罪自然人犯罪的主体是指承担资产评估、验资、验证、会计、审计、法律服务等职责的中介组织中的人员，这些中介组织中的人员出具证明文件重大失实的，单位也构成犯罪，并判处罚金。在这种情况下，单位之所以构成犯罪是因为中介组织对其人员的职务行为具有监督职责。没有履行这种职责的，应构成犯罪（监督过失）。

三、客观特征

单位犯罪在客观上必须是经单位决策机构决定或者由负责人员决定实施犯罪。单位犯罪，其犯罪行为本身是由刑法分则规定的，应根据刑法分则条文的规定予以认定。单位犯罪的特点在于：这种犯罪行为是经单位决策机构决定或者负责人员决定实施的，这是单位犯罪与个人犯罪在客观上的重要区别。由此可见，单位犯罪在客观上具有以下两种情况：

（一）经单位决策机构决定

这里的单位决策机构，是指单位有权作出决定的机构，例如公司的董事会等。董事会是股份公司必要的常设机构，它对公司整个生产经营活动和行政管理负责。在其他企业、团体和机关，决策机构决定一般是指有关行政组织的领导人员经过集体研究决定。

（二）经负责人员决定

这里的负责人员一般是指企业的法定代表人或者有关机关、团体的首长与领导，这些人有权就这些单位的事项作出决定，因而其个人决定代表单位。

第三节 单位犯罪的处罚

一、单位犯罪处罚的根据

关于单位犯罪的处罚，在刑法理论上存在单罚制与双罚制之分。单罚制，又称为代罚制或者转嫁制，是指在单位犯罪中只处罚单位中的个人或者只处罚单位本身。总之，在单位与个人之间只处罚其中之一。双罚制，又称为两罚制，指在单位犯罪中，既处罚单位又处罚单位中的个人。

应该说,单罚制与两罚制相比较,两罚制更为科学。这是因为,单位是一个具有整体性和组织性的主体,因而它应当对其意志支配下的犯罪活动承担刑事责任,而不能将这个责任推卸或转嫁给他人。因此,作为刑事责任必然后果的刑罚,也就应当加诸单位本身。同时,单位毕竟是个人的组合体,个人是单位存在的基础。因而,既然我们把单位中直接负责的主管人员和直接责任人员的行为认定为单位的整体行为,把他们的决定、决策视为单位意志的表现,并且这些人也是有权代表单位作出各种决定和决策并具体地实施犯罪行为,那么,他们就应该对由自己决定实施的单位的犯罪行为承担刑事责任,而不能将这种刑事责任全部推脱或转嫁到单位身上。因此,也就应当对单位的直接负责的主管人员和直接责任人员进行处罚。这实际上还是由个人承担单位的刑事责任,处罚的主体还是一个,即单位,只不过刑事责任的承担者有别而已。由此可见,两罚制不是对两个主体,而是对一个主体即单位的整体处罚,是同一刑事责任根据单位成员在犯罪中所处的地位和作用而作的不同分担,是对单位的犯罪行为的综合性的全面处罚。因此,对单位犯罪实行两罚制,既处罚单位又处罚单位中的直接负责的主管人员和直接责任人员,能够反映对单位犯罪的全面的刑法的否定评价,有利于遏制单位犯罪。当然,在某些情况下,犯罪虽然是以单位形式实施的,但实际上社会危害性主要反映在个人的行为上,因而没有必要对单位进行处罚,只需处罚单位中的直接负责的主管人员和直接责任人员。在这种情况下,实行只处罚个人的单罚制也是必要的。根据以上情况,《刑法》第 31 条对单位的处罚作出以下规定,单位犯罪的,对单位判处罚金,并对其直接负责的主管人员和其他直接责任人员判处刑罚。本法分则和其他法律另有规定的,依照规定。由此可见,我国刑法对单位犯罪实行以两罚制为主,以单罚制为辅的处罚原则。

二、单位犯罪处罚的原则

(一) 单位犯罪的两罚制

刑法对单位犯罪在绝大部分情况下采取两罚制。在两罚制中,对单位是判处罚金,判处罚金采取无限额罚金制,即对罚金的数额未作规定。

在两罚制中,对直接负责的主管人员和直接责任人员是判处刑罚,这里的刑罚包括自由刑与罚金,主要是自由刑。对个人判处自由刑的,又有以下两种情况:① 在绝大多数情况下,判处与个人犯罪相同刑罚。例如《刑法》第 220 条规定,单位犯本节第 213 条至第 219 条规定之罪(侵犯知识产权罪——引者注)的,对单位判处罚金,并对其直接负责的主管人员和其他直接责任人员,依照本节各该条的规定处罚。这里所谓依照本节各该条的规定处罚,就是指依照对个人犯罪的规定处罚。② 在少数情况下,判处低于个人犯罪的刑罚。例如个人犯受贿罪的,最重可以判处死刑,但根据《刑法》第 387 条规定,国家机关、国有公司、企业、事业单位、人民团体,索取、非法收受他人财物,为他人谋取利益,情节严重的,对单位判处罚金,并对其直接负责的主管人员和其他直接责任人员,处 5 年以下有期徒刑或者拘役。由此可见,在单位犯受贿罪的情况下,对直接负责的主管人员和其他直接责任人员判处的刑罚远轻于个人犯受贿罪的情况。

(二) 单位犯罪的单罚制

刑法在某些情况下规定了单位犯罪的单罚制,即只处罚自然人而不处罚单位。例如《刑法》第 396 条规定,国家机关、国有公司、企业、事业单位、人民团体,违反国家规定,以单位名义将国有资产集体私分给个人,数额较大的,对其直接负责的主管人员和其他直接责任人员,处 3 年以下有期徒刑或者拘役,并处或者单处罚金;数额巨大的,处 3 年以上 7 年以下有期徒刑,并处罚金。刑法规定的犯罪主体是国家机关、国有公司、企业、事业单位、人民团体,但只处罚直接负责的主管人员和其他直接责任人员,而不处罚单位。

三、单位犯罪处罚的适用

根据我国刑法关于单位犯罪的规定，在多数情况下，对直接负责的主管人员和其他直接责任人员都要追究刑事责任。在少数情况下，只追究直接责任人员的刑事责任。那么，如何认定单位中的直接负责的主管人员和其他直接责任人员呢？对此，2001 年 1 月 21 日《全国法院审理金融犯罪案件工作座谈会纪要》明确规定，直接负责的主管人员，是在单位实施的犯罪中起决定、批准、授意、纵容、指挥等作用的人员，一般是单位的主管负责人，包括法定代表人。其他直接责任人员，是在单位犯罪中具体实施犯罪并起较大作用的人员，既可以是单位的经营管理人员，也可以是单位的职工，包括聘任、雇佣的人员。应当注意的是，在单位犯罪中，对于受单位领导指派或奉命而参与实施了一定犯罪行为的人员，一般不宜作为直接责任人员追究刑事责任。这一规定，对于司法机关在审理单位犯罪案件中正确地认定直接负责的主管人员和其他直接责任人员具有重要指导意义。

在对单位犯罪的处罚中，还存在一个直接负责的主管人员和其他直接责任人员是否区分主犯、从犯的问题。在一个单位犯罪案件中，如果同时存在直接负责的主管人员和其他直接责任人员的，在一般情况下前者比后者的作用大，前者可以认定为主犯，后者可以认定为从犯。但直接负责的主管人员和其他直接责任人员不是当然的主犯与从犯关系。有时不同职责的人对单位犯罪负有不同的责任，如果一定要区分主犯与从犯，则显得十分勉强；而且，更为重要的是，单位犯罪毕竟是单位实施的犯罪行为，单位自身才是犯罪主体，单位内部的个人都只是刑罚承受主体，而非犯罪主体，所以单位内部的自然人之间并不存在个人犯罪中的共犯关系。针对这种情况，2000 年 9 月 28 日最高人民法院《关于审理单位犯罪案件对其直接负责的主管人员和其他直接责任人员是否区分主犯、从犯问题的批复》规定，在审理单位故意犯罪案件时，对其直接负责的主管人员和其他直接责任人员，可不区分主犯、从犯，按照其在单位犯罪中所起的作用判处刑罚。

本 章 小 结

单位犯罪是公司、企业、事业单位、机关、团体为单位谋取非法利益或者以单位名义，经单位集体研究决定或者由负责人员决定，故意或者过失实施的犯罪。对于单位犯罪，法律有规定的，应当负刑事责任。对单位犯罪的处罚，我国刑法实行以双罚制为主、以单罚制为辅的原则。

参考阅读书目

1. 娄云生：《法人犯罪》，中国政法大学出版社 1996 年版。
2. 何秉松主编：《法人犯罪与刑事责任》，中国法制出版社 2000 年第 2 版。
3. 黎宏：《单位刑事责任论》，清华大学出版社 2001 年版。

【思考题】

1. 单位犯罪有哪些特征？
2. 如何理解单位犯罪的处罚原则？

第九章 罪数形态

本章要点

本章主要介绍罪数的概念，一罪与数罪的区分标准，一罪的类型、数罪的类型，以及继续犯、接续犯、徐行犯、转化犯、惯犯、结果加重犯、结合犯、想象竞合犯、连续犯、牵连犯、吸收犯等各种犯罪形态的概念、特征及其处理。

第一节 罪数形态概述

一、罪数的概念

所谓罪数，即犯罪的个数，是指危害行为构成犯罪的单、复数。危害行为构成单数犯罪的，为一罪；危害行为构成两个以上复数犯罪的，为数罪。

在一般情况下，犯罪的单、复数情况并不难辨别。如一人在路上将自己的仇人杀死，其行为显然构成故意杀人罪这一个犯罪。而另一人在深夜先是偷了一辆停在路边的摩托车，而后又将一下夜班的妇女强奸，则显然构成盗窃罪和强奸罪两个犯罪。但是，犯罪现象极其复杂，有的一个危害行为造成数个危害后果，有的数个行为造成一个危害后果，有的在同一犯罪目的支配下实施了数个不同的危害行为，遇到诸如此类的犯罪现象，罪数的区分将变得复杂。

研究罪数形态，以正确区分一罪与数罪具有极其重要的意义。

首先，它有助于准确定罪。准确定罪，是对刑事审判工作最基本的要求。要准确定罪，固然要解决罪与非罪、此罪与彼罪、单独犯罪与共同犯罪等问题，对犯罪单复数的认定同样是不可或缺的。如果将一罪认定为数罪，或者将数罪认定为一罪，将直接影响刑事审判活动的顺利进行。

其次，它是正确适用刑罚的前提。定罪准确是量刑适当的前提，对罪数认定错误将直接影响对行为人是按一罪适用刑罚还是进行数罪并罚，从而造成量刑失当乃至畸轻畸重现象的发生。

再次，它关系到有关刑法制度的适用。一些特殊的罪数形态其犯罪时空也具有一定的特殊性，对这些罪数形态的正确理解将影响对其犯罪时间与地点的认定，从而影响刑法的空间效力、时间效力、追诉时效等刑法制度的正确适用。

最后，它还与刑事诉讼制度具有比较密切的联系。犯罪的时间、地点、罪名性质与诉讼管辖、起诉及范围均有密切联系，因此罪数认定准确与否会关系到刑事诉讼能否顺利进行。

二、罪数的区分标准

对于罪数的区分标准，刑法理论上主要存在主观说与客观说之争。主观说主张以犯意的个数作为区分一罪与数罪的标准；客观说主张以某种客观事实的个数作为区分一罪与数罪的标准。因对某种客观事实理解的不同，客观说又有行为说、结果(法益)说、因果关系说之分。此外，还有主张以法规、构成要件或广义法律要件作为罪数区分标准的观点。对于后三种观点，理论上也有将其归之于客观说范畴的做法。

我国刑法理论一般认为,孤立地以某一个要素或某一部分事实作为决定一罪与数罪的标准,都有片面性。即使是构成要件标准说,由于其仅仅是大陆法系刑法理论犯罪成立的三要件之一,仍然将犯罪的主观要件排除在外,因而也不能合理区分犯罪的个数。但是,对构成要件标准说的上述批评应该说是有失公允的。因为大陆法系的构成要件该当性并非纯客观要件,而是包含了主观要件。作为一种犯罪的定型,尽管其本身不能决定犯罪成立与否,但一旦犯罪成立,它是能决定所构成的是一罪还是数罪的问题的。当然,从主客观相统一出发,我国刑法学界所主张的将区分罪与非罪标准的犯罪构成作为区分一罪与数罪的标准,无疑更具有逻辑上的贯通性。根据犯罪构成标准说,行为人的行为具备一个犯罪构成的,为一罪;具备数个犯罪构成的,为数罪。

犯罪构成为罪数的区分提供了基本的框架,按照这一框架,可以对行为构成犯罪的个数作出事实上的判断。这种事实判断的结果多数情况下成为对罪数的最终认定结果。但是法律规定的犯罪构成具有复杂性,有些行为本来已具备数个犯罪构成法律却规定按一罪处理;同时,基于刑事政策的考虑,有的在法律上规定为数罪的,在司法适用上却作为一罪处理。所以对罪数的判断,在犯罪构成标准的基础上,还必须考虑法律的特殊规定以及刑事政策因素的影响。因此,对不典型一罪可以进一步区分为单纯一罪、法定一罪与处断一罪;而数罪则可依性质相同与否区分为同种数罪与异种数罪。

第二节 单纯一罪[①]

一、继续犯

继续犯,也称持续犯,是指犯罪行为在一定的时间内一直处于持续状态的犯罪形态。如我国《刑法》第238条规定的非法拘禁罪,必须是行为人采取一定的非法方法将他人的人身自由予以剥夺后,其犯罪行为在相当一段时间内一直处于持续状态,直到他人恢复人身自由为止。此外,我国规定的非法持有枪支罪、非法持有毒品罪等持有型犯罪也属于继续犯。

继续犯具有以下基本特征:

1. 继续犯是基于一个危害行为构成的犯罪

作为实质上的一罪,构成继续犯的危害行为只有一个。如果行为人实施的是数个危害行为,则不构成继续犯。继续犯的这一特征,使其与连续犯存在本质的区别。连续犯的行为尽管具有连续性,但系数个行为。而继续犯无论其行为持续多长时间,均不改变其一行为的事实。当然,强调继续犯只有一个危害行为,并不是说行为人所采用的具体作案手段或作案地点发生变更后就不属于继续犯了。只要行为人的危害行为持续不间断,无论具体作案手段多寡,犯罪地点如何变化,都不改变一行为的性质,不影响继续犯的成立。如行为人非法拘禁他人,既可以使用捆绑方式,也可以是用禁闭方式,还可以是多种方式并用。非法拘禁的地点,既可以是室内,也可以是野外,还可以不断变化拘禁地点,以避免被人发现。对此不能认为行为人系实施了多个行为而否定拘禁行为的持续性质。

2. 继续犯具有法益侵害的同一性

由犯罪行为的单一性所决定,继续犯的法益侵害也具有同一性。也就是说,无论犯罪行为持续时间的长短,继续犯对法益的侵害是始终不变的。如果行为所侵害的法益发生了变化,则犯罪

① 单纯一罪,是指形式上具有一定的数罪特征,但只有一个行为,根据犯罪构成标准,实质上仍属于一罪的形态。

行为也发生了变化,就不能再视为一个犯罪行为,当然也无成立继续犯的可能了。

3. 继续犯必须持续一定的时间

任何犯罪的实行和完成都离不开时间要素,但是,除以特定时间作为犯罪成立必备要件的特定犯罪外,犯罪时间对一般的犯罪并没有特殊意义。而成立继续犯,则要求必须具有犯罪行为在时间上具有持续性,这是继续犯最显著的特征之一。对于犯罪行为时间的持续性,理论上有的理解为是犯罪既遂以后时间的持续,有的理解为是在犯罪既遂前时间的持续。按照前一种观点,时间的持续不影响犯罪的成立,只影响对继续犯的量刑;按照后一种观点,是否持续一定的时间将决定犯罪成立与否。从我国刑法规定的继续犯情况看,继续犯的持续时间实际上可以区分为两个部分:一部分是作为成立犯罪所要求的持续时间;一部分是犯罪成立后的犯罪持续时间。如我国刑法理论及司法实践普遍认为,非法拘禁行为只有持续一定的时间才以犯罪论处,有关司法解释也规定,国家机关工作人员涉嫌利用职权非法拘禁,如果不具有侮辱、殴打、致人伤残等严重情节的,需要持续时间超过 24 小时才予以立案。也就是说,一些持续时间较短的非法拘禁案件一般并不以犯罪论处。至于犯罪成立所要求的具体持续时间,由于我国刑法并未作具体规定,理论上一般认为需要根据具体犯罪的性质、特征、情节、危害程度等经综合分析而确定。在犯罪成立后,犯罪行为所持续的时间长短,则当然可以作为量刑时的一个情节予以考虑。

4. 继续犯是犯罪行为与不法状态的同时继续

继续犯不仅是犯罪行为的持续,而且对法益的侵害也在一定的时间内处于持续状态。犯罪行为与不法状态的同时继续使其与状态犯相区别。所谓状态犯,是指犯罪行为实施完毕后,危害结果一经发生,犯罪即告完成,但犯罪行为所导致的不法状态仍继续存在的犯罪形态。如抢劫犯罪分子在将财物抢到手后,抢劫罪即达既遂而完成,但犯罪分子占有赃物的状态并未结束,财产一直处于犯罪分子的不法控制状态下。状态犯只是单纯的不法状态继续,其犯罪行为则并无时间上的持续;而继续犯则是犯罪行为与不法状态的同时继续,两者缺一不可。

正确认定继续犯对于追诉时效期限的计算以及跨法犯的法律适用具有重要意义。根据我国《刑法》第 89 条的规定,追诉期限从犯罪之日起计算;犯罪行为有继续状态的,从犯罪行为终了之日起计算。这样,对继续犯的追诉期限就不能从犯罪行为实施之日起算,而应该从犯罪行为结束之日起开始计算。对于不法行为持续期间发生新旧法律更替的,则考虑新旧法律各自对于罪与非罪、罪轻罪重的规定,然后根据刑法的溯及力原则,正确选择法律。

二、接续犯

接续犯,是指为实现一个犯罪故意,反复实施数个性质相同的举动完成一个犯罪的犯罪形态。如行为人到一仓库盗窃,其反复多次才将仓库中的财产搬运出来,此即接续犯,行为人只构成一个盗窃罪。

接续犯的主要特征是:

1. 犯罪故意的单一性,这是接续犯的主观特征

如果行为具有数个犯罪故意,即使其性质相同,也不能成立接续犯。如行为人对同一个被害人先是伤害的故意,后是杀人的故意,即使进行的是连续打击行为,也不属于接续犯。

2. 犯罪行为的密接性,这是接续犯的客观特征

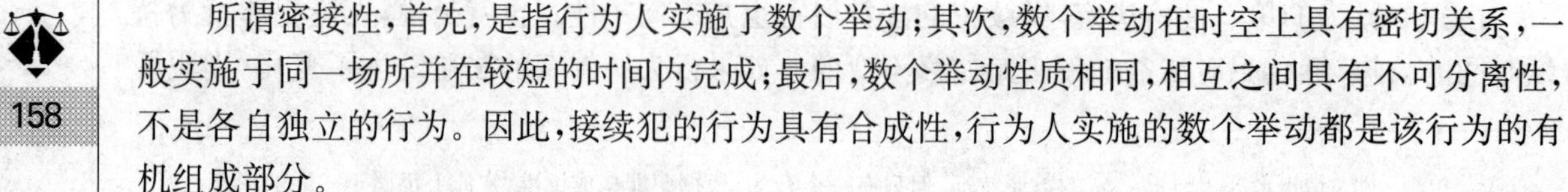

所谓密接性,首先,是指行为人实施了数个举动;其次,数个举动在时空上具有密切关系,一般实施于同一场所并在较短的时间内完成;最后,数个举动性质相同,相互之间具有不可分离性,不是各自独立的行为。因此,接续犯的行为具有合成性,行为人实施的数个举动都是该行为的有机组成部分。

3. 法益侵害的同一性

接续犯的数个举动是针对同一个对象实施的,因此,侵害的法益是同一的。也正因如此,其各个举动才缺乏独立意义。如果行为人的数个举动侵犯了不同的法益从而触犯多个罪名,则不能成立接续犯,而是构成数罪或其他犯罪形态。

接续犯不同于继续犯和连续犯。继续犯的犯罪行为在时间上具有持续不断性,连续犯具有能够独立构成犯罪的数个行为。而接续犯的数个举动之间存在时间上的间隔性,而且数个举动合成一个行为,而非数个行为。因此,接续犯是单纯的一罪,对其应该直接依照刑法分则有关条文的规定定罪量刑。

三、徐行犯

徐行犯,是指本来可以即时完成犯罪,行为人有意分为数个举动陆续实施完成犯罪的犯罪形态。如行为人投毒杀人,他本来可以一次放入足够量的毒药将被害人毒死,但怕罪行败露,每次在被害人的饮食中仅放少量的毒药。这样连续数次,最终将被害人毒死。此即徐行犯。

徐行犯的主要特征是:

1. 基于一个确定的犯罪故意,这是徐行犯的主观特征

所谓确定的犯罪故意,是指行为人对其犯罪的内容是明确而不能是概括的。如果行为人出于数个故意,或者虽然是一个故意,但故意内容具有不确定性,不能构成徐行犯。如行为人对单位的一笔工程款具有贪污的故意,如果其分次实施实现其故意的,即属于徐行犯。如果行为人对单位的财产抱着能捞多少就捞多少的心态并数次进行贪污的,则不符合徐行犯的主观特征,不能构成徐行犯。

2. 分次实施本可一次即时完成的犯罪行为,这是徐行犯的客观特征

本可一次完成,是指在行为人看来,他可以当即完成犯罪。如一次投放足量毒药将人杀死,一次将公款全部贪污。有的犯罪根本不可能一次完成,如虐待罪、虐待被监管人罪等,不发生徐行犯的问题。有的犯罪根据当时的条件,行为人不可能一次完成,也不能成立徐行犯。如行为人想贪污公款 10 万元,但其每次只能经手 1 万元,因此他连续 10 次贪污,最终实现犯罪目的。此属于连续犯而非徐行犯。分次实施,是指行为人实施的数个举动具有较长时间的间隔性。这是徐行犯区别于接续犯的主要特征。如果数个举动在较短时间内完成的,构成接续犯而不是徐行犯。

3. 侵害同一个法益

徐行犯的数个举动本属一个犯罪行为的分次实施,因此,侵害的法益是同一的。也正因如此,其各个举动才缺乏独立意义,在整体上被视为一个行为。如果行为人的数个举动侵犯了不同的法益从而触犯多个罪名,很难说其数个举动还能合成为一个行为,当然不能成立徐行犯,而是构成数罪或其他犯罪形态。

徐行犯属于单纯一罪而非数罪,对其应该直接依照刑法分则有关条文的规定定罪量刑。

第三节 法定一罪

一、转化犯

转化犯,是指实施一个较轻之罪,由于具备法定条件,因而法律规定以较重之罪论处的犯罪

形态。

转化犯具有以下三个特征：

1. 转化性

转化犯是此罪向彼罪的转化，这是转化犯的本质特征。这一特征表明，转化犯是不同性质、相互独立的犯罪之间转化。这种转化是轻罪向重罪的转化，转化后之他罪要重于转化前之本罪，两者呈递进性关系。如果并未引起不同性质的犯罪之间的转化，而只导致法定刑轻重变化的情形，不属于转化犯，而属于结果加重犯。由于转化犯只涉及两个犯罪，因此它与同为法定一罪的结合犯存在差别。

2. 法定性

转化犯以法律明文规定为限，这是转化犯的法定特征。这一特征表明，转化犯不仅是理论犯罪形态，更是法定犯罪形态。如果欠缺法律的明文规定，将一个轻罪转化为重罪论处，是违背罪刑法定原则的。这一特征使转化犯与牵连犯、吸收犯等犯罪形态区别开来。

3. 条件性

转化犯属于不同罪质的犯罪之间的转化，法律之所以设立转化犯，是因为在具备法定条件后本罪的罪质已被突破，如果仍按本罪处理将难以做到罪刑相适应。如果不具备法定条件，是不可能规定将轻罪转化为重罪的。

转化犯是否包括转化型准犯是一个理论上分歧较大的问题。作为转化型准犯的典型立法例当属《刑法》第 269 条规定的转化型抢劫罪。依该条规定，犯盗窃、诈骗、抢夺罪，为窝藏赃物、抗拒抓捕或者毁灭罪证而当场使用暴力或者以暴力相威胁的，依照抢劫罪的规定定罪处罚。理论上一般认为，该条规定属于转化犯。这里涉及对准犯含义的理解问题。所谓准犯，是指程度上并未达到某一犯罪一般情况下所要求的犯罪构成标准，但立法推定以该犯罪论处的情形。不仅如此，在转化型准犯中，甚至还可以是违法行为向犯罪转化。而在转化犯中，只能是犯罪之间的转化，而且被转化之他罪所具备的条件上与该罪一般情况下所要求的犯罪构成标准并无程度上的差异。以此衡量，我们认为转化型准犯不属于转化犯的范畴。明确这一点，对于长期以来理论上所争论的关于转化型抢劫罪的前提条件即“犯盗窃、诈骗、抢夺罪”应该理解为行为还是犯罪的问题将不言自明。

根据以上分析，我国刑法中属于转化犯的立法例主要涉及以下四个条文的规定：①《刑法》第 238 条第 2 款关于犯非法拘禁罪，使用暴力致人伤残、死亡的，依照故意杀人罪、故意伤害罪定罪处罚的规定；②《刑法》第 247 条关于犯刑讯逼供罪、暴力取证罪致人伤残、死亡的，依照故意杀人罪、故意伤害罪定罪从重处罚的规定；③《刑法》第 248 条关于犯虐待被监管人罪致人伤残、死亡的，依照故意杀人罪、故意伤害罪定罪从重处罚的规定；④《刑法》第 292 条第 2 款关于聚众斗殴，致人重伤、死亡的，依照故意杀人罪、故意伤害罪定罪从重处罚的规定。

对于转化犯，尽管其由本罪转化而来，因而涉及两个犯罪，但只能以转化之罪论处，而不能再考虑转化前之本罪，也不能实行数罪并罚。但有的情况下，按法律规定应当从重处罚。

二、惯犯

惯犯，是指以某种犯罪为常业，或以犯罪所得为主要生活来源或腐化生活来源，或者犯罪已成习性，在较长时间内反复多次实施某种危害行为的犯罪形态。惯犯有常业性惯犯与常习性惯犯之分。前者以犯罪为职业，后者犯罪已成习癖。

惯犯具有以下两个特征：

1. 具有反复实施犯罪的故意，这是惯犯的主观特征

正是基于这种主观故意，行为人才反复多次实施某种特定犯罪。这种主观故意表明，行为人的犯罪恶习已经很深，乃至形成了某种病态的职业心理习惯或者病态习性，甚至转化成其人格特征。

2. 在较长时间内反复多次实施触犯同种罪名的危害行为，这是惯犯的客观特征

这一特征表明，惯犯具有时间的长期性，行为的多次性与同一性的特点。对于行为的同一性理解起来比较容易，而对于时间的长期性与行为的多次性，由于刑法并无相关规定，在认定上则具有一定的难度。相对来说，行为的多次性对于认定惯犯意义更为重要。因为如果反复多次实施犯罪，其持续时间一般不会太短；而持续较长时间则并不意味着行为人实施犯罪具有反复多次性。需要注意的是，尽管惯犯具有反复实施同种犯罪的性质，但并不要求惯犯的每次行为均能独立构成犯罪，这也使惯犯与连续犯相区别。如果要求惯犯的每次危害行为都达到犯罪的程度，将使惯犯的范围大大缩小，甚至造成惯犯的有名无实。

惯犯不同于累犯与再犯。累犯与再犯虽然也是多次犯罪，但累犯与再犯属于受过刑罚处罚之后的再次犯罪，而且其前后犯罪的性质可以相同也可以不同。而惯犯是在受到刑罚处罚前反复多次犯罪，其触犯的罪名是相同之罪。

惯犯的成立是否以法律的明文规定为条件，在刑法理论上争议很大。否定论者认为，惯犯的成立不以法律的明文规定为条件。刑法规定某些犯罪的惯犯只是一种提示作用，通过规定确定某些惯犯的典型，说明惯犯的法律标准及处罚原则，为认定和处理惯犯提供根据。通说则认为，惯犯是刑法所规定的犯罪形态，甚至属于独立的犯罪，因而属于法定一罪。我们认为，从事实层面上看，只要行为人的行为在主客观上具有犯罪的惯常性、反复性、长期性，确实可以说已具有惯犯的基本特征。但研究惯犯这种犯罪形态，目的在于能否对其适用不同于普通犯罪的刑罚。如果对于惯犯不要求以法律明文规定为限就可以适用特殊的刑罚，会严重违背罪刑法定原则的要求。所以，我们认为，惯犯属于法定一罪，法律的明确规定是其成立的实质条件。从惯犯的法定性要求看，我国 1979 年《刑法》关于“以走私、投机倒把为常业的”“惯窃、惯骗”“一贯制造、贩卖、运输毒品的”等规定均属于惯犯的规定。对于这些惯犯，法律均专门规定了较重的法定刑幅度。刑法修订之后，虽然不少论著认为，《刑法》第 303 条关于“以赌博为常业的”的规定属于惯犯，但实际上以赌博为常业只是赌博罪的行为表现之一，刑法并未对其专门规定较重的法定刑。因此，在我国现行刑法中可以说没有惯犯的规定。

对于惯犯，虽然涉及数次构成同一犯罪的问题，但并不作为数罪处理，而是按一罪论处。当然除被作为犯罪成立条件规定外，惯犯本身可以视为具有情节特别严重的犯罪情形看待，并可据此判处较重的刑罚。

三、结果加重犯

结果加重犯，又称加重结果犯，是指法律规定的一个犯罪行为，由于发生了超出基本犯罪罪质范围的加重结果，法律规定加重其法定刑的犯罪形态。如我国刑法规定的故意伤害致人死亡，非法拘禁致人重伤、死亡，暴力干涉婚姻自由致人死亡，虐待家庭成员致人重伤、死亡等，都是典型的结果加重犯。

结果加重犯具有以下两个特征：

1. 行为人实施了基本犯罪的构成要件行为，这是成立结果加重犯的前提条件

在刑法中，基本犯罪属于犯罪的常规形态，是加重犯罪或减轻犯罪的对称。实施基本犯罪的构成要件行为，是指实施了足以构成基本犯罪的实行行为。对于基本犯罪在客观上是否必须要

求结果以及主观罪过形式如何,理论上看法不一。我国刑法学界一般认为,基本犯罪必须是结果犯,而且在主观方面只能由故意构成,过失犯罪无结果加重犯。

2. 发生了超出基本犯罪构成要件结果的加重结果,这是成立结果加重犯的关键条件

所谓加重结果,是指法律规定超出基本犯罪范围的结果。加重结果相对于基本犯罪所要求的结果而言,可以是重合性的,也可以是非重合性的。前者如作为故意伤害加重结果的致人死亡包含了伤害结果,后者如作为强奸加重结果的致人死亡则与奸淫结果相并存。

对于加重结果的主观罪过形式,各国刑事立法规定各不相同。如挪威、丹麦的刑法典均明确规定对加重结果只能是过失;而德国刑法典要求对结果至少负有过失,言外之意包括故意,或至少不排除故意;意大利刑法典甚至允许客观归责。与此相关,各国刑法理论主要存在过失说、故意说及基本过失例外故意说三种观点。在我国,有的观点主张对加重结果只能是过失,而不能是故意,更不能是客观归责。应该说,反对客观归责是符合我国的主客观相统一原则的,但排除故意目前在立法上至少还不能成立。如对抢劫罪中的致人死亡,我国理论与司法实践一般都理解为至少包括间接故意,司法解释甚至规定:行为人为劫取财物而预谋故意杀人,或者在劫取财物过程中,为制服被害人反抗而故意杀人的,以抢劫罪定罪处罚。这实际上认可了抢劫致人死亡还可以包括直接故意杀人的情况。

虽然结果加重犯与基本犯罪关系密切,但两者是加重犯罪构成与基本犯罪构成的关系。因此,构成结果加重犯并不需要完全具备基本犯罪的所有事实。那种认为在结果加重犯的场合必须同时存在基本结果与加重结果两种犯罪结果的观点是不正确的。这里且不说有的基本结果已被加重结果所包含而失去独立意义,即使加重结果与基本结果可以并存的,有时不发生基本结果并不影响结果加重犯的成立。如抢劫未遂但致人重伤或死亡的,仍然构成抢劫罪的结果加重犯,只不过这时要按结果加重犯的未遂来对待。

3. 法律规定加重其法定刑,这是构成结果加重犯的一个重要条件

如果一个犯罪行为导致了超出基本犯罪范围的加重结果,而法律规定按照另一重罪论处的,其不属于结果加重犯。如《刑法》第 247 条规定的刑讯逼供罪,如果致人伤残、死亡的,应按照故意伤害罪或故意杀人罪定罪从重处罚,不再定刑讯逼供罪,这就不属于结果加重犯,而属于刑法理论上的转化犯。

结果加重犯只有一个行为,因此属于实质上的一罪而非数罪。对于结果加重犯,直接根据法律规定的加重法定刑予以适用即可,而一般不用考虑基本犯罪的法定刑,更不能考虑按数罪处理。

四、结合犯

结合犯,是指数个原本相互独立的犯罪,基于刑法的明文规定,结合成为一个新罪的犯罪形态。

结合犯是由于法律的特别规定而形成的犯罪形态,所结合之新罪与被结合的犯罪之间形成法条竞合关系。法律之所以规定结合犯,主要是因为被结合之罪在实践中具有牵连关系或并发关系。将这些犯罪结合为一个新罪,更便于司法适用。

结合犯具有以下三个特征:

1. 原本存在数个相互独立的犯罪,这是结合犯成立的前提条件

结合犯是一种犯罪的合成形态,因此离开数个相互独立的犯罪是不可能成立结合犯的。这里所说的数个相互独立的犯罪,当然是指刑法明文规定的数个各自独立、罪质各异的具体犯罪。一些复合行为犯,如我国刑法中抢劫罪、强奸罪等,其各个行为并不能独立构成犯罪,因此不属于

结合犯。有的犯罪,如结果加重犯、情节加重犯等,其犯罪构成要件依附于或派生于其他基本犯罪的构成要件,与基本犯罪在性质上具有同一性,也不是结合犯。至于类罪与类罪、类罪与个罪之间,当然也不能成立结合犯。

对于数个独立犯罪是否有罪过形式的限制,理论上一般认为均应属于故意犯罪。从德国、日本等国刑法规定的结合犯立法例来看,也是限制为故意的场合。

2. 数个犯罪结合成为一个新罪,这是结合犯的法律特征

所谓结合成为一个新罪,是指将原本各自独立的数个犯罪的构成要件整合为一个新的犯罪的构成要件,新罪在内容上包含着原罪的构成要件成分,相互之间是整体与部分的关系;在法律性质上则是与原罪相互独立的另一种犯罪。由于其构成要件内容的相关性,结合犯与原罪之间也形成一种法条竞合关系。当然,由于新罪包含了原罪的构成要件内容,所以新罪的法定刑一般要重于、至少不能轻于原罪的法定刑。

结合犯从结构上可以表述为甲罪+乙罪=新罪的基本形态。对这一基本形态,理论上一般认为可以区分为两种形式,一种是甲罪+乙罪=甲乙罪,另一种是甲罪+乙罪=丙罪。前者结合的新罪反映出被结合的原罪罪名,如日本刑法中的强盗强奸罪是强盗罪与强奸罪的结合犯;后者结合的新罪未反映出被结合的原罪罪名,如我国台湾地区的强盗罪一般认为是妨害自有罪与抢夺罪的结合犯。

3. 被结合成立的新罪,是基于刑法的明文规定

这是结合犯的法律特征,也是判断是否属于结合犯的根本标准。强调结合犯的这一法定性特征,就要求不仅被结合的原罪必须原本是法律中所规定的各自相互独立的犯罪,而且结合犯本身也必须是法律所规定的单独的犯罪。从这一特征出发,可以将结合犯与牵连犯、结果加重犯、想象竞合犯等犯罪形态区别开来。当然,在一定意义上,也可以说结合犯是某些牵连犯的法定化。

结合犯在我国刑法中是否存在,是一个理论争议颇大的问题。肯定论者认为,我国虽然不存在完全的、典型的结合犯,但存在类似的结合犯或不典型的结合犯。在肯定论者看来,1979 年《刑法》第 191 条第 2 款关于"犯妨害邮电通讯罪而窃取财物的,按照 1979 年《刑法》第 155 条贪污罪从重处罚"的规定,现行《刑法》第 229 条第 2 款关于"前款规定的人员,索取他人财物或者非法收受他人财物,犯前款罪(提供虚假证明文件罪)的,处……"的规定等等,都属于结合犯的立法例。否定论者认为,结合犯只能是法律明文规定的犯罪形态。认定是否属于法律明文规定,关键在于法律是否将数个原罪结合规定为一个新罪。如果忽略其法定性特征,结合犯的认定将失去标准。我们认为,否定论者的观点是符合结合犯的实质的。实际上,我国之所以不存在其他大陆法系国家刑法中普遍规定的结合犯,与我国采取的刑事立法技术有一定的关系。如德、日等国刑法对抢劫罪、强奸罪规定的法定刑均不重,日本刑法规定的法定最高刑均为 15 年有期惩役,数罪并罚不能超过 20 年。而我国任何一个罪最重都可以判处死刑。另外有些被视为结合犯的原罪的行为,如暴行、胁迫,在我国刑法中并不能独立构成犯罪。所以在我国现行立法中,结合犯基本没有存在的土壤。至于肯定论者所列举的上述立法例,有的属于转化犯,有的属于情节加重犯等范畴。而且如果认定刑法第 229 条第 2 款属于结合犯,还将得出结合犯的法定刑比被结合之罪(受贿犯罪)还轻的不合理的结论。

结合犯系因法律的规定而成为独立的犯罪,其所被结合之罪在结合犯中并无独立的意义。因此,对结合犯只需直接按照法律对结合犯规定的法定刑适用刑罚就可以了,被结合之罪的法定刑对结合犯的处理不发生影响,更不能对结合犯按数罪处理,实行数罪并罚。

第四节　处断一罪[①]

一、想象竞合犯

想象竞合犯,也称为想象数罪、观念竞合,是指行为人基于一个罪过,实施一个危害行为,触犯数个罪名的犯罪形态。如甲为杀乙,往乙所在地人群扔炸弹,甲的行为便同时触犯了故意杀人罪与爆炸罪两个罪名。

想象竞合犯具有以下两个主要特征:

1. 基于一个罪过实施了一个危害行为

这里的一个罪过,可以是单一的故意或者过失,还可以是概括的故意。所谓一个危害行为,是指事实上的一个行为,而非法律上的一个行为。如抢劫行为在法律上可以说是一个行为,但从事实上说却是复合行为。一般来说,造成一因一果、一因多果、多因一果的身体举动均可视为一个危害行为。想象竞合犯的这一特征使之与牵连犯等多行为犯具有本质上的不同。

2. 同时触犯了数个罪名

这是指行为人实施的一个危害行为造成或可能造成数个结果从而触犯了刑法分则规定的数个犯罪的罪名。需要指出,刑法理论一般认为想象竞合犯之所以触犯了数个罪名,是因为其造成了数个结果。从事实层面上说,这一说法是难以贯彻始终的。如前述所举的想杀乙却误杀丙的案件中,结果只有一个,但仍然成立想象竞合犯。

对于想象竞合犯的本质,理论上历来存在实质数罪说与形式数罪说之争。实质数罪说认为想象竞合犯虽然只有一个行为,但产生了几个危害结果,触犯了几个罪名,已满足数个犯罪构成。因此其本质上是数罪,只是处理时作为一罪裁判而已。而形式数罪说认为,想象竞合犯尽管触犯了数个罪名,在形式上似乎符合数个犯罪构成,但其行为只有一个,所以实质上仍为一罪。上述两种观点分歧的焦点在于对一个行为能否进行重复评价的问题。我们认为,对同一行为重复评价会不当地加重被告人的刑事责任,有违法的正义性要求。因此,我们认为,想象竞合犯属于形式上的数罪、实质上的一罪。

由于触犯的罪名有同有异,因此,想象竞合犯有同种类的想象竞合犯与异种类的想象竞合犯的区分。前者触犯的罪名相同,后者触犯的罪名各异。对于是否包括同种类的想象竞合犯,我国刑法理论通说持否定的观点,其理由主要为:一是罪名相同无所谓竞合;二是没必要,因为承认与否定性都一样;三是如果承认因而从一重处断可能会导致重罪轻判。我们认为,想象竞合犯是与实质数罪相关的一个概念,既然实质数罪可以区分为同种数罪与异种数罪,从逻辑的一致性上说,也应该承认同种类的想象竞合犯的存在。至于是否可能导致重罪轻判的问题,也应该连同异种类想象竞合犯一并考虑。

作为一种犯罪竞合形态,想象竞合犯与法条竞合是存在根本区别的。所谓法条竞合,是指因为针对同一犯罪行为的法律条文的错综规定,导致数个法条所规定的构成要件在内容上具有从属或交叉关系的情形。而想象竞合犯与法律条文之间的关系无关,它因犯罪行为而产生,属于一种动态竞合,并随犯罪现象的不同而发生变化。对于法条竞合,一般根据竞合法条关系的不同而分别适用不同的原则,而想象竞合犯则不然。

对于想象竞合犯的处理,我国刑法理论与司法实践一般采用从一重处断原则,对此,现行刑

① 处断一罪,是指具有明显的数罪特征,或者本身就属于实质上的数罪,但在司法适用上作为一罪处理的犯罪形态。

法及有关司法解释也有所反映。如《刑法》第 329 条第 3 款规定：有前两款行为，同时又构成本法规定的其他犯罪的，依照处罚较重的规定定罪处罚。司法解释规定：盗窃广播电视设施、公用电信设施价值数额不大，但是构成危害公共安全犯罪的，依照《刑法》第 124 条的规定定罪处罚；盗窃广播电视设施、公用电信设施同时构成盗窃罪和破坏广播电视设施、公用电信设施罪的，择一重罪处罚。盗窃使用中的电力设备，同时构成盗窃罪和破坏电力设备罪的，可按照想象竞合犯的原理，择一重罪处罚。行为人采用破坏性手段盗窃正在使用的油田输油管道中的油品，构成破坏易燃易爆设备罪、盗窃罪等犯罪的，可按照想象竞合犯的原理，依照处罚较重的规定定罪处罚。所谓从一重处断，当然只能定一罪而不能定数罪。如果属于异种类的想象竞合犯的，所定之罪一般应该是处罚较重之罪。但是如果重罪遇有赦免等免予处分事项，或者重罪须告诉才处理而缺乏告诉的，则应追究轻罪的刑事责任。比较犯罪处罚之轻重，应该先看主刑刑种的轻重，刑种重者为重罪；刑种相同的，法定最高刑高者为重，最高刑相同的，法定最低刑高者为重。适用从一重处断原则时值得研究的问题是，对轻重的刑罚是否应有所考虑？如重罪未规定附加刑，而轻罪规定须并处附加刑，或者轻罪的法定最低刑重于重罪的法定最低刑，对重罪适用刑罚时是否应受轻罪这些规定的限制？对此刑法理论很少论及。我们认为，想象竞合犯尽管是实质上的一罪，但其犯罪行为具有法益侵害的多重性质却使其与典型一罪有所区别。因此尽管我们不能对其实行数罪并罚，但从罪刑相适应原则出发，是应该考虑轻罪的刑罚规定的。例如，轻罪法定最低刑高于重罪法定最低刑的，适用重罪判处刑罚时无论如何也不应判处低于轻罪法定最低刑的刑罚。对于轻罪有并处附加刑规定的，我们主张可以在以重罪论处时并处附加刑。而如果属于同种类的想象竞合犯的，我们主张对犯罪情节较轻之罪的犯罪事实完全可以一并考虑。这样处理，无论是异种类的想象竞合犯，还是同种类的想象竞合犯，都不会导致重罪轻判。

二、连续犯

连续犯，是指基于同一犯罪故意，连续实施数个性质相同的犯罪行为，触犯同一罪名的犯罪形态。

连续犯具有以下四个特征：

1. 必须基于同一犯罪故意，这是连续犯的主观特征

基于同一犯罪故意，首先要求行为人具有数个犯罪故意，即行为人在着手实行犯罪前，就有连续实施数个犯罪的意图。数个犯罪意图可以是具体的，也可以是概括的。其次，要求行为人所具有的数个犯罪故意在性质上必须是相同的，即同属于刑法分则所规定的某种犯罪的故意。如果只有一个犯罪故意，或者数个犯罪故意性质相异，均不构成连续犯。

2. 连续实施了数个性质相同的犯罪行为，这是连续犯的客观特征

实施数个犯罪行为，要求至少实施了两次以上各自均能单独构成犯罪的行为，而且只能是犯罪的实行行为，不能是犯罪的预备行为。性质相同，是指同属于刑法分则所规定的某种犯罪构成要件行为的性质。犯罪行为的多次性是连续犯与继续犯、徐行犯等犯罪形态的主要区别。

3. 数个犯罪行为之间具有连续性，这是认定连续犯成立与否的重要标志

判断数个犯罪行为之间是否具有连续性，理论上存在主观说、客观说与折中说之争。主观说主张以行为人是否具有连续犯罪故意作为标准，客观说主张以犯罪行为客观上是否具有连续性作为标准，折中说主张综合考虑主观与客观两个方面来确定是否具有连续性。我国刑法理论从主客观相统一原则出发，一般认为应该以主观上的连续意思与客观上的连续行为的有机统一作为判断标准。根据这一标准，主观上虽有连续犯罪意图，但客观上缺乏连续犯罪行为，或者虽然客观上连续实施了数个犯罪行为，但主观上并无连续犯罪意图的，均不构成连续犯。

4. 数个犯罪行为触犯同一罪名

触犯同一罪名是数个犯罪行为性质相同的必然结果。这里的同一罪名,是指犯罪性质完全相同的罪名。这些罪名可以分别对应于基本犯罪构成、加重犯罪构成或减轻犯罪构成,也可以分别对应于完成罪与未完成罪,但不包括虽然同属一个条文规定但性质各异的犯罪。

连续犯在世界各国的命运各不相同。法国尽管学说与判例均承认连续犯,但刑法典中从未作出过规定;德国、日本刑法均曾规定过连续犯,却又先后废除,但学说及判例仍然关注;意大利刑法对连续犯的理解则扩展到实质的异种数罪竞合。在我国,一般认为《刑法》第89条关于"犯罪行为有连续状态"的规定表明对连续犯是认可的。刑法理论与司法实践长期以来更是承认连续犯这一犯罪形态的。

连续犯在事实上属于同种数罪,但理论及司法实践普遍认同一般采用按一罪从重论处的原则。这里的从重论处,不仅指在法定刑幅度内可以从重处罚,还包括视为情节加重犯在加重法定刑幅度内判处刑罚。应该说,采取这一处断原则,不仅有利于诉讼经济,而且也能保证罚当其罪。

三、牵连犯

牵连犯,是指实施某种犯罪,其犯罪的方法行为或者结果行为又触犯了其他罪名的犯罪形态。

牵连犯具有以下四个特征:

1. 出于一个犯罪目的,这是牵连犯的主观特征

即行为人实施的数行为,不论是手段行为还是结果行为,最终都附属于或服务于目的行为,为彻底实现犯罪目的而服务。如果行为人出于不同的犯罪目的而实施数行为的,不属于牵连犯,而是典型的数罪。当然,出于一个犯罪目的不等于只有一个犯罪故意。实际上,行为人为了实现一个犯罪目的,主观上同时具有数个犯罪故意。否则,难以支配数个独立的犯罪行为。

2. 实施了数个犯罪行为

这是牵连犯的客观特征,也是牵连犯与想象竞合犯的根本区别所在。这里的数个犯罪行为,是指数个行为均能独立构成刑法分则所规定的犯罪。如果数个行为系复合行为犯的复合行为的,则只能构成一个犯罪,不能视为数个犯罪行为。数个行为中,直接体现行为人犯罪目的的行为称为目的(原因)行为;为实现犯罪目的创造条件,先于目的行为实施的行为称为方法行为或手段行为;目的(原因)行为实行完毕,为实现犯罪目的而派生引起的行为称为结果行为。

3. 数个犯罪行为之间具有牵连关系,这是牵连犯的本质特征

所谓牵连关系,是指行为人实施的数个行为之间具有方法与目的或者原因与结果的内在联系。对于牵连关系的认定标准,理论上存在主观说、客观说与折中说的分歧。主观说主张,行为人在主观意思上认为其所实施的数个行为之间具有方法与目的或原因与结果的关系的,就是牵连犯。客观说主张,对牵连关系的判断应以客观事实为标准,即数个行为之间在性质上具有方法与目的或原因与结果的关系的,才是牵连犯。折中说则主张,对牵连关系的认定,应从主、客观两个方面进行考察。我们认为,认定牵连关系应当坚持主、客观相统一原则。即成立牵连关系,不仅要求行为人主观上具有对方法与目的或原因与结果关系有所认识的牵连意图,而且客观上数个行为之间必须具有内在的因果关系。因此,对于主观上出于一个犯罪目的,但客观上数个行为完全分离,相互之间没有方法目的或原因结果关系;或者客观上数个行为之间具有方法目的或原因结果关系,但主观上并非出于一个犯罪目的的,均不构成牵连犯。

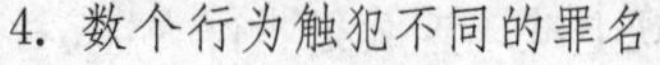

4. 数个行为触犯不同的罪名

这是牵连犯的法律特征,也是牵连犯与连续犯、同种数罪等犯罪形态相区别的主要标志。所

谓触犯不同的罪名，是指具有牵连关系的数个行为分别触犯了刑法分则规定的性质不同数个犯罪。不同罪名，意味着犯罪构成完全不同。因此，对于因择一要件而认定罪名有别的选择性罪名应视为罪名相同，完成罪与未完成罪之间也不能认为存在不同罪名。

按照数行为之间内在关系的差异，牵连犯可以区分为方法牵连与结果牵连两种类型，两种牵连类型同时存在则会出现复合牵连的形态。在方法牵连的场合，方法行为是实现犯罪目的的手段行为，但它并非直接服务于犯罪目的，而是为实行目的行为创造条件，因此不同于直接实现犯罪目的的目的行为的手段。如伪造公文，其作用在于为实施诈骗行为创造条件，但本身不能直接骗取财物，而只有利用公文来虚构事实、隐瞒真相的行为才能骗取他人财物。在结果牵连的场合，结果行为是在原因行为实行完毕后为实现犯罪目的而进一步实施的行为，因此它不是原因行为所直接导致的犯罪结果本身。如抢劫枪支行为所导致的犯罪结果是对枪支的非法占有。为了实现这种非法占有，行为人进一步实施了私藏枪支的结果行为，这样才构成结果牵连。在复合牵连的场合，则是上述两种牵连关系在一个案件中同时出现。如行为人非法侵入他人住宅盗窃枪支，然后予以私藏。在三个行为中，侵入住宅与盗窃枪支行为属于方法牵连，而盗窃枪支与私藏行为则属于结果牵连。

对于牵连犯，刑法学界传统观点主张实行从一重处断原则。后来随着刑事立法中出现对牵连犯实行数罪并罚的规定，理论上开始有人主张对牵连犯应一律实行数罪并罚，并进而提出废除牵连犯的观点。从现行刑事立法情况看，我国刑法总则对牵连犯的处罚原则仍未作明文规定。在刑法分则中，有的条文规定对牵连犯实行数罪并罚。例如《刑法》第 157 条第 2 款规定：以暴力、威胁方法抗拒缉私的，以走私罪和本法第 277 条规定的阻碍国家机关工作人员依法执行职务罪，依照数罪并罚的规定处罚。有的条文规定对牵连犯从一重罪并从重处罚。如《刑法》第 399 条第 3 款规定：司法工作人员贪赃枉法，有前两款行为的，同时又构成本法第 385 条规定之罪的，依照处罚较重的规定定罪处罚。但对大多数牵连犯则未涉及。我们认为，尽管就牵连犯所具有的数个各自能单独构成犯罪的行为而言，其属于实质上的数罪。但由于行为人出于同一犯罪目的，因而与完全独立的数个犯罪仍然有所区别，对其实行数罪并罚有过苛之嫌。因此，除法律明文规定实行数罪并罚的以外，我们主张对牵连犯仍应该作为处断上一罪，采用从一重处断原则。这里的从一重处断，不仅是指适用重罪的法定刑，而且还可以在重罪的法定刑幅度内酌情从重处罚。

四、吸收犯

吸收，可以从广义与狭义两个角度理解。广义上的吸收，包括刑的吸收、罪的吸收与行为的吸收三种类型；狭义上的吸收，仅指罪的吸收。作为罪数形态类型之一的吸收犯，当然是指罪的吸收。这一意义上的吸收犯，是指实施数个犯罪行为，一个犯罪行为为另外一个犯罪行为所吸收，仅以吸收之罪论处的犯罪形态。

吸收犯具有以下三个特征：

1. 基于同一犯罪意思，这是吸收犯的主观特征

这里的同一犯罪意思不同于连续犯的同一犯罪故意，它不仅要求行为人具有支配数个行为的性质相同的数个犯罪故意，而且要求数个犯罪故意的内容相同、相互一致。如果行为人只有一个犯罪故意，自然不存在犯罪吸收的问题；如果数个犯罪故意内容不同，会导致前后犯罪性质各异或相互完全独立，也会使数个犯罪之间难以形成吸收关系。

2. 实施了数个犯罪行为，这是吸收犯的客观特征

吸收犯是犯罪行为之间的吸收，犯罪的复数性是其成立的前提条件。如果只有一个行为，或

者虽有数个行为,但只符合一个犯罪构成要件,均不属于数个犯罪行为。对于数个犯罪行为是否要求性质相同或相异,理论上见解不一。有的认为只有异种罪质的行为才能成立吸收犯,有的认为同一罪质的行为才能成立吸收犯,还有的认为同质、异质行为均可构成吸收犯。我们主张,为了使吸收关系区别于牵连关系,应该将数个犯罪行为限定为同种类罪质的行为。这种同质行为主要表现为同一犯罪的不同表现形式,如实行行为与非实行行为。当然,同种罪质行为并不影响其各自独立具备犯罪构成要件。

3. 数个犯罪行为之间具有吸收关系,这是吸收犯的实质特征

数行为之间之所以具有吸收关系,通说认为是因为这些犯罪行为一般属于实施某种犯罪的同一过程,前行为可能是后行为发展所经阶段,后行为可能是前行为发展的当然结果。如何认定吸收关系,在理论上是一个难题。一些观点主张根据一般经验法则判断即可,但这仍然过于抽象。我们主张,判断吸收关系应该从数个犯罪行为之间的关系入手。虽然数个犯罪行为各自都具备犯罪构成要件,但由于它们基本性质相同,共同服务于同一犯罪目的,受同样的犯罪故意支配,因而必然具有依附与被依附的关系。如帮助犯依附于实行犯,未遂犯依附于既遂犯,等等。因此,只要数个犯罪行为之间存在这种依附与被依附关系的,即可以认定成立吸收关系;否则,不能成立吸收关系。

吸收犯必须是重罪吸收轻罪,其吸收形式主要有完成罪吸收未完成罪、犯罪未遂吸收犯罪预备、实行中止吸收犯罪预备、结果加重犯吸收基本犯、情节加重犯吸收基本犯、主犯构成之罪吸收从犯、胁从犯构成之罪、实行犯构成之罪吸收教唆犯、帮助犯构成之罪,等等。当然,上述吸收形式中,如果犯罪预备重于实行中止、教唆犯重于实行犯,则应例外地按照犯罪预备吸收实行中止、教唆犯吸收实行犯处理。

吸收犯存在数个犯罪行为,因此在实质属于数罪。但由于数个犯罪行为之间具有依附与被依附的关系,因而发生罪之吸收,只以吸收之罪论处,被吸收之罪则不再考虑。所以吸收犯属于处断的一罪,不能实行数罪并罚。

第五节　数罪的类型

一、同种数罪

同种数罪,是指行为人犯有触犯相同罪名的数个犯罪的犯罪形态。

同种数罪具有以下三个特征:

1. 具有数个性质相同的犯罪故意,这是同种数罪的主观特征

性质相同的犯罪故意不要求是基于同一犯罪目的的故意,只要性质相同即可。

2. 实施了数个性质相同的犯罪行为,这是同种数罪的客观特征

数个性质相同的犯罪行为首先要求数个行为均能独立构成犯罪,其次还要求这些行为性质相同。至于行为之间有何关系则在所不问。

3. 数个犯罪行为触犯同一罪名

这是同种数罪的法律特征,也是数个相同性质犯罪故意支配下实施的数个性质相同的犯罪行为所必然带来的结果。这里的同一罪名是指犯罪构成要件基本性质相同的犯罪,至于具体形式属于完成罪还是未完成罪、是主犯还是从犯等,均不影响成立同一罪名。

从一定意义上说,惯犯、连续犯、吸收犯都触犯了同一罪名,因而都可算是同种数罪。但这些犯罪形态在裁判上视为一罪,因此可排除在这里的同种数罪之外。

对于同种数罪，刑法理论一般认为，原则上不进行并罚，而是在该种罪的条文的法定刑范围内解决处罚问题，因为刑法多数条文有两个以上量刑幅度，在这个幅度内从重处罚，可以体现罪刑相适应原则，而且比较简易。但是，如果某种罪只有一个量刑幅度，不并罚就不能体现对数罪从重处罚的精神，也可以实行数罪并罚。

二、异种数罪

异种数罪，是指行为人犯有触犯不同罪名的数个犯罪的犯罪形态。

异种数罪具有以下三个特征：

1. 具有数个性质不同的犯罪故意，这是异种数罪的主观特征

2. 实施了数个性质不同的犯罪行为，这是异种数罪的客观特征

数个性质不同的犯罪行为首先要求数个行为均能独立构成犯罪，其次还要求这些行为性质不同。

3. 数个犯罪行为触犯不同罪名

这是异种数罪的法律特征，也是数个不同性质犯罪故意支配下实施的数个性质不同的犯罪行为所必然带来的结果。这里的不同罪名是指犯罪构成要件基本性质不同的犯罪，如果是同一犯罪的不同形态的，不属于不同罪名。

从一定意义上说，结合犯、牵连犯也触犯了不同的罪名，因而也可算是异种数罪。但它们或者在法律上被规定为一罪，或者在裁判上处断为一罪，因此，应该被排除在异种数罪之外。

异种数罪是最典型的数罪形态。对于异种数罪应该实行数罪并罚，这是刑法理论与司法实践的一致看法。

本 章 小 结

罪数，是指危害行为构成犯罪的单、复数。区分罪数的标准是犯罪构成，对罪数的判断，还必须考虑法律的特殊规定以及刑事政策因素的影响。罪数可分为一罪与数罪。一罪可以分为单纯一罪、法定一罪、处断一罪。单纯一罪包括继续犯、接续犯、徐行犯，法定一罪包括转化犯、惯犯、结果加重犯、结合犯，处断一罪包括想象竞合犯、连续犯、牵连犯、吸收犯。数罪包括同种数罪与异种数罪。

参考阅读书目

1. 顾肖荣：《刑法中的一罪与数罪问题》，学林出版社 1986 年版。

2. 吴振兴：《罪数形态论》，中国检察出版社 1996 年版。

【思考题】

1. 罪数的区分标准是什么？
2. 罪数如何分类？
3. 继续犯有哪些特征？
4. 想象竞合犯与牵连犯有何区别？
5. 连续犯有哪些特征？

第十章 刑罚概说

本章要点

刑罚是强行剥夺犯罪人的人身自由、财产、生命或其他权利的方法。本章的要点是：刑罚和刑罚权的基本概念；我国的刑罚种类和体系；刑法中的五种主刑和三种附加刑，以及非刑罚处理方法。

第一节 刑罚的概念

一、刑罚的界定

刑罚是国家运用刑罚权惩罚犯罪的最为严厉的制裁措施，是统治者以国家的名义，强制剥夺犯罪人的人身自由、财产、生命或其他权利的方法。刑罚是最能体现国家刑罚权的统治方法，适用刑罚是国家行使刑罚权最主要和最基本的途径。刑罚具有如下法律特征：

第一，刑罚是国家运用刑罚权治理违法犯罪的最为严厉的制裁措施。刑罚权是国家决定和运用刑法的权力，刑罚作为刑法的重要组成部分，刑罚权是其存在的国家权力根据。没有刑罚权，就没有刑法和刑罚。由于各国司法体制以及国家体制的差异，各个国家支配、制定刑罚的具体方式是不同的。在中国，只有全国人民代表大会及其常委会才能制定、修改刑法，只有人民法院才能行使审判权，决定刑罚处罚。

第二，刑罚是和犯罪关联的制裁措施。刑罚与犯罪是刑法的核心，没有犯罪就无所谓刑罚；没有刑罚也就不成其为刑法。犯罪是适用刑罚的必要条件，而刑罚则是法律对犯罪的反应。因此，只有实施了犯罪行为、违反了刑法的人，才能给予刑罚制裁；相反，不论其违反其他何种法律，都不得对其实施刑罚处罚。

第三，刑罚是以剥夺一定权益为内容的制裁措施。刑罚作为各种法律制裁措施中最为严厉的一种，其严厉性表现为对犯罪人特定权益的剥夺，如死刑使犯罪人丧失生命，自由刑使犯罪人丧失人身自由或者人身自由受到限制，财产刑使犯罪人丧失一部或全部财产所有权，资格刑剥夺犯罪人从事某种活动的权利；而且，刑罚还表现为社会对犯罪人在政治上、人格上的否定或道义上的贬责。因此，剥夺犯罪人的特定权益是刑罚的本质特征，而其他法律制裁措施尽管也都剥夺或限制违法犯罪人一定的权益，但它们的内容、性质及法律后果等，都与刑罚完全不同。

二、刑罚权

犯罪作为社会法律现象，破坏了既存的社会关系和社会秩序，国家必须凭借自己掌握的权力，对犯罪作出一定反应，并采取相应的措施。这种对犯罪运用刑罚进行惩罚的权力便是刑罚权。

刑罚权是国家制裁犯罪人的一种权力，是国家统治权的一种，是国家拥有的确认犯罪行为范围、制裁犯罪行为以及执行这种制裁的权力。它不仅仅是一种适用刑罚的权力，实际上是决定、支配整个刑法的权力。刑罚权应当包括立法机关通过制定刑罚行使的制刑权，国家审判通过具体适用刑罚行使的用刑权和行刑机关通过具体的执行和实施刑罚而行使的行刑权。当然，在三项基本刑罚权能中，制刑权是具有决定意义的。量刑权则是刑罚权司法运用的核心，而行刑权则是刑罚权最终的基本实践形态。在我国的刑罚机制中，刑罚权是通过立法机关、侦查机关、控诉机关、审判机关和行刑机关的活动得以实现的。

关于刑罚权的形成和根据，中外刑法理论界存在否定论与肯定论之争。否定论认为，国家不应该拥有刑罚权，或者说，国家没有根据或理由拥有刑罚权。从立论来看，否定派又可分为犯罪病态论和刑罚无效论。犯罪病态论认为，犯罪是生理、自然的或社会的原因造成的一种病态，而不是行为人自由意志的产物，因此，国家只有承担治疗或矫正行为人的义务，而没有制裁行为人的权力；刑罚无效论认为，国家始终掌握有刑罚权，但犯罪从未停止过，而且呈上升趋势。既然以遏制犯罪为天职的刑罚无法抑制犯罪，国家就没有根据对犯罪行使刑罚权。肯定论则认为，国家应该拥有刑罚权，并且有根据享有刑罚权：① 神授论。国家拥有刑罚权是神的旨意，是上帝的安排，所谓“替天行罚”就是这种学说的典型反映。② 社会契约论。此论源于资产阶级启蒙时代的自然法学派，它认为社会是其成员通过签订契约组成的，而国家刑罚权就是社会成员在这份契约上以割让自己的一部分权利而组合成的。③ 社会需要论。国家的基本职能在于维护社会秩序，保证社会生活的正常运行，而犯罪却是对社会秩序的破坏，国家对犯罪现象不可能听之任之，而必须采取一定的遏制措施，国家刑罚权应运而生。④ 惩戒说。国家的刑罚权一方面导源于报应，需要通过惩罚已然之罪实现法律正义；一方面导源于功利，需要通过刑罚告诫未然之罪。

我们认为，国家作为公共权力产生的同时，自然就拥有了刑罚权，否定论否认国家刑罚权的根据，显然是违背历史事实的；肯定论虽然有其正确的结论，但有的立论建立在不真实的臆断上（如神授论、社会契约论），有的立论则没有回答刑罚权的根据，而是说明刑罚的存在理由或者是刑罚的目的。

分析国家刑罚权的根据，必须从刑罚权的性质和产生着手。如前所述，刑罚权是一种制裁犯罪人的权力。对犯罪人适用刑罚以及执行刑罚是一种制裁，是行使刑罚权的一种表现，而确定或宣布某种行为构成犯罪，也是行使刑罚权的一种表现，因此，刑罚权不是法律规范上所确认的权力，而是位于刑法规范之上、并支配刑法规范的范畴。它首先是一种客观事实，而不是一种法律现象，产生这种事实的标志是国家的出现。因此，刑罚权是一种国家的权力，是一种特权，是伴随着私有制产生、发展、变化的一种维护现实利益的特权，是国家的职能表现。在原始氏族社会，制裁那些破坏部落、氏族共同生存条件的人的“权力”是由部落的强者或者是氏族中的旺族掌握的，但是，这一时期此种制裁的权力带有明显的暴力自救性质，是属于一种私刑权。随着私有制、阶级的出现以及社会文明程度的提高，出现了以国家的形式来组织社会的情形。而国家与氏族组织的自发管理不同，它设置了公共权力。这种凌驾于社会之上的公共权力其中就包含了刑罚权。可见，刑罚权不是国家的一般权力，而是经济上占优势地位、政治上占有统治地位的集团支配另一个集团的统治权，并且只能由国家统一掌握。

三、刑罚的功能

功能即机能、效能、效用，是事物所具有的作用。刑罚功能则是指刑罚在社会生活中可能发挥的积极作用。

刑罚功能不同于刑罚目的。刑罚功能是刑罚客观属性的表现，只要刑罚的客观属性不变，就必然存在着以这种客观属性表现出来的刑罚功能。刑罚功能不依赖于刑罚权主体或刑罚适用主体的主观评价而转移,而刑罚目的则是刑罚权主体或刑罚适用者设定、适用、执行刑罚所希望达到的目标。刑罚功能与刑罚目的之间存在着手段的客观效能与希望达到的目的的关系:当我们选定了刑罚目的,那么,就应该选择或创制那些能够实现刑罚目的的刑罚手段;而当我们确定了刑罚方法,就应该根据这些刑罚方法所具有的功能来确定刑罚目的。刑罚功能具有客观性,而刑罚目的则是运用刑罚的主观愿望。

刑罚功能和刑罚效果也是两个不同的范畴。刑罚功能是刑罚所具有的可能发挥和实现的作用,而刑罚效果则是刑罚已发挥出来的现实作用,或者说,刑罚功能是尚待实现的刑罚效果,而刑罚效果是已实现了的刑罚功能。只有刑罚具备了某种功能,才有可能产生某种刑罚效果;如果刑罚不具有某种功能,就不可能产生某种刑罚效果。刑罚功能与刑罚效果是可能性与现实性的关系,因而刑罚功能向刑罚效果方向转化,必须具备一定的条件;如果不具备相应的条件,那么,刑罚功能则永远处于一种可能状态之中,而不可能成为现实。不能把刑罚功能与刑罚效果相混同。

我们认为,刑罚具有以下基本功能。

(一) 剥夺功能

剥夺功能又称惩罚功能。从本质上讲,刑罚意味着对犯罪人某种权益的剥夺,如剥夺生命、剥夺自由、剥夺财产等,这种剥夺是对罪犯的惩罚,必然对罪犯造成生理上和精神上的痛苦。痛苦是刑罚的固有属性,而当这种惩罚的痛苦性表现出来时,刑罚的剥夺功能就产生了。因此,刑罚的剥夺功能是刑罚固有属性的外在表现,是刑罚的基本功能,它从刑罚产生之日起就客观存在着。

(二) 威慑功能

威慑功能又称威吓功能,是指一个人因恐惧刑罚制裁而不敢实施犯罪行为。刑罚的威慑功能实际上是恐惧心理作用问题,因而对未来刑罚制裁的恐惧心理构成了威慑的基本机制。根据威慑对象的不同,可分为一般威慑功能和特殊威慑功能。所谓一般威慑功能是指因恐惧被逮捕、被起诉以及受到刑罚制裁而不敢从事刑法所禁止的行为,所以,也称一般预防。所谓特殊威慑,又称个别威慑或特别威慑,是指那些已经受过刑罚制裁的人因恐惧再次受到已经历过的刑罚惩罚而不敢实施犯罪行为,它与个别预防略有不同。在现代刑事政策学看来,个别预防(或特殊预防)意味着根据行为人的心理、生理等特征而有针对性地采取各种防止其重新犯罪的措施,这种措施的重点不以恐惧为特征,而是以感化教育为中心。

刑罚是否具有威慑功能是一个有争议的命题。赞同者认为:① 如果没有刑罚威慑,那么,犯罪率可能比现在更高,社会比现在更紊乱;② 威慑功能是客观存在的,问题是在什么条件下和什么程序上才可以实现威慑功能;③ 威慑功能符合人的心理规律。反对者认为:① 实践上无法界定威慑对象,因而也难以证明威慑功能具有现实性;② 威慑功能有走向重刑主义的倾向,甚至严重侵犯公民权利;③ 威慑功能的心理测试不具有普遍性。

我们认为,刑罚具有威慑功能,这是不可否认的事实,但威慑功能是有限度的,并且需要具备一定的条件,问题的关键是,如何才能避免侵犯公民权利或重刑主义政策来实现刑罚的威慑功能。

(三) 矫正功能

矫正功能又称改造功能,主要是自由刑的功能,是指刑罚具有约束、规范犯罪人的行为方式,使其成为守法公民,适于普通公民社会生活的作用。矫正功能是近代刑法思想发展的产物,是与近代意义的监狱制度相联系的刑罚功能。

（四）安抚功能

刑罚的安抚功能是指国家通过对犯罪适用和执行刑罚，能够在一定程度上满足受害人及其家属要求惩罚犯罪人的报复心理，可以平息或缓和犯罪给被害人以及社会其他成员造成的激愤情绪，使他们在心理上、精神上和物质上得到抚慰。

刑罚的安抚功能也是刑罚的基本功能之一。从刑罚史来看，在原始时代，实行以眼还眼、以牙还牙的同态复仇，国家统一掌握刑罚权后，被害人的复仇权利由国家行使刑罚权取代。

刑罚的安抚功能具有积极的社会意义。它一方面在被害人及其亲属中以及社会成员中树立了刑罚公平正义的形象，使社会各方面将刑罚作为公平解决犯罪问题的重要措施，防止了私刑的发生；另一方面，它强化了社会公众对刑罚权威的信任和对国家司法机关的支持，有助于恢复、保持社会心理的平衡秩序。

以上刑罚功能的核心是预防犯罪，将刑罚的功能定位在预防犯罪上，实质上是刑罚功利性的表现，将刑罚视为维护统治秩序、社会秩序的工具。即国家是否使用刑罚以及如何使用和使用何种刑罚，主要取决于预防犯罪的需要。因此，有论者认为，只强调刑罚的功利性是不够的。刑罚除了具有保卫国家、社会利益，维护被害人权益的作用外，还具有保障犯罪人的公民合法权益的功能，以防止国家权力的滥用。刑罚的保障功能在刑事诉讼方面的体现主要是保障被告人充分行使辩护权和其他法定权利。在刑事实体法方面的体现主要是坚持罪刑法定主义原则以及罪刑相适应原则。对犯罪人合法权益的保障，其主旨是维护公正，而公正则是文明社会的基本标志。也就是说，刑罚功能应该是刑罚的功利性与公正性的统一。

第二节　刑罚的体系

一、概述

刑罚体系，是指由刑法所规定的并按照一定次序排列的各种刑罚方法的总和。国家确立不同的刑罚方法，并按照一定顺序由轻到重或由重到轻有机地安排在一个完整系统里，就形成了刑罚体系。

在各国刑罚体系中根据不同的标准，刑罚的种类主要有两种划分方法：一是以刑罚所剥夺或者限制犯罪人的权利和利益的性质为标准，将刑罚方法分为生命刑、自由刑、财产刑、资格刑四类。生命刑，是剥夺犯罪分子生命的刑罚方法，是最严厉的一种刑罚。自由刑，是剥夺或限制犯罪分子人身自由的刑罚方法，如无期徒刑、有期徒刑、拘役等，是运用最广的一种刑罚。财产刑，是以剥夺犯罪分子财产为主要内容的刑罚方法。资格刑，是剥夺犯罪分子行使某些权利的资格的刑罚方法，如剥夺政治权利。刑罚的另一种分类方法，是以某种刑罚只能单独适用还是可以附加适用为标准，将刑罚分为主刑与附加刑两类。

根据我国现行刑法规定，我国刑罚体系由五种主刑和三种附加刑组成。五种主刑是：管制、拘役、有期徒刑、无期徒刑和死刑；三种附加刑是：罚金、剥夺政治权利和没收财产。此外，《刑法》第 35 条还规定，对于犯罪的外国人可以独立适用或者附加适用驱逐出境。据此，驱逐出境，也是一种附加刑。

由此可见，不同时代的刑罚体系，不仅反映出各个时代生产力发展水平和人们文明程度的高低，而且还表明其政权性质和用刑目的与重点的不同；同时又可以看出刑罚制度发展、变化的趋势和规律，古今中外概莫能外。

我国刑法的刑罚体系，主刑和附加刑配合，轻重衔接，疏而不漏，反映出刑罚种类的多样性、

层次性和体系结构的完整性、合理性。

二、主刑

主刑是对犯罪人适用的主要的刑罚方法。它的特点是只能独立适用,不能附加适用;既不能用来补充主刑,也不能用来补充附加刑。也就是说,对一个犯罪只能适用一个主刑,而不能适用两个以上主刑。主刑包括管制、拘役、有期徒刑、无期徒刑和死刑五种刑罚方法。

(一) 管制

管制是我国主刑中最轻的一种刑罚方法,属于限制自由刑。它是指对犯罪分子不予关押,但限制其一定自由,由公安机关予以执行的刑罚方法。管制的存在完善了刑罚体系的整体结构,作为一个中间环节将剥夺自由刑与非自由刑联结起来。而且,由于它对犯罪分子不予关押,从而可以避免监狱生活带来的交叉感染,并可以调动社会力量参与对犯罪分子的改造,同时它也不致影响犯罪分子的劳动、工作和家庭生活,这对于犯罪分子的改造和社会秩序的安定,都有积极的意义。管制这一刑罚方法符合世界刑罚的基本发展趋势。

根据《刑法》第 38 条至第 41 条的规定,管制具有以下特征:

(1) 对犯罪分子不予关押,即不将其羁押于一定的设施或者场所内。

(2) 限制罪犯一定的自由,即罪犯必须遵守刑法典第 39 条的各项规定。

(3) 管制是有期限的刑罚方法。根据《刑法》第 38 条规定,管制的期限为 3 个月以上 2 年以下。另外,根据《刑法》第 69 条的规定,数罪并罚时,管制刑的刑期最高不能超过 3 年。根据《刑法》第 78 条的规定,被判处管制的犯罪分子被减刑时,减刑以后实际执行的刑期,不能少于原判刑期的 1/2。

管制刑期的计算,《刑法》第 41 条规定:"管制的刑期,从判决执行之日起计算;判决执行以前先行羁押的,羁押一日折抵刑期二日。"所谓判决执行之日是指判决生效之日。根据《刑事诉讼法》第 208 条的规定,判决在发生法律效力后执行,生效的判决包括已过法定期限没有上诉、抗诉的判决以及终审的判决。所谓羁押,是指在判决以前对犯罪分子的暂时关押,完全限制其人身自由的一种措施。一般情况下,羁押是指刑事拘留和逮捕的情况。行政拘留、劳动教养因为是行政处罚方法,只适用一般行政违法行为,不适用于犯罪行为。所以,行政拘留、劳动教养原则上不是这里所说的羁押,不可以折抵管制刑期,但在司法实践中,如果犯罪分子被判处刑罚的犯罪行为和被行政拘留或劳动教养的行为系同一行为,该劳动教养或行政拘留的期间可以折抵刑期。

(4) 被判处管制的犯罪分子享有除被限制之外的各项权利,如未附加剥夺政治权利者仍然享有政治权利,在劳动中同工同酬等。

(5) 管制的执行机关是公安机关。《刑法》第 38 条规定:被判处管制的犯罪分子,由公安机关执行。《刑法》第 40 条规定:"被判处管制的犯罪分子,管制期满,执行机关应即向本人和其所在单位或者居住地的群众宣布解除管制。"

(6) 禁止令。判处管制,可以根据犯罪情况,同时禁止犯罪分子在执行期间从事特定活动,进入特定区域、场所,接触特定的人。

(7) 社区矫正。对判处管制的犯罪分子,依法实行社区矫正。

(二) 拘役

拘役是短期剥夺犯罪分子的自由,就近执行并实行劳动改造的刑罚方法。它属于短期自由刑,是主刑中介于管制与有期徒刑之间的一种轻刑。

拘役与刑事拘留、民事拘留、行政拘留都是短期剥夺自由的强制方法,但它们之间存在着明显的区别:① 性质不同。② 适用的对象不同。③ 适用机关不同。

根据《刑法》第 42 条至第 44 条的规定,拘役具有以下特征:

(1) 剥夺罪犯的自由。即将罪犯羁押于特定的设施或者场所之中,剥夺其人身自由。

(2) 期限较短。《刑法》第 42 条规定拘役的期限为 1 个月以上 6 个月以下。《刑法》第 69 条规定:数罪并罚时,拘役刑期最高不能超过 1 年。第 78 条规定:减刑后实际执行的刑期,判处拘役的,不能少于原判刑期的 1/2。

关于拘役刑期的计算,《刑法》第 44 条规定:"拘役的刑期,从判决执行之日起计算;判决执行以前先行羁押的,羁押一日折抵刑期一日。"

(3) 被判处拘役的犯罪人的待遇优于有期徒刑。根据《刑法》第 43 条的规定,在执行期间,被判处拘役的犯罪分子每月可以回家 1 天至 2 天;参加劳动的,可以酌量发给报酬。

(4) 被判处拘役的犯罪分子,由公安机关就近执行。拘役的执行机关是公安机关。所谓就近执行,是指把犯罪分子在由执行机关建立的拘役所里执行。对于没有条件设立拘役所的地方,可以把被判处拘役的犯罪分子放在就近的监狱执行。对于远离监狱的,可在看守所执行。

(三) 有期徒刑

有期徒刑是剥夺犯罪分子一定期限的人身自由,并强制其进行劳动并接受教育改造的刑罚方法。

有期徒刑与拘役虽然都是剥夺犯罪分子人身自由的刑罚,但两者还是有区别的:① 执行场所不同。② 执行机关不同。③ 执行期间犯罪分子的待遇不同。④ 根据《刑法》第 65 条的规定,被判处有期徒刑的犯罪分子,刑罚执行完毕或者赦免后,再犯罪的,有构成累犯的可能性;而拘役犯则不存在构成累犯的问题。

根据《刑法》第 45 条至第 47 条的规定,有期徒刑具有以下特征:

(1) 剥夺犯罪分子的自由。即将犯罪分子羁押于特定的设施或者场所之中,包括监狱、少年犯管教所、看守所等。

(2) 具有一定期限。根据《刑法》第 45 条规定,有期徒刑的刑期为 6 个月以上 15 年以下。根据《刑法》第 50 条的规定,判处死刑缓期执行的,在死刑缓期执行期间,如果没有故意犯罪,2 年期满以后,减为无期徒刑;如果确有重大立功表现,2 年期满以后,减为 25 年有期徒刑;如果故意犯罪,情节恶劣的,报请最高人民法院核准后执行死刑;对于故意犯罪未执行死刑的,死刑缓期执行的期间重新计算,并报最高人民法院备案。根据《刑法》第 69 条的规定,判决宣告以前一人犯数罪的,除判处死刑和无期徒刑的以外,应当在总和刑期以下、数刑中最高刑期以上,酌情决定执行的刑期,但是有期徒刑总和刑期不满 35 年的,最高不能超过 20 年,总和刑期在 35 年以上的,最高不能超过 25 年。根据《刑法》第 78 条的规定,减刑以后实际执行的刑期,判处有期徒刑的,不能少于原判刑期的 1/2。

关于有期徒刑刑期的计算,《刑法》第 47 条规定:"有期徒刑的刑期,从判决执行之日起计算;判决执行以前先行羁押的,羁押一日折抵刑期一日。"

(3) 在监狱或其他执行场所执行。在我国,有期徒刑的执行场所有以下几种:① 监狱。监狱是有期徒刑的主要的执行机关。《监狱法》第 2 条规定,监狱是国家的刑罚执行机关,被判处死刑缓期二年执行、无期徒刑、有期徒刑的罪犯,在监狱内执行刑罚。② 其他执行场所。除监狱外专门用来执行有期徒刑和无期徒刑的专门机关还有未成年犯管教所。未成年犯管教所是以未成年犯人为监管对象的执行机关,关押 14 周岁以上不满 18 周岁的未成年犯人。另外,根据《刑事诉讼法》第 213 条的规定,对于被判处有期徒刑的罪犯,在被交付执行刑罚前,剩余刑期在 1 年以下的,由看守所代为执行。

(4) 强制罪犯参加劳动,接受教育和改造。根据《刑法》第46条的规定,被判处有期徒刑的犯罪分子,无论在何种场所执行,凡有劳动能力的,都应当参加劳动,接受教育和改造。我国对于判处有期徒刑的犯罪分子,不只是消极地实行关押和监禁,而是通过生产劳动和教育改造,使犯罪分子的不良的生活方式和行为方式得到矫正,并掌握一定的劳动技能,达到矫正犯罪、预防犯罪的刑罚目的。

(四) 无期徒刑

无期徒刑,是剥夺犯罪分子的终身自由,强制其参加劳动并接受教育改造的刑罚方法。它是仅次于死刑的一种严厉的刑罚。无期徒刑的主要特点是:

(1) 没有刑期限制,罪犯被剥夺终身自由。应当注意的是,无期徒刑虽然是终身剥夺自由,没有关押期限,但实际执行中,被判处无期徒刑的罪犯,在服刑期间如果符合法定条件,可予以减刑或假释。

(2) 被判处无期徒刑的罪犯在判决执行以前的羁押时间不存在折抵刑期的问题。

(3) 被判处无期徒刑的罪犯除了不具有劳动能力的以外,都要在监狱或其他执行场所中参加劳动,接受教育和改造。

(4) 根据《刑法》第57条的规定,被判处无期徒刑的罪犯,必须剥夺政治权利终身。

无期徒刑适用于罪行严重、社会危险性及人身危险性均比较大的犯罪分子。

无期徒刑是一种适用范围较广的刑罚种类。作为减少死刑适用的刑罚方法,刑法分则中绝大部分规定有死刑的条文,都同时规定了无期徒刑。

(五) 死刑

死刑,也就是生命刑,是剥夺犯罪分子生命的刑罚方法。它的特点是对犯罪分子的生命予以剥夺,是最为严厉的刑罚方法,因此也称为极刑。

长期以来,死刑存废一直是西方和我国刑法学界争论的热点问题。死刑存留论者认为:一是体现刑罚的公正,是社会正义和民众心理的需要,是刑罚报应的体现;二是不以死刑对付残杀人命的犯罪分子,社会秩序既无法维持,也有失人道和公道;三是对罪大恶极的谋杀犯处以死刑,也符合罪刑相适应的原则;四是人都是要生老病死的,政府可以借此遏制犯罪等。死刑废除论者则认为:一是死刑违背社会契约,谁也不会把生命权交给国家;二是死刑不人道;三是断绝了犯人改过自新的道路,有悖于罪刑等价原则;四是有的亡命徒是不怕死的,死刑的威慑力不足以遏制犯罪。此外,还有人认为,废除死刑有利于保护劳动力;错判的死刑有可能改正,等等。

我们认为,死刑的存废既需要遵从一定的价值追求,又必须具有相应的社会条件,最终只能以对生产力发展和社会进步是否有利来评断。在社会文明程度还没有达到一定水平的情况下,废除死刑往往可以作为一种追求和方向,而限制死刑的适用则更具实际意义。但从长远看,死刑的废除是必然的。据有关国际组织提供的统计资料,截止到20世纪末,全世界废除死刑的国家和地区分别情况如下:① 对一切犯罪废除死刑的国家有35个;② 仅对普通犯罪废除死刑的国家有18个;③ 实践中在一定时间(10年或更长些)从未执行死刑的国家和地区有27个。这三种情况加起来也只有80个国家和地区,也就是说在世界范围内大部分国家和地区都保留有死刑。有些国家,一度废除死刑,以后又恢复死刑或者正在争论恢复死刑。这清楚说明废除死刑的条件还不成熟,但是严格限制死刑的适用则已成为国际刑法发展的趋势。

在我国,当前及今后相当长时期内,还不具备废除死刑的社会物质生活条件。但是,我国通过刑法总则规定与分则规定相结合的方式控制死刑数量,严格限制死刑的适用。这些限制性规定主要表现在:

1. 限制死刑的适用条件

《刑法》第48条规定：死刑只适用于罪行极其严重的犯罪分子。这是刑法典总则对于适用死刑所作的条件性规定。所谓罪行极其严重，是指犯罪行为对国家和人民的利益危害特别严重，社会危害性极为巨大。“罪行极其严重”是一个抽象的概念，它反映在刑法典分则的具体条文中往往表现为：第一，在危害国家安全罪中，罪行极其严重表现为“对国家和人民危害特别严重，情节特别恶劣”。第二，在重大刑事犯罪可以适用死刑的条文中，罪行极其严重往往表现为“情节特别严重”“危害特别严重”“造成后果特别严重”或“致人重伤、死亡”“致使公私财产遭受重大损失”等。可以看出，在刑法典分则中，死刑适用的限制条件有的强调危害，有的强调情节，有的强调后果，它们共同地反映出犯罪分子的罪行极其严重这一适用死刑的原则性条件。

另外，刑法分则中除了极个别的例外，死刑都是作为选择刑来规定的，并不是绝对确定的法定刑，这就从死刑的规定方式上保证依法应当判处死刑的，只是极少数罪行极其严重、罪该处死的犯罪分子。

2. 限制死刑的适用对象

《刑法》第49条规定：“犯罪的时候不满十八周岁的人和审判的时候怀孕的妇女，不适用死刑。”《刑事诉讼法》第211条规定：执行死刑前，发现罪犯正在怀孕，应当停止执行，并报请核准死刑的上级人民法院依法改判。对审判时怀孕的妇女不适用死刑，是指不能判处死刑，而不是暂不执行死刑，待分娩后再执行。应当注意的是，对于怀孕的妇女无论是在羁押还是在受审期间，都不应当为了要判处死刑而给她进行人工流产；已经人工流产的，仍应视同审判时怀孕的妇女，不能适用死刑。另外，根据最高人民法院《关于对怀孕妇女在羁押期间自然流产审判时是否可以适用死刑问题的批复》(1998年8月4日通过)的规定，怀孕妇女因涉嫌犯罪在羁押期间自然流产后，又因同一事实被起诉、交付审判的，应当视为“审判的时候怀孕的妇女”，依法不适用死刑。对怀孕的妇女不能适用死刑，同样也包括不能适用死缓。

3. 限制死刑的适用程序

《刑法》第48条第2款规定：“死刑除依法由最高人民法院判决的以外，都应当报请最高人民法院核准。”根据这一规定，死刑的核准权全部都由最高人民法院统一行使。

4. 限制死刑的执行制度

《刑法》第48条规定：“对于应当判处死刑的犯罪分子，如果不是必须立即执行的，可以判处死刑同时宣告缓期二年执行。”这是关于我国刑法中死刑缓期执行制度的规定。这一制度的实行，大大缩小了判处死刑立即执行的适用范围。① 死刑缓期执行适用的条件。《刑法》第48条第1款规定：适用死刑缓期执行必须具备以下两个条件：一是罪该处死。这是宣告死刑缓期执行的前提条件，它要求适用“死缓”首先必须符合适用死刑的条件。二是不是必须立即执行。这是宣告死刑缓期执行的实质条件。② 死刑缓期执行的判决及其核准，《刑法》第48条第2款规定：死刑缓期执行的，可以由高级人民法院判决或者核准。③ 死刑缓期执行期满后的处理。《刑法》第50条第1款规定：判处死刑缓期执行的，在死刑缓期执行期间，如果没有故意犯罪，2年期满以后，减为无期徒刑；如果确有重大立功表现，2年期满以后，减为25年有期徒刑；如果故意犯罪，情节恶劣的，报请最高人民法院核准后执行死刑；对于故意犯罪未执行死刑的，死刑缓期执行的期间重新计算，并报最高人民法院备案。④ 特殊情况下的限制减刑。对被判处死刑缓期执行的累犯以及因故意杀人、强奸、抢劫、绑架、放火、爆炸、投放危险物质或者有组织的暴力性犯罪被判处死刑缓期执行的犯罪分子，人民法院根据犯罪情节等情况可以同时决定对其限制减刑。⑤ 死刑缓期执行期间的计算。《刑法》第51条规定：“死刑缓期执行的期间，从判决确定之日起计算。死刑缓期执行减为有期、徒刑的刑期，从死刑缓期执行期满之日起计算。”

三、附加刑

附加刑,也称从刑,是补充主刑适用的刑罚方法。它的特点是既能独立适用,又能附加适用。当附加适用时,附加于已适用的主刑,而且对于同一犯罪和同一犯罪人可以同时适用两种以上的附加刑。附加刑是我国刑罚方法的另一大类,此类刑罚方法包括罚金、剥夺政治权利、没收财产。另外,驱逐出境也是附加刑体系中的内容,是特殊的附加刑。

(一) 罚金

1. 罚金的概念

罚金是财产刑的一种,是人民法院判处犯罪分子向国家缴纳一定金钱的刑罚方法。罚金与行政罚款不同。两者的区别是:① 性质不同。罚金是刑罚方法,罚款是行政处罚。② 适用对象不同。罚金适用于触犯刑律的犯罪分子和犯罪的单位,罚款适用于一般违法分子和违法的单位。③ 适用机关不同。罚金只能由人民法院依照刑法的规定适用,罚款则由公安机关和海关、税务、工商行政管理等有关部门,依照有关法规的规定适用。

罚金的适用在刑法分则中规定得较为广泛。罚金主要适用于贪财图利或与财产有关的犯罪,这些犯罪大都有非法牟利或非法占有的犯罪目的。此外,罚金刑还适用于少数妨害社会管理秩序的犯罪。

2. 罚金的适用方式

刑法分则中规定罚金的适用方式有四种:第一,选处罚金,即罚金作为一种选择的法定刑,只能独立适用不能附加适用。第二,单处罚金,即罚金只能单独判处。这种情况只对单位犯罪适用。第三,并处罚金,即罚金只能附加适用,不能单独适用。第四,并处或者单处罚金,即罚金既可以附加适用,也可以独立适用。根据最高人民法院于 1999 年 10 月 27 日印发的《全国法院维护农村稳定刑事审判工作座谈会纪要》的规定,对自由刑和罚金刑均选择适用的案件,如盗窃罪,在决定刑罚时,既要避免以罚金刑代替自由刑,又要克服机械执法只判处自由刑的倾向。对于可执行财产刑且罪行又不严重的初犯、偶犯、从犯等,可单处罚金刑。对于应当并处罚金刑的犯罪,如被告人能积极缴纳罚金,认罪态度较好,且判处的罚金数量较大,自由刑可适当从轻,或考虑宣告缓刑。

3. 罚金的数额

《刑法》第 52 条规定:“判处罚金,应当根据犯罪情节决定罚金数额。”一般来说,非法获利的数额大,情节严重的,罚金数额应当多些;反之,则应当少些。总之,不让犯罪分子在经济上占到便宜。当然,判处罚金,也要考虑犯罪分子的实际经济负担能力,但这绝不能成为是否判处罚金刑的依据。刑法分则中对一些犯罪明确规定了罚金的下限和上限数额。对于这种规定了罚金数额幅度的情况,在适用罚金时,要注意应在该幅度内根据犯罪情节来决定对犯罪分子判处罚金的数额,不能因为强调犯罪情节而任意突破刑法典分则规定的罚金数额幅度。

4. 罚金的执行程序及执行方式

《刑法》第 53 条规定:罚金在判决指定的期限内一次或者分期缴纳。期满不缴纳的,强制缴纳。对于不能全部缴纳罚金的,人民法院在任何时候发现被执行人有可以执行的财产,应当随时追缴;由于遭遇不能抗拒的灾祸等原因缴纳确实有困难的,经人民法院裁定,可以延期缴纳、酌情减少或者免除。据此,① 罚金刑减、免、延期缴纳等程序要经人民法院裁定;② 罚金的执行方式主要有:一次缴纳、分期缴纳、强制缴纳、随时追缴、延期缴纳和减免缴纳等几种方式。

（二）剥夺政治权利

1. 剥夺政治权利的概念

剥夺政治权利是资格刑的一种，是人民法院依法剥夺犯罪分子参加国家管理与政治活动权利的刑罚方法。

2. 剥夺政治权利的内容

根据《刑法》第54条的规定，剥夺政治权利的内容包括：① 选举权和被选举权；② 言论、出版、集会、结社、游行、示威自由的权利；③ 担任国家机关职务的权利；④ 担任国有公司、企业、事业单位和人民团体领导职务的权利。

3. 剥夺政治权利的适用

剥夺政治权利依照其不同的适用方式，即是独立适用还是附加适用，分别适用于不同性质的犯罪。当它附加适用时，是作为一种严厉的刑罚方法适用于重罪。剥夺政治权利的附加适用主要由总则加以规定，它适用于三种情况：① 对于危害国家安全的犯罪分子应当附加剥夺政治权利。② 对于故意杀人、强奸、放火、爆炸、投毒、抢劫等严重破坏社会秩序的犯罪分子，可以附加剥夺政治权利。另外，根据最高人民法院《关于对故意伤害、盗窃等严重破坏社会秩序的犯罪分子能否附加，剥夺政治权利问题的批复》的规定，对于故意伤害、盗窃等其他严重破坏社会秩序的犯罪，犯罪分子主观恶性较深、犯罪情节恶劣、罪行严重的，也可以附加剥夺政治权利。③ 对于被判处死刑、无期徒刑的犯罪分子，应当附加剥夺政治权利终身。

4. 剥夺政治权利的期限

根据《刑法》第55条、第57条的规定，剥夺政治权利的期限有以下四种情况：① 独立适用剥夺政治权利或者主刑是有期徒刑、拘役，附加剥夺政治权利的，期限为1年以上5年以下。② 判处管制附加剥夺政治权利的期限与管制的期限相等。③ 判处死刑、无期徒刑的，应当剥夺政治权利终身。④ 死刑缓期执行减为有期徒刑或者无期徒刑减为有期徒刑的时候，应当把附加剥夺政治权利的期限相应地改为3年以上10年以下。

5. 剥夺政治权利刑期的计算

根据《刑法》第58条以及第55条第2款的规定，随主刑的不同而有以下几种情况：① 判处管制附加剥夺政治权利的，剥夺政治权利的刑期与管制的刑期相等，同时起算。② 判处拘役附加剥夺政治权利的，剥夺政治权利的刑期从拘役执行完毕之日起计算；在拘役执行期间，当然不享有政治权利。③ 判处有期徒刑附加剥夺政治权利的，剥夺政治权利的刑期从有期徒刑执行完毕之日或者从假释之日起计算；在有期徒刑执行期间，当然不享有政治权利。④ 死刑缓期执行减为有期徒刑或者无期徒刑减为有期徒刑时，附加剥夺政治权利终身减为3年以上10年以下，该剥夺政治权利的刑期，应从减刑以后的有期徒刑执行完毕之日或者从假释之日起计算，在主刑执行期间，当然不享有政治权利。

6. 剥夺政治权利的执行

由公安机关执行。《刑法》第58条第2款规定：被剥夺政治权利的犯罪分子，在执行期间，应当遵守法律、行政法规和国务院公安部门有关监督管理的规定，服从监督，并且不得行使《刑法》第54条规定的各项权利。根据有关规定，剥夺政治权利执行期满，应当由执行机关通知本人，并向有关群众公开宣布恢复政治权利。罪犯在恢复了政治权利以后，就享有法律赋予公民的政治权利。但是，有的政治权利要受到一定的限制。

对于被判处有期徒刑、拘役而没有附加剥夺政治权利的犯罪分子，根据1983年3月全国人大常委会《关于县级以下人民代表大会代表直接选举的若干规定》，准予行使选举权。而对准予行使选举权的服刑罪犯的选举方式，经选举委员会和监狱共同决定，可以在原户口所在地参加选举,也可以在劳动场所参加选举;可以在流动票箱投票,也可以委托有选举权的亲属或者其他选民代为投票。

（三）没收财产

1. 没收财产的概念

没收财产,是指人民法院依法将犯罪分子个人所有财产的一部或全部强制无偿地收归国有的刑罚方法。它是我国附加刑中较重的一种。没收财产的特点可以从它与罚金刑的区别中来认识。没收财产与罚金的区别在于：第一,罚金刑是剥夺犯罪分子一定数额的金钱,没收财产除了可以没收金钱,还可以没收其他财物。第二,没收财产是剥夺犯罪分子现有的财产,而罚金要求犯罪分子缴纳的金钱并不一定是犯罪分子现实所有的。第三,罚金可以分期缴纳,特殊情况下可以减免,而没收财产则是根据犯罪分子所有财产的实际情况,一次没收其一部或全部,不存在减免或分期缴纳的问题。

2. 没收财产的适用方式

刑法分则中规定的没收财产的适用方式有以下三种：第一,并处没收财产,即应当附加适用没收财产。第二,可以并处没收财产。这是指量刑时既可以附加没收财产,也可以不附加没收财产,审判人员需要根据实际情况作出选择。第三,并处罚金或者没收财产。这种情况没收财产和罚金可以选择其一判处,而无论选择罚金还是没收财产,都只能附加适用,并且必须适用。

3. 没收财产的范围

《刑法》第59条规定:“没收财产是没收犯罪分子个人所有财产的一部或者全部。没收全部财产的,应当对犯罪分子个人及其扶养的家属保留必需的生活费用。在判处没收财产的时候,不得没收属于犯罪分子家属所有或者应有的财产。”确定没收财产的范围包括两个方面的内容：一是确定犯罪分子个人所有的财产;二是对犯罪分子的财产决定是全部没收还是部分没收。犯罪分子个人所有的财产,是指犯罪分子实际所有的一切财产及其在共有财产中应得的份额。它包括两部分：第一,所有权已明确归属犯罪人的财产,如犯罪分子在婚姻关系成立前的退伍转业费或者其他收入;第二,犯罪分子家庭成员共有财产中属于犯罪分子应得的财产。

4. 没收财产的执行

没收财产的判决,无论是附加适用或是独立适用,均由人民法院执行;在必要的时候,可以会同公安机关执行。对于以没收的财产偿还债务问题,《刑法》第60条规定:“没收财产以前犯罪分子所负的正当债务,需要以没收的财产偿还的,经债权人请求,应当偿还。”

（四）驱逐出境

1. 驱逐出境的概念

驱逐出境,是指强迫犯罪的外国人离开国境的刑罚方法,它是一种专门适用于犯罪的外国人的特殊的附加刑,既可独立适用,又可附加适用。驱逐出境作为一种刑罚方法,是国家主权及司法自主权的体现。任何在我国境内的外国人都必须遵守我国的法律、法规,不得侵犯我国国家和人民的利益。外国人一旦在我国领域内犯罪,除享有外交特权和豁免权的通过外交途径解决以外,一律适用我国刑法。

2. 驱逐出境的适用对象

驱逐出境的适用对象是特定的,即犯罪的外国人。它具有两层含义：第一,驱逐出境只适用于外国人,不适用于中国公民。第二,驱逐出境只适用于犯罪的外国人,未构成犯罪的外国人不能成为驱逐出境的适用对象。还应当注意的是,根据《刑法》第35条的规定,对于犯罪的外国人,是可以独立适用或者附加适用驱逐出境,而不是必须适用驱逐出境。驱逐出境的执行日期,单独判处驱逐出境的,从判决生效后立即执行;附加判处驱逐出境的,从主刑执行完毕之日起执行。

第三节　非刑罚处理方法

一、概念

非刑罚处理方法就是对犯罪分子所适用的刑罚之外的处理方法。

根据《刑法》第36条、第37条、第37条之一的规定，我国刑法中的非刑罚处理方法包括刑事损害赔偿、教育或行政制裁措施、职业禁止三类。

二、刑事损害赔偿

（一）刑事损害赔偿的概念

刑事损害赔偿是非刑罚处理方法的一种，是就被害人的经济损失对受到刑罚处罚的犯罪分子判处给予被害人一定的经济赔偿。刑事损害赔偿属于刑事附带民事的强制处分。

（二）刑事损害赔偿的适用条件

刑事损害赔偿的适用应具备以下条件：① 被害人遭受了实际的经济损失，这种经济损失是现实的损失。② 被害人的经济损失必须是由被告人的犯罪行为造成的，即被害人的经济损失与被告人的犯罪行为之间存在着因果联系。③ 适用的对象必须是依法被判处刑罚的犯罪分子。犯罪分子被免予刑事处罚或对其不需要判处刑罚的，不适用本条规定的刑事损害赔偿，而应适用第37条的赔偿损失。

（三）刑事损害赔偿优先履行的条件

刑事损害赔偿优先履行，就是要求犯罪分子先履行民事赔偿责任，在被判处的对被害人的经济损失全部予以赔偿之后，再以其剩余的财产缴纳罚金，或者作为没收财产的执行对象。《刑法》第36条第2款规定：承担民事赔偿责任的犯罪分子，同时被判处罚金，其财产不足以全部支付的，或者被判处没收财产的，应当先承担对被害人的民事赔偿责任。因此，损害赔偿优先履行的条件是：① 犯罪分子对被害人有赔偿经济损失的义务，即符合上述刑事损害赔偿的适用条件。② 犯罪分子被判处的刑罚中有罚金刑或者没收财产刑，无论是单处还是附加处罚。③ 犯罪分子的财产不足以全部支付所判处的罚金与损害赔偿，或者同时被判处没收财产与损害赔偿。

应当注意的是，刑事损害赔偿是刑事附带民事的强制处分，它应当通过刑事附带民事诉讼程序加以适用。如果被害人由于被告人的犯罪行为遭受到实际的经济损失，但未提起附带民事诉讼，或者放弃附带民事诉讼的，审判人员不可自行对被告人判处损害赔偿。

三、教育或行政制裁措施

《刑法》第37条规定：对于犯罪情节轻微不需要判处刑罚的，可以免予刑事处罚，但是可以根据案件的不同情况，予以训诫或者责令具结悔过、赔礼道歉、赔偿损失，或者由主管部门予以行政处罚或者行政处分。本条所规定的非刑罚处理方法是教育或行政制裁措施，包括以下6种。

1. 训诫

它是指人民法院对犯罪分子当庭予以批评或者谴责，责令其改正的一种非刑罚处理方法。

2. 责令具结悔过

它是指人民法院责令犯罪分子用书面方式保证悔改的一种非刑罚处理方法。

3. 赔礼道歉

它是人民法院责令犯罪分子向被害人承认错误、表示歉意的一种非刑罚处理方法。

4. 责令赔偿损失

它是人民法院根据犯罪行为对被害人造成的经济损失情况，责令犯罪分子给予被害人一定经济赔偿的一种非刑罚处理方法。

5. 由主管部门予以行政处罚

这是指人民法院建议主管部门对犯罪分子予以行政处罚，如罚款、行政拘留等。

6. 由主管部门予以行政处分

这是指人民法院建议主管部门对犯罪分子予以行政处分，如记过、开除等。

适用以上的非刑罚处理方法应当具备三个条件：① 行为人必须构成犯罪。② 犯罪分子被免予刑事处罚。这包括两种情况：一种是如该条所规定的犯罪情节轻微不需要判处刑罚；另一种是具有刑法规定的免除处罚情节的，如又聋又哑的人或者盲人犯罪的、预备犯等。③ 根据案件的情况需要给予恰当的处理，并不是对所有由于犯罪情节轻微而免予刑事处罚的犯罪分子都应适用非刑罚处理方法。

四、职业禁止

《刑法》第37条之一规定，因利用职业便利实施犯罪，或者实施违背职业要求的特定义务的犯罪被判处刑罚的，人民法院可以根据犯罪情况和预防再犯罪的需要，禁止其自刑罚执行完毕之日或者假释之日起从事相关职业，期限为3年至5年；被禁止从事相关职业的人违反人民法院依照上述规定作出的决定的，由公安机关依法给予处罚；情节严重的，依照《刑法》第313条(拒不执行判决、裁定罪)的规定定罪处罚；其他法律、行政法规对其从事相关职业另有禁止或者限制性规定的，从其规定。

本条新增规定的职业禁止不属于刑罚，既不是主刑，也不是附加刑，而是一种非刑罚性处置措施。但是，这种非刑罚性处置措施由人民法院根据刑法规定判决或者裁定，具有法律效力；对于拒不执行情节严重的，应根据《刑法》第313条以拒不执行判决、裁定罪定罪处罚。

职业禁止，是指人民法院对行为人利用职业便利实施犯罪，或者实施违背职业要求的特定义务的犯罪依法除判处相应刑罚之外，还可以根据犯罪情况和预防再犯罪的需要，禁止其自刑罚执行完毕之日或者假释之日起从事相关职业。实践中，需要注意以下几点：① 职业禁止，自罪犯刑罚执行完毕之日或者假释之日起开始执行，期限为3年至5年。② 职业禁止由公安机关负责执行，对违反人民法院裁判职业禁止的，由公安机关给予行政治安处罚；情节严重的，以拒不执行判决、裁定罪追究刑事责任。③ 刑法规定的职业禁止与行政法规中有关职业禁止的规定的关系，即其他法律、行政法规对其从事相关职业另有禁止或者限制性规定的，从其规定。④ 对于2015年10月31日以前因利用职业便利实施犯罪，或者实施违背职业要求的特定义务的犯罪的，不适用修正后刑法第37条之一第一款的规定。其他法律、行政法规另有规定的，从其规定。

职业禁止与禁止令不同。禁止令是《刑法修正案(八)》对我国非监禁刑制度进行的重大调整和一项制度创新，即对被判处管制或者缓刑的罪犯，人民法院可以同时禁止其在刑罚执行期间从事特定活动、进入特定区域、场所，接触特定的人。职业禁止与禁止令相比，相同之处是两者都不是一种新的刑罚。不同之处在于禁止令是一种刑罚的监管措施，即对管制犯、缓刑犯具体执行监管措施的革新；而职业禁止是一种非刑罚性处置措施，即对因利用职业便利实施犯罪或者实施违背职业要求的特定义务的犯罪被判处刑罚的犯罪分子刑满释放或者假释后的一种预防性措施。

本 章 小 结

刑罚与刑罚权紧密相关，刑罚权分为制刑权、量刑权和行刑权。刑罚具有剥夺功能、威慑功能、矫正功能、安抚功能。在我国刑法体系中，有死刑、无期徒刑、有期徒刑、拘役和管制5种主刑，有罚金、没收财产、剥夺政治权利、驱逐出境4种附加刑。对于犯罪分子，还可以适用非刑罚处理方法：一是刑事损害赔偿；二是训诫、责令具结悔过、赔礼道歉、赔偿损失、由主管部门予以行政处罚或行政处分；三是职业禁止。

参考阅读书目

1. 邱兴隆、许章润：《刑罚学》，中国政法大学出版社1999年版。
2. 周光权：《法定刑研究》，中国方正出版社2000年版。
3. 谢望原：《刑罚价值论》，中国检察出版社1999年版。

【思考题】

1. 如何理解刑罚的概念和特点？
2. 刑罚的功能有哪些？
3. 什么是主刑、附加刑？
4. 我国刑法严格限制死刑的适用表现有哪些方面？
5. 罚金的适用方式和执行方式有哪几种？
6. 剥夺政治权利的适用对象是什么？
7. 没收财产的适用范围是什么？

第十一章 刑罚裁量

本章要点

本章主要讨论以下问题：刑罚裁量的概念和原则，刑罚裁量时法定情节和酌定情节的特点及其适用，累犯的概念、构成条件及处罚原则，自首的成立条件和刑罚适用，立功制度，数罪并罚的概念、适用原则和具体方法。

第一节 刑罚裁量概述

一、刑罚裁量的概念

刑罚裁量，即量刑，是指人民法院对犯罪分子依法裁量决定刑罚的一种审判活动。

量刑作为一种刑事司法活动，主要包括以下内容。

1. 决定是否对犯罪人判处刑罚

量刑的基础是行为人的行为构成犯罪。而犯罪的基本特征之一是行为应当受到刑罚处罚即具有应受刑罚处罚性。对于绝大多数犯罪人而言，其被判处刑罚是其行为必然产生的后果。但是，我国刑法规定有多种免除刑罚的情节，对于具有某种情节的罪犯应当或者可以免除刑罚处罚。所以，量刑首先要解决是否有必要对犯罪人判处刑罚的问题。

2. 决定对犯罪人判处何种刑罚和多重的刑罚

我国刑法所规定的法定刑多为相对确定的法定刑，不仅有较大的量刑幅度，而且相当数量的法定刑规定了两种以上的主刑或者两种以上的主刑和附加刑，可供司法人员选择的余地很大。在这种情况下，量刑活动就必须决定具体应判处的主刑刑种及其轻重程度，以及是否判处附加刑。

3. 决定对犯罪人所判处的刑罚是否立即执行

对绝大多数犯罪人而言，所判刑罚一旦产生法律效力就应当立即交付执行。但是由于我国刑法规定了缓刑制度，在符合法定条件的情况下，对犯罪人所判处的刑罚可以暂缓执行。因此，在刑罚裁量中，自然包括决定所判处的刑罚是否立即执行的内容。

4. 将数个宣告刑合并为执行刑

在一人犯数罪的情况下的刑罚裁量还包括将因犯数罪而判处的刑罚依照数罪并罚的原则合并为执行刑，从而宣告执行刑的问题。

量刑与定罪是人民法院刑事审判活动中两个紧密相连的重要部分。定罪是量刑的必要前提，量刑是定罪的必然归宿。没有定罪，量刑无从谈起；定罪不准，量刑必然不当。前者运用的是犯罪构成理论，后者适用的是量刑原则。准确定罪，适当量刑，是正确适用刑法的必然要求。

二、刑罚裁量的一般原则

量刑的一般原则，是指人民法院在法定刑的范围内或基础上，决定对犯罪分子是否适用刑罚或者处罚轻重的指导思想和准则。

我国《刑法》第61条规定：对于犯罪分子决定刑罚的时候，应当根据犯罪的事实、犯罪的性质、情节和对于社会的危害程度，依照本法的有关规定判处。根据这一规定，量刑的一般原则可以概括为：以犯罪事实为根据，以刑事法律为准绳。

（一）刑罚裁量必须以犯罪事实为根据

犯罪事实是量刑的客观根据，没有犯罪事实就无法确定犯罪，量刑就失去了前提。犯罪事实有广义与狭义之分，这里讲的犯罪事实是广义的犯罪事实。广义的犯罪事实是指客观存在的与犯罪有关的各种事实情况的总和。它既包括犯罪构成的基本事实，也包括犯罪性质、情节和对社会的危害程度。因此，作为量刑根据的犯罪事实包括以下四项内容：

1. 犯罪的基本事实

它是指犯罪构成要件的各项基本事实情况。查清犯罪事实就是要查明何人在何种心态支配之下，针对何种对象实施了危害行为，并造成了何种危害结果，侵犯了何种合法权益。另外，对于某些以"情节严重"为构成要件的犯罪来说，犯罪的事实还包括犯罪情节，这种情节称为定罪情节。犯罪事实是量刑的首要根据，也是正确认定犯罪性质、分析犯罪情节和衡量犯罪社会危害程度的前提。

2. 犯罪的性质

它是指犯罪行为的法律性质，即某一危害社会的行为经由法律规定并通过审判机关确认的犯罪属性，表现为行为人的行为构成什么罪，应定什么罪名。在量刑前应当在查清犯罪事实的基础上，运用犯罪构成的理论和刑法分则的有关规定，正确地认定犯罪性质。因为我国刑法分则对各种不同的具体犯罪规定了不同的法定刑，所以确定了犯罪性质就意味着选定了与之相对应的法定刑，从而为准确量刑提供了准备。

3. 犯罪情节

如犯罪的动机、手段、环境和条件，以及犯罪分子的一贯表现、犯罪后的态度、直接或间接的损害后果，等等。这些事实情况虽然不影响定罪，但在一定程度上决定着量刑。

4. 对于社会的危害程度

它是指犯罪行为对社会造成或者可能造成损害结果的程度。社会危害性是犯罪的本质特征。社会危害性程度大小是区分罪与非罪，罪轻与罪重以及由此而决定的对犯罪分子是否适用刑罚、如何适用刑罚的重要根据。社会的危害程度，是由犯罪的一系列主观因素和客观因素综合而成的，包括犯罪事实、犯罪的性质、情节以及犯罪人的主观恶性程度等。因此，正确地判断犯罪行为对社会的危害程度，必须将犯罪的各种因素全面综合地加以考虑，防止片面地强调其中某一方面的因素。只有这样才能避免出现量刑畸重畸轻、罪刑不相适应的现象。

（二）刑罚裁量必须以刑法为准绳

量刑必须以刑法为准绳，是指人民法院在认定犯罪事实的基础上，必须按照刑法的有关规定对犯罪分子是否判刑、判什么刑、判刑轻重以及如何执行刑罚作出判处。

依法量刑，是社会主义法制原则的必然要求，也是罪刑法定这一基本的刑法原则在量刑中的体现。量刑以刑法为准绳，主要是遵守以下规定：

1. 刑法总则中关于刑罚原则、制度、方法及其适用条件的一般规定

如对预备犯、中止犯、未成年犯罪人，共同犯罪中的主犯、从犯、教唆犯、胁从犯的处罚原则；有关自首、立功、累犯、缓刑、数罪并罚等制度；有关从重、从轻、减轻以及免除刑罚处罚的规定。

2. 刑法分则中有关各种具体犯罪的法定刑及其量刑幅度的具体规定

刑法分则对每一具体犯罪都规定了法定刑，除极少数犯罪只有一个法定刑幅度外，绝大多数

犯罪都有两个或两个以上的法定刑幅度。在对实施了不同具体犯罪的犯罪分子裁量刑罚时,必须按照刑法分则所确定的法定刑进行。在一个罪有几个法定刑幅度的情况下,应按照与具体犯罪情况相对应的量刑幅度量刑。在量刑时超越法定的刑种和量刑幅度即为违法。

三、量刑情节

(一) 量刑情节的概念

量刑情节,是指由刑事法律规定或认可的定罪事实以外的,体现犯罪行为社会危害程度和犯罪人的人身危险性大小,据以决定对犯罪人是否处刑以及处刑轻重所应当或可以考虑的各种具体事实情况。

量刑情节具有以下特征:

首先,量刑情节与犯罪构成事实无关,是犯罪构成事实之外的事实情况。如果某种事实情况是犯罪构成必不可少的,那就不是量刑情节而是定罪情节。因为犯罪构成事实的作用是区分罪与非罪、此罪与彼罪的界限,而量刑情节只是对是否判处刑罚、判处何种刑罚,以及是否立即执行刑罚具有影响。因此,只有犯罪构成事实以外的事实才是量刑情节。

其次,量刑情节对犯罪的社会危害程度和犯罪人的人身危险性具有影响作用。犯罪的社会危害程度和犯罪人的人身危险性是量刑的两大根据,这就决定了作为量刑情节的事实要么影响犯罪的社会危害程度,要么影响犯罪人的人身危险性,既不影响犯罪的社会危害程度,又不影响犯罪人的人身危险性的事实,自然不能成为量刑情节。

再次,量刑情节是在对犯罪人裁量决定刑罚时需要考虑的事实情况。人民法院在刑事审判中需要考虑的事实情况很多,有的事实情况是定罪时需要考虑的,有的事实情况是量刑时需要考虑的,只有后者才是量刑情节。

(二) 量刑情节的分类

量刑情节的内涵丰富,外延广泛,性质各不相同。根据不同的标准,对量刑情节可以作不同的分类。

一般而言,以刑法是否就量刑情节及其功能作出明确规定为标准将其分为法定情节与酌定情节。

1. 法定情节

法定情节,是指法律明文规定其具体内容、能够影响量刑轻重的事实情况。它既包括刑法总则规定的对各种犯罪共同适用的情节,也包括刑法分则对特定犯罪适用的情节。

我国刑法共规定了以下四种法定情节:

(1) 从重处罚情节。它是指在法定刑的限度以内,对有从重情节的犯罪分子判处较重的刑种或较长的刑期。

从重处罚有两方面的含义:一是依照《刑法》第 60 条的规定,从重处罚应当在法定刑的限度以内判处刑罚,不允许法外加刑、破格判刑。否则,从重处罚就成了加重处罚;二是从重处罚是比没有这个情节的犯罪分子判处较重的刑罚。

属于法定的从重处罚的情节,在刑法总则和分则中都有规定。如刑法总则规定的教唆不满 18 周岁的人犯罪的教唆犯以及累犯;刑法分则规定的武装掩护走私的、奸淫不满 14 周岁的幼女的、索贿的等,都应当从重处罚。

(2) 从轻处罚情节。它是指在法定刑的限度内,对具有从轻情节的犯罪分子判处较轻的刑种或较短的刑期,例如根据《刑法》第 22 条的规定,对于预备犯,可以比照既遂犯从轻处罚,犯罪预备就是从轻处罚情节。

(3) 减轻处罚情节。它是指依法在法定最低刑之下,对具有减轻情节的犯罪分子判处刑罚。根据《刑法》第63条的规定,减轻处罚分为两种情况：一是法定减轻。即犯罪分子具有法律明文规定的减轻处罚情节的,应当在法定刑以下判处刑罚,例如根据《刑法》第67条的规定,对自首犯可以减轻处罚,自首就是减轻处罚情节;二是酌定减轻。即犯罪分子虽然不具有法律规定的减轻处罚情节,但是根据案件的特殊情况,经最高人民法院核准,也可以在法定刑以下判处刑罚。

(4) 免除处罚情节。它是指对犯罪分子作出有罪宣告,同时免除其刑罚处罚。免除处罚是以行为人的行为已经触犯刑律,构成犯罪,应受刑罚处罚为前提条件的。但因行为人犯罪情节轻微,不需要判处刑罚,或者有其他法定免除处罚情节的,均免予刑事处罚。例如根据《刑法》第68条的规定,犯罪后自首又有重大立功表现的,应当减轻或者免除处罚,那么自首同时又重大立功就是免除处罚情节。

对于犯罪情节轻微,不需要判处刑罚的,依照《刑法》第37条的规定,在判决免予刑事处罚的同时,可以根据案件的不同情况,采用非刑罚的方法处理,即予以训诫或者责令具结悔过、赔礼道歉、赔偿损失,或者由人民法院交由主管部门予以行政处罚或者行政处分。这些措施是了结案件、进行善后处理的办法,不是刑事处罚或者司法机关给予的行政处分。

2. 酌定情节

酌定情节,又称裁判情节,是指刑法没有明文规定,根据立法精神从审判实践经验中总结出来的,反映犯罪行为的社会危害性程度和犯罪人的人身危险性程度,在量刑时酌情适用的情节。

酌定情节是多种多样的,概括起来,常见的酌定情节主要有以下几种：

(1) 犯罪动机。犯罪动机不同,反映犯罪分子的主观恶性不同。一般地说犯罪动机卑鄙恶劣的,其主观恶性大,社会危害性及改造的难度也大,处刑应重些。

(2) 犯罪手段。犯罪手段残酷、狡猾的程度不同,反映出犯罪人是否具有犯罪的经验和对社会的仇视程度,说明其行为的社会危害性程度也有所不同。

(3) 犯罪的时间、地点等当时的环境和条件。相同类型的犯罪,在不同的政治、经济形势和社会治安情况下发生,所造成的社会危害大不相同。比如在自然灾害时,抢劫、盗窃、抢夺救灾物资的犯罪,其社会危害程度比平时的一般犯罪危害要大。对这些因素在量刑时必须考虑,以斟酌刑罚的轻重。

(4) 犯罪侵害的对象。侵害对象的具体情况不同,其社会危害性也有差异。如挪用救灾、救济款物比挪用一般的公款危害更大。因此处刑轻重也应有所不同。

(5) 犯罪所造成的损害结果。作为非构成要件的损害结果的大小是量刑轻重的重要根据。这里的损害结果包括直接的、有形的结果(如对被害人造成的物质损害)和间接的、无形的损害(如行为对社会的危害和恶劣影响等),它们虽然对定罪没有影响,但是,能够直接表明犯罪行为对刑法所保护的社会关系所造成的损害程度,因而是重要的酌定情节。例如同是侵占他人财物数额较大的犯罪,有的接近数额巨大,但有的只是刚刚超过数额较大的标准,而有的则因侵占他人财物导致被害人生活困难而自杀身亡,结果的不同,显然对刑罚的轻重有重要的影响。至于通常所说的"民愤",则可以看作是社会对犯罪行为所造成的危害的反映,在量刑时也可以作为酌定情节加以考虑。

(6) 犯罪人的个人情况和一贯表现。这些情况和表现是与犯罪有关的思想和行为的表现,而不是犯罪人的个人出身情况、职业甚至政治面貌等。除法律有规定的累犯、犯罪集团的首要分子等以外,上述表现和情况,也从一个侧面反映出犯罪人的人身危险性大小,是量刑时应当斟酌考虑的事实情况。

(7) 犯罪人犯罪后的态度。除法定情节以外,行为人是否积极实施挽救行为,以防止结果的

发生,是否积极退赃,是否主动赔偿损失,是否坦白交代罪行等,均能表明其悔罪程度、主观恶性如何,对此情节在量刑时应当适当加以考虑。

（三）量刑情节的运用

1. 恰当运用功能选择性情节

有的法定情节既可以作为从轻情节运用,也可以作为减轻情节运用,还可以作为免除情节运用。这就是一种情节同时具有多种功能,审判人员要选择其中一种功能运用于量刑。

对法定情节的功能选择也不是可以随意进行的,而是要根据以下两个方面的情况作出:一是根据不同功能的排位。例如,根据《刑法》第22条第2款的规定,对于预备犯,可以比照既遂从轻、减轻处罚或者免除处罚。由于立法者将从轻处罚放在首要位置,因此,对于预备犯量刑时,一般情况下首先考虑的是从轻处罚,其次考虑减轻处罚,最后才考虑免除处罚。二是根据案件的具体情况。例如,同是预备犯,对于犯罪较轻、犯罪动机善良的预备犯,可以选择免除处罚;对于犯罪较重、犯罪动机卑鄙的预备犯,则可以选择从轻处罚;对于犯罪极其严重,犯罪动机又十分卑鄙的预备犯,则不予任何从宽处罚。

2. 严格运用法定情节,合理兼顾酌定情节

在量刑时必须严格运用法定情节,这是对罪刑法定原则的贯彻,因为法定情节是刑法明文规定的从宽情节和从严情节。对于法定情节中的"应当型"情节,审判人员在量刑时必须不折不扣地加以运用。例如,根据《刑法》第24条第2款的规定,对于中止犯,没有造成损害的,应当免除处罚;造成损害的,应当减轻处罚。据此,审判人员在给中止犯量刑时,必须严格执行这一规定,对于没有造成损害的,必须毫不犹豫地减轻处罚。对于法定"可以型"情节,审判人员在量刑时也不能随心所欲地决定运用或舍弃。立法者规定犯罪人具有某种事实情况时,可以从宽处罚或者从严处罚,其立法倾向是在一般情况下,都要从宽处罚或者从严处罚,只有在特殊情况下,才不予从宽处罚或者从严处罚。例如,《刑法》第67条规定:对于自首的犯罪分子,可以从轻或者减轻处罚。其中,犯罪较轻的,可以免除处罚。根据这一规定,对于自首犯,一般情况下都要给予从轻处罚,只有在罪行极其严重的情况下,才不予从轻处罚。审判人员在运用法定"可以型"情节时,必须从立法本身的倾向出发,绝不能凭个人好恶随意取舍。

在严格运用法定情节的同时,还必须重视酌定情节。酌定情节虽然不是刑法明文规定的情节,但审判人员在量刑时也不能忽略不计,而是要给予应有的考虑,有时还应将酌定情节放在十分重要的位置,使之对量刑结果产生重大作用。例如,大义灭亲并不是法定情节,而是酌定情节。但在司法实践中对大义灭亲的故意杀人犯,往往处罚很轻。这说明酌定情节在量刑时也有重要作用,决不可对酌定情节置之不理。

第二节　累　　犯

一、累犯的概念

累犯,是指因犯罪而受过一定的刑罚处罚,在刑罚执行完毕或者赦免以后,在法定期限内又犯一定之罪的罪犯。

二、累犯的构成条件

（一）一般累犯的构成条件

根据《刑法》第65条的规定,一般累犯,是指因故意犯罪被判处有期徒刑以上刑罚并且已满

18周岁的犯罪分子，在刑罚执行完毕或者赦免以后，5年内故意再犯应当判处有期徒刑以上刑罚之罪的情形。

一般累犯的构成条件包括以下方面：

1. 前罪与后罪都是故意犯罪，此为构成累犯的主观条件

如果前后两罪都是过失犯罪，或者前后两罪中其一是过失犯罪，则不构成累犯。刑法将过失犯罪排除在累犯之外，对累犯的主观构成要件作了严格的限制，这主要是因为：一方面，故意犯罪的犯罪人比过失犯罪的犯罪人具有更为严重的人身危险性和更大的主观恶性，理应受到重罚；另一方面，在我国，经常发生且对国家、社会和公民危害最大的主要是故意犯罪而非过失犯罪，因此，将累犯制度设立为防止犯罪人再犯故意之罪的法律措施，是有实际意义的。

2. 前罪被判处有期徒刑以上刑罚，后罪应当被判处有期徒刑以上刑罚，这是构成累犯的刑度条件

换言之，构成累犯的前罪被判处的刑罚和后罪应判处的刑罚都是有期徒刑以上刑罚，如果前后各罪所判处的刑罚都低于有期徒刑，或者有一罪低于有期徒刑的，都不构成累犯。所谓前罪被判处有期徒刑以上刑罚，是指人民法院根据犯罪的全部情况，最后确定其宣告刑为有期徒刑以上刑罚的。这里的有期徒刑以上刑罚，除了有期徒刑以外，还包括无期徒刑和死刑缓期2年执行。所谓后罪应当被判处有期徒刑以上刑罚，是根据后罪社会危害性的大小，实际上应当判处有期徒刑以上刑罚。

3. 后罪发生在前罪的刑罚执行完毕或者赦免以后5年之内，这是构成累犯的时间条件

我国刑法以刑满或赦免以后5年内再犯罪作为累犯成立的时间条件，如果后罪发生在前罪的刑罚执行期间，则不构成累犯，而应适用数罪并罚；如果后罪发生在前罪刑满或赦免5年以后，也不构成累犯。这里的刑罚执行完毕，法律没有明文规定，一般认为是指主刑执行完毕，不包括附加刑在内。主刑执行完毕以后5年内又犯罪的，即使附加刑还未执行完毕，也可以构成累犯。

被假释的犯罪分子，如果在假释考验期内又犯新罪的，不构成累犯，而应在撤销假释之后，适用数罪并罚。因为假释是附条件提前释放，在假释犯撤销假释后，原判的刑罚仍须继续执行，而不是已执行完毕。如果假释犯在假释考验期满后5年内再犯新罪的，则可以构成累犯。

（二）特别累犯的构成条件

根据我国《刑法》第66条的规定，特别累犯，是指因危害国家安全犯罪、恐怖活动犯罪、黑社会性质的组织犯罪的犯罪分子，在刑罚执行完毕或者赦免以后，在任何时候再犯上述任一类罪的情形。

特别累犯的构成条件是：

（1）前罪和后罪必须均为危害国家安全犯罪、恐怖活动犯罪、黑社会性质的组织犯罪。如果行为人实施的前后两罪都不是危害国家安全罪，或者其中之一不是危害国家安全罪，就不能构成危害国家安全罪的特别累犯。当然，这并不排除其构成一般累犯的可能。

（2）前罪被判处的刑罚和后罪应判处的刑罚的种类及其轻重不受限制。即使前后两罪或者其中一罪判处管制、拘役甚至单处附加刑，也不影响危害国家安全罪特别累犯的构成。

（3）后罪可以发生在前罪刑罚执行完毕或者赦免后的任何时候，不受两罪相隔时间长短的限制。

三、累犯的处罚

根据我国《刑法》第65条的规定，对累犯应当从重处罚。据此，对累犯裁量刑罚，确定其应当承担的刑事责任时，应注意把握以下几个方面的问题。

(一)对于累犯必须根据一定的标准从重处罚

即无论具备一般累犯的构成条件者,还是具备特别累犯的构成条件者,都必须对其在法定刑的限度以内,判处相对较重的刑罚,即适用较重的刑种或较长的刑期。

一方面,对于累犯应当比照不构成累犯的初犯或其他犯罪人进行从重处罚。具体而言,就是当累犯所实施的犯罪行为与某一不构成累犯者实施的犯罪行为在性质、情节、社会危害程度等方面基本相似的条件下,应比照对不构成累犯者应判处的刑罚再予以从重处罚。虽然我国刑法并未明文规定对于累犯应当比照不构成累犯者从重处罚,但基于刑法设置累犯制度的宗旨和累犯制度的基本精神,这应是对于累犯采用从重处罚原则,以解决其刑事责任所须遵循的基本立法精神。

另一方面,对于累犯从重处罚,必须根据其所实施的犯罪行为的性质、情节和社会危害程度,确定具体应判处的刑罚,应切忌毫无事实根据地对累犯一律判处法定最高刑的做法。在司法实践中,有个别审判人员习惯于对累犯不问情况一律判处法定最高刑,似乎对从重处罚的理解就是一律判"满贯刑",这种理解显然是不妥当的。

(二)对累犯应当从重处罚,而不是可以从重处罚

可以是选择性规范,即适用者可以选择从重,也可以不选择从重。应当从重则是命令性规范,法官没有灵活选择的余地。即凡是符合累犯条件而构成累犯的,审判人员就必须对犯罪人在法定刑的幅度内处以较重的刑罚,否则就有悖于罪刑相适应的刑法原则。

(三)对于累犯不适用缓刑

累犯不适用缓刑,这是《刑法》第 74 条明确规定的;对累犯不得假释,这是《刑法》第 81 条第 2 款规定的。因为缓刑和假释的适用,都要求以犯罪人不致再危害社会为条件,而累犯则属于屡教不改,具有较大人身危险性的人。对累犯适用缓刑和假释,不利于对累犯的教育、改造,起不到预防犯罪的刑罚目的,更不能保证社会的安全。

第三节 自 首

一、自首的概念

自首,是指犯罪以后自动投案,如实供述自己罪行的行为,或者被采取强制措施的犯罪嫌疑人、被告人和正在服刑的罪犯,如实供述司法机关还未掌握的本人其他罪行的行为。

我国刑法设置的自首制度及其所确立的对自首犯从宽处罚的原则,对分化瓦解犯罪势力,迅速侦破刑事案件,感召犯罪分子主动投案,激励犯罪分子改过自新,减少社会不安定因素,及时打击和预防犯罪起着积极的作用。

二、自首的种类及成立条件

根据《刑法》第 67 条的规定,自首分为一般自首和特别自首两种。

一般自首是指犯罪分子犯罪以后自动投案,如实供述自己罪行的行为。

特别自首,亦称准自首,是指被采取强制措施的犯罪嫌疑人、被告人和正在服刑的罪犯,如实供述司法机关还未掌握的本人其他罪行的行为。

(一)一般自首的成立条件

1. 自动投案

所谓自动投案,是指犯罪分子于犯罪之后,被动归案之前,自行投于有关机关或个人,承认自

己实施了犯罪,并自愿置于所投机关或个人的控制之下,等候交代犯罪事实,并最终接受国家的审理和裁判的行为。对此,可以从以下几个方面来加以理解。

第一,自动投案须发生在尚未归案之前。所谓尚未归案,是对自动投案的时间限定。投案行为通常实行于犯罪分子犯罪之后,犯罪事实尚未被司法机关发觉以前;或者犯罪事实虽然已被司法机关发觉,但犯罪人尚未被查获以前;或者犯罪事实和犯罪分子均已被发觉,而司法机关尚未对犯罪分子进行讯问或者采取强制措施以前。

另外,犯罪分子的罪行尚未被司法机关发觉,仅因形迹可疑被有关组织查询、教育后,自动投案;或者犯罪分子因病、因伤或为了减轻犯罪后果,委托他人代为投案;或者先以信件、电报、电话投案;犯罪分子在犯罪后,在被通缉、追捕的过程中,自动投案;经查实犯罪分子确已准备去投案,或者正在去投案的途中,被公安机关逮捕的,也应视为自动投案。至于犯罪后被群众扭送归案的,或被公安机关逮捕归案的,或者在追捕过程中走投无路当场被捕的,或者经司法机关传讯、采用强制措施被动归案的,均不能认为是自动投案。

第二,自动投案必须是基于犯罪分子本人的自愿意志。也就是说,犯罪分子的归案,并不是由违背犯罪分子本意的原因所造成的。

自动投案的动机是多种多样的,有的出于真诚悔罪,有的为了争取宽大处理,有的经亲友规劝而醒悟,有的慑于法律的威严,有的潜逃在外生活无着,等等。这些动机都不影响归案行为的自动性。

至于司法实践中经常出现的送子女或亲友归案的情形,一般并非出于犯罪分子的主动,而是经家长、亲友规劝、陪同投案的。无论是公安机关通知犯罪分子的家长后,或者家长、监护人主动报案后,犯罪分子被送去归案的,只要犯罪人后来如实供述了自己的罪行,一般也应按自首处理。

第三,自行投于有关机关或个人。自动投案,通常是指向有关机关投案。这些机关首先是指对犯罪负有侦查、起诉、审判职能的公安机关、人民检察院和人民法院及其派出单位,如街道派出所、基层人民法庭等。其次是指公、检、法以外的其他国家机关以及犯罪人所属的国家机关、国有公司、企业、事业单位、人民团体的保卫部门或乡、村政府及其治保组织。犯罪人投案的机关,未必是对其犯罪具有刑事管辖权的机关或与自己有关的机关、单位、组织等。

犯罪分子犯罪后,也可以向某些个人投案。也就是说,犯罪分子于犯罪之后,投于肯定会把自己的犯罪事实告知司法机关及其他机关、单位的人,也应属于自动投案。这些个人主要是指非在执行职务之中的司法机关及其他国家机关、企业事业单位的国家工作人员。如果是向正在依法执行职务的国家工作人员投案,则属于向其所属的机关、单位投案。此外,接受投案的个人,也可以是某些非国家工作人员,如村长、治保主任等。

犯罪人投案于有关机关或个人,并不限于必须到有关机关去或者直接投向有关个人。犯罪分子因病、因伤委托他人代为投案;或者先以信件、电报、电话投案的,也应允许。

第四,承认自己所犯的特定之罪。投案人不能空泛地承认自己犯罪,还要求其必须承认自己实施了特定犯罪事实,或者承认某一犯罪是自己所为。当然,这并不是要求其进一步交代犯罪的具体情况,因为详细供述犯罪事实已是投案之后要实施的行为。

投案人必须承认下列事实:在犯罪事实已经发生但尚未被发现的情况下,只要承认自己实施了何种犯罪即可;在犯罪事实虽已被发现,但尚未查清犯罪人是谁的情况下,只要承认某犯罪是自己所为即可;在犯罪事实和犯罪人均已被发觉,但犯罪人尚未归案的条件下,只要承认自己是某一特定犯罪的行为人即可。

第五,必须置于有关机关或个人的控制之下,并等待交代犯罪事实。换言之,犯罪人必须将人身自由权利自行交由有关机关或者个人支配,自愿服从其管理,并在此基础上,等候向有关机关的办案人员进一步交代犯罪事实。

在司法实践中,有的犯罪人匿名将赃物送回司法机关或者物主处,或者用电话、书信向司法机关报案或指出赃物所在。这类行为并没有将自身置于司法机关的控制之下,因而不能成立自首。但是,这种主动交出赃物的行为,也是悔罪的一种表现,在处理时可以考虑适当从宽。

第六,接受国家的审查和裁判。犯罪人接受国家的审查、裁判,是指接受司法机关的审查和裁判。

所谓审查,是指公安机关、检察机关以及人民法院对案件的审理、查证,对被告人的审核、询问等诉讼活动。所谓裁判,是指人民法院在审理的基础上,对案件定罪量刑所作的裁定和判决。

犯罪分子是否将自己的人身置于司法机关的现实控制之下,接受其审查和裁判是其是否自动投案,是否真诚悔罪的具体表现。所以,犯罪人归案之后,无论在刑事诉讼的侦查阶段、起诉阶段还是审判阶段,都必须接受司法机关的审理和裁判,不能逃避,才能使自首最终成立。

自动投案之后并主动如实供述自己罪行的犯罪人,一般来说,是会接受国家司法机关的审查和裁判的。但是,也有部分自动投案的犯罪分子却拒绝接受国家的审查和裁判,司法实践中存在多种多样的表现形式,具体有:其一,自动投案并交代罪行后又脱逃、隐匿的。这是犯罪分子拒绝接受国家审查和裁判的最明确表示。其二,自动投案并交代罪行后又翻供,亦即犯罪分子推翻自己的供词,目的在于推脱罪责,使自己逃避应得的惩罚。

衡量投案并交代罪行的犯罪分子是否接受国家司法机关的审查和裁判的标准,并不是看其有何主观表示或积极的行动,而是看其是否有翻供或脱逃司法机关控制的行为。基于此,下列情形都不能视为犯罪分子不接受国家机关的审查和裁判:其一,仅仅有不愿接受国家司法机关审查和裁判的意思表示。其二,对以前的供述予以修正。例如对以前供述中遗漏的犯罪事实进行补充;或者对以前交代中因错误理解坦白从宽的刑事政策而主动交代的非属自己实施的罪行进行更正。其三,犯罪人竭力为自己进行辩护。辩护权是法律赋予并保障被告人享有的一项重要权利。在整个刑事诉讼过程中,被告人都有权依照法律、根据事实为自己辩护,寻找、提出说明自己无罪、罪轻的事实和证据。其四,上诉行为。我国审判案件实行两审终审制,投案人对人民法院的第一审裁定或判决不服,并提出上诉,是法律规定的被告人享有的一项重要权利,与拒绝接受国家司法机关的终审裁定或判决有本质区别。

2. 如实供述自己的罪行

犯罪分子自动投案以后,只有如实供述自己的罪行,才能证明其具有真诚悔罪的表现。所以,能否如实供述自己的罪行是自首成立的一个重要条件。

第一,投案人所供述的必须是犯罪的事实,亦即客观存在的犯罪的一切实际情况的总和。这种事实不是投案人违反道德或一般的违法行为与事实,更不是与犯罪无关的其他行为与事实。此外,投案人基于对法律和事实的认识错误而交代了一些与犯罪无关的行为或事实,也不能视为是自首。

第二,犯罪人自动投案之后交代的犯罪事实,指的是主要犯罪事实,而不是指犯罪的全部事实细节。所谓主要犯罪事实,也就是足以证明行为人的行为构成犯罪的基本事实。如果犯罪人在供述罪行的过程中推诿责任,保全自己,意图逃避制裁;大包大揽,庇护同伙,意图包揽罪责;歪曲罪质、隐瞒情节,企图蒙混过关;掩盖真相,避重就轻,试图减轻罪责,等等,都不属于"如实供述自己的罪行",不能成立自首。当然,交代犯罪事实时,只要犯罪人对自己犯罪事实的认识和表述与客观存在的犯罪事实基本相一致就行,而并非要求完全一致。

第三,投案人所交代的必须是自己实施或支配他人实施并应由自己承担刑事责任的罪行。这些犯罪事实既可以是投案人单独实施的,也可以是投案人和他人共同实施的;既可以是一罪,

也可以是数罪。如果交代的是自己耳闻目睹的他人罪行，那么属于检举揭发或立功，而不是自首。

此外，犯罪人供述自己罪行的方式是多种多样的，可以是口头的，也可以是书面的；可以是直接的，也可以是间接的。

（二）特别自首的成立条件

根据《刑法》第67条第2款的规定，特别自首的成立条件包括以下几个方面：

1. 特别自首的主体必须是被采取强制措施的犯罪嫌疑人、被告人和正在服刑的罪犯

这里的强制措施是指我国刑事诉讼法所规定的拘传、取保候审、监视居住、拘留和逮捕等措施。所谓正在服刑的罪犯，是指已经人民法院判决，正在被执行刑罚的人。只有上述三种人，才能构成特别自首的主体。

2. 必须如实供述司法机关还未掌握的本人其他罪行

这有两方面的内容：一是所供述的必须是本人已经实施但司法机关还不知道、不了解或尚未掌握的犯罪事实；二是被采取强制措施的犯罪嫌疑人、被告人和正在服刑的罪犯所供述的罪行在犯罪性质或者罪名上与司法机关已经掌握的罪行不同。

三、自首的认定

（一）共同犯罪自首的认定

共同犯罪人自首时所应供述的自己罪行的范围，必须与其在共同犯罪中所起的作用和具体分工相适应。

第一，主犯应供述的罪行范围。主犯中的首要分子必须供述的罪行，应包括其组织、策划、指挥下的全部罪行；其他主犯必须供述的罪行，应包括其在首要分子的组织、策划、指挥的支配下，单独实施的共同犯罪的罪行以及与其他共同犯罪人共同实施的犯罪行为。

第二，从犯应供述的罪行。从犯中次要的实行犯必须供述的罪行，应包括犯罪分子自己实施的犯罪，以及与自己共同实施犯罪的主犯和胁从犯的犯罪行为；从犯中的帮助犯必须供述的罪行，包括自己实施的犯罪帮助行为，以及自己所帮助的实行犯的犯罪行为。

第三，胁从犯应供述的罪行范围。包括自己在被胁迫下实施的犯罪，以及其所知道的胁迫自己犯罪的胁迫人所实施的犯罪行为。

第四，教唆犯应供述的罪行范围。包括自己的教唆行为，以及所了解的被教唆人产生犯罪意图之后实施的犯罪行为。

（二）数罪自首的认定

正确认定数罪的自首，关键在于判断犯罪人是否如实地供述了所犯数罪并分别不同情况予以处理。

首先，就一般自首而言，对于犯罪人自动投案后如实地供述所犯全部数罪的，应认定为全案均成立自首。对于犯罪人自动投案后仅如实供述所犯全部数罪的一部分，而未供述其中所犯各罪的全部罪行的，应当分别予以处理：如果行为人所犯数罪为异种数罪的，其所供述的犯罪成立自首，其未交代的犯罪则不成立自首，即其自首的效力仅及于如实供述之罪。如果行为人的行为所犯数罪为同种数罪，则应根据犯罪人供述犯罪的程度，决定自首成立的范围。其中，犯罪所供述的犯罪与未供述的犯罪在性质、情节、社会危害程度等方面大致相当的，只应认定所供述之罪成立自首，未供述之罪不成立自首，即自首的效力同样及于如实供述之罪。犯罪人确实由于主客观方面的原因，只如实供述了所犯数罪中的主要或基本罪行，应认定为全案成立自首，即自首的效力及于所犯全部罪行。

其次,就特别自首而言,被司法机关依法采取强制措施的犯罪嫌疑人、被告人,如实供述司法机关还尚未掌握的本人非同种罪行的;或者正在服刑的罪犯,如实供述判决宣告前发生、判决确定的罪行以外的司法机关还尚未掌握的同种罪行或者非同种罪行的,以自首论。

(三) 自首与坦白的界限

所谓坦白,是指犯罪分子被动归案之后,自己如实交代所被指控的犯罪事实,并接受国家审查和裁判的行为。因此,自首和坦白均属于犯罪人犯罪后对自己所犯罪行的态度范畴。

自首和坦白存在以下相同之处:均以行为人实施了犯罪行为为前提;在归案后犯罪人都能如实交代自己的犯罪事实;两者都要求犯罪人接受国家的审查和裁判;两者都是从宽处罚情节。

但是,也必须看到,自首与坦白存在着明显的区别:自首是犯罪人自动投案之后,主动如实供述自己犯罪事实的行为,这表明犯罪人的人身危险性相对较轻,也正是因为这一点,刑法将自首作为法定的从宽处罚情节;坦白则是犯罪人被动归案之后,如实交代自己所被指控的犯罪事实的行为,犯罪人的人身危险性与自首犯比相对较重,因此,坦白只是酌定从宽处罚情节。

四、自首犯的处罚

各国刑法对自首从宽的规定有所不同,有的采取相对从宽处罚原则,有的采取绝对从宽处罚原则。我国《刑法》第 67 条第 1 款规定,对于自首的犯罪分子,可以从轻或者减轻处罚。其中,犯罪较轻的,可以免除处罚。可见,我国采取了相对从宽处罚的原则。

在对自首犯进行处罚时,应当注意以下问题:① 对自首犯要根据其主观恶性的大小和自首的具体情节(如投案早晚、投案动机、对罪行的交代程度等)来决定是从轻还是减轻处罚。对于主观恶性较小、悔改表现明显的,可以考虑减轻处罚;对于其他的自首犯,则可以从轻处罚。② 对于犯罪较轻的自首犯,主观恶性较小、悔改表现十分明显的,可以免除处罚。③ 对于犯有数罪的人,投案后仅供述其中一罪的,只对其所供述的罪按自首从轻或者减轻处罚。但是,如果供述数罪的主要罪行的,也可以对全案按自首处理。

需要指出的是,根据《刑法》第 67 条第 3 款的规定,对于坦白的,即如实供述自己罪行的,可以从轻处罚;因如实供述自己罪行,避免特别严重后果发生的,可以减轻处罚。

第四节　立　　功

一、立功的概念

立功,是指犯罪分子揭发他人的犯罪行为,查证属实的,或者提供重要线索,从而得以侦破其他案件的行为。

立功的条件,主要包括:① 主体是犯罪分子,即被采取强制措施的犯罪嫌疑人、被告人和正在服刑的罪犯。② 所揭发、检举的行为都同犯罪密切相关,属于他人的犯罪行为或者他人犯罪的重要线索。③ 揭发、检举的内容真实,对破案有效,其内容经查证属实或者据以侦破了其他犯罪案件。

我国刑法所确立的立功制度和对立功犯从宽处罚的原则,具有重大的意义:一方面,这一制度可以激励犯罪分子改过自新,重新做人,使其能以较为积极的态度协助司法机关工作,提高司法机关办案的效率;另一方面,这一制度可以有效地瓦解犯罪势力,促使其他犯罪分子主动归案,减少因犯罪而对社会造成的不安定。

二、立功的表现形式

《刑法》第68条规定了立功的两种形式：

（一）犯罪分子揭发他人的犯罪行为，查证属实的

犯罪分子被羁押或者归案后，不仅如实地交代自己的犯罪，而且还主动地揭发其他人的犯罪行为，包括揭发同案犯共同犯罪事实以外的其他犯罪行为。这种揭发必须经司法机关查证属实。如果经过查证，发现其揭发的情况不是事实，或者无法证实，或者不属于犯罪行为，则这种揭发不是立功。

（二）犯罪分子提供重要线索，从而得以侦破其他案件的

重要线索应是指司法机关尚未掌握的重要犯罪线索，即能够证明犯罪的重要事实、犯罪人或者有关证人等。提供的重要线索必须是实事求是的，司法机关能够据此查明犯罪，侦破案件。如果经过侦查，发现提供的线索不实，或者无法证明发生过犯罪，或者不属于犯罪行为的，就不应当认为是立功。

对于立功的表现形式，立法上采取了列举和概括式相结合的立法方法。根据立法的精神和最高人民法院的相关司法解释，下列情形，也属于立功：①

1. 犯罪分子阻止他人的犯罪活动的

这种情况一般发生在羁押场所，或者在监狱里。犯罪分子为制止他人的犯罪活动，协助司法机关维护劳动改造场所的秩序，承担了一定的风险，这是以实际行动证实其有悔改的诚意，所以应属立功表现。

2. 犯罪分子协助司法机关缉捕其他罪犯嫌疑人，包括同案犯的

这种协助可以是多种方式，如为司法机关指认、辨认犯罪嫌疑人的，带领司法人员去犯罪嫌疑人住处、隐匿处抓捕犯罪嫌疑人，协助司法人员堵截、诱捕犯罪嫌疑人，等等。

3. 犯罪分子有其他有利于国家和社会的突出表现的

如有重要的发明创造，对提高生产、促进建设有利；积极抢险救灾，减少或防止了国家损失，保护了他人的安全等。

三、对立功者的处罚

根据《刑法》第68条的规定，对于有立功表现的犯罪分子应按以下不同情形分别予以从宽处罚：

（一）犯罪分子有一般立功表现的，可以从轻或者减轻处罚

一般立功，是指犯罪分子揭发并查证属实的他人罪行属于一般罪行；犯罪分子提供重要线索并据以侦破的案件属于一般案件等等。

（二）犯罪分子有重大立功表现的，可以减轻或者免除处罚

重大立功，是指经犯罪分子揭发并查证属实的他人罪行属于重大罪行；犯罪分子提供重要线索并据以侦破了重大案件，等等。

属于重大立功的具体情形有：犯罪分子揭发他人重大罪行，查证属实的；提供侦破重大案件的重要线索，经查证属实的；阻止他人的重大犯罪活动的；协助司法机关缉捕其他重大罪犯嫌疑人的；对国家和社会有其他重大贡献等突出表现的。

附带指出，前面所说的重大案件、重大犯罪嫌疑人、重大罪行的标准，一般是指犯罪嫌疑人、

① 最高人民法院《关于处理自首和立功具体应用法律若干问题的解释》(1998年4月6日)。

被告人可能被判处无期徒刑以上刑罚,或者在本省、自治区、直辖市或者在全国范围内有较大影响的案件等情况。

第五节 数罪并罚

一、数罪并罚的概念

数罪并罚,是指人民法院对于行为人在法定时间界限内所犯数罪分别定罪量刑后,按照法定的并罚原则及刑期计算方法决定其应执行的刑罚的制度。

依照我国刑法的规定,数罪并罚具有以下三个特征:

第一,必须是一行为人犯有数罪。数罪并罚的前提是一人犯有数罪。如果一个人的行为不构成数罪,则不能为了对其加重处罚而适用数罪并罚。此处的数罪,是指实质上的数罪或独立的数罪。也就是说,一行为人犯有一罪或形式数罪,或者非共犯的数行为人犯有数罪(各个行为人分别犯有一罪)不发生数罪并罚的问题。至于怎样区分实质数罪即应予并罚之数罪与形式数罪即不予并罚的数罪,我国刑法未作明确的规定。目前,我国刑法学界基本上都主张以犯罪构成为标准来确定罪数、划分一罪与数罪。据此,实践中的近似数罪,但并非数罪,或本为数罪,但刑法将其作为一罪来规定的情形,就不再适用数罪并罚。例如,一行为在刑法上规定为一罪或处理时作为一罪的情形,包括继续犯、想象竞合犯等;数行为处理时作为一罪的情形,包括惯犯、结合犯等;数行为处理时作为一罪的情形,包括连续犯、牵连犯、吸收犯等,均不属于应予并罚的实质数罪范畴。

第二,一行为人所犯数罪,必须发生在法定的时间界限之内。

第三,必须在对数罪分别定罪量刑的基础上,依照法定的并罚原则、范围与方法,决定执行的刑罚。

数罪并罚不是对数罪所判刑罚的简单相加,而是对犯罪分子所犯数罪,依照刑法分则的相关规定,分别确定其罪名,量定刑罚,然后根据数罪并罚所应遵循的法定原则,决定执行的刑罚。在审判实践中,对于数罪中有一罪或者数罪应当判处无期徒刑或死刑(含死缓)的案件,同样应当对各罪分别量刑,然后决定执行其中最高的刑罚。对附加刑也应当分别量刑,这样才能看出附加刑是针对何罪适用的。只有数罪中有判处附加刑的,才能在决定执行的刑罚中有附加刑。

二、数罪并罚的原则

所谓数罪并罚的原则,是指对一人所犯数罪合并处罚所依据的原则。简单地说,就是对数罪如何实行并罚。各国刑法基于不同的刑事政策规定了不同的数罪并罚原则,大致可归纳为以下几种:

(一) 并科原则

并科原则,是指将一人所犯数罪分别宣告的各罪刑罚绝对相加、合并执行的合并处罚原则。

并科原则在某种程度上是报应论刑罚思想的产物,形似公允且持之有故,但该原则实际弊端很多,既难以执行,又使刑罚显得过于严酷。因此,世界上单纯采纳并科原则的国家并不多见。

(二) 吸收原则

吸收原则,是指在对数罪分别宣告的刑罚中,选择其中最重的刑罚为执行的刑罚,其余较轻的刑罚被最重的刑罚所吸收,不予执行的合并处罚原则。

吸收原则虽然对于死刑、无期徒刑等刑种的并罚较为适宜,且适用颇为便利,但若普遍采用,即适用于其他刑种(如有期徒刑、财产刑等),则弊端较为明显。

(三)限制加重原则

限制加重原则,是指以一人所犯数罪中法定(应当判处)或已被判处的最重刑罚为基础,再在一定的限度之内对其予以加重作为执行并罚的合并处罚原则。

限制加重原则的特点是:克服了并科原则和吸收原则或失之过于严酷且不便于具体适用,或失之过于宽泛而不足以惩罚犯罪的弊端;既使得数罪并罚制度贯彻了有罪必罚和罪刑相适应的原则,又采取了较为灵活、合乎情理的合并处理方式。

我国《刑法》在第69条从总体上确立了限制加重原则,同时兼顾考虑了并科原则和吸收原则,具体来说:

第一,对判决宣告的数个主刑为有期自由刑、拘役或管制的,采取限制加重原则。有期徒刑、拘役和管制本身都有一定的期限,因此,在数刑的综合刑期以下、数刑中最高刑期以上酌情决定执行的刑期比较恰当。但是,如果总和刑期过高,决定执行的刑罚就可能过长,因而我国刑法对最高刑期加以限制,即判决宣告以前一人犯数罪的,除判处死刑和无期徒刑的以外,应当在总和刑期以下、数刑中最高刑期以上,酌情决定执行的刑期,但是管制最高不能超过3年,拘役最高不能超过1年,有期徒刑总和刑期不满35年的,最高不能超过20年,总和刑期在35年以上的,最高不能超过25年。例如,某甲先后犯有抢劫、故意伤害、集资诈骗等罪行,分别被判处15年、10年、5年有期徒刑,三个罪的总和刑期为30年,数刑中最高刑为15年,本来可以在15年以上30年以下的范围内决定执行的刑期,但数罪并罚时最高不得超过20年,所以,只能在15年以上20年以下的幅度内酌情决定执行的刑期。但是如果此三罪的总和刑期超过了35年,则最高不超过25年。

第二,对判处死刑或无期徒刑的,采取吸收原则。数罪中宣告几个死刑或最重刑为死刑的,仅应决定执行一个死刑,而不得决定执行两个以上的死刑或其他主刑。因为,死刑是剥夺生命的刑罚,生命对于一个人只有一次,既然已经执行了死刑,其他刑罚如徒刑、拘役、管制等就不可能再执行。如果在其他主刑执行完毕后再执行死刑,又有悖于我国刑罚的目的,也不利于及时打击危害特别严重的犯罪。数罪中宣告几个无期徒刑或最重为无期徒刑的,执行一个无期徒刑,不执行其他刑罚。因为无期徒刑是剥夺终身自由的刑罚。一个人的终身自由被剥夺后事实上已不可能再执行其他刑罚。同时,作为数罪并罚的原则,也不允许将两个无期徒刑合并升格为死刑。因为无期徒刑是剥夺自由的刑罚,死刑是剥夺生命的刑罚,两者的性质是截然不同的。

第三,数罪中有判处有期徒刑和拘役的,采取吸收原则,执行有期徒刑。如甲先后犯有抢劫罪、盗窃罪,被判处有期徒刑3年,拘役3个月,数罪并罚后执行3年有期徒刑。

第四,数罪中有判处有期徒刑和管制,或者拘役和管制的,采取并科原则,有期徒刑、拘役执行完毕后,管制仍须执行。如甲先后犯有抢劫罪、盗窃罪,被判处有期徒刑3年,管制3个月,在有期徒刑执行完毕后,还需执行管制。

第五,对既判有主刑,又判有附加刑的,一般采取并科原则,附加刑仍须执行。数罪中主刑不论执行死刑、无期徒刑、有期徒刑、拘役或者管制,如有判处附加刑的,附加刑仍须执行,其中附加刑种类相同的,合并执行,种类不同的,分别执行。因为附加刑与主刑的性质不同,不妨碍并科。

三、数罪并罚的适用

根据《刑法》第69条、第70条、第71条的规定,适用数罪并罚有以下三种情况:

(一)判决宣告以前一人犯数罪的并罚

《刑法》第69条规定,判决宣告以前一人犯数罪的,除判处死刑和无期徒刑的以外,应当在总和刑期以下、数刑中最高刑期以上，酌情决定执行的刑期，但是管制最高不能超过 3 年，拘役最高不能超过 1 年，有期徒刑总和刑期不满 35 年的，最高不能超过 20 年，总和刑期在 35 年以上的，最高不能超过 25 年；数罪中有判处有期徒刑和拘役的，执行有期徒刑。数罪中有判处有期徒刑和管制，或者拘役和管制的，有期徒刑、拘役执行完毕后，管制仍须执行；数罪中有判处附加刑的，附加刑仍须执行，其中附加刑种类相同的，合并执行，种类不同的，分别执行。

据此，① 数罪中有判处有期徒刑和拘役的，执行有期徒刑(吸收原则)；② 数罪中有判处有期徒刑和管制，或者拘役和管制的，有期徒刑、拘役执行完毕后，管制仍须执行(并科原则)。

必须注意，如果判决宣告以前发现的数罪为同种数罪时，是否应当并罚？对此，立法上并未作出明确规定，通行的见解是，对于判决宣告以前发现的同种数罪，原则上无须并罚，只要在特定犯罪的法定刑范围内作为一罪从重处罚即可以实现罪刑相适应的刑法原则。但是，当特定犯罪的法定刑过轻，且非并罚即难以使处罚结果与罪刑相适应原则符合时，在法律未明文禁止时，也可以有限制地对同种数罪实行并罚。

(二) 判决宣告后发现漏罪的并罚

《刑法》第 70 条规定：判决宣告以后，刑罚执行完毕以前，发现被判刑的犯罪分子在判决宣告以前还有其他罪没有判决的，应当对新发现的罪作出判处，把前后两个判决所判处的刑罚，依照本法第 69 条的规定，决定执行的刑罚。已经执行的刑期，应当计算在新判决决定的刑期以内。依照该条规定，对新发现的漏罪的合并处罚具有以下几个特点：

(1) 必须在判决宣告以后，刑罚执行完毕以前发现漏罪，且漏罪是指被判刑的犯罪分子在判决宣告以前实施的并未被判决的罪。其中，“判决宣告以后”，具体是指判决业已宣告并发生法律效力之后。如果漏罪被发现的时间不是在判决宣告以后至刑罚执行完毕以前的期限内，而是在刑罚执行完毕之后，或者所发现的罪刑不是在判决宣告之前实施的，而是在刑罚执行期间实施的，则不得适用第 70 条进行合并处罚。

(2) 对于新发现的漏罪，不论与前罪的性质是否相同，亦即无论是异种数罪还是同种数罪，都应当单独作出判处。

(3) 应当把前后两个判决所判处的刑罚，即前罪所判处的刑罚与漏罪所判处的刑罚，按照相应的数罪并罚原则，决定执行的刑罚。

(4) 在计算刑期时，应当将已经执行的刑期，计算在新判决决定的刑期之内，也就是说，前一判决已经执行的刑期，应当从前后两个判决所判处的刑罚合并而决定执行的刑期中扣除。这种刑期计算方法，称为“先并后减”。例如，某甲犯贪污罪判处有期徒刑 12 年，在刑罚执行 5 年以后，发现他在判决宣告以前，还犯有受贿罪没有处理。这时应当对新发现的受贿罪作出判决，如果可判处有期徒刑 7 年，则应在 12 年以上 19 年以下决定执行的刑期。假设决定执行的刑期为 16 年，应将已经执行的 5 年计算在 16 年之内。也就是说，某甲只需再执行 11 年刑期就届满。

(三) 判决宣告后又犯新罪的并罚

《刑法》第 71 条规定：判决宣告以后，刑罚执行完毕以前，被判刑的犯罪分子又犯罪的，应当对新犯的罪作出判处，把前罪没有执行的刑罚和后罪所判处的刑罚，依照本法第 69 条的规定，决定执行的刑罚。

依照该条规定，对判决宣告后又犯新罪的合并处罚具有以下特点：

(1) 必须在判决宣告以后，刑罚执行完毕以前，被判刑的犯罪分子又犯新罪，即在刑罚执行期间犯罪分子又实施了新的犯罪。其中，判决宣告以后具体应指判决已经宣告并发生法律效力之后。

(2) 对于犯罪分子所实施的新罪，不论与前罪的性质是否相同，亦即无论是异种数罪还是同种数罪，都应当单独作出判决。

(3) 应当把前罪没有执行的刑罚和后罪所判处的刑罚，依照刑法规定的相应原则，决定执行的刑罚。也就是说，首先应从前罪判决决定执行的刑罚中减去已经执行的刑罚，然后将前罪未执行的刑罚与后罪所判处的刑罚并罚，决定执行的刑罚。此种计算刑期的方法称为“先减后并”。例如，某甲犯抢劫罪被判处有期徒刑 12 年，在服刑 5 年后，又犯了强奸罪，应被判处有期徒刑 8 年。裁量刑罚时要将某甲抢劫罪没有执行完毕的刑罚 7 年有期徒刑同强奸罪所判的刑罚 8 年有期徒刑合并，总和刑期是 15 年，并罚时应在 8 年以上 15 年以下决定应执行的刑期。假定决定执行有期徒刑 12 年，由于前罪刑罚已执行 5 年不计算在新判决决定的刑期内，因此，该罪犯实际上可能会被执行有期徒刑 17 年。

对新罪的“先减后并法”与发现漏罪的“先并后减法”有重大的区别，具体表现在：采用“先减后并法”的犯罪分子在服刑期间不思悔改，继续作恶，又犯新罪，表明其难以改造，人身危险性较大，所以对其应当贯彻从严惩处的精神，这就导致了决定执行刑期的最低期限高，而且实际执行的刑期有的可能超过法定的数罪并罚最高期限。例如，甲犯有抢劫罪，被判有期徒刑 12 年，刑罚执行 8 年后，在监狱里又犯故意伤害罪，应判 15 年有期徒刑，按数罪并罚的“先减后并法”应当在 15 年以上 19 年以下决定执行的刑期，假设决定执行 18 年，那么，犯罪分子实际总共被执行的刑期是 26 年，超过了此种情形下数罪并罚时有期徒刑最高不得超过 20 年的立法限制。而采用“先并后减法”时的考虑重点则有所不同：司法机关尽管在对犯罪分子执行刑罚期间发现其有漏罪，犯罪人也试图隐瞒部分犯罪，但是漏罪毕竟是既往的犯罪事实，属于“旧账”，所以对前罪判决宣告前发生的犯罪的处理应当贯彻相对从宽的刑事政策，那么，犯罪分子实际被执行的刑期与判决宣告以前一人犯数罪时所应受到的处罚并无差别。

本章小结

刑罚裁量，即量刑，是审判机关在对犯罪分子定罪之后所进行的司法活动。量刑必须遵循以事实为根据、以法律为准绳的原则，同时考虑各种法定情节和酌定情节。累犯、自首和立功都属于影响量刑的情节，也是重要的刑罚裁量制度。在对犯有数罪的行为人裁量刑罚时，还需要适用数罪并罚制度。

参考阅读书目

1. 马克昌主编：《刑罚通论》，武汉大学出版社 1999 年版。
2. 陈兴良：《刑法适用总论》(下)，法律出版社 1999 年版。
3. 邱兴隆：《刑罚理性导论》，中国政法大学出版社 1998 年版。

【思考题】

1. 刑罚裁量应当遵循什么原则？
2. 什么是刑罚裁量的法定情节和酌定情节？
3. 一般累犯的构成条件是什么？
4. 自首的成立条件有哪些？
5. 如何适用数罪并罚的规定？

第十二章　刑 罚 执 行

本 章 要 点

刑罚执行是指将人民法院的生效判决付诸实施的活动。刑罚执行制度包括缓刑、减刑和假释。本章主要讨论缓刑的概念、适用条件、缓刑的执行和撤销,减刑的幅度及其适用程序,假释适用条件、考验期限、适用程序、执行和撤销等问题。

第一节　刑罚执行概述

一、刑罚执行的概念

刑罚执行,简称为行刑,是指有关司法机关将人民法院生效的刑事判决所确定的刑罚付诸实施的刑事司法活动。

二、刑罚执行的特征

刑罚执行具有以下特征:

(一) 刑罚执行的终局性

刑罚执行是量刑活动的自然延伸,从属于审判活动,它必须受制于刑事判决的结果,所以刑罚执行是国家刑事司法活动的最后一个阶段,是一种具有终局性特征的刑事司法活动。当然,也必须看到,刑罚执行对刑事立法、司法活动也有能动的反作用。国家制定刑法设定刑种和人民法院裁量刑罚作出刑事判决时都必须考虑到所创制或裁量的刑罚能否得到实际执行的问题,甚至还应考虑执行刑罚所产生的社会效果。从这一意义上讲,刑罚的执行对刑罚的制定、刑事案件的审判都具有制约作用。此外,就刑罚执行对刑罚目的、效果的实现而言,它同刑事立法、司法活动具有同等重要的意义。因为只有通过刑罚的执行,才能使已生效的刑事审判和裁定的刑罚付诸实施,刑罚的一般预防和特殊预防作用才能得到应有发挥。

(二) 刑罚执行主体的专门性

根据刑法以及刑事诉讼法的相关规定,被判处死刑缓期 2 年执行、无期徒刑、有期徒刑的罪犯,在监狱内执行刑罚。对于被判处管制、剥夺政治权利的罪犯,由公安机关执行。没收财产的判决,无论附加适用或者独立适用,都由人民法院执行;在必要的时候,可以会同公安机关执行。这些都说明,只有司法机关才是刑罚执行的主体,其他任何机关、团体和个人都无权执行刑罚。

(三) 刑罚执行内容的特定性

刑事审判是针对具体的犯罪人而启动的,并通过审判活动面对犯罪人在认定其有罪的基础上,再裁定应当判处何种刑罚进行处罚。但是作为刑事审判结果的宣告刑的法律效力还有待于通过刑罚执行活动才得以实现。所以,刑罚执行的主要内容是将人民法院刑事判决所确定的刑罚付诸实施,这就是刑罚执行不同于其他刑事司法活动的主要特点。

刑罚执行的前提是必须存在已经发生法律效力的法院判决，即只有在判决和裁定发生法律效力之后，有关机关才能对犯罪人执行刑罚。判决或裁定尚未发生法律效力，谈不上执行刑罚的问题。根据《刑事诉讼法》第208条的规定，下列判决和裁定是发生法律效力的判决和裁定：① 已过法定期限没有上诉、抗诉的判决和裁定；② 终审的判决和裁定；③ 最高人民法院核准的死刑判决和高级人民法院核准的死刑缓期2年执行的判决。

第二节　缓　　刑

一、缓刑的概念

缓刑就是刑罚的暂缓执行，是对原判刑罚附条件地不执行的一种刑罚执行制度。我国刑法中的缓刑，是指人民法院对于被判处拘役、3年以下有期徒刑的犯罪分子，在符合犯罪情节较轻、有悔罪表现、没有再犯罪的危险、宣告缓刑对所居住社区没有重大不良影响等条件下，规定一定的考验期，暂缓其刑罚的执行，对其中不满18周岁的人、怀孕的妇女和已满75周岁的人，应当宣告缓刑。如果犯罪分子在考验期限内，没有犯新罪、发现有漏罪或者严重违反监督管理规定，原判刑罚就不再执行的一项刑罚执行制度。

缓刑是我国刑法中一项重要的刑罚执行制度，它是惩办与宽大相结合政策的重要表现，是与轻微犯罪作斗争的一个行之有效的办法。正确地适用缓刑，有利于教育改造犯罪分子，贯彻少捕少押的政策，也有利于犯人家属生活的稳定和社会的安定团结。因此，在具备法定条件的前提下，应当多用一些缓刑。目前，世界各国对缓刑的适用面较宽，缓刑的条件与方式也有多样化的趋势，这对我们是有可借鉴之处的。

二、缓刑的适用条件

由于缓刑是对原判刑罚有条件地不执行的制度，故其适用必须具备一定的条件。根据《刑法》第72条、第74条的规定，适用缓刑必须符合下列条件：

（一）缓刑适用于被判处拘役或者3年以下有期徒刑以及不满18周岁的、怀孕的妇女和已满75周岁的犯罪分子

一般地说，刑期的长短与犯罪的社会危害性大小是相适应的。被判处有期徒刑3年以上的犯罪分子，其罪行较重，其主观恶性和社会危害性都较大，适用缓刑不利社会秩序的安定。由于被判处管制的犯罪分子的执行，本身就没有关押，因此不产生缓刑问题。此外，基于对一些特殊群体的关怀，刑法特别规定了对不满18周岁的人、怀孕的妇女和已满75周岁的人，应当宣告缓刑。

（二）根据犯罪分子的犯罪情节和悔罪表现，认为适用缓刑确实不致再危害社会

这是适用缓刑的根本条件。缓刑只适用于被判处拘役或者3年以下有期徒刑的罪犯，但这并不意味着对符合对象条件的罪犯都应当适用缓刑。是否适用缓刑，还应当根据犯罪分子的犯罪情节和悔罪表现予以确认。即使有的犯罪分子只被判处拘役或者3年以下有期徒刑，但难以确认其不予关押也不至再危害社会，也就不能对其适用缓刑。至于如何确认犯罪分子不致再危害社会，应当依据犯罪情节、犯罪人的悔罪表现以及罪犯的一贯表现，进行综合考虑。

（三）犯罪分子不是累犯，即对累犯不得适用缓刑

累犯屡教不改，说明其主观恶性较深，人身危险性较大，不易改造。因此，累犯即使被判处拘役或者3年以下有期徒刑，也不能适用缓刑。

三、缓刑考验期

缓刑考验期,是指对被宣告缓刑的犯罪分子是否遵守一定条件进行考察的期限。人民法院在对罪犯宣告缓刑时,必须确定一定的考验期限,否则就难以确认犯罪分子是否确实不致再危害社会。缓刑的考验期是缓刑制度必不可少的组成部分。只有考察被宣告缓刑的犯罪分子在考验期内是否遵守一定的条件,才能决定原判刑罚是否执行。

根据原判刑罚的不同刑种,《刑法》第 73 条分别规定了不同的缓刑考验期:拘役的考验期限为原判刑期以上 1 年以下,但是不能少于 2 个月;有期徒刑的考验期限为原判刑期以上 5 年以下,但是不能少于 1 年。可见,缓刑的考验期可以和原判刑期相等,但不得短于原判刑期。这是为了维护判决和刑罚的严肃性,同时发挥犯罪人的改造积极性。

依据《刑法》第 73 条第 3 款的规定,缓刑的考验期限,从判决确定之日起计算。所谓判决确定之日,是指判决发生法律效力之日,而不是对犯罪人的羁押之日。如果提出上诉或者抗诉后,经二审维持原判的,则应当从二审判决确定之日起计算。由于羁押期与缓刑考验期的性质完全不同,不能互相折抵,所以不应将判决前的羁押日数折抵缓刑考验期的日数。

《刑法》第 72 条第 3 款规定:"被宣告缓刑的犯罪分子,如果被判处附加刑,附加刑仍须执行。"因此,原判刑罚对被宣告缓刑的犯罪分子暂不执行,仅仅是针对主刑而言,其效力不及于附加刑。

被宣告缓刑的犯罪分子,在缓刑考验期限内,依法实行社区矫正,并且可以根据犯罪情况,适用禁止令。为了加强对缓刑的管理和考察,《刑法》第 72 条第 2 款规定:"宣告缓刑,可以根据犯罪情况,同时禁止犯罪分子在缓刑考验期限内从事特定活动,进入特定区域、场所,接触特定的人。"《刑法》第 75 条规定:"被宣告缓刑的犯罪分子,应当遵守下列规定:① 遵守法律、行政法规,服从监督;② 按照考察机关的规定报告自己的活动情况;③ 遵守考察机关关于会客的规定;④ 离开所居住的市、县或者迁居,应当报经考察机关批准。"《刑法》第 76 条规定:"对宣告缓刑的犯罪分子,在缓刑考验期限内,依法实行社区矫正,如果没有本法第 77 条规定的情形,缓刑考验期满,原判的刑罚就不再执行,并公开予以宣告。"

四、缓刑的撤销

缓刑是有条件地不执行原判的刑罚,如果被宣告缓刑的犯罪分子违反法定的条件,缓刑就可以被撤销。依据我国《刑法》第 77 条的规定,撤销缓刑的根据有以下四种:

(一) 在缓刑考验期限内,被宣告缓刑的犯罪分子再犯新罪

这里所说的"新罪",既不受犯罪性质的限制,也不受所犯之罪应判处的刑种、刑期的限制,这也就是说,"新罪"既包括故意犯罪,也包括过失犯罪;既包括同种罪,也包括异种罪;既包括较重的罪,又包含较轻的罪。只要是缓刑犯在缓刑考验期限内再犯新罪,就应当撤销缓刑,对新犯的罪作出判决,然后将对前罪和新罪所判处的刑罚,依照数罪并罚的原则,决定执行的刑罚。

(二) 在缓刑考验期限内,发现缓刑犯在判决宣告以前,还有其他罪没有判决,即发现"漏罪"

在这种情况下,根据刑法和有关司法解释的规定,就应当撤销缓刑,对新发现的"漏罪"定罪判刑,再对前罪与"漏罪"实行数罪并罚,决定执行的刑罚。如果所决定执行的刑罚必须是实刑,那么,对于已经执行的缓刑考验期,不予折抵刑期,但判决执行以前先行羁押的日期应予折抵刑期。如果在确定所执行的刑罚之后,发现仍符合适用缓刑的条件,则可以对犯罪分子宣告缓刑,已经执行的缓刑考验期,应当计算在新决定的缓刑考验期以内。

（三）被宣告缓刑的犯罪分子，在缓刑考验期限内，违反法律、行政法规或者国务院有关部门有关缓刑的监督管理规定，情节严重的

刑法明确规定，对于严重违反有关监督管理规定的缓刑犯，应当撤销缓刑，收监执行原判刑罚。但是，这必须以情节严重但尚未构成犯罪为要件。如果对一般违反有关监督管理规定的缓刑犯，也撤销缓刑，则不利于缓刑犯的改造，影响缓刑制度的严肃性及其作用的发挥。

（四）违反人民法院判决中的禁止令，情节严重的，应当撤销缓刑，执行原判刑罚

第三节　减　　刑

一、减刑的概念

减刑，是指对于被判处管制、拘役、有期徒刑、无期徒刑的犯罪分子，在刑罚执行期间，如果认真遵守监规，接受教育改造，确有悔改、立功表现的，或者有重大立功表现的，将其原判的刑罚予以适当减轻的一项刑罚执行制度。这里的减轻原判刑罚，包括刑罚种类的减轻，即将较重的刑种减为较轻的刑种，例如将无期徒刑减为有期徒刑；也包括在同一种刑罚刑期的减轻上，即将较长的刑期减为较短的刑期。

减刑是对于那些已经取得一定改造效果的犯罪分子所实行的一种宽大处理，是我国惩办与宽大相结合、惩罚与教育改造相结合的政策的重要体现。在刑事立法中明文规定减刑制度，这是我国刑法的特色之一。它有利于实现我国刑罚的目的，对于稳定犯罪分子的改造情绪，帮助犯罪分子增强改造的信心，巩固对犯罪分子已经取得的改造效果，都有着积极的作用。

二、减刑的适用条件

减刑的适用条件，是指在刑罚执行期间，犯罪分子为获得减轻原判刑罚所要达到的法定标准。根据我国《刑法》第 78 条的规定，对犯罪分子适用减刑必须同时具备以下的条件：

（一）减刑的适用对象是被判处管制、拘役、有期徒刑、无期徒刑的犯罪分子

被判处上述刑罚的犯罪分子，无论是何种性质的犯罪，以及犯罪的主观要件怎样，都可以适用减刑，这是因为减刑的适用范围，只有刑罚种类的限制，没有犯罪性质、犯罪程度等方面的限制。

《刑法》第 50 条第 2 款对减刑的对象条件进行了限制。对被判处死刑缓期执行的累犯以及因故意杀人、强奸、抢劫、绑架、放火、爆炸、投放危险物质或者有组织的暴力性犯罪被判处死刑缓期执行的犯罪分子，人民法院根据犯罪情节等情况可以同时决定对其限制减刑。

（二）在刑罚的执行期间，犯罪分子认真遵守监规，接受教育改造，确有悔改、立功表现，或者有重大立功表现，这是适用减刑的实质性条件

根据有关司法解释，确有悔改表现是指同时具备以下四个方面情形：① 认罪悔罪；② 认真遵守法律法规及监规，接受教育改造；③ 积极参加思想、文化、职业技术教育；④ 积极参加劳动，努力完成劳动任务。对罪犯在刑罚执行期间提出申诉的，要依法保护其申诉权利，对罪犯申诉不应不加分析地认为是不认罪悔罪。罪犯积极执行财产刑和履行附带民事赔偿义务的，可视为有认罪悔罪表现，在减刑、假释时可以从宽掌握；确有执行、履行能力而不执行、不履行的，在减刑、假释时应当从严掌握。有立功表现是指具有下列情形之一的：① 阻止他人实施犯罪活动的；② 检举、揭发监狱内外犯罪活动，或者提供重要的破案线索，经查证属实的；③ 协助司法机关抓捕其他犯罪嫌疑人（包括同案犯）的；④ 在生产、科研中进行技术革新，成绩突出的；⑤ 在抢险救

灾或者排除重大事故中表现突出的;⑥ 对国家和社会有其他贡献的。根据刑法第78条和最高人民法院关于办理减刑、假释案件具体应用法律若干问题的规定第4条,[①]有重大立功表现是指:① 阻止他人重大犯罪活动的;② 检举监狱内外重大犯罪活动,经查证属实的;③ 有发明创造或者重大技术革新的;④ 在日常生产、生活中舍己救人的;⑤ 在抗御自然灾害或者排除重大事故中,有突出表现的;⑥ 协助司法机关抓捕其他重大犯罪嫌疑人(包括同案犯)的;⑦ 对国家和社会有其他重大贡献的。

《刑法》第78条第1款规定,减刑有"可以减刑"与"应当减刑"两种情况。被判处管制、拘役、有期徒刑、无期徒刑的犯罪分子,在执行期间,如果认真遵守监规,接受教育改造,确有悔改表现的,或者有立功表现的,可以减刑;有重大立功表现的应当减刑。对于"可以减刑"的情形,审判人员可以决定减刑或不减刑。但对应当减刑,只要犯罪分子确有重大立功表现,执行机关就应当向人民法院提出减刑建议,审判人员也没有自由斟酌、任意选择的权利。

三、减刑的限度、幅度、起始时间和间隔时间

(一)减刑的限度

减刑必须有一定的限度。只要犯罪分子在刑罚执行期间的实际表现符合适用减刑的条件,就可以不止一次地对他适用减刑。但是,在对犯罪分子适用减刑时,不宜过分地减轻原判的刑罚,而应当限制在一定的限度之内,以维持法院判决应有的稳定性和严肃性,保证对犯罪分子的改造效果。如果不规定适用减刑的必要限度,就可能导致对原判刑罚减去过多,从而使一些犯罪分子得不到应有的惩罚和必要时间的改造,对社会是不利的。因此,《刑法》第78条第2款规定,对犯罪分子经过一次或者几次减刑以后实际执行的刑期,判处管制、拘役、有期徒刑的,不能少于原判刑期的1/2;判处无期徒刑的,不能少于13年;人民法院依照本法第50条第2款规定限制减刑的死刑缓期执行的犯罪分子,缓期执行期满后依法减为无期徒刑的,不能少于25年,缓期执行期满后依法减为25年有期徒刑的,不能少于20年。

(二)减刑的幅度

所谓减刑的幅度,是指对犯罪分子每一次可以减少的刑罚量。最高人民法院《关于办理减刑、假释案件具体应用法律若干问题的规定》第5条至第14条对减刑的幅度作出了专门的规定:

有期徒刑罪犯在刑罚执行期间,符合减刑条件的,减刑幅度为:确有悔改表现,或者有立功表现的,一次减刑一般不超过1年有期徒刑;确有悔改表现并有立功表现,或者有重大立功表现的,一次减刑一般不超过2年有期徒刑。无期徒刑罪犯在刑罚执行期间,确有悔改表现,或者有立功表现的,服刑2年以后,可以减刑。减刑幅度为:确有悔改表现,或者有立功表现的,一般可以减为20年以上22年以下有期徒刑;有重大立功表现的,可以减为15年以上20年以下有期徒刑。

无期徒刑罪犯经过一次或几次减刑后,其实际执行的刑期不能少于13年,起始时间应当自无期徒刑判决确定之日起计算。

死刑缓期执行罪犯减为无期徒刑后,确有悔改表现,或者有立功表现的,服刑2年以后可以减为25年有期徒刑;有重大立功表现的,服刑2年以后可以减为23年有期徒刑。死刑缓期执行罪犯经过一次或几次减刑后,其实际执行的刑期不能少于15年,死刑缓期执行期间不包括在内。

被限制减刑的死刑缓期执行罪犯,缓期执行期满后依法被减为无期徒刑的,或者因有重大立功表现被减为25年有期徒刑的,应当比照未被限制减刑的死刑缓期执行罪犯在减刑的起始时

① 最高人民法院《关于办理减刑、假释案件具体应用法律若干问题的规定》(2012年1月17日)。

间、间隔时间和减刑幅度上从严掌握。

判处管制、拘役的罪犯，以及判决生效后剩余刑期不满一年有期徒刑的罪犯，符合减刑条件的，可以酌情减刑，其实际执行的刑期不能少于原判刑期的二分之一。

有期徒刑罪犯减刑时，对附加剥夺政治权利的期限可以酌减。酌减后剥夺政治权利的期限，不能少于一年。

判处拘役或者 3 年以下有期徒刑并宣告缓刑的罪犯，一般不适用减刑。在缓刑考验期限内有重大立功表现的，可以参照刑法第 78 条的规定，予以减刑，同时应依法缩减其缓刑考验期限。拘役的缓刑考验期限不能少于 2 个月，有期徒刑的缓刑考验期限不能少于 1 年。

（三）减刑的起始时间和间隔时间

有期徒刑罪犯减刑的起始时间和间隔时间为：被判处 5 年以上有期徒刑的罪犯，一般在执行 1 年 6 个月以上方可减刑，两次减刑之间一般应当间隔 1 年以上。被判处不满 5 年有期徒刑的罪犯，可以比照上述规定，适当缩短起始和间隔时间。确有重大立功表现的，可以不受上述减刑起始和间隔时间的限制。有期徒刑的减刑起始时间自判决执行之日起计算。

死刑缓期执行罪犯在缓期执行期间抗拒改造，尚未构成犯罪的，此后减刑时可以适当从严。被限制减刑的死刑缓期执行罪犯，缓期执行期满后，有重大立功表现被减为 25 年有期徒刑的，应当比照未被限制减刑的死刑缓期执行罪犯在减刑的起始时间、间隔时间和减刑幅度上从严掌握。

被判处 10 年以上有期徒刑、无期徒刑的罪犯在刑罚执行期间又犯罪，被判处有期徒刑以下刑罚的，自新罪判决确定之日起 2 年内一般不予减刑；新罪被判处无期徒刑的，自新罪判决确定之日起 3 年内一般不予减刑。

（四）减刑以后的刑期计算

对于被判处管制、拘役、有期徒刑的犯罪分子，其刑期应自原判决开始执行之日起计算，原判刑罚已经执行的部分，应当计入减刑以后的刑期之内；被判处无期徒刑的罪犯，在其刑期被减为有期徒刑后，其刑期自法院裁定减刑之日起计算，减刑之前已经执行的刑期，不得计入减刑以后的刑期以内。

四、减刑的程序

为了使司法机关在办理减刑案件时有章可循，有法可依，我国《刑法》第 79 条规定：对于犯罪分子的减刑，由执行机关向中级以上人民法院提出减刑意见书。人民法院应当组成合议庭进行审理，对确有悔改或者立功事实的，裁定予以减刑。非经法定程序不得减刑。《监狱法》第 30 条规定：减刑建议由监狱向人民法院提出，人民法院应当自收到减刑建议书之日起 1 个月内予以审核裁定；案情复杂或者情况特殊的，可以延长 1 个月。减刑裁定的副本应当抄送人民检察院。

第四节 假 释

一、假释的概念

假释，是指对被判处有期徒刑或者无期徒刑的罪犯，在执行一定的刑期以后，将其附条件地提前予以释放的一项刑罚执行制度。假释的基本特点是：在一定条件下将犯罪分子提前释放，却又在一定时期内仍保持执行原判处刑罚中尚未执行部分的可能性。

假释制度是现代刑法的重要制度之一，目前世界各国莫不采用之。我国刑法总结新中国成

立以来减刑与假释并用的实践经验,明确规定了这一刑罚制度。它体现了我国惩办与宽大相结合、惩罚与教育相结合的刑事政策。正确地适用假释,有利于鼓励罪犯加速改造,化消极的因素为积极的因素。

二、假释的适用条件

适用假释意味着将罪犯提前予以释放,必须严格遵守法定的条件。根据我国《刑法》第 81 条的规定,适用假释必须符合以下条件:

(一) 假释的适用对象只能是被判处有期徒刑或者无期徒刑的罪犯

假释是针对被剥夺人身自由,并已经服刑一定时间的罪犯而设立的。在我国刑罚的 5 种主刑中,死刑的特殊性质决定了它谈不上假释的问题。拘役是剥夺人身自由的刑罚,但刑期较短,没有适用假释的必要。管制这种刑罚并未对罪犯予以关押,仅限制了罪犯的某些自由权利,也不宜适用假释。因此,只有被判处有期徒刑或者无期徒刑的罪犯,才能成为假释的适用对象。按照有关司法解释,对死缓犯减为无期徒刑或者有期徒刑后,如果符合假释的其他条件,也可以适用假释。

为了防止对某些主观恶性深、罪行严重、社会危害性大的罪犯滥用假释,《刑法》第 81 条第 2 款规定,对累犯以及因杀人、爆炸、抢劫、强奸、绑架等暴力性犯罪被判处 10 年以上有期徒刑、无期徒刑的犯罪分子,不得假释。由此可见,对于某些具有特殊身份以及犯有特定之罪的罪犯,不得适用假释,包括:一是累犯;二是罪行严重的暴力性犯罪。

(二) 罪犯必须已经执行了一定期限的刑罚

这是因为,不执行一定期限的刑罚,就不能判断犯罪分子是否确有悔改表现,并且不致再危害社会。如果没有必须执行一定期限刑罚的规定,假释就可能被滥用,损害法院判决的稳定性和刑罚的严肃性。据此,我国刑法明确规定:被判处有期徒刑的犯罪分子,执行原判刑罚 1/2 以上,被判处无期徒刑的犯罪分子,实际执行 13 年以上,才可以适用假释。但是,如果有特殊情况,经最高人民法院核准,可以不受上述执行期限的限制。所谓特殊情况,是指有国家政治、国防、外交等方面特殊需要的情况。此外,对累犯以及因故意杀人、强奸、抢劫、绑架、放火、爆炸、投放危险物质或者有组织的暴力性犯罪被判处 10 年以上有期徒刑、无期徒刑的犯罪分子,不得假释。

(三) 罪犯必须认真遵守监规,接受教育改造,确有悔改表现,假释后不致再危害社会

这是适用假释的实质性要件。只有当罪犯在服刑期间已经取得改造效果,使司法机关确信将他提前释放出狱后,不致再有危害社会的可能时,才能予以假释。同时,在对犯罪分子决定假释时,应当考虑其假释后对所居住社区的影响。所谓不致再危害社会,是指罪犯在刑罚执行期间一贯表现好,确有悔改表现,不致违法、重新犯罪的,或者是老年、身体有残疾(不含自伤致残),并丧失作案能力的。对老年和身体有残疾(不含自伤致残)罪犯的假释,应当主要注重悔罪的实际表现。除《刑法》第 81 条规定不得假释的情形外,对有悔罪表现,丧失作案能力或者生活不能自理,且假释后生活确有着落的老残犯,可以依法予以假释。

三、假释的考验期限、适用程序和撤销

(一) 假释的考验期限

假释是将罪犯附条件地提前释放,因此被假释的罪犯必须遵守一定的条件。但被假释的罪犯对这些条件的遵守是有期限的,在这个期限内保持着对假释的犯罪分子继续执行刑罚的可能性,这就是假释的考验期限。根据《刑法》第 83 条的规定,有期徒刑的假释考验期限,为没有执行完毕的刑

期;无期徒刑的假释考验期限为10年。假释的考验期限,从假释之日起计算,即从人民法院依法裁定假释之日起计算。然而,假释并不影响附加刑的执行。犯罪分子被宣告假释后,若原判决有附加刑,附加刑仍须继续执行。原判决对罪犯附有剥夺政治权利的,从假释之日起计算。

被假释的罪犯,在假释考验期限内,依法进行社区矫正,并且应当遵守以下规定:① 遵守法律、行政法规,服从监督;② 按照监督机关的规定报告自己的活动情况;③ 遵守监督机关关于会客的规定;④ 离开所居住的市、县或者迁居,应当报经监督机关批准。这些规定,不仅使被假释的犯罪分子在考验期限内有了应当遵守的行为规范,而且也使监督机关的监督有了法律依据,便于司法操作。

（二）假释的适用程序

根据《刑法》第82条的规定,对罪犯适用假释,必须依照法定的程序进行。对于符合假释条件的罪犯适用假释,应当由执行机关向中级以上人民法院提出假释意见书,由人民法院组成合议庭进行审理。经过审理,人民法院认为罪犯符合假释条件的,裁定予以假释。对于不符合假释条件的,不予假释。非经上述法定程序,不得对罪犯予以假释。

（三）假释的撤销

依据假释的基本特点,假释是有条件地保持执行原判刑罚中尚未执行的部分。如果被宣告假释的罪犯在考验期限内,没有法定的情形,当假释考验期满后,就认为原判刑罚已经执行完毕,并公开予以宣告。但是,如果被假释的罪犯在考验期限内,违反特定的条件,假释就可以被撤销。

依据《刑法》第86条的规定,撤销假释的条件有以下三种:① 在假释考验期限内,被宣告假释的罪犯再犯新罪。这里所说的新罪,既不受犯罪性质的限制,也不受所犯之罪应判处的刑种、刑期的限制。只要是在考验期限内再犯新罪,就应当撤销假释,对新犯的罪作出判决,然后将前罪没有执行的刑罚和新罪所判处的刑罚,依照数罪并罚的原则,决定执行的刑罚。② 在假释考验期限内,发现被假释的罪犯在判决宣告以前,还有其他罪没有判决的,应当撤销假释,对发现的漏罪作出判决,再对前罪与漏罪实行数罪并罚,决定执行的刑罚。对前罪已经执行的刑期,应当计算在新判决决定的刑期以内。③ 被假释的犯罪分子,在假释考验期限内,有违反法律、行政法规或者国务院有关部门有关假释的监督管理规定的行为,尚未构成新的犯罪,应当依照法定程序撤销假释,收监执行未执行完毕的刑罚。

本 章 小 结

刑罚执行对于实现罪刑相适应原则,挽救和教育犯罪人至关重要。刑罚执行制度包括缓刑、减刑和假释制度。缓刑是对犯罪人暂缓执行刑罚,但是保留实际执行刑罚的可能性。缓刑必须符合一定条件,刑法对缓刑考验期、缓刑的执行和撤销都有明确规定。减刑是将刑期适度缩短的制度,减刑必须遵守限度、幅度、时间、适用程序的规定。假释是对犯罪分子附条件地提前释放,假释的适用条件、考验期限、假释的执行和撤销规定等,在司法实践中都必须严格掌握。

参考阅读书目

1. 陈兴良:《刑法适用总论》(下卷),法律出版社1999年版。
2. 张绍彦:《刑罚实现与行刑变革》,法律出版社1999年版。

【思考题】

1. 缓刑的适用条件是什么?
2. 减刑的适用条件是什么?
3. 如何理解假释撤销的概念?

第十三章 刑罚消灭

本章要点

刑罚消灭是刑罚制度的重要组成部分。刑罚执行完毕、缓刑考验期满、假释考验期满、犯罪人死亡、超过时效期限、赦免等事由的出现,都可能导致刑罚消灭。我国刑法对刑罚消灭事由之一的追诉时效制度作了详尽规定,本章即重点讨论追诉时效问题。

第一节 刑罚消灭概述

一、刑罚消灭的概念

刑罚消灭,是指由于法定或事实的原因,致使国家对犯罪人的刑罚权归于消灭。对犯罪人而言,刑罚消灭意味着刑事责任的终结;对国家而言,刑罚消灭则是指量刑权和行刑权的消灭。

二、刑罚消灭的特征

刑罚消灭具有以下三个特征:

(一)刑罚消灭以行为人的行为构成犯罪的前提

刑罚消灭必须以应当或者已经适用刑罚为前提条件,如果不存在这个前提条件,刑罚消灭就无从谈起。而无论是应当适用刑罚还是已经适用刑罚,都以犯罪的存在为前提。所以,行为人的行为构成犯罪是刑罚消灭的必要前提。

(二)刑罚消灭归结为国家对犯罪人刑罚权的消灭

刑罚消灭的主体是国家。刑罚权消灭的范围,包括刑罚请求权的消灭、刑罚裁量权的消灭和刑罚执行权的消灭。

(三)刑罚消灭是由于法定的或者事实的原因引起的

刑罚消灭是一种结果,这种结果必然由一定的原因或事由所引起。从各国立法例来看,导致刑罚消灭的法定原因大致有以下几种情况:

1. 刑罚执行完毕

刑罚执行完毕后,因再无执行的理由,其行刑权便归于消灭。

2. 缓刑考验期满

被宣告缓刑的犯罪人,在缓刑考验期限内没有法定撤销缓刑的情形,缓刑考验期满后,原判刑罚不再执行,行刑权便归于消灭。

3. 假释考验期满

被假释的犯罪人,在假释考验期限内没有法定撤销假释的情形,假释考验期满,即视为刑罚执行完毕,行刑权归于消灭。

4. 犯罪人死亡

如果犯罪人在判决确定前死亡,量刑权消灭;如果犯罪人在刑罚执行过程中死亡,行刑权一般也归于消灭。

5. 超过时效期限

犯罪发生后,司法机关超过追诉时效而未追诉,求刑权归于消灭。刑罚宣告后,超过行刑时效而未执行,行刑权归于消灭。

6. 赦免

赦免包括大赦和特赦,实行赦免可以导致行刑权的消灭。

第二节 时 效

一、时效的概念

时效,是指刑事法律规定的国家对犯罪人行使刑事追诉权和刑罚执行权的有效期限。在有效期限内,国家如果不行使刑事追诉权和刑罚执行权,这些权力即归于消灭,对犯罪人就不能再追诉或者执行刑罚。时效完成是刑罚消灭的重要制度之一。

实行时效制度的根据和意义在于:

第一,一个人犯罪后,经过一定期限虽未被追诉或未被执行刑罚,但没有再犯新罪,据此可推断其已悔改,不致再危害社会。在这种情况下,失去追诉或行刑的意义。

第二,在犯罪人经过一定期限未犯新罪的情况下,如果再追究其刑事责任,既起不到特殊预防的作用,也起不到警戒社会上不稳定分子和教育群众的作用,反而引起敌视、抗拒审判和改造。

第三,犯罪案件发生后,经过一定期限没有审理和追诉,时过境迁,证据失散,侦查、起诉、审判难以顺利进行。而设立时效制度,既符合经济性原则,又有利于司法审判机关集中精力审理现行案件。

第四,犯罪后经过一定的时期,因犯罪破坏的某一社会秩序以及失衡的公众心理已经得到恢复,如再重新追究旧案,重提积怨,容易引发新的不安定因素,不利于社会稳定。

总之,实行时效制度,既符合我国适用刑罚的目的,又有利于司法机关开展工作和稳定社会秩序。但是为了防止少数犯罪分子利用时效制度逃避法律制裁,刑法在规定时效时,同时规定了时效中断、延长等制度。

二、时效的种类

时效分为两种:追诉时效和行刑时效。

追诉时效,是指我国刑法规定的对犯罪分子追究刑事责任有效期限的制度。超过法定追诉期限,司法机关或有告诉权的人不得再对犯罪人进行追诉,已经追诉的,应撤销案件或不起诉,或终止审判。追诉时效完成,是刑罚请求权消灭的重要事由之一。

行刑时效,是指刑事法律规定的,对被判刑的人执行刑罚有效期限的制度。犯罪人被科处刑罚后,只有在行刑时效期内,刑罚执行机关才有权对犯罪人执行所判处的刑罚。行刑时效期间内所判处的刑罚未执行,超过行刑的时效,便不能再对犯罪人执行所判处的刑罚。行刑时效完成,是刑罚执行权消灭的一项重要事由。

我国刑法总则只规定了追诉时效,对行刑时效未作规定。

三、追诉时效的期限

我国刑法根据罪刑相适应原则，以犯罪的法定最高刑为标准，规定了4个档次的追诉时效。根据《刑法》第87条的规定，犯罪经过下列期限不再追诉：① 法定最高刑不满5年有期徒刑的，经过5年；② 法定最高刑为5年以上不满10年有期徒刑的，经过10年；③ 法定最高刑为10年以上有期徒刑的，经过15年；④ 法定最高刑为无期徒刑、死刑的，经过20年。如果20年以后认为必须追诉的，须报请最高人民检察院核准。

根据上述规定，在确定具体犯罪的追诉时效的期限时，应当根据犯罪的性质、情节，分别适用刑法分则规定的相应条款或量刑幅度，按其法定最高刑进行计算追诉时效期限：① 在只规定一个量刑幅度的条文中，应依照该条文的法定最高刑确定追诉时效期限。② 在一个条文中规定有两个以上不同的量刑幅度的，应按与其罪行相对应的条款的法定最高刑确定其追诉时效期限。③ 如果所犯罪行的刑罚，分别规定在不同的条款时，应按其罪行应当适用的条款的法定最高刑确定其追诉时效的期限。

四、追诉时效的计算

根据我国《刑法》第89条的规定，追诉时效的计算分为两种情况：

（一）即成犯追诉时效的计算

即成犯追诉期限是“从犯罪之日起计算”。所谓犯罪之日，是指犯罪成立之日。由于刑法对不同种类和形态的犯罪所规定的构成要件不同，因而其犯罪成立之日的计算标准亦相应不同：① 行为犯或以某种危害结果的发生为既遂构成所必需的犯罪，应从犯罪行为实施之日起计算。② 危险犯，应从实施危险行为之日起计算。③ 预备犯，应从预备犯罪之日起计算。④ 中止犯，应当分别情况予以确定：如果是在着手实行犯罪后中止犯罪，应从犯罪行为实施之日起计算；如果在预备阶段中止犯罪，则应从犯罪中止成立之日起计算。⑤ 未遂犯，应从犯罪未遂成立之日起计算。⑥ 共同犯罪，以整体共同犯罪行为得以实施之日起计算。⑦ 结果犯，应从犯罪结果发生之日起计算。结果加重犯，应从加重结果发生之日起计算。⑧ 犯罪行为发生在我国境外，而犯罪结果发生在我国境内的犯罪，也应从犯罪结果发生之日起计算。

（二）连续犯和继续犯追诉期限的计算

根据《刑法》第89条的规定，犯罪行为有连续或者继续状态的，追诉时效从犯罪行为终了之日起计算。由此可见，连续犯和继续犯追诉期限的计算标准，为“犯罪行为终了之日”。

五、追诉时效的中断和延长

（一）追诉时效中断

追诉时效中断，是指在追诉时效进行期间，因发生法律规定的事由，使已经经过的时效期间归于失效，追诉期限从法律规定事由发生之日起重新开始计算的制度。追诉时效中断制度是为了防止犯罪人利用时效制度逃避罪责，继续犯罪而设立的。

我国《刑法》第89条第2款规定：在追诉期限内又犯罪的，前罪追诉的期限从犯后罪之日起计算。这一规定表明，我国追诉时效中断是以犯罪人在追诉期限内又犯罪为条件的，但不论新罪的性质和刑罚轻重。根据刑法的这一规定，追诉时效中断后时效起算的时间为“犯后罪之日”。所谓犯后罪之日，即后罪成立之日。

（二）追诉时效延长

追诉时效延长，是指在追诉时效进行期间，由于发生了法律规定的事由，致使追诉期限延伸

的制度。根据《刑法》第88条的规定,我国追诉时效延长分为两种情况:

(1) 在人民检察院、公安机关、国家安全机关立案侦查或在人民法院受理案件以后,犯罪人逃避侦查或者审判的,不受追诉期限的限制

在法定期限内,只要对犯罪案件开始立案、侦查或者受理起诉后,不论犯罪人逃避侦查或起诉的时间、状态持续多久,都可以对其进行追究。

(2) 被害人在追诉期限内提出控告,人民法院、人民检察院、公安机关应当立案而不予立案的,不受追诉期限的限制

这里的"被害人"包括受到犯罪侵害的公民个人和法人。控告可以是书面的,也可以是口头的。但控告必须是被害人在自己的人身、财产权利遭受不法侵害并且已经发现犯罪嫌疑人而向司法机关所作的告发。如果被害人在不知道犯罪嫌疑人是谁的情况下报案,则不能适用时效延长的规定。

第三节 赦 免

一、赦免的概念

赦免是指国家以政令的形式,免除或者减轻犯罪人的罪责或者刑罚的一种制度。

赦免制度通常由宪法加以规定,一般不在刑法中规定。赦免的具体时间和对象由国家元首或最高国家权力机关以政令形式颁布,在我国由最高人民法院执行。所以,赦免制度不是一项刑罚制度。但是,由于赦免的对象是犯罪人,其结果是免除或减轻罪与刑,导致追诉权和行刑权都归于消灭,而且赦免命令又由司法机关执行,所以,各国都把它纳入刑罚消灭理论加以研究。

二、赦免的种类

在刑法理论上,根据赦免的具体表现形式的不同,通常把赦免分为大赦和特赦两种:

(一) 大赦

大赦是指国家元首或者国家最高权力机关,对某一范围内的罪犯一律予以赦免的制度。

大赦的效力很强,它不仅免除刑罚的执行,而且使犯罪也归于消灭。经过大赦之人,其刑事责任完全归于消灭。尚未追诉的,不再追诉;已经追诉的,撤销追诉,已受罪刑宣告的,宣告归于无效,不再执行。

(二) 特赦

特赦是指国家元首或者最高国家权力机关对已受罪刑宣告的特定犯罪人免除其全部或部分刑罚的制度。

特赦与大赦的主要区别在于:① 特赦的对象是特定的;而大赦对象是不特定的。② 特赦仅赦刑而不赦罪;大赦既赦刑又赦罪。③ 特赦后再犯罪则有可能构成累犯;而大赦后行为人再犯罪没有累犯问题。④ 特赦往往公布被赦人的名单;大赦一般不公布被赦人的名单。

我国1954年《宪法》曾有大赦和特赦的规定,但大赦没有实行过。后来的几部宪法没有再规定大赦,都只规定了特赦。因此,我国《刑法》第65条和第66条所说的"赦免"都是指特赦。

三、我国的特赦制度及其特点

根据我国《宪法》第67条和第80条的规定,特赦经全国人大常委会决定,由国家主席发布特赦令。

新中国成立以来,我国共实行了8次特赦:第一次是1959年在中华人民共和国成立10周年庆典前夕,对在押的确已改恶从善的蒋介石集团和伪满洲国战争罪犯、反革命犯和普通刑事犯实行特赦。第二次、第三次特赦分别于1960年、1961年实行,都是对蒋介石集团和伪满洲国罪犯确有改恶从善表现的进行特赦。第四次、第五次、第六次分别于1963年、1964年、1966年实行。与前两次相比,只是在特赦对象上增加了伪蒙疆自治政府的战争罪犯。其他内容完全相同。第七次是1975年,对全部在押战争罪犯实行特赦释放,给予公民权。第八次为2015年8月29日,为纪念中国人民抗日战争暨世界反法西斯战争胜利70周年,体现依法治国理念和人道主义精神,根据第十二届全国人民代表大会常务委员会第十六次会议的决定,对依据2015年1月1日前人民法院作出的生效判决正在服刑,释放后不具有现实社会危险性的下列罪犯实行特赦:① 参加过中国人民抗日战争、中国人民解放战争的;② 中华人民共和国成立以后,参加过保卫国家主权、安全和领土完整对外作战的,但犯贪污受贿犯罪,故意杀人、强奸、抢劫、绑架、放火、爆炸、投放危险物质或者有组织的暴力性犯罪,黑社会性质的组织犯罪,危害国家安全犯罪,恐怖活动犯罪的,有组织犯罪的主犯以及累犯除外;③ 年满75周岁、身体严重残疾且生活不能自理的;④ 犯罪的时候不满18周岁,被判处3年以下有期徒刑或者剩余刑期在1年以下的,但犯故意杀人、强奸等严重暴力性犯罪,恐怖活动犯罪,贩卖毒品犯罪的除外。

这几次特赦体现出以下几个特点:① 特赦对象,除第一次包括反革命罪犯和普通刑事罪犯,第八次为2015年1月1日前人民法院作出的生效判决正在服刑,释放后不具有现实社会危险性的四类服刑罪犯外,都是战争罪犯。② 特赦的范围,仅限于全国各地某类犯罪中的一部分人,而不是对某类罪犯全部实行特赦,更不是对个人实行。③ 特赦的条件,是罪犯经过服刑改造,确已改恶从善的。对尚未宣告刑罚或者刑罚虽已宣告但尚未开始执行的罪犯,不赦免。④ 特赦的效力,只及于刑罚,不及于罪行。⑤ 特赦的程序,一般由党中央或国务院提出建议,经全国人大常委会审议决定,由国家主席发布特赦令,并授权最高人民法院和高级人民法院执行。

本 章 小 结

刑罚消灭是指国家对犯罪分子的追诉权不复存在。刑罚消灭的事由很多,我国刑法重点对追诉时效制度作了规定,涉及追诉时效的期限、计算、延长等内容。除追诉时效经过刑罚权消灭以外,赦免制度也是刑罚消灭的事由之一。赦免包括大赦和特赦,它们之间存在重大区别,我国的特赦制度有其独特之处。

参考阅读书目

1. 马克昌主编:《刑罚通论》,武汉大学出版社1999年版。
2. 于志刚:《刑罚消灭制度研究》,法律出版社2002年版。

【思考题】

1. 刑罚消灭的法定事由主要有哪些?
2. 确立追诉时效制度的意义是什么?
3. 如何确定和计算追诉时效的期限?
4. 大赦和特赦的主要区别是什么?

下　编

刑法各论

第十四章　刑法各论概说

本章要点

本章主要介绍刑法总论与刑法各论的相互关系，刑法各论的研究方法，罪名、罪状、法定刑的概念、类型，法条竞合的概念、特征、类型，刑法各罪的分类标准以及本书所采用的分类方法。

第一节　总论与各论的关系

一、刑法总论与刑法各论的概念

我国刑法由总则与分则两部分组成，刑法总则主要规定刑法的任务、基本原则、适用范围，以及犯罪、刑罚的一般原理、原则；刑法分则主要规定各种各样的具体犯罪的罪状和法定刑。与之相对应，刑法学也区分为刑法总论与刑法各论两部分。刑法总论研究刑法的宏观理论问题以及刑法总则有关犯罪、刑罚的一般原理、原则问题；刑法各论研究刑法分则各种具体犯罪的构成，罪与非罪、此罪与彼罪的界限，以及对每种犯罪的处罚问题。因此，刑法总论与刑法各论是一般与特殊、抽象与具体、共性与个性的关系。

二、刑法总论与刑法各论的相互作用

（一）刑法总论对刑法各论的作用

1. 指导刑法各论

刑法总论研究刑法的普遍性问题，其所阐述的关于犯罪、刑罚的一般原理、原则对刑法各论研究各种具体犯罪问题具有指导作用。例如，刑法总论所阐述的未完成罪的原理，有助于促进刑法各论对于具体犯罪的未完成形态的研究；刑法总论对责任形式的研究，能帮助解决刑法各论研究具体犯罪的责任形式时遇到的理论难题。因此，充分发挥刑法总论对刑法各论的指导作用，有助于深入开拓刑法各论的研究。

2. 制约刑法各论

刑法总论对刑法各论的研究具有一定的约束作用，刑法各论的研究不能违背刑法总论阐述的已得到普遍认可的原理、原则。例如，刑法总论关于主客观相统一的原则、过失犯罪不存在未完成罪等为刑法理论与司法实践普遍认可，在刑法各论研究中就不能认为我国刑法分则规定的犯罪存在严格责任问题，或者某一个过失犯罪存在未完成罪的问题。

（二）刑法各论对刑法总论的作用

1. 实践并检验刑法总论

刑法总论具有抽象性、概括性，其阐述的一般原理、原则只有通过刑法各论的贯彻，才能应用于司法实践，同时对其科学性进行检验，发现其不足，促进其完善。因此，刑法各论是实践并检验刑法总论的重要途径。

2. 丰富并发展刑法总论

刑法各论直接研究、解决具体犯罪问题,其通过积累、概括一些共性问题并加以研究所形成的理论能够直接为刑法总论吸收,从而丰富、发展刑法总论。

(三) 刑法各论的研究方法

研究刑法各论具有重要的理论与实践意义:它有助于加深对刑法总论的理解;有助于掌握各种犯罪的构成要件,正确区分罪与非罪、此罪与彼罪的界限;有助于正确裁量刑罚;有助于促进刑事立法与司法完善。

研究刑法各论,需要注意理论联系实际,及时把握刑事立法与司法实践的变化情况,并突出重点与难点。根据这些要求,在各罪研究中,我们将在阐述理论的同时,附带介绍部分案例,并把刑事立法修改补充的情况以及司法解释的重要内容反映出来。对各罪阐述的内容,不追求面面俱到,而是采取有问题则研究,无问题则从略的原则。尤其对一些刑法总论已有比较充分的阐述,在各罪中又没有任何特殊性的,一律不作研究。对于一些常见、多发犯罪,我们力求阐述详尽,对于其他犯罪,则适当减少篇幅,以突出重点、难点。

第二节　刑法各论的基本问题

一、罪名

罪名,即犯罪的名称,是对犯罪本质特征的高度概括。罪名依据罪状对犯罪特征的描述来确定。有的刑法条文明确显示出罪名,如《刑法》第 232 条规定:“故意杀人的,处……”,可知该条的罪名是故意杀人罪;有的刑法条文规定的犯罪特征比较复杂,需要加以抽象和概括才能确定罪名。如《刑法》第 261 条规定:“对于年老、年幼、患病或者其他没有独立生活能力的人,负有扶养义务而拒绝扶养,情节恶劣的,处……”,该条罪名被概括为遗弃罪。根据不同的标准,对罪名可以区分为以下不同类型:

(一) 类罪名与个罪名

这是以罪名所反映的法益侵害的种属为标准所作的分类。类罪名,是指某一类犯罪的总名称,其与刑法分则犯罪的分类有关。在我国刑法中,类罪名有两种情况,一是章罪名,共 8 个;二是节罪名,其出现在刑法分则第 3、6 章中,分别为 8 个、9 个。个罪名,是指某一具体犯罪的名称,其与刑法分则条文直接相关联。

(二) 立法罪名、司法罪名、学理罪名

这是以罪名的效力为标准所作的分类。立法罪名,是指立法机关在刑法条文中明确规定的罪名。如《刑法》第 382 条、第 384 条、第 385 条分别给贪污罪、挪用公款罪、受贿罪下了定义。司法罪名,是指最高司法机关通过司法解释确定的罪名。如 1997 年 12 月 11 日最高人民法院颁布了《关于执行〈中华人民共和国刑法〉确定罪名的规定》,1997 年 12 月 25 日最高人民检察院颁布了《关于适用刑法分则规定的犯罪的罪名的意见》,2002 年 3 月 15 日最高人民法院、最高人民检察院颁布了《关于执行〈中华人民共和国刑法〉确定罪名的补充规定》。根据上述司法解释,我国目前共有四百余个罪名。学理罪名,是指刑法理论概括出的罪名。学理罪名没有法律效力,但对司法罪名的确定具有指导或参考作用。

(三) 单一罪名、选择罪名

这是以罪名所反映的犯罪构成内容为标准所作的分类。单一罪名,是指犯罪构成内容单一的罪名。选择性罪名,是指犯罪构成内容复杂、法律规定有多种行为或者对象可供选择的罪名。

选择罪名可以概括使用,也可以分解使用。

二、罪状

罪状,是指刑法分则条文对具体犯罪构成特征的描述。根据刑法条文对罪状表述形式的不同,罪状可以分为以下四种类型:

(一) 简单罪状

即对犯罪构成特征只作简单描述,实际上仅仅表示出犯罪名称的罪状。如《刑法》第 232 条规定:"故意杀人的,处……",此即简单罪状。采取简单罪状,是因为这些犯罪易于被人理解与把握,无须进行具体描述。

(二) 叙明罪状

即对犯罪构成特征作比较具体的描述的罪状。如《刑法》第 276 条规定:"由于泄愤报复或者其他个人目的,毁坏机器设备、残害耕畜或者以其他方法破坏生产经营的,处……",此即叙明罪状。叙明罪状易于为人理解和掌握,便于司法实践正确定罪,因此为多数刑法条文所采用。

(三) 引证罪状

即引用同一法律中的其他条款来说明和确定某一犯罪的构成特征的罪状。如《刑法》第 115 条第 1 款规定的是以危险方法危害公共安全犯罪的罪与刑,第 2 款规定:"过失犯前款罪的,处……",此即引证罪状。采用引证罪状,主要是出于立法简明的需要。

(四) 空白罪状

即在条文中指明要参照其他法律、法规的规定,来确定某一犯罪的构成特征的罪状。如《刑法》第 139 条规定:"违反消防管理法规,经消防监督机构通知采取改正措施而拒绝执行,造成严重后果的,对直接责任人员,处……",此即空白罪状。要确定消防责任事故罪的构成特征,必须参照消防管理法规。

三、法定刑

法定刑,是指刑法分则性条文对具体犯罪所规定的刑种与刑度。法定刑不同于宣告刑。法定刑是立法规定的结果,它着眼于犯罪的共性,并且一般是相对确定的;宣告刑是法定刑的司法适用,它着眼于具体犯罪案件,并且是绝对确定的。以刑种与刑度是否确定为标准,法定刑可以区分为三种类型:

(一) 绝对确定的法定刑

即刑法条文对犯罪规定单一、固定的刑种和刑度,司法机关没有自由裁量的余地。这种方式过于机械绝对,不便于根据案件具体情况选择轻重适当的刑罚。

(二) 绝对不确定的法定刑

即刑法条文对犯罪不规定具体的刑种和刑度,只规定处以刑罚,如何处罚完全由司法机关掌握。这种方式的过于灵活,不利于法治统一,而且容易造成司法擅断。

(三) 相对确定的法定刑

即刑法条文规定一定的刑种与刑度,司法机关可以在限度内根据案件具体情况判处适当的刑罚。这种方式既有确定性,又有灵活性,因此为现代各国刑法所普遍采用。

我国刑法少数条款存在适用绝对确定的法定刑的情况。如《刑法》第 121 条对劫持航空器罪有"致人重伤、死亡或者使航空器遭受严重破坏的,处死刑"的规定,《刑法》第 239 条对绑架罪有"致使被绑架人死亡或者杀害被绑架人的,处死刑,并处没收财产"的规定,《刑法》第 240 条对拐

卖妇女、儿童罪有“情节特别严重的,处死刑,并处没收财产”的规定,等等。但大多数刑法条文,则普遍采用了相对确定的法定刑。刑法规定的相对确定的法定刑主要表现为以下五种形式:① 规定法定刑的最高限度,其最低刑度取决于刑法总则的规定。② 规定法定刑的最低限度,其最高限度取决于刑法总则的有关规定。③ 同时规定法定刑的最低限度与最高限度。④ 规定两种以上主刑或者同时规定附加刑。⑤ 规定援引性的法定刑。

第三节　法 条 竞 合

一、法条竞合的概念

法条竞合,也称法规竞合,是指一个犯罪行为同时触犯数个犯罪构成要件内容具有从属或者交叉关系的法条所规定的罪名的情形。

二、法条竞合的特征

法条竞合具有以下三个特征:

(一) 实施一个犯罪行为,这是法条竞合的事实特征

所谓实施一个犯罪行为,是指行为人在一个罪过的支配下,实施了能够构成一个犯罪的危害行为。这一危害行为,既可以是单一行为,也可以是复合行为。如果实施数个行为构成数个犯罪的,不属于法条竞合。

(二) 触犯数个法条规定的数个罪名,这是法条竞合的法律特征

触犯数个罪名,是指对同一行为可以同时用数个法条所规定的犯罪构成要件对其进行评价。这里的数个罪名,只能是罪质不同的数个犯罪。罪质相同的基本犯与加重犯或减轻犯之间不能成立法条竞合,因为同质之罪无所谓竞合问题。

(三) 数个法条规定的构成要件内容具有从属或者交叉关系

数个法条的犯罪构成要件内容具有从属或者交叉关系,这是法条竞合的实质特征。所谓从属关系,是指一个法条所包含的犯罪构成要件在外延上为另一个法条的犯罪构成要件所包括。交叉关系,是指一个法条的犯罪构成要件的部分内容与另一法条的犯罪构成要件的部分内容发生重合。

三、法条竞合的类型

法条竞合可以区分为以下四种类型:

(一) 独立竞合

独立竞合是从属关系法条竞合的一种,它表现为一个法条所包含的构成要件在范围上为另一个法条的构成要件所包括,实际所竞合的正是被包括的范围较窄的法条的情形。如《刑法》第264 条规定的盗窃罪与第 127 条规定的盗窃枪支、弹药、爆炸物罪之间即属于独立竞合。在独立竞合的情形下,竞合的法条之间存在普通法与特殊法的从属关系。

(二) 包容竞合

包容竞合是从属关系法条竞合的另一种情形,它表现为一个法条所包含的构成要件在内容上为另一个法条的构成要件所包容,法条之间实际所竞合的内容超出内涵较小的法条的情形。如《刑法》第 133 条规定的交通肇事罪与第 233 条规定的过失致人死亡罪之间即属于包容竞合。在包容竞合的情形下,竞合的法条之间在内涵上具有整体与部分的关系。

（三）交互竞合

交互竞合是交叉关系法条竞合的一种，它表现为两个法条交叉重合，所竞合的正是法条之间交叉重合部分的情形。如《刑法》第 266 条规定的诈骗罪与《刑法》第 279 条规定的招摇撞骗罪之间即属于交互竞合。在交互竞合的场合，两个法条对于所竞合的内容都可以评价。

（四）偏一竞合

偏一竞合也是交叉关系法条竞合的一种，它表现为两个法条交叉重合，具体竞合的内容超出法条交叉重合部分而偏向其中内涵较丰富的法条的情形。如《刑法》第 240 条规定的拐卖妇女、儿童罪与第 262 条规定的拐骗儿童罪之间即属于偏一竞合。在偏一竞合的场合，竞合法条之间具有基本法与补充法的关系。

四、法条竞合的适用

法条竞合类型不同，法条竞合的适用原则也有所不同。对于独立竞合，应当根据特别法优于一般法原则，一律适用特别法条；对于包容竞合，应当根据全部法条优于部分法条原则，适用全部法条；对于交互竞合，由于两个法条均能对竞合内容予以评价，所以应当适用处罚较重的法条；对于偏一竞合，只有内涵较为丰富的基本法条才能对竞合内容予以全面评价，所以应该适用基本法条。

第四节　刑法各罪的分类

一、刑法各罪分类概述

刑法各罪的分类可以从两个角度进行理解：一是刑法分则对各罪的分类；一是刑法理论对各罪的分类。前者是建立刑法分则体系的需要，后者则为构建刑法各论体系所必须。

对各罪进行分类，首先需要确定分类标准。从大陆法系各国情况看，以法益为标准进行分类的做法已得到普遍认可。这种分类存在二分法与三分法的区别。二分法将犯罪分为侵犯公法益之罪和侵犯私法益之罪；三分法将犯罪分为侵犯国家法益之罪、侵犯社会法益之罪和侵犯个人法益之罪。体现在刑事立法中，这些国家除法国外，并不是先将犯罪区分为侵犯两种法益或三种法益之犯罪或直接只规定为上述两类或三类犯罪，而基本上是规定了十几类甚至数十类犯罪，但对这些犯罪进行归类大致分别属于侵犯上述两类或三类法益的犯罪。从排列顺序看，有的国家是先公益（国家、社会）后私益，如德国、日本、印度；有的国家是先私益后公益（社会、国家）。一个有趣的现象是，新近修订刑法典的法国、瑞士、俄罗斯等国均采取了先私益后公益（社会、国家）的做法。

与这些国家有所不同，我国刑法分则所划分的 10 类犯罪难以按照先公益（国家、社会）后私益或者先私益后公益（国家、社会）的顺序分别归类。我国刑法理论一般认为，我国刑法分则的犯罪基本上是以同类客体为标准划分的，并且也是按照同类客体性质决定的社会危害程度的大小，由重到轻排列的。同类客体与法益标准之间应该说并不存在根本性的区别，但从刑法分则的各罪分类情况看，我们认为大陆法系国家的做法更具有逻辑上的一致性。

受刑法分则各罪分类的影响，我国通行教科书的刑法各论体系几乎无一例外地都按 10 类犯罪依次排列。我们认为，这种理论体系是值得质疑的。首先，如前所述，这种体系在逻辑上缺乏一致性，因此显得过于混乱；其次，这种排列方式不能反映出各类犯罪在理论研究和司法实践中受到关注的重要性程度；最后，这种体系安排不利于合理突出教学重点。

二、本书的刑法各罪分类

基于以上分析,我们主张将刑法各罪先分为三类,即侵犯个人法益的犯罪、侵犯社会法益的犯罪和侵犯国家法益的犯罪。其中侵犯个人法益的犯罪包括侵犯人身权利、民主权利罪和侵犯财产罪,侵犯社会法益的犯罪包括危害公共安全罪、破坏经济秩序罪和妨害社会管理秩序罪,侵犯国家法益的犯罪包括侵犯国家作用的犯罪和侵犯国家存立的犯罪。侵犯国家作用的犯罪进一步区分为贪污贿赂罪和渎职罪,侵犯国家存立的犯罪则区分为危害国家安全罪、危害国防利益罪和军人违反职责罪。由此构建出本教科书所主张的逻辑合理、结构严谨、重点突出、层次清楚的刑法各论体系。

本章小结

刑法总论与刑法各论是一般与特殊、抽象与具体、共性与个性的关系。罪名,是对犯罪本质特征的高度概括。罪状,是指刑法分则条文对具体犯罪基本特征的描述。法定刑,是指刑法分则性条文对具体犯罪所规定的刑种与刑度。法条竞合,是指一个犯罪行为同时触犯数个犯罪构成要件内容具有从属或者交叉关系的法条所规定的罪名的情形。法条竞合包括独立竞合、包容竞合、交互竞合和偏一竞合四种类型。刑法各罪的分类标准是法益,应该将我国的刑法各罪分为侵犯个人法益的犯罪、侵犯社会法益的犯罪和侵犯国家法益的犯罪三大类型,并以此构建我国刑法各论的体系。

参考阅读书目

1. 陈兴良主编:《刑法各论的一般理论》,内蒙古大学出版社 1992 年版。
2. 陈兴良、龚培华、李奇路:《法条竞合论》,复旦大学出版社 1993 年版。
3. 周光权:《刑法各论》,中国人民大学出版社 2011 年版。

【思考题】

1. 如何理解刑法总论与各论的关系?
2. 罪名可以分为哪些种类?
3. 罪状有哪几种类型?
4. 什么是法条竞合?法条竞合包括哪些类型?
5. 我国的刑法各罪应如何分类?

第十五章　对个人法益的犯罪Ⅰ：侵犯公民人身权利、民主权利罪

本章要点

本章罪包括侵犯公民人身权利罪、侵犯民主权利罪。人身权利，是指法律所规定的与公民的人身不可分离的权利，包括生命权、健康权、性的不可侵犯权、人身自由权、人格名誉权、婚姻家庭权利以及与人身直接有关的住宅不受侵犯权利等。侵犯人身权利的犯罪具体可以分为：侵犯生命、身体健康的犯罪、侵犯妇女、儿童权益的犯罪、侵犯行动自由的犯罪、侵犯名誉权的犯罪、侵犯婚姻家庭权利的犯罪。民主权利，是指法律规定公民享有的参加国家管理及社会政治活动的权利以及其他民主权利。侵犯民主权利的犯罪具体包括侵犯选举权、被选举权、批评权、控告权、申诉权、宗教信仰自由权利、通信自由权的犯罪等。

第一节　侵犯生命、健康权利的犯罪

一、故意杀人罪

第二百三十二条　故意杀人的，处死刑、无期徒刑或者十年以上有期徒刑；情节较轻的，处三年以上十年以下有期徒刑。

（一）概念

故意杀人罪，是指故意非法剥夺他人生命的行为。

（二）行为

本罪在客观方面表现为非法剥夺他人生命，即在其自然死亡之前断绝其生命。行为人预想的计划具有类型化的杀人危险或者在具体情况下具有产生断绝生命的危险的，均可能构成本罪。其方式不限，可以是作为，也可以是不作为，例如母亲故意不给婴儿哺乳致其死亡；可以是有形的方法，例如毒杀、绞死、枪杀等，也可以是无形的方法（精神的方法），例如故意给对方以强烈刺激致其休克死亡；可以直接实行，也可以间接实行，例如，利用精神病人杀人。但是利用危害公共安全的方法例如投毒、放火等，造成人员死亡的，应当认定构成特定的危害公共安全罪。上述手段必须为非法，因而依法执行死刑、正当防卫致人死亡等，均不构成本罪。

（三）对象

本罪的行为对象是他人的生命。任何人的生命权利均受到法律的平等保护，而不受任何包括年龄、种族、性别、职业、地位等其他外在因素的影响，除经合法程序判处死刑而依法执行外，人之生命权不能受到任何其他非法剥夺，此即所谓生命绝对保护原则。在本罪中，首先，法人并非本罪的保护对象。其次，保护对象仅限于他人，自杀并不构成本罪（教唆、帮助自杀者的责任则是另外的问题）。再次，人的生命始于出生、终于死亡，因此胎儿、尸体不成为本罪的保护对象，而溺婴当然构成本罪。对于已经判处死刑并即将执行的人或者民法上宣告死亡的人进行杀害，同样构成本罪。

另外,行为人由于对事实的认识错误,误认尸体为活人而进行杀害的行为,构成杀人未遂。

在理论上,对于人的始期、终期有着不同理解。对于人的始期,成立最早的观点是开始分娩(阵痛)说;而一部露出说认为胎儿如有部分产出于母体之外即为出生成人;全部露出说认为胎儿身体全部露出母体才成为权利主体;独立呼吸说认为胎儿停止通过脐带之胎盘获取氧气,开始独立利用肺呼吸之时即为出生为人。对于人的终期即其整体死亡,呼吸停止说、脉搏停止说分别以呼吸或脉搏不可逆转的停止为人的终期;三征候说(心脏停止说)根据停止自发呼吸、停止脉搏跳动、停止瞳孔反射机能来判定心脏停止,并认定死亡;脑死亡说(脑干死而非大脑死,因此大脑死的植物人仍为活人)则以脑机能不可逆转的丧失为死亡标准。上述标准,在使用心肺维持装置继续呼吸与血液循环者、心死而脑未死者、已经心脏移植手术而换心成功者(原有心脏已死)等是否为活人,均存在不同见解。但是脑死亡说由于其基点为满足脏器移植的需要,因而受到非议。

(四) 故意

本罪在主观方面既可以由直接故意构成也可以由间接故意构成,其动机不限,即使义愤杀人、大义灭亲等,也构成本罪。只要行为人认识到其预想之作为或不作为将足以剥夺他人之生命,且其预想之计划客观上也具有法益的现实侵害可能,即构成本罪故意。故意的认定应当结合案发当时的具体情形,包括行为人使用的方法、杀害的部位、动机等综合考察认定。

(五) 转化犯

根据《刑法》第238条、第247条、第248条、第289条、第292条的规定,对非法剥夺他人自由使用暴力致人死亡、刑讯逼供或暴力逼取证言致人死亡、虐待被监管人致人死亡、聚众"打砸抢"致人死亡、聚众斗殴致人死亡的,应以故意杀人罪论处。

(六) 安乐死

安乐死通常可以分为积极安乐死和消极安乐死。前者是指为免除患有不治之症、濒临死亡的病人的痛苦,受患者嘱托而采取无痛苦方法使其速死。各国法律的规定以及理论观点均不尽一致,有的国家例如荷兰已经将其合法化。但是由于我国目前并未规定安乐死合法的条件,并且此种情况下医生仍然存在医疗救治义务,即使出于减轻其痛苦的人道动机,对于痛不欲生的病患也不能人为地提前结束其生命。即使存在着被害人的承诺,也不排除这一行为符合故意杀人罪的构成要件,仍应构成本罪。但是对于后者,通常是指对已经判断没有任何医治价值和可能的病患,停止继续使用医疗器械或其他医疗手段,任其死亡。此时医生救治维持生命的义务因病人无任何挽救的可能而终止,最终的死亡也并非医生停止医疗手段而造成,完全是因为病患内在的因素所造成,因而医生终止医疗措施并不违背其义务,即使以作为形式例如拔掉心肺维持器械的管线加以表现,也不应认定构成本罪。

与此类似,得到被害人的嘱托或者承诺的同意杀人,也仍然构成本罪。

(七) 自杀关联行为

生命是并非能够随意处分的法益,但是自愿结束生命的自杀行为本身在我国并不构成犯罪。但是,如果以自焚、自爆方法危害公共安全的,应当构成以危险方法危害公共安全罪[①],另外,军人战时为逃避军事义务而自杀未遂但造成伤害的,应构成战时自伤罪。但是,同自杀相关联的行为比较复杂,其中有些仍应承担故意杀人的刑事责任。

1. 相约自杀

即两人以上相互约定自愿共同自杀。如果相约方均各自分别实施自杀行为,无论相约方是

① 2001年6月11日最高人民法院、最高人民检察院《关于办理组织和利用邪教组织犯罪案件具体应用法律若干问题的解释(二)》第10条。

否均自杀身亡，都不存在刑事责任问题。但是如果相约自杀，由一方杀死对方，继而自杀未逞的，未逞者构成故意杀人罪，但是量刑时可以从宽处罚。如果以相约自杀为名，诱骗他人自杀，则构成故意杀人罪。

2. 引起他人自杀

即行为人实施的某行为引起他人自杀身亡。需要注意：① 正当行为引起他人自杀不负刑事责任。② 错误行为或轻微违法行为引起他人自杀，也不负刑事责任。③ 严重违法行为引起他人自杀身亡，应将严重违法行为与引起他人自杀身亡情节加以综合评价，即将导致自杀身亡作为定罪情节之一，如果情节严重并且刑法有明文规定的，应追究其刑事责任。例如侮辱他人引起他人自杀的，构成侮辱罪。④ 犯罪行为引起他人自杀身亡，但对自杀不具备故意时，一般可以按本罪从重处罚，或者作为情节加重犯处理。例如强奸罪情节恶劣的即包括强奸妇女、奸淫幼女引起被害人自杀情形。⑤ 将引起他人自杀作为构成结果，成立独立犯罪。例如组织和利用邪教组织制造、散布迷信邪说蒙骗其成员或者其他人实施绝食、自残、自虐等行为，致人死亡的，构成《刑法》第300条第2款组织、利用会道门、邪教组织、利用迷信致人死亡罪。

3. 教唆或帮助自杀

前者是指行为人故意用引诱、怂恿、欺骗等方法，使他人产生自杀意图。后者是指在他人产生自杀意图之后，而对其加以精神的鼓励或为其自杀提供工具或者辅助条件。此时的教唆、帮助同共同犯罪中的教唆、帮助行为不同，后者是帮助他人实施犯罪行为，而前者教唆或帮助的自杀行为通常并不构成犯罪，因此如果教唆、帮助他人实施同时可能构成如前所述犯罪的自杀行为，仍然构成相应犯罪的共同犯罪。在此教唆、帮助他人自杀行为实际就是借被害人之手杀死被害人的间接实行的故意杀人行为，构成故意杀人罪。例如组织、策划、煽动、教唆、帮助邪教组织人员自杀的，构成故意杀人罪。但是对于有责任能力人的教唆、帮助自杀和对无责任能力人的教唆、帮助自杀在量刑时应有所区别。

4. 指使、逼迫他人自杀

行为人凭借某种权利或利用某种特殊关系包括信任关系，以暴力、胁迫方法故意指使、强迫他人自杀。这实际上同教唆自杀并无本质不同，仍然构成间接实行的故意杀人罪。例如，组织、利用邪教组织制造、散布迷信邪说，指使、胁迫其成员或者其他人实施自杀，构成本罪。

（八）故意杀人情节较轻

一般认为，情节较轻的杀人包括：当场基于义愤的杀人、因受被害人长期迫害的杀人、基于被害人同意甚至请求的杀人、防卫过当的杀人、大义灭亲的杀人等。但是故意杀人未遂本身并不属于情节较轻。

二、过失致人死亡罪

第二百三十三条　过失致人死亡的，处三年以上七年以下有期徒刑；情节较轻的，处三年以下有期徒刑。本法另有规定的，依照规定。

（一）概念

过失致人死亡罪，是指因过失而致人死亡的行为。

（二）行为

本罪在客观方面表现为实施了过失致人死亡的行为，并实际造成了死亡结果。如果没有造成死亡结果，不构成本罪。另外，过失致人重伤后又引起死亡的，也直接认定构成本罪。

（三）过失

本罪在主观方面只能是过失，非出于过失而纯为意外事件的，不负刑事责任。在实践中，对于异常体质者的推搡、轻微殴打的致死案件,需要考察行为人是否对被害人体质异常的事实具有明知,从而进一步判断其是否具有杀人的故意还是只能对死亡承担过失责任。

(四) 法条竞合

刑法中规定了很多包含过失致人死亡情形的罪名,例如交通肇事罪、失火罪、医疗事故罪等,从而与本罪之间形成特别法和普通法的法条竞合,虽然可能出现业务过失致人死亡的法定刑较之普通过失致人死亡的法定刑为轻的不合理状况,但按照前引规定,仍应按照特别法的规定加以处理。

三、故意伤害罪

第二百三十四条 **故意伤害他人身体的,处三年以下有期徒刑、拘役或者管制。**

犯前款罪,致人重伤的,处三年以上十年以下有期徒刑;致人死亡或者以特别残忍手段致人重伤造成严重残疾的,处十年以上有期徒刑、无期徒刑或者死刑。本法另有规定的,依照规定。

(一) 概念

故意伤害罪,是指故意非法损害他人身体健康的行为。

(二) 行为

本罪在客观方面表现为实施非法造成他人身体损害的行为,包括破坏人体组织的完整性(如砍断四肢)和破坏人体器官的正常机能(如丧失听觉)。

对于伤害的概念,在大陆法系有着不同见解:有的根据生物学观点以能够引起生理机能障碍为标准;有的以身体外貌即能够改变身体外观的完整性为标准,因此剃光头发也属于伤害;还有的认为伤害是指对人的生理机能的损害以及使身体外貌发生重要变化。此外在伤害程度上也存在究竟是以社会上一般人的观念还是具体被害人的感觉为标准的争论,依据后者,将一名钢琴师的指甲剪掉也构成伤害。在我国,由于存在着鉴定标准,因此其标准相对而言更为客观。

伤害行为既可以由作为,也可以由不作为构成;可以采用暴力的方法,也可以采用无形的方法,例如使用化学品、放射线等伤害他人,或以伤害的故意在非卖淫或嫖娼场合以性交方式使他人感染性病、艾滋病并最终造成伤害。

伤害的结果多种多样,就其程度而言,一般分为轻微伤、轻伤、重伤、伤害致死,但是轻微伤并不构成本罪。重伤使人肢体残废、毁人容貌、丧失听觉、丧失视觉、丧失其他器官功能或者其他对于人身健康有重大伤害的损伤,包括重伤一级和重伤二级。轻伤使人肢体或者容貌损害,听觉、视觉或者其他器官功能部分障碍或者其他对于人身健康有中度伤害的损伤,包括轻伤一级和轻伤二级。轻微伤各种致伤因素所致的原发性损伤,造成组织器官结构轻微损害或者轻微功能障碍。[①] 确定伤害程度一般应以伤害当时的情况结合审判时的治疗和恢复情况综合认定。伤害当时伤情不严重,虽经治疗,但最终仍为重伤的,应以重伤论处;伤害当时伤情较为严重,但基本上恢复正常或者只造成轻伤害的,不能以重伤论处。同时必须注意伤害行为同伤害结果之间是否具有因果关系,如果因为其中介入其他不当行为而造成重伤结果的,不应认定重伤。

(三) 对象

本罪的行为对象是他人的身体健康,包括身体的完整性和生理机能的健全。对于心理状态的健康损害,也应当属于伤害,但是,其程度难以测定,因此我国刑法所强调的更多为器官功能或者身体的损伤。

① 最高人民法院、最高人民检察院、公安部、国家安全部、司法部《人体损伤程度鉴定标准》(自 2014 年 1 月 1 日起施行)。

这里的他人身体，即指具有生命的完整肉体。因此对假牙、假肢等的损坏，除非同时造成对身体的损伤，并不构成本罪。同时，有意伤害自己的身体通常也不构成犯罪，但是军人战时为逃避军事义务而自伤的构成犯罪。对胎儿的伤害一般也不构成本罪，对胎儿实施伤害行为导致胎儿在出生后伤残的，由于伤害当时胎儿并非保护对象，因此只有当时对母体健康的损害到达了一定程度，才可认定构成本罪，而不能独立地认定构成对胎儿的伤害。

（四）故意

本罪在主观方面是故意。伤害故意可以是一种直接故意，也可以是间接故意。行为人可以具有明确的伤害程度的故意，但通常是仅具有概括的伤害故意，并未明确具体伤害的程度。此时只要存在伤害行为，无论发生轻伤还是重伤结果，均按其实际发生的结果认定。但是本罪故意必须不是致人死亡的故意。在故意杀人未遂和故意伤害混淆场合，就必须以客观情况确定行为人的主观心态究竟是属于伤害故意还是杀人故意。对此必须从包括打击部位、双方关系、犯罪工具等在内的客观情况加以具体考察。

（五）未遂

一般而言，在伤害故意中的伤害程度不明确的情况下，故意伤害罪为结果犯，只有造成轻伤或者重伤结果的，才构成本罪，因而通常并不存在未遂的区分。对于仅有轻伤故意，但未造成轻伤结果的，由于情节显著轻微，没有必要以犯罪论处。但是重伤意图明显，且已经着手实施客观上具有重伤可能的行为，由于意志以外的原因未得逞的，仍构成故意伤害罪（未遂）。

（六）伤害致死

这是典型的结果加重犯形式，即基本犯为故意，但对于加重结果则只能为过失。需要注意的是，该结果加重犯只存在成立与否的问题，不存在未遂问题。故意伤害行为必须同死亡的加重结果之间具有因果关系，在此因果关系的判定应当具体考察行为与结果之间的相当性，因此故意伤害他人导致其心脏病发作而死亡的，或者故意伤害他人导致他人逃跑过程中不慎落入水沟致使头部撞击死亡等，也应当认定构成伤害致死。但是如果由于其他原因介入致其死亡而不能将死亡结果归责于行为人时，行为人仍然构成故意伤害罪。同时，故意伤害对象同死亡对象具有同一性，如果故意伤害某人同时过失造成另一人死亡，则构成故意伤害罪和过失致人死亡罪的想象竞合。

故意伤害致死同故意杀人、过失致人死亡相比，客观上都造成了他人的死亡，但是故意伤害出于伤害故意，对死亡仅具有过失，而故意杀人则是出于杀人故意。因此其故意内容是区分的关键。对此应当通过综合考察具体案件情况加以判断，包括发案原因、犯罪工具、打击部位与强度、犯罪行为有无节制、犯罪人是否抢救被害人、犯罪人对死亡结果的态度等等。在行为人动辄行凶情形，如果能够证明有明显的杀人或者伤害的故意的，仍然应当按照实际情况认定构成故意杀人罪或者故意伤害罪，对于后者即使出现死亡结果，也不应认定为故意杀人罪而仍然属于故意伤害致死。但是如果行为人故意内容不确定，其行为不计后果，不顾被害人死活的，由于其对所发生的无论是伤害还是死亡的后果均存有放任的心态，因此应当按照实际所发生的结果确定构成故意杀人罪还是故意伤害罪。

而与过失致人死亡罪相比，虽然同样过失地造成死亡结果，但是前者行为人具有伤害故意，也必须存在着一个能够加以区分的相对独立的伤害过程。如果行为人并非以伤害故意（当然也并非杀人故意）实施某行为例如推倒、撞击等而直接致人死亡，应当认定过失致人死亡罪。即使在殴打的场合，如果仅有生活中一般性的致人疼痛的殴打意图实施殴打行为致人死亡的，由于只具有一般殴打的意图而并非伤害的故意，即使存在过失，也只应当认定构成过失致人死亡罪而不构成本罪。在此对行为人以客观的行为形式为基础的主观故意内容的判定是非常重要的。

(七) 特别残忍手段

在此主要是指用硫酸泼洒、钝器反复打击、残害他人肢体等行为而致人重伤并造成严重残疾的行为,对于按照本罪的情节加重犯处理。

(八) 认定

《刑法》第234条规定,对于伤害行为,本法另有规定的,依照规定。因此行为人在实施其他犯罪过程中,例如抢劫、强奸包含有伤害结果等,刑法另有规定的,直接按照有关条文定罪量刑。但是应当注意不同犯罪中所包含的暴力、伤害等在轻伤、重伤意义上可能具有不同范围,例如抢劫、强奸罪中造成的伤害一般包含重伤在内,但是妨害公务罪、强迫卖血罪中一般只包含轻伤,如果发生重伤结果,通常应当转化为故意伤害罪(有的没有明文规定,有的如《刑法》第330条第2款有明文规定)。

四、组织出卖人体器官罪

第二百三十四条之一[根据《刑法修正案》(八)第三十七条增设] 组织他人出卖人体器官的,处五年以下有期徒刑,并处罚金;情节严重的,处五年以上有期徒刑,并处罚金或者没收财产。

未经本人同意摘取其器官,或者摘取不满十八周岁的人的器官,或者强迫、欺骗他人捐献器官的,依照本法第二百三十四条、第二百三十二条的规定定罪处罚。

违背本人生前意愿摘取其尸体器官,或者本人生前未表示同意,违反国家规定,违背其近亲属意愿摘取其尸体器官的,依照本法第三百零二条的规定定罪处罚。

(一) 概念

组织出卖人体器官罪,是指组织他人出卖人体器官的行为。

(二) 行为

本罪在客观方面表现为组织他人出卖人体器官的行为。具体包括两方面的内容:一是组织;一是出卖。组织,指通过指挥、领导、招募、雇佣、强迫等不同的方式,策划、安排引诱他人实施出卖人体器官,因此,"组织"不同于共同犯罪中的"组织犯"。出卖:即有偿出让。至于是否有营利在非所问。

未经本人同意摘取其器官,或者摘取不满十八周岁的人的器官,或者强迫、欺骗他人捐献器官的,依照故意伤害罪或者故意杀人罪定罪处罚。

违背本人生前意愿摘取其尸体器官,或者本人生前未表示同意,违反国家规定,违背其近亲属意愿摘取其尸体器官的,依照盗窃、侮辱尸体罪定罪处罚。

(三) 对象

本罪的行为对象是"人体器官",对此,可以参考国务院《人体器官移植条例》第2条的规定来界定。但是,必须注意的是,是否为本罪中的"人体器官",应当结合法益进行,只要是达到本罪要求的法益侵害结果的程度,即出现公民的身体健康权、生命权受到侵害的场合,就应当认为属于本罪的"人体器官"。

(四) 主体

本罪行为主体为组织者,因此,被组织者不能成为本罪的行为主体。但是,出卖自己的器官的同时,又组织他人出卖人体器官的,也是本罪的行为主体。器官供体的接受者原则上不是本罪的行为主体。

(五) 故意

本罪在主观方面是故意,行为人认识到自己在组织他人出卖人体器官,而对该行为有意为之。是否出于营利目的在非所问。

五、过失致人重伤罪

第二百三十五条　过失伤害他人致人重伤的，处三年以下有期徒刑或者拘役。本法另有规定的，依照规定。

（一）概念

过失致人重伤罪，是指过失造成他人身体重伤的行为。

（二）行为

本罪在客观方面表现为行为人实施了引起他人重伤的行为。对于重伤的结果只能出于过失，因此其行为不能独立构成一个具有伤害故意的行为，即使以轻伤的故意而过失引起他人重伤结果，仍构成故意伤害罪。当然如果以一般致人疼痛的意图殴打他人而致其重伤，仍构成本罪。在这个意义上，本条规定应该比照《刑法》第233条过失致人死亡而规定为过失致人重伤，而非过失伤害他人致人重伤。同时如果过失重伤他人而致其抢救无效死亡，应当认定构成过失致人死亡罪。同样，在其他行为中包含有过失重伤结果而另有规定，依照有关条文论处。

（三）过失

本罪在主观方面是过失，包括疏忽大意过失和过于自信过失。

六、刑讯逼供罪

第二百四十七条　司法工作人员对犯罪嫌疑人、被告人实行刑讯逼供或者使用暴力逼取证人证言的，处三年以下有期徒刑或者拘役。致人伤残、死亡的，依照本法第二百三十四条、第二百三十二条的规定定罪从重处罚。

（一）概念

刑讯逼供罪，是指司法工作人员对犯罪嫌疑人、被告人使用肉刑或者变相肉刑，逼取口供的行为。

（二）行为

本罪在客观方面表现为对上述对象使用肉刑或者变相肉刑，逼取口供的行为。首先，必须具有刑讯行为，即使用肉刑或者变相肉刑。前者是指对被害人的肉体实行暴力，如捆绑、殴打以及其他直接针对肉体的行为；后者是指对被害人使用非暴力的摧残或折磨，如冻、饿、烤等。上述行为并不以造成对被害人的伤害为必要，这是同故意伤害罪重要的区别。其次，必须有逼供行为，即逼迫上述对象做出行为人所期待的口供，但被害人是否实际做出符合期待的口供，以及该口供是否符合实际情形，均不影响本罪构成。诱供、指供虽然错误，但并不构成本罪。在实践中，情节显著轻微的刑讯逼供行为，不宜按照本罪论处，另外根据法律规定和实际需要，对上述对象使用械具进行审问的，不构成本罪。

（三）主体

本罪的主体为司法工作人员，即负有侦查、检察、审判、监管职责的工作人员。因此企事业单位的保卫干部、企事业单位及基层组织聘用的治安联防队员不能成立本罪。上述人员使用肉刑或者变相肉刑逼取口供致人伤残的，应以故意伤害罪论处。成立司法工作人员其前提当然必须是国家机关工作人员，但是值得注意的是，受司法机关正式聘用或者委托、委派而从事上述工作的人员也可以视为司法工作人员①。

① 2000年9月14日最高人民法院《关于未被公安机关正式录用的人员、狱医能否构成失职致使在押人员脱逃罪主体问题的批复》。

（四）故意

本罪在主观方面是故意,并具有逼取口供的目的。如果出于其他目的对被害人实施肉刑、变相肉刑的,不构成本罪。行为人无论出于什么动机,例如为了迅速结案、侦破重大要案等,同样构成本罪。

（五）转化犯

实施刑讯逼供行为,致人伤残、死亡的,应当认定构成故意伤害罪、故意杀人罪,从重处罚。由于轻伤的法定刑同本罪法定刑相同,因而上述行为造成轻伤的,即使出于故意,也没有必要转化为故意伤害罪,以本罪论处从重处罚即可,因此,此处所谓的伤残,应只包括重伤和残疾,而不包括轻伤。同时,所谓致人死亡是指由于暴力或者其他逼供行为而致被害人当场死亡或者经抢救无效死亡,逼供行为导致被害人自杀的,一般不构成故意杀人罪。上述情形中,行为人必须对伤残、死亡结果具有故意。如果在刑讯逼供过程中,仅仅出于过失而造成伤残,同时构成过失致人重伤罪的,仍可按照本罪论处;但是因过失而致被害人死亡的,应当从一重罪按照过失致人死亡罪论处。

七、暴力取证罪

第二百四十七条　司法工作人员对犯罪嫌疑人、被告人实行刑讯逼供或者使用暴力逼取证人证言的,处三年以下有期徒刑或者拘役。致人伤残、死亡的,依照本法第二百三十四条、第二百三十二条的规定定罪从重处罚。

（一）概念

暴力取证罪,是指司法工作人员使用暴力逼取证人证言的行为。

（二）行为

本罪在客观方面表现为使用暴力逼取证人证言的行为。首先,必须实施暴力行为,即对身体行使有形力的行为,但其程度及其后果没有限定,也不以实际造成一定伤害为要件。

其次,必须有逼取证言的行为,即行为人要求作为证人的被害人做出特定要求或内容的证言。但是被害人是否做出符合要求的证言以及该证言是否真实,不影响本罪成立。

最后,实施上述行为必须是行为人在履行司法职责过程中实施的。虽然本罪的主要法益并非司法的正常秩序,但是如果司法工作人员并非在履行其司法职责过程中,而是以普通身份对某一案件例如自己为原告的民事案件中的证人,实施暴力行为而逼取该人证言的,不构成本罪。

（三）对象

本罪侵害的对象只能是证人。作为证人,当然是应当知道案件情节的人,但是对于实际不知情的人而误认为其可能知道案件真实情形而作为证人对待,因而在取证过程中实施上述暴力逼取行为的,仍可构成本罪。即本罪中所谓的证人是可能的证人,是被作为证人对待的人,而未必是在具体案件罪中最后被认可为证人的人,否则就可能不当地限制了本罪的处罚范围。同时,所谓证人主要是指刑事诉讼中的证人,但并不排除在民事、行政诉讼中证人成为本罪对象的可能。另外,鉴于刑事诉讼法将证人证言、被害人陈述作为两种不同证据形式,因此证人不应包括被害人。自然从解释的目的论角度,可以方便地得出被害人也属于广义证人范围的结论。但是如此一来,对提供鉴定结论、书证等证据的人同样可以实施暴力逼迫其提供有关证据,其危害性同暴力逼取被害人陈述相当,如果都从所谓的目的解释论角度解释为构成本罪,最终造成本罪称为暴力取得证据罪而非暴力取得证人证言罪。目的论者往往从《刑事诉讼法》第48条规定,凡是知道案件情况的人,都有作证的义务来论证刑事诉讼法将被害人也作为证人对待,但即使从该条出

发，刑事诉讼法也仅仅是将被害人作为提供证据的人而非证人，况且在法律中到处有将被害人和证人证言明确区分的规定。自然这样的处理可能会造成刑法的真空，但是这并非刑法解释论所能解决和有权解决的事情。

（四）主体

本罪的主体是司法工作人员。

（五）故意

本罪在主观方面是故意，并且以逼取证言为目的。以其他目的而对证人实施暴力，可能构成故意伤害罪，不构成本罪。

（六）转化犯

实施暴力取证行为，致人伤残死亡的，应当认定构成故意伤害罪、故意杀人罪，从重处罚。

八、虐待被监管人罪

第二百四十八条　监狱、拘留所、看守所等监管机构的监管人员对被监管人进行殴打或者体罚虐待，情节严重的，处三年以下有期徒刑或者拘役；情节特别严重的，处三年以上十年以下有期徒刑。致人伤残、死亡的，依照本法第二百三十四条、第二百三十二条的规定定罪处罚。

监管人员指使被监管人员殴打或者体罚虐待其他被监管人的，依照前款的规定处罚。

（一）概念

虐待被监管人罪，是指监狱、拘留所、看守所等监管机构的监管人员对被监管人进行殴打或者体罚虐待，或者监管人员指使被监管人员殴打或者体罚虐待其他被监管人，情节严重的行为。

（二）行为

本罪在客观方面表现为对被监管人进行殴打或者体罚虐待，或者指使被监管人殴打或者体罚虐待其他被监管人，情节严重的行为。

其次，必须具有殴打或者体罚行为，包括直接对上述对象的殴打、体罚虐待，也包括指使被监管人殴打、体罚虐待其他被监管人。殴打是指造成被监管人肉体上的暂时痛苦的行为，体罚虐待是指殴打以外的对被监管人实行折磨、摧残的行为。上述行为不需要经常、一贯地实施，偶尔一次的殴打或者体罚虐待的，也可能构成本罪。

最后，上述行为必须情节严重才构成本罪，包括手段残忍、殴打、体罚虐待多人、多次的、后果严重的、影响恶劣的等。

（三）对象

本罪的行为对象只能是被监管人，包括监狱、拘留所、看守所等监管机构中正在服刑的已决犯、犯罪嫌疑人、被告人，以及在拘留所、劳教所等场所中被行政拘留、司法拘留、刑事拘留或劳动教养的人。

（四）主体

本罪的主体是监狱、拘留所、看守所等监管机构的监管人员。在上述人员指使被监管人员殴打或者体罚虐待其他被监管人时，被监管人同时构成本罪的共同犯罪或者同时转化构成故意杀人罪或者故意伤害罪。

（五）故意

本罪在主观方面是故意，一般是出于某种动机对被监管人实施上述行为，但如果出于其他目的例如刑讯逼供目的而殴打、体罚虐待的，构成刑讯逼供等其他犯罪，不成立本罪。

(六) 转化犯

实施虐待被监管人员的行为致人伤残、死亡的,构成故意伤害罪、故意杀人罪,从重处罚。

第二节 侵害他人、妇女、儿童身心健康的犯罪

一、强奸罪

第二百三十六条 **以暴力、胁迫或者其他手段强奸妇女的,处三年以上十年以下有期徒刑。**

奸淫不满十四周岁的幼女的,以强奸论,从重处罚。

强奸妇女、奸淫幼女,有下列情形之一的,处十年以上有期徒刑、无期徒刑或者死刑:

(一) 强奸妇女、奸淫幼女情节恶劣的;

(二) 强奸妇女、奸淫幼女多人的;

(三) 在公共场所当众强奸妇女的;

(四) 二人以上轮奸的;

(五) 致使被害人重伤、死亡或者造成其他严重后果的。

(一) 概念

强奸罪,是指违背妇女意志,使用暴力、胁迫或者其他手段,强行与妇女发生性交,或者与不满14周岁的幼女发生性交的行为。

历来的理论和实践均将强奸罪和奸淫幼女罪分别认定,但由于《刑法》第17条第2款规定相对责任年龄者承担刑事责任的范围包括强奸,因此产生相对责任年龄者是否应对奸淫幼女行为承担刑事责任的问题,或者说此处的强奸究竟是司法解释中的强奸罪还是立法中的所有强奸行为。虽然此后的司法解释认定,已满14周岁不满16周岁的人与幼女发生性关系的,以强奸罪论处①,但毫无疑问这是一个不得不妥协的充满自我矛盾的解释。为了解决这一矛盾,此后的解释不得不将奸淫幼女罪取消,而合并为强奸罪一个罪名②。

(二) 行为

本罪在客观方面表现为强行奸淫妇女的行为。

对于强奸妇女而言,强奸行为是典型的复行为犯,除奸淫的目的行为以外,还必须具有违背妇女意志从而实施暴力、胁迫或者其他方法的手段行为,进而强行实施奸淫行为。

所谓暴力是指对被害妇女的人身行使有形力的方法,例如捆绑、殴打、卡脖、按倒等危害人身安全或人身自由,使其不能反抗的行为。但是暴力并不包括故意杀人,故意杀死妇女后奸尸的,不应认定为本罪。另外,暴力必须直接针对被害妇女,如果为了强奸妇女,除对被害妇女实施暴力,同时对阻止强奸的第三人实施暴力的,不仅构成本罪,同时可能构成故意伤害罪等。

所谓胁迫是指对被害妇女进行威胁、恫吓,达到精神强制而使其不敢反抗,其意图在于引起被害妇女的恐惧心理。胁迫方法多种多样,可以直接对被害妇女实施,也可以通过加害第三者而间接实施,或者通过第三者转达威胁;可以是口头威胁,也可以书面威胁;可以以暴力相威胁,也可以以非暴力威胁,例如揭发隐私、破坏名誉等。在利用教养关系、从属关系、职务权力以及孤立无援的环境条件等与妇女发生性交时,应当视其是否利用了这些特定关系而进行挟制、迫害,进

① 2000年2月13日最高人民法院《关于审理强奸案件有关问题的解释》。

② 2002年最高人民法院、最高人民检察院《关于执行〈中华人民共和国刑法〉确定罪名的补充规定》。

而决定是否构成本罪，上述关系的单纯存在或利用而并未以此威胁的，或者行为人利用职权等引诱女方，后者基于相互利用而与之发生性关系的，不构成本罪。

其他手段是指暴力、胁迫以外使被害妇女不知或无法抗拒的手段。例如利用妇女患重病、熟睡之机，进行奸淫；以醉酒、药物麻醉，以及利用或者假冒治病等方法进行奸淫；冒充女性的丈夫、情人，组织、利用会道门、邪教组织或者利用迷信奸淫妇女等。上述手段同暴力、威胁具有一致的强制性质。对于患有精神病或先天痴呆症的妇女，由于其欠缺正常认识能力和意志能力，无法正确表达自己的意志，所谓的同意并不具有法律意义。因而行为人明知妇女是精神病或痴呆症患者，而非法与之性交，实际利用其欠缺能力状态，不论该妇女是否同意，均以本罪论处。如果行为人确实不知该名妇女为精神病或痴呆症患者，未采用暴力、胁迫等手段，经该妇女"同意"而与之发生性关系，一般不以本罪论处。特定情况下欺骗也可以构成本罪手段行为，例如冒充医生以体检、治病等欺骗手段与妇女发生性关系，或者冒充国家工作人员将被害妇女骗到孤立无援处进行奸淫等。但是单纯的以交友、出国等个人利益相欺骗，而使被害妇女信以为真自愿与之发生性关系的，由于欠缺强制特征，不足以使妇女处于不能选择的境地因而不愿意与之性交，并不存在妇女不敢反抗或者不能反抗的问题，因而不构成本罪。

上述手段表现了奸淫行为的强行性，也说明了该性交行为违背妇女意志的性质。但是被害妇女有无反抗表示并非本罪的必要条件。对于妇女未作反抗表示或反抗表示不明显的，也应具体分析，考察其是否属于不敢或不知反抗从而决定是否构成本罪。相反，对于所谓的半推半就案件，即妇女既有不同意的表示，也有同意表示，应当考察行为人主观上是否具有强行奸淫的故意并且实施了明显的暴力、威胁等手段，结合被害妇女的真实心理、案发时的环境、双方的关系以及事后女性的态度进而决定是否构成本罪。

奸淫行为是指男女之间的性交行为，这是本罪的目的行为。实施性交之外的猥亵、侮辱行为，不构成本罪。

对于奸淫幼女而言，则有所不同，只需要与不满 14 周岁的幼女发生性关系即可以构成本罪，强行的手段并非其必要条件。幼女身心发育不成熟，缺乏辨别是非能力，对于性行为的后果、意义欠缺理解，也没有抗拒能力，因此无论行为人采用何种手段，无论幼女是否愿意，只要与幼女发生性交即构成本罪。如果利用暴力、胁迫或其他强制手段与幼女发生性交的，当然也构成本罪。

关于强奸的既遂标准，主要存在着三种学说：① 完成说，又称性欲满足说，主张以行为人性器官插入并射精，完成性行为为既遂。② 插入说，又成接合说，认定双方性器官接合，男性性器官插入女性性器官，无论全部或者部分，均属既遂。③ 接触说，主张只要男女双方的性器官接触，即为既遂。通常认为插入说实现了本罪法益保护和现实司法的平衡，而为实践所采用，但由于对幼女的特殊保护，实践中主张对奸淫幼女的以接触说为标准认定既遂。

（三）对象

本罪的对象为女性，包括妇女和幼女。妇女是指年满 14 周岁的女性，幼女是指不满 14 周岁的女性。被害女性的社会地位、思想品德、生活作风、结婚与否等均不影响本罪构成。

对于强奸妇女而言，行为人侵犯的是妇女性行为的自决权，即按照自己的意志决定其性行为的权利。这种性的自主权利是妇女人身权利的重要组成部分，关系到妇女的人格、名誉。但本罪的法益并非妇女的人格、名誉，因为在强奸行为被他人知晓之前，并不妨碍刑法所要保护的社会对该妇女的一般评价，但仍构成本罪。这一权利只能是妇女生命存续期间才能享有，因此实践中明知为女尸而实施奸淫行为的，仅构成侮辱尸体罪。而对于奸淫幼女而言，由于其年龄问题，因此法律上一般推定其并无正确认识从而自由决定、选择性行为的能力，因此其保护法益不如说是幼女本人的身心健康。

（四）主体

本罪的主体即直接实行犯必须为年满14周岁的男性。女性可以构成本罪的间接实行犯(例如利用精神病人实施强奸行为)或共同犯罪中的帮助、教唆犯,虽然可能实施作为复行为犯的强奸罪实行行为的暴力、威胁或其他手段行为,但由于在本罪中奸淫行为属于中心行为和本质行为,因此,一般也不认定妇女能够构成本罪的共同实行犯。

成为问题的是丈夫能否成立对妻子的强奸罪,即通常所谓的婚内强奸问题。这一争议影响到两类案件的定性。其一是丈夫发生认识错误而将其妻子作为其他女性加以强奸,是否构成强奸以及是否构成强奸既遂;其二是丈夫强奸其妻子的行为是否构成本罪。

有的国家例如瑞士、奥地利、德国刑法明确否认丈夫可以成为强奸妻子的主体,但是在司法实践中认定特殊情况下构成强奸罪,例如强迫妻子同他人发生性关系,构成强奸罪;又如日本对这一问题没有明文规定,但判例上有丈夫与友人一起轮奸妻子而构成强奸罪的案件。相反的观点认为,为了尊重女性的人身权利,不能容许丈夫强迫妻子性交,本罪所要保护的妇女性的自决权当然包括决定不与丈夫发生性行为的内容。如在英国法中,在普通法中原则上不承认丈夫可以构成对其妻子的强奸,但现在的判例对此作了肯定的结论。当然在有的条文中仍然使用非法性交一词,而这一般就是指婚外性交,因此丈夫不能成为这些有选择性地使用非法性交语词的特定性犯罪。通常认为,夫妻关系的成立即一般地推定双方具有发生性行为的权利和义务,或者概括性地认定妇女同意与丈夫性交,因此只要婚姻关系并未经合法程序解除或由于合法程序介入而处于不稳定期间因而正常存续的,丈夫不能构成对妻子的强奸实行。因此丈夫发生认识错误而将其妻子作为其他女性加以强奸的,应当认定构成本罪未遂,丈夫强奸其妻子的行为,则不能认定构成本罪。

当然,对于年满14周岁不满16周岁的人,如与幼女交往密切,双方自愿发生性关系等情形,情节轻微,尚未造成严重后果的,可以不认为是犯罪。或者个别幼女因淫乱习性而与多名男子发生性行为,对后者视情节也可以不按犯罪论处。

（五）故意

本罪在主观方面是故意,即具有与女性发生性行为的意思,以此区别于猥亵、侮辱女性的行为。因此,同样采取暴力等行为,但仅出于猥亵、侮辱目的,不应构成本罪。另外,奸淫故意的要求在不同强奸行为中要求不同。对于强奸妇女行为而言,要求行为人明知自己的行为违背女性意志仍然决意采用暴力、胁迫或者其他手段强行奸淫,因而要求具有奸淫目的的实现的强行性,是否违背妇女意志因此属于行为人的认识内容。但是对于奸淫幼女而言,由于存在着对幼女性行为选择能力和意志的拟制性否定,无论事实上幼女是否同意发生性行为,行为人均构成犯罪,因此只需行为人具有发生性行为的故意即可。

作为奸淫故意中明知的内容,行为人当然须认识到被害对象为女性,且明知自己的行为属于强行奸淫仍予以实施,希望奸淫结果的发生。在奸淫幼女场合尤其需要行为人对被害对象为未满14周岁的幼女具有特定的明知,即明知对方必然为幼女或可能是幼女仍与之发生性关系。因此,本罪的故意通常为直接故意。在行为人对被害对象发生错误认识即误将男性当作女性等场合而欲以强行奸淫的,在主观角度仍然可以构成本罪的未遂。但在奸淫幼女场合,如果行为人认识到对象可能是幼女,但不管是否是幼女,而决意实施性行为的,也可构成本罪。同样,在与精神病患者发生性行为时,虽经妇女同意,但行为人明知对方可能处于精神病发作期间,但以放任态度与之发生性交,也可构成本罪。因此间接故意也可构成本罪。但幼女早熟且虚报年龄,行为人不知道也不可能知道其实际年龄,经幼女同意而发生性行为的,不应构成本罪。显然,奸淫幼女行为并非所谓严格责任的犯罪。

（六）强奸与通奸

通奸是指双方或一方有配偶的男女自愿发生的不正当性交行为。两者本质上的区别在于是否违背妇女意志。实践中需要注意的是，有的女性与人通奸，一旦翻脸，关系恶化，或者事情暴露后怕丢面子或者为了推卸责任、嫁祸于人等原因，而举报他人强奸的，不能成立本罪。同时，在强奸过程中，男性主观上意欲与女性发生性关系但不具有强行奸淫故意，即使客观上有一些拉扯甚至拥抱动作，但一般女性表示拒绝即停止自己行为，而不再使用暴力、胁迫手段强行性交，对此，不应成立本罪。

实践中还需注意通奸和强奸的转化问题。第一次性行为违背妇女意志，但女方并未告发，而且又多次自愿与该男子发生性行为的，虽然第一次的行为实质上仍属强奸，但从稳定现有社会关系角度，一般不宜以强奸论处。男女双方先是通奸，后来女方不愿继续通奸，但男方继续纠缠不休，并以暴力或败坏名誉等胁迫，强行与女方发生性关系的，以强奸论处。但是男性强奸妇女后，对被害妇女实施精神上的胁迫，迫使其继续忍辱屈从，仍应按强奸论处。

（七）情节加重犯

强奸罪的情节加重情形具体包括5种情形。其中所谓情节恶劣通常指强奸手段残酷的；公共场所劫持并强奸的；多次利用淫秽物品、跳黑灯舞等手段引诱女青年进行强奸，造成恶劣社会影响、极大危害的；因强奸致使被害人自杀、精神失常等。

《刑法》第236条第3款第1、2项中，明确将强奸妇女和奸淫幼女并列，但是在第3项中仅规定在公共场所当众强奸妇女的，应当按照情节加重犯处理，却并没有规定当众奸淫幼女的行为也应当按照情节加重处理，因此，对于后者，只能按照第1项奸淫幼女情节恶劣的情形加重处理。

所谓轮奸是指两人以上同谋在较短时间内先后轮流强奸同一妇女的行为，虽然共谋轮奸但并未客观实施先后强奸行为不宜认定为轮奸。但是两名以上男性在同一时间、同一地点轮流与一个或几个女性自愿发生性关系的，不是轮奸而是聚众淫乱行为。

所谓致使被害人重伤、死亡或者造成其他严重后果，是指奸淫行为导致被害人性器官严重损伤，或者造成其他严重伤害，甚至当场死亡或经抢救无效死亡。实践中也包括暴力行为过失致被害人重伤、死亡的情形。对作为手段行为的暴力行为故意致人重伤、死亡的，如何认定存有争论。行为人为实施强奸而预谋故意伤害或者在强奸过程中，为制服被害人反抗而故意伤害、杀人的，按照有关司法解释及通常观点均认为应当按故意伤害或故意杀人罪、强奸罪数罪并罚。但由于强奸罪加重情形的法定刑最高至死刑，因此按照抢劫罪的有关处理原则，以强奸罪论处也并无不当。反之，例如在故意造成重伤场合，按照故意伤害罪和强奸罪数罪并罚，其最高刑反而不如强奸而因过失造成重伤以强奸论处为重。但是先故意杀人后实施奸尸行为的，应认定故意杀人罪和侮辱尸体罪数罪并罚。当然在强奸后，行为人出于报复、灭口等动机，杀死或者伤害被害妇女的，按照有关司法解释仍只能认定故意杀人罪或故意伤害罪、强奸罪数罪并罚。但是在强奸后故意伤害而数罪并罚的，其法定最高刑却显然较之强奸罪的结果加重犯的最高法定刑为轻。这是一个值得讨论的问题。

二、强制猥亵、侮辱罪

第二百三十七条［根据《刑法修正案》（九）第十三条增设］　以暴力、胁迫或者其他方法强制猥亵他人或者侮辱妇女的，处五年以下有期徒刑或者拘役。

聚众或者在公共场所当众犯前款罪的，或者有其他恶劣情节的，处五年以上有期徒刑。

猥亵儿童的，依照前两款的规定从重处罚。

(一) 概念

强制猥亵罪,是指以暴力、胁迫或者其他方法强制猥亵他人或者侮辱妇女的行为。

(二) 行为

本罪在客观方面表现为以暴力、胁迫或者其他方法强制猥亵他人或者侮辱妇女的行为。

1. 强制行为

强制行为与猥亵行为之间属于手段行为与目的行为的关系。猥亵行为须以强制行为为前提。

强制行为的本质在于使被猥亵者不能反抗、不敢反抗、不知反抗,包括暴力、胁迫或者其他方法。强制行为必须是违背他人意志的,因此他人自愿承诺的暴力等行为不能认定构成强制,因而也不能构成本罪。

暴力行为是指以殴打、捆绑等对他人人身实行有形强制,使被害人不能或不敢反抗。所谓胁迫是指以杀害、伤害、揭发隐私等相威胁以进行精神强制,使被害人不敢反抗。但是本罪中的暴力,并不需要达到使被害人明显难以反抗的程度。而对于胁迫,只要行为人认为足以使具体被害人放弃反抗的强度即可。同样,对于其他手段也应当作广泛理解,通常来讲,其他手段是指除上述手段外采用其他使被害人不知反抗、不能反抗的手段,例如麻醉、酒醉等方式。

强制行为中虽然包括暴力行为,但是本罪中并没有结果加重的规定,因此如果由于暴力行为造成被害人轻伤的,由于本罪基本犯的法定刑可以容纳轻伤的情形,因此可以仍按本罪论处;但是重伤结果已经超出了本罪暴力行为的限度,并且故意伤害罪中重伤结果的法定刑也远远超过了本罪基本犯的法定刑,因此应按照牵连犯规定,从一重论处。

2. 猥亵、侮辱行为

猥亵行为是指违反良好的性道德观念,损害普通人正常性羞耻心的性侵犯行为。猥亵一般包括以下情形:强制对他人实施猥亵行为;强制他人对自己实施猥亵行为;强制他人对本人实施猥亵行为;强制他人与第三者实施猥亵行为;强制他人忍受第三者对其实施的猥亵行为。强制行为可能同猥亵行为密不可分,或者本身即为猥亵行为。侮辱行为是指以各种淫秽下流的动作、语言伤害他人性羞耻心的行为。例如使他人身体部分或全部裸露;逼迫他人做出淫秽动作等。猥亵行为同侮辱行为有时并没有特别的界限,但是无论是猥亵还是侮辱行为,均须与性意识有关(但并不要求行为人具有性欲方面的主观动机)。并非出于刺激或满足性欲需要,也并未损害性羞耻心的行为,不应认定构成本罪。例如单纯出于报复偷剪他人的发辫、单纯出于侮辱他人人格而在他人身上涂抹污物而一般人也并不认为侵害性羞耻心的行为、追逐堵截等流氓行为。上述行为认定构成侮辱罪、寻衅滋事罪更为得当。

猥亵、侮辱行为既可以在公共场合实施,也可以在私密空间实施,鉴于前者对被害人的性羞耻心的侵害尤为剧烈,因而法律明确作为情节加重处理。同时,上述行为可以在无第三者在场时实施,也可以在有第三者在场时公然实施,如果聚众实施的,也属于法定加重情节。

(三) 对象

本罪的行为对象为年满 14 周岁以上的人,不分男女。本罪对象可以是特定的,也可以是不特定的。

(四) 故意

本罪在主观方面为故意,且有猥亵的目的。问题在于刺激、满足性欲的倾向是否是其必备条件。即使在大陆法系,对这一问题同样存在争论。强制猥亵罪在德国是作为倾向犯看待的,即构成该罪必须具有兴奋、刺激、满足性欲的内心倾向。同样,在日本,发生过这样的案件,被告人不是为了满足性欲而是出于报复动机,以泼硫酸相威胁,迫使一名 23 岁的女性裸体站立 5 分钟,并进行了摄影。地方裁判所以没有猥亵的主观倾向为理由，否认成立强制猥亵罪，日本最高裁判所在1970年1月29日也作出了维持原判的裁决。对此，从法益保护角度出发，不应将本罪局限于给予性欲的动机，只要其行为构成对被害人性羞耻心造成伤害的猥亵，就应当按照本罪论处。因此，为了报复等目的，迫使他人当众裸露的当然构成本罪。

三、猥亵儿童罪

第二百三十七条［根据《刑法修正案》(九)第十三条修订］　以暴力、胁迫或者其他方法强制猥亵他人或者侮辱妇女的，处五年以下有期徒刑或者拘役。

聚众或者在公共场所当众犯前款罪的，或者有其他恶劣情节的，处五年以上有期徒刑。

猥亵儿童的，依照前两款的规定从重处罚。

(一) 概念

猥亵儿童罪，是指猥亵不满14周岁的儿童的行为。

(二) 行为

本罪在客观方面表现为猥亵行为。猥亵行为既可以是强制的，也可以是非强制的。由于儿童的特殊性，即使是儿童同意的猥亵行为，也仍可构成本罪。本罪中的猥亵当然包括强制猥亵妇女罪中的行为，但是并不局限于此。当被害儿童为男性时，本罪中的猥亵行为包括女性对其实施的奸淫行为，但被害儿童为女性时，猥亵行为不包括奸淫行为，否则即构成强奸行为。

(三) 对象

本罪的对象是儿童。儿童是指不满14周岁的人，包括男性和女性。

(四) 故意

本罪在主观方面是故意，但不以刺激性欲为必要，如果出于摄影并加以出卖等动机而猥亵儿童的，同样构成本罪。当被害对象为男性时，其主观方面可以包括奸淫故意，但是当被害对象为女性时，其主观方面只能是猥亵的故意。同时，本罪需要行为人对被害对象为儿童具有特定明知，包括可能的明知，也包括必然的明知。因此，以放任的故意实施猥亵行为，而客观上被害对象确为儿童的，仍然构成本罪。

四、拐卖妇女、儿童罪

第二百四十条　拐卖妇女、儿童的，处五年以上十年以下有期徒刑，并处罚金；有下列情形之一的，处十年以上有期徒刑或者无期徒刑，并处罚金或者没收财产；情节特别严重的，处死刑，并处没收财产：

(一) 拐卖妇女、儿童集团的首要分子；

(二) 拐卖妇女、儿童三人以上的；

(三) 奸淫被拐卖的妇女的；

(四) 诱骗、强迫被拐卖的妇女卖淫或者将被拐卖的妇女卖给他人迫使其卖淫的；

(五) 以出卖为目的，使用暴力、胁迫或者麻醉方法绑架妇女、儿童的；

(六) 以出卖为目的，偷盗婴幼儿的；

(七) 造成被拐卖的妇女、儿童或者其亲属重伤、死亡或者其他严重后果的；

(八) 将妇女、儿童卖往境外的。

拐卖妇女、儿童是指以出卖为目的，有拐骗、绑架、收买、贩卖、接送、中转妇女、儿童的行为之一的。

(一) 概念

拐卖妇女、儿童罪，是指以出卖为目的，拐骗、绑架、收买、贩卖、接送或中转妇女、儿童的行为。本罪为选择性罪名，行为人实施其中某一行为的，即构成本罪。

(二) 行为

本罪在客观方面表现为拐卖行为，即具有拐骗、绑架、收买、贩卖、接送或中转妇女、儿童的行为之一。拐骗是指以欺骗、利诱等非暴力方法将妇女、儿童拐走；绑架是指使用暴力、胁迫或其他手段劫持、控制妇女、儿童；贩卖是指出卖妇女、儿童以获取非法利益；收买是指以金钱或其他财物买取妇女、儿童；接送是指为拐卖妇女、儿童的罪犯接收、运送妇女、儿童；中转是指为拐卖妇女、儿童提供中途场所或机会。另外，偷盗婴幼儿的行为也按拐卖儿童认定。只要实施其中行为之一的，即可构成本罪。同时实施其中数行为的，也只构成一罪而不数罪并罚。

拐卖妇女儿童是否必须违背被害人的意志，或者说得到承诺的拐卖行为是否构成本罪？通常的观点认为拐卖行为是否违背被害人意志不影响本罪成立，因而即使得到妇女的同意甚至妇女本人在诸如生活困难等特定情况下要求拐卖的，也仍然构成本罪。由于儿童的特殊性，因而无论本人或其监护人等是否有明示同意，拐卖行为均不影响犯罪成立，这是毫无疑问的。同时，固然本罪侵害法益为人身权利，在行为人自愿放弃的情形下，似乎主要侵害的并非人身权利而是其他社会法益。但在一个法治社会中，即使是成年人的自愿放弃权利的承诺也只有在不违背整体法律秩序和道德观念的前提下，才能被人视为是一个有效的权利放弃承诺，否则在法律上不能以此为据阻却对应权利侵害行为的违法性。因此，与其说拐卖妇女、儿童不要求必须违背被害人的意志，不如首先说这种权利放弃的承诺在刑法定罪论中是毫无意义的。

(三) 对象

本罪的对象为妇女、儿童。妇女是指年满 14 周岁的女性，儿童是指未满 14 周岁的人，包括男性和女性。因此年满 14 周岁的男性不属于本罪对象，对其加以拐卖的，可以认定为非法拘禁罪。被害人同行为人之间是否具有特定亲属关系，并不影响本罪的构成，因此孩子或配偶同样可以成为父母或配偶拐卖的对象。但是由于出卖亲生子女情形较为复杂，一般由公安机关没收其非法所得，并处以罚款，如以营利为目的，出卖不满 14 周岁的亲生子女，情节恶劣的，构成本罪[①]。另外，本罪中的妇女、儿童均没有国籍限制，既包括具有中国国籍的妇女、儿童，也包括具有外国国籍和无国籍的妇女、儿童。

(四) 故意

本罪在主观方面是直接故意，同时要求对妇女、儿童的属性具有特定明知。在认识错误情况下，例如将年满 14 周岁的男性误认为儿童，可能影响本罪的既遂。构成本罪必须具有出卖目的，尤其注意收买行为必须具有再次转手贩卖的目的，但并不要求具有营利目的，接送、中转的，不构成本罪。

出卖目的是区分本罪与绑架罪的主要区别，后者通常以勒索财物或满足其他不法要求为目的。另外，不以出卖为目的或表面上以出卖为目的，实际以诈骗钱财为目的，例如以介绍妇女与人成婚，钱财到手后行为人与该妇女双双逃走，或者以拐卖为名，与妇女合谋，行为人将妇女卖与他人后，该妇女逃走后即与行为人会合的(放飞鸽)，均应按照诈骗罪论处。

① 最高人民法院、最高人民检察院、公安部、民政部、司法部、中华全国妇女联合会《关于打击拐卖妇女儿童犯罪有关问题的通知》(2000 年 3 月 20 日)。

（五）情节加重情形

本罪有8种情节加重情形。其中需要注意的是：

1. 拐卖妇女、儿童3人以上

其中3人以上包括妇女、儿童的总数，并不要求必须是3名妇女或者3名儿童，也不论是一次还是多次拐卖。

2. 奸淫被拐卖的妇女

是指拐卖妇女的犯罪分子在拐卖过程中，与被害妇女发生性关系的行为，不论行为人是否使用暴力或者胁迫手段，也不论被害妇女是否有反抗行为。但是，这并不意味着此款情形不需要奸淫行为违背妇女意志的本质。所谓无论行为人是否使用暴力或者胁迫手段，应当理解为拐卖行为本身已经构成了对妇女的强制，行为人无需实施新的暴力、胁迫行为，拐卖过程中的奸淫行为可以一般地理解为是妇女在特定状态下的忍辱屈从。但是不能排除妇女完全自愿地同拐卖人发生性行为，例如特定情况下妇女要求被拐卖后与拐卖人自愿发生性行为的，虽然不影响拐卖妇女罪的成立，但是仍要考虑奸淫行为本身并不违背特定妇女的意志，因而不应按照本罪的加重情节论处，宜按照本罪基本犯处理。显然此处的奸淫仍应当是构成强奸罪的行为。与此相反，所谓"奸淫被拐卖的妇女"是否仅仅指拐卖人亲自实行（奸淫）被拐卖的妇女？特定情况下，如果拐卖人明知并未参与拐卖的第三人意图奸淫被拐卖妇女而仍予以放纵甚至帮助的，未参与拐卖的第三人视情况单独构成强奸罪，但是拐卖人仍应对被拐卖人被奸淫的结果承担加重责任，而并非仅承担强奸罪的帮助责任。因此所谓的奸淫不应仅仅指拐卖人亲自实行的情形，也应包括帮助奸淫等情形。

问题是此处妇女是否包括幼女？对于幼女，无论其是否同意，行为人均构成强奸。此种情形较之奸淫妇女危害性更为恶劣，如果仅仅按照拐卖儿童罪和强奸罪数罪并罚，其法定最高刑与本罪加重情节的法定最高刑相差甚远，显然按照本款论处更能做到罪刑相适应。因此，此处奸淫被拐卖的妇女应当包括奸淫被拐卖的幼女在内。

3. 诱骗、强迫被拐卖的妇女卖淫或者将被拐卖的妇女卖给他人迫使其卖淫

同样原因，这里的妇女包括幼女在内。前者应当限制于在拐卖过程中，采用引诱、欺骗、强迫方法迫使被拐卖的妇女卖淫。如果行为人先诱骗、强迫妇女卖淫之后又将该妇女出卖的，或者拐卖妇女之后通过其他途径诱骗、迫使被拐卖的妇女卖淫的，应按拐卖妇女、儿童罪和引诱卖淫罪（或者引诱幼女卖淫罪）、强迫卖淫罪数罪并罚。后者应当是指拐卖人明知收买人将迫使该妇女卖淫而仍决定将其出卖。如果拐卖人确实对收买人强迫被拐卖妇女卖淫一事不知情的，不应按照本款论处。

4. 以出卖为目的，偷盗婴幼儿

所谓婴儿是指不满1岁的人，所谓幼儿是指1岁以上6岁以下。

5. 造成被拐卖的妇女、儿童或者其亲属重伤、死亡或者其他严重后果的

这是指由于犯罪分子拐卖妇女、儿童的行为，直接或者间接造成被拐卖的妇女、儿童或亲属重伤、死亡或者其他严重后果的。例如拐卖人采取拘禁、捆绑、虐待等手段，致使被害人重伤、死亡或造成其他严重后果的；由于犯罪分子的拐卖行为以及拐卖中的侮辱、殴打等行为引起的被害人或其亲属自杀、精神失常或其他严重后果等。对被拐卖的妇女、儿童故意伤害、杀害的，应当以故意杀人罪或故意伤害罪与拐卖妇女、儿童罪实行并罚。

6. 情节特别严重

情节特别严重是裁量死刑的标准，所谓情节特别严重，应当是8种严重情节中属于特别严重的情形，不应在8种严重情节之外扩大范围。

五、收买被拐卖的妇女、儿童罪

第二百四十一条　收买被拐卖的妇女、儿童的,处三年以下有期徒刑、拘役或者管制。

收买被拐卖的妇女,强行与其发生性关系的,依照本法第二百三十六条的规定定罪处罚。

收买被拐卖的妇女、儿童,非法剥夺、限制其人身自由或者有伤害、侮辱等犯罪行为的,依照本法的有关规定定罪处罚。

收买被拐卖的妇女、儿童,并有第二款、第三款规定的犯罪行为的,依照数罪并罚的规定处罚。

收买被拐卖的妇女、儿童又出卖的,依照本法第二百四十条的规定定罪处罚。

[根据《刑法修正案》(九)第十五条修订]　**收买被拐卖的妇女、儿童,对被买儿童没有虐待行为,不阻碍对其进行解救的,可以从轻处罚;按照被买妇女的意愿,不阻碍其返回原居住地的,可以从轻或者减轻处罚。**

(一) 概念

收买被拐卖的妇女、儿童罪,是指不以出卖为目的,故意用金钱或财物收买被拐卖的妇女、儿童的行为。

(二) 行为

本罪在客观方面表现为收买被拐卖的妇女、儿童的行为。所谓收买是指用金钱或者其他利益作为被拐卖的妇女、儿童的代价,将妇女、儿童买归自己占有。对于收买应当予以广义理解,收买包括购买,也包括其他用利益换取对妇女、儿童的占有,包括意图永久性的占有,也可以意图临时性的占有。例如临时出租妇女、儿童或者以妇女、儿童作为抵押或担保,进行借贷的行为。收买行为不同于儿童收养等行为,后者是指单纯接收儿童作为自己的家庭成员,即使其中需要支付一定手续费用,也并非用金钱及其他财物作为身价购买妇女、儿童。收买行为构成本罪并不要求违背被害人的意志。

实施收买行为,对被买儿童没有虐待行为,不阻碍对其进行解救的,可以从轻处罚;按照被买妇女的意愿,不阻碍其返回原居住地的,可以从轻或者减轻处罚。

(三) 故意

本罪在主观方面是直接故意,即明知自己所收买的妇女、儿童是被他人拐卖仍决意予以收买。但这一明知并不需要特别的证明,由于收买同拐卖之间存在着对向关系,因而如果证明的确存在着收买行为,这一事实已经足以证明贩卖事实的存在,进而能够证明被害人属于被拐卖的妇女、儿童。但构成本罪不能出于出卖目的,否则构成拐卖妇女、儿童罪而非本罪。因此如果收买被拐卖的妇女、儿童后才产生出卖意图并出卖妇女、儿童的,仍构成拐卖妇女、儿童罪。至于收买动机不影响本罪成立,可能出于让妇女成为其配偶,或者出于传宗接代需要等。

(四) 罪数形态

收买妇女、儿童的行为人往往会对被害人采取奸淫、非法剥夺自由、故意伤害等行为,上述行为均独立于收买行为,如果符合其他犯罪的构成要件,应当将相关犯罪和收买被拐卖妇女、儿童罪数罪并罚。

对于行为人为了收买妇女、儿童,而教唆或者帮助他人拐卖妇女、儿童,然后又收买该被拐卖的妇女、儿童的,应当如何处理,存在争议。教唆或者帮助他人拐卖妇女、儿童的行为构成拐卖妇女、儿童罪的共同犯罪,同时收买该被拐卖的妇女、儿童又构成收买被拐卖的妇女、儿童罪,但由于两者之间是属于不同性质的犯罪,相互独立,行为人同时出于拐卖和收买的双重目的实施了并不牵连的行为,因而应当按照拐卖妇女、儿童罪和收买被拐卖的妇女、儿童罪数罪并罚。

六、聚众阻碍解救被收买的妇女、儿童罪

第二百四十二条　**以暴力、威胁方法阻碍国家机关工作人员解救被收买的妇女、儿童的，依照本法第二百七十七条的规定定罪处罚。**

聚众阻碍国家机关工作人员解救被收买的妇女、儿童的首要分子，处五年以下有期徒刑或者拘役；其他参与者使用暴力、威胁方法的，依照前款的规定处罚。

（一）概念

聚众阻碍解救被收买的妇女、儿童罪，是指聚集多人阻碍国家机关工作人员解救被收买的妇女、儿童的行为。

（二）行为

本罪在客观方面表现为纠集多人阻碍国家机关工作人员解救被收买的妇女、儿童行为。其对象只能是正在执行解救任务的国家机关工作人员。所谓聚众包括纠集、策划、指挥、组织三人以上参与阻碍解救工作，首要分子是否现场指挥或者直接实行阻碍行为，不影响本罪成立。所谓阻碍是指阻止、妨碍，其表现形式多种多样，但是阻碍行为不能使用暴力、威胁方式，否则即构成妨害公务罪。在聚众犯罪过程中，如果参与者独立实施暴力、威胁行为阻碍解救而与首要分子无关的，参与者构成妨害公务罪，首要分子仍按照本罪论处。

需要注意的是，本罪客观行为阻碍的是解救已经处于被收买状态的妇女、儿童。如果行为人聚众或者单独阻碍相关人员解救已被拐骗、绑架，但正处于拐卖过程当中而并未被出卖，因而未被收买的妇女、儿童的，应当按照拐卖妇女、儿童罪论处，不应按照本罪处理。

（三）故意

本罪在主观方面是直接故意，同时需要对阻碍对象为正在执行解救任务的国家机关工作人员存在明知。

第三节　侵害行动自由的犯罪

一、非法拘禁罪

第二百三十八条　**非法拘禁他人或者以其他方法非法剥夺他人人身自由的，处三年以下有期徒刑、拘役、管制或者剥夺政治权利。具有殴打、侮辱情节的，从重处罚。**

犯前款罪，致人重伤的，处三年以上十年以下有期徒刑；致人死亡的，处十年以上有期徒刑。使用暴力致人伤残、死亡的，依照本法第二百三十四条、第二百三十二条的规定定罪处罚。

为索取债务非法扣押、拘禁他人的，依照前两款的规定处罚。

国家机关工作人员利用职权犯前三款罪的，依照前三款的规定从重处罚。

（一）概念

非法拘禁罪，是指故意非法扣押他人或者以其他方法非法剥夺他人人身自由的行为。

（二）行为

本罪在客观方面表现为非法剥夺人身自由的行为。所谓非法，首先是指拘禁等行为本身未经合法程序决定。因此司法机关根据法律规定，对重大犯罪嫌疑的人采取拘留、逮捕等限制人身自由的强制措施的行为，以及对正在实行犯罪或犯罪后被及时发觉、通缉在案、越狱逃跑、正被追捕的人，群众依法扭送至司法机关的，均属职权或权利行为，不应认定非法。同时，法律也不可能

事无巨细无所不包,因此虽无法规规定,但并未超出社会容忍及一般观念的暂时剥夺自由行为,例如家长对子女的禁闭性管教、临时将精神病患者或酒醉者留置等措施,只要按一般公众理解认为适当,均不应以本罪论处。但是,合法拘禁如果超过合理期限或法定期限,例如超市保安部门超过合理期限扣留有盗窃行为的顾客,或者司法机关超过羁押期限或者发现不应拘捕时,仍继续予以羁押,就有可能构成非法拘禁。司法机关在经过合法程序将某人抓捕后,发现该人不应抓捕而予以释放,此前的抓捕行为虽是错误拘捕但不应视为拘禁;未及时办理、出示拘留、逮捕证等行为,也不属于非法拘禁。

本罪实行行为的本质在于剥夺他人人身自由。例如非法逮捕、监禁、扣押、绑架、封闭、隔离审查等。但是此处的剥夺自由应当作广泛理解,不应理解为完全、绝对地丧失人身自由,只要求丧失自然状态下的自由即可,一定程度的限制自由也可构成本罪。因此将被害人软禁或者关在某一较大场所,被害人仍然有某种程度的身体活动自由,甚至场所内还有一定的生活设施,或者被害人与行为人同居于一个场所,仍可按照本罪论处。例如《刑法》第 241 条规定,收买被拐卖的妇女、儿童,非法剥夺、限制其人身自由的,也应定罪。

非法剥夺他人人身自由行为包括非法拘禁或其他方法。拘禁与其他方法并无本质区别。本罪行为可以直接针对人的身体而剥夺其人身自由,例如捆绑;也可以是间接针对人的身体而剥夺其自由,例如将人监禁于一定场所,使其不能或难以离开。无论直接针对还是间接针对身体的行为,均要考察该行为是否具有使被害人客观上无法自由行动的可能。因此不能将所有针对身体的行为即使是直接针对身体的捆绑行为,都一概认定为剥夺他人自由。例如将人捆绑,如果行为人仅仅是将其双手捆绑后即离开,被害人仍然可以步行的,没有必要认定为非法剥夺自由。同时,所谓一定的场所并不限于封闭或者隔离的场所,只要客观上使被害人丧失行动自由,不能或难以逃离即可。虽然某一场所实际上可以逃脱,但是被害人并不知情因而客观上也无法逃离,仍然可以认定为拘禁。

除有形的方法以外,本罪也可以无形的方法实施。例如取走正在洗浴的女性的衣服,利用其羞耻心使其不能从浴室中出来等;或者利用恐惧心,在被害人进入机动车后高速行驶而导致被害人不敢轻易跳车;或者拿走被害人赖以行动的工具,例如拿走双腿残疾人士的轮椅或拐杖使其难以行动,或者在被害人上阁楼之后拿走移动楼梯;或者以暴力威胁被害人使其不敢离开某一场所。行为人也可以欺骗方法进行拘禁,例如开门人员谎称门锁已坏无法开启而不让被害人离去。在此情况下,即使有被害人的承诺,但这种停留的承诺系被欺骗而做出,因而构成非法剥夺自由。

非法剥夺他人自由的行为大部分是作为的形式,有时也可以不作为形式实施,例如误将被害人锁在某一场所,行为人在知情后却置之不理。个别情况下也可以间接实行的方式实施,例如故意诬告某人违反治安管理处罚法,而致该人被公安机关予以行政拘留。但是诬告他人构成犯罪因此造成他人被逮捕等行为,不应构成本罪,而构成诬告陷害罪。

构成拘禁并不以行为人将被害人带离原居住地为条件,行为人完全可以在诸如被害人自己家中等原地对被害人予以拘禁。同时也不要求被害人与行为人之间存在空间距离,两人同处一室也完全可以构成拘禁。

(三) 对象

本罪的行为对象是他人。个人行动自由通常同时也是意思决定的自由,因此他人当然是行为人之外的人,且一般来讲,是具备意思决定能力,能够作出意思决定,并实现其意思决定的自然人。在这一角度上,似乎完全没有意思活动能力的婴幼儿与精神病患者,由于并不具有意思决定能力,因而不能成为本罪对象。但是这一观点忽视了行动自由完全可以基于身体活动能力而实施,对于行动与否即使是婴儿或精神病患者仍会有决定的能力,未必需要具备所谓的对事物进行

辨识的意思决定能力；同时，欠缺自主意思决定能力的婴幼儿或精神病患者即使不能自由行使行动自由，但是借助他人仍然可以行使这一自由，而非法拘禁妨碍了上述对象借助他人行使行动自由的机会。另外，对于上述对象的拘禁，侵害了其交往自由，而交往自由一般并不需要上述对象的主动，显然对上述对象的拘禁行为当然构成对自由法益的侵害。在实践中，也经常发生为索取债务非法扣押、拘禁与债务人具有特定亲属关系的婴幼儿或精神病患者，当然应当按照本罪论处。

构成本罪，是否需要本罪对象具有现实的、具体的行动意思或能力，进而是否要求本罪对象自己认识到被剥夺自由的状态？例如行为人将熟睡的人反锁在房间中，但是在其醒来之前就打开了锁，而该人并未察觉；又如某人实际被剥夺自由，但该人并未察觉也并未要求离去的情形。就行为人实施的单纯反锁等行为，虽然是利用了行为对象熟睡等状态所产生的没有行动之现实，但是仍然妨碍了行为对象享有的自由权利，虽然是一种并未去实现的权利，或者说是可能的自由，但是对人身自由法益的侵犯并不首先要求权利人本人希望去具体地实现这一权利，也并不以权利人认识到其权利正在被侵害为前提要件，拘禁行为对自由的侵害是其客观的属性。同时，上述行为也同样侵犯了行为对象的交往自由，使他人可能无法正常地与其接触交流，因而应当构成本罪。否则就很难解释如下的情形：如果在被害人熟睡之后行为人开锁之前，其他人需要拜访被害人而被行为人阻止，或者被害人在行为人开锁之前已经醒来要求离开而被行为人阻止，上述情形显然应当构成本罪，但是脱离原来的拘禁行为，认为原来的反锁行为不构成拘禁行为，单纯阻止行为无论如何都无法构成本罪。

（四）故意

本罪在主观方面是故意，行为人对自己的行为会限制他人自由有明确认识。

（五）继续犯

非法剥夺他人自由行为必须在一定时间内处于继续状态，即使他人在一段时间内失去人身自由而不具有间断性。显然本罪是典型的继续犯。虽然时间持续长短并不影响定罪，仅影响量刑，但是过于短促的瞬间剥夺自由则无法认定构成本罪[①]。

（六）转化犯

非法剥夺他人自由过程中，如果行为人对被害人具有殴打、侮辱行为的，应从重处罚。但是，殴打至多只包括致人轻微伤或轻伤的程度，并且无论是否出于故意；如果因非法剥夺自由行为本身甚至殴打而过失致被拘禁人重伤甚至过失直接致被害人死亡（包括在非法剥夺自由期间被害人自杀引起重伤、身亡），则构成本罪的结果加重犯。对于侮辱行为，如果针对妇女或儿童时，一般是指《刑法》第246条中的侮辱行为，如果行为人利用剥夺他人人身自由而乘机强制侮辱妇女、儿童，伤害其性羞耻心的，不应按照本罪论处，而应按照牵连犯的从一重罪处断原则，以强制侮辱妇女、儿童罪论处。

如果行为人在剥夺他人自由过程中故意使用暴力致人伤残、死亡，在对伤残或者死亡结果具有故意时，转化为故意伤害罪或故意杀人罪。所谓的伤残是指重伤致残，不包括轻伤在内。需要指出的是，虽然上述转化犯的规定仅针对致人伤残和死亡，具有故意且实际按照故意内容发展而造成伤残和死亡的情形，但在非法剥夺他人自由过程中，以明确的重伤致残的故意伤害被害人而

① 例如，最高人民检察院《关于人民检察院直接受理立案侦查案件立案标准的规定（试行）》（1999年9月16日）中规定，对于国家机关工作人员利用职权非法拘禁的，如果没有规定的其他5种严重情形，要求非法拘禁持续时间超过24小时。对这一标准可以参考，但是时间长短仅仅是认定构成本罪的标准之一，虽然没有超过24小时甚至更为短暂，但具有其他严重情节的，仍可以构成本罪。

过失造成死亡结果的情形,从罪刑相适应角度,当然也应转化为故意伤害罪。但是,即使没有使用暴力,在非法拘禁过程中以非暴力手段故意致被害人重伤或者故意杀人的,例如在非法剥夺自由期间,行为人明知被害人生病需要救治,而故意放任不予救治,造成被害人死亡的,仍然转化为故意杀人罪。在转化过程中,虽然年满14周岁不满16周岁的人对非法剥夺自由行为不承担刑事责任,但是仍然需要对故意杀人罪、故意伤害致人重伤、死亡承担刑事责任。

(七) 索债型非法拘禁

为索取债务非法扣押、拘禁他人的,构成本罪。债务包括合法债务,同时行为人为索取高利贷、赌债等法律不予保护的债务,非法扣押、拘禁,也构成本罪[①]。但是无论是否受到法律保护,行为人与所谓债务人之间必须的确存在着真实、客观的债权债务关系,而不是行为人任意捏造、虚构的债务,同时行为人扣押、拘禁被害人的主观目的也的确是为了索要债务,而并非乘机勒索,否则不应构成本罪而应当以绑架罪论处。

在索债过程中,索要数额应当与债务数额大致相当,如果远远超出争议的债务数额甚至任意捏造数额,即应按绑架罪论处。所谓他人,一般是债权债务关系的当事人,特定情况下行为人扣押、拘禁与所谓债务人有密切关系的第三人,并进而向债务人索要债务的,仍然构成本罪而不以绑架罪论处。

二、绑架罪

第二百三十九条[根据《刑法修正案》(七)第六条、《刑法修正案》(九)第十四条修订] **以勒索财物为目的绑架他人的,或者绑架他人作为人质的,处十年以上有期徒刑或者无期徒刑,并处罚金或者没收财产;情节较轻的,处五年以上十年以下有期徒刑,并处罚金。**

犯前款罪,杀害被绑架人的,或者故意伤害被绑架人,致人重伤、死亡的,处无期徒刑或者死刑,并处没收财产。

以勒索财物为目的偷盗婴幼儿的,依照前两款的规定处罚。

(一) 概念

绑架罪,是指利用他人对人质安危的忧虑,以勒索财物或满足其他不法要求为目的,使用暴力、胁迫等手段劫持或以实力控制他人的行为。

(二) 保护法益

本罪侵害的法益是他人的人身自由。但是与单纯的非法拘禁侵害法益不同的是,本罪必须伴随勒索财物或者满足其他不法要求的目的,因而必然同时还侵犯他人的财产权利或其他权利。但是与抢劫罪恰恰相反,现行立法认为本罪主要侵犯的主要是个人的人身权利。

(三) 行为

本罪在客观方面表现为绑架行为。所谓绑架是指利用暴力、胁迫或其他手段,劫持或以实力违背他人意志强制控制他人。如果并未强制控制他人但谎称已绑架他人而向其亲属勒索财物的,构成敲诈勒索罪。

此处的他人可以是任何人,如果以勒索为目的而偷盗婴幼儿的,也按绑架论处。绑架行为主要但不限于暴力、胁迫,麻醉、欺诈等方法均可以构成,关键在于实际控制他人进而以其为人质,向相关人勒索财物或提出其他不法要求。在此相关人不能是被绑架人本人,主要是被绑架人的亲属、朋友,但也可以是有关单位甚至政府机关。行为人意图利用其对被绑架人安危的考虑而满

① 最高人民法院《关于对为索取法律不予保护的债务非法拘禁他人行为如何定罪的解释》(2000年7月13日)。

足其不法要求，赎回被绑架人。但是如果行为人以暴力、胁迫等手段控制被害人，并直接向被害人本人索取财物的，不构成本罪而按抢劫罪论处。本罪并非复行为犯，并不要求实际实施了勒索行为，只要具有勒索财物或提出不法要求的目的而绑架的，即可构成本罪。绑架行为的本质在于实际控制，并不要求使被害人离开原来的生活场所，而完全可以就地绑架被害人而向相关他人提出不法要求。

（四）故意

本罪在主观方面要求行为人具有利用他人对被绑架人安危的担忧，而以被绑架人为人质而勒索财物或者满足其他不法要求的目的。如果以索取债务为目的而绑架的只构成非法拘禁罪。

对于勒索财物或者提出其他不法要求属于本罪的客观要件还是主观要件，有着不同看法。客观行为说认为属于客观要件，因此行为人必须实施勒索行为，才符合本罪构成要件，绑架行为和勒索行为缺一不可，本罪属于复行为犯。主观目的说认为勒索仅仅是主观目的，本罪实行行为仅包括绑架行为而不包括勒索行为。主观说更有道理。

一般来讲，这一主观目的是在行为人实施绑架之前就已确定，也可以在实施强制控制他人过程当中产生勒索目的，或者在已经控制他人之后，产生勒索目的，此后的行为均按照本罪论处。例如在以报复为目的而非法拘禁他人之后产生了勒索目的，非法拘禁行为即转化为绑架罪；但是如果前一行为已经独立构成犯罪且与绑架罪没有竞合等关系，例如收买被拐卖的妇女后，对其进行强制控制，进而产生向其近亲属勒索财物的目的，应按照收买被拐卖的妇女罪和绑架罪数罪并罚。但如果已经将被害人杀害后产生勒索故意，而谎称绑架了他人并向其亲属勒索的，因实际并不存在对被害人的强制控制，也不可能以其为人质，因而只能按照故意杀人罪和敲诈勒索罪数罪并罚。

（五）认定

1. 既遂

关于本罪的既遂标准，一种观点认为仅实施绑架行为而未提出勒索或其他不法要求的，构成未遂；另外一种观点认为，行为人完成绑架行为即构成既遂，无需实行勒索行为。如果行为人在绑架过程中遭遇被害人反抗，而未能控制他人的，才属于本罪未遂。绑架行为一经完成绑架，即使自动放弃勒索财物或提出不法要求的行为，也没有成立犯罪中止的余地。后一种观点更为合理，理由在于：勒索仅仅是一主观要件而不要求行为已经客观实施勒索行为，更不要求行为人实际已经获得财物，虽然在实践中行为人通常会在绑架之后客观上实施勒索行为。因此从本罪的保护法益角度，认为行为人只要实施绑架并实际控制了被害人，即构成本罪既遂是合适的。因此本罪既遂以强制控制状态的形成为标准，而不以勒索行为实施完毕或者取得财物、满足不法要求为标准。只要能够证实行为人的确具有上述目的，行为人是否提出勒索要求，对本罪的法益侵害性并无任何影响，因此就没有必要以此为标准考察是否既遂。另外，被害人在被绑架后，强制控制状态已经形成，即使被害人趁行为人不注意而脱离强制控制状态，行为人仍然构成本罪既遂而非未遂。

2. 共犯

绑架行为本身存在着强制控制他人的本质，实际上也属于非法拘禁，具有继续性。因此认为行为人完成绑架行为即构成本罪既遂并不影响如下的认定：即只要在强制控制他人过程当中，其他人参与其中，继续共同强制控制他人或者继续配合完成勒索甚至取财行为的，仍然可以按照事中通谋的承继性共同犯罪处理，而并非属于事先无通谋的事后行为。

3. 结果加重犯

行为人在绑架过程中，杀害被绑架人的，或者故意伤害被绑架人，致人重伤、死亡的，处无期徒刑或者死刑,并处没收财产。

三、诬告陷害罪

第二百四十三条　捏造事实诬告陷害他人,意图使他人受刑事追究,情节严重的,处三年以下有期徒刑、拘役或者管制;造成严重后果的,处三年以上十年以下有期徒刑。

国家机关工作人员犯前款罪的,从重处罚。

不是有意诬告,而是错告,或者检举失实的,不适用前两款的规定。

(一) 概念

诬告陷害罪,是指故意捏造犯罪事实,向国家机关或有关单位告发,意图使他人受刑事追究,情节严重的行为。

(二) 行为

本罪在客观方面表现为捏造犯罪事实,进行告发,意图诬陷他人的行为。

首先,必须具有捏造犯罪事实的行为,捏造一般违纪、违法事实的不构成本罪。所谓捏造是指无中生有、虚构他人的犯罪事实。所捏造的犯罪事实,只要足以引起司法机关追究被害人的刑事责任即可,因此并不要求捏造全部的犯罪事实或者具体的详细情节与证据。通常而言,捏造行为具体表现为:凭空虚构、编造不存在的犯罪事实;针对他人存在的一些违法违纪的非犯罪客观事实,重新编造、夸大为犯罪事实,但是认为他人的一般违法事实构成犯罪而冠以某一罪名但仍然据实陈述,不构成本罪;把构成轻罪的事实上升为构成重罪的事实,例如夸大犯罪情节,扩大被盗数额,差距巨大的。对于捏造告诉才处理的犯罪,例如《刑法》第 260 条第 1 款的虐待罪,一般情况下不宜追究行为人的刑事责任,但是本身作为被害人进行告发,或者捏造事实后又声称虚假犯罪事实中的被害人被强制、威吓无法告诉,因而代为告诉的,仍然构成本罪。另外,捏造并不要求其原创性,明知他人所述为捏造的犯罪事实,采取一定方式加以固定并告发的,例如明知为虚构事实,将他人告知的事实记录并告发的,虽然并非最初的编造者,但对于他人人身权利的侵犯,同本人捏造并无任何区别,仍然可以构成本罪。

其次,必须具有告发行为,即向有关国家机关或有关单位告发,或者采取其他方式足以引起有关机关的追究活动。告发方式多种多样,如口头的、书面的、署名、匿名的等等。如果捏造犯罪事实后,并没有告发,也没有采取其他能够引起司法机关追究的行为,不构成本罪。但无论何种形式,必须出于行为人主动,如果因为刑讯逼供而在审讯过程中,被迫供认诬陷他人的,不宜按本罪论处。告发行为必须要求具有特定对象,否则无法引起司法机关的追究行为,也不至于侵犯具体个人的人身权利。但特定并非指名道姓,只要告发内容足以使司法机关确认具体对象即构成本罪。

需要指出的是,构成本罪需要诬告陷害行为情节严重,因此一般的诬陷行为,不应按犯罪论处。

本罪只需讨论成立问题而无须讨论是否既遂的问题。由于本罪为行为犯,其成立以是否完成告发行为为标准。所谓完成告发行为,并不是指只要开始实施告发行为即告成立,而要求已经告发至有关机关,具体表现通常为诬陷内容已经以某种方式传达至有关机关。如果没有告发至有关机关,例如诬告信件在邮寄过程中丢失而未能送至司法机关,其告发行为应认为没有完成,由于此种行为情节显著轻微,没有必要按照犯罪论处,因而也没有讨论其是否构成未遂的必要。

(三) 对象

本罪的行为对象是他人,即某一特定、具体、真实存在的自然人,如果没有具体对象,无法导致司法机关进行刑事追究,也不会侵犯任何人的人身权利。但所谓特定对象并不要求对其明确姓名等详细细节，只要行为人已经以某种方式足以使司法机关确认某一特定对象，即符合本罪要求。至于被诬陷者是守法公民还是正在服刑的罪犯，不影响本罪成立。诬陷对象通常是符合刑事责任能力的人，但是以为其诬告行为能够使他人受到刑事追究而诬陷没有责任能力的人犯罪，仍然可能构成本罪，只不过因为对象错误而导致犯罪未遂。同时，由于现行刑法中存在着单位犯罪的规定，通常又采用两罚制，自然人可以作为直接责任人员可能受到处罚，因此如果行为人意图使特定自然人受到刑事追究而直接诬告某特定单位犯罪，同时也自然间接地诬告了自然人犯罪的，仍然可以构成本罪。

（四）故意

本罪在主观方面是直接故意，同时必须具备使他人受刑事追究的目的。动机如何不影响本罪定性。因此不是有意诬告，而是错告，或者检举失实的，不构成本罪。两者的区别在于行为人是否明知自己告发的事实属于自己捏造的犯罪事实。判断这一点，要考察告发的背景、原因、告发的事实来源、告发人和被告发人的关系等等。

四、强迫劳动罪

第二百四十四条［根据《刑法修正案》（八）第三十八条修订］　**以暴力、威胁或者限制人身自由的方法强迫他人劳动的，处三年以下有期徒刑或者拘役，并处罚金；情节严重的，处三年以上十年以下有期徒刑，并处罚金。**

明知他人实施前款行为，为其招募、运送人员或者有其他协助强迫他人劳动行为的，依照前款的规定处罚。

单位犯前两款罪的，对单位判处罚金，并对其直接负责的主管人员和其他直接责任人员，依照第一款的规定处罚。

（一）概念

强迫劳动罪，是指以暴力、威胁或者限制人身自由的方法强迫他人劳动的行为。

（二）行为

本罪在客观方面表现为违反劳动管理法规，以暴力、威胁或者限制人身自由的方法强迫他人劳动的行为。暴力，是指广义上的暴力，并不要求直接对人实施，也可以是对物暴力，并不要求达到压制被害人反抗的程度。暴力程度很高时，可能成立故意伤害罪与本罪的想象竞合犯。威胁，是指以恶害相告，使被害人产生恐惧。限制人身自由的方法，一般是指将职工的人身自由控制在一定范围、一定限度内的方法，例如不准职工外出等。但是这一意义上的限制自由同剥夺自由已经没有本质区别。显然在本罪中，通常所实施的方法并非一般意义上的限制自由行为。后者例如被管制的行为人仍然具有活动自由但是不得不受到一定的限制，诸如离开所居住的市、县必须经执行机关批准，这种意义上的限制自由，一方面无法实现强迫劳动的目的，另一方面其情节显著轻微，并非本罪处罚的对象。本罪中的限制自由就是指限制人的身体活动自由，同广义理解的剥夺自由的拘禁行为并没有本质的区别。因此所谓的限制自由方法可以理解为剥夺自由的方法，可能行为人将受害人控制在一个较大的工厂内，不准其外出，在工厂内职工虽然具有活动自由，但仍然不得不认为属于拘禁行为，构成非法拘禁和本罪行为的牵连，仍按本罪论处，没有必要以非法拘禁罪论处。同时，必须具有强迫劳动的行为，即违反职工意愿以及有关法规，迫使职工劳动，这是本罪成立的关键。至于劳动是否超出一定强度，并非本罪关键。当然，单位对职工的劳动采取严格要求而并不违反劳动法规的，不构成本罪。需要注意的是，例如采用扣押身份证、收取押金但是并未限制职工的身体自由，并未阻止职工外出的情形，职工仍然可以通过采用有效途径得到救济，因而不应构成本罪。

构成本罪,要求情节严重,例如实施强迫行为的时间长、被强迫人数多、造成恶劣社会影响等。如果在强迫职工劳动过程中又实施了故意伤害等行为的,则按照数罪并罚论处。

(三)故意

本罪在主观方面是故意,过失不构成本罪。

五、雇用童工从事危重劳动罪

第二百四十四条之一[根据《刑法修正案》(四)第四条增设] **违反劳动管理法规,雇用未满十六周岁的未成年人从事超强度体力劳动的,或者从事高空、井下作业的,或者在爆炸性、易燃性、放射性、毒害性等危险环境下从事劳动,情节严重的,对直接责任人员,处三年以下有期徒刑或者拘役,并处罚金;情节特别严重的,处三年以上七年以下有期徒刑,并处罚金。**

有前款行为,造成事故,又构成其他罪的,依照数罪并罚的规定处罚。

(一)概念

雇用童工从事危重劳动罪,是指违反劳动管理法规,雇用未满16周岁的未成年人从事超强度体力劳动,或者从事高空、井下作业,或者在爆炸性、易燃性、放射性、毒害性等危险环境下从事劳动,情节严重的行为。

(二)行为

本罪在客观方面表现为雇用未满16周岁的未成年人从事超强度体力劳动,或者从事高空、井下作业,或者在爆炸性、易燃性、放射性、毒害性等危险环境下从事劳动的行为。

(三)故意

本罪在主观方面表现为故意,行为人对被雇用者是未满16周岁的未成年人必须有明确认识。

六、非法搜查罪

第二百四十五条 **非法搜查他人身体、住宅,或者非法侵入他人住宅的,处三年以下有期徒刑或者拘役。**

司法工作人员滥用职权,犯前款罪的,从重处罚。

(一)概念

非法搜查罪,是指无权搜查的人擅自非法对他人的身体或者住宅进行搜查的行为。

(二)行为

本罪在客观方面表现为实施了非法搜查的行为。搜查行为,即搜索、检查、搜身、翻阅、发掘、抄家等。搜查行为必须是非法的,即无权搜查的人擅自搜查,或者有权搜查的人,但未经批准擅自搜查的行为。如果经依法批准搜查,但是在搜查过程中不符合有关搜查的规定,例如依法搜查但是没有出示搜查证、没有见证人到场、由男工作人员搜查妇女身体的,属于合法搜查中的错误行为,不应认为构成本罪,但是可能构成其他犯罪,例如男性在搜查女性身体时实施猥亵行为等。

搜查的对象或者范围包括人身、住宅。所谓人身包括他人身体,但是也包括他人随身物品,例如随身携带的提包;所谓住宅,应当是指供人居住的场所,包括经常居住和不经常居住的场所,不问该场所是属于自己所有(搜查自己所有但是为他人所租用的住宅,仍构成本罪)还是别人所有或者公共所有,也不论该场所是临时租住还是长期居住,更不论该场所是单个人居住还是多人居住。暂时租住的宾馆房间、渔民用于居住的船只、用于出外旅行时居住的房车等也属于本罪住宅范围。但是该场所必须是用于人员居住,而不是用于办公,因此,对办公场所进行非法搜查的,

不能构成本罪。对于搜查船只、车辆、航空器的行为是否构成本罪，须考察这一行为是否侵犯了公民的人身权利，否则不能以本罪论处。

（三）故意

本罪在主观方面是故意，过失不构成本罪。

七、非法侵入住宅罪

第二百四十五条　非法搜查他人身体、住宅，或者非法侵入他人住宅的，处三年以下有期徒刑或者拘役。

司法工作人员滥用职权，犯前款罪的，从重处罚。

（一）概念

非法侵入住宅罪，是指非法强行进入他人住宅或者经要求其退出而拒不退出，影响他人正常生活和居住安宁的行为。

（二）保护法益

本罪侵犯的法益，在理论上存在着居住权说和安宁说的争论。前者认为，为了保护居住权，只要进入住宅行为没有经过居住者同意，即构成本罪。后者认为，本罪是为了保护住宅成员的安全，因而只有以危险方法或怀有恶意而进入住宅的，才构成本罪。我们认为，构成本罪需要行为人对于侵入住宅怀有作为罪过的故意，因而需要行为人具有明知自己的行为侵害或者可能侵害他人住宅的安宁，才构成犯罪，因此单纯误入他人住宅，认识后自动退出的行为对于他人人身权益的侵犯，是微乎其微的，不能构成犯罪。显然，从这一结论看，后一观点更为合适。

本罪对象为他人住宅，所谓他人住宅包括住宅为他人所有，也包括虽为自己所有但为他人合理使用，对于后者，所有人非法进入仍然构成本罪。因此只要居住者非本人即符合他人之要求。但强行进入共同居住的住宅，不构成本罪。所谓住宅，同非法搜查罪中的住宅具有同样含义。

（三）行为

本罪在客观方面表现为非法侵入行为。侵入是指非法进入或者停留于他人住宅，包括两种情形：其一是未经居住者同意或者不顾居住者的反对、阻挡（如果居住者为多人时，须同时征得多名有权居住者的同意），强行进入他人住宅；其二是进入住宅虽经居住者同意或具有合理依据，但居住者其后要求其退出时或者合理理由消失后仍拒不退出的行为。侵入行为必须非法，即进入住宅行为未经居住者同意，又没有法律依据或其他合理理由，或未经法定程序而强行侵入。如果具有法律依据，例如合法搜查，或者具有特定合理理由，例如在紧急场合为避免火灾而进入他人住宅灭火等，不构成犯罪。行为人已经达到住宅基本封闭的界线时，才能构成侵入住宅行为。因此，对于私有住宅有院墙的，一般进入院墙以内就可以视为进入住宅，而没有院墙的或者相对独立的公寓，则以进入各户居室内为限。

（四）故意

本罪在主观方面是故意，行为人对于自己的行为会侵害他人的安宁有所认识。

第四节　侵犯名誉、人格的犯罪

一、侮辱罪

第二百四十六条［根据《刑法修正案》（九）第十六条修订］　以暴力或者其他方法公然侮辱他人或者捏造事实诽谤他人，情节严重的，处三年以下有期徒刑、拘役、管制或者剥夺政治

权利。

前款罪，告诉的才处理，但是严重危害社会秩序和国家利益的除外。

通过信息网络实施第一款规定的行为，被害人向人民法院告诉，但提供证据确有困难的，人民法院可以要求公安机关提供协助。

（一）概念

侮辱罪,是指使用暴力或者其他方法,公然贬低他人人格,败坏他人名誉,情节严重的行为。

（二）行为

本罪在客观方面表现为以暴力或者其他方法公然贬低他人人格,侮辱他人。

首先,必须有破坏他人名誉的侮辱行为。其方式分为：一是暴力侮辱,即使用强力败坏他人的名誉,例如捆绑他人、强行剪掉他人头发、涂抹污物等;二是语言侮辱,即使用言辞对被害人进行戏弄、诋毁、谩骂等;三是文字、图画侮辱,即使用其内容为有损他人名誉的包括大字报、小字报、传单、漫画、标语等形式在内的文字、图画形式,进行张贴、书写、散发、传阅。上述形式的内容可以是笼统的并非具体的事实,也可以是真实的内容,但其内容必须有损于他人的名誉。将真实内容予以散布构成本罪的,应当是指属于被害人隐私且其公然散布行为确属不合理因而构成违法的情形,对此应当综合地认定。例如指出他人原来犯过罪或者有过婚前性行为,可能也会毁坏他人名誉,但是行为人以社会公认的合理方式、合理场合、合理原因等实施的,不构成侮辱。

其次,侮辱行为必须公然进行,即不特定人或者多数人得以共同听说的状态。因此本行为必须当着第三者的面,或者利用可以使不特定人或多数人听闻的方式,对他人进行侮辱。实施侮辱行为时仅有不特定少数人在场,但是具有公然传播的现实可能性的,而行为人也明知这一情况的,例如向特定新闻记者散布情形,当然也构成本罪。侮辱时不以被害人在场或者得以听闻为必要。因此仅有被害人在场,没有第三者在场或者也不可能被第三者知悉的,不构成本罪。

再次,侮辱对象必须是特定的人或者是可得推知的特定人员。可以是一人,也可以是多人,但必须是具体的,能够通过明确特征得到确认的。对不能推知的人或者不特定人公然侮辱的,不构成本罪。

最后,构成本罪,还要求情节严重,但这并不意味着侮辱行为已经造成他人名誉损害。即使最终并没有造成这一结果的,仍然可以构成本罪。所谓情节严重,是指手段恶劣的;出于恶劣、卑鄙动机侮辱他人的;侮辱行为造成严重后果的,例如被害人不堪侮辱自杀的,因受侮辱而致精神失常的;侮辱外宾、国家领导人,造成恶劣影响的;多次实施侮辱行为的等。

（三）对象

本罪的行为对象是他人。他人的名誉,即在通常情况下,社会对个人正面、肯定的评价,是法律要保护的。这里的他人,只能是自然人。死者的名誉不属于本罪保护法益,但是行为人表面上侮辱死者,而实际上侮辱与死者有关的生者的,可以构成本罪。

（四）故意

本罪在主观方面是故意,包括公然侮辱他人名誉的直接故意和间接故意,但不要求行为人一定具有贬损名誉目的。因此要求行为人实施相关行为时,不仅认识到自己的行为可能造成他人名誉贬损,同时要求认识到自己是在公然实施上述行为。同时对于行为人针对特定事实,依法发表其个人价值判断而提出主观意见与评论的行为,即使其内容足以令被批评者感到不快或者影响其名誉的,只要该行为并没有超过社会或者职业团体一般的合理程度,不构成对他人名誉侵权的,也不应认定为侮辱故意。同样,行为人因过失而置他人于尴尬境地的甚至造成他人名誉受损的,不构成本罪。

（五）告诉才处理

侮辱罪一样，属于告诉才处理的犯罪，但是严重危害社会秩序和国家利益的除外。后者是指侮辱情节特别严重，引起被害人自杀身亡或者精神失常等严重后果，被害人失去告诉能力等情形；或者是指侮辱国家领导人、外国元首、外交代表等特定对象，既损害他人名誉，又危害国家利益的行为。如此规定的原因在于，侮辱行为可能通过民事、舆论、道德等途径能够加以解决，而有时通过刑事途径解决可能会使更多的人知道侮辱事实。当然，如因受强制、威吓无法告诉的，人民检察院和被害人的近亲属也可以告诉。此外，对于通过信息网络实施的侮辱行为，被害人向人民法院告诉，但提供证据确有困难的，人民法院可以要求公安机关提供协助。

（六）认定

本罪与强制猥亵、侮辱妇女罪在对象范围、是否要求公然实施、是否必须采用强制方法、是否需要情节严重以及处理程序上，都存在着不同，但在采用伤害性羞耻心的方式强制侮辱妇女情形，容易发生混淆。由于本罪仅侵害他人名誉，而后者同时侵害了妇女的性羞耻心。因此如果行为人的强制侮辱行为发生了伤害妇女性羞耻心的危险，应当认定构成后者而非本罪。

二、诽谤罪

第二百四十六条［根据《刑法修正案》（九）第十六条修订］ ***以暴力或者其他方法公然侮辱他人或者捏造事实诽谤他人，情节严重的，处三年以下有期徒刑、拘役、管制或者剥夺政治权利。***

前款罪，告诉的才处理，但是严重危害社会秩序和国家利益的除外。

通过信息网络实施第一款规定的行为，被害人向人民法院告诉，但提供证据确有困难的，人民法院可以要求公安机关提供协助。

（一）概念

诽谤罪，是指捏造并散布某种事实，足以败坏他人名誉，情节严重的行为。

（二）行为

本罪在客观方面表现为捏造并散布某种事实，足以败坏他人名誉，情节严重的行为。

首先必须要求具有捏造事实的行为。所谓捏造是指无中生有、凭空制造虚假事实。如果散布的是真实事实，即使有损名誉，也不构成本罪，但可能构成侮辱罪。捏造的事实要求相对具体，同时针对特定的人或者可得推知的特定人，可以是一人，也可以是多数人，但必须是特定公民，而不能是笼统的团体。针对笼统的团体而非个人的，不能由个人提出诽谤的告诉。

其次，必须要求具有散布捏造事实的行为。所谓散布是指采取某种形式以使第三人可能知悉此事实。仅有捏造而没有散布行为的不构成本罪，但是捏造行为和散布行为可以由不同行为人以共同犯罪的形式分别实施。反之，明知他人捏造的事实而故意散布，但并没有同捏造者形成共同犯罪关系的，也不应构成本罪，但可能构成侮辱罪。散布形式不限，可以以传单、口头甚至互联网等形式实施，不管什么形式都要求存在着使他人名誉受损的现实可能。如果仅仅在私密场合针对被害人当面诽谤而不可能为第三人所知的，不适宜构成本罪，但这并非是说必须要求由第三人已经现实知道该捏造的事实，或者已经显示造成被害人名誉的损害。

再次，有关的事实内容原则上没有限制，可以是关于被害人政治、社交、学术方面的，也可以是关于被害人的经济、职业、性格、健康等内容的。只要可能引起社会对被害人评价的事实，都可以成为捏造的对象。但是由于《刑法》第221条特别规定了损害商业信誉、商品声誉罪，因此有关行为仅涉及商业信誉、商品声誉，应当认定构成后罪。

最后，上述行为必须情节严重才构成犯罪。所谓情节严重是指动机卑鄙、手段恶劣、影响范围大、内容极端恶劣、造成严重后果等。

(三) 故意

本罪在主观方面为故意,即明知自己所捏造、散布的事实是足以损害他人名誉的虚假事实,因而会发生损害他人名誉的后果,而希望该结果的发生,其目的在于败坏他人名誉。如果行为人误将虚假事实作为真实事实加以扩散,或者虽然是虚假事实但行为人并无损害他人名誉的目的,或者善意地在正当范围之内行使民主权利的行为,均不构成本罪。

(四) 告诉才处理

本罪同侮辱罪一样,都属于告诉才处理的犯罪,但是严重危害社会秩序和国家利益的除外。后者是指侮辱、诽谤情节特别严重,引起被害人自杀身亡或者精神失常等严重后果,被害人失去告诉能力等情形;或者是指侮辱、诽谤国家领导人、外国元首、外交代表等特定对象,既损害他人名誉,又危害国家利益的行为。如此规定的原因在于,侮辱、诽谤行为可能通过民事、舆论、道德等途径加以解决,而有时通过刑事途径解决可能会使更多的人知道侮辱、诽谤事实。当然,如因受强制、威吓无法告诉的,人民检察院和被害人的近亲属也可以告诉。此外,对于通过信息网络实施的侮辱行为,被害人向人民法院告诉,但提供证据确有困难的,人民法院可以要求公安机关提供协助。

第五节　侵犯民主权利的犯罪

一、煽动民族仇恨、民族歧视罪

第二百四十九条　**煽动民族仇恨、民族歧视,情节严重的,处三年以下有期徒刑、拘役、管制或者剥夺政治权利;情节特别严重的,处三年以上十年以下有期徒刑。**

(一) 概念

煽动民族仇恨、民族歧视罪,是指故意向不特定人或者多数人煽动民族仇恨、民族歧视,情节严重的行为。

(二) 行为

本罪在客观方面表现为煽动民族仇恨、民族歧视的行为。本罪中的煽动是指向不特定人或者多数人鼓动民族之间的仇恨或对某一民族的歧视,包括煽动汉族同其他少数民族之间的仇恨,也包括煽动少数民族之间的仇恨;同时包括对汉族的歧视,也包括对少数民族的歧视。煽动行为可以通过语言、文字,也可以通过图片、影视等手段进行。只要实施煽动行为,情节严重,即可构成本罪。

(三) 故意

本罪在主观方面是故意。

二、出版歧视、侮辱少数民族作品罪

第二百五十条　**在出版物中刊载歧视、侮辱少数民族的内容,情节恶劣,造成严重后果的,对直接责任人员,处三年以下有期徒刑、拘役或者管制。**

(一) 概念

出版歧视、侮辱少数民族作品罪,是指故意在出版物中刊载歧视、侮辱少数民族的内容,情节恶劣,造成严重后果的行为。

（二）行为

本罪在客观方面表现为在出版物中刊登歧视、侮辱少数民族的内容，情节恶劣，造成严重后果的行为。出版物包括书刊但不限于书刊，也包括影视作品、音像、电子出版物等其他出版物。因此，所谓刊载也不限于单纯地以文字形式刊登，本质上只要能够对歧视、侮辱内容赋予表现作用的，例如发表、转载、包含等即构成该行为，同时也不需要该出版物所有内容均为歧视、侮辱少数民族的内容，只要其中部分内容具有这一性质即可构成。该出版物是否合法，是否属于公开出版物，不影响本罪成立。所谓歧视、侮辱是指针对少数民族的形成历史、风俗、习惯等，对其加以贬低、诬蔑、嘲弄、辱骂等行为，其对象只能是少数民族。所刊载的有关少数民族的内容是否真实，也不影响定罪。

上述行为必须情节恶劣并造成严重后果的，才构成本罪。所谓情节恶劣是指动机卑鄙、手段恶劣、捏造内容恶劣等，所谓造成严重后果是指造成恶劣政治影响、引发民族纠纷、冲突、矛盾甚至骚乱、造成人员伤亡等后果。

（三）故意

本罪在主观方面是故意。

三、非法剥夺公民宗教信仰自由罪

第二百五十一条　国家机关工作人员非法剥夺公民的宗教信仰自由和侵犯少数民族风俗习惯，情节严重的，处三年以下有期徒刑或者拘役。

（一）概念

非法剥夺公民宗教信仰自由罪，是指国家机关工作人员故意非法剥夺公民的宗教信仰自由的行为。

（二）保护法益

本罪侵犯的法益是公民的宗教信仰自由。任何国家机关、社会团体和个人不得强制公民信仰宗教或者不信仰宗教，不得歧视信仰宗教的公民和不信仰宗教的公民。这种宗教信仰自由包括：信仰宗教的自由和不信仰宗教的自由，信仰这种宗教的自由和信仰那种宗教的自由，信仰这种宗教内的某一派别的自由，进行正当的宗教活动的自由。

（三）行为

本罪在客观方面表现为非法剥夺公民宗教信仰自由。例如采取暴力、胁迫或者其他手段，制止他人加入宗教团体，或者强迫他人退出宗教团体；或者强迫不信教的人信教或者强迫信教的人不信教；破坏他人的正当宗教信仰活动；强迫他人信仰这种宗教而不准信仰那种宗教；对信仰宗教的人或者不信仰宗教的人进行打击迫害等等。剥夺公民宗教信仰自由的行为必须具有非法性，制止封建迷信活动、取缔反动会道门、打击披着宗教外衣进行破坏活动的犯罪行为，均属合法，不能认定构成本罪。

构成本罪，必须情节严重，包括：采取暴力、胁迫等强制手段非法剥夺他人宗教信仰自由；非法封闭或捣毁宗教场所设施的；出于卑劣动机剥夺他人宗教信仰自由的；行为造成后果严重、政治影响很坏的。

（四）主体

本罪的主体为国家机关工作人员。由于国家机关工作人员是国家政策方针的执行者，非法剥夺公民宗教信仰自由行为政治影响坏，因而应当动用刑法手段加以处理。一般公民即便属于国家工作人员而非国家机关工作人员干涉他人宗教信仰自由的，不构成本罪。

(五) 故意

本罪在主观方面是故意。

四、侵犯少数民族风俗习惯罪

第二百五十一条　国家机关工作人员非法剥夺公民的宗教信仰自由和侵犯少数民族风俗习惯，情节严重的，处三年以下有期徒刑或者拘役。

(一) 概念

侵犯少数民族风俗习惯罪,是指国家机关工作人员故意非法侵犯少数民族风俗习惯,情节严重的行为。

(二) 保护法益

本罪侵害的法益为少数民族保持与改革本民族的风俗习惯的权利。各民族均有保持和改革自己的风俗习惯的自由,这一权利涉及少数民族的民族感情和民族自尊心,关系到民族团结、民族平等原则,应为刑法所保护。

(三) 行为

本罪在客观方面表现为非法干涉、破坏、冒犯少数民族风俗习惯的行为。通常而言,本罪行为需采取强制手段,但是也可以运用非暴力的手段侵犯少数民族的风俗习惯,例如在回民家门口悬挂猪肉等。干涉、破坏、冒犯的形式包括但不限于暴力、胁迫、利用权势、运用行政措施等。从内容上看,主要表现为强迫少数民族改变自己的风俗习惯,干涉或者破坏少数民族根据自己的风俗习惯所进行的正当活动、故意以其他行为冒犯少数民族的风俗习惯和民族感情等。例如强制回族群众食用猪肉、禁止少数民族过自己的节日、肆意贬低、冒犯少数民族的感情和民族习惯等。

需要注意: ① 侵犯少数民族风俗习惯的行为必须具有一定程度的强制性,违背少数民族公民的意愿。如果以宣传教育的方式,促使少数民族自愿放弃、改革自己的落后风俗习惯,不构成本罪。② 侵犯少数民族风俗习惯的行为必须具有非法性,没有合法根据。③ 所侵犯的只能是少数民族的风俗习惯。这种习惯的确是在长期的生产、生活过程中形成的,具有群众基础的受到少数民族公认的风俗习惯,而不是少数民族个别人的特点、个性甚至喜好。

上述行为必须情节严重的才构成本罪。例如手段恶劣、后果严重、政治影响坏、引起民族纠纷、发生械斗等。

(四) 故意

本罪在主观方面是故意。由于政治水平不高或者对少数民族的风俗习惯缺乏了解,导致对具体问题处理失当,引起少数民族群众不满,欠缺故意,不构成本罪。

五、侵犯通信自由罪

第二百五十二条　隐匿、毁弃或者非法开拆他人信件，侵犯公民通信自由权利，情节严重的，处一年以下有期徒刑或者拘役。

(一) 概念

侵犯通信自由罪,是指故意隐匿、毁弃或者非法开拆他人信件,侵犯公民通信自由权利,情节严重的行为。

(二) 行为

本罪在客观方面表现为隐匿、毁弃或者非法开拆他人信件的行为。隐匿是指将他人信件隐藏于一定场所；毁弃是指撕毁、烧毁或者使用其他方法毁灭他人信件；非法开拆是指擅自开拆他人信件，使他人可能知悉信件内容，其本质在于非法暴露他人信件内容，即使行为人开拆后并不阅读信件内容，但其行为已经造成信件内容的暴露、公开，仍然构成本罪。行为人使用科技手段探知他人信件内容，而并未破坏信件外观的，仍然侵害了通信的安全、自由，属于非法开拆。上述行为必须非法，基于合法理由例如司法机关合法扣押他人邮件、电报，不构成本罪。所谓他人信件应当是指收件人为公民个人的信件，包括公民个人的信件，也包括虽为公文往来但是署名收件人为个人的信件，而收件人为单位的信函，则不属于本罪对象。对后者加以隐匿、毁弃、非法开拆的，视具体情况以盗窃、毁灭国家机关公文罪或者非法获取国家秘密罪等论处。所谓信件，包括各类通过邮政机关传送的信函，也包括通过各类诸如快递公司等非邮政单位或者个人传送的信函。

构成本罪，必须情节严重，例如实施上述行为次数多，数量较大的；致使他人工作、生活受到严重妨害的；使他人家庭不和或造成其他严重后果的；非法开拆他人信件，涂改信件内容，侮辱他人人格等。本罪客观行为具有选择性，只要实施了其中一种行为，即构成本罪，同时实施数种行为的，不数罪并罚。

（三）故意

本罪在主观方面是故意，可以是直接故意，也可以是间接故意，其动机不影响定罪。

六、私自开拆、隐匿、毁弃邮件、电报罪

第二百五十三条　邮政工作人员私自开拆或者隐匿、毁弃邮件、电报的，处二年以下有期徒刑或者拘役。

犯前款罪而窃取财物的，依照本法第二百六十四条的规定定罪从重处罚。

（一）概念

私自开拆、隐匿、毁弃邮件、电报罪，是指邮政工作人员利用职务或者工作便利，私自开拆、隐匿、毁弃邮件、电报的行为。

（二）行为

本罪在客观方面表现为私拆、隐匿、毁弃邮件、电报。所谓邮件、电报是指通过邮政部门传送的信件、印刷品、邮包、汇款通知、报刊、电报、传真等。显然邮件、信件两者范围并不完全等同。实施上述行为，必须利用邮政工作人员的职务或者工作便利，否则虽为邮政工作人员，但是并未利用职务或者工作便利，例如某邮政工作人员利用同住一楼的便利将同楼居民的信件私拆，只能构成侵犯通信自由罪而非本罪。当然，也有学者认为邮政工作人员没有利用职务上的便利而开拆、隐匿、毁弃邮件的行为，仍然构成本罪。其原因在于邮政工作人员的上述行为是否侵害公民的通信自由，同其是否利用职务便利无关。刑法考虑到邮政工作人员的特殊身份，认为上述人员破坏通信自由的行为，相对于一般公民实施的破坏通信自由行为，危害性要严重一些，因而规定较之后者为重的法定刑。因此本罪虽然属于独立罪名，但实际属于破坏通信自由罪的身份加重，那么是否利用职务便利不属于本罪构成要件，邮政工作人员没有利用职务上的便利实施上述行为的，也构成本罪而非破坏通信自由罪。

（三）主体

本罪的主体是邮政工作人员，包括邮政部门的管理人员、营业员、分拣员、投递员、押运员。主体要件的不同是本罪与侵犯通信自由罪的一个主要区别。

（四）故意

本罪在主观方面是故意。

（五）认定

实施私自开拆、隐匿、毁弃邮件、电报行为窃取财物的，构成盗窃罪。窃取，包括直接窃取邮件内财物，也包括截留汇款通知，并扣留相应款项的行为。如果截留汇款通知（汇款通知属于财产权利凭证），并以收款人名义采取伪造证件等方式冒领汇款的骗取行为，也按窃取论处，构成盗窃罪。

七、侵犯公民个人信息罪

第二百五十三条之一［根据《刑法修正案》（七）第七条增设、根据《刑法修正案》（九）第十七条修订］ **违反国家有关规定，向他人出售或者提供公民个人信息，情节严重的，处三年以下有期徒刑或者拘役，并处或者单处罚金；情节特别严重的，处三年以上七年以下有期徒刑，并处罚金。**

违反国家有关规定，将在履行职责或者提供服务过程中获得的公民个人信息，出售或者提供给他人的，依照前款的规定从重处罚。

窃取或者以其他方法非法获取公民个人信息的，依照第一款的规定处罚。

单位犯前三款罪的，对单位判处罚金，并对其直接负责的主管人员和其他直接责任人员，依照各该款的规定处罚。

（一）概念

侵犯公民个人信息罪，是指违反国家规定，向他人出售或者提供公民个人信息，情节严重的行为，或者窃取或以其他方法非法获取公民个人信息的行为。

（二）保护法益

本罪的保护法益是公民个人的信息自由、安全和私生活权利。

（三）行为

本罪在客观方面表现为违反国家规定，向他人出售或者提供公民个人信息，情节严重的行为，或者窃取或以其他方法非法获取公民个人信息的行为。出售，是指将公民个人信息出卖给他人从中牟利的行为。非法提供，是指虽无牟利事实，但不应将自己掌握的公民信息提供给他人，而予以提供的行为。窃取，是指采用盗窃的方式获取他人信息的行为。其他方法，包括以欺骗、收买等方式非法获取公民个人信息的情形。

（四）对象

本罪的对象是“公民个人信息”，包括姓名、职业、职务、年龄、婚姻情况、学历、专业资格、工作经历、家庭住址、电话号码、信用卡号码、指纹、网上登录账号和密码等能够识别公民个人身份的信息。

（五）主体

本罪的主体是一般主体。单位也可以成为本罪主体。国家机关或者金融、电信、交通、教育、医疗等单位的工作人员，违反国家规定，将本单位在履行职责或者提供服务过程中获得的公民个人信息，出售或者非法提供给他人，情节严重的，从重处罚。

（六）故意

本罪在主观方面是故意。行为人明知自己的行为违反国家规定，仍然出售或非法提供给他人信息。过失泄露公民个人信息的，不构成犯罪。

八、报复陷害罪

第二百五十四条 **国家机关工作人员滥用职权、假公济私，对控告人、申诉人、批评人、**

举报人实行报复陷害的，处二年以下有期徒刑或者拘役；情节严重的，处二年以上七年以下有期徒刑。

（一）概念

报复陷害罪，是指国家机关工作人员滥用职权、假公济私，对控告人、申诉人、批评人、举报人实行报复陷害的行为。

（二）行为

本罪在客观方面表现为滥用职权、假公济私，对控告人、申诉人、批评人、举报人实行报复陷害的行为。首先，报复陷害的对象必须是控告人、申诉人、批评人、举报人。控告人是指向司法机关或其他有关机关告发国家工作人员违法失职行为的人；申诉人是指对自己或亲属所受的处分不满，请求改变或者撤销处分的人；批评人是指对国家机关及其工作人员提出批评建议的人；举报人是指向司法机关或有关机关检举、报告违法犯罪行为的人。当然，本罪主体可能同被控告、申诉、批评、举报的人不是同属一人，后者也可能并非国家机关工作人员。即国家机关工作人员可能为其他被控告、申诉、批评、举报者而对他人打击报复。其次，打击报复行为必须利用了职务便利，实施滥用职权、假公济私的行为。即违反有关规定，非法行使自己的职权，或者超越职权范围，假借国家机关的名义或者权力名义来实施，陷害他人。显然报复陷害行为本质上属于滥用职权的渎职行为。其方式多种多样，例如制造理由或者借口，非法开除公职、党籍，或降职、降薪，或在生活条件、福利待遇方面进行压制、克扣等。如果所采取的行为与其职权没有关系，则不构成本罪。例如行为人对控告人直接进行暴力报复，伤害对方，就不属于滥用职权。一般而言，上述行为具有下列情形的，应当立案，作为犯罪处理：致使被害人的人身权利、民主权利或者其他合法权利受到严重损害的；致人精神失常或者自杀的；手段恶劣，后果严重的。再次，行为人必须具有陷害行为。所谓陷害行为是指捏造事实，无中生有，编造借口，不当地假借理由而使被害人处于不利境地。虽然控告人、申诉人、批评人、举报人应当享有相应的民主权利，但是如果上述人员在其他方面的确存在违法犯罪的情形，对相关行为的处理恰恰又属于被告人的职权范围之内，而被告人并没有采取超越职权或者违背法律规定，违背事实进行不当的处置，不能因为上述人员享有相应民主权利而排除或者妨碍被告人的合法职权行为，也不能因为上述人员曾经举报、批评过被告人而剥夺被告人对其违法犯罪行为做出处理的职权，甚至即使在被告人怀有乘人之危的动机，但只要被告人所实施的处理行为并未超出法律规定的职权范围，也没有超越既有事实的，并不属于陷害行为，因而也不应构成本罪。

（三）主体

本罪的主体必须为国家机关工作人员。一般公民实施的报复行为，应当按照具体情况，分别定诬告陷害、伪证等罪，但是不构成本罪。

（四）故意

本罪在主观方面是故意，并要求行为人有滥用职权、假公济私的意思。

（五）认定

本罪与诬告陷害罪的区别主要在于：① 客体要件不同。本罪侵犯了他人的民主权利，但后者侵犯的是他人的人身权利。② 对象不同。本罪对象为控告人、申诉人、批评人、举报人，后者对象可以是一般公民。③ 主体不同，本罪为身份犯，而后者为一般主体犯罪。④ 客观行为不同。后者表现为捏造犯罪事实，作虚假告发，而本罪是滥用职权，假公济私，陷害报复。如果行为人利用职权，以国家机关名义捏造控告人的犯罪事实，进行虚假告发的，构成想象竞合犯，按照诬告陷害罪论处。⑤ 目的不同。后者目的是陷害他人，意图使他人受刑事追究，而本罪是出于一般性的报复目的。

九、打击报复会计、统计人员罪

第二百五十五条　公司、企业、事业单位、机关、团体的领导人，对依法履行职责，抵制违反会计法、统计法行为的会计、统计人员实行打击报复，情节恶劣的，处三年以下有期徒刑或者拘役。

(一) 概念

打击报复会计、统计人员罪，是指公司、企业、事业单位、机关、团体的领导人，对依法履行职责，抵制违反会计法、统计法行为的会计、统计人员实行打击报复，情节恶劣的行为。

(二) 行为

本罪在客观方面表现为对依法履行职责、抵制违反会计法、统计法行为的会计、统计人员实行打击报复的行为。其对象是会计、统计人员。

(三) 主体

本罪的主体是公司、企业、事业单位、机关、团体的领导人。

(四) 故意

本罪在主观方面是直接故意。

十、破坏选举罪

第二百五十六条　在选举各级人民代表大会和国家机关领导人员时，以暴力、威胁、欺骗、贿赂、伪造选举文件、虚报选举票数等手段破坏选民和代表自由行使选举权和被选举权，情节严重的，处三年以下有期徒刑、拘役或者剥夺政治权利。

(一) 概念

破坏选举罪，是指在选举各级人民代表大会和国家机关领导人员时，以暴力、威胁、欺骗、贿赂、伪造选举文件、虚报选举票数等手段故意破坏选民和代表自由行使选举权和被选举权，情节严重的行为。

(二) 行为

本罪在客观方面表现为各种破坏选举的行为。本罪涉及的是有关各级人民代表大会和国家机关领导人员的选举，包括选民登记、投票选举、补选、罢免等整个过程。破坏其他类型的选举不构成本罪。但是具体行为未必发生在上述相关选举过程当中，破坏行为也可能在选举之前实施。破坏选举行为可以分为两个方面：其一是破坏选举工作的正常进行，例如伪造选举文件、虚报选举票数、扰乱选举会场、强行宣布合法选举结果无效等，其中所谓的选举文件包括选民证、选票、选民名单、候选人名单、代表资格报告等文件。其二是妨害选民与代表自由行使选举权和被选举权，例如，诱使或者强迫选民违反自己意志选举某人或不选举某人，或者强迫代表放弃被选举权等。破坏选举的手段包括以暴力、威胁、欺骗、贿赂、伪造选举文件、虚报选举票数等手段。所谓的暴力、威胁、欺骗、贿赂等行为，所针对的对象可以是选民或者代表，但是也可以是参与选举工作的工作人员，例如暴力迫使选举工作人员虚报选举票数；而其中的贿赂可以采用财物手段，也可以采用其他利益手段，包括非物质性利益。

上述行为情节严重的，才构成本罪。所谓情节严重一般是指使多数选民或者代表不能行使选举权和被选举权；破坏选举手段恶劣的；致使选举结果严重违背民意；造成重大恶劣社会影响和后果的等。实施破坏选举行为中，其手段可能又触犯其他罪名，例如暴力行为可能触犯故意伤害罪，贿赂行为可能构成行贿罪，伪造行为可能构成伪造国家机关公文、证件、印章罪，因而同本罪形成牵连关系，应当从一重罪论处。

（三）故意

本罪在主观方面是故意。

第六节　破坏婚姻家庭的犯罪

一、暴力干涉婚姻自由罪

第二百五十七条　以暴力干涉他人婚姻自由的，处二年以下有期徒刑或者拘役。

犯前款罪，致使被害人死亡的，处二年以上七年以下有期徒刑。

第一款罪，告诉的才处理。

（一）概念

暴力干涉婚姻自由罪，是指以暴力干涉他人结婚或离婚自由的行为。

（二）行为

本罪在客观方面表现为以暴力干涉他人婚姻自由的行为。一方面，行为人必须实施了暴力行为，即实施了捆绑、殴打、禁闭、抢掠等对人身行使有形力的行为。仅仅是语言的干涉但没有使用暴力的，不构成本罪；或者仅仅以暴力相威胁的，但并未现实实施的，也不构成本罪。但是，本罪中的暴力必须达到一定程度，并未超过日常合理的训诫程度的轻微暴力，不宜以本罪论处。暴力行为故意致被害人重伤或者过失致被害人重伤，或者伤害致死甚至故意杀人的，应按照想象竞合犯，从一重罪论处。一贯以暴力进行干涉，其中一次或者数次暴力故意致被害人重伤的，甚至故意杀人的，则应按照暴力干涉婚姻自由罪和故意伤害罪或故意杀人罪数罪并罚处理。另一方面，实施暴力行为的目的是干涉他人婚姻，表现为强制他人与自己或者第三人结婚或者离婚，禁止他人与自己或者第三人结婚或者离婚。如果暴力行为同干涉婚姻没有关系的，不构成本罪。

丈夫因不同意妻子与自己离婚而对妻子实施暴力的，考虑到夫妻之间的特别关系，一般不按照本罪论处，如果符合虐待罪的构成要件，可以按照虐待罪论处。

犯本罪，致使他人死亡，属于本罪的结果加重犯，是指由于暴力干涉婚姻自由而直接引起被害人自杀身亡或者在实施暴力过程中因过失导致被害人死亡。

（三）抢婚行为

对于抢婚行为应当正确分析，区别对待。某些少数民族地区的抢婚习俗，仅是一种结婚的风俗和仪式，不构成本罪；因向女方求婚遭到拒绝，而纠集多人使用暴力将女方劫持或绑架至自己家中，强迫女方与自己结婚的，应构成本罪，如果在此过程中发生强奸行为，同时构成强奸罪。而由于种种原因女方在与男方已办理结婚登记情况下，女方不愿与男方同居，男方使用暴力将女方抢到自己家中甚至强制强行同居的，一般不以犯罪论处。

（四）故意

本罪在主观方面是故意。

（五）告诉才处理

犯本罪，如果没有致使被害人死亡的，告诉才处理。之所以将本罪的基本犯规定为告诉才处理的犯罪，一方面是因为这种犯罪的危害程度并非非常严重，在许多情况下通过其他途径，例如群众组织或有关第三者的协调可能会起到更好的效果。另一方面这种犯罪的被告人和被害人之间往往存在亲属关系，即使被害人希望自己的权利得到保护，但是同时也并不愿意被告人受到追诉，而更倾向于保持既有家庭关系的稳定，甚至希望能够得到进一步的发展，在此情况下，由刑法

强行介入也未必合适。

二、重婚罪

第二百五十八条　有配偶而重婚的，或者明知他人有配偶而与之结婚的，处二年以下有期徒刑或者拘役。

(一) 概念

重婚罪,是指有配偶而与他人结婚,或者明知他人有配偶而与之结婚的行为。

(二) 行为

本罪在客观方面表现为有配偶而与他人结婚,或者明知他人有配偶而与之结婚的行为。表现为两种情况：其一是重婚者与第三者登记结婚,或者相婚者明知他人有配偶而与之登记结婚。其二是重婚者又和第三者建立事实婚姻,或者相婚者明知他人有配偶而与之建立事实婚姻。双重婚姻中,无论前一婚姻是否属于登记婚姻还是事实婚姻,或者后一婚姻是否属于登记婚姻还是事实婚姻,均不影响本罪成立,因而两个事实婚姻也可以成立重婚罪。不能因为事实婚姻没有得到婚姻法的承认和保护,就否认事实婚姻在重婚罪的构成地位。事实婚姻同样破坏了合法的婚姻关系,虽然按照1994年2月1日施行的《婚姻登记管理条例》规定,事实婚姻不被承认,其婚姻关系无效,不受法律保护,对于起诉到人民法院的,应当按照非法同居关系处理。2001年婚姻法及有关司法解释规定,1994年2月1日之前男女双方同居符合结婚的实质要件,按事实婚姻处理;1994年2月1日之后,男女双方符合结婚实质条件的,处于效力待定状态,如果补办了登记手续的,转化为合法有效的婚姻,如果不补办登记手续的,就按同居关系处理。但是1994年12月14日最高人民法院在有关批复中明确指出,新的《婚姻登记管理条例》发布施行后,有配偶的人与他人以夫妻名义同居生活的,或者明知他人有配偶而与之以夫妻名义同居生活的,仍应按重婚罪定罪量刑。

这里的关键在于,民事法中婚姻状态的合法有效性和是否受到法律保护同这一行为在刑法中是否构成犯罪而应受到打击,是完全不同的问题。事实婚姻不受法律保护并不意味着它不对婚姻制度具有危害。界定某一行为是否应当受到刑法制裁并不取决于该行为是否合法有效,恰恰相反而是因为它对合法有效的制度存在的侵害。

但必须注意的是,重婚行为当然是两个甚至数个婚姻关系在同一时间内的重合。如果行为人先与一方有事实婚姻,在事实上解除了该事实婚姻后,与他人登记结婚或者形成另一事实婚姻的,不构成重婚罪。同样,有配偶而与他人通奸或者姘居的,或者明知他人有配偶而与之通奸或临时姘居的,不构成本罪。

(三) 主体

本罪的主体分为两种人：① 重婚者,即已经有配偶并且没有解除婚姻关系,又与他人结婚的人。所谓有配偶是指男性有妻、女性有夫,而且这种婚姻关系仍处于存续期间。这种婚姻关系既包括经过合法登记结婚而取得的婚姻,也包括事实上形成的夫妻关系,即事实婚姻。后者是指没有办理婚姻登记而以夫妻名义同居生活而形成的关系。② 相婚者,即明知对方有配偶而与之结婚的人。虽然就其本人而言,并不具备双重婚姻,并未形成重婚,但是对于整体的婚姻关系而言,缺乏这种相婚者,特定的重婚关系也不可能形成,从这一角度讲,这种主体仍然属于重婚的主体,在性质上同重婚者的行为并无不同,因而仍然构成本罪。

(四) 故意

本罪在主观方面是故意,要求行为人对自己或者他人的婚姻关系的重合具有明知,即重婚者明知自己有配偶而又故意与他人结婚,或者相婚者明知他人有配偶而与之结婚。所以如果重婚者认为自己的配偶死亡或认为自己与他人没有配偶关系，或者相婚者确实不知道对方有配偶而与之结婚的，不能仅仅因为客观上已经形成重合婚姻，就按本罪论处。

三、破坏军婚罪

第二百五十九条　明知是现役军人的配偶而与之同居或者结婚的，处三年以下有期徒刑或者拘役。

（一）概念

破坏军婚罪，是指明知是现役军人的配偶而与之同居或者结婚的行为。

（二）行为

本罪在客观方面表现为与现役军人的配偶同居或者结婚的行为。现役军人是指具有军籍并正在中国人民解放军或者人民武装警察部队服役的军人，不包括预备役人员、复员军人、退伍军人、转业军人、人民警察以及虽在部队、人民武装警察部队中工作但没有军籍的工作人员。所谓配偶应当是指与现役军人登记结婚从而建立合法婚姻关系的妻子或者丈夫，因此因事实婚姻而形成的配偶关系不在本规定保护范围之内；同样，由于婚约并非结婚的法定程序，更非婚姻的法定标志，因此仅仅与现役军人有婚约关系但没有合法登记结婚的未婚夫、未婚妻也不受本规定的保护。

所谓的结婚，是指与现役军人的配偶登记结婚或者形成事实婚姻，事实婚姻同样对军人婚姻造成严重侵害，应予处罚。所谓同居是指在一定时间内与现役军人的配偶姘居并且共同生活在一起的事实。后者以两性关系为基础，同时还有经济上的或者其他生活方面的特殊关系，包括公开或者秘密同居两种情况。同居不同于事实婚姻，也不同于通奸，当然也不同于强奸，如果行为人利用职权、从属关系，以胁迫手段多次强行奸淫现役军人的妻子的，则构成强奸罪。

现役军人与其他现役军人的配偶同居或者结婚的，同样构成本罪。但是被害的虽然整体上也是现役军人的婚姻，但是直接受侵害的并非现役军人，即如果被告人虽为现役军人但其配偶却并非现役军人的，不构成本罪。

（三）故意

本罪在主观方面是故意，要求行为人明知是现役军人的配偶而与之结婚或者同居。如果行为人的确不知道对方是现役军人的配偶而与之结婚或者同居的，不构成本罪。

（四）认定

本罪的行为人大多可以构成重婚罪，但是两者之间也存在着一定区别：本罪破坏的是现役军人的婚姻关系，而重婚罪破坏的是一般人员的一夫一妻的婚姻关系；本罪行为包括与现役军人的配偶结婚或者同居的行为，而重婚罪的行为仅包括相互形成婚姻关系的行为；本罪中现役军人的配偶一般不作为犯罪处理，但重婚罪中的双方都构成犯罪。

四、虐待罪

第二百六十条［根据《刑法修正案》（九）第十八条修订］　虐待家庭成员，情节恶劣的，处二年以下有期徒刑、拘役或者管制。

犯前款罪，致使被害人重伤、死亡的，处二年以上七年以下有期徒刑。

第一款罪，告诉的才处理，但被害人没有能力告诉，或者因受到强制、威吓无法告诉的除外。

（一）概念

虐待罪，是指对共同生活的家庭成员，经常以打骂、冻饿、禁闭、强迫过度劳动、有病不给治

疗、限制自由、凌辱人格等方式,从肉体上、精神上进行摧残、折磨,情节恶劣的行为。

(二)行为

本罪在客观方面表现为经常性地对被害人进行肉体上、精神上的摧残、折磨。虐待必须表现为肉体上的摧残和精神上的折磨。前者可以表现为殴打、冻饿、禁闭、捆绑、强迫过度劳动、拖延治疗等;后者如侮辱、辱骂、讽刺、无端责骂等。上述行为可以同时使用,也可以单独或者交替使用。虐待行为可以由作为构成,也可以由不作为构成。但是单纯的不作为不可能构成本罪,例如单纯的有病不给治疗、不提供饮食的行为,只能构成遗弃罪,特殊情况下也可以构成故意杀人罪,但不能认定构成本罪。虐待行为必须具有经常性、一贯性。一方面,轻度的、偶尔的虐待行为不应作为犯罪处理,同时虐待行为不同于故意伤害、故意杀人行为,如果一次的打骂、拖延治疗、捆绑等行为而致被害人伤害、死亡的,有可能构成故意杀人、故意伤害、非法拘禁等罪,而不构成本罪。最后,虐待行为所造成的结果是使被害人身心遭受摧残,甚至也可能重伤、死亡。但是这一结果是长期日积月累逐渐造成的,而非其中一次虐待行为独立造成。

虐待行为情节恶劣的才构成本罪。衡量情节恶劣,一般从虐待手段、持续时间、对象、所造成的结果、社会影响、行为人的动机等方面进行综合评价。因此如果虐待行为持续时间短、次数较少、没有造成比较严重的后果的,不应作为犯罪论处。

(三)主体

本罪的主体必须是同一家庭成员,即虐待人和被虐待人之间存在一定的亲属关系和收养关系,例如丈夫虐待妻子、父母虐待子女、子女虐待父母等。通常虐待人在经济、亲属关系、力量上居于优势地位,但是也并不排除某些方面处于劣势的人也可以成为虐待人。共同生活的家庭成员不以共同居住为必备条件,因此,即使分居但是仍然具有亲属关系和收养关系而形成共同生活关系的人,如果实施相关行为的也可能构成本罪。

(四)故意

本罪在主观方面是故意,表现为有意识地对被害人进行肉体上、精神上的摧残、折磨。因此仅仅因为教育手法简单粗暴、脾气暴躁或者因家庭原因而动辄打骂的行为,不应以本罪论处。本罪的犯罪动机不受限制,但是犯罪动机可以作为衡量情节是否恶劣的因素而在特定情况下成为定罪情节。

(五)认定

虽然由于虐待也可能造成伤害或者死亡的后果,但是虐待的行为人并不希望或者放任上述结果的发生,而且通常这些结果的发生是一个日积月累的过程,而并非是由一个孤立的虐待行为造成。因此,如果行为人存在杀人或者伤害的故意,有意识地造成被害人伤害或者死亡的后果,不构成本罪,而应当按照故意伤害罪、故意杀人罪论处。如果行为人在情节恶劣的经常性虐待过程中,其中一次产生故意伤害或者杀人故意,而实施伤害或者杀人行为的,应当按照虐待罪和故意伤害罪或者故意杀人罪数罪并罚。

五、虐待被监护、看护人罪

第二百六十条之一[根据《刑法修正案》(九)第十九条增设] **对未成年人、老年人、患病的人、残疾人等负有监护、看护职责的人虐待被监护、看护的人,情节恶劣的,处三年以下有期徒刑或者拘役。**

单位犯前款罪的,对单位判处罚金,并对其直接负责的主管人员和其他直接责任人员,依照前款的规定处罚。

有第一款行为,同时构成其他犯罪的,依照处罚较重的规定定罪处罚。

（一）概念

虐待被监护、看护人罪，是指负有监护、看护职责的人，对所监护、看管的未成年人、老年人、患病的人、残疾人等实施虐待，情节恶劣的行为。

（二）行为

本罪在客观方面表现为经常性地对被害人进行肉体上、精神上的摧残、折磨。具体可以表现为殴打、冻饿、禁闭、捆绑、强迫过度劳动、拖延治疗、侮辱、辱骂、讽刺、无端责骂等。上述行为可以同时使用，也可以单独或者交替使用。"虐待"行为方式既可以表现为作为，如殴打；也可以表现为不作为，如不给吃喝等。但是单纯的不作为不可能构成本罪。虐待行为必须具有经常性、一贯性，因此，轻度的、偶尔的虐待行为不应作为犯罪处理。

虐待行为情节恶劣的才构成本罪。衡量情节恶劣，一般从虐待手段、持续时间、对象、所造成的结果、社会影响、行为人的动机等方面进行综合评价。

（三）主体

本罪的主体是一般主体，是对未成年人、老年人、患病的人、残疾人等负有监护、看护职责的人虐待被监护、看护的人。即虐待人和被虐待人之间存在一定的监护、看护关系。单位也可以是本罪主体。

（四）故意

本罪在主观方面是故意，表现为有意识地对被害人进行肉体上、精神上的摧残、折磨。本罪的犯罪动机不受限制，但是犯罪动机可以作为衡量情节是否恶劣的因素而在特定情况下成为定罪情节。

（五）认定

由于"虐待"行为不同程度地有暴力成分，因此，虐待被监护、看护人构成本罪，可能同时构成其他暴力性犯罪。对于暴力性质具有同质性的，如故意伤害罪、不作为故意杀人等，应当从一重罪处罚。但对于暴力性质不同的，如行为人实施虐待行为过程中，对被监护、看护人实施强奸、猥亵犯罪行为的，应当以虐待被监护、看护人罪和强奸罪等，实行数罪并罚。

六、遗弃罪

第二百六十一条　对于年老、年幼、患病或者其他没有独立生活能力的人，负有扶养义务而拒绝扶养，情节恶劣的，处五年以下有期徒刑。

（一）概念

遗弃罪，是指对年老、年幼、患病或者其他没有独立生活能力的人，负有扶养义务而故意拒绝扶养，情节恶劣的行为。

（二）行为

本罪在客观方面表现为对年老、年幼、患病或者其他没有独立生活能力的家庭成员，应当扶养而拒绝扶养的行为。上述对象是指因为年老、年幼或因种种原因，而丧失劳动能力或生活自理能力，无法独立生活的家庭成员。如果上述对象虽然具备年老、年幼等各种条件，但是仍具有独立生活能力的，对其拒绝扶养的，不构成本罪。所谓扶养包括长辈对晚辈的抚养，也包括晚辈对长辈的赡养以及夫妻之间、兄妹之间的扶养等。所谓"拒绝扶养"是指拒不履行扶养义务，一般包括：消极的不作为方式，例如不提供经济扶助、不给予必要照料、离开被扶养人等，此时仅仅是弃置而拒绝扶养；积极的作为方式，将被扶养人转移至自己无法或者不能扶养的地方而放弃扶养，此时属于移置而拒绝扶养。例如将被扶养人置于幼儿园或者养老院门口而离开等方式。但是其本质都是相同的,即拒绝扶养,因而本罪也通常被作为真正不作为的典型。

上述行为情节恶劣的,才构成本罪。是否情节恶劣,要依据行为的手段、后果、行为人的动机等进行综合评价。

（三）对象

本罪侵害的对象,按照通说的观点是共同生活的家庭成员。因为本罪的保护法益为被害人在家庭中受扶养的权利。对没有独立生活能力的家庭成员拒绝承担扶养义务,将会使被扶养人的生活遭受巨大困难,甚至造成其健康、生命的危险。由于本罪保护法益仅仅局限于家庭成员受扶养的权利,因此其被害对象仅限于家庭成员。

但是,也有学者指出,1979年刑法将本罪规定在妨害婚姻家庭罪中,因此其对象只能是家庭成员。但是,由于本罪现在规定在侵犯公民人身权利、民主权利罪中,应当认为本罪的法益是生命、身体的安全。因此,不能仅根据婚姻法等来确定哪些人具有扶养义务,而应根据不作为义务来源理论与实践确定本罪主体,同时本罪对象也并非仅限于家庭成员,任何使被告人置于危险境地的被害人都可能构成本罪。例如,甲驾车过失撞伤他人后,在旁人要求下打车请求司机乙将被害人送往医院,途中甲谎称买烟送医生而乘机逃走。乙见甲逃走,在行驶途中将被害人拖下车,没有送往医院而致被害人失血过多死亡。乙的行为应当构成遗弃罪。这一问题还值得研究。

（四）主体

本罪的主体是对被遗弃人负有法律上的扶养义务而且具有扶养能力的人。例如夫妻之间具有该义务,父母对子女之间具有抚养义务,子女对父母具有赡养义务,有负担能力的祖父母、外祖父母对父母已经死亡的未成年的孙子女、外孙子女有扶养的义务,有负担能力的孙子女、外孙子女对子女已经死亡的祖父母、外祖父母有赡养义务,有负担能力的兄、姊对父母已经死亡或父母无力扶养的未成年的弟、妹有扶养的义务等。扶养义务的范围应当根据婚姻法等有关法律加以确定。但是在长期生活中实际形成家庭共同生活关系,并自愿承担了扶养义务的人,虽然并非法律规定,仍然可能构成本罪。例如对一直长期共同生活并且不计报酬的保姆,多年来帮助雇主抚育子女、操持家务的,而雇用方也表示扶养其晚年,对这种扶助关系,也应当予以认可。另外,负有扶养义务的行为人同时还需具有扶养的能力,否则也不构成本罪。

（五）故意

本罪在主观方面是故意,即行为人明知自己负有扶养义务而拒绝履行该义务。

（六）认定

1. 遗弃与故意杀人

本罪和故意杀人罪在被害法益、客观行为上都存在不同,因而容易区分。但在实践中,行为人将毫无独立生活能力的婴儿或者老人遗置在室外、偏远地域、危险环境等情形时,就容易发生本罪与故意杀人罪未遂之间的混淆。此时需要考察行为人的主观状态与心理的具体情况。本罪的主观方面虽然同故意杀人罪一样均属故意,但是并非像故意杀人罪那样,希望或者放任被害人的死亡结果发生,仅仅是不愿意履行扶养义务。同时,本罪的行为并不立即导致被害人死亡,而故意杀人罪则需要在短时间内置被害人于死地。因此必须同时考察行为人的遗置行为是否使被害人处于一个可能导致立即、直接发生死亡结果的危险状态之中。而这是一种综合的考虑,尤其必须考察行为人将被害人遗置的环境和场所。将婴儿置于大街上的行为通常认为构成本罪,但是将没有独立行动能力的老人置于人迹罕至的山崖的行为,认定构成故意杀人罪未遂则更为合适。

但是在遗弃过程中也可能发生死亡的后果,由于本罪并没有结果加重犯的规定,因此如果发生上述情形,能够确定行为人对死亡结果具有且只具有过失的,仍然不妨认定构成过失致人死亡

罪和本罪的想象竞合，从一重罪论处。但是在被遗弃者自杀的情形中，认定属于情节恶劣的遗弃行为可能更为合适。

2. 遗弃与虐待

本罪的主体限于负有扶养义务并且具有扶养能力的家庭成员，但是虐待罪只要求家庭成员即可构成；本罪是为了消极逃避扶养义务，而虐待罪是为了有意识地给被害人造成肉体、精神上的痛苦，因此本罪为真正的不作为，而虐待罪虽然也包括不作为，但一般表现为作为的形式。在对象上，本罪的对象必须是年老、年幼、患病或其他没有独立生活能力的家庭成员，而虐待罪的对象可以是任何家庭成员。如果在共同生活过程中，拒绝扶养同时也可能造成对上述特定对象的肉体、精神的痛苦，例如有病而不给予必要的及时治疗，因而同时构成虐待的，属于想象竞合，应当按照从一重罪的规定论处。

七、拐骗儿童罪

第二百六十二条　*拐骗不满十四周岁的未成年人，脱离家庭或者监护人的，处五年以下有期徒刑或者拘役。*

（一）概念

拐骗儿童罪，是指故意拐骗不满14周岁的未成年人，脱离家庭或者监护人的行为。

（二）行为

本罪在客观方面表现为拐骗上述对象脱离家庭或者监护人。拐骗的行为主要针对不满14周岁的未成年人，但也可能针对儿童的家长或者监护人，将其骗离而使儿童与其分离，其手段包括蒙骗、利诱、将儿童偷走等行为。虽然在规定上明确骗，因此一般而言，表面上脱离监护或者家庭的行为开始并不违背被害人的意思，但是脱离监护或者家庭的儿童是否同意对于本罪构成并无意义，因此对被害人或其监护人、家庭成员等采用强制手段例如采用强行抱走、恐吓方法、威胁等方式，违背被害人意思而脱离家庭或者监护的，同样应当构成本罪。

行为人的行为必须使上述对象脱离原来生活的场所，因此完全脱离其家庭成员或监护人的监护、管理，而转移至行为人的实力控制之下。在此，首先要求被害人事前存在着家庭成员或其监护人的管束。如果被害人本来就已经完全脱离家庭成员或监护人的管束，例如流浪的儿童、离家出走的未成年人，因而也不存在拐骗。当然，如果仅仅只是暂时的脱离例如离家出走的儿童，虽然将其带走的行为并不构成本罪，但如果试图以拐骗手法阻止其恢复暂时中断的监护关系的，仍然构成本罪。要求行为人行为使被害人完全脱离了监护状态，如果家庭成员或其监护人同意其带走未成年人，或者虽被拐骗但并未完全脱离其家庭或监护，不构成本罪。

（三）对象

本罪的行为对象仅限于不满14周岁的未成年人，不分男女。

（四）故意

本罪在主观方面是故意，但是只能是出于使上述对象脱离家庭或者监护的故意，犯罪动机通常是为了收养或者供其使唤或者奴役等。如果出于勒索财物的目的而拐骗的，构成绑架罪；如果出于出卖目的而拐骗的，构成拐卖儿童罪。在拐骗儿童之后发生犯意转化而产生勒索财物目的或者意图出卖的，应当构成绑架罪或拐卖儿童罪。

（五）认定

在拐骗儿童之后，通常伴随着剥夺或者限制儿童自由的行为，在此情况下，同时构成本罪与非法拘禁罪，应当数罪并罚。

八、组织残疾人、儿童乞讨罪

第二百六十二条之一[根据《刑法修正案(六)》第十七条增设] 以暴力、胁迫手段组织残疾人或者不满十四周岁的未成年人乞讨的，处三年以下有期徒刑或者拘役，并处罚金；情节严重的，处三年以上七年以下有期徒刑，并处罚金。

(一) 概念

组织残疾人、儿童乞讨罪，是指以暴力、胁迫手段组织残疾人或者不满14周岁的未成年人乞讨的行为。

(二) 行为

本罪在客观方面表现为以暴力、胁迫手段组织残疾人或者不满14周岁的未成年人乞讨。

本罪必须以暴力、胁迫方法实施。暴力、胁迫是组织乞讨行为实施时的手段行为，在使得残疾人、儿童脱离监护人时，使用诱骗、收买的方法，但在组织、利用其乞讨时实施暴力、胁迫的，仍然成立本罪。不是使用暴力、胁迫手段组织残疾人或者未成年人乞讨，而是在残疾人、儿童自愿乞讨的场合，诱骗、利用其乞讨的，以及使用暴力、胁迫手段组织已满14周岁且没有生理残疾的人乞讨的，都应当依照《治安管理处罚法》的规定，给予治安管理处罚，而不成立本罪。

本罪的主体是组织者，而非乞讨人员。

(三) 对象

本罪的对象是残疾人或者不满14周岁的未成年人。残疾人有生理缺陷或障碍，自我保护能力较弱；未成年人心智发育不健全，认识社会事物和辨别是非的能力有限，在受到侵害时往往不敢反抗，人身自由、人格尊严极易受到侵犯，应当给予特别保护。使用暴力、胁迫手段组织乞讨，对这些特殊人群的人身自由权利会产生较大损害。

(四) 故意

本罪在主观方面是故意，行为人对被组织者是残疾人或者不满14周岁的未成年人有认识。组织者是否有牟利目的，在所不问。

本章小结

侵犯人身权利罪是危害最为严重、发案率最高的罪名。人的生存和健康，毫无疑问是社会得以存在和发展的前提，因此历来的刑法都将侵犯人身权利的犯罪作为首要的关注对象。其中相关的问题，例如安乐死问题、强制猥亵妇女的主观倾向、遗弃犯罪的构成范围等问题，不仅在理论中备受争议，而且在司法实践中往往成为法益保护的焦点问题，有关的争议更是充分反映着社会价值观念的变迁，因此对其加以探讨，有着重要的理论和实践意义。在现代政治社会中，公民参与国家管理的政治权利，同样受到了刑法的重视。两者的相互联系是：人身权利是公民行使民主权利的前提和基础，而民主权利的实现又有利于保障人身权利，并且确证了公民的政治地位。

参考阅读书目

1. 高铭暄等主编：《经济犯罪和侵犯人身权利犯罪研究》，中国人民公安大学出版社1995年版。

2. 肖中华：《侵犯公民人身权利罪》，中国人民公安大学出版社 1998 年版。
3. 金子桐等：《罪与罚——侵犯公民人身权利、民主权利罪的理论与实践》，上海社会科学院出版社 1986 年版。

思考题

1. 故意杀人未遂和故意伤害罪如何区分？
2. 如何理解事实婚姻与重婚罪的关系？
3. 遗弃罪和故意杀人罪如何区分？
4. 如何区分非法拘禁罪和绑架罪？
5. 故意伤害罪中重伤行为是否存在犯罪未遂情形？
6. 侮辱罪和强制侮辱妇女罪的界限何在？

第十六章　对个人法益的犯罪Ⅱ：侵犯财产罪

本章要点

本章主要讨论侵犯财产罪的构成要件和处罚的特殊问题。盗窃、抢劫、诈骗、抢夺等罪，是实践中发案率最高的犯罪，对这些犯罪给予刑罚惩罚，有利于保护各种财产权。这里财产权，既包括所有权，也包括占有权。侵犯财产权的犯罪方法包括盗窃、诈骗、侵占、抢夺、哄抢、抢劫、挪用、故意毁坏等；有的财产犯罪还附带侵害被害人的人身，所以，具有较高程度的危险性；多数财产犯罪的成立，要求行为人有非法占有的目的，但是毁坏型财产犯罪除外。

第一节　侵犯财产罪概述

一、概念

侵犯财产罪，是指以非法占有为目的，故意攫取他人财物，或者故意破坏生产经营、毁坏他人财物的行为。

二、保护法益

本章罪侵害的法益是他人对财物的支配关系。这里的财物支配关系，包括财产所有权和占有权两方面的内容。

1. 所有权

所有权是基于物权而对财物所形成的一种对物的支配关系。所有权人对财物的积极权利表现在使用、收益、处分该财物；其消极权利表现为排除他人对于物的夺取。财物被他人非法取得或者毁损的，所有权人在事实上丧失对财物的所有权，法律必须出面保护所有权。

绝大多数财产罪侵害的法益都是财物所有权。这一方面是因为在盗窃罪、抢劫罪中，都规定了犯罪对象是公私财物，它们大多都是他人所有的财物，而不仅仅是他人事实上占有的财物，刑法中的占有必须以一定的财产权存在为基础；另一方面，设立侵犯财产罪目的是保护公私财产，即保护法益是所有权和与其紧密相关的其他权利，而这些权利本身就是民法上的权利，只不过它们值得用刑法加以特别保护，由此也可以限定刑法处罚的范围[①]。

将多数财产犯罪的保护法益定位于所有权的合理性在于：考虑了绝大多数财产犯罪的侵害客体为合法所有权的问题，所有权是对财物的支配，其在积极方面表现为所有人可以自由使用、收益、处分其所有物，在消极方面表现为所有人有权排除他人的干涉、侵夺与妨害。所以，所有权是财产权的基本内容，将其确定为财产罪的保护法益可以为绝大多数犯罪的认定提供基本的解

① 参见［日］团藤重光：《刑法纲要各论》（第3版），创文社1990年版，第561页。

决方向。

2. 占有权

占有权，是指对财物事实上支配、控制、管领的权利。仅仅认为财产罪的保护法益就是所有权，可能导致刑法对法益的保护不周延。在某些情况下，财产罪的保护法益就是对财物事实上的占有状态本身。理由在于：① 谁在“法律上”享有所有权非常清楚，但财物由所有权人之外的第三人基于各种原因“事实上”占有的情况在实践中并不鲜见。占有人对财物没有所有权，但其对财物的控制、监督权需要保护，如果不保护这种权利，法律上对财产权保护明显不周延；② 在所有权归属不明的情况下，对现实的占有关系如果不加以保护，就难以期待在复杂社会中会出现秩序和安定的局面。例如，在A盗窃B走私的普通货物、物品的场合，如果根据所有权说，因为B对非法财物不可能享有所有权，对A就无法以盗窃罪处理。因此，必须根据占有权说认为B对赃物的享有占有关系需要保护，才能肯定A的犯罪性；③ 在自己享有所有权但财物被他人占有的场合，如果一概允许所有权人任意行使权利，就可能导致其手段没有节制，这样就使得程序法和实体法之间的关系被混淆，也存在鼓励自力救济、加剧财产关系混乱程度之嫌，因为财物属于自己所有的事实必须通过司法程序（民事诉讼或者刑事侦查）加以证明，不能证明与财产权有关的事实就擅自行使自我救济的权利，欠缺程序法的侧面而只强调了实体法的私权恢复的侧面，反而会造成法秩序的混乱，也与今天社会中程序公正优先性的观念不相符合；④ 在任何时候，对财产罪的保护法益如果都坚持所有权说，财产权归属的确定往往需要先有民事裁判，这样会使刑事裁判的独立性、及时性都受到影响；在财产关系复杂的场合，还有可能使刑事裁判结论的最终结果难以实现。

至于占有关系是合法形成，还是非法形成，并非关键。例如，所有权人从承租人处偷偷取回租赁期满的财物的，可能成立盗窃罪；使用胁迫方式主张所有权的，可能成立敲诈勒索罪，这主要是因为当事人的权利应当通过司法程序主张，在司法程序启动前，他人对财物的所持状态本身值得保护，所有人的行为如果不能满足违法阻却事由的条件就具有犯罪性。

在所有权之外，将占有权作为财产犯罪的保护法益是妥当的：① 在现代社会中，经济、社会形式变化很快，法律从近代以来保护所有权向今天的保护占有权方向发展，刑法也应当将财产罪的保护法益从单纯保护财产扩大到保护占有；同时占有一般具有推定所有权存在的机能，享有占有权一般就享有所有权。② 当前的中国社会还处在转型期，规范的市场经济秩序还没有完全确立，财产权利关系难以厘清的情况并不少见，趁机获取各种财产上不法利益的犯罪有增无减。为此，对与所有权相分离的财物的占有、持有本身暂时予以保护，对及时恢复财产秩序、最终有效地保护个人财产是有重要意义的。③ 占有权说认为违法的占有关系也应当保护，对坚持法秩序的整体统一性有好处，因为对他人所持的物品是非法财物或者并不享有所有权的财物时，必须采取适法的手续加以没收，在这种手续采取以前所持事实本身值得保护，极端地说占有开始的原因本身并不是关键，所以，第三人从盗窃犯手中窃取、抢劫赃物构成犯罪的理由也正在于此。占有说不是要最终保护违法的占有，而是强调必须依据适法的手续剥夺违法占有者的占有权，防止违法占有财产在经合法手续交还原所有人以前处于可以任意夺取的状态，也可以避免原所有权人滥用“私力救济权”，因此，占有权说对法秩序的统一不会产生危害。

三、对象

本章罪的行为对象是财物。要准确把握财物概念，必须讨论以下问题：

（一）有体物和有管理可能性的财物

对财物范围的界定，最有影响的观点是有体性说，该说认为财物应当是有体物，即占有部分空间的有形存在物,包括固体、液体、气体,冷气、热气都是财物。但电力、热能等无形物不是财物,将它们作为财物有类推解释刑法之嫌。

与之相对应的观点是管理可能性说,认为财物不一定限定为有体物,具有可动性与管理可能性的物体都是财物,电力、热能自然属于财物的范畴。

从目的论解释的角度看,应当说管理可能性说具有合理性,但是其解释存在界限不明的弊端,可能与罪刑法定主义相悖,对电力、热能、水力、放射线、牛马的牵引力等能源的不正当使用、盗窃电话、无钱乘车、债权侵害都可能成立财产犯罪,因为电车、电话等具有物理或者事务的管理可能性,这样一来利益盗窃都具有可罚性,违反了将财产与财产上的利益适度区别的刑法态度。

为了限制管理可能性说的范围,针对较为含混的事务管理可能性说,人们提出了物理管理可能性说。该说认为只有存在物理的管理可能性的才是财物,热能、光、水力、冷气等是财物,这是今天的社会观念一致认为有必要用刑法加以保护的物体。但牛马的劳动力、债权、企业商业秘密等不是财物[①]。物理管理可能性说是今天的通说。

有体性说当然可以限定惩罚的范围,但是完全贯彻有体性说的立场有很多困难。《刑法》第265条规定,以牟利为目的,盗接他人通信线路、复制他人电信码号或者明知是盗接、复制的电信设备、设施而使用的,按盗窃罪定罪处罚。关于盗窃罪的司法解释也规定电力、煤气、天然气可以成为盗窃的对象。另外,司法解释规定,将电信卡非法充值后使用,造成电信资费损失数额较大的,盗用他人公共信息网络上网账号、密码上网,造成他人电信资费损失数额较大的,都以盗窃罪定罪处罚[②]。这说明物理管理可能性说也是得到承认的。

此外,虽然财产上的权利(债权或其他请求权)等无体物不能成为盗窃罪的对象,但是,记载权利的凭证(银行存折、借条、支票、股票、汇款单、火车票等),应当作为有体物加以保护,窃取这些权利凭证的,可以构成盗窃罪。财产性利益是否可以成为财产犯罪的对象,刑法并无明确规定,但是,财产性利益必须得到刑法的保护,这是没有疑义的,所以,侵犯财产性利益的行为,也可以成立相应财产犯罪,例如,为免除债务而欺骗债权人的,可以成立诈骗罪;用威胁方法强迫他人为自己无偿提供开荒种地、修建房屋、采矿、猎捕等劳务的,与用勒索的方式使他人交付具有经济价值的财物以增加行为人的财产(积极增加)相比较,是用一种特殊的方式使行为人的财产增加(消极增加),两者本质上具有同一性,所以,无论是通过勒索而取得他人财产或者财产上的利益,都会造成他人财产上的损害,行为人仍然可以成立敲诈勒索罪。为此,有必要将刑法中的公私财物扩大解释为财物和财产性利益,以实现刑法全面保护法益的功能。

(二)财产的价值

就财产罪的本质而言,财物应当是具有物理管理可能性同时又有财产价值的物体,无任何价值或者价值过于轻微的财物,不是财产罪的保护对象。

对于如何判断财产的价值,在理论上有较大的争议。客观价值说认为,财产价值仅指经济价值,即具有能够用客观的价值尺度衡量的经济效用的财物,才是财产犯罪的对象[③]。主观价值说认为,具有财产价值的财物不一定要求其有客观的、经济上的交换价值,只有主观的、情感的价值之物,一般的社会观念认为对这些财物的占有也有必要用刑法加以保护的,也是刑法中的财物。盗窃某些纪念品、礼品,盗窃文物赝品或者他人已到强制报废期限的汽车、抢劫金融机构回收准

① 参见[日]大塚仁:《刑法概说·各论》(第3版),有斐阁1996年版,第172页。

② 参见最高人民法院《关于审理扰乱电信市场管理秩序案件具体应用法律若干问题的解释》(2000年4月28日)。

③ 参见赵秉志主编:《侵犯财产罪研究》,中国法制出版社1998年版,第159页。

备销毁的纸币，都可能构成财产罪①。应当承认，主观价值说的合理成分更多一些。至于非法占有或者毁弃具有主观价值的财物，是否都以侵犯财产罪追究，则是需要考虑的问题。

（三）动产与不动产

财物包括不动产、动产。不动产是指土地及其定着物，定着物是指不加以毁弃难以与土地相分离的财物；或者一旦分离，其固有的使用可能性就会丧失的财物。

有观点认为，由于盗窃罪的本质是占有的转移或者说支配的转移，而不是场所的转移，所以不动产可以成为盗窃罪的对象。我国刑法没有规定窃占不动产的犯罪，也没有明文规定盗窃的财物仅限于动产，对于盗窃不动产的，可以认定为盗窃罪。例如，对于未经房主同意，以伪造证件等手段倒卖他人或单位不动产的，应以盗窃罪论处②。这一观点还值得进一步讨论。

抢夺罪的行为对象必须是动产。对于抢劫罪的对象是否包括不动产，则是有争议的问题。我国学者对此一般持肯定态度。但是，所谓的抢劫不动产实际上是强行占用他人不动产以获取财产上的利益，抢劫财产性利益和抢劫不动产本身毕竟有很大的区别③。

（四）他人之物

财产罪的对象必须是他人所有或者占有之物。对虽属自己所有但已被有关机关扣押，或者已交付他人合法持有的财物进行窃取的，也是盗窃他人占有的财物。

侵犯家庭成员的财物占有、所有权，亦属非法取得他人之物，但在处罚时应不同于社会上的普通财产犯罪。

（五）特殊物体的财产性

1. 违禁品

违禁品，是指伪造的假币、毒品、管制刀具、爆炸物、淫秽物品等法律上禁止私人所有、占有的财物。违禁品可能成为财产犯罪的对象，一方面是因为财产罪保护的占有是人对财物事实上的所持关系。另一方面，在针对禁制品的合法没收手续采取以前，他人对违禁品的占有都是平稳占有，对之予以侵害，可能构成财产犯罪。所以，平稳占有状态本身需要保护，这归根到底是为了维持占有状态背后的法秩序。

需要指出，刑法保护违禁品占有者的权利，不是宣告其对违禁品的持有、处置行为具有合法性，更不是为了保护其所有权，而是为了确保国家司法机关日后可以按照法定程序追缴这些财产。

2. 祭葬品

祭葬品一方面属于埋葬权的对象；另一方面，由于其不属于他人放弃所有权的财物，也是财产权的对象，对其加以盗窃的可以构成财产犯罪。但是盗窃尸体、盗窃古文化遗址、古墓葬的，构成其他犯罪。

3. 人的身体及其代用品

人的身体是人格权的对象而不是所有权的对象，所以，不是财物，杀人、伤害都不等于故意毁坏财物。但是从身体中分离出来并归属于他人之物应当是财物，尸体、遗骨、头发、血液等都是财物。由于刑法专门规定了盗窃、侮辱尸体罪，盗窃棺材中的、作为医学标本的尸体，构成盗窃尸体罪，而不构成盗窃罪。趁他人熟睡之机，抽取其身上的鲜血，则可能构成盗窃罪和故意伤害罪的想象竞合犯。

此外，人工设计的人体代用品，如假肢、假牙、假发、心脏起搏器等，如果其已完全成为身体的

① 参见[日]团藤重光：《刑法纲要各论》(第3版)，创文社1990年版，第551页。

② 参见高铭暄主编：《新编中国刑法学》(下册)，中国人民大学出版社1998年版，第772页。

③ 参见[日]平野龙一：《刑法概说》，东京大学出版会1977年版，第202页。

重要组成部分,发挥着维持个人生存所必要的器官功能的,视为人的身体,不是财物,对其加以侵害的,可能构成侵犯人身权利的犯罪。至于尚未完全成为身体组成部分的人体代用品,则在有财产价值时成为财产犯罪的对象。

四、非法占有目的

(取得型)财产罪的成立,除了要求行为人有故意(夺取财物的意思)之外,还要求其有非法占有目的这一主观的超过要素。

至于如何理解非法占有目的这一概念,则存在两种比较有影响的观点。意图占有说认为,非法占有目的是指明知是公共的或他人的财物,而意图把它非法转归自己或第三者占有[①]。利用、处分说认为,非法占有目的除包括意图占有或控制财物之外,还应该包括利用和处分意思在内[②]。应该说,利用处分说是有道理的。

我们认为,对于非法占有目的的理解需要注意: ① 不能将其解释为行为人仅仅是为了取得所有权,因为很多财物(例如,汽车、自行车等)即使被盗窃、抢劫,原所有权人在法律上的权利并不会丧失,犯罪人自己也清楚不能通过犯罪手段取得所有权。② 不能将其解释为必须含有"将他人所有之物转变为自己所有之物"的意思,否则,对所有人将自己所有但被他人占有的财物偷回的行为,无法认定其具有非法占有目的,由此导致犯罪成立范围缩小。因此,应该将非法占有目的界定为: 永久而非暂时地排除他人的占有,将他人之物作为自己之物,并遵从财物的经济价值加以利用或者处分的意思。由此可见,非法占有目的概念从消极的层面看是排斥他人占有;从积极层面看,则是行为人意图使自己具有类似于所有人的地位[③],从而对他人财物加以支配、控制。不具有非法占有他人财物的意思,例如,债权人为促使债务人及早履行义务,而将其财物搬走,并当场出具清单的,行为人没有永久排除他人占有的意思,并非以财物的所有人自居,自不应成立盗窃、抢劫等罪。③ 遵从财物的经济价值对财物加以利用或者处分的意思,是指行为人有意享受该财物本身所具有的利益与效用。改变财物用途,但仍然对该财物的经济用途加以享用的,仍然认为有非法占有目的,例如,盗窃他人数量较多的木材,将其砍成小块,然后作为柴火取暖的,构成盗窃罪而非故意毁坏财物罪。

第二节 夺取型犯罪

一、抢劫罪

第二百六十三条 **以暴力、胁迫或者其他方法抢劫公私财物的,处三年以上十年以下有期徒刑,并处罚金;有下列情形之一的,处十年以上有期徒刑、无期徒刑或者死刑,并处罚金或者没收财产:**

(一) 入户抢劫的;

(二) 在公共交通工具上抢劫的;

(三) 抢劫银行或者其他金融机构的;

(四) 多次抢劫或者抢劫数额巨大的;

① 参见高铭暄主编:《新编中国刑法学》(下册),中国人民大学出版社 1998 年版,第 760 页。

② 参见张明楷:《刑法学》(第 4 版),法律出版社 2011 年版,第 847 页。

③ 具有类似于所有人的地位,与民法上的取得所有权不是相同的概念。

（五）抢劫致人重伤、死亡的；

（六）冒充军警人员抢劫的；

（七）持枪抢劫的；

（八）抢劫军用物资或者抢险、救灾、救济物资的。

第二百六十九条　犯盗窃、诈骗、抢夺罪，为窝藏赃物、抗拒抓捕或者毁灭罪证而当场使用暴力或者以暴力相威胁的，依照本法第二百六十三条的规定定罪处罚。

（一）概念

抢劫罪，是指以非法占有为目的，以暴力、胁迫或者其他方法，强行劫取公私财物的行为。

（二）行为

本罪在客观方面表现为使用暴力、胁迫或者其他方法强取财物的行为。本罪成立的逻辑线索是：使用暴力、胁迫或其他方法→压制对方反抗→强取财物。

1. 手段行为

暴力，一般是指行为人对被害人的身体实施打击或强制，在多数场合下表现为极为危险、凶残的杀伤行为，以使对方完全丧失反抗能力，但有时也不一定要直接针对人体实施，对物使用有形力也是暴力。换言之，暴力要最终指向人，但是可以不直接针对人，即使是对物施加有形力，只要能抑制被害者的意思、行动自由，就是抢劫罪中的暴力①。我国《刑法》第289条规定，聚众“打砸抢”过程中，毁坏或者抢走公私财物的，以抢劫罪定罪量刑，就是将对物暴力特别规定为抢劫行为。至于暴力行为的被害者是否有相当的意思能力，在所不问。

胁迫，是指告知对方将要对其予以加害，以对其进行精神强制。胁迫的方式包括语言、动作、手势、邪恶的眼神等，法律未作限制。至于胁迫的内容，我国刑法学的通说是要以立即实施暴力相威胁。但是，由于抢劫罪是严重侵犯财产和人身权利的犯罪，对胁迫加害的种类、性质人为加以限定，可能导致对财产所有者、占有者的权利保护不力的局面出现。当然，胁迫者是否真正具有当场加害意思和加害能力，都不影响胁迫的成立；至于被胁迫者应当是在一定程度上能够理解胁迫内容的、有意识的自然人，法人没有意识能力，其在精神上不可能受到压制。

其他方法，是指除暴力与胁迫方法之外，采用使被害人不知反抗或丧失反抗能力的方法，如用酒灌醉，用药物麻醉（昏醉抢劫）等方法就属于这里的其他方法②。行为人没有实施使被害人陷于意识障碍的方法，只是利用被害人昏醉的状态取得财物的，构成盗窃罪；实施使被害人陷于意识障碍的方法（例如劝酒）之后，才产生夺取财物的意思，事后也的确取得财物的，也只构成盗窃罪。

作为抢劫手段的暴力、胁迫，是否需要达到相当的程度，通说的刑法理论及司法实践对此都未作明确要求，其主要理由是同样暴力对不同被害人的心理会有不同影响，难以用具体标准确定暴力、胁迫是否达到足以使被害人不能抗拒的程度。不过，有力说认为，抢劫罪中的暴力、胁迫必须达到足以压制被害者反抗的程度③。这种观点是很有道理的。

2. 结果行为

（1）当场

使用暴力、胁迫或者其他方法，当场取得财物的，才能构成抢劫罪。当场意指暴力、胁迫手段

① 参见［日］大塚仁：《刑法概说·各论》（第3版），有斐阁1996年版，第213页。

② 但是在实践中，还存在将为取得他人手机，灌醉被害人然后窃取财物的行为定性为盗窃罪的错误判决。参见何斌、秦洲：《看到手机眼馋　灌醉老乡盗窃》，载《检察日报》2004年2月13日第3版。

③ 参见刘明祥：《财产罪比较研究》，中国政法大学出版社2001年版，第120页；张明楷：《刑法学》（第4版），法律出版社2011年版，第850页。

和财物取得之间具有时间上、场所上的紧密连续性，但是对“当场”的理解又不能过于狭隘，使用暴力迫使被害人交付财物，但被害人身无分文，行为人长时期跟随被害人到距离相当远的场所取得财物的，也是“当场”。实施暴力、胁迫当场未取得财物，要求被害人日后交付财物的，构成抢劫罪未遂和敲诈勒索罪。

(2) 强取

强取是在实施暴力、胁迫以后使财物转移的行为。被害者的反抗被暴力、胁迫所压制后，自动交付财物的、放置财物逃走的，或者行为人直接夺取财物的，以及实施程度较高的暴力、胁迫，在被害人来不及反应的瞬间就将财物夺走的，行为人都构成强取。

对实施暴力、胁迫和强取之间是否必须有因果关系，存在争议。不要说认为，实施暴力、胁迫后才产生了强行夺取财物的意思，只要是利用自己的行为压制了被害人的反抗，就应当视为是基于抢劫的意思实施暴力、胁迫[1]。但是，多数说认为暴力、胁迫和财产的强取之间应当有因果关系抢劫罪既遂才能成立，抢劫罪的本质是实施暴力、胁迫手段而夺取财物，暴力、胁迫手段必须是基于强取的意思实施，强取的结果是在实施暴力、胁迫以后才得以实现的。因此，为抢劫财物对被害人使用暴力，被害人在逃跑过程中财物丢失，行为人由此捡拾财物的，应当成立抢劫罪未遂和侵占罪[2]。

抢劫行为人为排除障碍，杀害被害人然后取得财物的，构成抢劫罪，不再另构成故意杀人罪。但是，以强取的意思杀害被害人之后取得财物的，在时间、场所上必须有紧密联系，并且取得财物的计划是在着手杀人以前就形成的。杀人时没有强取的故意，10 天以后才想起被害人可能有财产，又进入其住宅取得财物的；杀害被害人并在尸体掩埋数周后又挖掘坟墓取得被害人随葬品的，都无法认定为抢劫罪。杀害他人时只有强取此种财物的意思，但在实施杀人行为过程中又发现了他种财物并加以夺取的，他种财物也是抢劫的对象物，一并成立抢劫罪。

开始实施作为抢劫手段的暴力、胁迫行为就是本罪的着手。有抢劫的意思，但并未使用暴力、胁迫手段就获取财物的，不能认为有抢劫罪的着手，只构成盗窃罪；侵入住宅未着手实施暴力、胁迫行为的，构成抢劫罪预备和非法侵入住宅罪的想象竞合犯。

有关司法解释认为，抢劫罪侵犯的是复杂客体，既侵犯财产权利又侵犯人身权利，具备劫取财物或者造成他人轻伤以上后果两者之一的，均属抢劫既遂；既未劫取财物，又未造成他人人身伤害后果的，属抢劫未遂。据此，《刑法》第 263 条规定的 8 种处罚情节中除“抢劫致人重伤、死亡的”这一结果加重情节之外，其余七种处罚情节同样存在既遂、未遂问题[3]。但是，这一解释可能没有考虑立法上将抢劫罪列入侵犯财产罪的事实，也没有考虑结果加重犯可能存在未遂的理论，是否合理，还有疑问。

(三) 对象

本罪的行为对象具有双重性：一方面，行为人违反被害人的意思取得了财物；另一方面，也侵犯了被害人的生命、身体，行为对人身权利具有高度危险性，这是本罪与其他财产罪相区别的重要标志。

使用暴力、胁迫取得财产上的非法利益的行为，也可以构成抢劫罪。例如为免除赌债对债权人实施暴力的，骗取毒品以后为免付价金而使用暴力的，都是在不法原因给付的场合非法占有他人利益的行为。中国刑法虽然没有明确对利益抢劫行为作出规定，但是，可以将《刑法》第 263 条

① 参见[日]藤木英雄：《刑法讲义各论》，弘文堂 1976 年版，第 294 页。

② 在这种情况下，也可以认为丢失财物的被害人和其财物之间的空间距离较近，其占有权还保留，行为人由此成立抢劫罪未遂和盗窃罪既遂。

③ 参见最高人民法院《关于审理抢劫、抢夺刑事案件适用法律若干问题的意见》(2005 年 6 月 8 日)。

中的财物扩大解释为包括财产性利益，从而肯定抢劫罪的成立。

本罪的被害人一般而言是暴力、胁迫的承受者。但由于行为人对他人实施暴力、胁迫是为了排除障碍，以便于其顺利夺取财物。所以，在财物的交付者和暴力、胁迫的承受者不一致的情况下，本罪的成立也不受影响。例如，对商场的保安实施暴力，然后从营业员手中夺取金银首饰的，也是抢劫罪。

（四）故意

本罪在主观方面是故意，行为人必须有强取他人财物的意思，并对财物必须通过暴力、胁迫等违反被害人意志的方法才能取得有所认识。基于抢劫的意思，在实施暴力、胁迫压制对方反抗之后，夺取财物的，或者基于抢劫的意思先夺取财物，立即对被害人实施暴力、胁迫，以确保自己对财物的占有的，以及出于盗窃的意思，在夺取财物后立即主动实施足以压制被害人的暴力、胁迫行为的（突变抢劫），都属于有实施暴力、胁迫的意思和强取财物的意思。

为实现其他犯罪目的而对被害人实施暴力、胁迫行为，在此过程中产生夺取财物的意思并取得财物的，也应当认为有抢劫的意思。例如，绑架他人，在使用暴力捆绑被害人过程中，发现其佩戴有相当价值的金银首饰，强行将其取下的，构成抢劫罪。

问题是实施暴力、胁迫之后，才产生强取财物的意思的，例如为强奸、故意伤害、强制猥亵妇女而实施暴力、胁迫，压制被害人的反抗后，产生了不法领得的意思，并顺手牵羊取得财物的，是否可以认为有抢劫的意思？

肯定说认为，抢劫罪是基于强取的意思而着手实施暴力、胁迫，在强奸又强取财物的情况下，取得财物的经过与典型的抢劫罪有区别，但是，这也是属于利用先行实施的暴力、胁迫压制被害者反抗的场合，即使后来没有再实施暴力、胁迫，也应当认定为成立抢劫罪[①]。

否定说则主张，抢劫罪是基于强取的意思，采用暴力、胁迫手段压制被害人反抗，然后夺取财物的行为。如果不存在作为强取财物手段的暴力、胁迫，而只是利用被害人不能反抗的状态夺取财物，只能认定为盗窃罪。如果将为犯其他罪而实施的暴力、胁迫追认为抢劫罪的手段行为，则属于对一个手段行为作了两次评价，扩大了抢劫罪的成立范围，有违罪刑法定主义的要求[②]。对此，我们认为，否定说的解释更为合理。

有关司法解释认为，行为人实施伤害、强奸等犯罪行为，在被害人未失去知觉，利用被害人不能反抗、不敢反抗的处境，临时起意劫取他人财物的，应以此前所实施的具体犯罪与抢劫罪实行数罪并罚；在被害人失去知觉或者没有发觉的情形下，以及实施故意杀人犯罪行为之后，临时起意拿走他人财物的，应以此前所实施的具体犯罪与盗窃罪实行数罪并罚。但是，这一解释是否合理，还值得讨论[③]。

抢劫罪的成立，除了要求行为人有故意（夺取财物的意思）之外，还要求其有非法占有目的（不法取得意思）这一"主观的超过要素"。

（五）转化型抢劫

1. 准抢劫罪

《刑法》第269条规定，犯盗窃罪、诈骗罪、抢夺罪，为窝藏赃物、抗拒抓捕或者毁灭罪证当场使用暴力或者以暴力相威胁的，依照抢劫罪的规定定罪处罚。这是我国刑法关于准抢劫罪的规定，这主要是考虑到实施盗窃、诈骗、抢夺行为，为窝藏赃物、抗拒抓捕或者毁灭罪证，当场使用暴

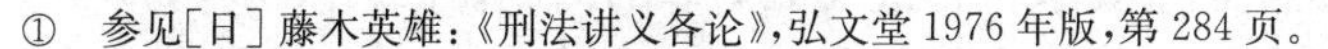

① 参见[日]藤木英雄：《刑法讲义各论》，弘文堂1976年版，第284页。
② 参见[日]西田典之：《日本刑法各论》，刘明祥等译，中国人民大学出版社2007年版，第136页。
③ 参见最高人民法院《关于审理抢劫、抢夺刑事案件适用法律若干问题的意见》（2005年6月8日）。

力或者以暴力相威胁的情形在实践中很多,有必要对类似行为给予与抢劫罪同等评价。

构成准抢劫罪必须同时具备以下三个条件:

(1) 有盗窃、诈骗、抢夺行为。

准抢劫罪是典型的身份犯,只有实施盗窃、诈骗、抢夺行为者才能构成。刑法虽然将准抢劫罪的前提条件表述为犯盗窃、诈骗、抢夺罪,并不是要求先行的犯罪必须符合相应犯罪的既遂条件,盗窃、诈骗、抢夺接近数额较大标准的,入户或在公共交通工具上盗窃、诈骗、抢夺的,使用暴力致人轻微伤以上后果的,使用凶器或以凶器相威胁的,盗窃、诈骗、抢夺虽未达到数额较大的起点,为窝藏赃物、抗拒抓捕或者毁灭罪证当场使用暴力或者以暴力相威胁的,应当以抢劫罪定罪处罚。犯罪人有抢劫意图,以平和手段取得财物以后,为确保占有而使用暴力、胁迫的,构成抢劫罪(突变抢劫),而无须适用第 269 条准抢劫罪的规定。

(2) 当场使用暴力或者以暴力相威胁。

暴力、胁迫行为是准抢劫罪的实行行为。暴力、胁迫行为不一定要向盗窃、诈骗、抢夺行为的被害者实施,目击犯罪行为并追捕行为人的周围群众、执行职务的警察也可能是暴力、胁迫行为的被害人。

暴力、胁迫程度应当严格掌握,必须和抢劫罪的暴力、胁迫程度相当,即都应当达到足以压制被害人反抗的程度。单纯为逃离现场而本能地对阻拦的被害人进行推、踹的,不是这里的暴力。杀害、伤害被害人的行为,都是准抢劫罪中的暴力行为,不再单独评价为故意杀人、故意伤害罪。

盗窃、诈骗、抢夺和暴力、胁迫行为之间应当有一定关联性,即暴力、胁迫行为应当在先前的财产犯罪实施以后当场实施。所谓当场,多是指实施盗窃、诈骗、抢夺行为的现场,还包括从现场延伸的场所,即行为人刚离开现场,就被他人追捕、跟踪而被迫停留下来的场所。换言之,从犯罪现场逃离,被他人追赶的,虽然有时间、场所的变动和经过,但行为人为窝藏赃物、抗拒抓捕或者毁灭罪证而实施暴力、胁迫行为的,也视为是当场实施。对此要结合行为的场所、时间的间隔大小、对财产犯罪人追捕的可能性等作具体判断。尤其需要注意,只有暴力、胁迫行为与先前的窃取、诈骗、抢夺在时间上、空间上相隔较短的,先行财产犯罪在一般社会观念上才能被认为是还在继续,在这种状态下实施暴力、胁迫行为的,才能与普通抢劫罪作同等评价。如果在盗窃、诈骗、抢夺实施以后,在其他时间、地点抗拒抓捕、窝藏赃物、毁灭罪证而实施暴力或以暴力相威胁的,不属于“当场”。

事前与他人共谋实施盗窃罪,但未参与实施后续的暴力、威胁行为的,只构成盗窃罪共犯,而不构成准抢劫罪的共犯。事前没有与盗窃等财产犯罪人共谋,但在财产犯罪人使用暴力或者以暴力相威胁时,参与到财产犯罪人的犯罪中,构成准抢劫罪的共同正犯(承继的共同正犯)。

(3) 具有特定目的。

准抢劫罪是目的犯,行为人实施暴力或以暴力相威胁的目的是企图窝藏赃物、抗拒抓捕或者毁灭罪证。当然,其是否最终能够窝藏赃物、抗拒抓捕或者毁灭罪证,对成立抢劫罪没有影响。

窝藏赃物包括在现场隐藏犯罪所得财物的行为,也包括为防止被害人夺回财产而实施的相应行为,窝藏行为不需要达到成立窝赃罪的要求。抗拒抓捕包括实施财产犯罪的当时被发现而实施暴力抗拒被害人、其他目击者或者警察的缉拿、围攻,也包括在被抓捕后的押解途中使用暴力脱逃的情况;但是,盗窃后逃跑,在离现场 200 米之处,偶然遇到警察质问而对警察使用暴力的,不成立事后抢劫罪,因为此时的暴力与先前的盗窃事实没有关联性。毁灭罪证是指使先前的财产犯罪证据消灭的一切行为,其成立也不要求符合毁灭证据罪的构成要件。

事后抢劫罪的既遂以实施暴力、胁迫之后是否取得财物为判断标准,而不能以先前的盗窃、诈骗、抢夺罪是否既遂为标准。因为事后抢劫罪是身份犯,暴力、胁迫行为才是其实行行

为，未遂、既遂的成立只能以行为人实行着手之后是否取得财物作为考虑问题的起点。盗窃、诈骗、抢夺既遂，为窝藏赃物、抗拒抓捕或者毁灭罪证当场使用暴力或者以暴力相威胁，但财物最终被他人夺回的，是事后抢劫罪未遂；盗窃、诈骗、抢夺已取得财物，为防止被害人夺回该财物而着手实施暴力或者威胁之后占有该财物的，是抢劫罪既遂；实施盗窃、诈骗、抢夺未取得财物，但为免受抓捕、湮灭罪迹而着手实施暴力、威胁并达到其目的的，由于未取得财物，也只构成抢劫罪未遂。

需要特别指出，根据有关司法解释，已满 14 周岁不满 16 周岁的人盗窃、诈骗、抢夺他人财物，为窝藏赃物、抗拒抓捕或者毁灭罪证，当场使用暴力，故意伤害致人重伤或者死亡，或者故意杀人的，应当分别以故意伤害罪或者故意杀人罪定罪处罚。已满 16 周岁不满 18 周岁的人犯盗窃、诈骗、抢夺罪，为窝藏赃物、抗拒抓捕或者毁灭罪证而当场使用暴力或者以暴力相威胁的，应当依照《刑法》第 269 条的规定定罪处罚；情节轻微的，可不以抢劫罪定罪处罚[①]。

（六）加重型抢劫

《刑法》第 263 条关于抢劫罪的规定，明确将 8 种严重情节作为抢劫罪处 10 年以上有期徒刑、无期徒刑或者死刑的法定条件。这种以“例示”方法进行的立法，“具有一个广泛的构成要件灵活性的意义，以便适用不得已时尚可忍受的法律不安定性”[②]；同时，严重情节的明确化，有利于在司法实践中对抢劫罪准确量刑，切实贯彻罪刑相适应原则。但是，如何合理地理解和把握这 8 种严重情节的含义，不可忽视。

(1) 入户抢劫

根据有关司法解释，认定“入户抢劫”时，应当注意以下三个问题：一是“户”的范围。“户”在这里是指住所，其特征表现为供他人家庭生活和与外界相对隔离两个方面，前者为功能特征，后者为场所特征。一般情况下，集体宿舍、旅店宾馆、临时搭建工棚等不应认定为“户”，但在特定情况下，如果确实具有上述两个特征的，也可以认定为“户”。二是“入户”目的的非法性。进入他人住所须以实施抢劫等犯罪为目的。抢劫行为虽然发生在户内，但行为人不以实施抢劫等犯罪为目的进入他人住所，而是在户内临时起意实施抢劫的，不属于“入户抢劫”。三是暴力或者暴力胁迫行为必须发生在户内。入户实施盗窃被发现，行为人为窝藏赃物、抗拒抓捕或者毁灭罪证而当场使用暴力或者以暴力相威胁的，如果暴力或者暴力胁迫行为发生在户内，可以认定为“入户抢劫”；如果发生在户外，不能认定为“入户抢劫”[③]。

(2) 在公共交通工具上抢劫

公共交通工具，是指供公众（不特定或者多数人）使用的火车、汽车、电车、船只、航空器等。由公共一词所决定，对于在仅供个人或某单位内部使用的交通工具上（如私人轿车、工厂学校班车）抢劫的，并不是在公共交通工具上抢劫。

在公共交通工具上抢劫，既包括在从事旅客运输的各种公共汽车，大、中型出租车，火车，船只，飞机等正在运营中的机动公共交通工具上对旅客、司售、乘务人员实施的抢劫，也包括对运行途中的机动公共交通工具加以拦截后，对公共交通工具上的人员实施的抢劫。

在公共交通工具上抢劫，不应包括在小型出租车上抢劫司机财物的情形，主要理由是：公共交通工具一般来说乘坐的人数较多，犯罪分子在公共交通工具上抢劫，不仅会危害广大乘客的人身和财产安全，而且容易引起社会的恐慌，给社会治安造成相当大的危害。对这种行为必须给予

① 参见最高人民法院《关于审理未成年人刑事案件具体应用法律若干问题的解释》(2006 年 1 月 11 日)。

② 参见[德] 考夫曼：《法律哲学》，刘幸义等译，法律出版社 2004 年版，第 122 页。

③ 参见最高人民法院《关于审理抢劫、抢夺刑事案件适用法律若干问题的意见》(2005 年 6 月 8 日)。

严厉的打击。因此,刑法将在公共交通工具上抢劫作为判处重刑的情节加以规定。小型出租车虽然也是交通工具,但就每次运营而言,所载乘客又是特定少数人或者单个人,从这个意义上来说,这种公共性极其有限,只能是一种广义的公共交通工具。对司机抢劫,其危害性也小于在电车、汽车上抢劫,与普通抢劫相同,没有必要给予加重处罚。对抢劫出租车司机财物的不适用在公共交通工具上抢劫的规定,并不会放纵犯罪分子。如果在抢劫过程中致被害人重伤或者死亡的,或者抢劫出租车的,可适用抢劫致人重伤或者死亡的或多次抢劫或者抢劫数额巨大的规定进行处理。

(3) 抢劫银行或者其他金融机构

抢劫银行或者其他金融机构,是指抢劫金融机构的经营资金、有价证券和客户的资金等,如储户的存款、债券、其他款物,企业的结算资金、股票,并不包括抢劫金融机构的办公用品等财物的行为。明知是运钞车而进行抢劫的,应视为抢劫银行或者其他金融机构。将运钞车误作一般车辆进行抢劫的,应按对象认识错误处理,如不符合其他严重情节(如抢劫数额巨大),不得视为加重情节的抢劫罪。

(4) 多次抢劫或者抢劫数额巨大

多次抢劫,是指抢劫 3 次或 3 次以上。抢劫数额巨大,包括一次抢劫数额或几次抢劫累计数额达到巨大。抢劫他人财物价值 5 千元至 2 万元以上的,为抢劫数额巨大。

多次抢劫或者抢劫数额巨大的适用,有几个问题值得讨论:其一,多次抢劫是否要求每次抢劫行为都构成犯罪?根据有关司法解释,对于“多次”的认定,应以行为人实施的每一次抢劫行为均已构成犯罪为前提,综合考虑犯罪故意的产生、犯罪行为实施的时间、地点等因素,客观分析、认定。对于行为人基于一个犯意实施犯罪的,如在同一地点同时对在场的多人实施抢劫的;或基于同一犯意在同一地点实施连续抢劫犯罪的,如在同一地点连续地对途经此地的多人进行抢劫的;或在一次犯罪中对一栋居民楼房中的几户居民连续实施入户抢劫的,一般应认定为一次犯罪。其二,多次抢劫包括针对同一被害人的多次抢劫与非针对同一被害人的抢劫。其三,作为抢劫罪严重情节的数额巨大,主要是一种客观评价,即考察的是行为人抢劫所得财物实际数额达到巨大标准的,就是抢劫数额巨大。但是,在特殊情况下,不能排除用主客观相一致的原则去认定抢劫数额巨大。例如行为人明显以数额巨大甚至特别巨大的财物为抢劫目标,以珍贵文物为抢劫目标的,即使行为人最终实际上因意志以外的原因未抢得财物或者所抢财物数额客观上未达巨大标准,也应认定为抢劫数额巨大。

(5) 抢劫致人重伤、死亡

对致人重伤的含义,通说认为既包括过失致人重伤,也包括故意致人重伤。对致人死亡是否包括故意杀害被害人,理论上存在分歧,但多数人认为抢劫致人死亡应当包括故意杀害财物的所有人、占有人的情形,这是由抢劫罪中的暴力概念所决定的。抢劫罪中的暴力是行为人对财物的所有人、占有人身体实行打击强制,旨在排除被害人反抗的一切手段。有目的地故意杀人行为,当然可以成为抢劫罪中的暴力,因而抢劫致人死亡理应包括故意杀害行为。

需要指出,抢劫致人死亡包括故意杀人在内,并不意味着凡杀人取财或取财杀人的行为都定抢劫罪而从重处罚。以抢劫罪从重论处的杀人取财行为,仅限于为了当场取得财物而当场将他人杀死的情况。在抢得财物后,出于灭口、报复或者其他动机将被害人杀死的,应以抢劫罪和故意杀人罪并罚;他人死亡的结果不是因为抢劫的暴力行为,而是仅仅因为与抢劫的“机会”有关,例如行为人在抢劫现场碰到仇人而将其杀害的,死亡结果和抢劫的暴力行为之间没有因果联系,所以应以抢劫罪和故意杀人罪并罚。

死伤结果与抢劫行为之间应当有一定联系,这种联系意味着死伤结果是由与抢劫相关联的行为所引起，但不能要求死伤结果必须由作为抢劫手段的暴力、胁迫行为所直接产生[1]。实施盗窃、诈骗、抢夺行为，为窝藏赃物、抗拒抓捕或者毁灭罪证当场使用暴力致人死伤的，死伤结果和暴力之间也存在因果联系。

抢劫致人死伤是否要求行为人至少有实施暴力的故意，如抢劫犯胁迫他人，被害人逃跑时摔死的，行为人既无暴力，也无伤害故意，是否对加重结果负责？通说认为，刑法规定结果加重犯主要考虑到抢劫之际，容易发生死伤结果，为保护被害人，只有胁迫，而没有实施暴力的故意，甚至纯粹过失致人死伤的场合，也应成立结果加重犯，例如抢劫犯的胁迫行为导致被害人精神失常、引起被害人心脏病发作而死亡的场合，也属于抢劫致人死伤。当然，抢劫行为人对死伤结果连疏忽大意过失都不存在的，属于对加重结果没有认识，其结果不属于这里的抢劫致人死亡。例如，抢劫引起被害人自杀的；追赶行为人的被害人遭雷电袭击死亡或者因踩上石块倒地，导致脑溢血死亡的，都不能将死亡结果归咎于行为人，对其只能适用普通抢劫的规定。

抢劫致人重伤、死亡的结果加重犯既遂的判断，仍然应当以行为人是否占有财物为标准（取得说），所以，还是存在未遂问题。为抢劫而实施暴力行为，导致他人重伤、死亡，但是没有取得财物，只构成抢劫罪结果加重犯的未遂。有杀害、伤害他人并取得财物的故意，实施杀害、伤害行为，但未导致重伤、死亡结果，而且未取得财物的，也只构成抢劫罪未遂。

（6）冒充军警人员抢劫

冒充军警人员，是指冒充军人和警察。军人是指中国人民解放军、中国人民武装警察部队的现役军官（警官）、文职干部、士兵及具有军籍的学员。警察是指我国武装性质的国家治安行政力量，包括公安机关、国家安全机关、监狱、劳动教养管理机关的人民警察和人民法院、人民检察院的司法警察。

冒充军警人员抢劫之所以法定刑升格，是因为：一方面，军警人员受过专业训练，打斗能力超过普通人，冒充行为会给被害人造成比一般人实施的抢劫更大的恐惧感，抢劫就更容易得逞；另一方面，冒充行为严重损害国家军事机关、行政执法形象。

正确理解冒充军警人员抢劫，应当注意三个问题：其一，冒充军警人员，既包括根本不具有军人或警察身份的人冒充军人或警察的身份抢劫，也包括具有军人身份的人冒充警察、具有警察身份的人冒充军人，或者具有此种军警人员身份者冒充彼种军警人员而进行抢劫。例如，交通警察冒充武装部队警察，以缉私为名抢劫的，亦属冒充军警人员抢劫。其二，冒充军警人员抢劫，并不以行为人非法身着军警人员制式服装、配备军警械具或持有、向被害人出示伪造或冒用的身份证件为限。实践中，有的犯罪分子为便利逃匿，冒充军警人员抢劫时并不着装或配备械具，而只是向被害人声言自己是军警人员，以暴力等强制方法劫取他人的财物，这并不能否定其冒充军警人员抢劫的本质属性。冒充军警人员抢劫不以被害人相信行为人是军警人员为前提，只要行为人是故意冒充军警人员抢劫，即使被害人不相信或怀疑其身份，亦属冒充军警人员抢劫。其三，冒充军警人员，以查禁违法犯罪行为为名，向他人攫取财物，招摇撞骗不成或骗局被识破即采取暴力或以暴力相威胁劫取财物。对于这种情况，应以实际实施的客观行为为标准，有暴力、胁迫方法行为的，认定为冒充军警人员的抢劫罪，否则应以招摇撞骗论处。

（7）持枪抢劫

持枪抢劫的本来含义是指携带枪支进行抢劫，司法解释将其解释为使用枪支或者向被害人显示持有、佩带的枪支进行抢劫的行为。这里的枪支，可以是枪支管理法明确规定的任何一种以火药或者压缩气体等为动力，利用管状器具发射金属弹丸或者其他物质，足以致人伤亡或者丧失

① 参见［日］阿部纯二等编：《刑法基本讲座》（第5卷），法学书院1993年版，第130页。

知觉的各种枪支,至于枪支的来源如何,在所不问。

持枪抢劫的社会危害性体现在:抢劫罪是行为人以暴力、胁迫或者其他方法非法劫取公私财物的行为,其不仅侵犯财产所有权,而且直接指向公民的人身,因此,犯罪的社会危害性一方面通过劫得财物的多寡,即侵犯财产所有权的程度表现出来,另一方面通过对公民人身权侵犯的程度表现出来。如果行为人手持仿真枪抢劫,由于仿真枪的外观上酷似真枪,因而对被害人具有一定的胁迫性,行为符合了抢劫罪的客观特征。但是,因仿真枪毕竟不是真枪,不具有杀伤力,不会造成被害人的伤亡(当然若持仿真枪猛砸被害人头部,造成其伤亡的,应当适用抢劫致人重伤、死亡的规定)。因此,持仿真枪抢劫,从其采取的手段这一角度看,社会危害性相对较小。而在持真枪抢劫的场合,因真枪具有强于刀具、棍棒等器械的杀伤力,故易造成被害人的伤亡;即使行为人没有开枪射击,但其手持真枪抢劫对被害人人身所具有的潜在的威胁也是相当大的。因此,持枪抢劫具有较大的社会危害性应该说是通过行为人手持真枪表现出来的。

(8) 抢劫军用物资或者抢险、救灾、救济物资

这里的军用物资,是指枪支、弹药、爆炸物以外的军用物资,如军用汽车、军用通讯设备、军用医疗用品、军服、军备等。抢险、救灾、救济物资,是指用于抢险、救灾、救济的各种款物。为正确理解抢劫抢险、救灾、救济款物,必须证实行为人明知是抢险、救灾、救济款物而抢劫,行为人对这些特定对象无认识,而只在抢劫行为完成之后才发现是上述物资的,只能以一般抢劫罪或者数额巨大的加重型抢劫罪认定,不属于抢劫特定物资的加重型抢劫罪的范畴。

二、盗窃罪

第二百六十四条[根据《刑法修正案(八)》第三十九条修订] **盗窃公私财物,数额较大的,或者多次盗窃、入户盗窃、携带凶器盗窃、扒窃的,处三年以下有期徒刑、拘役或者管制,并处或者单处罚金;数额巨大或者有其他严重情节的,处三年以上十年以下有期徒刑,并处罚金;数额特别巨大或者有其他特别严重情节的,处十年以上有期徒刑或者无期徒刑,并处罚金或者没收财产。**

第二百六十五条 **以牟利为目的,盗接他人通信线路、复制他人电信码号或者明知是盗接、复制的电信设备、设施而使用的,依照本法第二百六十四条的规定定罪处罚。**

(一) 概念

盗窃罪,是指以非法占有为目的,盗窃公私财物数额较大的,或者多次盗窃、入户盗窃、携带凶器盗窃、扒窃的行为。

(二) 行为

本罪在客观方面表现为行为人违背占有人的意思,以平和手段将财物转给自己或者第三人占有的行为。由于盗窃是改变原有的占有关系而试图重新设定占有的行为,所以,本罪的成立逻辑是:利用窃取方法→破坏原来的占有关系→确立新的占有关系。

1. 窃取方法

窃取,是指违反占有者的意思,排除其占有,由自己或者第三者对财物进行占有。窃取不能以暴力、胁迫的方法实施,其具体方法在所不问。

窃取行为应当以秘密方式实施。秘密窃取通常解释为不为他人所知晓。第三人或者多数人对窃取事实的发生都有所认识,但是被害人并不知情的,盗窃行为也是秘密进行的。例如盗窃犯在公共汽车上、集贸市场明知有他人看着自己的一举一动而实施扒窃的,构成盗窃罪;明知大型百货商店、银行等场所装有摄像监控设备且有多人来回巡查而偷拿他人财物的,也是窃取。此外,被害人特别胆小,眼睁睁地看着他人行窃而不敢声张的,窃取行为很难说是秘密进行的,但不

失其为窃取。换言之，只要是以平和而非暴力的手段，违反占有人的意思而取得财物，就是盗窃罪中的窃取。

利用年幼者、训练有素的猎犬实施窃取行为，或者冒用房主名义雇请不知情的开锁匠打开被害人的防盗门然后窃取财物的场合，均构成盗窃的间接正犯。以欺骗手段造成占有者的财物支配力松弛，违反其意思取得财物，而不是由占有者自行交付的，不是诈骗而是窃取行为，例如装扮成顾客到服装店试衣服并将其穿走；到金银首饰店试戴首饰过程中，用假首饰偷换真首饰，都是窃取行为。为窃取财物而暗中对被害人实施暴力，待被害人外出寻求医疗、救护过程中，拿走被害人经管的财物的，由于不是被害人基于暴力而当场、当面交付财物，所以，只成立盗窃而不成立抢劫罪。

本罪的行为手段，除了通常意义上的窃取他人财物数额较大之外，还包括以下情形：

(1) 多次盗窃。对于2年内盗窃3次以上的，应当认定为多次盗窃。

(2) 入户盗窃。这里的“入户”，应当与入户抢劫中的“入户”作相同的理解，指非法进入供他人家庭生活，与外界相对隔离的住所盗窃的。

(3) 携带凶器盗窃。这里的携带凶器盗窃可以与携带凶器抢夺中的“携带凶器”作相似性理解。只要外观上足以使人产生危险感觉，客观上具有杀伤力的器物都可以评价为凶器。携带枪支、爆炸物、管制刀具等国家禁止个人携带的器械盗窃，或者为了实施违法犯罪携带其他足以危害他人人身安全的器械盗窃的，应当认定为“携带凶器盗窃”。但行为人为方便扒窃而携带尺寸很短的刀片的，不属于携带凶器盗窃。

(4) 扒窃。在公共场所或者公共交通工具上盗窃他人随身携带的财物的，如在车站、码头、集贸市场等公共场所或公共交通工具上，窃取被害人随身携带或紧密占有的财物的，属于扒窃；窃取被害人贴身衣物或包中的财物的，是扒窃；不直接接触被害人身体，但将距离被害人很近、占有关系紧密的财物拿走的，也是扒窃。扒窃行为零距离或者近距离接触公民人身，而且发生在多人同在的场合，严重影响群众的安全感，有比较大的社会危害性。

2. 破坏原来的占有关系

破坏原来的占有关系是直接侵犯他人占有的行为，是盗窃罪成立的重要环节。否则，新的占有关系无法建立。

(1) 占有的含义。

盗窃行为指向的财物必须是他人占有之物。无主物如空气、水、海中的鱼，在禁猎区内捕获的鸟兽，不能成为盗窃罪的对象。他人放弃所有权的财物，如果没有第三者当然地取得占有权，一般也不是财物。但是他人先占无主物取得所有权的，当然是他人的财物。

占有，是指对财物事实上的支配状态。刑法上的占有比民法上的占有概念显得更为现实。民法上的占有必须是基于为自己的意思，善意、平和及公然地进行，强调合法性；同时，在民法上，承认由对财物的事实上统领而形成的直接占有，例如担保财物占有人、承租人的占有，也肯定因某种法律关系而形成的间接占有，例如担保财物的原所有人、出租人对财物的占有。刑法上的占有是因事实原因对物具有的支配统领关系，强调占有的事实和状态本身，而不以存在所有的意思，善意、平和占有为必要，占有关系是因为合法取得，还是由非法行为所致，都不是关键。同时，刑法并不承认间接占有。

既然占有是事实上的支配，其成立就要求占有人有客观要素(支配财物的客观事实)和主观要素(主观上支配财物的意思)。对于占有意思的理解，需要注意：

第一，主观上的支配意思指对财物进行事实上支配的意欲，而不是发生法律上效果的意思，与是否有行为能力无关，所以年幼者、精神病人也具有占有意思，窃取这些人持有的财物，仍构成盗窃罪。

第二,占有意思的存在不需要占有人作特别声明。主观上的支配意思是概括的、抽象的意思,而不一定是对财物个别的、具体的支配意识,对一定空间长期以来有控制权和事实上的支配力,则推定其对该范围内的财物都有占有意思。例如,对自己住宅内的一切财物,原则上都具有支配意识而不论主人是否在家或者是否对该财物的存在知情;外出者对塞入其门内的邮递物具有占有意思;商场送货人员将顾客定购的家电放在其门外提前离去,该顾客虽不在家,也不妨碍其对财产享有占有权;继承祖上遗传的房屋,虽对墙体内藏有金条一事完全不知情,装修工偶然发现后取得的,也只构成盗窃而非侵占罪;将有故障的汽车敞开门置于路旁,去 5 公里外远处寻找修理人员的;或者在候车室里将提包置于地上然后去其他场所购物的,财产所有人是有意识置放财物,其占有的意思非常明显。

第三,主观上的支配意思并不要求行为人要有连续不断的占有意识,沉睡者对财物没有积极的放弃意思,就应当肯定其对财物的占有,被他人杀伤而昏迷者对脱离其握持的财物仍然有占有的意思。

第四,占有意思以存在占有主体为前提,这种主体只应当是自然人。法人只是一种观念上的存在,不能事实上支配财物,不是刑法上的占有主体。法人财产的占有支配权由法定代表人所享有。

占有一般来说是人与财物之间有较为接近的空间关系,但是也并不尽然,因为占有不是握有而是广义的持有。占有状态与财物的形状、性质休戚相关,但并不以直接把持、监守为必要,而以将财物置于其长期以来控制的空间或者支配力所及的场所为已足。同时,基于一般的社会观念可以推知占有者的场合,虽然在一定时期内占有的意思有所削弱,支配统领关系有所松弛,但也应当承认他人对财物的占有。例如,夜间置放于家门口但未上锁的自行车是主人占有的财物;在发生地震或洪灾时,为一时避难而设有明显标志置放于马路上的财物应当由放置人占有;虽是放养但有按时返归习性的动物(如牛、羊、鸽子等)也是有人占有之物;外出旅游者、长期出国者对其家中财物的占有也不因时间的经过而丧失。

所以,占有关系是否存在,需要结合一系列主、客观事实(如支配的手段、方法、形态,作为被支配对象的财物被置放的场所及所处的状态,财物的种类、性质、形状,社会上一般人认同的占有观念)等进行综合判断。一般认为,在以下情形中,财产占有关系事实上存在:事实上握有、管理财物;财物被自己支配的器械确保;财物在自己概括地支配的场所内;财物(如豢养的鸡、犬等动物)有按时返回的习性;根据财物的性质、放置的场所等能够推定所有者;财物在难以为他人所发现而自己知道的场所内(例如故意隐藏在野外并知道其所在位置的财物,由埋藏者占有);财物只是短时间与主人分离,所在位置离所有者很近;虽然有特殊事由发生,但占有关系不改变的场合,例如火灾、水灾、地震、战争的发生都不能直接改变原来的财产占有关系。

(2) 占有的归属。

财物由谁占有,这是区别盗窃罪和侵占罪的根本界限,所以,占有的归属问题至关重要。

第一,共同占有。

数人对等地对财物共同保管的场合,其中一人未经他人同意变共同占有为单独占有的,构成盗窃罪,因为这种行为对他人的占有有所侵害,占有属于共同保管者全员占有。例如,甲将其与丙、丁等四人共同经营的果园中的水果全部偷摘卖掉的,构成盗窃罪,甲对财物有一部分占有权,但是其占有权不能对抗其他人的占有权。但是共有物由某一人保管,其未经其他人同意而加以处分的构成侵占(代为保管的财物)罪。

第二,死者的占有。

占有的主体是人，人死亡后对财物的事实支配状态就消失。但在杀害他人之后取得财物的如何处理，值得研究。

基于夺取财物的意思而杀人然后取得财物的，构成抢劫罪。杀害他人之后才产生夺取财物意思的场合，行为人构成何罪，有侵占罪说、盗窃罪说、抢劫罪说的争议。杀人不是夺取财物的手段，所以不构成抢劫罪；侵占罪否定了死者本身对财物的占有，也不是很妥当。死者生前的占有受到了侵害，所以在夺取财物的行为和杀害行为在时间、场所非常接近的情况下（杀害与财物的同时夺取），行为人应当成立盗窃罪。因为在特殊情形下，死者占有的观念值得肯定，被害者死后对财物的占有继续存在，行为人利用被害人死亡的状态取得财物的一连串行为应当要作全体的观察。

杀害者以外的第三者从死亡现场拾取财物的，或行人从因车祸而死亡者身上取得财物的场合，如何定罪？如果考虑到占有概念的绝对性，第三者夺取财物的场合和杀人者杀害他人后取得财物的情形，并没有本质差别，所以仍然可以成立盗窃罪。但是，由于盗窃是法定刑较重的犯罪，对第三者定盗窃罪可能失之过严，所以，对这种情况能否解释为是侵占遗忘物的情形，从而适用侵占罪还有必要进一步讨论。

第三，占有的交替（被害者以外的第三者占有）。

财物不是由被害者占有，而是由被害者以外的第三者占有的场合，对这种占有关系加以侵害的，也构成盗窃罪。

遗置在某一场所的财物是否由第三者占有，行为人是构成盗窃还是侵占，需要具体分析。即结合第三者的管理体制、其他人进入该场所的可能性等条件进行判断。一般地说，无论是谁都能进入的场所中遗忘的财物属于遗忘物，汽车、大型客轮、火车属于凭票即可进入、人来人往的公共场所，其货架中遗留的他人财物不是当然地由乘务员保管、占有的财物，而是属于丧失占有的财物，不法取得者可能构成侵占（遗忘物）罪；只有一定的管理者才能进入的场所中遗置的财物，由管理者占有，装有他人遗忘财物的汽车在收车进入车库以后，该遗忘物推定为由汽车公司占有，非法取得者成立盗窃罪。

3. 确立新的占有关系

新的占有关系一旦确立，就意味着行为人的不法占有目的业已实现。

旧的占有关系虽被打破，但新的占有关系还未来得及建立时，行为人构成盗窃罪未遂；完全没有重新设定占有关系的意思时，不构成盗窃罪，例如将养鱼场的水门打开，将鱼放出的；或者乘主人不在家时，将其豢养的名犬放出的，不是盗窃而构成故意毁坏财物罪。

从破坏旧的占有关系到建立新的占有关系之间，从理论上看有一个过程。着手实施窃取行为是其中的基本环节。对于着手的时机，一般认为侵害他人占有的行为开始或者行为有侵害他人占有的现实危险性时就是着手。窃取行为的着手应当根据具体案件结合侵害占有的现实危险的有无、财产的性质、形状以及行为的样态综合判断。具体来说，通常实施“物色”目的物的行为就是着手。对内部保管有财物的仓库进行侵入，侵入行为对占有有现实的侵害危险，即是着手；基于盗窃目的实施撬击他人房门的行为，只成立盗窃预备，而不是盗窃实行行为的着手，因为此时对内部财物有侵害的具体危险尚未产生；发现他人停放在路边的汽车内有皮包而撬车门的行为，则是盗窃的着手；扒窃他人财物，手接触他人口袋外侧即为窃取的着手。

新的占有关系何时建立，则与盗窃罪既遂的判断直接相关。对此，有四种学说：接触他人财物为既遂（接触说）；他人占有被排除，财物的占有由行为者或第三者取得时为既遂（取得说）；财物有场所的转移时为既遂（转移说）；财物在安全的场所被隐匿时为既遂（隐匿说）。

由于犯罪是行为人有害于社会的行为，盗窃罪本质上是夺取占有的犯罪，所以，认定盗窃罪

既遂时应主要考虑行为人是否实际取得财物的控制权,即排除他人的占有而将财物置于自己的事实支配之下就是盗窃既遂。就此而言,取得说是大致合理的。那么,将窃取并已实际控制的他人财物毁弃的;握持目的物逃走时被原占有者或者警察发现、追踪而在极短时间内将窃取财物归还的,都现实地存在占有夺取行为,应成立盗窃既遂。

不过,在有的特殊场合,认定犯罪既遂时除考虑行为人的行为这一层面之外,还要注意分析被害人所受的损害,坚持刑法应当保护财产占有、所有人的合法权益的法益保护原则,那么,财产虽然并未被行为人占有,但财物占有人、所有人已对其失去控制的,也应成立盗窃罪既遂。所以,盗窃罪既遂的认定应当以取得说为原则,同时考虑失控说。

当然,具体案件中盗窃的既遂与否,应当结合财物的性质、形状、他人占有财物的状态、窃取行为的样态与社会生活的一般观念作个别考察:① 对容量大的财物,搬出较为困难的,一般以搬出时为既遂。他人对财物支配力较强的,例如进入他人住宅、商店内盗窃体积较大的财物,将其搬出屋外为既遂;在警戒严密的工厂内,将不容易搬动的财物从仓库中拿出,并藏在院墙边准备伺机搬出院墙的,是盗窃的未遂;他人支配力较弱的,准备搬出时即为既遂,例如用车辆将他人财物加以装运,装妥就是既遂。② 对形状较小、容易搬动的财物而言,接触该财物并控制的就是既遂,即使行为人、被窃财物还处在被害人能够一般地加以支配的空间内也不影响既遂成立,例如在商店里将体积较小的货物藏于怀中的行为;将他人家中原置于明处的首饰,以他日取得的意思藏于墙缝时,财物虽仍在被害人家中,但其对此难以发现,占有已被完全排除,自该财物被藏匿之时起,盗窃罪即既遂。

伤害他人,从现场将被害者身上的财物取走的,应以故意伤害罪和盗窃罪并罚。非法进入他人住宅实施盗窃或者为实施窃取行为而毁坏财物的,构成盗窃罪与非法侵入住宅罪、故意毁坏财物罪的牵连犯。教唆他人盗窃,事后又将他人盗窃的财物折价购买的,构成盗窃罪(教唆犯);教唆他人盗窃,又骗取他人盗窃来的财物的,原则上应当以盗窃罪和诈骗罪并罚。

盗窃罪属于状态犯,达到既遂以后违法状态处于持续当中。窃取行为一经着手实施就对他人的财产权有侵害,既遂之后,行为者使用、处分目的物的行为应在盗窃罪中包括地加以评价(不可罚的事后行为),不再另外成立故意毁坏财物罪、窝赃罪等。

但是,盗窃以后的事后处分行为造成了新的法益侵害时,以盗窃罪进行评价可能已经无法包容,则需要考虑成立新的罪名。例如,犯罪人盗窃财物以后,以所有人自居,将该财物作为担保物,与他人签订经济合同,骗取财物的,则属于将窃取的财物作为担保物实施新的犯罪行为,应以盗窃罪和合同诈骗罪并罚;误以假币为真币加以盗窃,发现是假币后又将其大量投入使用的,应以盗窃罪和使用假币罪并罚。

普通盗窃行为,窃取他人财物数额较大的,构成犯罪。特殊类型的盗窃行为中,尽管没有数额的要求,但是,并非绝对不要求数额。多次盗窃、入户盗窃、携带凶器盗窃、扒窃,也应以行为人取得了值得刑法保护的财物为既遂标准。[1] 需要指出的是,盗窃财物的数额大小是决定盗窃行为社会危害性程度的重要指标,但不是唯一标准。对于盗窃案件的处理,必须将取得财物的数额和作案的原因、手段、社会影响、行为人的一贯表现、动机与目的等情节相结合,进行综合评价。对于盗窃财物未达到数额较大标准,或者盗窃未遂,但有其他严重情节的,并非绝对地不能认定为盗窃罪。需要注意的是,这里的盗窃未遂,包括完全未取得财物的情形,也包括取得财物实际价值极其低廉,与行为人追求的结果相去甚远的情况,例如意图窃取珍贵文物,却窃取到价值不大的复制品的,是盗窃未遂;进入金融机构实施盗窃,但最后只偷到1元钱的,也是盗窃未遂。盗窃

① 张明楷《刑法学(第4版)》,法律出版社2011年版,第888页。

未遂，具有下列情形之一的，应当依法追究刑事责任：① 以数额巨大的财物为盗窃目标的；② 以珍贵文物为盗窃目标的；③ 其他情节严重的情形。此外，盗窃公私财物数额较大，行为人认罪、悔罪，退赃、退赔，且具有下列情形之一，情节轻微的，可以不起诉或者免予刑事处罚；必要时，由有关部门予以行政处罚：① 具有法定从宽处罚情节的；② 没有参与分赃或者获赃较少且不是主犯的；③ 被害人谅解的；④ 其他情节轻微、危害不大的。对于偷拿家庭成员或者近亲属的财物，获得谅解的，一般可不认为是犯罪，追究刑事责任的，应当酌情从宽。[①]

盗窃既有既遂，又有未遂，分别达到不同量刑幅度的，依照处罚较重的规定处罚；达到同一量刑幅度的，以盗窃罪既遂处罚。

盗窃的数额，按照下列方法认定：① 被盗财物有有效价格证明的，根据有效价格证明认定；无有效价格证明，或者根据价格证明认定盗窃数额明显不合理的，应当按照有关规定委托估价机构估价；② 盗窃外币的，按照盗窃时中国外汇交易中心或者中国人民银行授权机构公布的人民币对该货币的中间价折合成人民币计算；中国外汇交易中心或者中国人民银行授权机构未公布汇率中间价的外币，按照盗窃时境内银行人民币对该货币的中间价折算成人民币，或者该货币在境内银行、国际外汇市场对美元汇率，与人民币对美元汇率中间价进行套算；③ 盗窃电力、燃气、自来水等财物，盗窃数量能够查实的，按照查实的数量计算盗窃数额；盗窃数量无法查实的，以盗窃前六个月月均正常用量减去盗窃后计量仪表显示的月均用量推算盗窃数额；盗窃前正常使用不足六个月的，按照正常使用期间的月均用量减去盗窃后计量仪表显示的月均用量推算盗窃数额；④ 明知是盗接他人通信线路、复制他人电信码号的电信设备、设施而使用的，按照合法用户为其支付的费用认定盗窃数额；无法直接确认的，以合法用户的电信设备、设施被盗接、复制后的月缴费额减去被盗接、复制前六个月的月均电话费推算盗窃数额；合法用户使用电信设备、设施不足六个月的，按照实际使用的月均电话费推算盗窃数额；⑤ 盗接他人通信线路、复制他人电信码号出售的，按照销赃数额认定盗窃数额。盗窃行为给失主造成的损失大于盗窃数额的，损失数额可以作为量刑情节考虑。

盗窃有价支付凭证、有价证券、有价票证的，按照下列方法认定盗窃数额：① 盗窃不记名、不挂失的有价支付凭证、有价证券、有价票证的，应当按票面数额和盗窃时应得的孳息、奖金或者奖品等可得收益一并计算盗窃数额；② 盗窃记名的有价支付凭证、有价证券、有价票证，已经兑现的，按照兑现部分的财物价值计算盗窃数额；没有兑现，但失主无法通过挂失、补领、补办手续等方式避免损失的，按照给失主造成的实际损失计算盗窃数额。

（三）故意

本罪在主观方面只能由直接故意构成。

盗窃罪的故意，首先是行为人对被窃取之物为他人所占有有所认识，行为人因为疏忽错把他人占有财物作为无主物、抛弃物或者自己的财物拿走的，因对构成要件事实有错误认识而欠缺窃取故意，不构成本罪。但是，在发现错拿财物之后，不履行归还义务而非法领得的，是否可以成立侵占罪，还值得进一步探讨。其次，对将他人占有的财物变为自己占有有所认识、有所追求。至于财物的原所有者、占有者是谁，不需要行为人具体认识；窃取的目的物中，只有极少部分是行为人希望得到的，其对不希望取得的部分仍然具有窃取故意；基于窃取甲财物的故意进入现场后临时改变主意取得乙财物的，也是有盗窃故意。

行为人在实施盗窃犯罪时，由于不知内情而将枪支、弹药、爆炸物误以为是普通财物而盗走，并无盗窃特殊物品的故意，应以普通盗窃罪论处。但如将盗取的枪支、弹药、爆炸物私藏或利用

① 参见2013年3月8日最高人民法院、最高人民检察院《关于办理盗窃刑事案件适用法律若干问题的解释》。

其进行杀人等其他犯罪活动的,则应以非法私藏枪支、弹药罪、故意杀人罪与盗窃罪并罚。

盗窃罪的成立除了有故意以外,还要求行为人要有非法占有目的,至于是为自己的利益而不法取得,还是为他人(包括法人)不法取得而实施盗窃,都无关紧要。

(四)认定

(1)盗窃交通工具、交通设备、电力燃气设备、易燃易爆设备、通讯设备或者上述设备上的重要零部件,足以使上述设备不能正常运转,危害公共安全的,应以危害公共安全的犯罪处理;盗窃上述设备或零部件,不足以危害公共安全的,则仍应以盗窃罪论处。

(2)盗窃广播电视设施、公用电信设施价值、数额不大,但是构成危害公共安全罪的,依照破坏广播电视设施、公用电信设施定罪。盗窃广播电视设施、公用电信设施,同时构成盗窃罪和破坏广播电视设施、公用电信设施罪的,择一重罪处罚。

(3)为盗窃其他财物,偷开机动车作为犯罪工具使用后非法占有车辆,或者将车辆遗弃导致丢失的,被盗车辆的价值计入盗窃数额;为实施其他犯罪,偷开机动车作为犯罪工具使用后非法占有车辆,或者将车辆遗弃导致丢失的,以盗窃罪和其他犯罪数罪并罚;将车辆送回未造成丢失的,按照其所实施的其他犯罪从重处罚。

(4)偷开机动车,导致车辆丢失的,以盗窃罪定罪处罚;在偷开机动车辆过程中交通肇事构成犯罪,又构成其他犯罪的,应当以交通肇事罪和其他犯罪数罪并罚;偷开机动车辆造成车辆损坏的,按照故意毁坏财物罪定罪处罚;偶尔偷开机动车辆,情节轻微的,可以不认为是犯罪。

(5)盗窃公私财物并造成财物损毁的,按照下列规定处理:采用破坏性手段盗窃公私财物,造成其他财物损毁的,以盗窃罪从重处罚;同时构成盗窃罪和其他犯罪的,择一重罪从重处罚实施盗窃犯罪后,为掩盖罪行或者报复等,故意毁坏其他财物构成犯罪的,以盗窃罪和构成的其他犯罪数罪并罚;盗窃行为未构成犯罪,但损毁财物构成其他犯罪的,以其他犯罪定罪处罚。

(五)处罚的特殊问题

最高人民法院、最高人民检察院的司法解释对本罪中数额较大、数额巨大和数额特别巨大的标准作了明确规定。[①] 盗窃公私财物价值1千元至3千元以上、3万元至10万元以上、30万元至50万元以上的,应当分别认定为《刑法》第264条规定的"数额较大""数额巨大""数额特别巨大"。各省、自治区、直辖市高级人民法院、人民检察院可以根据本地区经济发展状况,并考虑社会治安状况,在前款规定的数额幅度内,确定本地区执行的具体数额标准,报最高人民法院、最高人民检察院批准。在跨地区运行的公共交通工具上盗窃,盗窃地点无法查证的,盗窃数额是否达到"数额较大""数额巨大""数额特别巨大",应当根据受理案件所在地省、自治区、直辖市高级人民法院、人民检察院确定的有关数额标准认定。盗窃毒品等违禁品,应当按照盗窃罪处理的,根据情节轻重量刑。

盗窃公私财物,具有下列情形之一的,"数额较大"的标准可以按照上述规定标准的50%确定:① 曾因盗窃受过刑事处罚的;② 一年内曾因盗窃受过行政处罚的;③ 组织、控制未成年人盗窃的;④ 自然灾害、事故灾害、社会安全事件等突发事件期间,在事件发生地盗窃的;⑤ 盗窃残疾人、孤寡老人、丧失劳动能力人的财物的;⑥ 在医院盗窃病人或者其亲友财物的;⑦ 盗窃救灾、抢险、防汛、优抚、扶贫、移民、救济款物的;⑧ 因盗窃造成严重后果的。

盗窃国有馆藏一般文物、三级文物、二级以上文物的,应当分别认定为《刑法》第264条规定的"数额较大""数额巨大""数额特别巨大"。盗窃多件不同等级国有馆藏文物的,三件同级文物可以视为一件高一级文物。盗窃民间收藏的文物的,根据本解释第四条第一款第一项的规定认

① 参见2013年3月8日最高人民法院、最高人民检察院《关于办理盗窃刑事案件适用法律若干问题的解释》。

定盗窃数额。

对共同盗窃犯罪案件，应当根据案件的具体情形对各被告人分别作出处理：对犯罪集团的首要分子，应当按照集团盗窃的总数额处罚；对共同犯罪中的其他主犯，应当按照其所参与的或者组织、指挥的共同盗窃的数额处罚；对共同犯罪中的从犯，应当按照其所参与的共同盗窃的数额确定量刑幅度，并依照《刑法》第27条第2款的规定，从轻、减轻处罚或者免除处罚。

因犯盗窃罪，依法判处罚金刑的，应当在1千元以上盗窃数额的2倍以下判处罚金；没有盗窃数额或者盗窃数额无法计算的，应当在1千元以上10万元以下判处罚金。

三、抢夺罪

第二百六十七条［根据《刑法修正案》(九)第二十条修订］　**抢夺公私财物，数额较大的，或者多次抢夺的，处三年以下有期徒刑、拘役或者管制，并处或者单处罚金；数额巨大或者有其他严重情节的，处三年以上十年以下有期徒刑，并处罚金；数额特别巨大或者有其他特别严重情节的，处十年以上有期徒刑或者无期徒刑，并处罚金或者没收财产。**

携带凶器抢夺的，依照本法第二百六十三条的规定定罪处罚。

抢夺罪，是指以非法占有为目的，对他人所持之物，使用不法有形力，公然夺取财物数额较大，或者多次抢夺的行为。

（二）行为

本罪在客观方面表现为抢夺他人占有财产的行为，典型的抢夺行为表现为趁财物占有人毫无防备之际，出其不意，骤然使用不法有形力，使其无法及时作出反应，来不及反抗而对财物强加夺取。但抢夺罪的本质是对物暴力，并不以被害人“不备”或者“来不及反抗”为必要。

本罪中的“多次抢夺”，是指二年内实施三次抢夺，但每次抢夺数额达不到数额较大的情形。

抢夺之物必须是动产。虽为自己所有，或者由自己与他人共有的动产，处于他人的监督、支配之下时，也可以成为本罪对象。

通说将抢夺行为界定为公然实施。但是，这里的公然概念与公然犯中的公然含义不同，即行为不是必须在不特定或者多数人面前实施，公然只能解释为公开。虽然实际发生的抢夺行为多数是在公共场所，或者在不特定多数人在场的情况下实施的，但在只有行为者和财物所有者或者保管者在场的情形下，明知被害人当场可以发现财物被夺取的事实而突然公开把财物夺走的，也必须认定为是抢夺行为。

抢夺的具体方式大致有三种：一是乘人不备的抢夺，例如利用被害人注意力不集中的瞬间，直接从财物所有人或保管人手中、身上用力夺走财物，如用力夺走被害人手中的提包；拿起被害人放在身边的财物逃跑；二是创造他人不注意的机会，例如欺骗他人使之转移注意力，然后将财物取走；三是明知他人密切关注某一事项或财物，但仍然在他人的注目下将财物突然取走。

作为夺取型犯罪，抢夺罪是介于抢劫罪和盗窃罪之间的一种违反财物占有人的意思而转移占有的犯罪类型，所以抢夺罪和盗窃罪、抢劫罪之间的界限有时难以判断。抢夺罪中的夺决定了行为必须要使用不法有形力，而不可能以平和方式实施，这是区分抢夺罪和盗窃罪的关键。

抢夺罪中的抢决定了本罪的不法有形力可能就是达到一定程度的暴力。但是这种暴力只是对物实施，而且暴力手段的采用不是为了压制被害人的反抗。换言之，暴力行为是否直接针对人身，是否属于为了排除取得财物的障碍，使财物占有者心生恐惧不敢抗拒，而非来不及抗拒或者不知抗拒，是区分抢劫罪和抢夺罪的关键。例如，犯罪人利用汽车、摩托车等交通工具趁被害人不注意之机从其背后将财物夺走的，不能一律认定为抢夺罪；利用交通工具夺取财物，被害人根本来不及反抗，而只是出于本能或者单纯地因为恐惧、惊诧而放手交出财物的，行为人属于对物使用了有形力,只成立抢夺罪;行为人胁迫被害者,如果其不放手,生命、身体等有可能遭到重大伤害,这是将足以产生恐怖感觉的害恶告知被害人以压制其反抗,实施了抢劫罪中的暴力、胁迫行为,构成抢劫罪。

抢夺行为人从被害人身上或手中抢夺财物,如抢夺被害人佩戴的金银首饰,偶然导致被害人摔伤、死亡的,一般属于一行为触犯数罪名的情况,构成抢夺罪和侵犯人身权利罪的想象竞合犯,应从一重罪处断。

(三) 故意

本罪在主观方面必须是故意,并有为自己或他人而非法占有财物的目的。为督促债务人履行债务而夺取其财物,声言一旦债权债务关系消灭即行归还原物的,不具有非法占有目的,原则上不构成本罪。

抢夺动产或者乘人不备分离动产时毁坏财物的,由于行为人只具有非法占有目的,而无损害财物效用的意思,即使对财物有毁坏,也只能评价为其有包括的强取意思,认定为抢夺罪。

行为人具有抢夺他人财物的故意,并取得了财产,但是这些财产中夹带有枪支、弹药、爆炸物或者国家机关的公文、证件、印章,行为人对此不能认识的,只构成抢夺罪;行为人对此如果有概括的认识,构成抢夺罪和抢夺枪支、弹药、爆炸物等罪的牵连犯。

(四) 携带凶器抢夺

《刑法》第 267 条第 2 款规定:携带凶器抢夺的,以抢劫罪定罪处罚。

按照有关司法解释,携带凶器抢夺,是指行为人随身携带枪支、爆炸物、管制刀具等国家禁止个人携带的器械进行抢夺或者为了实施犯罪而携带其他器械进行抢夺的行为[①]。虽然司法解释为认定携带凶器抢夺的行为提供了指导,但是,在适用刑法的这一规定时,仍然有许多问题,需要进一步探讨。

1. 本款是法律拟制而非注意规定

注意规定是在刑法已有相关规定的前提下,再行规定,以提示司法人员注意,防止其适用时忽略的规定。注意规定的设置并没有改变相关规定的内容,只是对相关规定内容的重申;即使没有注意规定,也应按相关规定处理。例如《刑法》第 384 条规定了挪用公款罪,《刑法》第 185 条第 2 款则规定,国有金融机构工作人员和国有金融机构委派到非国有金融机构从事公务的人员挪用本单位或者客户资金的,以挪用公款罪定罪处罚。《刑法》第 185 条第 2 款的规定就属于注意规定,要认定主体成立挪用公款罪,还必须符合《刑法》第 384 条的规定。

法律拟制则不同,是在特殊情况下改变处罚方式的规定。换言之,即使某种行为不符合普通规定,但在特殊条件下也必须按普通规定论处。如果没有法律拟制,意味着对该行为只能依照普通规定论处。例如,《刑法》第 269 条转化抢劫的规定即法律拟制,即使行为与《刑法》第 263 条的规定不完全一致,也不能否认抢劫罪的成立。

如果《刑法》第 267 条第 2 款属于注意规定,就意味着携带凶器抢夺的行为,只有同时符合《刑法》第 263 条关于抢劫罪的规定,才能以抢劫罪定罪处罚;如果《刑法》第 267 条第 2 款属于特别规定,则意味着只要携带凶器抢夺,即使不符合《刑法》第 263 条关于抢劫罪的规定,也必须以抢劫罪论处。

将本款作为法律拟制看待是有道理的,即只要行为人携带凶器抢夺的,就以抢劫罪论处,而不要求行为人使用暴力、胁迫或者其他方法。如果没有《刑法》第 267 条第 2 款的法律拟制,司法机关对携带凶器抢夺的行为,只能认定抢夺罪,而不会认定为抢劫罪。在这种

① 最高人民法院《关于审理抢劫案件具体应用法律若干问题的解释》(2000 年 11 月 17 日)。

情况下，刑法仍然规定对携带凶器抢夺的行为以抢劫罪论处，就说明本款属于法律拟制，而非注意规定。

2. 凶器的含义与认定

凶器，是指客观上足以对他人的生命、身体、安全构成威胁，具有杀伤危险性的器物，其种类并无限制。凶器必须是用于杀伤他人的器具，因此仅具有毁坏物品的特性而不具有杀伤他人机能的器具，不属于凶器。一般而言，凶器可以分为性质上的凶器和用法上的凶器。

性质上的凶器，如枪炮、刀剑等有直接杀伤力、任何人在任何时候都能感受到其威胁性的器械；用法上的凶器，即该器具本身不是为了满足杀伤他人的目的而制造或者存在的，例如木棒、切菜用的刀具、砖块、电工用品等，但是这些东西被利用于杀伤目的时，根据通行的社会观念，就可以认定这些东西是凶器。如劈柴用的斧头，用于劈柴时不是凶器，但用于杀伤他人时则是凶器。

某一器物是否可以评价为凶器，必须考虑：① 根据一般社会观念，一般人在面对该器具时，是否会产生危险感觉，如果某种器具在外观上不会使人产生危险感，就难以被认定为凶器。② 该器具本身杀伤力的高低。杀伤机能低的器具，不可能是凶器，所以，行为人使用的各种仿制品，如塑料制成的仿真手枪、自动步枪、匕首等，虽然在外观上与真实的凶器一样，但由于其杀伤他人的物理性能较低，不能认定为凶器。③ 在司法认定上，该器具用于杀伤目的的可能性程度。④ 器具被携带的必要性、合理性大小，即携带凶器抢夺的行为是否异常、是否易于被他人所模仿，例如，一般人外出时，不会随时携带斧头，携带该器具抢夺的，理当认定为携带凶器抢夺。

3. 携带的认定

携带，是指在公共场所或者其他个别人行动的场所，将某种物品带在身上或者置于身边，将其置于现实支配之下的行为。携带和持有在这里没有本质区分。手持凶器、怀中藏着凶器、将凶器置于衣服口袋、将凶器置于随身的手提包等容器中的行为都属于携带凶器。

只要具有随时使用的可能性，在客观上就符合了携带凶器的条件，因此，不要求行为人显示凶器，也不要求行为人向被害人暗示自己携带着凶器。携带凶器更不要求行为人使用所携带的凶器。如果行为人使用所携带的凶器强取他人财物，则完全符合抢劫罪的构成要件，应直接适用《刑法》第 263 条的规定；只有当行为人在携带凶器而又没有使用凶器的情况下抢夺他人财物的，才适用第 267 条第 2 款的规定。

行为人必须以实施抢夺或者其他犯罪之目的而携带凶器(携带意识)，才能构成抢劫罪。换言之，对凶器的携带必须是行为人有意为之，否则不成立携带凶器抢夺。要求行为人具有携带意识，应当包括两种情况：一是行为人在抢夺前为了使用而携带该器具。例如，行为人为了实施某种犯罪行为，事先准备可能杀伤他人的器具，随身携带，然后实施了抢夺行为的，应认定为抢劫罪。二是行为人出于其他目的携带可能用于杀伤他人的器具，在现场意识到自己所携带的凶器进而实施抢夺行为的，也应当认定为携带凶器抢夺。反之，如果行为人并不是为了犯罪而携带某种器具，实施抢夺时也没有准备使用的意识，则不能适用《刑法》第 267 条第 2 款。

四、聚众哄抢罪

第二百六十八条　聚众哄抢公私财物，数额较大或者有其他严重情节的，对首要分子和积极参加的，处三年以下有期徒刑、拘役或者管制，并处罚金；数额巨大或者有其他特别严重情节的，处三年以上十年以下有期徒刑，并处罚金。

(一) 概念

聚众哄抢罪，是指聚集多人，非法哄抢公私财物，数额较大或情节严重的行为。

(二) 行为

本罪在客观方面表现为聚集多人哄抢财物的行为。

聚众哄抢罪是一种聚众性的必要共同犯罪,在客观方面必须同时有聚众和哄抢两方面的特征。所谓聚众,是指组织、策划、纠集多人;哄抢是指在为首分子的鼓动、指挥下,乘财物占有人管理能力有限或占有松懈之机,一哄而上公然转移财物占有的行为。

由于聚众哄抢是以依仗人多势众,制造混乱局面的方式,在财物占有人难以控制的场合下取得财物,所以犯罪行为具有相对的平和性,最多是对物使用有形力而不对人使用暴力。在聚众哄抢过程中,行为人使用暴力、胁迫方法压制财物占有人的反抗并强取财物的,构成抢劫罪而不构成本罪。

聚众哄抢罪和寻衅滋事罪之间有较大区别:行为人出于藐视社会公德、寻衅滋事的动机,聚众哄抢他人少量财产的,并不符合本罪的构成特征,可以考虑以寻衅滋事罪处理。

(三) 对象

本罪侵害的对象是他人占有的财物,只限于动产或者不动产中可以拆分的部分,既包括作为公共财物的煤炭、林木、水产品、仓库中的物资、运输中的货物、铁路器材等,也包括公民个人占有的粮食、建设工地的原材料、日常生活用品等。聚众哄抢罪一般不针对人身使用暴力或只轻微使用暴力,这是它与抢劫罪、抢夺罪区别的关键。

(四) 故意

本罪在主观方面是故意,并且具有非法占有公私财物的目的。故意的内容是意图纠集多人(聚众的意思),一哄而上,公然强取公私财物(哄抢意思),从而转移对财物的占有。不具有聚众意思,只是偶然地与多人同时实施抢夺财物行为的,可以直接按抢夺罪处理。

第三节 交付型犯罪

一、诈骗罪

第二百六十六条 **诈骗公私财物,数额较大的,处三年以下有期徒刑、拘役或者管制,并处或者单处罚金;数额巨大或者有其他严重情节的,处三年以上十年以下有期徒刑,并处罚金;数额特别巨大或者有其他特别严重情节的,处十年以上有期徒刑或者无期徒刑,并处罚金或者没收财产。本法另有规定的,依照规定。**

(一) 概念

诈骗罪,是指以非法占有为目的,以虚构事实、隐瞒真相的方法,骗取数额较大的公私财物的行为。

(二) 行为

本罪在客观方面表现为行为人虚构事实或隐瞒真相,使被害人陷入错误,信以为真,从而"自愿"将财物交出,使财物由被害人转移到行为人一方。本罪的基本构造是实施欺诈行为→使他人陷于错误→他人实施处分行为→财物转移。欺诈行为和财物转移的结果之间有相当因果关系时即为已足。

1. 欺诈行为

欺诈行为是指虚构事实、隐瞒真相使他人陷入错误的行为。虚构事实,是指捏造客观上并不存在或者根本不可能发生的事实。虚构的事实可以是全部,也可以是部分;可以是过去或者现在的事实,也可以是将来的事实。隐瞒真相是指行为人有义务告知对方某种事实,而故意不告知,使对方在受蒙蔽的情况下“自愿”交付财物，例如隐瞒他人已履行债务的事实，再次接受他人财物的行为，或者隐瞒财产抵押的事实而将其出卖的，都可能构成诈骗罪①。

欺诈行为的手段、方式没有限制，可以是对事实作虚假描述，也可以是对事物作价值判断或者其他意思表示；可以是语言，也可以是动作；可以直截了当地实施，也可以间接、隐讳地告诉被害人。

欺诈行为必须使一般人产生认识错误，在一般商业惯例许可或者社会容忍范围内对商品作夸张性介绍，不是诈骗罪中的欺诈。

2. 对方错误

欺诈行为必须使对方陷入错误，从而有处分财产的可能性。使对方陷入错误，包括使对方误认为：应当将其占有的财物转移给行为人；或者是自己的财物属于他人所有，应当归还他人；或者是将自己的财物转移他人后会产生更大的回报；以及将自己的财物转移后他人会按承诺时间返还等。

对欺诈行为是否使对方陷入错误的判断，应当结合案件的具体情况按照一般的经验法则，从交易的性质、财产的种类、被害人的知识、经验、职业等判断。行为人知道对手特别容易上当受骗而加以欺诈的，或者知道对手谨小慎微不易上当而加以欺骗的，只要使对方对财产处分有错误感觉，就成立本罪的欺诈；此外，被害者是否有贪图便宜的心理或者有其他过失，都对欺诈的成立没有影响。在交易过程中对产品的性能、质量或者价格优势作一定程度夸大的，不认为是使对方陷入错误的行为。

被欺骗的人应当是事实上或者法律上对被害财产有交付处分权的人。这种财产交付处分权人可能是特定的也可能是不特定的。向不特定的多数人实施广告诈欺，不构成本罪而构成虚假广告罪。由于诈骗罪的本质是实施欺诈行为，使对方基于（有瑕疵的）同意而交付财物，那么被欺骗的人和交付财物者一般来说就应当具有同一性，但是在特殊情况下被欺骗者和处分财物的人不相同的，也可以成立本罪。

实施欺诈行为，但尚未使对方陷入错误，对方只是基于怜悯、不堪烦扰等原因交付财物的，或者为抓住诈骗者的把柄在警方安排下交付财物的，欺诈行为和财物转移之间的因果关系欠缺，构成诈骗罪的未遂。

欺诈行为必须对人实施，使人产生认识上的瑕疵从而交付财物，对机械实施欺骗行为，例如将金属片投入自动售货机购物的行为，只构成盗窃罪。

3. 财产交付

财产交付，是指被害人基于认识上的错觉而“自愿地”交付财物，行为人由此取得财物的占有权。被害人基于有瑕疵的同意交付财物是诈骗罪（交付罪）和盗窃罪（夺取罪）相区别的根本标志，所以，欺骗他人使之离开一定场所，然后取得其财物的，只成立盗窃罪。

交付行为包括交付意思、交付举动、交付权限。交付意思是指对转移财产占有或财产性利益及其所引起的结果有认识，对完全没有处分意思的幼儿、高度精神病人实施欺诈行为，取得财物的，构成盗窃罪而不构成诈骗罪。

行为人取得财物是因为被害人的交付，但欺骗他人使其抛弃财物，行为人由此取得财物的，仍然应当成立诈骗罪，因为被欺骗者的处分行为致使行为者的占有事实上成为可能，行为人事后取得财物，从整体上看属于骗取；财产交付并不绝对地以被害人亲手将财物交给行为人为限。

① 消极地不告知他人关键事实，是否可以认为是以暗示的方式作虚假意思表示，成立一种以作为方式实施的诈骗行为，从而否定不作为欺诈行为的存在，还值得研究。

4. 财产损害

诈骗罪的成立要求有财产的损害发生。如何判断财产损失,则存在个别财产损害说和整体财产损害说的争议。

个别财产损害说认为,诈骗罪所造成的损害是被害人个别财产的丧失,没有行为人的欺诈行为,被害人就不会交付财物,财产占有就不会丧失,因交付而丧失占有就是财产损失的内容,即使行为人向被害人支付了相当的对价,也对诈骗罪的成立没有影响。整体财产损害说认为,使用欺骗方法骗取财物,但同时支付了相当价值的财物,被害人财产的整体并未受到损害,所以在此场合不成立诈骗罪。

为使司法实务更好操作,有必要坚持整体财产损害说,即以诈骗行为人最终给被害人造成的实际经济损失数额作为定罪量刑的标准,因为:一方面,在欺骗他人并同时给付对价的场合,交易关系事实上存在;另一方面,在市场经济条件下,财产损害以价值是否实际减少为评价尺度,在有商品交易存在时,即使被害人因为受到欺骗而交付了财产,但是只要对方向其支付了价值大致相当的物品,使其经济目的得到了满足,很难说有较大的实质上财产损害,此时,必须把权利人失去的财产与其所得到的回报两方面结合起来考察,才能最终确定其是否有实质的经济上的财产损害以及损害的多寡。如果只考虑被骗者交付财产这一面,以此作为判断财产损害的根据,完全不看行为人同时向其支付了价值相当的财物这一面,这是不公平合理,也不能为社会公众所接受的。

在司法实务中,对支付相当价值的财物后骗取财物的,原则上不定诈骗罪,有必要以犯罪进行追究的,按照行为实际构成的罪名处理。例如,生产、销售假冒、伪劣商品,明显具有欺骗性质,但其目的是获取非法利润,其行为特质是通过市场交易用提供一定商品的方式取得他人财产,而不是无任何代价地占有他人财物,所以,构成生产、销售伪劣商品犯罪,而不构成诈骗罪。当然,单纯利用他人无知或者贪财图利心理,以价值极其低廉的物品冒充价值高昂的商品骗取他人财物的,既不存在实质的商品交易,也不属于向对方支付对价然后取得财物,属于典型的诈骗行为,例如以铝制品冒充白金饰品的,不构成销售伪劣商品罪,而只构成诈骗罪。

本罪从开始实施欺诈行为时为着手,被害人是否陷入错误不影响诈骗着手的成立。利用赌博实施诈骗的场合,赌博行为开始就是着手,对方是否陷入错误并将财物投入到赌博活动中,对犯罪成立没有影响;在诉讼诈欺的场合,向法院提起民事诉讼时为着手。

被欺骗者基于处分行为而交付财物,行为者领得财物的,构成本罪既遂。在不动产的场合,现实的转移登记终了时为既遂。着手实施欺诈行为,但由于意志以外的原因未取得财物的,是诈骗未遂,情节严重的,也应当定罪处罚。

利用盗窃的存折、信用卡到银行自动取款机上取款的,只构成盗窃罪;利用盗窃的存折、信用卡,通过金融机构的工作人员取款的,取款的行为属于对人的欺骗,以诈骗罪处理较为合理,但是根据《刑法》第196条的规定,盗窃信用卡并使用的,以盗窃罪定罪处罚,而不论其针对机械还是人使用。

按照《刑法》第266条的规定,诈骗公私财物,数额较大的,才构成本罪。诈骗数额的认定在司法实践中是一个难题。按照司法解释,诈骗数额应当以行为人实际骗取的数额认定。这里的实际骗取数额应当是行为人使用欺诈方法实际取得的他人财物的数额,例如,编造谎言将他人价值12万元的文物说成是价值1万元的文物赝品,加以购买的,被害人的损失是财产的全部价值(12万元)还是财产总价值与行为人给付的对价之间的差额(11万元)?由于诈骗行为所针对的目的物在很多时候都难以判断其可分还是不可分,行为人的犯罪目的是取得对象物整体的占有权,所以,应就财产的全部价值,而不是总价值与对价之间的差额计算犯罪数额,即行为人的诈骗

数额是12万元。这一处理原则不仅仅对支付相当对价的诈骗罪适用，也应对所有的诈骗犯罪适用，换言之，即使是在使用欺诈方法获得的财产中有自己应当得到的部分（正当权利），也应当将交付、转移占有的对象物全体作为诈骗罪的损害额计算。

（三）故意

本罪在主观方面是故意，行为人对于诈欺行为可能使对方陷于错误，从而处分、交付财物，自己或者他人取得对财物的占有必须有认识并积极追求。诈骗罪的成立，不仅要求行为人对于欺诈行为和财产交付之间的因果关系要有认识，还要求行为人有明确的非法占有目的，即希望将他人财物转移为自己财物（积极利益的增加）或者使他人免除或者减少自己的债务（消极利益的减少）。

（四）认定

1. 诈骗罪与其他特殊类型的诈骗罪的界限

首先，诈骗罪与其他各种具体诈骗犯罪之间形成法条竞合关系。一个诈骗行为同时触犯普通诈骗罪和刑法分则的其他特别条文的，应按照法条竞合中特别法优于普通法的原则适用。

其次，应注意诈骗罪与其他具体诈骗犯罪在犯罪构成条件上的区别。如后者有的以特定诈骗对象设立罪名，如骗取出口退税、保险诈骗罪；有的以特定方法设立罪名，如合同诈骗，信用卡、信用证诈骗等。

最后，刑罚处罚的对象可能不同。诈骗罪的主体是一般主体，单位不能构成本罪，在单位直接负责的主管人员和其他直接责任人员以单位名义实施诈骗行为，诈骗所得归单位所有的场合，只追究个人的刑事责任，而不能对单位判处罚金。特殊诈骗罪中有一部分犯罪的主体包括单位，例如，集资诈骗罪、金融票据诈骗罪、合同诈骗罪等。

2. 在交易过程中利用对方的错误取得财物的，是否可以成立诈骗罪

例如，顾客A购买商品时发现对方多找钱，而不告知对方使对方承受财产损失的，是否构成诈骗罪？有人认为，按照诚实信用原则，顾客有告知商品销售者的义务，其保持沉默领受财物就属于不作为的诈骗行为；还有人认为，对方多找钱的事实当时没有发现，事后才发现但拒不返还的，不构成诈骗罪，因为其有返还的义务而拒不返还，所以是否构成侵占罪，还可以进一步讨论。

应该说，单纯利用对方的错误占有对方交付的财物的，不能认定为不作为的诈骗罪。商品销售者的过错行为在先，顾客保持沉默领得财物，属于民事上的不当得利，与不作为欺诈有重大区别。不作为的欺诈是行为人有告知某种事实真相的法律义务而不告知，因而引起对方错误并处分财产，不告知是对方错误的原因。

3. 诉讼诈骗

诉讼诈骗是指制造、提供虚伪事实或者证据向司法机关提出起诉，使法院作有利于自己的判决，从而获取财物或者财产上利益的行为。

就实质而言，诉讼诈骗和普通诈骗罪具有相同性，一方面，行为人在民事诉讼中作虚假陈述，提出虚假证据，或者串通证人提供伪造的证据，使法院裁判的公正性受到影响；另一方面，由于民事裁判结论具有国家强制力，行为人欺骗司法机构并通过对判决的强制执行取得被害人财物，就和直接欺骗被害者具有同等的性质。

（五）处罚的特殊问题

根据司法解释，[①]诈骗公私财物价值3000元至1万元以上、3万元至10万元以上、50万元以上的，应当分别认定为本罪规定的“数额较大”、“数额巨大”、“数额特别巨大”。诈骗公私财物达

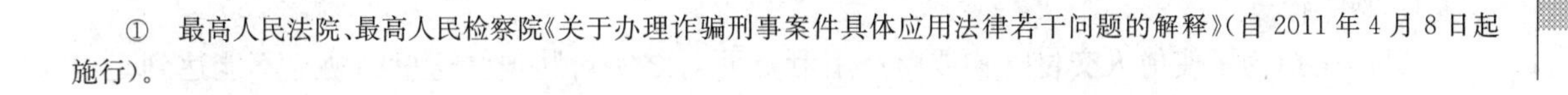

① 最高人民法院、最高人民检察院《关于办理诈骗刑事案件具体应用法律若干问题的解释》（自2011年4月8日起施行）。

到前述规定的数额标准,具有下列情形之一的,可以酌情从严惩处：① 通过发送短信、拨打电话或者利用互联网、广播电视、报刊杂志等发布虚假信息,对不特定多数人实施诈骗的；② 诈骗救灾、抢险、防汛、优抚、扶贫、移民、救济、医疗款物的；③ 以赈灾募捐名义实施诈骗的；④ 诈骗残疾人、老年人或者丧失劳动能力人的财物的；⑤ 造成被害人自杀、精神失常或者其他严重后果的。

诈骗数额接近"数额巨大""数额特别巨大"的标准,并具有前款规定的情形之一或者属于诈骗集团首要分子的,应当分别认定为本罪规定的"其他严重情节"、"其他特别严重情节"。

诈骗公私财物虽已达到"数额较大"的标准,但具有下列情形之一,且行为人认罪、悔罪的,可以根据《刑法》第37条、《刑事诉讼法》第142条的规定不起诉或者免予刑事处罚：① 具有法定从宽处罚情节的；② 一审宣判前全部退赃、退赔的；③ 没有参与分赃或者获赃较少且不是主犯的；④ 被害人谅解的；⑤ 其他情节轻微、危害不大的。诈骗近亲属的财物,近亲属谅解的,一般可不按犯罪处理。诈骗近亲属的财物,确有追究刑事责任必要的,具体处理也应酌情从宽。

诈骗未遂,以数额巨大的财物为诈骗目标的,或者具有其他严重情节的,应当定罪处罚。

利用发送短信、拨打电话、互联网等电信技术手段对不特定多数人实施诈骗,诈骗数额难以查证,但具有下列情形之一的,应当认定为"其他严重情节",以诈骗罪(未遂)定罪处罚：① 发送诈骗信息5千条以上的；② 拨打诈骗电话500人次以上的；③ 诈骗手段恶劣、危害严重的。发送诈骗信息5万条以上或者拨打诈骗电话5千人次以上的,或者诈骗手段特别恶劣、危害特别严重的,应当认定为"其他特别严重情节",以诈骗罪(未遂)定罪处罚。

诈骗既有既遂,又有未遂,分别达到不同量刑幅度的,依照处罚较重的规定处罚;达到同一量刑幅度的,以诈骗罪既遂处罚。

明知他人实施诈骗犯罪,为其提供信用卡、手机卡、通讯工具、通讯传输通道、网络技术支持、费用结算等帮助的,以共同犯罪论处。

对共同诈骗犯罪,应当以行为人参与共同诈骗的数额认定其犯罪数额,并结合行为人在共同犯罪中的地位、作用和非法所得数额等情节依法处罚。

冒充国家机关工作人员进行诈骗,同时构成诈骗罪和招摇撞骗罪的,依照处罚较重的规定定罪处罚。

二、敲诈勒索罪

第二百七十四条[根据《刑法修正案》(八)第四十条修订]　敲诈勒索公私财物,数额较大或者多次敲诈勒索的,处三年以下有期徒刑、拘役或者管制,并处或者单处罚金；数额巨大或者有其他严重情节的,处三年以上十年以下有期徒刑,并处罚金；数额特别巨大或者有其他特别严重情节的,处十年以上有期徒刑,并处罚金。

(一) 概念

敲诈勒索罪,是指以非法占有为目的,对财物所有人、占有人使用威胁或要挟的方法,索取数额较大的公私财物或者多次敲诈勒索的行为。

(二) 行为

本罪在客观上表现为,行为人采用恐吓或要挟的方法(广义的胁迫),逼迫财物所有人、保管人就范,将公私财物交由行为人或其指定的第三人控制。由此可以看出,本罪的保护法益不仅仅是财产权,还包括被害人的意思决定自由和行动自由。

本罪成立的逻辑是：实施恐吓行为→对方产生畏惧感→对方处分财物→占有转移。

1. 恐吓行为

恐吓,是指为了使他人交付财物或财产上利益而对之实行胁迫。这里的胁迫不能达到足以抑制他人反抗的程度，否则可能构成抢劫罪而非敲诈勒索罪。

(1) 恐吓的手段。

恐吓的具体手段是明示的，还是暗示的；是以语言、文字还是手势、其他身体动作实施；是直接告知被害人还是通过第三者转达，都不影响犯罪的成立。利用自己曾经犯罪的经历、从事特定职业(如新闻记者)、担任某种职务等身份威胁他人的，也属于恐吓。

(2) 恐吓的内容。

恐吓一般是指以侵害他人或者以宣扬、揭示不利于被害人的事项(例如名誉毁损的事实)相威胁，使对方清楚不交付财物就会招致恶害。恐吓的具体内容没有限制，可能涉及被害人的生命、身体、名誉，也可能涉及其财产或者财产上的利益。告知的恶害涉及大自然的灾变(例如不交付财物就会遭受雷击)，被害人如果对此相信并产生恐怖心理，然后交付财物的，犯罪人也成立敲诈勒索罪。恐吓的内容不一定直接针对被告知者本人，告知他人要对其亲属、朋友等第三者实现恶害内容的，也是恐吓。

告知的恶害只要足以使被害人产生畏惧感，从而侵害其意思决定的自由即为已足，至于恶害的内容是否可能实现、是否立即实现、是否通过行为者实现以及攻击强度如何，都在所不问。

告知恶害的内容本身虽然不违法，但只要使用了敲诈勒索的方法，原则上有成立本罪的可能性，例如，以知道对方有受贿犯罪事实，自己将向司法机关检举为名，向对方索要大量金钱的，也是恐吓。

(3) 恐吓的实现。

恐吓者一般会告知他人由自己直接实现恐吓内容。但是，告知他人将由第三者实现恐吓内容的，也是敲诈勒索罪的恐吓。

告知被害人，自己将通过第三者实现恶害的场合，行为人必须告诉对方自己能够影响第三者，或者让被害人对恶害的实现可能性有认识的情况下，才能成立恐吓。例如行为人告知被害人，如果不交付财物，就要找黑社会组织实施杀害行为，此时要成立敲诈勒索罪，必须以被害人对黑社会性质组织可能实施报复的事项能够推测为前提条件。告知的恶害不可能使对方有畏惧感，而只致其陷入困惑的，不成立恐吓行为。

在敲诈勒索罪的手段行为中，值得研究的问题是：以事后兑现暴力相威胁属于恐吓，那么当场直接对被害人实施暴力，迫使其交付财物的，是否也可以视为是恐吓，即恐吓是否包括暴力？

由于刑法并未明确规定敲诈勒索罪的手段，所以，通说认为，敲诈勒索仅限于威胁，而不当场实施暴力。这一观点可能值得商榷。行为人为迫使被害人在将来的某个时间交付财物，对被害人进行威胁；但为了迫使被害人承诺其索要财物的要求或者巩固对被害人造成的精神强制，也可能实施暴力；此外，当场实施暴力，并以今后进一步实施暴力相威胁的，也成立敲诈勒索罪。所以，在敲诈勒索罪中，行为人并非根本没有使用暴力，只不过暴力的程度低于抢劫罪而已。抢劫罪的暴力程度很高，达到足以压制他人反抗的地步，暴力手段作为排除反抗的手段使用，所以杀害、伤害行为都可以包含于抢劫罪的暴力中，暴力的承受者当场除交付财物之外，没有选择的自由，否则生命、身体会遭受重大侵害。

而敲诈勒索罪中行为人使用暴力的目的是：通过实施暴力，来向对方明示或者暗示今后会继续反复实施此类行为，因而使对方产生恐惧。暴力相对比较轻微，在客观的立场上，从一般的社会通念看，没有达到压制对方反抗的地步，只能使他人产生恐惧感，被害人承受暴力以后仍然可以选择交付或者不交付财物，生命、身体当场没有危险，而只是在日后可能会遭到恶害。所以，当场实施暴力的背后隐藏的是胁迫，可以成为恐吓的手段之一。

(4) 多次敲诈勒索。

多次敲诈勒索是指二年内三次实施敲诈勒索的行为,但是,每次勒索的数额没有达到数额较大的程度。

2. 对方恐惧

行为人针对被害人实施的威胁、要挟行为,必须事实上对受害人产生了威胁、要挟效果,使对方精神上受到强制,心理上陷入恐惧。恐吓行为使对方陷入恐惧并由此交付财物的,成立敲诈勒索罪既遂。不是基于恐惧,而是出于怜悯之心或者为抓捕罪犯而在警察安排下交付财物的,取得财物者都只成立本罪未遂。

由于敲诈勒索罪以被害人基于有瑕疵的意思交付财物为特色,而不是其在丧失自由意思的情况下转移财物占有,所以,判断恐吓行为是否使被害人产生恐惧感,对于认定犯罪形态较为重要。一般来说,对于恐惧感是否存在的评价,必须考虑被害人的具体情况,从一般社会观念出发作出分析。某种恐吓可能不会使一些人产生恐惧感,但是对一些特殊人群(例如未成年人、年老体弱者、残疾人、女性等)可能会有威胁效果,所以,以某种威胁方法不会使多数人陷入恐惧而否定被害人实际遭受的精神压制,就显得不太合理。

3. 交付财物

财物的交付是被害人基于恐惧心理而转移占有的结果。恐吓行为和财物交付之间应当有直接因果关系。交付一般是被害人基于恐惧而将财物直接转移给行为人,不过行为人乘被害人畏惧、默认的状态夺取财物的,也是本罪中的交付。

财产交付是指有财产转移的最终事实,应当将其与先前的恐吓行为综合起来考虑。至于交付细节、交付过程的重要性都不应当给予过分强调,例如恐吓造成被害人的恐怖心理,在被害人应其要求掏出钱包准备取钱给行为人的间隙,行为人上前将钱包夺走的,不成立敲诈勒索罪的未遂和抢夺罪既遂的竞合犯,而只成立敲诈勒索罪既遂;在敲诈勒索罪的被害人基于恐怖逃离现场时,遗失大量财物,行为人加以拾取的,也构成本罪的既遂,而不成立本罪未遂和盗窃罪既遂的竞合犯。

财物的交付者和恐吓的被害人不一定是同一人,财物的交付者没有产生恐惧心理,但是出于保护被恐吓者利益的考虑,将自己有处分权限的财物交付给行为人的,也是敲诈勒索罪中的交付行为。

交付行为并不要求在恐吓的当场实施,交付时间和恐吓行为之间具有数日或者数月的时间间隔,也不影响交付的成立。

4. 财产损害

被害人交付财物,就意味着行为人对财物建立了事实上的占有支配关系。

有观点认为,对于敲诈勒索罪来说,行为人绝对不可能以当场实现威胁的内容相恐吓,当场占有他人财物。这一主张可能过于绝对,对他人发出口头威胁,随后立即使用程度较低的暴力部分地兑现恐吓内容,使被害人认为如果不交付财物,今后还会遭受同样的或者程度更高的暴力,从而当场交付财物的,由于不存在足以压制他人反抗的暴力和胁迫,也只能认定为是敲诈勒索罪。

一般来讲,被害人交付财产并遭受财产损害的,才成立本罪。对财产损害作形式判断的观点认为,无恐吓行为就没有财产交付的结果,恐吓者即使支付对价取得对方财物,仍然使对方受到损失,所以,有财产上的损害存在(个别财产损害说)。但是,实质论认为,财产损害应当是指被害人事实上丧失了某种财物并因此遭受经济损失,恐吓后支付对价取得被害人财物的,不存在财产损害问题(整体财产损害说)。

我国刑法规定,敲诈勒索数额较大的,才构成犯罪。数额较大,不是仅指行为人实际取得他

人财物的数额。勒索数额较大，情节严重，即使未遂的，也可以定罪判刑。所以，成立本罪以有造成数额较大的财产损害的高度危险性为已足，是否实际发生财产损害并不是本罪的成立条件。

实施恐吓行为开始的时点就是本罪的着手。被害人并未因恐吓行为而产生恐惧感或者虽有一丝恐惧，但尚未交出财物的，都只能成立本罪未遂；被害人按照行为人的要求将有关款项汇到指定账号上，但是金融机构随即按照司法机关的决定冻结该账号，行为人对财物不能作实质的支配，也是本罪未遂。

本罪的既遂时期是被恐吓者在行为人实施恐吓行为之后，基于其处分行为而交付财物，行为者或者第三人领得该财物。在被敲诈勒索的财物是不动产的场合，只有所有权转移的意思不是犯罪既遂，而必须在转移登记终了，行为人的现实支配力产生之时才成立本罪既遂。

（三）故意

本罪在主观方面只能是直接故意，并且以非法占有公私财物或财产性利益为目的。国家工作人员假借职务执行的名义利用恐吓方式索取财物的，构成本罪和受贿罪的想象竞合犯，一般以重罪即受贿罪处理。

（四）认定

1. 敲诈勒索罪与抢劫罪的界限

在威胁的内容方面，本罪的威胁内容广泛，可以是以暴力相威胁，也可以是以揭发隐私、毁坏财物、阻止正当权利的行使，不让对方实现某种正当要求等等相威胁；抢劫罪威胁的内容只限于暴力。从威胁的方式看，本罪可以是面对被害人也可以是不面对被害人实施，即以口头或书面方式进行威胁，而抢劫罪只能是由犯罪分子当场当面向被害人直接口头实施，少数情况下以实际行动实施。从非法取得财物的时间上看，本罪可以是当场取得，也可以是限定在若干时日以内取得；抢劫罪只能是当场、当时取得。从要求取得的内容方面看，本罪主要是财物，也可以包括一些财产性利益（如提供劳务等）；抢劫罪只能是财物，且只能是动产。

2. 权利行使和敲诈勒索罪的关系

权利行使和敲诈勒索罪之间的关系，比较复杂，涉及两方面的问题：一是被害人用恐吓手段从盗窃犯等不法占有者手中取回所有物的，是否成立本罪？二是债权者主张债权时使用了敲诈勒索的手段，如何处理？

利用敲诈勒索的手段取回自己所有物的场合，按照本权说，由于私法上认可并值得用刑法加以保护的他人所有权并不存在，敲诈勒索罪的构成要件该当性欠缺，不构成本罪。按照占有说的立场，盗窃犯人的占有亦应给予保护，强取行为符合本罪构成要件，成立敲诈勒索罪，但是如果符合自救行为的条件，可以阻却违法性。按照平稳占有说，如果自己的财产是被对方夺取的，对方的占有不是平稳占有，无须用法律加以保护，取回所有物的行为不构成本罪；夺取行为经过了相当时间，对方的占有已经是平稳占有，取回所有物的行为构成敲诈勒索罪。

利用恐吓手段主张债权，使对方交付金钱的，例如消费借贷的债权人迫使债务人偿还到期债务的，一般来说不构成本罪。即使主张权利的手段过度行使，也只是一般违法行为，不具有犯罪性质，理由是：① 考虑结果无价值论的要求。因为敲诈勒索罪的本质是不法取得他人财产或者财产上利益，而在强迫他人履行债务的场合，行使权利的行为只要是在债权范围内，权利人只是实现了债权而未取得非法的财产利益；被害人有债务，应当履行，谈不上有实质的财产损害。② 考虑社会中通行的观念。在现实生活中，由于债务人拖欠债务，债权人讨债时往往伴随过激言行，只要未超出社会生活中通常观念所容忍的程度，均不认为债务人向债权人交付财产是一种财产上的损害。③ 考虑行为人的财产权利。行为人与被害人之间财产关系以及双方之间利益上的比较，是判断财产罪违法性时必须考虑的。判断有关敲诈勒索罪中有无财产上的损害，不能只看被害人一方失去财产的事实,还要将其与行为人的财产权利衡量,以确定是否存在实质上的财产损害。

当然,使用恐吓方式使对方履行债务的,也有例外地构成犯罪的情形:取得的财物,明显超过债权总额的,可以认为有实质的财产侵害事实存在,可以考虑成立敲诈勒索罪;此外,行使权利的方法严重超越社会秩序允许的范围(例如纠集多人携带枪支、管制刀具胁迫他人履行债务),恐吓手段具有相当大的现实危险性的,以及使用一定程度的暴力威胁他人履行未到期债务的,都可以成立本罪。所以,主张债权的行为是否构成敲诈勒索罪,必须综合考虑行为在社会伦理秩序的范围内是否可以被容忍,考虑债权行使目的的正当性、权利行使方式的相当性、手段的必要性、被害者的状况等情形。

第四节 侵占型犯罪

一、侵占罪

第二百七十条 将代为保管的他人财物非法占为已有,数额较大,拒不退还的,处二年以下有期徒刑、拘役或者罚金;数额巨大或者有其他严重情节的,处二年以上五年以下有期徒刑,并处罚金。

将他人的遗忘物或者埋藏物非法占为已有,数额较大,拒不交出的,依照前款的规定处罚。

本条罪,告诉的才处理。

(一) 概念

侵占罪,是指将代为保管的他人财物非法占为已有,数额较大,拒不退还,或者将他人的遗忘物、埋藏物非法占为已有,数额较大,拒不交出的行为。

(二) 行为

本罪在客观方面表现为将代为保管物、遗忘物、埋藏物非法占为已有、拒不退还或者拒不交出。

1. 侵占行为

(1) 非法占为已有。

我国刑法所规定的"非法占为已有",就是不法所有,即行为人主观上意图排除权利人而使自己以所有人自居,对财物依经济上的用途而予以使用、收益或处分。非法占为已有,在客观上必须有足以表明行为人的不法取得意思的行为,典型的行为有赠与、转让、消费、出卖、出借、交换、抵偿、加工等。

将代为保管的他人财物予以毁弃的,没有遵从财物的经济用途将自己作为财物的所有人进行处分从而"享受物的效用",非以他人财物为自己所有的行为,欠缺不法领得的意思,与"不法所有"的目的不符[①],不是非法占为已有,不成立侵占罪。

因此,对"非法占为已有"的判断,应当坚持"领得行为说"而不是"越权行为说"。换言之,凡排除所有权人对物行使权利并以所有人之身份支配其物之行为是侵占罪之非法占有,凡不以为自己所有之目的而毁坏、抛弃财物的行为,以及违反委托意旨、供一时使用之目的的"使用侵占",都只是超越权限的行为,不能成立非法占为已有。

① 参见[日]山口厚:《问题探究 刑法各论》,有斐阁1999年版,第190页。

行为人有拖延不交付持有物的事实，但是其非法占有的意思尚无法判明者，不属非法占为己有。

(2) 拒不退还、拒不交出。

一般认为，拒不退还、拒不交出是构成侵占罪的必备要件，是指经财产所有人或者有关部门要求返还或交出，而明确拒绝返还或者交出的行为。拒不退还、拒不交出的成立，有两个条件：一是财物的所有人或持有人要有请求退还或要求返还的意思表示；二是行为人须有不予退还或不予交出的行为事实。还有的人明确指出，认定拒不退还或者拒不交出时，必须考虑不同情况：其一，如果当保管物的委托人、遗忘物的遗忘者、埋藏物的埋藏者或者他们的代理人、继承人向行为人明确提出交还主张，并且举有证据证明该财物属于其合法所有时，行为人无视证据，公然加以拒绝的，即可认定为拒不退还或者拒不交出。其二，如果行为人虽有非法侵占的行为，但最终还是退还或者交出了其侵占的财物，则不能视为构成本罪。其三，如果行为人在合法所有者明确提出交还主张以前，已经处理了该财物，事后也承认并答应赔偿的，则不能成立犯罪①。

我们认为，上述观点值得商榷。因为按照前述的认定条件，以下情况就难以判断：持有人谎称财物已经遗失或者被盗、隐匿而不交还的，是否属于拒不退还？行为人在接受他人保管财物的委托后逃匿的，能否认定为拒不退还？又如，在所有人索要财产前，财产持有人与第三人相勾结已经私分财产，但口头上从不拒绝返还的，是否成立拒不退还？

所以，应当认为，基于非法占为己有的意图，在权利人要求返还时公开表示拒不返还；或者故意编造各种借口或制造各种骗局以达到不返还的目的的，自然属于拒不退还、拒不交出。而将自己视作财物的所有人而对财物进行占有或者处分，即使从未作出拒绝退还或者交出的表示，仍然属于拒不退还、拒不交出。所以，拒不退还、拒不交出有“公然型”和基于不法所有的“推定型”。它们的实质都是相同的：行为人具有永久非法占有他人财物的目的。

(3) “非法占为己有”与“拒不退还”“拒不交出”之间的关系。

“非法占为己有”与“拒不退还”“拒不交出”之间是何关系，很值得研究。一般的观点认为，两者是并列的、各自具有独立意义、需要相继判断的关系：行为人主观上具有将持有的他人财物非法占为己有的目的，并以所有人的身份对该财物进行非法使用、收益、处分，其行为就已经具有非法性，即使后来在他人的要求下返还或者交出了占有物，其非法占有的性质也不能改变。但此时，行为人尚未构成侵占罪，只有在其行为具备拒不交出、拒不退还的特征时，侵占罪的构成要件才完全齐备。所以，对侵占罪的成立，需要先判断非法占为己有的事实是否存在，还要进一步判断持有人是否有拒不退还或者交出的意思②。

我们认为，“非法占为己有”与“拒不退还”“拒不交出”之间是包容关系，前者是主要的，能够包容“拒不退还”“拒不交出”，即持有人以所有人自居，对财物加以处分，既表明了其非法占有持有物的意图，也说明了拒不退还、拒不交出事实的存在。换言之，能够判明是非法占为己有，就足以说明是拒不退还、拒不交出，有前者就一定有后者，后者处于从属地位。拒不退还、拒不交出不是侵占罪中构成要件客观方面的内容，而只是对非法占为己有的强调和进一步说明，是为确认、固定持有人非法占为己有的意图提供充足的依据。非法占为己有和拒不退还、拒不交出之间，有相互证明的关系。对此，张明楷教授指出，非法占为己有和拒不退还表达的是同一个意思：将自己占有的他人财物变为自己所有。“拒不退还”只是对“非法占为己有”的强调，或者说是对认定

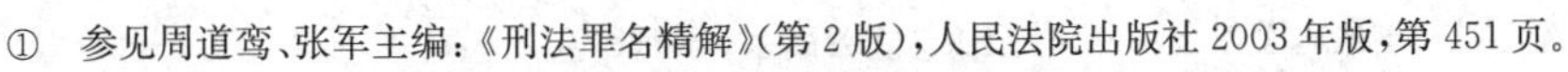

① 参见周道鸾、张军主编：《刑法罪名精解》(第2版)，人民法院出版社2003年版，第451页。
② 参见刘志伟：《侵占罪的理论与司法适用》，中国检察出版社2000年版，第111页。

行为人是否非法占为已有的一种补充说明[1]。所以,从占有人将自己暂时占有的他人财物不法转变为自己所有之时,拒不退还、拒不交出的意思已经昭然若揭,没有必要再在司法上证明“拒不退还”“拒不交出”情形的存在与否。

2. 侵占对象

侵占对象包括代为保管的他人财物、遗忘物、埋藏物三种。这里对实践中容易出现问题的代为保管的他人财物、遗忘物加以分析。

(1) 代为保管的他人财物。这里的代为保管必须基于委托关系发生。财物的委托保管与委托信任关系有关,委托信任关系是一种事实关系,并不要求有成文的民事合同约束委托人和受托人的义务,在委托契约无效或者可撤销的场合,基于这种委托而取得的财产占有仍然属于受他人委托保管财物[2]。代为保管事实的存在,表明原财物所有人对该财物的占有权受到排除。

当然,这种委托保管即占有,并不限于当事人之间“一对一”的直接委托,还可能由于借用关系、租赁关系、担保关系、加工承揽合同、寄托等原因产生。在这些场合,占有人与财物委托人之间具有信任关系,将业已占有的财物不法所有,就违背了他人的信任,可以成立侵占罪。

(2) 遗忘物。遗忘物是侵占罪的行为对象之一。在讨论遗忘物时,遇到的第一个问题就是遗忘物与遗失物之间是否存在区别的问题。

我认为,遗忘物与遗失物词异义同,没有必要进行区分,事实上也不可能进行区分。把财物遗置的时间、场所、遗置人的记忆能力等作为区分遗忘物、遗失物的标准,并不科学,同时也不合理,对被告人是否定罪,取决于被害人的记忆能力,被害人能够记得遗置的时间、地点,就是遗忘物,被告人就有罪,反之,被告人无罪,这就违反了犯罪是危害行为的刑法学基本原理;同时,遗忘物和遗失物也具有不可分性[3]。将遗忘物与遗失物等而视之,将会减少认定犯罪的困难,有其实际意义。

这样,侵占罪中的“遗忘物”,就是指非基于占有人抛弃的意思,偶然丧失占有,现又无人占有之物。它具有以下特征:一是他人之物;二是须为动产;三是遗失人占有之丧失须出于偶然原因,并且非出于本意;四是非隐藏之物。

我国刑法只规定了侵占遗忘物,而对误取物、误占物、漂流物、走散之家畜、盗贼遗失之赃物等未作规定。在民法上,一般将这些财物视作遗忘物。笔者认为,在刑法上也完全可以这样认为,凡非本人抛弃所有之意而脱离其占有之物皆可纳入侵占罪的范畴,即将此类财物视同有主而无人占有之遗失物。这是对刑法中的“遗忘物”概念做扩大的、实质的解释所必然得出的结论。所以,这里存在一个合理解释“遗忘物”概念的问题。一方面,把遗忘物和遗失物等同起来;另一方面,对遗忘物一词作扩大解释,以便于对一些疑难案件的处理。

(三) 故意

本罪在主观方面是故意,行为人还具有非法占有代为保管的他人财物、遗忘物、埋藏物的目的。

二、职务侵占罪

第二百七十一条　公司、企业或者其他单位的人员,利用职务上的便利,将本单位财物非法占为己有,数额较大的,处五年以下有期徒刑或者拘役;数额巨大的,处五年以上有期徒刑,可以并处没收财产。

① 参见张明楷:《刑法学》(第4版),法律出版社2011年版,第903页。

② 参见[日]西山富夫编:《刑法通说各论》,八千代出版株式会社1998年版,第127页。

③ 参见陈兴良:《规范刑法学》,中国政法大学出版社2003年版,第529页。

国有公司、企业或者其他国有单位中从事公务的人员和国有公司、企业或者其他国有单位委派到非国有公司、企业以及其他单位从事公务的人员有前款行为的，依照本法第三百八十二条、第三百八十三条的规定定罪处罚。

（一）概念

职务侵占罪，是指公司、企业或者其他单位的人员，以非法占有为目的，利用职务上的便利，侵吞、骗取、窃取或以其他手段非法占有本单位财物，数额较大的行为。

（二）行为

本罪在客观方面表现为行为人利用职务上的便利，侵占本单位财物，数额较大的行为。

侵占的具体方法是侵吞、骗取、窃取或者其他手段。侵吞是典型的变占有为不法所有的行为，多表现为在执行职务，经手财物时加以截留；骗取是虚构事实、隐瞒真相而取得单位财物，例如公司会计涂改账目、伪造单据，夸大公司支出并将多余部分财物据为己有的；窃取是以违反单位意思的方法，改变占有的行为（监守自盗）；其他方法是指利用职务上的便利，取得单位财物与侵吞等方式相当的方法，例如将自己掌管的单位现金以个人名义存入银行，而长期非法领取利息的行为，就可以认为是职务侵占罪中的其他方法。

职务侵占罪中的职务，是因为从事一定业务而形成的身份。这里的业务是指基于社会生活上的地位而反复、继续实施的事务。至于业务的从事者是特定人、还是不特定人；其业务是具有法人资格的公司、企业的还是非法人单位的业务，是本职工作还是兼职从事的业务，是长期从事某业务还是受聘从事某一专门业务，都在所不问。

公司、企业人员职务上的便利，是指行为人在公司、企业或者其他单位担任的职权，或者因为执行职务而产生的主管、经手、管理单位财务的便利条件。公司、企业或者有关单位的人员基于职务关系而从事财物的保管、运送、主管等，而占有与自己的业务有密切关联的财物的，就构成本罪。虽然是单位成员，但窃取、骗取财务没有利用职务上便利的，或者虽然是从事特定业务者，但是随着业务的开展，财产已经脱离特定业务者本人占有，此时再非法领得该财物的，不构成职务侵占罪，而可能构成盗窃、诈骗、抢夺等罪。由于在本单位管理、使用或者运输中的私人财物，应以单位财物论。所以，行为人利用职务上的便利将这些财物据为己有的，可以构成本罪。例如，公司、企业对他人交来的遗忘物、埋藏物有保管义务，单位成员对其加以不法领得的，构成本罪而不构成《刑法》第270条所规定的侵占罪。

这里的问题是：公司、企业并不是依法成立的，以及有关登记手续还没有完全取得就开展业务，行为人侵占单位财物的；或者行为人从事的业务本身从性质上看具有违法性（例如为公司销售淫秽物品）或者在程序上有重大缺陷，其侵占单位财物的行为，是否成立本罪？

由于本罪的保护法益是公司、企业或者其他单位的财产权或者财产占有关系，公司、企业尚未依法成立，或者业务行为本身有重大缺陷，也不妨碍其成为特定的业务，利用业务上的便利占有自己保管、支配的单位财物，是对委托、信任关系的违背，也侵犯了公司、企业的财产占有权。在公司、企业的主体资格尚不具备的情况下，侵占行为对合法投资主体依民事程序取回财产的权利有妨害；在公司业务违法的场合，侵占行为对司法机关依法追缴犯罪赃物也有妨害，所以仍然可能构成本罪。例如，甲所在的公司安排其从事的业务是到乙公司收取走私货物的销售款，业务本身具有违法性，但并不丧失业务的性质，甲将此货款占为己有的，仍然构成本罪。

由此可见，本罪中的侵占与《刑法》第270条侵占罪中所规定的侵占概念并不完全相同，侵占罪中的侵占是狭义的，仅指变占有为不法所有的行为。本罪中的侵占是广义的，即基于非法占有目的实施领得行为，并不以合法持有为前提。

(三) 主体

本罪的主体是特殊主体,即必须是公司、企业或其他单位的人员。当然,并不是上述公司、企业或者其他单位中的所有人都可以成为本罪主体,只有担任一定管理性职务或因工作需要而主管、经手、管理财物,且不具有国家工作人员身份的人员才能构成本罪,包括公司、企业的董事、监事、经理、厂长以及从事人事、计划、财务、供销、信贷、物资采购、保管等职责的人员。

本罪主体一方面是单位财产的占有者(真正身份犯),另一方面是特定业务的从事者(不真正身份犯),所以本罪的主体是双重意义上的复合身份犯。

两个以上的业务上占有者共同侵占本单位财物的,或者业务上占有者与没有职务便利但占有财物者共同不法领得本单位财物的,都可以构成公司、企业人员侵占罪的共犯,各共犯人之间不仅仅是狭义共犯的关系,还可以成立共同正犯。业务上占有者和一般人(无业务且未占有财物者)共同侵占单位财物的,由于本罪是真正身份犯,不占有财物的非身份者加以实施侵占行为的,欠缺本罪的实行行为性,不成立共同正犯,而只成立教唆犯或者帮助犯。

国有公司、企业或其他国有单位中从事公务的人员和国有公司、企业或其他国有单位委派到非国有公司、企业以及其他单位从事公务的人员侵吞、窃取、骗取本单位财物的,应按《刑法》第382条、第383条规定以贪污罪定罪处罚。但是,上述人员的国家工作人员身份因为机构改革等原因而丧失的,如果其在公司、企业的业务者地位没有丧失;或者已经向后任者交接工作,但对财物仍然行使保管责任的,如果不法领得其占有的财物,也可以构成公司、企业人员侵占罪。此外,国有单位中非从事管理性公务,而只从事服务性劳务的人员,可以成为职务侵占罪的主体,不能将其与从事公务的国家工作人员同等看待,例如国有汽车运输公司的售票员将营业款非法占为己有的,只成立职务侵占罪而不成立贪污罪。

(四) 故意

本罪在主观方面是故意,行为人还具有非法占有本单位财物的目的。

第五节 挪用型犯罪

一、挪用资金罪

第二百七十二条 公司、企业或者其他单位的工作人员,利用职务上的便利,挪用本单位资金归个人使用或者借贷给他人,数额较大、超过三个月未还的,或者虽未超过三个月,但数额较大、进行营利活动的,或者进行非法活动的,处三年以下有期徒刑或者拘役;挪用本单位资金数额巨大的,或者数额较大不退还的,处三年以上十年以下有期徒刑。

国有公司、企业或者其他国有单位中从事公务的人员和国有公司、企业或者其他国有单位委派到非国有公司、企业以及其他单位从事公务的人员有前款行为的,依照本法第三百八十四条的规定定罪处罚。

(一) 概念

挪用资金罪,是指公司、企业或者其他单位的工作人员,利用职务上的便利,挪用本单位资金归个人使用或者借贷给他人,数额较大、超过3个月未还,或者虽未超过3个月未还,但数额较大,进行营利活动,或者进行非法活动的行为。

(二) 行为

本罪在客观方面表现为,行为人利用职务上的便利,擅自动用本单位资金归个人使用或借贷给他人使用,但准备日后归还。

挪用行为的直接表现是未经批准和许可，违反规章制度，私自动用本单位资金。按照公司法的有关规定，董事、经理挪用公司资金或者将公司资金借贷给他人的，责令退还公司的资金由公司给予处分，将其所得收入归公司所有；构成犯罪的依法追究刑事责任。行为人动用单位资金通过一定程序得到许可的，不是挪用行为；但是许可行为存在重大的违法情形的，动用资金的人也可能构成挪用资金。

挪用本单位资金的目的是供个人使用或者借贷给他人。这里的他人既包括自然人，也包括法人或者非法人单位。挪用是将资金挪作他用，暂时取得资金的支配权，而不改变资金的所有关系。

挪用资金的行为必须利用职务上的便利实施。所谓职务上的便利是指利用本人在职务上主管、管理、经手本单位资金的便利，一般地说，只有股份有限公司和有限责任公司的董事、监事、经理、财务负责人、物资购销人员，股份有限公司和有限责任公司以外的企业的厂长、经理、会计、物资购销人员，以及其他单位的领导或财物人员等才有这样的职权。同时，这些人必须不具有国家工作人员身份的人员。国有公司、企业或者其他国有单位中从事公务的人员和国有公司、企业或者其他国有单位委派到非国有公司、企业以及其他单位从事公务的人员有上述挪用本单位资金行为的，依照《刑法》第 384 条规定的挪用公款定罪处罚。

挪用本单位资金的情形具体有三种：

1. 挪用资金归个人或借给他人使用，数额较大，超过 3 个月未还

这是指未将挪用资金用于非法活动、营利活动的情形，例如将挪用的资金用于生活开支、外出旅游、挥霍浪费、偿还日常生活中所欠下的私人债务等。此时，构成犯罪同时要求数额较大和超过 3 个月未还两个条件，所谓超过 3 个月未还是指在案发前(被司法机关、主管部门或者有关单位等发现前)未还。如果挪用本单位资金数额较大，超过 3 个月后在案发前已全部归还本息的，可不认为是犯罪，由其所在的单位给予相应纪律处分。

2. 挪用单位资金，数额较大，进行营利活动

所谓营利活动，是指以营利为目的并为法律所允许的一切经营或者其他谋取利润的行为，例如以挪用的资金作为资本，从事生产、经商、入股分红、存入银行或者借贷给他人收取利息的行为，都是营利活动。此外，利用挪用的资金偿还因经商欠下的债务、申请办理营业执照、提供财产担保等为营利活动服务的行为，也应当视为是进行营利活动。挪用单位资金进行营利活动，数额较大的，不管行为人营利目的是否最终实现，也不管挪用时间长短、案发前是否归还，均构成本罪。

3. 挪用资金进行非法活动

非法活动是指法律禁止的一切活动，包括一般违法活动和犯罪行为，如进行赌博、走私、贿赂、生产销售伪劣商品、贩卖毒品等。挪用资金进行非法活动的，不管挪用资金多少，时间长短，一律构成本罪。行为人挪用资金以后所实施的非法行为另外构成犯罪的，应当将其与挪用资金罪数罪并罚。

（三）故意

本罪在主观方面只能是直接故意，即行为人明知是其所在的公司、企业或者其他单位的资金，自己无权擅自挪作个人使用或者借贷给他人，挪用本单位资金自己必将违反本单位的财务管理制度和财经纪律，并对本单位以及与本单位有关的人员的利益造成损害，但是，为了取得资金的使用权，仍然未经合法的批准或许可而挪用本单位资金。其目的是暂时挪用本单位资金，并非永久非法占有，否则可能构成职务侵占罪而不构成本罪。

二、挪用特定款物罪

第二百七十三条　**挪用用于救灾、抢险、防汛、优抚、扶贫、移民、救济款物，情节严**

重,致使国家和人民群众利益遭受重大损害的,对直接责任人员,处三年以下有期徒刑或者拘役;情节特别严重的,处三年以上七年以下有期徒刑。

(一) 概念

挪用特定款物罪,是指违反财经管理制度,挪用国家用于救灾、抢险、防汛、优抚、扶贫、移民、救济款物,情节严重,致使国家和人民群众利益遭受重大损害的行为。

(二) 行为

本罪在客观方面表现为挪用国家救灾、抢险、防汛、优抚、扶贫、移民、救济款物的行为。

挪用,即未经合法批准,擅自将自己经管的专项款物调拨、使用于其他方面,改变特定款物的特别用途,例如将防汛款用于修建楼堂馆所。国家工作人员挪用特定款物,不是单纯改变其用途,而是完全归个人或者他人使用,构成犯罪的,应以挪用公款罪处理。刑法虽然没有规定本罪必须利用职务上的便利实施,但是没有主管、经管、经手特定款物的人难以实施挪用行为,所以本罪具有渎职性质。

挪用者必须明知是国家救灾、抢险、防汛、优抚、扶贫、移民、救济款物而调作他用,不具有这种明知,即阻却本罪故意,不构成本罪。

挪用上述特定款物必须情节严重,致使国家和人民群众利益遭受重大损害的,才能构成犯罪。情节严重,致使国家和人民群众利益遭受重大损害包括以下情形:① 挪用自然灾害救灾款、救灾食品、药品、医疗器械、生活必需品的;② 挪用孤、老、残、伤社会纠集费及其他有关人员的生活困难补助费、儿童福利院经费的;③ 挪用残废军人抚恤费、军烈属生活补助费的;④ 挪用特定款物数额巨大的;⑤ 多次挪用或者长期挪用特定款物的;⑥ 挪用特定款物用于挥霍浪费或者高消费性开支的;⑦ 挪用外援款物的;⑧ 挪用特定款物,影响救灾、抢险、防汛、优抚、扶贫、移民、救济等方面工作的及时、有效开展,对生产和群众生活造成重大困难或影响的。

(三) 故意

本罪在主观方面是故意。其目的是暂时挪用特定款物,并非永久非法占有,否则可能构成其他罪而不构成本罪。

第六节 毁损、拒付型犯罪

一、故意毁坏财物罪

第二百七十五条 **故意毁坏公私财物,数额较大或者有其他严重情节的,处三年以下有期徒刑、拘役或者罚金;数额巨大或者有其他特别严重情节的,处三年以上七年以下有期徒刑。**

(一) 概念

故意毁坏财物罪,是指故意毁坏公私财物,数额较大或者有其他严重情节的行为。

(二) 行为

本罪在客观方面表现为毁坏行为。所谓毁坏,原本的意义是指物理上的毁损,但是故意毁坏财物中的"毁坏"又不限于此,有必要对其作广义上的理解,不仅是指毁弃、损坏,还包括其他使财物丧失其效用的行为。换言之,由于盗窃罪要求行为人有不法领得的意思,在不具有不法领得意思的情况下,侵犯他人财产的行为就可以考虑成立毁坏财物罪:使被害人难以遵从财物本来的用途加以使用之状态的行为,例如在价值连城的字画上添加笔画的污损行为,导致财物的使用价值灭失或者减损的,是毁坏行为;将他人新建住宅的门窗砸坏的行为,摘取交通路口监视器的重要零配件的行为,是毁坏行为;在一定意义上的杀伤行为,也是毁坏行为,例如杀害动物的行为,

构成毁坏财物。

在特殊情况下，不具有不法领得的意图，但是又剥夺所有人的财物占有权的抛弃、隐匿、在原财物中掺入其他成分的行为，也可以视为财产毁坏行为，例如将尿液投入食物容器中，是公认的毁坏行为。不具有不法领得目的，将他人豢养的动物开栏放走的，也是故意毁坏财物的行为。

排除他人对财物的占有，取得财物以后自己也不再继续占有该财物本身，但其毁坏、抛弃行为是为了实现一定的经济目的，且原物是被改头换面后被继续使用的，行为人构成盗窃而不是故意毁坏财物。例如盗窃他人的棉被，将其剪开、撕破后缝成棉衣，貌似毁坏实为盗窃；毁坏、抛弃行为虽是为了实现经济利益，但使得原物不再存在的，也只能成立故意毁坏财物罪。

从盗窃犯处盗取原属自己的财物，并立即加以毁弃的，由于取得行为并未侵犯他人的平稳占有，所以不构成盗窃罪，毁坏行为自然就不能以本罪处理。

故意毁坏财物过程中，造成他人重伤、死亡的，无论是为杀害、伤害他人而故意毁坏财物，还是毁坏财物时过失致人重伤、死亡，都以行为所导致的侵犯人身权利的重结果定罪，毁坏财物的行为被吸收，不再单独定罪。

（三）对象

本罪侵害的对象是他人财产。但只是侵犯他人财物的效用，而不是财产所有权。因为毁坏财物者不具有不法领得的意思，而只是单纯地侵害他人财物的行为。至于财物的种类、性质等在所不问，只要是他人能够行使财产权的目的物都是这里的财物。他人饲养的有相当价值的动物也是这里的财物，可以成为本罪对象。

故意毁坏财物罪是使财物本身不可恢复、价值永久消失的行为，其危害比领得罪要大，因为领得罪的被害人可以通过合法的司法程序取回自己的财物，而毁坏罪则没有这种可能。但是，领得罪的法定刑要远远高于毁坏罪的法定刑，这是因为领得罪是利欲犯，犯罪动机、目的值得责任非难的可能性要大；同时从司法统计看，领得罪的发案率要远远高于毁坏罪，所以有严惩的必要。

（四）故意

本罪在主观方面是故意，行为人明知自己的行为会使他人财物丧失其效能而故意为之。

二、破坏生产经营罪

第二百七十六条　由于泄愤报复或者其他个人目的，毁坏机器设备、残害耕畜或者以其他方法破坏生产经营的，处三年以下有期徒刑、拘役或者管制；情节严重的，处三年以上七年以下有期徒刑。

（一）概念

破坏生产经营罪，是指由于泄愤报复或者其他个人目的，毁坏机器设备、残害耕畜或者以其他方法破坏经营的行为。

（二）行为

本罪在客观方面表现为以毁坏机器设备、残害耕畜或者其他方法，破坏生产经营的行为。这里所说的其他方法，从司法实践看，主要是指破坏电源、水源，制造停电、停水事故，破坏种子、秧苗，毁坏庄稼、果树，制造质量事故或者设备事故等等。

破坏的方式，既可以是作为，也可以是不作为，结果是导致生产经营活动完全无法进行或者使已经进行的部分归于无效。破坏的对象，必须是与各种经济单位的经营活动有着直接联系的，否则，就不构成本罪。例如，破坏已经闲置不用的机器设备、毁坏仓库里储存备用的生产工具和收获的粮食、残害已丧失役力的待售肉食牲畜的行为，即使这些财物是各种生产经营单位所有的，由于它们与各种经营单位的生产经营活动的正常进行并无直接联系，因而不构成破坏生产经

营罪。如果毁坏公私财物数额较大或者其他严重情节的,应以故意毁坏财物罪定罪处罚。

(三)故意

本罪在主观方面是故意,并且具有泄愤报复或者其他个人目的。

所谓其他个人目的,主要是指基于个人得失的各种心怀不满、愤恨、厌恶等理由的报复目的。引起这种犯罪目的的因素比较复杂,例如:由于受批评、处分等而对领导不满,或者对批评、揭发其错误、违纪、违法行为的人不满;由于没有被提职、提级、提薪和奖金少而不满;对其工作岗位不如意、厌恶而不满;对其他人的成就、获益、被重用等嫉妒、不满;对与其发生口角的人不满,等等。

由于过失对生产经营活动造成破坏的行为,不构成破坏生产经营罪,构成其他犯罪的,按相应犯罪处理。出于贪财动机,从机器设备上拆卸零部件,即使价值并不大,也属于有其他个人目的,使生产经营活动的正常进行遭到破坏的,应以破坏生产经营罪论处。

三、拒不支付劳动报酬罪

第二百七十六条之一[根据《刑法修正案(八)》第四十一条增设] **以转移财产、逃匿等方法逃避支付劳动者的劳动报酬或者有能力支付而不支付劳动者的劳动报酬,数额较大,经政府有关部门责令支付仍不支付的,处三年以下有期徒刑或者拘役,并处或者单处罚金;造成严重后果的,处三年以上七年以下有期徒刑,并处罚金。**

单位犯前款罪的,对单位判处罚金,并对其直接负责的主管人员和其他直接责任人员,依照前款的规定处罚。

有前两款行为,尚未造成严重后果,在提起公诉前支付劳动者的劳动报酬,并依法承担相应赔偿责任的,可以减轻或者免除处罚。

(一)概念

拒不支付劳动报酬罪,是指以转移财产、逃匿等方法逃避支付劳动者报酬或者有能力支付而不支付劳动者的劳动报酬,数额较大,经政府有关部门责令支付仍不支付的行为。

(二)保护法益

本罪的保护法益是个人的劳动收益权(财产性利益)。劳动者有偿向他人提供劳动后,就有权获得相应的报酬。而拒不支付劳动报酬的行为,损害了劳动者的财产性利益,还可能引发其他社会问题,因此,值得动用刑罚。

(三)行为

本罪在客观方面表现为以转移财产、逃匿等方法逃避支付劳动者报酬或者有能力支付而不支付劳动者的劳动报酬,数额较大,经政府有关部门责令支付仍不支付的行为。

通常,本罪的行为手段表现为两种形式:

(1)以转移财产、逃匿等方式逃避支付劳动者的劳动报酬。这是以不作为方式拒不支付劳动报酬。转移财产,是指行为人为逃避支付义务而将财产或者经营收益转往他处,以使行政机关、司法机关或被欠薪者无法查找的行为。

(2)有能力支付而不支付劳动者的劳动报酬。有能力支付,是指根据行为人现实的经济实力、财产状况等因素进行综合判断,可以支付劳动者的报酬。在行为人有义务支付报酬,有能力履行义务的情况下,拒不支付的,是以不作为的方式构成本罪。

(四)对象

本罪的行为对象是"劳动报酬"。这里的"劳动报酬",是指按照《劳动法》《劳动合同法》,劳动者应得的收入。"劳动报酬"主要是工资,但以下收入,也是本罪中的劳动报酬:① 社会保险福利费用,如抚恤救济费、生活困难补助费、计划生育补贴;② 劳动保护方面的费用,如用人单位支付给劳动者的工作服、解毒剂、清凉饮料费用；③ 按照规定未列入工资总额的各种劳动报酬及其他劳动收入。

拒不支付劳动报酬，数额较大，经政府有关部门责令支付仍不支付的，才构成本罪。

（五）故意

本罪在主观上是故意，行为人对应当支付劳动报酬、自己有能力支付等事实有明知，并且希望或者放任不支付劳动报酬结果的发生。

（六）特别规定

拒不支付劳动报酬，尚未造成严重后果，在提起公诉前支付劳动者的劳动报酬，并依法承担相应赔偿责任的，可以减轻或者免除处罚。

本章小结

侵犯财产罪包括取得罪和毁损、拒付罪两种类型。取得罪即直接占有财物的犯罪，包括盗窃罪、抢劫罪、诈骗罪、抢夺罪、聚众哄抢罪、侵占罪等。毁损罪，是指使他人财物的效用消灭的犯罪，包括故意毁坏财物罪和破坏生产经营罪。从表面上看，故意毁坏财物罪是使财物本身不可回复、价值永久消失的行为，其危害比取得罪要大。但是，由于取得罪是利欲犯，其发案率要远远高于毁坏罪，必须严惩。所以，刑法对取得罪的规定极其详尽。在理论上，对取得罪进行仔细研究，也就十分必要。为此，本章对盗窃、抢劫、诈骗、侵占等取得罪的构成要件尤其是行为特征作了仔细分析，并对易混淆财产罪（如盗窃与侵占、抢劫与抢夺、抢劫与敲诈勒索、诈骗与盗窃）的界限进行了揭示。

参考阅读书目

1. 刘明祥：《财产罪比较研究》，中国政法大学出版社 2001 年版。
2. 赵秉志主编：《侵犯财产罪研究》，中国法制出版社 1998 年版。
3. 金凯：《侵犯财产罪新论》，知识出版社 1998 年版。
4. 刘志伟：《侵占犯罪的理论与司法适用》，中国检察出版社 2000 年版。
5. 王作富主编：《刑法分则实务研究》，中国方正出版社 2013 年版。

【思考题】

1. 如何理解侵犯财产罪中的财物概念？
2. 如何理解盗窃罪中的犯罪人改变财产占有关系？
3. 抢劫罪中的暴力、胁迫和强行取得之间有何财物的关系？
4. 如何理解抢劫致人死亡？
5. 如何理解诈骗罪中的财产损失？
6. 如何理解携带凶器抢夺，以抢劫罪论处的规定？
7. 行使权利和敲诈勒索罪的界限何在？
8. 盗窃罪和侵占罪如何区分？
9. 如何理解遗忘物？

第十七章　对社会法益的犯罪Ⅰ：危害公共安全罪

本章要点

危害公共安全罪是侵害社会法益的犯罪中最为危险的一种，其影响面广，可能造成的后果范围大。由于危害公共安全罪侵犯的对象具有不特定性和广泛性，对社会秩序以及公众生活条件的损害，也尤为严重，因此，历来是各国刑法重要的打击对象之一。

第一节　危害公共安全罪概述

一、概念

危害公共安全罪，是指故意或者过失实施危害不特定多数人的生命、健康或者公私财产的安全的行为。

二、构成特征

本章罪侵犯的法益是公共安全，即行为导致了公共危险。对于公共危险的理解，历来有不同的观点：其一认为公共危险是指对不特定人的生命、身体或者财产的危险；其二认为无论是否特定，只要是对多数人的生命、身体、财产的危险即构成公共危险；其三认为公共危险是针对不特定且多数人的生命、身体、财产危险；其四认为公共危险是针对不特定或者多数人的生命、身体、财产的危险。在德国、日本，通说是第四种观点。其中差别之处主要是：针对特定多数人或者不特定少数人的生命、身体、财产的危险是否属于公共危险？我们认为，本章罪的保护法益应当是不特定多数人的生命、健康或者公私财产的安全。所谓不特定包括犯罪对象的不特定或危害结果的不特定，即犯罪行为可能侵害的对象或者可能造成的结果事先无法确定，行为人对此既无法具体预料也难以实际控制，行为造成的危险状态或危害后果可能随时扩大或增加。这种不特定性并不以行为人的主观意图为认定标准，而应当客观地考察危害行为的具体属性，因此即使行为人意图侵害的对象是特定多数人，但是客观上可能连带地危及他人的生命、身体、财产，并且随时有向他人扩展的现实可能，从而使社会一般成员感受到危险的，仍然应当构成危害公共安全罪。同样，公共危险性也不应仅仅从结果的多数性加以判定，而应当更多地从其行为属性的公共危害可能性方面加以考察。

公共安全法益固然包括生命、健康或者公私财产的安全，但是单纯侵害公私财产法益的行为，应该被包括于侵犯财产罪中。在危害公共安全罪中对公私财产法益的侵犯必然同时带有一定的社会危险性质，例如采用特别的公共危险方法或者针对同公共安全相关的对象。因此孤立地、仅仅侵犯数额较大的公私财产的行为而未对公共安全造成影响的，不应当构成本罪。单纯的损失数额较大甚至特别巨大，不应成为公共安全的法益内容。

本章罪中有部分属于具体危险犯，是否要求行为人认识到行为的具体危险，在刑法理论中存在着争论。但是作为以责任主义为基础的刑法，必然要求行为人对作为构成要件要素的具体危险具有认识，否则仅仅以客观上是否具有具体危险而认定其构成故意犯罪，无疑属于结果责任主义的做法。

三、犯罪类型

对本章罪，大致可以分为以下五种类型：以危险方法危害公共安全的犯罪；破坏公用工具、设施危害公共安全的犯罪；实施恐怖、危险活动危害公共安全的犯罪；违反枪支、弹药、爆炸物等危险物品管理规定危害公共安全的犯罪；过失造成重大安全事故危害公共安全的犯罪。

第二节　以危险方法危害公共安全的犯罪

一、放火罪

第一百一十四条［根据《刑法修正案》(三)第一条修订］　放火、决水、爆炸以及投放毒害性、放射性、传染病病原体等物质或者以其他危险方法危害公共安全，尚未造成严重后果的，处三年以上十年以下有期徒刑。

第一百一十五条［根据《刑法修正案》(三)第二条修订］　放火、决水、爆炸以及投放毒害性、放射性、传染病病原体等物质或者以其他危险方法致人重伤、死亡或者使公私财产遭受重大损失的，处十年以上有期徒刑、无期徒刑或者死刑。

过失犯前款罪的，处三年以上七年以下有期徒刑；情节较轻的，处三年以下有期徒刑或者拘役。

(一) 概念

放火罪，是指故意以引起公私财物等对象燃烧的方法危害公共安全的行为。

(二) 行为

本罪在客观方面表现为行为人实施了放火行为。放火是指引起对象燃烧的行为。放火的方法没有限制，既可以是作为，也可以是不作为，但是不作为必须是行为人具有防止对象着火燃烧的义务并且有能力履行这一义务，相关义务可以是由于法令或者契约的规定，但也可以是出于自己先行的危险行为所造成，关键在于行为人当时必须存在着扑灭火势的作为义务和能力，同时又存在着明确的对火势加以积极利用的主观意图；既可以直接使对象燃烧，也可以通过媒介物使对象燃烧，也可以利用现有既存的火力引起对象燃烧。放火行为必须具有危害公共安全的现实的可能，如果该放火行为虽然使目的物燃烧，但这种燃烧行为并不具有危及公共安全的现实可能，不应认定符合本罪构成要件。因此必须对物品所处位置、行为人的放火手法等作全面的考察。放火的对象主要是一定财物，也可以是财物以外的对象，上述物品无论是否属于自己所有，均得以构成本罪。因此即使燃烧自己所有物品，虽然单纯的处分行为本身并不违法，但是如果其行为具有对公共安全的现实危险可能，仍然得以构成本罪。需要指出的是，行为人放火烧毁他人的公私财物，虽未危害公共安全，但是仍然可能构成故意毁坏财物罪。

(三) 故意

本罪在主观方面可以是直接故意，也可以是间接故意，但动机不限。

(四) 着手和既遂

行为人手持放火物品，寻找放火场所等行为当然只能认为属于放火的预备，但行为人一旦实施使对象物燃烧的行为,即可认为已经属于放火的实行,同时对于放火危险已经属于即刻现实时,例如行为人向对象泼汽油准备点燃,也可以认定属于着手实行。

对于本罪的既遂,有四种不同观点:财物毁损说(或效用丧失说)认为,凡是放火致公私财物部分或者全部烧毁而使其失去全部或者部分效用,即为既遂,如果放火未燃烧或者已经开始燃烧但没有损害财物的,构成放火未遂。独立燃烧说认为,放火行为导致目的物在离开媒介物的情况下能独立燃烧的,即为既遂。点燃说认为,只要实施了放火行为,已经将目的物点燃,使其发生燃烧,即为既遂。点燃并足以危及公共安全说认为应以放火行为已将目的物点燃,并足以危及公共安全的情形为既遂标志。在大陆法系中,还存在着中间说,认为物的重要部分燃起火焰开始燃烧之时为烧毁,构成烧毁,视为既遂。

我们认为,既然本罪属于危害公共安全罪中的具体危险犯,因此综合考察认定是否出现公共安全的具体危险,是认定本罪既遂的标志。而具体危险的出现,只能以目的物的独立燃烧为特征。总之,行为具有危害公共安全的属性或者可能不等于该行为已经构成了既遂,还必须出现具体的公共安全的危险才能认定既遂。

需要注意的是,本罪的基本犯属于危险犯,放火行为只要产生了具体的危及公共安全危险,即构成既遂,无论是否出现第 115 条第 1 款所规定的严重后果。所谓尚未造成严重后果,包括两种情况:一是上述行为没有造成任何实际损害后果;二是虽然造成一定后果但并不严重。发生上述严重后果属于加重结果,仅存在是否发生因而是否构成加重的实害犯问题,但不影响放火罪的既遂。

(五) 认定

以放火的方法杀人或者伤害他人的,应当认为属于放火罪和故意杀人罪、故意伤害罪的想象竞合,应按从一重罪处断原则论处。通常认为由于放火罪侵害不特定或多数人的公共安全,因此,即使在最高刑上并无区别,但仍然认为放火罪属于重罪,因此按照放火罪论处。但是在放火杀人未遂,而放火行为并未造成《刑法》第 115 条所规定的实害结果的,放火罪的法定刑反而较故意杀人罪未遂为轻,此时按照故意杀人罪未遂论处更为合理,因而衡量罪刑轻重时必须考虑到具体的情形。

二、决水罪

第一百一十四条[根据《刑法修正案》(三)第一条修订] 放火、决水、爆炸以及投放毒害性、放射性、传染病病原体等物质或者以其他危险方法危害公共安全,尚未造成严重后果的,处三年以上十年以下有期徒刑。

第一百一十五条[根据《刑法修正案》(三)第二条修订] 放火、决水、爆炸以及投放毒害性、放射性、传染病病原体等物质或者以其他危险方法致人重伤、死亡或者使公私财产遭受重大损失的,处十年以上有期徒刑、无期徒刑或者死刑。

过失犯前款罪的,处三年以上七年以下有期徒刑;情节较轻的,处三年以下有期徒刑或者拘役。

(一) 概念

决水罪,是指故意利用水的破坏作用,制造水患,危及公共安全的行为。

(二) 行为

本罪在客观方面表现为实施了危害公共安全的决水行为。所谓决水是指,使受到控制的水的自然力解除控制而造成水的泛滥的行为。决水的手段不受限制,可以是作为,例如毁坏堤坝、堵塞水道、破坏水闸等防水设备等,也可以是不作为,如洪水来临时水库管理人员不关闭防水堤坝等行为。同样,在水势已经泛滥的前提下,决溃堤防使水量进一步增大的行为,也构成本罪。

行为人所利用的既可以是水库等处所储存的水力，也可以是河流中的水力等。

上述行为只要产生具体的危及公共安全的危险，即构成本罪既遂。发生上述规定中公共安全的实际损害的，按照本罪的实害犯处罚。

（三）故意

本罪在主观方面是故意，包括直接故意和间接故意。

三、爆炸罪

第一百一十四条［根据《刑法修正案》(三)第一条修订］　**放火、决水、爆炸以及投放毒害性、放射性、传染病病原体等物质或者以其他危险方法危害公共安全，尚未造成严重后果的，处三年以上十年以下有期徒刑。**

第一百一十五条［根据《刑法修正案》(三)第二条修订］　**放火、决水、爆炸以及投放毒害性、放射性、传染病病原体等物质或者以其他危险方法致人重伤、死亡或者使公私财产遭受重大损失的，处十年以上有期徒刑、无期徒刑或者死刑。**

过失犯前款罪的，处三年以上七年以下有期徒刑；情节较轻的，处三年以下有期徒刑或者拘役。

（一）概念

爆炸罪，是指故意引起爆炸物或其他设备、装置爆炸，危害公共安全的行为。

（二）行为

本罪在客观方面表现为行为人引发爆炸物或用其他方法制造爆炸。爆炸的对象可以是人，也可以是物，例如工厂、油田、港口、住宅、管道等。爆炸物主要包括炸弹、炸药、雷管等各种易爆物品，引起其他设备、装置爆炸包括采用各种手段，例如不给锅炉添水，而使锅炉等机器、设备爆炸。上述行为只要产生具体的危及公共安全的危险，即构成本罪既遂。发生上述规定中公共安全的实际损害的，按照本罪的实害犯加以处罚。

（三）故意

本罪在主观方面为故意，包括直接故意和间接故意。

四、投放危险物质罪

第一百一十四条［根据《刑法修正案》(三)第一条修订］　**放火、决水、爆炸以及投放毒害性、放射性、传染病病原体等物质或者以其他危险方法危害公共安全，尚未造成严重后果的，处三年以上十年以下有期徒刑。**

第一百一十五条［根据《刑法修正案》(三)第二条修订］　**放火、决水、爆炸以及投放毒害性、放射性、传染病病原体等物质或者以其他危险方法致人重伤、死亡或者使公私财产遭受重大损失的，处十年以上有期徒刑、无期徒刑或者死刑。**

过失犯前款罪的，处三年以上七年以下有期徒刑；情节较轻的，处三年以下有期徒刑或者拘役。

（一）概念

投放危险物质罪，是指行为人故意投放毒害性、放射性、传染病病原体等物质，危害公共安全的行为。

（二）行为

本罪在客观方面表现为实施投放毒害性、放射性、传染病病原体等危险物质的行为。所谓毒害性物质是指含有毒质、危害人的生命、健康或者牲畜、水产养殖物安全的有机物或无机物,包括有毒气体、液体、固体。放射性物质是指铀、镭以及其他各种具有放射性,并能对人体或者牲畜造成严重损害的物品。危险物质包括但并不限于上述物质,只要其他物品同样具有严重危害人体、牲畜生命、健康的性质,都属于危险物质。构成本罪必须具有投放行为,包括将危险物质放置、混合于一定场所、物品内或释放危险物质等方式。对于《刑法修正案》(三)制定之前发生的投放毒害性物质以外的放射性、传染病病原体等危险物质的行为,根据从旧兼从轻原则,按照以危险方法危害公共安全罪论处更为合适。

本罪为具体危险犯,因此必须造成了危害公共安全的危险才构成犯罪。对于上述行为是否造成公共危险必须加以具体、实质的判断,例如使用投毒方法杀害特定个人等行为,由于并不危害公共安全,因而不构成上述犯罪。上述行为致人重伤、死亡或者使公私财产遭受重大损失,构成本罪实害犯,为其同质的结果加重犯。

(三) 故意

本罪在主观方面是故意,包括直接故意和间接故意。

五、以危险方法危害公共安全罪

第一百一十四条[根据《刑法修正案》(三)第一条修订] **放火、决水、爆炸以及投放毒害性、放射性、传染病病原体等物质或者以其他危险方法危害公共安全,尚未造成严重后果的,处三年以上十年以下有期徒刑。**

第一百一十五条[根据《刑法修正案》(三)第二条修订] **放火、决水、爆炸以及投放毒害性、放射性、传染病病原体等物质或者以其他危险方法致人重伤、死亡或者使公私财产遭受重大损失的,处十年以上有期徒刑、无期徒刑或者死刑。**

过失犯前款罪的,处三年以上七年以下有期徒刑;情节较轻的,处三年以下有期徒刑或者拘役。

(一) 概念

以危险方法危害公共安全罪,是指故意使用放火、决水、爆炸、投放危险物质以外的危险方法危害公共安全的行为。

由于现实中的危害公共安全方法无法一一列举,因而本条规定属于兜底性条款,之所以不规定具体方法而只规定其危害公共安全的性质,就在于以便包含现实中除前述四种犯罪以外的方法。当然定罪时无论其使用什么样的具体危险方法,都一律认定本罪,而不按具体方法确定罪名。

(二) 行为

本罪在客观方面表现为以危险方法危害公共安全。首先,本罪的行为必须不属于放火、决水、爆炸、投放危险物质方法。其次,本罪行为必须属于危害公共安全的行为,其行为具有与前述行为同等的危害公共安全的现实具体危险。在实践中例如在闹市区驾车撞人、在地道燃放令人窒息的烟雾、偷盗正在使用的井盖、私设电网、无特定目的而向人群开枪等。甚至行为人例如邪教组织人员以自焚、自爆或者以其他危险方法危害公共安全的,也按照本罪论处①。上述行为同样区分为危险犯和实害犯。

① 最高人民法院、最高人民检察院《关于办理组织和利用邪教组织犯罪案件具体应用法律若干问题的解释(二)》(2001年6月11日)第10条。但是同样有观点认为,类似的自爆或者自焚案件危害公共安全,按照放火罪或者爆炸罪论处更为适宜。

（三）故意

本罪在主观方面是故意，包括直接故意和间接故意。

六、失火罪、过失决水罪、过失爆炸罪、过失投放危险物质罪、过失以危险方法危害公共安全罪

第一百一十四条［根据《刑法修正案》（三）第一条修订］　放火、决水、爆炸以及投放毒害性、放射性、传染病病原体等物质或者以其他危险方法危害公共安全，尚未造成严重后果的，处三年以上十年以下有期徒刑。

第一百一十五条［根据《刑法修正案》（三）第二条修订］　放火、决水、爆炸以及投放毒害性、放射性、传染病病原体等物质或者以其他危险方法致人重伤、死亡或者使公私财产遭受重大损失的，处十年以上有期徒刑、无期徒刑或者死刑。

过失犯前款罪的，处三年以上七年以下有期徒刑；情节较轻的，处三年以下有期徒刑或者拘役。

（一）概念

失火罪、过失决水罪、过失爆炸罪、过失投放危险物质罪、过失以危险方法危害公共安全罪，是指过失引起火灾、过失引起水患、过失引起爆炸、过失投放了危险物质或者过失使用了其他危险方法，危害公共安全，致人重伤、死亡或者使公私财产遭受重大损失的行为。

（二）行为

本罪在客观方面表现为引起了火灾、水患、爆炸，或者投放了危险物质、实施了其他危险方法，因而造成了上述后果而危害了公共安全，因而属于实害犯。仅有失火等行为但是没有引起火灾、爆炸、水患或者引起了火灾、爆炸、水患等后果但是没有造成上述严重后果的，也不能认定构成本罪。

（三）过失

本罪在主观方面必须是过失，但这一过失是指行为人对于最终造成的严重后果的主观态度，因而，虽然是有意点火，但是对于最终的严重火灾并不具有希望或者放任的故意的行为，也仍然只可能构成失火罪。

第三节　破坏公用工具、设施危害公共安全的犯罪

一、破坏交通工具罪

第一百一十六条　破坏火车、汽车、电车、船只、航空器，足以使火车、汽车、电车、船只、航空器发生颠覆、毁坏危险，尚未造成严重后果的，处三年以上十年以下有期徒刑。

第一百一十九条第一款　破坏交通工具、交通设施、电力设备、燃气设备、易燃易爆设备，造成严重后果的，处十年以上有期徒刑、无期徒刑或者死刑。

（一）概念

破坏交通工具罪，是指故意破坏火车、汽车、电车、船只、航空器，足以使火车、汽车、电车、船只、航空器发生倾覆、毁坏危险的行为。

（二）对象

本罪的行为对象包括火车、汽车、电车、船只、航空器。由于上述对象的设定存在着一定局

限,因而对其不应做过于狭窄的解释,例如火车应当包括城市市区内的轻轨铁路,汽车应当包括大型拖拉机,电车应当包括所有使用电力的交通工具例如地铁、旅游区的大型索道车、游乐园中的过山车、高架缆车等。但在解释时,也不应将一些并不危及公共安全的交通工具解释在内。例如电动自行车不应作为电车等。

上述对象必须处于正在使用过程中,所谓正在使用包括正在行驶中以及已经交付随时待用状态两种情形。对于停驶待命、夜间停放在车库中或者修理完毕等待使用的交通工具,也应认为属于正在使用的交通工具。但是对库存不用、正在修理当中或者正在制造过程中或者并未最终验收合格交付使用的交通工具加以破坏的,不构成本罪。

(三) 行为

本罪在客观方面表现为破坏行为。所谓破坏行为表现为各种足以使上述交通工具发生倾覆、毁坏危险的行为。例如拆卸交通工具的重要零部件等。破坏行为主要是作为的形式,但是也可以不作为的形式出现,例如应当修理交通工具但不修理甚至谎称已经修理完毕,而导致交通工具交付使用后产生上述危险的,同样构成本罪。所谓倾覆是指车辆倾倒、翻车、船只翻船、航空器坠毁等;毁坏是指烧毁、坠毁、炸毁等使交通工具遭受严重破坏,主要功能丧失,不能行驶或者不能正常安全行驶甚至完全报废的情形。

上述行为必须造成了足以发生上述倾覆、毁坏的现实具体的公共危险。因而并非所有破坏行为均符合本罪构成要件。如果实施的破坏行为不足以造成上述危险,不构成本罪。这包括三种情形:① 所实施的行为虽然具有破坏性,但是其所针对的是上述对象中的辅助设备,并不影响该设备的正常使用的,例如盗窃车辆座椅、砸坏车窗玻璃等行为;② 实施的行为已经使他人明确知道上述对象完全无法使用,因而不可能产生公共安全的危险。例如将夜间停放的汽车的轮胎盗走而使汽车不可能行驶;③ 上述行为仅仅针对财产法益,虽然也造成毁坏的危险甚至已经毁坏上述对象,但是并未针对公共安全法益的,不应构成本罪。即单纯的财产损失不应认为属于公共安全中的严重后果。例如放火将夜间停放在车场的汽车烧毁,虽然属于毁坏但是并未侵害交通工具的公共安全性,只是针对财产法益,不应构成本罪。显然仅仅毁坏数额较大的交通工具而使其无法使用,却并未侵害交通工具的公共安全性能的,不应构成本罪。如果构成放火罪,也只是因为其放火行为危害了公共安全,而非针对交通工具而言。如果放火行为未构成对公共安全的危害,此类行为只能认定为故意毁坏公私财物罪。

本罪属于具体危险犯,只有其行为现实地产生上述危险的,才构成既遂。实施了相关破坏行为但没有产生现实危险的,同样成立本罪,但只构成未遂。造成严重后果的,则构成本罪的结果加重犯。

(四) 故意

本罪在主观方面是故意,包括直接故意和间接故意。对于行为人而言,要求对上述对象属于正在使用过程中的交通工具具有明知,或者至少具有可能性的明知,因而能够证明其至少具有放任的间接故意。因此,行为人认为上述交通工具属于未使用的交通工具的而进行盗窃的,不应认定构成本罪,而只能认定构成盗窃罪。

(五) 认定

盗窃交通工具本身或者其盗窃行为并未产生倾覆或者毁坏的危险的,并不构成本罪,但是如果盗窃交通工具上的零部件,因而发生上述危险的,构成盗窃罪和破坏交通工具的想象竞合犯,应当考察其所盗窃的数额和是否发生以及发生的危害后果的大小,按照从一重罪处断的原则解决。

行为人采用爆炸、放火等方法破坏交通工具，或者采用破坏交通工具的方法杀人的，同样属于想象竞合犯，也应当从一重罪处断。一般而言，用危险方法破坏交通工具或者用破坏交通工具方法杀人既遂的情况下，直接认定构成本罪即可，但是在年满 14 周岁不满 16 周岁的人采用放火、爆炸的方法破坏交通工具的或者故意杀人即使既遂的，只能认定构成爆炸罪、放火罪、故意杀人罪等；同样，在采用破坏交通工具方法杀人未遂的情形下，由于存在着法定刑的差异，应当认定构成故意杀人罪。

二、破坏交通设施罪

第一百一十七条　破坏轨道、桥梁、隧道、公路、机场、航道、灯塔、标志或者进行其他破坏活动，足以使火车、汽车、电车、船只、航空器发生倾覆、毁坏危险，尚未造成严重后果的，处三年以上十年以下有期徒刑。

第一百一十九条第一款　破坏交通工具、交通设施、电力设备、燃气设备、易燃易爆设备，造成严重后果的，处十年以上有期徒刑、无期徒刑或者死刑。

（一）概念

破坏交通设施罪，是指故意破坏轨道、桥梁、隧道、公路、机场、航道、灯塔、标志或者进行其他破坏活动，足以使火车、汽车、电车、船只、航空器发生倾覆、毁坏危险的行为。

（二）行为

本罪在客观方面表现为破坏行为，包括使交通设施本身遭受严重毁损与使交通设施失去应有性能的行为，包括作为，也包括不作为，例如应当修理灯塔但故意不加以修理，足以使船只发生倾覆危险的行为。具体包括拆卸铁轨、拔去砧木、盗窃道钉、毁损标志、熄灭或者使交通信号灯发生紊乱、在公路上设置障碍物等。最后，破坏行为必须足以使上述五种交通工具发生倾覆、毁坏的现实危险。实际的倾覆或者毁坏因而造成严重后果的，只是属于本罪实害加重的内容。本罪对象为轨道、桥梁、隧道、公路、机场、航道、灯塔、标志等交通设施，所谓交通设施是指直接关系交通运输安全的设施。破坏对象虽属于交通设施，但并不同交通运输安全有关的，例如火车站的候车室等，不构成本罪。上述对象应当为正在使用当中。

（三）故意

本罪在主观方面是故意，包括直接故意和间接故意。

三、破坏电力设备罪

第一百一十八条　破坏电力、燃气或者其他易燃易爆设备，危害公共安全，尚未造成严重后果的，处三年以上十年以下有期徒刑。

第一百一十九条第一款　破坏交通工具、交通设施、电力设备、燃气设备、易燃易爆设备，造成严重后果的，处十年以上有期徒刑、无期徒刑或者死刑。

（一）概念

破坏电力设备罪，是指故意破坏电力设备，危害公共安全的行为。

（二）行为

本罪在客观方面表现为破坏行为，例如爆炸、放火、拆卸、切割等方法。行为人的破坏行为足以造成对公共安全的危险。虽然实施对正在使用的电力设备的破坏行为，例如拆盗某些排灌站、加工厂等生产单位正在使用的电机设备等，没有危及公共安全的，不应认定构成本罪。本罪对象必须是正在使用中的电力设备，具体包括发电设备、供电设备、变电设备等。但是诸如尚未安装完毕的农用低压照明电线路，不属于正在使用中的电力设备，相反，已经通电使用，只是由于枯水

季节或电力不足等原因而暂时停止供电的线路,仍应认为属于正在使用的线路。

(三)故意

本罪在主观方面是故意,包括直接故意和间接故意。对于行为人而言,要求对于上述对象属于正在使用过程中的电力设备具有明知,或者至少具有可能性的明知,因而能够证明其至少具有放任的间接故意。因此对于已经安装完毕,但还未供电的电力线路,如果行为人明知线路已经交付电力部门而偷割的,构成本罪,如果行为人认为上述电力设备属于未使用的电力设备而进行盗窃的,不应认定构成本罪,而只能认定构成盗窃罪。

四、破坏易燃易爆设备罪

第一百一十八条 **破坏电力、燃气或者其他易燃易爆设备,危害公共安全,尚未造成严重后果的,处三年以上十年以下有期徒刑。**

第一百一十九条第一款 **破坏交通工具、交通设施、电力设备、燃气设备、易燃易爆设备,造成严重后果的,处十年以上有期徒刑、无期徒刑或者死刑。**

(一)概念

破坏易燃易爆设备罪,是指故意破坏燃气或者其他易燃易爆设备,危害公共安全的行为。

(二)行为

本罪在客观方面表现为破坏行为。这种破坏行为产生了足以危害公共安全的危险。本罪对象为正在使用中的易燃易爆设备,包括煤气、天然气、沼气等燃气设备以及油井、储油罐、石油运输管道等油田设施、高压设备、制造、储存炸药的设施等。对采用破坏性手段盗窃正在使用的油田输油管道中油品的行为,也可以构成本罪。

(三)故意

本罪在主观方面是故意,包括直接故意和间接故意。

五、破坏广播电视设施、公用电信设施罪

第一百二十四条第一款 **破坏广播电视设施、公用电信设施,危害公共安全,尚未造成严重后果的,处三年以上七年以下有期徒刑;造成严重后果的,处七年以上有期徒刑。**

(一)概念

破坏广播电视设施、公用电信设施罪,是指故意破坏广播电视设施、公用电信设施,危害公共安全的行为。

(二)行为

本罪在客观方面表现为破坏行为。破坏行为通常表现为作为,例如割断线路、损坏机器、拆毁重要部件等,也可以是不作为。从手段性质上可以分为:一是使上述设施物理上毁损;二是使上述设施丧失应有性能。

上述破坏行为必须造成对公共通信安全的危险。如果没有造成侵害公共通信安全的危险,不构成本罪。对上述对象进行盗窃的,可能构成本罪与盗窃罪的想象竞合犯,按照从一重罪处断的原则处理。

(三)对象

本罪的行为对象为正在使用中的广播电视设施、公用电信设施。其中电信设施必须是公用的,包括公用电报、电话及其他通讯设施。没有安装完毕、没有交付使用或者已经报废的上述设

施不能成为本罪对象。

（四）故意

本罪在主观方面是故意，包括直接故意和间接故意。

六、过失损坏交通工具罪、过失损坏交通设施罪、过失损坏电力设备罪、过失损坏易燃易爆设备罪、过失损坏广播电视设施、公用电信设施罪

第一百一十九条　破坏交通工具、交通设施、电力设备、燃气设备、易燃易爆设备，造成严重后果的，处十年以上有期徒刑、无期徒刑或者死刑。

过失犯前款罪，处三年以上七年以下有期徒刑；情节较轻的，处三年以下有期徒刑或者拘役。

第一百二十四条　破坏广播电视设施、公用电信设施，危害公共安全，尚未造成严重后果的，处三年以上七年以下有期徒刑；造成严重后果的，处七年以上有期徒刑。

过失犯前款罪的，处三年以上七年以下有期徒刑；情节较轻的，处三年以下有期徒刑或者拘役。

（一）概念

过失损坏交通工具罪，是指行为人过失损坏火车、汽车、电车、船只、航空器，危害交通运输安全，造成严重后果的行为。

过失损坏交通设施罪，是指行为人过失损坏轨道、桥梁、隧道、公路、机场、航道、灯塔、标志，危害公共交通运输安全，造成严重后果的行为。

过失损坏电力设备罪，是指过失损坏电力设备，危害公共安全，造成严重后果的行为。

过失损坏易燃易爆设备罪，是指过失损坏燃气或其他易燃易爆设备，危害公共安全，造成严重后果的行为。

过失损坏广播电视设施、公用电信设施罪，是指过失损坏广播电视设施、公用电信设施，危害通信安全，造成严重后果的行为。

（二）行为

本罪在客观方面表现为损坏行为。实施上述行为必须造成严重后果，才构成上述犯罪。如果仅仅造成了一定危险或者所造成的后果不严重的，不构成本罪。

需要指出的是，破坏交通工具、交通设施、电力设备、燃气设备的行为在法条上区别规定为危险犯和实害犯，而过失损坏交通工具罪、过失损坏交通设施罪、过失损坏电力设备罪、过失损坏易燃易爆设备罪均相对于实害而规定。但《刑法》第 124 条第 1 款将破坏广播电视设施、公用电信设施的危险犯和实害犯规定在一起，其第 2 款规定了过失犯前款罪的情形，因此从法条关系上看，似乎过失损坏上述对象产生具体危险但并未造成严重后果的，也仍然构成过失损坏广播电视设施、公用电信设施罪。但是按照《刑法》第 15 条的规定以及该罪法定刑的设置，因为过失损坏广播电视设施、公用电信设施行为的公共安全危害性相对于前述犯罪较小，即使对于故意犯，刑法也规定了相对前述犯罪较轻的法定刑，而后者的过失犯罪都要求造成严重后果；同时，如果对过失损坏广播电视设施、公用电信设施行为造成危险的也予以刑事处罚，其法定刑就会同破坏广播电视设施、公用电信设施罪相同，这显然不合适。因此，此种过失行为也必须造成严重后果才构成本罪。

（三）过失

本罪在主观方面是过失，包括疏忽大意的过失和过于自信的过失。

第四节　实施恐怖、危险活动危害公共安全的犯罪

一、组织、领导、参加恐怖活动组织罪

第一百二十条[根据《刑法修正案》(三)第三条、《刑法修正案》(九)第五条修订]　**组织、领导恐怖活动组织的，处十年以上有期徒刑或者无期徒刑，并处没收财产；积极参加的，处三年以上十年以下有期徒刑，并处罚金；其他参加的，处三年以下有期徒刑、拘役、管制或者剥夺政治权利，可以并处罚金。**

犯前款罪并实施杀人、爆炸、绑架等犯罪的，依照数罪并罚的规定处罚。

(一) 概念

组织、领导、参加恐怖活动组织罪，是指组织、领导或者参加恐怖活动组织的行为。

国际上对恐怖主义的禁止可以追溯到1937年国际联盟的《防止和惩治恐怖主义公约》。此后，先后签订的1970年《海牙公约》、1973年《关于防止和惩处侵害应受国际保护人员包括外交代表的罪行的公约》、1979年《反对劫持人质国际公约》、1996年联合国《打击国际恐怖主义的措施》等均明确了缔约国及其他相关国家应当对恐怖活动的组织和人员进行惩罚。而《刑法修正案》(三)、《刑法修正案》(九)对《刑法》第120条进行了修订，提高了组织、领导恐怖活动组织的行为人的法定刑，增加规定了“并处没收财产”。提高了积极参加者的法定刑并增加规定了“并处罚金”。对其他参加者增加了剥夺政治权利和可以“并处罚金”的选处。在适用过程中必须注意到从旧兼从轻原则的情形。

(二) 行为

本罪在客观方面表现为组织、领导、参加恐怖活动组织的行为。所谓恐怖活动组织是指为了长期、有计划地实施恐怖活动而建立起来的危害极为严重的犯罪组织，包括国际恐怖活动组织和国内恐怖活动组织。恐怖活动则是指为达到某种目的尤其是政治目的(如反对国家政权、引起战争或国际纠纷)，通过有组织的团体或者小组而对他人的生命、身体、财产等使用暴力、胁迫等强迫手段，以制造社会恐惧及不安定因素的犯罪行为的总称。显然，恐怖活动组织和一般的犯罪集团甚至和黑社会组织都存在本质区别。一般的犯罪集团和黑社会组织不以实施恐怖活动为目的，而通常以实施其他犯罪、针对社会生活、经济秩序为目的而组成，客观上其组织本身也一般不构成对公共安全的威胁。

本罪的实行行为表现为组织、领导、参加行为，上述行为为选择性行为，行为人只要实施其中一种即构成本罪。所谓组织是指首倡、鼓动、发起、召集、组建恐怖活动组织的行为；所谓领导是指恐怖活动组织成立后，策划、指挥、布置、协调恐怖活动组织的行动；所谓参加是指虽非组织者、领导者但通过一定方式加入恐怖活动组织的行为，加入方式不限，只要事实上属于该恐怖活动组织成员的，即符合构成要件规定。需要注意的是，行为人实施了组织、领导行为的，当然属于该组织的成员，自然符合参加行为的规定，但也仍然构成一罪，而并不数罪并罚；同时，行为人组织、领导、参加恐怖活动组织构成本罪并不需要实际实施了恐怖活动。

(三) 故意

本罪在主观方面为故意，通常为直接故意。同时要求行为人明知自己组织、领导的是恐怖活动组织而加以组织和领导，尤其是要求参加者明知是恐怖活动组织而参加。由于误解，对恐怖活动组织的真实性质并不知情而加入的，已经发现即退出该组织的，不构成本罪。恐怖活动组织通常具有一定政治目的，但本罪的构成并不要求行为人具有特定目的。

（四）罪数形态

由于恐怖活动组织在实际过程中，必然要实施一定恐怖行为，从而构成爆炸罪、故意杀人罪、绑架罪、非法拘禁罪等其他犯罪。对此，应当依照数罪并罚的规定处罚。

二、帮助恐怖活动罪

第一百二十条之一［根据《刑法修正案》（三）第四条增设、根据《刑法修正案》（九）第六条修订］　资助恐怖活动组织、实施恐怖活动的个人的，或者资助恐怖活动培训的，处五年以下有期徒刑、拘役、管制或者剥夺政治权利，并处罚金；情节严重的，处五年以上有期徒刑，并处罚金或者没收财产。

为恐怖活动组织、实施恐怖活动或者恐怖活动培训招募、运送人员的，依照前款的规定处罚。

单位犯前两款罪的，对单位判处罚金，并对其直接负责的主管人员和其他直接责任人员，依照第一款的规定处罚。

（一）概念

帮助恐怖活动罪，是指为恐怖活动提供帮助的行为，包括资助恐怖活动组织、实施恐怖活动的个人的，或者资助恐怖活动培训，以及为恐怖活动组织、实施恐怖活动或者恐怖活动培训招募、运送人员的行为。

联合国在1999年12月9日通过了《制止向恐怖主义提供资助的国际公约》，我国已经签署了该公约，2001年9月29日联合国安理会通过的1373号决议又规定各国应将为恐怖活动提供资助或筹集资金的行为规定为犯罪。因而《刑法修正案》（三）新增加了这一罪名，为了严密打击恐怖主义犯罪的法网，《刑法修正案》（九）再次对本罪进行了修订。

（二）行为

本罪在客观方面表现为：行为人实施了帮助恐怖活动的行为。具体包括：① 提供资助。资助，不仅是指提供资金，包括所有各种资产，不论是否属于有形或者无形资产，是动产还是不动产等，同时也包括各种形式的物质支持。资助的对象是恐怖活动组织，实施恐怖活动的个人。至于被资助者是否已经实际实施恐怖活动，不影响本罪构成。因此所谓实施恐怖活动的个人包括预备实施恐怖活动的个人和正在或者已经实施完毕恐怖活动的人；② 资助恐怖活动培训。这是指明知相关培训为恐怖活动培训，但依然提供资助；③ 为恐怖活动组织、实施恐怖活动或者恐怖活动培训招募、运送人员的行为。

在这里，存在着所谓的行为性质升格的问题。在行为人事后资助的情形，本罪同窝藏等犯罪的法定刑相比略高。但是在行为人事前资助并且被资助人实际实施完毕恐怖活动例如爆炸或者劫机的情形，其法定刑同爆炸罪、劫持航空器罪的共同犯罪的量刑有可能出现不均衡之处，尤其是在行为人不仅资助，同时直接提供犯罪工具例如炸药，甚至直接策划指挥的场合，这种不均衡尤其突出。因此，有必要区别本罪的构成要件行为和已经构成共同犯罪的组织、策划、实行、教唆等行为。在行为人资助上述对象但未构成共同犯罪的场合，例如事后资助实施恐怖活动的个人，或者仅仅是起了帮助的作用的，可以认定构成本罪；但是，在行为人的行为已经超出资助范围而构成共同犯罪的组织、策划、教唆、实行等行为时，从罪刑相适应角度出发，应当按照恐怖活动犯罪的共犯论处。

本罪是行为犯，行为人只要实施了上述帮助恐怖活动的行为，即明知是恐怖活动组织或者实施恐怖活动人员而为其提供经费，或者提供器材、设备、交通工具、武器装备等物质条件，或者提供场所，以及其他便利条件和帮助的，依法应当以帮助恐怖活动罪定罪处罚。

（三）主体

本罪的主体,包括自然人和单位。值得注意：本罪由于是立法上将有关帮助犯行为作为正犯处理,即将帮助行为直接规定为犯罪,因此对于本罪基本犯的预备、未遂等未完成犯罪形态,基于社会危害性的考虑,一般可以不作为犯罪处理。

（四）故意

本罪在主观方面为故意,包括直接故意和间接故意,同时要求行为人明知该组织属于恐怖活动组织或者明知资助对象即将实施、正在实施或者已经实施了特定的恐怖活动。

三、准备实施恐怖活动罪

第一百二十条之二[根据《刑法修正案》(九)第七条增设] **有下列情形之一的，处五年以下有期徒刑、拘役、管制或者剥夺政治权利，并处罚金；情节严重的，处五年以上有期徒刑，并处罚金或者没收财产：**

（一）为实施恐怖活动准备凶器、危险物品或者其他工具的；

（二）组织恐怖活动培训或者积极参加恐怖活动培训的；

（三）为实施恐怖活动与境外恐怖活动组织或者人员联络的；

（四）为实施恐怖活动进行策划或者其他准备的。

有前款行为，同时构成其他犯罪的，依照处罚较重的规定定罪处罚。

（一）概念

准备实施恐怖活动罪,是指为实施恐怖活动作准备的行为。

（二）行为

本罪的实行行为是为实施恐怖活动而实施的相关准备活动。具体表现为：① 为实施恐怖活动准备凶器、危险物品或者其他工具；② 组织恐怖活动培训或者积极参加恐怖活动培训；③ 为实施恐怖活动与境外恐怖活动组织或者人员联络；④ 为实施恐怖活动进行策划或者其他准备的。无论是国际恐怖主义还是国内恐怖主义,恐怖主义犯罪严重威胁着人类社会,是国际社会所不能容忍的严重犯罪。因此,有必要将之严厉打击,提前防范。

本罪是情节犯,行为人实施上述行为,达到“情节严重”程度的才构成本罪。本罪是立法上将有关犯罪的预备行为作为正犯处理,直接规定为犯罪,因此基于社会危害性大小的考虑,对于本罪基本犯的预备、未遂等未完成犯罪形态可以不作为犯罪处理。实施本罪行为,同时构成其他犯罪的,依照处罚较重的规定定罪处罚。

（三）故意

本罪在主观方面是故意,即明知随后所将要实施的相关活动是恐怖主义活动,但依然进行准备凶器、危险物品或者其他工具,组织或者积极参加恐怖活动培训,与境外恐怖活动组织或者人员联络以及为实施恐怖活动进行策划或者其他准备。

（四）处罚

实施本罪行为,同时构成其他犯罪的,依照处罚较重的规定定罪处罚。

四、宣扬恐怖主义、极端主义、煽动实施恐怖活动罪

第一百二十条之三[根据《刑法修正案》(九)第七条增设] **以制作、散发宣扬恐怖主义、极端主义的图书、音频视频资料或者其他物品，或者通过讲授、发布信息等方式宣扬恐怖主义、极端主义的，或者煽动实施恐怖活动的，处五年以下有期徒刑、拘役、管制或者剥夺政治**

权利，并处罚金；情节严重的，处五年以上有期徒刑，并处罚金或者没收财产。

（一）概念

宣扬恐怖主义、极端主义、煽动实施恐怖活动罪，是指向他人宣扬恐怖主义、极端主义、煽动他人实施恐怖活动的行为。

（二）行为

本罪的实行行为是通过各种方式宣扬恐怖主义、极端主义、煽动实施恐怖活动的行为。具体表现形式包括制作、散发有关宣传品，通过语言、文字宣传恐怖主义、极端主义，以及煽动他人实施恐怖活动等。本罪的实行行为通常表现为：① 制作、散发宣扬恐怖主义、极端主义的图书、音频视频资料或者其他物品；② 通过讲授、发布信息等方式宣扬恐怖主义、极端主义；③ 煽动实施恐怖活动。煽动，是指以鼓动性言词、文字或者举止劝诱、引导、促使他人实施恐怖活动。煽动的内容必须是通过各种方式实施恐怖活动，至于行为时所使用的文字、图形、演讲词等是否行为人原创，则非所问。被煽动者必须是不特定或者多数的群众。被煽动者原来既可以是守法公民，也可以是违法犯罪分子。不是煽动群众实施恐怖活动，而是煽动他人使用暴力抗拒特定国家机关工作人员的具体职务行为的，可以构成妨碍公务罪的教唆犯，而不构成本罪。煽动实施恐怖活动的行为属于抽象危险犯，只要行为人将实施恐怖主义这一特定内容以煽动的形式灌输给了他人，不管被煽动者是否付诸实施，均构成本罪。

本罪是行为犯。行为人只要实施本条规定行为之一，依照刑法规定应受到刑罚处罚、不属于《刑法》第13条但书规定“情节显著轻微危害不大的”，即应当以本罪追究刑事责任。

（三）故意

本罪在主观方面是故意。

（四）处罚

本罪与煽动颠覆国家政权罪、煽动分裂国家罪、煽动民族仇恨、民族歧视罪和煽动暴力抗拒法律实施罪之间可能有想象竞合关系，所以，在煽动颠覆国家政权、煽动分裂国家以及煽动民族仇恨、民族歧视以及暴力抗拒法律实施罪的场合，如果同时符合本罪，则从一重处理。

五、利用极端主义破坏法律实施罪

第一百二十条之四［根据《刑法修正案》（九）第七条增设］　利用极端主义煽动、胁迫群众破坏国家法律确立的婚姻、司法、教育、社会管理等制度实施的，处三年以下有期徒刑、拘役或者管制，并处罚金；情节严重的，处三年以上七年以下有期徒刑，并处罚金；情节特别严重的，处七年以上有期徒刑，并处罚金或者没收财产。

（一）概念

利用极端主义破坏法律实施罪，是指利用极端主义煽动、胁迫群众破坏国家法律确立的婚姻、司法、教育、社会管理等制度实施的行为。

（二）行为

本罪的实行行为是利用极端主义煽动、胁迫群众破坏国家法律确立的婚姻、司法、教育、社会管理等制度实施的行为。煽动，是指以鼓动性言词或文字劝诱、引导、促使他人实施犯罪活动。煽动的内容是抗拒国家法律实施，至于行为时所使用的文字、图形、演讲词等是否行为人原创，则非所问。煽动他人静坐示威或以其他平和方式抗拒国家法律实施的，也可构成本罪。胁迫，是指告知足以使他人产生畏惧感的害恶，不限于使他人的人身、财产安全感受到侵害的情况。

这里的国家法律确立的婚姻、司法、教育、社会管理等制度，应当从广义上理解，包括宪法、法律、法规、行政规章等。不是煽动群众暴力抗拒国家法律、行政法规的实施，而是煽动他人使用暴力

抗拒特定国家机关工作人员的具体职务行为的,可以构成妨碍公务罪的教唆犯,而不构成本罪。

被煽动、被胁迫者必须是不特定或者多数的群众,应当是3人以上。煽动3人以下者抗拒国家法律、行政法规实施的,不构成本罪,即本罪属于公然犯。但是,在事先得知少数人肯定要纠集不特定或者多数群众抗拒法律实施的情况下,针对特定少数人实施煽动行为的,也可以构成本罪。被煽动者原来既可以是守法公民,也可以是违法犯罪分子。被煽动、被胁迫者是以暴力还是非暴力方式破坏法律实施,对于成立本罪并无影响。

本罪属于抽象危险犯,只要行为人利用极端主义,实施了煽动、胁迫群众破坏国家法律实施这一特定行为即可成立本罪,而无论被煽动者是否付诸实施。

(三) 故意

本罪的主观方面为故意。

(四) 处罚

本罪与煽动暴力抗拒法律实施罪是法条竞合关系,本罪属于特别法条。

六、强制穿戴宣扬恐怖主义、极端主义服饰、标志罪

第一百二十条之五[根据《刑法修正案》(九)第七条增设] **以暴力、胁迫等方式强制他人在公共场所穿着、佩戴宣扬恐怖主义、极端主义服饰、标志的,处三年以下有期徒刑、拘役或者管制,并处罚金。**

(一) 概念

强制穿戴宣扬恐怖主义、极端主义服饰、标志罪,是指以暴力、胁迫等方式强制他人在公共场所穿着、佩戴宣扬恐怖主义、极端主义服饰、标志的行为。

(二) 行为

本罪的实行行为是以暴力、胁迫等方式强制他人在公共场所穿着、佩戴宣扬恐怖主义、极端主义服饰、标志的行为。认定本罪时应当注意本罪犯罪手段的强制性,即必须是以对他人肉体实施暴力、以伤害进行威胁,或者对他人精神予以胁迫等强制手段。如果行为人没有对他人实施上述强制行为,则不构成本罪。本罪的暴力,通常是指对他人直接采取殴打身体等方式。胁迫是指对他人采取的精神威慑,使他人不敢抗拒的强制手段,常见的有以对他人及其亲属实施杀害、揭发隐私、损坏财产相威胁;利用迷信或编造谎言的方式对妇女进行威胁;利用地理、时间等形成的特殊条件实施胁迫等。

本罪中的暴力、胁迫行为,只要达到使他人的反抗显著困难的程度即为已足,而不需要达到完全压制被害人反抗的程度。至于何为被害人反抗显著困难,应结合一般的社会观念、被害者的年龄、精神状态、健康状态、行为的场所、时间以及其他的事项综合判断。

(三) 故意

本罪的主观方面为故意。

七、非法持有宣扬恐怖主义、极端主义物品罪

第一百二十条之六[根据《刑法修正案》(九)第七条增设] **明知是宣扬恐怖主义、极端主义的图书、音频视频资料或者其他物品而非法持有,情节严重的,处三年以下有期徒刑、拘役或者管制,并处罚金。**

(一) 概念

非法持有宣扬恐怖主义、极端主义物品罪,是指明知是宣扬恐怖主义、极端主义的图书、音频

视频资料或者其他物品而非法持有，情节严重的行为。

（二）行为

本罪的实行行为是非法持有宣扬恐怖主义、极端主义物品的行为。本罪为情节犯，行为人实施本罪行为，必须达到情节严重的，才构成本罪。

（三）故意

本罪的主观方面为故意。行为人主观上必须具有“明知”，即明知是宣扬恐怖主义、极端主义的图书、音频视频资料或其他物品非法持有。对于不明知图书、音频视频资料或其他物品载有利用恐怖主义、极端主义的内容，但出于营利或其他目的，违反国家规定，予以出版、印刷、复制、发行、传播或者提供仓储、邮寄、投递、运输、传输等服务的，可以按照非法经营罪等具体罪名定罪处罚。

八、劫持航空器罪

第一百二十一条　以暴力、胁迫或者其他方法劫持航空器的，处十年以上有期徒刑或者无期徒刑；致人重伤、死亡或者使航空器遭受严重破坏的，处死刑。

（一）概念

劫持航空器罪，是指故意以暴力、胁迫或者其他方法劫持航空器的行为。

（二）行为

本罪在客观方面表现为暴力、胁迫的手段行为和劫持行为。一方面，手段行为针对的对象可以是包括乘客在内的所有机上人员，也可以针对飞机本身，甚至可以针对地面的人员或物体等，其本质在于使航空器内的机组人员或者其他人员不能反抗、不敢反抗或不知反抗。另一方面，行为人必须实施了劫持航空器的行为，所谓劫持航空器是指劫夺航空器，或者强行控制航空器的航行。只要行为人实施了劫持行为，无论是否劫持成功，是否实际控制了航空器，均构成本罪。

（三）对象

本罪的行为对象是正在使用或者飞行中的航空器。根据有关公约规定，当地面人员或机组为某一特定飞行而对航空器进行飞行前的准备时起，直到降落后 24 小时为止，该航空器被认为是正在使用中。航空器从装载完毕，机舱外部各门均已关闭时起，直至打开任一机舱门以便卸载时止，视为正在飞行中；航空器被迫降落时，在主管当局接管该航空器及机上人员及财产责任以前，视为仍在飞行中。航空器的范围不限于民用航空器，对国家航空器例如军事、海关、警察用的航空器加以劫持，仍可构成本罪。

（四）故意

本罪在主观方面必须出于故意，包括直接故意和间接故意，同时要求其具有劫持航空器的目的。

（五）既遂

本罪既遂的认定，应当以其是否实施了劫持行为为标准，但是所谓实施了劫持行为并不意味着劫持行为已经完成甚至成功。因此，只要行为人开始实行劫持行为，虽然其行为并未完成，或者虽然劫持但实际未能控制航空器，或者未能造成任何严重后果的，均仍以认定构成既遂。

（六）结果加重犯

实施本罪，致人重伤、死亡或者使航空器遭受严重破坏的，处死刑。这是刑法中为数不多的绝对死刑规定。需要注意的是，在上述加重犯规定中，应当认为既包括过失致人重伤、死亡或者使航空器遭受严重破坏的情形，也更应该包括故意造成上述严重后果的场合。

九、劫持船只、汽车罪

第一百二十二条　**以暴力、胁迫或者其他方法劫持船只、汽车的，处五年以上十年以下有期徒刑；造成严重后果的，处十年以上有期徒刑或者无期徒刑。**

(一) 概念

劫持船只、汽车罪,是指以暴力、胁迫或者其他方法劫持船只、汽车的行为。

(二) 行为

本罪在客观方面表现为行为人实施了暴力、胁迫或其他方法劫持船只、汽车。上述行为可以针对船上、汽车上的人员进行,也可以针对汽车、船只进行。行为人只要实施了劫持行为即构成行为的既遂,而不需要其已经实现劫持的目的。

(三) 对象

本罪的行为对象必须是正在使用过程中(但是,未必是在行驶过程中)的船只、汽车。船只是指较大型的用于交通的机动或者非机动船舶。汽车应理解为机动车辆,但是不包括摩托车以及非机动车辆等。非船只、汽车,例如火车不属于本罪对象。

(四) 故意

本罪在主观上只能是直接故意,并且具有非法劫持船只、汽车的目的。如果行为人实施暴力行为的目的是破坏船只、汽车,则只可能构成破坏交通工具罪而非本罪。

(五) 罪数形态

实施本罪行为,可能在劫持船只、汽车之后实施其他犯罪,例如,在劫持船只、汽车后又乘机在船上、汽车上抢劫、强奸、故意杀人的,应当认定构成本罪与抢劫罪、强奸罪、故意杀人罪的数罪并罚。但是如果是为了抢劫而对船只、汽车进行一定控制的,应当按照牵连犯的处理原则,从一重罪论处。

十、暴力危及飞行安全罪

第一百二十三条　**对飞行中的航空器上的人员使用暴力，危及飞行安全，尚未造成严重后果的，处五年以下有期徒刑或者拘役；造成严重后果的，处五年以上有期徒刑。**

(一) 概念

暴力危及飞行安全罪,是指行为人故意对飞行中的航空器上的人员使用暴力,危及飞行安全的行为。

(二) 行为

本罪在客观方面表现为暴力危及飞行安全的行为。暴力是指非法对人行使有形力的行为,包括殴打、捆绑、伤害等危害人身权利的手段。如果行为人使用了非暴力或者仅仅限于威胁的,不构成本罪。上述行为必须对飞行安全造成现实危险。行为人的暴力手段是否造成后果,则不影响定罪。是否危及飞行安全必须予以具体考察,不能认为所有发生在航空器内的暴力行为都危及飞行安全,例如,针对机组人员的轻微暴力行为,或者乘客之间的暴力行为虽然程度较重但仅侵害了乘客的人身权利的,都不应认定构成本罪。如果出现严重后果,例如致人轻伤、重伤、导致飞行事故、强行降落、重大财产损失等,则构成本罪的结果加重。

(三) 对象

本罪对象为正在飞行中的航空器上的人员,因此直接针对航空器本身的暴力行为不构成本罪,但可能构成其他诸如劫持航空器罪或者破坏交通工具罪等。所谓的航空器上的人员包含机组人员，也包含乘客，但是被害人必须身在航空器上。另外，所谓的航空器应当包括民用航空器，同时也包括国家航空器。虽然《东京公约》《海牙公约》等国际公约均规定所适用对象为民用航空器，但是对于刑法的解释并不完全以此为准，而仍然需要独立考察相关的对象、法益是否需要并且是否值得刑法予以干涉，显然，对国家航空器上的人员采取暴力，同样应当构成本罪。

（四）故意

本罪在主观方面为故意，即明知自己的暴力行为可能危及飞行安全而希望或者放任这一结果的发生。通常情况下大多数为间接故意。其动机不影响定罪，即使因为同机组人员发生的争吵而实施暴力的，也可能构成本罪。另外，本罪行为人不具备劫持航空器的目的，如果具有上述目的，则不应以本罪处理，而直接构成劫持航空器罪。

第五节　涉及枪支、弹药、爆炸物、危险物质的犯罪

一、非法制造、买卖、运输、邮寄、储存枪支、弹药、爆炸物罪

第一百二十五条［根据《刑法修正案》（三）第五条修订］　**非法制造、买卖、运输、邮寄、储存枪支、弹药、爆炸物的，处三年以上十年以下有期徒刑；情节严重的，处十年以上有期徒刑、无期徒刑或者死刑。**

非法制造、买卖、运输、储存毒害性、放射性、传染病病原体等物质，危害公共安全的，依照前款的规定处罚。

单位犯前两款罪的，对单位判处罚金，并对其直接负责的主管人员和其他直接负责的人员，依照第一款的规定处罚。

（一）概念

非法制造、买卖、运输、邮寄、储存枪支、弹药、爆炸物罪，是指行为人明知是枪支、弹药、爆炸物而予以制造、买卖、运输、邮寄、储存的行为。

（二）行为

本罪在客观方面表现为非法制造、买卖、运输、邮寄、储存行为之一即可构成本罪。实施其中多个行为的，按其所实施的行为认定，但也只构成一罪。非法是指上述相关行为均未经国家有关部门批准许可。所谓制造是指擅自生产、制作（包括改装、配装、组装、修理、拼装）；所谓买卖是指出售、购买上述对象，行为人实施其中一个行为即可，另外介绍买卖上述对象，按照非法买卖枪支、弹药、爆炸物罪的共同犯罪论处，实际上也被认为属于买卖行为的附属行为；所谓运输是指将上述对象进行地点的转移；所谓邮寄是指通过邮政部门寄递上述对象；所谓储存是指明知是他人非法制造、买卖、运输、邮寄的枪支、弹药、爆炸物而为其存放[①]。

虽然有关司法解释仅仅对储存作出了相应解释，但是如何理解上述规定即其究竟是明确性的规定还是限定性的规定，有着不同的意义。如果认为是限定性的规定，那么就是说只有非法制造、买卖、运输、邮寄的上述对象才能成为非法储存的对象，其他状态下的上述对象例如行为人非法持有、私藏的爆炸物，就不能认定属于储存的对象因而无法构成储存爆炸物罪，但同时又由于爆炸物不属于非法持有、私藏枪支、弹药罪的对象，而导致对其无法定罪，出现刑法的缺位。同样，对于他人盗窃的爆炸物事先并不知情但事后予以储存的，也不属于上述司法解释所指出的储

① 最高人民法院《关于审理非法制造、买卖、运输枪支、弹药、爆炸物等刑事案件具体应用法律若干问题的解释》（2001年5月16日）。

存的对象,因而无法认定构成本罪而只能认定为窝藏、转移赃物罪,其法定刑明显不相适应。显然,鉴于这种情况,将上述解释理解为明确性规定似乎更为合适,即上述对象当然成为储存对象,但是储存的对象并不限于上述状态下的枪支、弹药、爆炸物。

必须注意,在这一司法解释中,最高人民法院基本上没有依据数量多少作为区分非法储存、邮寄枪支、弹药、爆炸物罪和非法持有、私藏枪支、弹药罪的界限,例如非法运输、邮寄、储存军用枪支 1 支以上或者非法运输、邮寄、储存以火药为动力发射枪弹的非军用枪支 1 支以上或者以压缩气体等为动力的其他非军用枪支 2 支以上的,构成非法运输、邮寄、储存枪支罪;针对同等数量、同等性质的枪支的非法持有、私藏行为构成非法持有、私藏枪支罪。因此,可以这样认为:① 数量不能成为区分非法持有、私藏枪支、弹药罪和非法运输、邮寄、储存枪支、弹药、爆炸物罪的标准。② 上述行为中,制造行为和买卖行为是主行为或者中心行为,而运输、邮寄、储存行为则是附属于制造、买卖行为而成立的,因而不能将所有存在位置转移、物品持有或者存放的行为都认定属于运输、邮寄、储存行为,只有上述行为同上述对象的非法制造、买卖相直接联系,即或者作为非法制造、买卖上述对象的共同犯罪,或者邮寄、运输、储存的对象就是非法制造、买卖的上述枪支、弹药、爆炸物的,才能被认定属于本罪中的运输、邮寄、储存行为。

本罪为行为犯,因而行为人只要实施了上述行为,即认为对公共安全存在危险,而构成犯罪。例如按照《枪支管理法》第 30 条第 2 款的规定,没有枪支运输许可证件的,任何单位和个人都不得承运。如果行为人明知自己没有枪支运输许可证件或者危险物品运输许可证件,但知道托运人的枪支、弹药、爆炸物系合法生产或购买,因而违反规定加以承运的,是否构成本罪? 仅仅从形式的角度考察,该行为人的行为也违反了法律规定,似乎也能够构成非法运输枪支罪。但是由于刑法区别规定非法制造、买卖枪支罪和违规制造、销售枪支罪,因而可能出现违规制造、销售枪支,情节一般的,只处 5 年以下有期徒刑,而对合法枪支违规进行运输的,即使情节一般,却也要在 3 年以上 10 年以下有期徒刑幅度内量刑,罪刑显然不相均衡。因而从立法的意图出发,对于本身为合法持有的枪支、弹药、爆炸物在运输、邮寄、储存存在的单纯违规现象,不应作为非法运输、储存、邮寄枪支、弹药、爆炸物罪论处。

上述行为均为非法,即有关主体根本不具备生产、买卖的资格或者未经批准而实施上述客观行为。

有关主体具备国家有关资格而成为依法被制定、确定的枪支制造企业、销售企业,违规制造、销售枪支的,不构成本罪,只可能构成违规制造、销售枪支罪。另外,在运输、邮寄、储存过程中,所谓的非法也并非指其独立的运输、邮寄、储存行为违反有关管理规定,而必须是其所涉及的枪支、弹药、爆炸物本身即为非法。

(三) 对象

本罪的行为对象为枪支、弹药、爆炸物。所谓枪支、弹药,按照《枪支管理法》第 46 条规定,是指以火药或者压缩气体等为动力,利用管状器具发射金属弹丸或者其他物质,足以致人伤亡或者丧失知觉的各种枪支。因此,包括军用的手枪、步枪、冲锋枪、机枪;射击运动的各种枪支;狩猎用的有膛线枪、散弹枪、火药枪;麻醉动物用的注射枪、能发射金属弹丸的气枪以及上述枪支所使用的弹药。此外,私自制作土枪出售,或者将体育运动用枪改装成火药枪的,应根据具体情况,区别对待:构成犯罪的,以非法制造、买卖枪支罪论处,如果情节显著轻微、危害不大的,则不以犯罪论处。钢珠枪能够发射金属弹丸可致人伤亡,对其加以制造、买卖、运输,构成犯罪的,以本罪论处。对于非法制造、买卖、运输、邮寄、储存成套枪支散件的,以相应数量的枪支计,同样构成本罪,非成套枪支散件以每 30 件为一成套枪支散件计。所谓爆炸物是指具有较大爆破性或杀伤性的爆炸物,既包括军用爆炸物,也包括民用爆炸物,但是不应该包含烟花、爆竹。

对于枪支、弹药、爆炸物的范围，除上述观点外，还有广义说、狭义说两种。广义说从保护公共安全角度出发，认为凡是《枪支管理法》所规定的各种枪支包括军用枪支及其所使用的弹药、射击运动用的各种枪支、狩猎用猎枪、麻醉动物用的麻醉枪以及能够发射金属弹丸的气枪；《民用爆炸物品管理条例》所规定的各种爆炸物，包括各类炸药、雷管、导火索、起爆药、导爆索、非电爆系统、爆破剂等；黑火药、烟火剂、民用信号弹、烟火爆竹以及其他爆炸物品。狭义说认为只有军用的枪支、弹药、爆炸物才能成为本罪对象。

（四）故意

本罪在主观方面必须是直接故意，并且明知是枪支、弹药、爆炸物而故意非法制造、买卖、运输、邮寄、储存。对上述对象存在认识错误，影响本罪故意的成立因而影响本罪成立。

二、非法制造、买卖、运输、储存危险物质罪

第一百二十五条［根据《刑法修正案》(三)第五条修订］　**非法制造、买卖、运输、邮寄、储存枪支、弹药、爆炸物的，处三年以上十年以下有期徒刑；情节严重的，处十年以上有期徒刑、无期徒刑或者死刑。**

非法制造、买卖、运输、储存毒害性、放射性、传染病病原体等物质，危害公共安全的，依照前款的规定处罚。

单位犯前两款罪的，对单位判处罚金，并对其直接负责的主管人员和其他直接负责的人员，依照第一款的规定处罚。

（一）概念

非法制造、买卖、运输、储存危险物质罪，是指明知是毒害性、放射性、传染病病原体等物质而加以非法制造、买卖、运输、储存，危害公共安全的行为。

（二）行为

本罪在客观方面表现为实施了制造、买卖、运输、储存危险物质的行为。刑法并未规定邮寄行为，但是现实中存在着将上述对象通过邮政部门予以寄送的可能，对此可以依照非法运输危险物质加以认定；同时，对上述危险物质进行私藏和持有，也可以认定构成储存危险物质行为。上述行为必须具有非法性，即有关自然人或者单位依照国家规定不具备制造、买卖、运输、储存上述对象的资格而实施了上述行为。上述行为必须对公共安全造成了现实危险，因此本罪并非行为犯而是具体的危险犯。因此，例如未经批准少量制造用以灭鼠的灭鼠药，虽属非法，但不一定构成对公共安全的危害，情节显著轻微、危害不大，不以犯罪论处。

（三）对象

本罪的行为对象是毒害性、放射性、传染病病原体等物质，其范围包括但不限于上述三种，其他同上述三种对象具有相似危险性的物质，例如易燃性等物品，同样可以成为本罪对象。

（四）主体

本罪的主体是未取得制造、买卖、运输、储存上述危险物质资格的单位和自然人。有关自然人和单位具有相关资格，但是违反有关规定进行上述行为，例如虽然具备出售危险物质的资格但是对购买人未经确认其购买资格而销售核材料的行为，或者超过国家限额规定超量生产并私自买卖等情形，一般不适宜认定构成非法制造、买卖危险物质罪。同样，如果具备资格的自然人或者单位，在储存、运输过程中，违反了管理规定，即使发生重大事故造成严重后果的，也不能认定构成非法运输、储存危险物质罪，而可能构成危险物品肇事罪等犯罪。

（五）故意

本罪在主观方面为故意，同时要求行为人必须明知上述物品的危险性质。

三、违规制造、销售枪支罪

第一百二十六条　依法被指定的枪支制造企业、销售企业，违反枪支管理规定，有下列行为之一的，对单位判处罚金，并对直接负责的主管人员和其他直接责任人员，处五年以下有期徒刑；情节严重的，处五年以上十年以下有期徒刑；情节特别严重的，处十年以上有期徒刑或者无期徒刑：

（一）以非法销售为目的，超过限额或者不按照规定的品种制造、配售枪支的；

（二）以非法销售为目的，制造无号、重号、假号的枪支的；

（三）非法销售枪支或者在境内销售为出口制造的枪支。

（一）概念

违规制造、销售枪支罪，是指依法被指定的枪支制造企业、销售企业，违反枪支管理规定，擅自制造、销售枪支的行为。

（二）行为

本罪在客观方面表现为三种行为：① 以非法销售为目的，超过限额或者不按照规定的品种制造、配售枪支的；② 以非法销售为目的，制造无号、重号、假号的枪支的；③ 非法销售枪支或者在境内销售为出口制造的枪支的行为。需要指出的是，本罪对象仅为枪支，弹药、爆炸物等其他危险物品不属于本罪对象。同时前两种行为不以实际销售为必要。

（三）主体

本罪的主体为依法被指定的枪支制造企业、销售企业。在处罚时，则按照两罚制同时处罚单位及其直接负责的主管人员和其他直接责任人员。

（四）故意

本罪在主观方面为直接故意，同时要求在实施前两种行为时，具有非法销售的目的。

四、盗窃、抢夺枪支、弹药、爆炸物、危险物质罪

第一百二十七条［根据《刑法修正案》(三)第六条修订］　盗窃、抢夺枪支、弹药、爆炸物的，或者盗窃、抢夺毒害性、放射性、传染病病原体等物质，危害公共安全的，处三年以上十年以下有期徒刑；情节严重的，处十年以上有期徒刑、无期徒刑或者死刑。

抢劫枪支、弹药、爆炸物或者抢劫毒害性、放射性、传染病病原体等物质，危害公共安全的，或者盗窃、抢夺国家机关、军警人员、民兵的枪支、弹药、爆炸物的，处十年以上有期徒刑、无期徒刑或者死刑。

（一）概念

盗窃、抢夺枪支、弹药、爆炸物、危险物质罪，是指盗窃、抢夺枪支、弹药、爆炸物及其他危险物质，危害公共安全的行为。

（二）行为

本罪在客观方面表现为盗窃、抢夺的行为。所谓盗窃是指采用使上述对象的所有人、占有人、使用人等不会发觉的方法秘密窃取；所谓抢夺是指乘人不备公然夺取。对于盗窃、抢夺枪支、弹药、爆炸物而言，只要行为人实施了上述行为既成立犯罪，因此相关行为属于行为犯；但是对于盗窃、抢夺毒害性、放射性、传染病病原体等物质而言，由于上述物质虽属危险，但同枪支、弹药、爆炸物的性质仍有不同，因而其行为必须造成对公共安全的危险，才成立本罪。因此本行为属于具体的危险犯。如果行为人虽盗窃、抢夺了上述物品，但是对公共安全并没有造成危害的，不够

成本罪，但是可能构成盗窃罪、抢夺罪。例如行为人以不法所有为目的而采用了科学合理的方法将盗窃的危险物质加以储存，而不可能危害公共安全的情形。

行为人既实施了针对上述对象的盗窃行为，又实施了针对上述对象的抢夺行为的，仅构成一罪而不数罪并罚。

（三）故意

本罪在主观方面为直接故意，并且要求行为人对于所盗窃、抢夺的对象性质具有特定明知。如果由于认识错误原因，而将上述对象作为一般物品加以盗窃或者抢夺的，则只构成盗窃罪、抢夺罪。至于盗窃、抢夺后将上述对象予以私藏或者持有的，则另构成非法持有枪支、弹药、爆炸物罪或者运输、储存危险物质罪。

五、抢劫枪支、弹药、爆炸物、危险物质罪

第一百二十七条［根据《刑法修正案》（三）第六条修订］　盗窃、抢夺枪支、弹药、爆炸物的，或者盗窃、抢夺毒害性、放射性、传染病病原体等物质，危害公共安全的，处三年以上十年以下有期徒刑；情节严重的，处十年以上有期徒刑、无期徒刑或者死刑。

抢劫枪支、弹药、爆炸物或者抢劫毒害性、放射性、传染病病原体等物质，危害公共安全的，或者盗窃、抢夺国家机关、军警人员、民兵的枪支、弹药、爆炸物的，处十年以上有期徒刑、无期徒刑或者死刑。

（一）概念

抢劫枪支、弹药、爆炸物、危险物质罪，是指以暴力、胁迫或者其他手段抢劫枪支、弹药、爆炸物、危险物质的行为。

（二）行为

本罪在客观方面表现为使用暴力、胁迫或者其他使人不能反抗、不敢反抗、不知反抗的强制方法，劫走上述对象的行为。只要抢劫对象属于上述范围，无论使用人、所有人是谁，也不论原所有或者占有是否合法，均成立本罪。对于枪支、弹药、爆炸物而言，本罪属于行为犯，行为人只有实施了抢劫行为即构成既遂；但是对于危险物质而言，本罪属于危险犯，因此，只有具体的抢劫行为造成了对公共安全的危险的，才构成本罪。

（三）故意

本罪在主观方面为直接故意，并且要求行为人明知是上述对象而进行抢劫，才能构成本罪。如果行为人由于认识错误，而将上述对象误认为一般物品进行抢劫的，不构成本罪，而构成普通抢劫罪。

六、非法持有、私藏枪支、弹药罪

第一百二十八条第一款　违反枪支管理规定，非法持有、私藏枪支、弹药的，处三年以下有期徒刑、拘役或者管制；情节严重的，处三年以上七年以下有期徒刑。

（一）概念

非法持有、私藏枪支、弹药罪，是指违反枪支管理规定，非法持有、私藏枪支、弹药的行为。

（二）行为

本罪在客观方面表现为非法持有、私藏的行为。所谓非法持有，是指不符合配置、配备枪支、弹药条件的人员，违反枪支管理法律、法规的规定，擅自持有枪支、弹药的行为。所谓私藏是指依法配备、配置枪支、弹药的人员，在配备、配置枪支、弹药的条件消除后，违反枪支管理法律、法规的规定，私自藏匿所配备、配置的枪支、弹药且拒不交出的行为。规定这一行为的原因主要在于，

对于行为人持有的枪支的来源有时未必能够查清,因而直接对持有行为定性为特定犯罪。正是基于这一原因,对非法持有的解释不应过于宽泛,而应与此立法意图相符。因此,枪支、弹药的数量并不是区分非法持有、私藏枪支、弹药罪与非法储存枪支、弹药罪的标准。私藏的对象必须是原来具有合法理由配备、配置的枪支、弹药;而非法持有的枪支必须是其来源无法查清的枪支、弹药;如果来源能够查清,即该枪支究竟是盗窃、抢劫、抢夺所得还是自己或者是他人非法制造、买卖等所得,对于本犯而言,就应该按照其来源所触犯的犯罪论处。

非法持有主要包括:来源的确无法查清的枪支、弹药持有行为;来源清楚但来源本身并不构成独立犯罪的,而占有仍为非法的,例如他人赠与后非法持有;将枪支、弹药作为一般物品非法占有后进行持有的;与本犯共同非法持有的,例如本犯仅构成非法持有枪支罪,则共同持有者当然也构成非法持有枪支罪,但如果本犯构成相应的盗窃枪支、弹药罪,则此后的共同持有者不应以非法持有枪支、弹药罪论处,而应当按照非法储存枪支、弹药罪论处。

(三) 对象

本罪的行为对象仅包括枪支、弹药,对爆炸物或危险物质予以持有、私藏的,按照非法储存爆炸物罪或者非法储存危险物质罪论处。

(四) 故意

本罪在主观方面为直接故意,并且具有对枪支、弹药具有特定的明知。

(五) 认定

行为人对上述对象构成其他特定的枪支、弹药犯罪的,非法持有的行为一般为前一犯罪所吸收,不再单独认定本罪并予以数罪并罚;但如果对上述对象并不知情而加以盗窃、抢夺、抢劫后加以非法持有的,构成盗窃罪、抢夺罪、抢劫罪,其后的非法持有枪支、弹药罪独立定罪并作为数罪并罚。

七、非法出租、出借枪支罪

第一百二十八条第二款 **依法配备公务用枪的人员,非法出租、出借枪支的,依照前款的规定处罚。**

第三款 **依法配置枪支的人员,非法出租、出借枪支的,造成严重后果的,依照第一款的规定处罚。**

第四款 **单位犯第二款、第三款罪的,对单位判处罚金,并对其直接负责的主管人员和其他直接责任人员,依照第一款的规定处罚。**

(一) 概念

非法出租、出借枪支罪,是指依法配备公务用枪的人员或者单位,非法出租、出借枪支或者依法配置枪支的人员或者单位,非法出租、出借枪支,造成严重后果的行为。

(二) 行为

本罪在客观方面表现为出租、出借枪支的行为。出租是指擅自将枪支在一段时间内有偿提供给他人使用的行为,如果是永久性地有偿将枪支转让给他人,则成立非法买卖枪支罪。出借是指违反有关规定,擅自将上述枪支无偿提供给他人使用的行为。永久性地将枪支无偿赠与,也应该认为属于出借枪支。另外,将公务用枪用作借债质押物,使枪支处于非依法持枪人的控制、使用之下的情形,也属于出借枪支行为[①]。同样,对于依法配置枪支的类似行为也构成出借枪支行为。对于出租、出借公务用枪行为而言,只需要实施上述行为即构成犯罪,但对于出租、出借依法

① 1998年11月3日最高人民检察院《关于将公务用枪用作借债质押的行为如何适用法律问题的批复》。

配置的枪支行为而言，必须造成严重后果的，才成立犯罪。

（三）对象

本罪的行为对象为依法配备的公务用枪和依法配置的枪支，因而出租、出借上述枪支以外的枪支或者仅仅出借或者出租弹药、爆炸物的行为，均不构成本罪。

（四）主体

本罪的主体为依法配备公务用枪或者依法配置枪支的自然人、单位。前者例如公安机关、国家安全机关、监狱、劳动教养机关的人民警察，人民法院或者人民检察院的司法警察和担负案件侦查任务的检察人员，海关的缉私人员，在依法履行职责时确有必要使用枪支的；或者国家重要的军工、金融、仓储、科研等单位的专职守护、押运人员在执行守护、押运任务时确有必要使用枪支，而配备公务用枪的个人或者单位。后者是指经省级人民政府体育行政主管部门批准专门从事射击竞技体育活动的单位配置射击运动枪支的；野生动物保护、饲养、科研单位因业务需要而配置猎枪、麻醉用枪的；经省级以上人民政府林业行政主管部门批准的狩猎场配置猎枪的；猎民在猎区、牧区配置枪支的等情形。

（五）故意

本罪在主观方面是故意，包括直接故意和间接故意。

八、丢失枪支不报罪

第一百二十九条　依法配备公务用枪的人员，丢失枪支不及时报告，造成严重后果的，处三年以下有期徒刑或者拘役。

（一）概念

丢失枪支不报罪，是指依法配备公务用枪的人员，丢失枪支不及时报告，造成严重后果的行为。

（二）行为

本罪在客观方面表现为丢失枪支不及时报告，造成严重后果的行为。首先，行为人必须具有丢失枪支的前提。丢失的原因不限，可以是被盗被抢，也可以是遗失等。其次，行为人没有及时报告枪支丢失一事。行为人丢失枪支后有立即报告的义务，因此，所谓不及时是指未能立即报告，包括拖延报告和一直没有报告两种情形。从报告义务而言，本罪属于真正不作为犯。最后，丢失枪支不及时报告行为造成严重后果的，才构成犯罪。所谓严重后果并不是指丢失枪支本身，而是由于丢失枪支造成严重危害后果，造成严重社会恐慌；或者被犯罪分子利用实施犯罪行为等。

（三）故意

本罪在主观方面的表现，理论上存在着极大争论。有人强调本罪的核心行为是不及时报告，因而认为本罪主观方面是故意（指不及时报告而言）；有人认为本罪核心是造成严重后果，因而认为主观方面为过失，但同样也又认为本罪行为人对于严重后果可以是过失，也可以是间接故意，但不能是直接故意，因而是一种复合罪过；但是有人也认为，对于严重结果没有过失时，也仍然成立犯罪，因而所谓的严重后果仅仅是一种超越性的客观处罚条件，不需要与之对应的主观要素。最后一种观点可能更为合理。

九、非法携带枪支、弹药、管制刀具、危险物品危及公共安全罪

第一百三十条　非法携带枪支、弹药、管制刀具或者爆炸性、易燃性、放射性、毒害性、腐蚀性物品，进入公共场所或者公共交通工具，危及公共安全，情节严重的，处三年以下有期

徒刑、拘役或者管制。

（一）概念

非法携带枪支、弹药、管制刀具、危险物品危及公共安全罪，是指非法携带枪支、弹药、管制刀具或者爆炸性、易燃性、放射性、毒害性、腐蚀性物品，进入公共场所或者公共交通工具，危及公共安全，情节严重的行为。

（二）行为

本罪在客观方面表现为非法携带上述物品进入公共场所或者公共交通工具。所谓携带应当作广义理解，并非指亲身持有，而是指在公共场所或者公共交通工具控制、支配上述物品。最后，上述行为必须危及公共安全，情节严重。

（三）故意

本罪在主观方面是故意，要求行为人对于自己所携带物品的性质存在着明知。

（四）认定

对于管制刀具或者非枪支、弹药、爆炸物、危险物质而言，非法携带本身并不构成犯罪，而危及公共安全，情节严重，可能构成本罪。但是对于枪支、弹药、爆炸物以及放射性、易燃性、毒害性等危险物质，对其加以非法储存、运输、持有、邮寄等行为均可以构成独立犯罪。同时结合本罪的法定刑，应当认为所谓的非法携带并不包括能够独立论罪的诸如非法持有枪支罪、非法储存枪支、弹药、爆炸物罪、非法储存危险物质罪等上述犯罪。因而对于上述物品而言，所谓的非法携带不是携带物品本身的非法，而在于携带可能为合法，但是进入公共场所或者公共交通工具的行为存在着未经批准等违反法律法规的地方。如果携带本身即为非法，应当按照非法持有枪支罪等犯罪论处，而非法持有枪支等物品非法进入公共场所的行为为非法持有枪支等行为所吸收，不应单独定罪并进而同非法持有枪支罪等犯罪数罪并罚。

同样，结合其法定刑考察，枪支、弹药、管制刀具，一般不会发生大范围的严重后果，因而所谓的危及公共安全，情节严重的，包括了围绕上述对象而发生的所有危险形态和实害形态。但是对于爆炸性、易燃性、放射性、毒害性、腐蚀性物品，需要指出的是，本罪仅属于具体危险犯，同时所谓的情节严重也不包括发生重大事故，如果仅仅造成轻微后果，当然可以构成本罪，但是如果行为人实施上述行为，发生严重后果的，在符合其他构成要件情形下则可能构成其他犯罪，例如爆炸罪、过失爆炸罪、危险物品肇事罪等。

在行为人非法携带上述物品作为工具并进而意图或者实际实施其他犯罪的行为例如故意杀人、劫持航空器等行为的，则构成牵连犯，应当按照从一重罪的处断原则论处。

第六节　责任事故型危害公共安全的犯罪

一、重大飞行事故罪

第一百三十一条　**航空人员违反规章制度，致使发生重大飞行事故，造成严重后果的，处三年以下有期徒刑或者拘役；造成飞机坠毁或者人员伤亡的，处三年以上七年以下有期徒刑。**

（一）概念

重大飞行事故罪，是指航空人员违反规章制度，致使发生重大飞行事故，过失造成严重后果的行为。

（二）行为

本罪在客观方面表现为行为人造成重大飞行事故的行为。一方面，行为人必须具有违反规章制度的行为；另一方面，行为人的行为导致了重大飞行事故的发生，因而造成了严重后果。如果上述行为没有造成重大飞行事故的，不构成本罪。

（三）主体

本罪的主体为航空人员，包括地面人员和空勤人员。前者指航空器维修人员、空中交通管制员、飞行签派员、航空电台通信员等；后者是指驾驶员、领航员、飞行机械人员、飞行通信员、乘务员等。

（四）过失

本罪在主观方面只能由过失构成，包括疏忽大意的过失和过于自信的过失。

二、铁路运营安全事故罪

第一百三十二条　铁路职工违反规章制度，致使发生铁路运营安全事故，造成严重后果的，处三年以下有期徒刑或者拘役；造成特别严重后果的，处三年以上七年以下有期徒刑。

（一）概念

铁路运营安全事故罪，是指铁路职工违反规章制度，致使发生铁路运营安全事故，过失造成严重后果的行为。

（二）行为

本罪在客观方面表现为行为人违反规章制度，致使发生铁路运营安全事故，造成严重后果的行为。如果行为人没有违反规章制度，或者虽然违反规章制度但没有造成严重后果的，不构成本罪。

（三）主体

本罪的主体为铁路职工，包括国家铁路、地方铁路、专用铁路及铁路专用线的职工。

（四）过失

本罪在主观方面为过失。虽然行为人违反规章制度可能是明知而为之，但对于因此发生的严重后果只能是疏忽大意的过失或者过于自信的过失。

三、交通肇事罪

第一百三十三条　违反交通管理法规，因而发生重大事故，致人重伤、死亡或者使公私财产遭受重大损失的，处三年以下有期徒刑或者拘役；交通运输肇事后逃逸或者有其他特别恶劣情节的，处三年以上七年以下有期徒刑；因逃逸致人死亡的，处七年以上有期徒刑。

（一）概念

交通肇事罪，是指违反交通管理法规，因而发生重大事故，致人重伤、死亡或者使公私财产遭受重大损失的行为。

（二）行为

本罪在客观方面表现为交通肇事的行为。首先，必须有违反交通运输管理法规的行为。在此主要是指公路、水上交通运输中的各种交通规则、操作规程、劳动纪律等。其次，必须发生重大交通事故，致人重伤、死亡或者使公私财产遭受重大损失。虽然违反交通管理法规，但是没有发生重大交通事故或者交通事故的损害不重大的，不构成本罪。最后，重大交通事故必须发生在交通运输过程中以及与交通运输有直接关系的活动中。同时，上述交通事故必须发生在公共交通管理的范围内，如果发生在公共交通管理范围外，驾驶机动车辆或者使用其他交通工具致人伤亡或者使公共财产或者他人财产遭受重大损失的，构成犯罪的，按照重大责任事故罪、重大劳动安全事故罪或者过失致人死亡罪论处。例如,在货运码头上驾驶货车未注意后面是否有人而在倒车时将他人撞倒,或者在工矿厂区内驾驶货车将他人撞倒,或者在住宅小区内停车时未加注意将一玩耍的小孩撞死等。同样,对于非机动车在行人稀少、没有机动车来往的道路上,违章骑车而将他人撞倒后致死的情形,由于并不具有危害公共安全的性质,应当认定构成过失致人死亡罪等犯罪。

(三) 主体

本罪的主体是除航空人员、铁路人员以外从事交通运输人员及其他一切同交通运输有关的人员,包括非交通运输人员在内。需要注意的是,本罪主体未必为从事机动交通运输的人员,因而骑自行车的人甚至行人都有可能构成交通肇事。例如行人突然跨越护栏导致机动车司机采取紧急避让,导致发生翻车事故的,也同样构成本罪。另外,在偷开汽车过程中因过失撞死、撞伤他人或者撞坏车辆的,也成立本罪。尤其是,单位主管人员、机动车辆所有人或者机动车辆承包人指使、强令他人违章驾驶造成重大交通事故的,或者交通肇事后,单位主管人员、机动车辆所有人、承包人或者乘车人指使肇事人逃逸,致使被害人得不到救助而死亡的,也可能构成本罪。依照上述解释的意图,实际上,对于交通肇事后,单位主管人员、机动车辆所有人、承包人或者乘车人指使肇事人逃逸,虽未致使被害人死亡的,也应该构成本罪。

(四) 过失

本罪在主观方面为过失,行为人对于违反交通运输管理法规可能是有意而为之,但是对于其可能发生的重大伤亡后果以及重大公私财产损失结果,只能是过失。

(五) 情节加重犯

交通肇事后逃逸或者有其他特别恶劣的情节的,属于本罪的情节加重犯。所谓逃逸是指行为人具有上述构成犯罪的情形之一,在发生交通事故后,为逃避法律追究而逃跑的行为。需要指出的是,构成该情节加重犯,首先要求行为人的肇事行为已经构成本罪,否则逃逸行为只能作为定罪情节在确定其是否构成交通肇事罪时加以考虑。其次要求行为人明知自己已经发生交通肇事行为,如果对肇事不具有明知的,自然也不可能产生逃避法律追究的动机,也就不构成逃逸行为。再次,对于虽然履行了对被害人的抢救义务,但是逃避责任查清认定的行为,仍然构成逃逸。最后,所谓逃逸主要是指自现场逃离,但也可以是将被害人送往医院后逃离,甚至在现场躲藏的情形。

具有下列情形之一的,属于有其他特别恶劣情节:① 死亡 2 人以上或者重伤 5 人以上,负事故全部或者主要责任的;② 死亡 6 人以上,负事故同等责任的;③ 造成公共财产或者他人财产直接损失,负事故全部或者主要责任,无能力赔偿数额在 60 万元以上的。

(六) 逃逸致人死亡

所谓因逃逸致人死亡,是指行为人在交通肇事后为逃避法律追究而逃跑,致使被害人因得不到救助而死亡的情形。构成这一特殊的情节加重犯其条件为:首先,行为人原来的肇事行为已经符合交通肇事罪基本罪的构成要件。其次,因逃逸致人死亡的对象是否仅仅指第一次交通肇事的被害人,例如第一次交通肇事将他人撞死,又逃逸因而过失致另一人死亡的,是否能够按照因逃逸致人死亡处理?我们认为除上述解释的情形外,后者情形也应当按照逃逸致人死亡论处,而不应简单地作为交通肇事罪的同种数罪或者按照撞死多人的交通肇事罪处理。再次,逃逸行为与死亡之间必须具有因果关系,因此必须考察死亡结果是否真的因逃逸引起的抢救的不作为而发生,如果救助行为并不能阻止死亡结果的发生,或者死亡结果的发生并非逃逸引起而是介入了一个独立的原因等,均不能认为构成因逃逸致人死亡。最后,虽然行为人的逃逸行为是有意而为之,但行为人对逃逸致人死亡结果的主观方面应当是过失。

需要注意的是，按照有关解释规定，交通肇事后，单位主管人员、机动车辆所有人、承包人或者乘车人指使肇事人逃逸，致使被害人因得不到救助而死亡的，以交通肇事罪的共犯论处[①]。但是按照共同犯罪论处这一结论，无论是在其主观方面，还是在两人之间是否存在共同犯罪行为问题上，都存在着继续研究的余地。

（七）认定

1. 罪与非罪的界限

交通肇事具有下列情形之一的，构成犯罪：① 死亡1人或者重伤3人以上，负事故全部或者主要责任的；② 死亡3人以上，负事故同等责任的；③ 造成公共财产或者他人财产直接损失，负事故全部或者主要责任，无能力赔偿数额在30万元以上的。另外，交通肇事致1人以上重伤，负事故全部或者主要责任，并具有下列情形之一的，以交通肇事罪定罪处罚：① 酒后、吸食毒品后驾驶机动车辆的；② 无驾驶资格驾驶机动车辆的；③ 明知是安全装置不全或者安全机件失灵的机动车辆而驾驶的；④ 明知是无牌证或者已报废的机动车辆而驾驶的；⑤ 严重超载驾驶的；⑥ 为逃避法律追究逃离事故现场的。

2. 与其他犯罪的界限

并非所有交通肇事后逃逸的行为均按照交通肇事罪的情节加重犯论处。如果行为人在交通肇事后为逃避法律追究，将被害人带离事故现场后隐藏或者遗弃，致使被害人无法得到救助而死亡或者严重残疾的，应当分别依照故意杀人罪、故意伤害罪定罪处罚。从这一解释中可以看出，逃逸时行为人的心理是极其复杂的，完全可能对被害人的死亡在主观上存在着放任甚至希望的故意，但不能将所有的逃离现场对被害人不进行抢救的行为均认为构成先行行为下的不作为故意杀人罪或者故意伤害罪。通常而言，只有其采取进一步的积极行为而在主观上具有利用其先行肇事行为所导致的危险，并且客观上对被害人的生命实行了具有相对意义上的结果支配的排他性，才可以构成故意杀人罪等犯罪。另外，有的特殊情形下，对于被害人即使没有加以隐藏而仅仅加以遗弃，但是考虑到具体环境、当时的地点、气候、时间等因素，被害人无法得到救助的，例如在冬日深夜的偏僻公路上将一人撞成重伤后，立刻逃逸，致使该被害人失血过多并因寒冷而死亡，同样可以构成故意杀人罪。需要注意的是，对于逃逸行为构成故意杀人罪等犯罪情形时，行为人此前实施的交通肇事行为如果独立构成交通肇事罪，应当按照交通肇事罪和故意杀人罪数罪并罚。

另外，在逃逸过程中，由于逃避追究的动机，而放任了其他人的安全，进而将他人又撞死撞伤的，还又可能构成以危险方法危害公共安全罪或者交通肇事罪和故意杀人罪数罪并罚。

四、危险驾驶罪

刑法第一百三十三条之一[根据《刑法修正案》(八)第二十二条增设、根据《刑法修正案》(九)修订]　**在道路上驾驶机动车，有下列情形之一的，处拘役，并处罚金：**

（一）追逐竞驶，情节恶劣的；

（二）醉酒驾驶机动车的；

（三）从事校车业务或者旅客运输，严重超过额定乘员载客，或者严重超过规定时速行驶的；

（四）违反危险化学品安全管理规定运输危险化学品，危及公共安全的。

机动车所有人、管理人对前款第三项、第四项行为负有直接责任的，依照前款的规定

① 最高人民法院《关于审理交通肇事刑事案件具体应用法律若干问题的解释》(2000年11月10日)。

处罚。

有前两款行为，同时构成其他犯罪的，依照处罚较重的规定定罪处罚。

(一) 概念

危险驾驶罪，是指在道路上驾驶机动车追逐竞驶，情节恶劣，或者醉酒驾驶机动车，或者从事校车业务或者旅客运输，严重超过额定乘员载客，或者严重超过规定时速行驶或者违反危险化学品安全管理规定运输危险化学品，危及公共安全的行为。

(二) 行为

本罪客观方面表现为：

(1) 追逐竞驶。追逐竞驶，是指汽车驾驶员之间互相追逐、竞相超越，俗称“飙车”。但是，追逐竞驶并不以超速为前提条件。[①] 一般认为，追逐竞驶包括以下情形：随意追逐、超越其他车辆；和其他车辆贴身并行；在高速公路上突然加速、突然停车；近距离驶至其他车辆之前；频繁、突然并线等等。

典型的追逐竞驶行为是发生在两个或者两个以上的驾驶者之间，否则相互追逐、相互超越的行为难以完成。但是需要指出的是，追逐竞驶并不以诸多驾驶者之间为必要，有时可能只处罚一方，如行为人故意超越执行紧急任务的救护车、消防车、警车等。

追逐竞驶的行为必须情节恶劣，才构成犯罪。对情节恶劣的评价，要考虑以下情形：挑衅他人然后追逐竞驶的；参与追逐竞驶的车辆较多的；追逐竞驶的时间、距离较长的；在交通要道、繁华路段或者高速公路追逐竞驶的；追逐竞驶中严重超速的；明知车辆有安全故障仍然驾车追逐竞驶的等等。

(2) 醉酒驾驶。醉酒驾驶是指车辆驾驶人员在醉酒状态下驾驶机动车上路的行为。驾驶人员每100毫升血液中酒精含量大于或者等于80毫克的，即为本罪中的“醉酒”。

(3) 从事校车业务或者旅客运输，严重超过额定乘员载客，或者严重超过规定时速行驶的行为。

(4) 违反危险化学品安全管理规定运输危险化学品，危及公共安全的行为。

需要注意的是机动车所有人、管理人对他人从事校车业务或者旅客运输，严重超过额定乘员载客，或者严重超过规定时速行驶的行为，以及违反危险化学品安全管理规定运输危险化学品，危及公共安全的行为，负有直接责任的也成立本罪。

(三) 道路

本罪的道路，因行为的不同而不同。[②] 如追逐竞驶的“道路”，主要是指《道路交通安全法》第119条所规定的公路、城市道路和虽在单位管辖范围但允许社会机动车通行的地方，包括广场、公共停车场等用于公众通行的场所。醉酒驾驶的“道路”，不应作出如此严格的限制，即某些道路虽然不属于《道路交通安全法》所规定的道路，但是，按照通常的社会观念，即便是仅能供一辆机动车行驶而不可能追逐竞驶的道路，也是本罪中的道路。

(四) 机动车

这里的机动车，根据《道路交通安全法》第119条的规定，是指以动力装置驱动或者牵引，上道路行驶的，供人员乘坐或者运送物品、进行工程专项作业的轮式车辆。包括：汽车、摩托车等等。

① 如在车流频繁的场合，超车后突然刹车、频繁变线、迅速加油超车等，即使没有超速，也对其他驾驶者、行人造成严重威胁，具有公共危险性。

② 参见周光权《刑法各论(第2版)》，中国人民大学出版社2011年版，第165页。

（五）故意

本罪的主观要件为故意，行为人对自身的行为是危险驾驶有认识，对自己的行为可能对公共安全产生危险持希望或者放任的态度。

（六）抽象危险犯

本罪是抽象危险犯，只要行为人有在道路上驾驶机动车追逐竞驶，情节恶劣，或者醉酒驾驶机动车，或者从事校车业务或者旅客运输，严重超过额定乘员载客，或者严重超过规定时速行驶或者违反危险化学品安全管理规定运输危险化学品，危及公共安全的行为，即构成本罪。

（七）处罚

根据第133条之一第3款的规定，有危险驾驶的行为，同时构成其他犯罪的，依照处罚较重的规定定罪处罚。这主要是指应当处理好本罪与《刑法》第133条"交通肇事罪"、第114条、第115条"以危险方法危害公共安全罪"、第125条"非法制造、买卖、运输、储存危险物质罪"，以及《刑法》第136条危险物品肇事罪等危害公共安全罪的关系。因此，应当根据犯罪行为的具体表现形式和危害公共安全程度的大小，具体适用罪名。对于行为人的行为构成危险驾驶罪，同时构成其他犯罪的，依照处罚较重的规定定罪处罚。

五、重大责任事故罪

第一百三十四条第一款［根据《刑法修正案》（六）第一条修订］　在生产、作业中违反有关安全管理的规定，因而发生重大伤亡事故或者造成其他严重后果的，处三年以下有期徒刑或者拘役；情节特别恶劣的，处三年以上七年以下有期徒刑。

（一）概念

重大责任事故罪，是指在生产、作业中违反有关安全管理的规定，因而发生重大伤亡事故或者造成其他严重后果的行为。

（二）行为

本罪在客观方面表现为在生产、作业中违反有关安全管理的规定，因而发生重大伤亡事故或者造成其他严重后果的行为。

违反有关安全管理的规定，既包括违反国家发布的各种有关安全生产的法规，以及企业、事业单位及上级管理机关制定的涉及安全生产、科研、设计、施工中安全操作的客观规律的文件，也包括违反长期为人们所公认行之有效的正确操作习惯与惯例，如在不准使用明火的工作场合使用明火，或者在电焊时不按照规章制度要求隔离易燃、易爆物品等，就属于违反有关安全管理的规定。不是在生产、作业中违反有关安全管理的规定，发生重大伤亡事故或者造成其他严重后果，而是在日常生活中或者生产、储存、运输、使用危险物品的过程中导致重大事故发生的，不构成本罪，而构成失火、过失爆炸罪或者危险物品肇事罪。

违反有关安全管理规定的行为，必须引起重大伤亡事故或造成其他严重后果，才能构成本罪。根据有关司法解释，发生矿山生产安全事故，具有下列情形之一的，应当认定为本罪所规定的重大伤亡事故或者其他严重后果：① 造成死亡1人以上，或者重伤3人以上的；② 造成直接经济损失100万元以上的；③ 造成其他严重后果的情形。具有下列情形之一的，应当认定为情节特别恶劣：① 造成死亡3人以上，或者重伤10人以上的；② 造成直接经济损失300万元以上的；③ 其他特别恶劣的情节[①]。

① 参见最高人民法院、最高人民检察院《关于办理危害矿山生产安全刑事案件具体应用法律若干问题的解释》（2007年2月28日）。

（三）过失

本罪在主观方面是过失。这种过失是指行为人对所发生的后果而言,即行为人应当预见到自己的行为可能发生重大责任事故,只是因为疏忽大意而没有预见或者已经预见而轻信可以避免。行为人对于违反规章制度则可能是明知故犯的。

在认定本罪的主观特征时,需要注意：随着工业和科学技术的发展,某些业务不可避免地带有一定风险。根据传统的过失理论,当行为人认识到自己的行为可能发生危害结果时,应立即停止这一行为。否则,便为违反注意义务的行为,发生损害结果的,以过失犯罪论处。这种做法虽然能够回避风险,但却不能促进社会生产力的发展。所以,有必要肯定允许的危险的理论,在一定程度上限制过失犯罪的成立范围。允许的危险,指某种具有危害倾向的行为,因有益于社会而允许其实施的合法行为。允许的危险的理论意义在于,一是一定程度上免除开办风险业务的组织者、管理者的过失责任;二是一定程度上免除从事风险业务的业务人员的过失责任。由于重大责任事故罪一般均发生在风险业务领域,因此在认定犯罪过失是否存在时,必须考虑适用允许的危险这一理论。

（四）认定

认定本罪,需要注意重大责任事故与自然事故、技术事故的区分。

自然事故是指自然原因而引起的事故,在区分重大责任事故与自然事故的时候,应当从以下两个方面考察：① 是否存在违章行为,自然事故的引起往往与违章行为无关。在没有违章行为的情况下可以排除重大责任事故。② 是否存在着主观过失,自然事故的引起是超出人们的主观意志的,属于意外事件与不可抗力。在司法实践上,造成了重大损害结果,并非都属于重大责任事故,只有在排除自然事故的情况下,根据行为人的主观与客观情况,才能认定其行为是否构成重大责任事故罪。

技术事故是指因技术设备条件不良而发生的事故。只有在事故是由设备原因引起并且是在人所不能预见或者不能避免的情况下发生,才能定为技术事故。

六、强令违章冒险作业罪

第一百三十四条第二款[根据《刑法修正案》(六)第一条修订]　强令他人违章冒险作业,因而发生重大伤亡事故或者造成其他严重后果的,处五年以下有期徒刑或者拘役;情节特别恶劣的,处五年以上有期徒刑。

（一）概念

强令违章冒险作业重大事故罪,是指强令他人违章冒险作业,因而发生重大伤亡事故或者造成其他严重后果的行为。

（二）行为

本罪在客观方面表现为强令他人违章冒险作业,因而发生重大伤亡事故或者造成其他严重后果的行为。

强令他人违章冒险作业,是指生产、施工、作业等工作的管理人员,明知自己的决定违反安全生产、作业的规章制度,可能会发生事故,却心存侥幸,自认为不会发生事故,而强行命令他人违章作业的行为。强令,是在对事故发现具有认识的前提下迫使他人继续作业,从而导致实害发生。是否属于强令,可能与是否用生硬的语言进行命令无关,也与强令者是否出现在生产、作业现场无关,只要命令者发出的信息内容所产生的决定性影响,达到了使他人不得不违心继续生产、作业的心理强制程度,即属于强令,例如,单位负责人以直接或者间接方式传达了如果拒绝服从,会面临扣工资、扣奖金、开除等后果的信息,使工人产生恐惧心理,不得不继续工作,就应当认

定为强令。强令违章冒险作业行为，必须发生重大伤亡事故或者造成其他严重后果的，才构成犯罪。至于“重大伤亡事故”“造成其他严重后果”的判断标准，和生产、作业重大事故罪相同。

本罪和重大责任事故罪的实行行为在危害性程度上存在差别：强令他人冒险作业比一般的不服管理、违反规章制度的行为性质更严重，社会危害性更大。在有些情况下，有的矿主明知矿井下瓦斯浓度超标，继续作业有危险，应当立即采取人员疏散和排险措施，但为了追求利润，仍令工人继续作业，结果酿成悲剧。刑法对这种行为规定了比“不服管理、违反规章制度”发生安全事故更重的处罚标准。

（三）过失

本罪在主观方面是过失。

七、重大劳动安全事故罪

第一百三十五条［根据《刑法修正案》（六）第二条修订］　安全生产设施或者安全生产条件不符合国家规定，因而发生重大伤亡事故或者造成其他严重后果的，对直接负责的主管人员和其他直接责任人员，处三年以下有期徒刑或者拘役；情节特别恶劣的，处三年以上七年以下有期徒刑。

（一）概念

重大劳动安全事故罪，是指安全生产设施或者安全生产条件不符合国家规定，因而发生重大伤亡事故或者造成其他严重后果的行为。

（二）行为

本罪在客观方面表现为安全生产设施或者安全生产条件不符合国家规定，因而发生重大伤亡事故或者造成其他严重后果的行为。

这里的安全生产设施，是指用于保护劳动者人身安全的各种设施、设备，如隔离栏、防护网、危险标志、紧急逃生通道等。安全生产条件，主要是指保障劳动者安全生产、作业必不可少的安全防护用品和措施，如用于防毒、绝缘、避雷、防爆、防火、通风等用品和措施。安全生产设施或者安全生产条件不符合国家规定在实践中表现为多种形式，例如，生产经营单位不按照国家有关法律、法规的规定为工人提供必要的劳动、防护用品；生产经营单位新建、改建、扩建工程的安全设施未依法经有关部门审查批准，擅自投入生产或使用；生产经营单位由于不具备安全生产条件或者存在重大事故隐患，被行政执法机关责令停产、停业或者取缔、关闭后，仍强行生产经营等，均属不符合国家规定的情形。

（三）过失

本罪在主观方面是过失。即应当预见安全生产设施或者安全生产条件不符合国家规定可能发生重大责任事故，因为疏忽大意而没有预见，或者已经预见而轻信可以避免。

八、大型群众性活动重大安全事故罪

第一百三十五条之一［根据《刑法修正案》（六）第三条增设］　举办大型群众性活动违反安全管理规定，因而发生重大伤亡事故或者造成其他严重后果的，对直接负责的主管人员和其他直接责任人员，处三年以下有期徒刑或者拘役；情节特别恶劣的，处三年以上七年以下有期徒刑。

（一）概念

大型群众性活动重大安全事故罪，是指举办大型群众性活动违反安全管理规定，因而发生重大伤亡事故或者造成其他严重后果的行为。

(二) 行为

本罪在客观方面表现为举办大型群众性活动违反安全管理规定,因而发生重大伤亡事故或者造成其他严重后果。

举办大型群众性活动,是指举办演唱会、音乐会、游园会、灯会、花会、展销会、体育比赛、民间竞技等文艺活动、民间传统活动和群众性体育活动。活动的举办场所广泛,包括公园、风景游览区、游乐园、广场、体育场(馆)、展览馆、俱乐部、公共道路、居民生活区等公共场所。活动参加人数没有限制,可以少至数十人,多至数万人,只要参加者是不特定或者多数人,且处于随时增加或者减少的状态即可。违反安全管理规定,是指违反国家有关部门为保证大型群众性活动安全、顺利举行制定的管理规定,例如,未经批准擅自举办大型群众性活动;不制定大型活动的安全保卫工作方案、活动场地的消防应急措施、紧急情况下的人员疏散措施和应急预案;出现紧急情况时处置不力,导致现场秩序严重混乱、失控,从而发生人员挤压、踩踏等恶性伤亡事故。

(三) 过失

本罪在主观方面是过失。即应当预见举办大型群众性活动违反安全管理规定可能发生重大责任事故,因为疏忽大意而没有预见,或者已经预见而轻信可以避免。

九、危险物品肇事罪

第一百三十六条 **违反爆炸性、易燃性、放射性、毒害性、腐蚀性物品的管理规定,在生产、储存、运输、使用中发生重大事故,造成严重后果的,处三年以下有期徒刑或者拘役;后果特别严重的,处三年以上七年以下有期徒刑。**

(一) 概念

危险物品肇事罪,是指违反爆炸性、易燃性、放射性、毒害性、腐蚀性物品的管理规定,在生产、储存、运输、使用中发生重大事故,过失造成严重后果的行为。

(二) 行为

本罪在客观方面表现为在生产、储存、运输、使用危险物品过程中发生重大事故的行为。首先,构成本罪的前提必须是行为人违反了上述物品的管理规定。其次,本罪发生的范围仅限于上述物品的生产、储存、运输、使用过程中。这是本罪与过失投毒罪、过失爆炸罪、失火罪等罪的重要区别。最后,由于上述违章行为导致发生重大事故,造成严重后果。

(三) 过失

本罪在主观方面是过失。

十、工程重大安全事故罪

第一百三十七条 **建设单位、设计单位、施工单位、工程监理单位违反国家规定,降低工程质量标准,造成重大安全事故的,对直接责任人员,处五年以下有期徒刑或者拘役,并处罚金;后果特别严重的,处五年以上十年以下有期徒刑,并处罚金。**

(一) 概念

工程重大安全事故罪,是指建设单位、设计单位、施工单位、工程监理单位违反国家规定,降低工程质量标准,过失造成重大安全事故的行为。

(二) 行为

本罪在客观方面表现为违反国家规定,降低工程质量标准,导致重大安全事故的行为。如果重大安全事故并非工程质量引起而是因为违章冒险作业引起，则不构成本罪，而构成重大责任事故罪。

（三）主体

本罪的主体是建设单位、设计单位、施工单位、工程监理单位，但是刑法采用了转嫁罚的规定，不处罚单位，而只处罚其直接负责人员。

（四）过失

本罪在主观方面是过失。

十一、教育设施重大安全事故罪

第一百三十八条　明知校舍或者教育教学设施有危险，而不采取措施或者不及时报告，致使发生重大伤亡事故的，对直接责任人员，处三年以下有期徒刑或者拘役；后果特别严重的，处三年以上七年以下有期徒刑。

（一）概念

教育设施重大安全事故罪，是指行为人明知校舍或者教育教学设施有危险，而不采取措施或者不及时报告，因而过失发生重大伤亡事故的行为。

（二）行为

本罪在客观方面表现为对校舍或者教育教学设施有危险而不采取措施或者不及时报告，导致重大伤亡事故的行为。所谓不采取措施是指未采取足够、合理的措施，包括未采取任何措施，也包括虽采取一定措施，但是该措施仍未使教育教学设施符合国家规定的情形。如果已经采取了足够措施或者已经向有关机关及时报告的，不构成本罪，因而本罪实际上属于纯正的不作为犯。

（三）过失

本罪在主观方面为过失，虽然要求行为人对校舍、教育教学设施有危险具有明知，但是对于重大伤亡事故，只能是出于过失。

十二、消防责任事故罪

第一百三十九条　违反消防管理法规，经消防监督机构通知采取改正措施而拒绝执行，造成严重后果的，对直接责任人员，处三年以下有期徒刑或者拘役；后果特别严重的，处三年以上七年以下有期徒刑。

（一）概念

消防责任事故罪，是指行为人违反消防管理法规，经消防监督机构通知采取改正措施而拒绝执行，过失造成严重后果的行为。

（二）行为

本罪在客观方面表现为经消防监督机构通知采取改正措施而拒绝执行，造成严重后果的行为。本罪也属于纯正的不作为犯。行为人违反消防管理法规，这是构成本罪的前提。消防监督机构已经通知行为人采取改正措施，而拒绝执行该改正措施。如果已经采取了改正措施最后仍因其他原因而引起火灾等重大事故的，不构成本罪。

（三）过失

本罪在主观方面是过失。行为人对于违反消防法规，并对经过消防监督机构通知，应该采取改正措施有所认识，但是对于结果的发生，只存在过失。

十三、不报、谎报安全事故情况罪

第一百三十九条之一［根据《刑法修正案》(六)第四条增设］ **在安全事故发生后，负有报告职责的人员不报或者谎报事故情况，贻误事故抢救，情节严重的，处三年以下有期徒刑或者拘役；情节特别严重的，处三年以上七年以下有期徒刑。**

(一) 概念

不报、谎报安全事故情况罪，是指在安全事故发生后，负有报告职责的人员不报或者谎报事故情况，贻误事故抢救，情节严重的行为。

(二) 行为

本罪在客观方面表现为在安全事故发生后，负有报告职责的人员不报或者谎报事故情况，贻误事故抢救，情节严重。

发生安全事故，是本罪的成立前提。这里的安全事故，不是仅限于生产经营单位发生的安全生产事故、大型群众性活动中发生的重大伤亡事故，还包括危害公共安全罪中所有与安全事故有关的犯罪，但丢失枪支不报罪、交通肇事罪、教育设施重大安全事故罪除外，因为这三个犯罪已经将不报告或者逃逸作为构成犯罪或法定刑升格的条件之一。

生产经营单位发生生产安全事故后，事故现场有关人员应当立即报告本单位负责人。单位负责人接到事故报告后，应当迅速采取有效措施，组织抢救，防止事故扩大，减少人员伤亡和财产损失，并按照国家有关规定立即如实报告当地负有安全生产监督管理职责的部门，隐瞒不报、谎报或者拖延不报，贻误事故抢救的，就可能构成本罪。不报事故情况，是典型的不作为行为。故意破坏事故现场、毁灭有关证据，在事故调查处理期间擅离职守或者逃匿的，属于不报事故情况的行为。谎报事故情况，是指掩饰事故真相的一切行为。

成立本罪，要求不报、谎报行为贻误事故抢救，情节严重。贻误事故抢救，是指安全事故发生后，由于不报或者谎报，耽误了抢救的最佳时机，使一些本可以抢救出来的人员未能救出，或者造成财产损失进一步扩大等情形。情节特别严重，是指负有报告职责的人在安全事故发生后，不仅自己不报、谎报，而且还指使、授意他人不报、谎报、伪造、破坏事故现场或者转移、藏匿、销毁遇难人员尸体或者其他事故证据，不仅贻误了事故抢救，而且还给事故调查处理设置障碍等情形。

根据有关司法解释，在矿山生产安全事故发生后，负有报告职责的人员不报或者谎报事故情况，贻误事故抢救，具有下列情形之一的，应当认定为《刑法》第139条之一规定的情节严重：① 导致事故后果扩大，增加死亡1人以上，或者增加重伤3人以上，或者增加直接经济损失100万元以上的。② 实施下列行为之一，致使不能及时有效开展事故抢救的：决定不报、谎报事故情况或者指使、串通有关人员不报、谎报事故情况的；在事故抢救期间擅离职守或者逃匿的；伪造、破坏事故现场，或者转移、藏匿、毁灭遇难人员尸体，或者转移、藏匿受伤人员的；毁灭、伪造、隐匿与事故有关的图纸、记录、计算机数据等资料以及其他证据的。③ 其他严重的情节[①]。

(三) 故意

本罪在主观方面是故意，即在安全事故发生后，负有报告职责的人员明知不报或者谎报事故情况的行为可能贻误事故抢救，而希望或者放任该结果的发生。

① 参见最高人民法院、最高人民检察院《关于办理危害矿山生产安全刑事案件具体应用法律若干问题的解释》(2007年2月28日)。

本 章 小 结

刑法理论上所讨论的危险犯主要集中于本章，因而在本章的学习研究中首先就要注意到举动犯、行为犯、危险犯、实害犯的认定和区分。刑法中的过失犯罪也主要集中于本章，因此必须注意到过失犯的有关一般理论问题。另外，本章中的大量犯罪相互之间或者同分则其他章节的犯罪之间存在着法条竞合关系、牵连关系，或者可能存在想象竞合的情形，因此在认定过程中，必须注意讨论其可能涉及的有关犯罪的构成要件。

参考阅读书目

1. 鲜铁可：《新刑法中的危险犯》，中国检察出版社 1998 年版。
2. 叶高峰主编：《危害公共安全罪新探》，河南人民出版社 1989 年版。
3. 鲍遂献、霍东生：《危害公共安全罪》，中国人民公安大学出版社 1999 年版。

【思考题】

1. 如何认识本章中所指的枪支、弹药、爆炸物的范围？
2. 如何认识本章犯罪中具体的危险和抽象的危险？
3. 破坏交通设施罪的实害犯是否存在犯罪未遂、犯罪中止情形？
4. 如何认识丢失枪支不报罪中的因果关系以及主观罪过？
5. 如何理解枪支、弹药、爆炸物、危险物质的储存行为、持有行为、私藏行为、携带行为、运输行为？

第十八章　对社会法益的犯罪Ⅱ：破坏社会主义市场经济秩序罪

本章要点

破坏社会主义市场经济秩序罪，是指违反国家市场经济管理法规，破坏市场经济秩序，使社会主义市场经济秩序遭受严重损害的行为。本章所规定的罪名，也就是通常刑法理论上所说的经济犯罪，属于行政犯。这类犯罪在行为方面首先表现为违反国家的市场经济管理法规。其次，这类行为除了少数条款规定只要实施某种行为即构成犯罪外，大多数条款还必须达到一定的结果程度才能构成，这种结果或以数额大小或以后果状况或以情节严重为标准。本章涉及8种类罪：即生产、销售伪劣商品罪，走私罪，妨害对公司、企业的管理秩序罪，破坏金融管理秩序罪，金融诈骗罪，危害税收征管罪，侵犯知识产权罪，扰乱市场秩序罪。

第一节　生产销售伪劣商品罪

一、生产销售伪劣产品罪

第一百四十条　**生产者、销售者在产品中掺杂、掺假，以假充真、以次充好或者以不合格产品冒充合格产品，销售金额五万元以上不满二十万元的，处二年以下有期徒刑或者拘役，并处或者单处销售金额百分之五十以上二倍以下罚金；销售金额二十万元以上不满五十万元的，处二年以上七年以下有期徒刑，并处销售金额百分之五十以上二倍以下罚金；销售金额五十万元以上不满二百万元的，处七年以上有期徒刑，并处销售金额百分之五十以上二倍以下罚金；销售金额二百万元以上的，处十五年有期徒刑或者无期徒刑，并处销售金额百分之五十以上二倍以下罚金或者没收财产。**

第一百四十九条　**生产、销售本节第一百四十一条至第一百四十八条所列产品，不构成各该条规定的犯罪，但是销售金额在五万元以上的，依照本节第一百四十条的规定定罪处罚。**

生产、销售本节第一百四十一条至第一百四十八条所列产品，构成各该条规定的犯罪，同时又构成本节第一百四十条规定之罪的，依照处罚较重的规定定罪处罚。

第一百五十条　**单位犯本节第一百四十条至第一百四十八条规定之罪的，对单位判处罚金，并对其直接负责的主管人员和其他直接责任人员，依照各该条的规定处罚。**

（一）概念

生产销售伪劣产品罪，是指生产者、销售者故意在产品中掺杂、掺假，以假充真、以次充好或者以不合格产品冒充合格产品，销售金额较大的行为。

（二）行为

本罪在客观方面表现为生产者、销售者实施了在产品中掺假、掺杂、以假充真、以次充好，或者以不合格产品冒充合格产品的行为。行为人生产、销售的必须是伪劣产品，即假产品和劣质产品。所谓产品是指经过加工、制作而用于销售的各种物品。假产品是指种类、名称与内容不相符合的产品，即从产品的成分上说是名不副实的根本不具有应有性能的产品。劣质产品是指质量低劣不符合相关要求的国家标准、行业标准或地方标准的产品，即不合格产品。构成本罪犯罪对象的伪劣产品具有两个基本的特征：生产、销售的伪劣产品经过用户与消费者使用不具有危害人身与财产安全的性质。如果伪劣产品具有危害人身与财产的性质，那么生产、销售这些伪劣产品则不构成此罪，而要根据具体的情形适用《刑法》第141条到148条规定的相关条款；伪劣产品的范围广泛，它不仅包括《刑法》第141条到第148条所涉及的产品，还包括一切用于销售的经过加工、制作的产品。比如家用电器、建筑材料、化工用品、医疗器械等等。在产品中掺杂、掺假，是指在产品中掺入杂质或者异物，致使产品质量不符合国家法律、法规或者产品明示质量标准规定的质量要求，降低、失去应有使用性能的行为；以假充真，是指以不具有某种使用性能的产品冒充具有该种使用性能的产品的行为；以次充好，是指以低等级、低档次产品冒充高等级、高档次产品，或者以残次品、废旧零配件组合、拼装后冒充正品或者新产品的行为；不合格产品，按照最高人民法院、最高人民检察院《关于办理生产、销售伪劣商品刑事案件具体应用法律若干问题的解释》是指不符合《产品质量法》第26条第2款规定的质量要求的产品。所谓符合质量要求是指：不存在危及人身、财产安全的不合理的危险，有保障人体健康，人身、财产安全的国家标准、行业标准的，应当符合该标准；具备产品应当具备的使用性能，但是，对产品存在使用性能的瑕疵作出说明的除外；符合在产品或者其包装上注明采用的产品标准，符合以产品说明、实物样品等方式表明的质量状况。所谓销售金额是指生产者、销售者出售伪劣产品后所得和应得的全部违法收入。本罪属于选择性罪名，在对相关行为定罪处刑的时候，应当依据案件的具体情形分别确定生产伪劣产品罪、销售伪劣产品罪或者生产、销售伪劣产品罪。

（三）主体

本罪的主体为自然人或单位。在单位犯罪的情形下，如何界定直接负责的主管人员和其他直接责任人员的范围，需要注意。直接负责的主管人员和其他直接责任人员是指：直接负责的主管人员，是在单位实施的犯罪中起决定、批准、授意、纵容、指挥等作用的人员，一般是单位的主管负责人，包括法定代表人。其他直接责任人员，是指在单位犯罪中具体实施犯罪并起较大作用的人员，也可以是单位的职工，包括聘任、雇佣的人员。应当注意的是，在单位犯罪中，对于受单位领导指派或奉命而参与实施了一定犯罪行为的人员，一般不宜作为直接责任人员追究刑事责任。

（四）故意

本罪在主观方面是故意，行为人对于生产、销售的是伪劣产品必须具有明确认识。

（五）定罪标准

生产、销售伪劣产品是两种相互联系的行为，生产是为了销售，只有销售之后才能获取非法利润，但销售伪劣产品却不一定都是直接生产者。生产、销售伪劣产品罪的成立，只需要具备其中的一个行为就可构成，如果行为人同时实行了两个行为，也只按一罪处罚，不实行数罪并罚。同时生产、销售伪劣产品的行为，只有销售金额在5万元以上的，才能构成犯罪。销售金额不满5万元的，不能认为是犯罪。所以，伪劣产品的销售金额达到5万元以上是成立本罪必须具有的法定结果，它是区分罪与非罪的标准。

在司法实践中，对于那些伪劣产品尚未销售的情形如何处理，按照最高人民法院、最高人民检察院《关于办理生产、销售伪劣商品刑事案件具体应用法律若干问题的解释》规定，伪劣产品尚未销售，货值金额达到《刑法》第140条规定的销售金额3倍以上的，以生产、销售伪劣产品罪（未遂）定罪处罚；货值金额以违法生产、销售的伪劣产品的标价计算；没有标价的，按照同类合格产品的市场中间价格计算。货值金额难以确定的,按照《扣押、追缴、没收物品估价管理办法》的规定,委托指定的估价机构确定;多次实施生产、销售伪劣产品行为,未经处理的,伪劣产品的销售金额或者货值金额累计计算。依据这一司法解释,如果伪劣产品尚未销售,货值金额达到 15 万元以上的,则以生产、销售伪劣产品罪(未遂)定罪处罚。

根据最高人民法院、最高人民检察院《关于办理生产、销售伪劣商品刑事案件具体应用法律若干问题的解释》第 9 条至第 12 条的规定,知道或者应当知道他人实施生产、销售伪劣产品的犯罪,而为其提供贷款、资金、账号、发票、证明、许可证件,或者提供生产、经营场所或者运输、仓储、保管、邮寄等便利条件,或者提供制假生产技术的,以生产、销售伪劣产品罪的共犯论处;实施生产、销售伪劣产品的犯罪,同时构成侵犯知识产权、非法经营等其他犯罪的,依照处罚较重的规定定罪处罚;实施生产、销售伪劣产品的犯罪,又以暴力、威胁方法抗拒查处,构成其他犯罪的,依照数罪并罚的规定处罚。国家机关工作人员参与生产、销售伪劣产品的犯罪,从重处罚。

二、生产、销售假药罪

第一百四十一条[根据《刑法修正案》(八)第二十三条修订]　生产、销售假药的,处三年以下有期徒刑或者拘役,并处罚金;对人体健康造成严重危害或者有其他严重情节的,处三年以上十年以下有期徒刑,并处罚金;致人死亡或者有其他特别严重情节的,处十年以上有期徒刑、无期徒刑或者死刑,并处罚金或者没收财产。

本条所称假药,是指依照《中华人民共和国药品管理法》的规定属于假药和按假药处理的药品、非药品。

第一百四十九条　生产、销售本节第一百四十一条至第一百四十八条所列产品,不构成各该条规定的犯罪,但是销售金额在五万元以上的,依照本节第一百四十条的规定定罪处罚。

生产、销售本节第一百四十一条至第一百四十八条所列产品,构成各该条规定的犯罪,同时又构成本节第一百四十条规定之罪的,依照处罚较重的规定定罪处罚。

第一百五十条　单位犯本节第一百四十条至第一百四十八条规定之罪的,对单位判处罚金,并对其直接负责的主管人员和其他直接责任人员,依照各该条的规定处罚。

(一) 概念

生产、销售假药罪,是指违反国家药品管理法规,生产、销售假药的行为。

(二) 行为

本罪在客观方面表现为生产、销售假药的行为。

行为违反药品管理法规,才有可能构成本罪。生产、销售假药,就是违反国家相关规定,生产、销售与药性不相符合的产品的行为。

生产,是指一切提炼、加工、采集、收集假药的行为。销售,是指一切以出卖牟利为目的的提供假药的行为。本罪的实行行为,实际上就是以假充真的行为,因此,如果行为人已经明确标示出其药品所含成分与相关国家标准、行业标准不相符合,但购买人愿意以此药再深加工的,可不构成本罪。

一般而言,生产是为了销售,所以生产者通常也是销售者,但销售者未必是生产者,按照法律的规定,行为人只要实施了生产、销售假药中的一种行为,就可构成犯罪。

(三) 对象

本罪的行为对象只限于人用的假药。所谓假药,按照《药品管理法》第 33 条的规定包括:药品所含成分的名称与国家药品标准或者省、自治区、直辖市药品标准不符合的;以非药品冒充药品或者以其他种药品冒充此种药品的。有下列情形之一的药品按假药处理:国务院卫生行政部门规定禁止使用的；未取得批准文号生产的；变质不能药用的；被污染不能药用的。

（四）故意

本罪在主观方面是直接故意。

（五）认定

(1) 对人体健康造成严重危害与对人体健康造成特别严重危害的具体标准。按照最高人民法院、最高人民检察院《关于办理生产、销售伪劣商品刑事案件具体应用法律若干问题的解释》的规定，生产、销售的假药被使用后，造成轻伤、重伤或者其他严重后果的，应认定为对人体健康造成严重危害；生产、销售的假药被使用后，致人严重残疾，3 人以上重伤、10 人以上轻伤或者造成其他特别严重后果的，应当认定为对人体健康造成特别严重危害。

(2) 根据《刑法》第 149 条第 1 款规定的精神，生产、销售假药，不足以严重危害人体健康的，不构成生产、销售假药罪，但是销售金额在 5 万元以上的，应认定为生产、销售伪劣产品罪。依据《刑法》第 149 条第 2 款的规定，在构成生产、销售假药罪的同时，又构成生产、销售伪劣产品罪的，应当依照处罚较重的犯罪定罪处刑，这是法条竞合情形下重法优于轻法原则的体现。《刑法》第 142 条至第 148 条所涉及的法条竞合的处理规则亦同此理。

(3) 如果行为人同时从事了生产、销售两种行为，由于其目的只有一个，仍定一个生产、销售假药罪，不实行数罪并罚。

三、生产、销售劣药罪

第一百四十二条　生产、销售劣药，对人体健康造成严重危害的，处三年以上有期徒刑，并处销售金额百分之五十以上二倍以下罚金；后果特别严重的，处十年以上有期徒刑或者无期徒刑，并处销售金额百分之五十以上二倍以下罚金或者没收财产。

本条所称劣药，是指依照《中华人民共和国药品管理法》的规定属于劣药的药品。

第一百四十九条　生产、销售本节第一百四十一条至第一百四十八条所列产品，不构成各该条规定的犯罪，但是销售金额在五万元以上的，依照本节第一百四十条的规定定罪处罚。

生产、销售本节第一百四十一条至第一百四十八条所列产品，构成各该条规定的犯罪，同时又构成本节第一百四十条规定之罪的，依照处罚较重的规定定罪处罚。

第一百五十条　单位犯本节第一百四十条至第一百四十八条规定之罪的，对单位判处罚金，并对其直接负责的主管人员和其他直接责任人员，依照各该条的规定处罚。

（一）概念

生产、销售劣药罪，是指生产、销售劣药，对人体健康造成严重危害的行为。

（二）行为

本罪在客观方面表现为生产、销售劣药并对人体健康造成严重危害，就是已经对人体健康造成了实际的严重危害。换言之，生产、销售劣药，已经对人体造成严重危害的，才构成犯罪，从犯罪形态看，本罪属于实害犯。本罪的行为对象只限于劣药。所谓劣药，按照《药品管理法》第 34 条的规定，是指药品成分含量与国家药物标准或者省、市、自治区药品标准规定不符合的药品；超过有效期限的药品；其他不符合药品标准规定的药品。

（三）故意

本罪在主观方面是直接故意。

（四）认定

实施生产、销售劣药的犯罪，同时构成侵犯知识产权、非法经营等其他犯罪的，依照处罚较重的规定定罪处罚;实施生产、销售劣药的犯罪,又以暴力、威胁方法抗拒查处,构成其他犯罪的,依照数罪并罚的规定处罚。国家机关工作人员参与生产、销售劣药的犯罪,从重处罚。

四、生产、销售不符合安全标准的食品罪

第一百四十三条[根据《刑法修正案》(九)第二十四条修订] 生产、销售不符合食品安全标准的食品,足以造成严重食物中毒事故或者其他严重食源性疾病的,处三年以下有期徒刑或者拘役,并处罚金;对人体健康造成严重危害或者有其他严重情节的,处三年以上七年以下有期徒刑,并处罚金;后果特别严重的,处七年以上有期徒刑或者无期徒刑,并处罚金或者没收财产。

第一百四十九条 生产、销售本节第一百四十一条至第一百四十八条所列产品,不构成各该条规定的犯罪,但是销售金额在五万元以上的,依照本节第一百四十条的规定定罪处罚。

生产、销售本节第一百四十一条至第一百四十八条所列产品,构成各该条规定的犯罪,同时又构成本节第一百四十条规定之罪的,依照处罚较重的规定定罪处罚。

第一百五十条 单位犯本节第一百四十条至第一百四十八条规定之罪的,对单位判处罚金,并对其直接负责的主管人员和其他直接责任人员,依照各该条的规定处罚。

(一) 概念

生产、销售不符合安全标准的食品罪,是指生产、销售不符合安全标准的食品,足以造成严重食物中毒事故或者其他严重食源性疾患的行为。

(二) 行为

本罪在客观方面表现为生产、销售不符合安全标准的食品,足以造成严重食品中毒事故或其他严重食源性疾患的行为。本罪的行为对象是不符合安全标准的食品。食品,是指各种供人食用或者饮用的成品和原料以及按照传统既属于食品又属于药物的物品,但不包括以治疗为目的的物品。《食品安全法》第34条规定了不符合安全标准的食品。根据该条的规定,禁止生产经营下列食品、食品添加剂、食品相关产品:① 用非食品原料生产的食品或者添加食品添加剂以外的化学物质和其他可能危害人体健康物质的食品,或者用回收食品作为原料生产的食品;② 致病性微生物,农药残留、兽药残留、生物毒素、重金属等污染物质以及其他危害人体健康的物质含量超过食品安全标准限量的食品、食品添加剂、食品相关产品;③ 用超过保质期的食品原料、食品添加剂生产的食品、食品添加剂;④ 超范围、超限量使用食品添加剂的食品;⑤ 营养成分不符合食品安全标准的专供婴幼儿和其他特定人群的主辅食品;⑥ 腐败变质、油脂酸败、霉变生虫、污秽不洁、混有异物、掺假掺杂或者感官性状异常的食品、食品添加剂;⑦ 病死、毒死或者死因不明的禽、畜、兽、水产动物肉类及其制品;⑧ 未按规定进行检疫或者检疫不合格的肉类,或者未经检验或者检验不合格的肉类制品;⑨ 被包装材料、容器、运输工具等污染的食品、食品添加剂;⑩ 标注虚假生产日期、保质期或者超过保质期的食品、食品添加剂;⑪ 无标签的预包装食品、食品添加剂;⑫ 国家为防病等特殊需要明令禁止生产经营的食品;⑬ 其他不符合法律、法规或者食品安全标准的食品、食品添加剂、食品相关产品。

本罪是具体危险犯,生产、销售不符合食品安全标准的食品,足以造成严重食物中毒事故或者其他严重食源性疾病的,即构成本罪。

本罪是选择性罪名,即只要行为人实施了生产、销售不符合卫生标准的食品的行为之一并具有造成严重食物中毒事故或者其他严重食源性疾患发生可能性的,就可构成犯罪。足以造成严重食物中毒事故或者其他严重食源性疾患的认定,按照最高人民法院、最高人民检察院《关于办理生产、销售伪劣商品刑事案件具体应用法律若干问题的解释》的规定,是指经省级以上卫生行

政部门确定的机构鉴定，食品中含有可能导致严重食物中毒事故或者其他严重食源性疾患的超标准的有害细菌或者其他污染物的情形。

（三）故意

本罪在主观方面是故意。

（四）认定

依据最高人民法院、最高人民检察院《关于办理生产、销售伪劣商品刑事案件具体应用法律若干问题的解释》的规定，生产、销售不符合卫生标准的食品被食用后，造成轻伤、重伤或者其他严重后果的，应认定为对人体健康造成严重危害；生产、销售不符合卫生标准的食品被食用后，致人死亡、严重残疾、3人以上重伤，10人以上轻伤或者造成其他特别严重后果的，应认定为后果特别严重。

五、生产、销售有毒、有害食品罪

第一百四十四条[根据《刑法修正案》(八)第二十五条修订] **在生产、销售的食品中掺入有毒、有害的非食品原料的，或者销售明知掺有有毒、有害的非食品原料的食品的，处五年以下有期徒刑，并处罚金；对人体健康造成严重危害或者有其他严重情节的，处五年以上十年以下有期徒刑，并处罚金；致人死亡或者有其他特别严重情节的，依照本法第一百四十一条的规定处罚。**

第一百四十九条 **生产、销售本节第一百四十一条至第一百四十八条所列产品，不构成各该条规定的犯罪，但是销售金额在五万元以上的，依照本节第一百四十条的规定定罪处罚。**

生产、销售本节第一百四十一条至第一百四十八条所列产品，构成各该条规定的犯罪，同时又构成本节第一百四十条规定之罪的，依照处罚较重的规定定罪处罚。

第一百五十条 **单位犯本节第一百四十条至第一百四十八条规定之罪的，对单位判处罚金，并对其直接负责的主管人员和其他直接责任人员，依照各该条的规定处罚。**

（一）概念

生产、销售有毒、有害食品罪，是指在生产、销售的食品中掺入有毒、有害的非食品原料的，或者销售掺有有毒、有害的非食品原料的食品的行为。

（二）行为

本罪在客观方面表现为生产、销售有毒、有害食品的行为。本罪的行为对象是有毒、有害食品，具体而言就是掺入有毒、有害的非食品原料的食品。食品原料是指粮食、油料、糖类、肉类、蛋类、薯类、蔬菜、水产品、饮品、奶类等可以制造食品的基础原料。食品中含非食品原料，通常是指食品卫生法允许的食品添加剂与营养强化剂。食品添加剂是指为改善食品品质和色、香、味，以及为防腐和加工工艺的需要而加入食品中的化学合成或者天然物质；营养强化剂是指为增强营养成分而加入食品中的天然的或者人工合成的属于天然营养素范围的食品添加剂。食品添加剂与营养强化剂本身不属于食品原料，但属于无毒、无害的非食品原料。有毒、有害的非食品原料，是指没有任何营养价值，不能食用并对人体具有生理毒性的物质，一旦食用就会损害人体健康甚至危及人的生命。如工业酒精、工业染料、色素、化学合成剂等。有害的非食品原料是指不利于人体健康的非食品原料，有毒的非食品原料是指破坏人体健康甚至危及人们生命的非食品原料。

就行为而言，具体表现为三种基本的行为方式：在食品的生产过程中掺入有毒、有害的非食品原料；在食品的销售过程中掺入有毒、有害的非食品原料；明知是掺有有毒、有害非食品原料的食品而予以销售。行为人只要实施了其中的任何一种行为就可成立本罪，但如果行为人实施了两种以上行为的，仍然构成一个生产、销售有毒、有害食品罪，而不是数罪。按照最高人民法院、最高人民检察院《关于办理非法生产、销售、使用禁止在饲料和动物饮用水中使用的药品等刑事案件具体应用法律若干问题的解释》之规定,使用盐酸克仑特罗(俗称瘦肉精)等禁止在饲料和动物饮用水中使用的药品或者含有该类药品的饲料养殖供人食用的动物,或者销售明知是使用该类药品或者含有该类药品的饲料养殖的供人食用的动物的,依照《刑法》第144条的规定,以生产、销售有毒、有害食品罪追究刑事责任;明知是使用盐酸克仑特罗等禁止在饲料和动物饮用水中使用的药品或者含有该类药品的饲料养殖的供人食用的动物,而提供屠宰等加工服务,或者销售其制品的,依照《刑法》第144条的规定,以生产、销售有毒、有害食品罪追究刑事责任。

本罪属于抽象危险犯,只要行为人实施了生产、销售掺入有毒、有害的非食品原料的食品的,或者销售明知是掺入有毒、有害的非食品原料的行为,就可构成本罪,它既不以要求具有严重食物中毒事故或者其他严重食源性疾患发生的可能性,也不以产生现实的危害结果为构成要件。

(三) 故意

本罪在主观方面是故意。

(四) 认定

按照最高人民法院、最高人民检察院《关于办理生产、销售伪劣商品刑事案件具体应用法律若干问题的解释》的规定,生产、销售的有毒、有害食品被食用后,造成轻伤、重伤或者其他严重后果的,应当认定为对人体健康造成严重危害;生产、销售的有毒、有害食品被食用后,致人严重残疾、3人以上重伤、10人以上轻伤或者造成其他特别严重后果的,应当认定为对人体健康造成特别严重危害。

六、生产、销售不符合标准的医用器材罪

第一百四十五条[根据《刑法修正案(四)》第一条修改] **生产不符合保障人体健康的国家标准、行业标准的医疗器械、医用卫生材料,或者销售明知是不符合保障人体健康的国家标准、行业标准的医疗器械、医用卫生材料,足以严重危害人体健康的,处三年以下有期徒刑或者拘役,并处销售金额百分之五十以上二倍以下罚金;对人体健康造成严重危害的,处三年以上十年以下有期徒刑,并处销售金额百分之五十以上二倍以下罚金;后果特别严重的,处十年以上有期徒刑或者无期徒刑,并处销售金额百分之五十以上二倍以下罚金或者没收财产。**

第一百四十九条 **生产、销售本节第一百四十一条至第一百四十八条所列产品,不构成各该条规定的犯罪,但是销售金额在五万元以上的,依照本节第一百四十条的规定定罪处罚。**

生产、销售本节第一百四十一条至第一百四十八条所列产品,构成各该条规定的犯罪,同时又构成本节第一百四十条规定之罪的,依照处罚较重的规定定罪处罚。

第一百五十条 **单位犯本节第一百四十条至第一百四十八条规定之罪的,对单位判处罚金,并对其直接负责的主管人员和其他直接责任人员,依照各该条的规定处罚。**

(一) 概念

生产、销售不符合标准的医用器材罪,是指违反国家产品质量管理法规,生产不符合保障人体健康的国家标准、行业标准的医疗器械、医用卫生材料,或者销售明知是不符合国家标准、行业标准的医疗器械、医用卫生材料,足以严重危害人体健康的行为。

(二) 行为对象

本罪的行为对象是不符合国家标准、行业标准的医疗器械、医用卫生材料。国家标准和行业标准,是指国家标准化行政主管机构或者卫生行政主管机关或者医疗器械、医用卫生材料生产行业制定的旨在保障消费者使用安全,不危害人体健康的有关质量与卫生标准。没有国家标准、行业标准的医疗器械,注册产品标准可视为保障人体健康的行业标准。医用器材包括医疗器械和

医用卫生材料。医疗器械，是指用于诊断、治疗、预防疾病、调节人体生理功能或者代替人体器官的仪器、设备、装置、植入物、材料及其相关物品，如人工心脏瓣膜、人工心脏起搏器、人工血管等；医用卫生材料是指用于诊断、治疗、预防疾病、调节生理功能的辅助材料。

（三）生产、销售行为

本罪在客观方面表现为生产、销售不符合标准的医用器材，足以严重危害人体健康的行为。

本罪是具体危险犯，即行为足以严重危害人体健康的，就构成犯罪。对人体健康造成严重危害的，属于实害犯。对人体健康造成严重危害，一般是指不合格的医用器材对人体造成重伤的直接伤害。至于对人体健康造成严重危害是否包括不合格的医用器材无法正常地发挥医疗、诊断功能，因延误病情而对人体健康造成的间接伤害的情形则有争议，有观点认为应当包括间接伤害[①]，但是否妥当还值得研究。

从事经营性服务的医疗机构或者个人为盲目追求经济利益，购买、使用明知是不符合标准的医疗器械、医用卫生材料，属于为牟利而销售医用器材的行为。所以医疗机构或者个人，知道或者应当知道是不符合保障人体健康的国家标准、行业标准的医疗器械、医用卫生材料而购买、使用，足以严重危害人体健康的，应以销售不符合标准的医用器材罪定罪处罚。

（四）故意

本罪在主观方面是故意，对生产、销售的医用器材不符合保障人体健康的国家标准、行业标准有明确认识。如果行为人主观上出于过失，则不构成本罪。最高人民法院、最高人民检察院《关于办理生产、销售伪劣商品刑事案件具体应用法律若干问题的解释》第 6 条第 4 款还规定，医疗机构或者个人，知道或者应当知道是不符合保障人体健康的国家标准、行业标准的医疗器械、医用卫生材料而购买、使用，对人体健康造成严重危害的，以销售不符合标准的医用器材罪定罪处罚。

七、生产、销售不符合安全标准的产品罪

第一百四十六条　生产不符合保障人身、财产安全的国家标准、行业标准的电器、压力容器、易燃易爆产品或者其他不符合保障人身、财产安全的国家标准、行业标准的产品，或者销售明知是以上不符合保障人身、财产安全的国家标准、行业标准的产品，造成严重后果的，处五年以下有期徒刑，并处销售金额百分之五十以上二倍以下罚金；后果特别严重的，处五年以上有期徒刑，并处销售金额百分之五十以上二倍以下罚金。

第一百四十九条　生产、销售本节第一百四十一条至第一百四十八条所列产品，不构成各该条规定的犯罪，但是销售金额在五万元以上的，依照本节第一百四十条的规定定罪处罚。

生产、销售本节第一百四十一条至第一百四十八条所列产品，构成各该条规定的犯罪，同时又构成本节第一百四十条规定之罪的，依照处罚较重的规定定罪处罚。

第一百五十条　单位犯本节第一百四十条至第一百四十八条规定之罪的，对单位判处罚金，并对其直接负责的主管人员和其他直接责任人员，依照各该条的规定处罚。

（一）概念

生产、销售不符合安全标准的产品罪，是指生产、销售不符合保障人身、财产安全的国家标准、行业标准的电器、压力容器、易燃易爆产品或者其他不符合保障人身、财产安全的国家标准、行业标准的产品，或者销售明知是以上不符合保障人身、财产安全的国家标准、行业标准的产品，造成严重后果的行为。

① 陈兴良主编：《罪名指南》(上)，中国政法大学出版社 2000 版，第 232 页。

(二) 行为

本罪在客观方面表现为生产或者销售明知是不符合保障人身、财产安全的国家标准、行业标准的电器、压力容器、易燃易爆产品或者其他不符合保障人身、财产安全的国家标准、行业标准的产品,造成严重后果的行为。《中华人民共和国产品质量法》规定,可能危及人体健康和人身、财产安全的工业产品,必须符合保障人体健康,人身、财产安全的国家标准、行业标准;未制定国家标准、行业标准的,必须符合保障人体健康,人身、财产安全的要求。由于这些产品本身具有一定的危险性,因而直接关系到用户、消费者的人身与财产安全,所以国家与行业规定相关的原料选材、制造工艺规程、质量标准、安全系数等一系列具体指标并实行生产、销售的许可证制度。电器主要是指电视机、电冰箱、空调、电暖器、电淋浴器、电热褥等家用电器以及电讯、电力器材等;压力容器主要指压力锅、煤气罐、锅炉等高压容器;易燃易爆产品主要是指容易燃烧或爆炸的产品,如烟花爆竹、雷管等。其他不符合保障人身、财产安全的国家标准、行业标准的产品是指上述以外的可能危及人身安全与财产安全的工业产品。生产、销售不符合安全标准的产品罪属于结果犯,就是说只有在行为人实施了生产、销售不符合安全标准的电器、压力容器、易燃易爆产品等并且已经造成了严重后果的情形下,才能构成本罪。如果没有造成严重后果的,则不构成本罪。所谓严重后果,是指因为使用了不符合安全标准的上述产品因而发生致人死亡、致人重伤或者导致公私财产的重大损失等情形。

(三) 故意

本罪在主观方面只能由故意构成,即明知是不符合安全标准的产品而予以生产、销售。国家对涉及人身与财产安全的电器、压力容器与易燃易爆产品都规定了严格的国家标准与行业标准,作为生产、销售者对此是清楚的,但仍然进行了生产、销售,所以其主观上的故意是显而易见的。至于其对行为可能造成的严重后果,则既可能为放任心理,也有可能是过失心理。如果行为人由于过失或者根本不知情而销售了不符合安全标准的产品,则不构成本罪。

八、生产、销售伪劣农药、兽药、化肥、种子罪

第一百四十七条 **生产假农药、假兽药、假化肥,销售明知是假的或者失去使用效能的农药、兽药、化肥、种子,或者生产者、销售者以不合格的农药、兽药、化肥、种子冒充合格的农药、兽药、化肥、种子,使生产遭受较大损失的,处三年以下有期徒刑或者拘役,并处或者单处销售金额百分之五十以上二倍以下罚金;使生产遭受重大损失的,处三年以上七年以下有期徒刑,并处销售金额百分之五十以上二倍以下罚金;使生产遭受特别重大损失的,处七年以上有期徒刑或者无期徒刑,并处销售金额百分之五十以上二倍以下罚金或者没收财产。**

第一百四十九条 **生产、销售本节第一百四十一条至第一百四十八条所列产品,不构成各该条规定的犯罪,但是销售金额在五万元以上的,依照本节第一百四十条的规定定罪处罚。**

生产、销售本节第一百四十一条至第一百四十八条所列产品,构成各该条规定的犯罪,同时又构成本节第一百四十条规定之罪的,依照处罚较重的规定定罪处罚。

第一百五十条 **单位犯本节第一百四十条至第一百四十八条规定之罪的,对单位判处罚金,并对其直接负责的主管人员和其他直接责任人员,依照各该条的规定处罚。**

(一) 概念

生产、销售伪劣农药、兽药、化肥、种子罪,是指生产假农药、假兽药、假化肥,销售明知是假的或者失去使用效能的农药、兽药、化肥、种子,或者生产者、销售者以不合格的农药、兽药、化肥、种子冒充合格的农药、兽药、化肥、种子,使生产遭受较大损失的行为。

（二）行为

本罪在客观方面表现为生产假农药、假兽药、假化肥，销售明知是假的或者失去使用效能的农药、兽药、化肥、种子，或者生产者、销售者以不合格的农药、兽药、化肥、种子冒充合格的农药、兽药、化肥、种子，使生产遭受较大损失的行为。它包括：生产假农药、假兽药、假化肥的行为；销售明知是假的或者是失去使用效能的农药、兽药、化肥、种子的行为；生产者、销售者以不合格的农药、兽药、化肥、种子冒充合格的农药、兽药、化肥、种子进行销售的行为。本罪的犯罪对象只限于伪劣农药、兽药、化肥、种子。农药是指防治危害农作物的昆虫、病菌、杂草和其他有害生物以及调节植物生长的各种药剂。兽药是指用于预防、诊断与治疗畜禽等动物疾病，有目的地调节其生理机能的各种药品。化肥是指用化学方法制造的用于供给农作物所需养分，以提高农作物产量与品质的各种化学肥料。种子是指用于农业、林业生产的籽粒、果实和根、茎、苗、芽等繁殖材料。假农药是指以非农药冒充真农药或者其所含成分的种类与名称同国家、行业、地方标准不符的农药。不合格的农药是指其成分的含量与国家标准、行业标准、地方标准不符合的农药，或者是超过有效期的农药等。假兽药是指以非兽药冒充兽药的或者其所含成分的种类、名称与国家标准、行业标准或地方标准不符合的兽药。不合格兽药是指兽药成分含量与国家标准、行业标准或者地方标准规定不符的，或者超过有效期的，或者变质不能使用的，或者因为被污染不能用的，或者其他与兽药标准不符但又不属于假兽药的。假化肥是指其所含成分的名称与实际内容不符合的化肥，或者以非化肥冒充真化肥的；劣化肥是指其成分的含量与国家标准、行业标准或地方标准不符合的化肥，或者失去使用效能的化肥等等。假种子是指冒充审定通过的农作物、牧草新品种或者林木良种的非种子材料。不合格的种子，是指不符合质量标准的种子或者失去了使用效能的种子。本罪属于结果犯，只有在行为人生产、销售伪劣农药、兽药、化肥、种子并使生产遭受较大损失的，才能构成本罪。按照最高人民法院、最高人民检察院《关于办理生产、销售伪劣商品刑事案件具体应用法律若干问题的解释》第 7 条的规定，使生产遭受较大损失的，一般以 2 万元为起点；重大损失的，一般以 10 万元为起点；特别重大损失的，一般以 50 万元为起点。需要指出的是，只要行为人生产、销售了上述四种伪劣产品之一，即可构成本罪，而并不要求同时生产、销售四种伪劣产品。

（三）故意

本罪在主观方面是故意。

九、生产、销售不符合卫生标准的化妆品罪

第一百四十八条　生产不符合卫生标准的化妆品，或者销售明知是不符合卫生标准的化妆品，造成严重后果的，处三年以下有期徒刑或者拘役，并处或者单处销售金额百分之五十以上二倍以下罚金。

第一百四十九条　生产、销售本节第一百四十一条至第一百四十八条所列产品，不构成各该条规定的犯罪，但是销售金额在五万元以上的，依照本节第一百四十条的规定定罪处罚。

生产、销售本节第一百四十一条至第一百四十八条所列产品，构成各该条规定的犯罪，同时又构成本节第一百四十条规定之罪的，依照处罚较重的规定定罪处罚。

第一百五十条　单位犯本节第一百四十条至第一百四十八条规定之罪的，对单位判处罚金，并对其直接负责的主管人员和其他直接责任人员，依照各该条的规定处罚。

（一）概念

生产、销售不符合卫生标准的化妆品罪，是指生产不符合卫生标准的化妆品，或者销售明知是不符合卫生标准的化妆品，造成严重后果的行为。

(二) 行为

本罪在客观方面表现为行为人生产不符合卫生标准的化妆品,或者销售明知是不符合卫生标准的化妆品,造成严重后果的行为。一方面,行为人实施了生产不符合卫生标准的化妆品或销售明知是不符合卫生标准的化妆品的行为。另一方面,这种生产或销售的行为必须造成严重的后果。也就是说,这种生产、销售不符合卫生标准的化妆品的行为引起了人体损伤或者发生严重的中毒事故,给消费者的人身、财产与其他权益造成严重损失。本罪的犯罪对象是不符合卫生标准的化妆品。根据《化妆品卫生监督条例》的规定,化妆品是指以涂擦、喷撒或者以其他类似的方法,散布于人体表面任何部位,如皮肤、毛发、指甲、口唇等,以达到清洁、消除不良气味、护肤、美容和修饰目的的日用化学工业产品。包括日用化妆品与特殊用途化妆品。不符合卫生标准的化妆品,是指不符合国家规定的各种化妆品强制标准的化妆品。化妆品的卫生标准是指国家规定的为保证消费者使用安全而专门规定的有关卫生方面的质量标准。由于化妆品的特殊用途,即与消费者人身健康的密切关联性,国家对化妆品规定了严格的卫生标准。

(三) 故意

本罪在主观方面是故意。

第二节 走私罪

一、走私武器、弹药罪

第一百五十一条[根据《刑法修正案》(八)第二十六条、《刑法修正案》(九)第九条修订] **走私武器、弹药、核材料或者伪造的货币的,处七年以上有期徒刑,并处罚金或者没收财产;情节特别严重的,处无期徒刑,并处没收财产;情节较轻的,处三年以上七年以下有期徒刑,并处罚金。**

走私国家禁止出口的文物、黄金、白银和其他贵重金属或者国家禁止进出口的珍贵动物及其制品的,处五年以上十年以下有期徒刑,并处罚金;情节特别严重的,处十年以上有期徒刑或者无期徒刑,并处没收财产;情节较轻的,处五年以下有期徒刑,并处罚金。

走私珍稀植物及其制品等国家禁止进出口的其他货物、物品的,处五年以下有期徒刑或者拘役,并处或者单处罚金;情节严重的,处五年以上有期徒刑,并处罚金。

单位犯本条规定之罪的,对单位判处罚金,并对其直接负责的主管人员和其他直接责任人员,依照本条各款的规定处罚。

第一百五十五条 **下列行为,以走私罪论处,依照本节的有关规定处罚:**

(一) 直接向走私人非法收购国家禁止进口物品的,或者直接向走私人非法收购走私进口的其他货物、物品,数额较大的;

(二) 在内海、领海运输、收购、贩卖国家禁止进出口物品的,或者运输、收购、贩卖国家限制进出口货物、物品,数额较大,没有合法证明的;

(三) 逃避海关监管将境外固体废物运输进境的。

第一百五十六条 **与走私罪犯通谋,为其提供贷款、资金、账号、发票、证明,或者为其提供运输、保管、邮寄或者其他方便的,以走私罪的共犯论处。**

第一百五十七条 **武装掩护走私的,依照本法第一百五十一条第一款、第四款的规定从重处罚。**

以暴力、威胁方法抗拒缉私的,以走私罪和本法第二百七十七条规定的阻碍国家机关工作

人员依法执行职务罪，依照数罪并罚的规定处罚。

（一）概念

走私武器、弹药罪，是指违反海关法规，逃避海关监管，非法运输、携带、邮寄武器、弹药进出国（边）境的行为。

（二）行为

本罪在客观方面表现为行为人违反海关法规，逃避海关监管，非法运输、携带、邮寄武器、弹药的行为。一方面，行为人的行为违反海关法规。就是说，行为人的行为违反了《海关法》《禁止进出境物品表》关于禁止武器、弹药进出境的规定而将武器、弹药非法运输、携带、邮寄进出境。另一方面，行为人逃避海关监管，即行为人违反海关法关于进出口货物必须接受海关监管、查验的规定，采取隐匿、伪装、假报等手段，故意逃避海关的监管，采取绕关、瞒关等方法，使武器、弹药进出境。其具体的行为方式有：绕关走私，即绕道从没有设立海关或者边卡检查站的边境上非法走私武器、弹药；瞒关走私，就是采取虚假的欺骗方式，瞒过海关或边防检查站的监督与检查而走私武器、弹药；间接走私，即《海关法》第 49 条与《刑法》第 155 条规定的直接向走私人非法收购国家禁止进口的武器、弹药的，或者在内海、领海非法运输、收购、贩卖国家禁止进出口的武器、弹药的。

（三）对象

本罪的行为对象是国家禁止进出口的武器与弹药。武器是指各种常规军用武器、其他军用武器以及其他类似军用武器的枪支。弹药是指与军用武器密切联系的具有杀伤力的军用与非军用的枪弹、炸弹、手榴弹、地雷等爆炸物品的总称。《海关法》《禁止进出境物品表》等法律、行政法规都禁止非法运输、携带和邮寄武器、弹药的进出境。因为武器、弹药本身所具有的杀伤力与破坏性，一旦其流散于社会必然会危及国家与社会乃至国际社会的安全。武器、弹药应当包括军用的与非军用的两大类。与此相关联，走私管制刀具、仿真枪支的，就不能构成走私武器、弹药罪。按照最高人民法院《关于审理走私刑事案件具体应用法律若干问题的解释》的规定，武器、弹药的种类，参照《海关进口税则》及《禁止进出境物品表》的有关规定确定。

（四）故意

本罪在主观方面是故意，行为人对于走私的是武器、弹药必须具有明确认识。

（五）认定

处罚走私武器、弹药罪，还需要注意以下特殊问题：① 直接向走私人非法收购国家禁止进口武器、弹药的；在内海、领海运输、收购、贩卖国家禁止进出口武器、弹药的，以走私武器、弹药罪论处。② 与走私武器、弹药罪犯通谋，为其提供贷款、资金、账号、发票、证明，或者为其提供运输、保管、邮寄或者其他方便的，以走私武器、弹药罪的共犯论处。③ 武装掩护走私武器、弹药的，依照《刑法》第 151 条第 1 款、第 4 款的规定从重处罚。④ 以暴力、威胁方法抗拒缉私的，以走私武器、弹药罪和《刑法》第 277 条规定的妨害公务罪，依照数罪并罚的规定处罚。

上述四方面的问题，在处罚走私核材料罪、走私假币罪、走私贵重金属罪、走私珍稀植物及其制品罪、走私珍贵动物及其制品罪、走私淫秽物品罪、走私普通货物、物品罪、走私固体废物罪时，都会涉及，必须认真对待。

二、走私核材料罪

第一百五十一条［根据《刑法修正案》（八）第二十六条、《刑法修正案》（九）第九条修订］

走私武器、弹药、核材料或者伪造的货币的，处七年以上有期徒刑，并处罚金或者没收财产；情节特别严重的，处无期徒刑，并处没收财产；情节较轻的，处三年以上七年以下有期徒刑，并处罚金。

走私国家禁止出口的文物、黄金、白银和其他贵重金属或者国家禁止进出口的珍贵动物及其制品的，处五年以上十年以下有期徒刑，并处罚金；情节特别严重的，处十年以上有期徒刑或者无期徒刑，并处没收财产；情节较轻的，处五年以下有期徒刑，并处罚金。

走私珍稀植物及其制品等国家禁止进出口的其他货物、物品的，处五年以下有期徒刑或者拘役，并处或者单处罚金；情节严重的，处五年以上有期徒刑，并处罚金。

单位犯本条规定之罪的，对单位判处罚金，并对其直接负责的主管人员和其他直接责任人员，依照本条各款的规定处罚。

第一百五十五条　下列行为，以走私罪论处，依照本节的有关规定处罚：

（一）直接向走私人非法收购国家禁止进口物品的，或者直接向走私人非法收购走私进口的其他货物、物品，数额较大的；

（二）在内海、领海运输、收购、贩卖国家禁止进出口物品的，或者运输、收购、贩卖国家限制进出口货物、物品，数额较大，没有合法证明的；

（三）逃避海关监管将境外固体废物运输进境的。

第一百五十六条　与走私罪犯通谋，为其提供贷款、资金、账号、发票、证明，或者为其提供运输、保管、邮寄或者其他方便的，以走私罪的共犯论处。

第一百五十七条　武装掩护走私的，依照本法第一百五十一条第一款、第四款的规定从重处罚。

以暴力、威胁方法抗拒缉私的，以走私罪和本法第二百七十七条规定的阻碍国家机关工作人员依法执行职务罪，依照数罪并罚的规定处罚。

（一）概念

走私核材料罪，是指违反海关法规，逃避海关监管，非法运输、携带、邮寄核材料进出国(边)境的行为。

（二）行为

本罪在客观方面表现为行为人违反海关法规，逃避海关监管，走私核材料的行为。走私核材料的具体行为方式与走私武器、弹药罪行为方式相同。

（三）对象

本罪侵犯的行为对象只能是核材料。核材料是指核燃料、核燃料产物、核聚变材料的统称。我国已分别在1989年、1992年、1996年先后加入了《核材料实物保护公约》《不扩散核武器公约》《核安全公约》等有关核材料的国际公约。刑法规定这一罪名也是履行国际义务的表现。

（四）故意

本罪在主观方面是故意，行为人对于走私的是核材料必须具有明确认识。

（五）认定

下列行为，以走私核材料罪论处：直接向走私人非法收购国家禁止进口核材料的；在内海、领海运输、收购、贩卖国家禁止进出口核材料的。

与走私核材料罪犯通谋，为其提供贷款、资金、账号、发票、证明，或者为其提供运输、保管、邮寄或者其他方便的，以走私核材料罪的共犯论处。

武装掩护走私核材料的，依照本法第151条第1款、第4款的规定从重处罚。

以暴力、威胁方法抗拒缉私的，以走私核材料罪和妨害公务罪，依照数罪并罚的规定处罚。

三、走私假币罪

第一百五十一条［根据《刑法修正案》(八)第二十六条、《刑法修正案》(九)第九条修订］

走私武器、弹药、核材料或者伪造的货币的，处七年以上有期徒刑，并处罚金或者没收财产；情节特别严重的，处无期徒刑，并处没收财产；情节较轻的，处三年以上七年以下有期徒刑，并处罚金。

走私国家禁止出口的文物、黄金、白银和其他贵重金属或者国家禁止进出口的珍贵动物及其制品的，处五年以上十年以下有期徒刑，并处罚金；情节特别严重的，处十年以上有期徒刑或者无期徒刑，并处没收财产；情节较轻的，处五年以下有期徒刑，并处罚金。

走私珍稀植物及其制品等国家禁止进出口的其他货物、物品的，处五年以下有期徒刑或者拘役，并处或者单处罚金；情节严重的，处五年以上有期徒刑，并处罚金。

单位犯本条规定之罪的，对单位判处罚金，并对其直接负责的主管人员和其他直接责任人员，依照本条各款的规定处罚。

第一百五十五条　下列行为，以走私罪论处，依照本节的有关规定处罚：

（一）直接向走私人非法收购国家禁止进口物品的，或者直接向走私人非法收购走私进口的其他货物、物品，数额较大的；

（二）在内海、领海运输、收购、贩卖国家禁止进出口物品的，或者运输、收购、贩卖国家限制进出口货物、物品，数额较大，没有合法证明的；

（三）逃避海关监管将境外固体废物运输进境的。

第一百五十六条　与走私罪犯通谋，为其提供贷款、资金、账号、发票、证明，或者为其提供运输、保管、邮寄或者其他方便的，以走私罪的共犯论处。

第一百五十七条　武装掩护走私的，依照本法第一百五十一条第一款、第四款的规定从重处罚。

以暴力、威胁方法抗拒缉私的，以走私罪和本法第二百七十七条规定的阻碍国家机关工作人员依法执行职务罪，依照数罪并罚的规定处罚。

（一）概念

走私假币罪，是指违反海关法规，逃避海关监管，非法运输、携带、邮寄伪造的货币进出国(边)境的行为。

（二）行为

本罪在客观方面表现为行为人违反海关法规，逃避海关监管，走私伪造的货币的行为。走私行为的具体方式以及以走私假币罪论处的几种行为与构成走私武器、弹药罪的相关情形相同。

（三）对象

本罪的行为对象是伪造的货币。伪造的货币，是指仿照真币的形状、特征、色彩制造的假币，包括假人民币与假外币。按照最高人民法院《关于审理走私刑事案件具体应用法律若干问题的解释》第2条第1款之规定，货币是指可在国内市场流通或者兑换的人民币、境外货币。不可以在国内市场流通或者兑换的境外货币不能构成走私假币罪的犯罪对象。换句话说，走私在国内市场不能流通或者兑换的境外货币不能构成走私假币罪。

（四）故意

本罪在主观方面是故意，行为人对于走私的是假币必须具有明确认识。

四、走私文物罪

第一百五十一条［根据《刑法修正案》(八)第二十六条、《刑法修正案》(九)第九条修订］走私武器、弹药、核材料或者伪造的货币的，处七年以上有期徒刑，并处罚金或者没收财产；情节特别严重的，处无期徒刑，并处没收财产；情节较轻的，处三年以上七年以下有期徒刑，并处罚金。

走私国家禁止出口的文物、黄金、白银和其他贵重金属或者国家禁止进出口的珍贵动物及其制品的，处五年以上十年以下有期徒刑，并处罚金；情节特别严重的，处十年以上有期徒刑或者无期徒刑，并处没收财产；情节较轻的，处五年以下有期徒刑，并处罚金。

走私珍稀植物及其制品等国家禁止进出口的其他货物、物品的，处五年以下有期徒刑或者拘役，并处或者单处罚金；情节严重的，处五年以上有期徒刑，并处罚金。

单位犯本条规定之罪的，对单位判处罚金，并对其直接负责的主管人员和其他直接责任人员，依照本条各款的规定处罚。

第一百五十五条　下列行为，以走私罪论处，依照本节的有关规定处罚：

（一）直接向走私人非法收购国家禁止进口物品的，或者直接向走私人非法收购走私进口的其他货物、物品，数额较大的；

（二）在内海、领海运输、收购、贩卖国家禁止进出口物品的，或者运输、收购、贩卖国家限制进出口货物、物品，数额较大，没有合法证明的；

（三）逃避海关监管将境外固体废物运输进境的。

第一百五十六条　与走私罪犯通谋，为其提供贷款、资金、账号、发票、证明，或者为其提供运输、保管、邮寄或者其他方便的，以走私罪的共犯论处。

第一百五十七条　武装掩护走私的，依照本法第一百五十一条第一款、第四款的规定从重处罚。

以暴力、威胁方法抗拒缉私的，以走私罪和本法第二百七十七条规定的阻碍国家机关工作人员依法执行职务罪，依照数罪并罚的规定处罚。

（一）概念

走私文物罪，是指违反海关法规，逃避海关监管，非法运输、携带、邮寄国家禁止出口的文物出境的行为。

（二）行为

本罪在客观方面表现为行为人违反海关法规，逃避海关监管，走私国家禁止出口的文物的行为。即行为人为了逃避海关监管而采用藏匿等手段运输、携带、邮寄国家禁止出口的文物出境。

（三）对象

本罪的行为对象是国家禁止出口的文物。文物的出口与出境，必须事先向海关申报，经国家文化行政管理部门进行鉴定并发给许可出口证。《文物保护法》第28条规定，具有重要历史、艺术、科学价值的文物，除经国务院批准运往国外展览的以外，一律禁止出境。走私文物是否构成犯罪的关键就在于走私的文物是否是国家禁止出境的文物。

（四）故意

本罪在主观方面是故意。行为人对于走私的是文物必须具有明确认识。

五、走私贵重金属罪

第一百五十一条[根据《刑法修正案》(八)第二十六条、《刑法修正案》(九)第九条修订]走私武器、弹药、核材料或者伪造的货币的，处七年以上有期徒刑，并处罚金或者没收财产；情节特别严重的，处无期徒刑，并处没收财产；情节较轻的，处三年以上七年以下有期徒刑，并处罚金。

走私国家禁止出口的文物、黄金、白银和其他贵重金属或者国家禁止进出口的珍贵动物及其制品的，处五年以上十年以下有期徒刑，并处罚金；情节特别严重的，处十年以上有期徒刑或者无期徒刑，并处没收财产；情节较轻的，处五年以下有期徒刑，并处罚金。

走私珍稀植物及其制品等国家禁止进出口的其他货物、物品的，处五年以下有期徒刑或者拘役，并处或者单处罚金；情节严重的，处五年以上有期徒刑，并处罚金。

单位犯本条规定之罪的，对单位判处罚金，并对其直接负责的主管人员和其他直接责任人员，依照本条各款的规定处罚。

第一百五十五条　**下列行为，以走私罪论处，依照本节的有关规定处罚：**

（一）直接向走私人非法收购国家禁止进口物品的，或者直接向走私人非法收购走私进口的其他货物、物品，数额较大的；

（二）在内海、领海运输、收购、贩卖国家禁止进出口物品的，或者运输、收购、贩卖国家限制进出口货物、物品，数额较大，没有合法证明的；

（三）逃避海关监管将境外固体废物运输进境的。

第一百五十六条　**与走私罪犯通谋，为其提供贷款、资金、账号、发票、证明，或者为其提供运输、保管、邮寄或者其他方便的，以走私罪的共犯论处。**

第一百五十七条　**武装掩护走私的，依照本法第一百五十一条第一款、第四款的规定从重处罚。**

以暴力、威胁方法抗拒缉私的，以走私罪和本法第二百七十七条规定的阻碍国家机关工作人员依法执行职务罪，依照数罪并罚的规定处罚。

（一）概念

走私贵重金属罪，是指违反海关法规，逃避海关监管，非法运输、携带、邮寄国家禁止出口的黄金、白银和其他贵重金属出境的行为。

（二）行为

本罪在客观方面表现为行为人违反海关法规，逃避海关监管，非法运输、携带、邮寄国家禁止出口的黄金、白银和其他贵重金属出国(边)境的行为。

（三）对象

本罪的行为对象是黄金、白银和其他贵重金属。根据《金银管理条例》以及其他法律法规的规定，所谓金银是指：矿产生产金银和冶炼副产金银；金银条、块、锭、粉；金银铸币；金银制品和金基、银基含金制品；化工产品中含的金银。其他贵重金属是指除金银之外的具有化学稳定性、延展性、耐熔性，并且资源的储藏量小、价格较高或者比重大于5的金属，比如铱、铂、钯、铱、锇、钌等。

（四）故意

本罪在主观方面是故意。行为人对于走私的是贵重金属必须具有明确认识。

六、走私珍贵动物、珍贵动物制品罪

第一百五十一条［根据《刑法修正案》(八)第二十六条、《刑法修正案》(九)第九条修订］**走私武器、弹药、核材料或者伪造的货币的，处七年以上有期徒刑，并处罚金或者没收财产；情节特别严重的，处无期徒刑，并处没收财产；情节较轻的，处三年以上七年以下有期徒刑，并处罚金。**

走私国家禁止出口的文物、黄金、白银和其他贵重金属或者国家禁止进出口的珍贵动物及其制品的，处五年以上十年以下有期徒刑，并处罚金；情节特别严重的，处十年以上有期徒刑或者无期徒刑，并处没收财产；情节较轻的，处五年以下有期徒刑，并处罚金。

走私珍稀植物及其制品等国家禁止进出口的其他货物、物品的，处五年以下有期徒刑或者拘役，并处或者单处罚金；情节严重的，处五年以上有期徒刑，并处罚金。

单位犯本条规定之罪的，对单位判处罚金，并对其直接负责的主管人员和其他直接责任人

员，依照本条各款的规定处罚。

第一百五十五条　下列行为，以走私罪论处，依照本节的有关规定处罚：

（一）直接向走私人非法收购国家禁止进口物品的，或者直接向走私人非法收购走私进口的其他货物、物品，数额较大的；

（二）在内海、领海运输、收购、贩卖国家禁止进出口物品的，或者运输、收购、贩卖国家限制进出口货物、物品，数额较大，没有合法证明的；

（三）逃避海关监管将境外固体废物运输进境的。

第一百五十六条　与走私罪犯通谋，为其提供贷款、资金、账号、发票、证明，或者为其提供运输、保管、邮寄或者其他方便的，以走私罪的共犯论处。

第一百五十七条　武装掩护走私的，依照本法第一百五十一条第一款、第四款的规定从重处罚。

以暴力、威胁方法抗拒缉私的，以走私罪和本法第二百七十七条规定的阻碍国家机关工作人员依法执行职务罪，依照数罪并罚的规定处罚。

（一）概念

走私珍贵动物、珍贵动物制品罪，是指违反海关法规，逃避海关监管，非法运输、携带、邮寄国家禁止进出口的珍贵动物、珍贵动物制品进出国(边)境的行为。

（二）行为

本罪在客观方面表现为行为人违反海关法规，逃避海关监管，非法运输、携带、邮寄珍贵动物、珍贵动物制品进出口的行为。

（三）对象

本罪的行为对象是珍贵动物、珍贵动物制品。珍贵动物可参考列入《国家重点保护野生动物名录》中的国家一、二级保护野生动物和列入《濒危野生动植物物种国际贸易公约》附录一、附录二中的野生动物以及驯养繁殖的上述物种。珍贵动物制品是指上述珍贵动物的皮、毛、骨骼等制品。

（四）故意

本罪在主观方面是故意。行为人对于走私的是珍贵动物、珍贵动物制品必须具有明确认识。

七、走私珍稀植物、珍稀植物制品罪

第一百五十一条[根据《刑法修正案》(八)第二十六条、《刑法修正案》(九)第九条修订] **走私武器、弹药、核材料或者伪造的货币的，处七年以上有期徒刑，并处罚金或者没收财产；情节特别严重的，处无期徒刑，并处没收财产；情节较轻的，处三年以上七年以下有期徒刑，并处罚金。**

走私国家禁止出口的文物、黄金、白银和其他贵重金属或者国家禁止进出口的珍贵动物及其制品的，处五年以上十年以下有期徒刑，并处罚金；情节特别严重的，处十年以上有期徒刑或者无期徒刑，并处没收财产；情节较轻的，处五年以下有期徒刑，并处罚金。

走私珍稀植物及其制品等国家禁止进出口的其他货物、物品的，处五年以下有期徒刑或者拘役，并处或者单处罚金；情节严重的，处五年以上有期徒刑，并处罚金。

单位犯本条规定之罪的，对单位判处罚金，并对其直接负责的主管人员和其他直接责任人员，依照本条各款的规定处罚。

第一百五十五条　下列行为，以走私罪论处，依照本节的有关规定处罚：

（一）直接向走私人非法收购国家禁止进口物品的，或者直接向走私人非法收购走私进口的其他货物、物品，数额较大的；

（二）在内海、领海运输、收购、贩卖国家禁止进出口物品的，或者运输、收购、贩卖国家限制进出口货物、物品，数额较大，没有合法证明的；

（三）逃避海关监管将境外固体废物运输进境的。

第一百五十六条　**与走私罪犯通谋，为其提供贷款、资金、账号、发票、证明，或者为其提供运输、保管、邮寄或者其他方便的，以走私罪的共犯论处。**

第一百五十七条　**武装掩护走私的，依照本法第一百五十一条第一款、第四款的规定从重处罚。**

以暴力、威胁方法抗拒缉私的，以走私罪和本法第二百七十七条规定的阻碍国家机关工作人员依法执行职务罪，依照数罪并罚的规定处罚。

（一）概念

走私珍稀植物、珍稀植物制品罪，是指违反海关法规，逃避海关监管，非法运输、携带、邮寄国家禁止进出口的珍稀植物、珍稀植物制品进出国（边）境的行为。

（二）行为

本罪在客观方面表现为行为人违反海关法规，逃避海关监管，非法运输、携带、邮寄珍稀植物、珍稀植物制品进出境的行为。

（三）对象

本罪的行为对象是珍稀植物、珍稀植物制品。珍稀植物是指天然生长但无法进行人工栽培的被子植物、裸子植物、蕨类植物中稀有、渐危、濒危的植物种类。珍稀植物制品是指用珍稀植物加工而成的植物标本、观赏用品、药物等物品。这种走私行为的具体方式表现以及以走私罪论处的几种行为表现同走私武器、弹药罪。

（四）故意

本罪在主观方面是故意。行为人对于走私的是珍稀植物、珍稀植物制品必须具有明确认识。

八、走私淫秽物品罪

第一百五十二条　**以牟利或者传播为目的，走私淫秽的影片、录像带、录音带、图片、书刊或者其他淫秽物品的，处三年以上十年以下有期徒刑，并处罚金；情节严重的，处十年以上有期徒刑或者无期徒刑，并处罚金或者没收财产；情节较轻的，处三年以下有期徒刑、拘役或者管制，并处罚金。**

单位犯前款罪的，对单位判处罚金，并对其直接负责的主管人员和其他直接责任人员，依照前款的规定处罚。

第一百五十五条　**下列行为，以走私罪论处，依照本节的有关规定处罚：**

（一）直接向走私人非法收购国家禁止进口物品的，或者直接向走私人非法收购走私进口的其他货物、物品，数额较大的；

（二）在内海、领海运输、收购、贩卖国家禁止进出口物品的，或者运输、收购、贩卖国家限制进出口货物、物品，数额较大，没有合法证明的；

第一百五十六条　**与走私罪犯通谋，为其提供贷款、资金、账号、发票、证明，或者为其提供运输、保管、邮寄或者其他方便的，以走私罪的共犯论处。**

第一百五十七条　**武装掩护走私的，依照本法第一百五十一条第一款、第四款的规定从重处罚。**

以暴力、威胁方法抗拒缉私的，以走私罪和本法第二百七十七条规定的阻碍国家机关工作人员依法执行职务罪，依照数罪并罚的规定处罚。

（一）概念

走私淫秽物品罪，是指以牟利或者传播为目的，非法运输、携带、邮寄淫秽的影片、录像带、录音带、图片、书刊或者其他淫秽的物品进出境的行为。

（二）行为

本罪在客观方面表现为行为人违反海关法规，逃避海关监管，非法运输、携带、邮寄淫秽物品进出境的行为。

（三）对象

本罪的行为对象是淫秽物品。按照最高人民法院《关于审理走私刑事案件具体应用法律若干问题的解释》第5条第1款的规定：所谓淫秽物品，是指具体描写性行为或者露骨宣扬色情的影片、录像带、录音带、图片、书刊。其他淫秽物品是指除淫秽的影片、录像带、录音带、图片、书刊以外的，通过文字、声音、形象等形式表现淫秽内容的影碟、音碟、电子出版物等物品。

淫秽物品是走私淫秽物品罪的法定对象。走私非淫秽的影片、录像带、录音带、音碟、图片、书刊、电子出版物等物品的，应当依照《刑法》第153条走私普通货物、物品罪定罪处罚。

（四）故意

本罪在主观方面表现为直接故意，行为人还具有牟利或传播的目的。以牟利为目的是指行为人走私淫秽物品是为了出卖、出租或者通过其他方式获取非法利润。以传播为目的是指行为人走私淫秽物品的目的是为了在社会上流传与扩散。不具有牟利或传播的目的，则不能成立走私淫秽物品罪。

（五）认定

根据《海关法》第49条、《刑法》第155条的规定，直接向走私人非法收购淫秽物品的，或者在内海、领海运输、收购、贩卖淫秽物品的，按走私淫秽物品罪论处。

九、走私废物罪

第一百五十二条第二款[根据《刑法修正案》(四)第二条修订]　逃避海关监管将境外固体废物、液态废物和气态废物运输进境，情节严重的，处五年以下有期徒刑，并处或者单处罚金；情节特别严重的，处五年以上有期徒刑，并处罚金。

第三款　单位犯前两款罪的，对单位判处罚金，并对其直接负责的主管人员和直接责任人员，依照前两款的规定处罚。

（一）概念

走私废物罪，是指违反海关法规，逃避海关监管，非法将境外的固体废物、液态废物和气态废物运输进境，情节严重的行为。

（二）行为

本罪在客观方面表现为行为人违反海关法规，逃避海关监管，将境外的固体废物、液态废物和气态废物运输进境的行为。走私废物的具体行为方式和走私其他对象的行为并无区别。

走私废物情节严重的，才构成本罪。

（三）客体

本罪的行为是固体废物、液态废物和气态废物。这里的固体废物，依据《固体废物污染环境防治法》第74条以及《废物进口环境保护管理暂行规定》第32条、第8条之规定，是指在生产建设、日常生活和其他活动中产生的污染环境的固体、半固体废弃物质。列入《国家限制进口的可用作原料的固体废物目录》的任何废物，必须经国家环境保护行政主管部门的审查批准，才可进口。凡未列入《国家限制进口的可用作原料的固体废物目录》的所有废物，禁止进口。所以，本罪中的固体废物，是指国家禁止进口的固体废物和国家限制进口的可用作原料的固体废物。国家限制进口的可用作原料的固体废物的具体种类，按照《国家限制进口的可用作原料的固体废物目录》执行。液态废物和气态废物是指以液态和气态形式存在的废物。

（四）故意

本罪在主观方面是故意。行为人对于走私的是固体废物、液态废物和气态废物必须具有明确认识。

十、走私普通货物、物品罪

第一百五十三条[根据《刑法修正案》(八)第二十七条修订]　**走私本法第一百五十一条、第一百五十二条、第三百四十七条规定以外的货物、物品的，根据情节轻重，分别依照下列规定处罚：**

（一）走私货物、物品偷逃应缴税额较大或者一年内曾因走私被给予二次行政处罚后又走私的，处三年以下有期徒刑或者拘役，并处偷逃应缴税额一倍以上五倍以下罚金。

（二）走私货物、物品偷逃应缴税额巨大或者有其他严重情节的，处三年以上十年以下有期徒刑，并处偷逃应缴税额一倍以上五倍以下罚金。

（三）走私货物、物品偷逃应缴税额特别巨大或者有其他特别严重情节的，处十年以上有期徒刑或者无期徒刑，并处偷逃应缴税额一倍以上五倍以下罚金或者没收财产。

单位犯前款罪的，对单位判处罚金，并对其直接负责的主管人员和其他直接责任人员，处三年以下有期徒刑或者拘役；情节严重的，处三年以上十年以下有期徒刑；情节特别严重的，处十年以上有期徒刑。

对多次走私未经处理的，按照累计走私货物、物品的偷逃应缴税额处罚。

第一百五十四条　**下列走私行为，根据本节规定构成犯罪的，依照本法第一百五十三条的规定定罪处罚：**

（一）未经海关许可并且未补缴税额，擅自将批准进口的来料加工、来件装配、补偿贸易的原材料、零件、制成品、设备等保税货物，在境内销售牟利的；

（二）未经海关许可并且未补缴应缴税额，擅自将特定减税、免税进口的货物、物品，在境内销售牟利的。

第一百五十五条　**下列行为，以走私罪论处，依照本节的有关规定处罚：**

（一）直接向走私人非法收购国家禁止进口物品的，或者直接向走私人非法收购走私进口的其他货物、物品，数额较大的；

（二）在内海、领海运输、收购、贩卖国家禁止进出口物品的，或者运输、收购、贩卖国家限制进出口货物、物品，数额较大，没有合法证明的。

第一百五十六条　**与走私罪犯通谋，为其提供贷款、资金、账号、发票、证明，或者为其提供运输、保管、邮寄或者其他方便的，以走私罪的共犯论处。**

第一百五十七条　**武装掩护走私的，依照本法第一百五十一条第一款、第四款的规定从重处罚。**

以暴力、威胁方法抗拒缉私的，以走私罪和本法第二百七十七条规定的阻碍国家机关工作人员依法执行职务罪，依照数罪并罚的规定处罚。

（一）概念

走私普通货物、物品罪，是指违反海关法规，逃避海关监管，非法运输、携带、邮寄国家禁止进出口的武器、弹药、核材料、假币、珍贵动物或其制品、珍稀植物或其制品、淫秽物品、毒品以及国家禁止出口的文物、金银和其他贵重金属以外的货物、物品进出境,偷逃应缴税额较大,或者一年内曾因走私被给予二次行政处罚后又走私的行为。

(二) 行为

本罪在客观方面表现为行为人违反海关法规,逃避海关监管,走私普通货物、物品,偷逃应缴税额数额较大,或者一年内曾因走私被给予二次行政处罚后又走私的行为。这里的应缴税额,是指进出口货物、物品应当缴纳的进出口关税和进口环节海关代征税的税额。走私货物、物品所偷逃的应缴税额,应当以走私行为案发时所适用的税则、税率、汇率和海关审定的完税价格计算,并以海关出具的证明为准。所谓数额较大,是指偷逃应缴税额在 5 万元以上。对多次走私未经处理的,数额累计计算。对多次走私未经处理,是指对多次走私未经行政处罚处理。

(三) 对象

本罪的行为对象是普通货物、物品,即属于《刑法》第 151 条、第 152 条、第 347 条规定以外的货物、物品,包括国家限制进出口的货物、物品以及一般应税货物、物品。国家限制进出口的货物、物品是指国家对进口或出口实行配额或者许可证管理的货物、物品。一般应税货物、物品除上述国家禁止进出口的货物、物品以及国家限制进出口的货物、物品以外的应税货物、物品。《海关法》第 35 条规定:准许进出口的货物、进出境的物品,除本法另有规定的以外,由海关依照进出口税则征收关税。进出口税则应当公布。

(四) 故意

本罪在主观方面是故意。行为人对于走私的是违禁品以外的普通货物、物品必须具有明确认识。

(五) 认定

根据《刑法》第 154 条、第 155 条、第 156 条之规定,下列行为也成立走私普通货物、物品罪:① 未经海关许可并且未补缴应缴税额,擅自将批准进口的来料加工、来件装配、补偿贸易的原材料、零件、制成品、设备等保税货物,在境内销售牟利的。所谓保税货物,是指经海关批准,未办理纳税手续进境,在境内储存、加工、装配后应予复运出境的货物。保税货物包括通过加工贸易、补偿贸易等方式进口的货物,以及在保税仓库、保税工厂、保税区或者免税商店内等储存、加工、寄售的货物。② 未经海关许可并且未补缴应缴税额,擅自将特定减税、免税进口的货物、物品,在境内销售牟利的。③ 直接向走私人非法收购走私进口的其他货物、物品,数额较大的,即明知是走私行为人而向其非法收购走私进口的其他货物、物品,应缴税额为五万元以上的,或者直接向走私人非法收购走私进口的国家禁止进口货物、物品,数额较大的。如果直接向走私人非法收购国家禁止进口物品的,或者在内海、领海运输、收购、贩卖国家禁止进出口物品的,应当按照走私物品的种类,分别适用《刑法》第 155 条、第 152 条、第 347 条的规定定罪处罚。④ 在内海、领海运输、收购、贩卖国家限制进出口货物、物品,数额较大,没有合法证明的。内海包括内河的入海口水域。⑤ 与走私普通货物、物品罪犯通谋,为其提供贷款、资金、账号、发票、证明,或者为其提供运输、保管、邮寄或者其他方便的,以走私普通货物、物品罪的共犯论处。

第三节 妨害对公司、企业的管理秩序罪

一、虚报注册资本罪

第一百五十八条 申请公司登记使用虚假证明文件或者采取其他欺诈手段虚报注册资本,欺骗公司登记主管部门,取得公司登记,虚报注册资本数额巨大、后果严重或者有其他严

重情节的，处三年以下有期徒刑或者拘役，并处或者单处虚报注册资本金额百分之一以上百分之五以下罚金。

单位犯前款罪的，对单位判处罚金，并对其直接负责的主管人员和其他直接责任人员，处三年以下有期徒刑或者拘役。

（一）概念

虚报注册资本罪，是指申请依法实行注册资本实缴登记制的公司登记的单位或个人使用虚假证明文件或者采用其他欺诈手段虚报注册资本，欺骗公司登记主管部门，取得公司登记，虚报注册资本数额巨大、后果严重或者有其他严重情节的行为。

（二）行为

本罪在客观方面表现为行为人使用虚假证明文件或者采用其他欺诈手段虚报注册资本，欺骗公司登记主管部门，取得公司登记，虚报注册资本数额巨大、后果严重或者有其他严重情节的行为。

2013年12月28日《公司法》修改之后，全国人大常委会于2014年4月24日通过《关于〈中华人民共和国刑法〉第158条、第159条的解释》，对公司法修改后《刑法》第158条和第159条的适用范围问题作出了"刑法第158条、第159条的规定，只适用于依法实行注册资本实缴登记制的公司"的规定。

按照《公司法》《公司登记管理条例》以及其他公司法规之规定，设立公司必须依照法定程序申请登记，领取公司营业执照。但是，领取营业执照的前提是设立公司必须符合公司法规定的条件。公司法规定设立公司的条件之一就是公司股东的实际出资总额符合或达到公司法规定的各类公司法定的最低出资额的要求，即注册资本达到法定的要求。注册资本，是指有限责任公司的股东和股份有限公司的股东在公司登记机构登记的股东实际缴纳的出资总额。在注册资本的规定上，新《公司法》确立了认缴制与实缴制。对于有限责任公司而言，设立公司除了应当具备其他的法定条件外，股东出资应当达到法定资本最低限度，其注册资本为全体股东实缴的出资额，也包括经过评估作价的作为出资的实物、工业产权、非专利技术或者土地使用权。注册资本是公司开展经营活动的物质前提，是对外承担债务的财产保证。对于股份有限公司而言，其注册资本的最低限额为人民币1 000万元，注册资本为实收股本总额。公司的注册资本是建立公司信誉吸收社会资金的财产保证，也是其确保债权人权益的物质基础。

本罪的行为具体地说，包括下列几个方面：

(1) 使用虚假的证明文件或者采取其他欺诈手段虚报注册资本。虚报注册资本，是指公司的股东的实际出资总额没有达到公司法规定的最低限度要求，而用欺骗的手段虚报已达到了法定限额的情形。虚假证明文件，主要是指在申请公司登记时，行为人向公司登记的主管部门提供凭空编造的或者有重大遗漏或内容虚假的不真实的验资报告、资产评估报告、出资单据、银行账户、产权转让的证明文件等能够证明注册资本真实性的证明文书。其他欺诈手段，主要是指虚假证明文件以外的其他虚报注册资本骗取公司登记的方法，比如行为人用贿赂的方法收买有关工作人员，恶意串通，虚报注册资本而骗取公司登记机关。

(2) 骗取公司登记主管部门并取得公司登记。无论是有限责任公司还是股份有限公司，其设立必须向其所属管辖的工商行政管理机关申请核准注册登记。虚报注册资本罪的客观方面的表现之一就是行为人使用了上述的欺诈手段，采用虚假验资证明和其他证明文件，向公司登记主管部门虚报注册资本，骗取公司登记主管部门，使公司登记主管部门对其提交的虚假的验资证明和其他证明文件信以为真而给予公司登记，从而取得《企业法人营业执照》。

(3) 虚报注册资本数额巨大、后果严重或者有其他严重情节。至于数额巨大的具体标准，法

律没有给予具体的认定标准,在最高司法机关给予具体的解释之前,应当根据公司的性质与法定注册资本的最低限额要求,再结合案件的具体情形加以认定。所谓后果严重,主要是指尽管其虚报的注册资本没有达到数额巨大的程度,但其在骗取了公司登记之后的非法经营或其他非法活动,严重侵害了债权人的权益或者给国家造成重大的经济损失或者造成恶劣的社会影响。所谓其他严重情节,主要是指尽管其虚报的注册资本没有达到数额巨大的程度,也没有达到后果严重的程度,但其虚报注册资本的手段或方法恶劣,或者诱发其他犯罪等情形。当然,行为人的行为只要满足其中的一种情形即可构成本罪,即只要具备虚报注册资本数额巨大,或后果严重,或有其他严重情节之一即可。根据法律的规定,虚报注册资本罪属于结果犯,即行为人的行为如果成立本罪,必须是行为人的行为后果实际骗取了公司登记,并且具有虚报注册资本数额巨大,后果严重或者其他严重情节的情形之一。如果行为人没有骗取到公司登记,或者虽然骗取到公司登记,但不具备虚报注册资本数额巨大、后果严重或者其他严重情节的情形之一的,则不能构成本罪。

(三) 主体

本罪的主体是申请公司登记的人,也就是说构成本罪的只能是申请公司登记的单位与个人,其他的单位与个人不能构成本罪的主体。公司,是指有限责任公司与股份有限公司。设立有限责任公司的,申请公司登记的人是指由全体股东指定的作为股东之一的代表或者共同委托的代理人。设立股份有限公司的,申请公司登记的人是指董事会,因为按照公司法的规定,股份有限公司必须经由董事会向登记机关申请登记。

(四) 故意

本罪在主观方面是故意,即行为人明知自己的实际注册资本没有达到法律规定的最低限额的要求,而故意使用虚假证明文件或者采用其他欺诈手段虚报注册资本而骗取公司登记。

二、虚假出资、抽逃出资罪

第一百五十九条　公司发起人、股东违反公司法的规定未交付货币、实物或者未转移财产权,虚假出资,或者在公司成立后又抽逃出资,数额巨大、后果严重或者有其他严重情节的,处五年以下有期徒刑或者拘役,并处或者单处虚假出资金额或者抽逃资金金额百分之二以上百分之十以下罚金。

单位犯前款罪的,对单位判处罚金,并对其直接负责的主管人员和其他直接责任人员,处五年以下有期徒刑或者拘役。

(一) 概念

虚假出资、抽逃出资罪,是指公司发起人、股东违反公司法的规定未交付货币、实物或者未转移财产权,虚假出资,或者在公司成立后又抽逃出资,数额巨大、后果严重或者有其他严重情节的行为。

(二) 行为

本罪在客观方面表现为公司发起人、股东违反公司法的规定未交付货币、实物或者未转移财产权,虚假出资,或者在公司成立后又抽逃出资,数额巨大、后果严重或者有其他严重情节的行为。2013 年 12 月 28 日《公司法》修改之后,全国人大常委会于 2014 年 4 月 24 日通过《关于〈中华人民共和国刑法〉第 158 条、第 159 条的解释》,对公司法修改后刑法第 158 条和第 159 条的适用范围问题作出了“刑法第 158 条、第 159 条的规定,只适用于依法实行注册资本实缴登记制的公司”的规定。

本罪的实行行为具体表现为:

（1）违反公司法的规定，未交付货币、实物或者未办理出资额中财产权转移手续（即以实物、工业产权、非专利技术、土地使用权作价出资的权属转移）的行为。未交付货币，是指没有按照规定一次足额交付所认缴的出资金额或者根本就没有交付任何货币。未交付实物或者未转移财产权，是指根本就没有交付实物或者转移属于自己所有的财产权的情形。

（2）抽逃资金。它是指公司的发起人、股东在公司成立后将公司成立时已经缴纳的出资又撤出的行为，这一行为必然使得公司成立时的注册资本减少。行为人的行为只要具备上述未缴纳出资或抽逃出资行为中的一种即可符合本罪在客观方面的要求。相应地，本罪是选择性罪名，即只要行为人实施虚假出资、抽逃出资两种行为中的一种，便可构成相应的犯罪，如虚假出资罪或抽逃出资罪。如果行为人同时实施了上述两种行为，即以虚假出资、抽逃出资罪论处，而不能认为行为人构成虚假出资罪与抽逃出资罪两个罪名而给予数罪并罚。

（3）未缴纳出资或抽逃的出资数额巨大、后果严重或者有其他严重情节。本罪属于结果犯，行为人的行为只有在具有数额巨大、后果严重或者有其他严重情节其中的一种情形的条件下才能构成本罪。

（三）主体

本罪的主体为特殊主体，即实行资本实缴制公司的发起人或者股东。公司就是公司法规定的有限责任公司与股份有限公司。公司的发起人是指依法创立筹办公司的人，股东即为公司的出资人。

（四）故意

本罪在主观方面是故意。

三、欺诈发行股票、债券罪

第一百六十条　在招股说明书、认股书、公司、企业债券募集办法中隐瞒重要事实或者编造重大虚假内容，发行股票或者公司、企业债券，数额巨大、后果严重或者有其他严重情节的，处五年以下有期徒刑或者拘役，并处或者单处非法募集资金金额百分之一以上百分之五以下罚金。

单位犯前款罪的，对单位判处罚金，并对其直接负责的主管人员和其他直接责任人员，处五年以下有期徒刑或者拘役。

（一）概念

欺诈发行股票、债券罪，是指在招股说明书、认股书、公司、企业债券募集办法中隐瞒重要事实或者编造重大虚假内容，发行股票或者公司、企业债券，数额巨大、后果严重或者有其他严重情节的行为。

（二）行为

本罪在客观方面表现为行为人在招股说明书、认股书、公司、企业债券募集办法中隐瞒重要事实或者编造重大虚假内容，发行股票或者公司、企业债券，数额巨大、后果严重或者有其他严重情节的行为。

本罪的实行行为具体表现为：

（1）在招股说明书、认股书、公司、企业债券募集办法中隐瞒重要事实或者编造重大虚假内容，也就是制作严重不真实的招股说明书、认股书、公司、企业债券募集办法以骗取国务院证券管理部门批准募集股份或批准发行债券，并用以欺骗投资者认购股票或债券。

（2）行为人发行股票或公司、企业债券，也就是说，在招股说明书、认股书、公司、企业债券募集办法中隐瞒重要事实或者编造重大虚假内容来发行股票。

(3) 具有数额巨大、情节严重或者具有其他严重情节。

（三）故意

本罪在主观方面是故意。

（四）认定

无论是欺诈发行股票、债券罪还是诈骗罪与集资诈骗罪，其共同的特点都是采用隐瞒事实真相、捏造虚假内容来欺诈他人。但欺诈发行股票、债券罪与后两个罪之间的区别仍然是明显的：① 对于欺诈发行股票、债券罪而言，能够成为该罪主体的只能是能够发行股票、债券的自然人与单位。而对于诈骗罪而言，其主体为一般主体，并且限于是自然人的情形。对于集资诈骗罪来说，也是一般主体，可以是自然人，也可以是单位。对于无权发行股票、债券的公司、企业而用欺骗的手段欺诈发行股票、债券的，则不应当构成欺诈发行股票、债券罪。② 在主观方面，构成本罪的行为人具有欺诈发行股票、债券以募集资金的目的，但不具有非法占有他人财物的目的，而对于后两个罪而言，非法占有他人财物的目的是构成犯罪的必备要件。因此，如果行为人是将发行股票、债券作为手段，将骗来的资金加以非法占有而不是用于公司、企业的生产与经营，则不应该构成欺诈发行股票、债券罪。③ 在客观方面，欺诈发行股票、债券罪只能表现为行为人在招股说明书、认股书、公司、企业债券募集办法中隐瞒重要事实或者编造重大虚假内容，而后两个罪的构成则没有这一要求与限定。

四、违规披露、不披露重要信息罪

第一百六十一条[根据《刑法修正案》(六)第五条修订] **依法负有信息披露义务的公司、企业向股东和社会公众提供虚假的或者隐瞒重要事实的财务会计报告，或者对依法应当披露的其他重要信息不按照规定披露，严重损害股东或者其他人利益，或者有其他严重情节的，对其直接负责的主管人员和其他直接责任人员，处三年以下有期徒刑或者拘役，并处或者单处二万元以上二十万元以下罚金。**

（一）概念

违规披露、不披露重要信息罪，是指依法负有信息披露义务的公司、企业向股东和社会公众提供虚假的或者隐瞒重要事实的财务会计报告，或者对依法应当披露的其他重要信息不按照规定披露，严重损害股东或者其他人利益的行为。

（二）行为

本罪在客观方面表现为提供虚假的或者隐瞒重要事实的财务会计报告，或者对依法应当披露的其他重要信息不按照规定披露。

提供虚假或隐瞒重要事实的财务会计报告，是指财务会计报告中含有虚假记载公司资产总额、资产投入以及夸大营利、隐瞒负债与经营亏损等内容，而故意将其提供给股东或向社会公众公开，导致股东、债权人以及投资者基于错误判断而作出投资决策。这里的财务会计报告，包括资产负债表、损益表、财务状况变动表、财务情况说明书、利润分配表等财务会计报表及附属明细表。虚假的或者隐瞒重要事实的财务会计报告主要涉及以下三方面：一是公司、企业的各种财产、债权等实有资产，公司流动负债和长期负债，股东投入资本所形成的资本公积金、盈余公积金和未分配的利润等情况；二是公司、企业收益、亏损及盈余分配情况；三是公司、企业流动资金来源及其运用，流动资产及流动负债增加数。

对依法应当披露的其他重要信息不按照规定披露的行为，也成立本罪。这里的“依法应当披露的其他重要信息”，是指除财务会计报告以外的招股说明书、债券募集办法、上市公司中期报告、年度报告、临时报告等信息披露资料。这些信息不仅包括《证券法》《公司法》《银行业监督管理法》《证券投资基金法》及行政法规对于应当披露的信息事项的规定，而且还包括国务院证券管理机构依照《证券法》《公司法》的授权对信息披露事项的具体规定。因为《证券法》第65条、第66条规定，“国务院证券监督管理机构规定的其他事项”也在应当依法披露的信息之列。这里的“不按照规定披露”不仅包括违背法律、法规和国务院证券管理机构的规定进行虚假披露，还包括对所披露的信息有虚假记载、误导性陈述或者重大遗漏等情形，作为或者不作为均可以构成本罪。

违规披露、不披露重要信息，严重损害股东或者其他人利益，或者有其他严重情节的，均可以构成犯罪。所谓“其他严重情节”，主要是指隐瞒多项依法应当披露的重要信息事项、多次搞虚假信息披露，或者因不按规定披露受到处罚后又违反的情形等。

本罪的主体是公司、企业。换言之，所有依法负有信息披露义务的公司、企业，包括依据《公司法》《证券法》《银行业监督管理法》《证券投资基金法》等法律、行政法规、规章规定的具有信息披露义务的股票发行人、上市公司，公司、企业债券上市交易的公司、企业，银行、基金管理人、基金托管人和其他信息披露义务人，都可以成为本罪主体。

（三）故意

本罪在主观方面是故意，对提供的是与公司财务状况和经营状况不相符合的虚假或者隐瞒事实的重要财务报告有认识。不是出于故意，而是由于对财务会计工作不熟悉或者过失造成财务会计报告不实的，不构成本罪。

五、妨害清算罪

第一百六十二条 公司、企业进行清算时，隐匿财产，对资产负债表或者财产清单作虚伪记载或者在未清偿债务前分配公司、企业财产，严重损害债权人或者其他人利益的，对其直接负责的主管人员和其他直接责任人员，处五年以下有期徒刑或者拘役，并处或者单处二万元以上二十万元以下罚金。

（一）概念

妨害清算罪，是指公司、企业进行清算时，隐匿财产，对资产负债表或者财产清单作虚伪记载或者在未清偿债务前分配公司、企业财产，严重损害债权人或者其他人利益的行为。

（二）行为

本罪在客观方面表现为公司、企业进行清算时，隐匿财产，对资产负债表或者财产清单作虚伪记载或者在未清偿债务前分配公司、企业财产，严重损害债权人或者其他人利益的行为。

本罪的实行行为具体包括以下内容：

（1）行为必须发生在公司、企业进行清算的过程中。依照法律规定，清算应当自清算组成立时开始。所以如果在清算组成立之前隐匿财产，对资产负债表或者财产清单作虚伪记载或分配公司、企业财产的，就不能作为是在公司、企业进行清算的过程中。

（2）行为人实施了隐匿财产，对资产负债表或财产清单作虚伪记载，或者在未清偿债务前分配公司、企业财产的行为。隐匿财产是指将公司、企业全部或部分资产予以转移或隐藏以逃避清算的行为。公司、企业在清算时的资产范围依据不同的公司、企业性质也有所不同，应当根据相关的法律法规确立。比如，合伙企业，由于《合伙企业法》规定对其企业的债务承担的无限连带责任，因此，其财产就不以其合伙的企业财产为限。如果合伙人隐匿属于个人的财产，就可能构成对资产负债表或财产清单作虚伪记载，就是对资产负债表或财产清单作不真实的记载以达到逃避公司、企业债务的目的。在未清偿债务前分配公司、企业财产，是指在没有完全清偿所欠税款和清偿所欠债务前，对公司、企业财产进行分配。公司法以及相关的法律法规规定了公司、企业解散或破产时清偿公司、企业债务的顺序。在有财产剩余的情形下，才可以按照法律法规或公司

章程规定的内容分配财产。在未清偿前不得分配公司、企业财产。

(3) 必须是严重损害债权人或者其他人利益的行为。债权人,是指按照法律的规定或者根据合同的约定在特定的权利义务关系中享有权利的人,其他人,一般是指除了债权人、债务人以外与债权债务有关的利害关系人,比如担保人、连带责任人等人的权益。本罪属于结果犯,即妨害清算的行为导致债权人或者其他人的利益受到严重损害。比如,债权人的巨额债权得不到清偿,公司、企业所欠工人工资和劳动保险费用得不到清偿与支付,国家巨额税款得不到缴纳等等。如果没有这些严重后果的出现,则不构成本罪。

(三) 故意

本罪在主观方面是故意。

六、隐匿、故意销毁会计凭证、会计账簿、财务会计报告罪

第一百六十二条之一[根据《刑法修正案》第一条增设] **隐匿或者故意销毁依法应当保存的会计凭证、会计账簿、财务会计报告,情节严重的,处五年以下有期徒刑或者拘役,并处或者单处二万元以上二十万元以下罚金。**

单位犯前款罪的,对单位判处罚金,并对其直接负责的主管人员和其他直接责任人员,依照前款的规定处罚。

(一) 概念

隐匿、故意销毁会计凭证、会计账簿、财务会计报告罪,是指隐匿或者故意销毁依法应当保存的会计凭证、会计账簿、财务会计报告,情节严重的行为。

(二) 行为

本罪在客观方面表现为行为人隐匿或者故意销毁依法应当保存的会计凭证、会计账簿、财务会计报告,情节严重的行为。一方面,行为人实施了隐匿或者故意销毁依法应当保存的会计凭证、会计账簿、财务会计报告的行为。另一方面,这种隐匿或者故意销毁的行为是一种情节严重的行为。所以本罪属于情节犯,即行为人犯罪情节是否严重是构成本罪的法定条件。如果行为人从事了隐匿或者销毁的行为,但没有达到情节严重的程度,则不能构成本罪。情节严重,一般是指行为人为了掩盖其他违法甚至犯罪行为,比如贪污、私分国有资产、走私、偷税、骗取出口退税、洗钱等违法犯罪行为,达到毁灭证据甚至罪证以逃避法律追究的目的而进行的隐匿或者故意销毁的行为。

(三) 主体

本罪的主体是一般主体,包括所有依照会计法的规定办理会计事务的国家机关、社会团体、公司、企业、事业单位等组织和个人。

(四) 故意

本罪在主观方面是故意。

七、虚假破产罪

第一百六十二条之二[根据《刑法修正案》(六)第六条增设] **公司、企业通过隐匿财产、承担虚构的债务或者以其他方法转移、处分财产,实施虚假破产,严重损害债权人或者其他人利益的,对其直接负责的主管人员和其他直接责任人员,处五年以下有期徒刑或者拘役,并处或者单处二万元以上二十万元以下罚金。**

(一) 概念

虚假破产罪,是指公司、企业通过隐匿财产、承担虚构的债务或者以其他方法转移、处分财

产，实施虚假破产，严重损害债权人或者其他人利益的行为。

（二）行为

本罪客观方面表现为公司、企业通过隐匿财产、承担虚假债务或者以其他方式转移财产、处分财产，实施虚假破产，严重损害债权人和其他人利益的行为。本罪是典型的破产犯罪。

破产犯罪，是指在破产程序进行过程中或在破产法规定的一定期限内，违反破产法律规定所实施的损害债权人或其他破产参与人的利益，或使破产程序不能顺利进行的行为。破产犯罪是与经济发展紧密伴随的现象。在市场竞争优胜劣汰规律的作用下，破产就是必然而不是偶然的。从世界范围内来看，由于经济法律制度建设相对滞后，经济犯罪呈上升趋势。随着公司、企业破产的现象日渐增多，在破产过程中就极易产生破产违法、犯罪行为。近年来，破产犯罪愈演愈烈，且呈现智能化、专业化等崭新特点，其社会危害程度亦日趋严重。目前，在各个发达国家中，与破产有关的危害行为大致表现为：① 有的破产企业故意转移财产，隐匿财产，无偿转让财产给第三人；② 有的破产企业低价出售财产，将财产分给职工个人；③ 有的债务人采取假合资、组建“新法人”等形式使原法人只剩下空架子再申请破产；④ 向个别债权人提前清偿债务，以及放弃自己的债权；⑤ 有的破产企业不依法制作商业账簿，或隐匿、毁弃商业账簿，致使无法查清其财产真实情况和经济状况；⑥ 有的破产企业的法定代表人及相关人员，不按清算组的要求提供有关情况或作虚假陈述；⑦ 有的破产企业虚构债务，实施假破产逃避真实债务，等等。由于上述这些危害行为发生在破产的特定环境之下，它不仅极大地损害了债权人的合法权益，也扰乱了市场竞争秩序，必将成为经济发展的羁绊。因此，有必要对破产犯罪予以高度重视，强化各种预防、惩罚破产犯罪的法律措施，完善破产犯罪立法。

在破产犯罪的罪名设置上，世界各国的规定不尽相同，有的国家罪名设置较多，包括诈欺破产罪、过失破产罪、准债务人的破产犯罪、第三人诈欺破产罪、受贿罪、行贿罪、说明义务违反罪等。有些国家罪名设置较少。但一般而言，各国都会规定以下两个主要破产犯罪：① 诈欺破产罪。即行为人为牟取不正当经济利益，或以损害债权人利益为目的，而实施的欺诈破产行为。这是最典型、危害最大的破产犯罪，在大陆法系国家均有关于此罪的规定，英美法系大多也规定此罪名。诈欺破产行为一般包括：隐匿、私分、无偿转让财产；对无财产担保之债提供财产担保；非正常压价出售财产；提前清偿债务或放弃债权；捏造、承认虚假债务；对商业账簿不作正确记载，或变更记载以及隐匿、毁弃或损坏商业账簿，致使财产及经营状况不明的，等等。② 懈怠破产罪，即在破产宣告前后的法定期间内，破产人申请人对债权人的利益受损持放任态度，实施的损害债权人利益的犯罪行为。懈怠破产罪是一种常见的破产犯罪，德国、日本、瑞士等许多国家和地区都设置了这种犯罪，其危害行为包括：浪费、赌博或其他投机行为，致使财产显著减少或负担过重债务；以拖延宣告破产为目的，以显著不利的条件负担债务或购入、处分货物；明知已有破产原因的事实，非基于债务人之义务，而对债权人进行个别清偿或提供担保，或消灭债务。

我国刑法没有规定懈怠破产罪，而只规定了虚假破产罪。其行为方式具体包括三方面的内容：① 行为人必须实施了隐匿财产、承担虚构的债务或其他转移财产、处分财产的行为。隐匿财产，是指将公司、企业的资金、设备、产品、货物等财产全部或部分予以隐瞒、转移、藏匿。承担虚构的债务是指：捏造、承认不真实或不存在的债务。“其他转移、处分私分财产”，是指《破产法》第35条所规定的私分或者无偿转让财产、非正常压价出售财产、对原来没有财产担保的债务提供财产担保、对未到期的债务提前清偿以及放弃自己的债权等等行为。行为人只要实施了上述情形中任何一种转移或处分财产的行为，就符合了这一客观的行为要件。② 行为人必须实施了虚假破产。即是债务人在未发生破产原因的情况下，通过抽逃、隐匿或转移财产等手段，虚构伪造破产原因，申请宣告破产，以逃避债权人的追索，从而侵占他人财产的行为。这里的虚假破产是指,企业未达到破产界限,伪造破产原因,申请破产,而非真实破产。③ 严重损害了债权人和其他人的利益。虚假破产实际上是一种破产欺诈行为,属于诈骗犯罪范畴,罪与非罪的界限要看其是否达到"严重损害债权人和其他人的利益"的程度。这里的债权人是指因公司、企业举债而与公司、企业形成债权、债务关系的金融机构、公司、企业债券持有人以及经济合同中享有债权的人等,"其他人"是指公司、企业的职工、国家税收部门等等。"严重损害债权人"的利益,这主要是指通过虚假破产意图逃避偿还债权人的债务数额巨大等情形;"严重损害其他人的利益"是指搞虚假破产造成公司、企业拖欠的职工工资、社会保险费和国家的税款得不到清偿,或者使公司、企业的其他股东的合法权益受到损害等情形。以上三个客观方面的要件必须同时具备,缺一不可。

(三) 故意

本罪在主观方面是故意,行为人对破产为虚假,且可能损害债权人或者其他人利益有认识。对犯罪人主观意识的认定,在司法实践中往往难以把握,因为实践中不少企业往往界于破产与不破产之间,即所谓的濒临破产,这一状态下的企业经营管理相当混乱。在这种情况下,对会计文件资料,商业账册记载不实、丢失、错记等行为是否出于故意,就很难界定。因此,必须结合破产企业相关人员对破产财产的处理态度以及事后是否积极采取掩盖行为来认定。

(四) 认定

(1) 行为人在实施虚假破产犯罪之后,在法院宣告破产之后的清算期间,又采取隐匿财产、对资产负债表或者财产清单做虚伪记载等行为,而构成妨害清算罪,应当数罪并罚。

(2) 虚假破产罪与妨害清算罪的界限: ① 行为发生时间不同。妨害清算罪主要是针对公司、企业进入清算程序以后妨害清算的犯罪行为,即公司、企业因解散、分立、合并或者破产,依照法律规定在清理公司、企业债权债务的活动期间发生的隐匿财产、对资产负债表或者财产清单作虚伪记载或者在未清偿债务前分配公司、企业财产等犯罪行为;而虚假破产罪主要是针对公司、企业在进入破产程序之前,通过隐匿财产、承担虚构的债务,或者以其他方法非法转移、分配财产,实施虚假破产的犯罪行为。两者虽然在行为上有相似之处,是否进入清算程序是区分两罪的关键。"实施虚假破产"的时间界限应当截止于公司、企业提出破产申请之日,或者因为公司、企业资不抵债,由债权人提出破产申请之日。根据破产法的有关规定,从提出破产申请之日起,在此之前一年之内有恶意处分公司、企业财产的行为无效。如果行为人实施虚假破产行为,严重损害债权人和其他人的利益的,就构成虚假破产罪。此外,虚假破产罪只能存在于实施虚假破产的过程之中,而妨害清算罪既可以存在于虚假破产过程中,也可以存在于真实破产之中。② 犯罪客观方面不同。妨害清算罪客观上仅表现为隐瞒财产、对资产负债表或者财产清单作虚伪记载以及在未清偿债务前分配公司、企业财产等三类行为;而虚假破产罪客观方面表现除上述三种方式外,还包括无偿转让财产、非正常压价出售财产、对原来没有财产担保的债务提供财产担保等多种其他转移和处分财产的行为。

八、公司、企业人员受贿罪

第一百六十三条[根据《刑法修正案》(六)第七条修订] **公司、企业或者其他单位的工作人员利用职务上的便利,索取他人财物或者非法收受他人财物,为他人谋取利益,数额较大的,处五年以下有期徒刑或者拘役;数额巨大的,处五年以上有期徒刑,可以并处没收财产。**

公司、企业或者其他单位的工作人员在经济往来中,利用职务上的便利,违反国家规定,收受各种名义的回扣、手续费,归个人所有的,依照前款的规定处罚。

国有公司、企业或者其他国有单位中从事公务的人员和国有公司、企业或者其他国有单位委派到非国有公司、企业以及其他单位从事公务的人员有前两款行为的,依照本法第三百八十

五条、第三百八十六条的规定定罪处罚。

（一）概念

非国家工作人员受贿罪，是指公司、企业或者其他单位的工作人员利用职务上的便利，索取他人财物或者非法收受他人财物，为他人谋取利益，数额较大的行为。

（二）行为

本罪在客观方面表现为利用职务上的便利，索取他人财物或者非法收受他人财物，为他人谋取利益的行为。

利用职务上的便利，是指直接利用本人组织、监督、管理（主管、负责）某项工作的便利条件，即利用本人担任公司、企业中某种职务所享有的主管、分管、决定、处理以至经办某种事务的人、财、物决定权。不是直接利用本人职权，而是利用由本人职权或地位所形成的便利条件，通过第三者为请托人谋取利益，收受请托人财物的（斡旋受贿）行为，不成立本罪。因为根据罪刑法定原则的要求，斡旋受贿行为要成立受贿犯罪必须以法律有明确规定为限，国家工作人员斡旋受贿的，成立受贿罪就是以此为前提的，但公司、企业人员利用由本人职权或地位所形成的便利条件斡旋受贿的行为刑法并未作出特别规定，所以不能将公司企业人员受贿罪中的利用职务上的便利扩大解释为间接利用职权或职务上的便利条件。

索取，是指利用职务上的便利，在请托人要求其通过执行或不执行公司、企业职务而为他人谋取利益之机，主动向他人索要、要求提供财物的行为。利用职务上的便利，强行向他人提出“借贷”要求，但完全无归还意思的，也是索取财物。收受，是指被动地接受他人给付的财物。至于财物交付是在谋取利益之前，还是在谋取利益之后，是直接由行贿人交付还是第三者转交，都不影响收受的成立。

无论是利用职务上的便利主动索取他人财物，还是被动收受他人财物，都要求有为他人谋取利益的行为，才构成本罪。许诺一般是明示的承诺，但也不排除暗示的允诺。许诺为他人谋取利益的内容是否通过实际的行动部分兑现，还是已经全部实现，都不影响成立为他人谋取利益。为他人谋取的是正当利益，还是不正当利益，对成立犯罪无关紧要。

公司、企业的工作人员在经济往来中，违反国家规定，收受各种名义的回扣、手续费，归个人所有的，也按照公司、企业工作人员受贿罪定罪处罚。

公司、企业人员以恐吓方式（例如不给付一定数量的财物就揭发隐私）索取财物的，财物取得和职务行为无紧密关联的，只成立敲诈勒索罪，反之，可能成立本罪。

公司、企业人员为他人谋取利益，约定离职、辞职后收受财物的，收受财物行为仍然构成本罪。公司、企业人员受贿，同时实施其他足以损害本公司、企业利益的犯罪行为的，应当数罪并罚。

本罪的主体是特殊主体，即公司、企业或者其他单位的工作人员，包括这里的公司、企业工作人员，包括公司、企业的董事、监事、经理、会计等行政人员和业务人员。这里的其他单位工作人员是指非国有公司、企业以外的其他各种单位、组织的工作人员，如出版社、印刷厂、报社、科研院所、医疗机构、社会团体等非国有公司、企业的工作人员等。

（三）故意

本罪在主观方面是故意，明知利用职务上的便利为他人谋取利益而索取或收受贿赂的行为是损害其职务行为的不可收买性的行为，而执意实施。

九、对公司、企业人员行贿罪

第一百六十四条第一款［根据《刑法修正案》（六）第八条、《刑法修正案》（九）第十条修订］

为谋取不正当利益，给予公司、企业或者其他单位的工作人员以财物，数额较大的，处三年以下有期徒刑或者拘役，并处罚金；数额巨大的，处三年以上十年以下有期徒刑，并处罚金。

第二款[根据《刑法修正案》(八)第二十九条增设] **为谋取不正当商业利益，给予外国公职人员或者国际公共组织官员以财物的，依照前款的规定处罚。**

单位犯前两款罪的，对单位判处罚金，并对其直接负责的主管人员和其他直接责任人员，依照第一款的规定处罚。

行贿人在被追诉前主动交待行贿行为的，可以减轻处罚或者免除处罚。

(一) 概念

对非国家工作人员行贿罪，是指为谋取不正当利益，给予公司、企业或者其他单位的工作人员以财物，数额较大的行为。

(二) 行为

本罪在客观方面表现为为谋取不正当利益，给公司、企业或者其他单位工作人员财物的行为。

给予财物，既包括主动或被动向公司、企业或者其他单位工作人员提供与交付贿赂财物的行为；也包括主动向公司、企业或者其他单位工作人员提出交付贿赂的意思表示，以及行贿人与公司、企业或者其他单位工作人员就职务行为达成的行贿人交付贿赂，受贿人利用职务上的便利为行贿人谋取不正当利益的约定。被公司、企业或者其他单位工作人员勒索而提交财物，行贿人有谋取不正当利益的动机的，即使其尚未实际谋取不正当利益，也是本罪中的给予贿赂财物。

本罪和行贿罪存在明显区别，即在经济往来中，违反国家规定，给予国家工作人员以各种名义的回扣、手续费的，构成行贿罪。但给予公司、企业或者其他单位工作人员以各种名义的回扣、手续费的，刑法并未规定可以成立对非国家工作人员行贿罪。

(三) 故意

本罪在主观方面是故意，对自己的行为会收买公司、企业或者其他单位人员有明知，而且具有谋取不正当利益的目的。

十、对外国公职人员或者国际公共组织官员行贿罪

第一百六十四条第一款[根据《刑法修正案》(六)第八条、《刑法修正案》(九)第十条修订] **为谋取不正当利益，给予公司、企业或者其他单位的工作人员以财物，数额较大的，处三年以下有期徒刑或者拘役，并处罚金；数额巨大的，处三年以上十年以下有期徒刑，并处罚金。**

第二款[根据《刑法修正案》(八)第二十九条增设] **为谋取不正当商业利益，给予外国公职人员或者国际公共组织官员以财物的，依照前款的规定处罚。**

单位犯前两款罪的，对单位判处罚金，并对其直接负责的主管人员和其他直接责任人员，依照第一款的规定处罚。

行贿人在被追诉前主动交待行贿行为的，可以减轻处罚或者免除处罚。

(一) 概念

对外国公职人员或者国际公共组织官员行贿罪，是指为谋取不正当商业利益，给予外国公职人员或者国际公共组织官员以财物，数额较大的行为。本罪在联合国《反腐败公约》第16条有所涉及。该条规定向外国公职人员和国际公共组织官员行贿的犯罪，并要求各缔约国采取必要的立法和其他措施，将这种行为规定为犯罪。增设本罪是我国履行公约规定的义务的一种实际举措。

(二) 实行行为

本罪的实行行为是为谋取不正当商业利益，给予外国公职人员或者国际公共组织官员以财

物，数额较大的行为。要成立本罪，前提是为了谋取不正当商业利益。不正当商业利益，不仅指不法商业利益，还包括行为人不应得到或不确定的商业利益。谋取不正当商业利益是指谋取违反法律、法规、国家政策和国务院各部门规章规定的利益。但从理论上看，在正常情况下，能否获取该商业利益可能并不确定，但通过行贿的方式取得这种利益的；或者通过行贿方式排挤竞争对手获得某种利益的，都是谋取不正当商业利益。谋取不正当商业利益，不是仅仅指谋取本人的利益，谋取的利益与第三人、单位有关，也是谋取利益。需要指出的是，是否谋取到不正当商业利益，不影响本罪的成立。为谋取不正当公共利益、政治利益的，不是本罪中的行贿行为。

（三）行为对象

本罪的行为对象是外国公职人员或者国际公共组织官员。外国公职人员，是指经外国任命或者选举担任的立法、行政或者司法职务的人员，以及为外国国家、公共机构或者公营企业行使公共职能的人员。国际公共组织官员，是指国际公务员或者经国际组织授权代表该组织行事的人员。

（四）故意

本罪在主观方面是故意。

十一、非法经营同类营业罪

第一百六十五条　国有公司、企业的董事、经理利用职务便利，自己经营或者为他人经营与其所任职公司、企业同类的营业，获取非法利益，数额巨大的，处三年以下有期徒刑或者拘役，并处或者单处罚金；数额特别巨大的，处三年以上七年以下有期徒刑，并处罚金。

（一）概念

非法经营同类营业罪，是指国有公司、企业的董事、经理利用职务便利，自己经营或者为他人经营与其所任职公司、企业同类的营业，获取非法利益，数额巨大的行为。

（二）行为

本罪在客观方面表现为行为人利用职务便利，自己经营或者为他人经营与其所任职公司、企业同类的营业，获取非法利益，数额巨大的行为。

本罪的实行行为具体表现为：

(1) 行为人利用担任国有公司、企业董事、经理的职务便利条件，即利用自己在国有公司、企业领导、管理与经营职务便利或者职权所形成的便利条件。

(2) 从事了非法经营同类营业的行为，包括自己经营或为他人经营。自己经营，就是自己独资经营或在他人的公司、企业中参股经营。经营与其所任职公司、企业同类的营业，是指经营与其任职的国有公司、企业同类的业务，即生产、经营同一产品或经营同类性质的营业，同类性质的营业包括相同的营业、相类似的营业和相关联的营业。

(3) 非法经营同类营业获得非法利益数额巨大。所以本罪属于结果犯，只有在非法竞业获取非法利益数额巨大时才构成本罪。

（三）主体

本罪的主体属于特殊主体，即只有国有公司、企业的董事、经理才能构成。董事是指公司、企业董事会的组成人员，包括董事长、副董事长、董事。经理包括董事会聘任的公司、企业的经理以及经经理提名所聘任的副经理。非国有公司、企业的董事、经理不构成本罪。

（四）故意

本罪在主观方面是故意。

十二、为亲友非法牟利罪

第一百六十六条　国有公司、企业、事业单位的工作人员，利用职务便利，有下列情形之一，使国家利益遭受重大损失的，处三年以下有期徒刑或者拘役，并处或者单处罚金；致使国家利益遭受特别重大损失的，处三年以上七年以下有期徒刑，并处罚金：

（一）将本单位的盈利业务交由自己的亲友进行经营的；

（二）以明显高于市场的价格向自己的亲友经营管理的单位采购商品或者以明显低于市场的价格向自己的亲友经营管理的单位销售商品的；

（三）向自己的亲友经营管理的单位采购不合格商品的。

（一）概念

为亲友非法牟利罪，是指国有公司、企业、事业单位的工作人员，利用职务便利，在经营中为亲友非法牟利，致使国家利益遭受重大损失的行为。

（二）行为

本罪在客观方面表现为利用职务便利，在经营中为亲友非法牟利，致使国家利益遭受重大损失的行为。利用职务上的便利，是指利用在国有公司、企业、事业单位从事一定管理、经营、经手等活动的职务便利或与职务、地位所形成的便利。为亲友非法牟利的行为包括：将本单位的盈利业务交由自己的亲友进行经营；或者以明显高于市场的价格向自己的亲友经营管理的单位采购商品或者以明显低于市场的价格向自己的亲友经营管理的单位销售商品；或者向自己的亲友经营管理的单位采购不合格商品。盈利业务的认定不应当以亲友实际经营的结果论，而应当结合具体的市场状况与业务本身的性质来综合判断，如果根据市场的实际与业务本身的性质来看应当盈利的，就属于盈利业务的情形。行为人的行为必须致使国家利益遭受重大损失，即本罪属于结果犯，只有发生了使国有公司、企业、事业单位的利益遭受重大损失的结果，才能构成本罪。

（三）主体

本罪的主体是国有公司、企业、事业单位的工作人员。

（四）故意

本罪在主观方面是故意，并且具有为亲友牟取非法利益的意思。

十三、签订、履行合同失职被骗罪

第一百六十七条　国有公司、企业、事业单位直接负责的主管人员，在签订、履行合同过程中，因严重不负责任被诈骗，致使国家利益遭受重大损失的，处三年以下有期徒刑或者拘役；致使国家利益遭受特别重大损失的，处三年以上七年以下有期徒刑。

（一）概念

签订、履行合同失职被骗罪，是指国有公司、企业、事业单位直接负责的主管人员，在签订、履行合同过程中，因严重不负责任被诈骗，致使国家利益遭受重大损失的行为。

（二）行为

本罪在客观方面表现为行为人在签订、履行合同过程中，因严重不负责任被诈骗，致使国家利益遭受重大损失的行为。因严重不负责任而被骗，是指行为人在应当识破并且能够识破对方合同骗局的情形下，因为严重不负责任而上当受骗。致使国家利益遭受重大损失，包括大量的国家财产被诈骗，或者因为被骗导致公司、企业、事业单位倒闭等。本罪属于结果犯，即以发生重大损失作为构成本罪的条件。

（三）主体

本罪的主体属于特殊主体，即国有公司、企业、事业单位的直接负责的主管人员，也就是具有领导、决策作用的负责人以及直接分管签订、履行合同的负责人。

金融机构、从事对外贸易经营活动的公司、企业的工作人员严重不负责任，造成大量外汇被骗购或者逃汇，致使国家利益遭受重大损失的，也应当成为本罪主体。

（四）过失

本罪在主观方面为过失，既可以表现为疏忽大意的过失，也可以是过于自信的过失。

十四、国有公司、企业、事业单位人员失职罪

第一百六十八条［根据《刑法修正案》第二条修订］　国有公司、企业的工作人员，由于严重不负责任或者滥用职权，造成国有公司、企业破产或者严重损失，致使国家利益遭受重大损失的，处三年以下有期徒刑或者拘役；致使国家利益遭受特别重大损失的，处三年以上七年以下有期徒刑。

国有事业单位的工作人员有前款行为，致使国家利益遭受重大损失的，依照前款的规定处罚。

国有公司、企业、事业单位的工作人员，徇私舞弊，犯前两款罪的，依照第一款的规定从重处罚。

（一）概念

国有公司、企业、事业单位人员失职罪，是指国有公司、企业、事业单位的工作人员，由于严重不负责任，造成国有公司、企业破产或者严重损失，致使国家利益遭受重大损失或者使国有事业单位的国家利益遭受重大损失的行为。

（二）行为

本罪在客观方面表现为行为人严重不负责任，造成国有公司、企业、事业单位破产或者严重损失，致使国家利益遭受重大损失的行为。严重不负责任，是指行为人应当并且能够履行自己的相关义务时但却没有履行或虽然履行但严重不充分的情形，即应当尽责却没有尽到责。例如，在仓储或者企业管理方面严重失职，造成重大损失的行为；行为人擅自决定让本单位为他人担保，给本单位造成重大损失的。行为必须造成国有公司、企业破产或者严重损失，或者使国有事业单位的利益遭受严重损失，最终使国家利益遭受重大损失。所以，本罪属于结果犯，没有致使国家利益遭受重大损失的结果出现的，不能构成本罪。

（三）主体

本罪的主体为国有公司、企业、事业单位的工作人员。既包括直接负责的主管人员，也包括一般工作人员。

（四）过失

本罪在主观方面为过失，即应当预见自己的不负责任的行为可能产生使国家利益遭受重大损失的结果，由于疏忽大意没有预见或已经预见但轻信能够避免的一种心理态度。

（五）处罚的特殊问题

国有公司、企业、事业单位的工作人员，徇私舞弊，应当从重处罚。徇私舞弊，即行为人不履行或不正确履行法律与职务规定的职责，为了私情、私利而滥用职权的行为。对于行为来说，行为人是故意的，但对于相应的结果的出现，行为人的罪过形式一般是过失，但也有可能存在故意的情形。

十五、国有公司、企业、事业单位人员滥用职权罪

第一百六十八条[根据《刑法修正案》第二条修订] **国有公司、企业的工作人员，由于严重不负责任或者滥用职权，造成国有公司、企业破产或者严重损失，致使国家利益遭受重大损失的，处三年以下有期徒刑或者拘役；致使国家利益遭受特别重大损失的，处三年以上七年以下有期徒刑。**

国有事业单位的工作人员有前款行为，致使国家利益遭受重大损失的，依照前款的规定处罚。

国有公司、企业、事业单位的工作人员，徇私舞弊，犯前两款罪的，依照第一款的规定从重处罚。

(一) 概念

国有公司、企业、事业单位人员滥用职权罪，是指国有公司、企业、事业单位的工作人员滥用职权，造成国有公司、企业破产或者严重损失，致使国家利益遭受重大损失或者使国有事业单位的国家利益遭受重大损失的行为。

(二) 行为

本罪在客观方面表现为滥用职权的行为，具体来说包括：一是非法或不正当地行使本人职务范围内的权力。就是说，对于行为人来说，其具有从事某方面的职权，但他非法地或不正当地利用法律赋予的职权，实施法律不允许的行为。比如弄虚作假、强迫命令等。二是行为人超越其职权范围而实施的行为，即行为人实施了其无权行使的权力。比如国有事业单位的工作人员动用财政拨款违反国家规定，在国际外汇、期货市场上进行外汇、期货投机活动。

(三) 故意

本罪在主观方面是故意。

十六、徇私舞弊低价折股、出售国有资产罪

第一百六十九条 **国有公司、企业或者其上级主管部门直接负责的主管人员，徇私舞弊，将国有资产低价折股或者低价出售，致使国家利益遭受重大损失的，处三年以下有期徒刑或者拘役；致使国家利益遭受特别重大损失的，处三年以上七年以下有期徒刑。**

(一) 概念

徇私舞弊低价折股、出售国有资产罪，是指国有公司、企业或者其上级主管部门直接负责的主管人员，徇私舞弊，将国有资产低价折股或者低价出售，致使国家利益遭受重大损失的行为。

(二) 行为

本罪在客观方面表现为徇私舞弊，将国有资产低价折股或者低价出售，致使国家利益遭受重大损失的行为。徇私舞弊，将国有资产低价折股或者低价出售，就是为了私情、私利而故意违反法律法规的规定，不履行或不充分履行自己的职责而将国有资产低价折股或者低价出售。低价折股，就是将国有资产，包括实物、工业产权、非专利技术、土地使用权、商标、信誉等没有依据其当有价格而是压价折合甚至不作价成为出资股份。低价出售，就是将国有资产以低于其实际的价值予以出售。行为人的行为致使国家利益遭受重大损失。本罪属于结果犯，即必须是行为人的行为致使国家利益遭受重大损失情形的出现才能成立本罪，例如使国有公司、企业的资产严重流失等等。

(三) 主体

本罪的主体为特殊主体，即只限于国有公司、企业或者其上级主管部门直接负责的主管

人员。

（四）故意

本罪在主观方面表现为故意。即行为人明知违反国家法律法规，将国有资产低价折股、低价出售，会造成国家利益遭受重大损失的结果却徇私舞弊，故意为之。

十七、背信损害上市公司利益罪

第一百六十九条之一［根据《刑法修正案（六）》第九条增设］　上市公司的董事、监事、高级管理人员违背对公司的忠实义务，利用职务便利，操纵上市公司从事下列行为之一，致使上市公司利益遭受重大损失的，处三年以下有期徒刑或者拘役，并处或者单处罚金；致使上市公司利益遭受特别重大损失的，处三年以上七年以下有期徒刑，并处罚金：

（一）无偿向其他单位或者个人提供资金、商品、服务或者其他资产的；

（二）以明显不公平的条件，提供或者接受资金、商品、服务或者其他资产的；

（三）向明显不具有清偿能力的单位或者个人提供资金、商品、服务或者其他资产的；

（四）为明显不具有清偿能力的单位或者个人提供担保，或者无正当理由为其他单位或者个人提供担保的；

（五）无正当理由放弃债权、承担债务的；

（六）采用其他方式损害上市公司利益的。

上市公司的控股股东或者实际控制人，指使上市公司董事、监事、高级管理人员实施前款行为的，依照前款的规定处罚。

犯前款罪的上市公司的控股股东或者实际控制人是单位的，对单位判处罚金，并对其直接负责的主管人员和其他直接责任人员，依照第一款的规定处罚。

（一）概念

背信损害上市公司利益罪，是指上市公司的董事、监事、高级管理人员违背对公司的忠实义务，利用职务便利，操纵上市公司，致使上市公司利益遭受重大损失的行为。

（二）行为

本罪在客观方面表现为违背对公司的忠实义务，利用职务便利，操纵上市公司，致使上市公司利益遭受重大损失。

违背对公司的忠实义务，是指上市公司的董事、监事、高级管理人员、公司的控股股东、实际控制人违背法律、行政法规和公司章程，未对公司保持忠诚，从而损害公司利益。

本罪的实行行为包括：① 无偿向其他单位或者个人提供资金、商品、服务或者其他资产。这通常表现为，上市公司的董事、监事、高级管理人员、控股股东和实际控制人，利用对上市公司的控制权或者影响力，将上市公司资金或者其他资产直接划拨到关联公司供其使用；控股股东、实际控制人以自己或者以关联公司的名义，在无任何真实交易的情况下，占用上市公司资金或者其他资产；在上市公司与关联企业之间进行没有实质交易的资金划拨；由上市公司代关联公司支付费用；由上市公司现金出资、关联方资产出资共同设立子公司，或者通过资产重组，占用上市公司资金等行为。② 以明显不公平的条件，提供、接受资金、商品、服务或者其他资产。这包括上市公司以明显不公平的高价收购其他公司、企业的资产或接受其提供的商品、服务，或者将上市公司资产低价转让、提供给关联公司、企业，从而掏空上市公司。例如，将上市公司的资金或者其他资产以借款、借用方式转到关联公司供其使用；控股股东、实际控制人以自己或者以关联公司的名义，与上市公司签订借款、借用合同，占用上市公司资金或者其他资产的，都可以成立本罪。③ 向明显不具有清偿能力的单位或者个人提供资金、商品、服务或者其他资产。这种行为具体表现为：上市公司的董事、监事、高级管理人员、控股股东和实际控制人,明知单位或者个人(包括其控制的关联公司、上市公司的控股股东和实际控制人)没有清偿能力,利用他们对上市公司的控制权或者影响力,仍然让上市公司向单位或者个人提供资金、商品、服务或者其他资产。④ 为明显不具有清偿能力的单位或者个人提供担保,或者无正当理由为其他单位或者个人提供担保。在被担保单位或者个人不能偿还到期债务,或者利用上市公司的担保获得贷款后拖欠或者拒绝还贷时,最终由上市公司承担连带赔偿责任。这样就使上市公司资产不当减少或者处于高风险状态,还有可能造成国有资产的流失。⑤ 无正当理由放弃债权、承担债务的。⑥ 采用其他方式损害上市公司利益的。

(三) 故意

本罪在主观上是故意,行为人对违反对公司的忠实义务有认识,对行为可能给上市公司造成损害持希望或者放任的态度。

上市公司的董事、监事、高级管理人员因为对市场判断有误,从而导致决策失误的,欠缺本罪故意,即使给上市公司利益造成损害的,也不构成本罪。

(四) 主体

本罪的主体是特殊主体,即对上市公司具有控制权或重大影响力的人,包括上市公司的董事、监事、高级管理人员、上市公司的控股股东或者实际控制人。这里的董事,是指有限责任公司和股份有限公司中由股东大会选出的,作为公司业务的决策者和管理者对公司和股东负有特定义务的自然人。监事,是对董事会决议执行负有监督职责的人。高级管理人员,是指公司的经理、副经理、财务负责人,上市公司董事会秘书和公司章程规定的其他人员。控股股东,是指其出资额占有限责任公司资本总额50%以上或者其持有的股份占股份有限公司股本总额50%以上的股东;出资额或者持有股份的比例虽然不足50%,但依其出资额或者持有的股份所享有的表决权已足以对股东会、股东大会的决议产生重大影响的股东。实际控制人,是指虽不是公司的股东,但通过投资关系、协议或者其他安排,能够实际支配公司行为的人。

第四节　破坏金融管理秩序罪

一、伪造货币罪

第一百七十条[根据《刑法修正案》(九)第十一条修订]　**伪造货币的,处三年以上十年以下有期徒刑,并处罚金;有下列情形之一的,处十年以上有期徒刑或者无期徒刑,并处罚金或者没收财产:**

(一) 伪造货币集团的首要分子;

(二) 伪造货币数额特别巨大的;

(三) 有其他特别严重情节的。

(一) 概念

伪造货币罪,是指仿照货币的图案、形状、色彩等特征,非法制造假货币冒充真货币的行为。

(二) 行为

本罪在客观方面表现为行为人伪造货币的行为。伪造,是指没有货币发行权的人仿造具有真实货币的形状、特征与色彩等特征,非法制造假货币冒充真货币的行为。伪造的方法多种多样,比如,机器印刷、石印、影印、手描、复印等。

(三) 对象

本罪的行为对象是货币,包括人民币以及境外货币,但这种货币,按照最高人民法院《关于审理伪造货币等案件具体应用法律若干问题的解释》第7条第1款的规定，必须是可以在国内市场流通或者兑换的人民币和境外货币。

（四）故意

本罪在主观方面是故意，至于犯罪人是否有将伪造的货币投入流通的意图，在所不问。

（五）处罚的特殊问题

按照《全国法院审理金融犯罪案件工作座谈会纪要》的精神：伪造货币的，只要行为人实施了伪造的行为，不论是否完成全部印刷工序，即构成伪造货币罪；对于尚未制造出成品，无法计算伪造、销售假币面额的，或者制造、销售用于伪造货币的版样的，不认定犯罪数额，依据犯罪情节决定刑罚。

按照最高人民法院《关于审理伪造货币等案件具体应用法律若干问题的解释》第1条、第7条之规定，伪造货币的总面额在2千元以上不满3万元或者币量在200张（枚）以上不足3千张（枚）的，处3年以上10年以下有期徒刑；伪造货币的总面额在3万元以上的，属于伪造货币数额特别巨大；行为人制造货币版样或者与他人事前通谋，为他人伪造货币提供版样的，依照《刑法》第170条的规定定罪处罚；货币面额应当以人民币计算，其他币种以案发时国家外汇管理机关公布的外汇牌价折算成人民币。

对于伪造货币集团的首要分子、伪造货币数额特别巨大的或者有其他特别严重情节的，处十年以上有期徒刑或者无期徒刑，并处罚金或者没收财产。

二、出售、购买、运输假币罪

第一百七十一条第一款　出售、购买伪造的货币或者明知是伪造的货币而运输，数额较大的，处三年以下有期徒刑或者拘役，并处以二万元以上二十万以下罚金；数额巨大的，处三年以上十年以下有期徒刑，并处五万元以上五十万元以下罚金；数额特别巨大的，处十年以上有期徒刑，并处五万元以上五十万元以下罚金或者没收财产。

伪造货币并出售或者运输伪造的货币的，依照本法第一百七十条的规定定罪从重处罚。

（一）概念

出售、购买、运输假币罪，是指出售、购买伪造的货币或者明知是伪造的货币而运输，数额较大的行为。

（二）行为

本罪在客观方面表现为行为人出售、购买伪造的货币或者明知是伪造的货币而运输，数额较大的行为。出售，是指将本人存有的伪造的货币有偿转让给他人的行为。购买，是指将他人所有的伪造的货币予以收购。运输，是指将伪造的货币从此地携往彼地。数额较大，按照最高人民法院《关于审理伪造货币等案件具体应用法律若干问题的解释》第3条的规定，是指总面额在4千元以上不满5万元的情形。需要注意的是，行为人只要实施了上述行为中的一种即可构成本罪，所以，本罪属于选择性罪名。按照该司法解释的规定，总面额在5万元以上不满20万元的，属于刑法规定的数额巨大的情形；总面额在20万元以上的，属于数额特别巨大，依照《刑法》第171条第1款的规定定罪处罚。

（三）故意

本罪在主观方面是故意，并且要求行为人对出售、购买、运输的是假币有明确认识。

（四）认定

（1）行为人对同一宗假币实施了本罪规定的多个行为的，应当根据行为人所实施的数个行为，按本罪名规定的排列顺序并列确定罪名，数额不累计计算，只按一罪处罚，而不实行数罪并罚。

(2) 行为人对不同宗假币实施本罪规定的行为的,则并列确定罪名,数额按全部假币面额累计计算,不实行数罪并罚。

(3) 对同一宗假币实施了刑法没有规定为选择性罪名的数个犯罪行为,择一重罪从重处罚。如伪造货币或者购买假币后使用的,以伪造货币罪或者购买假币罪定罪,从重处罚。如果行为人伪造货币并出售或者运输伪造的货币的,依照伪造货币罪的规定定罪并从重处罚。

(4) 对不同宗假币实施了刑法没有规定为选择性罪名的数个犯罪行为,则分别定罪,数罪并罚。如行为人在两宗假币案中,第一次实施了出售、运输假币的行为,数额较大。第二次实施了使用假币的行为,且数额较大,则行为人的行为构成出售、运输假币罪,使用假币罪,实行数罪并罚。有关出售假币数额的认定:在出售假币时,除现场查获的假币应认定为出售假币的犯罪数额外,现场之外的在行为人住所或者其他藏匿地查获的假币,亦应认定为出售假币的犯罪数额。

三、金融工作人员购买假币、以假币换取货币罪

第一百七十一条第二款 **银行或者其他金融机构的工作人员购买伪造的货币或者利用职务上的便利,以伪造的货币换取货币的,处三年以上十年以下有期徒刑,并处二万元以上二十万元以下罚金;数额巨大或者有其他严重情节的,处十年以上有期徒刑或者无期徒刑,并处二万元以上二十万元以下罚金或者没收财产;情节较轻的,处三年以下有期徒刑或者拘役,并处或者单处一万元以上十万元以下罚金。**

(一) 概念

金融工作人员购买假币、以假币换取货币罪,是指银行或者其他金融机构的工作人员购买伪造的货币或者利用职务上的便利,以伪造的货币换取货币的行为。

(二) 行为

本罪在客观方面表现为行为人购买伪造的货币或者利用职务上的便利,以伪造的货币换取货币的行为。购买伪造的货币,即行为人有偿换取伪造的货币。利用职务上的便利,是指行为人利用其职务上管理金库、出纳现金、吸收付出存款等便利条件。行为人只要实施其中的一种行为即可构成本罪,如果行为人先购买伪造的货币再利用职务的便利以假币获取真币,也只成立一个犯罪,不实行数罪并罚。

(三) 主体

本罪的主体属于特殊主体,即银行或其他金融机构的工作人员。其他金融机构,是指经国家有关主管部门批准的,除商业银行外的在境内注册的具有货币资金融通职能的机构,如信用社、中资信托投资公司、融资租赁公司、期货经纪公司、财务公司、证券公司、保险公司和其他金融公司。

(四) 故意

本罪在主观方面是故意。

(五) 处罚的特殊问题

按照最高人民法院《关于审理伪造货币等案件具体应用法律若干问题的解释》第 4 条的规定,犯本罪的,总面额在 4 千元以上不满 5 万元或者币量在 400 张(枚)以上不足 5 千张(枚)的,处 3 年以上 10 年以下有期徒刑,并处 2 万元以上 20 万元以下罚金;总面额在 5 万元以上或者币量在 5 千张(枚)以上或者有其他严重情节的,处 10 年以上有期徒刑或者无期徒刑,并处 2 万元以上 20 万元以下罚金或者没收财产;总面额不满人民币 4 千元或者币量不足 400 张(枚)或者具有其他情节较轻情形的,处 3 年以下有期徒刑或者拘役,并处或者单处 1 万元以上 10 万元以下罚金。

四、持有、使用假币罪

第一百七十二条　明知是伪造的货币而持有、使用，数额较大的，处三年以下有期徒刑或者拘役，并处或者单处一万元以上十万元以下罚金；数额巨大的，处三年以上十年以下有期徒刑，并处二万元以上二十万元以下罚金；数额特别巨大的，处十年以上有期徒刑，并处五万元以上五十万元以下罚金或者没收财产。

（一）概念

持有、使用假币罪，是指明知是伪造的货币而持有、使用，数额较大的行为。

（二）行为

本罪在客观方面表现为持有、使用伪造的假币的行为。持有，是指拥有或者所有，它表现为主体与某一特定之物的占有状态。持有伪造的货币，是指非法拥有伪造的货币，持有伪造的货币是一种非法状态。根据现有证据不能认定行为人是为了进行其他假币犯罪的，以持有假币罪定罪处罚；如果有证据证明其持有假币已构成其他假币犯罪的，应当以其他货币犯罪定罪处罚。使用，是指在经济交往中使用假币。这种使用既可以是用于正常的交易活动中，也可以用于非法的活动，比如用假币作为赌资，也属于使用伪造货币的情形。持有、使用伪造的货币，数额较大的，才构成本罪。按照最高人民法院《关于审理伪造货币等案件具体应用法律若干问题的解释》第5条的规定，明知是假币而持有、使用，总面额在4千元以上不满5万元的，属于数额较大。总面额在5万元以上不满20万元的，属于数额巨大；总面额在20万元以上的，属于数额特别巨大。本罪属于选择性罪名，只要行为人实施了持有或使用假币行为其中的一种即可构成本罪，如果行为人既有持有、又有使用行为，也不实行数罪并罚。

（三）故意

本罪在主观方面必须是故意，即必须明知是伪造的货币而持有或使用的。因此，不具有这种明知的，不构成本罪。行为人善意接受假币后明知是假币而继续使用的，也属于明知的范畴。如果是伪造者自己持有或使用的，则不另外构成本罪，而是一种不可罚的事后行为。

五、变造货币罪

第一百七十三条　变造货币，数额较大的，处三年以下有期徒刑或者拘役，并处或者单处一万元以上十万元以下罚金；数额巨大的，处三年以上十年以下有期徒刑，并处二万元以上二十万元以下罚金。

（一）概念

变造货币罪，是指对真实的货币用修改、拼接、剪贴等方法进行改制，致使货币的总面额发生变化，数额较大的行为。

（二）行为

本罪在客观方面表现为变造货币的行为。变造，即对真实的货币进行非法的改造与加工，方法多为修改、拼接、剪贴、揭层、挖补、涂改等，目的是使货币的总面额增加或货币的数量增加，即由少变多。变造行为，必须数额较大的，才构成本罪。

（三）故意

本罪在主观方面是故意。

（四）定罪标准

根据最高人民法院《关于审理伪造货币等案件具体应用法律若干问题的解释》第6条的规

定,变造货币的总面额在2千元以上不满3万元的,属于数额较大。总面额在3万元以上的,属于数额巨大。

六、擅自设立金融机构罪

第一百七十四条第一款[根据《刑法修正案》第三条修订] **未经国家有关主管部门批准,擅自设立商业银行、证券交易所、期货交易所、证券公司、期货经纪公司、保险公司或者其他金融机构的,处三年以下有期徒刑或者拘役,并处或者单处二万元以上二十万元以下罚金;情节严重的,处三年以上十年以下有期徒刑,并处五万元以上五十万元以下罚金。**

第三款 **单位犯前两款罪的,对单位判处罚金,并对其直接负责的主管人员和其他直接责任人员,依照第一款的规定处罚。**

(一) 概念

擅自设立金融机构罪,是指未经国家有关主管部门批准,擅自设立商业银行、证券交易所、期货交易所、证券公司、期货经纪公司、保险公司或者其他金融机构的行为。

(二) 行为

本罪在客观方面表现为未经国家有关主管部门批准,擅自设立金融机构的行为。未经国家有关主管部门批准,包括没有按法定条件、法定程序向国家有关主管部门提出申请的情形,也包括虽然提出申请但没有获得国家有关主管部门批准或者没有取得经营金融业务主体资格的情形。比如,商业银行的设立必须经过中国人民银行的批准,证券交易所、期货交易所的设立必须经中国证券管理委员会的批准,保险公司的设立必须经保险监督管理委员会的批准。擅自设立,是指在没有取得经营金融业务主体资格的情形下自行设立金融机构。这些金融机构包括商业银行、证券交易所、期货交易所、证券公司、期货经纪公司、保险公司或者其他金融机构。对于已经依法取得金融业务主体资格的金融机构,比如商业银行,为扩大储蓄网点而未等有关主管部门批准就设立分支机构等行为,依据商业银行法的规定,属于行政处罚的范畴,而不属于本罪所规定的擅自设立的情形。

(三) 故意

本罪在主观方面是故意。

七、伪造、变造、转让金融机构经营许可证、批准文件罪

第一百七十四条第二款[根据《刑法修正案》第三条修订] **伪造、变造、转让商业银行、证券交易所、期货交易所、证券公司、期货经纪公司、保险公司或者其他金融机构的经营许可证或者批准文件的,依照前款的规定处罚。**

第三款 **单位犯前两款罪的,对单位判处罚金,并对其直接负责的主管人员和其他直接责任人员,依照第一款的规定处罚。**

(一) 概念

伪造、变造、转让金融机构经营许可证、批准文件罪,是指伪造、变造、转让商业银行、证券交易所、期货交易所、证券公司、期货经纪公司、保险公司或者其他金融机构的经营许可证或者批准文件的行为。

(二) 行为

本罪在客观方面具体表现为伪造、变造、转让金融机构经营许可证、批准文件的行为。伪造金融机构经营许可证、批准文件,就是制造假的许可证、批准文件冒充真的许可证、批准文件,伪造的方法多种多样。变造金融机构经营许可证、批准文件。就是在真的许可证、批准文件的基础

上加以改造从而改变其内容的行为。方法可以是剪贴、拼凑、涂改、覆盖、复印等。转让金融机构经营许可证、批准文件。就是将自己的金融机构经营许可证、批准文件有偿或无偿地让与他人的行为。至于其转让的对象是金融机构还是非金融机构，是单位还是个人，都不影响其行为的性质。本罪属于选择性罪名，行为人只要实施了其中的一种行为就可构成本罪。

（三）故意

本罪在主观方面是故意。

（四）认定

伪造、变造、转让金融机构经营许可证、批准文件的行为往往与擅自设立金融机构、非法吸收公众存款、诈骗等犯罪结合在一起。对于这种情形，原则上应当按照牵连犯罪处理，择一重罪处罚。符合数罪并罚的法律规定的，应当数罪并罚。

八、高利转贷罪

第一百七十五条　以转贷牟利为目的，套取金融机构信贷资金高利转贷他人，违法数额较大的，处三年以下有期徒刑或者拘役，并处违法所得一倍以上五倍以下罚金；数额巨大的，处三年以上七年以下有期徒刑，并处违法所得一倍以上五倍以下罚金。

单位犯前款罪的，对单位判处罚金，并对其直接负责的主管人员和其他直接责任人员，处三年以下有期徒刑或者罚金。

（一）概念

高利转贷罪，是指以转贷牟利为目的，套取金融机构信贷资金高利转贷他人，违法数额较大的行为。

（二）行为

本罪在客观方面表现为套取金融机构信贷资金高利转贷他人，违法数额较大的行为。本罪的行为对象是信贷资金。它是指金融机构依据国家的贷款政策与金融机构的贷款规定，运用居民储蓄与企业存款，依法发放给企业、事业单位、个人的政策性或商业性贷款。

本罪的实行行为具体表现为：

(1) 行为人套取金融机构的信贷资金。就是行为人假设自己借款用途、编造虚假理由，采用担保贷款或不需要担保的信用贷款的方式，向金融机构贷出一定量的信用资金。

(2) 将套取来的信用资金用于转贷他人。就是说行为人将套取来的信用资金转贷给其他单位或个人。

(3) 这种转贷是一种高利转贷，就是说是一种高利息转贷。所谓高利息转贷，就是行为人以高于金融机构根据中央银行的利率规定而确定的同期贷款的利率幅度将套取来的信用资金转贷给他人。换言之，如果行为人将套取来的信用资金转贷他人，但利率低于或等于同期金融机构的利率幅度，则不构成本罪。

(4) 违法所得数额较大。本罪属于结果犯，即如果行为人违法所得没有达到较大的程度，则不构成本罪。

（三）故意

本罪的主观方面只能是直接故意，并且具有转贷牟利的目的。

九、骗取贷款、票据承兑、金融凭证罪

第一百七十五条之一［根据《刑法修正案》(六)第十条增设］　以欺骗手段取得银行或者其他金融机构贷款、票据承兑、信用证、保函等，给银行或者其他金融机构造成重大损失或者有

其他严重情节的，处三年以下有期徒刑或者拘役，并处或者单处罚金；给银行或者其他金融机构造成特别重大损失或者有其他特别严重情节的，处三年以上七年以下有期徒刑，并处罚金。

单位犯前款罪的，对单位判处罚金，并对其直接负责的主管人员和其他直接责任人员，依照前款的规定处罚。

(一) 概念

骗取贷款、票据承兑、金融凭证罪，是指以欺骗手段取得银行或者其他金融机构贷款、票据承兑、信用证、保函等，给银行或者其他金融机构造成重大损失或者有其他严重情节的行为。

(二) 行为

本罪在客观方面表现为骗取贷款、票据承兑、金融凭证。

以欺骗手段获取银行和金融机构贷款，骗取银行开具以金融机构信用为基础的票据承兑、信用证、保函等其他信用的行为，使金融资产运行处于可能无法收回的巨大风险之中，既扰乱了金融秩序，也危及了金融安全，因此，需要加以惩罚。

行为必须给银行或者其他金融机构造成重大损失或者有其他严重情节的，才能成立本罪。这里的损失或者情节，主要是指以欺骗手段获得贷款、票据承兑、信用证、保函等银行信用以后，造成骗用的贷款不能归还，给银行造成重大损失的；采用的欺骗手段十分恶劣；多次欺骗金融机构；因采用欺骗手段受到处罚后又欺骗金融机构的等情形。对于骗取贷款数额较大，但在案发前已经归还贷款，或者在案发后立即归还贷款的，可以认为不属于这里的“其他严重情节”。

(三) 故意

本罪在主观方面是故意，但行为人并不具有非法占有目的。例如，没有还款能力的单位为了从银行或金融机构获得贷款，隐瞒真相，编造虚假经济效益，获得贷款用以扩大生产规模、搞技术改造，或者为单位员工盖家属楼、改善福利条件等，就不能认定其具有非法占有目的。以非法占有目的虚构事实、隐瞒真相、编造虚假理由获得贷款的，构成贷款诈骗罪。

十、非法吸收公众存款罪

第一百七十六条　**非法吸收公众存款或者变相吸收公众存款，扰乱金融秩序的，处三年以下有期徒刑或者拘役，并处或者单处二万元以上二十万元以下罚金；数额巨大或者有其他严重情节的，处三年以上十年以下有期徒刑，并处五万元以上五十万元以下罚金。**

单位犯前款罪的，对单位判处罚金，并对其直接负责的主管人员和其他直接责任人员，依照前款的规定处罚。

(一) 概念

非法吸收公众存款罪，是指非法吸收公众存款或者变相吸收公众存款，扰乱金融秩序的行为。

(二) 行为

本罪在客观方面表现为非法吸收公众存款或者变相吸收公众存款的行为。非法吸收公众存款，是指违反法律、法规的规定，以存款的方式公开吸收公众资金。它包括：一方面，不具有经营存款业务主体资格的单位和个人而吸收公众存款。公众存款，是指存款人为不特定的多数人的存款，而不是少数人或特定范围内的存款。另一方面，虽然行为人是具有经营存款业务主体资格的单位和个人，但其采取了违法的方式进行了吸收公众存款的行为。对于这一类行为，商业银行法规定了相关的行政处罚措施，除非情节严重，一般不应认定为犯罪。变相吸收公众存款，是指行为人不以存款的名义而是以其他的如投资、集资入股、基金会等名义来吸收公众存款。但这种投资、集资入股、基金会等，并不按照正常投资的形式分配利润、股息，而是以支付一定量的利息

作为回报的方式。因此,实施变相吸收公众存款的目的与实质就是吸收公众存款。

（三）故意

本罪在主观方面是故意,行为人并不具有非法占有公众存款的意思。

十一、伪造、变造金融票证罪

第一百七十七条　有下列情形之一，伪造、变造金融票证的，处五年以下有期徒刑或者拘役，并处或者单处二万元以上二十万元以下罚金；情节严重的，处五年以上十年以下有期徒刑，并处五万元以上五十万元以下罚金；情节特别严重的，处十年以上有期徒刑或者无期徒刑，并处五万元以上五十万元以下罚金或者没收财产：

（一）伪造、变造汇票、本票、支票的；

（二）伪造、变造委托收款凭证、汇款凭证、银行存单等其他银行结算凭证的；

（三）伪造、变造信用证或者附随的单据、文件的；

（四）伪造信用卡的。

单位犯前款罪的，对单位判处罚金，并对其直接负责的主管人员和其他直接责任人员，依照前款的规定处罚。

（一）概念

伪造、变造金融票证罪,是指伪造、变造金融票证的行为。

（二）行为

本罪在客观方面表现为行为人仿制真正的金融票证制造假的金融票证,或者对真实的金融票证进行加工改制的行为。

本罪的犯罪对象是金融票证,包括汇票、本票、支票、委托收款凭证、汇款凭证、银行存单等其他银行结算凭证、信用证或者附随的单据、文件、信用卡。

本罪的实行行为具体包括:

(1) 伪造、变造汇票、本票、支票的行为。汇票,是指由出票人签发的委托付款人按约定的付款期限无条件支付一定金额给收款人或持票人的票据。本票,是指出票人签发的,约定自己在见票时无条件支付确定金额给收款人或者持票人的票据。支票,是指出票人签发的,委托办理支票存款业务的金融机构在见票时无条件支付确定金额给收款人或者持票人的票据。

(2) 伪造、变造委托收款凭证、汇款凭证、银行存单等其他银行结算凭证的行为。银行结算凭证,是指办理银行结算的凭证和证明。委托收款凭证,是指收款人在委托银行向付款人收取款项时,所填写提供的凭证和证明。汇款凭证,是指汇款人委托银行将款项汇给外地收款时所填写的凭证与证明。银行存单,是指由储户向银行交存款项,办理开户,银行签发的载有户名、账号、存款金额、存期、存入日、到期日、利率等内容的存单,凭此办理存款的存取。存款到期后,银行有绝对付款的责任。其他银行结算凭证,是指除上述之外的银行结算凭证。

(3) 伪造、变造信用证或者附随的单据、文件的行为。信用证,是指开证银行根据申请人之请求,开给收益人的一种在其具备了约定的条件以后,即可得到开证银行或者支付银行支付约定的金额的保证付款凭证。其特点,一是信用证不依附于买卖合同,银行在审单时强调的是信用证与基础贸易相分离的书面形式上的认证;二是信用证是见单付款,不以货物为准,只要单证相符,开证行就要无条件付款。信用证按照其在使用时是否需要附随必要的单据可分为有跟单信用证和无跟单信用证两种。作为国际结算手段的依据绝大多数是跟单信用证。附随的单据、文件,根据国际商会于 1933 年正式公布实施的《跟单信用证统一惯例》的规定,单据主要有运输单据、商业发票、保险单据三种。所以,附随的单据、文件,就是指使用信用证所必须附随的运输单据、商业发票、保险单据以及其他文件。比如,领事发票、海关发票、产地证明书等。

(4) 伪造信用卡的行为。信用卡,是指银行或者信用卡公司发给用户用于购买商品、取得服务或提取现金的信用凭证。伪造包括:非法制造信用卡,即模仿信用卡来制造假的信用卡;在真卡的基础上进行伪造,即在合法制造出来的尚未发行给用户正式使用的没有账户、姓名与密码信息的"白卡"上进行加工的伪造。

(三) 故意

本罪在主观方面是故意。

(四) 定罪标准

按照《最高人民检察院、公安部关于公安机关管辖的刑事案件立案追诉标准的规定(二)》第29条之规定,伪造、变造金融票证,涉嫌下列情形之一的,应予立案追诉:① 伪造、变造汇票、本票、支票,或者伪造、变造委托收款凭证、汇款凭证、银行存单等其他银行结算凭证,或者伪造、变造信用证或者附随的单据、文件,总面额在10 000元以上或者数量在10张以上的;② 伪造信用卡1张以上,或者伪造空白信用卡10张以上的。

十二、妨害信用卡管理罪

第一百七十七条之一[根据《刑法修正案》(五)第一条增设] 有下列情形之一,妨害信用卡管理的,处三年以下有期徒刑或者拘役,并处或者单处一万元以上十万元以下罚金;数量巨大或者有其他严重情节的,处三年以上十年以下有期徒刑,并处二万元以上二十万元以下罚金:

(一) 明知是伪造的信用卡而持有、运输的,或者明知是伪造的空白信用卡而持有、运输,数量较大的;

(二) 非法持有他人信用卡,数量较大的;

(三) 使用虚假的身份证明骗领信用卡的;

(四) 出售、购买、为他人提供伪造的信用卡或者以虚假的身份证明骗领的信用卡的。

(一) 概念

妨害信用卡管理罪,是指以持有、运输伪造的信用卡等方式妨害金融机构对信用卡进行管理的行为。

(二) 实行行为

本罪的实行行为包括:① 明知是伪造的信用卡而持有、运输的,或者明知是伪造的空白信用卡而持有、运输,数量较大的;② 非法持有他人信用卡,数量较大的;③ 使用虚假的身份证明骗领信用卡的。违背他人意愿,使用其居民身份证、军官证、士兵证、港澳居民往来内地通行证、台湾居民来往大陆通行证、护照等身份证明申领信用卡的,或者使用伪造、变造的身份证明申领信用卡的,应当认定为"使用虚假的身份证明骗领信用卡";④ 出售、购买、为他人提供伪造的信用卡或者以虚假的身份证明骗领的信用卡的。妨害信用卡管理,又使用伪造、以虚假的身份证明骗领的信用卡的,构成信用卡诈骗罪,而不成立本罪。

(三) 故意

本罪在主观方面是故意。

(四) 定罪标准

按照《最高人民检察院、公安部关于公安机关管辖的刑事案件立案追诉标准的规定(二)》第30条之规定,伪造、变造金融票证,涉嫌下列情形之一的,应予立案追诉:① 明知是伪造的信用卡而持有、运输的;② 明知是伪造的空白信用卡而持有、运输,数量累计在10张以上的;③ 非法持有他人信用卡,数量累计在5张以上的;④ 使用虚假的身份证明骗领信用卡的;⑤ 出售、购

买、为他人提供伪造的信用卡或者以虚假的身份证明骗领的信用卡的。

十三、窃取、收买、非法提供信用卡信息罪

第一百七十七条之一［根据《刑法修正案》(五)第一条增设］ 窃取、收买或者非法提供他人信用卡信息资料的，依照前款规定处罚。

银行或者其他金融机构的工作人员利用职务上的便利，犯第二款罪的，从重处罚。

窃取、收买、非法提供信用卡信息罪，是指窃取、有偿收买或者非法提供他人信用卡信息资料的行为。

信用卡信息资料，是指信用卡磁条信息所载内容，包括发卡行代码、持卡人账户、账号、密码等电子数据。

窃取信用卡信息，包括使用摄像头等专用器材偷窥、在银行自助门禁系统安装假设备窃取资料、银行工作人员利用对系统进行维护之机复制客户资料等。收买信用卡信息，是指向特约商户收银员、金融机构工作人员有偿购买其所掌握的信用卡信息。非法提供信用卡信息，是指明知是客户的信用卡资料而向他人提供。

《最高人民检察院、公安部关于公安机关管辖的刑事案件立案追诉标准的规定（二）》第31条规定，窃取、收买或者非法提供他人信用卡信息资料，足以伪造可进行交易的信用卡，或者足以使他人以信用卡持卡人名义进行交易，涉及信用卡1张以上的，应予立案追诉。

十四、伪造、变造国家有价证券罪

第一百七十八条 伪造、变造国库券或者国家发行的其他有价证券，数额较大的，处三年以下有期徒刑或者拘役，并处或者单处二万元以上二十万元以下罚金；数额巨大的，处三年以上十年以下有期徒刑，并处五万元以上五十万元以下罚金；数额特别巨大的，处十年以上有期徒刑或者无期徒刑，并处五万元以上五十万元以下罚金或者没收财产。

伪造、变造股票或者公司、企业债券，数额较大的，处三年以下有期徒刑或者拘役，并处或者单处一万元以上十万元以下罚金；数额巨大的，处三年以上十年以下有期徒刑，并处二万元以上二十万元以下罚金。

单位犯前两款罪的，对单位判处罚金，并对其直接负责的主管人员和其他直接责任人员，依照前两款的规定处罚。

（一）概念

伪造、变造国家有价证券罪，是指伪造、变造国库券或者国家发行的其他有价证券，数额较大的行为。

（二）行为

本罪在客观方面表现为伪造、变造国库券或者国家发行的其他有价证券数额较大的行为。国库券，是指国家发行的一种政府债券，是国家给购买者出具的借款凭证。其他有价证券，是指除国库券之外的由国家发行的各种以票面货币价值表示的国家债券，比如财政债券、保值公债券、国家重点建设债券等。本罪属于选择性罪名，行为人只要实施了其中的一种行为即可构成。如果行为人既实施了伪造的行为，又有变造的行为，也只构成一个罪。

（三）故意

本罪在主观方面是故意。

（四）定罪标准

伪造、变造国家有价证券，数额较大的才构成本罪。按照《最高人民检察院、公安部关于公安

机关管辖的刑事案件立案追诉标准的规定(二)》第32条之规定,伪造、变造国库券或者国家发行的其他有价证券,总面额在2 000元以上的,应予立案追诉。

十五、伪造、变造股票、公司、企业债券罪

第一百七十八条　伪造、变造国库券或者国家发行的其他有价证券,数额较大的,处三年以下有期徒刑或者拘役,并处或者单处二万元以上二十万元以下罚金;数额巨大的,处三年以上十年以下有期徒刑,并处五万元以上五十万元以下罚金;数额特别巨大的,处十年以上有期徒刑或者无期徒刑,并处五万元以上五十万元以下罚金或者没收财产。

伪造、变造股票或者公司、企业债券,数额较大的,处三年以下有期徒刑或者拘役,并处或者单处一万元以上十万元以下罚金;数额巨大的,处三年以上十年以下有期徒刑,并处二万元以上二十万元以下罚金。

单位犯前两款罪的,对单位判处罚金,并对其直接负责的主管人员和其他直接责任人员,依照前两款的规定处罚。

(一) 概念

伪造、变造股票、公司、企业债券罪,是指伪造、变造股票、公司、企业债券,数额较大的行为。

(二) 行为

本罪在客观方面表现为伪造、变造股票、公司、企业债券的行为。股票,是指股份有限公司发行的,表明其股东按照其持有的股份享受权益和承担义务的可以转让的凭证,是代表具有财产价值的股东权的有价证券。公司、企业债券,是指公司、企业依照法定条件与程序发行的承诺在一定期限内还本付息的一种债的凭证。行为人的行为就是对上述有价证券进行了伪造、变造的行为。本罪属于选择性罪名,行为人只要实施其中的一种行为即可构成本罪。

(三) 故意

本罪在主观方面是故意。

(四) 定罪标准

伪造、变造行为必须数额较大,才能构成本罪。数额较大,依据《最高人民检察院、公安部关于公安机关管辖的刑事案件立案追诉标准的规定(二)》第33条之规定就是:伪造、变造股票或者公司、企业债券,总面额在5千元以上的情形。

(五) 认定

(1) 伪造、变造的必须是针对和依照实际真实存在的股票、公司、企业债券。如果是行为人无中生有的"制造"的股票、债券,即根本就不存在的股票、债券,则不能构成本罪。

(2) 行为人伪造、变造的是真实的,但已经失效的股票、公司、企业债券的,不管行为人是否明知是失效的股票、公司、企业债券,无论数额是否较大,都不能构成本罪。倘若以伪造、变造的股票、债券作为诈骗的工具,则可能构成诈骗罪。

十六、擅自发行股票、公司、企业债券罪

第一百七十九条　未经国家有关主管部门批准,擅自发行股票或者公司、企业债券,数额巨大、后果严重或者有其他严重情节的,处五年以下有期徒刑或者拘役,并处或者单处非法募集资金金额百分之一以上百分之五以下罚金。

单位犯前款罪的,对单位判处罚金,并对其直接负责的主管人员和其他直接责任人员,处五年以下有期徒刑或者拘役。

（一）概念

擅自发行股票、公司、企业债券罪，是指未经国家有关主管部门批准，擅自发行股票或者公司、企业债券，数额巨大、后果严重或者有其他严重情节的行为。

（二）行为

本罪在客观方面表现为行为人未经国家有关主管部门批准，擅自发行股票或者公司、企业债券的行为。擅自发行，就是没有经过法律规定的主管部门的批准发行股票、公司、企业债券的行为，即没有得到国务院证券管理部门的批准而发行的行为。它包括行为人根本没有提出申请而发行的行为；也包括行为人提出申请但没有获得批准仍然发行的行为；还包括行为人提出申请也符合发行的其他条件但在批准之前就发行的行为；在国家有关主管部门批准的数量、规模之外发行股票、公司、企业债券的行为；违反《公司法》的规定，未经承销机构承销而自行发行股票、公司、企业债券的行为；承销公司对明知是没有获得批准发行的股票、公司、企业债券而擅自承销公开发行的行为。

（三）故意

本罪在主观方面是故意，即明知自己的发行行为没有得到国家有关主管部门的批准而执意发行，并且具有以这种骗取的方式获得生产、经营所需要的资金的目的。所以，如果行为人以非法占有为目的，擅自发行股票、公司、企业债券的，则不构成本罪，可据具体情形，构成诈骗罪或集资诈骗罪。

（四）定罪标准

擅自发行股票、公司、企业债券的行为，必须数额巨大、后果严重或者有其他严重情节的，才能构成本罪。按照《最高人民检察院、公安部关于公安机关管辖的刑事案件立案追诉标准的规定(二)》第34条之规定：未经国家有关主管部门批准，擅自发行股票或者公司、企业债券，涉嫌下列情形之一的，应予立案追诉：① 发行数额在五十万元以上的；② 虽未达到上述数额标准，但擅自发行致使三十人以上的投资者购买了股票或者公司、企业债券的；③ 不能及时清偿或者清退的；④ 其他后果严重或者有其他严重情节的情形。

十七、内幕交易、泄露内幕信息罪

第一百八十条［根据《刑法修正案》第四条、《刑法修正案》(七)第二条修订］　证券、期货交易内幕信息的知情人员或者非法获取证券、期货交易内幕信息的人员，在涉及证券的发行，证券、期货交易或者其他对证券、期货交易价格有重大影响的信息尚未公开前，买入或者卖出该证券，或者从事与该内幕信息有关的期货交易，或者泄露该信息，或者明示、暗示他人从事上述交易活动，情节严重的，处五年以下有期徒刑或者拘役，并处或者单处违法所得一倍以上五倍以下罚金；情节特别严重的，处五年以上十年以下有期徒刑，并处违法所得一倍以上五倍以下罚金。

单位犯前款罪的，对单位判处罚金，并对其直接负责的主管人员和其他直接责任人员，处五年以下有期徒刑或者拘役。

内幕信息、知情人员的范围，依照法律、行政法规的规定确定。

证券交易所、期货交易所、证券公司、期货经纪公司、基金管理公司、商业银行、保险公司等金融机构的从业人员以及有关监管部门或者行业协会的工作人员，利用因职务便利获取的内幕信息以外的其他未公开的信息，违反规定，从事与该信息相关的证券、期货交易活动，或者明示、暗示他人从事相关交易活动，情节严重的，依照第一款的规定处罚。

（一）概念

内幕交易、泄露内幕信息罪，是指证券、期货交易内幕信息的知情人员或者非法获取证券、期货交易内幕信息的人员,在涉及证券的发行,证券、期货交易或者其他对证券、期货交易价格有重大影响的信息尚未公开前,买入或者卖出该证券,或者从事与该内幕信息有关的期货交易,或者泄露该信息,或者明示、暗示他人从事相关交易活动,情节严重的行为。

(二) 行为

本罪在客观方面表现为行为人实施了内幕交易,或者泄露内幕信息,情节严重的行为。本罪的行为对象为内幕信息。它是指依照法律、法规的规定,内幕人员知悉的、尚未公开的和可能影响证券市场、期货市场价格的重大信息。所以,内幕信息是与证券发行、交易及其相关活动,与期货交易活动具有相关性并只为内幕人员所知悉的秘密。

本罪的实行行为具体包括:

(1) 行为人利用内幕信息进行证券买卖、期货交易即内幕交易的行为。掌握内幕信息的行为人利用内幕信息进行了相关的证券交易或期货交易的行为。具体说就是在涉及证券的发行,证券、期货交易或者其他对证券、期货交易价格有重大影响的信息尚未公开前,买入或者卖出该证券,或者从事与该内幕信息有关的期货交易,以使自己进一步盈利或避免更大损失的行为。

(2) 行为人故意泄露内幕信息,或者明示、暗示他人从事相关交易活动的行为,即行为人违反法律法规的规定,将知悉的内幕信息泄露给无权知悉、不应当知悉的人,使得他人利用该信息进行内幕交易。

(三) 故意

本罪在主观方面是故意。

(四) 定罪标准

构成本罪,必须情节严重。所谓情节严重,按照《最高人民检察院、公安部关于公安机关管辖的刑事案件立案追诉标准的规定(二)》第 35 条的规定,证券、期货交易内幕信息的知情人员、单位或者非法获取证券、期货交易内幕信息的人员、单位,在涉及证券的发行,证券、期货交易或者其他对证券、期货交易价格有重大影响的信息尚未公开前,买入或者卖出该证券,或者从事与该内幕信息有关的期货交易,或者泄露该信息,或者明示、暗示他人从事上述交易活动,涉嫌下列情形之一的,应予立案追诉: ① 证券交易成交额累计在 50 万元以上的; ② 期货交易占用保证金数额累计在 30 万元以上的; ③ 获利或者避免损失数额累计在 15 万元以上的; ④ 多次进行内幕交易、泄露内幕信息的; ⑤ 其他情节严重的情形。

十八、利用未公开信息交易罪

第一百八十条[根据《刑法修正案》第四条、《刑法修正案》(七)第二条修订] **证券、期货交易内幕信息的知情人员或者非法获取证券、期货交易内幕信息的人员,在涉及证券的发行,证券、期货交易或者其他对证券、期货交易价格有重大影响的信息尚未公开前,买入或者卖出该证券,或者从事与该内幕信息有关的期货交易,或者泄露该信息,或者明示、暗示他人从事上述交易活动,情节严重的,处五年以下有期徒刑或者拘役,并处或者单处违法所得一倍以上五倍以下罚金;情节特别严重的,处五年以上十年以下有期徒刑,并处违法所得一倍以上五倍以下罚金。**

单位犯前款罪的,对单位判处罚金,并对其直接负责的主管人员和其他直接责任人员,处五年以下有期徒刑或者拘役。

内幕信息、知情人员的范围,依照法律、行政法规的规定确定。

证券交易所、期货交易所、证券公司、期货经纪公司、基金管理公司、商业银行、保险公

司等金融机构的从业人员以及有关监管部门或者行业协会的工作人员，利用因职务便利获取的内幕信息以外的其他未公开的信息，违反规定，从事与该信息相关的证券、期货交易活动，或者明示、暗示他人从事相关交易活动，情节严重的，依照第一款的规定处罚。

（一）概念

利用未公开信息交易罪，是指特定金融机构人员或者有关监管部门或者行业协会的工作人员，利用因职务便利获取的内幕信息以外的其他未公开的信息，违反规定，从事与该信息相关的证券、期货交易活动，或者明示、暗示他人从事相关交易活动，情节严重的行为。

（二）实行行为

本罪的实行行为包括：① 利用因职务便利获取的内幕信息以外的其他未公开的信息，违反规定，从事与该信息相关的证券、期货交易活动；② 明示、暗示他人从事相关交易活动的行为。

（三）主体

本罪主体是特殊主体，即证券交易所、期货交易所、证券公司、期货经纪公司、基金管理公司、商业银行、保险公司等金融机构的从业人员以及有关监管部门或者行业协会的工作人员

（四）故意

本罪在直观方面是故意。

（五）定罪标准

按照《最高人民检察院、公安部关于公安机关管辖的刑事案件立案追诉标准的规定（二）》第36条的规定，证券交易所、期货交易所、证券公司、期货公司、基金管理公司、商业银行、保险公司等金融机构的从业人员以及有关监管部门或者行业协会的工作人员，利用因职务便利获取的内幕信息以外的其他未公开的信息，违反规定，从事与该信息相关的证券、期货交易活动，或者明示、暗示他人从事相关交易活动，涉嫌下列情形之一的，应予立案追诉：① 证券交易成交额累计50万元以上的；② 期货交易占用保证金数额累计在30万元以上的；③ 获利或者避免损失数额累计在15万元以上的；④ 多次利用内幕信息以外的其他未公开信息进行交易活动的；⑤ 其他情节严重的情形。

十九、编造并传播证券、期货交易虚假信息罪

第一百八十一条第一款［根据《刑法修正案》第五条修改］　编造并且传播影响证券、期货交易的虚假信息，扰乱证券、期货交易市场，造成严重后果的，处五年以下有期徒刑或者拘役，并处或者单处一万元以上十万元以下罚金。

第三款　单位犯前两款罪的，对单位判处罚金，并对其直接负责的主管人员和其他直接责任人员，处五年以下有期徒刑或者拘役。

（一）概念

编造并传播证券、期货交易虚假信息罪，是指编造并且传播影响证券、期货交易的虚假信息，扰乱证券、期货交易市场，造成严重后果的行为。

（二）行为

本罪在客观方面表现为行为人实施了编造并且传播影响证券、期货交易的虚假信息的行为。行为人的行为扰乱了证券、期货交易市场，造成了严重后果。

（三）故意

本罪在主观方面是故意。

(四) 定罪标准

构成本罪,必须造成了严重后果。严重后果的情形,按照《最高人民检察院、公安部关于公安机关管辖的刑事案件立案追诉标准的规定(二)》第37条的规定,编造并且传播影响证券、期货交易的虚假信息,扰乱证券、期货交易市场,涉嫌下列情形之一的,应予立案追诉:① 获利或者避免损失数额累计在五万元以上的;② 造成投资者直接经济损失数额在五万元以上的;③ 致使交易价格和交易量异常波动的;④ 虽未达到上述数额标准,但多次编造并且传播影响证券、期货交易的虚假信息的;⑤ 其他造成严重后果的情形。

二十、诱骗投资者买卖证券、期货合约罪

第一百八十一条第二款[根据《刑法修正案》第五条修改] **证券交易所、期货交易所、证券公司、期货经纪公司的从业人员,证券业协会、期货业协会或者证券期货监督管理部门的工作人员,故意提供虚假信息或者伪造、变造、销毁交易记录,诱骗投资者买卖证券、期货合约,造成严重后果的,处五年以下有期徒刑或者拘役,并处或者单处一万元以上十万元以下罚金;情节特别恶劣的,处五年以上十年以下有期徒刑,并处二万元以上二十万元以下罚金。**

第三款 **单位犯前两款罪的,对单位判处罚金,并对其直接负责的主管人员和其他直接责任人员,处五年以下有期徒刑或者拘役。**

(一) 概念

诱骗投资者买卖证券、期货合约罪,是指证券交易所、期货交易所、证券公司、期货经纪公司的从业人员,证券业协会、期货业协会或者证券期货监督管理部门的工作人员,故意提供虚假信息或者伪造、变造、销毁交易记录,诱骗投资者买卖证券、期货合约,造成严重后果的行为。

(二) 行为

本罪在客观方面表现为行为人故意提供虚假信息或者伪造、变造、销毁交易记录,诱骗投资者买卖证券、期货合约,造成严重后果的行为。本罪的行为对象是证券、期货交易信息、证券、期货交易记录。提供虚假信息或者伪造、变造、销毁交易记录的行为。伪造交易记录,是指无中生有地制作与证券、期货交易有关的业务记录的行为。变造交易记录,就是用篡改、涂改、拼接等方法对真实的业务记录进行变更的行为。销毁交易记录,就是将真实的证券、期货交易记录加以毁灭使之不复存在的行为。提供虚假信息或者伪造、变造、销毁交易记录的行为的目的是为了诱骗投资者买卖证券、期货合约,诱导投资者作错误的判断与投资选择。行为人的行为造成了严重后果。

(三) 主体

本罪的主体可以是自然人,也可以是单位。证券交易所、期货交易所、证券公司、期货经纪公司及其从业人员,证券业协会、期货业协会或者证券期货监督管理部门及其工作人员。

(四) 故意

本罪在主观方面是故意。

(五) 定罪标准

构成本罪,必须造成了严重后果。按照《最高人民检察院、公安部关于公安机关管辖的刑事案件立案追诉标准的规定(二)》第38条的规定,证券交易所、期货交易所、证券公司、期货公司的从业人员,证券业协会、期货业协会或者证券期货监督管理部门的工作人员,故意提供虚假信息或者伪造、变造、销毁交易记录,诱骗投资者买卖证券、期货合约,涉嫌下列情形之一的,应予立案追诉:① 获利或者避免损失数额累计在五万元以上的;② 造成投资者直接经济损失数额在五万

元以上的；③ 致使交易价格和交易量异常波动的；④ 其他造成严重后果的情形。

二十一、操纵证券、期货交易价格罪

第一百八十二条[根据《刑法修正案》第六条修改]　**有下列情形之一，操纵证券、期货交易价格，获取不正当利益或者转嫁风险，情节严重的，处五年以下有期徒刑或者拘役，并处或者单处违法所得一倍以上五倍以下罚金：**

（一）单独或者合谋，集中资金优势、持股或者持仓优势或者利用信息优势联合或者连续买卖，操纵证券、期货交易价格的；

（二）与他人串通，以事先约定的时间、价格和方式相互进行证券、期货交易，或者相互买卖并不持有的证券，影响证券、期货交易价格或者证券、期货交易量的；

（三）以自己为交易对象，进行不转移证券所有权的自买自卖，或者以自己为交易对象，自买自卖期货合约，影响证券、期货交易价格或者证券、期货交易量的；

（四）以其他方式操纵证券、期货交易价格的。

单位犯前款罪的，对单位判处罚金，并对其直接负责的主管人员和其他直接责任人员，处五年以下有期徒刑或者拘役。

（一）概念

操纵证券、期货交易价格罪，是指操纵证券、期货交易价格，获取不正当利益或者转嫁风险，情节严重的行为。

（二）行为

本罪在客观方面表现为行为人实施了操纵证券、期货交易价格，获取不正当利益或者转嫁风险，情节严重的行为。

本罪的实行行为具体包括：

(1) 单独或者合谋，集中资金优势、持股或者持仓优势或者利用信息优势联合或者连续买卖，操纵证券、期货交易价格的行为。就是某些机构、资金大户利用其拥有大量资金或者大量的某种股票，或者利用其掌握的信息优势，自己单独、或者与他人通谋联合或者连续买卖。比如，连续以高价大量买进或者以低价大量卖出某种证券，来操纵证券、期货交易价格。

(2) 与他人串通，以事先约定的时间、价格和方式相互进行证券、期货交易，或者相互买卖并不持有的证券，影响证券、期货交易价格或者证券、期货交易量的行为。就是行为人为制造虚假的证券、期货价格走向，与他人串通，进行相互间的虚假买卖，这样会使得其他投资者对证券、期货市场的价格走向与交易量发生重大误解，导致基于不真实的交易信息与价格信息而产生错误判断进行利益受损的投资。

(3) 以自己为交易对象，进行不转移证券所有权的自买自卖，或者以自己为交易对象，自买自卖期货合约，影响证券、期货交易价格或者证券、期货交易量的行为。这样的证券、期货交易事实上并没有进行相关证券、期货合约的所有权的转移，纯粹是一种虚假的交易。目的就是人为地抬升或压低某种证券、期货交易价格，以期高价抛出或者低价买进，谋取自己的不正当利益或者转嫁风险。

(4) 以其他方法操纵证券、期货交易价格的行为。

（三）故意

本罪在主观方面是故意。

（四）定罪标准

构成本罪，行为必须达到情节严重的程度。按照《最高人民检察院、公安部关于公安机关管

辖的刑事案件立案追诉标准的规定(二)》第39条的规定,操纵证券、期货市场,涉嫌下列情形之一的,应予立案追诉: ① 单独或者合谋,持有或者实际控制证券的流通股份数达到该证券的实际流通股份总量百分之三十以上,且在该证券连续二十个交易日内联合或者连续买卖股份数累计达到该证券同期总成交量百分之三十以上的; ② 单独或者合谋,持有或者实际控制期货合约的数量超过期货交易所业务规则限定的持仓量百分之五十以上,且在该期货合约连续二十个交易日内联合或者连续买卖期货合约数累计达到该期货合约同期总成交量百分之三十以上的; ③ 与他人串通,以事先约定的时间、价格和方式相互进行证券或者期货合约交易,且在该证券或者期货合约连续二十个交易日内成交量累计达到该证券或者期货合约同期总成交量百分之二十以上的; ④ 在自己实际控制的账户之间进行证券交易,或者以自己为交易对象,自买自卖期货合约,且在该证券或者期货合约连续二十个交易日内成交量累计达到该证券或者期货合约同期总成交量百分之二十以上的; ⑤ 单独或者合谋,当日连续申报买入或者卖出同一证券、期货合约并在成交前撤回申报,撤回申报量占当日该种证券总申报量或者该种期货合约总申报量百分之五十以上的; ⑥ 上市公司及其董事、监事、高级管理人员、实际控制人、控股股东或者其他关联人单独或者合谋,利用信息优势,操纵该公司证券交易价格或者证券交易量的; ⑦ 证券公司、证券投资咨询机构、专业中介机构或者从业人员,违背有关从业禁止的规定,买卖或者持有相关证券,通过对证券或者其发行人、上市公司公开作出评价、预测或者投资建议,在该证券的交易中谋取利益,情节严重的; ⑧ 其他情节严重的情形。

二十二、背信运用受托财产罪

第一百八十五条之一第一款[根据《刑法修正案》(六)第十二条增设] **商业银行、证券交易所、期货交易所、证券公司、期货经纪公司、保险公司或者其他金融机构,违背受托义务,擅自运用客户资金或者其他委托、信托的财产,情节严重的,对单位判处罚金,并对其直接负责的主管人员和其他直接责任人员,处三年以下有期徒刑或者拘役,并处三万元以上三十万元以下罚金;情节特别严重的,处三年以上十年以下有期徒刑,并处五万元以上五十万元以下罚金。**

(一) 概念

背信运用受托财产罪,是指商业银行、证券交易所、期货交易所、证券公司、期货经纪公司、保险公司或者其他金融机构,违背受托义务,擅自运用客户资金或者其他委托、信托的财产,情节严重的行为。

(二) 行为

本罪的实行行为是违背受托义务,擅自运用客户资金或者其他委托、信托的财产。违背受托义务,是指受托人违背其与受托人之间具体的、不违反现行金融管理法规的约定。一般而言,包括以下情形: ① 受托人从事资产管理业务,应当对不同客户资产分别设置账户、独立核算、分账管理。② 对委托人的受托财产负有忠实管理的义务。③ 受托人在投资决策可能对委托人的利益产生重大影响时,应当及时向委托人报告并征得委托人的同意。对于"擅自运用客户资金"的含义,需要作扩大解释,包括: 侵吞客户资产,将客户资产管理业务与其他业务混合操作;以转移资产管理账户收益或者亏损为目的,在自营账户与资产管理账户之间或者不同的资产管理账户之间进行买卖,损害客户的利益;以获取佣金或者其他利益为目的运用客户资金进行超出委托授权以外的交易;将委托理财资产用于资金拆借、贷款、抵押融资、对外担保等用途或者用于可能承担无限责任的投资等。

(三) 对象

本罪的行为对象是委托、信托的财产,即广义的委托理财财产。委托理财是指委托人通过委托或者信托与受托人约定，将资金、证券等金融性资产给受托人，由受托人在一定期限内按照委托人的意愿管理，投资于证券、期货等金融市场，并按期支付给委托人一定比例收益的资产管理活动。由于委托理财过程中，委托人对市场信息掌握可能不充分，在投资知识方面可能有欠缺，将资金或证券交付受托人后，对资金和证券的使用难以监控，只能被动接受受托人处置财产的结果，所以，在刑法上对受托财产给予特殊保护是必要的。这里的“委托、信托的财产”，主要是指在委托理财业务中，存放在各类金融机构中的客户资金和资产，具体包括：① 证券投资业务中，客户在证券公司存放的用于买卖证券的资金（客户交易结算资金）。② 金融机构接受客户的委托，对客户存放在金融机构的资产进行管理的客户资产（委托理财的客户资产）。③ 信托业务中的信托财产，分为资金信托和一般财产信托。④ 证券投资基金，即证券投资基金是指通过公开发售基金份额募集的客户资金。

（四）主体

本罪的主体为特殊主体，即商业银行、证券交易所、期货交易所、证券公司、期货经纪公司、保险公司或者其他金融机构。“其他金融机构”，主要包括信托投资公司、投资咨询公司、投资管理公司等金融机构。由于我国目前有资格开展委托理财业务的机构必须是经国家有关主管部门批准的金融机构，自然人不准进行此项业务，所以，自然人不能成为本罪主体。自然人违反金融机构管理规定，擅自运用委托人委托、信托的财产的，可能构成挪用资金或挪用公款罪。

（五）定罪标准

按照《最高人民检察院、公安部关于公安机关管辖的刑事案件立案追诉标准的规定（二）》第40条的规定，商业银行、证券交易所、期货交易所、证券公司、期货公司、保险公司或者其他金融机构，违背受托义务，擅自运用客户资金或者其他委托、信托的财产，涉嫌下列情形之一的，应予立案追诉：① 擅自运用客户资金或者其他委托、信托的财产数额在三十万元以上的；② 虽未达到上述数额标准，但多次擅自运用客户资金或者其他委托、信托的财产，或者擅自运用多个客户资金或者其他委托、信托的财产的；③ 其他情节严重的情形。

二十三、违法运用资金罪

第一百八十五条之一第二款［根据《刑法修正案》（六）第十二条增设］　社会保障基金管理机构、住房公积金管理机构等公众资金管理机构，以及保险公司、保险资产管理公司、证券投资基金管理公司，违反国家规定运用资金的，对其直接负责的主管人员和其他直接责任人员，依照前款的规定处罚。

（一）概念

违法运用资金罪，是指社会保障基金管理机构、住房公积金管理机构等公众资金管理机构，以及保险公司、保险资产管理公司、证券投资基金管理公司，违反国家规定运用资金的行为。

（二）行为

本罪在客观方面表现为违反国家规定运用资金的行为。

违反国家规定运用资金，主要包括：以他人的名义使用社会保障基金范围内的资金从事投资活动；挪用社会保障基金的委托资产；从事可能使社会保障基金委托资产承担无限责任的投资；用社会保障基金委托资产从事信用交易等情形。

（三）对象

本罪的行为对象是公众资金，即主要是用于保障广大群众基本生活需要的资金。由于公众资金与绝大多数社会成员的切身利益息息相关，因此，对于公众资金，必须在保证基金资产安全性、流动性的前提下，实现基金资产的增值。公众资金包括社会保障基金、住房公积金等。社会保障基金是指在法律的强制规定下,通过向劳动者及其所在用人单位征缴社会保险费,或由国家财政直接拨款而集中起来,用于社会保险、社会福利、社会救济和公费医疗事业等社会保障事业的一种专项基金。基金按社会保障的项目可分为用于支付劳动者养老待遇的养老保险基金、对因失业而造成的劳动风险损失给予补偿失业保险基金、为劳动者提供疾病所需医疗费用的医疗保险基金、专门针对女性劳动者的生育保险基金和对劳动者因工作而受伤、患病、残疾乃至死亡,暂时或永久丧失劳动能力,从国家和社会获得医疗、生活保障及必要的经济补偿所需要的工伤保险基金。住房公积金是指国家机关、国有企业、城镇集体企业、外商投资企业、城镇私营企业及其他城镇企业、事业单位、民办非企业单位、社会团体及其在职职工缴存的长期住房储金。

(四) 主体

本罪的主体是特殊主体,即社会保障基金管理机构、住房公积金管理机构等公众资金管理机构,以及保险公司、保险资产管理公司、证券投资基金管理公司等金融机构。社会保障基金管理机构,是指相对独立的负责社会保险基金的管理、投资营运的社会保险银行、社会保险基金管理公司或基金会等专门机构。保险公司、保险资产管理公司、证券投资管理公司,都是按照我国目前实行的多元分散型公众资金管理模式,接受社会保障基金管理机构委托对社会保障基金进行资产管理的机构。

(五) 定罪标准

按照《最高人民检察院、公安部关于公安机关管辖的刑事案件立案追诉标准的规定(二)》第41条的规定,社会保障基金管理机构、住房公积金管理机构等公众资金管理机构,以及保险公司、保险资产管理公司、证券投资基金管理公司,违反国家规定运用资金,涉嫌下列情形之一的,应予立案追诉: ① 违反国家规定运用资金数额在三十万元以上的; ② 虽未达到上述数额标准,但多次违反国家规定运用资金的; ③ 其他情节严重的情形。

二十四、违法发放贷款罪

第一百八十六条[根据《刑法修正案》(六)第十三条修订] **银行或者其他金融机构的工作人员违反国家规定发放贷款,数额巨大或者造成重大损失的,处五年以下有期徒刑或者拘役,并处一万元以上十万元以下罚金;数额特别巨大或者造成特别重大损失的,处五年以上有期徒刑,并处二万元以上二十万元以下罚金。**

银行或者其他金融机构的工作人员违反国家规定,向关系人发放贷款的,依照前款的规定从重处罚。

单位犯前两款罪的,对单位判处罚金,并对其直接负责的主管人员和其他直接责任人员,依照前两款的规定处罚。

关系人的范围,依照《中华人民共和国商业银行法》和有关金融法规确定。

(一) 概念

违法发放贷款罪,是指银行或者其他金融机构的工作人员违反国家规定发放贷款,数额巨大或者造成重大损失的行为。

(二) 行为

本罪在客观方面表现为违反国家规定发放贷款,数额巨大或者造成重大损失。

违反国家规定,是指金融机构工作人员违反商业银行法、银行管理规定、借款合同规定以及其他有关信贷管理的法律、法规。违法发放贷款,违反规定发放贷款表现为没有严格按照金融管理法规的规定与贷款人订立书面合同,约定借款的种类、用途、金额、利率、还款期限、违约责任等事项，造成债权债务关系不清；在审查贷款过程中严重不负责任或者滥用职权，不执行贷款管理规定，未严格审查借款人的资信状况或没有执行贷款的审批程序，越权审批、发放人情贷款或以贷谋私；对贷款的用途未进行严格监督等。

违法向关系人发放贷款的，从重处罚。这里的"关系人"包括下述两种人员：① 商业银行或其他金融机构的董事、监事、管理人员、信贷业务人员及其近亲属；② 前述人员投资或者担任高级管理职务的公司、企业和其他经济组织。

违法发放贷款，数额巨大或者造成重大损失的，才构成本罪。对造成重大损失的判断，要坚持经济观点，即贷款的一部或者全部到期能否收回、损失的利息是否巨大等。虽然向关系人发放贷款，但数额并未达到巨大的要求，或者贷款能够及时收回，没有给金融机构造成损失，或者损失数额较小的，都不构成本罪。

索取、收受贿赂后违法发放贷款的，应以本罪和受贿罪并罚。

（三）故意

本罪在主观方面是故意，即明知自己发放贷款的行为违反法律、行政法规的规定，仍然发放贷款。

二十五、吸收客户资金不入账罪

第一百八十七条［根据《刑法修正案》（六）第十四条修订］　银行或者其他金融机构的工作人员吸收客户资金不入账，数额巨大或者造成重大损失的，处五年以下有期徒刑或者拘役，并处二万元以上二十万元以下罚金；数额特别巨大或者造成特别重大损失的，处五年以上有期徒刑，并处五万元以上五十万元以下罚金。

单位犯前款罪的，对单位判处罚金，并对其直接负责的主管人员和其他直接责任人员，依照前款的规定处罚。

（一）概念

吸收客户资金不入账罪，是指银行或者其他金融机构的工作人员吸收客户资金不入账，数额巨大或者造成重大损失的行为。

（二）行为

本罪在客观方面表现为吸收客户资金不入账，数额巨大或者造成重大损失的行为。

金融机构吸收客户资金不入账，进行账外经营的，所造成的负债无法估计，妨害了国家对金融机构运营资金的监管，其潜在风险难以预防，直接影响到金融安全。因此，只要有吸收客户资金不入账的行为，就构成犯罪。行为人利用不入账的资金实施其他犯罪的，原则上应当数罪并罚，例如个人侵吞、非法拆借、私自发放贷款的，应当同时成立本罪和贪污罪、挪用公款、挪用资金等罪。吸收客户资金不入账，是指不记入金融机构的法定存款账目，以逃避国家金融监管，至于是否记入法定账目以外设立的账目，不影响本罪成立。

吸收客户资金不入账，数额巨大或者造成重大损失的，才构成本罪。这里的造成重大损失，是指因吸收资金不入账而使银行或者其他金融机构失去应得的重大利益或者使其信誉受到重大影响等。

（三）故意

本罪在主观方面是故意，至于行为人是否具有非法牟利的目的，在所不问。

二十六、违规出具金融票证罪

第一百八十八条［根据《刑法修正案》（六）第十五条修订］　银行或者其他金融机构的工作

人员违反规定，为他人出具信用证或者其他保函、票据、存单、资信证明，情节严重的，处五年以下有期徒刑或者拘役；情节特别严重的，处五年以上有期徒刑。

单位犯前款罪的，对单位判处罚金，并对其直接负责的主管人员和其他直接责任人员，依照前款的规定处罚。

(一) 概念

违规出具金融票证罪,是指银行或者其他金融机构的工作人员违反规定,为他人出具信用证或者其他金融票证,情节严重的行为。

(二) 行为

本罪在客观方面表现为违反规定,为他人出具信用证或者其他金融票证,情节严重的行为。

违反规定出具金融票证,包括违反规定出具信用证、保函、票据、存单、资信证明。信用证服务,是指银行与客户约定,按照客户的要求和指示,根据规定的单据并在符合信用证条款的情况下,向第三人或其指定人进行付款,或支付或承兑受益人开立的汇票,或授权其他银行进行该项付款或承兑该汇票的行为。保函,是指金融机构以其自身的信用为他人承担责任的担保文件。票据,是指汇票、支票、本票。资信证明是证明个人或单位经济实力的文件,金融机构出具的有关财产的书面委托书、协议书、意向书都属于资信证明文件的范畴。违规出具金融票证,情节严重的,即构成本罪。这里的"情节严重",包括给金融机构造成了较大损失,还包括虽然还没有造成较大损失,但非法出具金融票证涉及金额巨大,或者多次非法出具金融票证等情形。

(三) 故意

本罪在主观方面是故意,即明知出具金融凭证的行为不符合规定条件,但却故意实施出具证明文件行为。

二十七、对违法票据承兑、付款、保证罪

第一百八十九条　银行或者其他金融机构的工作人员在票据业务中，对违反票据法规定的票据予以承兑、付款或者保证，造成重大损失的，处五年以下有期徒刑或者拘役；造成特别重大损失的，处五年以上有期徒刑。

单位犯前款罪的，对单位判处罚金，并对其直接负责的主管人员和其他直接责任人员，依照前款的规定处罚。

(一) 概念

对违法票据承兑、付款、保证罪,是指银行或者其他金融机构的工作人员在票据业务中,对违反票据法规定的票据予以承兑、付款或者保证,造成重大损失的行为。

(二) 行为

本罪在客观方面表现为在票据业务中,对违反票据法规定的票据予以承兑、付款或者保证,造成重大损失的行为。违反票据法规定的票据,是指记载事项不符合票据法规定的票据以及伪造、变造的票据。承兑,是指汇票付款人承诺在汇票到期日支付汇票金额的行为。付款,是指票据的付款人、承兑人或担保付款人的代理人在票据到期时对持票人支付票据所载金额的行为。保证,是指票据债务人以外的第三人对票据上的债务进行担保的行为。只要行为人实施了非法承兑、付款、保证行为中的一种就可能构成本罪。

(三) 过失

本罪在主观方面是过失。即行为人在办理票据业务中,对票据应当进行严格审查并有能力审查但因审查不严而将违反票据法规定的票据予以承兑、付款或保证,从而造成损失的情形。或

者行为人已经发现了票据违法而轻信能够避免但未能避免结果发生的情形。

（四）定罪标准

构成本罪，行为必须造成了重大损失按照《最高人民检察院、公安部关于公安机关管辖的刑事案件立案追诉标准的规定（二）》第45条的规定，银行或者其他金融机构及其工作人员在票据业务中，对违反票据法规定的票据予以承兑、付款或者保证，造成直接经济损失数额在20万元以上的，应予立案追诉。

二十八、骗购外汇罪

全国人大常委会《关于惩治骗购外汇、逃汇和非法买卖外汇犯罪的决定》第一条有下列情形之一，骗购外汇，数额较大的，处五年以下有期徒刑或者拘役，并处骗购外汇数额百分之五以上百分之三十以下罚金；数额巨大或者有其他严重情节的，处五年以上十年以下有期徒刑，并处骗购外汇数额百分之五以上百分之三十以下罚金；数额特别巨大或者有其他特别严重情节的，处十年以上有期徒刑或者无期徒刑，并处骗购外汇数额百分之五以上百分之三十以下罚金或者没收财产：

（一）使用伪造、变造的海关签发的报关单、进口证明、外汇管理部门核准件等凭证和单据的；

（二）重复使用海关签发的报关单、进口证明外汇管理部门核准件等凭证和单据的；

（三）以其他方式骗购外汇的。

伪造、变造海关签发的报关单、进口证明、外汇管理部门核准等凭证和单据，并用于骗购外汇的，依照前款的规定从重处罚。

明知用于骗购外汇而提供人民币资金的，以共犯论处。

单位犯前三款罪的，对单位依照第一款的规定判处罚金，并对其直接负责的主管人员和其他直接责任人员，处五年以下有期徒刑或者拘役；数额巨大或者有其他严重情节的，处五年以上十年以下有期徒刑；数额特别巨大或者有其他特别严重情节的，处十年以上有期徒刑或者无期徒刑。

（一）概念

骗购外汇罪，是指以非法占有为目的，用虚构虚假事实或者隐瞒真相的方法，骗购外汇管理机关数额较大的外汇的行为。本罪为全国人大常委会《关于惩治骗购外汇、逃汇和非法买卖外汇犯罪的决定》中新增加的罪名。

（二）行为

本罪在客观方面表现为行为人用虚构虚假事实或者隐瞒真相的方法，骗购外汇管理机关数额较大的外汇的行为。本罪的犯罪对象是国家的外汇资金，犯罪工具是报关单、进口证明、外汇管理部门核准件等凭证和单据。外汇，是指以外币表示的可用作国际清偿的支付手段和资产，即外币和外币凭证。包括外国货币、外币支付凭证、外币有价证券、特别提款权、欧洲货币单位及其他外汇资产。我国实现了人民币经常项目可兑换后，境内机构对外贸易支付用汇，只要持与支付方式相应的有效凭证和有效商业单据，就可以从其外汇账户中支付或者到外汇指定银行兑付。一般来说，这些凭证与商业单据包括：进口合同、进口付汇核销单、进口付汇通知书、开证申请书、进口货物报关单、运输单据、发票等。因此，骗购外汇的行为也往往利用相关的有效凭证和商业单据来进行。

本罪的实行行为具体包括：

（1）使用伪造、变造的海关签发的报关单、进口证明、外汇管理部门核准件等凭证和单据骗取外汇的行为。

(2) 重复使用海关签发的报关单、进口证明外汇管理部门核准件等凭证和单据的行为。

(3) 以其他方式骗购外汇的行为。

(三) 故意

本罪在主观方面是故意。

(四) 定罪标准

构成本罪,骗购外汇的数额必须达到较大的标准。按照《最高人民检察院、公安部关于公安机关管辖的刑事案件立案追诉标准的规定(二)》第47条的规定,骗购外汇,数额在五十万美元以上的,应予立案追诉。

(五) 认定

(1) 行为人伪造、变造海关签发的报关单、进口证明、外汇管理部门核准等凭证和单据,并用于骗购外汇的,依照骗购外汇罪的规定从重处罚。

(2) 行为人明知他人用于骗购外汇而向其提供人民币资金的,以骗购外汇罪的共犯论处。

二十九、逃汇罪

第一百九十条[根据全国人大常委会《关于惩治骗购外汇、逃汇和非法买卖外汇犯罪的决定》第三条修订] **公司、企业或者其他单位,违反国家规定,擅自将外汇存放境外,或者将境内的外汇非法转移到境外,数额较大的,对单位判处逃汇数额百分之五以上百分之三十以下罚金,并对其直接负责的主管人员和其他直接责任人员处五年以下有期徒刑或者拘役;数额巨大或者有其他严重情节的,对单位判处逃汇数额百分之五以上百分之三十以下罚金,并对其直接负责的主管人员和其他直接责任人员处五年以上有期徒刑。**

(一) 概念

逃汇罪,是指公司、企业或者其他单位,违反国家规定,擅自将外汇存放境外,或者将境内的外汇非法转移到境外,数额较大的行为。

(二) 行为

本罪在客观方面表现为行为人违反国家规定,擅自将外汇存放境外,或者将境内的外汇非法转移到境外,数额较大的行为。

本罪的实行行为具体包括:

(1) 行为人违反国家规定,即违反了国家外汇管制中不得将非法外汇存放境外或者将境内的外汇非法转移到境外的规定。

(2) 行为人实施了擅自将外汇存放境外或者将境内的外汇非法转移到境外的行为。擅自将外汇存放境外,是指把在境外取得的外汇,按照国家的规定应当及时调回境内而不调回或者不存入国家指定的银行却私自存放境外的行为。将境内的外汇非法转移到境外,是指把在境内取得的应当结售给国家指定的银行的外汇,非法携带、邮寄或者以其他方式转移到境外的行为。

(3) 行为人的行为涉及的外汇数额必须达到数额较大的程度才能构成此罪。按照《最高人民检察院、公安部关于公安机关管辖的刑事案件立案追诉标准的规定(二)》第46条的规定,公司、企业或者其他单位,违反国家规定,擅自将外汇存放境外,或者将境内的外汇非法转移到境外,单笔在200万美元以上或者累计数额在500万美元以上的,应予立案追诉。所以本罪属于结果犯。

(三) 主体

本罪的主体属于特殊主体,即单位,包括公司、企业或者其他单位。

（四）故意

本罪在主观方面是故意。

三十、洗钱罪

第一百九十一条［根据《刑法修正案》（三）第七条、《刑法修正案》（六）第十二条修订］　**明知是毒品犯罪、黑社会性质的组织犯罪、恐怖活动犯罪、走私犯罪、贪污贿赂犯罪、破坏金融管理秩序犯罪、金融诈骗犯罪的所得及其产生的收益，为掩饰、隐瞒其来源和性质，有下列行为之一的，没收实施以上犯罪的所得及其产生的收益，处五年以下有期徒刑或者拘役，并处或者单处洗钱数额百分之五以上百分之二十以下罚金；情节严重的，处五年以上十年以下有期徒刑，并处洗钱数额百分之五以上百分之二十以下罚金：**

（一）提供资金账户的；

（二）协助将财产转换为现金、金融票据、有价证券的；

（三）通过转账或者其他结算方式协助资金转移的；

（四）协助将资金汇往境外的；

（五）以其他方法掩饰、隐瞒犯罪所得及其收益的来源和性质的。

单位犯前款罪的，对单位判处罚金，并对其直接负责的主管人员和其他直接责任人员，处五年以下有期徒刑或者拘役；情节严重的，处五年以上十年以下有期徒刑。

（一）概念

洗钱罪，是指明知是毒品犯罪、黑社会性质的组织犯罪、恐怖活动犯罪、走私犯罪、贪污贿赂犯罪、破坏金融管理秩序犯罪、金融诈骗犯罪的所得及其产生的收益，而掩饰、隐瞒其来源和性质的行为。

（二）行为

本罪在客观方面表现为掩饰、隐瞒毒品犯罪、黑社会性质的组织犯罪、恐怖活动犯罪、走私犯罪、贪污贿赂犯罪、破坏金融管理秩序犯罪、金融诈骗犯罪的违法所得及其收益的性质和来源的行为。

洗钱，是指由犯罪者本人或者经由他人，通过金融或非金融体系的运作，阻断犯罪的黑色收入与当初犯罪行为的联系，逃避法律追查，使黑色收入表面合法化的过程。洗钱活动大致分为三个阶段：①“浸泡”阶段，即洗钱人把犯罪所得现金或是直接存入银行，或是通过邮政支票、旅行支票和其他流通工具转移到金融系统。②“分根”阶段，即洗钱人通过一系列的金融交易活动把犯罪所得与非法来源相脱离。通过使这些收入来回反复变换账户，使这些收入在洗钱者为洗钱目的而设在世界各地的控股公司之间频繁出入，并依靠银行保密制度和委托律师隐瞒自己身份的特权，制造一个令任何审计部门都无可奈何的复杂的财务交易网络。③“甩干”阶段，这是资金回收或者汇总阶段，即通过努力使因犯罪所得的“赃钱”经过清洗和漂白，披上合法外衣，成为合法收入，然后以投资或购买资产的方式直接进入合法的流通领域。

根据刑法的规定，洗钱的具体手段为：①提供资金账户，即为犯罪人开设银行账户，或者将现有的资金账户提供给犯罪人使用。②协助将财产转换为现金或者金融票据，包括将实物（汽车、船舶、文物、房产等动产或者不动产）转换为现金或金融票据（本票、汇票、支票等），将现金和金融票据互换，将此种现金和彼种现金、此种金融票据和彼种金融票据互换的行为。③通过转账或者其他结算方式协助资金转移，即将犯罪的违法所得及其收益混入合法收入，通过银行等金融机构转账，或通过承兑、委托付款等方式，掩饰、隐瞒非法财物的来源和性质，将资金转为合法收入。④协助将资金汇往境外。一般表现为享有将资金调往境外的权利的单位或者个人，通过自己在银行或其他金融机构所开设的账号,将犯罪分子违法所得自己汇往境外。⑤ 以其他方式掩饰、隐瞒犯罪的违法所得及其收益的性质和来源,如将犯罪所得投资于房地产、娱乐行业,用犯罪所得购买不动产等。所有的洗钱行为都是为了隐瞒、掩饰犯罪的违法所得及其产生的收益,这里的"违法所得及其产生的收益"是指犯罪分子实施源头犯罪(毒品犯罪、走私犯罪、恐怖活动犯罪、黑社会性质的组织犯罪、贪污贿赂犯罪、破坏金融管理秩序犯罪、金融诈骗犯罪)所获取的非法利益以及利用犯罪所得的非法利益所产生的孳息,或者进行经营活动产生的全部经济利益。

我国1997年刑法将洗钱犯罪的"上游犯罪"界定为毒品犯罪、走私犯罪和黑社会性质的组织犯罪,《刑法修正案》(三)第7条将恐怖活动犯罪所得及其所产生的收益作为本罪对象。本罪的对象范围表面上看较为狭窄。但是,毒品犯罪、走私犯罪中具体罪名繁多;黑社会性质的组织犯罪、恐怖活动犯罪的外延很广,并不简单地限定为杀人、爆炸、绑架等暴力性犯罪,还包括这些组织实施的破坏经济领域的经济性犯罪,都是本罪的行为对象。《刑法修正案》(六)第16条将洗钱犯罪的"上游犯罪"扩大到贪污贿赂犯罪、破坏金融管理秩序犯罪、金融诈骗犯罪。这里的贪污贿赂犯罪、破坏金融管理秩序犯罪、金融诈骗犯罪都是类罪名,例如,挪用公款罪就属于贪污贿赂犯罪,掩饰、隐瞒挪用的犯罪公款所得,就可以构成洗钱罪。

由于本罪是妨害金融管理秩序罪,所以必须通过金融机构洗钱的,才构成本罪。明知是毒品犯罪、黑社会性质的组织犯罪、走私犯罪、贪污贿赂犯罪、破坏金融管理秩序犯罪、金融诈骗犯罪的犯罪所得及其所产生的收益,而单纯予以窝藏、转移、收购、代为销售的,只构成相应的赃物犯罪;在生产、销售伪劣商品、非法集资、非法经营等过程中,使用、吸纳他人毒品犯罪、黑社会性质的组织犯罪、走私犯罪的犯罪所得及其所产生的收益,事后向上游犯罪的实施者支付利润的,应当以生产销售伪劣商品罪、非法集资等罪定罪处罚,赃物犯罪被吸收,原则上不构成洗钱罪。

(三) 故意

本罪在主观方面是故意。行为人对洗钱的对象即毒品犯罪、黑社会性质的组织犯罪、走私犯罪的违法所得及其产生的收益有明知,并希望掩饰、隐瞒犯罪的违法所得及其收益的性质和来源。

将毒品犯罪、黑社会性质的组织犯罪、恐怖活动犯罪、走私犯罪、贪污贿赂犯罪、破坏金融管理秩序犯罪、金融诈骗犯罪的违法所得及其产生的收益误认为是普通财产犯罪、经济犯罪所得而提供资金账户、协助将财产转换为现金或者金融票据、通过转账或者其他结算方式协助资金转移、协助将资金汇往境外的,不具有本罪故意,但可能构成掩饰、隐瞒犯罪所得、犯罪所得收益罪。

第五节 金融诈骗罪

一、集资诈骗罪

第一百九十二条 **以非法占有为目的,使用诈骗方法非法集资,数额较大的,处五年以下有期徒刑或者拘役,并处二万元以上二十万元以下罚金;数额巨大或者有其他严重情节的,处五年以上十年以下有期徒刑,并处五万元以上五十万元以下罚金;数额特别巨大或者有其他特别严重情节的,处十年以上有期徒刑或者无期徒刑,并处五万元以上五十万元以下罚金或者没收财产。**

第一百九十九条 **犯本节第一百九十二条、第一百九十四条、第一百九十五条规定之罪,数额特别巨大并且给国家和人民利益造成特别重大损失的,处无期徒刑或者死刑,并处没收财产。**

第二百条　单位犯本节第一百九十二条、第一百九十四条、第一百九十五条规定之罪的，对单位判处罚金，并对其直接负责的主管人员和其他直接责任人员，处五年以下有期徒刑或者拘役；数额巨大或者有其他严重情节的，处五年以上十年以下有期徒刑；数额特别巨大或者有其他特别严重情节的，处十年以上有期徒刑或者无期徒刑。

（一）概念

集资诈骗罪，是指以非法占有为目的，以虚构事实或者隐瞒真相的方法，诈骗投资人，骗得与其进行金融交易的投资人数额较大的集资款的行为。

（二）行为

本罪在客观方面表现为以非法占有为目的，以虚构事实或者隐瞒真相的方法，诈骗投资人，骗得与其进行金融交易的投资人数额较大的集资款的行为。

行为人使用诈骗方法非法集资。集资，就是筹集资金的行为，即吸纳社会闲散资金的行为，它是金融机构的主要职能。依据法律法规，公司、企业也可依法采取发行股票、债券等融资方式筹集资金。非法集资，就是违反法律法规的规定，发行股票、债券等有价证券或有价凭证，向社会公众或者集体募集资金的行为。使用诈骗方法，就是指行为人使用虚构虚假事实的方法使人信以为真，诱使投资者将资金交付给行为人或其指定的第三人的行为。非法集资针对的集资对象是不特定的社会公众，如果行为人的诈骗对象是特定的，则不构成本罪。

（三）故意

本罪在主观方面只能是故意，并且是直接故意，同时必须具备以非法占有集资款为目的。应当注意的是，其犯罪故意和非法占有集资款的目的必须产生在实施诈骗行为之前，如果非法占有集资款的目的产生于集资款已经交付之后，则不构成本罪。

（四）定罪标准

构成本罪，集资诈骗数额必须达到较大的程度。按照《最高人民检察院、公安部关于公安机关管辖的刑事案件立案追诉标准的规定(二)》第49条的规定，以非法占有为目的，使用诈骗方法非法集资，涉嫌下列情形之一的，应予立案追诉：① 个人集资诈骗，数额在10万元以上的；② 单位集资诈骗，数额在50万元以上的。

（五）认定

(1) 本罪与集资合同纠纷的界限。两者的区别关键在于行为人是否以非法占有为目的以及集资是否合法。具有非法占有为目的，并用欺诈的手段非法集资的，则构成本罪。如果没有以非法占有为目的，即便行为人采取了欺诈的方式进行集资，甚至集资合同因为欺诈而无效的，或者集资款到期后行为人无力偿还本息的，也不能构成本罪，而只能属于集资纠纷。

(2) 本罪与非法吸收公众存款罪的界限。本罪在行为方式上，行为人必须是采用诈骗手段进行的行为，而非法吸收公众存款罪并不要求以使用欺诈手段为条件。就行为目的来说，本罪的行为人以非法占有为目的，而非法吸收公众存款的行为则不存在这一目的，一般是具有非法牟利的目的。

(3) 本罪与合同诈骗罪的界限。对于行为人以高利息为诱饵，以合同为幌子向社会公众广泛集资的诈骗行为，则既符合合同诈骗罪构成要件，又符合本罪的构成要件，由于本罪与合同诈骗罪属于法条竞合关系，所以应当构成本罪。

二、贷款诈骗罪

第一百九十三条　有下列情形之一，以非法占有为目的，诈骗银行或者其他金融机构的贷款，数额较大的，处五年以下有期徒刑或者拘役，并处二万元以上二十万元以下罚金；数额巨大或者有其他严重情节的，处五年以上十年以下有期徒刑，并处五万元以上五十万元以下罚

金；数额特别巨大或者有其他特别严重情节的，处十年以上有期徒刑或者无期徒刑，并处五万元以上五十万元以下罚金或者没收财产：

（一）编造引进资金、项目等虚假理由的；

（二）使用虚假的经济合同的；

（三）使用虚假的证明文件的；

（四）使用虚假的产权证明作担保或者超出抵押物价值重复担保的；

（五）以其他方法诈骗贷款的。

（一）概念

贷款诈骗罪，是指以非法占有为目的，以虚构事实或者隐瞒真相的方法，诈骗银行或者其他金融机构的贷款，骗得与其进行金融交易的银行或者其他金融机构数额较大的贷款的行为。

（二）行为

本罪在客观上表现为行为人以非法占有为目的，以虚构事实或者隐瞒真相的方法，诈骗银行或者其他金融机构的贷款，骗得与其进行金融交易的银行或者其他金融机构数额较大的贷款的行为。具体表现为：① 编造引进资金、项目等虚假理由诈骗贷款。② 使用虚假的经济合同诈骗贷款。比如，使用伪造、变造或者无效的经济合同诈骗贷款。③ 使用虚假的证明文件诈骗贷款。比如，伪造、变造或者使用作废的政府部门的批准立项文件、银行的存款证明、担保单位的担保函、债券凭证等来诈骗贷款。④ 使用虚假的产权证明作担保或者超出抵押物价值重复担保诈骗贷款。产权证明，是指能够证明行为人对一定的不动产或动产具有所有权的一切凭证。虚假的产权证明，是指伪造、变造、作废、无效的产权证明。重复担保，就是重复抵押。就是利用不动产、动产或者权利重复抵押诈骗贷款。⑤ 以其他方法诈骗贷款。比如利用假币担保、伪造单位公章等形式进行诈骗贷款。

（三）故意

本罪在主观方面属于故意，而且具有非法占有贷款的目的。

（四）定罪标准

构成本罪，必须达到数额较大的程度。按照《最高人民检察院、公安部关于公安机关管辖的刑事案件立案追诉标准的规定(二)》第50条的规定，以非法占有为目的，诈骗银行或者其他金融机构的贷款，数额在2万元以上的，应予立案追诉。

（五）认定

(1) 本罪与贷款合同纠纷的界限。在行为人到期不归还贷款或根本无力偿还贷款，尤其是在贷款时行为人有一定的欺诈行为的前提下，是否构成本罪，关键看行为人有无非法占有贷款的故意。同时，数额较大也是区分罪与非罪的标准。

(2) 本罪与诈骗罪、合同诈骗罪的界限。本罪的关键之点是行为人的行为对象只限于银行或其他金融机构的贷款，并且目的是为了骗取贷款，与其交易的对方是银行或其他金融机构。一般的诈骗罪则不包括这一行为对象。合同诈骗罪的行为对象也不包括银行或其他金融机构的贷款。

三、票据诈骗罪

第一百九十四条第一款　**有下列情形之一，进行金融票据诈骗活动，数额较大的，处五年以下有期徒刑或者拘役，并处二万元以上二十万元以下罚金；数额巨大或者有其他严重情节的，处五年以上十年以下有期徒刑，并处五万元以上五十万元以下罚金；数额特别巨大或者有其他特别严重情节的，处十年以上有期徒刑或者无期徒刑，并处五万元以上五十万元以下罚金或者没收财产：**

（一）明知是伪造、变造的汇票、本票、支票而使用的；

（二）明知是作废的汇票、本票、支票而使用的；

（三）冒用他人的汇票、本票、支票的；

（四）签发空头支票或者与其预留印鉴不符的支票，骗取财物的；

（五）汇票、本票的出票人签发无资金保证的汇票、本票或者在出票时作虚假记载，骗取财物的。

第一百九十九条　犯本节第一百九十二条、第一百九十四条、第一百九十五条规定之罪，数额特别巨大并且给国家和人民利益造成特别重大损失的，处无期徒刑或者死刑，并处没收财产。

第二百条　单位犯本节第一百九十二条、第一百九十四条、第一百九十五条规定之罪的，对单位判处罚金，并对其直接负责的主管人员和其他直接责任人员，处五年以下有期徒刑或者拘役；数额巨大或者有其他严重情节的，处五年以上十年以下有期徒刑；数额特别巨大或者有其他特别严重情节的，处十年以上有期徒刑或者无期徒刑。

（一）概念

票据诈骗罪，是指以非法占有为目的，用虚构事实或者隐瞒真相的方法，利用金融票据进行金融票据诈骗活动，骗得与其进行票据交易的对方数额较大的财物的行为。

（二）行为

本罪在客观方面表现为行为人以非法占有为目的，采用虚构事实或者隐瞒真相的方法，利用金融票据进行诈骗活动，骗得与其进行票据交易的对方数额较大的财物的行为。

本罪的实行行为具体包括：

（1）明知是伪造、变造的汇票、本票、支票而使用其进行诈骗的行为。就是用非法制造的假票据或者加工处理过的变造过的票据冒充真票据进行诈骗的行为。

（2）明知是作废的汇票、本票、支票而使用进行诈骗的行为。作废的票据，就是根据法律、法规不能使用的票据。比如过期的票据、无效的票据以及被宣布作废的票据。

（3）冒用他人的汇票、本票、支票进行诈骗的行为。比如利用盗窃、诈骗等非法手段获得的他人票据进行诈骗的行为，或者利用为他人代为保管的票据而擅自以合法持票人的名义进行诈骗的行为，或者利用捡拾的票据进行诈骗的行为。

（4）签发空头支票或者与其预留印鉴不符的支票，骗取财物的行为。空头支票，是指出票人所签发的支票金额超过其付款时在付款人处实有的存款余额的支票。与其预留印鉴不符的支票，是指支票签发人在其签发的支票上加盖与其预留在银行或者其他金融机构处的印鉴不一致的财务公章或者支票出票人的名章。这种不符，可以是某一个印鉴不符，也有可能是所有的印鉴都不符。按照我国《票据法》第88条之规定，空头支票是属于行为人以真实身份签发的。因此签发空头支票进行诈骗的行为必须是行为人以自己的名义签发的，如果属于假冒他人名义签发支票进行诈骗，则属于伪造支票诈骗。

（5）汇票、本票的出票人签发无资金保证的汇票、本票或者在出票时作虚假记载，骗取财物的行为。无论是本票还是汇票，法律都要求其出票人在承兑本票、汇票时具有按照票据支付的能力。资金保证，就是指这一方面的能力。签发无资金保证的汇票、本票就是签发空头本票、汇票。虚假记载，是指本票、汇票的出票人在出票时故意作出与实际情况不符的记载的情形。

（三）故意

本罪在主观上是直接故意，行为人对于票据的虚假性、无效性、他人性或者属于空头支票等情形有明知，并且具有非法占有的目的。

(四) 定罪标准

构成本罪,必须数额较大。按照《最高人民检察院、公安部关于公安机关管辖的刑事案件立案追诉标准的规定(二)》第51条的规定,进行金融票据诈骗活动,涉嫌下列情形之一的,应予立案追诉:① 个人进行金融票据诈骗,数额在一万元以上的;② 单位进行金融票据诈骗,数额在十万元以上的。

(五) 认定

本罪与合同诈骗罪的界限。票据诈骗属于一种特殊的合同诈骗,两者的区别在于,行为人与被害人是否是进行直接的票据交易行为,如果有直接的票据交易行为,则构成本罪;反之,构成合同诈骗罪。比如在合同的签订、履行过程中,如果行为人以伪造、变造、作废的票据直接作为支付合同款项的手段来骗取财物的,则构成本罪;如果行为人以伪造、变造、作废的票据作为担保来骗取对方财物的,按照《刑法》第224条之规定,则属于合同诈骗罪。

四、金融凭证诈骗罪

第一百九十四条第二款　使用伪造、变造的委托收款凭证、汇款凭证、银行存单等其他银行结算凭证的,依照前款的规定处罚。

第一百九十九条　犯本节第一百九十二条、第一百九十四条、第一百九十五条规定之罪,数额特别巨大并且给国家和人民利益造成特别重大损失的,处无期徒刑或者死刑,并处没收财产。

第二百条　单位犯本节第一百九十二条、第一百九十四条、第一百九十五条规定之罪的,对单位判处罚金,并对其直接负责的主管人员和其他直接责任人员,处五年以下有期徒刑或者拘役;数额巨大或者有其他严重情节的,处五年以上十年以下有期徒刑;数额特别巨大或者有其他特别严重情节的,处十年以上有期徒刑或者无期徒刑。

(一) 概念

金融凭证诈骗罪,是指以非法占有为目的,使用伪造、变造的委托收款凭证、汇款凭证、银行存单等其他银行结算凭证,骗取与其进行金融交易的对方结算当事人数额较大的资金或财物的行为。

(二) 行为

本罪在客观方面表现为使用伪造、变造的委托收款凭证、汇款凭证、银行存单等其他银行结算凭证,骗得与其进行金融交易的对方结算当事人数额较大的资金或财物的行为。这里的使用应当是一种直接使用的行为,即用虚假的金融凭证从与其进行金融交易的对方结算当事人那里兑现该金融凭证项下的款项的行为。否则,如果是一种间接使用,比如,用虚假的金融凭证作为担保,从银行或其他金融机构骗取贷款,则不构成本罪。委托收款凭证,是指收款人在委托银行向付款人收取款项时,所填写提供的凭证和证明。汇款凭证,是指汇款人委托银行将款项汇给外地收款人时所填写的凭据和证明。银行存单,是指客户向银行交存款项办理开户而由银行所签发的存单。

(三) 故意

本罪在主观方面是故意,行为人对于金融凭证的虚假性、无效性、他人性或者属于空头支票等情形有明知,并且具有非法占有的目的。

(四) 定罪标准

行为人使用伪造、变造的委托收款凭证、汇款凭证、银行存单等其他银行结算凭证,骗取公私财物,数额较大的,才能构成本罪。按照《最高人民检察院、公安部关于公安机关管辖的刑事案件立案追诉标准的规定(二)》第52条的规定，使用伪造、变造的委托收款凭证、汇款凭证、银行存单等其他银行结算凭证进行诈骗活动，涉嫌下列情形之一的，应予立案追诉：① 个人进行金融凭证诈骗，数额在一万元以上的；② 单位进行金融凭证诈骗，数额在十万元以上的。

(五) 认定

本罪与伪造、变造金融票证罪的界限。金融凭证是本罪的犯罪工具，并且是除票据以外的收款凭证、汇款凭证、银行存单等其他银行结算凭证。金融票证是伪造、变造金融票据罪的犯罪对象，并且金融票证包括金融凭证在内，范围广泛；本罪表现为诈骗行为并且行为人具有非法占有的目的。而伪造、变造金融票证罪则表现为伪造、变造的行为，并且没有非法占有的目的。如果行为人伪造、变造金融凭证并进行金融凭证诈骗的，则两种行为之间属于牵连关系，属于牵连犯，应当按本罪定罪处罚。

五、信用证诈骗罪

第一百九十五条　有下列情形之一，进行信用证诈骗活动的，处五年以下有期徒刑或者拘役，并处二万元以上二十万元以下罚金；数额巨大或者有其他严重情节的，处五年以上十年以下有期徒刑，并处五万元以上五十万元以下罚金；数额特别巨大或者有其他特别严重情节的，处十年以上有期徒刑或者无期徒刑，并处五万元以上五十万元以下罚金或者没收财产：

(一) 使用伪造、变造的信用证或者附随的单据、文件的；

(二) 使用作废的信用证的；

(三) 骗取信用证的；

(四) 以其他方法进行信用证诈骗活动的。

第一百九十九条　犯本节第一百九十二条、第一百九十四条、第一百九十五条规定之罪，数额特别巨大并且给国家和人民利益造成特别重大损失的，处无期徒刑或者死刑，并处没收财产。

第二百条　单位犯本节第一百九十二条、第一百九十四条、第一百九十五条规定之罪的，对单位判处罚金，并对其直接负责的主管人员和其他直接责任人员，处五年以下有期徒刑或者拘役；数额巨大或者有其他严重情节的，处五年以上十年以下有期徒刑；数额特别巨大或者有其他特别严重情节的，处十年以上有期徒刑或者无期徒刑。

(一) 概念

信用证诈骗罪，是指以非法占有为目的，用虚构事实或隐瞒真相的方法，进行信用证诈骗活动的行为。

(二) 行为

本罪在客观方面表现为用虚构事实或隐瞒真相的方法，进行信用证诈骗活动的行为。进行信用证诈骗，按照法律的规定，信用证既可能是本罪的犯罪对象，比如行为人骗取信用证的；也可能是本罪的犯罪工具，比如行为人使用伪造、变造的信用证的。

本罪的实行行为具体包括：

(1) 使用伪造、变造的信用证或者附随的单据、文件进行诈骗的行为，即利用伪造、变造的信用证或者附随的单据、文件诈骗他人资金或者财物的行为。

(2) 使用作废的信用证进行诈骗的行为。就是使用过期的信用证、无效的信用证、经他人涂改的信用证等作废的信用证进行诈骗的行为。

(3) 骗取信用证的行为。就是行为人以非法占有为目的，以编造虚假事实或隐瞒真相的方法，欺骗银行为其开具信用证的行为。

(4) 以其他方法进行信用证诈骗活动。这里所说的其他方法,主要是指利用软条款信用证进行诈骗活动、利用远期信用证或者利用转让信用证进行诈骗活动等方法。所以,作为犯罪工具的信用证本身可能是合法有效的。所谓软条款信用证是指在开立信用证时,故意制造一些隐瞒性的条款,这些条款实际上赋予了开证人或开证行单方面的主动权,从而使信用证随时因开证行或开证申请人单方面的行为而解除,以达到骗取财物的目的。软条款信用证诈骗的对象是收益人的货物以及各种预付金,它通过信用证生效方式中埋藏的危险性条款实现诈骗的目的。

(三) 故意

本罪在主观方面是故意。

六、信用卡诈骗罪

第一百九十六条　有下列情形之一,进行信用卡诈骗活动,数额较大的,处五年以下有期徒刑或者拘役,并处二万元以上二十万元以下罚金;数额巨大或者有其他严重情节的,处五年以上十年以下有期徒刑,并处五万元以上五十万元以下罚金;数额特别巨大或者有其他特别严重情节的,处十年以上有期徒刑或者无期徒刑,并处五万元以上五十万元以下罚金或者没收财产:

(一) 使用伪造的信用卡的;

(二) 使用作废的信用卡的;

(三) 冒用他人信用卡的;

(四) 恶意透支的。

前款所称恶意透支,是指持卡人以非法占有为目的,超过规定限额或者规定期限透支,并且经发卡催收后仍不归还的行为。

盗窃信用卡并使用的,依照本法第二百六十四条的规定定罪处罚。

(一) 概念

信用卡诈骗罪,是指以非法占有为目的,通过使用伪造或者作废的信用卡、冒用他人信用卡或者恶意透支,骗取他人财物,数额较大的行为。

(二) 行为

本罪在客观方面表现为用伪造或者作废的信用卡、冒用他人信用卡或者恶意透支,骗取他人财物,数额较大的行为。信用卡在本罪中属于犯罪工具,其行为的对象是被害人的钱物。信用卡,又称为电子货币,是金融机构或者专门的信用卡公司签发给那些资信可靠的单位或个人的,可以在事先指定的商店或者场所进行记账消费的一种信用凭证。行为具体表现为:① 使用伪造的信用卡进行诈骗的行为。行为人伪造信用卡并使用的,应当按照牵连犯的处断原则,从一重罪处断。② 使用作废的信用卡进行诈骗的行为。作废的信用卡是指因法定的事由而失去效用的信用卡。③ 冒用他人的信用卡进行诈骗的行为,就是非持卡人以持卡人的名义使用持卡人的信用卡而骗取财物的行为。④ 恶意透支的行为,即持卡人以非法占有为目的,超过规定限额或者规定期限透支,并且经发卡人催收后仍不归还的行为。恶意透支是与善意透支相区别的性质不同的行为,善意透支中透支的目的是为了先用,并且行为人届时还本付息,而不是像恶意透支那样在主观上以非法占有为目的,客观上是逃避催款或者一逃了之的行为。

(三) 故意

本罪在主观方面是故意。

(四) 定罪标准

构成本罪,要求行为人骗取的财物数额较大。按照《最高人民检察院、公安部关于公安机关管辖的刑事案件立案追诉标准的规定(二)》第 54 条的规定,进行信用卡诈骗活动,涉嫌下列情形之一的,应予立案追诉:① 使用伪造的信用卡,或者使用以虚假的身份证明骗领的信用卡,或者使用作废的信用卡,或者冒用他人信用卡,进行诈骗活动,数额在 5 千元以上的;② 恶意透支,数额在 1 万元以上的。这里的"恶意透支",是指持卡人以非法占有为目的,超过规定限额或者规定期限透支,并且经发卡银行两次催收后超过 3 个月仍不归还的。恶意透支数额在 1 万元以上不满 10 万元的,在公安机关立案前已偿还全部透支款息,情节显著轻微的,可以依法不追究刑事责任。

七、有价证券诈骗罪

第一百九十七条　使用伪造、变造的国库券或者国家发行的其他有价证券,进行诈骗活动,数额较大的,处五年以下有期徒刑或者拘役,并处二万元以上二十万元以下罚金;数额巨大或者有其他严重情节的,处五年以上十年以下有期徒刑,并处五万元以上五十万元以下罚金;数额特别巨大或者有其他特别严重情节的,处十年以上有期徒刑或者无期徒刑,并处五万元以上五十万元以下罚金或者没收财产。

(一) 概念

有价证券诈骗罪,是指以非法占有为目的,使用伪造、变造的国库券或者国家发行的其他有价证券,进行诈骗活动,骗得与其进行债券交易的对方数额较大的财物的行为。

(二) 行为

本罪在客观方面表现为行为人使用伪造、变造的国库券或者国家发行的其他有价证券,进行诈骗活动,骗得与其进行债券交易的对方数额较大的财物的行为。被害人的财物是本罪的犯罪对象,国库券或国家发行的其他有价证券是本罪的犯罪工具。使用伪造、变造的国库券或者国家发行的其他有价证券进行诈骗活动,就是明知是伪造、变造的而使用并进行诈骗的行为。

(三) 故意

本罪在主观方面是故意。

(四) 定罪标准

构成本罪,要求诈骗数额较大。按照《最高人民检察院、公安部关于公安机关管辖的刑事案件立案追诉标准的规定(二)》第 55 条的规定,使用伪造、变造的国库券或者国家发行的其他有价证券进行诈骗活动,数额在 1 万元以上的,应予立案追诉。

八、保险诈骗罪

第一百九十八条　有下列情形之一,进行保险诈骗活动,数额较大的,处五年以下有期徒刑或者拘役,并处一万元以上十万元以下罚金;数额巨大或者有其他严重情节的,处五年以上十年以下有期徒刑,并处二万元以上二十万元以下罚金;数额特别巨大或者有其他特别严重情节的,处十年以上有期徒刑,并处二万元以上二十万元以下罚金或者没收财产:

(一) 投保人故意虚构保险标的,骗取保险金的;

(二) 投保人、被保险人或者收益人对发生的保险事故编造虚假的原因或者夸大损失的程度,骗取保险金的;

(三) 投保人、被保险人或者收益人编造未曾发生的保险事故,骗取保险金的;

(四) 投保人、被保险人故意造成财产损失的保险事故,骗取保险金的;

(五) 投保人、收益人故意造成被保险人死亡、伤残或者疾病,骗取保险金的;

有前款第四项、第五项所列行为，同时构成其他犯罪的，依照数罪并罚的规定处罚。

单位犯第一款罪的，对单位判处罚金，并对其直接负责的主管人员和其他直接责任人员，处五年以下有期徒刑或者拘役，数额巨大或者有其他严重情节的，处五年以上十年以下有期徒刑；数额特别巨大或者有其他特别严重情节的，处十年以上有期徒刑。

保险事故的鉴定人、证明人、财产评估人故意提供虚假的证明文件，为他人诈骗提供条件的，以保险诈骗的共犯论处。

(一) 概念

保险诈骗罪，是指以非法占有为目的，用虚构事实和隐瞒真相的方法，骗得与其保险交易地位相对的保险公司数额较大的保险金的行为。

(二) 行为

本罪在客观方面表现为用虚构事实和隐瞒真相的方法，骗得与其保险交易地位相对的保险公司数额较大的保险金的行为。其行为对象是保险公司的保险金，犯罪工具是保险合同。依照保险法之规定，保险合同包括：保险单、保险凭证、暂保单、投保单、其他书面形式。

本罪的实行行为具体包括：

(1) 投保人故意虚构保险标的，骗取保险金的行为。所谓保险标的，是指作为保险对象的物质财富以及有关利益、人的生命或身体。故意虚构保险标的，就是行为人违背法律关于诚实信用原则在订立保险合同时故意在保险对象上虚构事实或者隐瞒真相的行为。

(2) 投保人、被保险人或者收益人对发生的保险事故编造虚假的原因或者夸大损失的程度，骗取保险金的行为。对发生的保险事故编造虚假的原因，就是在保险事故发生后，编造让保险人承担保险赔偿责任的虚假原因。夸大损失的程度，就是对于已经发生的保险事故，故意夸大由于保险事故造成标的损失程度，从而取得更多保险赔偿金。

(3) 投保人、被保险人或者收益人编造未曾发生的保险事故，骗取保险金的行为。就是行为人在未曾发生保险事故的情形下，虚构事实，谎称发生保险事故，从而骗取保险金的行为。

(4) 投保人、被保险人故意造成财产损失的保险事故，骗取保险金的行为。就是上述行为人在保险合同的有效期内，故意人为地制造保险标的出险的保险事故，造成财产损失，从而骗取保险金的行为。

(5) 投保人、收益人故意造成被保险人死亡、伤残或者疾病，骗取保险金的行为。

(三) 主体

本罪的主体是投保人、被保险人或者收益人。所谓投保人，是指与保险人订立保险合同并根据该合同负支付保险费义务的人。被保险人，就是指在保险事故发生或者约定的保险期间届满时，依据保险合同，有权向保险人请求补偿损失或者领取保险金的人。受益人，是由保险公司明确指定的或者依照法律规定有权取得保险金的人。

(四) 故意

本罪在主观方面是故意，行为人还必须具有非法占有保险金的目的。

(五) 定罪标准

构成本罪，要求骗取的保险金数额较大。按照《最高人民检察院、公安部关于公安机关管辖的刑事案件立案追诉标准的规定(二)》第55条的规定，进行保险诈骗活动，涉嫌下列情形之一的，应予立案追诉：① 个人进行保险诈骗，数额在一万元以上的；② 单位进行保险诈骗，数额在五万元以上的。

第六节　危害税收征管罪

一、逃税罪

第二百零一条[根据《刑法修正案》(七)第三条修订]　**纳税人采取欺骗、隐瞒手段进行虚假纳税申报或者不申报，逃避缴纳税款数额较大并且占应纳税额百分之十以上的，处三年以下有期徒刑或者拘役，并处罚金；数额巨大并且占应纳税额百分之三十以上的，处三年以上七年以下有期徒刑，并处罚金。**

扣缴义务人采取前款所列手段，不缴或者少缴已扣、已收税款，数额较大的，依照前款的规定处罚。

对多次实施前两款行为，未经处理的，按照累计数额计算。

有第一款行为，经税务机关依法下达追缴通知后，补缴应纳税款，缴纳滞纳金，已受行政处罚的，不予追究刑事责任；但是，五年内因逃避缴纳税款受过刑事处罚或者被税务机关给予二次以上行政处罚的除外。

第二百一十一条　**单位犯本节第二百零一条、第二百零三条，第二百零四条、第二百零七条、第二百零八条、第二百零九条规定之罪的，对单位判处罚金，并对其直接负责的主管人员和其他直接责任人员，依照各该条的规定处罚。**

第二百一十二条　**犯本节第二百零一条至第二百零五条规定之罪，被判处罚金、没收财产，在执行前，应当先由税务机关追缴税款和所骗取的出口退税款。**

(一) 概念

逃税罪，是指纳税人采取欺骗、隐瞒手段进行、扣缴义务人采取虚假纳税申报或者不申报，逃避缴纳税款数额较大并且占应纳税额10%以上的行为，或者扣缴义务人不缴或者少缴已扣、已收税款，数额较大的行为。

(二) 行为

本罪在客观方面表现为采取欺骗、隐瞒手段进行、扣缴义务人采取虚假纳税申报或者不申报，逃避缴纳税款数额较大并且占应纳税额10%以上的行为，或者扣缴义务人不缴或者少缴已扣、已收税款，数额较大的行为。

“虚假纳税申报”，是指纳税人制造虚假材料进行申报。如不如实填写或者提供纳税申报表、财务会计报表及其他纳税资料等。行为人为了达到虚假申报的目的，通常采用的欺骗、隐瞒手段主要包括伪造、变造、隐匿、擅自销毁账簿、计账凭证；在账簿上多列支出或者不列、少列收入等进行虚假纳税申报。“不申报”，是指应依法办理纳税申报的纳税人，采取欺骗和隐瞒手段，不履行法律、行政法规规定的义务办理纳税申报的行为。

不是采用伪造、变造账簿或凭证，隐瞒收入、涂改发票等手段逃税，而是利用税法上的漏洞、模糊之处或者税法所允许的手段(如资金转移、费用转移、成本转移、利融转移等)躲避纳税义务，以少缴或者不缴税款的避税行为，不构成本罪。

虽有逃税的行为，但是，对纳税人而言，只有逃税数额和比例同时达到数额较大并且占应纳税额10%以上的程度时，才构成本罪。对扣缴义务人而言，只有在不缴或者少缴已扣、已收税款，数额较大的，才构成本罪。

对多次逃税，未经处理的，按照累计数额计算。这里的未经处理，是指纳税人或者扣缴义务人在5年内多次实施逃税行为，但每次数额均未达到《刑法》第201条规定的构成犯罪的数额标准,且未受过行政处罚的情形。

特别需要指出的是,《刑法》第 201 条第 4 款规定,纳税人有逃税行为,税务机关依法下达追缴通知后,纳税人及时补缴应纳税款,缴纳滞纳金,已受行政处罚的,不予追究刑事责任。这是对逃税罪客观处罚条件的规定。[①] 但是,五年内因逃避缴纳税款受过刑事处罚或者被税务机关给予二次以上行政处罚的除外。

(三) 主体

本罪的主体是纳税人或者扣缴义务人,可以是个人,也可以是单位。

(四) 故意

本罪在主观方面必须是故意,并且具有偷逃应纳税款之目的。

二、抗税罪

第二百零二条　以暴力、威胁方法拒不缴纳税款的,处三年以下有期徒刑或者拘役,并处拒缴税款一倍以上五倍以下罚金;情节严重的,处三年以上七年以下有期徒刑,并处拒缴税款一倍以上五倍以下罚金。

第二百一十二条　犯本节第二百零一条至第二百零五条规定之罪,被判处罚金、没收财产,在执行前,应当先由税务机关追缴税款和所骗取的出口退税款。

(一) 概念

抗税罪,是指以暴力、威胁方法拒不缴纳税款的行为。

(二) 行为

本罪在客观方面表现为采用暴力、威胁方法拒不缴纳税款的行为。所谓暴力,就是对依法征税的税务人员的人身实施打击或者强制,比如殴打、捆绑、围攻、拘禁等;或者对依法征税的税务人员所使用的交通工具实施捣毁,比如焚烧汽车;或者冲击或打砸税务机关,公然抗拒纳税。所谓威胁,就是对税务人员、税务人员的家属或税务机关实施恐吓、要挟,意图通过精神上的强制而使税务人员或税务机关就范,行为人从而达到抗拒纳税的目的。拒不缴纳税款,是指行为人应当缴纳且有能力缴纳但公然拒绝缴纳的行为。情节严重,按照最高人民法院《关于审理偷税抗税刑事案件具体应用法律若干的解释》之规定,是指实施抗税行为具有下列情形之一的:聚众抗税的首要分子;抗税数额在 10 万元以上的;多次抗税的;故意伤害致人轻伤的;具有其他严重情节的。

(三) 故意

本罪在主观方面是故意,犯罪人的目的在于抗拒缴纳税款。

(四) 认定

(1) 本罪与妨害公务罪的界限。抗税犯罪行为会同时触犯抗税罪与妨害公务罪而发生法条竞合的情形。法条竞合会因为犯罪主体不同或者犯罪对象不同或者法律例外规定而形成。本罪的主体为纳税义务人,而不应当包括扣缴义务人,原因在于偷税罪的主体之所以包括扣缴义务人,是因为有明确的法律规定。既然在抗税罪中没有这一特别规定,则就不应当包括扣缴义务人,如果扣缴义务人抗拒缴纳税款的,应当构成妨害公务罪。

(2) 本罪与故意杀人罪、故意伤害罪以及过失致人死亡罪、过失重伤罪之界限。按照最高人民法院的司法解释,实施抗税行为致人重伤、死亡,构成故意伤害罪、故意杀人罪的,应当成立牵连犯,分别依据重罪即《刑法》第 234 条、第 232 条的规定定罪处罚;与纳税人或者扣缴义务人共

① 参见周光权:《刑法各论(第 2 版)》,中国人民大学出版社 2011 年版,第 259 页。

同实施抗税行为的,以抗税罪的共犯依法处罚。行为人在暴力抗税过程中过失致人重伤或者死亡的,应当以情节严重的抗税罪论处。

三、逃避追缴欠税罪

第二百零三条 **纳税人欠缴应纳税款，采取转移或者隐匿财产的手段，致使税务机关无法追缴欠缴的税款，数额在一万元以上不满十万元的，处三年以下有期徒刑或者拘役，并处或者单处欠缴税款一倍以上五倍以下罚金；数额在十万元以上的，处三年以上七年以下有期徒刑，并处欠缴税款一倍以上五倍以下罚金。**

第二百一十一条 **单位犯本节第二百零一条、第二百零三条，第二百零四条、第二百零七条、第二百零八条、第二百零九条规定之罪的，对单位判处罚金，并对其直接负责的主管人员和其他直接责任人员，依照各该条的规定处罚。**

第二百一十二条 **犯本节第二百零一条至第二百零五条规定之罪，被判处罚金、没收财产，在执行前，应当先由税务机关追缴税款和所骗取的出口退税款。**

（一）概念

逃避追缴欠税罪,是指纳税人欠缴应纳税款,采取转移或者隐匿财产的手段,致使税务机关无法追缴欠缴的税款,数额较大的行为。

（二）行为

本罪在客观方面表现为行为人欠缴应纳税款,采取转移或者隐匿财产的手段,致使税务机关无法追缴欠缴的税款,数额较大的行为。具体表现为：① 行为人欠缴应纳税款的行为。就是说行为人在法定的纳税期限内,没有按时缴纳或者足额缴纳应纳税款并已经形成欠税事实。构成本罪必须有在欠税的基础上的逃避追缴欠税款的故意并实施了转移或者隐匿财产用以逃避追缴欠税款的行为,致使无法追缴欠缴的税款。单纯的欠税行为不能构成本罪。因为单纯的欠税,没有逃缴税款的目的,客观上也没有转移或者隐匿财产的行为,只是没有按时缴纳或者足额缴纳应纳税款而拖欠税款。② 行为人采取转移或者隐匿财产的行为致使税务机关无法追缴其欠款。③ 行为人逃避追缴欠税达到数额较大的程度,即数额在 1 万元以上。

（三）主体

本罪的主体为特殊主体,即纳税人。非纳税人(包括扣缴义务人)不能构成本罪。

（四）故意

本罪在主观方面是故意,并且具有逃避追缴欠税款的目的。

四、骗取出口退税罪

第二百零四条 **以假报出口或者其他欺骗手段，骗取国家出口退税款，数额较大的，处五年以下有期徒刑或者拘役，并处骗取税款一倍以上五倍以下罚金；数额巨大或者有其他严重情节的，处五年以上十年以下有期徒刑，并处骗取税款一倍以上五倍以下罚金；数额特别巨大或者有其他特别严重情节的，处十年以上有期徒刑或者无期徒刑，并处骗取税款一倍以上五倍以下罚金或者没收财产。**

纳税人缴纳税款后，采取前款规定的欺骗方法，骗取所缴纳的税款的，依照本法第二百零一条的规定定罪处罚；骗取税款超过所缴纳的税款部分，依照前款的规定处罚。

第二百一十一条 **单位犯本节第二百零一条、第二百零三条，第二百零四条、第二百零七条、第二百零八条、第二百零九条规定之罪的，对单位判处罚金，并对其直接负责的主管人员和其他直接责任人员，依照各该条的规定处罚。**

第二百一十二条　犯本节第二百零一条至第二百零五条规定之罪，被判处罚金、没收财产，在执行前，应当先由税务机关追缴税款和所骗取的出口退税款。

(一) 概念

骗取出口退税罪,是指以假报出口或者其他欺骗手段,骗取国家出口退税款,数额较大的行为。

(二) 行为

本罪在客观方面表现为以假报出口或者其他欺骗手段,骗取国家出口退税款,数额较大的行为。按照最高人民法院《关于审理骗取出口退税刑事案件具体应用法律若干问题的解释》之规定,假报出口,是指以虚构已税货物出口事实为目的,具有下列情形之一的行为:伪造或者签订虚假的买卖合同;以伪造、变造或者其他非法手段取得出口货物报关单、出口收汇核销单、出口货物专用缴款书等有关出口退税单据、凭证;虚开、伪造、非法购买增值税专用发票或者其他可以用于出口退税的发票;其他虚构已税货物出口事实的行为。其他欺骗手段,是指具有下列情形之一的:骗取出口货物退税资格的;将未纳税或者免税货物作为已税货物出口的;虽有货物出口,但虚构该出口货物的品名、数量、单价等要素,骗取未实际纳税部分出口退税款的;以其他手段骗取出口退税款的。行为人无论是采取假报出口手段还是采用其他欺骗手段骗取出口退税,其骗取的出口退税额都必须达到数额较大的程度,才能构成本罪。

按照《最高人民检察院、公安部关于公安机关管辖的刑事案件立案追诉标准的规定(二)》第60条的规定,以假报出口或者其他欺骗手段,骗取国家出口退税款,数额在5万元以上的,应予立案追诉。按照最高人民法院《关于审理骗取出口退税刑事案件具体应用法律若干问题的解释》,骗取国家出口退税款5万元以上的,为数额较大。骗取国家出口退税款50万元以上的,为数额巨大。骗取国家出口退税款250万元以上的,为数额特别巨大。所谓其他严重情节,是指具有下列情形之一的:造成国家税款损失30万元以上并且在一审判决宣告前无法追回的;因骗取国家出口退税行为受过行政处罚,两年内又骗取国家出口退税款数额在30万元以上的。所谓其他特别严重情节,是指造成国家税款损失150万元以上并且在一审判决宣告前无法追回的;因骗取国家出口退税行为受过行政处罚,两年内又骗取国家出口退税款数额在150万元以上的。本罪属于结果犯,即以骗取到实际的出口退税款作为犯罪既遂的标准。根据最高人民法院的上述司法解释7条的规定,实施骗取国家出口退税行为,没有实际取得出口退税款的,可以比照既遂犯从轻或者减轻处罚。

(三) 故意

本罪在主观方面是故意,行为人还具有非法占有出口退税款的目的。

(四) 认定

(1) 本罪与偷税罪的界限。两罪的区别主要在于行为内容不同,本罪属于行为人以无偿骗取国家出口退税款为目的的诈骗行为,本质上属于骗取特殊款项即国家出口退税款的诈骗罪。而偷税罪属于行为人逃避履行缴纳应纳税款法定义务的行为。这就是为什么纳税人缴纳税款后,采用以假报出口或者其他欺骗手段,骗取所缴纳的税款的,应当依照偷税罪定罪的原因。因为它属于一种变相的偷税行为。行为人骗回自己缴纳的税款,相当于应当缴纳税款而没有缴纳的偷税行为。这也就容易理解为什么本罪的第二款规定骗取税款超过所缴纳税款,对于超过部分定骗取出口退税罪的原因所在。

(2) 本罪与诈骗罪的界限。两罪的区分比较容易,因为骗取出口退税罪与诈骗罪两个条款是特别法条与普通法条的竞合关系。如果行为人诈骗的对象是国家的出口退税,且数额较大的,就构成本罪而不是诈骗罪。

(3) 实施骗取出口退税犯罪，同时构成虚开增值税专用发票罪等其他犯罪的，根据最高人民法院的上述司法解释，依刑法处罚较重的规定定罪处罚。

(4) 有进出口经营权的公司、企业，明知他人意欲骗取国家出口退税款，仍违反国家有关进出口经营的规定，允许他人自带客户、自带货源、自带汇票并自行报关，骗取国家出口退税款的，按照最高人民法院的上述司法解释，应当依照《刑法》第 204 条第 1 款、第 211 条的规定定罪处罚。国家工作人员参与实施骗取出口退税犯罪活动的，依照《刑法》第 204 条第 1 款规定从重处罚。

五、虚开增值税专用发票、用于骗取出口退税、抵扣税款发票罪

第二百零五条［根据《刑法修正案》(八)第三十二条修订］　**虚开增值税专用发票或者虚开用于骗取出口退税、抵扣税款的其他发票的，处三年以下有期徒刑或者拘役，并处二万元以上二十万元以下罚金；虚开的税款数额较大或者有其他严重情节的，处三年以上十年以下有期徒刑，并处五万元以上五十万元以下罚金；虚开的税款数额巨大或者有其他特别严重情节的，处十年以上有期徒刑或者无期徒刑，并处五万元以上五十万元以下罚金或者没收财产。**

单位犯本条规定之罪的，对单位判处罚金，并对其直接负责的主管人员和其他直接责任人员，处三年以下有期徒刑或者拘役；虚开的税款数额较大或者有其他严重情节的，处三年以上十年以下有期徒刑；虚开的税款数额巨大或者有其他特别严重情节的，处十年以上有期徒刑或者无期徒刑。

虚开增值税专用发票或者虚开用于骗取出口退税、抵扣税款的其他发票，是指有为他人虚开、为自己虚开、让他人为自己虚开、介绍他人虚开行为之一的。

第二百一十二条　**犯本节第二百零一条至第二百零五条规定之罪，被判处罚金、没收财产，在执行前，应当先由税务机关追缴税款和所骗取的出口退税款。**

(一) 概念

虚开增值税专用发票或者虚开用于骗取出口退税、抵扣税款发票罪，是指为他人虚开、为自己虚开、让他人为自己虚开、介绍他人虚开增值税专用发票或者虚开用于骗取出口退税、抵扣税款的其他发票，虚开的税款总额或者致使国家税款被骗数额较大的行为。

(二) 行为

本罪在客观方面表现为虚开增值税专用发票、虚开用于骗取出口退税、抵扣税款的其他发票的行为。

从广义上说，一切不如实开具发票的行为都是虚开行为，它包括没有经营活动而开具或者尽管有经营活动但作了不真实的开具的情形。从狭义上说，虚开应当是指针对能够反映纳税人纳税情况、纳税数额等内容进行了不真实填写从而使所开具的发票与实际交易不符的情形。本罪的行为应当属于狭义上的虚开，即没有货物购销或者没有提供应税劳务而开具上述发票或者虽然有货物购销或者提供了应税劳务但开具内容不实的上述发票的行为。对于事实上确实存在的真实的货物购销或者应税劳务的提供或者接受关系，且专用发票又是合法领受的，但行为人开具了超过真实交易内容的金额和税额的发票，则虚开的税款的计算应当是所开具的总额减去真实交易内容所包含的税款所剩的余额。因为只有这部分才是真正虚开的部分。

具体的虚开行为包括下列情形：① 为他人虚开。即在他人没有货物购销或没有提供或没有接受应税劳务的情形下，用自己的上述专用发票为他人虚开的行为，或者在他人有货物购销或提供或接受了应税劳务的情形下，用自己的上述专用发票为他人虚开的行为。② 为自己虚开。就是行为人在没有发生货物购销或没有提供或没有接受应税劳务的情形下，或者尽管存

在货物购销或提供或接受了应税劳务的情形下,虚构事实开具或者开具与事实不符的上述专用发票的行为。③ 让他人为自己虚开。就是行为人让与自己有货物购销或劳务关系的当事人给自己开具虚增价款、税额的上述专用发票的行为,或者是让根本与自己没有货物或劳务关系的当事人给自己开具虚假的上述专用发票的行为。④ 介绍他人虚开。就是在增值税专用发票或者可骗取出口退税、抵扣税款的其他发票的持有人或者受票人之间从事一定的行为,促成虚开专用发票行为发生的行为。本罪属于行为犯,即只要行为人实施了上述的虚开行为,即可构成本罪。

(三) 对象

本罪的行为对象是增值税专用发票和用于骗取出口退税、抵扣税款的其他发票。增值税专用发票,是指只以企业生产经营过程中新增的价额为征税依据所征收的税款凭证,其应纳税金不包括在商品价格之内的价外税收凭证。也就是以商品或者劳务的增加值为征税对象,并具有直接抵扣税款功能的专门用于增值税的收付款凭证。用于骗取出口退税、抵扣税款的其他发票,是指可以用于申请出口退税、抵扣税款的增值税专用发票以外的其他发票。此类发票具有同增值税专用发票相同的功用,即可以用于骗取出口退税、抵扣税款的发票。

(四) 故意

本罪在主观方面必须是故意,即行为人明知增值税专用发票或者其他可以用于骗取出口退税、抵扣税款的发票,必须按照有关规定开具却有意违反规定开具内容不实的会造成国家税款流失的专用发票的。本罪不需要以营利为目的作为构成条件,即不以营利为目的也可能构成本罪。

(五) 定罪标准

按照刑法的规定,只要行为人实施了本条规定的行为的,就应当构成本罪。按照《最高人民检察院、公安部关于公安机关管辖的刑事案件立案追诉标准的规定(二)》第 61 条的规定,虚开增值税专用发票或者虚开用于骗取出口退税、抵扣税款的其他发票,虚开的税款数额在 1 万元以上或者致使国家税款被骗数额在 5 千元以上的,应予立案追诉。

六、虚开发票罪

第二百零五条之一[根据《刑法修正案》(八)第三十三条增设] **虚开本法第二百零五条规定以外的其他发票,情节严重的,处二年以下有期徒刑、拘役或者管制,并处罚金;情节特别严重的,处二年以上七年以下有期徒刑,并处罚金。**

单位犯前款罪的,对单位判处罚金,并对其直接负责的主管人员和其他直接责任人员,依照前款的规定处罚。

(一) 概念

虚开发票罪,是指违反国家税收管理法规,虚开增值税专用发票、虚开用于骗取出口退税、抵扣税款的其他发票之外的普通发票的行为。

(二) 行为

本罪在客观方面表现为虚开增值税专用发票、虚开用于骗取出口退税、抵扣税款的其他发票之外的普通发票的行为。

行为人既虚开增值税专用发票、虚开用于骗取出口退税、抵扣税款的其他发票,又虚开普通发票的,应当数罪并罚。

(三) 主体

本罪主体是一般主体,单位也可以成为本罪主体。

（四）故意

本罪在主观方面是故意。

七、伪造、出售伪造的增值税专用发票罪

第二百零六条[根据《刑法修正案》(八)第三十四条修订] 伪造或者出售伪造的增值税专用发票的，处三年以下有期徒刑、拘役或者管制，并处二万元以上二十万元以下罚金；数量较大或者有其他严重情节的，处三年以上十年以下有期徒刑，并处五万元以上五十万元以下罚金；数量巨大或者有其他特别严重情节的，处十年以上有期徒刑或者无期徒刑，并处五万元以上五十万元以下罚金或者没收财产。

单位犯本条规定之罪的，对单位判处罚金，并对其直接负责的主管人员和其他直接责任人员，处三年以下有期徒刑、拘役或者管制；数量较大或者有其他严重情节的，处三年以上十年以下有期徒刑；数量巨大或者有其他特别严重情节的，处十年以上有期徒刑或者无期徒刑。

（一）概念

伪造或者出售伪造的增值税专用发票罪，是指非法制造或者出售非法制造的增值税专用发票的行为。

（二）行为

本罪在客观方面表现为伪造或者出售伪造的增值税专用发票的行为。所谓伪造，是指无权制造增值税专用发票的行为人私自制造增值税专用发票的行为。如果行为人采用变造的方法制造假增值税发票的，或者有权印刷增值税专用发票的行为人擅自印刷增值税专用发票的，按照本条法律的规定，则不属于伪造的范围，不构成伪造。所谓出售，是指将本人伪造的或者明知为他人伪造的增值税专用发票而予以出售牟利的行为。行为人只要具备伪造或者出售伪造的行为之一的，即可构成本罪。如果行为人同时具有伪造和出售伪造增值税专用发票的行为，则当从重处罚。

（三）故意

本罪在主观方面是故意。

（四）定罪标准

按照《最高人民检察院、公安部关于公安机关管辖的刑事案件立案追诉标准的规定（二）》第62条的规定，伪造或者出售伪造的增值税专用发票二十五份以上或者票面额累计在十万元以上的，应予立案追诉。

八、非法出售增值税专用发票罪

第二百零七条 非法出售增值税专用发票的，处三年以下有期徒刑、拘役或者管制，并处二万元以上二十万元以下罚金；数量较大的，处三年以上十年以下有期徒刑，并处五万元以上五十万元以下罚金；数量巨大的，处十年以上有期徒刑或者无期徒刑，并处五万元以上五十万元以下罚金或者没收财产。

第二百一十一条 单位犯本节第二百零一条、第二百零三条，第二百零四条、第二百零七条、第二百零八条、第二百零九条规定之罪的，对单位判处罚金，并对其直接负责的主管人员和其他直接责任人员，依照各该条的规定处罚。

（一）概念

非法出售增值税专用发票罪，是指违反国家发票管理法规，擅自出售增值税专用发票的

行为。

（二）行为

本罪在客观方面表现为行为人将增值税专用发票非法出售给他人的行为，即非法将增值税专用发票以一定的价格出卖给他人的行为。所谓非法出售，就是违反国家有关发票管理法规中有关发票的领受与出售的相关规定而予以出售的行为。如果行为人系合法出售，则不可能构成本罪。

（三）故意

本罪在主观方面是故意，行为人对于非法出售的是增值税专用发票有明知。

（四）定罪标准

按照《最高人民检察院、公安部关于公安机关管辖的刑事案件立案追诉标准的规定（二）》第63条的规定，非法出售增值税专用发票25份以上或者票面额累计在10万元以上的，应予立案追诉。国家税务机关的工作人员违反规定非法出售增值税专用发票的，应当不构成本罪，而构成徇私舞弊发售发票、抵扣税款、出口退税罪。

九、非法购买增值税专用发票、购买伪造的增值税专用发票罪

第二百零八条　**非法购买增值税专用发票或者购买伪造的增值税专用发票的，处五年以下有期徒刑或者拘役，并处或者单处二万元以上二十万元以下罚金。**

非法购买增值税专用发票或者购买伪造的增值税专用发票又虚开或者出售的，分别依照本法第二百零五条、第二百零六条、第二百零七条的规定定罪处罚。

第二百一十一条　**单位犯本节第二百零一条、第二百零三条，第二百零四条、第二百零七条、第二百零八条、第二百零九条规定之罪的，对单位判处罚金，并对其直接负责的主管人员和其他直接责任人员，依照各该条的规定处罚。**

（一）概念

非法购买增值税专用发票、购买伪造的增值税专用发票罪，是指违反国家的发票管理法规，非法购买增值税专用发票或者明知是伪造的增值税专用发票而非法购买的行为。

（二）行为

本罪在客观方面表现为非法购买增值税专用发票或者购买伪造的增值税专用发票的行为。购买增值税专用发票，有合法购买与非法购买之分。合法购买的，当然不能构成犯罪。非法购买包括无权购买增值税专用发票的行为人购买的情形，也包括有权购买的行为人以不合法的方式所进行购买的情形。这种购买行为的对象是真实的增值税专用发票。购买伪造的增值税专用发票，是指明知是伪造的增值税专用发票而购买的行为。如果行为人不知道购买的是伪造的增值税专用发票而以为是真实的增值税专用发票而购买，则行为人的行为属于非法购买增值税专用发票的情形。行为人只要实施了上述行为之一的，即可构成本罪，如果行为人同时实施上述两种行为的，也按一罪论处。

（三）故意

本罪在主观方面是故意。非法购买增值税专用发票与购买伪造的增值税专用发票在主观上有所不同。前者的故意内容是明知自己无权购买或购买的方式不合法而进行购买的，后者则表现为明知是伪造的增值税专用发票而决意购买的。

（四）定罪标准

按照《最高人民检察院、公安部关于公安机关管辖的刑事案件立案追诉标准的规定（二）》第

64条的规定，非法购买增值税专用发票或者购买伪造的增值税专用发票25份以上或者票面额累计在10万元以上的，应予立案追诉。

十、非法制造、出售非法制造的用于骗取出口退税、抵扣税款发票罪

第二百零九条第一款　伪造、擅自制造或者出售伪造、擅自制造的可以用于骗取出口退税、抵扣税款的其他发票的，处三年以下有期徒刑、拘役或者管制，并处二万元以上二十万元以下罚金；数量巨大的，处三年以上七年以下有期徒刑，并处五万元以上五十万元以下罚金；数量特别巨大的，处七年以上有期徒刑，并处五万元以上五十万元以下罚金或者没收财产。

第二百一十一条　单位犯本节第二百零一条、第二百零三条，第二百零四条、第二百零七条、第二百零八条、第二百零九条规定之罪的，对单位判处罚金，并对其直接负责的主管人员和其他直接责任人员，依照各该条的规定处罚。

（一）概念

非法制造、出售非法制造的用于骗取出口退税、抵扣税款发票罪，是指伪造、擅自制造或者出售伪造、擅自制造的除增值税专用发票以外的可以用于骗取出口退税、抵扣税款的其他发票的行为。

（二）行为

本罪在客观方面表现为非法制造、出售非法制造的用于骗取出口退税、抵扣税款发票的行为。伪造可以用于骗取出口退税、抵扣税款的其他发票，是指无权印刷发票的行为人仿造真实的发票私自制造可以用于骗取出口退税、抵扣税款的其他发票的行为。擅自制造可以用于骗取出口退税、抵扣税款的其他发票，是指有权印刷发票的行为人违反税务机关规定的印刷数量与规模超量、超额印刷可以用于骗取出口退税、抵扣税款的其他发票的行为。出售伪造、擅自制造的可以用于骗取出口退税、抵扣税款的其他发票，是指行为人将伪造、擅自制造的可以用于骗取出口退税、抵扣税款的其他发票以一定的价格予以出售的行为。本罪属于选择性罪名，行为人只要实施了上述三种行为中的一种，即可构成本罪。

（三）故意

本罪在主观方面是故意。

（四）定罪标准

按照《最高人民检察院、公安部关于公安机关管辖的刑事案件立案追诉标准的规定（二）》第65条的规定，伪造、擅自制造或者出售伪造、擅自制造的可以用于骗取出口退税、抵扣税款的非增值税专用发票50份以上或者票面额累计在20万元以上的，应予立案追诉。

（五）认定

本罪与伪造、出售伪造的增值税专用发票罪的界限。主要的区别是行为对象的不同，前者是可以用于骗取出口退税、抵扣税款的非增值税专用发票，而后者则必须是增值税专用发票。另外就行为内容上也有所区别，前者既包括擅自制造的以及出售擅自制造的可用于骗取出口退税、抵扣税款的非增值税专用发票的行为。而后者不包括擅自制造与出售擅自制造增值税专用发票的行为。

十一、非法制造、出售非法制造的发票罪

第二百零九条第二款　伪造、擅自制造或者出售伪造、擅自制造的前款规定以外的其他发票的，处二年以下有期徒刑、拘役或者管制，并处或者单处一万元以上五万元以下罚金；情节严重的，处二年以上七年以下有期徒刑，并处五万元以上五十万元以下罚金。

非法出售可以用于骗取出口退税、抵扣税款的其他发票罪的，依照第一款的规定处罚。

非法出售第三款以外的其他发票的，依照第二款的规定处罚。

第二百一十一条 **单位犯本节第二百零一条、第二百零三条,第二百零四条、第二百零七条、第二百零八条、第二百零九条规定之罪的,对单位判处罚金,并对其直接负责的主管人员和其他直接责任人员,依照各该条的规定处罚。**

(一) 概念

非法制造、出售非法制造的发票罪,是指伪造、擅自制造或者出售伪造、擅自制造除增值税专用发票、可以用于骗取出口退税、抵扣税款以外的其他发票的行为。

(二) 行为

本罪在客观方面与非法制造、出售非法制造的用于骗取出口退税、抵扣税款发票罪除了行为对象不同外,其余的具有一致性。本罪的行为对象是增值税发票以及可以用于骗取出口退税、抵扣税款以外的其他发票。

(三) 故意

本罪在主观方面是故意。

(四) 定罪标准

按照《最高人民检察院、公安部关于公安机关管辖的刑事案件立案追诉标准的规定(二)》第66条的规定,伪造、擅自制造或者出售伪造、擅自制造的不具有骗取出口退税、抵扣税款功能的普通发票100份以上或者票面额累计在40万元以上的,应予立案追诉。

十二、非法出售用于骗取出口退税、抵扣税款发票罪

第二百零九条第三款 **非法出售可以用于骗取出口退税、抵扣税款的其他发票罪的,依照第一款的规定处罚。**

第二百一十一条 **单位犯本节第二百零一条、第二百零三条,第二百零四条、第二百零七条、第二百零八条、第二百零九条规定之罪的,对单位判处罚金,并对其直接负责的主管人员和其他直接责任人员,依照各该条的规定处罚。**

(一) 概念

非法出售用于骗取出口退税、抵扣税款发票罪,是指违反国家发票管理法规,非法出售除增值税专用发票以外的可以用于骗取出口退税、抵扣税款的其他发票的行为。

(二) 行为

本罪在客观方面表现为违反国家发票管理法规,非法出售可以用于骗取出口退税、抵扣税款的其他发票的行为。所谓非法出售,就是无权发售可以用于骗取出口退税、抵扣税款的其他发票的行为人将此类发票以一定的价格出卖给他人的行为。此类可以用于骗取出口退税、抵扣税款的其他发票应当是真实的发票,至于这类真实发票的来源,不影响本罪的构成。

(三) 故意

本罪在主观方面是故意,即行为人明知可以用于骗取出口退税、抵扣税款的其他发票不允许买卖而故意以一定的价格予以出卖。

(四) 定罪标准

按照《最高人民检察院、公安部关于公安机关管辖的刑事案件立案追诉标准的规定(二)》第67条的规定,非法出售可以用于骗取出口退税、抵扣税款的非增值税专用发票50份以上或者票面额累计在20万元以上的,应予立案追诉。

十三、非法出售发票罪

第二百零九条第四款 **非法出售第三款以外的其他发票的,依照第二款的规定处罚。**

第二百一十一条　单位犯本节第二百零一条、第二百零三条，第二百零四条、第二百零七条、第二百零八条、第二百零九条规定之罪的，对单位判处罚金，并对其直接负责的主管人员和其他直接责任人员，依照各该条的规定处罚。

（一）概念

非法出售发票罪，是指违反国家发票管理法规，非法出售除增值税专用发票、可以用于骗取出口退税、抵扣税款的发票以外的其他发票的行为。

（二）行为

本罪在客观方面表现为非法出售除增值税专用发票、可以用于骗取出口退税、抵扣税款的发票以外的其他发票的行为。此类发票必须是真实的发票。行为人非法出卖的普通发票必须达到一定数量，才能构成本罪。

（三）故意

本罪在主观方面是故意，行为人对于非法出售的是除增值税专用发票、可以用于骗取出口退税、抵扣税款的发票以外的其他发票有明确认识。

（四）定罪标准

按照《最高人民检察院、公安部关于公安机关管辖的刑事案件立案追诉标准的规定（二）》第67条的规定，非法出售普通发票100份以上或者票面额累计在40万元以上的，应予立案追诉。

十四、持有伪造的发票罪

第二百一十条之一［根据《刑法修正案（八）》第三十五条增设］　明知是伪造的发票而持有，数量较大的，处二年以下有期徒刑、拘役或者管制，并处罚金；数量巨大的，处二年以上七年以下有期徒刑，并处罚金。

单位犯前款罪的，对单位判处罚金，并对其直接负责的主管人员和其他直接责任人员，依照前款的规定处罚。

（一）概念

持有伪造的发票罪，是指明知是伪造的发票而持有，数量较大的行为。

（二）行为

本罪在客观方面表现为明知是伪造的发票而持有，数量较大的行为。持有，是指行为人对伪造的发票出于占有、支配、控制的一种状态。随身携带、邮寄、运输伪造的发票是持有，在其住所、驾驶的运输工具上发现的，同样可以认定为持有。持有伪造的发票，数量较大才成立犯罪。持有时间长短无关紧要，只要认定行为人对其有事实的支配，即可成立本罪。

（三）故意

本罪在主观方面是故意，行为人必须明知其持有的是伪造的发票。

第七节　侵犯知识产权罪

一、假冒注册商标罪

第二百一十三条　未经注册商标所有人许可，在同一商品上使用与其注册商标相同的商标，情节严重的，处三年以下有期徒刑或者拘役，并处或者单处罚金；情节特别严重的，处三

年以上七年以下有期徒刑，并处罚金。

第二百二十条　单位犯本节第二百一十三条至第二百一十九条规定之罪的，对单位判处罚金，并对直接负责的主管人员和其他直接责任人员，依照本节各该条的规定处罚。

（一）概念

假冒注册商标罪，是指未经注册商标所有人许可，在同一商品上使用与其注册商标相同的商标，情节严重的行为。

（二）行为

本罪在客观方面表现为在同一商品上使用与其注册商标相同的商标的行为。

本罪的实行行为具体包括：

(1) 行为人未经注册商标所有人许可。注册商标所有人是指对其注册商标依法享有的权利与义务的商标注册人，无论是原始的注册商标所有人还是继受的注册商标所有人，其注册商标都受法律的保护，未经权利人许可不得擅自使用该商标。注册商标的许可，无论是排他许可还是普通许可，都必须取得商标所有权人的特别授权。

(2) 行为人在同一商品上使用与其注册商标相同的商标。同一种商品，是指按照国家颁布的商品分类为标准属于同一种商品的情形，即是《商品分类（组别）表》中同一种目下所列举的商品，包括名称相同的商品和名称虽不相同但所指的商品相同的情形。所以类似商品并不属于同一种商品。相同的商标，是指名称相同的文字商标、图形相同的图形商标以及名称和图形都相同的混合商标。就是说，这种假冒的商标在文字、图形、或者其组合以及色彩等方面都与他人的注册商标完全相同。所以，近似商标不属于相同商标。当然，这种相同，不是说与被假冒的注册商标没有丝毫的差别，只要足以使一般的消费者误认为是相同的商标，就应当属于相同商标的情形。所以构成本罪在行为上必须限于相同商品上使用相同的商标，不过，这种商标必须是他人已经注册的且在有效期内的商标。按照修改后的《商标法》之规定，有关商品商标的规定，适用于服务商标。所以在同一种服务项目上，使用与他人注册的服务商标相同的商标的，也属于假冒他人注册商标的行为。

(3) 行为人的行为必须是情节严重的行为。

（三）故意

本罪在主观方面是故意。

二、销售假冒注册商标的商品罪

第二百一十四条　销售明知是假冒注册商标的商品，销售金额数额较大的，处三年以下有期徒刑或者拘役，并处或者单处罚金；销售金额数额巨大的，处三年以上七年以下有期徒刑，并处罚金。

第二百二十条　单位犯本节第二百一十三条至二百一十九条规定之罪的，对单位判处罚金，并对直接负责的主管人员和其他直接责任人员，依照本节各该条的规定处罚。

（一）概念

销售假冒注册商标的商品罪，是指销售明知是假冒注册商标的商品，销售金额较大的行为。

（二）行为

本罪在客观方面表现为明知是假冒他人注册商标的商品而予以销售的行为。销售的对象必须是假冒他人注册商标的商品。所谓假冒注册商标的商品，是指没有取得注册商标所有权人许可，在同一种商品上使用假冒的与他人注册商标相同的商标的情形。

（三）故意

本罪在主观方面是故意，即明知是假冒他人注册商标的商品而予以销售。根据有关司法解释，具有下列情形之一的，应当认定为属于“明知”：① 知道自己销售的商品上的注册商标被涂改、调换或者覆盖的；② 因销售假冒注册商标的商品受到过行政处罚或者承担过民事责任、又销售同一种假冒注册商标的商品的；③ 伪造、涂改商标注册人授权文件或者知道该文件被伪造、涂改的；④ 其他知道或者应当知道是假冒注册商标的商品的情形[①]。

（四）认定

（1）本罪与假冒注册商标罪之界限。本罪的主体是并不直接从事生产制造的销售者，而后罪的主体则是生产者；在行为方面，本罪从事的是销售行为且数额较大，而后罪则是生产中假冒且情节严重。倘若行为人既实施了在同一种商品上使用与他人相同的注册商标的行为，又实施了销售假冒注册商标的商品，就属于刑法理论上的吸收犯的情形，以主行为吸收从行为，成立假冒注册商标罪。

（2）本罪与生产、销售伪劣商品罪之界限。销售明知是假冒注册商标的商品，而且这种商品又属于伪劣产品，那么，行为人的行为既符合销售假冒注册商标罪的构成要件，同时也符合销售伪劣产品罪的构成要件，此时，应当按照想象竞合犯的原则从一重罪处断。

三、非法制造、销售非法制造的注册商标标识罪

第二百一十五条　伪造、擅自制造他人注册商标标识或者销售伪造、擅自制造的注册商标标识，情节严重的，处三年以下有期徒刑、拘役或者管制，并处或者单处罚金；情节特别严重的，处三年以上七年以下有期徒刑，并处罚金。

第二百二十条　单位犯本节第二百一十三条至第二百一十九条规定之罪的，对单位判处罚金，并对直接负责的主管人员和其他直接责任人员，依照本节各该条的规定处罚。

（一）概念

非法制造、销售非法制造的注册商标标识罪，是指伪造、擅自制造他人注册商标标识或者销售伪造、擅自制造的注册商标标识，情节严重的行为。

（二）行为

本罪在客观方面表现为伪造、擅自制造他人注册商标标识或者销售伪造、擅自制造的注册商标标识，情节严重的行为。所谓商标标识，是指由文字、图形或者其组合构成的商标图样的物质载体，是表明注册商标的商品显著特征的识别标记。伪造，是指未经注册商标所有权人授权，仿照他人注册商标标识的图形、文字、式样、颜色、质地制造假的商标标识的行为。擅自制造，是指没有取得印刷商标标识的资格，或虽然取得指定商标单位的资格但未经商标标识所有人许可、委托或者超越商标标识所有人授权限度，印刷或超量印刷他人注册商标标识的行为。销售伪造、擅自制造的注册商标，是指明知是伪造、擅自制造的注册商标标识而予以出卖的行为。

（三）故意

本罪在主观方面是故意。

四、假冒专利罪

第二百一十六条　假冒他人专利，情节严重的，处三年以下有期徒刑或者拘役，并处或者

① 最高人民法院、最高人民检察院《关于办理侵犯知识产权刑事案件具体应用法律若干问题的解释》（2004年12月8日）。

单处罚金。

第二百二十条　单位犯本节第二百一十三条至第二百一十九条规定之罪的，对单位判处罚金，并对直接负责的主管人员和其他直接责任人员，依照本节各该条的规定处罚。

（一）概念

假冒专利罪,是指假冒他人专利,情节严重的行为。

（二）行为

本罪在客观方面表现为未经专利权人许可而假冒他人专利,情节严重的行为。假冒他人专利,是指未经专利权人许可,擅自在自己的产品或方法上标明专利权人的专利标记或专利号的行为。假冒他人专利,根据《专利法实施细则》第84条之规定具体表现为：未经许可,在其制造或销售的产品、产品的包装上标注他人的专利号；或者未经许可,在广告或者其他宣传材料中使用他人的专利号,使人将所设计的技术误认为是他人的专利技术；或者未经许可,在合同中使用他人的专利号,使人将合同涉及的技术误认为是他人的专利技术；或者伪造或者变造他人的专利证书、专利文件或者专利申请文件。被假冒的专利必须是客观的在有效期内的他人的专利,因此,在专利权已经终止或被宣告无效后,仍然冒用他人原专利标记或专利号的,不应当属于本罪规定的假冒他人专利的行为。

（三）故意

本罪在主观方面是故意。

（四）认定

(1) 本罪与假冒专利的侵权行为的界限。主要在于情节是否严重,不具有情节严重情形的,则构成民事侵权行为而不是犯罪行为。另外非法实施他人专利的行为即便情节严重也不能构成本罪。

(2) 本罪与诈骗罪以及生产、销售伪劣产品罪之界限。与诈骗罪的区别的关键在于行为侵害的是否是他人的有效的专利,如果行为人以假充真骗取钱财的,则构成诈骗罪。如果行为人一方面假冒他人专利,另一方面又假冒他人专利生产、销售伪劣产品,则属于牵连犯的情形,应当从一重罪处罚。如果行为人假冒他人专利,但生产或销售的是合格产品,则只构成假冒专利罪。

五、侵犯著作权罪

第二百一十七条　以营利为目的，有下列侵犯著作权情形之一，违法所得数额较大或者有其他严重情节的，处三年以下有期徒刑或者拘役，并处或者单处罚金；违法所得数额巨大或者有其他特别严重情节的，处三年以上七年以下有期徒刑，并处罚金：

（一）未经著作权人许可，复制发行其文字作品、音乐、电影、电视、录像作品、计算机软件及其他作品的；

（二）出版他人享有专有出版权的图书的；

（三）未经录音录像制作者许可，复制发行其制作的录音录像的；

（四）制作、出售假冒他人署名的美术作品的。

第二百二十条　单位犯本节第二百一十三条至第二百一十九条规定之罪的，对单位判处罚金，并对直接负责的主管人员和其他直接责任人员，依照本节各该条的规定处罚。

（一）概念

侵犯著作权罪,是指以营利为目的,违反著作权管理法规,侵犯他人著作权,违法所得数额较大或者有其他严重情节的行为。

（二）行为

本罪在客观方面表现为以营利为目的，违反著作权法律法规，未经著作权人的许可，复制发行其文字作品、音乐、电影、电视、录像作品、计算机软件及其他作品的；出版他人享有专有出版权的图书的；未经录音录像制作者许可，复制发行其制作的录音录像的；制作、出售假冒他人署名的美术作品的，违法所得数额较大或者有其他严重情节的行为。按照我国著作权法的规定，著作权人包括作者以及其他依法享有著作权的公民、法人、非法人单位或国家。所谓复制，是指以印刷、复印、临摹、拓印、录音、录像、翻录、翻拍等方式将作品制作一份或多份的行为。软件的复制，是指将软件转载在有形物体上的行为。复制发行中的发行，是指通过出售、出租等方式提供一定数量作品的复制品的行为。复制发行，是指行为人以营利为目的，未经著作权人许可而实施的复制、发行或者既复制又发行其文字作品、音乐、电影、电视、录像作品、计算机软件及其他作品的行为。出版，是指将作品编辑加工后，经过复制向公众发行。专有出版权，是指图书出版者对著作权人交付的作品，在合同有效期内以及合同约定的地区内，以同种文字的原版、修订版和缩编本的方式出版图书的独占权利。录音录像制作者，是指制造录音录像制品的人。美术作品，是指绘画、书法、雕塑、建筑等以线条、色彩或者其他方式构成的有审美意义的平面或者立体的造型艺术作品。

（三）故意

本罪在主观方面是故意，并且具有营利目的。

六、销售侵权复制品罪

第二百一十八条　以营利为目的，销售明知是本法第二百一十七条规定的侵权复制品，违法所得数额巨大的，处三年以下有期徒刑或者拘役，并处或者单处罚金。

第二百二十条　单位犯本节第二百一十三条至第二百一十九条规定之罪的，对单位判处罚金，并对直接负责的主管人员和其他直接责任人员，依照本节各该条的规定处罚。

（一）概念

销售侵权复制品罪，是指以营利为目的，销售明知是侵犯著作权的复制品，违法所得数额巨大的行为。

（二）行为

本罪在客观方面表现为销售明知是《刑法》第217条所规定的侵权复制品，违法所得数额巨大的行为。销售的对象是侵权复制品，即非法复制的文字作品、音乐、电影、电视、录像作品、计算机软件及其他作品；非法出版他人享有专有出版权的图书；非法制作的录音录像；非法制作的假冒他人署名的美术作品。

（三）故意

本罪在主观方面是故意。

（四）认定

(1) 行为人实施了《刑法》第217条规定的侵犯著作权行为，又销售该侵权复制品，违法所得数额巨大的，只定侵犯著作权罪，不实行数罪并罚。

(2) 行为人实施了侵犯著作权的犯罪行为，又明知是他人的侵权复制品而予以销售，构成犯罪的，应当数罪并罚。

七、侵犯商业秘密罪

第二百一十九条　有下列侵犯商业秘密行为之一，给商业秘密的权利人造成重大损失的，

处三年以下有期徒刑或者拘役，并处或者单处罚金；造成特别严重后果的，处三年以上七年以下有期徒刑，并处罚金：

（一）以盗窃、利诱、胁迫或者其他不正当手段获取权利人的商业秘密的；

（二）披露、使用或者允许他人使用以前项手段获取的权利人的商品秘密的；

（三）违反约定或者违反权利人有关保守商业秘密的要求，披露、使用或者允许他人使用其所掌握的商业秘密的。

明知或者应知前款所列行为，获取、使用或者披露他人的商业秘密的，以侵犯商业秘密论。

本条所称商业秘密，是指不为公众所知悉，能为权利人带来经济利益，具有实用性并经权利人采取保密措施的技术信息和经营信息。

本条所称权利人，是指商业秘密的所有人和经商业秘密所有人许可的商业秘密使用人。

第二百二十条　单位犯本节第二百一十三条至第二百一十九条规定之罪的，对单位判处罚金，并对直接负责的主管人员和其他直接责任人员，依照本节各该条的规定处罚。

（一）概念

侵犯商业秘密罪，是指以盗窃、利诱、胁迫、披露、使用或者允许他人使用权利人的商业秘密等不正当手段，侵犯商业秘密，给商业秘密的权利人造成重大损失的行为。

（二）行为

本罪在客观方面表现为未经商业秘密权利人许可，实施了给其权利人造成重大损失的侵犯商业秘密的行为。商业秘密权利人，是指依法对商业秘密享有所有权或使用权的公民、法人或其他组织。侵犯商业秘密的行为，具体表现为：① 以盗窃、利诱、胁迫或者其他不正当手段获取权利人的商业秘密的。就是采用秘密窃取、利益诱引、恐吓威胁以及其他不正当手段（比如抢劫、抢夺、诈骗等）获取权利人的商业秘密的行为。② 披露、使用或者允许他人使用以前项手段获取的权利人的商品秘密的。披露，是指行为人将其以前项手段获取的权利人的商品秘密向他人公开的行为。使用，是指行为人将用不正当手段获取的商业秘密用于生产、经营之中的行为。允许他人使用，是指行为人将自己用不正当手段获得的商业秘密让他人使用于生产、经营中的行为。③ 违反约定或者违反权利人有关保守商业秘密的要求，披露、使用或者允许他人使用其所掌握的商业秘密的。行为人只要实施了上述三种行为之一的，就符合本罪在行为方面的要求。

（三）故意

本罪在主观上是故意。在行为人实施《刑法》219 条第 1 款第 1 项至第 2 项行为的情形下，行为人主观上只能是故意。行为人在实施本条第 2 款规定的行为时，其主观上是（推定的）故意，即在行为人明知他人是非法获取、披露、使用、允许他人使用商业秘密的情形下，仍然获取、使用或者披露该商业秘密的，就是属于在明知情形下的故意行为。在行为人应知他人是非法获取、披露、使用、允许他人使用商业秘密但仍然获取、使用或者披露该商业秘密的，即在应知的情形下仍然侵犯商业秘密的，推定其具有故意。

（四）定罪标准

构成本罪，必须给商业秘密权利人造成重大损失。重大损失，按照《最高人民检察院、公安部关于公安机关管辖的刑事案件立案追诉标准的规定（二）》第 73 条的规定，侵犯商业秘密，涉嫌下列情形之一的，应予立案追诉：① 给商业秘密权利人造成损失数额在 50 万元以上的；② 因侵犯商业秘密违法所得数额在 50 万元以上的；③ 致使商业秘密权利人破产的；④ 其他给商业秘密权利人造成重大损失的情形。

第八节　扰乱市场秩序罪

一、损害商业信誉、商品声誉罪

第二百二十一条　捏造并散布虚伪事实，损害他人的商业信誉、商品声誉，给他人造成重大损失或者其他严重情节的，处二年以下有期徒刑或者拘役，并处或者单处罚金。

第二百三十一条　单位犯本节第二百二十一条至第二百三十条规定之罪的，对单位判处罚金，并对其直接负责的主管人员和其他直接责任人员，依照本节各该条的规定处罚。

（一）概念

损害商业信誉、商品声誉罪，是指捏造并散布虚伪事实，损害他人的商业信誉、商品声誉，给他人造成重大损失或者其他严重情节的行为。

（二）行为

本罪在客观方面表现为捏造并散布虚伪事实，损害他人的商业信誉、商品声誉，给他人造成重大损失或者其他严重情节的行为。商业信誉包括商业信用与商业名誉，它是商品生产者和经营者所拥有的商业信用与名誉荣誉，是一种作为无形资产的社会对其生产、经营状况以及效益与信用所作的肯定性与赞赏性综合评价。商业信誉包括商业信用与商业名誉。商品声誉，是指特定商品在质量、性能、价格、效用、服务等方面所拥有的社会的褒扬性的评价与赞誉。商业信誉与商品声誉一旦形成，就会在社会中形成较为稳定的对特定生产者、经营者以及特定商品的认识定势，成为决定社会公众在选择商品或接受服务的主要依据。损害商业信誉、商品声誉的行为就是对商业信誉与商品声誉的破坏。捏造，是指虚构、编造不符合实际或者根本不存在的事实。散布，是指将其所捏造的虚假事实加以传播，使不特定人或多数人知悉该捏造事实的行为。行为人所捏造并散布的虚假事实必须是涉及他人的商业信誉与商品声誉并且足以损害他人的商业信誉与商品声誉的虚假事实，否则，不符合本罪规定。

（三）故意

本罪在主观方面是直接故意，并且具有损害他人商业信誉、商品声誉之目的。

（四）定罪标准

构成本罪，要求情节严重或者给他人造成重大损失。按照《最高人民检察院、公安部关于公安机关管辖的刑事案件立案追诉标准的规定（二）》第74条的规定，捏造并散布虚伪事实，损害他人的商业信誉、商品声誉，涉嫌下列情形之一的，应予立案追诉：① 给他人造成直接经济损失数额在50万元以上的；② 虽未达到上述数额标准，但具有下列情形之一的：第一，利用互联网或者其他媒体公开损害他人商业信誉、商品声誉的；第二，造成公司、企业等单位停业、停产6个月以上，或者破产的；③ 其他给他人造成重大损失或者有其他严重情节的情形。

（五）认定

本罪与诽谤罪的界限。两者之间的主要区别在于犯罪对象的不同。本罪的犯罪对象是行为人以外的生产者、经营者，而诽谤罪的犯罪对象是自然人而不可能是单位。另外，两罪在主观方面与行为内容上也有所区别。本罪的行为目的是为了损害他人的商业信誉与商品声誉，因而行为内容也是围绕损害商业信誉与商品声誉展开的，而诽谤的目的是损害他人名誉，行为内容也是围绕足以损害公民名誉而进行的。

二、虚假广告罪

第二百二十二条　广告主、广告经营者、广告发布者违反国家规定，利用广告对商品或者服务作虚假宣传，情节严重的，处二年以下有期徒刑或者拘役，并处或者单处罚金。

第二百三十一条　单位犯本节第二百二十一条至第二百三十条规定之罪的，对单位判处罚金，并对其直接负责的主管人员和其他直接责任人员，依照本节各该条的规定处罚。

（一）概念

虚假广告罪,是指违反国家广告管理规定,利用广告对商品或者服务作虚假宣传,情节严重的行为。

（二）行为

本罪在客观方面表现为行为人违反国家规定,利用广告对商品或者服务作虚假宣传,情节严重的行为。违反国家规定,主要是指违反《广告法》《反不正当竞争法》《消费者权益保护法》以及国家有关广告方面的法律法规的规定。广告,是指商业性广告,即商品经营者或服务提供者承担费用,通过一定媒介和形式直接或者间接地介绍自己所推销的商品或者提供的服务的商业广告。虚假宣传,是指对商品或者服务的产地、品质、功能、价格、效果等方面作夸大失实的宣传。

（三）主体

本罪的主体是特殊主体,即广告主、广告经营者、广告发布者。

（四）故意

本罪在主观方面是故意,即明知利用虚假广告进行虚假宣传会扰乱市场秩序、损害消费者权益仍然希望或者放任这种结果发生的。

（五）定罪标准

构成本罪,要求情节严重。按照《最高人民检察院、公安部关于公安机关管辖的刑事案件立案追诉标准的规定(二)》第75条的规定,广告主、广告经营者、广告发布者违反国家规定,利用广告对商品或者服务作虚假宣传,涉嫌下列情形之一的,应予立案追诉:① 违法所得数额在10万元以上的;② 给单个消费者造成直接经济损失数额在五万元以上的,或者给多个消费者造成直接经济损失数额累计在20万元以上的;③ 假借预防、控制突发事件的名义,利用广告作虚假宣传,致使多人上当受骗,违法所得数额在3万元以上的;④ 虽未达到上述数额标准,但两年内因利用广告作虚假宣传,受过行政处罚2次以上,又利用广告作虚假宣传的;⑤ 造成人身伤残的;⑥ 其他情节严重的情形。

（六）认定

本罪与诈骗罪的界限。两罪的共同点是虚构事实隐瞒真相,其区别主要在于,本罪主观上具有非法获利的目的。虚假广告的本质特征在于,它是工商企业以刊登或散发虚伪不实内容的广告,使消费大众信以为真,而从事价格与品质不相称的经济交易。而利用广告进行诈骗而构成的诈骗罪,行为人在主观上则具有非法占有公私财物的目的,即目的在于诈骗公私财物,虚假广告只是达到诈骗的手段而已。

三、串通投标罪

第二百二十三条　投标人相互串通投标报价，损害招标人或者其他投标人利益，情节严重的，处三年以下有期徒刑或者拘役，并处或者单处罚金。

投标人与招标人串通投标，损害国家、集体、公民的合法利益的，依照前款的规定处罚。

第二百三十一条　单位犯本节第二百二十一条至二百三十条规定之罪的，对单位判处罚金，并对其直接负责的主管人员和其他直接责任人员，依照本节各该条的规定处罚。

（一）概念

串通投标罪，是指投标人相互串通投标报价，损害招标人或者其他投标人利益，或者投标人招标人串通投标，损害国家、集体、公民的合法利益，情节严重的行为。

（二）行为

本罪在客观方面表现为两种情形：① 投标人相互串通投标报价，损害招标人或者其他投标人利益，情节严重的行为。比如投标人之间相互串通抬高标价的行为，或者投标人之间相互串通压低标价的行为等。② 投标人招标人串通投标，损害国家、集体、公民的合法利益，情节严重的行为。就是投标人与招标人私下勾结，事先就招标底价确定投标标价、中标价格，或者中标人的行为。

（三）故意

本罪在主观方面表现为直接故意，即明知自己的串通投标行为会损害招标人、其他投标人或者国家、集体、公民的合法权益，侵害招标投标的市场秩序，而希望这种结果的发生。

（四）定罪标准

构成本罪，必须达到情节严重的程度。按照《最高人民检察院、公安部关于公安机关管辖的刑事案件立案追诉标准的规定(二)》第76条的规定，投标人相互串通投标报价，或者投标人与招标人串通投标，涉嫌下列情形之一的，应予立案追诉：① 损害招标人、投标人或者国家、集体、公民的合法利益，造成直接经济损失数额在五十万元以上的；② 违法所得数额在十万元以上的；③ 中标项目金额在二百万元以上的；④ 采取威胁、欺骗或者贿赂等非法手段的；⑤ 虽未达到上述数额标准，但两年内因串通投标，受过行政处罚二次以上，又串通投标的；⑥ 其他情节严重的情形。

四、合同诈骗罪

第二百二十四条　有下列情形之一，以非法占有为目的，在签订、履行合同过程中，骗取对方当事人财物，数额较大的，处三年以下有期徒刑或者拘役，并处或者单处罚金；数额巨大或者有其他严重情节的，处三年以上十年以下有期徒刑，并处罚金；数额特别巨大或者有其他特别严重情节的，处十年以上有期徒刑或者无期徒刑，并处罚金或者没收财产：

（一）以虚构的单位或者冒用他人名义签订合同的；

（二）以伪造、变造、作废的票据或者其他虚假的产权证明作担保的；

（三）没有实际履行能力，以先履行小额合同或者部分履行合同的方法，诱骗对方当事人继续签订和履行合同的；

（四）收受对方当事人给付的货物、货款、预付款或者担保财产后逃匿的；

（五）以其他方法骗取对方当事人财物的。

第二百三十一条　单位犯本节第二百二十一条至第二百三十条规定之罪的，对单位判处罚金，并对其直接负责的主管人员和其他直接责任人员，依照本节各该条的规定处罚。

（一）概念

合同诈骗罪，是指以非法占有为目的，在签订、履行合同过程中，骗取对方当事人财物，数额较大的行为。

（二）行为

本罪在客观方面具体表现为在签订、履行合同过程中，使用虚构事实隐瞒真相的欺诈方法，骗取对方当事人数额较大的财物的行为。这里的合同主要是指书面合同。虽然是口头合同,但是合同内容涉及市场交易,该合同的存在有其他证据证实的,也是本罪中的合同。诈骗手段包括:① 以虚构的单位或者冒用他人名义签订合同的。② 以伪造、变造、作废的票据或者其他虚假的产权证明作担保的。③ 没有实际履行能力,以先履行小额合同或者部分履行合同的方法,诱骗对方当事人继续签订和履行合同的。④ 收受对方当事人给付的货物、货款、预付款或者担保财产后逃匿的。⑤ 以其他方法骗取对方当事人财物的。

(三) 对象

本罪的行为对象是对方当事人的财物。包括有形财产,也包括无形财产。但无形财产中的专利权、商标权、著作权等知识产权本身不能成为合同诈骗罪的对象。

(四) 故意

本罪在主观方面只能是故意,行为人还具有非法占有对方财物的目的。合同诈骗的故意可以在合同签订时就具有,也可以在合同的履行过程中产生。行为人对自己的行为造成扰乱市场秩序的结果,持希望或放任发生的态度;对侵害对方当事人财产的结果,则持积极追求的态度。

(五) 定罪标准

构成本罪,要求骗取对方当事人的财物达到数额较大的标准。按照《最高人民检察院、公安部关于公安机关管辖的刑事案件立案追诉标准的规定(二)》第 77 条的规定,以非法占有为目的,在签订、履行合同过程中,骗取对方当事人财物,数额在 2 万元以上的,应予立案追诉。

(六) 认定

本罪与合同纠纷的区别。合同纠纷是指合同当事人对合同履行所产生的争议。合同诈骗与合同纠纷的区分主要从下列几方面进行:一是看行为人是否采取了欺骗的手段且是否具有履约能力。如果行为人采用了欺骗手段并且没有履行能力就属于合同欺诈行为,严重的就构成本罪。二是看行为人是否进行了实际的履行以及从对方取得财产的去向。如果行为人取得标的物后或取得对方的一定的财产后,根本没有履行的意愿也没有履行的实际,并且转移、逃匿或者挥霍财产,则不属于合同欺诈行为,可以构成本罪。

五、组织、领导传销活动罪

第二百二十四条之一[根据《刑法修正案》(七)第四条增设] 组织、领导以推销商品、提供服务等经营活动为名,要求参加者以缴纳费用或者购买商品、服务等方式获得加入资格,并按照一定顺序组成层级,直接或者间接以发展人员的数量作为计酬或者返利依据,引诱、胁迫参加者继续发展他人参加,骗取财物,扰乱经济社会秩序的传销活动的,处五年以下有期徒刑或者拘役,并处罚金;情节严重的,处五年以上有期徒刑,并处罚金。

(一) 概念

组织、领导传销活动罪,是指组织、领导以推销商品、提供服务等经营活动为名,要求参加者以缴纳费用或者购买商品、服务等方式获得加入资格,并按照一定顺序组成层级,直接或者间接以发展人员的数量作为计酬或者返利依据,引诱、胁迫参加者继续发展他人参加,骗取财物,扰乱经济社会秩序的传销活动的行为。

(二) 行为

本罪在客观方面表现为组织、领导传销活动的行为。

这里的"组织",是指通过策划、发起、设立、指挥、招揽、安排、调配等行为倡导、发起传销活动的行为。"领导",是指在传销活动中发挥统率、支配的作用。根据《最高人民检察院、公安部关于

公安机关管辖的刑事案件立案追诉标准的规定(二)》第78条的规定，组织、领导以推销商品、提供服务等经营活动为名，要求参加者以缴纳费用或者购买商品、服务等方式获得加入资格，并按照一定顺序组成层级，直接或者间接以发展人员的数量作为计酬或者返利依据，引诱、胁迫参加者继续发展他人参加，骗取财物，扰乱经济社会秩序的传销活动，涉嫌组织、领导的传销活动人员在30人以上且层级在3级以上的，对组织者、领导者，应予立案追诉。

（三）主体

本罪主体为传销活动的组织者、领导者，是指在传销活动中起组织、领导作用的发起人、决策人、操纵人，以及在传销活动中担负策划、指挥、布置、协调等重要职责，或者在传销活动实施中起到关键作用的人员。

（四）故意

本罪在主观方面为故意，非法获利目的并非本罪的主观要素。

六、非法经营罪

第二百二十五条[根据《刑法修正案》(七)第五条、《刑法修正案》(八)第八条修订]　违反国家规定，有下列非法经营行为之一，扰乱市场秩序，情节严重的，处五年以下有期徒刑或者拘役，并处或者单处违法所得一倍以上五倍以下罚金；情节特别严重的，处五年以上有期徒刑，并处违法所得一倍以上五倍以下罚金或者没收财产：

（一）未经许可经营法律、行政法规规定的专营、专卖物品或者其他限制买卖的物品的；

（二）买卖进出口许可证、进出口原产地证明以及其他法律、行政法规规定的经营许可证或者批准文件的；

（三）未经国家有关主管部门批准非法经营证券、期货、保险业务的，或者非法从事资金支付结算业务的；

（四）其他严重扰乱市场秩序的非法经营行为。

第二百三十一条　单位犯本节第二百二十一条至二百三十条规定之罪的，对单位判处罚金，并对其直接负责的主管人员和其他直接责任人员，依照本节各该条的规定处罚。

（一）概念

非法经营罪，是指违反国家规定，扰乱市场秩序，情节严重的行为。

（二）行为

本罪在客观方面表现为行为人违反国家规定，进行有关非法经营活动扰乱市场秩序，情节严重的行为。具体行为表现为：① 未经许可经营法律、行政法规规定的专营、专卖物品或者其他限制买卖的物品的；比如军工产品、火药产品、麻醉产品、食盐、烟草、化肥、农药、种子等等就属于专营、专卖物品或者限制买卖物品；② 买卖进出口许可证、进出口原产地证明以及其他法律、行政法规规定的经营许可证或者批准文件的；③ 未经国家有关主管部门批准非法经营证券、期货、保险业务的，或者非法从事资金支付结算业务的；④ 其他严重扰乱市场秩序的非法经营行为。行为人从事上述行为之一并且情节严重的，即可构成本罪。

（三）故意

本罪在主观方面是故意。

（四）认定

按照《最高人民检察院、公安部关于公安机关管辖的刑事案件立案追诉标准的规定(二)》第79条的规定，违反国家规定，进行非法经营活动，扰乱市场秩序，涉嫌下列情形之一的，应予立案

追诉:

(1) 违反国家有关盐业管理规定,非法生产、储运、销售食盐,扰乱市场秩序,具有下列情形之一的: ① 非法经营食盐数量在20吨以上的; ② 曾因非法经营食盐行为受过2次以上行政处罚又非法经营食盐,数量在10吨以上的。

(2) 违反国家烟草专卖管理法律法规,未经烟草专卖行政主管部门许可,无烟草专卖生产企业许可证、烟草专卖批发企业许可证、特种烟草专卖经营企业许可证、烟草专卖零售许可证等许可证明,非法经营烟草专卖品,具有下列情形之一的: ① 非法经营数额在5万元以上,或者违法所得数额在2万元以上的; ② 非法经营卷烟20万支以上的; ③ 曾因非法经营烟草专卖品3年内受过2次以上行政处罚,又非法经营烟草专卖品且数额在3万元以上的。

(3) 未经国家有关主管部门批准,非法经营证券、期货、保险业务,或者非法从事资金支付结算业务,具有下列情形之一的: ① 非法经营证券、期货、保险业务,数额在30万元以上的; ② 非法从事资金支付结算业务,数额在200万元以上的; ③ 违反国家规定,使用销售点终端机具(POS机)等方法,以虚构交易、虚开价格、现金退货等方式向信用卡持卡人直接支付现金,数额在100万元以上的,或者造成金融机构资金20万元以上逾期未还的,或者造成金融机构经济损失10万元以上的; ④ 违法所得数额在5万元以上的。

(4) 非法经营外汇,具有下列情形之一的: ① 在外汇指定银行和中国外汇交易中心及其分中心以外买卖外汇,数额在20万美元以上的,或者违法所得数额在5万元以上的; ② 公司、企业或者其他单位违反有关外贸代理业务的规定,采用非法手段,或者明知是伪造、变造的凭证、商业单据,为他人向外汇指定银行骗购外汇,数额在500万美元以上或者违法所得数额在50万元以上的; ③ 居间介绍骗购外汇,数额在100万美元以上或者违法所得数额在10万元以上的。

(5) 出版、印刷、复制、发行严重危害社会秩序和扰乱市场秩序的非法出版物,具有下列情形之一的: ① 个人非法经营数额在5万元以上的,单位非法经营数额在15万元以上的; ② 个人违法所得数额在2万元以上的,单位违法所得数额在5万元以上的; ③ 个人非法经营报纸5 000份或者期刊5 000本或者图书2 000册或者音像制品、电子出版物500张(盒)以上的,单位非法经营报纸15 000份或者期刊15 000本或者图书5 000册或者音像制品、电子出版物1 500张(盒)以上的; ④ 虽未达到上述数额标准,但具有下列情形之一的: 第一,两年内因出版、印刷、复制、发行非法出版物受过行政处罚2次以上的,又出版、印刷、复制、发行非法出版物的;第二,因出版、印刷、复制、发行非法出版物造成恶劣社会影响或者其他严重后果的。

(6) 非法从事出版物的出版、印刷、复制、发行业务,严重扰乱市场秩序,具有下列情形之一的: ① 个人非法经营数额在15万元以上的,单位非法经营数额在50万元以上的; ② 个人违法所得数额在5万元以上的,单位违法所得数额在15万元以上的; ③ 个人非法经营报纸15 000份或者期刊15 000本或者图书5 000册或者音像制品、电子出版物15 000张(盒)以上的,单位非法经营报纸5万份或者期刊5万本或者图书15 000册或者音像制品、电子出版物5 000张(盒)以上的; ④ 虽未达到上述数额标准,两年内因非法从事出版物的出版、印刷、复制、发行业务受过行政处罚2次以上的,又非法从事出版物的出版、印刷、复制、发行业务的。

(7) 采取租用国际专线、私设转接设备或者其他方法,擅自经营国际电信业务或者涉港澳台电信业务进行营利活动,扰乱电信市场管理秩序,具有下列情形之一的: ① 经营去话业务数额在100万元以上的; ② 经营来话业务造成电信资费损失数额在100万元以上的; ③ 虽未达到上述数额标准,但具有下列情形之一的: 第一,两年内因非法经营国际电信业务或者涉港澳台电信业务行为受过行政处罚2次以上,又非法经营国际电信业务或者涉港澳台电信业务的;第二,因非法经营国际电信业务或者涉港澳台电信业务行为造成其他严重后果的。

(8) 从事其他非法经营活动，具有下列情形之一的：① 个人非法经营数额在5万元以上，或者违法所得数额在1万元以上的；② 单位非法经营数额在50万元以上，或者违法所得数额在10万元以上的；③ 虽未达到上述数额标准，但两年内因同种非法经营行为受过2次以上行政处罚，又进行同种非法经营行为的；④ 其他情节严重的情形。

七、强迫交易罪

第二百二十六条[根据《刑法修正案》(八)第三十六条修订]　以暴力、威胁手段，实施下列行为之一，情节严重的，处三年以下有期徒刑或者拘役，并处或者单处罚金，情节特别严重的，处三年以上七年以下有期徒刑，并处罚金：

（一）强买强卖商品的；

（二）强迫他人提供或者接受服务的；

（三）强迫他人参与或者退出投标、拍卖的；

（四）强迫他人转让或者收购公司、企业的股份、债券或者其他资产的；

（五）强迫他人参与或者退出特定的经营活动的。

第二百三十一条　单位犯本节第二百二十一条至第二百三十条规定之罪的，对单位判处罚金，并对其直接负责的主管人员和其他直接责任人员，依照本节各该条的规定处罚。

（一）概念

强迫交易罪，是指以暴力、威胁手段强行和他人从事交易活动，情节严重的行为。

（二）行为

本罪在客观方面是以暴力、威胁手段强行和他人从事交易活动，情节严重的行为。所谓暴力，就是指对他人实施殴打、杀伤、捆绑等手段损害他人生命、健康的行为。所谓威胁，是指以暴力侵害相威胁，或者以其他方式对他人进行精神强制意图使他人处于恐惧与害怕状态而被迫就范的行为。本罪的实行行为具体表现为：① 强买强卖商品。强买强卖，就是违背出卖人或者买入人的意愿，低价强买或者高价强卖的行为；② 强迫他人提供或者接受服务。就是指行为人在消费时，以暴力、胁迫手段强迫他人提供某项服务，或者违背他人意愿在没有与接受服务方就服务内容、价格等问题达成一致的情形下强迫他人接受某项服务的行为；③ 强迫他人参与或者退出投标、拍卖的；④ 强迫他人转让或者收购公司、企业的股份、债券或者其他资产的；⑤ 强迫他人参与或者退出特定的经营活动的。

行为人的强迫交易行为，必须达到情节严重的情形，才能构成本罪。所谓情节严重，一般是指以暴力、胁迫手段强迫交易致人伤残的，或者经常性实施强迫交易的，或者因为强迫交易受过两次行政处罚又实施该行为的，或者强迫交易所涉数额较大，或者强迫交易造成恶劣影响的。

（三）故意

本罪在主观方面是故意。

（四）认定

本罪与故意杀人罪、故意伤害罪、抢劫罪以及敲诈勒索罪的界限。行为人在强迫交易过程中使用暴力、威胁手段并致人伤亡的，如果强迫交易行为与杀人、伤害行为之间具有牵连关系，应当从一重罪处罚。成立本罪并不需要有死亡、重伤、轻伤结果的出现，只要有暴力、威胁手段的使用即可，而且被害人是否购买或出卖了某种商品，是否接受或提供了相关的服务，也不影响本罪的成立。本罪与抢劫罪的最大区别在于：本罪是一种违背他人意愿与给付不平等对价的交易行为，行为人并非想无偿非法占有对方财物，且行为只发生在交易过程中。而抢劫罪的行为人是以非法占有为目的，以暴力、胁迫或其他方法强行劫取被害人财物的行为。本罪与敲诈勒索罪的主要区别在于：本罪是一种在交易过程中给付不公平对价并违背对方交易人交易意愿的行为，而敲诈勒索罪则表现为行为人使用精神强制的方法迫使受害人无偿给付财物的行为。

八、伪造、倒卖伪造的有价票证罪

第二百二十七条第一款 **伪造或者倒卖伪造的车票、船票、邮票或者其他有价票证，数额较大的，处二年以下有期徒刑、拘役或者管制，并处或者单处票证价额一倍以上五倍以下罚金；数额巨大的，处二年以上七年以下有期徒刑，并处票证价额一倍以上五倍以下罚金。**

第二百三十一条 **单位犯本节第二百二十一条至第二百三十条规定之罪的，对单位判处罚金，并对其直接负责的主管人员和其他直接责任人员，依照本节各该条的规定处罚。**

(一) 概念

伪造、倒卖伪造的有价票证罪，是指伪造或者倒卖伪造的车票、船票、邮票或者其他有价票证，数额较大的行为。

(二) 行为

本罪在客观方面表现为伪造、倒卖伪造的有价票证的行为。有价票证，是指本条规定的车票、船票、邮票以及其他有价票证。行为人从事了伪造或倒卖伪造有价证券的行为，并且这种行为所涉及的有价证券数额较大。数额较大，应当是指有价票证所载明的价额。对于变造行为能否构成本罪，最高人民法院《关于对变造、倒卖变造邮票行为如何适用法律问题的解释》指出：对于变造或者倒卖变造的邮票数额较大的，应当依照《刑法》第 227 条第 1 款的规定定罪处罚。

(三) 故意

本罪在主观方面是故意。

(四) 认定

本罪与伪造、变造金融票证罪、票据诈骗罪、有价证券诈骗罪的主要区别在于犯罪对象的不同。本罪的对象是车票、船票、邮票以及其他有价票证，伪造、变造金融票据罪的对象则是金融票证，票据诈骗罪的对象则为票据，有价证券诈骗罪的对象则是国库券或者国家发行的其他有价证券。

九、倒卖车票、船票罪

第二百二十七条第二款 **倒卖车票、船票，情节严重的，处三年以下有期徒刑、拘役或者管制，并处或者单处票证价额一倍以上五倍以下罚金。**

第二百三十一条 **单位犯本节第二百二十一条至第二百三十条规定之罪的，对单位判处罚金，并对其直接负责的主管人员和其他直接责任人员，依照本节各该条的规定处罚。**

(一) 概念

倒卖车票、船票罪，是指以非法牟利为目的，倒卖车票、船票，情节严重的行为。

(二) 行为

本罪在客观方面表现为倒卖车票、船票的行为。车票、船票，必须是真实的票证，倒卖飞机票或者其他交通运输乘用证的，不构成本罪。

(三) 故意

本罪在主观方面是故意，行为人对于倒卖的是真实的车票、船票有明确认识。

(四) 定罪标准

构成本罪，必须情节严重。这里的情节严重，依据最高人民法院《关于审理倒卖车票刑事案件有关问题的解释》第1条之规定是指：高价、变相加价倒卖车票或者倒卖座席、卧铺签字号及订购车票凭证，票面数额在5千元以上，或者非法获利数额在2千元以上的情形。

十、非法转让、倒卖土地使用权罪

第二百二十八条　以牟利为目的，违反土地管理法规，非法转让、倒卖土地使用权，情节严重的，处三年以下有期徒刑或者拘役，并处或者单处非法转让、倒卖土地使用权价额百分之五以上百分之二十以下罚金；情节特别严重的，处三年以上七年以下有期徒刑，并处非法转让、倒卖土地使用权价额百分之五以上百分之二十以下罚金。

第二百三十一条　单位犯本节第二百二十一条至第二百三十条规定之罪的，对单位判处罚金，并对其直接负责的主管人员和其他直接责任人员，依照本节各该条的规定处罚。

（一）概念

非法转让、倒卖土地使用权罪，是指以牟利为目的，违反土地管理法规，非法转让、倒卖土地使用权，情节严重的行为。

（二）行为

本罪在客观方面表现为非法转让、倒卖土地使用权的行为。首先，行为人违反了土地管理法规。在我国，土地的所有权属于国家或集体。土地使用权，是指土地使用者依照法律的规定对依法占有的土地所享有利用与取得收益的权利。法律规定，土地使用权可以依法转让，也就是说，其转让必须依法进行。非法转让、倒卖土地使用权就是对国家的土地管理制度的破坏。违反土地管理法规，依据全国人民代表大会常务委员会《关于〈中华人民共和国刑法〉第228条、第342条、第410条的解释》是指：违反土地管理法、森林法、草原法等法律以及有关行政法规中关于土地管理的规定。其次，行为人从事了非法转让、倒卖土地使用权的行为。非法转让土地使用权，是指未经相关的土地主管部门的批准，擅自将国有或集体所有的土地使用权转让给他人使用的行为。倒卖土地使用权，是指违反法律规定，买卖土地使用权的行为。最后，非法转让、倒卖土地使用权的行为达到了情节严重的程度。

（三）故意

本罪在主观方面表现为直接故意，并且具有非法牟利为目的。

（四）定罪标准

构成本罪，要求情节严重。按照《最高人民检察院、公安部关于公安机关管辖的刑事案件立案追诉标准的规定(二)》第80条的规定，以牟利为目的，违反土地管理法规，非法转让、倒卖土地使用权，涉嫌下列情形之一的，应予立案追诉：① 非法转让、倒卖基本农田5亩以上的；② 非法转让、倒卖基本农田以外的耕地10亩以上的；③ 非法转让、倒卖其他土地20亩以上的；④ 违法所得数额在50万元以上的；⑤ 虽未达到上述数额标准，但因非法转让、倒卖土地使用权受过行政处罚，又非法转让、倒卖土地的；⑥ 其他情节严重的情形。

十一、提供虚假证明文件罪

第二百二十九条　承担资产评估、验资、验证、会计、审计、法律服务等职责的中介组织的人员故意提供虚假证明文件，情节严重的，处五年以下有期徒刑或者拘役，并处罚金。

前款规定的人员，索取他人财物或者非法收受他人财物，犯前款罪的，处五年以上十年以下有期徒刑，并处罚金。

第二百三十一条　单位犯本节第二百二十一条至第二百三十条规定之罪的，对单位判处罚金，并对其直接负责的主管人员和其他直接责任人员，依照本节各该条的规定处罚。

(一) 概念

提供虚假证明文件罪,是指承担资产评估、验资、验证、会计、审计、法律服务等职责的中介组织的人员故意提供虚假证明文件,情节严重的行为。

(二) 行为

本罪在客观方面表现为承担资产评估、验资、验证、会计、审计、法律服务等职责的中介组织的人员故意提供虚假证明文件,情节严重的行为。虚假证明文件,是指内容严重不实或者伪造的资产评估、验资证明、验证证明、会计报告、审计报告、法律文书等中介证明文件。

(三) 主体

本罪的主体只能是国家批准设立或认可的承担资产评估、验资、验证、会计、审计、法律服务的中介服务机构及其从业人员。

(四) 故意

本罪在主观方面只能是故意,即明知是虚假的证明文件仍然决意提供给他人。

(五) 定罪标准

构成本罪,要求情节严重。按照《最高人民检察院、公安部关于公安机关管辖的刑事案件立案追诉标准的规定(二)》第 81 条的规定,承担资产评估、验资、验证、会计、审计、法律服务等职责的中介组织的人员故意提供虚假证明文件,涉嫌下列情形之一的,应予立案追诉:① 给国家、公众或者其他投资者造成直接经济损失数额在 50 万元以上的;② 违法所得数额在 10 万元以上的;③ 虚假证明文件虚构数额在 100 万元且占实际数额 30%以上的;④ 虽未达到上述数额标准,但具有下列情形之一的:第一,在提供虚假证明文件过程中索取或者非法接受他人财物的;第二,两年内因提供虚假证明文件,受过行政处罚二次以上,又提供虚假证明文件的。⑤ 其他情节严重的情形。

(六) 认定

行为人索取他人财物或者非法收受他人财物,犯提供虚假证明文件罪的,应当如何处罚的问题。按照本条第 2 款之规定,应当仍以提供虚假证明文件罪定罪,只是法定刑有所提高,即将中介组织人员索贿或受贿而提供虚假证明文件作为提供虚假证明文件罪的加重构成(情节加重犯)。

十二、出具证明文件重大失实罪

第二百二十九条第三款　第一款规定的人员,严重不负责任,出具的证明文件有重大失实,造成严重后果的,处三年以下有期徒刑或者拘役,并处或者单处罚金。

第二百三十一条　单位犯本节第二百二十一条至第二百三十条规定之罪的,对单位判处罚金,并对其直接负责的主管人员和其他直接责任人员,依照本节各该条的规定处罚。

(一) 概念

出具证明文件重大失实罪,是指承担资产评估、验资、验证、会计、审计、法律服务等职责的中介组织的人员,严重不负责任,出具的证明文件有重大失实,造成严重后果的行为。

(二) 行为

本罪在客观方面表现为中介组织的人员出具证明文件重大失实的行为。出具的证明文件有重大失实,是指出具的中介证明文件在内容上存在影响证明文件证明力的重大的与实际不符合的情形。

(三) 过失

本罪在主观方面是过失,包括过于自信过失和疏忽大意过失。

（四）定罪标准

构成本罪，要求情节严重。按照《最高人民检察院、公安部关于公安机关管辖的刑事案件立案追诉标准的规定（二）》第82条的规定，承担资产评估、验资、验证、会计、审计、法律服务等职责的中介组织的人员严重不负责任，出具的证明文件有重大失实，涉嫌下列情形之一的，应予立案追诉：① 给国家、公众或者其他投资者造成直接经济损失数额在100万元以上的；② 其他造成严重后果的情形。

十三、逃避商检罪

第二百三十条　违反进出口商品检验法的规定，逃避商品检验，将必须经商检机构检验的进口商品未报经检验而擅自销售、使用，或者将必须经商检机构检验的出口商品未报经检验合格而擅自出口，情节严重的，处三年以下有期徒刑或者拘役，并处或者单处罚金。

第二百三十一条　单位犯本节第二百二十一条至第二百三十条规定之罪的，对单位判处罚金，并对其直接负责的主管人员和其他直接责任人员，依照本节各该条的规定处罚。

（一）概念

逃避商检罪，是指违反进出口商品检验法的规定，逃避商品检验，将必须经商检机构检验的进口商品未报经检验而擅自销售、使用，或者将必须经商检机构检验的出口商品未报经检验合格而擅自出口，情节严重的行为。

（二）行为

本罪在客观方面表现为逃避商检的行为。一方面，行为人违反了进出口商品检验法的规定，逃避商品检验，将必须经商检机构检验的进口商品未报经检验而擅自销售、使用。所谓必须经商检机构检验的进出口商品，是指根据《进出口商品检验法》以及《进出口商品检验法实施条例》的规定列入必须经商检机构检验种类表的进出口商品以及其他法律法规规定必须经商检机构检验的进出口商品。另一方面，违反进出口商品检验法的规定，逃避商品检验，将必须经商检机构检验的出口商品未报经检验合格而擅自出口。行为人只要实施上述行为的一种，即可构成本罪。

（三）故意

本罪在主观方面是故意。

（四）定罪标准

构成本罪，要求逃避商检的行为必须情节严重。按照《最高人民检察院、公安部关于公安机关管辖的刑事案件立案追诉标准的规定（二）》第82条的规定，违反进出口商品检验法的规定，逃避商品检验，将必须经商检机构检验的进口商品未报经检验而擅自销售、使用，或者将必须经商检机构检验的出口商品未报经检验合格而擅自出口，涉嫌下列情形之一的，应予立案追诉：① 给国家、单位或者个人造成直接经济损失数额在50万元以上的；② 逃避商检的进出口货物货值金额在300万元以上的；③ 导致病疫流行、灾害事故的；④ 多次逃避商检的；⑤ 引起国际经济贸易纠纷，严重影响国家对外贸易关系，或者严重损害国家声誉的；⑥ 其他情节严重的情形。

本章小结

本章涉及经济犯罪的定罪和量刑问题。从法益保护的角度看，本章规定的犯罪主要是为了更为有效地保护市场经济秩序；从行为角度看，这些犯罪又都是涉及破坏市场经济秩序并严重损害社会主义市场经济的行为；从行为人的主观罪过形式来看，大多数犯罪属于故意犯罪并且具有非法牟利、非法占有的目的;从构成这些犯罪的主体看,绝大多数犯罪均可以由单位构成。本章罪名虽然较多,但是多数犯罪都属于备而不用的规定,常见、多发型犯罪是生产、销售伪劣商品罪、走私罪、公司、企业人员受贿罪、合同诈骗罪、伪造假币罪、偷税罪、非法经营罪等。

参考阅读书目

1. 马克昌主编:《经济犯罪新论》,武汉大学出版社 1998 年版。
2. 赵长青主编:《经济刑法学》,法律出版社 1999 年版。
3. 黄京平主编:《破坏市场经济秩序罪研究》,中国人民大学出版社 1999 年版。
4. 周光权:《刑法各论》,中国人民大学出版社 2011 年版。

【思考题】

1. 如何处理生产、销售伪劣产品罪与生产、销售假药罪、生产、销售不符合标准的医用器材罪之间的法条竞合关系?
2. 如何理解走私普通货物、物品罪与走私特定物品的犯罪之间的关系?
3. 非国家工作人员受贿罪的构成要件是什么?
4. 盗窃信用卡并使用的如何处理?
5. 如何理解洗钱罪的构成要件?
6. 假冒注册商标罪与生产、销售伪劣产品罪的界限在哪里?
7. 简述侵犯商业秘密罪的犯罪构成?
8. 如何适用非法经营罪?
9. 如何区分强迫交易罪和抢劫罪?
10. 如何理解经济犯罪中销售金额、违法所得、非法经营数额等概念之间的差异?

第十九章　对社会法益的犯罪Ⅲ：妨害社会管理秩序罪

本章要点

妨害社会管理秩序罪是指故意妨害国家机关对社会的管理活动，破坏社会秩序，情节严重的行为。本章内容较为庞杂，因而章下分为9节，包括扰乱公共秩序罪，妨害司法罪，妨害国(边)境管理罪，妨害文物管理罪，危害公共卫生罪，破坏环境资源保护罪，走私、贩卖、运输、制造毒品罪，组织、强迫、引诱、容留、介绍卖淫罪，制作、贩卖、传播淫秽物品罪。

第一节　扰乱公共秩序罪

一、妨害公务罪

第二百七十七条[根据《刑法修正案》(九)第二十一条修订]　**以暴力、威胁方法阻碍国家机关工作人员依法执行职务的，处三年以下有期徒刑、拘役、管制或者罚金。**

以暴力、威胁方法阻碍全国人民代表大会和地方各级人民代表大会代表依法执行代表职务的，依照前款的规定处罚。

在自然灾害和突发事件中，以暴力、威胁方法阻碍红十字会工作人员依法履行职责的，依照第一款的规定处罚。

故意阻碍国家安全机关、公安机关依法执行国家安全工作任务，未使用暴力、威胁方法，造成严重后果的，依照第一款的规定处罚。

暴力袭击正在依法执行职务的人民警察的，依照第一款的规定从重处罚。

(一) 概念

妨害公务罪，是指以暴力、威胁方法阻碍国家机关工作人员依法执行职务的行为；在自然灾害和突发事件中，以暴力、威胁方法阻碍红十字会工作人员依法履行职责的行为；以暴力、威胁方法阻碍国有事业单位人员依照法律、行政法规的规定执行行政执法职务的行为；以暴力、威胁方法阻碍国家机关中受委托从事行政执法活动的事业编制人员执行行政执法职务的行为；或者故意阻碍国家安全机关、公安机关依法执行国家安全工作任务，造成严重后果的行为。

(二) 行为

本罪在客观方面表现为使用暴力、威胁方法，妨害特定人员依法执行职务的行为。

依法执行职务是指在法律权限范围内，按照法定的条件、程序和方法执行其职务的行为，即不仅实体上合法，而且程序上也要合法。具体说来，只有同时符合下列三个方面，才能认为是依法执行职务：

(1) 公务人员必须是在其抽象的职务权限或者一般的职务权限内实施该职务行为。公务人员的职务通常有事项上、场所上的范围，此即抽象的职务权限。如果超出了这种一般的职务权限,则不能认为是依法执行职务;但公务人员如何分担内部事务,不影响其职务权限。比如,尽管税务人员内部存在分工,但税收征管工作是所有税务人员的抽象的职务权限。

(2) 公务人员必须具有实施该职务行为的具体的职务权限。通常情况下,具有实施某种职务行为的抽象的职务权限的公务人员同时也具有实施该职务行为的具体的职务权限,但也并非全部如此。在有些情况下,某公务人员虽然具有实施一定职务行为的抽象职务权限,但可能并无具体的职务权限。比如,并非任何警察都有执行逮捕的职务权限。

(3) 公务人员的职务行为必须具备法定的必备的重要条件、方式和程序。如果违反的是法律上的任意性规定,或者仅仅是执行条件、方式和程序的轻微瑕疵,比如公务人员的态度过于生硬、方法简单粗暴等,则不影响职务行为的合法性。

行为必须发生于公务人员依法执行职务期间。这是本罪成立的时间条件。整体而言,依法执行职务期间可以分为两个阶段:将要开始执行职务的准备阶段和实际执行阶段。后者又包括正在执行职务的过程中以及与执行职务密切联系的待机状态。正在执行职务的过程中,是指公务人员已经着手实施公务的实际执行行为,而且处于正在进行状态,因而属于执行职务期间,对此,人们基本上不存在异议。但是对于将要开始执行职务的准备阶段是否属于执行职务期间,理论上存在较大的争议。有学者主张,本罪之执行职务期间仅指已经着手执行公务或履行职责,但职务尚未执行完毕或尚未履行完毕。我们认为。因为有些准备工作是确保职务行为顺利进行所必需的,甚至在某些特殊情况下,缺少了这些准备工作,就无法进入实际执行阶段,因而应当把将要开始执行职务的准备阶段纳入执行职务期间。比如,警察接到某项具体的执行公务的命令后从其住所赶赴办公场所的途中,受到了阻碍,便有可能构成本罪。至于与执行职务密切联系的待机状态,则是指就具有一体性或连续性的职务行为而言,不能将其分割、分裂考虑进而分别判断其职务行为的开始与终了,而应从整体上认定其职务行为的开始与终了,即使外观上暂时中段或偶尔停止,也应认为是在执行公务的过程中。

(三) 对象

本罪的行为对象是国家机关工作人员、红十字会工作人员、国有事业单位人员或者国家机关中受委托从事行政执法活动的事业编制人员。[①] 国家机关工作人员是指在各级立法机关、行政机关、司法机关中从事公务的人员。基于我国的实际情况,司法实践中一般认为,中国共产党的各级组织、中国人民政治协商会议的各级机关中从事公务的人员也应被视为国家机关工作人员。阻碍军人执行职务的,不构成本罪,而构成《刑法》第368条规定的阻碍军人执行职务罪。根据刑法《刑法修正案》(九)第二十一条的规定,暴力袭击正在依法执行职务的人民警察的,依照妨害公务罪的规定从重处罚。

(四) 结果

本罪是行为犯,犯罪的成立不要求出现公务不能依法执行的现实后果。但是,故意阻碍国家安全机关、公安机关依法执行国家安全工作任务未使用暴力、威胁方法的,以造成严重后果为犯罪成立的必要条件。本罪中的暴力程度应以轻伤为限;如果以暴力手段妨害公务,致人重伤、死亡的,应当以故意杀人罪或故意伤害罪论处。

(五) 故意

本罪在主观方面只能是故意,即明知是正在依法执行职务的公务人员而故意予以阻碍。如果不知道所侵犯的对象是正在依法执行职务的公务人员,或者将正在依法执行职务的行为误认

① 2000年4月24日最高人民检察院《关于以暴力、威胁方法阻碍事业编制人员依法执行行政执法职务是否可对侵害人以妨害公务罪论处的批复》。

为是非法的，则缺乏本罪的犯罪故意，应当按照认识错误的理论不以犯罪论处或者以其他犯罪论处。

二、煽动暴力抗拒法律实施罪

第二百七十八条 煽动群众暴力抗拒国家法律、行政法规实施的，处三年以下有期徒刑、拘役、管制或者剥夺政治权利；造成严重后果的，处三年以上七年以下有期徒刑。

（一）概念

煽动暴力抗拒法律实施罪，是指煽动群众暴力抗拒国家法律、行政法规实施的行为。

（二）行为

本罪在客观方面表现为使用文字、图画、演说等形式公然宣传鼓动群众暴力抗拒国家法律、行政法规实施。本罪是行为犯，只要实施了这种煽动行为，无论他人是否被鼓动起来采用暴力抗拒国家法律、行政法规实施，都构成本罪。

（三）故意

本罪在主观方面是故意。

三、招摇撞骗罪

第二百七十九条 冒充国家机关工作人员招摇撞骗的，处三年以下有期徒刑、拘役、管制或者剥夺政治权利；情节严重的，处三年以上十年以下有期徒刑。

冒充人民警察招摇撞骗的，依照前款的规定从重处罚。

（一）概念

招摇撞骗罪，是指为谋取非法利益，冒充国家机关工作人员进行招摇撞骗的行为。

（二）行为

本罪在客观方面表现为行为人实施了冒充国家机关工作人员身份进行招摇撞骗的行为。冒充国家机关工作人员，包括三种情况：一是非国家机关工作人员冒充国家机关工作人员；二是此种国家机关工作人员冒充他种国家机关工作人员，如普通部门的国家机关工作人员冒充司法机关等重要部门的国家机关工作人员；三是职务低的国家机关工作人员冒充职务高的国家机关工作人员。招摇撞骗的内容是爱情、婚姻、职位、荣誉、资格、财物等。

（三）故意

本罪在主观方面是故意，至于行为人试图骗取的是财产还是其他非法利益，犯罪动机如何，都不影响故意的成立。

（四）认定

(1) 本罪与冒充军人招摇撞骗罪的界限。根据《人民警察法》的规定，《刑法》第279条第2款中的人民警察不包括武装警察。如果冒充人民武装警察招摇撞骗，应当以冒充军人招摇撞骗罪论处。

(2) 本罪与诈骗罪的界限。当行为人冒充国家机关工作人员的身份骗取数额较大的公私财物时，属于法条竞合，应按照重法优于轻法的适用原则，以诈骗罪处理。

四、伪造、变造、买卖国家机关公文、证件、印章罪

第二百八十条［根据《刑法修正案》(九)第二十二条修订］ 伪造、变造、买卖或者盗窃、抢夺、毁灭国家机关的公文、证件、印章的，处三年以下有期徒刑、拘役、管制或者剥夺政治权利

权利,并处罚金;情节严重的,处三年以上十年以下有期徒刑,并处罚金。

伪造公司、企业、事业单位、人民团体的印章的,处三年以下有期徒刑、拘役、管制或者剥夺政治权利,并处罚金。

伪造、变造、买卖居民身份证、护照、社会保障卡、驾驶证等依法可以用于证明身份的证件的,处三年以下有期徒刑、拘役、管制或者剥夺政治权利,并处罚金;情节严重的,处三年以上七年以下有期徒刑,并处罚金。

(一) 概念

伪造、变造、买卖国家机关公文、证件、印章罪,是指伪造、变造、买卖国家机关的公文、证件、印章的行为。

(二) 行为

本罪在客观方面表现为伪造、变造或买卖行为。伪造是指无权制作者制作假的公文、证件、印章。变造是指采用涂改、抹擦、拼接等方法,对真实的公文、证件、印章进行加工,改变其内容。买卖是指买进或卖出公文、证件、印章。本罪是选择性罪名。

(三) 对象

本罪的行为对象是国家机关的公文、证件、印章。此处的国家机关不包括武装部队。公文是指以国家机关名义制作的,用以联系事务、指导工作、处理问题的书面文件,包括指示、命令等。证件是指国家有权制作机关颁发的,用以证明身份和权利义务关系或其他事实的凭证。印章是指国家机关刻制的、代表本单位的公章或者能够起到机关证明作用的主管人员的私章。

(四) 故意

本罪在主观方面是故意。

五、盗窃、抢夺、毁灭国家机关公文、证件、印章罪

第二百八十条[根据《刑法修正案》(九)第二十二条修订] **伪造、变造、买卖或者盗窃、抢夺、毁灭国家机关的公文、证件、印章的,处三年以下有期徒刑、拘役、管制或者剥夺政治权利,并处罚金;情节严重的,处三年以上十年以下有期徒刑,并处罚金。**

伪造公司、企业、事业单位、人民团体的印章的,处三年以下有期徒刑、拘役、管制或者剥夺政治权利,并处罚金。

伪造、变造、买卖居民身份证、护照、社会保障卡、驾驶证等依法可以用于证明身份的证件的,处三年以下有期徒刑、拘役、管制或者剥夺政治权利,并处罚金;情节严重的,处三年以上七年以下有期徒刑,并处罚金。

(一) 概念

盗窃、抢夺、毁灭国家机关公文、证件、印章罪,是指盗窃、抢夺、毁灭国家机关的公文、证件、印章的行为。

(二) 行为

本罪在客观方面表现为盗窃、抢夺、毁灭行为。盗窃是指秘密窃取;抢夺是指公然夺取;毁灭则是指使国家机关公文、证件、印章失去效力不能再用或者不复存在的一切行为。本罪是选择性罪名。

(三) 对象

本罪的行为对象是国家机关的公文、证件、印章,但盗窃、抢夺国家机关公文、证件、印章中的国家机关不包括武装部队。

（四）故意

本罪在主观方面是故意。

六、伪造公司、企业、事业单位、人民团体印章罪

第二百八十条［根据《刑法修正案》（九）第二十二条修订］　**伪造、变造、买卖或者盗窃、抢夺、毁灭国家机关的公文、证件、印章的，处三年以下有期徒刑、拘役、管制或者剥夺政治权利，并处罚金；情节严重的，处三年以上十年以下有期徒刑，并处罚金。**

伪造公司、企业、事业单位、人民团体的印章的，处三年以下有期徒刑、拘役、管制或者剥夺政治权利，并处罚金。

伪造、变造、买卖居民身份证、护照、社会保障卡、驾驶证等依法可以用于证明身份的证件的，处三年以下有期徒刑、拘役、管制或者剥夺政治权利，并处罚金；情节严重的，处三年以上七年以下有期徒刑，并处罚金。

（一）概念

伪造公司、企业、事业单位、人民团体印章罪，是指伪造公司、企业、事业单位、人民团体的印章的行为。

（二）行为

本罪在客观方面表现为伪造，即无权制作者制作假的印章。本罪是选择性罪名。行为的对象是公司、企业、事业单位、人民团体的印章。

（三）故意

本罪在主观方面是故意。

（四）认定

根据司法解释，对于伪造高等院校印章制作学历、学位证明的行为，应当以伪造事业单位印章罪论处；明知是伪造高等院校印章制作的学历、学位证明而贩卖的，以伪造事业单位印章罪的共犯论处[①]。

七、伪造、变造、买卖身份证件罪

第二百八十条［根据《刑法修正案》（九）第二十二条修订］　**伪造、变造、买卖或者盗窃、抢夺、毁灭国家机关的公文、证件、印章的，处三年以下有期徒刑、拘役、管制或者剥夺政治权利，并处罚金；情节严重的，处三年以上十年以下有期徒刑，并处罚金。**

伪造公司、企业、事业单位、人民团体的印章的，处三年以下有期徒刑、拘役、管制或者剥夺政治权利，并处罚金。

伪造、变造、买卖居民身份证、护照、社会保障卡、驾驶证等依法可以用于证明身份的证件的，处三年以下有期徒刑、拘役、管制或者剥夺政治权利，并处罚金；情节严重的，处三年以上七年以下有期徒刑，并处罚金。

（一）概念

伪造、变造、买卖身份证件罪，是指伪造、变造、买卖身份证件的行为。

（二）行为

本罪在客观方面表现为伪造、变造、买卖身份证件的行为。伪造，是指无权制作者制作假的

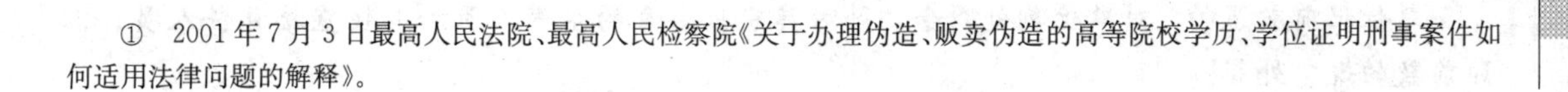

① 2001年7月3日最高人民法院、最高人民检察院《关于办理伪造、贩卖伪造的高等院校学历、学位证明刑事案件如何适用法律问题的解释》。

身份证件。变造,是指采用涂改、抹擦、拼接等方法,对真实的身份证件进行加工,改变其内容。买卖,既包括出售、贩卖之意,也包括为卖而购买的行为。单纯购买伪造、变造的身份证件但未实际使用的行为,一般不作为犯罪处理;对于使用伪造、变造身份证件,情节严重的,应当根据《刑法》第 280 条之一使用虚假身份证件罪追究刑事责任。本罪是选择性罪名。

(三) 对象

本罪的行为对象是居民身份证、护照、社会保障卡、驾驶证等依法可以用于证明身份的证件。

(四) 故意

本罪在主观方面是故意。

八、使用虚假身份证件、盗用身份证件罪

第二百八十条之一[根据《刑法修正案》(九)第二十三条增设] **在依照国家规定应当提供身份证明的活动中,使用伪造、变造的或者盗用他人的居民身份证、护照、社会保障卡、驾驶证等依法可以用于证明身份的证件,情节严重的,处拘役或者管制,并处或者单处罚金。**

有前款行为,同时构成其他犯罪的,依照处罚较重的规定定罪处罚。

(一) 概念

使用虚假身份证件、盗用身份证件罪,是指在依照国家规定应当提供身份证明的活动中,使用伪造、变造的或者盗用他人的居民身份证、护照、社会保障卡、驾驶证等依法可以用于证明身份的证件,情节严重的行为。

(二) 行为

本罪在客观方面表现为使用伪造、变造的身份证件或者盗用他人的身份证件的行为。伪造的身份证件,是指无权制作者所制作假的身份证件。变造的身份证件,是指采用涂改、抹擦、拼接等方法,对真实的身份证件进行加工,改变其内容的"身份证件"。盗用,是指在依照国家规定应当提供身份证明的活动中,不应使用而使用他人的身份证件的行为。

应当注意的是:① 要严格掌握"依照国家规定应当提供身份证明的活动"的范围。如参加有关重要外事活动需提供有效身份证明、乘坐飞机、动车应当提供有效身份证明等;② 实施本罪规定的行为,必须达到"情节严重"的程度,才构成犯罪。

(三) 对象

本罪的行为对象是伪造或者变造的居民身份证、护照、社会保障卡、驾驶证等依法可以用于证明身份的证件。

(四) 故意

本罪在主观方面是故意。

(五) 竞合

有使用伪造、变造的或者盗用他人身份证件行为,同时构成其他犯罪的,依照处罚较重的规定定罪处罚。

九、非法生产、买卖警用装备罪

第二百八十一条 **非法生产、买卖人民警察制式服装、车辆号牌等专用标志、警械,情节严重的,处三年以下有期徒刑、拘役或者管制,并处或者单处罚金。**

单位犯前款罪的,对单位判处罚金,并对其直接负责的主管人员和其他直接责任人员,依照前款的规定处罚。

（一）概念

非法生产、买卖警用装备罪，是指非法生产、买卖人民警察制式服装、车辆号牌等专用标志、警械，情节严重的行为。

（二）行为

本罪在客观方面表现为非法生产、非法买卖的行为。非法生产是指无权生产而生产，或者有生产权者不按要求进行生产；非法买卖是指无权买卖而买卖，或者有权买卖者不按要求进行买卖。本罪是选择性罪名。

（三）对象

本罪的行为对象是人民警察的制式服装、车辆号牌等专用标志、警械。

（四）故意

本罪在主观方面是故意。

（五）定罪标准

实施上述行为，只有情节严重的，才能构成本罪。所谓情节严重，是指非法生产、买卖警用装备数量大、获利多、影响坏或者造成其他严重后果。

十、非法获取国家秘密罪

第二百八十二条第一款 ***以窃取、刺探、收买方法，非法获取国家秘密的，处三年以下有期徒刑、拘役、管制或者剥夺政治权利；情节严重的，处三年以上七年以下有期徒刑。***

（一）概念

非法获取国家秘密罪，是指以窃取、刺探、收买方法，非法获取国家秘密的行为。

（二）行为

本罪在客观方面表现为窃取、刺探、收买行为。

（三）对象

本罪的行为对象是国家秘密，具体包括国家绝密、国家机密、国家秘密，其具体确定标准参照《保守国家秘密法》等法律的有关规定。

（四）故意

本罪在主观方面是故意，即行为人明知是国家秘密并且本人依法不应知悉该秘密，而故意非法获取。

（五）认定

本罪与为境外窃取、刺探、收买、非法提供国家秘密、情报罪的界限。如果行为人窃取、刺探、收买国家秘密是为了提供给境外的机构、组织、个人，应以为境外窃取、刺探、收买、非法提供国家秘密、情报罪论处；否则，以本罪论处。

十一、非法持有国家绝密、机密文件、资料、物品罪

第二百八十二条第二款 ***非法持有属于国家绝密、机密的文件、资料或者其他物品，拒不说明来源与用途的，处三年以下有期徒刑、拘役或者管制。***

（一）概念

非法持有国家绝密、机密文件、资料、物品罪，是指非法持有属于国家绝密、机密的文件、资料或者其他物品，拒不说明来源与用途的行为。

（二）行为

本罪在客观方面表现为非法持有，即未经办理手续，私自携带、存放或留存属于国家绝密、机

密的文件、资料或者其他物品,且拒不说明来源与用途。

(三) 对象

本罪的行为对象是属于国家绝密、机密的文件、资料或者其他物品。

(四) 故意

本罪在主观方面是故意。

十二、非法生产、销售专用间谍器材、窃听、窃照专用器材罪

第二百八十三条[根据《刑法修正案》(九)第二十四修订] **非法生产、销售专用间谍器材或者窃听、窃照专用器材的,处三年以下有期徒刑、拘役或者管制,并处或者单处罚金;情节严重的,处三年以上七年以下有期徒刑,并处罚金。**

单位犯前款罪的,对单位判处罚金,并对其直接负责的主管人员和其他直接责任人员,依照前款的规定处罚。

(一) 概念

非法生产、销售专用间谍器材、窃听、窃照专用器材罪,是指非法生产、销售专用间谍器材或者窃听、窃照专用器材的行为。

(二) 行为

本罪在客观方面表现为非法生产、销售行为。非法生产是指无权生产而生产,或者有生产权者不按有关规定进行生产;非法销售是指无权销售而销售,或者有权销售者不按有关规定进行销售。本罪是选择性罪名。

(三) 对象

本罪的行为对象是专用间谍器材,窃听、窃照专用器材。专用间谍器材具体包括:① 暗藏式窃听、窃照器材;② 突发式收发报机、一次性密码本、密写工具;③ 用于获取情报的电子监听、截收器材;④ 其他专用间谍器材、窃听、窃照专用器材。

(四) 主体

本罪主体是一般主体,单位也可以成为本罪主体。

(五) 故意

本罪在主观方面是故意。

十三、非法使用窃听、窃照专用器材罪

第二百八十四条 **非法使用窃听、窃照专用器材,造成严重后果的,处二年以下有期徒刑、拘役或者管制。**

(一) 概念

非法使用窃听、窃照专用器材罪,是指非法使用窃听、窃照专用器材,造成严重后果的行为。

(二) 行为

本罪在客观方面表现为非法使用窃听、窃照专用器材的行为。非法使用,是指无权使用的人使用,或者有权的人违反规定使用。

(三) 结果

本罪的成立以造成严重后果为必要。所谓造成严重后果,是指因非法使用而造成他人自杀、精神失常,引起犯罪发生,或者使有关单位遭受重大经济损失,等等。

(四) 故意

本罪在主观方面是故意。

十四、组织考试作弊罪

第二百八十四条之一［根据《刑法修正案》(九)第二十五增设］　**在法律规定的国家考试中，组织作弊的，处三年以下有期徒刑或者拘役，并处或者单处罚金；情节严重的，处三年以上七年以下有期徒刑，并处罚金。**

为他人实施前款犯罪提供作弊器材或者其他帮助的，依照前款的规定处罚。

为实施考试作弊行为，向他人非法出售或者提供第一款规定的考试的试题、答案的，依照第一款的规定处罚。

代替他人或者让他人代替自己参加第一款规定的考试的，处拘役或者管制，并处或者单处罚金。

（一）概念

组织考试作弊罪，是指在法律规定的国家考试中组织作弊，或者为他人实施组织作弊提供作弊器材以及其他帮助的行为。规定本罪前，虽然国家明令禁止考试作弊，但往往仅对当事人作行政处罚。即便对考试舞弊案中的职务犯罪，多以“滥用职权罪”“徇私舞弊罪”或“非法获取国家秘密罪”等罪名入刑，但在具体司法实践中，由于具体案情与罪名的契合度不尽相同，司法部门的定性也不尽一致，在法条的适用上时常“捉襟见肘”。考试作弊具有严重的社会危害性，对考试作弊行为坚决予以刑事打击，体现出维护社会诚信和保护公平竞争的强烈价值指向。

（二）行为

本罪在客观方面表现为在法律规定的国家考试中组织作弊，或者为他人实施组织作弊提供作弊器材以及其他帮助的行为。“法律规定的国家考试”的范围，应当严格限定为我国法律规定的国家级考试，如全国高考、全国司法资格考试、会计师考试、公务员考试等。组织作弊的行为包括：① 组织考生作弊；② 组织他人(实务中往往是考生家长或老师)集体作弊；③ 为他人实施组织作弊提供作弊器材；④ 其他帮助考试作弊的行为。

（三）故意

本罪在主观方面是故意。

（四）处罚

对于 2015 年 10 月 31 日以前组织考试作弊，为他人组织考试作弊提供作弊器材或者其他帮助，根据修正前刑法应当以非法获取国家秘密罪等追究刑事责任的，适用修正前刑法有关规定；但是，根据修正后《刑法》第 284 条之一的规定处刑较轻的，适用修正后刑法的有关规定。

十五、非法出售、提供试题、答案罪

第二百八十四条之一［根据《刑法修正案》(九)第二十五增设］　**在法律规定的国家考试中，组织作弊的，处三年以下有期徒刑或者拘役，并处或者单处罚金；情节严重的，处三年以上七年以下有期徒刑，并处罚金。**

为他人实施前款犯罪提供作弊器材或者其他帮助的，依照前款的规定处罚。

为实施考试作弊行为，向他人非法出售或者提供第一款规定的考试的试题、答案的，依照第一款的规定处罚。

代替他人或者让他人代替自己参加第一款规定的考试的，处拘役或者管制，并处或者单处罚金。

（一）概念

非法出售、提供试题、答案罪，是指在法律规定的国家考试中，为实施考试作弊行为，向他人非法出售或者提供法律规定的国家考试的试题、答案的行为。

(二) 行为

本罪在客观方面表现为,为实施考试作弊行为,向他人非法出售或者提供法律规定的国家考试的试题、答案的行为。法律规定的国家考试的范围,应当严格限定为我国法律规定的国家级考试,如全国高考、全国司法资格考试、会计师考试、公务员考试等。

(三) 故意

本罪在主观方面是故意。

(四) 竞合

非法出售、提供试题、答案罪与故意泄露国家秘密罪是法条竞合关系。法律规定的国家考试的试题、答案在开考启封之前均属机密以上的国家秘密,但开考后即解密。例如,国家高等教育自学考试的考题、参考答案及评分标准在开考启用前均为绝密级国家秘密。实践中,一些组织考试作弊者既有考前通过非法渠道拿到有关试题和答案,也有考试过程中内应外合,在开考之后,利用设备在考场内将考试的试题传送到场外,场外再组织枪手解题,将答案传到场内等情况。本罪与故意泄露国家秘密罪,可能存在法条竞合。由于两罪法定刑主刑相同,非法出售、提供试题、答案罪另规定了罚金,故当法条竞合时,按照特殊法优于一般法的原则,以非法出售、提供试题、答案罪定罪处罚为妥。

(五) 处罚

对于2015年10月31日以前非法向他人出售或者提供考试试题、答案,根据修正前刑法应当以非法获取国家秘密罪等追究刑事责任的,适用修正前刑法有关规定;但是,根据修正后《刑法》第284条之一的规定处刑较轻的,适用修正后刑法的有关规定。

十六、代替考试罪

第二百八十四条之一[根据《刑法修正案》(九)第二十五增设] 在法律规定的国家考试中,组织作弊的,处三年以下有期徒刑或者拘役,并处或者单处罚金;情节严重的,处三年以上七年以下有期徒刑,并处罚金。

为他人实施前款犯罪提供作弊器材或者其他帮助的,依照前款的规定处罚。

为实施考试作弊行为,向他人非法出售或者提供第一款规定的考试的试题、答案的,依照第一款的规定处罚。

代替他人或者让他人代替自己参加第一款规定的考试的,处拘役或者管制,并处或者单处罚金。

(一) 概念

代替考试罪,是指在法律规定的国家考试中,代替他人或者让他人代替自己参加考试的行为。

(二) 行为

本罪在客观方面表现为,代替他人或者让他人代替自己参加考试的行为。本罪的实行行为包括:第一,代替他人参加国家考试的行为,即非考生代替考生参加考试;第二,让他人代替自己参加考试的行为,即考生让非考生代替自己参加考试的行为。替考罪适用的考试范围,即"法律规定的国家考试",不应将国外机构组织的"TOFEL""GRE""雅思"英语水平考试,以及各地各校自行组织的考试等纳入本罪。本罪重点打击的对象是职业枪手或者多次替考者。

(三) 故意

本罪在主观方面是故意。

十七、非法侵入计算机信息系统罪

第二百八十五条第一款　违反国家规定，侵入国家事务、国防建设、尖端科学技术领域的计算机信息系统的，处三年以下有期徒刑或者拘役。

第四款[根据《刑法修正案》(九)第二十六条增设]　单位犯前三款罪的，对单位判处罚金，并对其直接负责的主管人员和其他直接责任人员，依照各该款的规定处罚。

（一）概念

非法侵入计算机信息系统罪，是指违反国家规定，侵入国家事务、国防建设、尖端科学技术领域的计算机信息系统的行为。

（二）行为

本罪在客观方面表现为非法侵入的行为，即未取得国家有关主管部门的合法授权或者批准，通过计算机终端访问国家重要计算机信息系统或者进行数据截收的行为。

（三）对象

本罪的行为对象只能是国家事务、国防建设、尖端科学技术领域的计算机信息系统。所谓计算机信息系统，是指由计算机及其相关的和配套的设备、设施（含网络）构成的，按照一定的应用目标和规则对信息进行采集、加工、存储、传输、检索等处理的计算机系统。

（四）主体

本罪主体为一般主体。单位也可以成为本罪主体。

（五）故意

本罪在主观方面是故意，即明知是国家事务、国防建设、尖端科学技术领域的计算机信息系统而故意侵入。

十八、非法获取计算机信息系统数据罪

第二百八十五条第二款[根据《刑法修正案(七)》第九条增设]　违反国家规定，侵入前款规定以外的计算机信息系统或者采用其他技术手段，获取该计算机信息系统中存储、处理或者传输的数据，或者对该计算机信息系统实施非法控制，情节严重的，处三年以下有期徒刑或者拘役，并处或者单处罚金；情节特别严重的，处三年以上七年以下有期徒刑，并处罚金。

第四款[根据刑法修正案(九)第二十六增设]　单位犯前三款罪的，对单位判处罚金，并对其直接负责的主管人员和其他直接责任人员，依照各该款的规定处罚。

（一）概念

非法获取计算机信息系统数据罪，是指违反国家规定，侵入国家事务、国防建设、尖端科学技术领域的计算机以外的计算机信息系统或者采用其他技术手段，获取该计算机信息系统中存储、处理或者传输的数据，或者对该计算机信息系统实施非法控制，情节严重的行为。

（二）行为

本罪在客观方面表现为违反国家规定，侵入国家事务、国防建设、尖端科学技术领域的计算机以外的计算机信息系统或者采用其他技术手段，获取该计算机信息系统中存储、处理或者传输的数据，或者对该计算机信息系统实施非法控制的行为。

本罪的行为方式有两种：一是侵入计算机信息系统获取数据。即未经他人同意，采取破解密码等技术手段，突破、穿越、绕过或者解除特定计算机信息系统的安全防护体系，擅自进入该系统；二是采用其他技术手段获取数据。如对数据的物理性拷贝和复制；设立假冒网站欺骗用户输

入账号、密码等信息获取计算机信息系统数据。

构成本罪,要求情节严重。对此,可从行为人所侵入的计算机信息系统的重要程度、侵入数量、所获取的信息数据的数量和重要性等方面考虑。

(三) 对象

本罪的行为对象是国家事务、国防建设、尖端科学技术领域的计算机以外的计算机信息系统中存储、处理或者运输的数据。

(四) 主体

本罪主体为一般主体。单位也可以成为本罪主体。

(五) 故意

本罪在主观方面是故意。

十九、非法控制计算机信息系统罪

第二百八十五条第二款[根据《刑法修正案(七)》第九条增设] **违反国家规定,侵入前款规定以外的计算机信息系统或者采用其他技术手段,获取该计算机信息系统中存储、处理或者传输的数据,或者对该计算机信息系统实施非法控制,情节严重的,处三年以下有期徒刑或者拘役,并处或者单处罚金;情节特别严重的,处三年以上七年以下有期徒刑,并处罚金。**

第四款[根据刑法修正案(九)第二十六增设] **单位犯前三款罪的,对单位判处罚金,并对其直接负责的主管人员和其他直接责任人员,依照各该款的规定处罚。**

(一) 概念

非法控制计算机信息系统罪,是指违反国家规定,对普通计算机信息系统实施非法控制,情节严重的行为。

(二) 行为

本罪在客观方面表现为违反国家规定,对普通计算机信息系统实施非法控制,情节严重的行为。

这里的非法控制,是指通过侵入等技术手段,使计算机信息系统处于其掌控之中,能够接受其发出的指令,完成相应的操作活动。如通过给他人计算机信息系统中植入“木马程序”,对他人计算机信息系统加以控制,可以指挥被控制的计算机实施网络攻击等活动。成立本罪,只要求行为人客观上对他人的计算机信息系统进行实际控制即可,不要求进一步实施其他侵害行为。

构成本罪,要求情节严重。对此,可从行为人所控制的计算机信息系统的重要程度、侵入数量、所获取的信息数据的数量和重要性等方面考虑。

(三) 对象

本罪的行为对象是国家事务、国防建设、尖端科学技术领域的计算机以外的计算机信息系统中存储、处理或者运输的数据。

(四) 主体

本罪主体为一般主体。单位也可以成为本罪主体。

(五) 故意

本罪在主观方面是故意。

二十、提供侵入、非法控制计算机信息系统程序、工具罪

第二百八十五条第三款[根据《刑法修正案(七)》第九条增设] **提供专门用于侵入、非法**

控制计算机信息系统的程序、工具，或者明知他人实施侵入、非法控制计算机信息系统的违法犯罪行为而为其提供程序、工具，情节严重的，依照前款的规定处罚。

第四款[根据刑法修正案(九)第二十六增设]　**单位犯前三款罪的，对单位判处罚金，并对其直接负责的主管人员和其他直接责任人员，依照各该款的规定处罚。**

（一）概念

提供侵入、非法控制计算机信息系统程序、工具罪，是指提供专门用于侵入、非法控制计算机信息系统的程序、工具，或者明知他人实施侵入、非法控制计算机信息系统的违法犯罪行为而为其提供程序、工具，情节严重的行为。

（二）行为

本罪在客观上表现为提供专门用于侵入、非法控制计算机信息系统的程序、工具，或者明知他人实施侵入、非法控制计算机信息系统的违法犯罪行为而为其提供程序、工具，情节严重的行为。

这里的"提供"，包括出售等有偿提供，也包括免费提供；包括直接提供给他人，也包括放在网络上供他人下载。

本罪的实行行为包括两种情形：一是提供专门用于侵入、非法控制计算机信息系统的程序、工具。如为他人提供专门用于窃取网上银行账号的"网银木马"程序等；二是明知他人实施侵入、非法控制计算机信息系统的违法犯罪行为而为其提供程序、工具。

构成本罪，要求情节严重。对此，可从行为人所提供的程序、工具的数量、具体用途、行为持续的时间、所造成的实际危害后果等方面进行考虑。

（三）主体

本罪主体为一般主体。单位也可以成为本罪主体。

（四）故意

本罪在主观方面是故意。

二十一、破坏计算机信息系统罪

第二百八十六条　**违反国家规定，对计算机信息系统功能进行删除、修改、增加、干扰，造成计算机信息系统不能正常运行，后果严重的，处五年以下有期徒刑或者拘役；后果特别严重的，处五年以上有期徒刑。**

违反国家规定，对计算机信息系统中存储、处理或者传输的数据和应用程序进行删除、修改、增加的操作，后果严重的，依照前款的规定处罚。

故意制作、传播计算机病毒等破坏性程序，影响计算机系统正常运行，后果严重的，依照第一款的规定处罚。

[根据《刑法修正案》(九)第二十七条增设]　**单位犯前三款罪的，对单位判处罚金，并对其直接负责的主管人员和其他直接责任人员，依照第一款的规定处罚。**

（一）概念

破坏计算机信息系统罪，是指违反国家规定，对计算机信息系统功能进行删除、修改、增加、干扰，造成计算机信息系统不能正常运行，或者对计算机信息系统中存储、处理或者传输的数据和应用程序进行删除、修改、增加的操作，或者故意制作、传播计算机病毒等破坏性程序，影响计算机系统正常运行，后果严重的行为。

（二）行为

本罪在客观方面表现为三种行为：① 违反国家规定，对计算机信息系统功能进行删除、修改、增加、干扰,造成计算机信息系统不能正常运行。所谓计算机信息系统功能,是指在计算机中,按照一定的应用目标和规则对信息进行采集、加工、存储、传输、检索的功用和能力。② 违反国家规定,对计算机信息系统中存储、处理或者传输的数据和应用程序进行删除、修改、增加的操作。③ 故意制作、传播计算机病毒等破坏性程序,影响计算机系统正常运行。所谓计算机破坏性程序,是指隐藏在可执行程序中或数据文件中,在计算机内部运行的一种干扰性程序,其典型就是计算机病毒。计算机病毒是指编制或者在计算机程序中插入的破坏计算机功能或者毁坏数据,影响计算机使用,并能自我复制的一组计算机指令或者程序代码,具有可传播性、可激发性、可潜伏性等特征。故意制作,是指在计算机信息系统中故意设计、编制破坏性程序;故意传播,是指向计算机输入破坏性程序,或者将已输入破坏性程序的软件予以派送、散发、销售。

(三) 主体

本罪主体为一般主体。单位也可以成为本罪主体。

(四) 故意

本罪在主观方面是故意。

(五) 认定

行为人将计算机作为工具,通过删除、修改、增加计算机内储的数据等方式进行诈骗、盗窃、贪污、挪用公款、窃取国家秘密等犯罪活动的,应当依照刑法的有关规定分别以诈骗、盗窃、贪污、挪用公款、窃取国家秘密等罪论处。

二十二、拒不履行信息网络安全管理义务罪

第二百八十六条之一[根据《刑法修正案》(九)第二十八条增设] **网络服务提供者不履行法律、行政法规规定的信息网络安全管理义务,经监管部门责令采取改正措施而拒不改正,有下列情形之一的,处三年以下有期徒刑、拘役或者管制,并处或者单处罚金:**

(一) 致使违法信息大量传播的;

(二) 致使用户信息泄露,造成严重后果的;

(三) 致使刑事案件证据灭失,情节严重的;

(四) 有其他严重情节的。

单位犯前款罪的,对单位判处罚金,并对其直接负责的主管人员和其他直接责任人员,依照前款的规定处罚。

有前两款行为,同时构成其他犯罪的,依照处罚较重的规定定罪处罚。

(一) 概念

拒不履行信息网络安全管理义务罪,是指网络服务提供者不履行法定信息网络安全管理义务,经监管部门责令采取改正措施而拒不改正,情节严重的行为。

(二) 行为

本罪在客观方面表现为网络服务提供者不履行法定信息网络安全管理义务,经监管部门责令采取改正措施而拒不改正,且情节严重的行为。这里的情节严重,是指: ① 致使违法信息大量传播的; ② 致使用户信息泄露,造成严重后果的; ③ 致使刑事案件证据灭失,情节严重的; ④ 有其他严重情节的。

认定本罪应当注意两点: ① 经行政部门处理是构成本罪的前置条件,即必须是“经监管部门责令采取改正措施而拒不改正”的; ② 构成本罪必须达到“情节严重”。

(三) 主体

本罪主体为一般主体。单位也可以成为本罪主体。

（四）故意

本罪在主观方面为故意。

（五）竞合

构成本罪，同时构成其他犯罪的，依照处罚较重的规定定罪处罚。

二十三、非法利用信息网络罪

第二百八十七条之一［根据《刑法修正案》（九）第二十九条增设］　利用信息网络实施下列行为之一，情节严重的，处三年以下有期徒刑或者拘役，并处或者单处罚金：

（一）设立用于实施诈骗、传授犯罪方法、制作或者销售违禁物品、管制物品等违法犯罪活动的网站、通讯群组的；

（二）发布有关制作或者销售毒品、枪支、淫秽物品等违禁物品、管制物品或者其他违法犯罪信息的；

（三）为实施诈骗等违法犯罪活动发布信息的。

单位犯前款罪的，对单位判处罚金，并对其直接负责的主管人员和其他直接责任人员，依照第一款的规定处罚。

有前两款行为，同时构成其他犯罪的，依照处罚较重的规定定罪处罚。

（一）概念

非法利用信息网络罪，是指为实施诈骗、传授犯罪方法、制作或者销售违禁物品、管制物品等违法犯罪活动而设立非法网站、通讯群组，或者发布有关制作或者销售毒品、枪支、淫秽物品等违禁、管制物品或者其他违法犯罪信息，或者为实施诈骗等违法犯罪活动发布有害信息，且情节严重的行为。

（二）行为

本罪在客观方面表现为为实施违法犯罪活动而利用信息网络实施相关准备的行为。本罪的实行行为具体表现为：① 设立用于实施诈骗、传授犯罪方法、制作或者销售违禁物品、管制物品等违法犯罪活动的网站、通讯群组的；② 发布有关制作或者销售毒品、枪支、淫秽物品等违禁物品、管制物品或者其他违法犯罪信息的；③ 为实施诈骗等违法犯罪活动发布信息的。

（三）主体

本罪主体为一般主体。单位也可以成为本罪主体。

（四）故意

本罪在主观方面是故意。

（五）竞合

构成本罪，同时构成其他犯罪的，依照处罚较重的规定定罪处罚。

（六）认定

认定本罪时应当注意：① 本罪是情节犯，行为人实施设立非法网站、通讯群组、发布有害信息的行为，必须达到“情节严重”才构成本罪。② 本罪是刑法将预备行为作为正犯处理的特殊规定，基于有关行为的社会危害性大小的考虑，对本罪基本犯的预备、未遂等未完成犯罪形态可以不作为犯罪处理。③ 本罪既包括自然人犯罪，也包括单位犯罪。④ 实施本罪行为，往往构成其他犯罪的共同犯罪，因此刑法规定犯本罪同时构成其他犯罪的，依照处罚较重的规定定罪处罚。

二十四、帮助信息网络犯罪活动罪

第二百八十七条之二［根据《刑法修正案》（九）第二十九条增设］　明知他人利用信息网络

实施犯罪，为其犯罪提供互联网接入、服务器托管、网络存储、通讯传输等技术支持，或者提供广告推广、支付结算等帮助，情节严重的，处三年以下有期徒刑或者拘役，并处或者单处罚金。

单位犯前款罪的，对单位判处罚金，并对其直接负责的主管人员和其他直接责任人员，依照第一款的规定处罚。

有前两款行为，同时构成其他犯罪的，依照处罚较重的规定定罪处罚。

（一）概念

帮助信息网络犯罪活动罪，是指明知他人利用信息网络实施犯罪，而为其犯罪提供技术支持、广告推广等帮助，情节严重的行为。

（二）行为

本罪在客观方面表现为明知他人利用信息网络实施犯罪，而为其犯罪提供帮助，情节严重的行为。本罪的实行行为具体表现为：① 明知他人利用信息网络实施犯罪，为其犯罪提供互联网接入、服务器托管、网络存储、通讯传输等技术支持；② 明知他人利用信息网络实施犯罪，而为其犯罪提供广告推广、支付结算等帮助。

（三）主体

本罪主体为一般主体。单位也可以成为本罪主体。

（四）故意

本罪在主观方面是故意。

（五）竞合

构成本罪，同时构成其他犯罪的，依照处罚较重的规定定罪处罚。

（六）认定

认定本罪时，应当注意：本罪罪状表述中“等帮助”应当理解所有形式的帮助行为。二是构成本罪，必须具备“情节严重”的构成要件。因此，一般来说，本罪的未完成形态没有达到“情节严重”的程度，可以不作为犯罪处理。

二十五、扰乱无线电通讯管理秩序罪

第二百八十八条[根据《刑法修正案》(九)第三十条修订] **违反国家规定，擅自设置、使用无线电台（站），或者擅自使用无线电频率，干扰无线电通讯秩序，情节严重的，处三年以下有期徒刑、拘役或者管制，并处或者单处罚金；情节特别严重的，处三年以上七年以下有期徒刑，并处罚金。**

单位犯前款罪的，对单位判处罚金，并对其直接负责的主管人员和其他直接责任人员，依照前款的规定处罚。

（一）概念

扰乱无线电通讯管理秩序罪，是指违反国家规定，擅自设置、使用无线电台(站)，或者擅自占用频率，干扰无线电通讯正常进行，造成严重后果的行为。

（二）行为

本罪在客观方面表现为违反国家规定，擅自设置、使用无线电台(站)，或者擅自占用频率，干扰无线电通讯秩序的行为。

（三）故意

本罪在主观方面是故意。

（四）认定

根据司法解释[①]，违反国家规定，擅自设置、使用无线电台（站），或者擅自占用频率，非法经营国际电信业务或者涉港澳台电信业务进行营利活动，同时构成非法经营罪和本罪的，依照处罚较重的规定定罪处罚。

二十六、聚众扰乱社会秩序罪

第二百九十条第一款［根据《刑法修正案》（九）第三十一条修订］　**聚众扰乱社会秩序，情节严重，致使工作、生产、营业和教学、科研、医疗无法进行，造成严重损失的，对首要分子，处三年以上七年以下有期徒刑；对其他积极参加的，处三年以下有期徒刑、拘役、管制或者剥夺政治权利。**

聚众冲击国家机关，致使国家机关工作无法进行，造成严重损失的，对首要分子，处五年以上十年以下有期徒刑；对其他积极参加的，处五年以下有期徒刑、拘役、管制或者剥夺政治权利。

第三款［根据《刑法修正案》（九）第三十一条增设］　**多次扰乱国家机关工作秩序，经行政处罚后仍不改正，造成严重后果的，处三年以下有期徒刑、拘役或者管制。**

第四款［根据《刑法修正案》（九）第三十一条增设］　**多次组织、资助他人非法聚集，扰乱社会秩序，情节严重的，依照前款的规定处罚。**

（一）概念

聚众扰乱社会秩序罪，是指聚众扰乱社会秩序，情节严重，致使工作、生产、营业和教学、科研、医疗无法进行，造成严重损失的行为。

（二）行为

本罪在客观方面表现为行为人实施了聚众扰乱社会秩序，情节严重的行为。此处的社会秩序是指特定范围内的社会秩序，即国家机关、企业、事业单位、人民团体的工作、生产、营业和教学、科研秩序。聚众，是指首要分子纠集特定或不特定的多数人于一定地点。扰乱，是指在首要分子的煽动、策划下，采取哄闹、围攻、殴打、封锁、强占等方法造成社会秩序的混乱和社会心理的不安。

成立本罪，要求情节严重，致使工作、生产、营业和教学、科研、医疗无法进行，造成严重损失的。情节严重，是指扰乱的时间长；纠集的人数多；扰乱重要的工作、生产、营业和教学、科研秩序；造成的影响恶劣等。

（三）故意

本罪在主观方面是故意，即不仅有本人扰乱社会秩序的故意，而且具有纠集他人共同扰乱社会秩序的故意。

（四）认定

对于因领导上的官僚主义，对涉及群众利益的事务处理不当，或者工作上出现失误，以致引起群众闹事的，不能轻易以本罪论处，而应主要凭借工作方法的改进和正确的疏导予以解决。

二十七、聚众冲击国家机关罪

第二百九十条第一款［根据《刑法修正案》（九）第三十一条修订］　**聚众扰乱社会秩序，情**

① 最高人民法院《关于审理扰乱电信市场管理秩序案件具体应用法律若干问题的解释》（2000年5月12日）。

节严重，致使工作、生产、营业和教学、科研、医疗无法进行，造成严重损失的，对首要分子，处三年以上七年以下有期徒刑；对其他积极参加的，处三年以下有期徒刑、拘役、管制或者剥夺政治权利。

聚众冲击国家机关，致使国家机关工作无法进行，造成严重损失的，对首要分子，处五年以上十年以下有期徒刑；对其他积极参加的，处五年以下有期徒刑、拘役、管制或者剥夺政治权利。

第三款[根据《刑法修正案》(九)第三十一条增设] 多次扰乱国家机关工作秩序，经行政处罚后仍不改正，造成严重后果的，处三年以下有期徒刑、拘役或者管制。

第四款[根据《刑法修正案》(九)第三十一条增设] 多次组织、资助他人非法聚集，扰乱社会秩序，情节严重的，依照前款的规定处罚。

(一) 概念

聚众冲击国家机关罪，是指聚众冲击国家机关，致使国家机关工作无法进行，造成严重损失的行为。

(二) 行为

本罪在客观方面表现为聚众冲击行为，即纠集多人强行进入或围攻。行为的对象是国家机关，即各级国家权力机关、党政机关、司法机关和军事机关，但属于军事禁区或者军事管理区的军事机关除外。对于后者，应按《刑法》第 371 条的规定定罪处罚。

(三) 结果

因聚众冲击致使国家机关工作无法进行，造成严重损失的，才构成本罪。

(四) 故意

本罪在主观方面是故意。

二十八、扰乱国家机关工作秩序罪

第二百九十条第一款[根据《刑法修正案》(九)第三十一条修订] 聚众扰乱社会秩序，情节严重，致使工作、生产、营业和教学、科研、医疗无法进行，造成严重损失的，对首要分子，处三年以上七年以下有期徒刑；对其他积极参加的，处三年以下有期徒刑、拘役、管制或者剥夺政治权利。

聚众冲击国家机关，致使国家机关工作无法进行，造成严重损失的，对首要分子，处五年以上十年以下有期徒刑；对其他积极参加的，处五年以下有期徒刑、拘役、管制或者剥夺政治权利。

第三款[根据《刑法修正案》(九)第三十一条增设] 多次扰乱国家机关工作秩序，经行政处罚后仍不改正，造成严重后果的，处三年以下有期徒刑、拘役或者管制。

第四款[根据《刑法修正案》(九)第三十一条增设] 多次组织、资助他人非法聚集，扰乱社会秩序，情节严重的，依照前款的规定处罚。

(一) 概念

扰乱国家机关工作秩序罪，是指多次扰乱国家机关工作秩序，经行政处罚后仍不改正，造成严重后果的行为。

(二) 行为

本罪在客观方面表现为多次扰乱国家机关工作秩序，经行政处罚后仍不改正，造成严重后果的行为。认定本罪的行为，需要注意：① 必须是多次扰乱国家机关工作秩序；② 经行政处罚后仍不改正，造成严重后果。

（三）故意

本罪在主观方面是故意。

二十九、组织、资助非法聚集罪

第二百九十条第一款［根据《刑法修正案》（九）第三十一条修订］　**聚众扰乱社会秩序，情节严重，致使工作、生产、营业和教学、科研、医疗无法进行，造成严重损失的，对首要分子，处三年以上七年以下有期徒刑；对其他积极参加的，处三年以下有期徒刑、拘役、管制或者剥夺政治权利。**

聚众冲击国家机关，致使国家机关工作无法进行，造成严重损失的，对首要分子，处五年以上十年以下有期徒刑；对其他积极参加的，处五年以下有期徒刑、拘役、管制或者剥夺政治权利。

第三款［根据《刑法修正案》（九）第三十一条增设］　**多次扰乱国家机关工作秩序，经行政处罚后仍不改正，造成严重后果的，处三年以下有期徒刑、拘役或者管制。**

第四款［根据《刑法修正案》（九）第三十一条增设］　**多次组织、资助他人非法聚集，扰乱社会秩序，情节严重的，依照前款的规定处罚。**

（一）概念

组织、资助非法聚集罪，是指多次组织他人非法聚集，扰乱社会秩序，或者明知他人是非法聚集，而予以资助的行为。

（二）行为

本罪在客观方面表现为：① 多次组织他人非法聚集，扰乱社会秩序；② 明知他人是非法聚集，而予以资助的行为。需要指出的是，资助行为不以多次为必要。

（三）故意

本罪在主观方面是故意。

三十、聚众扰乱公共场所秩序、交通秩序罪

第二百九十一条　**聚众扰乱车站、码头、民用航空站、商场、公园、影剧院、展览会、运动场或者其他公共场所秩序，聚众堵塞交通或者破坏交通秩序，抗拒、阻碍国家治安管理工作人员依法执行职务，情节严重的，对首要分子，处五年以下有期徒刑、拘役或者管制。**

（一）概念

聚众扰乱公共场所秩序、交通秩序罪，是指聚众扰乱车站、码头、民用航空站、商场、公园、影剧院、展览会、运动场或者其他公共场所秩序，聚众堵塞交通或者破坏交通秩序，抗拒、阻碍国家治安管理工作人员依法执行职务，情节严重的行为。

（二）行为

本罪在客观方面表现为聚众扰乱公共场所秩序，聚众堵塞交通或者破坏交通秩序，抗拒、阻碍国家治安管理工作人员依法执行职务的行为。所谓公共场所，是指具有公共性的特点，对外开放，能为不特定的多数人随意出入、停留、使用的场所。

（三）故意

本罪在主观方面是故意。

（四）定罪标准

实施上述行为，只有情节严重的，才能构成本罪。所谓情节严重，是指不听制止，坚持扰乱；

殴打依法执行职务的国家治安管理工作人员,等等。

三十一、投放虚假危险物质罪

第二百九十一条之一第一款[根据《刑法修正案(三)》第八条增设] **投放虚假的爆炸性、毒害性、放射性、传染病病原体等物质,或者编造爆炸威胁、生化威胁、放射威胁等恐怖信息,或者明知是编造的恐怖信息而故意传播,严重扰乱社会秩序的,处五年以下有期徒刑、拘役或者管制;造成严重后果的,处五年以上有期徒刑。**

(一) 概念

投放虚假危险物质罪,是指投放虚假的爆炸性、毒害性、放射性、传染病病原体等物质,严重扰乱社会秩序的行为。

(二) 行为

本罪在客观方面表现为通过投放,制造恐怖气氛,造成公众心理恐慌。行为的对象是虚假的爆炸性、毒害性、放射性、传染病病原体等危险物质。

(三) 故意

本罪在主观方面只能是故意,即明知是虚假的危险物质而故意投放。

三十二、编造、故意传播虚假恐怖信息罪

第二百九十一条之一第一款[根据《刑法修正案(三)》第八条增设] **投放虚假的爆炸性、毒害性、放射性、传染病病原体等物质,或者编造爆炸威胁、生化威胁、放射威胁等恐怖信息,或者明知是编造的恐怖信息而故意传播,严重扰乱社会秩序的,处五年以下有期徒刑、拘役或者管制;造成严重后果的,处五年以上有期徒刑。**

(一) 概念

编造、故意传播虚假恐怖信息罪,是指编造爆炸威胁、生化威胁、放射威胁等恐怖信息,或者明知是编造的恐怖信息而故意传播,严重扰乱社会秩序的行为。

(二) 行为

本罪在客观方面表现为编造恐怖信息或者故意传播编造的恐怖信息,制造恐怖气氛,造成公众心理恐慌。本罪是选择性罪名,行为人只要实施了上述 种行为,就构成本罪;同时实施两种行为的,仍定一罪,不实行并罚。行为的对象是虚假的恐怖信息。

(三) 故意

本罪在主观方面只能是故意。

三十三、编造、故意传播虚假信息罪

第二百九十一条之一第二款[根据《刑法修正案》(九)第三十二条增设] **编造虚假的险情、疫情、灾情、警情,在信息网络或者其他媒体上传播,或者明知是上述虚假信息,故意在信息网络或者其他媒体上传播,严重扰乱社会秩序的,处三年以下有期徒刑、拘役或者管制;造成严重后果的,处三年以上七年以下有期徒刑。**

(一) 概念

编造、故意传播虚假信息罪,是指编造虚假的险情、疫情、灾情、警情,在信息网络或者其他媒体上传播,或者明知是上述虚假信息,故意在信息网络或者其他媒体上传播,严重扰乱社会秩序的行为。

（二）行为

本罪在客观方面表现为编造虚假信息或者故意传播编造的虚假信息，严重扰乱社会秩序的行为。本罪是选择性罪名，行为人只要实施了上述一种行为，就构成本罪；同时实施两种行为的，仍定一罪，不实行并罚。

本罪中的“虚假信息”特指虚假的险情、疫情、灾情、警情信息。如果属于其他种类的虚假信息，则构成其他犯罪。编造、故意传播虚假恐怖信息，严重扰乱社会秩序的，构成“编造、故意传播虚假恐怖信息罪”；利用信息网络散布虚假信息诽谤他人，情节恶劣的，构成“诽谤罪”；利用信息网络散布虚假信息，辱骂、恐吓他人，情节恶劣破坏社会秩序的，或者编造、故意传播虚假信息，起哄闹事，造成公共秩序严重混乱的，构成“寻衅滋事罪”；设立非法网站、通讯群组，为实施诈骗等违法犯罪活动发布虚假信息，情节严重的，则构成“非法利用信息网络罪”。

（三）行为对象

本罪的行为对象是虚假的险情、疫情、灾情、警情。构成本罪，必须达到“严重扰乱社会秩序”的程度。

（四）故意

本罪在主观方面只能是故意，并且主观上必须明知是虚假信息。

三十四、聚众斗殴罪

第二百九十二条　聚众斗殴的，对首要分子和其他积极参加的，处三年以下有期徒刑、拘役或者管制；有下列情形之一的，对首要分子和其他积极参加的，处三年以上十年以下有期徒刑：

（一）多次聚众斗殴的；

（二）聚众斗殴人数多，规模大，社会影响恶劣的；

（三）在公共场所或者交通要道聚众斗殴，造成社会秩序严重混乱的；

（四）持械聚众斗殴的。

聚众斗殴，致人重伤、死亡的，依照本法第二百三十四条、第二百三十二条的规定定罪处罚。

（一）概念

聚众斗殴罪，是指出于私仇宿怨、争霸一方或者其他藐视法纪的动机，聚集众人进行殴斗的行为。

（二）行为

本罪在客观方面表现为实施了聚集众人进行殴斗的行为。

（三）故意

本罪在主观方面是故意，而且是出于私仇宿怨、争霸一方或者其他藐视法纪的动机。

（四）认定

(1) 本罪与因民事纠纷、邻里纠纷而互相斗殴或结伙械斗的界限：后者一般是事出有因，不具有争霸一方、寻求刺激等犯罪动机，因而如果没有发生严重后果，不宜认定为犯罪；即便发生严重后果，也不构成本罪，只能按照刑法的有关规定以其他犯罪论处。

(2) 本罪与故意伤害罪、故意杀人罪的界限：构成本罪以致人轻伤为限，倘若在聚众斗殴中致人重伤、死亡的，根据《刑法》第292条第2款的规定，应以故意伤害罪、故意杀人罪定罪处罚。

三十五、寻衅滋事罪

第二百九十三条[根据《刑法修正案》(八)第四十二条修订] **有下列寻衅滋事行为之一,破坏社会秩序的,处五年以下有期徒刑、拘役或者管制:**

(一) 随意殴打他人,情节恶劣的;

(二) 追逐、拦截、辱骂、恐吓他人,情节恶劣的;

(三) 强拿硬要或者任意损毁、占用公私财物,情节严重的;

(四) 在公共场所起哄闹事,造成公共场所秩序严重混乱的。

纠集他人多次实施前款行为,严重破坏社会秩序的,处五年以上十年以下有期徒刑,可以并处罚金。

(一) 概念

寻衅滋事罪,是指在公共场所无事生非,肆意挑衅,起哄捣乱,进行破坏骚扰,破坏社会秩序,情节恶劣或者后果严重的行为。

(二) 行为

本罪在客观方面表现为以下四种行为形态:① 随意殴打他人。具体是指出于要威风、取乐等流氓动机,无故或无理殴打相识或素不相识的人。② 追逐、拦截、辱骂、恐吓他人。具体是指出于取乐、寻求精神刺激等流氓动机,无故或无理追逐、拦截、侮辱、谩骂他人特别是妇女。③ 强拿硬要或者任意损毁、占用公私财物。具体是指以蛮不讲理的方式,强行索要他人财物或商品,或者随心所欲地毁损、占用公私财物。④ 在公共场所起哄闹事。

(三) 故意

本罪在主观方面必须是故意,而且一般是出于要威风、取乐、寻求精神刺激等流氓动机。

(四) 定罪标准

构成本罪,除上述第四种行为要求必须具有造成公共场所秩序严重混乱的结果条件外,其他三种行为均要求达到情节恶劣或情节严重的程度。对情节恶劣或情节严重的判断,应从行为的性质、手段、次数、数量、影响和后果等多方面综合考虑。

三十六、组织、领导、参加黑社会性质组织罪

第二百九十四条[根据《刑法修正案》(八)第四十三条修订] **组织、领导黑社会性质的组织的,处七年以上有期徒刑,并处没收财产;积极参加的,处三年以上七年以下有期徒刑,可以并处罚金或者没收财产;其他参加的,处三年以下有期徒刑、拘役、管制或者剥夺政治权利,可以并处罚金。**

境外的黑社会组织的人员到中华人民共和国境内发展组织成员的,处三年以上十年以下有期徒刑。

国家机关工作人员包庇黑社会性质的组织,或者纵容黑社会性质的组织进行违法犯罪活动的,处五年以下有期徒刑;情节严重的,处五年以上有期徒刑。

犯前三款罪又有其他犯罪行为的,依照数罪并罚的规定处罚。

黑社会性质的组织应当同时具备以下特征:

(一) 形成较稳定的犯罪组织,人数较多,有明确的组织者、领导者,骨干成员基本固定;

(二) 有组织地通过违法犯罪活动或者其他手段获取经济利益,具有一定的经济实力,以支持该组织的活动;

（三）以暴力、威胁或者其他手段，有组织地多次进行违法犯罪活动，为非作恶，欺压、残害群众；

（四）通过实施违法犯罪活动，或者利用国家工作人员的包庇或者纵容，称霸一方，在一定区域或者行业内，形成非法控制或者重大影响，严重破坏经济、社会生活秩序。

（一）概念

组织、领导、参加黑社会性质组织罪，是指组织、领导和积极参加以暴力、威胁或者其他手段，有组织地进行违法犯罪活动，称霸一方，为非作恶，欺压、残害群众，严重破坏经济、社会生活秩序的黑社会性质的组织的行为。

（二）行为

本罪在客观方面表现为组织、领导和积极参加黑社会性质的组织的行为。黑社会性质的组织应当同时具备以下特征：① 形成较稳定的犯罪组织，人数较多，有明确的组织者、领导者，骨干成员基本固定；② 有组织地通过违法犯罪活动或者其他手段获取经济利益，具有一定的经济实力，以支持该组织的活动；③ 以暴力、威胁或者其他手段，有组织地多次进行违法犯罪活动，为非作恶，欺压、残害群众；④ 通过实施违法犯罪活动，或者利用国家工作人员的包庇或者纵容，称霸一方，在一定区域或者行业内，形成非法控制或者重大影响，严重破坏经济、社会生活秩序。

（三）故意

本罪在主观方面为故意，即明知是黑社会性质的组织而决意组织、领导和积极参加。如因不了解情况而误入黑社会性质的组织，了解实情后及时退出的，不能以本罪论处。

（四）认定

(1) 罪与非罪的界限。对于参加黑社会性质的组织，没有实施其他违法犯罪活动的，或者受蒙蔽、胁迫参加黑社会性质的组织，情节轻微的，可以不作为犯罪处理。

(2) 一罪与数罪的界限。本罪是行为犯，行为人只要实施了组织、领导和积极参加黑社会性质的组织的行为，原则上就构成本罪。如果行为人组织、领导、参加黑社会性质的组织又有其他犯罪行为的，依照数罪并罚的规定处罚。

三十七、入境发展黑社会组织罪

第二百九十四条［根据《刑法修正案》(八)第四十三条修订］ **组织、领导黑社会性质的组织的，处七年以上有期徒刑，并处没收财产；积极参加的，处三年以上七年以下有期徒刑，可以并处罚金或者没收财产；其他参加的，处三年以下有期徒刑、拘役、管制或者剥夺政治权利，可以并处罚金。**

境外的黑社会组织的人员到中华人民共和国境内发展组织成员的，处三年以上十年以下有期徒刑。

国家机关工作人员包庇黑社会性质的组织，或者纵容黑社会性质的组织进行违法犯罪活动的，处五年以下有期徒刑；情节严重的，处五年以上有期徒刑。

犯前三款罪又有其他犯罪行为的，依照数罪并罚的规定处罚。

黑社会性质的组织应当同时具备以下特征：

（一）形成较稳定的犯罪组织，人数较多，有明确的组织者、领导者，骨干成员基本固定；

（二）有组织地通过违法犯罪活动或者其他手段获取经济利益，具有一定的经济实力，以支持该组织的活动；

（三）以暴力、威胁或者其他手段，有组织地多次进行违法犯罪活动，为非作恶，欺压、

残害群众；

（四）通过实施违法犯罪活动，或者利用国家工作人员的包庇或者纵容，称霸一方，在一定区域或者行业内，形成非法控制或者重大影响，严重破坏经济、社会生活秩序。

（一）概念

入境发展黑社会组织罪，是指境外的黑社会组织的人员到中华人民共和国境内发展组织成员的行为。

（二）行为

本罪在客观方面表现为境外的黑社会组织的人员到中华人民共和国境内发展组织成员的行为。所谓发展组织成员，是指将境内、外人员吸收为该黑社会组织的成员。对黑社会组织成员进行内部调整等行为，可视为发展组织成员。

（三）主体

本罪的主体是境外的黑社会组织的人员，即被境外国家和地区确定为黑社会组织的人员，包括外国的黑社会组织的人员和我国港澳台地区的黑社会组织的人员。

（四）故意

本罪在主观方面是故意。

（五）竞合

成立本罪，又有其他犯罪行为的，依照数罪并罚的规定处罚。

三十八、包庇、纵容黑社会性质组织罪

第二百九十四条[根据《刑法修正案》(八)第四十三条修订] **组织、领导黑社会性质的组织的，处七年以上有期徒刑，并处没收财产；积极参加的，处三年以上七年以下有期徒刑，可以并处罚金或者没收财产；其他参加的，处三年以下有期徒刑、拘役、管制或者剥夺政治权利，可以并处罚金。**

境外的黑社会组织的人员到中华人民共和国境内发展组织成员的，处三年以上十年以下有期徒刑。

国家机关工作人员包庇黑社会性质的组织，或者纵容黑社会性质的组织进行违法犯罪活动的，处五年以下有期徒刑；情节严重的，处五年以上有期徒刑。

犯前三款罪又有其他犯罪行为的，依照数罪并罚的规定处罚。

黑社会性质的组织应当同时具备以下特征：

（一）形成较稳定的犯罪组织，人数较多，有明确的组织者、领导者，骨干成员基本固定；

（二）有组织地通过违法犯罪活动或者其他手段获取经济利益，具有一定的经济实力，以支持该组织的活动；

（三）以暴力、威胁或者其他手段，有组织地多次进行违法犯罪活动，为非作恶，欺压、残害群众；

（四）通过实施违法犯罪活动，或者利用国家工作人员的包庇或者纵容，称霸一方，在一定区域或者行业内，形成非法控制或者重大影响，严重破坏经济、社会生活秩序。

（一）概念

包庇、纵容黑社会性质组织罪，是指国家机关工作人员包庇黑社会性质的组织，或者纵容黑社会性质的组织进行违法犯罪活动的行为。

（二）行为

本罪在客观方面表现为：① 包庇，即国家机关工作人员为使黑社会性质组织及其成员逃避查禁，而通风报信，隐匿、毁灭、伪造证据，阻止他人作证、检举揭发，指使他人作伪证，帮助逃匿，或者阻挠其他国家机关工作人员依法查禁等。② 纵容，即国家机关工作人员不依法履行职责，放纵黑社会性质组织进行违法犯罪活动。本罪是选择性罪名。

（三）主体

本罪的主体只能是国家机关工作人员，而且该国家机关工作人员不是黑社会性质的组织的成员。

（四）故意

本罪在主观方面是故意，行为人对其所包庇、纵容的是黑社会性质的组织有明确认识。

（五）竞合

成立本罪，又有其他犯罪行为的，依照数罪并罚的规定处罚。

三十九、传授犯罪方法罪

第二百九十五条［根据《刑法修正案》（八）第四十四条修订］　**传授犯罪方法的，处五年以下有期徒刑、拘役或者管制；情节严重的，处五年以上十年以下有期徒刑；情节特别严重的，处十年以上有期徒刑或者无期徒刑。**

（一）概念

传授犯罪方法罪，是指故意用各种方式把犯罪方法传授给他人的行为。

（二）行为

本罪在客观方面表现为传授犯罪方法的行为，即行为人以语言、文字、动作、图像或者其他方法公开或者秘密地将犯罪的技能和经验传授给他人。本罪是行为犯，行为人只要实施了故意传授犯罪方法的行为，就构成本罪。

（三）故意

本罪在主观方面是故意。

（四）认定

本罪与教唆犯罪的界限。两者的主要区别是：① 侵犯的客体不同。前者侵犯的是社会管理秩序；后者侵犯的客体则依其教唆的犯罪的性质而定。② 客观方面不同。前者是传授犯罪的技能和经验，被传授者原来有无犯罪意图无关紧要；后者则是故意使他人产生犯罪意图。③ 故意的内容不同。前者只传授犯罪的技能和经验；后者则是希望被教唆者实施所教唆之罪。④ 犯罪形态和对象条件不同。前者中传授者与被传授者之间一般不构成共同犯罪，因而，传授犯罪方法的对象既包括达到法定年龄、具有刑事责任能力的人，也包括没有达到法定年龄的人；后者中教唆的对象只能是达到法定年龄、具有刑事责任能力的人，而且，如果被教唆者实施了被教唆的犯罪，两者成立共犯。⑤ 定罪量刑的根据不同。前者是独立犯罪，直接按其法定刑处罚；后者则应根据刑法总则关于教唆犯罪的规定和刑法分则关于所教唆的犯罪的条文论处。

当然，在实践中，也可能出现本罪与教唆犯罪相交织的情况，比如就同一犯罪内容对同一对象同时实施了教唆行为和传授犯罪方法的行为，由于两者之间存在牵连或者吸收关系，应当从一重罪论处。

四十、非法集会、游行、示威罪

第二百九十六条　**举行集会、游行、示威，未依照法律规定申请或者申请未获许可，或者**

未按照主管机关许可的起止时间、地点、路线进行，又拒不服从解散命令，严重破坏社会秩序的，对集会、游行、示威的负责人和直接责任人员，处五年以下有期徒刑、拘役、管制或者剥夺政治权利。

(一) 概念

非法集会、游行、示威罪，是指举行集会、游行、示威，未依照法律规定申请或者申请未获许可，或者未按照主管机关许可的起止时间、地点、路线进行，又拒不服从解散命令，严重破坏社会秩序的行为。

(二) 行为

本罪在客观方面表现为：① 未依照法律规定申请或者申请未获许可，而举行集会、游行、示威，又拒不服从解散命令。② 集会、游行、示威未按照主管机关许可的起止时间、地点、路线进行，又拒不服从解散命令。所谓集会，是指聚集于露天公共场所，发表意见、表达意愿的活动。所谓游行，是指在公共道路、露天公共场所列队行进、表达共同意愿的活动。所谓示威，是指在露天公共场所、公共道路上以集会、游行、静坐等方式表达要求、抗议或者支持、声援等共同意愿的活动。

(三) 故意

本罪在主观方面是故意。

四十一、非法携带武器、管制刀具、爆炸物参加集会、游行、示威罪

第二百九十七条　违反法律规定，携带武器、管制刀具或者爆炸物参加集会、游行、示威的，处三年以下有期徒刑、拘役、管制或者剥夺政治权利。

(一) 概念

非法携带武器、管制刀具、爆炸物参加集会、游行、示威罪，是指违反法律规定，携带武器、管制刀具或者爆炸物参加集会、游行、示威的行为。

(二) 行为

本罪在客观方面表现为违反法律规定，携带武器、管制刀具或者爆炸物参加集会、游行、示威的行为。所谓管制刀具，是指匕首、三棱刀、带有自锁装置的弹簧刀(跳刀)以及其他相类似的单刀、双刃刀和三棱尖刀等。

(三) 故意

本罪在主观方面是故意。

(四) 认定

参加集会、游行、示威的行为人携带的是其非法持有、私藏的枪支、弹药，则同时构成了本罪与非法持有、私藏枪支、弹药罪，应当数罪并罚。

四十二、破坏集会、游行、示威罪

第二百九十八条　扰乱、冲击或者以其他方法破坏依法举行的集会、游行、示威，造成公共秩序混乱的，处五年以下有期徒刑、拘役、管制或者剥夺政治权利。

(一) 概念

破坏集会、游行、示威罪，是指扰乱、冲击或者以其他方法破坏依法举行的集会、游行、示威，造成公共秩序混乱的行为。

(二) 行为

本罪在客观方面表现为行为人实施了扰乱、冲击或者以其他方法破坏依法举行的集会、游

行、示威的行为。所谓扰乱，是指干扰捣乱。所谓冲击，是指强行冲入。上述行为造成公共秩序混乱的，才构成犯罪。

（三）故意

本罪在主观方面是故意。

四十三、侮辱国旗、国徽罪

第二百九十九条　在公众场合故意以焚烧、毁损、涂划、玷污、践踏等方式侮辱中华人民共和国国旗、国徽的，处三年以下有期徒刑、拘役、管制或者剥夺政治权利。

（一）概念

侮辱国旗、国徽罪，是指在公众场合故意以焚烧、毁损、涂划、玷污、践踏等方式侮辱中华人民共和国国旗、国徽的行为。

（二）行为

本罪在客观方面表现为在公众场合故意以焚烧、毁损、涂划、玷污、践踏等方式侮辱中华人民共和国国旗、国徽的行为。公众场合，是指悬挂国旗、国徽的公共场所或党政机关所在地以及其他人群聚集的场所。焚烧，是指放火燃烧。毁损，是指用各种破坏工具或方法损坏。涂划，是指用笔墨、颜料等涂抹、涂画。玷污，是指使用秽物损害国旗、国徽的外观而使其失去尊严。践踏，是指采取脚踩、车碾等形式。

（三）故意

本罪在主观上要求行为人有侮辱国旗、国徽的故意。

四十四、组织、利用会道门、邪教组织、利用迷信破坏法律实施罪

第三百条[根据《刑法修正案》(九)第三十三条修订]　组织、利用会道门、邪教组织或者利用迷信破坏国家法律、行政法规实施的，处三年以上七年以下有期徒刑，并处罚金；情节特别严重的，处七年以上有期徒刑或者无期徒刑，并处罚金或者没收财产；情节较轻的，处三年以下有期徒刑、拘役、管制或者剥夺政治权利，并处或者单处罚金。

组织、利用会道门、邪教组织或者利用迷信蒙骗他人，致人重伤、死亡的，依照前款的规定处罚。

犯第一款罪又有奸淫妇女、诈骗财物等犯罪行为的，依照数罪并罚的规定处罚。

（一）概念

组织、利用会道门、邪教组织、利用迷信破坏法律实施罪，是指组织和利用会道门、邪教组织或者利用迷信破坏国家法律、行政法规实施的行为。

（二）行为

本罪在客观方面表现为组织和利用会道门、邪教组织、利用迷信破坏国家法律、行政法规的实施。所谓会道门，是指会门和道门等封建迷信活动组织的总称，包括一贯道、九宫道、先天道、后天道、大刀会、哥老会、青红帮等封建迷信组织。所谓邪教组织，是指冒用宗教、气功或者其他名义建立，神化首要分子，利用制造、散布迷信邪说等手段蛊惑、蒙骗他人，发展、控制成员，危害社会的非法组织。组织和利用邪教组织破坏国家法律、行政法规的实施，是指组织和利用邪教组织并具有下列情形之一的：① 聚众围攻、冲击国家机关、企业事业单位，扰乱国家机关、企业事业单位的工作、生产、经营、教学和科研秩序的；② 非法举行集会、游行、示威，煽动、欺骗、组织其成员或者其他人聚众围攻、冲击、强占、哄闹公共场所及宗教活动场所，扰乱社会秩序的；③ 抗拒有

关部门取缔或者已经被有关部门取缔,又恢复或者另行建立邪教组织,或者继续进行邪教活动的;④ 煽动、欺骗、组织其成员或者其他人不履行法定义务,情节严重的;⑤ 出版、印刷、复制、发行宣扬邪教内容出版物,以及印制邪教组织标识的;⑥ 其他破坏国家法律、行政法规实施行为的。对于组织、利用会道门破坏法律、行政法规实施的认定,也可参照上述规定。

另据司法解释[①],制作、传播邪教宣传品,宣扬邪教,破坏法律、行政法规实施,具有下列情形之一的,也属于组织和利用邪教组织破坏国家法律、行政法规实施的行为:① 制作、传播邪教传单、图片、标语、报纸 300 份以上,书刊 100 册以上,光盘 100 张以上,录音、录像带 100 盒以上的;② 制作、传播宣扬邪教的 DVD、VCD、CD 母盘的;③ 利用互联网制作、传播邪教组织信息的;④ 在公共场所悬挂横幅、条幅,或者以书写、喷涂标语等方式宣扬邪教,造成严重社会影响的;⑤ 因制作、传播邪教宣传品受过刑事处罚或者行政处罚又制作、传播的;⑥ 其他制作、传播邪教宣传品,情节严重的。其中,所谓宣传品,是指传单、标语、喷图、图片、书籍、报刊、录音带、录像带、光盘及其母盘或者其他有宣传作用的物品。所谓制作,是指编写、印制、复制、绘画、出版、录制、摄制、洗印等行为。所谓传播,是指散发、张贴、邮寄、上载、播放以及发送电子信息等行为。此外,邪教组织被取缔后,仍聚集滋事、公开进行邪教活动,或者聚众冲击国家机关、新闻机构等单位,人数达到 20 人以上的,或者虽未达到 20 人,但具有其他严重情节的,或者为组织、策划邪教组织人员聚集滋事、公开进行邪教活动而进行聚会、串联等活动的,也视为组织和利用邪教组织破坏国家法律、行政法规的实施。

(三) 主体

本罪的主体是一般主体,但对于邪教组织被取缔后,仍聚集滋事、公开进行邪教活动,或者聚众冲击国家机关、新闻机构等单位,人数达到 20 人以上的,或者虽未达到 20 人,但具有其他严重情节,因而构成本罪的,以及为组织、策划邪教组织人员聚集滋事、公开进行邪教活动而进行聚会、串联等活动,因而构成本罪的,只追究组织者、策划者、指挥者和屡教不改的积极参加者的刑事责任[②]。

(四) 故意

本罪在主观方面是故意。

(五) 认定

犯组织、利用会道门、邪教组织、利用迷信破坏法律实施罪,同时又有奸淫妇女、诈骗财物等犯罪行为的,依照数罪并罚的规定处罚;行为人组织和利用邪教组织制造、散布迷信邪说,指使、胁迫其成员或者其他人实施自杀、自伤行为的,分别以故意杀人罪或者故意伤害罪定罪处罚;行为人组织和利用邪教组织,组织、策划、实施、煽动分裂国家、破坏国家统一或者颠覆国家政权、推翻社会主义制度的,则分别依照《刑法》第 103 条、第 105 条、第 113 条的规定定罪处罚。此外,制作、传播的邪教宣传品具有煽动分裂国家、破坏国家统一,煽动颠覆国家政权、推翻社会主义制度,侮辱、诽谤他人,严重危害社会秩序和国家利益,或者破坏国家法律、行政法规实施等内容,其行为同时触犯《刑法》第 103 条第 2 款、第 105 条第 2 款、第 246 条、第 300 条第 1 款等规定的,依照处罚较重的规定定罪处罚。

四十五、组织、利用会道门、邪教组织、利用迷信致人重伤、死亡罪

第三百条[根据《刑法修正案》(九)第三十三条修订] 组织、利用会道门、邪教组织或者

① 参见 2001 年 6 月 4 日最高人民法院、最高人民检察院《关于办理组织和利用邪教组织犯罪案件具体应用法律若干问题的解释》(二)。

② 同上。

利用迷信破坏国家法律、行政法规实施的，处三年以上七年以下有期徒刑，并处罚金；情节特别严重的，处七年以上有期徒刑或者无期徒刑，并处罚金或者没收财产；情节较轻的，处三年以下有期徒刑、拘役、管制或者剥夺政治权利，并处或者单处罚金。

组织、利用会道门、邪教组织或者利用迷信蒙骗他人，致人重伤、死亡的，依照前款的规定处罚。

犯第一款罪又有奸淫妇女、诈骗财物等犯罪行为的，依照数罪并罚的规定处罚。

（一）概念

组织、利用会道门、邪教组织、利用迷信致人重伤、死亡罪，是指组织和利用会道门、邪教组织或者利用迷信蒙骗他人，致人重伤、死亡的行为。

（二）行为

本罪在客观方面表现为实施了组织和利用会道门、邪教组织或者利用迷信蒙骗他人，致人重伤、死亡的行为。根据司法解释，组织和利用邪教组织蒙骗他人，致人重伤、死亡，是指组织和利用邪教组织制造、散布迷信邪说，蒙骗其成员或者其他人实施绝食、自残、自虐等行为，或者阻止病人进行正常治疗，致人重伤、死亡的情形。对于组织和利用会道门或者利用迷信蒙骗他人，致人重伤、死亡的认定，也可参照这一规定。

（三）过失

本罪在主观方面是出于过失。

（四）认定

出于杀人或者伤害故意，利用他人的迷信心理，教唆、帮助他人自杀的，或者实施迷信等行为，故意使他人死亡或者伤害的，都应构成故意杀人罪或者故意伤害罪。组织、策划、煽动、教唆、帮助邪教组织人员自杀的，也应以故意杀人罪定罪处罚。

四十六、聚众淫乱罪

第三百零一条第一款　**聚众进行淫乱活动的，对首要分子或者多次参加的，处五年以下有期徒刑、拘役或者管制。**

（一）概念

聚众淫乱罪，是指聚集多人进行集体淫乱活动的行为。

（二）行为

本罪在客观方面表现为聚众进行淫乱活动的行为。所谓淫乱，是指群奸群宿以及其他淫乱活动，如聚众从事鸡奸、口淫活动等。

（三）故意

本罪在主观方面是故意。

四十七、引诱未成年人聚众淫乱罪

第三百零一条　**聚众进行淫乱活动的，对首要分子或者多次参加的，处五年以下有期徒刑、拘役或者管制。**

引诱未成年人参加聚众淫乱活动的，依照前款的规定从重处罚。

（一）概念

引诱未成年人聚众淫乱罪，是指引诱未成年人参加聚众淫乱活动的行为。

（二）行为

本罪在客观方面表现为引诱行为，即采取各种手段进行诱惑。行为的对象是未成年人，即不

满18周岁的人。

(三) 故意

本罪在主观方面是故意,行为人对被引诱者是未成年人有明确认识。

四十八、盗窃、侮辱、故意毁坏尸体、尸骨、骨灰罪

第三百零二条[根据《刑法修正案》(九)第三十四条修订] **盗窃、侮辱、故意毁坏尸体、尸骨、骨灰的,处三年以下有期徒刑、拘役或者管制。**

(一) 概念

盗窃、侮辱、故意毁坏尸体、尸骨、骨灰罪,是指窃取尸体、尸骨、骨灰或者以暴露、猥亵、侮辱、毁损等方式损害尸体、尸骨、骨灰的尊严,伤害有关人员感情的行为。

(二) 行为

本罪在客观方面表现为盗窃、侮辱、故意毁坏尸体、尸骨、骨灰的行为。奸尸行为应视为侮辱尸体的一种具体形式。行为的对象是尸体、尸骨、骨灰。

(三) 故意

本罪在主观方面是故意。

四十九、赌博罪

第三百零三条第一款[根据《刑法修正案》(六)第十八条修订] **以营利为目的,聚众赌博或者以赌博为业的,处三年以下有期徒刑、拘役或者管制,并处罚金。**

(一) 概念

赌博罪,是指以营利为目的,聚众赌博或者以赌博为业的行为。

(二) 行为

本罪在客观方面表现为聚众赌博或者以赌博为业的行为。

本罪侵害的法益是公众健全的经济生活风俗。赌博行为助长了不劳而获的心态,腐蚀人们的思想,严重影响生活秩序,引起社会冲突,诱发贪污、盗窃、诈骗、杀人等多种犯罪,所以,设置本罪意在防止以诚实劳动换取利益、维持生计的善良社会、经济风俗的失落。与本罪的抽象法益相关联,行为有损害他人财产的高度危险性时就应当受到处罚。他人财产包括财物和财产上的利益。

赌博,是指二人以上根据偶然的因素决定胜败、财产得失的行为。赌博包括赌事和博戏两种情形,赌事,是指结果的产生与行为者的动作无关、胜败完全取决于偶然因素的场合,例如,足球赌博、赛马赌博等;博戏,是指偶然因素、行为者自身的动作和能力同时对胜负有影响的情形,例如,使用麻将、棋牌赌博。在我国,对赌事和博戏都要给予处罚。

聚众赌博,是指以公开或秘密的方式为赌博活动提供场所、赌具,组织、招引他人参加赌博。聚众者自己不参赌,但从中渔利的,也成立本罪;参赌人员利用赌具就财物或财产上利益的得失展开争夺,就是本罪行为的着手。根据有关司法解释,以营利为目的,组织3人以上赌博,抽头渔利数额累计达到5 000元以上的;组织3人以上赌博,赌资数额累计达到5万元以上的;组织3人以上赌博,参赌人数累计达到20人以上的;组织中国公民10人以上赴境外赌博,从中收取回扣、介绍费的,属于聚众赌博[①]。

① 参见最高人民法院、最高人民检察院《关于办理赌博刑事案件具体应用法律若干问题的解释》(2005年5月11日)。

以赌博为业，是指嗜赌成性，反复实施赌博行为，以赌博所得作为生活或挥霍的重要来源的行为（常业犯）。

成立本罪要求赌博者以偶然因素决定胜负，即参与者主观上对结果不能作确实的预测。当然，在参与者依靠自己的技能可以对胜败发生一定影响的场合（例如围棋、麻将、扑克牌等），对行为的偶然性也不能否认，可以成立赌博罪。但是，行为人以赌博之名，行诈骗之实，利用欺骗方法支配胜负结果，例如，在赌具中弄虚作假，或者采用黑话、暗语为号，诱骗他人与之赌博，参赌者对此并不知情而参赌的场合（片面赌博），参赌者不成立赌博罪的共犯，行为人应成立诈骗罪。而司法解释认为，在这种情形下，应成立赌博罪，似有不妥。此外，对设置圈套诱骗他人参赌又向索还钱财的受骗者施加暴力或以暴力威胁的，理应构成（转化）抢劫罪。但司法解释认为，行为人设置圈套诱骗他人参赌获取钱财，构成赌博罪。参赌者识破骗局要求退还钱财，设赌者又使用暴力或者以暴力相威胁，拒绝退还的，应以赌博罪从重处罚；致参赌者伤害或者死亡的，应以赌博罪和故意伤害罪或者故意杀人罪，依法实行数罪并罚①。

（三）故意

本罪在主观方面是故意，并且要求行为人具有营利的目的，至于其是否实际取得利益，在所不问。

“以营利为目的”是指实施聚众赌博、以赌博为业的行为，是为了获取数额较大的金钱或者其他财物，而不是为了消遣、娱乐。不以营利为目的，进行带有少量财物输赢的娱乐活动的，欠缺本罪故意。为一时的娱乐、消遣等进行赌博的，不构成本罪。虽本着营利目的参加赌博，但只是一般的参赌人员，而不属于赌博活动的聚众者或者不是以赌博为业的，也不符合本罪的主观要件。

五十、开设赌场罪

第三百零三条第二款［根据《刑法修正案》（六）第十八条修订］　开设赌场的，处三年以下有期徒刑、拘役或者管制，并处罚金；情节严重的，处三年以上十年以下有期徒刑，并处罚金。

开设赌场罪，是指为他人赌博设立、提供场所的行为。

对于“开设”的含义，应当做广义理解，除传统的营业性地为赌博者提供场地，设定赌博方式，提供赌具、筹码，接受赌客投注，以供他人赌博外，在计算机网络上建立赌博网站，或者为赌博网站担任代理，接受投注的，以及以接受电话投注的方式进行赌博，而参与者并不集中在一起的，也属于开设赌场。提供棋牌室等娱乐场所只收取正常的场所和服务费用的行为，不构成本罪。提供赌场之后，本人是否参赌，是否从他人的赌博行为中渔利，都不影响本罪成立。由于开设赌场，吸引他人前去赌博，参赌人数多，赌资数额大，赌场收入更加丰厚，社会危害性也较一般的聚众赌博更大，所以，刑法在赌博罪之外单设开设赌场罪。

一旦赌场开始正式营业，并有人实际使用，就成立本罪既遂。至于开设者是否实际获取利润，无关紧要。开设赌场的人自己参与赌博，并以赌博为业的，可以考虑以本罪和赌博罪并罚。

五十一、故意延误投递邮件罪

第三百零四条　邮政工作人员严重不负责任，故意延误投递邮件，致使公共财产、国家和

① 参见最高人民法院《关于对设置圈套诱骗他人参赌又向索还钱财的受骗者施以暴力或暴力威胁的行为应如何定罪问题的批复》（1995年11月6日）。

人民利益遭受重大损失的,处二年以下有期徒刑或者拘役。

(一)概念

故意延误投递邮件罪,是指邮政工作人员严重不负责任,故意延误投递邮件,致使公共财产、国家和人民利益遭受重大损失的行为。

(二)行为

本罪在客观方面表现为严重不负责任,故意延误投递邮件的行为。上述行为还必须使公共财产、国家和人民利益遭受重大损失,才构成本罪。

(三)故意

本罪在主观方面是故意。

第二节 妨害司法罪

一、伪证罪

第三百零五条 **在刑事诉讼中,证人、鉴定人、记录人、翻译人对与案件有重要关系的情节,故意作虚假证明、鉴定、记录、翻译,意图陷害他人或者隐匿罪证的,处三年以下有期徒刑或者拘役;情节严重的,处三年以上七年以下有期徒刑。**

(一)概念

伪证罪,是指在刑事诉讼中,证人、鉴定人、记录人、翻译人对与案件有重要关系的情节,故意作虚假证明、鉴定、记录、翻译,意图陷害他人或者隐匿罪证的行为。

(二)主体

本罪的主体只能是刑事诉讼中的证人、鉴定人、记录人、翻译人。这四种人在刑事诉讼中都负有向司法机关等如实提供案件客观情况的义务。

(三)行为

本罪在客观方面表现为行为人在刑事诉讼中,对与案件有重要关系的情节,故意作虚假证明、鉴定、记录、翻译的行为。具体可从三个方面来理解:① 行为的方式有四种,即作虚假证明、鉴定、记录或翻译。所谓虚假,是指无中生有,虚构犯罪事实或者伪造证据,或者掩盖事实真相,将应当提供或反映的事实不提供、不反映。② 行为所针对的是与案件有重要关系的情节。所谓与案件有重要关系的情节,是指对案件是否构成犯罪以及犯罪的性质或罪行的轻重具有重要影响的情节。③ 行为发生的时间是在刑事诉讼中,即从侦查机关立案到法院审判终结的过程中(公诉案件),或者从自诉人提起自诉到法院审判终结的过程中(自诉案件)。

(四)故意

本罪的主观方面只能是直接故意,而且必须具有陷害他人或者隐匿罪证的意图。

二、辩护人、诉讼代理人毁灭、伪造证据、妨害作证罪

第三百零六条 **在刑事诉讼中,辩护人、诉讼代理人毁灭、伪造证据,帮助当事人毁灭、伪造证据,威胁、引诱证人违背事实改变证言或者作伪证的,处三年以下有期徒刑或者拘役;情节严重的,处三年以上七年以下有期徒刑。**

辩护人、诉讼代理人提供、出示、引用的证人证言或者其他证据失实,不是有意伪造的,不属于伪造证据。

（一）概念

辩护人、诉讼代理人毁灭、伪造证据、妨害作证罪，是指在刑事诉讼中，辩护人、诉讼代理人毁灭、伪造证据，帮助当事人毁灭、伪造证据，威胁、引诱证人违背事实改变证言或者作伪证的行为。

（二）主体

本罪的主体只能是刑事诉讼中的辩护人、诉讼代理人。辩护人是帮助犯罪嫌疑人、被告人行使辩护权，依法维护犯罪嫌疑人、被告人合法权益的诉讼参与人；诉讼代理人则是代理刑事诉讼中除犯罪嫌疑人、被告人以外的当事人参加刑事诉讼的诉讼参与人。

（三）行为

本罪在客观方面表现为：① 毁灭、伪造证据；② 帮助当事人毁灭、伪造证据；③ 威胁、引诱证人违背事实改变证言或者作伪证。但是，辩护人、诉讼代理人要求证人改变以前的违背事实的证言的，不成立犯罪。

（四）故意

本罪在主观方面是故意。

（五）认定

辩护人、诉讼代理人在刑事诉讼中提供、出示、引用的证人证言或者其他证据失实，不是有意伪造的，不属于伪造证据，不构成本罪。

三、妨害作证罪

第三百零七条第一款　以暴力、威胁、贿买等方法阻止证人作证或者指使他人作伪证的，处三年以下有期徒刑或者拘役；情节严重的，处三年以上七年以下有期徒刑。

第三款　司法工作人员犯前两款罪的，从重处罚。

（一）概念

妨害作证罪，是指以暴力、威胁、贿买等方法阻止证人作证或者指使他人作伪证的行为。

（二）行为

本罪在客观方面表现为以暴力、威胁、贿买等方法阻止证人作证或者指使他人作伪证的行为。行为发生的场合是在诉讼过程中或者诉讼过程之外，而且此处的诉讼既包括刑事诉讼，又包括民事、行政诉讼。行为的方法是暴力、威胁或贿买等。行为的具体内容表现为两种情况：一是阻止证人作证；二是指使他人作伪证。

（三）故意

本罪在主观方面是故意。

四、帮助毁灭、伪造证据罪

第三百零七条第二款　帮助当事人毁灭、伪造证据，情节严重的，处三年以下有期徒刑或者拘役。

第三款　司法工作人员犯前两款罪的，从重处罚。

（一）概念

帮助毁灭、伪造证据罪，是指帮助当事人毁灭、伪造证据，情节严重的行为。

（二）行为

本罪在客观方面表现为帮助当事人毁灭、伪造证据的行为。此处的当事人应包括刑事、民事、行政等各种诉讼活动中的当事人。

（三）故意

本罪在主观方面是故意。

（四）定罪标准

上述行为只有达到情节严重的程度，才构成本罪。这也是本罪与辩护人、诉讼代理人毁灭、伪造证据、妨害作证罪的一个重要区别。

五、虚假诉讼罪

第三百零七条之一［根据《刑法修正案》(九)第三十五增设］ **以捏造的事实提起民事诉讼，妨害司法秩序或者严重侵害他人合法权益的，处三年以下有期徒刑、拘役或者管制，并处或者单处罚金；情节严重的，处三年以上七年以下有期徒刑，并处罚金。**

单位犯前款罪的，对单位判处罚金，并对其直接负责的主管人员和其他直接责任人员，依照前款的规定处罚。

有第一款行为，非法占有他人财产或者逃避合法债务，又构成其他犯罪的，依照处罚较重的规定定罪从重处罚。

司法工作人员利用职权，与他人共同实施前三款行为的，从重处罚；同时构成其他犯罪的，依照处罚较重的规定定罪从重处罚。

（一）概念

虚假诉讼罪，是指以捏造的事实提起民事诉讼，妨害司法秩序或者严重侵害他人合法权益的行为。近年来，在民事诉讼活动中，存在较为严重的“诉讼诈骗”行为。典型表现形式如行为人以提起民事诉讼为手段，提供虚假的陈述、出示虚假的证据，使法院作出有利于自己的判决，从而获得财产。这一行为不仅侵害了人民法院的正常审判活动，而且也侵害了公民的财产权。因此，本罪的法益是国家司法秩序和财产权。

（二）行为

本罪在客观方面表现为虚假诉讼，妨害司法秩序或者严重侵害他人民事合法权益的行为。捏造的事实，是指无中生有或者极端夸大或者缩小相关案件的事实。上述行为妨害司法秩序或者严重侵害他人合法权益的程度，即构成本罪。虚假诉讼罪中的“诉讼”限于民事诉讼，如果诉讼是刑事诉讼，则可能构成《刑法》第243条诬告陷害罪等其他罪名。对于2015年10月31日以前以捏造的事实提起民事诉讼，妨害司法秩序或者严重侵害他人合法权益，根据修正前刑法应当以伪造公司、企业、事业单位、人民团体印章罪、妨害作证罪等罪名追究刑事责任的，适用修正前刑法的有关规定。

（三）主体

本罪主体是一般主体。单位也可以成为本罪主体。

（四）故意

本罪在主观方面是故意。

（五）竞合

成立本罪，且非法占有他人财产或者逃避合法债务，又构成其他犯罪的，依照处罚较重的规定定罪从重处罚。如以捏造的事实提起民事诉讼，妨害司法秩序或严重侵害他人合法权益的行为单独可以构成虚假诉讼罪，但同时可能构成诈骗罪、职务侵占罪、贪污罪等，对此从一重罪论处。司法工作人员利用职权，与他人共同实施本罪行为的，从重处罚；同时构成其他犯罪的，依照处罚较重的规定定罪从重处罚。

六、打击报复证人罪

第三百零八条　对证人进行打击报复的，处三年以下有期徒刑或者拘役；情节严重的，处三年以上七年以下有期徒刑。

（一）概念

打击报复证人罪，是指对证人进行打击报复的行为。

（二）行为

本罪在客观方面表现为对证人进行打击报复的行为。具体是指对证人进行威胁、侮辱、殴打等，但不包括故意使人重伤、死亡。对于后者，应以故意伤害罪、故意杀人罪论处。

（三）故意

本罪在主观方面是故意。

七、泄露不应公开的案件信息罪

第三百零八条之一［根据《刑法修正案》(九)第三十六条增设］　司法工作人员、辩护人、诉讼代理人或者其他诉讼参与人，泄露依法不公开审理的案件中不应当公开的信息，造成信息公开传播或者其他严重后果的，处三年以下有期徒刑、拘役或者管制，并处或者单处罚金。

有前款行为，泄露国家秘密的，依照本法第三百九十八条的规定定罪处罚。

公开披露、报道第一款规定的案件信息，情节严重的，依照第一款的规定处罚。

单位犯前款罪的，对单位判处罚金，并对其直接负责的主管人员和其他直接责任人员，依照第一款的规定处罚。

（一）概念

泄露不应公开的案件信息罪，是指司法工作人员、辩护人、诉讼代理人或者其他诉讼参与人，泄露依法不公开审理的案件中不应当公开的信息，造成信息公开传播或者其他严重后果的行为。

（二）行为

本罪在客观方面表现为泄露依法不公开审理的案件中不应当公开的信息，造成信息公开传播或者其他严重后果的行为。本罪对象是“不公开审理的案件中不应当公开的信息”。虽然公开审理的案件同样可能有不应公开的信息，如被害人个人信息、侦查人员信息、案件涉及的国家机密或者个人隐私等，但是泄露上述信息即使需要追究刑事责任的，也不构成本罪，可以根据不同情况依法以故意泄露国家秘密罪、过失泄露国家秘密罪等罪名追究刑事责任。

（三）主体

本罪主体为特殊主体，包括司法工作人员、辩护人、诉讼代理人或者其他诉讼参与人。

（四）故意

本罪在主观方面是故意。

（五）竞合

泄露案件信息，构成泄露国家秘密的，依照故意泄露国家秘密罪定罪处罚。

八、披露、报道不应公开的案件信息罪

第三百零八条之一［根据《刑法修正案》(九)第三十六条增设］　司法工作人员、辩护人、诉讼代理人或者其他诉讼参与人，泄露依法不公开审理的案件中不应当公开的信息，造成信息公开传播或者其他严重后果的，处三年以下有期徒刑、拘役或者管制，并处或者单处罚金。

有前款行为，泄露国家秘密的，依照本法第三百九十八条的规定定罪处罚。

公开披露、报道第一款规定的案件信息，情节严重的，依照第一款的规定处罚。

单位犯前款罪的，对单位判处罚金，并对其直接负责的主管人员和其他直接责任人员，依照第一款的规定处罚。

（一）概念

披露、报道不应公开的案件信息罪，是指公开报道、披露依法不公开审理的案件中不应当公开的信息，造成信息公开传播或者其他严重后果的行为。

（二）行为

本罪在客观方面表现为公开报道、披露依法不公开审理的案件中不应当公开的信息，造成信息公开传播或者其他严重后果的行为。本罪对象是“不公开审理的案件中不应当公开的信息”。虽然公开审理的案件同样可能有不应公开的信息，如被害人个人信息、侦查人员信息、案件涉及的国家机密或者个人隐私等，但是泄露上述信息即使需要追究刑事责任的，也不构成本罪，可以根据不同情况依法以故意泄露国家秘密罪、过失泄露国家秘密罪等罪名追究刑事责任。

（三）故意

本罪在主观方面是故意。

九、扰乱法庭秩序罪

第三百零九条［根据《刑法修正案》(九)第三十七条修订］ **有下列扰乱法庭秩序情形之一的，处三年以下有期徒刑、拘役、管制或者罚金：**

（一）聚众哄闹、冲击法庭的；

（二）殴打司法工作人员或者诉讼参与人的；

（三）侮辱、诽谤、威胁司法工作人员或者诉讼参与人，不听法庭制止，严重扰乱法庭秩序的；

（四）有毁坏法庭设施，抢夺、损毁诉讼文书、证据等扰乱法庭秩序行为，情节严重的。

（一）概念

扰乱法庭秩序罪，是指严重扰乱法庭秩序的行为。

（二）行为

本罪在客观方面表现为：① 聚众哄闹、冲击法庭；② 殴打司法工作人员或者诉讼参与人。此处的殴打应限于致人轻伤，如果故意使司法工作人员重伤或者死亡，则应以故意伤害罪或故意杀人罪论处；③ 侮辱、诽谤、威胁司法工作人员或者诉讼参与人，不听法庭制止，严重扰乱法庭秩序；④ 毁坏法庭设施，抢夺、损毁诉讼文书、证据等扰乱法庭秩序行为，情节严重。

（三）故意

本罪在主观方面是故意。

十、窝藏、包庇罪

第三百一十条 **明知是犯罪的人而为其提供隐藏处所、财物，帮助其逃匿或者作假证明包庇的，处三年以下有期徒刑、拘役或者管制；情节严重的，处三年以上十年以下有期徒刑。**

犯前款罪，事前通谋的，以共同犯罪论处。

（一）概念

窝藏、包庇罪，是指明知是犯罪的人而为其提供隐藏处所、财物，帮助其逃匿或者作假证明包庇的行为。

（二）主体

本罪的主体是一般主体，但包庇卖淫、嫖娼违法人员构成本罪的，其主体只能是旅馆业、饮食服务业、文化娱乐业、出租汽车业等单位的人员。此外，共同犯罪人相互之间不能成为本罪的主体。

（三）行为

本罪在客观方面表现为：① 窝藏，即为犯罪人提供隐藏处所、财物，帮助其逃匿。实践中，对于为犯罪人提供介绍信、通行证等能证明其身份的文件，或者为犯罪人通风报信、出谋划策等帮助其逃避的行为，也应认定为窝藏行为，因为这些都符合窝藏行为旨在使犯罪人不被或难以被司法机关发现的特点，并接近于“为犯罪人提供隐藏处所、财物，帮助其逃匿”的外在形式。② 作假证明包庇犯罪人，即通过伪造、变造、隐藏或者毁灭证据等方式对犯罪人进行包庇。具体包括：伪造犯罪现场；隐藏、毁灭物证、书证；制造虚伪的证人证言、被害人陈述、被告人供述或鉴定结论等。此外，对于包庇卖淫、嫖娼违法犯罪分子的，还需要具备“在公安机关查处卖淫、嫖娼活动时”的时间条件和“情节严重”的程度条件，才构成本罪。本罪是选择性罪名，行为人只实施窝藏行为的，可认定为窝藏罪；行为人只实施包庇行为的，可认定为包庇罪；若行为人同时实施窝藏、包庇行为的，仍为一罪，应认定为窝藏、包庇罪。

（四）对象

本罪中行为人窝藏、包庇的人必须是犯罪的人。根据相关法律的精神，此处的犯罪人是指事实上已经犯罪的人，具体则包括被生效判决确定为犯罪之前的犯罪嫌疑人、被告人和生效判决后的犯罪人。此外，需要注意的是，根据《刑法》第362条的规定，旅馆业、饮食服务业、文化娱乐业、出租汽车业等单位的人员，在公安机关查处卖淫、嫖娼活动时，为违法犯罪分子通风报信，情节严重的，以本罪论处。据此，《刑法》第362条将包庇罪的对象扩大到一般违法的卖淫、嫖娼者。

（五）故意

主观方面是故意，即明知对方必定是或可能是犯罪人而故意予以窝藏、包庇。在包庇卖淫、嫖娼违法犯罪分子的犯罪中，则要求行为人明知对方是卖淫、嫖娼的违法犯罪分子而故意予以窝藏、包庇。

（六）认定

对于事前有通谋的，即窝藏、包庇者与被窝藏、包庇的犯罪分子在犯罪活动之前，就谋划或合谋，答应犯罪分子作案后予以窝藏或包庇的，不能认定为本罪，而应认定为其他犯罪的共犯；只是知道作案人员要去实施犯罪，事后予以窝藏、包庇或者事先知道作案人员要去实施犯罪，未去报案，犯罪发生后又窝藏、包庇犯罪分子的，都不应以共同犯罪论处，而单独构成本罪。

十一、拒绝提供间谍犯罪、恐怖主义犯罪、极端主义犯罪证据罪

第三百一十一条［根据《刑法修正案》（九）第三十八条修订］　明知他人有间谍犯罪或者恐怖主义、极端主义犯罪行为，在司法机关向其调查有关情况、收集有关证据时，拒绝提供，情节严重的，处三年以下有期徒刑、拘役或者管制。

（一）概念

拒绝提供间谍犯罪、恐怖主义犯罪、极端主义犯罪证据罪，是指明知他人有间谍犯罪或者恐怖主义、极端主义犯罪行为，在司法机关向其调查有关情况、收集有关证据时，拒绝提供，情节严重的行为。

（二）行为

本罪在客观方面表现为拒绝向司法机关提供有关间谍犯罪或者恐怖主义、极端主义犯罪的

情况和证据的行为。

(三)故意

本罪在主观方面是故意,即明知他人有间谍犯罪或者恐怖主义、极端主义犯罪行为而拒绝提供有关的情况和证据。

(四)定罪标准

拒绝提供间谍犯罪、恐怖主义犯罪、极端主义犯罪证据的行为只有情节严重的,才构成本罪。

十二、掩饰、隐瞒犯罪所得、犯罪所得收益罪

第三百一十二条[根据《刑法修正案》(六)第十九条修订] **明知是犯罪所得及其产生的收益而予以窝藏、转移、收购、代为销售或者以其他方法掩饰、隐瞒的,处三年以下有期徒刑、拘役或者管制,并处或者单处罚金;情节严重的,处三年以上七年以下有期徒刑,并处罚金。**

单位犯前款罪的,对单位判处罚金,并对其直接负责的主管人员和其他直接责任人员,依照前款的规定处罚。

(一)概念

掩饰、隐瞒犯罪所得、犯罪所得收益罪,是指明知是犯罪所得及其产生的收益而予以窝藏、转移、收购、代为销售或者以其他方法掩饰、隐瞒的行为。

(二)行为

本罪在客观方面表现对犯罪所得及其产生的收益予以窝藏、转移、收购、代为销售或者以其他方法掩饰、隐瞒。

窝藏,是指提供藏匿赃物的场所,加工、改造赃物的外观,接受犯罪分子的赠与而无偿领得赃物等藏匿赃物的行为。

转移,是指使赃物发生位置移动,以对抗司法追查的行为。例如,将本犯盗窃来的摩托车从甲地骑往乙地就是转移赃物。在犯罪地附近就近搬动、藏匿赃物的,属于窝藏而非转移赃物。行为人着手转移、搬运,已使赃物离开原来的场所时,即为既遂。是否转移至预定地点,对于成立本罪并无影响。

收购,是指明知是犯罪所得的赃物而加以收买的行为,买赃自用情节严重的,构成收买赃物罪。代为销售是指接受本犯的委托,为本犯销售赃物的行为。

代为销售,既包括直接把赃物卖给他人,也包括低价买进、高价卖出的行为。在本犯与收赃人之间进行联络,充当赃物买卖的介绍人;以公开的名义,为本犯销售赃物的,也是代为销售赃物。销售的赃物可以是原物,也可以是拆卸改装、化整为零的财物,销售的价格、方式、时间、地点对犯罪成立没有影响。

以其他方法掩饰、隐瞒犯罪所得、犯罪所得收益,是指上述方法之外,足以阻碍司法机关对犯罪所得、犯罪所得收益进行追查的一切手段。例如,根据有关司法解释,明知是盗窃、抢劫、诈骗、抢夺的机动车而对其拆解、拼装或者组装;修改窗体顶部、窗体底部、发动机号、车辆识别代号、更改车身颜色或者车辆外形,提供或者出售机动车来历凭证、整车合格证、号牌以及有关机动车的其他证明和凭证,提供或者出售伪造、变造的机动车来历凭证、整车合格证、号牌以及有关机动车的其他证明和凭证的,就是掩饰、隐瞒犯罪所得、犯罪所得收益的行为[①]。

本罪属于选择性罪名,只要行为人实施窝藏、转移、收购、代为销售或者以其他方法掩饰、隐

① 参见最高人民法院、最高人民检察院《关于办理与盗窃、抢劫、诈骗、抢夺机动车相关刑事案件具体应用法律若干问题的解释》(2007年5月11日)。

瞒行为之一的，即可构成犯罪。如果行为人同时实施多个行为的，如先窝藏而后销售的，也不实行数罪并罚。

犯罪分子将自己犯罪所得的赃物予以隐藏或者销售的，不属于窝藏、代为销售他人犯罪所得的赃物，而是不可罚的事后行为，不能构成本罪。

明知是毒品犯罪、黑社会性质的组织犯罪、恐怖活动犯罪、走私犯罪、贪污贿赂犯罪、破坏金融管理秩序犯罪、金融诈骗犯罪的犯罪所得及其产生的收益，而实施协助将财产转化为现金或者金融票据，通过转账或者其他结算方式协助资金转移，协助将资金汇往境外等掩饰、隐瞒赃物的行为的，构成洗钱罪，而不构成本罪。由此看来，本罪和洗钱罪之间具有法条竞合关系，洗钱罪是特别法条，行为符合洗钱罪规定的，不再适用本罪。此外，运输毒品罪、窝藏、转移、隐瞒毒品、毒赃罪，非法买卖毒品原植物种子、幼苗罪与本罪之间也有法条竞合关系，本罪是普通法条。

实施本罪行为，可能同时触犯其他罪名，例如，窝藏他人用犯罪手段得到的枪支，构成非法私藏枪支罪；倒卖他人犯罪所得的珍贵文物，构成走私文物罪，这些犯罪和本罪之间有想象竞合关系，应从一重罪处断。通过窝藏、转移、收购、代为销售赃物等方式来窝藏犯罪分子的，应成立窝藏罪。

本罪的行为对象是他人的犯罪所得、犯罪所得收益。对“他人的犯罪”的理解要注意三点：① 这里的他人，即本犯并不限于实行犯，还包括获取赃物的原犯罪的教唆犯、帮助犯。② 存在“他人的犯罪”，并不意味着本犯的行为完全符合犯罪成立条件，在本犯是无刑事责任能力的精神病人或者年幼者而不具有可谴责性的场合，对其利用盗窃、抢劫、抢夺等方法所获得的财物仍然应当认为是赃物，可以成为本罪对象。③ 他人的犯罪应当是既遂犯罪。在未遂的场合，本犯通常未取得财物。如果本犯已经取得财物，但行为并没有既遂，而行为人参与处理财物的，原则上可以成立共同犯罪（相续的共同犯罪）。至于犯罪所得、犯罪所得收益的表现形式多种多样，既可以是有体财物（包括动产和不动产），也可以是财物的替代品，如金钱、债券、支票等，还可以是商业秘密等无形财产。犯罪所得和用于犯罪的物品应当加以区别，对本犯为实施犯罪而使用的工具或其他财物应予追缴、没收，但其并非本罪对象。只有本犯通过犯罪行为所实际获得的财物才是本罪中的赃物。由犯罪所得现实产生的收益，也属于赃物的范畴，是本罪的行为对象。

（三）故意

本罪在主观方面是故意。同时，成立本罪要求行为人明知是赃物。明知是赃物，包括明知肯定是赃物与明知可能是赃物。明知肯定是赃物，是指行为人根据有关事项，判断出自己掩饰、隐瞒的肯定是犯罪所得的赃物，不会是其他性质的财物。在这种情况下，只能是直接故意犯罪。明知可能是赃物，是指行为人根据有关事项，判断出自己掩饰、隐瞒的可能是犯罪的赃物，但又不能充分肯定是赃物。如行为人根据财物的数量、种类、价值等，认识到财物的来源可能不正常，就属于一种可能是赃物的判断。在这种情况下，如果行为人对危害结果持希望态度，就是直接故意；如果对危害结果持放任态度，则是间接故意。由此可见，行为人对赃物的认识不要求是确定的，只要认识到或许是赃物即可。换言之，本罪的故意，既可以是确定的故意，也可以是不确定的故意。不能为了将窝赃、销赃罪限定在直接故意之内，便将明知限定为明确知道是赃物。

明知是赃物只意味着行为人明知掩饰、隐瞒的对象是他人犯罪所得之物。至于本犯是谁、被害人是谁，本犯触犯何种罪名，本犯的犯罪时间与地点，赃物的品名、性能、价值等，都不要求行为人明知。因为在明知是犯罪所得赃物的前提下，即使不明知上述内容，也能明知行为的危害性质与危害结果，也能说明行为人的主观恶性。

行为人在掩饰、隐瞒前就明知是赃物的，具有本罪故意。一开始对财物的性质并不知情，但在掩饰、隐瞒过程中发现是赃物，此后继续窝藏、代为销售的，也属于明知是赃物，具有本罪故意。

与犯罪分子事前有通谋,事后对赃物予以窝藏、转移、收购、代为销售或者以其他方法掩饰、隐瞒的,应当以共同犯罪论处,而不构成本罪。

对是否明知的判断,既要考虑行为人自身的认识能力,又要考察案件的具体情况,从财物的来源、数量与价值,本犯提供财物的时间、地点、方法,行为人与本犯之间的关系等方面来综合判断行为人是否明知。此外,对明知的分析,在有的案件中,还可以采取推定的方法,即可以根据行为人接受物品的时间、地点、品种、数量、价格、行为人与本犯之间的关系、对本犯的了解程度等推定行为人是否明知是犯罪所得的赃物。例如在下列情况下,就可以推定行为人明知是赃物:行为人接受财物的时间、地点、方式都极其异常的;行为人以明显低于市场的价格接受物品,然后窝藏、代为销售的;行为人接受的是个人不可能持有的公用设施器材或机械零部件,提供方又没有相应证明的;行为人接受国家禁止个人经营的物品,然后掩饰、隐瞒的;行为人知道对方是财产犯罪、经济犯罪的惯犯,而接受其物品并予以掩饰、隐瞒的;行为人接受的财物数量极大,或发现接受的物品疑点很多,但故意不查明来源的。

十三、拒不执行判决、裁定罪

第三百一十三条[根据《刑法修正案》(九)第三十九条修订] **对人民法院的判决、裁定有能力执行而拒不执行,情节严重的,处三年以下有期徒刑、拘役或者罚金;情节特别严重的,处三年以上七年以下有期徒刑,并处罚金。**

单位犯前款罪的,对单位判处罚金,并对其直接负责的主管人员和其他直接责任人员,依照前款的规定处罚。

(一)概念

拒不执行判决、裁定罪,是指对人民法院的判决、裁定有能力执行而拒不执行,情节严重的行为。

(二)行为

本罪在客观方面表现为不作为,即有能力执行而拒不执行。行为的对象是人民法院的判决、裁定,即人民法院依法作出的具有执行内容并已发生法律效力的判决、裁定。人民法院为依法执行支付令、生效的调解书、仲裁裁决、公证债权文书等所作的裁定属于此处的裁定。

(三)主体

本罪的主体是负有执行或者协助执行人民法院判决、裁定义务的人员。单位也可以成为本罪主体。

(四)故意

本罪在主观方面是故意,即明知是人民法院已经生效的判决、裁定而故意拒不执行。

(五)定罪标准

上述行为情节严重的,才构成本罪。根据立法解释[①],情节严重,具体表现为以下几种情况:① 被执行人隐藏、转移、故意毁损财产或者无偿转让财产、以明显不合理的低价转让财产,致使判决、裁定无法执行的;② 担保人或者被执行人隐藏、转移、故意毁损或者转让已向人民法院提供担保的财产,致使判决、裁定无法执行的;③ 协助执行义务人接到人民法院协助执行通知书后,拒不协助执行,致使判决、裁定无法执行的;④ 被执行人、担保人、协助执行义务人与国家机关工作人员通谋,利用国家机关工作人员的职权妨害执行,致使判决、裁定无法执行的;⑤ 其他

① 2002年8月29日全国人大常委会《关于刑法第三百一十三条的解释》。

有能力执行而拒不执行，情节严重的情形。

（六）认定

（1）一罪与数罪的关系。国家机关工作人员有上述第四项行为的，以本罪的共犯追究刑事责任。国家机关工作人员收受贿赂或者滥用职权，有上述第四项行为的，同时又构成《刑法》第385条、第397条规定之罪的，依照处罚较重的规定定罪处罚。

（2）本罪与故意伤害罪的界限。行为人以暴力方式拒不执行人民法院的判决、裁定，杀害、伤害执行人员的，依照《刑法》第232条、第234条的规定定罪处罚。

十四、非法处置查封、扣押、冻结的财产罪

第三百一十四条 隐藏、转移、变卖、故意毁损已被司法机关查封、扣押、冻结的财产，情节严重的，处三年以下有期徒刑、拘役或者罚金。

（一）概念

非法处置查封、扣押、冻结的财产罪，是指隐藏、转移、变卖、故意毁损已被司法机关查封、扣押、冻结的财产，情节严重的行为。

（二）行为

本罪在客观方面表现为隐藏、转移、变卖、故意毁损已被司法机关查封、扣押、冻结的财产的行为。行为的对象是已被司法机关查封、扣押、冻结的财产。

（三）故意

本罪在主观方面是故意，即明知是已被司法机关查封、扣押、冻结的财产而隐藏、转移、变卖、故意毁损。

（四）定罪标准

上述行为情节严重的，才构成本罪。

十五、破坏监管秩序罪

第三百一十五条 依法被关押的罪犯，有下列破坏监管秩序行为之一，情节严重的，处三年以下有期徒刑：

（一）殴打监管人员的；

（二）组织其他被监管人破坏监管秩序的；

（三）聚众闹事，扰乱正常监管秩序的；

（四）殴打、体罚或者指使他人殴打、体罚其他被监管人的。

（一）概念

破坏监管秩序罪，是指依法被关押的罪犯破坏监管秩序，情节严重的行为。

（二）行为

本罪在客观方面表现为破坏监管秩序的行为。具体包括以下几种情况：① 殴打监管人员的；② 组织其他被监管人破坏监管秩序的；③ 聚众闹事，扰乱正常监管秩序的；④ 殴打、体罚或者指使他人殴打、体罚其他被监管人的。上述行为情节严重的，才构成本罪。

（三）主体

本罪的主体只能是被人民法院生效判决确定有罪且处于关押状态的罪犯。生效判决前被羁押的犯罪嫌疑人、被告人以及被行政拘留、司法拘留或劳动教养的人都不能成为本罪的主体。

(四) 故意

本罪在主观方面是故意。

十六、脱逃罪

第三百一十六条第一款 **依法被关押的罪犯、被告人、犯罪嫌疑人脱逃的,处五年以下有期徒刑或者拘役。**

(一) 概念

脱逃罪,是指依法被关押的罪犯、被告人、犯罪嫌疑人脱逃的行为。

(二) 主体

本罪的主体是依法被关押的罪犯、被告人、犯罪嫌疑人。既包括经人民法院生效判决确定有罪后被羁押的罪犯,也包括因涉嫌犯罪而被拘留或逮捕的被告人、犯罪嫌疑人。

对于事实上无罪的人因各种原因被错误地依法关押,并在关押期间实施脱逃行为的,能否成为本罪的主体,理论上存在争议。① 肯定说。认为不论行为人有无实际犯罪,凡从被依法监禁状态逃跑的,都应以脱逃罪论处。因为被关押者应该依法通过正常的诉讼程序进行申辩,而不能采取脱逃行为表达意愿。② 否定说。认为由于司法机关的过失而形成错抓错判,使他人人身自由受到不应有的侵害,司法机关负有责任,他人为脱逃这种侵害反倒落个罪名,显然不恰当。③ 修正的否定说。认为对确实错捕、错判,在未宣布平反以前监押于一定场所而脱逃的,应认定其构成脱逃罪,但可在纠正错捕、错判时对脱逃罪一起平反。后两种观点实质是相同的,可统称为否定说,因为讨论无罪人脱逃能否构成脱逃罪,本身就隐含着在对脱逃行为进行判决前已经查明其以前确实没有犯罪这一前提。肯定说与否定说的分歧说到底是价值取向的不同:优先保护社会利益还是优先保护个人利益?基于现代刑事法治注重保护个人权利的基本精神,我们倾向于否定说,即被错误依法关押的无罪者脱逃的,不能成为本罪的主体。

(三) 行为

本罪在客观方面表现为脱逃行为,即非法摆脱羁押、监管。具体方式则没有限制,可以伴随着暴力,也可以不用暴力。行为发生的地点只能是羁押、监管之处,如监狱、劳改农场、少年犯管教所、看守所、拘留所等。押解途中应视为这里的羁押、监管之处。

(四) 故意

本罪在主观方面是故意,犯罪目的是希望摆脱监管机关的羁押和监管。

(五) 认定

如何认定本罪的既遂与未遂,在理论上存在争议。有学者认为,应以行为人是否逃离监管场所这一特定的地理范围为划分标准;也有学者认为应以行为人是否脱离监管人员的监视控制为划分标准;另有学者认为,应以行为人是否同时逃离了监管场所和摆脱了监管人员的控制为划分标准。通说认为,脱逃罪的实质在于摆脱监管机关和监管人员的控制,因此,只要行为人的脱逃行为达到使其实际摆脱了监管机关与监管人员的控制的程度,就应认定为本罪的既遂。由此,行为人仅仅逃出了关押场所这一特定的地理范围,但监管人员正紧跟其后予以追捕时,仍然属于犯罪未遂。

十七、劫夺被押解人员罪

第三百一十六条第二款 **劫夺押解途中的罪犯、被告人、犯罪嫌疑人的,处三年以上七年以下有期徒刑;情节严重的,处七年以上有期徒刑。**

（一）概念

劫夺被押解人员罪，是指劫夺押解途中的罪犯、被告人、犯罪嫌疑人的行为。

（二）行为

本罪在客观方面表现为劫夺押解途中的罪犯、被告人、犯罪嫌疑人的行为。劫夺中的劫是指使用暴力、威胁等方式强行取得；夺是指趁押解人不备，把被押解的罪犯、被告人、犯罪嫌疑人迅速夺走。

（三）故意

本罪在主观方面是故意。

十八、组织越狱罪

第三百一十七条第一款　**组织越狱的首要分子和积极参加的，处五年以上有期徒刑；其他参加的，处五年以下有期徒刑或者拘役。**

（一）概念

组织越狱罪，是指依法被关押的犯罪人、被告人、犯罪嫌疑人在首要分子的组织、策划、指挥下，有组织、有计划地从羁押场所逃跑的行为。

（二）主体

本罪的主体只能是依法被关押的犯罪人、被告人、犯罪嫌疑人。

（三）行为

本罪在客观方面表现为在首要分子的组织、策划、指挥下，有组织、有计划地从羁押场所逃跑的行为。

（四）故意

本罪在主观方面是故意。

十九、暴动越狱罪

第三百一十七条第二款　**暴动越狱或者聚众持械劫狱的首要分子和积极参加的，处十年以上有期徒刑或者无期徒刑；情节特别严重的，处死刑；其他参加的，处三年以上十年以下有期徒刑。**

（一）概念

暴动越狱罪，是指依法被关押的犯罪人、被告人、犯罪嫌疑人在首要分子的组织、策划、指挥下，有组织、有计划地采取暴动的形式逃离羁押场所的行为。

（二）行为

本罪在客观方面表现为暴动越狱的行为。所谓暴动，是指多人聚集在一起，使用枪械、棍棒等武器或者其他武力方式对抗监管机关。

（三）故意

本罪在主观方面是故意。

二十、聚众持械劫狱罪

第三百一十七条第二款　**暴动越狱或者聚众持械劫狱的首要分子和积极参加的，处十年以上有期徒刑或者无期徒刑；情节特别严重的，处死刑；其他参加的，处三年以上十年以下有期徒刑。**

（一）概念

聚众持械劫狱罪，是指关押场所以外的人员在首要分子的组织、策划、指挥下，有组织、有计划地聚众持械劫夺依法被关押的犯罪人、被告人、犯罪嫌疑人的行为。

(二) 行为

本罪在客观方面表现为在首要分子的组织、策划、指挥下,有组织、有计划地聚众持械劫夺依法被关押的犯罪人、被告人、犯罪嫌疑人的行为。

(三) 故意

本罪在主观方面是故意。

第三节　妨害国(边)境管理罪

一、组织他人偷越国(边)境罪

第三百一十八条　组织他人偷越国(边)境的,处二年以上七年以下有期徒刑,并处罚金;有下列情形之一的,处七年以上有期徒刑或者无期徒刑,并处罚金或者没收财产:

(一) 组织他人偷越国(边)境集团的首要分子;

(二) 多次组织他人偷越国(边)境或者组织他人偷越国(边)境人数众多的;

(三) 造成被组织人重伤、死亡的;

(四) 剥夺或者限制被组织人人身自由的;

(五) 以暴力、威胁方法抗拒检查的;

(六) 违法所得数额巨大的;

(七) 有其他特别严重情节的。

犯前款罪,对被组织人有杀害、伤害、强奸、拐卖等犯罪行为,或者对检查人员有杀害、伤害等犯罪行为的,依照数罪并罚的规定处罚。

(一) 概念

组织他人偷越国(边)境罪,是指违反国(边)境管理法规,组织他人偷越国(边)境的行为。

(二) 行为

本罪在客观方面表现为组织他人偷越国(边)境的行为。国境,是指我国与外国的国界;边境,是指我国大陆与港、澳、台地区的交界。组织他人偷越国(边)境,是指领导、策划、指挥他人偷越国(边)境或者在首要分子指挥下,实施拉拢、引诱、介绍他人偷越国(边)境等行为的。本罪是行为犯,只要行为人完成了组织行为,不论被组织者是否越过了国(边)境界线,都构成犯罪。

(三) 故意

本罪在主观方面是故意。

(四) 认定

根据《刑法》第 318 条第 2 款的规定,犯本罪,对被组织人有杀害、伤害、强奸、拐卖等犯罪行为,或者对检查人员有杀害、伤害等犯罪行为的,依照数罪并罚的规定处罚。

二、骗取出境证件罪

第三百一十九条　以劳务输出、经贸往来或者其他名义,弄虚作假,骗取护照、签证等出境证件,为组织他人偷越国(边)境使用的,处三年以下有期徒刑,并处罚金;情节严重的,处三年以上十年以下有期徒刑,并处罚金。

单位犯前款罪的,对单位判处罚金,并对其直接负责的主管人员和其他直接责任人员,依照前款的规定处罚。

（一）概念

骗取出境证件罪，是指以劳务输出、经贸往来或者其他名义，弄虚作假，骗取护照、签证等出境证件，为组织他人偷越国（边）境使用的行为。

（二）行为

本罪在客观方面表现为以劳务输出、经贸往来或者其他名义，弄虚作假，骗取护照、签证等出境证件的行为。

（三）故意

本罪在主观方面只能是故意，且骗取出境证件的目的是为自己或者提供给别人组织他人偷越国（边）境使用。

三、提供伪造、变造的出入境证件罪

第三百二十条　为他人提供伪造、变造的护照、签证等出入境证件，或者出售护照、签证等出入境证件的，处五年以下有期徒刑，并处罚金；情节严重的，处五年以上有期徒刑，并处罚金。

（一）概念

提供伪造、变造的出入境证件罪，是指为他人提供伪造、变造的护照、签证等出入境证件的行为。

（二）行为

本罪在客观方面表现为为他人提供伪造、变造的护照、签证等出入境证件的行为。此处的提供包括有偿提供与无偿提供。所提供的出入境证件既可以是自己伪造、变造的，也可以是他人伪造、变造的，但在后一种情况下，行为人必须明知是伪造、变造的出入境证件而提供。

（三）故意

本罪在主观方面是故意。

四、出售出入境证件罪

第三百二十条　为他人提供伪造、变造的护照、签证等出入境证件，或者出售护照、签证等出入境证件的，处五年以下有期徒刑，并处罚金；情节严重的，处五年以上有期徒刑，并处罚金。

（一）概念

出售出入境证件罪，是指以营利为目的，出售护照、签证等出入境证件的行为。

（二）行为

本罪在客观方面表现为出售行为。行为的对象是出入境证件，而且必须是国家有权机关制发的真实的出入境证件。

（三）故意

本罪在主观方面是故意，至于行为人是否营利，在所不问。

五、运送他人偷越国（边）境罪

第三百二十一条　运送他人偷越国（边）境的，处五年以下有期徒刑、拘役或者管制，并处罚金；有下列情形之一的，处五年以上十年以下有期徒刑，并处罚金：

（一）多次实施运送行为或者运送人数众多的；

（二）所使用的船只、车辆等交通工具不具备必要的安全条件，足以造成严重后果的；

（三）违法所得数额巨大的；

（四）有其他特别严重情节的。

在运送他人偷越国（边）境中造成被运送人重伤、死亡，或者以暴力、威胁方法抗拒检查的，处七年以上有期徒刑，并处罚金。

犯前两款罪，对被运送人有杀害、伤害、强奸、拐卖等犯罪行为，或者对检查人员有杀害、伤害等犯罪行为的，依照数罪并罚的规定处罚。

（一）概念

运送他人偷越国(边)境罪，是指违反国(边)境管理法规，运送他人偷越国(边)境的行为。

（二）行为

本罪在客观方面表现为违反国(边)境管理法规，运送他人偷越国(边)境的行为。

（三）故意

本罪在主观方面是故意。

（四）认定

运送他人偷越国(边)境过程中，对被运送人有杀害、伤害、强奸、拐卖等犯罪行为，或者对检查人员有杀害、伤害等犯罪行为的，应当数罪并罚。

六、偷越国(边)境罪

刑法第三百二十二条[根据《刑法修正案》(九)第四十条修订]　违反国（边）境管理法规，偷越国（边）境，情节严重的，处一年以下有期徒刑、拘役或者管制，并处罚金；为参加恐怖活动组织、接受恐怖活动培训或者实施恐怖活动，偷越国（边）境的，处一年以上三年以下有期徒刑，并处罚金。

（一）概念

偷越国(边)境罪，是指违反国(边)境管理法规，偷越国(边)境，情节严重的行为或者为参加恐怖活动组织、接受恐怖活动培训或者实施恐怖活动，偷越国(边)境的行为。

（二）行为

本罪在客观方面表现为违反国(边)境管理法规，偷越国(边)境的行为。所谓偷越，是指违反国(边)境管理法规，不履行必要的手续，不经规定的口岸、关卡而私自出入我国国(边)境；或者虽然经过规定的口岸、关卡，但是以伪造的证件或其他欺骗手段蒙混出入我国国(边)境的行为。

在认定本罪时需要注意：① 为参加恐怖活动组织、接受恐怖活动培训或者实施恐怖活动，而偷越国(边)境的，犯罪构成要件中并无“情节严重”的限制，并且在处罚上为“一年以上三年以下有期徒刑，并处罚金”；② 除此之外的其他违反国(边)境管理法规，偷越国(边)境，要求“情节严重”，并且在处罚上为“一年以下有期徒刑、拘役或者管制，并处罚金”。

（三）故意

本罪在主观方面是故意。

（四）定罪标准

上述行为情节严重的，才构成本罪。所谓情节严重，是指具有下列情形之一的：① 在境外实施损害国家利益的行为的；② 偷越国(边)境 3 次以上的；③ 拉拢、引诱他人一起偷越国(边)境的；④ 因偷越国(边)境被行政处罚后 1 年内又偷越国(边)境的；⑤ 有其他严重情节的[①]。为参

① 参见 2002 年 1 月 30 日最高人民法院《关于审理组织、运送他人偷越国(边)境等刑事案件适用法律若干问题的解释》。

加恐怖活动组织、接受恐怖活动培训或者实施恐怖活动，偷越国（边）境的，加重处罚。

需要补充说明的是：实践中，"三股势力"即涉及恐怖主义、极端主义和分裂主义的犯罪往往交织在一起，应当注意正确适用《刑法》第 120 条组织、领导、参加恐怖组织罪和刑法修正案（九）上述新增加规定的罪名，以及有关危害国家安全犯罪的关系。根据 2014 年 9 月最高人民法院、最高人民检察院、公安部《关于办理暴力恐怖和宗教极端刑事案件适用法律若干问题的意见》等规定的精神，对于犯罪分子同时构成《刑法》第 120 条组织、领导、参加恐怖组织罪、《刑法修正案》（九）新增规定的罪名，以及有关危害国家安全犯罪的，应当从一重罪定罪处罚。对于实施上述犯罪的同时，又实施杀人、放火、爆炸等犯罪的，应当以有关涉恐、危安犯罪和故意杀人罪、放火罪、爆炸罪等罪名，实行数罪并罚。

七、破坏界碑、界桩罪

第三百二十三条　**故意破坏国家边境的界碑、界桩或者永久性测量标志的，处三年以下有期徒刑或者拘役。**

（一）概念

破坏界碑、界桩罪，是指明知是国家边境的界碑、界桩而故意加以破坏的行为。

（二）行为

本罪在客观方面表现为破坏国家边境的界碑、界桩的行为。所谓破坏，是指采取盗走、毁坏、移位等方法，使界碑、界桩丧失其原有作用的行为。

（三）故意

本罪在主观方面是故意，即明知是国家边境的界碑、界桩而故意加以破坏。

八、破坏永久性测量标志罪

第三百二十三条　**故意破坏国家边境的界碑、界桩或者永久性测量标志的，处三年以下有期徒刑或者拘役。**

（一）概念

破坏永久性测量标志罪，是指故意破坏国家设立的永久性测量标志的行为。

（二）行为

本罪在客观方面表现为破坏国家设立的永久性测量标志的行为。所谓永久性测量标志，是指国家测绘单位在全国各地进行测量过程中所设置的永久性标志，包括各种等级的天文点、重力点、水准点、三角点、导线点、海控点、炮控点等。

（三）故意

本罪在主观方面是故意，对破坏的对象属于永久性测量标志有明确认识。

第四节　妨害文物管理罪

一、故意损毁文物罪

第三百二十四条第一款　**故意损毁国家保护的珍贵文物或者被确定为全国重点文物保护单位、省级文物保护单位的文物的，处三年以下有期徒刑或者拘役，并处或者单处罚金；情节严重的，处三年以上十年以下有期徒刑，并处罚金。**

（一）概念

故意损毁文物罪，是指故意损毁国家保护的珍贵文物或者被确定为全国重点文物保护单位、省级文物保护单位的文物的行为。

（二）行为

本罪在客观方面表现为损毁文物的行为。损毁，是指以捣毁、焚烧、污损等方法使上述文物部分破损或完全毁灭。

（三）对象

本罪的行为对象是国家保护的珍贵文物或者被确定为全国重点文物保护单位、省级文物保护单位的文物。根据《文物保护法》第2条的规定，文物是指下列具有历史、艺术、科学价值的遗址或者遗物：①具有历史、艺术、科学价值的古文化遗址、古墓葬、古建筑、石窟寺和石刻；②与重大历史事件、革命运动和著名人物有关的，具有重要纪念意义、教育意义和史料价值的建筑物、遗址、纪念物；③历史上各时代珍贵的艺术品、工艺美术品；④重要的革命文献资料以及具有历史、艺术、科学价值的手稿、古旧图书资料等；⑤反映历史上各时代、各民族社会制度、社会生产、社会生活的代表性实物。

（四）故意

本罪在主观方面是故意，即明知是国家保护的珍贵文物或者被确定为全国重点文物保护单位、省级文物保护单位的文物而予以损毁。

二、故意损毁名胜古迹罪

第三百二十四条第二款 **故意损毁国家保护的名胜古迹，情节严重的，处五年以下有期徒刑或者拘役，并处或者单处罚金。**

（一）概念

故意损毁名胜古迹罪，是指故意损毁国家保护的名胜古迹，情节严重的行为。

（二）行为

本罪在客观方面表现为损毁行为。行为的对象是国家保护的名胜古迹，即可供人们游览的著名风景区以及经国务院和各省、自治区、直辖市人民政府批准的重点文物保护单位。

（三）故意

本罪在主观方面是故意，即明知是国家保护的名胜古迹而予以损毁。

（四）定罪标准

上述行为情节严重的，才构成本罪。所谓情节严重，是指损毁被联合国评定为世界历史文化遗产的名胜古迹；损毁手段恶劣；造成严重后果，等等。

三、过失损毁文物罪

第三百二十四条第三款 **过失损毁国家保护的珍贵文物或者被确定为全国重点文物保护单位、省级文物保护单位的文物，造成严重后果的，处三年以下有期徒刑或者拘役。**

（一）概念

过失损毁文物罪，是指过失损毁国家保护的珍贵文物或者被确定为全国重点文物保护单位、省级文物保护单位的文物，造成严重后果的行为。

（二）行为

本罪在客观方面表现为损毁国家保护的珍贵文物或者被确定为全国重点文物保护单位、省级文物保护单位的文物的行为。上述行为造成严重后果的，才构成本罪。

（三）过失

本罪在主观方面是过失。

四、非法向外国人出售、赠送珍贵文物罪

第三百二十五条　违反文物保护法规，将收藏的国家禁止出口的珍贵文物私自出售或者私自赠送给外国人的，处五年以下有期徒刑或者拘役，可以并处罚金。

单位犯前款罪的，对单位判处罚金，并对其直接负责的主管人员和其他直接责任人员，依照前款的规定处罚。

（一）概念

非法向外国人出售、赠送珍贵文物罪，是指违反文物保护法规，将收藏的国家禁止出口的珍贵文物私自出售或者私自赠送给外国人的行为。

（二）行为

本罪在客观方面表现为违反文物保护法规，将收藏的国家禁止出口的珍贵文物私自出售或者私自赠送给外国人的行为。

（三）故意

本罪在主观方面是故意。

五、倒卖文物罪

第三百二十六条　以牟利为目的，倒卖国家禁止经营的文物，情节严重的，处五年以下有期徒刑或者拘役，并处罚金；情节特别严重的，处五年以上十年以下有期徒刑，并处罚金。

单位犯前款罪的，对单位判处罚金，并对其直接负责的主管人员和其他直接责任人员，依照前款的规定处罚。

（一）概念

倒卖文物罪，是指以牟利为目的，倒卖国家禁止经营的文物，情节严重的行为。

（二）行为

本罪在客观方面表现为倒卖行为，即违反文物管理法规，低价买入国家禁止经营的文物高价卖出，进行非法的文物经营活动，具体又包括两种情况：无文物经营权者非法从事文物经营活动；有文物经营权者经营国家禁止自由买卖或禁止买卖的文物。行为的对象是国家禁止经营的文物。

（三）故意

本罪在主观方面是故意，即明知是国家禁止经营的文物而予以倒卖，并且是以牟利为目的。

（四）定罪标准

上述行为情节严重的，才构成本罪。具体是指倒卖文物数量较大或者次数较多；倒卖珍贵文物；非法获取巨额利润；造成文物流失无法追回等严重后果，等等。

六、非法出售、私赠文物藏品罪

第三百二十七条　违反文物保护法规，国有博物馆、图书馆等单位将国家保护的文物藏品出售或者私自送给非国有单位或者个人的，对单位判处罚金，并对其直接负责的主管人员和其他直接责任人员，处三年以下有期徒刑或者拘役。

(一)概念

非法出售、私赠文物藏品罪,是指违反文物保护法规,国有博物馆、图书馆等单位将国家保护的文物藏品出售或者私自送给非国有单位或者个人的行为。

(二)行为

本罪在客观方面表现为将文物藏品出售或者私自送给非国有单位或者个人。此处的非国有单位,是指国有单位以外的各种形式的企业、事业单位、社会团体和组织。此处的个人包括中国人和外国人。行为的对象是国家保护的文物藏品。

(三)主体

本罪的主体只限于国有博物馆、图书馆等单位,因此,本罪是纯正的单位犯罪。

(四)故意

本罪在主观方面是故意。

七、盗掘古文化遗址、古墓葬罪

第三百二十八条[根据《刑法修正案》(八)第四十五条修订] **盗掘具有历史、艺术、科学价值的古文化遗址、古墓葬的,处三年以上十年以下有期徒刑,并处罚金;情节较轻的,处三年以下有期徒刑、拘役或者管制,并处罚金;有下列情形之一的,处十年以上有期徒刑或者无期徒刑,并处罚金或者没收财产:**

(一)盗掘确定为全国重点文物保护单位和省级文物保护单位的古文化遗址、古墓葬的;

(二)盗掘古文化遗址、古墓葬集团的首要分子;

(三)多次盗掘古文化遗址、古墓葬的;

(四)盗掘古文化遗址、古墓葬,并盗窃珍贵文物或者造成珍贵文物严重破坏的。

盗掘国家保护的具有科学价值的古人类化石和古脊椎动物化石的,依照前款的规定处罚。

(一)概念

盗掘古文化遗址、古墓葬罪,是指盗掘具有历史、艺术、科学价值的古文化遗址、古墓葬的行为。

(二)行为

本罪在客观方面表现为盗掘行为。盗掘既非单纯的盗窃行为,也非单纯的破坏行为,而是未经国家文物主管部门的批准,私自挖掘的行为。行为的对象是具有历史、艺术、科学价值的古文化遗址、古墓葬。具体就是指清代和清代以前的具有历史、艺术、科学价值的古文化遗址、古墓葬以及辛亥革命以后,与著名历史事件有关的名人墓葬、遗址和纪念地[①]。古文化遗址包括石窟、地下城、古建筑等;古墓葬包括皇帝陵墓等。

(三)故意

本罪在主观方面是故意,即明知是具有历史、艺术、科学价值的古文化遗址、古墓葬而予以盗掘。

八、盗掘古人类化石、古脊椎动物化石罪

第三百二十八条[根据《刑法修正案》(八)第四十五条修订] **盗掘具有历史、艺术、科学价值的古文化遗址、古墓葬的,处三年以上十年以下有期徒刑,并处罚金;情节较轻的,处三**

① 1987年11月27日最高人民法院最高人民检察院《关于办理盗窃、盗掘、非法经营和走私文物的案件具体应用法律的若干问题的解释》。

年以下有期徒刑、拘役或者管制，并处罚金；有下列情形之一的，处十年以上有期徒刑或者无期徒刑，并处罚金或者没收财产：

（一）盗掘确定为全国重点文物保护单位和省级文物保护单位的古文化遗址、古墓葬的；

（二）盗掘古文化遗址、古墓葬集团的首要分子；

（三）多次盗掘古文化遗址、古墓葬的；

（四）盗掘古文化遗址、古墓葬，并盗窃珍贵文物或者造成珍贵文物严重破坏的。

盗掘国家保护的具有科学价值的古人类化石和古脊椎动物化石的，依照前款的规定处罚。

（一）概念

盗掘古人类化石、古脊椎动物化石罪，是指盗掘国家保护的具有科学价值的古人类化石和古脊椎动物化石的行为。

（二）行为

本罪在客观方面表现为盗掘行为。盗掘既非单纯的盗窃行为，也非单纯的破坏行为，而是未经国家文物主管部门的批准，私自挖掘的行为。行为的对象是国家保护的具有科学价值的古人类化石和古脊椎动物化石。

（三）故意

本罪在主观方面是故意，行为人还具有非法占有目的。

九、抢夺、窃取国有档案罪

第三百二十九条第一款　抢夺、窃取国家所有的档案的，处五年以下有期徒刑或者拘役。

第三款　有前两款行为，同时又构成本法规定的其他犯罪的，依照处罚较重的规定定罪处罚。

（一）概念

抢夺、窃取国有档案罪是指抢夺、窃取国家所有的档案的行为。

（二）行为

本罪在客观方面表现为抢夺、窃取国家所有的档案的行为。抢夺，是指对国有档案使用有形力，然后取得国有档案；窃取，是指使用平和手段取得国有档案。

（三）对象

本罪的行为对象只能是国家所有的档案。根据档案法的规定，档案是指过去和现在的国家机构、社会组织以及个人从事政治、军事、经济、科学、技术、文化、宗教等活动直接形成的对国家和社会有保存价值的各种文字、图表、声像等不同形式的历史记录。档案按所有者的不同又分为三种：国家所有的档案；集体所有的档案；个人所有的档案。国家所有的档案是指国家享有所有权的有关国家政治、军事、经济、科学、技术、文化、宗教等活动的档案。

（四）故意

本罪在主观方面只能是故意，即明知是国家所有的档案而予以抢夺或者窃取。

（五）认定

行为人实施本罪行为，同时又构成刑法规定的其他犯罪的，依照处罚较重的规定定罪处罚。

十、擅自出卖、转让国有档案罪

第三百二十九条第二款　违反档案法的规定，擅自出卖、转让国家所有的档案，情节严重的，处三年以下有期徒刑或者拘役。

第三款 **有前两款行为，同时又构成本法规定的其他犯罪的，依照处罚较重的规定定罪处罚。**

(一) 概念

擅自出卖、转让国有档案罪，是指违反档案法的规定，擅自出卖、转让国家所有的档案，情节严重的行为。

(二) 行为

本罪在客观方面表现为违反档案法的规定，擅自出卖、转让国家所有的档案的行为。上述行为情节严重的，才构成本罪。

(三) 故意

本罪在主观方面是故意。

第五节 危害公共卫生罪

一、妨害传染病防治罪

第三百三十条 **违反传染病防治法的规定，有下列情形之一，引起甲类传染病传播或者有传播严重危险的，处三年以下有期徒刑或者拘役；后果特别严重的，处三年以上七年以下有期徒刑：**

(一) 供水单位供应的饮用水不符合国家规定的卫生标准的；

(二) 拒绝按照卫生防疫机构提出的卫生要求，对传染病病原体污染的污水、污物、粪便进行消毒处理的；

(三) 准许或者纵容传染病病人、病原携带者和疑似传染病病人从事国务院卫生行政部门规定禁止从事的易使该传染病扩散的工作的；

(四) 拒绝执行卫生防疫机构依照传染病防治法提出的预防、控制措施的。

单位犯前款罪的，对单位判处罚金，并对其直接负责的主管人员和其他直接责任人员，依照前款的规定处罚。

甲类传染病的范围，依照《中华人民共和国传染病防治法》和国务院有关规定确定。

(一) 概念

妨害传染病防治罪，是指违反传染病防治法的规定，引起甲类传染病传播或者有传播严重危险的行为。

(二) 行为

本罪在客观方面表现为违反传染病防治法的规定，有下列情形之一的行为：① 供水单位供应的饮用水不符合国家规定的卫生标准的；② 拒绝按照卫生防疫机构提出的卫生要求，对传染病病原体污染的污水、污物、粪便进行消毒处理的；③ 准许或者纵容传染病病人、病原携带者和疑似传染病病人从事国务院卫生行政部门规定禁止从事的易使该传染病扩散的工作的；④ 拒绝执行卫生防疫机构依照传染病防治法提出的预防、控制措施的。行为人同时实施上述两种以上的行为的，也只认定为一罪，不实行并罚。

(三) 结果

本罪的成立还要求，必须因上述行为的实施而造成甲类传染病传播或者有传播的严重危险。据此，本罪分为实害犯与危险犯两种情形。所谓甲类传染病，是指鼠疫、霍乱。但国务院可以根据具体情况对甲类传染病的范围进行调整。

（四）过失

本罪在主观方面只能是过失。

二、传染病菌种、毒种扩散罪

第三百三十一条　从事实验、保藏、携带、运输传染病菌种、毒种的人员，违反国务院卫生行政部门的有关规定，造成传染病菌种、毒种扩散，后果严重的，处三年以下有期徒刑或者拘役；后果特别严重的，处三年以上七年以下有期徒刑。

（一）概念

传染病菌种、毒种扩散罪，是指从事实验、保藏、携带、运输传染病菌种、毒种的人员，违反国务院卫生行政部门的有关规定，造成传染病菌种、毒种扩散，后果严重的行为。

（二）主体

本罪的主体只能是从事实验、保藏、携带、运输传染病菌种、毒种的人员。

（三）行为

本罪在客观方面表现为违反国务院卫生行政部门的有关规定，造成传染病菌种、毒种扩散的行为，如因疏忽大意没有封闭保藏病菌的容器等。本罪的成立还要求后果严重，如造成不特定多数的人体、动植物重伤、死亡等。

（四）过失

本罪在主观方面只能是过失。

三、妨害国境卫生检疫罪

第三百三十二条　违反国境卫生检疫规定，引起检疫传染病传播或者有传播严重危险的，处三年以下有期徒刑或者拘役，并处或者单处罚金。

单位犯前款罪的，对单位判处罚金，并对其直接负责的主管人员和其他直接责任人员，依照前款的规定处罚。

（一）概念

妨害国境卫生检疫罪，是指违反国境卫生检疫规定，引起检疫传染病传播或者有传播严重危险的行为。

（二）行为

本罪在客观方面表现为行为人实施了违反国境卫生检疫规定的行为。根据《国境卫生检疫法》第20条的规定，此处的违反国境卫生检疫规定的行为是指下列两种情况：① 逃避检疫，向国境卫生检疫机关隐瞒真实情况；② 入境的人员未经国境卫生检疫机关的许可，擅自上下交通工具，或者装卸行李、货物、邮包等物品，不听劝阻。

（三）结果

上述行为引起了检疫传染病传播或者有传播严重危险的，才构成本罪。检疫传染病是指鼠疫、霍乱、黄热病以及国务院确定和公布的其他传染病。

（四）过失

本罪在主观方面只能是过失。

四、非法组织卖血罪

第三百三十三条　非法组织他人出卖血液的，处五年以下有期徒刑，并处罚金；以暴力、

威胁方法强迫他人出卖血液的，处五年以上十年以下有期徒刑，并处罚金。

有前款行为，对他人造成伤害的，依照本法第二百三十四条的规定定罪处罚。

(一) 概念

非法组织卖血罪，是指违反法律规定，组织他人出卖血液的行为。

(二) 行为

本罪在客观方面表现为违反有关献血的法律规定，未经国家卫生行政主管部门的批准或委托，组织他人卖血的行为。

(三) 故意

本罪在主观方面是故意，而且一般具有营利的目的。

(四) 认定

非法组织他人出卖血液对他人造成伤害(包括对卖血者和使用血液者的伤害)的，应依照《刑法》第234条规定的故意伤害罪定罪处罚，不再另定本罪。但是，由于本罪的法定最高刑超过故意伤害致人轻伤犯罪的法定最高刑，因此，只有造成重伤以上的危害后果时，才能直接以故意伤害罪论处。

五、强迫卖血罪

第三百三十三条　非法组织他人出卖血液的，处五年以下有期徒刑，并处罚金；以暴力、威胁方法强迫他人出卖血液的，处五年以上十年以下有期徒刑，并处罚金。

有前款行为，对他人造成伤害的，依照本法第二百三十四条的规定定罪处罚。

(一) 概念

强迫卖血罪，是指以暴力、威胁方法强迫他人出卖血液的行为。

(二) 行为

本罪在客观方面表现为以暴力、威胁方法强迫他人出卖血液的行为。

(三) 故意

本罪在主观方面是故意。

(四) 认定

由于强迫卖血罪的法定刑重于故意伤害(致人轻伤)罪和故意伤害(致人重伤)罪的法定刑，因此，只有当强迫卖血的行为致人死亡或者使人严重残疾时，才能依照《刑法》第333条第2款的规定，直接以故意伤害罪论处，否则应以本罪论处。

六、非法采集、供应血液、制作、供应血液制品罪

第三百三十四条第一款　非法采集、供应血液或者制作、供应血液制品，不符合国家规定的标准，足以危害人体健康的，处五年以下有期徒刑或者拘役，并处罚金；对人体健康造成严重危害的，处五年以上十年以下有期徒刑，并处罚金；造成特别严重后果的，处十年以上有期徒刑或者无期徒刑，并处罚金或者没收财产。

(一) 概念

非法采集、供应血液、制作、供应血液制品罪，是指非法采集、供应血液或者制作、供应血液制品，不符合国家规定的标准，足以危害人体健康的行为。

(二) 行为

本罪在客观方面表现为非法采集、供应血液或者制作、供应血液制品，不符合国家规定的标

准的行为。实施上述行为，足以危害人体健康的，才构成本罪。

（三）故意

本罪在主观方面是故意。

七、采集、供应血液、制作、供应血液制品事故罪

第三百三十四条第二款　经国家主管部门批准采集、供应血液或者制作、供应血液制品的部门，不依照规定进行检测或者违背其他操作规定，造成危害他人身体健康后果的，对单位判处罚金，并对其直接负责的主管人员和其他直接责任人员，处五年以下有期徒刑或者拘役。

（一）概念

采集、供应血液、制作、供应血液制品事故罪，是指经国家主管部门批准采集、供应血液或者制作、供应血液制品的部门，不依照规定进行检测或者违背其他操作规定，造成危害他人身体健康后果的行为。

（二）行为

本罪在客观方面表现为不依照规定进行检测或者违背其他操作规定的行为。上述行为造成危害他人身体健康后果的，才构成本罪。

（三）主体

本罪的主体只能是经国家主管部门批准采集、供应血液或者制作、供应血液制品的部门，但刑法只处罚这些单位直接负责的主管人员和其他直接责任人员。

（四）过失

本罪在主观方面是过失。

八、医疗事故罪

第三百三十五条　医务人员由于严重不负责任，造成就诊人死亡或者严重损害就诊人身体健康的，处三年以下有期徒刑或者拘役。

（一）概念

医疗事故罪，是指医务人员由于严重不负责任，造成就诊人死亡或者严重损害就诊人身体健康的行为。

（二）主体

本罪的主体只能是医务人员，即获得《医疗机构执业许可证》的医疗机构中的诊疗人员及护理人员。根据国务院2002年4月4日发布的《医疗事故处理条例》之规定，县级以上城市从事计划生育技术服务的机构依照《计划生育技术服务管理条例》的规定开展与计划生育有关的临床医疗服务时，其医务人员也可成为本罪的主体。但本罪的主体不应包括医疗机构中的工程技术人员、党政管理人员和工勤人员。

（三）行为

本罪在客观方面表现为行为人实施了严重不负责任的行为，即违反医疗卫生管理法律、行政法规、部门规章和诊疗护理规范、常规的行为。此种行为具体发生在诊断、用药、手术、麻醉、输血、护理等医疗活动中。至于行为的形态，既可以是作为，如打错针、发错药等，也可以是不作为，如值班医生擅离职守，致使病人得不到及时救治等。

（四）结果

本罪是结果犯，其成立要求出现了就诊人死亡或者严重损害就诊人身体健康的结果，而且这

种结果是由于医务人员严重不负责任的行为所导致的,即两者之间存在因果关系。《医疗事故处理条例》第4条根据对患者人身造成的损害程度,将医疗事故分为四级:① 一级医疗事故:造成患者死亡、重度残疾的;② 二级医疗事故:造成患者中度残疾、器官组织损伤导致严重功能障碍的;③ 三级医疗事故:造成患者轻度残疾、器官组织损伤导致一般功能障碍的;④ 四级医疗事故:造成患者明显人身损害的其他后果的。对严重损害就诊人身体健康的认定,可以参照上述规定。

(五) 过失

本罪在主观方面只能是过失。

(六) 认定

《医疗事故处理条例》第33条规定,有下列情形之一的,不属于医疗事故,行为人自然不构成本罪:① 在紧急情况下为抢救垂危患者生命而采取紧急医学措施造成不良后果的;② 在医疗活动中由于患者病情异常或者患者体质特殊而发生医疗意外的;③ 在现有医学科学技术条件下,发生无法预料或者不能防范的不良后果的;④ 无过错输血感染造成不良后果的;⑤ 因患方原因延误诊疗导致不良后果的;⑥ 因不可抗力造成不良后果的。

九、非法行医罪

第三百三十六条第一款　未取得医生执业资格的人非法行医,情节严重的,处三年以下有期徒刑、拘役或者管制,并处或者单处罚金;严重损害就诊人身体健康的,处三年以上十年以下有期徒刑,并处罚金;造成就诊人死亡的,处十年以上有期徒刑,并处罚金。

(一) 概念

非法行医罪,是指未取得医生执业资格的人非法行医,情节严重的行为。

(二) 主体

本罪的主体是未取得医生执业资格的人。

(三) 行为

本罪在客观方面表现为非法行医的行为。此处的非法行医既包括未取得医生执业资格的人非法行医,也应包括因违法行医而被吊销开业执照后仍继续行医的情况。

(四) 故意

本罪在主观方面是故意。

(五) 定罪标准

上述行为情节严重的,才构成本罪。情节严重,是指非法行医的时间长;非法获利较多;被行政处罚后仍然非法行医;多次对多人非法行医等。

十、非法进行节育手术罪

第三百三十六条第二款　未取得医生执业资格的人擅自为他人进行节育复通手术、假节育手术、终止妊娠手术或者摘取宫内节育器,情节严重的,处三年以下有期徒刑、拘役或者管制,并处或者单处罚金;严重损害就诊人身体健康的,处三年以上十年以下有期徒刑,并处罚金;造成就诊人死亡的,处十年以上有期徒刑,并处罚金。

(一) 概念

非法进行节育手术罪,是指未取得医生执业资格的人擅自为他人进行节育复通手术、假节育手术、终止妊娠手术或者摘取宫内节育器,情节严重的行为。

（二）主体

本罪的主体只能是未取得医生执业资格的人。

（三）行为

本罪在客观方面表现为擅自为他人进行节育复通手术、假节育手术、终止妊娠手术或者摘取宫内节育器的行为。擅自，是指违法进行上述手术。上述行为情节严重的，才构成本罪。

（四）故意

本罪在主观方面是故意。

十一、妨害动植物防疫、检疫罪

第三百三十七条［根据《刑法修正案》（七）第十一条修订］　**违反有关动植物防疫、检疫的国家规定，引起重大动植物疫情的，或者有引起重大动植物疫情危险，情节严重的，处三年以下有期徒刑或者拘役，并处或者单处罚金。**

单位犯前款罪的，对单位判处罚金，并对其直接负责的主管人员和其他直接责任人员，依照前款的规定处罚。

（一）概念

妨害动植物防疫、检疫罪，是指违反有关动植物防疫、检疫的国家规定，引起重大动植物疫情的，或者有引起重大动植物疫情危险，情节严重的行为。

（二）行为

本罪在客观方面表现为违反有关动植物防疫、检疫的国家规定，引起重大动植物疫情的，或者有引起重大动植物疫情危险，情节严重的行为。违反有关动植物防疫、检疫的国家规定，主要是指违反《动物防疫法》《进出境动植物检疫法》《植物检疫条例》《进出境动植物检疫法实施条例》等。

（三）对象

本罪的行为对象，是指需要遵照国家有关规定进行防疫、检疫的动植物、动植物产品和其他检疫物，装载动植物、动植物产品和其他检疫物的装载容器、包装物，以及来自动植物疫区的运输工具。

（四）过失

本罪在主观方面是过失。

第六节　破坏环境资源保护罪

一、污染环境罪

第三百三十八条［根据《刑法修正案》（八）第四十六条修订］　**违反国家规定，排放、倾倒或者处置有放射性的废物、含传染病病原体的废物、有毒物质或者其他有害物质，严重污染环境的，处三年以下有期徒刑或者拘役，并处或者单处罚金；后果特别严重的，处三年以上七年以下有期徒刑，并处罚金。**

第三百四十六条　**单位犯本节第三百三十八条至第三百四十五条规定之罪的，对单位判处罚金，并对其直接负责的主管人员和其他直接责任人员，依照本节各该条的规定处罚。**

（一）概念

污染环境罪，是指自然人或者单位违反国家规定，排放、倾倒或者处置有放射性的废物、含传染病病原体的废物、有毒物质或者其他有害物质，严重污染环境的行为。

(二) 行为

本罪在客观方面表现为违反国家规定,排放、倾倒或者处置有放射性的废物、含传染病病原体的废物、有毒物质或者其他有害物质,严重污染环境的行为。排放,是指把各种危险废物排入土地、水体和大气的行为。倾倒,是指通过车辆、船舶、航空器或者其他运载工具向土地、水体和大气倾倒有害物质。处置,是指以改变危险废物的物理、化学、生物特征的方法,达到减少其数量,缩小其体积、减少或消除其危险成分的活动。违反国家规定,是指违反国家关于环境保护的法律、法规、条例以及与环境保护有关的标准、规程,主要包括《环境保护法》《大气污染防治法》《水污染防治法》《海洋环境保护法》《固体废物污染环境防治法》等法律,以及《放射保护条例》《工业"三废"排放试行标准》等一系列专门法规。

(三) 过失

本罪在主观方面是过失。

二、非法处置进口的固体废物罪

第三百三十九条第一款 **违反国家规定,将境外的固体废物进境倾倒、堆放、处置的,处五年以下有期徒刑或者拘役,并处罚金;造成重大环境污染事故,致使公私财产遭受重大损失或者严重危害人体健康的,处五年以上十年以下有期徒刑,并处罚金;后果特别严重的,处十年以上有期徒刑,并处罚金。**

第三百四十六条 **单位犯本节第三百三十八条至第三百四十五条规定之罪的,对单位判处罚金,并对其直接负责的主管人员和其他直接责任人员,依照本节各该条的规定处罚。**

(一) 概念

非法处置进口的固体废物罪,是指自然人或者单位违反国家规定,将境外的固体废物进境倾倒、堆放、处置的行为。

(二) 行为

本罪在客观方面表现为违反国家规定,将境外的固体废物进境倾倒、堆放、处置的行为。

(三) 故意

本罪在主观方面是故意。

三、擅自进口固体废物罪

第三百三十九条第二款 **未经国务院有关主管部门许可,擅自进口固体废物用作原料,造成重大环境污染事故,致使公私财产遭受重大损失或者严重危害人体健康的,处五年以下有期徒刑或者拘役,并处罚金;后果特别严重的,处五年以上十年以下有期徒刑,并处罚金。**

第三款 **以原料利用为名,进口不能用作原料的固体废物的,依照本法第一百五十五条的规定定罪处罚。**

第三百四十六条 **单位犯本节第三百三十八条至第三百四十五条规定之罪的,对单位判处罚金,并对其直接负责的主管人员和其他直接责任人员,依照本节各该条的规定处罚。**

(一) 概念

擅自进口固体废物罪,是指未经国务院有关主管部门许可,擅自进口固体废物用作原料,造成重大环境污染事故,致使公私财产遭受重大损失或者严重危害人体健康的行为。

(二) 行为

本罪在客观方面表现为未经国务院有关主管部门许可,擅自进口固体废物用作原料的行为。

本罪的成立还要求上述行为造成重大环境污染事故，致使公私财产遭受重大损失或者严重危害人体健康。

（三）故意

本罪在主观方面是故意。

四、非法捕捞水产品罪

第三百四十条　违反保护水产资源法规，在禁渔区、禁渔期或者使用禁用的工具、方法捕捞水产品，情节严重的，处三年以下有期徒刑、拘役、管制或者罚金。

第三百四十六条　单位犯本节第三百三十八条至第三百四十五条规定之罪的，对单位判处罚金，并对其直接负责的主管人员和其他直接责任人员，依照本节各该条的规定处罚。

（一）概念

非法捕捞水产品罪，是指自然人或者单位违反保护水产资源法规，在禁渔区、禁渔期或者使用禁用的工具、方法捕捞水产品，情节严重的行为。

（二）行为

本罪在客观方面表现为：在禁渔区捕捞水产品；在禁渔期捕捞水产品；使用禁用的工具捕捞水产品；使用禁用的方法捕捞水产品。

（三）故意

本罪在主观方面是故意，即明知是禁渔区、禁渔期或者使用的是禁用工具、方法而故意捕捞。

五、非法猎捕、杀害珍贵、濒危野生动物罪

第三百四十一条第一款　非法猎捕、杀害国家重点保护的珍贵、濒危野生动物的，或者非法收购、运输、出售国家重点保护的珍贵、濒危野生动物及其制品的，处五年以下有期徒刑或者拘役，并处罚金；情节严重的，处五年以上十年以下有期徒刑，并处罚金；情节特别严重的，处十年以上有期徒刑，并处罚金或者没收财产。

第三百四十六条　单位犯本节第三百三十八条至第三百四十五条规定之罪的，对单位判处罚金，并对其直接负责的主管人员和其他直接责任人员，依照本节各该条的规定处罚。

（一）概念

非法猎捕、杀害珍贵、濒危野生动物罪，是指自然人或者单位非法猎捕、杀害国家重点保护的珍贵、濒危野生动物的行为。

（二）行为

本罪在客观方面表现为非法猎捕、非法杀害行为。所谓非法，是指违反了《野生动物保护法》等相关法律的规定，具体是指没有特许猎捕证而非法猎捕杀害，或者有特许猎捕证却不按其要求捕杀的。

（三）对象

本罪的行为对象是国家重点保护的珍贵、濒危野生动物。此处的珍贵、濒危野生动物，包括列入国家重点保护野生动物名录的国家一、二级保护野生动物、列入《濒危野生动植物种国际贸易公约》附录一、附录二的野生动物以及驯养繁殖的上述物种。

（四）故意

本罪在主观方面是故意，即行为人明知是国家重点保护的珍贵、濒危野生动物而非法捕杀。

（五）认定

根据司法解释[1]，使用爆炸、投毒、设置电网等危险方法破坏野生动物资源，构成本罪，同时构成《刑法》第114条或者第115条规定之罪的，依照处罚较重的规定定罪处罚；实施本罪，又以暴力、威胁方法抗拒查处，构成其他犯罪的，依照数罪并罚的规定处罚。

六、非法收购、运输、出售珍贵、濒危野生动物、珍贵、濒危野生动物制品罪

第三百四十一条第一款 **非法猎捕、杀害国家重点保护的珍贵、濒危野生动物的，或者非法收购、运输、出售国家重点保护的珍贵、濒危野生动物及其制品的，处五年以下有期徒刑或者拘役，并处罚金；情节严重的，处五年以上十年以下有期徒刑，并处罚金；情节特别严重的，处十年以上有期徒刑，并处罚金或者没收财产。**

第三百四十六条 **单位犯本节第三百三十八条至第三百四十五条规定之罪的，对单位判处罚金，并对其直接负责的主管人员和其他直接责任人员，依照本节各该条的规定处罚。**

（一）概念

非法收购、运输、出售珍贵、濒危野生动物、珍贵、濒危野生动物制品罪，是指自然人或者单位非法收购、运输、出售国家重点保护的珍贵、濒危野生动物及其制品的行为。

（二）行为

本罪在客观方面表现为非法收购、运输、出售的行为。收购，包括以营利、自用等为目的的购买行为；运输，包括采用携带、邮寄、利用他人、使用交通工具等方法进行运送的行为；出售，包括出卖和以营利为目的的加工利用行为。

（三）故意

本罪在主观方面是故意。

（四）认定

实施本罪，又以暴力、威胁方法抗拒查处，构成其他犯罪的，依照数罪并罚的规定处罚。

七、非法狩猎罪

第三百四十一条第二款 **违反狩猎法规，在禁猎区、禁猎期或者使用禁用的工具、方法进行狩猎，破坏野生动物资源，情节严重的，处三年以下有期徒刑、拘役、管制或者罚金。**

第三百四十六条 **单位犯本节第三百三十八条至第三百四十五条规定之罪的，对单位判处罚金，并对其直接负责的主管人员和其他直接责任人员，依照本节各该条的规定处罚。**

（一）概念

非法狩猎罪，是指自然人或者单位违反狩猎法规，在禁猎区、禁猎期或者使用禁用的工具、方法进行狩猎，破坏野生动物资源，情节严重的行为。

（二）行为

本罪在客观方面表现为违反狩猎法规，在禁猎区狩猎、在禁猎期狩猎、使用禁用的工具狩猎、使用禁用的方法狩猎的行为。

（三）故意

本罪在主观方面是故意，即明知自己的行为违反了狩猎法规而故意为之。

（四）定罪标准

上述行为情节严重的，才构成本罪。

① 2000年11月27日最高人民法院《关于审理破坏野生动物资源刑事案件具体应用法律若干问题的解释》。

（五）认定

使用爆炸、投毒、设置电网等危险方法破坏野生动物资源，构成本罪，同时构成《刑法》第114条或者第115条规定之罪的，依照处罚较重的规定定罪处罚；实施本罪，又以暴力、威胁方法抗拒查处，构成其他犯罪的，依照数罪并罚的规定处罚。

八、非法占用农用地罪

第三百四十二条［根据《刑法修正案（二）》修改］ 违反土地管理法规，非法占用耕地、林地等农用地，改变被占用土地用途，数量较大，造成耕地、林地等农用地大量毁坏的，处五年以下有期徒刑或者拘役，并处或者单处罚金。

第三百四十六条 单位犯本节第三百三十八条至第三百四十五条规定之罪的，对单位判处罚金，并对其直接负责的主管人员和其他直接责任人员，依照本节各该条的规定处罚。

（一）概念

非法占用农用地罪，是指自然人或者单位违反土地管理法规，非法占用耕地、林地等农用地，改变被占用土地用途，数量较大，造成耕地、林地等农用地大量毁坏的行为。

（二）行为

本罪在客观方面表现为违反土地管理法规，非法占用耕地、林地等农用地，改变被占用土地用途的行为。违反土地管理法规，是指违反土地管理法、森林法、草原法等法律以及有关行政法规中关于土地管理的规定。

（三）故意

本罪在主观方面是故意。

（四）定罪标准

上述非法占用行为数量较大，造成耕地、林地等农用地大量毁坏的，才构成本罪。数量较大，是指非法占用基本农田5亩以上或者非法占用基本农田以外的耕地、林地等农用地10亩以上[①]。造成耕地、林地等农用地大量毁坏，是指行为人非法占用耕地、林地等农用地建窑、建坟、建房、挖沙、采石、采矿、取土、堆放固体废弃物或者进行其他非农业建设，造成基本农田5亩以上或者基本农田以外的耕地、林地等农用地10亩以上种植条件严重毁坏或者严重污染。

九、非法采矿罪

第三百四十三条［根据《刑法修正案》（八）第四十七条修订］ 违反矿产资源法的规定，未取得采矿许可证擅自采矿，擅自进入国家规划矿区、对国民经济具有重要价值的矿区和他人矿区范围采矿，或者擅自开采国家规定实行保护性开采的特定矿种，情节严重的，处三年以下有期徒刑、拘役或者管制，并处或者单处罚金；情节特别严重的，处三年以上七年以下有期徒刑，并处罚金。

违反矿产资源法的规定，采取破坏性的开采方法开采矿产资源，造成矿产资源严重破坏的，处五年以下有期徒刑或者拘役，并处罚金。

第三百四十六条 单位犯本节第三百三十八条至第三百四十五条规定之罪的，对单位判处罚金，并对其直接负责的主管人员和其他直接责任人员，依照本节各该条的规定处罚。

（一）概念

非法采矿罪，是指违反矿产资源法的规定，未取得采矿许可证擅自采矿的，擅自进入国家规

① 2000年6月19日《最高人民法院关于审理破坏土地资源刑事案件具体应用法律若干问题的解释》。

划矿区、对国民经济具有重要价值的矿区和他人矿区范围采矿的,擅自开采国家规定实行保护性开采的特定矿种,情节严重的行为。

(二) 行为

本罪在客观方面表现为违反矿产资源法的规定,未取得采矿许可证擅自采矿的,擅自进入国家规划矿区、对国民经济具有重要价值的矿区和他人矿区范围采矿的,擅自开采国家规定实行保护性开采的特定矿种的行为。上述行为造成矿产资源破坏的,才构成本罪。

(三) 故意

本罪在主观方面是故意。

十、破坏性采矿罪

第三百四十三条[根据《刑法修正案》(八)第四十七条修订] 违反矿产资源法的规定,未取得采矿许可证擅自采矿,擅自进入国家规划矿区、对国民经济具有重要价值的矿区和他人矿区范围采矿,或者擅自开采国家规定实行保护性开采的特定矿种,情节严重的,处三年以下有期徒刑、拘役或者管制,并处或者单处罚金;情节特别严重的,处三年以上七年以下有期徒刑,并处罚金。

违反矿产资源法的规定,采取破坏性的开采方法开采矿产资源,造成矿产资源严重破坏的,处五年以下有期徒刑或者拘役,并处罚金。

第三百四十六条 单位犯本节第三百三十八条至第三百四十五条规定之罪的,对单位判处罚金,并对其直接负责的主管人员和其他直接责任人员,依照本节各该条的规定处罚。

(一) 概念

破坏性采矿罪,是指自然人或者单位违反矿产资源法的规定,采取破坏性的开采方法开采矿产资源,造成矿产资源严重破坏的行为。

(二) 行为

本罪在客观方面表现为违反矿产资源法的规定,采取破坏性的开采方法开采矿产资源的行为。具体是指,行为人虽具有采矿许可证,但严重违反矿产资源法关于开采回采率、采矿贫化率、选矿回收率等方面的规定进行采矿。上述行为造成矿产资源严重破坏的,才构成本罪。

(三) 故意

本罪在主观方面是故意。

十一、非法采伐、毁坏国家重点保护植物罪

第三百四十四条[根据《刑法修正案》(四)第六条修订] 违反国家规定,非法采伐、毁坏珍贵树木或者国家重点保护的其他植物的,或者非法收购、运输、加工、出售珍贵树木或者国家重点保护的其他植物及其制品的,处三年以下有期徒刑、拘役或者管制,并处罚金;情节严重的,处三年以上七年以下有期徒刑,并处罚金。

第三百四十六条 单位犯本节第三百三十八条至第三百四十五条规定之罪的,对单位判处罚金,并对其直接负责的主管人员和其他直接责任人员,依照本节各该条的规定处罚。

(一) 概念

非法采伐、毁坏国家重点保护植物罪,是指违反国家规定,非法采伐、毁坏珍贵树木或者国家重点保护的其他植物的行为。

(二) 行为

本罪在客观方面表现为非法采伐或者毁坏行为。所谓非法采伐,是指未经合法许可,擅自砍

伐。毁坏，是指采用剥皮、砍枝、取脂使用等方式，使珍贵树木或者国家重点保护的其他植物死亡或者影响其正常生长。

根据司法解释[①]，非法实施采种、采脂、挖笋、掘根、剥树皮等行为，牟取经济利益数额较大的，依照《刑法》第264条的规定，以盗窃罪定罪处罚。同时构成其他犯罪的，依照处罚较重的规定定罪处罚。

（三）对象

本罪的行为对象是珍贵树木或者国家重点保护的其他植物。这里的珍贵树木，包括由省级以上林业主管部门或者其他部门确定的具有重大历史纪念意义、科学研究价值或者年代久远的古树名木，国家禁止、限制出口的珍贵树木以及列入国家重点保护野生植物名录的树木。

（四）故意

本罪在主观方面是故意，行为人对非法采伐、毁坏的是珍贵树木或者国家重点保护的其他植物必须有明确认识。

十二、非法收购、运输、加工、出售国家重点保护植物、国家重点保护植物制品罪

第三百四十四条［根据《刑法修正案》（四）第六条修订］　违反国家规定，非法采伐、毁坏珍贵树木或者国家重点保护的其他植物的，或者非法收购、运输、加工、出售珍贵树木或者国家重点保护的其他植物及其制品的，处三年以下有期徒刑、拘役或者管制，并处罚金；情节严重的，处三年以上七年以下有期徒刑，并处罚金。

第三百四十六条　单位犯本节第三百三十八条至第三百四十五条规定之罪的，对单位判处罚金，并对其直接负责的主管人员和其他直接责任人员，依照本节各该条的规定处罚。

（一）概念

非法收购、运输、加工、出售国家重点保护植物、国家重点保护植物制品罪，是指违反国家规定，非法收购、运输、加工、出售珍贵树木或者国家重点保护的其他植物及其制品的行为。

（二）行为

本罪在客观方面表现为非法收购、运输、加工、出售珍贵树木或者国家重点保护的其他植物及其制品的行为。

（三）故意

本罪在主观方面是故意，行为人对非法收购、运输、加工、出售的是珍贵树木或者国家重点保护的其他植物及其制品必须有明确认识。

十三、盗伐林木罪

第三百四十五条第一款　盗伐森林或者其他林木，数量较大的，处三年以下有期徒刑、拘役或者管制，并处或者单处罚金；数量巨大的，处三年以上七年以下有期徒刑，并处罚金；数量特别巨大的，处七年以上有期徒刑，并处罚金。

第四款　盗伐、滥伐国家级自然保护区内的森林或者其他林木的，从重处罚。

第三百四十六条　单位犯本节第三百三十八条至第三百四十五条规定之罪的，对单位判处罚金，并对其直接负责的主管人员和其他直接责任人员，依照本节各该条的规定处罚。

（一）概念

盗伐林木罪，是指自然人或者单位盗伐森林或者其他林木，数量较大的行为。

---

① 2000年11月17日最高人民法院《关于审理破坏森林资源刑事案件具体应用法律若干问题的解释》。

(二) 行为

本罪在客观方面表现为盗伐森林或者其他林木的行为,具体表现为以下几种情形: ① 擅自砍伐国家、集体、他人所有或者他人承包经营管理的森林或者其他林木的; ② 擅自砍伐本单位或者本人承包经营管理的森林或者其他林木的; ③ 在林木采伐许可证规定的地点以外采伐国家、集体、他人所有或者他人承包经营管理的森林或者其他林木的。

(三) 故意

本罪在主观方面是故意,且一般具有非法占有的目的。

(四) 定罪标准

上述行为数量较大的,才构成本罪。数量较大,以2立方米至5立方米或者幼树[①] 100株至200株为起点。对于1年内多次盗伐少量林木未经处罚的,累计其盗伐林木的数量。

(五) 认定

盗伐珍贵树木,同时触犯本罪的,依照处罚较重的规定定罪处罚;将国家、集体、他人所有并已经伐倒的树木窃为己有,以及偷砍他人房前屋后、自留地种植的零星树木,数额较大的,依照《刑法》第264条的规定,以盗窃罪定罪处罚。

十四、滥伐林木罪

第三百四十五条第二款　违反森林法的规定,滥伐森林或者其他林木,数量较大的,处三年以下有期徒刑、拘役或者管制,并处或者单处罚金;数量巨大的,处三年以上七年以下有期徒刑,并处罚金。

第四款　盗伐、滥伐国家级自然保护区内的森林或者其他林木的,从重处罚。

第三百四十六条　单位犯本节第三百三十八条至第三百四十五条规定之罪的,对单位判处罚金,并对其直接负责的主管人员和其他直接责任人员,依照本节各该条的规定处罚。

(一) 概念

滥伐林木罪,是指自然人或者单位违反森林法的规定,滥伐森林或者其他林木,数量较大的行为。

(二) 行为

本罪在客观方面表现为行为人实施了违反森林法的规定,滥伐森林或者其他林木的行为。所谓滥伐,包括以下情形: ① 未经林业行政主管部门及法律规定的其他主管部门批准并核发林木采伐许可证,或者虽持有林木采伐许可证,但违反林木采伐许可证规定的时间、数量、树种或者方式,任意采伐本单位所有或者本人所有的森林或者其他林木的; ② 超过林木采伐许可证规定的数量采伐他人所有的森林或者其他林木的。林木权属争议一方在林木权属确权之前,擅自砍伐森林或者其他林木,以滥伐林木论。

(三) 故意

本罪在主观方面是故意。

(四) 定罪标准

上述行为数量较大的,才构成本罪。数量较大,以10立方米至20立方米或者幼树500株至1 000株为起点。对于1年内多次滥伐少量林木未经处罚的,累计其滥伐林木的数量。

(五) 认定

本罪与非法采伐、毁坏珍贵树木罪的界限。滥伐珍贵树木,同时触犯本罪的,依照处罚较重

① 幼树是指胸径5厘米以下的树木。

的规定定罪处罚。

十五、非法收购盗伐、滥伐的林木罪

第三百四十五条第三款［根据《刑法修正案(四)》修订］　非法收购明知是盗伐、滥伐的林木，情节严重的，处三年以下有期徒刑、拘役或者管制，并处或者单处罚金；情节特别严重的，处三年以上七年以下有期徒刑，并处罚金。

第三百四十六条　单位犯本节第三百三十八条至第三百四十五条规定之罪的，对单位判处罚金，并对其直接负责的主管人员和其他直接责任人员，依照本节各该条的规定处罚。

（一）概念

非法收购盗伐、滥伐的林木罪，是指非法收购明知是盗伐、滥伐的林木，情节严重的行为。

（二）行为

本罪在客观方面表现为行为人实施了非法收购盗伐、滥伐的林木的行为。

（三）故意

本罪在主观方面是故意，即明知是盗伐、滥伐的林木而收购，且具有牟利的目的。明知，是指知道或者应当知道。具有下列情形之一的，可以视为应当知道，但是有证据证明确属被蒙骗的除外：① 在非法的木材交易场所或者销售单位收购木材的；② 收购以明显低于市场价格出售的木材的；③ 收购违反规定出售的木材的。

（四）定罪标准

上述行为情节严重的，才构成本罪。情节严重是指：① 非法收购盗伐、滥伐的林木 20 立方米以上或者幼树 1 000 株以上的；② 非法收购盗伐、滥伐的珍贵树木 2 立方米以上或者 5 株以上的；③ 其他情节严重的情形[①]。

第七节　走私、贩卖、运输、制造毒品罪

一、走私、贩卖、运输、制造毒品罪

第三百四十七条　走私、贩卖、运输、制造毒品，无论数量多少，都应当追究刑事责任，予以刑事处罚。

走私、贩卖、运输、制造毒品，有下列情形之一的，处十五年有期徒刑、无期徒刑或者死刑，并处没收财产：

（一）走私、贩卖、运输、制造鸦片一千克以上、海洛因或者甲基苯丙胺五十克以上或者其他毒品数量大的；

（二）走私、贩卖、运输、制造毒品集团的首要分子；

（三）武装掩护走私、贩卖、运输、制造毒品的；

（四）以暴力抗拒检查、拘留、逮捕，情节严重的；

（五）参与有组织的国际贩毒活动的。

走私、贩卖、运输、制造鸦片二百克以上不满一千克、海洛因或者甲基苯丙胺十克以上不满五十克或者其他毒品数量较大的，处七年以上有期徒刑，并处罚金。

① 参见 2000 年 11 月 17 日最高人民法院《关于审理破坏森林资源刑事案件具体应用法律若干问题的解释》。

走私、贩卖、运输、制造鸦片不满二百克、海洛因或者甲基苯丙胺不满十克或者其他少量毒品的，处三年以下有期徒刑、拘役或者管制，并处罚金；情节严重的，处三年以上七年以下有期徒刑，并处罚金。

单位犯第二款、第三款、第四款罪的，对单位判处罚金，并对其直接负责的主管人员和其他直接责任人员，依照各该款的规定处罚。

利用、教唆未成年人走私、贩卖、运输、制造毒品，或者向未成年人出售毒品的，从重处罚。

对多次走私、贩卖、运输、制造毒品，未经处理的，毒品数量累计计算。

第三百五十六条　因走私、贩卖、运输、制造、非法持有毒品罪被判过刑，又犯本节规定之罪的，从重处罚。

第三百五十七条　本法所称的毒品，是指鸦片、海洛因、甲基苯丙胺（冰毒）、吗啡、大麻、可卡因以及国家规定管制的其他能够使人形成瘾癖的麻醉药品和精神药品。

毒品的数量以查证属实的走私、贩卖、运输、制造、非法持有毒品的数量计算，不以纯度折算。

（一）概念

走私、贩卖、运输、制造毒品罪，是指违反毒品管理法规，走私、贩卖、运输、制造毒品的行为。

（二）行为

本罪在客观方面表现为走私、贩卖、运输或者制造行为：① 走私毒品。是指明知是毒品而非法将其运输、携带、邮寄进出国(边)境的行为。直接向走私人非法收购走私进口的毒品，或者在内海、领海运输、收购、贩卖毒品的，以走私毒品论处。② 贩卖毒品。是指明知是毒品而非法销售或者以贩卖为目的而非法收买毒品的行为。居间介绍买卖毒品的，无论是否获利，均以贩卖毒品罪的共犯论处，但是如果居间人没有认识到是毒品，则不构成贩卖毒品罪。③ 运输毒品。是指明知是毒品而采用携带、邮寄、利用他人或者使用交通工具等方法非法运送毒品的行为。运输毒品必须是在国内，而且不是在内海、领海运输，否则便是走私毒品。④ 制造毒品。是指非法用毒品原植物直接提炼或者用化学方法加工、配制毒品的行为。行为人只要实施了上述行为之一，无论毒品数量多少、纯度多高，一律构成本罪。本罪是选择性罪名。凡实施了走私、贩卖、运输、制造毒品行为之一的，即以该行为确定罪名。凡实施了其中两种以上行为的，如运输、贩卖海洛因，则定为运输、贩卖毒品罪，不实行并罚。

（三）对象

本罪的行为对象是毒品。根据《刑法》第 357 条的规定，毒品是指鸦片、海洛因、甲基苯丙胺(冰毒)、吗啡、大麻、可卡因以及国家规定管制的其他能够使人形成瘾癖的麻醉药品和精神药品。麻醉药品是指连续使用后易产生身体依赖性、能成瘾癖的药品；精神药品是指直接作用于中枢神经系统，使之兴奋或抑制，连续使用能产生依赖性的药品。

（四）故意

本罪在主观方面必须是故意，即明知是毒品而走私、贩卖、运输、制造。如果行为人将非毒品误认为是毒品而走私、贩卖、运输、制造的，则属于刑法上的认识错误，应以本罪的未遂论处。此外，本罪不以牟利目的为必要要件。

（五）认定

(1) 罪与非罪的界限。根据医疗、科研、教学需要，依法取得国家卫生行政主管部门批准或特许后，从事生产、运输、管理、使用或者进口麻醉药品和精神药品活动的，不能以犯罪论。

(2) 既遂与未遂的界限。区分标准因具体行为形态不同而有异：走私毒品的，应以是否将毒品运输、携带、邮寄出境或入境为标准；贩卖毒品的，应以毒品是否实际上已经转移给买方为标准；运输毒品的，应以毒品是否到达目的地为标准；制造毒品则以毒品是否实际制成为标准。

(3) 走私毒品罪与走私罪的界限。两者的主要区别是对象的不同。走私毒品，又走私其他物品构成犯罪的，按走私毒品和构成的其他走私罪分别定罪，实行并罚。

(4) 本罪与诈骗罪的界限。对于故意以非毒品假冒毒品或者明知是假毒品而贩卖牟利的，应以诈骗罪论处。但如果贩卖的只是掺假毒品的，应以贩卖毒品罪论处。

二、非法持有毒品罪

第三百四十八条　非法持有鸦片一千克以上、海洛因或者甲基苯丙胺五十克以上或者其他毒品数量大的，处七年以上有期徒刑或者无期徒刑，并处罚金；非法持有鸦片二百克以上不满一千克、海洛因或者甲基苯丙胺十克以上不满五十克或者其他毒品数量较大的，处三年以下有期徒刑、拘役或者管制，并处罚金；情节严重的，处三年以上七年以下有期徒刑，并处罚金。

第三百五十六条　因走私、贩卖、运输、制造、非法持有毒品罪被判过刑，又犯本节规定之罪的，从重处罚。

(一) 概念

非法持有毒品罪，是指明知是毒品，而非法持有且数量较大的行为。

(二) 行为

本罪在客观方面表现为非法持有行为，即违反国家法律和国家主管部门的规定，占有、携有、控制或者以其他方式持有毒品的行为。持有的本质是对毒品的实际控制和支配，至于毒品的来源、存放场所等，均不影响持有的成立。

(三) 故意

本罪在主观方面只能是故意，即行为人必须明知是毒品而非法持有。

(四) 定罪标准

非法持有毒品，数量较大的，才构成本罪。数量较大，是指鸦片 200 克以上不满 1 000 克、海洛因或者甲基苯丙胺 10 克以上不满 50 克或者其他毒品数量较大的。所谓其他毒品数量较大，是指：① 苯丙胺类毒品(甲基苯丙胺除外)20 克以上不满 100 克；② 大麻油 1 千克以上不满 5 千克，大麻脂 2 千克以上不满 10 千克，大麻叶及大麻烟 30 千克以上不满 150 千克；③ 可卡因10 克以上不满 50 克；④ 吗啡 20 克以上不满 100 克；⑤ 度冷丁(杜冷丁)50 克以上不满 250 克(针剂 100 mg/支规格的 500 支以上不满 2 500 支，50 mg/支规格的 1 000 支以上不满 5 000 支；片剂 25 mg/片规格的 2 000 片以上不满 10 000 片，50 mg/片规格的 1 000 片以上不满 5 000 片)；⑥ 盐酸二氢埃托啡 2 毫克以上不满 10 毫克(针剂或者片剂 20 μg/支、片规格的 100 支、片以上不满 500 支、片)；⑦ 咖啡因 50 千克以上不满 200 千克；⑧ 罂粟壳 50 千克以上不满 200 千克；⑨ 上述毒品以外的其他毒品数量较大的[①]。

三、包庇毒品犯罪分子罪

第三百四十九条　包庇走私、贩卖、运输、制造毒品的犯罪分子的，为犯罪分子窝藏、转移、隐瞒毒品或者犯罪所得的财物的，处三年以下有期徒刑、拘役或者管制；情节严重的，处

① 2000 年 6 月 6 日最高人民法院《关于审理毒品案件定罪量刑标准有关问题的解释》。

三年以上十年以下有期徒刑。

缉毒人员或者其他国家机关工作人员掩护、包庇走私、贩卖、运输、制造毒品的犯罪分子的，依照前款的规定从重处罚。

犯前两款罪，事先通谋的，以走私、贩卖、运输、制造毒品罪的共犯论处。

第三百五十六条　**因走私、贩卖、运输、制造、非法持有毒品罪被判过刑，又犯本节规定之罪的，从重处罚。**

（一）概念

包庇毒品犯罪分子罪，是指明知是走私、贩卖、运输、制造毒品的犯罪分子，而向司法机关作假证明掩盖其罪行，或者帮助其湮灭罪证，以使其逃避法律制裁的行为。

（二）行为

本罪在客观方面表现为包庇走私、贩卖、运输、制造毒品的犯罪分子的行为。包庇是指向司法机关作假证明掩盖上述罪犯的罪行，或者帮助其湮灭罪迹、隐匿罪证。

（三）故意

本罪在主观方面是故意，即明知是走私、贩卖、运输、制造毒品的犯罪分子而予以包庇。

四、窝藏、转移、隐瞒毒品、毒赃罪

第三百四十九条　**包庇走私、贩卖、运输、制造毒品的犯罪分子的，为犯罪分子窝藏、转移、隐瞒毒品或者犯罪所得的财物的，处三年以下有期徒刑、拘役或者管制；情节严重的，处三年以上十年以下有期徒刑。**

缉毒人员或者其他国家机关工作人员掩护、包庇走私、贩卖、运输、制造毒品的犯罪分子的，依照前款的规定从重处罚。

犯前两款罪，事先通谋的，以走私、贩卖、运输、制造毒品罪的共犯论处。

第三百五十六条　**因走私、贩卖、运输、制造、非法持有毒品罪被判过刑，又犯本节规定之罪的，从重处罚。**

（一）概念

窝藏毒品、毒赃罪，是指明知是毒品或者毒品犯罪所得的财物而为犯罪分子窝藏、转移、隐瞒的行为。

（二）行为

本罪在客观方面表现为为犯罪分子窝藏、转移、隐瞒毒品或者犯罪所得的财物的行为。

（三）故意

本罪在主观方面是故意，即明知是毒品或者毒品犯罪所得的财物而为犯罪分子窝藏、转移、隐瞒。

五、非法生产、买卖、运输制毒物品、走私制毒物品罪

第三百五十条［根据《刑法修正案》（九）第四十一条修订］　**违反国家规定，非法生产、买卖、运输醋酸酐、乙醚、三氯甲烷或者其他用于制造毒品的原料、配剂，或者携带上述物品进出境，情节较重的，处三年以下有期徒刑、拘役或者管制，并处罚金；情节严重的，处三年以上七年以下有期徒刑，并处罚金；情节特别严重的，处七年以上有期徒刑，并处罚金或者没收财产。**

明知他人制造毒品而为其生产、买卖、运输前款规定的物品的，以制造毒品罪的共犯论处。

单位犯前两款罪的，对单位判处罚金，并对其直接负责的主管人员和其他直接责任人员，依照前两款的规定处罚。

第三百五十六条　因走私、贩卖、运输、制造、非法持有毒品罪被判过刑，又犯本节规定之罪的，从重处罚。

（一）概念

非法生产、买卖、运输制毒物品、走私制毒物品罪，是指违反国家规定，非法生产、买卖、运输醋酸酐、乙醚、三氯甲烷或者其他用于制造毒品的原料、配剂，或者携带上述物品进出境，情节较重的行为。

（二）行为

本罪在客观方面表现为：① 违反国家规定，非法生产、买卖、运输醋酸酐、乙醚、三氯甲烷或者其他用于制造毒品的原料、配剂的行为。生产、买卖、运输用于制造毒品的原料、配剂，需要办理许可证明或者备案证明，否则即为非法行为；② 携带醋酸酐、乙醚、三氯甲烷或者其他用于制造毒品的原料、配剂进出境。

根据最高人民法院、最高人民检察院、公安部2009年6月23日《关于办理制毒物品犯罪案件适用法律若干问题的意见》，违反国家规定，实施下列行为之一的，应当认定为非法买卖制毒物品行为：① 未经许可或者备案，擅自购买、销售易制毒化学品的；② 超出许可证明或者备案证明的品种、数量范围购买、销售易制毒化学品的；③ 使用他人的或者伪造、变造、失效的许可证明或者备案证明购买、销售易制毒化学品的；④ 经营单位违反规定，向无购买许可证明、备案证明的单位、个人销售易制毒化学品的，或者明知购买者使用他人的或者伪造、变造、失效的购买许可证明、备案证明，向其销售易制毒化学品的；⑤ 以其他方式非法买卖易制毒化学品的。

明知他人制造毒品而为其生产、买卖、运输前款规定的物品的，以制造毒品罪的共犯论处。

（三）主体

本罪主体是一般主体。单位也可以成为本罪主体。

（四）故意

本罪在主观方面是故意。

六、非法种植毒品原植物罪

第三百五十一条　非法种植罂粟、大麻等毒品原植物的，一律强制铲除。有下列情形之一的，处五年以下有期徒刑、拘役或者管制，并处罚金：

（一）种植罂粟五百株以上不满三千株或者其他毒品原植物数量较大的；

（二）经公安机关处理后又种植的；

（三）抗拒铲除的。

非法种植罂粟三千株以上或者其他毒品原植物数量大的，处五年以上有期徒刑，并处罚金或者没收财产。

非法种植罂粟或者其他毒品原植物，在收获前自动铲除的，可以免除处罚。

第三百五十六条　因走私、贩卖、运输、制造、非法持有毒品罪被判过刑，又犯本节规定之罪的，从重处罚。

（一）概念

非法种植毒品原植物罪，是指明知是罂粟、大麻等毒品原植物，而非法种植且情节严重的行为。

（二）行为

本罪在客观方面表现为行为人实施了非法种植罂粟、大麻等毒品原植物的行为。

（三）故意

本罪在主观方面是故意，即明知是罂粟、大麻等毒品原植物而非法种植。

（四）定罪标准

上述行为情节严重的，才构成本罪。情节严重，是指具有下列情形之一的：① 种植罂粟 500 株以上不满 3 000 株或者其他毒品原植物数量较大的。其中，种植大麻数量较大是指种植大麻 5 000 株以上不满 30 000 株[①]。② 经公安机关处理后又种植的。③ 抗拒铲除的。

（五）认定

非法种植毒品原植物数量较大，又以其为原料制造毒品的，应当以制造毒品罪从重处罚；非法种植毒品原植物数量较大，又实施其他制造毒品行为的，应当分别定本罪和制造毒品罪，实行并罚。

七、非法买卖、运输、携带、持有毒品原植物种子或者幼苗罪

第三百五十二条　非法买卖、运输、携带、持有未经灭活的罂粟等毒品原植物种子或者幼苗，数量较大的，处三年以下有期徒刑、拘役或者管制，并处或者单处罚金。

第三百五十六条　因走私、贩卖、运输、制造、非法持有毒品罪被判过刑，又犯本节规定之罪的，从重处罚。

（一）概念

非法买卖、运输、携带、持有毒品原植物种子或者幼苗罪，是指非法买卖、运输、携带、持有未经灭活的罂粟等毒品原植物种子或者幼苗，数量较大的行为。

（二）行为

本罪在客观方面表现为非法买卖、运输、携带或持有行为。行为的对象是未经灭活的罂粟等毒品原植物种子或者幼苗。

（三）故意

本罪在主观方面是故意。

八、引诱、教唆、欺骗他人吸毒罪

第三百五十三条　引诱、教唆、欺骗他人吸食、注射毒品的，处三年以下有期徒刑、拘役或者管制，并处罚金；情节严重的，处三年以上七年以下有期徒刑，并处罚金。

强迫他人吸食、注射毒品的，处三年以上十年以下有期徒刑，并处罚金。

引诱、教唆、欺骗或者强迫未成年人吸食、注射毒品的，从重处罚。

第三百五十六条　因走私、贩卖、运输、制造、非法持有毒品罪被判过刑，又犯本节规定之罪的，从重处罚。

（一）概念

引诱、教唆、欺骗他人吸毒罪，是指引诱、教唆、欺骗他人吸食、注射毒品的行为。

（二）行为

本罪在客观方面表现为引诱、教唆或者欺骗他人吸毒。引诱、教唆他人吸毒，是指通过向他

① 2000 年 6 月 6 日最高人民法院《关于审理毒品案件定罪量刑标准有关问题的解释》。

人宣扬吸食、注射毒品后的感受等方法，诱使、唆使他人吸食、注射毒品的行为。欺骗他人吸毒，是指用隐瞒事实真相或者制造假象等方法使他人吸食、注射毒品的行为。被引诱、教唆、欺骗的人吸食、注射毒品后是否成瘾，不影响本罪的成立。

（三）故意

本罪在主观方面是故意。

九、强迫他人吸毒罪

第三百五十三条　引诱、教唆、欺骗他人吸食、注射毒品的，处三年以下有期徒刑、拘役或者管制，并处罚金；情节严重的，处三年以上七年以下有期徒刑，并处罚金。

强迫他人吸食、注射毒品的，处三年以上十年以下有期徒刑，并处罚金。

引诱、教唆、欺骗或者强迫未成年人吸食、注射毒品的，从重处罚。

第三百五十六条　因走私、贩卖、运输、制造、非法持有毒品罪被判过刑，又犯本节规定之罪的，从重处罚。

（一）概念

强迫他人吸毒罪，是指违背他人意志，使用暴力、胁迫或者其他方法，迫使他人吸食、注射毒品的行为。

（二）行为

本罪在客观方面表现为强迫行为，即违背他人意志，使用暴力、胁迫或者其他方法，迫使他人吸食、注射毒品。其他方法，是指利用他人熟睡、病重、昏迷之机给他人注射毒品，或者用酒、麻醉药物等使他人失去知觉后给他人注射毒品。

（三）故意

本罪在主观方面是故意。

十、容留他人吸毒罪

第三百五十四条　容留他人吸食、注射毒品的，处三年以下有期徒刑、拘役或者管制，并处罚金。

第三百五十六条　因走私、贩卖、运输、制造、非法持有毒品罪被判过刑，又犯本节规定之罪的，从重处罚。

（一）概念

容留他人吸毒罪，是指为他人吸食、注射毒品提供场所的行为。

（二）行为

本罪在客观方面表现为为他人吸食、注射毒品提供场所的行为。

（三）故意

本罪在主观方面是故意。

（四）认定

容留他人吸毒而又出售毒品的，应以贩卖毒品罪论处。

十一、非法提供麻醉药品、精神药品罪

第三百五十五条　依法从事生产、运输、管理、使用国家管制的麻醉药品、精神药品的人员，违反国家规定，向吸食、注射毒品的人提供国家规定管制的能够使人形成瘾癖的麻醉药

品、精神药品的，处三年以下有期徒刑或者拘役，并处罚金；情节严重的，处三年以上七年以下有期徒刑，并处罚金。向走私、贩卖毒品的犯罪分子或者以牟利为目的，向吸食、注射毒品的人提供国家规定管制的能够使人形成瘾癖的麻醉药品、精神药品的，依照本法第三百四十七条的规定定罪处罚。

单位犯前款罪的，对单位判处罚金，并对其直接负责的主管人员和其他直接责任人员，依照前款的规定处罚。

第三百五十六条　因走私、贩卖、运输、制造、非法持有毒品罪被判过刑，又犯本节规定之罪的，从重处罚。

（一）概念

非法提供麻醉药品、精神药品罪，是指依法从事生产、运输、管理、使用国家管制的麻醉药品、精神药品的单位或者个人，违反国家规定，向吸食、注射毒品的人提供国家规定管制的能够使人形成瘾癖的麻醉药品、精神药品的行为。

（二）行为

本罪在客观方面表现为违反国家规定，向吸食、注射毒品的人提供国家规定管制的能够使人形成瘾癖的麻醉药品、精神药品的行为。

（三）主体

本罪的主体是依法从事生产、运输、管理、使用国家管制的麻醉药品、精神药品的单位和个人。

（四）故意

本罪在主观方面是故意。

（五）认定

由于作为本罪行为方式的提供只能是无偿提供，因此，以牟利为目的，向吸食、注射毒品的人提供国家规定管制的能够使人形成瘾癖的麻醉药品、精神药品的，以贩卖毒品罪论处。但是，向走私、贩卖毒品的犯罪分子提供上述麻醉药品、精神药品的，则无论有偿与否，皆应以走私、贩卖毒品罪论处。

第八节　组织、强迫、引诱、容留、介绍卖淫罪

一、组织卖淫罪

第三百五十八条［根据《刑法修正案》(八)第四十八条、《刑法修正案》(九)第四十二修订］　组织、强迫他人卖淫的，处五年以上十年以下有期徒刑，并处罚金；情节严重的，处十年以上有期徒刑或者无期徒刑，并处罚金或者没收财产。

组织、强迫未成年人卖淫的，依照前款的规定从重处罚。

犯前两款罪，并有杀害、伤害、强奸、绑架等犯罪行为的，依照数罪并罚的规定处罚。

为组织卖淫的人招募、运送人员或者有其他协助组织他人卖淫行为的，处五年以下有期徒刑，并处罚金；情节严重的，处五年以上十年以下有期徒刑，并处罚金。

第三百六十一条　旅馆业、饮食服务业、文化娱乐业、出租汽车业等单位的人员，利用本单位的条件，组织、强迫、引诱、容留、介绍他人卖淫的，依照本法第三百五十八条、第三百五十九条的规定定罪处罚。

前款所列单位的主要负责人，犯前款罪的，从重处罚。

（一）概念

组织卖淫罪，是指以招募、雇佣、强迫、引诱、容留等手段，控制多人从事卖淫的行为。

（二）行为

本罪在客观方面表现为组织，具体手段包括招募、雇佣、强迫、引诱、容留等。行为的内容是控制3个或3个以上的人从事卖淫活动。所谓卖淫，是指以营利为目的，为不特定的人提供非法性交或者其他以满足顾客性需求为内容的性服务的行为。

（三）主体

本罪的主体是卖淫活动的组织者。旅馆业、饮食服务业、文化娱乐业、出租汽车业等单位的人员，利用本单位的条件，组织、强迫、引诱、容留、介绍他人卖淫的，也可以成为本罪的主体。

（四）故意

本罪在主观方面是直接故意，而且多数具有营利的目的。

（五）处罚

组织未成年人卖淫的，从重处罚。犯组织卖淫罪，并有杀害、伤害、强奸、绑架等犯罪行为的，依照数罪并罚的规定处罚。

二、强迫卖淫罪

第三百五十八条［根据《刑法修正案》（八）第四十八条、《刑法修正案》（九）第四十二修订］ 组织、强迫他人卖淫的，处五年以上十年以下有期徒刑，并处罚金；情节严重的，处十年以上有期徒刑或者无期徒刑，并处罚金或者没收财产。

组织、强迫未成年人卖淫的，依照前款的规定从重处罚。

犯前两款罪，并有杀害、伤害、强奸、绑架等犯罪行为的，依照数罪并罚的规定处罚。

为组织卖淫的人招募、运送人员或者有其他协助组织他人卖淫行为的，处五年以下有期徒刑，并处罚金；情节严重的，处五年以上十年以下有期徒刑，并处罚金。

有前款所列情形之一，情节特别严重的，处无期徒刑或者死刑，并处没收财产。

第三百六十一条 旅馆业、饮食服务业、文化娱乐业、出租汽车业等单位的人员，利用本单位的条件，组织、强迫、引诱、容留、介绍他人卖淫的，依照本法第三百五十八条、第三百五十九条的规定定罪处罚。

前款所列单位的主要负责人，犯前款罪的，从重处罚。

（一）概念

强迫卖淫罪，是指以暴力、胁迫、虐待或者其他方法，迫使他人卖淫的行为。

（二）行为

本罪在客观方面表现为以暴力、胁迫、虐待或者其他方法，迫使他人卖淫。其他方法，是指利用被害人患病之机或者使用醉酒、药物麻醉等手段，使被害人处于无力反抗或不知反抗的境地，迫使其卖淫。

（三）故意

本罪在主观方面是直接故意。

（四）处罚

强迫未成年人卖淫的，从重处罚。犯强迫卖淫罪，并有杀害、伤害、强奸、绑架等犯罪行为的，依照数罪并罚的规定处罚。

三、协助组织卖淫罪

第三百五十八条[根据《刑法修正案》(八)第四十八条、《刑法修正案》(九)第四十二修订] **组织、强迫他人卖淫的，处五年以上十年以下有期徒刑，并处罚金；情节严重的，处十年以上有期徒刑或者无期徒刑，并处罚金或者没收财产。**

组织、强迫未成年人卖淫的，依照前款的规定从重处罚。

犯前两款罪，并有杀害、伤害、强奸、绑架等犯罪行为的，依照数罪并罚的规定处罚。

为组织卖淫的人招募、运送人员或者有其他协助组织他人卖淫行为的，处五年以下有期徒刑，并处罚金；情节严重的，处五年以上十年以下有期徒刑，并处罚金。

第三百六十一条 **旅馆业、饮食服务业、文化娱乐业、出租汽车业等单位的人员，利用本单位的条件，组织、强迫、引诱、容留、介绍他人卖淫的，依照本法第三百五十八条、第三百五十九条的规定定罪处罚。**

前款所列单位的主要负责人，犯前款罪的，从重处罚。

(一) 概念

协助组织卖淫罪，是指在组织他人卖淫的共同犯罪中起帮助作用的行为。

(二) 行为

本罪在客观方面表现为行为人实施了在组织他人卖淫的共同犯罪中起帮助作用的行为。如充当保镖、管账人等。

(三) 故意

本罪在主观方面是直接故意。

四、引诱、容留、介绍卖淫罪

第三百五十九条第一款 **引诱、容留、介绍他人卖淫的，处五年以下有期徒刑、拘役或者管制，并处罚金；情节严重的，处五年以上有期徒刑，并处罚金。**

引诱不满十四周岁的幼女卖淫的，处五年以上有期徒刑，并处罚金。

第三百六十一条 **旅馆业、饮食服务业、文化娱乐业、出租汽车业等单位的人员，利用本单位的条件，组织、强迫、引诱、容留、介绍他人卖淫的，依照本法第三百五十八条、第三百五十九条的规定定罪处罚。**

前款所列单位的主要负责人，犯前款罪的，从重处罚。

(一) 概念

引诱、容留、介绍卖淫罪，是指利用金钱、财物等手段诱使他人卖淫，为他人卖淫提供场所，以及在卖淫者和嫖客之间牵线搭桥的行为。

(二) 行为

本罪在客观方面表现为引诱、容留、介绍他人卖淫。本罪是选择性罪名，引诱、容留、介绍他人卖淫这三种行为，不论是同时实施还是只实施其中一种行为，均构成本罪。如：介绍他人卖淫的，定介绍他人卖淫罪；兼有引诱、容留、介绍他人卖淫三种行为的，定引诱、容留、介绍他人卖淫罪，不实行数罪并罚。

(三) 故意

本罪在主观方面是故意。是否以营利为目的，不影响本罪的成立。

五、引诱幼女卖淫罪

第三百五十九条第二款　**引诱不满十四周岁的幼女卖淫的，处五年以上有期徒刑，并处罚金。**

第三百六十一条　**旅馆业、饮食服务业、文化娱乐业、出租汽车业等单位的人员，利用本单位的条件，组织、强迫、引诱、容留、介绍他人卖淫的，依照本法第三百五十八条、第三百五十九条的规定定罪处罚。**

前款所列单位的主要负责人，犯前款罪的，从重处罚。

（一）概念

引诱幼女卖淫罪，是指引诱不满14周岁的幼女卖淫的行为。

（二）行为

本罪在客观方面表现为引诱不满14周岁的幼女卖淫的行为。

（三）故意

本罪在主观方面是故意，而且必须明知是或者可能是不满14周岁的幼女而引诱其卖淫。不过，也有人认为，行为人应当知道或者有可能知道对方是不满14周岁的幼女而引诱其卖淫的，也构成本罪。

六、传播性病罪

第三百六十条[根据《刑法修正案》(九)第四十三条修订]　**明知自己患有梅毒、淋病等严重性病卖淫、嫖娼的，处五年以下有期徒刑、拘役或者管制，并处罚金。**

（一）概念

传播性病罪，是指明知自己患有梅毒、淋病等严重性病而卖淫、嫖娼的行为。

（二）主体

本罪的主体只能是明知自己患有梅毒、淋病等严重性病的人。

（三）行为

本罪在客观方面表现为在患有性病的情况下卖淫、嫖娼的行为。本罪是抽象危险犯，实际是否已造成他人染上性病的结果，不影响本罪的成立。行为人通过其他方式(如通奸等)将性病传播给他人的，不构成本罪。

（四）故意

本罪在主观方面只能是故意，即明知自己患有梅毒、淋病等严重性病而卖淫、嫖娼。具备以下情形之一的，可以认定为明知：① 有证据证明曾到医院就医，被诊断为患有严重性病的；② 根据本人的知识和经验，能够知道自己患有严重性病的；③ 通过其他方法能够证明被告人是明知的。

第九节　制作、贩卖、传播淫秽物品罪

一、制作、复制、出版、贩卖、传播淫秽物品牟利罪

第三百六十三条第一款　**以牟利为目的，制作、复制、出版、贩卖、传播淫秽物品的，处三年以下有期徒刑、拘役或者管制，并处罚金；情节严重的，处三年以上十年以下有期徒刑，**

并处罚金；情节特别严重的，处十年以上有期徒刑或者无期徒刑，并处罚金或者没收财产。

第三百六十六条　单位犯本节第三百六十三条、第三百六十四条、第三百六十五条规定之罪的，对单位判处罚金，并对其直接负责的主管人员和其他直接责任人员，依照各该条的规定处罚。

第三百六十七条　本法所称淫秽物品，是指具体描绘性行为或者露骨宣扬色情的诲淫性的书刊、影片、录像带、录音带、图片及其他淫秽物品。

有关人体生理、医学知识的科学著作不是淫秽物品。

包含有色情内容的有艺术价值的文学、艺术作品不视为淫秽物品。

(一) 概念

制作、复制、出版、贩卖、传播淫秽物品牟利罪，是指以牟利为目的，制作、复制、出版、贩卖、传播淫秽物品的行为。

(二) 行为

本罪在客观方面表现为制作、复制、出版、贩卖、传播行为。制作是指生产、录制、摄制、编写、改写、加工、剪辑、绘制、刻印、排版、印刷、洗印、修订等行为；复制是指复印、拓印、翻拍等仿造或重复制作行为；出版是指编辑、印刷等行为；贩卖是指销售、发行等行为；传播是指播放、出租、出借、承运、邮寄等行为。本罪是选择性罪名，行为人只要实施上述一种方式的行为，就构成本罪；行为人实施了上述两种方式以上行为的，也仍然只构成一罪，不实行并罚。

(三) 对象

本罪的行为对象是淫秽物品，即具体描绘性行为或者露骨宣扬色情的诲淫性的书刊、影片、录像带、录音带、图片及其他淫秽物品。但是有关人体生理、医学知识的科学著作不是淫秽物品；包含有色情内容的有艺术价值的文学、艺术作品不视为淫秽物品。

(四) 故意

本罪在主观方面必须是故意，即明知是淫秽物品而制作、复制、出版、贩卖、传播，而且具有牟利的目的。但行为人是否已经获利以及获利多少，并不影响本罪的成立。此外，只要行为人认识到一般人可能认为是淫秽物品而去制作、复制、出版、贩卖、传播，就可认定其具有明知的故意。

(五) 定罪标准

根据司法解释[①]，实施上述行为，还需具有下列情形之一的，才构成犯罪：① 制作、复制、出版淫秽影碟、软件、录像带 50 张(盒)至 100 张(盒)以上，淫秽音碟、录音带 100 张(盒)至 200 张(盒)以上，淫秽扑克、书刊、画册 100 副(册)至 200 副(册)以上，淫秽照片、画片 500 张至 1 000 张以上的；② 贩卖淫秽影碟、软件、录像带 100 张(盒)至 200 张(盒)以上，淫秽音碟、录音带 200 张(盒)至 400 张(盒)以上，淫秽扑克、书刊、画册 200 副(册)至 400 副(册)以上，淫秽照片、画片 1 000张至 2 000 张以上的；③ 向他人传播淫秽物品达 200 人次至 500 人次以上，或者组织播放淫秽影像达 10 场次至 20 场次以上的。④ 制作、复制、出版、贩卖、传播淫秽物品，获利 5 000 元至 100 000 元以上的。

二、为他人提供书号出版淫秽书刊罪

第三百六十三条　以牟利为目的，制作、复制、出版、贩卖、传播淫秽物品的，处三年以下有期徒刑、拘役或者管制，并处罚金；情节严重的，处三年以上十年以下有期徒刑，并处罚

① 1998 年 12 月 17 日最高人民法院《关于审理非法出版物刑事案件具体应用法律若干问题的解释》。

金；情节特别严重的，处十年以上有期徒刑或者无期徒刑，并处罚金或者没收财产。

为他人提供书号，出版淫秽书刊的，处三年以下有期徒刑、拘役或者管制，并处或者单处罚金；明知他人用于出版淫秽书刊而提供书号的，依照前款的规定处罚。

第三百六十六条　单位犯本节第三百六十三条、第三百六十四条、第三百六十五条规定之罪的，对单位判处罚金，并对其直接负责的主管人员和其他直接责任人员，依照各该条的规定处罚。

（一）概念

为他人提供书号出版淫秽书刊罪，是指自然人或者单位为他人提供书号，出版淫秽书刊的行为。

（二）行为

本罪在客观方面表现为提供书号行为。提供行为是否有偿，在所不问。行为的对象是书号和刊号。此外，根据司法解释，为他人提供版号，出版淫秽音像制品的，也以本罪论[①]。

（三）结果

本罪的成立还要求发生了他人利用提供的书号出版淫秽书刊的结果。

（四）过失

本罪在主观方面只能是过失，即对于他人利用其提供的书号出版淫秽书刊这一结果是过失的。如果明知他人用于出版淫秽书刊而有偿提供书号的，则应以出版淫秽物品牟利罪论处。

三、传播淫秽物品罪

第三百六十四条第一款　传播淫秽的书刊、影片、音像、图片或者其他淫秽物品，情节严重的，处二年以下有期徒刑、拘役或者管制。

第四款　向不满十八周岁的未成年人传播淫秽物品的，从重处罚。

第三百六十六条　单位犯本节第三百六十三条、第三百六十四条、第三百六十五条规定之罪的，对单位判处罚金，并对其直接负责的主管人员和其他直接责任人员，依照各该条的规定处罚。

（一）概念

传播淫秽物品罪，是指自然人或者单位不以牟利为目的，在社会上传播淫秽的书刊、影片、音像、图片或者其他淫秽物品，情节严重的行为。

（二）行为

本罪在客观方面表现为传播行为。与私下传播淫秽物品不同，这里的传播必须在社会上进行，即传播是在公共场所或者公众之中进行的，但并不限于公开传播。

（三）故意

本罪在主观方面必须是故意，即明知是淫秽物品而有意传播。但行为人主观上不具有牟利的目的，这是本罪与传播淫秽物品牟利罪的根本区别。

（四）定罪标准

上述行为情节严重的，才构成本罪。情节严重，是指向他人传播淫秽的书刊、影片、音像、图

① 1998年12月17日最高人民法院《关于审理非法出版物刑事案件具体应用法律若干问题的解释》。

片等出版物达300人次至600人次以上或者造成恶劣社会影响的[①]。

四、组织播放淫秽音像制品罪

第三百六十四条第二款 组织播放淫秽的电影、录像等音像制品的，处三年以下有期徒刑、拘役或者管制，并处罚金；情节严重的，处三年以上十年以下有期徒刑，并处罚金。

第三款 制作、复制淫秽的电影、录像等音像制品组织播放的，依照第二款的规定从重处罚。

第四款 向不满十八周岁的未成年人传播淫秽物品的，从重处罚。

第三百六十六条 单位犯本节第三百六十三条、第三百六十四条、第三百六十五条规定之罪的，对单位判处罚金，并对其直接负责的主管人员和其他直接责任人员，依照各该条的规定处罚。

(一) 概念

组织播放淫秽音像制品罪，是指自然人或者单位不以牟利为目的，组织播放淫秽的电影、录像等音像制品的行为。

(二) 行为

本罪在客观方面表现为组织播放。组织是指为播放而策划、安排和召集观众，寻找或提供淫秽音像制品、播放场所等；播放是指将淫秽音像制品的内容展现出来，从而使人们可视或可闻的行为。

(三) 故意

本罪在主观方面只能是故意，即明知是淫秽的电影、录像等音像制品而组织播放，而且不具有牟利的目的。

(四) 定罪标准

根据司法解释，组织播放淫秽的电影、录像等音像制品达15场次至30场次以上或者造成恶劣社会影响的，才以本罪论处[②]。

五、组织淫秽表演罪

第三百六十五条 组织进行淫秽表演的，处三年以下有期徒刑、拘役或者管制，并处罚金；情节严重的，处三年以上十年以下有期徒刑，并处罚金。

第三百六十六条 单位犯本节第三百六十三条、第三百六十四条、第三百六十五条规定之罪的，对单位判处罚金，并对其直接负责的主管人员和其他直接责任人员，依照各该条的规定处罚。

(一) 概念

组织淫秽表演罪，是指自然人或者单位组织进行露骨宣扬色情内容的表演的行为。

(二) 行为

本罪在客观方面表现为组织进行淫秽表演的行为，如脱衣舞、裸体舞、性交表演等。

(三) 故意

本罪在主观方面是故意，行为人有无牟利目的并不影响本罪的成立。

① 1998年12月17日最高人民法院《关于审理非法出版物刑事案件具体应用法律若干问题的解释》。
② 同上。

本章小结

本章是刑法分则中涉及罪名最多的一章。本章罪是以违反相关的社会管理法规为前提的，多数是法定犯，少数是自然犯。妨害行为的具体表现形式复杂多样，除大多数犯罪活动由作为构成外，也有一些犯罪由不作为构成，如拒不执行法院判决、裁定罪等，还有个别犯罪是持有型犯罪，如非法持有毒品罪等。妨害行为必须情节严重，这是区分妨害社会管理秩序罪与妨害社会管理秩序的一般违法行为的主要标准。大多数犯罪的主观方面是故意，而且个别犯罪还要求行为人必须具备某种特定的目的，如赌博罪要求具有营利目的；制作、复制、出版、贩卖、传播淫秽物品牟利罪必须具有牟利的目的等。但也有一些犯罪是过失，如重大环境污染事故罪等。

参考阅读书目

1. 李希慧主编：《妨害社会管理秩序罪新论》，武汉大学出版社 2001 年版。

2. 赵秉志主编：《中国刑法案例与学理研究：妨害社会管理秩序罪》，法律出版社 2001 年版。

【思考题】

1. 妨害公务罪的概念、构成特征是什么？
2. 组织、领导、参加黑社会性质组织罪的构成特征是什么？
3. 伪证罪与包庇罪有何区别？
4. 医疗事故罪与非法行医在构成特征上有何不同？
5. 走私、贩卖、运输、制造毒品罪的构成特征是什么？
6. 制作、复制、出版、贩卖、传播淫秽物品牟利罪的构成特征是什么？

第二十章　对国家法益的犯罪Ⅰ：侵犯国家作用的犯罪

本章要点

本章主要论述了贪污贿赂罪和渎职罪这两种侵犯国家作用的犯罪的定罪与处罚问题。尤其是贪污罪、受贿罪、挪用公款罪、玩忽职守罪和滥用职权罪，是司法实践中常见多发的犯罪，本章作了重点论述。

第一节　贪污贿赂罪

一、贪污罪

第三百八十二条　**国家工作人员利用职务上的便利，侵吞、窃取、骗取或者以其他手段非法占有公共财物的，是贪污罪。**

受国家机关、国有公司、企业、事业单位、人民团体委托管理、经营国有财产的人员，利用职务上的便利，侵吞、窃取、骗取或者以其他手段非法占有国有财物的，以贪污论。

与前两款所列人员勾结，伙同贪污的，以共犯论处。

第三百八十三条[根据《刑法修正案》(九)第四十四条修订]　**对犯贪污罪的，根据情节轻重，分别依照下列规定处罚：**

（一）贪污数额较大或者有其他较重情节的，处三年以下有期徒刑或者拘役，并处罚金。

（二）贪污数额巨大或者有其他严重情节的，处三年以上十年以下有期徒刑，并处罚金或者没收财产。

（三）贪污数额特别巨大或者有其他特别严重情节的，处十年以上有期徒刑或者无期徒刑，并处罚金或者没收财产；数额特别巨大，并使国家和人民利益遭受特别重大损失的，处无期徒刑或者死刑，并处没收财产。

对多次贪污未经处理的，按照累计贪污数额处罚。

犯第一款罪，在提起公诉前如实供述自己罪行、真诚悔罪、积极退赃，避免、减少损害结果的发生，有第一项规定情形的，可以从轻、减轻或者免除处罚；有第二项、第三项规定情形的，可以从轻处罚。

犯第一款罪，有第三项规定情形被判处死刑缓期执行的，人民法院根据犯罪情节等情况可以同时决定在其死刑缓期执行二年期满依法减为无期徒刑后，终身监禁，不得减刑、假释。

第三百九十四条　**国家工作人员在国内公务活动或者对外交往中接受礼物，依照国家规定应当交公而不交公，数额较大的，依照本法第三百八十二条、第三百八十三条的规定定罪处罚。**

（一）概念

贪污罪，是指国家工作人员利用职务上的便利，侵吞、窃取、骗取或者以其他手段，非法占有公共财物的行为。

（二）行为

本罪在客观方面表现为利用职务上的便利，侵吞、窃取、骗取或者以其他手段，非法占有公共财物的行为。

利用职务上的便利是指利用本人职务范围内主管、管理、经手公共财物的便利条件。因此，利用职务上的便利可以分为以下三种情形：① 利用主管公共财物的便利。这里的主管公共财物是指对公共财物调拨、安排、使用的决定权。② 利用管理公共财物的便利。这里的管理公共财物是指对公共财物保管、处理、使用的处置权。③ 利用经手公共财物的便利。这里的经手公共财物是指本身并不负责对公共财物的主管、管理，只是由于工作需要而在其手中停留。在经手期间，行为人对公共财物具有控制权。

刑法明文列举了贪污行为的以下手段：① 侵吞。侵吞是指利用职务上的便利，采取涂改账目、收入不记账的方法，将本人依职务主管、管理、经手的公共财物非法占为己有。② 窃取。窃取是指利用职务上的便利，采取监守自盗的方法，将本人依职务主管、管理、经手的公共财物非法占为己有。③ 骗取。骗取是指利用职务上的便利，虚构事实或者隐瞒真相的方法，将本人依职务主管、管理、经手的公共财物非法占为己有。④ 其他手段。其他手段是指采取侵吞、窃取、骗取以外的方法，例如挪用公款以后能归还而不归还等，将公共财物非法占为己有。根据《刑法》第 394 条的规定，国家工作人员在国内公务活动或者在对外交往中接受礼物，依照规定应当交公而不交公的，也是一种贪污的特殊手段。

（三）对象

本罪的行为对象是公共财物。《刑法》第 91 条规定：公共财物包括以下财产：① 国有财产；② 劳动群众集体所有的财产；③ 用于扶贫和其他公益事业的社会捐助或者专职基金的财产。④ 在国家机关、国有公司、企业、集体企业和人民团体管理、使用或者运输中的私人财产。

同时，根据《刑法》第 382 条第 2 款的规定，受委托的人员犯贪污罪，非法占有的是国有财产。国有财产是指国家所有的财产，包括国家机关、国有公司、企业、国有事业单位、人民团体拥有的财产，以及国有公司、企业、国有事业单位在合资企业、股份制企业中的财产及其控股公司的财产。

（四）主体

本罪的主体包括以下两种人员：

1. 国家工作人员

根据《刑法》第 93 条的规定，国家工作人员是指在国家机关中从事公务的人员。国有公司、企业、事业单位、人民团体中从事公务的人员和国家机关、国有公司、企业、事业单位委派到非国有公司、企业、事业单位、社会团体从事公务的人员，以及其他依照法律从事公务的人员，以国家工作人员论。由此可见，我国刑法中的国家工作人员又可以分为以下 4 种人员：① 国家机关工作人员，指各级国家权力机关、行政机关、审判机关、检察机关和军事机关中从事公务的人员。其他根据有关规定，参照国家公务员条例进行管理的人员，应当以国家机关工作人员论。例如，根据中央和国务院有关规定，参照国家公务员条例管理的各级党委、政协机关中从事公务的人员，应视为国家机关工作人员。② 国有公司、企业、事业单位、人民团体中从事公务的人员，这里的公务是指国家机关、国有公司、企业、事业单位、人民团体的各种职能部门中，从事组织、领导、监督、管理性质的职能活动。③ 国家机关、国有公司、企业、事业单位委派到非国有公司、企业、事业单位、社会团体从事公务的人员，这里的委派是指受有关国有单位委任而派往非国有单位从事公务。被委派的人员，在被委派以前可以是国家工作人员，也可以是非国家工作人员。不论被委派以前具有何种身份,只要被有关国有单位委派到非国有单位从事公务,就应视为国家工作人员。④ 其他依照法律从事公务的人员,主要指被依法选出的在人民法院履行职务的人民陪审员以及履行特定手段被聘为特邀检察员的人员等。此外,根据 2000 年 4 月 29 日全国人民代表大会常务委员会《关于〈刑法〉第 93 条第 2 款的立法解释》:村民委员会等村基层组织人员协助人民政府从事下列行政管理工作,属于《刑法》第 93 条第 2 款规定的"其他依照法律从事公务的人员":① 救灾、抢险、防风、优抚、扶贫、移民、救济款物的管理;② 社会捐助公益事业款物的管理;③ 国有土地的经营和管理;④ 土地征用补偿费用的管理;⑤ 代征、代缴税款;⑥ 有关计划生育、户籍、征兵工作;⑦ 协助人民政府从事的其他行政管理工作。

2. 受委托管理、经营国有财产的人员

受委托管理、经营国有财产的人员是指受国家机关、国有公司、企业、事业单位、人民团体委托管理、经营国有财产的人员。这些人员主要是指以承包、租赁等方式,管理、经营国有公司、企业,或者其中的某个部门等,以承包人、租赁人的身份等,在承包、租赁合同约定的时间、权限范围内,管理、经营国有财产的人员。应当指出,受委托从事公务人员与受委派从事公务人员是有所不同的,受委托人员,不仅在被委托前不是国家工作人员,在被委托后也不是国家工作人员。因为委托是平等主体之间的一种民事关系。而受委派人员,无论在被委派前是否是国家工作人员,在被委派后就成为国家工作人员。因为委派是一种行政法律关系、委派单位与被委派人员之间存在行政上的隶属关系。《刑法》第 382 条第 2 款的规定是特别规定,通过这一规定使贪污罪的主体从国家工作人员扩大到受委托从事管理、经营国有财产的人员。因此,在其他以国家工作人员为特殊主体的犯罪中,没有这种特别规定的,其主体范围不得扩大到受委托从事公务的人员。

(五) 故意

本罪在主观方面只能是故意,并且具有非法占有公共财物的目的。

(六) 贪污罪共犯的认定

《刑法》第 382 条第 3 款规定,非国家工作人员与国家工作人员和受委托管理、经营国有财产的人员勾结,伙同贪污的,以共犯论处。贪污罪是身份犯,不具有这种身份的人教唆、帮助国家工作人员和受委托管理、经营国有财产的人员利用职务上的便利贪污公共财物的,应当以贪污罪的共犯论处。

如果不具有贪污罪的主体身份的人与国家工作人员和受委托管理、经营国有财产的人内外勾结利用国家工作人员和受委托管理、经营国有财产人员的职务便利,共同侵吞、窃取、骗取或者以其他手段非法占有公共财物的,应如何处理,这是一个值得研究的问题。在这种情况下,不具有贪污罪主体身份的人并非贪污罪的共犯(教唆犯和帮助犯),而是共同实行了非法占有公共财物的行为,因而属于共同正犯。那么,是贪污罪的共同正犯还是盗窃罪的共同正犯?对此,以往司法解释规定是以主犯的身份定罪。但 2000 年 6 月 27 日最高人民法院《关于审理贪污、职务侵占案件如何认定共同犯罪几个问题的解释》则规定:行为人与国家工作人员勾结,利用国家工作人员的职务便利,共同侵吞、窃取、骗取或者以其他手段非法占有公共财物的,以贪污罪共犯论处。这里的共犯,实际上是指共同正犯。

在现实生活中,还经常发生国家工作人员和公司、企业或者其他单位人员共同勾结,贪污或者职务侵占本单位财物的情形。对此,上述司法解释规定:公司、企业或者其他单位中,不具有国家工作人员身份的人与国家工作人员勾结,分别利用各自的职务便利,共同将本单位财物非法占为己有的,按照主犯的犯罪性质定罪。也就是说,主犯是国家工作人员的,对非国家工作人员应以贪污罪的共犯论处;主犯是非国家工作人员的,对国家工作人员应以职务侵占罪的共犯论处。当然,这种情况是应分别利用各自的职务便利为前提的。如果只利用国家工作人员的职务

便利，则对非国家工作人员应以贪污罪的共犯论处；如果只利用非国家工作人员的职务便利，则对国家工作人员应以职务侵占罪的共犯论处。

（七）贪污数额

《刑法修正案》（九）删除了刑法关于贪污犯罪规定的具体数额标准，修改为“数额较大或者有其他较重情节”“数额巨大或者有其他严重情节”“数额特别巨大或者有其他特别严重情节”三种情形，分别规定了“从拘役并处罚金到无期徒刑并处没收财产”的三档法定刑，对贪污罪定罪量刑标准原则上采用了数额标准加情节标准的立法模式，这更灵活，更符合实际需要，有利于惩治贪腐犯罪和实现量刑均衡。

《刑法》第 383 条第 2 款规定，对多次贪污未经处理的，按照累计贪污数额处罚。贪污罪是数额犯，以个人贪污所得作为定罪量刑的根据。贪污数额，往往是多次贪污所得。根据刑法规定，只有对未经处理的贪污数额才能累计计算。这里的未经处理是指贪污行为未被发现或者虽经发现但未给予刑事处罚。对于已经过行政处分的贪污数额是否可以累计计算？我们认为，刑法规定的未经处理，仅指未经刑事处罚而不包括行政处分。因此，经行政处分的贪污数额仍应累计。多次贪污未经处理，按照累计贪污数额处罚，应遵循刑法关于追诉时效的规定，但追诉时效的起算应以最后一次贪污之日起计算。

（八）犯罪情节

《刑法修正案》（九）对贪污犯罪除规定了数额标准外，还规定了“其他较重情节”“其他严重情节”“其他特别严重情节”。因此，在办理贪污案件时应当注意避免唯数额论。对于犯罪数额没有达到“数额较大”“数额巨大”或者“数额特别巨大”，但是具有“其他较重情节”“其他严重情节”或者“其他特别严重情节”的，也应判处相应档次的刑罚。因此，犯罪情节是一个综合性概念，包括犯罪数额、犯罪手段、犯罪后果、赃款赃物的去向、社会影响等多种因素。如多次贪污的、贪污用于救灾等特殊款物的、将贪污款物用于违法犯罪活动的，等等。

（九）死刑适用

对贪污罪保留死刑适用，这主要是基于我国对贪污犯罪从严打击和保持高压态势的政治考虑。根据《刑法修正案》（九）的规定，对于贪污犯罪，数额特别巨大，并使国家和人民利益遭受特别重大损失的，可以处死刑。关于死刑适用，人民法院既可以判处死刑立即执行，也可以判处死刑缓期执行，还可以根据有关案件犯罪情节等情况同时决定在其死刑缓期执行二年期满依法减为无期徒刑后，终身监禁，不得减刑、假释。“终身监禁”不是一个新增加的刑种，而是死刑执行方式的一种创新。

（十）从宽处罚

根据《刑法修正案》（九）的规定，对于贪污、受贿数额较大或者有其他较重情节的，如果行为人在提起公诉前如实供述自己罪行、真诚悔罪、积极退赃，避免、减少损害结果的发生，可以从轻、减轻或者免除处罚。但是，对于贪污、受贿数额巨大或者有其他严重情节，或者贪污、受贿数额特别巨大或者有其他严重情节的，即使行为人在提起公诉前如实供述自己罪行、真诚悔罪、积极退赃，避免、减少损害结果的发生，也不得减轻或者免除处罚，只可以在相应的法定刑幅度范围内从轻处罚。这里的“从宽处罚”，有时间限制，即被提起公诉以前；有条件限制，即具有如实供述自己罪行、真诚悔罪、积极退赃，避免、减少损害结果的发生等从轻处罚的情形。这些情形应当是择一关系，并非要求同时具备才可以从轻处罚。

二、挪用公款罪

第三百八十四条　国家工作人员利用职务上的便利，挪用公款归个人使用，进行非法活动

的,或者挪用公款数额较大、进行营利活动的,或者挪用公款数额较大、超过三个月未还的,是挪用公款罪,处五年以下有期徒刑或者拘役;情节严重的,处五年以上有期徒刑。挪用公款数额巨大不退还的,处十年以上有期徒刑或者无期徒刑。

挪用用于救灾、抢险、防汛、优抚、扶贫、移民、救济款物归个人使用的,从重处罚。

(一) 概念

挪用公款罪,是指国家工作人员利用职务上的便利,挪用公款归个人使用,进行非法活动的,或者挪用公款数额较大、进行营利活动的,或者挪用公款数额较大、超过三个月未还的行为。

(二) 行为

本罪在客观方面表现为挪用行为。挪用是指无权动用而不经批准许可,违反财经制度,擅自将公款挪作私用;或者虽有权动用,但违反财经制度,私自将公款挪作私用。

根据刑法规定,挪用公款罪必须是挪用公款归个人使用。2002年4月28日全国人大常委会对挪用公款归个人使用的含义作了立法解释,规定:有下列情形之一的,属于挪用公款归个人使用:① 将公款供本人、亲友或者其他自然人使用的;② 以个人名义将公款供其他单位使用的;③ 个人决定以单位名义将公款借给其他单位使用,谋取个人利益的。这一立法解释的精神是:将公款给其他自然人使用的,都属于归个人使用,而无须以个人名义与谋取个人利益。以个人名义将公款供其他单位使用的,属于归个人使用,而无须谋取个人利益。个人决定以单位名义将公款供其他单位使用的,只有谋取个人利益的才属于归个人使用。应当指出,这里的单位,既包括私有公司、企业,也包括国有公司、企业以及集体公司、企业。

刑法根据挪用公款的三种用途规定了构成犯罪的不同条件,这三种用途是:① 进行非法活动。这里的非法活动是指赌博、吸毒、嫖娼和非法经营、发放高利贷等为国家法律、行政法规所禁止的行为。挪用公款进行非法活动构成挪用公款罪,《刑法》第384条并未规定数额起点。但考虑到贪污罪尚且有法律规定的定罪处刑的数额标准,而贪污公款后进行违法犯罪活动的也只能以贪污罪定罪处罚。挪用公款进行非法活动没有数额起点,只要挪用公款,无论数额大小,一概定罪处罚,显然不是立法本意。因此,司法解释规定,挪用公款进行非法活动的,以挪用公款5千元至1万元作为追究刑事责任的数额起点。② 进行营利活动。这里营利活动是指存入银行、用于集资、购买股票、国债等。将挪用的公款用于归还个人在经营活动中的欠款,属于进行营利活动。此外,将挪用的公款用于公司出资等营利的预备活动的,也属于进行营利活动。根据司法解释规定,挪用公款数额较大,归个人进行营利活动的,构成挪用公款罪,不受挪用时间和是否归还的限制。在案发前部分或者全部归还本息的,可以从轻处罚;情节轻微的,可以免除处罚。根据《刑法》第384条规定,挪用公款进行营利活动,数额较大的才构成犯罪。根据司法解释,挪用公款1万元至3万元为数额较大的起点。③ 个人使用。这里的个人使用是指挪用公款用于自己或者其他个人的合法生活,非经营性支出等合法用途。根据《刑法》第384条规定,挪用公款归个人使用,数额较大,超过三个月未还的才构成犯罪。这里的数额较大是指1万元至3万元。这里的超过三个月未还是指自挪用公款之日起至案发之日,超过三个月未还。根据司法解释规定,挪用正在生息或者需要支付利息的公款归个人使用,数额较大,超过三个月但在案发前全部归还本金的,可以从轻处罚或者免除处罚。给国家、集体造成的利息损失应予追缴。挪用公款数额巨大,超过三个月,案发前全部归还的,可以酌情从轻处罚。

(三) 对象

本罪的行为对象是公款。这里公款,在一般情况下是指国有款项,即国家机关、国有公司、企业、事业单位、人民团体所有的款项。但由于国家机关、国有公司、企业、事业单位委派到非国有公司、企业、事业单位、社会团体从事公务的人员也可以构成本罪,因此上述非国有公司、企业、事业单位、社会团体的款项也可以成为挪用公款罪的对象。

挪用公物的行为是否构成挪用公款罪，在1989年司法解释中曾经规定，挪用公物，情节严重的，应以挪用公款罪论处。但2000年3月15日最高人民检察院《关于国家工作人员挪用非特定公物能否定罪的请示的批复》指出："刑法第384条规定的挪用公款罪中未包括挪用非特定公物归个人使用的行为，对该行为不以挪用公款罪论处。如构成其他犯罪的，依照刑法的相关规定定罪处罚。"如果挪用的是救灾、抢险、防汛、优抚、扶贫、移民、救济等特定公物归个人使用的，则构成挪用公款罪，并且应当从重处罚。

（四）故意

本罪在主观方面只能是故意，并且具有非法使用公款的目的。由于刑法对挪用公款三种用途构成犯罪的条件作了不同的规定，因而对于挪用公款的用途也应具有认识。在挪用公款给他人或者其他单位使用的情况下，本人认识的用途与他人或者其他单位实际用途不一致时，应以本人认识作为构成犯罪的根据。例如，他人以进行营利活动为名借用公款，而实际上进行非法活动的，国家工作人员应以本人认识的进行营利活动作为构成犯罪的根据。

（五）挪用公款数额的累计计算

挪用公款是数额犯，在现实生活中往往发生多次挪用的情形。对此，司法解释规定："多次挪用公款不还，挪用公款数额累计计算，多次挪用公款，并以后次挪用的公款归还前次挪用的公款，挪用公款数额以案发时未还的实际数额认定。"根据这一规定，多次挪用公款的数额，在一般情况下应当累计计算，但如果是以后次挪用的公款归还前次挪用的公款，则不予累计，而以案发时未还的实际数额认定。

（六）挪用公款不退还

《刑法》第384条明确规定：挪用公款数额巨大不退还的，定挪用公款罪，处10年以上有期徒刑或者无期徒刑。对于这一规定，司法解释指出，是指挪用公款数额巨大，因客观原因在一审宣判前不能退还的。因此，挪用公款数额巨大，客观上能还而主观上不想还的，仍应以贪污论处。

在现实生活中，往往发生挪用公款后携款潜逃的情形，对此应如何定罪？司法解释规定：携带挪用的公款潜逃的，应以贪污论处。因为携款潜逃的，表明犯罪分子主观上不想归还，定贪污罪是适当的。但如何理解这里的携带挪用公款潜逃？我们认为，挪用公款后携款潜逃的，只能对所携之款以贪污罪论处，而对于潜逃之前挪用的公款，只要是因客观原因不能归还的，不能定贪污罪，只能定挪用公款罪。

（七）挪用公款罪的共犯

挪用公款罪是身份犯，但不具有这种身份的人伙同挪用的，应以挪用公款罪的共犯论处。司法解释规定：挪用公款给他人使用，使用人与挪用人共谋，指使或者参与策划取得挪用款的，以挪用公款罪的共犯定罪处罚。这是关于使用人构成挪用公款罪共犯的规定。公款的使用人，其使用公款的行为并非犯罪，即使明知是挪用的公款而使用的，也不构成挪用公款罪。使用人只有与挪用人共谋，指使或者参与策划取得挪用款的，才构成挪用公款罪的共犯，即教唆犯和帮助犯。那么，非使用人，如果与挪用人共谋，指使或者参与策划挪用公款的是否构成挪用公款罪的共犯。我们认为，挪用公款罪的共犯并不限于使用人，非使用人只有在国家工作人员挪用公款中起到了教唆或者帮助作用的，才能以共犯论处。

三、受贿罪

第三百八十五条　国家工作人员利用职务上的便利，索取他人财物的，或者非法收受他人财物，为他人谋取利益的，是受贿罪。

国家工作人员在经济往来中，违反国家规定，收受各种名义的回扣、手续费，归个人所有的，以受贿论处。

第三百八十六条　对犯受贿罪的，根据受贿所得数额及情节，依照本法第三百八十三条的规定处罚。索贿的从重处罚。

第三百八十八条　国家工作人员利用本人职权或者地位形成的便利，通过其他国家工作人员职务上的行为，为请托人谋取不正当利益，索取请托人财物或者收受请托人财物的，以受贿论处。

(一) 概念

受贿罪，是指国家工作人员利用职务上的便利，索取他人财物，或者非法收受他人财物，为他人谋取利益的行为。

(二) 行为

本罪在客观方面表现为利用职务上的便利索取他人财物，或者非法收受他人财物，为他人谋取利益。受贿行为包括以下内容：

1. 利用职务上的便利

受贿罪的利用职务上的便利是指利用本人职务范围内的权力，即自己职务上主管、负责或者承办某项公共事务的职权及其所形成的便利条件。利用职权是利用本人职务范围内的权力，利用与职务有关的便利条件是指虽然不是直接利用职权，而是利用本人的职权或地位形成的便利条件。因此，利用本人职务上的便利包括以下两种情形：① 直接利用本人职务上的便利，即以本人职务范围内的权力为请托人谋取利益而从中收受财物。② 间接利用本人职务上的便利，即利用与职务有关的便利条件，在各种情况下，从表面上看是通过他人的职务为请托人谋取利益，从而收受财物。但从实际上看，是利用了本人职务而产生的制约关系，这种制约关系可以影响被利用者的利益，使之就范。

2. 索取或者收受

我国刑法将索取与收受作为受贿行为的两种表现形式。① 索取。索取是指主动索要并收取。因此，索取具有两个特点：一是主动性，是受贿人先提出贿赂的要求。二是由索要与收取两个行为构成，是一种复合行为。索取既可以是明示的，也可以是暗示的。② 收受。收受是指被动地收取。因此，收受具有被动性。因为收受是在请托人主动交付贿赂的情况下消极地接受。

根据有关司法解释，以下行为属于收受贿赂，应当以受贿罪论处：① 国家工作人员通过赌博或者接受别人为其赌博提供资金的形式受贿的，依照受贿罪的规定追究刑事责任。实践中应注意区分贿赂与赌博活动、娱乐活动的界限。具体认定时，主要应当结合以下因素进行判断：赌博的背景、场合、时间、次数；赌资来源；其他赌博参与者有无事先通谋；输赢钱物的具体情况和金额大小[①]。② 国家工作人员利用职务上的便利为请托人谋取利益，以明显低于市场的价格向请托人购买房屋、汽车等物品的；以明显高于市场的价格向请托人出售房屋、汽车等物品的收受请托人财物的，以其他交易形式非法收受请托人财物的，以受贿论处。受贿数额按照交易时当地市场价格与实际支付价格的差额计算。这里的市场价格包括商品经营者事先设定的不针对特定人的最低优惠价格。根据商品经营者事先设定的各种优惠交易条件，以优惠价格购买商品的，不属于受贿。③ 国家工作人员利用职务上的便利为请托人谋取利益，收受请托人提供的干股(未出资而获得的股份)，以受贿论处。进行了股权转让登记，或者相关证据证明股份发生了实际转让的，受贿数额按转让行为时股份价值计算，所分红利按受贿孳息处理。股份未实际转让，以股份分红名

① 参见最高人民法院、最高人民检察院《关于办理赌博刑事案件具体应用法律若干问题的解释》(2005年5月11日)。

义获取利益的，实际获利数额应当认定为受贿数额。④ 国家工作人员利用职务上的便利为请托人谋取利益，由请托人出资，“合作”开办公司或者进行其他“合作”投资的，以受贿论处。受贿数额为请托人给国家工作人员的出资额。国家工作人员利用职务上的便利为请托人谋取利益，以合作开办公司或者其他合作投资的名义获取“利润”，没有实际出资和参与管理、经营的，以受贿论处。⑤ 国家工作人员利用职务上的便利为请托人谋取利益，以委托请托人投资证券、期货或者其他委托理财的名义，未实际出资而获取“收益”，或者虽然实际出资，但获取“收益”明显高于出资应得收益的，以受贿论处。受贿数额，前一情形，以“收益”额计算；后一情形，以“收益”额与出资应得收益额的差额计算。⑥ 国家工作人员利用职务上的便利为请托人谋取利益，要求或者接受请托人以给特定关系人安排工作为名，使特定关系人不实际工作却获取所谓薪酬的，以受贿论处。[①] 国家工作人员利用职务上的便利为请托人谋取利益，授意请托人以上述所列形式，将有关财物给予特定关系人的，以受贿论处[②]。

3. 为他人谋取利益

根据我国刑法的规定，索取财物构成的受贿罪不以为他人谋取利益为条件，而收受财物构成的受贿罪则以为他人谋取利益为条件。这里的为他人谋取利益，是指利用本人职务上的便利，为行贿人谋取各种好处，包括物质利益或者非物质利益。为他人谋取利益具有以下三种情形：① 允诺为他人谋取利益；② 正在为他人谋取利益；③ 已经为他人谋取利益。只要具备上述情形之一，就视为具有为他人谋取利益这一条件。如果没有为他人谋取利益这一要件，即使收受他人财物的，也不构成受贿罪。例如感情投资、收受礼金等，属于收受赠贿，而不是收受贿赂。外国刑法中一般都有收受赠贿罪之设立，我国则未设这一罪名。在这种情况下，根据罪刑法定原则，不应以受贿罪论处。

（三）对象

本罪的行为对象是财物，这一范围比外国刑法规定的贿赂范围要窄。例如日本刑法认为贿赂之所得，不一定限定为金钱、物品和其他财产利益，不论有形或者无形，以能满足人的需要、欲望的一切利益为范围。我国刑法则将受贿对象限定为财物，包括金钱、物品以及其他财产性利益，例如债权的设立、债务的免除等，但不包括非财产性利益。在我国刑法理论曾经讨论过性贿赂问题，存在肯定说与否定说之争。肯定说认为性交可以被看成是某种利益。基于其特性，此种利益乃是一种无形的非物质性利益，但又与有形的物质性利益有着密切关系。因为性交的背后，隐藏着某种利益的交换。否定说则认为，允诺性行为认定为受贿罪，显然不符合我国刑法的规定，况且我国刑法中的受贿罪是以收受一定数额的财物行为定罪量刑依据的，如果性行为作为贿赂则无法确定受贿数额。我们赞同否定说，根据现行刑法，性贿赂不能认定为受贿罪。

（四）主体

本罪的主体是国家工作人员。

关于离退休人员能否成为受贿罪的主体，在 1989 年的司法解释中曾经规定，国家工作人员离退休以后，利用本人原有职权或者地位形成的便利条件，通过在职的国家工作人员职务上的行为，为请托人谋取不正当利益；而本人从中向请托人收取财物的行为，可按受贿罪定罪处罚。我们认为，在这种情况下，国家工作人员已经没有职权，因而不存在侵害职务行为廉洁性的问题，而且 1997 年刑法修订时并未对此作出规定。因此，已离退休的国家工作人员不能再成为受贿罪的主体。但根据 2000 年 6 月 30 日最高人民法院《关于国家工作人员利用职务上的便利为他人谋

① 特定关系人，是指与国家工作人员有近亲属、情妇(夫)以及其他共同利益关系的人。

② 参见最高人民法院、最高人民检察院《关于办理受贿刑事案件适用法律若干问题的意见》(2007 年 7 月 9 日)。

取利益离退休后收受财物行为如何处理问题的批复》指出：国家工作人员利用职务上的便利为请托人谋取利益,并与请托人事先约定,在其离退休后收受财物,构成犯罪的,以受贿罪定罪处罚。在上述情况下,虽然是在离退休后收受财物,但这是以其离退休前利用职务上的便利为他人谋取利益的对价,侵犯了国家工作人员职务行为的廉洁性,因而构成受贿罪。应当指出,事先约定是上述情形构成受贿罪的必要条件。如果没有事先约定,在职时利用职务上的便利为请托人谋取利益,而在离退休后收受原请托人财物的,不能定受贿罪。在没有约定的情况下,在职时利用职务上的便利为请托人谋取利益,而在离退休后向原请托人索取财物的,一般也不宜以受贿罪定罪处罚。

（五）故意

本罪在主观方面只能是直接故意,其内容表现为明知索取他人财物或者收受他人财物为他人谋取利益的行为是一种侵害职务行为廉洁性的行为,仍然故意地实施这种行为。在索取财物构成的受贿罪中,受贿故意内容是十分明显的,但在收受财物构成的受贿罪中,受贿故意如何认定则是一个较为复杂的问题。我们认为收受财物的故意与受贿故意是有所不同的。在受贿故意内容中,除收受财物的故意以外,还应包括明知财物是本人利用职务上的便利为他人谋取利益的报答物而予以收受的故意。就利用职务上的便利为他人谋取利益与收受财物的关系而言,可以分为两种情况：一是先收受财物后为他人谋取利益,即所谓事前受贿。在刑法理论上,这是一种收买性贿赂。这种事前受贿,在客观上收受财物与为他人谋取利益之间存在因果关系,并且行为人之间往往存在收受财物后为他人谋取利益的约定,即主观上明知是贿赂而予以收受。在这种情况下,受贿故意不难认定。二是在为他人谋取利益后收受财物,即所谓事后受贿。在刑法理论上,这是一种酬谢性贿赂。关于这种事后受贿,是否必须以事前约定为条件,在刑法理论上存在争议。我们认为,这种事前没有约定而事后收受他人财物的事后受财行为不同于事后受贿,因为行为人主观上没有受贿故意而只有收受财物的故意。因此,事后受贿必须以事前约定为条件。当然,这里的事前约定,并不限于明示约定,而且包括暗示约定。

（六）经济受贿

经济受贿是受贿罪的一种特殊表现形式,指国家工作人员在经济往来中,违反国家规定,收受各种名义的回扣、手续费,归个人所有的行为。在认定经济受贿的时候,应当注意根据以下条件：① 回扣、手续费。回扣、手续费是经济受贿中贿赂的表现形式,应当正确界定。回扣是指在商品交易中,卖方在收取的价款中扣出一部分回送给买方或其委托代理人(经办人)的金钱、实物或者其他物质利益。手续费是指在从事经济活动中,收取对方单位或者个人的费用。② 经济交往。经济受贿发生在经济活动中,这是它与普通受贿的根本区别之一。这里的经济活动既包括国家经济管理活动,又包括国家工作人员参与的经济交往活动。在刑法关于经济受贿中,并未规定利用职务上的便利这一要件,但这并不意味着经济受贿可以不需要这一要件。实际上,国家工作人员在经济活动中从事各种经济活动本身就是依法从事公务活动,因而是职务行为。在经济活动中收受回扣、手续费的,必然以利用职务上的便利为前提。③ 违反国家规定。在经济交往中收受回扣、手续费,只有违反国家规定才构成受贿罪。这里的违反国家规定是指违反全国人民代表大会及其常委会制定的法律,国务院制定的行政法规和行政措施、发布的决定和命令。例如1993年12月1日施行的《反不正当竞争法》第8条规定：经营者不得采用财物或者其他手段进行贿赂以销售或者购买商品。在账外暗中给予对方单位或者个人回扣的,以行贿论处;对方单位或者个人在账外暗中收受回扣的,以受贿论处。根据这一法律规定,账外暗中收受回扣是违法的,应以受贿论处。④ 归个人所有。回扣、手续费是否归个人所有,是认定经济受贿的重要条件之一。如果收受回扣、手续费用于集体福利或者奖励,包括对在经济活动中作出贡献的业务人员的奖励，或者收受回扣、手续费归单位所有，并有单位发票、按照会计制度进账的，不构成经济受贿。符合单位受贿罪构成要件的，应以该罪论处。只有收受回扣、手续费，中饱私囊或者少数人私分的才应以经济受贿论处。

（七）间接受贿

间接受贿是受贿罪的一种特殊表现形式，指国家工作人员利用本人职权或者地位形成的便利条件，通过其他国家工作人员职务上的行为，为请托人谋取不正当利益，索取请托人财物或者收受请托人财物的行为。认定间接受贿要注意把握以下要件：① 利用本人职权或者地位形成的便利条件。间接受贿利用本人职权或者地位形成的便利条件与直接受贿利用职务上的便利是有所不同的，在利用职务上的便利的情况下，直接利用本人职权，当然不需要通过其他国家工作人员的职务行为为请托人谋取利益。而利用职权形成的便利条件，虽然也是通过其他国家工作人员的职务行为为请托人谋取利益。但这是以本人职务对他人职务存在着职务上的制约关系为前提的。而在间接受贿的情况下，本人职务对他人职务不存这种制约关系，而是利用了本人职务对其他国家工作人员的影响。② 通过其他国家工作人员职务上的行为间接受贿的。通过其他国家工作人员职务上的行为，是指行为人本人没有直接为请托人谋取利益，而是让其他国家工作人员利用职务上的便利，为请托人谋取利益。③ 为请托人谋取不正当利益。普通受贿只要为他人谋取利益即可构成犯罪，而不论这种利益是正当的还是不正当的。但刑法规定间接受贿只有在为请托人谋取不正当利益的情况下才能构成。这里的不正当利益，是指请托人依照有关法律、法规或者规章、条例等规定，不应当得到的利益。

（八）受贿数额

《刑法修正案》（九）删除了刑法关于受贿犯罪规定的具体数额标准，修改为“数额较大或者有其他较重情节”“数额巨大或者有其他严重情节”“数额特别巨大或者有其他特别严重情节”三种情形，分别规定了“从拘役并处罚金到无期徒刑并处没收财产”的三档法定刑，对受贿罪定罪量刑标准原则上采用了数额标准加情节标准的立法模式，这更灵活，更符合实际需要，有利于惩治受贿犯罪和实现量刑均衡。

对多次受贿未经处理的，按照累计受贿数额处罚。受贿罪是数额犯，以个人受贿所得作为定罪量刑的根据。受贿数额，往往是多次受贿所得。根据刑法规定，只有对未经处理的受贿数额才能累计计算。这里的未经处理是指受贿行为未被发现或者虽经发现但未给予刑事处罚。对于已经给过行政处分的受贿数额是否可以累计计算？我们认为，刑法规定的未经处理，仅指未经刑事处罚而不包括行政处分。因此，经行政处分的受贿数额仍应累计。多次受贿未经处理，按照累计受贿数额处罚，应遵循刑法关于追诉时效的规定，但追诉时效的起算应以最后一次受贿之日起计算。

（九）犯罪情节

《刑法修正案》（九）对受贿犯罪除规定了数额标准外，还规定了“其他较重情节”“其他严重情节”“其他特别严重情节”。因此，办理受贿案件应当注意避免唯数额论。对于犯罪数额没有达到“数额较大”“数额巨大”或者“数额特别巨大”，但是具有“其他较重情节”“其他严重情节”或者“其他特别严重情节”的，也应判处相应档次的刑罚。因此，犯罪情节是一个综合性概念，包括犯罪数额、犯罪手段、犯罪后果、赃款赃物的去向、社会影响等多种因素。如多次受贿的、将受贿款物用于违法犯罪活动的，等等。

（十）死刑适用

对受贿罪保留死刑适用，这主要是基于我国对受贿犯罪从严打击和保持高压态势的政治考虑。根据《刑法修正案》（九）的规定，对于受贿犯罪，数额特别巨大，并使国家和人民利益遭受特别重大损失的,可以处死刑。关于死刑适用,人民法院既可以判处死刑立即执行,也可以判处死刑缓期执行,还可以根据有关案件犯罪情节等情况同时决定在其死刑缓期执行二年期满依法减为无期徒刑后,终身监禁,不得减刑、假释。“终身监禁”不是一个新增加的刑种,而是死刑执行方式的一种创新。

(十一) 从宽处罚

根据《刑法修正案》(九)的规定,对于受贿数额较大或者有其他较重情节的,如果行为人在提起公诉前如实供述自己罪行、真诚悔罪、积极退赃,避免、减少损害结果的发生,可以从轻、减轻或者免除处罚。但是,对于受贿、受贿数额巨大或者有其他严重情节,或者受贿、受贿数额特别巨大或者有其他严重情节的,即使行为人在提起公诉前如实供述自己罪行、真诚悔罪、积极退赃,避免、减少损害结果的发生,也不得减轻或者免除处罚,只可以在相应的法定刑幅度范围内从轻处罚。这里的“从宽处罚”,有时间限制,即被提起公诉以前;有条件限制,即具有如实供述自己罪行、真诚悔罪、积极退赃,避免、减少损害结果的发生等从轻处罚的情形。这些情形应当是择一关系,并非要求同时具备才可以从轻处罚。

四、单位受贿罪

第三百八十七条 **国家机关、国有公司、企业、事业单位、人民团体,索取、非法收受他人财物,为他人谋取利益,情节严重的,对单位判处罚金,并对其直接负责的主管人员和其他直接责任人员,处五年以下有期徒刑或者拘役。**

前款所列单位,在经济往来中,在账外暗中收受各种名义的回扣、手续费的,以受贿论,依照前款的规定处罚。

(一) 概念

单位受贿罪,是指国家机关、国有公司、企业、事业单位、人民团体,索取、非法收受他人财物,为他人谋取利益,情节严重的行为。

(二) 行为

本罪在客观方面表现为以下两种情形:① 索取、非法收受他人财物;② 在经济往来中,在账外暗中收受各种名义的回扣、手续费。

根据刑法规定,单位受贿情节严重的才构成犯罪。根据最高人民检察院立案标准的规定,涉嫌下列情形之一的,应予立案:① 单位受贿数额在10万元的;② 单位受贿数额不满10万元,但具有下列情形之一的:故意刁难、要挟有关单位、个人,造成恶劣影响的;强行索取财物的;致使国家或者社会利益遭受重大损失的。我们认为,凡具有上述情形的,应视为单位受贿情节严重。

(三) 主体

本罪的主体是国家机关、国有公司、企业、事业单位、人民团体。集体经济组织、中外合资企业、中外合作企业、外商独资企业和私营企业不能成为单位受贿罪的主体。

(四) 故意

本罪在主观方面是故意。

五、利用影响力受贿罪

第三百八十八条之一[根据《刑法修正案》(七)第十三条增设] **国家工作人员的近亲属或者其他与该国家工作人员关系密切的人,通过该国家工作人员职务上的行为,或者利用该国家工作人员职权或者地位形成的便利条件,通过其他国家工作人员职务上的行为,为请托人谋取不正当利益,索取请托人财物或者收受请托人财物,数额较大或者有其他较重情节的,处三年**

以下有期徒刑或者拘役，并处罚金；数额巨大或者有其他严重情节的，处三年以上七年以下有期徒刑，并处罚金；数额特别巨大或者有其他特别严重情节的，处七年以上有期徒刑，并处罚金或者没收财产。

离职的国家工作人员或者其近亲属以及其他与其关系密切的人，利用该离职的国家工作人员原职权或者地位形成的便利条件实施前款行为的，依照前款的规定定罪处罚。

（一）概念

利用影响力受贿罪，是指国家工作人员的近亲属或者其他与该国家工作人员关系密切的人，通过该国家工作人员职务上的行为，或者利用该国家工作人员职权或者地位形成的便利条件，通过其他国家工作人员职务上的行为，为请托人谋取不正当利益，索取请托人财物或者收受请托人财物，数额较大或者有其他较重情节的行为。

（二）行为

本罪在客观上表现为国家工作人员的近亲属或者其他与该国家工作人员关系密切的人，通过该国家工作人员职务上的行为，或者利用该国家工作人员职权或者地位形成的便利条件，通过其他国家工作人员职务上的行为，为请托人谋取不正当利益，索取请托人财物或者收受请托人财物，数额较大或者有其他较重情节的行为。

本罪的行为方式有三种：① 国家工作人员的近亲属或者其他与该国家工作人员关系密切的人，通过该国家工作人员职务上的行为，为请托人谋取不正当利益。行为人实际上是利用自己与国家工作人员所具有的近亲属或其他密切关系所形成的影响力，进而促使与之有特定关系的该国家工作人员通过自己职务上的行为，为请托人谋取不正当利益；② 国家工作人员的近亲属或者其他与该国家工作人员关系密切的人，利用该国家工作人员职权或者地位形成的便利条件，通过其他国家工作人员职务上的行为，为请托人谋取不正当利益。所谓"利用职权或地位形成的便利条件"，是指行为人与被其利用的国家工作人员之间在职务上虽然没有隶属、制约关系，但是行为人利用了本人职权或者地位产生的影响和一定的工作联系，如单位内不同部门的国家工作人员之间、上下级单位没有职务上隶属、制约关系的国家工作人员之间、有工作联系的不同单位的国家工作人员之间，等等；③ 离职的国家工作人员或者其近亲属以及其他与其关系密切的人，利用该离职的国家工作人员原职权或者地位形成的便利条件，通过其他国家工作人员职务上的行为，为请托人谋取不正当利益的。

（三）主体

本罪主体是非国家工作人员。但是有范围限制。从大的方面看，包括两类人：① 与国家工作人员关系密切的人：国家工作人员的近亲属，包括夫、妻、父、母、子、女、同胞兄弟姐妹等；其他与国家工作人员关系密切的人，包括同事、情人、同学、战友、亲戚、朋友、伙伴、邻居等长期交往和有一定关系往来的人，也可以是该国家工作人员临时认识的朋友或有一次性利益关系的人；② 离职的国家工作人员或者其近亲属以及其他与其关系密切的人。

（四）故意

本罪在主观方面是故意。

六、行贿罪

第三百八十九条　为谋取不正当利益，给予国家工作人员以财物的，是行贿罪。

在经济往来中，违反国家规定，给予国家工作人员以财物，数额较大的，或者违反国家规定，给予国家工作人员以各种名义的回扣、手续费的，以行贿论处。

因被勒索给予国家工作人员以财物，没有获得不正当利益的，不是行贿。

第三百九十条[根据《刑法修正案》(九)第四十五条修订] 对犯行贿罪的,处五年以下有期徒刑或者拘役,并处罚金;因行贿谋取不正当利益,情节严重的,或者使国家利益遭受重大损失的,处五年以上十年以下有期徒刑,并处罚金;情节特别严重的,或者使国家利益遭受特别重大损失的,处十年以上有期徒刑或者无期徒刑,并处罚金或者没收财产。

行贿人在被追诉前主动交待行贿行为的,可以从轻或者减轻处罚。其中,犯罪较轻的,对侦破重大案件起关键作用的,或者有重大立功表现的,可以减轻或者免除处罚。

(一) 概念

行贿罪,是指为谋取不正当利益,给予国家工作人员以财物的行为。

(二) 行为

本罪在客观方面表现为给予国家工作人员以财物。这里的给予是指交付财物,以作为国家工作人员为其谋取不正当利益的对价。

(三) 对象

本罪中的行贿对象是国家工作人员,这是行贿罪与对公司、企业人员行贿罪的根本区别之所在。

虽然为谋取不正当利益而给予国家工作人员以财物,构成行贿罪的,法律没有规定构成犯罪要求数额较大,但这并不等于无论行贿数额大小,一概构成犯罪。因为根据刑法规定,受贿罪的构成还要求达到5千元以上,何况经济受贿构成犯罪,刑法规定以数额较大作为构成犯罪条件。根据最高人民检察院立案标准的规定,涉嫌下列情节之一的,应予立案:① 行贿数额在1万元以上的;② 行贿数额不满1万元,但具有下列情形之一的:为谋取非法利益而行贿的;向3人以上行贿的;向党政领导、司法工作人员、行政执法人员行贿的;致使国家或者社会利益遭受重大损失的。我们认为,行贿罪的定罪数额标准应按照上述司法解释执行。

(四) 故意

本罪在主观方面只能是故意,并且具有谋取不正当利益的目的。这里的谋取不正当利益,根据1999年3月4日最高人民法院、最高人民检察院《关于在办理受贿犯罪大要案的同时要严肃查处严重行贿犯罪分子的通知》的规定,是指谋取违反法律、法规、国家政策和国务院各部门规章规定的利益,以及要求国家工作人员提供违反法律、法规、国家政策和国务院各部门规章规定的帮助或者便利条件。这一司法解释对不正当利益作了扩大解释,根据司法解释,不正当利益不仅指获得的利益本身不正当,而且利益本身虽然正当,但是要求国家工作人员违反法律、法规、规章规定而谋取的,也属于不正当利益。

(五) 经济行贿

经济行贿是行贿罪的一种特殊表现形式,指在经济往来中,违反国家规定,给予国家工作人员以财物,数额较大,或者违反国家规定,给予国家工作人员以各种名义的回扣、手续费的行为。经济行贿不同于普通行贿之处在于它发生在经济往来这一特定领域。应当指出,刑法对经济行贿并未规定为谋取不正当利益的目的。那么经济行贿构成犯罪是否在主观上不要求具有这一目的呢?我们的回答是否定的。在经济交往中,无论是违反国家规定给予国家工作人员的财物,还是违反国家规定给予国家工作人员以各种名义的回扣、手续费,构成行贿罪主观上都必须具有谋取不正当利益的目的。若无此种目的,不构成行贿罪。

(六) 违法阻却情形

根据刑法规定,因被勒索给予国家工作人员以财物,没有获得不正当利益的,不是行贿。从刑法理论上说,这是一种违法阻却的情形。在这种情况下,虽然行为人给予国家工作人员以财物,但这种给予财物是因勒索交付的,并且没有获得不正当利益,因而不是行贿。这里的不是行贿,不仅指其给予国家工作人员财物的行为不构成行贿罪，而且这种行为不具有行贿的性质。在认定这种违法阻却事由的时候，要注意根据两个条件：一是被索勒。指被索要或者被敲诈勒索。二是行为人没有获得不正当利益。

（七）行贿罪自首、立功的特别规定

根据刑法规定，行贿人在被追诉前主动交待行贿行为的，可以从轻或者减轻处罚。其中，犯罪较轻的，对侦破重大案件起关键作用的，或者有重大立功表现的，可以减轻或者免除处罚。这是对行贿罪自首、立功的特别规定，在这种情况下，行贿人之所以可以从轻或者减轻处罚，是因为行贿人在被追诉前主动交代行贿行为，符合自首的特征。而行贿人之所以可以减轻或者免除处罚，是因为对那些犯罪较轻，但对侦破重大案件起关键作用的，或者有重大立功表现的，在这种情况下，实际上是自首的同时又有立功表现，才可以减轻或者免除处罚。

七、对有影响力的人行贿罪

第三百九十条之一［根据《刑法修正案》(九)第四十六增设］　**为谋取不正当利益，向国家工作人员的近亲属或者其他与该国家工作人员关系密切的人，或者向离职的国家工作人员或者其近亲属以及其他与其关系密切的人行贿的，处三年以下有期徒刑或者拘役，并处罚金；情节严重的，或者使国家利益遭受重大损失的，处三年以上七年以下有期徒刑，并处罚金；情节特别严重的，或者使国家利益遭受特别重大损失的，处七年以上十年以下有期徒刑，并处罚金。**

单位犯前款罪的，对单位判处罚金，并对其直接负责的主管人员和其他直接责任人员，处三年以下有期徒刑或者拘役，并处罚金。

（一）概念

对有影响力的人行贿罪，是指为谋取不正当利益，向国家工作人员的近亲属或者其他与该国家工作人员关系密切的人，或者向离职的国家工作人员或者其近亲属以及其他与其关系密切的人行贿的行为。

自《刑法修正案(七)》增加规定利用影响力受贿罪以来，实践中，对于行为人向与国家工作人员关系密切的人行贿，并谋取不正当利益的行为如何处理，存在不同认识，也有不同的判例。为此，刑法修正案(九)明确将为利用国家工作人员的影响力谋取不正当利益，向其近亲属等关系密切人员行贿的行为规定为犯罪，进一步与国际接轨，严密了反腐败的法网。

（二）行为

本罪在客观方面表现为向国家工作人员的近亲属或者其他与该国家工作人员关系密切的人，或者向离职的国家工作人员或者其近亲属以及其他与其关系密切的人行贿的行为。

（三）对象

本罪中行贿的对象是国家工作人员的近亲属或者其他与该国家工作人员关系密切的人，或者离职的国家工作人员或者其近亲属以及其他与其关系密切的人。具体指：① 与国家工作人员关系密切的人：国家工作人员的近亲属，包括夫、妻、父、母、子、女、同胞兄弟姐妹等；其他与国家工作人员关系密切的人，包括同事、情人、同学、战友、亲戚、朋友、伙伴、邻居等长期交往和有一定关系往来的人，也可以是该国家工作人员临时认识的朋友或有一次性利益关系的人；② 离职的国家工作人员或者其近亲属以及其他与其关系密切的人。

（四）主体

本罪主体为一般主体，单位也可以成为本罪主体。

（五）故意

本罪在主观方面是故意，并且具有谋取不正当利益的目的。

(六) 认定

(1) 构成本罪主观上必须具有"谋取不正当利益",这里的谋取不正当利益,根据司法解释的规定,是指谋取违反法律、法规、国家政策和国务院各部门规章规定的利益,以及要求国家工作人员违反法律、法规、国家政策和国务院各部门规章的帮助或者方便条件。

(2) 行为人主动行贿的,"谋取不正当利益"是否实现不影响本罪构成;但是被索贿构成本罪的,应当以"谋取不正当利益"的实现为充分必要条件。

八、对单位行贿罪

第三百九十一条[根据《刑法修正案》(九)第四十七条修订]　为谋取不正当利益,给予国家机关、国有公司、企业、事业单位、人民团体以财物的,或者在经济往来中,违反国家规定,给予各种名义的回扣、手续费的,处三年以下有期徒刑或者拘役,并处罚金。

单位犯前款罪的,对单位判处罚金,并对其直接负责的主管人员和其他直接责任人员,依照前款的规定处罚。

(一) 概念

对单位行贿罪,是指为谋取不正当利益,给予国家机关、国有公司、企业、事业单位、人民团体以财物,或者在经济往来中,违反国家规定,给予各种名义的回扣、手续费的行为。

(二) 行为

本罪在客观方面表现为以下两种形式:一是为谋取不正当利益,给予国家机关、国有公司、企业、事业单位、人民团体以财物。二是在经济往来中,违反国家规定,给予各种名义的回扣、手续费。

(三) 对象

本罪中行贿的对象是单位,因而区别于以自然人为对象的普通行贿罪。这里的单位,根据刑法规定,是指国家机关、国有公司、企业、事业单位、人民团体,而不包括其他非国有单位。

(四) 故意

本罪在主观方面只能是故意,并且具有谋取不正当利益的目的。这里的谋取不正当利益,根据司法解释的规定,是指谋取违反法律、法规、国家政策和国务院各部门规章规定的利益,以及要求国家工作人员违反法律、法规、国家政策和国务院各部门规章的帮助或者方便条件。

(五) 定罪标准

虽然刑法关于对单位行贿罪没有规定定罪的数额和情节标准,但并非只有实施对单位行贿行为一概构成犯罪。根据最高人民检察院关于人民检察院直接受理立案侦查案件立案标准的规定,对单位行贿涉嫌下列情形之一的,应予立案:① 个人行贿数额在10万元以上、单位行贿数额在20万元以上的;② 个人行贿数额不满10万元、单位行贿数额在10万元以上不满20万元,但具有下列情形之一的:为谋取非法利益而行贿的;向3个以上单位行贿的;向党政机关、司法机关、行政执法机关行贿的;致使国家或者社会利益遭受重大损失的。上述立案标准可以在定罪时参考。

九、介绍贿赂罪

第三百九十二条[根据《刑法修正案》(九)第四十八条修订]　向国家工作人员介绍贿赂,情节严重的,处三年以下有期徒刑或者拘役,并处罚金。

介绍贿赂人在被追诉前主动交待介绍贿赂行为的,可以减轻处罚或者免除处罚。

（一）概念

介绍贿赂罪，是指向国家工作人员介绍贿赂情节严重的行为。

（二）行为

本罪在客观方面表现为在行贿人与受贿人之间沟通关系、撮合条件，使贿赂行为得以实现的行为。

（三）故意

本罪在主观方面只能是故意，个人是否具有牟利动机，在所不问。

（四）定罪标准

根据刑法规定，介绍贿赂，情节严重的才构成犯罪。认定介绍贿赂情节严重的时候，可以参照最高人民检察院关于人民检察院直接受理立案侦查案件立案标准的规定。根据这一规定，介绍贿赂涉嫌下列情形之一的，应予立案：① 介绍人向国家工作人员行贿，数额在 2 万元以上的；介绍单位向国家工作人员行贿，数额在 20 万元以上的；② 介绍贿赂数额不满上述标准，但具有下列情形之一的：为使行贿人获取非法利益而介绍的；3 次以上或者为 3 人以上介绍贿赂的；向党政领导、司法工作人员、行政执法人员介绍贿赂的；致使国家或者社会利益遭受重大损失的。

（五）特殊自首

介绍贿赂人在被追诉前主动交待介绍贿赂行为的，可以减轻处罚或者免除处罚。这是关于介绍贿赂罪自首的特别规定。

十、单位行贿罪

第三百九十三条［根据《刑法修正案》（九）第四十九条修订］　单位为谋取不正当利益而行贿，或者违反国家规定，给予国家工作人员以回扣、手续费，情节严重的，对单位判处罚金，并对其直接负责的主管人员和其他直接责任人员，处五年以下有期徒刑或者拘役，并处罚金。因行贿取得的违法所得归个人所有的，依照本法第三百八十九条、第三百九十条的规定定罪处罚。

（一）概念

单位行贿罪，是指公司、企业、事业单位、机关、团体为谋取不正当利益而行贿，或者违反国家规定，给予国家工作人员的回扣、手续费，情节严重的行为。

（二）行为

本罪在客观方面表现为以下两种形式：一是为谋取不正当利益给予国家工作人员以财物。二是违反国家规定，给予国家工作人员以回扣、手续费。

（三）主体

本罪的主体是单位，这里的单位指公司、企业、事业单位、机关、团体，既包括国有单位，也包括非国有单位。

（四）故意

本罪在主观方面只能是故意，并且具有为单位谋取不正当利益的动机。

（五）定罪标准

单位行贿罪只有在情节严重的情况下才构成犯罪，这里的情节严重可参照最高人民检察院关于人民检察院直接受理立案侦查案件立案标准的规定掌握。根据这一规定，单位行贿涉嫌下列情形之一的，应予立案：① 单位行贿数额在 20 万元以上的；② 单位为谋取不正当利益而行

贿,数额在10万元以上不满20万元,但具有下列情形之一的:为谋取非法利益而行贿的;向3人以上行贿的;向党政领导、司法工作人员、行政执法人员行贿的;致使国家或者社会利益遭受重大损失的。

十一、巨额财产来源不明罪

第三百九十五条[根据《刑法修正案》(七)第十四条修订] **国家工作人员的财产、支出明显超过合法收入,差额巨大的,可以责令该国家工作人员说明来源,不能说明来源的,差额部分以非法所得论,处五年以下有期徒刑或者拘役;差额特别巨大的,处五年以上十年以下有期徒刑。财产的差额部分予以追缴。**

国家工作人员在境外的存款,应当依照国家规定申报。数额较大、隐瞒不报的,处二年以下有期徒刑或者拘役;情节较轻的,由其所在单位或者上级主管机关酌情给予行政处分。

(一) 概念

巨额财产来源不明罪,是指国家工作人员的财产或者支出明显超出合法收入,差额巨大,而本人又不能说明其来源是合法的行为。

(二) 行为

本罪在客观方面表现为国家工作人员的财产或者支出明显超出合法收入,差额巨大,而本人又不能说明其来源的合法性。关于本罪行为形式,在刑法理论上存在争议。第一种观点认为,本罪行为方式是持有,因此本罪是持有型犯罪,即国家工作人员持有来源不明的财产。第二种观点认为本罪行为方式是不作为,因此本罪是不作为犯罪,即国家工作人员不履行来源不明财产的说明义务。我们认为,从现行刑法规定来看,本罪的行为形式理解为持有较为妥当。在本罪的客观行为中,国家工作人员持有明显超出合法收入的财产,并且差额巨大,是构成犯罪的关键。而本人不能说明其来源的合法性,是本罪构成的另一个条件。如果本人能够说明其财产来源的合法性,则不构成本罪。只有在本人不能说明其来源的合法性的情况下,才能表明其所拥有的财产系非法所得,因而构成犯罪。这里的不能说明既包括拒不说明,又包括虽经说明但通过司法机关的调查并非属实。关于国家工作人员持有明显超出合法收入的财产,这里的合法收入包括法定收入、兼职收入以及各种灰色收入,包括货币收入、实物收入以及期权等其他收入。这种超出合法收入的财产与合法收入的财产之间必须差额巨大才构成犯罪,这里的差额巨大,根据最高人民检察院关于人民检察院直接受理立案侦查案件立案标准的规定,是指30万元以上。未达到这一数额标准的,不构成本罪。

(三) 主体

本罪的主体是国家工作人员,其他人员不能构成本罪。

(四) 故意

本罪在主观方面只能是故意,即国家工作人员对本人占有的明显超出其合法收入的差额巨大的财产是在明知的情况下予以占有,并且不能说明其合法来源,因此是故意犯罪。

十二、隐瞒境外存款罪

第三百九十五条[根据《刑法修正案》(七)第十四条修订] **国家工作人员的财产、支出明显超过合法收入,差额巨大的,可以责令该国家工作人员说明来源,不能说明来源的,差额部分以非法所得论,处五年以下有期徒刑或者拘役;差额特别巨大的,处五年以上十年以下有期徒刑。财产的差额部分予以追缴。**

国家工作人员在境外的存款,应当依照国家规定申报。数额较大、隐瞒不报的,处二年

以下有期徒刑或者拘役；情节较轻的，由其所在单位或者上级主管机关酌情给予行政处分。

（一）概念

隐瞒境外存款罪，是指国家工作人员违反国家规定，故意隐瞒不报在境外的存款，数额较大的行为。

（二）行为

本罪在客观方面表现为国家工作人员在境外的存款，应当依照国家规定申报而隐瞒不报，因此本罪的行为形式是不作为。这里的境外的存款，包括在国外的存款，也包括在我国边境以外的港澳台地区的存款。境外存款隐瞒不报，数额较大才构成犯罪，这里的数额较大，参照最高人民检察院关于人民检察院直接受理立案侦查案件立案标准的规定，是指折合人民币数额在30万元以上。

（三）主体

本罪的主体是国家工作人员，其他人员不能构成本罪。

（四）故意

本罪在主观方面只能是故意，即国家工作人员明知自己在境外的存款依照国家规定应当申报而故意隐瞒不予申报。

十三、私分国有资产罪

第三百九十六条第一款　国家机关、国有公司、企业、事业单位、人民团体，违反国家规定，以单位名义将国有资产集体私分给个人，数额较大的，对其直接负责的主管人员和其他直接责任人员，处三年以下有期徒刑或者拘役，并处或者单处罚金；数额巨大的，处三年以上七年以下有期徒刑，并处罚金。

（一）概念

私分国有资产罪，是指国家机关、国有公司、企业、事业单位、人民团体，违反国家规定，以单位名义将国有资产集体私分给个人，数额较大的行为。

（二）行为

本罪在客观方面表现为违反国家规定，以单位名义，将国有资产集体私分给个人的行为。这里的违反国家规定，是指违反国家有关管理、使用、保护国有资产方面的法律、行政法规规定。这里的以单位名义集体私分，是指由单位领导个人或者经领导集体讨论作出决定，将国有资产分给单位所有职工或者绝大多数职工。

（三）对象

本罪的对象是国有资产，这里的国有资产是指国家依法取得和认定的，或者国家以各种形式对企业投资和投资收益、国家向行政事业单位拨款等形式的资产。

（四）主体

本罪的主体是国家机关、国有公司、企业、事业单位、人民团体。其他非国有单位和个人不能构成本罪。

（五）故意

本罪在主观方面只能是故意。

（六）定罪标准

私分国有资产行为只有达到数额较大才能构成犯罪。这里的数额较大，参照最高人民检察院关于人民检察院直接受理立案侦查案件立案标准的规定是指累计数额在10万元以上。

十四、私分罚没财物罪

第三百九十六条第二款　司法机关、行政执法机关违反国家规定，将应当上缴国家的罚没财物，以单位名义集体私分给个人的，依照前款规定处罚。

(一) 概念

私分罚没财物罪,是指司法机关、行政执法机关违反国家规定,将应当上缴国家的罚没财物,以单位名义集体私分给个人的行为。

(二) 行为

本罪在客观方面表现为违反国家规定,将应当上缴国家的罚没财物,以单位名义集体私分给个人。这里的违反国家规定,是指违反国家关于罚没财物应当上缴国家的有关法律、行政法规规定。

(三) 对象

本罪的对象是指司法机关在办理刑事案件过程中追缴、没收犯罪嫌疑人、被告人的财物,以及对犯罪分子判处的罚金、没收的财产,以及行政执法机关在行政执法活动中没收和处罚收缴的财物、罚款。

(四) 主体

本罪的主体是司法机关、行政执法机关。这里的司法机关应作广义理解,包括公安机关、国家安全机关、检察机关、审判机关和监狱管理机关。行政执法机关是指政府所属的工商、税务、海关、质量监督、卫生检疫、交通管理、环境保护等机关。

(五) 故意

本罪在主观方面只能是故意。

(六) 定罪标准

私分罚没财物行为只有达到数额较大才能构成犯罪。这里的数额较大,参照最高人民检察院关于人民检察院直接受理立案侦查案件立案标准的规定,是指私分罚没财物累计数额在10万元以上。

第二节　渎职罪

一、滥用职权罪

第三百九十七条　国家机关工作人员滥用职权或者玩忽职守，致使公共财产、国家和人民利益遭受重大损失的，处三年以下有期徒刑或者拘役；情节特别严重的，处三年以上七年以下有期徒刑。本法另有规定的，依照规定。

国家机关工作人员徇私舞弊，犯前款罪的，处五年以下有期徒刑或者拘役；情节特别严重的，处五年以上十年以下有期徒刑。本法另有规定的，依照规定。

(一) 概念

滥用职权罪,是指国家机关工作人员违反法律规定的权限和程序,滥用职权,致使公共财产、国家和人民利益遭受重大损失的行为。

(二) 行为

本罪在客观方面表现为滥用职权的行为。这里的滥用职权是指违反法律规定行使职务范围以内的权力，具体表现为以下两种情形：一是违反法律规定的权限行使职权。任何权力都有一定的边界，因此，国家机关工作人员在行使职权的时候，必须严格在法律规定范围内行使而不得超越法律的限度。违反法律规定的权限行使职权就是一种滥用职权的行为。二是违反法律规定的程序行使职权。任何权力都必须根据一定的程序行使，违反法律规定的程序行使职权也是一种滥用职权的行为。

（三）结果

滥用职权行为只有致使公共财产、国家和人民利益遭受重大损失才构成犯罪。在掌握滥用职权罪的这一结果要件时，可参照最高人民检察院关于人民检察院直接受理立案侦查案件立案标准的规定。根据这一规定，滥用职权行为涉嫌下列情形之一的，应予立案：① 造成死亡 1 人以上，或者重伤 2 人以上，或者轻伤 5 人以上的；② 造成直接经济损失 20 万元以上的；③ 造成有关公司、企业等单位停产、严重亏损、破产的；④ 严重损害国家声誉，或者造成恶劣社会影响的；⑤ 其他致使公共财产、国家和人民利益遭受重大损失的情形；⑥ 徇私舞弊，具有上述情形之一的。上述规定中的直接经济损失，是指与行为有直接因果关系而造成的财产损毁、减少的实际价值。

（四）主体

本罪的主体是国家机关工作人员。这里的国家机关工作人员是指在国家机关中从事公务的人员，包括各级国家权力机关、行政机关、审判机关、检察机关和军事机关中从事公务的人员。其他根据法律规定，参照国家公务员条例进行管理的人员，应当以国家机关工作人员论。

根据全国人大常委会《关于刑法第九章渎职罪主体适用的解释》的规定，在依照法律、法规规定行使国家行政管理职权的组织中从事公务的人员，或者在受国家机关委托代表国家机关行使职权的组织中从事公务的人员，或者虽未列入国家机关人员编制，但在国家机关从事公务的人员，在代表国家机关行使职权时，有渎职行为，构成犯罪的，依照刑法关于渎职罪的规定追究刑事责任。

（五）故意

本罪在主观方面是故意，对于公共财产、国家和人民利益遭受重大损失的结果，行为人一般都是间接故意，即明知本人的滥用职权行为会造成上述结果，而放任这种结果的发生。在刑法理论上，对于滥用职权罪的罪过形式是故意还是过失存在争议。过失论者认为滥用职权的行为虽然是故意的，但行为人对于损害结果是过失的，应以过失犯罪论处。也有个别学者认为，滥用职权罪的罪过形式既可能是过失，也可能是间接故意，这是一种复合罪过。我们认为，滥用职权是以明知是违反法律规定的权限和违反法律规定的程序而滥用职权，或者明知是应当履行职责而不实施职务行为，对于这种滥用职权行为会造成的损害结果是持一种放任态度的，因而应以故意犯罪论处。

（六）加重处罚情节

国家机关工作人员徇私舞弊犯滥用职权罪的，是滥用职权罪的加重处罚情节。这里的徇私舞弊是指为徇个人私利或者亲友私情。

二、玩忽职守罪

第三百九十七条　国家机关工作人员滥用职权或者玩忽职守，致使公共财产、国家和人民利益遭受重大损失的，处三年以下有期徒刑或者拘役；情节特别严重的，处三年以上七年以下有期徒刑。本法另有规定的，依照规定。

国家机关工作人员徇私舞弊，犯前款罪的，处五年以下有期徒刑或者拘役；情节特别严重的，处五年以上十年以下有期徒刑。本法另有规定的，依照规定。

(一) 概念

玩忽职守罪,是指国家机关工作人员严重不负责任,不履行或者不认真履行职责,致使公共财产、国家和人民利益遭受重大损失的行为。

(二) 行为

本罪在客观方面表现为不履行或者不正确履行职责的行为。因此,玩忽职守行为可以分为以下两种情形:一是不履行职责,这是一种不作为的玩忽职守行为,表现为行为人应当履行而且能够履行但不履行其职责。这种情形,包括擅离职守、放弃职守、拒绝履行职守和不及时履行职守等。二是不正确履行职责。在各种情况下,行为人虽然履行了职责,但不严肃认真地对待其职责,以致错误地履行了职守。

(三) 结果

玩忽职守只有致使公共财产、国家和人民利益遭受重大损失才构成犯罪。如果没有这一结果,就属于一般玩忽职守行为不构成犯罪。在掌握玩忽职守罪的这一结果要件时,可参照最高人民检察院关于人民检察院直接受理立案侦查案件立案标准的规定。根据这一规定,玩忽职守行为涉嫌下列情形之一的,应予立案:① 造成死亡1人以上,或者重伤3人以上,或者轻伤10人以上的;② 造成直接经济损失30万元以上的,或者直接经济损失不满30万元,但间接损失造成100万元;③ 徇私舞弊,造成直接经济损失20万元以上的;④ 造成有关公司、企业等单位停产、严重亏损、破产的;⑤ 严重损害国家声誉,或者造成恶劣社会影响的;⑥ 海关、外汇管理部门的工作人员严重不负责任,造成巨额外汇被骗或者逃汇的;⑦ 其他致使公共财产、国家和人民利益遭受重大损失的情形;⑧ 徇私舞弊,具有上述情形之一的。上述规定中的间接经济损失,是指由直接经济损失引起和牵连的其他损失,包括失去的在正常情况下可能获得的利益和为恢复正常的管理活动或者挽回所造成的损失所支付的各种开支、费用等。

(四) 主体

本罪的主体是国家机关工作人员。2000年10月9日最高人民检察院《关于合同制民警能否成为玩忽职守罪主体问题的批复》规定,合同制民警在依法执行公务期间,属其他依照法律从事公务的人员,应以国家机关工作人员论。对合同制民警在依法执行公务活动中的玩忽职守行为,符合《刑法》第397条规定的玩忽职守罪构成要件的,依法以玩忽职守罪追究刑事责任。这是对玩忽职守罪主体的解释。

(五) 过失

本罪在主观方面只能是过失,即应当预见自己玩忽职守的行为可能致使公共财产、国家和人民利益遭受重大损失,因为疏忽大意而没有预见,或者已经预见而轻信能够避免。

(六) 加重处罚情节

国家机关工作人员徇私舞弊犯玩忽职守罪的,是玩忽职守罪的加重处罚情节。

三、故意泄露国家秘密罪

第三百九十八条　国家机关工作人员违反保守国家秘密法的规定,故意或者过失泄露国家秘密,情节严重的,处三年以下有期徒刑或者拘役;情节特别严重的,处三年以上七年以下有期徒刑。

非国家机关工作人员犯前款罪的,依照前款的规定酌情处罚。

(一) 概念

故意泄露国家秘密罪,是指国家机关工作人员违反保守国家秘密法,故意使国家秘密被不应知悉者知悉，或者故意使国家秘密超出限定的接触范围，情节严重的行为。

（二）行为

本罪在客观方面表现为违反保守国家秘密法，故意泄露国家秘密。这里的泄露国家秘密，包括以下两种情形：一是故意使国家秘密被不应知悉者知悉；二是故意使国家秘密超出限定的接触范围。这两种情形，前者是泄露给特定的人，后者是泄露给不特定的人，两者都属于泄露。这里的国家秘密是指关系国家安全和利益，依照法律的程序确定，在一定的时间内只限于一定范围的人员知悉的事项。根据《保守秘密法》第8条的规定，国家秘密主要包括：① 国家事务的重大决策中的秘密事项；② 国防建设和武装力量活动中的秘密事项；③ 外交和外事活动中的秘密事项以及对外承担保密义务的事项；④ 国民经济和社会发展中的秘密事项；⑤ 科学技术中的秘密事项；⑥ 维护国家安全活动和追查刑事犯罪中的秘密事项；⑦ 其他经国家保密工作部门确定应当保守的国家秘密事项。根据《保守国家秘密法》第9条的规定，国家秘密的密级分为以下三级：绝密是指最重要的国家秘密，其泄露会使国家的安全和利益遭受特别严重的损害。机密是指重要的国家秘密，其泄露会使国家的安全和利益遭受严重的损害。秘密是指一般的国家秘密，其泄露会使国家的安全和利益遭受损害。

（三）主体

本罪的主体是国家机关工作人员。根据刑法规定，非国家机关工作人员也可以成为本罪的主体。

（四）故意

本罪在主观方面只能是故意。

（五）定罪标准

故意泄露国家秘密行为，只有情节严重才构成犯罪。这里的情节严重参照最高人民检察院关于人民检察院直接受理立案侦查案件立案标准的规定，是指具有下列情形之一的：① 泄露绝密级或机密级国家秘密的；② 泄露秘密级国家秘密三项以上的；③ 向公众散布、传播国家秘密的；④ 泄露国家秘密已造成严重危害后果的；⑤ 利用职权指使或者强迫他人违反国家保守秘密法的规定泄露国家秘密的；⑥ 以牟取私利为目的泄露国家秘密的；⑦ 其他情节严重的情形。

四、过失泄露国家秘密罪

第三百九十八条　国家机关工作人员违反保守国家秘密法的规定，故意或者过失泄露国家秘密，情节严重的，处三年以下有期徒刑或者拘役；情节特别严重的，处三年以上七年以下有期徒刑。

非国家机关工作人员犯前款罪的，依照前款的规定酌情处罚。

（一）概念

过失泄露国家秘密罪，是指国家机关工作人员违反保守国家秘密法，无意地泄露国家秘密；或者遗失秘密文件，致使国家秘密被不应知悉者知悉或者超出限定的接触范围，情节严重的行为。

（二）行为

本罪在客观方面表现为将国家秘密无意地泄露给不应知悉者或者遗失秘密文件而使国家秘密超出限定的接触范围。

（三）主体

本罪的主体是国家机关工作人员。根据刑法规定，非国家机关工作人员也可以成为本罪的

主体。

(四) 过失

本罪在主观方面是过失,即行为人应当预见自己的行为可能造成国家秘密的泄露,造成危害国家安全和利益的后果,因为疏忽大意而没有预见,或者已经预见而轻信能够避免,以致在保管、携带、传送国家秘密的过程中,使国家秘密外传或者遗失。

(五) 定罪标准

过失泄露国家秘密行为,只有情节严重才构成犯罪。这里的情节严重参照最高人民检察院关于人民检察院直接受理立案侦查案件立案标准的规定,是指具有下列情形之一的: ① 泄露绝密级国家秘密的; ② 泄露机密级国家秘密 3 项以上的; ③ 泄露秘密级国家秘密 3 项以上,造成严重危害后果的; ④ 泄露国家秘密或者遗失秘密文件不如实提供有关情况的; ⑤ 其他情节严重的。

五、徇私枉法罪

第三百九十九条[根据《刑法修正案》(四)第八条修订] **司法工作人员徇私枉法、徇情枉法,对明知是无罪的人而使他受追诉、对明知是有罪的人而故意包庇不使他受追诉,或者在刑事审判活动中故意违背事实和法律作枉法裁判的,处五年以下有期徒刑或者拘役;情节严重的,处五年以上十年以下有期徒刑;情节特别严重的,处十年以上有期徒刑。**

在民事、行政审判活动中故意违背事实和法律作枉法裁判,情节严重的,处五年以下有期徒刑或者拘役;情节特别严重的,处五年以上十年以下有期徒刑。

在执行判决、裁定活动中,严重不负责任或者滥用职权,不依法采取诉讼保全措施、不履行法定执行职责,或者违法采取诉讼保全措施、强制执行措施,致使当事人或者其他人的利益遭受重大损失的,处五年以下有期徒刑或者拘役;致使当事人或者其他人的利益遭受特别重大损失的,处五年以上十年以下有期徒刑。

司法工作人员收受贿赂,有前三款行为的,同时又构成本法第三百八十五条规定之罪的,依照处罚较重的规定定罪处罚。

(一) 概念

徇私枉法罪,是指司法工作人员徇私枉法、徇情枉法,对明知是无罪的人而使他受追诉、对明知是有罪的人而故意包庇不使他受追诉,或者在刑事审判活动中故意违背事实和法律作枉法裁判的行为。

(二) 行为

本罪在客观方面表现为行为人在刑事诉讼活动中,违背事实和法律作枉法裁判。这里的违背事实和法律,是指不忠于事实、不遵守法律规定。根据刑法规定,徇私枉法行为包括以下三种情形:一是对明知是无罪的人而使他受追诉,二是对明知是有罪的人而故意包庇不使他受追诉。这里的追诉,不包括从立案到向法院提起公诉的司法行为,因此,上述两种行为的主体一般是承担追诉职责的侦查、检察和监管人员。三是在刑事审判活动中故意违背事实和法律作枉法裁判。这里的枉法裁判包括把有罪的人判为无罪,把无罪的人判为有罪,轻罪重判或者重罪轻判。

(三) 主体

本罪的主体是司法工作人员。根据《刑法》第 94 条的规定,司法工作人员是指有侦查、检察、审判、监管职责的工作人员。

(四) 故意

本罪在主观方面只能是故意,即行为人明知自己的行为是违背事实和法律的,并且希望枉法结果的发生。本罪的犯罪动机是徇私、徇情,徇私是指徇个人私利,徇情是指徇亲友私情。

（五）定罪标准

在认定徇私枉法罪的时候，可以参照最高人民检察院关于人民检察院直接受理立案侦查案件立案标准的规定。根据该规定，徇私枉法行为涉嫌下列情形之一的，应予立案：① 对明知是无罪的人，采取伪造、隐匿、毁灭证据或者其他隐瞒事实、违背法律的手段，以追究刑事责任为目的进行立案、侦查（含采取强制措施）、起诉、审判的；② 对明知是有罪的人，即对明知有犯罪事实需要追究刑事责任的人，采取伪造、隐匿、毁灭证据或者其他隐瞒事实、违背法律的手段，故意包庇使其不受立案、侦查（含采取强制措施）、起诉、审判的；③ 在立案后，故意违背事实和法律，应该采取强制措施而不采取强制措施，或者虽然采取强制措施，但无正当理由中断侦查或者超过法定期限不采取任何措施，实际放任不管，以及违法撤销、变更强制措施，致使犯罪嫌疑人、被告人实际脱离司法机关侦查、起诉的；④ 在刑事审判活动中故意违背事实和法律，作出枉法判决、裁定，即有罪判无罪、无罪判有罪，或者重罪轻判、轻罪重判的；⑤ 其他枉法追诉、不追诉、枉法裁判行为。

（六）贪赃枉法的处罚

司法工作人员贪赃枉法，有徇私枉法行为的而又有受贿行为的，依处罚较重的规定定罪处罚。这是对徇私枉法与受贿罪之牵连犯的处罚原则的规定。在索取或者收受请托人的财物以后，为请托人谋取利益的行为又触犯了徇私枉法罪，在刑法理论上是牵连犯。根据《刑法》第 399 条第 3 款的规定，对于这种牵连犯，应当采取从一重罪处断的原则。

六、民事、行政枉法裁判罪

第三百九十九条［根据《刑法修正案》（四）第八条修订］　司法工作人员徇私枉法、徇情枉法，对明知是无罪的人而使他受追诉、对明知是有罪的人而故意包庇不使他受追诉，或者在刑事审判活动中故意违背事实和法律作枉法裁判的，处五年以下有期徒刑或者拘役；情节严重的，处五年以上十年以下有期徒刑；情节特别严重的，处十年以上有期徒刑。

在民事、行政审判活动中故意违背事实和法律作枉法裁判，情节严重的，处五年以下有期徒刑或者拘役；情节特别严重的，处五年以上十年以下有期徒刑。

在执行判决、裁定活动中，严重不负责任或者滥用职权，不依法采取诉讼保全措施、不履行法定执行职责，或者违法采取诉讼保全措施、强制执行措施，致使当事人或者其他人的利益遭受重大损失的，处五年以下有期徒刑或者拘役；致使当事人或者其他人的利益遭受特别重大损失的，处五年以上十年以下有期徒刑。

司法工作人员收受贿赂，有前三款行为的，同时又构成本法第三百八十五条规定之罪的，依照处罚较重的规定定罪处罚。

（一）概念

民事、行政枉法裁判罪，是指审判人员在民事、行政审判活动中，故意违背事实和法律作枉法裁判，情节严重的行为。

（二）行为

本罪在客观方面表现为故意违背事实和法律，在民事、行政审判活动中作枉法裁判。这里的违背事实和法律，是指不忠于事实和不遵守法律规定。民事审判，指依法适用民事诉讼法审判案件的活动，包括民事案件、海事案件和经济案件的审判。行政审判，指适用行政诉讼法审判案件的活动，即行政案件的审判。裁判，包括判决、裁定和决定。枉法裁判是指该胜诉的判败诉，该败诉的判胜诉等。

（三）主体

本罪的主体是从事民事、行政审判活动的审判人员。

(四) 故意

本罪在主观方面只能是故意。

(五) 定罪标准

民事、行政枉法裁判行为情节严重的才构成犯罪。这里的情节严重参照最高人民检察院关于人民检察院直接受理立案侦查案件立案标准的规定,是指具有下列情节之一的:① 枉法裁判,致使公民财产损失或者法人或者其他组织财产损失重大的;② 枉法裁判,引起当事人及其亲属自杀、伤残、精神失常的;③ 伪造有关材料、证据,制造假案枉法裁判的;④ 串通当事人制造伪证,毁灭证据或者篡改庭审笔录而枉法裁判的;⑤ 其他情节严重的情形。

七、执行判决、裁定失职罪

第三百九十九条[根据《刑法修正案》(四)第八条修订] **司法工作人员徇私枉法、徇情枉法,对明知是无罪的人而使他受追诉、对明知是有罪的人而故意包庇不使他受追诉,或者在刑事审判活动中故意违背事实和法律作枉法裁判的,处五年以下有期徒刑或者拘役;情节严重的,处五年以上十年以下有期徒刑;情节特别严重的,处十年以上有期徒刑。**

在民事、行政审判活动中故意违背事实和法律作枉法裁判,情节严重的,处五年以下有期徒刑或者拘役;情节特别严重的,处五年以上十年以下有期徒刑。

在执行判决、裁定活动中,严重不负责任或者滥用职权,不依法采取诉讼保全措施、不履行法定执行职责,或者违法采取诉讼保全措施、强制执行措施,致使当事人或者其他人的利益遭受重大损失的,处五年以下有期徒刑或者拘役;致使当事人或者其他人的利益遭受特别重大损失的,处五年以上十年以下有期徒刑。

司法工作人员收受贿赂,有前三款行为的,同时又构成本法第三百八十五条规定之罪的,依照处罚较重的规定定罪处罚。

(一) 概念

执行判决、裁定失职罪,是指司法工作人员在执行判决、裁定活动过程中,严重不负责任,不依法采取诉讼保全措施、不履行法定执行职责,或者违法采取诉讼保全措施、强制执行措施,致使当事人或者其他人的利益遭受重大损失的行为。

(二) 行为

本罪在客观方面表现为在执行判决、裁定活动过程中,严重不负责任,不依法采取诉讼保全措施、不履行法定执行职责,或者违法采取诉讼保全措施、强制执行措施。

(三) 结果

本罪是结果犯,即执行判决、裁定失职行为必须致使当事人或者其他人的利益遭受重大损失的,才构成本罪。

(四) 过失

本罪在主观方面是过失,实践中多表现为疏忽大意过失。

八、执行判决、裁定滥用职权罪

第三百九十九条[根据《刑法修正案》(四)第八条修订] **司法工作人员徇私枉法、徇情枉法,对明知是无罪的人而使他受追诉、对明知是有罪的人而故意包庇不使他受追诉,或者在刑事审判活动中故意违背事实和法律作枉法裁判的,处五年以下有期徒刑或者拘役;情节严重的,处五年以上十年以下有期徒刑;情节特别严重的,处十年以上有期徒刑。**

在民事、行政审判活动中故意违背事实和法律作枉法裁判，情节严重的，处五年以下有期徒刑或者拘役；情节特别严重的，处五年以上十年以下有期徒刑。

在执行判决、裁定活动中，严重不负责任或者滥用职权，不依法采取诉讼保全措施、不履行法定执行职责，或者违法采取诉讼保全措施、强制执行措施，致使当事人或者其他人的利益遭受重大损失的，处五年以下有期徒刑或者拘役；致使当事人或者其他人的利益遭受特别重大损失的，处五年以上十年以下有期徒刑。

司法工作人员收受贿赂，有前三款行为的，同时又构成本法第三百八十五条规定之罪的，依照处罚较重的规定定罪处罚。

（一）概念

执行判决、裁定滥用职权罪，是指司法工作人员在执行判决、裁定活动过程中，滥用职权，不依法采取诉讼保全措施、不履行法定执行职责，或者违法采取诉讼保全措施、强制执行措施，致使当事人或者其他人的利益遭受重大损失的行为。

（二）行为

本罪在客观方面表现为在执行判决、裁定活动过程中，滥用职权，不依法采取诉讼保全措施、不履行法定执行职责，或者违法采取诉讼保全措施、强制执行措施。

（三）结果

本罪是结果犯，即滥用执行判决、裁定职权的行为必须致使当事人或者其他人的利益遭受重大损失的，才构成本罪。

（四）过失

本罪在主观方面是故意。

九、枉法仲裁罪

第三百九十九条之一［根据《刑法修正案（六）》第二十条增设］　依法承担仲裁职责的人员，在仲裁活动中故意违背事实和法律作枉法裁决，情节严重的，处三年以下有期徒刑或者拘役；情节特别严重的，处三年以上七年以下有期徒刑。

（一）概念

枉法仲裁罪，是指依法承担仲裁职责的人员，在仲裁活动中故意违背事实和法律作枉法裁决，情节严重的行为。

（二）行为

本罪在客观方面表现为在仲裁活动中故意违背事实和法律作枉法裁决，情节严重的行为。

仲裁，是指当事人按事前或事后达成的协议，或者按照法律的规定，将有关纠纷提交仲裁机构，仲裁机构以中立第三者的身份在查明事实的基础上，对双方的权利义务作出判断和裁决的一种纠纷解决机制。仲裁是诉讼之外通过非官方途径解决纠纷的重要方式。就法律效力而言，生效的仲裁裁决与法院判决并无明显区别。根据《仲裁法》和《民事诉讼法》的规定，生效的仲裁裁决与人民法院终审判决具有同等的法律效力，一方当事人不履行的，另一方当事人可以申请人民法院执行，受申请的人民法院应当执行。当然，仲裁裁决存在明显不公正之处的，当事人有权向法院申请撤销，此时，法院对仲裁裁决有审查权。

枉法仲裁，是指在仲裁活动中故意违背事实和法律作出明显不公正的裁决。枉法仲裁的具体行为包括：违反法定程序进行仲裁；根据伪造的证据作出裁决结论；对一方当事人隐瞒足以影响公正裁决的证据；规避法律、故意曲解法律甚至错误适用法律进行仲裁等。

（三）主体

本罪的主体是依法承担仲裁职责的人员，即依据法律、行政法规和部门规章的规定承担仲裁职责的人员。这里的"依法承担仲裁职责的人员"是一个广义的概念，其不仅包括依据《仲裁法》的规定，在独立于行政机关，与行政机关没有隶属关系的仲裁委员会对民商事争议承担仲裁职责的人员，而且包括依据《劳动法》《公务员法》《体育法》《著作权法》《反兴奋剂条例》《企业劳动争议处理条例》等规定，在有政府行政主管部门代表参加组成的仲裁机构中对法律、行政法规、部门规章规定的特殊争议承担仲裁职责的人员。

（四）故意

本罪在主观方面为故意。

十、私放在押人员罪

第四百条第一款　司法工作人员私放在押的犯罪嫌疑人、被告人或者罪犯的，处五年以下有期徒刑或者拘役；情节严重的，处五年以上十年以下有期徒刑；情节特别严重的，处十年以上有期徒刑。

（一）概念

私放在押人员罪，是指司法工作人员私放在押的犯罪嫌疑人、被告人或者罪犯的行为。

（二）行为

本罪在客观方面表现为私放在押的犯罪嫌疑人、被告人或者罪犯的行为。私放，是指非法地擅自将在押人员释放使其脱离监管机关的监控范围。在押，既包括监管在看守所、监狱等固定场所，也包括监管在押解途中或者在监管场所以外的劳动、作业等临时场所。

（三）主体

本罪的主体是司法工作人员。根据2001年1月2日最高人民检察院的解释，工人等非监管机关在编监管人员被监管机关聘用受委托履行监管职责的，也可以成为本罪的主体。

（四）故意

本罪在主观方面只能是故意，即明知自己的行为会使在押人员脱逃，并且希望这种结果的发生。本罪的动机大多是徇私、徇情。

（五）定罪标准

私放在押人员行为，根据最高人民检察院关于人民检察院直接受理立案侦查案件立案标准的规定，具有下列情形之一的，应予立案：① 私自将在押人的犯罪嫌疑人、被告人、罪犯放走，或者授意、指使、强迫他人将在押的犯罪嫌疑人、被告人、罪犯放走的；② 伪造、变造有关法律文书，以使在押的犯罪嫌疑人、被告人、罪犯脱逃的；③ 为在押的犯罪嫌疑人、被告人、罪犯通风报信、提供条件，帮助其脱逃的；④ 其他私放在押的犯罪嫌疑人、被告人、罪犯的行为。

十一、失职致使在押人员脱逃罪

第四百条第二款　司法工作人员由于严重不负责任，致使在押的犯罪嫌疑人、被告人或者罪犯脱逃，造成严重后果的，处三年以下有期徒刑或者拘役；造成特别严重后果的，处三年以上十年以下有期徒刑。

（一）概念

失职致使在押人员脱逃罪，是指司法工作人员由于严重不负责任，致使在押的犯罪嫌疑人、被告人或者罪犯脱逃，造成严重后果的行为。

（二）行为

本罪在客观方面表现为严重不负责任，致使在押的犯罪嫌疑人、被告人或者罪犯脱逃的行为。这里的严重不负责任，是指不履行或者不正确履行其职务。致使在押人员脱逃，是指致使在押人员逃出、摆脱司法机关及其人员的实际控制范围。

（三）结果

失职致使在押人员脱逃的行为，造成严重后果的才构成犯罪。参照最高人民检察院关于人民检察院直接受理立案侦查案件立案标准的规定，造成严重后果是指具有下列情形之一的：① 致使依法可能判处或者已经判处10年以上有期徒刑、无期徒刑、死刑的犯罪嫌疑人、被告人、罪犯脱逃的；② 3次以上致使犯罪嫌疑人、被告人、罪犯脱逃，或者一次致3名以上犯罪嫌疑人、被告人、罪犯脱逃的；③ 犯罪嫌疑人、被告人、罪犯脱逃以后，打击报复控告人、检举人、被害人、证人和司法工作人员等，或者继续犯罪，危害社会的；④ 其他致使在押的犯罪嫌疑人、被告人、罪犯脱逃，造成严重后果的。

（四）主体

本罪的主体是司法工作人员。根据2000年9月14日最高人民检察院批复的规定，未被公安机关正式录用，受委托履行监管职责的人员、受委托承担监管职责的狱医也可以成为本罪的主体。根据2001年1月2日最高人民检察院的解释，工人等非监管机关在编监管人员被监管机关聘用受委托履行监管职责的，也可以成为本罪的主体。2000年9月19日最高人民法院《关于未被公安机关正式录用的人员、狱医能否构成失职致使在押人员脱逃罪主体问题的批复》也作出了类似的规定。根据上述规定，虽非司法工作人员，但受委托履行监管职责的人员，也可以成为本罪的主体。

（五）过失

本罪在主观方面是过失，即应当预见自己严重不负责任会使在押人员脱逃，由于疏忽大意而没有预见或者已经预见而轻信能够避免，致使在押人员脱逃。

十二、徇私舞弊减刑、假释、暂予监外执行罪

第四百零一条　司法工作人员徇私舞弊，对不符合减刑、假释、暂予监外执行条件的罪犯，予以减刑、假释或者暂予监外执行的，处三年以下有期徒刑或者拘役；情节严重的，处三年以上七年以下有期徒刑。

（一）概念

徇私舞弊减刑、假释、暂予监外执行罪，是指司法工作人员徇私舞弊，对不符合减刑、假释、暂予监外执行条件的罪犯予以减刑、假释、暂予监外执行的行为。

（二）行为

本罪在客观方面表现为徇私舞弊对不符合减刑、假释、暂予监外执行条件的罪犯，予以减刑、假释或者暂予监外执行。不符合减刑、假释、暂予监外执行条件，应当根据法律规定予以确认。徇私舞弊表现为为徇私情，行为人采取虚构事实、隐瞒真相、伪造条件等手段，将不符合法定条件的罪犯予以减刑、假释或者暂予监外执行。

（三）主体

本罪的主体是司法工作人员。

（四）故意

本罪在主观方面是故意，即明知不符合法定条件而予以减刑、假释或者暂予监外执行。

（五）定罪标准

徇私舞弊行为,根据最高人民检察院关于人民检察院直接受理立案侦查案件立案标准的规定,具有下列情形之一的,应予立案：① 刑罚执行机关的工作人员对不符合减刑、假释、暂予监外执行条件的罪犯,捏造事实,伪造材料,违法报请减刑、假释、暂予监外执行的；② 人民法院和监狱机关以及公安机关假释、暂予监外执行条件的罪犯的减刑、假释、暂予监外执行申请,违法裁定、决定减刑、假释、暂予监外执行的；③ 不具有报请、裁定或决定减刑、假释、暂予监外执行权的司法工作人员利用职务上的便利,徇私情、私利,伪造有关材料,导致不符合减刑、假释、暂予监外执行条件的罪犯被减刑、假释、暂予监外执行的；④ 其他违法减刑、假释、暂予监外执行的行为。

十三、徇私舞弊不移交刑事案件罪

第四百零二条　行政执法人员徇私舞弊,对依法应当移交司法机关追究刑事责任的不移交,情节严重的,处三年以下有期徒刑或者拘役;造成严重后果的,处三年以上七年以下有期徒刑。

（一）概念

徇私舞弊不移交刑事案件罪,是指行政执法人员徇私舞弊,对依法应当移交司法机关追究刑事责任的案件不移交,情节严重的行为。

（二）行为

本罪在客观方面表现为徇私舞弊,对依法应当移交司法机关追究刑事责任的不移交。依法应当移交是根据法律规定已经构成犯罪需要移交司法机关追究刑事责任。不移交是指不向司法机关移送案件。本罪的行为方式是不作为,即不履行移交义务。

（三）主体

本罪的主体是行政执法人员。这里的行政执法人员是指依法行使行政执法权的国家机关工作人员。

（四）故意

本罪在主观方面只能是故意,即明知他人的行为已经构成犯罪,应当移交司法机关追究刑事责任而故意不移交,使他人逃避法律追究。本罪的动机是徇私情。

（五）定罪标准

徇私舞弊行为情节严重的才构成犯罪。参照最高人民检察院关于人民检察院直接受理立案侦查案件立案标准的规定,有下列情形之一的,可视为情节严重：① 对依法可能判处 3 年以上有期徒刑、无期徒刑、死刑的犯罪案件不移交的；② 3 次以上不移交犯罪案件,或者一次不移交犯罪案件涉及 3 名以上犯罪嫌疑人的；③ 司法机关发现并提出意见后,无正当理由仍然不予移交的；④ 以罚代刑,放纵犯罪嫌疑人,致使犯罪嫌疑人继续进行违法犯罪活动的；⑤ 行政执法部门主管领导阻止移交的；⑥ 隐瞒、毁灭证据,伪造材料,改变刑事案件性质的；⑦ 直接负责的主管人员和其他直接责任人员为牟取本单位私利而不移交刑事案件,情节严重的；⑧ 其他情节严重的情形。

十四、滥用管理公司、证券职权罪

第四百零三条　国家主管部门的国家机关工作人员,徇私舞弊,滥用职权,对不符合法律规定条件的公司设立、登记申请或者股票、债券发行、上市申请,予以批准或者登记,致使公共财产、国家和人民利益遭受重大损失的,处五年以下有期徒刑或者拘役。

上级部门强令登记机关及其工作人员实施前款行为的，对其直接负责的主管人员，依照前款的规定处罚。

（一）概念

滥用管理公司、证券职权罪，是指国家主管部门的国家机关工作人员，徇私舞弊，滥用职权，对不符合法律规定条件的公司设立、登记申请或者股票、债券发行、上市申请，予以批准或者登记，致使公共财产、国家和人民利益遭受重大损失的行为。

（二）行为

本罪在客观方面表现为滥用职权，对不符合法律规定条件的公司设立、登记申请或者股票、债券发行、上市申请，予以批准或者登记。这里的不符合法律规定条件，是指违反公司法和有关法规关于公司设立、登记申请或者股票、债券发行、上市申请的必备条件。对不符合上述条件，依法不应批准、登记而予以批准、登记，这是一种滥用职权的行为。此外，上级部门直接负责的主管人员强令登记机关及其工作人员实施上述行为的，也构成本罪。

（三）结果

滥用管理公司、证券职权行为只有致使公共财产、国家和人民利益遭受重大损失才构成犯罪。在掌握滥用管理公司、证券职权罪的这一结果要件时，可参照最高人民检察院关于人民检察院直接受理立案侦查案件立案标准的规定。根据这一规定，滥用管理公司、证券职权行为涉嫌下列情形之一的，应予立案：① 工商管理部门的工作人员对不符合法律规定条件的公司设立、登记申请，违法予以批准、登记，严重扰乱市场秩序的；② 金融证券管理机构工作人员对不符合法律规定条件的股票、债券发行、上市申请，违法予以批准，严重损害公众利益，或者严重扰乱金融秩序的；③ 工商管理部门、金融证券管理机构的工作人员对不符合法律规定案件的公司设立、登记申请或者股票、债券发行、上市申请违法予以批准或者登记，致使犯罪行为得逞的；④ 上级部门强令登记机关及其工作人员实施徇私舞弊，滥用职权，对不符合法律规定条件的公司设立、登记申请或者股票、债券发行、上市申请予以批准或者登记，致使公共财产、国家或者人民利益遭受重大损失的；⑤ 其他致使公共财产、国家和人民利益遭受重大损失的情形。

（四）主体

本罪的主体是国家主管部门的国家机关工作人员，即工商行政管理、人民银行、证券管理等国家有关主管部门中对公司设立、登记申请或者股票、债券发行、上市申请具有批准或者登记职权的国家机关工作人员。根据刑法规定，上级部门的直接负责的主管人员也可以成为本罪的主体。

（五）故意

本罪在主观方面只能是故意，并且须出于徇私的动机。

十五、徇私舞弊不征、少征税款罪

第四百零四条　税务机关的工作人员徇私舞弊，不征或者少征应征税款，致使国家税收遭受重大损失的，处五年以下有期徒刑或者拘役；造成特别重大损失的，处五年以上有期徒刑。

（一）概念

徇私舞弊不征、少征税款罪，是指税务机关的工作人员徇私舞弊，不征或者少征应征税款，致使国家税收遭受重大损失的行为。

（二）行为

本罪在客观方面表现为徇私舞弊不征、少征税款。这里的应征税款，是指国家有关税收的法

律、法规根据纳税主体、征税对象、税率等指标而确定的,税收机关必须征收的纳税款额。是否属于应征税款,应当根据税法的具体规定进行判断。不征,是指对依据税法应当征收的税款不予以征收。少征,是指对依据税法应当征收的税款虽然征收,但未达到或者少于法定或者税收机关确定的征收数额。

(三) 结果

徇私舞弊不征、少征税款行为只有致使国家税收遭受重大损失才构成犯罪。在掌握徇私舞弊不征、少征税款罪的这一结果要件时,可参照最高人民检察院关于人民检察院直接受理立案侦查案件立案标准的规定。根据这一规定,徇私舞弊不征、少征税款行为涉嫌下列情节之一的,应予立案:① 为徇私情、私利,违反规定,对应当征收的税款擅自决定停征、减征或者免征,或者伪造材料,隐瞒情况,弄虚作假,不征、少征应征税款,致使国家税收损失累计达 10 万元以上的;② 徇私舞弊不征、少征应征税款不满 10 万元,但具有索取或者收受贿赂或者其他恶劣情节的。

(四) 主体

本罪的主体是税务机关的工作人员,即在税务机关从事税收征收管理工作的国家机关工作人员。

(五) 故意

本罪在主观方面只能是故意,并且必须出于徇私的动机。

十六、徇私舞弊发售发票、抵扣税款、出口退税罪

第四百零五条第一款 ***税务机关的工作人员违反法律、行政法规的规定,在办理发售发票、抵扣税款、出口退税工作中,徇私舞弊,致使国家利益遭受重大损失的,处五年以下有期徒刑或者拘役;致使国家利益遭受特别重大损失的,处五年以上有期徒刑。***

(一) 概念

徇私舞弊发售发票、抵扣税款、出口退税罪,是指税务机关的工作人员违反法律、行政法规的规定,在办理发售发票、抵扣税款、出口退税工作中,徇私舞弊,致使国家利益遭受重大损失的行为。

(二) 行为

本罪在客观方面表现为违反法律、行政法规的规定,在办理发售发票、抵扣税款、出口退税工作中,徇私舞弊。在上述工作中徇私舞弊,是指对不应发售发票的,予以发售;对不应抵扣或者应少抵扣税款的,擅自抵扣或者多抵扣,对不应出口退税或者应少出口退税的,违法予以退税或者多退税。

(三) 结果

徇私舞弊发售发票、抵扣税款、出口退税行为只有致使国家利益遭受重大损失才构成犯罪。这里的致使国家利益遭受重大损失,参照最高人民检察院关于人民检察院直接受理立案侦查案件立案标准的规定,是指具有下列情形之一的:① 为徇私情、私利,违反法律、行政法规的规定,伪造材料,隐瞒情况,弄虚作假,对不应发售的发票予以发售,对不应抵扣的税款予以抵扣,对不应给予出口退税的给予退税,或者擅自决定发售不应发售的发票、抵扣不应抵扣的税款、给予出口退税,致使国家税款损失累计 10 万元以上的;② 徇私舞弊,致使国家税款损失累计不满 10 万元,但具有索取、收受贿赂或者其他恶劣情节的。

(四) 主体

本罪的主体是税务机关的工作人员。

（五）故意

本罪在主观方面只能是故意，并且具有徇私的动机。

十七、违法提供出口退税凭证罪

第四百零五条第二款　其他国家机关工作人员违反国家规定，在提供出口货物报关单、出口收汇核销单等出口退税凭证的工作中，徇私舞弊，致使国家利益遭受重大损失的，依照前款的规定处罚。

（一）概念

违法提供出口退税凭证罪，是指税务机关工作人员以外的其他国家机关工作人员违反国家规定，在提供出口退税凭证的工作中，徇私舞弊，致使国家利益遭受重大损失的行为。

（二）行为

本罪在客观方面表现为违反国家规定，在提供出口货物报关单、出口收汇核销单等出口退税凭证工作中徇私舞弊。

（三）结果

违法提供出口退税凭证行为只有致使国家利益遭受重大损失才构成犯罪。这里的致使国家利益遭受重大损失，参照最高人民检察院关于人民检察院直接受理立案侦查案件立案标准的规定，是指具有下列情形之一的：① 为徇私、私利，违反国家规定，伪造材料，隐瞒情况，弄虚作假，提供不真实的出口货物报关单、出口收汇核销单等出口退税凭证，致使国家税收损失累计达 10 万元以上的；② 徇私舞弊，致使国家税收损失累计不满 10 万元，但具有索取、收受贿赂或者其他恶劣情节的。

（四）主体

本罪的主体是除税务机关工作人员以外的其他国家机关工作人员，例如海关、外贸主管部门的工作人员。

（五）故意

本罪在主观方面只能是故意，并且具有徇私的动机。

十八、国家机关工作人员签订、履行合同失职被骗罪

第四百零六条　国家机关工作人员在签订、履行合同过程中，因严重不负责任被诈骗，致使国家利益遭受重大损失的，处三年以下有期徒刑或者拘役；致使国家利益遭受特别重大损失的，处三年以上七年以下有期徒刑。

（一）概念

国家机关工作人员签订、履行合同失职被骗罪，是指国家机关工作人员在签订、履行合同过程中，因严重不负责任被诈骗，致使国家利益遭受重大损失的行为。

（二）行为

本罪在客观方面表现为在签订、履行合同过程中，因失职被诈骗。这里的失职，是指严重不负责任，即不履行或者不正确履行签订、履行合同时应尽的职责。

（三）主体

本罪的主体是国家机关工作人员。

（四）过失

本罪在主观方面只能是过失，即应当预见自己严重不负责任可能发生被诈骗的结果，由于疏

忽大意而没有预见,或者已经预见而轻信能够避免,以致被诈骗。

(五) 定罪标准

国家机关工作人员签订、履行合同失职被骗行为只有致使国家利益遭受重大损失才构成犯罪。这里的致使国家利益遭受重大损失,参照最高人民检察院关于人民检察院直接受理立案侦查案件立案标准的规定,是指具有下列情形之一的:① 造成直接经济损失 30 万元以上的;② 其他致使国家利益遭受重大损失的情形。

十九、违法发放林木采伐许可证罪

第四百零七条　林业主管部门的工作人员违反森林法的规定,超过批准的年采伐限额发放林木采伐许可证或者违反规定滥发林木采伐许可证,情节严重,致使森林遭受严重破坏的,处三年以下有期徒刑或者拘役。

(一) 概念

违法发放林木采伐许可证罪,是指林业主管部门的工作人员违反森林法的规定,超过批准的年采伐限额发放林木采伐许可证或者违反规定滥发林木采伐许可证,情节严重,致使森林遭受严重破坏的行为。

(二) 行为

本罪在客观方面表现为违反森林法的规定,超过批准的年采伐限额发放林木采伐许可证或者违反规定滥发林木采伐许可证。这里的违反森林法的规定,是指违反森林法关于发放林木采伐许可证的规定。本罪表现为两种情形:一是超过批准的年采伐限额发放采伐许可证;二是违反规定滥发林木采伐许可证。

(三) 主体

本罪的主体是林业主管部门的工作人员,主要是指林业主管部门负有发放林木采伐许可证职责的工作人员。

(四) 故意

本罪在主观方面只能是故意,即明知超过批准的年采伐限额而故意发放林木采伐许可证,或者明知违反规定而故意滥发林木采伐许可证。

(五) 定罪标准

违法发放林木采伐许可证行为只有情节严重,致使森林遭受严重破坏才构成犯罪。这里的情节严重,致使森林遭受严重破坏,根据 2000 年 11 月 17 日最高人民法院《关于审理破坏森林资源刑事案件具体应用法律若干问题的解释》,是指具有下列情形之一的:① 发放林木采伐许可证允许采伐数量累计超过批准的年采伐限额,导致林木被采伐数量在 10 立方米以上的;② 滥发林木采伐许可证,导致林木被滥伐 20 立方米以上的;③ 滥用林木采伐许可证,导致珍贵树木被滥伐的;④ 批准采伐国家禁止采伐的林木,情节恶劣的;⑤ 其他情节严重的情形。

二十、环境监管失职罪

第四百零八条　负有环境保护监督管理职责的国家机关工作人员严重不负责任,导致发生重大环境污染事故,致使公私财产遭受重大损失或者造成人身伤亡的严重后果的,处三年以下有期徒刑或者拘役。

(一) 概念

环境监管失职罪,是指负有环境保护监督管理职责的国家机关工作人员严重不负责任,导致发生重大环境污染事故，致使公私财产遭受重大损失或者造成人身伤亡的严重后果的行为。

（二）行为

本罪在客观方面表现为严重不负责任，导致发生重大环境污染事故。这里的重大环境污染事故是指造成大气、水源、海洋、土地等环境质量标准严重不符合国家规定标准，造成公私财产重大损失或者人身伤亡的严重事件。

（三）结果

环境监管失职行为只有致使公私财产遭受重大损失或者造成人身伤亡的严重后果才构成犯罪。参照最高人民检察院关于人民检察院直接受理立案侦查案件立案标准的规定，这一严重后果是指具有下列情形之一的：① 造成直接经济损失 30 万元以上的；② 造成人员死亡 1 人以上，或者重伤 3 人以上，或者轻伤 10 人以上的；③ 使一定区域内的居民的身心健康受到严重伤害的；④ 其他致使公私财产遭受重大损失或者造成人身伤亡严重后果的情形。

（四）主体

本罪的主体是负有环境保护监督管理职责的国家机关工作人员，即在国务院环境保护行政主管部门、县级以上地方人民政府环境保护行政主管部门从事环境保护监督管理的工作人员，以及在国家海洋行政主管部门、港务监督、渔政渔港监督、军队环境保护部门和各级公安、交通、铁道、民航管理部门中，依照有关法律的规定对环境污染防治实施监督管理的人员。

（五）过失

本罪在主观方面只能是过失，即应当预见自己严重不负责任可能导致发生重大污染事故，因为疏忽大意而没有预见，或者已经预见而轻信能够避免。

二十一、食品监管渎职罪

第四百零八条之一［根据《刑法修正案》（八）第四十九条增设］　负有食品安全监督管理职责的国家机关工作人员，滥用职权或者玩忽职守，导致发生重大食品安全事故或者造成其他严重后果的，处五年以下有期徒刑或者拘役；造成特别严重后果的，处五年以上十年以下有期徒刑。

徇私舞弊犯前款罪的，从重处罚。

（一）概念

食品监管渎职罪，是指负有食品安全监督管理职责的国家机关工作人员，滥用职权或者玩忽职守，导致发生重大食品安全事故或者造成其他严重后果的行为。

（二）行为

本罪在客观方面表现为负有食品安全监督管理职责的国家机关工作人员，滥用职权或者玩忽职守，导致发生重大食品安全事故或者造成其他严重后果的行为。

这里的滥用职权，是指负有食品安全监督管理职责的国家机关工作人员超越职权、违法决定、处理其无权决定、处理的事项，或者违反规定处理公务，导致发生重大食品安全事故或者造成其他严重后果的情形。玩忽职守，是指负有食品安全监督管理职责的国家机关工作人员严重不负责任，在工作中过于马虎，不履行或者不认真履行职责，导致发生重大食品安全事故或者造成其他严重后果的情形。徇私舞弊犯食品监管渎职罪的，从重处罚。

（三）主体

本罪的主体是负有食品安全监督管理职责的国家机关工作人员。

（四）过失

本罪在主观方面可能是故意，也可能是过失。

二十二、传染病防治失职罪

第四百零九条　从事传染病防治的政府卫生行政部门的工作人员严重不负责任，导致传染病传播或者流行，情节严重的，处三年以下有期徒刑或者拘役。

（一）概念

传染病防治失职罪，是指从事传染病防治的政府卫生行政部门的工作人员严重不负责任，导致传染病传播或者流行，情节严重的行为。

（二）行为

本罪在客观方面表现为严重不负责任，导致传染病传播或者流行。这里的传染病传播或者流行，是指传染病防治法中规定的甲类、乙类或者丙类传染病疫情在一定范围内广泛散布或者蔓延。

（三）主体

本罪的主体是从事传染病防治的政府卫生行政部门的工作人员，即在各级政府卫生行政部门中对传染病的防治工作负有统一监督管理职责的人员。

（四）过失

本罪在主观方面只能是过失，即应当预见自己严重不负责任可能导致传染病传播或者流行的结果，由于疏忽大意而没有预见，或者已经预见而轻信能够避免。

（五）定罪标准

传染病防治失职行为只有情节严重才构成犯罪。参照最高人民检察院关于人民检察院直接受理立案侦查案件立案标准的规定，情节严重是指具有下列情形之一的：① 导致甲类传染病传播的；② 导致乙类、丙类传染流行的；③ 因传染病传播或者流行，造成人员死亡或者残疾的；④ 因传染病传播或者流行，严重影响正常的生产、生活秩序的；⑤ 其他情节严重的情形。

二十三、非法批准征收、征用、占用土地罪

第四百一十条[根据《全国人民代表大会常务委员会关于修改部分法律的决定》第二条修订]　国家机关工作人员徇私舞弊，违反土地管理法规，滥用职权，非法批准、占有土地，或者非法低价出让国有土地使用权，情节严重的，处三年以下有期徒刑或者拘役；致使国家或者集体利益遭受特别重大损失的，处三年以上七年以下有期徒刑。

（一）概念

非法批准征收、征用、占用土地罪，是指国家机关工作人员徇私舞弊，违反土地管理法规，滥用职权，非法批准、占用土地，情节严重的行为。

（二）行为

本罪在客观方面表现为违反土地管理法规、滥用职权，非法批准征用、占用土地。这里的非法批准征用、占用土地，是指对不符合法定条件的征用、占用土地的申请予以批准。

（三）主体

本罪的主体是国家机关工作人员，主要指国家土地管理部门具有一定职权的工作人员。

（四）故意

本罪在主观方面只能是故意，并且具有徇私的动机。

（五）定罪标准

非法批准征收、征用、占用土地的行为只有情节严重才构成犯罪。根据 2000 年 6 月 16 日最高人民法院《关于审理破坏土地资源刑事案件具体应用法律若干问题的解释》，这里的情节严重

是指具有下情形之一的：① 非法批准征收、征用、占用基本农田40亩以上的；② 非法批准征收、征用、占用基本农田以外的耕地30亩以上的；③ 非法批准征收、征用、占用其他土地50亩以上的；④ 虽未达到上述数量标准，但非法批准征收、征用、占用土地造成直接经济损失30万元以上；造成耕地大量毁坏等恶劣情节的。

二十四、非法低价出让国有土地使用权罪

第四百一十条　国家机关工作人员徇私舞弊，违反土地管理法规，滥用职权，非法批准征用、占用土地，或者非法低价出让国有土地使用权，情节严重的，处三年以下有期徒刑或者拘役；致使国家或者集体利益遭受特别重大损失的，处三年以上七年以下有期徒刑。

（一）概念

非法低价出让国有土地使用权罪，是指国家机关工作人员徇私舞弊，违反土地管理法规，滥用职权，非法低价出让国有土地使用权，情节严重的行为。

（二）行为

本罪在客观方面表现为违反土地管理法规，滥用职权，非法低价出让国有土地使用权。这里的非法低价出让国有土地使用权，是指违反土地管理法，将属于国有的土地使用权以低于其本身的价值非法转让给他人使用。

（三）主体

本罪的主体是国家机关工作人员。

（四）故意

本罪在主观方面只能是故意，并且具有徇私的动机。

（五）定罪标准

非法低价出让国有土地使用行为只有情节严重才构成犯罪。根据2000年6月16日最高人民法院《关于审理破坏土地资源刑事案件具体应用法律若干问题的解释》，这里的情节严重是指具有下列情节之一的：① 出让国有土地使用权面积在30亩以上，并且出让价额低于国家规定的最低价额标准的60%的；② 造成国有土地资产流失价额在30万元以上的。

二十五、放纵走私罪

第四百一十一条　海关工作人员徇私舞弊，放纵走私，情节严重的，处五年以下有期徒刑或者拘役；情节特别严重的，处五年以上有期徒刑。

（一）概念

放纵走私罪，是指海关工作人员徇私舞弊，放纵走私，情节严重的行为。

（二）行为

本罪在客观方面表现为徇私舞弊，放纵走私。这里的放纵走私，是指对应当查缉的走私货物、物品不予查缉，或者对应当追究法律责任的走私人员不予追究。

（三）主体

本罪的主体是海关工作人员，即海关机构中从事业务的人员。

（四）故意

本罪在主观方面只能是故意，并且具有徇私的动机。

（五）定罪标准

放纵走私行为只有情节严重才构成犯罪。参照最高人民检察院关于人民检察院直接受理立

案侦查案件立案标准的规定,情节严重是指具有下列情形之一的:① 放纵走私犯罪的;② 因放纵走私致使国家应收税额损失累计达10万元以上的;③ 3次以上放纵走私行为或者一次放纵3起以上走私行为的;④ 因收受贿赂而放纵走私的。

二十六、商检徇私舞弊罪

第四百一十二条第一款　国家商检部门、商检机构的工作人员徇私舞弊,伪造检验结果的,处五年以下有期徒刑或者拘役;造成严重后果的,处五年以上十年以下有期徒刑。

(一) 概念

商检徇私舞弊罪,是指国家商检部门、商检机构的工作人员徇私舞弊,伪造检验结果的行为。

(二) 行为

本罪在客观方面表现为徇私舞弊,伪造检验结果的行为。这里的伪造检验结果是指对商品检验的单证、印章、标志、封识、质量认证标志和商品的质量、数量、规格、重量、包装以及安全、卫生指标等内容作不真实的记载。

(三) 主体

本罪的主体是国家商检部门、商检机构的工作人员,即国务院设立的进出口商品检验部门中,从事进出口商品检验工作的人员以及在国家商检部门设在各地的进出口商品检验机构中管理所辖地区的进出口商品检验工作的人员。

(四) 故意

本罪在主观方面只能是故意,并且具有徇私的动机。

(五) 定罪标准

根据最高人民检察院关于人民检察院直接受理立案侦查案件立案标准的规定,国家商检部门、商检机构的工作人员涉嫌在商品检验过程中,为徇私情、私利,对报检的商品采取伪造、变造手段对商检的单证、印章、标志、封识、质量认证标志等作虚假的证明或者出具不真实的结论,包括将送检的合格商品检验为不合格,或者将不合格商品检验为合格等行为的,应予立案。

二十七、商检失职罪

第四百一十二条第二款　前款所列人员严重不负责任,对应当检验的物品不检验,或者延误检验出证、错误出证,致使国家利益遭受重大损失的,处三年以下有期徒刑或者拘役。

(一) 概念

商检失职罪,是指国家商检部门、商检机构的工作人员严重不负责任,对应当检验的物品不检验,或者延误检验出证、错误出证,致使国家利益遭受重大损失的行为。

(二) 行为

本罪在客观方面表现为严重不负责任,对应当检验的物品不检验,或者延误检验出证、错误出证。由此可见,商检失职行为分为以下三种情形:① 对应当检验的物品不检验,即对国家商检部门根据对外贸易发展的需要,制定、调整并公布,列入《商检机构实施检验的进出口商品种类表》的进出口商品和其他法律、行政法律规定须经商检机构检验的进出口商品不检验。② 延误检验出证,即在对外贸易合同约定的索赔期限内没有检验完毕。③ 错误出证,即检验结果与事实不相符合的出证。

(三) 结果

商检失职行为只有致使国家利益遭受重大损失才构成犯罪。参照最高人民检察院关于人民检察院直接受理立案侦查案件立案标准的规定，致使国家利益遭受重大损失是指具有下列情形之一的：① 因不检验或者延误检验出证、错误出证，致使依法进出口商品不能进口或者出口，导致合同、订单被取消，或者外商向我方索赔或影响我方向外商索赔，直接经济损失达30万元以上的。② 因不检验或者延误检验出证、错误出证，致使不合格商品进口或者出口，严重损害国家和人民利益的；③ 3次以上不检验或者延误检验出证、错误出证，严重影响国家对外经贸关系或者国家声誉的。

（四）主体

本罪的主体是国家商检部门、商检机构的工作人员。

（五）过失

本罪在主观方面只能是过失。

二十八、动植物检疫徇私舞弊罪

第四百一十三条第一款　**动植物检疫机关的检疫人员徇私舞弊，伪造检疫结果的，处五年以下有期徒刑或者拘役；造成严重后果的，处五年以上十年以下有期徒刑。**

（一）概念

动植物检疫徇私舞弊罪，是指动植物检疫机关的检疫人员徇私舞弊，伪造检疫结果的行为。

（二）行为

本罪在客观方面表现为徇私舞弊，伪造检疫结果的行为。这里的伪造检疫结果是指采取伪造、变造的手段对检疫的单证、印章、标志、封识等作虚假的证明或者出示不真实的结论。

（三）主体

本罪的主体是动植物检疫机关的检疫人员，即国务院设立的动植物检疫机关中，从事进出境动植物检疫工作的人员以及国家动植物检疫机关在对外开放的口岸和进出境动植物检疫业务集中的地点设立的口岸动植物检疫机关中，具体实施进出境动植物检疫工作的人员。

（四）故意

本罪在主观方面只能是故意，并且具有徇私的动机。

（五）定罪标准

根据最高人民检察院关于人民检察院直接受理立案侦查案件立案标准的规定，国家商检部门、商检机构的工作人员涉嫌在商品检验过程中，为徇私情、私利，对报检的商品采取伪造、变造的手段对商检的单证、印章、标志、封识、质量认证标志等作虚假的证明或者出具不真实的结论，包括将送检的合格商品检验为不合格，或者将不合格商品检验为合格等行为的，应予立案。

二十九、动植物检疫失职罪

第四百一十三条第二款　**前款所列人员严重不负责任，对应当检验的检疫物不检验，或者延误检疫出证、错误出证，致使国家利益遭受重大损失的，处三年以下有期徒刑或者拘役。**

（一）概念

动植物检疫失职罪，是指动植物检疫机关的检疫人员严重不负责任，对应当检疫的检疫物不检疫，或者延误检疫出证、错误出证，致使国家利益遭受重大损失的行为。

（二）行为

本罪在客观方面表现为严重不负责任，对应当检疫的检疫物不检疫，或者延误检疫出证的行

为。本罪的实行行为包括以下三种情形：① 对应当检疫的检疫物不检疫，即对国家有关进出境动植物检疫的法律和行政法规规定应当检疫的物品不进行检疫。② 延误检疫出证，即对报检的动植物、动植物产品或其他检疫物没有在规定的时间内签发检疫单证，耽误了检疫结论的出示。③ 错误出证，即检疫的结果与事实相违背，错误地签发检疫单证。

(三) 结果

动植物检疫失职行为只有致使国家利益遭受重大损失的，才构成犯罪。参照最高人民检察院关于人民检察院直接受理立案侦查案件立案标准的规定，致使国家利益遭受重大损失是指具有下列情形之一的：① 因不检疫，或者延误检疫出证、错误出证，致使依法进出口的动植物不能进口或者出口，导致合同、订单被取消，或者外商向我方索赔或影响我方向外商索赔，直接经济损失达30万元以上的；② 因不检疫或者延误检疫出证、错误出证，导致重大疫情发生、传播或者流行的；③ 因不检疫或者延误检疫出证、错误出证，导致疫情发生，造成人员死亡或者残疾的；④ 3次以上不检疫，或者延误检疫出证、错误出证，严重影响国家对外经贸关系和国家声誉的。

(四) 主体

本罪的主体是动植物检疫机关的检疫人员。

(五) 过失

本罪在主观方面只能是过失，即应当预见到自己的动植物检疫失职可能致使国家利益遭到重大损失，由于疏忽大意而没有预见，或者已经预见而轻信能够避免。

三十、放纵制售伪劣商品犯罪行为罪

第四百一十四条　对生产、销售伪劣商品犯罪行为负有追究责任的国家机关工作人员，徇私舞弊，不履行法律规定的追究职责，情节严重的，处五年以下有期徒刑或者拘役。

(一) 概念

放纵制售伪劣商品犯罪行为罪，是指对生产、销售伪劣商品犯罪行为负有追究责任的国家机关工作人员，徇私舞弊，不履行法律规定的追究职责，情节严重的行为。

(二) 行为

本罪在客观方面表现为徇私舞弊，不履行法律规定的追究职责，即为徇私情，对法律赋予的应当对有生产、销售伪劣商品犯罪行为的公司、企业、事业单位或者个人进行追究和处罚的职责不予履行。

(三) 主体

本罪的主体是对生产、销售伪劣商品犯罪行为负有追究责任的国家机关工作人员，包括工商行政管理人员、司法工作人员等。

(四) 故意

本罪在主观方面只能是故意，并且具有徇私的动机。

(五) 定罪标准

放纵制售伪劣商品犯罪行为的，只有情节严重才构成犯罪。根据2001年4月5日最高人民法院、最高人民检察院《关于办理生产、销售伪劣商品刑事案件具体应用法律若干问题的解释》的规定，情节严重是指具有下列情形之一的：① 放纵生产、销售假药或者有毒、有害食品犯罪行为的；② 放纵依法可能判处2年有期徒刑以上刑罚的生产、销售伪劣商品犯罪行为的；③ 对3个以上有生产、销售伪劣商品犯罪行为的单位或者个人不履行追究职责的。④ 致使国家和人民利

益遭受重大损失或者造成恶劣影响的。

三十一、办理偷越国(边)境人员出入境证件罪

第四百一十五条　负责办理护照、签证以及其他出入境证件的国家机关工作人员，对明知是企图偷越国（边）境的人员，予以办理出入境证件的，或者边防、海关等国家机关工作人员，对明知是偷越国（边）境的人员，予以放行的，处三年以下有期徒刑或者拘役；情节严重的，处三年以上七年以下有期徒刑。

（一）概念

办理偷越国(边)境人员出入境证件罪，是指负责办理护照、签证以及其他出入境证件的国家机关工作人员，对明知是企图偷越国(边)境的人员，予以办理出入境证件的行为。

（二）行为

本罪在客观方面表现为对企图偷越国(边)境的人员，予以办理入境证件。办理入境证件是指为偷越国(边)境的人员发放有效的出入境证件。这些证件包括：① 护照，即一国的政府主管机关发给本国出国履行公务、旅行或者在外居留的公民，用以证明其国籍和身份的证件，包括外交护照、公务护照和普通护照。② 签证，即一国国内或驻国外主管机关在本国或者外国公民所持的护照或者其他旅行证件上签证、盖章，表示准许其出入本国国境或者过境的手续。③ 其他出入境证件，即除护照以外其他用于出入境或过境的证明性文件，主要包括边防证、海关证和过境证等。

（三）主体

本罪的主体是负责办理护照、签证以及其他出入境证件的国家机关工作人员，即在外交部或者外交部授权的地方外事部门、港务监督局或者港务监督局授权的港务监督部门以及公安部或者外交部授权的地方公安机关中从事办理护照、签证以及其他出入境证件工作的人员。

（四）故意

本罪在主观方面只能是故意。

三十二、放行偷越国(边)境人员罪

第四百一十五条　负责办理护照、签证以及其他出入境证件的国家机关工作人员，对明知是企图偷越国（边）境的人员，予以办理出入境证件的，或者边防、海关等国家机关工作人员，对明知是偷越国（边）境的人员，予以放行的，处三年以下有期徒刑或者拘役；情节严重的，处三年以上七年以下有期徒刑。

（一）概念

放行偷越国(边)境人员罪是指边防、海关等国家机关工作人员，对明知是偷越国(边)境的人员，予以放行的行为。

（二）行为

本罪在客观方面表现为对明知是偷越国(边)境的人员，予以放行，即明知是采取持伪造、变造的护照、偷渡等手段偷越国(边)境的人员，而故意予以放行。

（三）主体

本罪的主体是边防、海关等国家机关工作人员。

（四）故意

本罪在主观方面只能是故意。

三十三、不解救被拐卖、绑架妇女、儿童罪

第四百一十六条第一款 **对被拐卖、绑架的妇女、儿童负有解救职责的国家机关工作人员,接到被拐卖、绑架的妇女、儿童及其家属的解救要求或者接到其他人的举报,而对被拐卖、绑架的妇女、儿童不进行解救,造成严重后果的,处五年以下有期徒刑或者拘役。**

(一) 概念

不解救被拐卖、绑架的妇女、儿童罪是指负有解救职责的国家机关工作人员,接到被拐卖、绑架的妇女、儿童及其家属的解救要求或者接到其他人的举报,而对被拐卖、绑架的妇女、儿童不进行解救,造成严重后果的行为。

(二) 行为

本罪在客观方面表现为接到被拐卖、绑架的妇女、儿童及其家属的解救要求或者接到其他人的举报,而对被拐卖的妇女、儿童不进行解救。本罪的行为方式是不作为,即根据职责要求应当进行解救而不予解救。

(三) 结果

不解救被拐卖、绑架的妇女、儿童行为只有造成严重后果才构成犯罪。参照最高人民检察院关于人民检察院直接受理立案侦查案件立案标准的规定,这里的造成严重后果是指具有下列情形之一的: ① 因不进行解救,导致被拐卖、绑架的妇女、儿童及其亲属伤残、死亡、精神失常的; ② 因不进行解救,导致被拐卖、绑架的妇女、儿童被转移、隐匿、转卖,不能及时解救的; ③ 3 次以上或者对 3 名以上被拐卖、绑架的妇女、儿童不进行解救的; ④ 对被拐卖、绑架的妇女、儿童不进行解救,造成恶劣社会影响的。

(四) 主体

本罪的主体是对被拐卖、绑架的妇女、儿童负有解救职责的国家机关工作人员,即负有解救被拐卖、绑架的妇女、儿童职责的国家机关工作人员,主要是指公安机关的工作人员。

(五) 故意

本罪在主观方面只能是故意。

三十四、阻碍解救被拐卖、绑架妇女、儿童罪

第四百一十六条第二款 **负有解救职责的国家机关工作人员利用职务阻碍解救的,处二年以上七年以下有期徒刑;情节较轻的,处二年以下有期徒刑或者拘役。**

(一) 概念

阻碍解救被拐卖、绑架妇女、儿童罪是指负有解救职责的国家机关工作人员利用职务阻碍解救的行为。

(二) 行为

本罪在客观方面表现为利用职务阻碍解救,这里的阻碍解救是指阻止和干扰解救工作的进行。因此,阻碍解救具有以下两种情形: 一是阻止,即利用主管、分管解救工作的职务之便,不让进行解救或者给解救活动设置障碍;二是干扰,即将自己因职务关系掌握的解救计划、行动方案故意泄露给他人,使解救受阻。

(三) 主体

本罪的主体是负有解救职责的国家机关工作人员。

(四) 故意

本罪在主观方面只能是故意。

（五）定罪标准

根据最高人民法院关于立案标准的规定，阻碍解救被拐卖、绑架妇女、儿童行为涉嫌下列情形之一的，应予立案：① 利用职权，禁止、阻止或者妨碍有关部门、人员解救被拐卖、绑架的妇女、儿童的；② 利用职务上的便利，向拐卖、绑架或者收买者通风报信，妨碍解救工作正常进行的；③ 其他利用职务阻碍解救被拐卖的妇女、儿童的行为。

三十五、帮助犯罪分子逃避处罚罪

第四百一十七条　有查禁犯罪活动职责的国家机关工作人员，向犯罪分子通风报信、提供便利，帮助犯罪分子逃避处罚的，处三年以下有期徒刑或者拘役；情节严重的，处三年以上十年以下有期徒刑。

（一）概念

帮助犯罪分子逃避处罚罪是指有查禁犯罪活动职责的国家机关工作人员，向犯罪分子通风报信、提供便利，帮助犯罪分子逃避处罚的行为。

（二）行为

本罪在客观方面表现为向犯罪分子通风报信、提供便利，帮助犯罪分子逃避处罚。这里的通风报信，是指直接向犯罪分子或者通过其亲友向犯罪分子泄露、告知或通报有关部门查禁犯罪活动的部署、措施、计划以及时间、地点等情况。提供便利是指为犯罪分子提供隐藏处所、交通工具、通讯设备、钱物等便利条件。采用上述两种手段，帮助犯罪分子逃避处罚。

（三）主体

本罪的主体是有查禁犯罪活动职责的国家机关工作人员，即国家安全机关、公安机关、检察机关中负有查禁犯罪活动职责的司法工作人员。

（四）故意

本罪在主观方面只能是故意，并且具有帮助犯罪分子逃避处罚的目的。

（五）定罪标准

根据最高人民检察院关于人民检察院直接受理立案侦查案件立案标准的规定，帮助犯罪分子逃避处罚行为涉嫌下列情形之一的，应予立案：① 为使犯罪分子逃避处罚，向犯罪分子及其亲属泄漏有关部门查禁犯罪活动的部署、人员、措施、时间、地点等情况的；② 为使犯罪分子逃避处罚，向犯罪分子及其亲属提供交通工具、通讯设备、隐藏处所等便利条件的；③ 为使犯罪分子逃避处罚，向犯罪分子及其亲属泄漏案情，帮助、指示其隐匿、毁灭、伪造证据及串供、翻供的；④ 其他向犯罪分子通风报信、提供便利，帮助犯罪分子逃避处罚的行为。

三十六、招收公务员、学生徇私舞弊罪

第四百一十八条　国家机关工作人员在招收公务员、学生工作中徇私舞弊，情节严重的，处三年以下有期徒刑或者拘役。

（一）概念

招收公务员、学生徇私舞弊罪，是指国家机关工作人员在招收公务员、学生工作中徇私舞弊，情节严重的行为。

（二）行为

本罪在客观方面表现为在招收公务员、学生工作中徇私舞弊。这里徇私舞弊，是指利用职权，弄虚作假，为亲友徇私情，将不合格的人员冒充合格人员予以录用、招收，或者将合格人员应

当予以录用、招收而不予录用、招收。

(三) 主体

本罪的主体是国家机关工作人员,主要是指负有招收公务员、学生工作职责的国家机关工作人员。

(四) 故意

本罪在主观方面只能是故意,并且具有徇私的动机。

(五) 定罪标准

招收公务员、学生徇私舞弊行为只有情节严重才能构成犯罪。参照最高人民检察院关于人民检察院直接受理立案侦查案件立案标准的规定,情节严重是指具有下列情形之一的:① 徇私情、私利,利用职务便利,伪造、变造人事、户口档案、考试成绩等,弄虚作假招收公务员、学生的;② 徇私情、私利,3 次以上招收或者一次招收 3 名以上不合格的公务员、学生的;③ 因招收不合格的公务员、学生,导致被排挤的合格人员或者其亲属精神失常或者自杀的;④ 因徇私舞弊招收公务员、学生,导致该项招收工作重新进行的;⑤ 招收不合格的公务员、学生,造成恶劣社会影响的。

三十七、失职造成珍贵文物损毁、流失罪

第四百一十九条 国家机关工作人员严重不负责任,造成珍贵文物损毁或者流失,后果严重的,处三年以下有期徒刑或者拘役。

(一) 概念

失职造成珍贵文物损毁、流失罪,是指国家机关工作人员严重不负责任,造成珍贵文物损毁或者流失,后果严重的行为。

(二) 行为

本罪在客观方面表现为严重不负责任,造成珍贵文物损毁或者流失,即对自己给予管理、运输,使用的珍贵文物,不认真管理和保管,或者对可能造成珍贵文物损毁或者流失的隐患,不采取措施,致使珍贵文物破坏、损坏或者毁灭,无法恢复原状;或者致使珍贵文物丢失、流散到境外。

(三) 结果

失职造成珍贵文物损毁、流失行为只有后果严重的才构成犯罪。参照最高人民检察院关于人民检察院直接受理立案侦查案件立案标准的规定,这里的后果严重是指具有下述情形之一的:① 导致国家级一、二、三级文物损毁或者流失的;② 导致全国重点文物保护单位或者省级文物保护单位损毁的;③ 其他后果严重的情形。

(四) 主体

本罪的主体是国家机关工作人员,主要是指国家文物保护管理部门中负有文物保护职责的工作人员。

(五) 过失

本罪在主观方面只能是过失。

本 章 小 结

现代国家在社会生活中发挥着重要作用,这种作用的发挥离不开国家工作人员的职务行

为。在一个法治国家，国家工作人员的职务行为严格地受到国家法律调整与约束。国家工作人员如果不是依照法律行使这种职权，而是玩忽职守、滥用职权，甚至以职谋私、贪污受贿，势必损害国家作用。在我国刑法分则中，贪污贿赂罪和渎职罪属于损害国家作用的职务犯罪，它们侵犯了国家工作人员职务行为的廉洁性，侵犯了国家机关的正常活动，应当受到刑罚处罚。

参考阅读书目

1. 刘生荣、张相军、许道敏：《贪污贿赂罪》，中国人民公安大学出版社 1999 年版。
2. 敬大力主编：《渎职罪》，中国人民公安大学出版社 1999 年版。

【思考题】

1. 贪污罪的构成要件是什么？
2. 如何理解受贿罪的客观方面要件？
3. 滥用职权罪的构成要件是什么？
4. 如何理解玩忽职守罪？

第二十一章　对国家法益的犯罪Ⅱ：侵犯国家存立的犯罪

本章要点

本章主要讨论侵犯中华人民共和国国家存立的犯罪。从犯罪的同类客体来看，本章具体包括三类犯罪：一是危害国家安全罪，是指故意危害国家安全的行为。这是对1979年《刑法》中反革命罪的类罪名进行修改，并对该章内容进行调整、合并的基础上修订而成的。二是危害国防利益罪，是指违反国防法规，危害国防利益的行为。三是军人违反职责罪，是指危害国家军事利益，依照法律应该受到刑事处罚的行为。

第一节　危害国家安全罪

一、背叛国家罪

第一百零二条　**勾结外国，危害中华人民共和国的主权、领土完整和安全的，处无期徒刑或者十年以上有期徒刑。**

与境外机构、组织、个人相勾结，犯前款罪的，依照前款的规定处罚。

第一百一十三条　**本章上述危害国家安全罪行中，除第一百零三条第二款、第一百零五条、第一百零七条、第一百零九条外，对国家和人民危害特别严重、情节特别恶劣的，可以判处死刑。**

犯本章之罪的，可以并处没收财产。

（一）概念

背叛国家罪，是指勾结外国或者境外机构、组织、个人，危害中华人民共和国的主权、领土完整和安全的行为。

（二）行为

本罪在客观方面表现为勾结外国或者境外机构、组织、个人，危害中华人民共和国的主权、领土完整和安全的行为。勾结外国，是指同对我国怀有敌意的外国政府、政党、政治集团或社会势力相勾结；勾结境外机构、组织、个人，是指勾结我国港澳台地区的机构、组织、个人。

（三）主体

本罪的主体只能是中国公民，且通常是窃据党、政、军大权或者具有一定社会地位和影响的人。

（四）故意

本罪在主观方面是故意。

二、分裂国家罪

第一百零三条第一款　**组织、策划、实施分裂国家、破坏国家统一的，对首要分子或者罪**

行重大的，处无期徒刑或者十年以上有期徒刑；对积极参加的，处三年以上十年以下有期徒刑；对其他参加的，处三年以下有期徒刑、拘役、管制或者剥夺政治权利。

第一百零六条　与境外机构、组织、个人相勾结，实施本章第一百零三条、第一百零四条、第一百零五条规定之罪的，依照各该条的规定从重处罚。

第一百一十三条　本章上述危害国家安全罪行中，除第一百零三条第二款、第一百零五条、第一百零七条、第一百零九条外，对国家和人民危害特别严重、情节特别恶劣的，可以判处死刑。

犯本章之罪的，可以并处没收财产。

（一）概念

分裂国家罪，是指组织、策划、实施分裂国家、破坏国家统一的行为。

（二）行为

本罪在客观方面表现为组织、策划、实施分裂国家、破坏国家统一的行为。组织、策划、实施是分裂国家行为的不同形式及其发展阶段。其中，组织、策划尚属阴谋阶段，而实施则已经开始实行分裂国家的行为，当然，由于上述行为都是刑法分则规定的，因此都是本罪的实行行为，只是实行的程度不同而已。分裂国家，是指推翻地方政府，拒绝中央领导，割据一方，进行民族分裂活动。行为人只要实施了上述组织、策划、实施中的任何一种行为，就构成本罪；实施两种以上行为的，仍为一罪，不实行并罚。

（三）故意

本罪在主观方面是故意。

三、煽动分裂国家罪

第一百零三条第二款　煽动分裂国家、破坏国家统一的，处五年以下有期徒刑、拘役、管制或者剥夺政治权利；首要分子或者罪行重大的，处五年以上有期徒刑。

第一百零六条　与境外机构、组织、个人相勾结，实施本章第一百零三条、第一百零四条、第一百零五条规定之罪的，依照各该条的规定从重处罚。

（一）概念

煽动分裂国家罪，是指煽动分裂国家、破坏国家统一的行为。

（二）行为

本罪在客观方面表现为煽动分裂国家、破坏国家统一的行为。煽动，是指以语言、文字、图像等方式对他人进行鼓动、宣传，不以公然实施为必要。根据司法解释，明知出版物中载有煽动分裂国家、破坏国家统一的内容，而予以出版、印刷、复制、发行、传播的，或者组织和利用邪教组织，煽动分裂国家、破坏国家统一的，以本罪论处[①]。本罪是行为犯，只要行为人实施了煽动行为，就构成本罪既遂。

（三）故意

本罪在主观方面是故意。

四、武装叛乱、暴乱罪

第一百零四条　组织、策划、实施武装叛乱或者武装暴乱的，对首要分子或者罪行重大

① 1998年12月23日最高人民法院《关于审理非法出版物刑事案件具体应用法律若干问题的解释》第1条；1999年10月30日最高人民法院、最高人民检察院《关于办理组织和利用邪教组织犯罪案件具体应用法律若干问题的解释》第7条。

的，处无期徒刑或者十年以上有期徒刑；对积极参加的，处三年以上十年以下有期徒刑；对其他参加的，处三年以下有期徒刑、拘役、管制或者剥夺政治权利。

策动、胁迫、勾引、收买国家机关工作人员、武装部队人员、人民警察、民兵进行武装叛乱或者武装暴乱的，依照前款的规定从重处罚。

第一百零六条　与境外机构、组织、个人相勾结，实施本章第一百零三条、第一百零四条、第一百零五条规定之罪的，依照各该条的规定从重处罚。

第一百一十三条　本章上述危害国家安全罪行中，除第一百零三条第二款、第一百零五条、第一百零七条、第一百零九条外，对国家和人民危害特别严重、情节特别恶劣的，可以判处死刑。

犯本章之罪的，可以并处没收财产。

(一) 概念

武装叛乱、暴乱罪，是指组织、策划、实施武装叛乱或者武装暴乱的行为。

(二) 行为

本罪在客观方面表现为组织、策划、实施武装叛乱或者武装暴乱的行为。叛乱是指与境外敌对势力相勾结，持械进行杀人、放火、破坏道路、桥梁、抢劫档案、军火或者其他物质，具有投敌叛变的性质；暴乱，是指不以投靠境外敌对势力为目的，持械进行杀人、放火、破坏道路、桥梁，抢劫档案、军火或者其他物资的暴动骚乱。

(三) 故意

本罪在主观方面是故意。

五、颠覆国家政权罪

第一百零五条第一款　组织、策划、实施颠覆国家政权、推翻社会主义制度的，对首要分子或者罪行重大的，处无期徒刑或者十年以上有期徒刑；对积极参加的，处三年以上十年以下有期徒刑；对其他参加的，处三年以下有期徒刑、拘役、管制或者剥夺政治权利。

第一百零六条　与境外机构、组织、个人相勾结，实施本章第一百零三条、第一百零四条、第一百零五条规定之罪的，依照各该条的规定从重处罚。

(一) 概念

颠覆国家政权罪，是指组织、策划、实施颠覆国家政权、推翻社会主义制度的行为。

(二) 行为

本罪在客观方面表现为组织、策划、实施颠覆国家政权、推翻社会主义制度的行为。颠覆，是指推翻、篡夺；组织、策划、实施是具体手段；国家政权包括全国政权和地方政权。本罪是行为犯，行为人只要实施了组织、策划、实施颠覆国家政权、推翻社会主义制度的行为，就构成本罪既遂。

(三) 故意

本罪在主观方面是故意。

六、煽动颠覆国家政权罪

第一百零五条第二款　以造谣、诽谤或者其他方式煽动颠覆国家政权、推翻社会主义制度的，处五年以下有期徒刑、拘役、管制或者剥夺政治权利；首要分子或者罪行重大的，处五年以上有期徒刑。

第一百零六条　与境外机构、组织、个人相勾结，实施本章第一百零三条、第一百零四

条、第一百零五条规定之罪的，依照各该条的规定从重处罚。

（一）概念

煽动颠覆国家政权罪，是指以造谣、诽谤或者其他方式煽动颠覆国家政权、推翻社会主义制度的行为。

（二）行为

本罪在客观方面表现为以造谣、诽谤或者其他方式煽动颠覆国家政权、推翻社会主义制度的行为。造谣，是指制造谣言，捏造没有事实根据的传闻、消息；诽谤，是指恶意诬蔑、中伤。

（三）故意

本罪在主观方面必须出于煽动他人实施颠覆国家政权、推翻社会主义制度的故意。

（四）认定

根据司法解释①，明知出版物中载有煽动颠覆国家政权、推翻社会主义制度的内容，而予以出版、印刷、复制、发行、传播的，或者组织和利用邪教组织，煽动颠覆国家政权、推翻社会主义制度的，以本罪论处。

七、资助危害国家安全犯罪活动罪

第一百零七条[根据《刑法修正案(八)》第二十条修订]　**境内外机构、组织或者个人资助实施本章第一百零二条、第一百零三条、第一百零四条、第一百零五条规定之罪的，对直接责任人员，处五年以下有期徒刑、拘役、管制或者剥夺政治权利；情节严重的，处五年以上有期徒刑。**

（一）概念

资助危害国家安全犯罪活动罪，是指境内外机构、组织或者个人资助实施背叛国家、分裂国家、煽动分裂国家、武装叛乱、暴乱、颠覆国家政权、煽动颠覆国家政权的行为。

（二）行为

本罪在客观方面表现为资助实施背叛国家、分裂国家、煽动分裂国家、武装叛乱、暴乱、颠覆国家政权、煽动颠覆国家政权的行为。资助，是指为实施上述危害国家安全犯罪活动的境内组织或者个人提供金钱、场所、通讯器材或者其他物品。

（三）故意

本罪在主观方面是故意，即行为人认识到实施或者即将实施背叛国家、分裂国家、煽动分裂国家、武装叛乱、暴乱、颠覆国家政权、煽动颠覆国家政权的行为，而予以资助。

（四）认定

境内外机构、组织或者个人的行为超出了资助的范围，与境内组织或者个人共同故意组织、策划、实施第102条、第103条、第104条、第105条规定之罪的，应以这些犯罪的共犯论处。

八、投敌叛变罪

第一百零八条　**投敌叛变的，处三年以上十年以下有期徒刑；情节严重或者带领武装部队人员、人民警察、民兵投敌叛变的，处十年以上有期徒刑或者无期徒刑。**

第一百一十三条　**本章上述危害国家安全罪行中，除第一百零三条第二款、第一百零五**

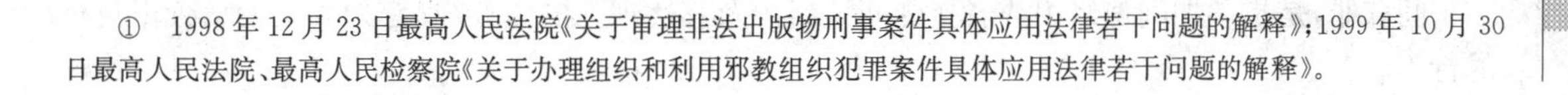

① 1998年12月23日最高人民法院《关于审理非法出版物刑事案件具体应用法律若干问题的解释》；1999年10月30日最高人民法院、最高人民检察院《关于办理组织和利用邪教组织犯罪案件具体应用法律若干问题的解释》。

条、第一百零七条、第一百零九条外，对国家和人民危害特别严重、情节特别恶劣的，可以判处死刑。

犯本章之罪的，可以并处没收财产。

(一) 概念

投敌叛变罪，是指中国公民意图危害国家安全而投向敌人，或者在被捕、被俘后投降敌人的行为。

(二) 行为

本罪在客观方面表现为投敌叛变的行为。投敌是指投向敌方；叛变是指背叛我方。

(三) 故意

本罪在主观方面是故意。

九、叛逃罪

第一百零九条[根据《刑法修正案(八)》第二十一条修订] **国家机关工作人员在履行公务期间，擅离岗位，叛逃境外或者在境外叛逃的，处五年以下有期徒刑、拘役、管制或者剥夺政治权利；情节严重的，处五年以上十年以下有期徒刑。**

掌握国家秘密的国家工作人员叛逃境外或者在境外叛逃的，依照前款的规定从重处罚。

(一) 概念

叛逃罪，是指国家机关工作人员或者掌握国家秘密的国家工作人员在履行公务期间，擅离岗位，叛逃境外或者在境外叛逃的行为。

(二) 行为

本罪在客观方面表现为在履行公务期间，擅离岗位，叛逃境外或者在境外叛逃的行为。叛逃是指背叛国家，投靠境外机构、组织的行为。

(三) 主体

本罪的主体是国家机关工作人员或者掌握国家秘密的国家工作人员。掌握国家秘密的国家工作人员叛逃境外或者在境外叛逃的，从重处罚。

(四) 故意

本罪在主观方面是故意。

十、间谍罪

第一百一十条 **有下列间谍行为之一，危害国家安全的，处十年以上有期徒刑或者无期徒刑；情节较轻的，处三年以上十年以下有期徒刑：**

(一) 参加间谍组织或者接受间谍组织及其代理人的任务的；

(二) 为敌人指示轰击目标的。

第一百一十三条 **本章上述危害国家安全罪行中，除第一百零三条第二款、第一百零五条、第一百零七条、第一百零九条外，对国家和人民危害特别严重、情节特别恶劣的，可以判处死刑。**

犯本章之罪的，可以并处没收财产。

(一) 概念

间谍罪，是指参加间谍组织或者接受间谍组织及其代理人的任务，或者为敌人指示轰击目标的行为。

（二）行为

本罪在客观方面表现为三种危害国家安全的行为：一是参加间谍组织充当间谍。间谍组织，是指外国政府或者境外敌对势力建立的旨在收集我国情报，进行颠覆破坏活动等危害我国国家安全和利益的组织。二是接受间谍组织及其代理人的任务，在我国进行间谍活动。三是为敌人指示轰击目标。实施上述任何一种行为，都构成本罪；同时实施其中两种或三种行为的，也不并罚。

（三）故意

本罪在主观方面只能是直接故意。

十一、为境外窃取、刺探、收买、非法提供国家秘密、情报罪

第一百一十一条　为境外的机构、组织、人员窃取、刺探、收买、非法提供国家秘密或者情报的，处五年以上十年以下有期徒刑；情节特别严重的，处十年以上有期徒刑或者无期徒刑；情节较轻的，处五年以下有期徒刑、拘役、管制或者剥夺政治权利。

第一百一十三条　本章上述危害国家安全罪行中，除第一百零三条第二款、第一百零五条、第一百零七条、第一百零九条外，对国家和人民危害特别严重、情节特别恶劣的，可以判处死刑。

犯本章之罪的，可以并处没收财产。

（一）概念

为境外窃取、刺探、收买、非法提供国家秘密、情报罪，是指为境外的机构、组织、人员窃取、刺探、收买、非法提供国家秘密或者情报的行为。

（二）行为

本罪在客观方面表现为：为境外的机构、组织、人员窃取、刺探、收买、非法提供国家秘密或者情报的行为。窃取，是指以文件窃密、照相机窃密、电磁波窃密等具体形式秘密获取。刺探是指用探听或者一定的专门技术获取。收买，是指利用金钱或物质利益等去换取国家秘密或者情报。非法提供，是指国家秘密或者情报的持有人将自己知悉、管理、持有的国家秘密或者情报非法提供给其他不应知悉该秘密的人。根据司法解释[①]，国家秘密，是指《保守国家秘密法》第2条、第8条以及《保守国家秘密法实施办法》第4条确定的事项。情报，是指关系国家安全和利益、尚未公开或者依照有关规定不应公开的事项。行为人知道或者应当知道没有标明密级的事项关系国家安全和利益，而为境外窃取、刺探、收买、非法提供的，以本罪论处。本罪是选择性罪名，可按行为方式与行为对象确定罪名，同时具有两种以上行为的，不实行并罚。

（三）故意

本罪在主观方面只能是直接故意。

（四）认定

通过互联网将国家秘密或者情报非法发送给境外的特定机构、组织、个人的，构成本罪；但是将国家秘密通过互联网予以公开发布，情节严重的，应依照《刑法》第398条的规定定罪处罚。

十二、资敌罪

第一百一十二条　战时供给敌人武器装备、军用物资资敌的，处十年以上有期徒刑或者无

① 2001年1月17日最高人民法院《关于审理为境外窃取、刺探、收买、非法提供国家秘密、情报案件具体应用法律若干问题的解释》。

期徒刑;情节较轻的,处三年以上十年以下有期徒刑。

第一百一十三条　本章上述危害国家安全罪行中,除第一百零三条第二款、第一百零五条、第一百零七条、第一百零九条外,对国家和人民危害特别严重、情节特别恶劣的,可以判处死刑。

犯本章之罪的,可以并处没收财产。

(一) 概念

资敌罪,是指在战时供给敌人武器装备、军用物资资敌的行为。

(二) 行为

本罪在客观方面表现为战时供给敌人武器装备、军用物资资敌的行为。资敌,是指向敌人供给武器装备、军用物资。战时,是指国家宣布进入战争状态、部队受领作战任务或者遭敌突然袭击时,部队执行戒严任务或者处置突发性暴力事件时,以战时论。

(三) 故意

本罪在主观方面是故意,即明知是处于战时且对象是敌人而供给武器装备、军用物资。

第二节　危害国防利益罪

一、阻碍军人执行职务罪

第三百六十八条第一款　以暴力、威胁方法阻碍军人依法执行职务的,处三年以下有期徒刑、拘役、管制或者罚金。

(一) 概念

阻碍军人执行职务罪,是指以暴力、威胁方法阻碍军人依法执行职务的行为。

(二) 主体

本罪的主体既可以是非军人,也可以是军人。

(三) 行为

本罪在客观方面表现为以暴力、威胁方法阻碍军人依法执行职务的行为。暴力,是指伤害、殴打、捆绑、攻击、限制人身自由或者其他人身强制。暴力行为致军人重伤或者死亡的,就超出了本罪构成要件所预定的范围,应以伤害罪、杀人罪论处。威胁,是指以杀伤身体、毁坏名誉等方式进行要挟、恐吓。军人依法执行职务,是指军人根据职务和职责所进行的防卫作战、训练、抢险救灾、值班值勤等活动。

(四) 故意

本罪在主观方面是故意,即明知军人正在依法执行职务而进行阻碍。

二、阻碍军事行动罪

第三百六十八条第二款　故意阻碍武装部队军事行动,造成严重后果的,处五年以下有期徒刑或者拘役。

(一) 概念

阻碍军事行动罪,是指故意阻碍武装部队军事行动,造成严重后果的行为。

(二) 行为

本罪在客观方面表现为阻碍武装部队军事行动的行为。阻碍,是指阻挠和妨碍,至于阻碍方法，法律未作限制。武装部队，既包括解放军部队，又包括武装警察部队、预备役部队等。军事行动，是指为达到一定政治目的而有组织地使用武装力量的活动。上述行为造成严重后果的，才构成犯罪。

（三）故意

本罪在主观方面只能是直接故意。

三、破坏武器装备、军事设施、军事通信罪

第三百六十九条　破坏武器装备、军事设施、军事通信的，处三年以下有期徒刑、拘役或者管制；破坏重要武器装备、军事设施、军事通信的，处三年以上十年以下有期徒刑；情节特别严重的，处十年以上有期徒刑、无期徒刑或者死刑。战时从重处罚。

（一）概念

破坏武器装备、军事设施、军事通信罪是指以贪利、泄愤或者其他目的，故意破坏武器装备、军事设施、军事通信的行为。

（二）行为

本罪在客观方面表现为破坏武器装备、军事设施、军事通信的行为。破坏，是指包括使武器装备、军事设施、军事通信丧失部分或者全部功能的一切行为，而不限于物理上的毁损。

（三）故意

本罪在主观方面是故意，是否出于贪利、泄愤或者其他动机，对于犯罪成立并无影响。

四、过失损坏武器装备、军用设施、军事通信罪

第三百六十九条［根据《刑法修正案（五）》第三条修订］　破坏武器装备、军事设施、军事通信的，处三年以下有期徒刑、拘役或者管制；破坏重要武器装备、军事设施、军事通信的，处三年以上十年以下有期徒刑；情节特别严重的，处十年以上有期徒刑、无期徒刑或者死刑。

过失犯前款罪，造成严重后果的，处三年以下有期徒刑或者拘役；造成特别严重后果的，处三年以上七年以下有期徒刑。

战时犯前两款罪的，从重处罚。

（一）概念

过失损坏武器装备、军事设施、军事通信罪，是指过失损害武器装备、军用设施、军事通信，使之丧失应有功能的行为。

（二）行为

本罪在客观方面表现为过失损害武器装备、军用设施、军事通信的行为。

本罪是结果犯，行为必须使武器装备、军事设施、军事通信遭受毁坏，造成严重后果的，才构成犯罪。

建设、施工单位直接负责的主管人员、施工管理人员，忽视军事通信线路、设备保护标志，指使、纵容他人违章作业，致使军事通信线路、设备损毁，构成犯罪的，以过失损坏军事通信罪定罪处罚。

过失损坏军事通信，并造成公用电信设施损毁，危害公共安全，同时构成过失损坏广播电视设施、公用电信设施罪和本罪的，依照处罚较重的规定定罪处罚。

（三）过失

本罪在主观方面是过失。

五、故意提供不合格武器装备、军事设施罪

第三百七十条第一款　明知是不合格的武器装备、军事设施而提供给武装部队的，处五年以下有期徒刑或者拘役；情节严重的，处五年以上十年以下有期徒刑；情节特别严重的，处十年以上有期徒刑、无期徒刑或者死刑。

第三款　单位犯第一款罪的，对单位判处罚金，并对其直接负责的主管人员和其他直接责任人员，依照第一款的规定处罚。

(一) 概念

故意提供不合格武器装备、军事设施罪，是指明知是不合格的武器装备、军事设施而提供给武装部队的行为。

(二) 行为

本罪在客观方面表现为提供给武装部队不合格的武器装备、军事设施的行为。提供，既包括有偿提供，也包括无偿提供。

(三) 故意

本罪在主观方面是故意，即明知是不合格的武器装备、军事设施而提供给武装部队。

六、过失提供不合格武器装备、军事设施罪

第三百七十条　明知是不合格的武器装备、军事设施而提供给武装部队的，处五年以下有期徒刑或者拘役；情节严重的，处五年以上十年以下有期徒刑；情节特别严重的，处十年以上有期徒刑、无期徒刑或者死刑。

过失犯前款罪，造成严重后果的，处三年以下有期徒刑或者拘役；造成特别严重后果的，处三年以上七年以下有期徒刑。

(一) 概念

过失提供不合格武器装备、军事设施罪，是指由于疏忽大意或者过于自信而过失地提供不合格的武器装备、军事设施给武装部队，造成严重后果的行为。

(二) 行为

本罪在客观方面表现为提供不合格的武器装备、军事设施给武装部队的行为。

(三) 结果

上述行为只有造成严重后果的，才构成本罪。

(四) 过失

本罪在主观方面是过失。

七、聚众冲击军事禁区罪

第三百七十一条第一款　聚众冲击军事禁区，严重扰乱军事禁区秩序的，对首要分子，处五年以上十年以下有期徒刑；对其他积极参加的，处五年以下有期徒刑、拘役、管制或者剥夺政治权利。

(一) 概念

聚众冲击军事禁区罪，是指聚众冲击军事禁区，严重扰乱军事禁区秩序的行为。

(二) 行为

本罪在客观方面表现为聚众冲击军事禁区的行为。军事禁区，是指国家根据军事设施的性

质、作用、安全保密的需要和使用效能的特殊要求，在依法划定的一定范围的陆域、水域和空域采取特殊措施重点保护的区域。聚众冲击，是指纠集多人，强行闯入，占据办公地点，毁坏财物，殴打人员等。上述行为只有严重扰乱军事禁区秩序的，才构成犯罪。

（三）故意

本罪在主观方面只能是直接故意。

八、聚众扰乱军事管理区秩序罪

第三百七十一条第二款　聚众扰乱军事管理区秩序，情节严重，致使军事管理区工作无法进行，造成严重损失的，对首要分子，处三年以上七年以下有期徒刑；对其他积极参加的，处三年以下有期徒刑、拘役、管制或者剥夺政治权利。

（一）概念

聚众扰乱军事管理区秩序罪，是指聚众扰乱军事管理区秩序，情节严重，致使军事管理区工作无法进行，造成严重损失的行为。

（二）行为

本罪在客观方面表现为聚众扰乱军事管理区秩序的行为。军事管理区，是指国家根据军事设施的性质、作用、安全保密的需要和使用效能的要求，在依法划定的一定范围的陆域、水域采取比较严格保护措施的区域。上述行为只有情节严重，致使军事管理区工作无法进行，造成严重损失的，才构成本罪。

（三）故意

本罪在主观方面只能是直接故意。

九、冒充军人招摇撞骗罪

第三百七十二条　冒充军人招摇撞骗的，处三年以下有期徒刑、拘役、管制或者剥夺政治权利；情节严重的，处三年以上十年以下有期徒刑。

（一）概念

冒充军人招摇撞骗罪，是指假冒军人的名义进行招摇撞骗的行为。

（二）行为

本罪在客观方面表现为冒充军人招摇撞骗的行为。冒充是指假冒，包括三种情形：一是非军人冒充军人；二是级别较低的军官冒充级别较高的军官；三是一般单位的军人冒充要害单位的军人。招摇撞骗，是指假冒军人名义进行炫耀、蒙骗。冒充军人使用伪造、变造、盗窃的武装部队车辆号牌，造成恶劣影响的，也以本罪论处[①]。

（三）故意

本罪在主观方面只能是直接故意。

十、煽动军人逃离部队罪

第三百七十三条　煽动军人逃离部队或者明知是逃离部队的军人而雇用，情节严重的，处三年以下有期徒刑、拘役或者管制。

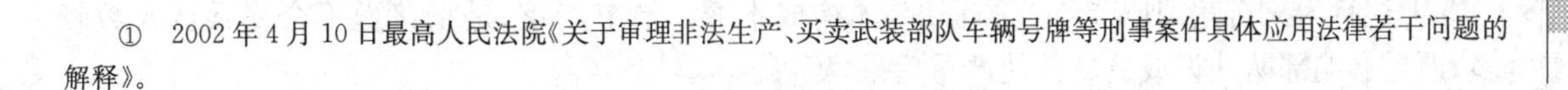

① 2002年4月10日最高人民法院《关于审理非法生产、买卖武装部队车辆号牌等刑事案件具体应用法律若干问题的解释》。

(一) 概念

煽动军人逃离部队罪,是指鼓动、唆使军人逃离部队,情节严重的行为。

(二) 行为

本罪在客观方面表现为煽动军人逃离部队的行为。煽动,是指以书信、口头或者其他方式进行鼓动、唆使。逃离部队,是指擅自离开部队或者逾期不归等。

(三) 故意

本罪在主观方面只能是直接故意。

(四) 定罪标准

上述行为只有达到情节严重的程度,才构成本罪。情节严重,是指战时煽动军人逃离部队;煽动指挥人员、作战部队人员或者负有其他重要职责的人员逃离部队;煽动多名军人逃离部队;多次煽动军人逃离部队等。

十一、雇用逃离部队军人罪

第三百七十三条 ***煽动军人逃离部队或者明知是逃离部队的军人而雇用,情节严重的,处三年以下有期徒刑、拘役或者管制。***

(一) 概念

雇用逃离部队军人罪,是指明知是逃离部队的军人而雇用,情节严重的行为。

(二) 行为

本罪在客观方面表现为雇用逃离部队的军人的行为。

(三) 故意

本罪在主观方面是故意,即明知是逃离部队的军人而雇用。

(四) 定罪标准

上述行为只有达到情节严重的程度,才构成本罪。情节严重,是指雇用多名逃离部队的军人;雇用逃离部队的军人而影响重要任务的完成;雇用后部队多次到雇用单位要人而拒绝放人等。

十二、接送不合格兵员罪

第三百七十四条 ***在征兵工作中徇私舞弊,接送不合格兵员,情节严重的,处三年以下有期徒刑或者拘役;造成特别严重后果的,处三年以上七年以下有期徒刑。***

(一) 概念

接送不合格兵员罪,是指在征兵工作中徇私舞弊,接送不合格兵员,情节严重的行为。

(二) 行为

本罪在客观方面表现为在征兵工作中徇私舞弊,接送不合格兵员的行为。征兵工作,是指征集应征公民到军队服兵役的工作。徇私舞弊,是指为谋取私利,弄虚作假。接送,包括地方人员向部队输送和部队人员接收两种情况。

(三) 故意

本罪在主观方面只能是直接故意。

(四) 定罪标准

上述行为只有达到情节严重的程度,才构成本罪。情节严重,是指接送不合格兵员人数较多;严重影响部队建设或造成其他严重后果,等等。

十三、伪造、变造、买卖武装部队公文、证件、印章罪

第三百七十五条[根据《刑法修正案》(七)第十二条修订]　伪造、变造、买卖或者盗窃、抢夺武装部队公文、证件、印章的，处三年以下有期徒刑、拘役、管制或者剥夺政治权利；情节严重的，处三年以上十年以下有期徒刑。

非法生产、买卖武装部队制式服装，情节严重的，处三年以下有期徒刑、拘役或者管制，并处或者单处罚金。

伪造、盗窃、买卖或者非法提供、使用武装部队车辆号牌等专用标志，情节严重的，处三年以下有期徒刑、拘役或者管制，并处或者单处罚金；情节特别严重的，处三年以上七年以下有期徒刑，并处罚金。

单位犯第二款、第三款罪的，对单位判处罚金，并对其直接负责的主管人员和其他直接责任人员，依照各该款的规定处罚。

(一) 概念

伪造、变造、买卖武装部队公文、证件、印章罪，是指故意伪造、变造、买卖武装部队公文、证件、印章的行为。

(二) 行为

本罪在客观方面表现为伪造、变造、买卖武装部队公文、证件、印章的行为。根据司法解释，伪造、变造、买卖武装部队车辆行驶证、车辆驾驶证、车辆监理印章，具有下列情形之一的，以本罪论处：伪造、变造、买卖武装部队车辆监理印章的；伪造、变造、买卖武装部队车辆行驶证、车辆驾驶证3本以上的。① 本罪与伪造、变造、买卖国家机关公文、证件、印章罪是特别法与普通法的关系。

(三) 故意

本罪在主观方面只能是直接故意。

十四、盗窃、抢夺武装部队公文、证件、印章罪

第三百七十五条[根据《刑法修正案(七)》第十二条修订]　伪造、变造、买卖或者盗窃、抢夺武装部队公文、证件、印章的，处三年以下有期徒刑、拘役、管制或者剥夺政治权利；情节严重的，处三年以上十年以下有期徒刑。

非法生产、买卖武装部队制式服装，情节严重的，处三年以下有期徒刑、拘役或者管制，并处或者单处罚金。

伪造、盗窃、买卖或者非法提供、使用武装部队车辆号牌等专用标志，情节严重的，处三年以下有期徒刑、拘役或者管制，并处或者单处罚金；情节特别严重的，处三年以上七年以下有期徒刑，并处罚金。

单位犯第二款、第三款罪的，对单位判处罚金，并对其直接负责的主管人员和其他直接责任人员，依照各该款的规定处罚。

(一) 概念

盗窃、抢夺武装部队公文、证件、印章罪，是指盗窃、抢夺武装部队公文、证件、印章的行为。

(二) 行为

本罪在客观方面表现为盗窃、抢夺武装部队公文、证件、印章的行为。盗窃、抢夺武装部队车

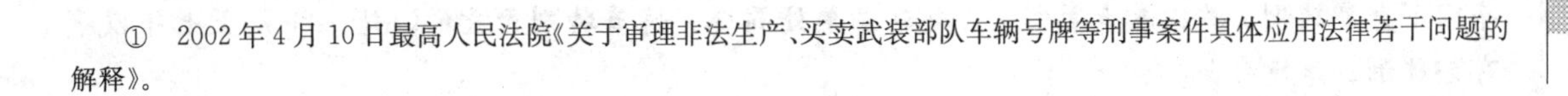

① 2002年4月10日最高人民法院《关于审理非法生产、买卖武装部队车辆号牌等刑事案件具体应用法律若干问题的解释》。

辆行驶证、车辆驾驶证、车辆监理印章,具有下列情形之一的,也以本罪论处:盗窃、抢夺武装部队车辆监理印章的;盗窃、抢夺武装部队车辆行驶证、车辆驾驶证3本以上的。

(三)故意

本罪在主观方面只能是直接故意。

十五、非法生产、买卖武装部队制式服装罪

第三百七十五条[根据《刑法修正案》(七)第十二条修订] **伪造、变造、买卖或者盗窃、抢夺武装部队公文、证件、印章的,处三年以下有期徒刑、拘役、管制或者剥夺政治权利;情节严重的,处三年以上十年以下有期徒刑。**

非法生产、买卖武装部队制式服装,情节严重的,处三年以下有期徒刑、拘役或者管制,并处或者单处罚金。

伪造、盗窃、买卖或者非法提供、使用武装部队车辆号牌等专用标志,情节严重的,处三年以下有期徒刑、拘役或者管制,并处或者单处罚金;情节特别严重的,处三年以上七年以下有期徒刑,并处罚金。

单位犯第二款、第三款罪的,对单位判处罚金,并对其直接负责的主管人员和其他直接责任人员,依照各该款的规定处罚。

(一)概念

非法生产、买卖武装部队制式服装罪,是指非法生产、买卖武装部队制式服装,情节严重的行为。

(二)行为

本罪在客观方面表现为非法生产、买卖武装部队制式服装的行为。非法生产、买卖,是指违反有关法律、法规,未经主管部门准许,擅自制作、销售、购买。

(三)主体

本罪的主体既包括没有生产、买卖武装部队制式服装资格的自然人和单位,也包括具有上述资格的自然人和单位。

(四)故意

本罪在主观方面只能是直接故意。

(五)定罪标准

上述行为只有情节严重的,才构成犯罪。情节严重,是指非法生产、买卖数量大;屡教不改;严重损害武装部队形象,等等。

十六、伪造、盗窃、买卖或者非法提供、使用武装部队专用标志罪

第三百七十五条[根据《刑法修正案》(七)第十二条修订] **伪造、变造、买卖或者盗窃、抢夺武装部队公文、证件、印章的,处三年以下有期徒刑、拘役、管制或者剥夺政治权利;情节严重的,处三年以上十年以下有期徒刑。**

非法生产、买卖武装部队制式服装,情节严重的,处三年以下有期徒刑、拘役或者管制,并处或者单处罚金。

伪造、盗窃、买卖或者非法提供、使用武装部队车辆号牌等专用标志,情节严重的,处三年以下有期徒刑、拘役或者管制,并处或者单处罚金;情节特别严重的,处三年以上七年以下有期徒刑,并处罚金。

单位犯第二款、第三款罪的，对单位判处罚金，并对其直接负责的主管人员和其他直接责任人员，依照各该款的规定处罚。

（一）概念

伪造、盗窃、买卖或者非法提供、使用武装部队专用标志罪，是指伪造、盗窃、买卖或者非法提供、使用武装部队车辆号牌等专用标志，情节严重的行为。

（二）行为

本罪在客观方面表现为伪造、盗窃、买卖或者非法提供、使用武装部队车辆号牌等专用标志的行为。

（三）主体

本罪主体是一般主体。

（四）故意

本罪在主观方面只能是直接故意。

十七、战时拒绝、逃避征召、军事训练罪

第三百七十六条第一款　预备役人员战时拒绝、逃避征召或者军事训练，情节严重的，处三年以下有期徒刑或者拘役。

（一）概念

战时拒绝、逃避征召、军事训练罪，是指预备役人员战时拒绝、逃避征召或者军事训练，情节严重的行为。

（二）行为

本罪在客观方面表现为战时拒绝、逃避征召或者军事训练的行为。战时，是指国家宣布进入战争状态、部队受领作战任务或者遭敌突然袭击时；部队执行戒严任务或者处置突发性暴力事件时，以战时论。征召，是指兵役机关依法向预备役人员发出通知，要求其按规定时间和地点报到，准备转服现役的活动。

上述行为只有情节严重的，才构成犯罪。情节严重，是指以暴力方法抗拒征召、军事训练；经多次教育仍拒绝、逃避征召、军事训练，等等。

（三）主体

本罪的主体只能是预备役人员，即编入民兵组织或者经过登记服预备役的人员。

（四）故意

本罪在主观方面只能是直接故意。

十八、战时拒绝、逃避服役罪

第三百七十六条第二款　公民战时拒绝、逃避服役，情节严重的，处二年以下有期徒刑或者拘役。

（一）概念

战时拒绝、逃避服役罪，是指公民战时拒绝、逃避服役，情节严重的行为。

（二）行为

本罪在客观方面表现为战时拒绝、逃避服役的行为。上述行为只有情节严重的，才构成犯罪。

（三）故意

本罪在主观方面只能是直接故意。

十九、战时故意提供虚假敌情罪

第三百七十七条　战时故意向武装部队提供虚假敌情，造成严重后果的，处三年以上十年以下有期徒刑；造成特别严重后果的，处十年以上有期徒刑或者无期徒刑。

（一）概念

战时故意提供虚假敌情罪，是指战时故意向武装部队提供虚假敌情，造成严重后果的行为。

（二）行为

本罪在客观方面表现为战时向武装部队提供虚假敌情的行为。虚假敌情，是指不符合真实情况的敌方的军事及与军事有关的政治、经济、科技、气象、地理等情况。上述行为只有造成严重后果的，才构成本罪。

（三）故意

本罪在主观方面是故意，即明知是虚假敌情而向武装部队提供。

二十、战时造谣扰乱军心罪

第三百七十八条　战时造谣惑众，扰乱军心的，处三年以下有期徒刑、拘役或者管制；情节严重的，处三年以上十年以下有期徒刑。

（一）概念

战时造谣扰乱军心罪，是指战时造谣惑众，扰乱军心的行为。

（二）行为

本罪在客观方面表现为战时造谣惑众，扰乱军心的行为。造谣惑众，扰乱军心，是指制造并散布各种谣言，蛊惑官兵的人心，或者煽动官兵怯战、厌战的情绪等，扰乱官兵心理。

（三）故意

本罪在主观方面是故意。

二十一、战时窝藏逃离部队军人罪

第三百七十九条　战时明知是逃离部队的军人而为其提供隐蔽处所、财物，情节严重的，处三年以下有期徒刑或者拘役。

（一）概念

战时窝藏逃离部队军人罪，是指战时明知是逃离部队的军人而为其提供隐蔽处所、财物，情节严重的行为。

（二）行为

本罪在客观方面表现为战时为逃离部队的军人提供隐蔽处所、财物的行为。行为只有情节严重的，才构成本罪。情节严重，是指窝藏多名逃离部队军人；因窝藏逃离部队军人影响部队完成重要任务，等等。

（三）故意

本罪在主观方面是故意，即明知是逃离部队的军人而为其提供隐蔽处所、财物。

二十二、战时拒绝、故意延误军事订货罪

第三百八十条　战时拒绝或者故意延误军事订货，情节严重的，对单位判处罚金，并对其直接负责的主管人员和其他直接责任人员，处五年以下有期徒刑或者拘役；造成严重后果的，

处五年以上有期徒刑。

（一）概念

战时拒绝、故意延误军事订货罪，是指有关生产、销售单位战时无正当理由拒绝或者故意延误军事订货，情节严重的行为。

（二）行为

本罪在客观方面表现为战时拒绝或者故意延误军事订货的行为。具体是指具备按规定时间完成军事订货任务的条件，却以种种借口拒不接受订货，或者故意延误，不按时交货。上述行为只有情节严重的，才构成本罪。情节严重，是指使用暴力抗拒军事订货；拒绝或者故意延误重要军事订货；因拒绝或者故意延误军事订货影响部队完成重要任务等。

（三）主体

本罪的主体只能是生产、销售武器装备、军用物资的单位，所以，本罪是纯粹的单位犯罪。

（四）故意

本罪在主观方面是故意。

二十三、战时拒绝军事征收、征用罪

第三百八十一条［根据《全国人民代表大会常务委员会关于修改部分法律的决定》第二条修订］　战时拒绝军事征收、征用，情节严重的，处三年以下有期徒刑或者拘役。

（一）概念

战时拒绝军事征收、征用罪，是指战时拒绝军事征收、征用，情节严重的行为。

（二）行为

本罪在客观方面表现为战时拒绝军事征用的行为。军事征收，是指国家基于军事利益需要，以行政权取得集体、个人财产所有权并给予适当补偿的行为。军事征用，是指特殊情况下武装力量根据作战等军事行动需要，依法使用组织或公民的设备设施、交通工具及其他物质。行为只有情节严重的，才构成本罪。情节严重，是指暴力抗拒军事征收、征用；纠集多人共同抗拒；因拒绝征收、征用而影响部队完成重要任务等。

（三）故意

本罪在主观方面是故意。

第三节　军人违反职责罪

一、战时违抗命令罪

第四百二十一条　战时违抗命令，对作战造成危害的，处三年以上十年以下有期徒刑；致使战斗、战役遭受重大损失的，处十年以上有期徒刑、无期徒刑或者死刑。

（一）概念

战时违抗命令罪，是指军人在战时故意违抗上级命令，对作战造成危害的行为。

（二）行为

本罪在客观方面表现为战时违抗命令的行为。战时，根据《刑法》第451条的规定，是指国家宣布进入战争状态、部队受领作战任务或者遭敌突然袭击时；部队执行戒严任务或者处置突发性暴力事件时，以战时论。违抗命令的行为只有对作战造成危害的，才构成本罪。

(三) 主体

本罪的主体和本节其他犯罪的主体一样,都是军人。根据《刑法》第450条的规定,军人是指违反职责罪中的军人,包括中国人民解放军的现役军官、文职干部、士兵及具有军籍的学员和中国人民武装警察部队的现役警官、文职干部、士兵及具有军籍的学员以及执行军事任务的预备役人员和其他人员,即所有负有与军事有关的职责的人员。

(四) 故意

本罪在主观方面是故意。

二、隐瞒、谎报军情罪

第四百二十二条 **故意隐瞒、谎报军情或者拒传、假传军令,对作战造成危害的,处三年以上十年以下有期徒刑;致使战斗、战役遭受重大损失的,处十年以上有期徒刑、无期徒刑或者死刑。**

(一) 概念

隐瞒、谎报军情罪,是指故意隐瞒、谎报军情,对作战造成危害的行为。

(二) 行为

本罪在客观方面表现为隐瞒、谎报军情的行为。军情,是指与军事特别是与作战有关的情况。军事情报机关收集的情报,不论其内容与军事活动有无直接关系,都属军情。隐瞒,是指对真实的军情隐而不报;谎报,是指报告捏造、篡改或者虚构的虚假军情。前述行为只有对作战造成危害的,才构成本罪。

(三) 故意

本罪在主观方面是故意。

三、拒传、假传军令罪

第四百二十二条 **故意隐瞒、谎报军情或者拒传、假传军令,对作战造成危害的,处三年以上十年以下有期徒刑;致使战斗、战役遭受重大损失的,处十年以上有期徒刑、无期徒刑或者死刑。**

(一) 概念

拒传、假传军令罪,是指故意拒传、假传军令,对作战造成危害的行为。

(二) 行为

本罪在客观方面表现为拒传、假传军令的行为。军令,是指与部队军事行动有关的命令,包括平时的命令和战时的命令。拒传是有条件传递却拒不传递,是一种不作为;假传则是伪造、篡改军令并加以传达或发布,是一种作为方式。前述行为只有对作战造成危害的,才构成本罪。

(三) 故意

本罪在主观方面是故意。

四、投降罪

第四百二十三条 **在战场上贪生怕死,自动放下武器投降敌人的,处三年以上十年以下有期徒刑;情节严重的,处十年以上有期徒刑或者无期徒刑。**

投降后为敌人效劳的,处十年以上有期徒刑、无期徒刑或者死刑。

（一）概念

投降罪，是指在战场上贪生怕死，自动放下武器投降敌人的行为。

（二）行为

本罪在客观方面表现为在战场上自动放下武器投降敌人的行为。具体是指行为人当时能够使用武器杀伤敌人，保护自己，却自行放弃抵抗，归顺敌人。

（三）故意

本罪在主观方面是故意，且具有贪生怕死的动机。

五、战时临阵脱逃罪

第四百二十四条　战时临阵脱逃的，处三年以下有期徒刑；情节严重的，处三年以上十年以下有期徒刑；致使战斗、战役遭受重大损失的，处十年以上有期徒刑、无期徒刑或者死刑。

（一）概念

战时临阵脱逃罪，是指参战军职人员在战场上或者在战斗状态、待命出击的情况下，因贪生怕死、畏惧战斗而逃离部队或者战斗岗位的行为。

（二）行为

本罪在客观方面表现为战时临阵脱逃的行为。临阵，是指在战场上或者在战斗状态、待命出击的时候。

（三）故意

本罪在主观方面是故意。

六、擅离、玩忽军事职守罪

第四百二十五条　指挥人员和值班、值勤人员擅离职守或者玩忽职守，造成严重后果的，处三年以下有期徒刑或者拘役；造成特别严重后果的，处三年以上七年以下有期徒刑。

战时犯前款罪的，处五年以上有期徒刑。

（一）概念

擅离、玩忽军事职守罪，是指指挥人员和值班、值勤人员擅离职守或者玩忽职守，造成严重后果的行为。

（二）行为

本罪在客观方面表现为擅离职守或者玩忽职守的行为。擅离职守，是指擅自离开指挥岗位或值班、值勤的岗位。玩忽职守，是指不履行或不正确履行自己的职责。上述行为造成严重后果的，才构成本罪。

（三）主体

本罪的主体是指挥人员和值班、值勤人员。指挥人员，是指部队中作战、训练、施工、抢险救灾等活动中具有实际组织领导职责的人员。

（四）过失

本罪在主观方面是过失。

七、阻碍执行军事职务罪

第四百二十六条［根据《刑法修正案》（九）第五十条修订］　以暴力、威胁方法，阻碍指挥人员或者值班、值勤人员执行职务的，处五年以下有期徒刑或者拘役；情节严重的，处五年以

上十年以下有期徒刑;情节特别严重的,处十年以上有期徒刑或者无期徒刑。战时从重处罚。

(一)概念

阻碍执行军事职务罪,是指以暴力、威胁方法,阻碍指挥人员或者值班、值勤人员执行职务的行为。

(二)行为

本罪在客观方面表现为以暴力、威胁方法,阻碍指挥人员或者值班、值勤人员执行职务的行为。暴力,是指使用殴打、捆绑、伤害等有形力进行侵袭。威胁,是指以实施暴力相威胁。

(三)故意

本罪在主观方面只能是故意。

八、指使部属违反职责罪

第四百二十七条　滥用职权,指使部属进行违反职责的活动,造成严重后果的,处五年以下有期徒刑或者拘役;情节特别严重的,处五年以上十年以下有期徒刑。

(一)概念

指使部属违反职责罪,是指滥用职权,指使部属进行违反职责的活动,造成严重后果的行为。

(二)行为

本罪在客观方面表现为滥用职权,指使部属进行违反职责的活动的行为。违反职责的活动,应限于非犯罪活动,否则,指使者与具体实施的部属构成其他犯罪的共犯。上述行为造成严重后果的,才构成本罪。

(三)故意

本罪在主观方面只能是故意。

九、违令作战消极罪

第四百二十八条　指挥人员违抗命令,临阵畏缩,作战消极,造成严重后果的,处五年以下有期徒刑;致使战斗、战役遭受重大损失或者有其他特别严重情节的,处五年以上有期徒刑。

(一)概念

违令作战消极罪,是指指挥人员违抗命令,临阵畏缩,作战消极,造成严重后果的行为。

(二)行为

本罪在客观方面表现为违抗命令,临阵畏缩,作战消极的行为。上述行为造成严重后果的,才构成本罪。

(三)主体

本罪的主体是指挥人员。

(四)故意

本罪在主观方面只能是故意。

十、拒不救援友邻部队罪

第四百二十九条　在战场上明知友邻部队处境危急请求救援,能救援而不救援,致使友邻部队遭受重大损失的,对指挥人员,处五年以下有期徒刑。

（一）概念

拒不救援友邻部队罪，是指指挥人员在战场上明知友邻部队处境危急请求救援，能救援而不救援，致使友邻部队遭受重大损失的行为。

（二）行为

本罪在客观方面表现为在战场上对处境危急请求救援的友邻部队能救援而不救援的行为。是典型的不作为犯罪。上述行为使友邻部队遭受重大损失的，才构成本罪。

（三）故意

本罪在主观方面只能是故意。

十一、军人叛逃罪

第四百三十条　在履行公务期间，擅离岗位，叛逃境外或者在境外叛逃，危害国家军事利益的，处五年以下有期徒刑或者拘役；情节严重的，处五年以上有期徒刑。

驾驶航空器、舰船叛逃的，或者有其他特别严重情节的，处十年以上有期徒刑、无期徒刑或者死刑。

（一）概念

军人叛逃罪，是指军人在履行公务期间，擅离岗位，叛逃境外或者在境外叛逃，危害国家军事利益的行为。

（二）行为

本罪在客观方面表现为在履行公务期间，擅离岗位，叛逃境外或者在境外叛逃的行为。叛逃至外国驻华使馆、领馆的，应以叛逃境外论处。上述行为危害国家军事利益的，才构成本罪。

（三）故意

本罪在主观方面只能是故意。

十二、非法获取军事秘密罪

第四百三十一条第一款　以窃取、刺探、收买方法，非法获取军事秘密的，处五年以下有期徒刑；情节严重的，处五年以上十年以下有期徒刑；情节特别严重的，处十年以上有期徒刑。

（一）概念

非法获取军事秘密罪，是指以窃取、刺探、收买方法，非法获取军事秘密的行为。

（二）行为

本罪在客观方面表现为以窃取、刺探、收买方法，非法获取军事秘密的行为。军事秘密是国家秘密的重要组成部分，分为绝密、机密和秘密三级。

（三）故意

本罪在主观方面只能是故意。

十三、为境外窃取、刺探、收买、非法提供军事秘密罪

第四百三十一条第二款　为境外的机构、组织、人员窃取、刺探、收买、非法提供军事秘密的，处十年以上有期徒刑、无期徒刑或者死刑。

（一）概念

为境外窃取、刺探、收买、非法提供军事秘密罪，是指为境外的机构、组织、人员窃取、刺探、收

买、非法提供军事秘密的行为。

(二) 行为

本罪在客观方面表现为为境外的机构、组织、人员窃取、刺探、收买、非法提供军事秘密的行为。非法提供,是指未经事先批准而擅自将军事秘密提供给他人的行为。

(三) 故意

本罪在主观方面只能是故意。

十四、故意泄露军事秘密罪

第四百三十二条 **违反保守国家秘密法规,故意或者过失泄露军事秘密,情节严重的,处五年以下有期徒刑或者拘役;情节特别严重的,处五年以上十年以下有期徒刑。**

战时犯前款罪的,处五年以上十年以下有期徒刑;情节特别严重的,处十年以上有期徒刑或者无期徒刑。

(一) 概念

故意泄露军事秘密罪,是指违反保守国家秘密法规,故意泄露军事秘密,情节严重的行为。

(二) 行为

本罪在客观方面表现为违反保守国家秘密法规,泄露军事秘密的行为。

(三) 故意

本罪在主观方面只能是故意。

十五、过失泄露军事秘密罪

第四百三十二条 **违反保守国家秘密法规,故意或者过失泄露军事秘密,情节严重的,处五年以下有期徒刑或者拘役;情节特别严重的,处五年以上十年以下有期徒刑。**

战时犯前款罪的,处五年以上十年以下有期徒刑;情节特别严重的,处十年以上有期徒刑或者无期徒刑。

(一) 概念

过失泄露军事秘密罪,是指违反保守国家秘密法规,过失泄露军事秘密,情节严重的行为。

(二) 行为

本罪在客观方面表现为违反保守国家秘密法规,泄露军事秘密的行为。上述行为情节严重的,才构成本罪。

(三) 过失

本罪在主观方面是过失。

十六、战时造谣惑众罪

第四百三十三条[根据《刑法修正案》(九)第五十一条修订] **战时造谣惑众,动摇军心的,处三年以下有期徒刑;情节严重的,处三年以上十年以下有期徒刑;情节特别严重的,处十年以上有期徒刑或者无期徒刑。**

(一) 概念

战时造谣惑众罪,是指战时故意制造谣言,散布怯战、厌战或者恐怖情绪,动摇军心的行为。

(二) 行为

本罪在客观方面表现为战时造谣惑众,动摇军心的行为。但本罪的成立不以我军军心实际已被谣言所动摇为必要条件。

（三）故意

本罪在主观方面是故意。

十七、战时自伤罪

第四百三十四条　战时自伤身体，逃避军事义务的，处三年以下有期徒刑；情节严重的，处三年以上七年以下有期徒刑。

（一）概念

战时自伤罪，是指战时自伤身体，逃避军事义务的行为。

（二）行为

本罪在客观方面表现为战时自伤身体，逃避军事义务的行为。

（三）故意

本罪在主观方面是故意。

十八、逃离部队罪

第四百三十五条　违反兵役法规，逃离部队，情节严重的，处三年以下有期徒刑或者拘役。

战时犯前款罪的，处三年以上七年以下有期徒刑。

（一）概念

逃离部队罪，是指违反兵役法规，逃离部队，情节严重的行为。

（二）行为

本罪在客观方面表现为违反兵役法规，逃离部队的行为。上述行为情节严重的，才构成本罪。情节严重，是指携带武器逃跑；驾驶车船逃跑；组织他人逃跑或者屡教不改多次逃跑，等等。本罪的行为不限于战时。[①]

（三）故意

本罪在主观方面是故意。

十九、武器装备肇事罪

第四百三十六条　违反武器装备使用规定，情节严重，因而发生责任事故，致人重伤、死亡或者造成其他严重后果的，处三年以下有期徒刑或者拘役；后果特别严重的，处三年以上七年以下有期徒刑。

（一）概念

武器装备肇事罪，是指违反武器装备使用规定，情节严重，因而发生责任事故，致人重伤、死亡或者造成其他严重后果的行为。

（二）行为

本罪在客观方面表现为违反武器装备使用规定的行为。武器装备，是指部队用于实施和保障作战行动的武器、武器系统和军事技术装备。上述行为情节严重，因而发生责任事故，致人重伤、死亡或者造成其他严重后果的，才构成本罪。情节严重，是指严重违反武器装备的使用程序，

① 2000年12月8日最高人民法院、最高人民检察院《关于对军人非战时逃离部队的行为能否定罪处罚问题的批复》。

或者在使用过程中严重不负责任等。

（三）过失

本罪在主观方面是过失。

二十、擅自改变武器装备编配用途罪

第四百三十七条　违反武器装备管理规定，擅自改变武器装备的编配用途，造成严重后果的，处三年以下有期徒刑或者拘役；造成特别严重后果的，处三年以上七年以下有期徒刑。

（一）概念

擅自改变武器装备编配用途罪，是指违反武器装备管理规定，擅自改变武器装备的编配用途，造成严重后果的行为。

（二）行为

本罪在客观方面表现为违反武器装备管理规定，擅自改变武器装备的编配用途的行为。前述行为只有造成严重后果的，才构成本罪。

（三）过失

本罪在主观方面是过失。

二十一、盗窃、抢夺武器装备、军用物资罪

第四百三十八条　盗窃、抢夺武器装备或者军用物资的，处五年以下有期徒刑或者拘役；情节严重的，处五年以上十年以下有期徒刑；情节特别严重的，处十年以上有期徒刑、无期徒刑或者死刑。

盗窃、抢夺枪支、弹药、爆炸物的，依照本法第一百二十七条的规定处罚。

（一）概念

盗窃、抢夺武器装备、军用物资罪，是指以非法占有为目的，秘密窃取或者公然夺取部队的武器装备或者军用物资的行为。

（二）行为

本罪在客观方面表现为盗窃、抢夺武器装备或者军用物资的行为。武器装备是武器及其配套的弹药、仪器、器材、备附件的统称。军用物资是指武器装备以外的供军事上使用的物资。正在生产过程中，尚未交付部队的产品和物资，不能视为部队的武器装备、军用物资。军人盗窃、抢夺枪支、弹药、爆炸物的，按照本罪定罪，但援引《刑法》第127条盗窃、抢夺枪支、弹药、爆炸物、危险物资罪的规定处罚。

（三）故意

本罪在主观方面是故意。

二十二、非法出卖、转让武器装备罪

第四百三十九条　非法出卖、转让军队武器装备的，处三年以上十年以下有期徒刑；出卖、转让大量武器装备或者有其他特别严重情节的，处十年以上有期徒刑、无期徒刑或者死刑。

（一）概念

非法出卖、转让武器装备罪，是指违反武器装备管理规定，非法出卖、转让军队武器装备的行为。

（二）行为

本罪在客观方面表现为非法出卖、转让军队武器装备的行为。出卖和转让都是改变武器装备所有权的行为。本罪与《刑法》第125条非法买卖枪支、弹药、爆炸物罪之间是特别法与普通法的关系。

二十三、遗弃武器装备罪

第四百四十条　违抗命令，遗弃武器装备的，处五年以下有期徒刑或者拘役；遗弃重要或者大量武器装备的，或者有其他严重情节的，处五年以上有期徒刑。

（一）概念

遗弃武器装备罪，是指违抗命令，遗弃武器装备的行为。

（二）行为

本罪在客观方面表现为违抗命令，遗弃武器装备的行为。遗弃，是指故意丢掉，弃之不顾。

（三）故意

本罪在主观方面是故意。

二十四、遗失武器装备罪

第四百四十一条　遗失武器装备，不及时报告或者有其他严重情节的，处三年以下有期徒刑或者拘役。

（一）概念

遗失武器装备罪，是指遗失武器装备，不及时报告或者有其他严重情节的行为。

（二）行为

本罪在客观方面表现为遗失武器装备的行为。遗失是指丢失或被盗。实施上述行为，不及时报告或者有其他严重情节的，才构成犯罪。不及时报告包括拒不报告和不立即报告。

（三）过失

本罪在主观方面是故意，即明知武器已经遗失，应当报告而故意不报告。

二十五、擅自出卖、转让军队房地产罪

第四百四十二条　违反规定，擅自出卖、转让军队房地产，情节严重的，对直接责任人员，处三年以下有期徒刑或者拘役；情节特别严重的，处三年以上十年以下有期徒刑。

（一）概念

擅自出卖、转让军队房地产罪，是指违反规定，擅自出卖、转让军队房地产，情节严重的行为。

（二）行为

客观上表现为违反规定，擅自出卖、转让军队房地产的行为。上述行为情节严重的，才构成本罪。

（三）故意

本罪在主观方面是故意。

二十六、虐待部属罪

第四百四十三条　滥用职权，虐待部属，情节恶劣，致人重伤或者造成其他严重后果的，处五年以下有期徒刑或者拘役；致人死亡的，处五年以上有期徒刑。

(一) 概念

虐待部属罪,是指滥用职权,虐待部属,情节恶劣,致人重伤或者造成其他严重后果的行为。

(二) 行为

本罪在客观方面表现为滥用职权,虐待部属的行为。虐待,是指进行肉体上的折磨或者精神上的摧残。部属,一般是指士兵,也包括处于下级位阶的军官。前述行为情节恶劣,致人重伤或者造成其他严重后果的,才构成本罪。

(三) 故意

本罪在主观方面是故意。

二十七、遗弃伤病军人罪

第四百四十四条　在战场上故意遗弃伤病军人,情节恶劣的,对直接责任人员,处五年以下有期徒刑。

(一) 概念

遗弃伤病军人罪,是指在战场上故意遗弃伤病军人,情节恶劣的行为。

(二) 行为

本罪在客观方面表现为在战场上遗弃伤病军人的行为。遗弃,是指对有条件抢救的伤病军人不予抢救,或对已抢救下来的伤病军人弃置不管。本罪是一种以不作为方式实施的犯罪。前述行为情节恶劣的,才构成本罪。

(三) 故意

本罪在主观方面是故意。

二十八、战时拒不救治伤病军人罪

第四百四十五条　战时在救护治疗职位上,有条件救治而拒不救治危重伤病军人的,处五年以下有期徒刑或者拘役;造成伤病军人重残、死亡或者有其他严重情节的,处五年以上十年以下有期徒刑。

(一) 概念

战时拒不救治伤病军人罪,是指战时在救护治疗职位上,有条件救治而拒不救治危重伤病军人的行为。

(二) 行为

本罪在客观方面表现为战时在救护治疗职位上,有条件救治而拒不救治危重伤病军人的行为。

(三) 主体

本罪的主体是战时处于救护治疗职位上的军职人员。

(四) 故意

本罪在主观方面是故意。

二十九、战时残害居民、掠夺居民财物罪

第四百四十六条　战时在军事行动地区,残害无辜居民或者掠夺无辜居民财物的,处五年以下有期徒刑;情节严重的,处五年以上十年以下有期徒刑;情节特别严重的,处十年以上有期徒刑、无期徒刑或者死刑。

（一）概念

战时残害居民、掠夺居民财物罪，是指战时在军事行动地区，残害无辜居民或者掠夺无辜居民财物的行为。

（二）行为

本罪在客观方面表现为战时在军事行动地区，残害无辜居民或者掠夺无辜居民财物的行为。残害，是指对无辜居民进行伤害、杀戮、奸淫等强暴行为。掠夺，是指以暴力、胁迫或者其他方法劫夺、勒索无辜居民财物的行为。

（三）故意

本罪在主观方面是故意。

三十、私放俘虏罪

第四百四十七条　私放俘虏的，处五年以下有期徒刑；私放重要俘虏、私放俘虏多人或者有其他严重情节的，处五年以上有期徒刑。

（一）概念

私放俘虏罪，是指未经允许，擅自将俘虏放走的行为。

（二）行为

本罪在客观方面表现为未经允许，擅自将俘虏放走的行为。俘虏，是指在作战中被我方俘获的不再进行反抗的敌方人员。

（三）故意

本罪在主观方面是故意。

三十一、虐待俘虏罪

第四百四十八条　虐待俘虏，情节恶劣的，处三年以下有期徒刑。

（一）概念

虐待俘虏罪，是指虐待俘虏，情节恶劣的行为。

（二）行为

本罪在客观方面表现为虐待俘虏的行为。虐待，是指进行精神上的折磨与肉体上的摧残等非人道待遇的行为。虐待行为情节恶劣的，才构成本罪。情节恶劣，是指采用残忍手段虐待俘虏，或者虐待伤、病俘虏造成严重后果的，等等。

（三）故意

本罪在主观方面是故意。

本章小结

危害国家安全罪中有少数犯罪由特殊主体构成，如背叛国家罪只限于中国公民；叛逃罪只限于国家机关工作人员等。主观方面只能是故意。在危害国防利益罪中，战时拒绝、故意延误军事订货罪只能由单位构成。危害国防利益的行为少数由不作为构成。此外，有些犯罪只有在战时才能构成，如战时拒绝、逃避服役罪等。在主观方面，除过失提供不合格武器装备、军事设施罪外，其他犯罪均是故意。军人违反职责罪只能由军人构成。在客观方面实施了违反军

人职责、危害国家军事利益的行为。

参考阅读书目

1. 黄林异、王小鸣:《军人违反职责罪》,中国人民公安大学出版社 1998 年版。
2. 于志刚主编:《危害国家安全罪》,中国人民公安大学出版社 1999 年版。
3. 黄林异主编:《危害国防利益罪》,中国人民公安大学出版社 1999 年版。

【思考题】

1. 背叛国家罪与分裂国家罪的区别何在?
2. 对参加间谍组织,然后为境外的该组织提供国家秘密的,应当如何定罪?
3. 阻碍军人执行职务罪与妨碍公务罪的区别是什么?
4. 战时临阵脱逃罪的构成特征是什么?
5. 如何认定武器装备肇事罪?

图书在版编目(CIP)数据

刑法学/陈兴良主编. —3 版. —上海：复旦大学出版社，2016.1(2019.5 重印)
(复旦博学·法学系列)
ISBN 978-7-309-12039-4

Ⅰ. 刑… Ⅱ. 陈… Ⅲ. 刑法-法的理论-中国-高等学校-教材 Ⅳ. D924.01

中国版本图书馆 CIP 数据核字(2015)第 317556 号

刑法学(第三版)
陈兴良 主编
责任编辑/张 炼

复旦大学出版社有限公司出版发行
上海市国权路 579 号 邮编：200433
网址：fupnet@fudanpress.com http://www.fudanpress.com
门市零售：86-21-65642857 团体订购：86-21-65118853
外埠邮购：86-21-65109143 出版部电话：86-21-65642845
常熟市华顺印刷有限公司

开本 787×1092 1/16 印张 38 字数 971 千
2019 年 5 月第 3 版第 3 次印刷

ISBN 978-7-309-12039-4/D·784
定价：65.00 元
